# les ROUTARDS sur l'ÉTRANGER 2021-2022

(dates de parution sur • *routard.com* •)

## Découpage des ÉTATS-UNIS par le ROUTARD

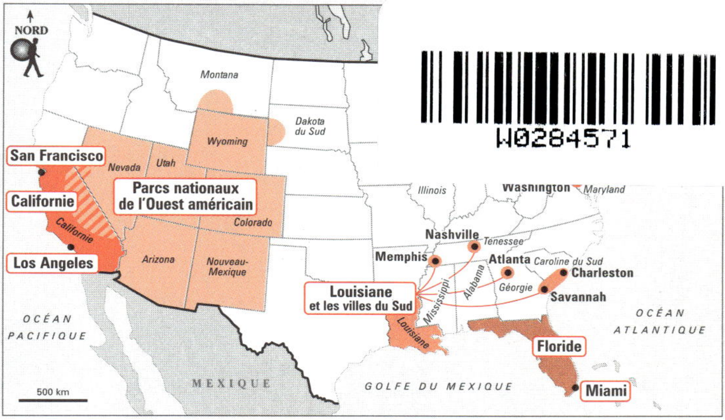




## Autres pays d'Amérique

- Argentine
- Brésil
- Canada Ouest
- Chili et île de Pâques
- Colombie
- Costa Rica
- Équateur et les îles Galápagos
- Guatemala, Belize
- Mexique
- Montréal
- Pérou, Bolivie
- Québec et Ontario

## Asie et Océanie

- Australie côtes est et nord + Red Centre
- Bali, Lombok
- Bangkok
- Birmanie (Myanmar)
- Cambodge, Laos
- Chine
- Hong Kong, Macao, Canton
- Inde du Nord
- Inde du Sud
- Israël et Palestine
- Istanbul
- Jordanie
- Malaisie, Singapour
- Népal
- Shanghai
- Sri Lanka (Ceylan)
- Thaïlande
- Tokyo, Kyoto et environs
- Turquie
- Vietnam

## Afrique

- Afrique du Sud
- Égypte
- Kenya, Tanzanie et Zanzibar
- Maroc
- Marrakech
- Sénégal
- Tunisie

## Îles Caraïbes et océan Indien

- Cuba
- Guadeloupe, Saint-Martin, Saint-Barth
- Île Maurice, Rodrigues
- Madagascar
- Martinique
- République dominicaine (Saint-Domingue)
- Réunion

## Guides de conversation

- Allemand
- Anglais
- Arabe du Maghreb
- Arabe du Proche-Orient
- Chinois
- Croate
- Espagnol
- Grec
- Italien
- Japonais
- Portugais
- Russe
- G'palémo (conversation par l'image)

## Livres-photos/Livres-cadeaux

- La France de Stéphane Bern (**nouveauté**)
- Voyages
- Voyages : États-Unis
- Voyages : France
- Voyages : Italie
- Road Trips Monde
- Road Trips en France (**nouveauté**)
- 120 coins secrets en Europe
- 50 voyages à faire dans sa vie
- 1 200 coups de cœur dans le monde
- 1 200 coups de cœur en France
- 52 week-ends dans les plus belles villes d'Europe
- 52 week-ends coups de cœur en France
- 52 escapades nature en France (**nouveauté**)
- Cahier de vacances du Routard

PARCOUREZ
LA VÉLODYSSÉE
Avec le Routard
La Vélodyssée
L'Atlantique à vélo, de Roscoff a Hendaye
Le Routard
16€
routard.com
UN GUIDE ILLUSTRÉ
TOUT EN COULEURS
POUR PARCOURIR
LA CÔTE ATLANTIQUE
À VÉLO
1200 Km
de voies cyclables
54
étapes
12
itinéraires
ET TOUS LES BONS PLANS DU ROUTARD

# les ROUTARDS sur la FRANCE 2021-2022

(dates de parution sur • **routard.com** •)

## Découpage de la FRANCE par le ROUTARD

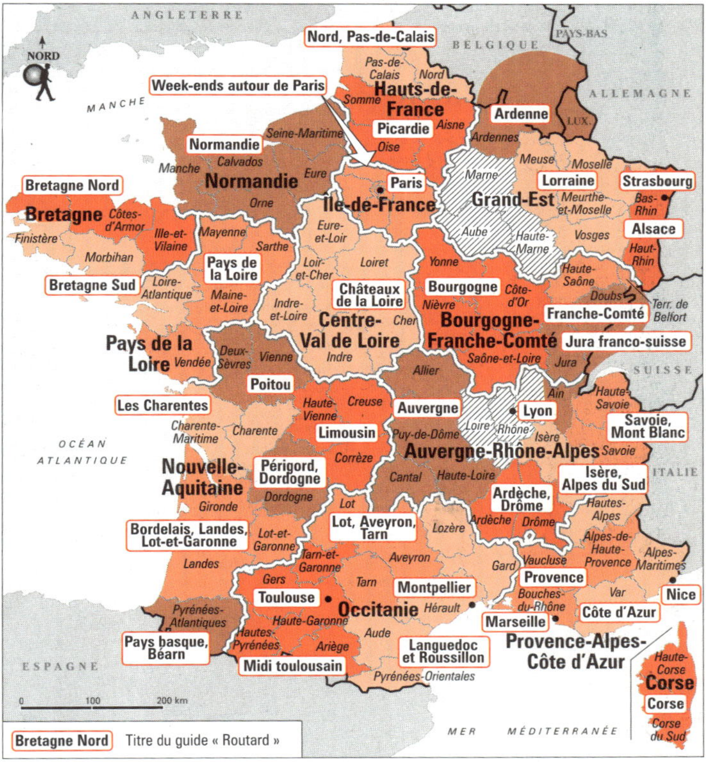


### Autres guides sur la France

- Nos meilleurs campings en France
- Nos meilleures chambres d'hôtes en France

### Autres guides sur Paris

- Paris
- Paris balades
- Restos et bistrots de Paris
- Le Routard des amoureux à Paris
- Week-ends autour de Paris

### Le Routard à vélo

- EuroVelo6
- La Bourgogne du Sud à vélo
- La Flow Vélo
- La Loire à Vélo
- La Vélodyssée (Roscoff-Hendaye)
- Le Canal des 2 mers à vélo
- Paris Île-de-France à vélo
- ViaRhôna
- Les plus belles escapades à Vélo en France

# les ROUTARDS sur l'ÉTRANGER 2021-2022

(dates de parution sur • routard.com •)

**Découpage de l'ESPAGNE par le ROUTARD**

**Découpage de l'ITALIE par le ROUTARD**

## Autres pays européens

- Allemagne
- Angleterre, Pays de Galles
- Autriche
- Belgique
- Bulgarie
- Crète
- Croatie
- Danemark, Suède
- Écosse
- Finlande
- Grèce continentale
- Hongrie
- Îles grecques et Athènes
- Irlande
- Islande
- Madère
- Malte
- Norvège
- Pays baltes : Tallinn, Riga, Vilnius
- Pologne
- Portugal
- République tchèque, Slovaquie
- Roumanie
- Suisse

## Villes européennes

- Amsterdam
- Berlin
- Bruxelles
- Budapest
- Copenhague
- Dublin
- Lisbonne
- Londres
- Moscou
- Naples
- Porto
- Prague
- Saint-Pétersbourg
- Stockholm
- Vienne

**Nous tenons à remercier tout particulièrement Loup-Maëlle Besançon, Thierry Bessou, Gérard Bouchu, François Chauvin, Grégory Dalex, Fabrice Doumergue, Cédric Fischer, Carole Fouque, Nicolas George, Michelle Georget, David Giason, Claude Hervé-Bazin, Emmanuel Juste, Dimitri Lefèvre, Fabrice de Lestang, Romain Meynier, Éric Milet, Pierre Mitrano, Jean-Sébastien Petitdemange, Thomas Rivallain et Jean Tiffon pour leur collaboration régulière.**

Brice Andlauer
Jean-Jacques Bordier-Chêne
Agnès Debiage
Coralie Delvigne
Jérôme Denoix
Tovi et Ahmet Diler
Clélie Dudon
Sophie Duval
Alain Fisch
Bérénice Glanger
Adrien et Clément Gloaguen
Sébastien Jauffret
Alexia Kaffès
Augustin Langlade
Jacques Lemoine
Aline Morand
Louis Nagot
Caroline Ollion
Martine Partrat
Odile Paugam et Didier Jehanno
Céline Ruaux
Prakit Saiporn
Nejma Tahri Hassani
Alice Tonasso
Caroline Vallano

**Direction :** Sidonie Chollet
**Direction éditoriale :** Élise Ernest
**Édition :** Matthieu Devaux, Olga Krokhina, Gia-Quy Tran, Julie Dupré, Emmanuelle Michon, Pauline Janssens, Amélie Ramond, Margaux Lefebvre, Julie Wood et Ionah Vasseur
**Ont également collaboré :** Élisabeth Thebaud et Odile Raoul
**Cartographie :** Frédéric Clémençon et Aurélie Huot
**Contrôle de gestion :** Jérôme Boulingre et Yannis Villeneuve
**Secrétariat :** Catherine Maîtrepierre
**Fabrication :** Nathalie Lautout et Audrey Detournay
**Relations presse :** COM'PROD, Fred Papet. ☎ 01-70-69-04-69.
• *info@comprod.fr* •, Martine Levens (Belgique) et Maureen Browne (Suisse)
**Illustration :** Anne-Sophie de Précourt
**Direction marketing :** Stéphanie Parisot, Élodie Darty et Charlotte Brou
**Couverture :** le-bureau-des-affaires-graphiques.com
**Silhouette du Routard :** Clément Gloaguen (d'après Solé)
**Maquette intérieure :** le-bureau-des-affaires-graphiques.com, Thibault Reumaux et npeg.fr
**Contact Partenariats :** Jérôme Denoix • *jeromedenoix@gmail.com* •
**Contact Partenariats et régie publicitaire :** Florence Brunel-Jars
• *fbrunel@hachette-livre.fr* •

# INDEX GÉNÉRAL

## M

INDEX GÉNÉRAL

## LISTES DES CARTES ET PLANS

### Remarque importante aux hôteliers et restaurateurs

Les enquêteurs du *Routard* travaillent dans le plus strict anonymat. Aucune réduction, aucun avantage quelconque, aucune rétribution n'est jamais demandé en contrepartie. Face aux aigrefins, la loi autorise les hôteliers et restaurateurs à porter plainte.

### Avis aux lecteurs

*Le Routard,* ce n'est pas comme le bon vin, il vieillit mal. On ne veut pas pousser à la consommation, mais évitez de partir avec une édition ancienne. Les modifications sont souvent importantes.
Les réductions accordées à nos lecteurs ne sont jamais demandées par nos rédacteurs afin de préserver leur indépendance. Les hôteliers et restaurateurs sont sollicités par une société de mailing, totalement indépendante de la rédaction, qui reste donc libre de ses choix. De même pour les autocollants et plaques émaillées.

### Avec routard.com, choisissez, organisez, réservez et partagez vos voyages !

✓ Rejoignez la plus grande communauté francophone de voyageurs : **plusieurs millions d'internautes.**

✓ Échangez avec les routarnautes : forums, photos, avis d'hôtels.

✓ Retrouvez aussi toutes les informations actualisées pour choisir et préparer vos voyages : près de 300 guides destinations, une centaine de dossiers pratiques et un magazine en ligne pour découvrir tous les secrets de votre destination.

✓ Enfin, comparez les offres pour organiser et réserver votre voyage au meilleur prix.

## *Les* **Routards** *parlent aux* **Routards**

Faites-nous part de vos expériences, de vos découvertes, de vos tuyaux et de vos coups de cœur. Aidez-nous à remettre l'ouvrage à jour. Indiquez-nous les renseignements périmés. Faites profiter les autres de vos adresses nouvelles, combines géniales... On adresse un exemplaire gratuit de la prochaine édition à ceux qui nous envoient les meilleurs courriers, pour la qualité et la pertinence des informations.
Quelques conseils cependant:
– Envoyez-nous votre courrier le plus tôt possible afin que l'on puisse insérer vos tuyaux sur la prochaine édition.
– N'oubliez pas de préciser l'ouvrage que vous désirez recevoir, ainsi que votre adresse postale.
– Vérifiez que vos remarques concernent l'édition en cours et notez les pages du guide concernées par vos observations.
– Quand vous indiquez des hôtels ou des restaurants, pensez à signaler leur adresse précise et, pour les grandes villes, les moyens de transport pour y aller.
Si vous le pouvez, joignez la carte de visite de l'hôtel ou du resto décrit.
En tout état de cause, merci pour vos nombreux mails.

**122, rue du Moulin-des-Prés, 75013 Paris**

• *guide@routard.com* • *routard.com* •

## **Routard Assurance** *2021*

Enrichie au fil des années par les retours des lecteurs, *Routard Assurance* est devenue une assurance voyage référence des globes-trotters. Tout est inclus : frais médicaux, assistance rapatriement, bagages, responsabilité civile… Avant votre départ, appelez *AVI* pour un conseil personnalisé. Besoin d'un médecin, d'un avis médical, d'une prise en charge dans un hôpital ? Téléchargez l'appli mobile *AVI international* pour garder le contact avec *AVI Assistance* et disposez de l'un des meilleurs réseaux médicaux à travers le monde. *AVI Assistance* est disponible 24h/24 pour une réponse en temps réel. De simples frais de santé en voyage ? Envoyez les factures à votre retour, *AVI* vous rembourse sous une semaine. *10, av. de l'Arche, ZAC Danton, 92400 Courbevoie.* ☎ *01-44-63-51-00.* • *avi-international.com* • Ⓜ *La Défense.*

Édité par Hachette Livre (58, rue Jean-Bleuzen, CS 70007, 92178 Vanves Cedex, France)
Photocomposé par Jouve (1, rue du Docteur Sauvé, 53100 Mayenne, France)
Imprimé par Jouve Print (Quai n°2, 733, rue Saint-Léonard, BP3, 53101 Mayenne Cedex, France)
Achevé d'imprimer le 28 janvier 2021
Collection n° 15 - Édition n° 01
51/8331/5
I.S.B.N. 978-2-01-629324-9
Dépôt légal : février 2021

PAPIER À BASE DE FIBRES CERTIFIÉES

# Bretagne Sud

Cofondateurs : Philippe GLOAGUEN et Michel DUVAL

Directeur de collection et auteur
Philippe GLOAGUEN

Secrétaire général
Gavin's CLEMENTE-RUIZ

Rédacteurs en chef
Amanda KERAVEL (France)
Benoît LUCCHINI (Étranger)

Directrice administrative
Bénédicte GLOAGUEN

Conseiller à la rédaction
Pierre JOSSE

Responsable voyages
Carole BORDES

Direction éditoriale
Élise ERNEST

Rédaction
Isabelle AL SUBAIHI
Emmanuelle BAUQUIS
Mathilde de BOISGROLLIER
Thierry BROUARD
Marie BURIN des ROZIERS
Diane CAPRON
Véronique de CHARDON
Laura CHARLIER
Florence CHARMETANT
Fiona DEBRABANDER
Anne-Caroline DUMAS
Éléonore FRIESS
Géraldine LEMAUF-BEAUVOIS
Olivier PAGE
Alain PALLIER
Anne POINSOT
André PONCELET

## 2021/22

hachette

# TABLE DES MATIÈRES

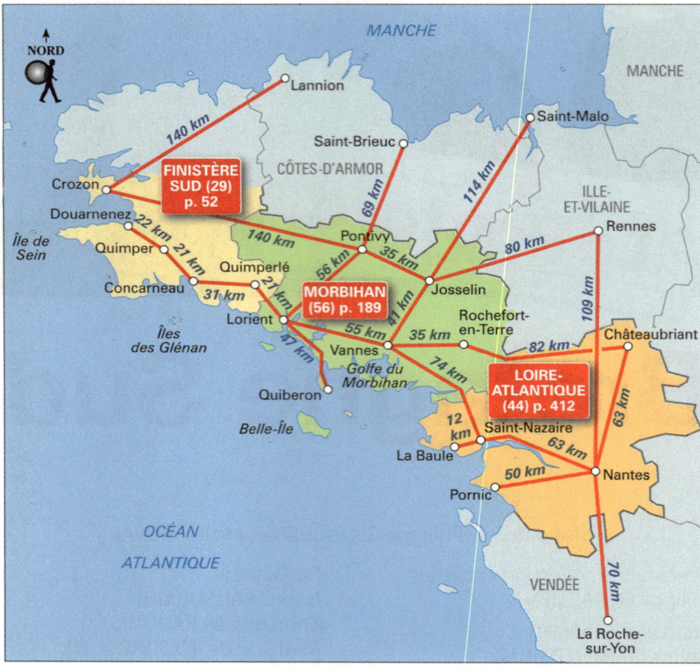


Nous avons divisé cette région en plusieurs titres, la grande majorité d'entre vous ne parcourant pas toute la région au cours d'un même séjour. De même, l'étendue géographique de certaines régions et leur richesse culturelle nécessiteraient, si elles étaient rassemblées en un seul volume, pas moins de 1 000, voire 1 500 pages ! Ce guide serait alors intransportable, indigeste et coûterait… 3 fois plus cher. Notre volonté est de conserver un format pratique et un prix économique, tout en vous proposant le maximum d'informations. Ne reste plus qu'à vous souhaiter bonne route !

## PRÉAMBULE

**UNE PANDÉMIE INOUÏE !**

Depuis toujours, ***Le Routard*** **apporte son soutien aux hôteliers et restaurateurs** qui accueillent nos lecteurs avec sourire et professionnalisme. Inlassablement, nos enquêteurs sont à l'affût de ces établissements, pour le plus grand bonheur de nos lecteurs. Des adresses familiales et accueillantes que nous continuerons à soutenir et mettre en valeur. Malgré toute notre vigilance, certains d'entre eux auront fermé quand ce livre sortira. Cette terrible **pandémie de Coronavirus** a, on le sait, des conséquences importantes pour tous les professionnels du tourisme. **Nous sommes de tout cœur avec eux !**

## Pictogrammes du Routard

**Établissements**

- Hôtel, auberge, chambre d'hôtes
- Camping
- Restaurant
- Terrasse
- Pizzeria
- Boulangerie, sandwicherie
- Pâtisserie
- Glacier
- Café, salon de thé
- Café, bar
- Bar musical
- Club, boîte de nuit
- Salle de spectacle
- Boutique, magasin, marché

**Infos pratiques**

- Office de tourisme
- Poste
- Accès Internet
- Hôpital, urgences
- Adapté aux personnes handicapées

**Sites**

- Présente un intérêt touristique
- Point de vue
- Plage
- Spot de surf
- Site de plongée
- Recommandé pour les enfants
- Inscrit au Patrimoine mondial de l'Unesco
- Pas de côté

**Transports**

- Aéroport
- Gare ferroviaire
- Gare routière, arrêt de bus
- Station de métro
- Station de tramway
- Parking
- Taxi
- Taxi collectif
- Bateau
- Bateau fluvial
- Piste cyclable, parcours à vélo

Retour de pêche, Le Guilvinec

# LA RÉDACTION DU ROUTARD

## (sans oublier nos 50 enquêteurs, aussi sur le terrain)

© R. Delalande et E. Dessons

Jean-Sébastien, Olivier, Mathilde, Thierry, Alain, Gavin's, Éléonore, Anne-Caroline, André, Laura, Florence, Véronique, Isabelle, Géraldine, Fiona, Amanda, Benoît, Emmanuelle, Bénédicte, Philippe, Carole, Diane, Anne, Marie.

**La saga du *Routard* :** en 1971, 2 étudiants, Philippe et Michel, avaient une furieuse envie de découvrir le monde. De retour du Népal germe l'idée d'un guide différent qui regrouperait tuyaux malins et itinéraires sympas, destiné aux jeunes fauchés en quête de liberté. 1973. Après 19 refus d'éditeurs et la faillite de leur 1re maison d'édition, l'aventure commence vraiment avec Hachette. Aujourd'hui, le *Routard*, c'est plus d'une cinquantaine d'enquêteurs impliqués et sincères. Ils parcourent le monde toute l'année dans l'anonymat et s'acharnent à restituer leurs coups de cœur avec passion.

**Merci à tous les Routards qui sont solidaires de nos convictions :** liberté et indépendance d'esprit ; découverte et partage ; sincérité, tolérance et respect des autres.

## NOS SPÉCIALISTES BRETAGNE SUD

**Amanda, Mathilde et Marie :** quand l'une arpente les routes bretonnes en quête de la meilleure pâte à crêpes, l'autre explore le bocage normand à coups de gorgées de cidre, pendant que la 3e chausse ses skis pour dégoter le meilleur refuge alpin. La curiosité, l'enthousiasme et la gourmandise sont leur meilleur sonar, que complètent 2 décennies d'expérience à user leurs semelles sur les routes de l'Hexagone. Un trio complice et indépendant qui essaie, entre 2 voyages, de garder la ligne.

**Thomas Rivallain :** transbahuté dès l'enfance dans le combi familial, les sens affutés en tournée musicale ou louvoyant sur les itinéraires bis. Tout est prétexte aux carnets de route pour cet admirateur de fleuves. Souvent parti là où on ne l'attend pas, il travaille ses guides en Anjou, auprès de l'indomptable Loire. En bon apôtre du voyage, Thomas ne croit que ce qu'il voit.

**Claude Hervé-Bazin :** passionné d'îles perdues et de nature très sauvage, il décline le voyage et l'écrit depuis l'âge de 17 ans. Un métier ? Non, une pulsion qui pousse à additionner les heures de vol, les road trips et les formules de politesse (dans toutes les langues) pour vérifier si l'herbe est plus verte ailleurs, si les couettes sont plus douillettes et les hommes plus heureux.

## UN GRAND MERCI À NOS AMI(E)S SUR PLACE

**Pour cette nouvelle édition, nous remercions particulièrement :**

- **l'équipe** du comité régional du tourisme ;
- **Olier ar Mogn,** directeur scientifique, et **Fulup Travers,** de l'Office public de la langue bretonne ;
- **Jean-Luc Jourdain,** de l'Agence de développement touristique du Finistère ;
- les offices de tourisme de Quimper-Cornouaille, la Forêt-Fouesnant, Pays Bigouden Sud, Concarneau, Quimperlé-Cap-Sizun-pointe du Raz ; et la communauté de Communes de Haute-Cornouaille ;
- **Patrick Lévy** et **Armelle Jouan,** de Morbihan Tourisme ;
- **Arnaud Burel** et **Aline Guiho,** de l'office de tourisme de Vannes – golfe du Morbihan ;
- **Virginie Morgant,** de l'association Détour d'art en pays d'Auray ;
- les équipes des offices de tourisme de la baie de Quiberon ; Carnac, Destination Brocéliande ; pays de Lorient ; Rochefort-en Terre ; La Roche-Bernard ;
- **Sébastien Keravel,** fin limier et gastronome averti ;
- **Adeline Legras,** de Loire-Atlantique Développement ;
- ainsi que les offices de tourisme du Voyage à Nantes, Saint-Nazaire, La Baule-Guérande, Pornic, pays d'Ancenis ;
- et bien sûr tous autres les pays touristiques et offices de tourisme du Finistère, du Morbihan, de la Loire-Atlantique, qui, année après année, nous apportent leur aide précieuse.

### « OSONS LE PAS DE CÔTÉ »

**Le surtourisme ?** Tous concernés. Et pourtant, à l'écart des grands flux touristiques, il existe plein de pépites méconnues, souvent oubliées des circuits trop encombrés. Ici un site ignoré ; là un quartier secret ; plus loin un village caché au charme discret, avec un troquet d'une autre époque. Il existe une infinité de lieux peinards que l'on a envie de mettre en avant avec ce pictogramme. Un vagabondage enfin calme favorisé aussi par les **visites aux heures creuses.** Vive le *slow trip* !

☎ **112 :** c'est le numéro d'urgence commun à la France et à tous les pays de l'UE, à composer en cas d'accident, d'agression ou de détresse. Il permet de se faire localiser et aider en français, tout en améliorant les délais d'intervention des services de secours.


Le *Routard* est imprimé sur un papier issu de forêts gérées.


I.S.B.N. 978-2-01-629324-9

Site inscrit au Patrimoine mondial de l'Unesco
NORD
MANCHE
Île de Batz
Roscoff
Lannion
Île d'Ouessant
Île Molène
Lannilis
Morlaix
Guingamp
FINISTÈRE NORD (29)
Brest
Landerneau
Daoulas
Huelgoat
Aulne
Pointe St-Mathieu
Camaret
Le Fret
Landévennec
Crozon
Le Faou
Morgat
Argol
Menez-Hom
Pleyben
Carhaix-Plouguer
Cléden-P.
Cap de la Chèvre
Pentrez
Châteaulin
St-Hernin
Plomodiern
Cléden-Cap-Sizun
Douarnenez
Locronan
Châteauneuf-du-Faou
Spézet
Canal de Nantes à Brest
Pte de Brézellec
Pte du Van
Pont-Croix
Gourin
Île de Sein
Confort-M.
Plogoff
Primelin
Landudec
Le Faouët
Pte du Raz
Audierne
QUIMPER
Scaër
Guémené-sur-Scorff
Plozévet
Pouldreuzic
Fouesnant
Plonéour-L.
Bénodet
La Forêt-F.
Bannalec
Pont-l'Abbé
Pont-Aven
Plomeur
Quimperlé
Pte de la Torche
Concarneau
Trégunc
Riec
Pont-Scorff
Penmarc'h
Ste-Marine
Hennebont
Moëlan
Le Guilvinec
Île-Tudy
Névez
Clohars-C.
Lorient
Lesconil
Loctudy
Port-Louis
Ste-Anne-d'Auray
Archipel des Glénan
Larmor-Plage
Gâvres
Ploëmel
Étel
Île de Groix
Erdeven
Plouharnel
Carnac
Presqu'île de Quiberon
La Trinité-sur-Mer
Locmariaquer
Île de Houat
Le Palais
Belle-Île
FINISTÈRE SUD (29) p. 52
OCÉAN ATLANTIQUE
N 12
E 50
N 165
E 60
D 786
D 767
D 9
D 788
D 69
D 58
D 18
D 787
D 764
D 790
D 3
D 1
D 769
D 784
Quimper Lieux traités
Fégréac Adresses et lieux dans les environs
Redon Repères
0 20 40 km

# LA BRETAGNE SUD

*Balade sur la presqu'île de Crozon*

© KillemaMB

*« C'est joli la Bretagne,*
*et puis c'est pas loin de la France. »*
*Coluche*

**« La Bretagne est l'élément résistant de la France »,** pensait l'historien Jules Michelet. Il voyait juste : ici, la terre et les hommes affrontent depuis des siècles les assauts furieux de la nature et les vicissitudes de l'histoire.
Quel est donc ce curieux trident, découpé et hérissé comme aucune autre région connue, qui s'avance telle une gueule inquiétante au milieu de l'océan Atlantique ? C'est la Bretagne, le Vieux Pays, comme l'appelaient les anciens.
Regardez le **Massif armoricain** sur votre atlas, **entouré de ses 3 mers : Atlantique, Manche et... Atlantique et Manche mélangées** (la mer d'Iroise) ! « Ici a commencé, il y a bien longtemps, un dialogue immense entre terre et vagues, où se sont façonnés les hommes », a écrit Michel Le Bris, écrivain passionné par cette Bretagne à la fois vécue et rêvée.
**Partout, la terre et la mer se rencontrent d'étrange manière,** s'unissant pour mieux dessiner le paysage. Ainsi **les abers** (ou rias), anciennes vallées fluviales, sont remontés 2 fois par jour par les marées. Ainsi, le **Pays bigouden,** le golfe du Morbihan et les insolites flèches sableuses de Mousterlin (Fouesnant), **la presqu'île de Quiberon.** Sans oublier les îles : **Sein, Groix, Belle-Île...** autant d'univers à échelle humaine où le temps s'écoule au rythme des marées, tout simplement.
« La bonne façon de connaître notre pays, c'est de lui faire l'amour à vélo », disait Morvan Lebesque. Ami routard, rien ne va ici à la vitesse du cheval-vapeur au galop ! Alors, bride ton moteur, chausse tes Pataugas, et laisse-toi aller de colline en vallée, dans la grande métamorphose celtique des parfums de l'air, des landes et de la mer, qui fera naître sous tes pas ta propre épopée arthurienne...
**Oiseau de passage, tu repartiras *Breton a galon* – « Breton de cœur ».**

***La pointe du Raz***

# NOS COUPS DE CŒUR

1 **Arpenter les rues médiévales de Quimper, capitale de la Cornouaille.** Autour de la cathédrale Saint-Corentin, l'une des plus anciennes cathédrales gothiques de Bretagne, adorables placettes et rues médiévales déploient un patrimoine architectural riche de maisons à colombages et à encorbellement. Puis enjamber l'Odet pour découvrir, dans le quartier de Locmaria, la faïencerie Henriot et l'école de broderie d'art de Quimper. *p. 62, 64, 65*

***Bon à savoir :*** *visites guidées organisées par l'office de tourisme* • *quimper-tourisme.com* •

2 **Découvrir Locronan, village magnifiquement resté dans son atmosphère moyenâgeuse.**

Petite Cité de caractère, Locronan possède une totale unité architecturale, ce qui est rarissime. Superbes demeures et hôtels particuliers des XVII$^{e}$ et XVIII$^{e}$ s s'ordonnent harmonieusement autour de la place principale et de son vieux puits. Ses rues constituent un véritable décor de cinéma, souvent choisi pour le tournage de films. Polanski y a d'ailleurs réalisé *Tess* avec Nastassja Kinski. *p. 115*

***Bon à savoir :** le village est assez touristique, conséquence inévitable de son charme unique. Y aller tôt.*

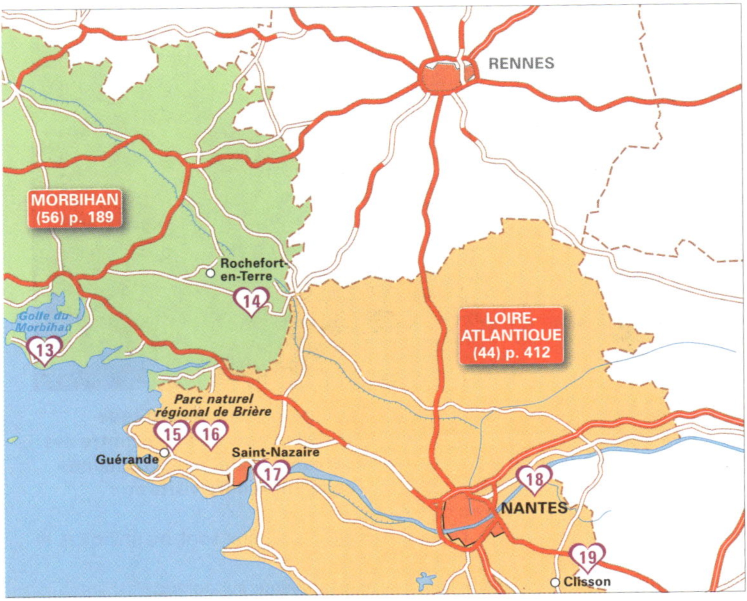

3 **Goûter au véritable kouign amann de Douarnenez, ce délicieux gâteau breton beurré et feuilleté à souhait, grande spécialité locale célèbre jusqu'au Japon.**

À chacun sa recette : certains le préfèrent doré et craquant, d'autres fondant et peu caramélisé. À vous de goûter toutes les variantes et de choisir ! *p. 107*

*Bon à savoir : demander la liste de l'association des artisans à l'office de tourisme.*

4 **Respirer à pleins poumons l'air du large, perché sur la mythique pointe du Raz, ou en parcourant le cap de la Chèvre à la rencontre des landes jalonnées de hameaux, en observant les éléments déchaînés sur la pointe de la Torche, ou encore en allant rendre visite aux pingouins du Finistère au cap Sizun.**

Par beau temps ou gros vent, ces promontoires rocheux sont magnifiques et offrent des panoramas exceptionnels. *p. 94, 123, 83, 90*

*Bon à savoir : le matin de bonne heure, c'est tout simplement magique.*

5 **Grimper au sommet du phare d'Eckmühl sur la pointe de Penmarc'h et profiter d'un panorama inoubliable.**

D'une hauteur de 65 m, c'est l'un des plus puissants du pays. Il porte à plus de 70 km. Hardi petit ! Plus de 300 marches pour accéder à un panorama complet de la région, de la pointe du Raz aux Glénan. *p. 81*

*Bon à savoir : accueil remarquable.*

© Thomas Kakalik/Panther Media/Age fotostock

## 6 **Flâner hors saison dans la ville close de Concarneau, l'une des splendides cités fortifiées du Finistère.**

Concarneau, classée Ville d'Art et d'Histoire, est surtout connue pour sa célèbre ville close. Longue d'environ 350 m et large de 100 m, elle possède des remparts datant du XIV$^{e}$ s. *p. 161*

***Bon à savoir :*** *la côte de Concarneau au Pouldu est l'une des plus belles portions du littoral breton pour musarder.*

© Javier Larrea/Age fotostock

## 7 **Admirer les riches collections du musée de Pont-Aven.**

Comme Gauguin et tant d'autres artistes, laissez-vous séduire par la poésie des lieux : un relief encaissé, le lit de l'Aven tapissé de rochers, des moulins, un port à marée qui symbolise la rencontre entre la mer et la montagne, le bois d'Amour… N'oubliez pas, avant de repartir, que Pont-Aven a aussi été rendue célèbre par ses galettes ! *p. 173*

***Bon à savoir :*** *à Pont-Aven, tout est ouvert le dimanche.*

© Sylvain Grandadam/Age fotostock

8 **Plonger dans les eaux turquoise de « Tahiti Beach », sur l'île de Groix !**
De Port-Tudy à Locmaria par l'ouest, la côte se fait sauvage, la falaise plonge dans les flots azur et turquoise. Au petit hameau de *Quelhuit*, jolie chapelle (toujours ouverte !). De là, descendre vers la mer et prendre à droite (direction Port-Melin). Au bout de 500 m, un petit paradis s'offre à vous après une vertigineuse (et dangereuse) descente escarpée, un petit lagon de bonheur et de calme que tout le monde appelle « Tahiti Beach »… Soyez discret, c'est notre coup de foudre sur l'île ! *p. 219*

9 **Profiter du soleil couchant sur l'île de Saint-Cado, au milieu de la ria d'Étel.**
Une vision de carte postale. Voici une perle rare qu'il faut absolument découvrir au soleil couchant… en amoureux. Située au milieu de la ria, l'île est reliée au continent par un pont de pierre qu'un certain saint Cado, un peu gourou sur les bords, aurait construit au VIe s pour que ses groupies viennent le voir sans s'enfoncer les pieds dans la vase. *p. 231*
***Bon à savoir :*** *une ria (ou aber) est une avancée étroite de l'océan dans les terres, tout comme les fjords scandinaves.*

**10 Affronter les éléments déchaînés, sur la Côte Sauvage quiberonnaise, un jour de tempête.**

Par vent d'ouest consistant, le spectacle est superbe. Par forte tempête, c'est franchement dantesque. Les vagues furieuses viennent se fracasser contre cette côte déchirée, dans un vacarme assourdissant. *p. 246*

***Bon à savoir :*** *impossible pour les vrais gourmands de quitter Quiberon sans avoir goûté les fameux caramels au beurre salé de chez* Henri Le Roux *(18, rue de Port-Maria).*

**11 Retrouver les panoramas sauvages peints par Monet à Belle-Île-en-Mer.**

La plus grande des îles bretonnes, enchanteresse et contrastée, a toujours ravi les peintres par sa beauté, à en croire l'impression qu'elle fit à Monet (impressionniste… hi ! hi !), qui décrit un « pays superbe de sauvagerie avec son amoncellement de rochers terribles et sa mer invraisemblable de couleurs ». Ce n'est pas pour rien que Sarah Bernhardt s'installa à la pointe des Poulains. *p. 264*

***Bon à savoir :*** *c'est par le sentier côtier que l'on découvre les plages les plus pittoresques et insolites. Attention, si le sentier se révèle plutôt accessible à tous, pas mal de passages délicats sur le plan sécurité.*

**12 Tenter de percer le secret des mégalithes de Carnac, les plus anciennes sépultures au monde !**

Les alignements de Carnac constituent un ensemble vieux de 6 000 ans (période du Néolithique). Par le nombre de menhirs, l'architecture originale qu'ils composent et le monde imaginaire qu'ils évoquent, ces alignements sont bien plus qu'une curiosité. Ils constituent un des plus grands mystères qui soient. *p. 283*

***Bon à savoir : • museedecarnac.com •***

© Arco/J De Meester/Arco Images/Age fotostock

13 **Caboter dans le golfe du Morbihan à l'affût de certaines îles cachées.** Incontestablement, l'une des plus belles visions de la Bretagne que cette « Mer petite » *(Mor bihan)* aux paysages changeant avec la marée, les saisons, le temps… enchevêtrement de bras de mer enlaçant des îles et parsemés de nombreux parcs à huîtres. Le golfe du Morbihan est certainement l'un des sites de France les plus enchanteurs pour naviguer, entre les îles, en dériveur, à planche à voile ou en kayak de mer. *p. 321*

***Bon à savoir :*** *bien s'informer sur les horaires de marée et gare au courant de la Jument, le plus fort d'Europe .*

© Leroy Francis/hemis.fr

14 **S'offrir un véritable voyage dans le temps à Rochefort-en-Terre, dans son magnifique écrin de vieilles pierres.**

À l'évidence, cette Petite Cité de caractère, l'une des plus pittoresques de la Bretagne intérieure, fait basculer 4 siècles en arrière tant son unité architecturale a été jalousement préservée. Construite sur un étonnant éperon de schiste dominant la vallée du Gueuzon, Rochefort semble nichée dans un paysage onirique quasi montagneux, noyé dans la verdure. *p. 383*

***Bon à savoir :*** *pendant les fêtes de fin d'année, la cité est entièrement illuminée. Le soir venu, c'est totalement féerique !*

© Rolf E. Staerk/Shutterstock

15 **Se faire conter la fabuleuse histoire du sel dans les marais salants de Guérande.**

Il faut s'y promener à vélo, de préférence tôt le matin ou en soirée, une fois que le soleil se couche. Les couleurs y sont exceptionnelles avec toutes les nuances de gris, d'argent, de bleu, de vert, de mauve des bruyères et de blanc du sel, bien évidemment… Et c'est l'occasion de rapporter gros sel, fleur de sel ou sel aromatisé – des paludiers vendent leur production le long des routes. *p. 530, 531*

***Bon à savoir :*** *profitez-en pour visiter la ville fortifiée de Guérande, une merveille !*

**16 Embarquer sur un bateau à fond plat et explorer le parc naturel régional de Brière, paradis des ornithologues.**

2e marais de France après la Camargue, la Brière se présente comme une mosaïque de canaux, de plans d'eau, de roselières, de prairies inondables. Immense tourbière que les pluies d'automne transforment en une vaste étendue d'eau, la Brière accueille une faune et une flore spécifiques. En outre, près de 3 000 chaumières en matériau du cru sont référencées, créant une atmosphère et un environnement uniques en son genre. C'est au fil de l'eau que l'on apprécie le mieux cet écosystème. *p. 537*

***Bon à savoir :*** *liste des guides auprès des bureaux d'information touristique du parc.* *• parc-naturel-briere.com •*

© Lénain Hervé/hemis.fr

**17 Embarquer à bord d'*Escal'Atlantic* à Saint-Nazaire et revivre les grandes heures des paquebots transatlantiques.**

Un endroit unique, aménagé dans l'ancienne et colossale base sous-marine, sur plus de 3 500 m². Comme des millions de passagers transitant d'un continent à l'autre, on pénètre dans le hall d'un paquebot, puis on déambule des cabines à la salle des machines. On en prend plein les mirettes, qu'on soit petit ou grand, persuadé d'être sur un vrai navire et de s'offrir en quelques minutes une traversée transatlantique (iceberg et vaisseau fantôme compris !). Une visite à coupler avec celle du sous-marin *Espadon*. *p. 499, 500*

***Bon à savoir :*** *• saint-nazaire-tourisme.com •*

© Rieger Bertrand/hemis.fr

Les Machines de l'île de Nantes, le Grand Éléphant et le Carrousel des Mondes Marins de François Delarozière et Pierre Orefice
© Charel Franck/hemis.fr

18 **S'émerveiller devant les délirantes *Machines de l'île* et le *Carrousel des mondes marins* à Nantes, à la croisée des univers de Jules Verne et de Léonard de Vinci.**

Dans les hangars des anciens chantiers navals, place au rêve face aux drôles de bestioles imaginées par des artistes géniaux. Un projet unique, en évolution permanente. Le *Grand Éléphant* est aujourd'hui devenu un emblème de Nantes, avec sa trompe articulée qui arrose les spectateurs. Quant au *Carrousel des mondes marins,* démentiel manège-sculpture de près de 25 m de haut, il vous embarque sur une mer peuplée de créatures fantasmagoriques. La Galerie-laboratoire révèle l'élaboration de l'incroyable *Arbre aux hérons.* *p. 442*

***Bon à savoir :*** *• lesmachines-nantes.fr •*

**19 Respirer comme un air de Toscane au hasard des petites rues de Clisson, à la frontière de la Bretagne.**

On se sent presque plus en Italie dans cette ville du sud de Nantes, recréée sur mesure au XIX$^{e}$ s par Frédéric Lemot, sculpteur de Napoléon, tombé sous le charme des lieux. Il achète les ruines du château et aménage le parc de la Garenne en jardin romantique, tandis que les plantes méditerranéennes font leur apparition. La ville prend alors une allure de peinture et inspire les artistes du moment : Flaubert, Théophile Gautier ou encore Alexandre Dumas. *p. 460*

**20 Parcourir la région à vélo, sillonnée par un impressionnant réseau de pistes cyclables interconnectées.**

Avec *La Loire à Vélo,* arpentez le Pays nantais ; avec *La Vélodyssée,* suivez le littoral atlantique de Roscoff à Hendaye, en passant par la Loire-Atlantique. Sinon, optez pour le canal de Nantes à Brest, qui traverse l'intérieur des terres. Gros atouts : peu de relief, et, tout au long des itinéraires, des hébergements labellisés Accueil Vélo, des loueurs de vélos, des réparateurs… vous aideront dans votre périple (des guides du *Routard* sont d'ailleurs consacrés à ces itinéraires.) *p. 486, 48, 473, 559*

***Bon à savoir :*** *• loireavelo.fr • et • lavelodyssee.com •*

Sinagot

# ITINÉRAIRES CONSEILLÉS

## Les essentiels

Savez-vous que la Bretagne est la 2e région du pays, après l'Île-de-France, pour la **richesse de son patrimoine** ? De Quimper à Nantes, le sud de la Bretagne est ponctué d'un fabuleux réseau de **Villes d'art et d'histoire** et de **Petites Cités de caractère** au patrimoine et à l'unité architecturale exceptionnels. Parmi les plus notables, on ne peut manquer les maisons colorées et/ou à pans de bois de **Quimper (1), Vannes (2), Auray** et l'**adorable port de Saint-Goustan (3),** l'authenticité des élégantes façades granitiques de **Locronan (4), Rochefort-en-Terre (5),** les belles **Concarneau (6)** et **Guérande (7),** enserrées dans leurs remparts, la médiévale **Josselin (8),** dont les vieilles demeures s'organisent autour du château, ou encore **La Roche-Bernard (9)** qui veille, perchée sur son éperon, sur la Vilaine, et, enfin, l'adorable petit port de pêche de **Pornic (10).** Plus bucolique et poétique, **Pont-Aven (11)** vous séduira autant que les peintres qui y ont fait école. Posez votre carrosse, car c'est encore à pied que ces villes se découvrent le mieux. Plus éclectique, actuelle et dynamique, **Nantes (12)** séduit par ses quartiers aux styles marqués, témoins de sa riche histoire. Quant aux insatiables promeneurs, ils trouveront une **nature** intacte et majestueuse, faite de **falaises** escarpées, de **landes** désertes, de **plages** secrètes de la **presqu'île de Crozon (13)** au **parc naturel de Brière (14),** en passant par la **Côte Sauvage de Quiberon (15), Belle-Île (16)** la si bien nommée, et les **îles du golfe du Morbihan (17)** connues pour leur microclimat. Assaisonnez de sports nautiques, farniente, baignades et balades à pied ou à vélo, et vous constaterez bien vite que « la Bretagne, ça vous gagne » !

## Pas de vacances sans Histoire

Comme dans bien des régions, en Bretagne, les particularismes de l'histoire régionale se mêlent à la grande Histoire nationale. Pour reprendre le fil chronologique, tentez de résoudre, au cœur du golfe du Morbihan, donc à **Carnac,** à **Locmariaquer** ou à **Gavrinis (1),** le mystère des alignements mégalithiques. Déjà choisie par les Romains, Quimper ne doit pas sa célébrité qu'aux faïences : l'élégante **cathédrale Saint-Corentin (2)** est l'une des plus anciennes cathédrales gothiques de Bretagne. Tel un décor de cinéma, **Locronan (3)** est d'une totale unité architecturale : ses superbes demeures et hôtels particuliers, harmonieusement ordonnés autour de la place principale, témoignent d'un temps où la ville produisait une toile utilisée par les flottes de toutes les puissances maritimes. Le **musée de la Compagnie des Indes à Port-Louis (4)** nous conte l'aventure de cette mythique compagnie. Les remarquables **citadelles de Port-Louis (5)** et **de Belle-Île (6),** magnifiquement restaurées, ne sont pas l'œuvre de Vauban, même s'il a, par la suite, renforcé leurs défenses. Imprenable, celle de Belle-Île fut l'un des derniers endroits libérés de France en mai 1945 ! Immanquables également, **Lorient et son arsenal (7),** comme le **Grand Blockhaus de Batz-sur-Mer (8). Nantes (9),** l'une des 5 villes Compagnon de la Libération, revendique une histoire riche (superbe **musée du château des ducs de Bretagne** où naquit la duchesse Anne) tout en s'inscrivant dans la modernité (fabuleux **parcours Estuaire**), sans avoir peur d'un passé qu'elle regarde avec lucidité (émouvant **Mémorial de l'abolition de l'esclavage**). Revivez, enfin, les grandes heures des 1ers bains de mer et la construction des villas balnéaires en flânant du côté de **Névez (10),** du **Pouldu (11),** de **Carnac-Plage (12),** de **Saint-Pierre-Quiberon (13),** de **Préfailles (14),** de **Saint-Brevin-les-Pins (15)** et de **la baie de La Baule (16).**

*Saint-Goustan*

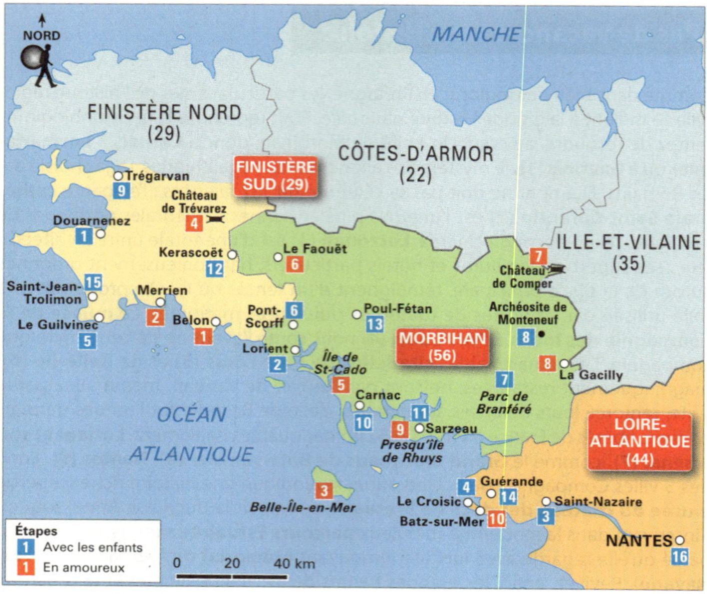


## Avec les enfants

Non seulement les bambins sont peu sensibles aux caprices de la météo, mais la Bretagne leur réserve un tel panel d'activités qu'ils ne s'ennuieront jamais (vous non plus d'ailleurs !). Bien sûr, les apprentis mariniers sont particulièrement bien lotis : le **Port-Musée de Douarnenez (1),** la **Cité de la Voile Éric-Tabarly à Lorient (2),** ***Escal'Atlantic,*** le **sous-marin *Espadon*** et les **chantiers Atlantique à Saint-Nazaire (3)** les passionneront à tout âge, tout comme l'**Océarium du Croisic (4).** Pour tout savoir sur le monde de la pêche, direction la **Cité de la Pêche Haliotika au Guilvinec (5)** et l'**Odyssum de Pont-Scorff (6).** Les plus terriens s'amuseront surtout au **parc de Branféré au Guerno (7),** un émouvant parc animalier où Nicolas Hulot a implanté son école de sensibilisation à la biodiversité. À **Monteneuf (8),** déambulez entre les menhirs de l'**Archéosite** (440, dont 40 debout), une approche du Néolithique certes plus modeste que Carnac, mais aussi plus tranquille, au milieu des bois, et hautement pédagogique. Étanchez la soif de connaissance de vos chérubins au **musée de l'École rurale de Trégarvan (9),** pour une approche émouvante de l'école en Bretagne ou au **musée de la Préhistoire de Carnac** où sont organisés des ateliers passionnants pour comprendre la vie de nos ancêtres **(10).** Belle découverte médiévale au **domaine de Suscinio à Sarzeau (11),** une merveilleuse résidence ducale qui n'a pas encore livré tous ses secrets ! Les **constructions en pierres debout de Kerascoët** et **Kercanic (12)** constituent une vraie curiosité en matière d'habitat traditionnel : on peut encore admirer ces petites chaumières de granit, coiffées de leurs toits de chaume. Comme au **village de Poul-Fétan (13).** Impossible, enfin, de faire l'impasse sur les marais salants et le métier de paludier à l'**Espace Sel et Nature-Terre de Sel** de **Pradel (14),** près de Guérande. La **Maison des jeux bretons de Saint-Jean-Trolimon (15)** vous apprendra tout sur la galoche bigoudène et autres jeux traditionnels. À la croisée des mondes de Jules Verne et des automates de Léonard de Vinci, les **Machines de l'île à Nantes (16),** peuplées de créatures fantasmagoriques, impressionnent les petits comme les parents. N'oubliez pas que le littoral breton aligne des kilomètres de **plages** pour s'adonner aux joies du ramassage de coquillages et bâtir des châteaux de sable. Enfin, comme le grand air creuse, on n'a rien trouvé de mieux pour 4-heures que de bons biscuits (pur beurre, siouplaît) ou une onctueuse crêpe beurre-sucre. Bonnes vacances, les loupiots !

## En amoureux

Vous avez une envie d'escapade romantique avec votre moitié ? Cap sur la Bretagne, où les idées ne manquent pas pour conter fleurette. Musarder le long de la côte entre les petits **ports du Belon et de Rosbras (1).** Du sentier côtier, bordé de genêts, on jouit d'un superbe panorama sans entrave entre ciel, mer et rivière, et d'une incroyable palette de jeux de lumière. Les peintres de l'école de Pont-Aven l'avaient bien compris ! Un peu plus loin, le **port de Merrien (2),** lové au fond d'une petite anse, est sans doute le plus secret. Décor plus théâtral mais tout aussi romantique à la **pointe des Poulains (3),** sur **Belle-Île,** où Sarah Bernhardt abrita ses amours. Juste à côté, le **jardin Éden du Voyageur** constitue, dans un désordre naturel, une ode à la rêverie. Le **domaine de Trévarez (4),** ouvert toute l'année, présente des variétés remarquables de fleurs aux amoureux… des plantes ! (Re)déclarez votre flamme sur l'**île de Saint-Cado (5),** une perle reliée au continent par un romantique pont de pierre, devant le superbe **enclos paroissial de Sainte-Marie-du-Menez-Hom,** près de **Plomodiern,** ou à la **chapelle Sainte-Barbe,** près du **Faouët (6),** qui apparaît tel un mirage lorsqu'on y arrive par le haut du ravin, via un escalier monumental. Le sentier en contrebas conduit à la fontaine Sainte-Barbe où les jeunes filles impatientes de trouver un époux viennent jeter des épingles ! Laissez les crapauds vous conter les amours de Merlin et Viviane en faisant le tour du lac du **château de Comper,** en **forêt de Brocéliande (7).** Assumez votre flamme (et votre flemme) en vous faisant chouchouter dans un centre de **thalasso** pieds dans l'eau, ou à **La Gacilly (8),** fief de la maison Yves Rocher où vous revivrez, entre 2 soins à base de plantes, l'aventure de cette marque et flânerez dans le jardin botanique et les venelles du village au cours d'une promenade bien romantique. Programme plus actif du côté de la **presqu'île de Rhuys (9)** que vous découvrirez à vélo avant d'assister au coucher de soleil du petit port du Logeo, à Sarzeau, tout en savourant une bonne assiette d'huîtres. Aux beaux jours, enfin, quoi de plus romantique que de poser sa serviette sur la **plage (saint ?) Valentin sur la Côte d'Amour (10),** à Batz-sur-Mer ?

Fest-noz

© WorldPictures/Shutterstock

La pointe des Poulains, Belle-Île-en-Mer

# Interview #experienceroutard

**Par la rédaction du *Routard***

**En quoi la Bretagne Sud est-elle différente du reste de la Bretagne ?**

Quand on aime la Bretagne, c'est toute la Bretagne qu'on aime ! Pour autant, si partout le parfum de l'iode et des landes nous chatouille, cette Bretagne présente bien plusieurs visages et pays historiques. La Cornouaille, le Pays vannetais, Nantes et le pays de Retz... autant de régions verdoyantes parcourues de rivières confèrent à la Bretagne Sud un visage à la fois mi-terrien, mi-maritime. Avec ses eaux un poil plus chaudes que dans le Nord, sa longue façade océanique jalonnée d'anses et plages de sable blanc exposées sud, son chapelet d'îles et sa petite mer intérieure (le golfe du Morbihan), elle offre un visage riant. On parle même de « riviera bretonne » !

**Une expérience à vivre**

Si l'on ne peut passer à côté du festival interceltique célébré chaque année en août à Lorient, ni louper ce patrimoine unique et millénaire que sont les mégalithes de Carnac, on ne vient pas en Bretagne Sud sans cocher la case « mer ». Une école nautique célèbre (Les Glénan), un club de voile dans toutes les stations de vacances (on a tous en tête ces petites coquilles de noix, les Optimist, qui voguent à la queue leu leu). Sans compter la célébrissime Trinité-sur-Mer, Mecque de la course au large où l'on vient admirer de géants trimarans. Et puis, embarquer sur un voilier, c'est s'offrir l'expérience unique de découvrir autrement le golfe du Morbihan au rythme des vents et marées.

**Une expérience culinaire**

Le sud de la Bretagne est mi-terrien, mi-maritime. Comme ses 2 grandes spécialités : la crêpe et l'huître. Moelleuse ou *kraz* (beurrée croustillante) pour l'une, fine, plate ou spéciale pour l'autre, elles ont forgé l'identité du « pays ». Et tandis que les crêperies misent aujourd'hui sur la qualité des ingrédients et la finesse des préparations, côté mer, ce sont les lieux de dégustation ostréicole qui éclosent. Devant une assiette d'huîtres et avec un p'tit ballon de blanc bien sec, les couchers de soleil ont un goût d'éternité.

**Et que rapporter dans ses valises ?**

Ce ne sont pas les idées qui manquent, mais plutôt la place dans les valises ! Une marinière ou un pull marin devenus chics depuis qu'Armor Lux a lancé sa 1re collection. Un inévitable bol-prénom, popularisé par la faïencerie Henriot, pour les 1ers vacanciers des congés payés. De Quimper à Pornic... ils sont partout ! Et puis, n'oublions pas le volet gourmand : sardines, andouille de Guémené, kouign-amann, *gotchial* (brioche typique de la presqu'île de Rhuys), caramel au beurre salé... N'en jetez plus !

# COMMENT Y ALLER ?

## PAR LA ROUTE

➢ ***Pour Vannes, Carnac, Quiberon, Lorient, et toute la côte sud de la Bretagne, jusqu'à Quimper :*** principal accès par la voie express N 166, puis N 165 qui dessert très bien le littoral et se ramifie en de nombreuses routes secondaires. La circulation peut y être dense les jours redoutés par Bison Futé.

➢ ***Pour Nantes et la Loire-Atlantique :*** depuis Paris, l'accès le plus direct reste l'autoroute A 11, l'Océane. Nantes... tout le monde descend. Elle devient ensuite N 165 vers Saint-Nazaire et La Baule. Mais la plus belle manière de rejoindre la ville d'Anne de Bretagne, pour ceux qui ont le temps, reste sans conteste la route des rives de la Loire depuis la Touraine et l'Anjou.

### Location de voiture

■ ***ADA :*** Ada propose des véhicules particuliers et utilitaires à la location, à petits prix partout en France. Les véhicules sont disponibles en agence, mais aussi en libre-service. Grâce à l'application mobile, vous pouvez récupérer votre véhicule avec votre smartphone 24h/24 et 7j/7. Plus d'attente en agence et donc un gain de temps considérable. Location possible dès 18 ans, sans surcoût. Offres sur l'application ***Ada*** et sur ● *ada.fr* ● Réduc de 10 % sur votre location avec le code *ROUTARD*.

■ ***BSP Auto :*** *BSP Auto* est un courtier qui propose, sur son moteur de réservation en ligne, les locations de véhicules des grandes compagnies de location, assurant un très bon niveau de service. Les prix comparés sont attractifs et comprennent les assurances et, le plus souvent, le kilométrage illimité. Le plus : vous ne payez votre location que 5 jours avant le départ. ☎ *01-43-46-20-74 (tlj 9h-21h30, w-e 9h-20h).* ● *bsp-auto.com* ● *Réduc de 5 % aux lecteurs de ce guide avec le code « routard21 ».*

### Le covoiturage

Le principe est économique, écologique et convivial. Il s'agit de mettre en relation un chauffeur et des passagers afin de partager le trajet et les frais, que ce soit de manière régulière ou occasionnelle ● *blablacar.fr* ● (disponible sur le Web et sur mobile). L'inscription est gratuite.

### Tarifs autoroutiers

● *autoroutes.fr* ● Le portail des autoroutes bien utile pour préparer son voyage en France et en Europe. Renseignements sur les temps de trajet, conditions de circulation et prix sur tous les tronçons autoroutiers de l'Hexagone.

## EN BUS

Le réseau de bus longue distance s'étant intensifié ces dernières années, le plus pratique est de consulter le comparateur de billets d'autocars ● ***comparabus.com*** ● qui regroupe et compare les prix des différentes compagnies présentes en France. À vous de voir en temps réel les liaisons existantes. Un lien vers les compagnies permet d'acheter ses billets en direct.

## EN TRAIN

### Au départ de Paris

🚂 Les TGV pour la Bretagne Sud partent de la ***gare Paris-Montparnasse.***

Depuis la région parisienne, départ des gares Aéroport-Charles-de-Gaulle, Marne-la-Vallée – Chessy et Massy-TGV.

➢ Nombreuses fréquences directes (ou

avec correspondance à Rennes) pour ***Vannes*** *(env 2h40),* ***Auray*** *(env 2h50),* ***Lorient*** *(3h10)* et ***Quimper*** *(3h50).*

➢ TGV direct ***pour Nantes*** *(env 2h15 ; départs ttes les 30 mn-1h30).* TGV direct (ou avec correspondance à Nantes) pour ***Saint-Nazaire*** *(2h55),* ***La Baule-Escoublac*** *(3h10)* ou ***Le Croisic*** *(env 3h25).*

## Au départ de la province

➢ ***Lille :*** TGV (Atlantique) directs vers Nantes *(env 4h45),* puis Vannes et Lorient avec correspondance à Paris ou Rennes.

➢ ***Lyon :*** TGV directs avec Nantes *(env 4h30).*

➢ ***Marseille :*** TGV direct *(6h20),* et plus fréquemment via Paris-gare de Lyon *(6h40 de trajet).*

➢ ***Strasbourg :*** TGV directs avec Nantes *(env 6h30),* et plus fréquemment avec correspondance à Paris, Roissy ou Le Mans.

➢ ***Bordeaux :*** trains interrégionaux directs avec Nantes *(env 5h),* et plus rapides en TGV via Paris *(env 4h30).*

## Pour voyager au meilleur prix

La SNCF propose des tarifs et des cartes adaptés à chacun de vos voyages. Mais pour voyager au meilleur prix, mieux vaut s'y prendre le plus tôt possible et viser les billets Prem's, les TGV Ouigo (disponibles uniquement sur Internet) et... les promos.

➢ ***Les cartes de réduction :*** pour ceux qui voyagent régulièrement, de 30 % de réduction avec les cartes « Avantage » Famille, Jeune, Week-end ou Senior (49 €, valables 1 an).

➢ Billets Prem's : des billets à petits prix, échangeables et remboursables comme les autres billets (offres soumises à conditions), mis en vente 4 mois avant le départ du train. Impossible de poser des options de réservation sur ces billets : il faut les payer immédiatement. Leur prix augmente à l'approche du départ. Ils ne sont pas proposés sur les TGV Ouigo.

## Renseignements et réservations

– ***Internet :*** *● oui.sncf ●*
– ***Téléphone :*** ☎ *36-35 (appel gratuit).*
– Également dans les gares, les boutiques SNCF et les agences de voyages agréées.

## Comment circuler en Bretagne Sud ?

### *Le TER BreizhGo*

La Région Bretagne et la SNCF proposent des tarifs régionaux accessibles à tous pour voyager en train ou en car TER Bretagne : l'abonnement Uzuël pour les voyageurs fréquents (75 % de réduc), les prix ronds pour les voyageurs occasionnels (de 5 à 28 € selon la distance parcourue, avec l'aller-retour au prix de l'aller tous les samedis) et la gratuité pour les moins de 12 ans accompagnés d'une personne payante, tout le temps (gratuit jusqu'à 4 enfants de moins de 12 ans par accompagnateur payant). Pour les jeunes, le tarif TER moins de 26 ans coûte 8 € pour un trajet de moins de 150 km et 15 € au-delà.

### *Pour découvrir la Bretagne Sud*

En saison estivale, le *Tire-Bouchon,* un petit train touristique relie Auray à la presqu'île de Quiberon en 40 mn environ. *Circule tlj en juil-août ainsi que les w-e de la 2de quinzaine de juin et de la 1re quinzaine de sept. Billet A/R : 7 € ; pass journée 9 € (tarifs 2019).*

### *Pour tout renseignement*

– ***N° Vert :*** ☎ *0800-880-562 (appel gratuit depuis un poste fixe ; lun-ven 6h15-20h, sam 9h-16h, dim et j. fériés 13h-20h).*
– ***Internet :*** *● ter.sncf.com/bretagne ●*
– ***Pour se déplacer facilement dans toute la Bretagne :*** *● breizhgo.com ●* Ce site bien pratique permet de planifier vos déplacements en train, car, bus, métro, tramway...

## Comment circuler en Loire-Atlantique ?

Avec Aléop en TER, trouvez votre rythme et voyagez écomobile ! Différentes tarifications en fonction de votre façon de voyager :

– L'abonnement *tutti illimité,* pour les trajets quotidiens. Pour les moins de 26 ans, un tarif encore plus avantageux !

Résidence Prestige Valentin Plage à Batz sur Mer

Résidence Prestige Le Château de Kergonano à Baden

– La *Carte mezzo* ou la *Carte mezzo - 26*, pour voyager toute l'année à - 50 %.
– Le *Forfait multi* : 2 jours de voyages illimités, jusqu'à 5 personnes, au prix unique de 45 €.
– Enfin, pour vos voyages occasionnels, profitez du *Billet ecco* en ligne : des tarifs à partir de 2 € et jusqu'à 20 € maximum sur toutes les destinations dans la région des Pays de la Loire. Également des tarifs *Billet live* à 5 € vers une sélection d'événements.

***Pour tout renseignement***

– ***Nº Vert :*** *☎ 0800-210-800 (service et appel gratuits ; lun-ven 7h-20h, sam 8h-13h)* ;
– ***Internet :*** *● paysdelaloire.ter.sncf.com ●* ;
– sur l'appli « Assistant SNCF » (appli mobile gratuite) ;
– sur le fil Twitter @TERPays2LaLoire ;
– sur la page Facebook TERPaysdelaLoire.

– ***OUI.sncf :*** acteur majeur du tourisme en Europe, expert de la distribution du train et de la destination France, OUI.sncf propose les offres de 15 transporteurs train tels que TGV INOUI, OUIGO, INTERCITÉS, Eurostar, Thalys, TGV Lyria ; 3 compagnies de bus, 400 compagnies aériennes ; 500 000 offres d'hôtels référencés... et des services exclusifs (relation clients disponible 24h/24, Alerte Petits Prix, OUIbot...).

## EN AVION

✈ ***Aéroport de Nantes-Atlantique :*** *à* ***Bouguenais.*** *☎ 0892-568-800 (infos vocales, 0,40 €/mn + prix d'appel). ● nantes.aeroport.fr ● À 12 km au sud-ouest du centre. Liaison par navette aéroport (20 mn) avec la gare et le centre-ville ttes les 20 mn lun-sam, ttes les 30 mn dim et j. fériés (● tan.fr ●) ; tarif 9 €.* Dessert quotidiennement Paris et plusieurs grandes villes régionales (Montpellier, Marseille, Toulouse et Nice, notamment) ainsi que de nombreuses villes européennes, notamment avec *Air France, Aegean Airlines...* et des compagnies *low-cost (EasyJet, Flybe...).*

✈ ***Aéroport de Lorient-Bretagne Sud :*** *☎ 02-97-87-21-50. ● lorient.aeroport.fr ●* Dessert Paris-Charles-de-Gaulle et Toulouse quotidiennement.

✈ ***Aéroport de Quimper-Bretagne :*** *à* ***Pluguffan.*** *☎ 02-98-94-30-30. ● quimper.aeroport.fr ● Liaison par navette entre le centre-ville ou la gare et l'aéroport, tlj sur résa la veille avt 17h (● qub.fr ●).* Dessert Orly avec *Air France* et Londres avec *British Airways (● britishairways.com ●).* Autres dessertes en France, en saison, avec correspondance, avec *Air France.*

▲ **AIR FRANCE**

*Rens et résas au ☎ 36-54 (0,35 €/mn ; tlj 6h30-22h), sur ● airfrance.fr ●, dans les agences Air France (fermées dim) et dans ttes les agences de voyages.*
*Air France* propose à tous des tarifs attractifs toute l'année. Pour consulter les meilleures offres du moment, allez directement sur la page « Nos meilleurs tarifs » sur *● airfrance.fr ● Flying Blue,* le programme de fidélité gratuit d'*Air France-KLM,* permet de gagner des *miles* en voyageant sur les vols *Air France, KLM, Transavia* et les compagnies membres de *Skyteam,* mais aussi auprès des nombreux partenaires non aériens *Flying Blue...* Les *miles* peuvent ensuite être échangés contre des billets d'avion ou des services (surclassement, bagage supplémentaire, accès salon...) ainsi qu'auprès des partenaires. Pour en savoir plus, rendez-vous sur *● flyingblue.com ●*

### Les compagnies *low-cost*

➢ Depuis l'aéroport de Nantes, plusieurs compagnies *low-cost* dont ***EasyJet*** (*● easyjet.com ●* ; Bâle-Mulhouse, Lille, Lyon, Nice, Toulouse, Genève, Londres Gatwick et Luton, Lisbonne, Porto...), ***Flybe*** (*● flybe.com ●* ; vers la Grande-Bretagne et l'Irlande).

# BON À SAVOIR AVANT LE DÉPART

## ABC de la Bretagne

- ***Superficie :*** 34 023 km² (5 % de la France métropolitaine, Loire-Atlantique incluse).
- ***Préfecture régionale :*** Rennes.
- ***Préfectures départementales :*** Rennes (Ille-et-Vilaine ; Bretagne Nord) ; Saint-Brieuc (Côtes-d'Armor ; Bretagne Nord) ; Quimper (Finistère) ; Vannes (Morbihan).
- ***Population :*** env 3 407 600 hab. ; 4 830 700 hab. avec la Loire-Atlantique.
- ***Densité :*** 137 hab./km².
- ***Principaux secteurs d'activité :*** agriculture et agroalimentaire, pêche, automobile, tourisme, construction navale. La Bretagne se situe à la 9e place du classement des économies régionales.
- ***Phares :*** plus d'un tiers des phares répertoriés en France sont situés en Bretagne.
- ***Îles :*** près de 1 000 îles et îlots parsèment le littoral breton, soit 70 % des îles de France ! Seules 12 d'entre elles sont habitées, la plus peuplée étant Belle-Île-en-Mer.
- ***Le sentier des douaniers :*** long de 1 800 km, on peut le parcourir en... 80 jours (en moyenne).

# INFOS PRATIQUES

## Adresses et infos utiles

### À Paris

■ ***Gîtes de France :*** *40, av. de Flandre, 75019. ☎ 01-49-70-75-75. • gites-de-france.com • info@gites-de-france.fr • Ⓜ Stalingrad. N'accueille pas le public mais renseigne sur les gîtes en général.* Les résas sont à faire auprès des relais départementaux des *Gîtes de France* (indiqués dans ce guide en introduction de chaque département) ou sur le site internet.

■ ***Ti Ar Vretoned*** (autrefois appelée *Mission bretonne*) ***:*** *22, rue Delambre, 75014. ☎ 01-43-35-26-41. • contact@missionbretonne.org • missionbretonne.bzh • Ⓜ Montparnasse-Bienvenüe, Vavin ou Edgar-Quinet. Sept-fin juin, lun-ven 18h-23h, sam 10h30-13h30. Téléphoner avt pour que l'on vous ouvre.* L'association culturelle la plus active de Paris. Organise des conférences, des concerts et des *festoù-deiz.* Propose aussi des cours de breton, danse, musique, contes... et parfois des stages de crêpes ou de cuisine pour apprendre à réaliser le traditionnel *kig ha farz*. Quand la Bretagne s'invite à Paris !

### En Bretagne

ℹ ***Comité régional du tourisme :*** *1, rue Raoul-Ponchon, 35069 Rennes Cedex. ☎ 02-99-28-44-30. • tourismebretagne.com •* Toute l'information touristique : hébergements, loisirs, destinations... et brochures

téléchargeables. Site internet complet avec les festivals d'été, activités, visites et idées d'escapades pour un week-end, en famille, etc. Bref, tout pour trouver l'inspiration du séjour.

**Comités départementaux du tourisme :** se reporter aux chapitres correspondants.

**Rando Accueil Bretagne :** *7c, rue Pierre-Texier, 35760 Montgermont.* • *info@rando-accueil.com* • *rando-accueil.com* • Une adresse indispensable pour obtenir toute information sur les randonnées et organiser son hébergement avec le réseau d'adresses labellisées Rando Accueil.

**Institut culturel de Bretagne** *(Skol-Uhel Ar Vro) : 3, rue de la Loi, 56000* **Vannes.** *06-31-32-32-04.* • *skoluhelarvro.bzh* • *icb@skoluhelarvro.bzh* • Multiples renseignements sur la culture bretonne.

**Agence régionale des Pays de la Loire :** ☎ *02-40-89-89-89.* • *enpaysdelaloire.com* • *culture.paysdelaloire.fr* • Sites de la structure régionale en charge du tourisme. Agenda des festivals de l'été notamment, en Loire-Atlantique.

### Se déplacer en Bretagne

• ***mobibreizh.bzh*** • Ce site vise à développer le transport collectif en Bretagne, enjeu crucial du développement durable, en prenant en compte tous les modes de transports publics. Il permet ainsi de planifier un itinéraire en métro, en bus, en tramway... et le covoiturage. Parcours détaillés, cartes, temps de trajet. Plus besoin de voiture pour découvrir la Bretagne !

## Carte d'adhésion internationale aux auberges de jeunesse (carte FUAJ)

Cette carte vous ouvre les portes des 4 000 auberges de jeunesse du réseau *HI-Hostelling International* en France et dans le monde. Elle permet aussi de bénéficier de tarifs préférentiels avec les partenaires des auberges de jeunesse *HI* (locations de voitures, excursions et activités variées). Il n'y a pas de limite d'âge pour séjourner en auberge de jeunesse. Il faut simplement être adhérent ; carte valable 1 an à compter de la date d'achat (sur Internet ou dans les AJ).

### Renseignements et inscriptions

- ***En France :*** • *hihostels.com* •
- ***En Belgique :*** • *lesaubergesdejeunesse.be* •
- ***En Suisse :*** • *youthhostel.ch* •
- ***Au Canada :*** • *hihostels.ca* •

Si vous prévoyez un séjour itinérant, vous pouvez réserver plusieurs auberges en une seule fois en France et dans le monde.

## Carte internationale d'étudiant (carte ISIC)

Elle prouve le statut d'étudiant dans le monde entier et offre de nombreuses réductions (billets d'avion, hôtels et auberges de jeunesse, assurances, cartes SIM internationales, locations de voitures...).

### Renseignements et inscriptions

- ***En France :*** • *isic.fr* • *Tarif : 13 € pour 1 année scolaire.*
- ***En Belgique :*** • *isic.be* •
- ***En Suisse :*** • *isic.ch* •
- ***Au Canada :*** • *isiccanada.ca* •

# BUDGET

**Recommandation à ceux qui souhaitent profiter des réductions et avantages proposés dans le *Routard* par les hôteliers et les restaurateurs.**

À l'hôtel, pensez à les demander au moment de la réservation ou, si vous n'avez pas réservé, **à l'arrivée.** Ils ne sont valables que pour les réservations en direct et ne sont pas cumulables avec d'autres offres promotionnelles (notamment sur Internet). Au restaurant, parlez-en **au moment** de la commande et surtout **avant** que l'addition ne soit établie. Poser votre *Routard* sur la table ne suffit pas : le personnel de salle n'est pas toujours au courant et une fois le ticket de caisse imprimé, il est souvent difficile de modifier le total. En cas de doute, montrez la notice relative à l'établissement dans le *Routard* de l'année et, bien sûr, ne manquez pas de nous faire part de toute difficulté rencontrée.

Nous vous indiquons ci-après l'échelle des tarifs auxquels nous nous référons pour l'ensemble de nos guides France.

## Hébergement

D'une manière générale, nous indiquons des fourchettes de prix allant de la chambre double la moins chère en basse saison à la plus chère en haute saison. Ce qui implique parfois d'importantes fourchettes de prix, pas toujours en adéquation avec la rubrique dans laquelle l'établissement est cité. Le classement retenu est donc celui du prix moyen des chambres et de leur rapport qualité-prix.
– Les tarifs des ***campings*** sont calculés sur la base d'un emplacement pour 2 avec tente et voiture en haute saison. Ils sont classés en tête de rubrique « Où dormir ? ».
– Pour les ***auberges de jeunesse,*** le tarif indiqué est celui du lit en dortoir, et parfois de la chambre double quand il y en a.
– En ***chambres d'hôtes,*** les prix sont donnés sur la base d'une chambre double. Ils incluent presque toujours le petit déjeuner. Les cartes de paiement sont rarement acceptées. Dans les cas contraires, nous indiquons « petit déj en sus » et « CB acceptées ».
– Concernant les ***hôtels,*** le prix retenu reste celui d'une nuit en chambre double (sans petit déjeuner). La fourchette de prix englobe toutes les saisons, mais il est important de noter que dans les grandes villes, les prix baissent significativement le week-end. Lorsque l'établissement dispose de chambres familiales, nous l'indiquons sans précision de prix.
– ***Bon marché :*** jusqu'à 60 €.
– ***Prix moyens :*** de 60 à 90 €.
– ***Chic :*** de 90 à 120 €.
– ***Plus chic :*** de 120 à 150 €.
– ***Beaucoup plus chic :*** au-delà de 150 €.

## Restaurants

Notre critère de classement est le prix du 1er menu servi le soir (hors boissons). Les notions de « Prix moyens » ou « Plus chic » n'engagent donc que les prix, pas le cadre, même si souvent ils vont de pair. Ainsi, certains restos gastronomiques (et chics)

### VIVE LES MARIÉS !

*En Bretagne, selon la tradition, chaque invité payait son repas. Cette règle démocratique permettait à tous, riche ou pauvre, d'inviter tout le village. Cette tradition existe encore dans certains endroits.*

qui proposent parfois d'intéressantes formules au déjeuner seront malgré tout classés dans la rubrique « Plus chic » en raison des tarifs pratiqués le soir. Ne boudez donc pas cette rubrique qui recèle parfois d'intéressantes pépites. Enfin, la rubrique « Sur le pouce » référence des adresses que l'on recommande pour les sandwichs et plats à emporter. Les tarifs correspondent généralement à la rubrique « Très bon marché ».

- ***Très bon marché :*** moins de 15 €.
- ***Bon marché :*** de 15 à 25 €.
- ***Prix moyens :*** de 25 à 35 €.
- ***Chic :*** de 35 à 50 €.
- ***Plus chic :*** plus de 50 €.

- ***Logis*** est la 1re chaîne de restaurateurs-hôteliers indépendants en Europe avec 2 200 établissements répartis dans 8 pays. Fort de ses 70 années d'expérience, le réseau offre l'assurance d'un accueil personnalisé et chaleureux, d'un hébergement de qualité ainsi que d'une restauration faite maison mettant à l'honneur produits locaux et de saison. Engagés sur les territoires, tous les *Logis* sont impliqués dans une démarche d'économie locale, privilégiant les circuits courts et les produits régionaux. Plus d'infos : ● *logishotels.com* ●
- ***The Originals, Human Hotels & Resorts*** est un mouvement collectif de 600 hôteliers indépendants qui partagent une vision commune : celle d'une hôtellerie plus authentique et plus humaine. Au travers de 6 catégories, de l'hôtel de luxe à l'économique, les hôteliers *The Originals, Human Hotels & Resorts* ont tous quelque chose d'unique à partager, vous faire découvrir ou expérimenter : une recette, un moment de vie, une passion, une histoire. Une diversité d'expériences pour profiter du meilleur de la vie locale dans 12 pays en Europe et dans le monde. ● *theoriginalshotels.com* ●

## CLIMAT BRETON : ORAGES ET DES ESPOIRS !

Nulle part ailleurs le ciel ne change aussi rapidement : gris et nuageux un jour, d'un bleu pur le lendemain. Brumeux à l'aube, clair à midi, ensoleillé dans la soirée. Car, ici, le temps marche avec les marées et suit les cycles de la lune. « Il pleut toujours en Bretagne », dit-on. Comme s'il ne pleuvait pas ailleurs !

### GLAZ

*Voici une couleur propre à la Bretagne. Elle évoque la nature, notamment la mer et le ciel avec leurs teintes changeantes. Le glaz évolue constamment entre le bleu, le vert et le gris. Voilà le secret de la beauté de la Bretagne !*

Erreurs, clichés et préjugés défavorables ont dessiné une Bretagne promontoire archi-humide de l'Europe occidentale. Il y pleut, bien sûr. Mais il y fait beau aussi. Très beau même, quand le vent l'a décidé.

Entourée par 2 mers, la Manche et l'Atlantique, la péninsule armoricaine jouit d'un vrai climat océanique, doux et tonique. Il ne fait jamais très froid – en hiver – ni trop chaud – en été ! L'air du littoral est si riche en iode que le seul fait de le respirer est déjà une cure de bien-être. Allez-y en arrière-saison si vous le pouvez, vous aurez un temps souvent exceptionnel.

C'est en hiver que la Bretagne subit ses plus fortes tempêtes.

Sur la ***côte sud,*** le climat est globalement plus ensoleillé, plus chaud, plus sec que sur la côte nord. À Carnac (Morbihan), il y a seulement 128 jours de pluie en moyenne par an et 2 055 h de

### LE JOUR LE PLUS LONG

*Grâce à son positionnement géographique, en été, le jour tombe plus tard en Bretagne qu'ailleurs en France. Plus on va vers l'ouest, plus le soleil s'attarde !*

soleil. Par comparaison, Biarritz compte 177 jours de pluie par an. La température moyenne dans le Morbihan est de 18 °C en été. La côte sud du Finistère jouit aussi de ces avantages avec des microclimats.

■ ***Météo France :*** ☎ *0899-71-02 + numéro du département (2,99 €/mn).* • *meteofrance.com* • Bulletins actualisés par département et commune. Bien pratique quand le temps est incertain pour organiser sorties et activités.
– ***Météo marine :*** ☎ *3201 (2,99 €/mn).* Tous les bulletins marine pour les activités de bord de mer et la navigation : rivage, glisse, côte et large.

## LIVRES DE ROUTE

– ***Le Cheval d'orgueil,*** de Pierre-Jakez Hélias (éd. Terre humaine/Plon, 2001 ; Pocket, 1999). Les mémoires d'un Breton du Pays bigouden. Un des incontournables de la littérature bretonne, publié en 1975 et vendu à plus de 2 millions d'exemplaires. En ravivant les coutumes et traditions, ce succès, porté à l'écran par Claude Chabrol en 1980, a redonné leur fierté aux Bretons.
– ***Composition française,*** Mona Ozouf (Folio, 2016). Cette ancienne directrice de recherche en histoire au CNRS, fille d'instituteurs bretons bretonnants, est née à Lannilis (en Finistère Nord). Dans sa *Composition française,* elle revient sur son enfance et sa famille, partagée entre l'attachement à la culture bretonne (son père était un autonomiste breton), l'école publique où lui sont transmises les valeurs de la république, et son éducation religieuse. Ces souvenirs donnent lieu à une galerie de portraits vivants, émouvants.
– ***L'Île des capitaines,*** de Jean Bulot (1988 ; éd. De Certaines, 2001). Chroniques maritimes et sociales d'une île du Ponant du XVIIe au XXe s. Jean Bulot, ancien commandant de l'*Abeille Flandre,* un des remorqueurs de haute mer les plus puissants du monde, basé à Brest, fait ici référence à son île natale, l'île d'Arz, dans le golfe du Morbihan, qui a engendré nombre de carrières brillantes dans la marine.
– ***Pêcheur d'Islande,*** de Pierre Loti (1886 ; Folio, 1988). Beaucoup de force romanesque, mais surtout une description fidèle de la rude vie des pêcheurs d'Islande fin XIXe-début XXe s. Le départ en campagne de pêche, l'attente de la femme amoureuse et inquiète, les naufrages, etc.
– ***Dictionnaire amoureux de la Bretagne,*** de Yann Queffélec (Plon, 2013). L'auteur revient sur sa région d'origine à travers un essai passionné. Culture, légendes, villes, langue, ports, hommes et femmes célèbres... rien n'est laissé de côté dans ce pavé (850 pages tout de même !) bourré d'anecdotes touchantes.
– ***La Légende de la mort chez les Bretons armoricains,*** d'Anatole Le Braz (1902 ; éd. Nabu Press, 2014). Un des plus célèbres écrivains et collecteurs de légendes bretonnes nous décrit ici l'importance de la mort et de sa personnification, l'*Ankou,* dans l'imaginaire breton.
– ***Ils sont fous ces Bretons,*** d'Erwan Vallerie et Nono (Coop Breizh, 2003). Pour ceux qui veulent s'installer en Bretagne ou pour les Bretons qui croient connaître leur région, ce bouquin plein d'humour passe en revue tous les clichés sur les descendants d'Astérix : ils seraient têtus, alcooliques et vivraient constamment sous la pluie. Même pas vrai, d'abord !
– ***Un été à Pont-Aven,*** de Jean-Luc Bannalec (trad. Amélie de Maupeou, Pocket, 2015). De son vrai nom Jörg Bong, cet homme de lettres allemand, amoureux de la Bretagne, est l'auteur de romans policiers dont le héros, le commissaire Dupin, a fait la renommée. Les 8 intrigues nous plongent dans des lieux emblématiques bretons. Cet opus, le 1er de la série, nous emmène au cœur du Finistère. Véritable succès en Allemagne, il est même adapté en téléfilm.
– ***La collection des Astérix*** (textes de Goscinny, dessins d'Uderzo, éd. Dargaud). Évidemment, tout le monde connaît le village des Gaulois bretons ou

Bretons gaulois. À noter qu'*Astérix chez les Bretons* se passe... en Grande-Bretagne (ils sont fous ces linguistes !).

– ***Deux vagabonds en Bretagne,*** de Pierre Josse et Bernard Pouchèle (éd. Terre de Brume, 2000). Une histoire d'amour avec la Bretagne en 200 photos noir et blanc, pleines de nostalgie, souvent insolites, illustrant des textes à l'humour décalé et bourrés de tendresse. Une Bretagne très fantasmée mais si vraie, à découvrir et à déguster sans modération ! Hélas épuisé, mais on le trouve encore sur les sites internet (neuf ou d'occasion).

– ***Morgane,*** de Stéphane Fert et Simon Kansara (éd. Delcourt, 2016). Demi-sœur du roi Arthur, Morgane aurait dû hériter du royaume de Bretagne. Assoiffée de revanche, elle décide alors de se tourner vers la magie pour retrouver le pouvoir qui lui était dû. Une version alternative des légendes arthuriennes, racontée dans une bande dessinée au style tout en finesse.

– ***Les Gardiens de la Pierre, tome 2 – Carnac Attack,*** de Greg Newman et Dom (Jungle, 2019). Des collégiens dotés de superpouvoirs combattent l'exubérant docteur Lamuerté au milieu des alignements de Carnac. Une BD jeunesse coéditée par les Éditions du Patrimoine (Centre des monuments nationaux) pour une immersion totale dans le site.

– ***Revue des îles :*** ● *larevuedesiles.fr* ● Un magazine biannuel consacré aux îles du Ponant, ces îles des côtes atlantiques et de la Manche. Uniquement de (très) belles photos, pas de pub. Bien plus qu'un magazine.

## PERSONNES HANDICAPÉES

***Tourisme et Handicap***

Créé par le secrétariat d'État à la consommation et au tourisme en partenariat avec les professionnels du tourisme et les associations représentant les personnes handicapées, ce label permet d'identifier les lieux de vacances (hôtels, campings, sites naturels, etc.), de loisirs ou de culture (musées, monuments, etc.) mais aussi des offices de tourisme accessibles aux personnes en situation de handicap. Cette accessibilité, visualisée par un pictogramme correspondant aux 4 types de handicap (moteur, visuel, auditif et mental), garantit accueil, accessibilité et confort et une utilisation des services proposés avec un maximum d'autonomie dans un environnement sécurisant.

Pour connaître la liste des sites labellisés par départements ● *tourisme-handicaps.org* ●

Par ailleurs, dans notre guide, nous indiquons par le logo les établissements qui possèdent un accès ou des chambres pouvant accueillir des personnes handicapées. Certaines adresses sont équipées selon les critères les plus modernes. D'autres, plus simples, plus anciennes aussi, sans répondre aux normes les plus récentes, favorisent l'accueil des personnes handicapées en facilitant l'accès à leur établissement, tant sur le plan matériel que sur le plan humain. Appelez donc auparavant pour savoir si l'équipement de l'hôtel ou du resto est compatible avec votre niveau de mobilité.

– Pour retrouver tous les sites adaptés accessibles en Bretagne : ● *tourismebretagne.com* ●

## SITES INTERNET

• ***routard.com*** • Le site de voyage nº 1, avec près de 800 000 membres et plusieurs millions d'internautes chaque mois. Pour s'inspirer et s'organiser, près de 300 guides destinations actualisés, avec les infos pratiques, les incontournables et les dernières actus, ainsi que les reportages terrain et idées week-end de la rédaction. Partagez vos expériences avec la communauté de voyageurs : forums de discussion avec avis et bons plans, carnets de route et photos de voyage. Enfin, vous trouverez tout pour vos vols, hébergements, voitures et activités, sans oublier nos suggestions pour réserver votre voyage au meilleur prix.
– ***Bon à savoir :*** entre 2 parutions, des événements fortuits (conditions d'accès aux sites, fermetures inopinées, etc.) peuvent intervenir et modifier vos projets de voyage ou de visite. Pour éviter les déconvenues, nous vous recommandons de consulter la rubrique « Inspirations » par région et cliquer sur l'onglet « Actus ».
• ***bretagne.com*** • Un concentré de culture (contes et légendes, patrimoine, gastronomie), d'idées de balades et d'infos pratiques (météo, agenda, etc.).
• ***bretagne-web.net*** • Le site des amoureux de la Bretagne, de très belles photos, des idées d'excursions, des webcams un peu partout en Bretagne pour voir les lieux en temps réel 24h/24 et l'agenda des concerts, fest-noz et autres festivités.
• ***kubweb.media*** • Lancé en 2017, KuB (Kultur/Bretagne) est un média en ligne entièrement dédié à la culture. Le site réunit une riche production de docu, fictions, courts-métrages et créations variées sur et autour de la Bretagne avec pour chaque sujet une intéressante mise en lumière du contexte et du parcours de l'artiste. Un lien participatif permet de suggérer des œuvres ou d'en commenter. Une façon bien vivante de découvrir la Bretagne dans toute sa diversité et sa richesse.
Sans oublier • ***ouest-france.fr*** •, le quotidien le plus lu de France, et • ***letelegramme.fr*** • pour leurs pages locales, régionales, nationales et internationales.

## SPORTS ET LOISIRS

### Randonnées

La Bretagne dispose de 5 000 km de sentiers à parcourir à pied. Il faut distinguer différents types d'itinéraires : GR 34, sentier du littoral, côtier ou des douaniers (c'est le même) ; sentiers de grande randonnée ou GR ; sentiers de promenades et randonnées, ou PR, de 1 journée. Certains de ces chemins en boucle longent les canaux en empruntant les anciens chemins de halage.
– Le ***sentier côtier, du littoral ou des douaniers*** *(GR 34)* fait l'objet d'une protection particulière de la part du Conservatoire du littoral sur certains secteurs. Il est soumis à des règlements de fréquentation lors des traversées de réserves ornithologiques. Il oblige les riverains du domaine public maritime à laisser un passage de 3 m entre la limite de leur propriété et celle des plus hautes eaux. De la baie du Mont-Saint-Michel à Saint-Nazaire, il longe la mer sur plus de 2 000 km.
– Les ***sentiers de grande randonnée bretons*** *(GR 3, 34, 341, 37, 38, 39)* sont balisés de blanc et de rouge. Ils vont d'un point à un autre, mais le retour sur le même sentier permet d'apprécier la différence de paysage, notamment sur le littoral.
– Les très nombreux ***sentiers de promenades et randonnées*** *(PR)* sont balisés de jaune ou parfois d'autres couleurs à thème. Ils proposent des circuits au départ des points touristiques ou des gîtes d'étape. Leur durée va de 1h environ à la journée au maximum. Ce sont les sentiers idéaux pour être suivis en famille ou par de petits marcheurs.

• ***rando.tourismebretagne.com*** • Le site de la région dédié à la randonnée, pour dénicher conseils et inspirations.

■ ***Fédération française de la randonnée pédestre (FFRP) :*** *centre d'information, 64, rue du*

*Dessous-des-Berges, 75013 Paris.* ☎ *01-44-89-93-93.* • *ffrandonnee.fr* • Ⓜ *Bibliothèque-François-Mitterrand.* Édite de nombreux topoguides.

– Les associations locales s'occupant de randonnée se pressent sur les sentiers. Renseignez-vous auprès de la FFRP et des offices de tourisme, sans oublier les visites organisées par les ***parcs naturels régionaux d'Armorique, du golfe du Morbihan et de Brière*** : • *pnr-armorique.fr* • *parc-golfe-morbihan.bzh* • *parc-naturel-briere.com* •

■ ***Rando Accueil Bretagne :*** *7c, rue Pierre-Texier, 35760 Montgermont.* ☎ *02-99-26-13-50.* • *info@rando-accueil.com* • *rando-accueil.com* • *Pas d'accueil public.* Renseigne sur les randonnées et le réseau d'adresses labellisées Rando Accueil. Itinéraires et cartes détaillées de promenades sur le site internet.

➢ À la recherche d'une idée de rando ? Hop, on tape le numéro du département (voire plus précisément le nom d'un bourg ou d'une ville) sur • *visorando.com* •, éventuellement la durée et le niveau de difficulté souhaités, et, magique, les suggestions apparaissent ! D'emblée sont alors précisées clairement d'autres infos (dénivelées, coordonnées GPS du point de départ, en boucle ou pas). Un site collaboratif qui permet de consulter/imprimer le descriptif de la balade, bien sûr, mais aussi l'extrait de carte IGN au 1/25 000 concerné. Le tout complété par les avis des randonneurs.

– Dans le même ordre d'idée, • *mongr.fr* • Un autre site de la rando itinérante, celui de la FFRandonnée et ses milliers de bénévoles qui maintiennent les GR® de France accessibles.

## L'équitation

Il n'est pas interdit – ni impossible en général – d'aller à cheval là où l'on passe à pied. L'itinéraire ***Équibreizh*** propose plus de 2 000 km de circuits balisés. À chaque étape, des hébergements adaptés sont proposés aux cavaliers et à leurs montures. Pour tout ce qui concerne le tourisme équestre, les sentiers de l'Équibreizh, les clubs labellisés et les randonnées, contacter :

■ ***Comité régional de tourisme équestre :*** *5 bis, rue Waldeck-Rousseau, BP 307, 56103* ***Lorient*** *Cedex.* ☎ *02-97-84-44-00.* • *equibreizh.com* •

## Le vélo

Cyclistes et amateurs de plein air, réjouissez-vous : avec plus de 1 800 km d'itinéraires de véloroutes et voies vertes aménagées, la Bretagne est une terre de vélo ! De la Manche à l'océan Atlantique, 9 grands itinéraires cyclables traversent la région – dont 2 véloroutes européennes, la *Vélodyssée* et la *Vélomaritime* –, de cités renommées en espaces naturels préservés. En voie verte pour l'essentiel, ils filent le long du littoral sur le chemin de halage des canaux et rivières, et sur l'ancien ballast de voies ferrées.

– Pour plus d'infos: • *velo-tourismebretagne.com* • et... le guide du *Routard Canaux de Bretagne.*

➢ ***La Vélodyssée :*** longeant la façade atlantique de Roscoff à Hendaye, c'est la plus longue véloroute de France. Elle déroule ses vastes perspectives et ses charmants méandres sur plus de 1 200 km, dont la majorité en voie verte. Cette longue piste cyclable prend racine dans les forêts de feuillus du Finistère, suit les agréables berges du canal de Brest à Nantes, puis se confond avec le littoral atlantique avant d'arriver au Pays basque. Une façon écologique de traverser la France du nord au sud, en itinérance douce ! *Pour plus d'infos :* • *lavelodyssee.com* • et... le guide du *Routard* à vélo : *La Vélodyssée.*

## Sur les canaux

La Bretagne, avec ses 600 km de canaux et rivières navigables, possède un réseau fluvial exceptionnel, qui sillonne la région d'est en ouest et du nord au sud.

– Le ***canal Manche-Océan,*** de Saint-Malo à Arzal, passe par Rennes et Redon en suivant le ***canal d'Ille-et-Rance*** et le cours de la Vilaine à travers des paysages aussi sauvages que séduisants.

– Au fil de ses 238 écluses, le célèbre ***canal de Nantes à Brest*** alterne œuvres contemporaines et châteaux somptueux dans un écrin de verdure.
– De Pontivy, le ***canal du Blavet*** rejoint l'Atlantique à Lorient entre végétation et vieux villages. Des itinéraires à suivre à pied, à vélo, à cheval, en house-boat ou en kayak… Consulter le guide du *Routard Canaux de Bretagne* et le site ● *canauxdebretagne.bzh* ● Très complet, avec cartes interactives. Sélection de loueurs de bateaux.

■ Parmi les loueurs de bateaux, ***Le Boat*** : *rens et résas,* ☎ *04-68-94-42-80.* ● *info@leboat.fr* ● *leboat.fr* ● Loue des house-boats (sans permis) de 2 à 12 personnes et propose des croisières. On a testé, c'est super.

## La pêche à pied et en rivière

Parce qu'en Bretagne les marées sont parmi les plus importantes d'Europe, elles attirent les amateurs de coquillages, locaux et vacanciers. Une pratique ancestrale ! Mais attention toutefois à partir équipé et préparé. Autrement dit, bien se renseigner sur les horaires de marées, la pêche autorisée (taille des prises, quantités) et les éventuelles restrictions sanitaires. Mieux vaut donc se renseigner au préalable à la mairie de votre lieu de vacances ou à l'Agence régionale de la santé *(☎ 02-90-08-80-00).*
Et pour pêcher quelques astuces utiles, consulter le site ● *pecheapied-responsable.fr* ●
En Bretagne Sud, plusieurs rivières font le bonheur des pêcheurs et des amateurs de truites, saumons, brochets. Dans le Morbihan, citons le Blavet, la rivière du Scorff et l'Ellé ; dans le Finistère Sud, la rivière de l'Odet, près de Quimper, ou encore le Goyen.

## Les balades nautiques

Avec ses 2 700 km de côtes, la Bretagne est un véritable paradis du nautisme. Découvrir le golfe du Morbihan, en kayak, remonter la rivière d'Auray ou caboter le long des côtes en paddle, s'offrir une sortie en voilier ou un apéro-coucher de soleil à bord d'un vieux gréement, à chacun son style et son rythme pour découvrir autrement le littoral et profiter de points de vue inédits. ● *famille.tourismebretagne.com* ● *nautismebretagne.fr* ● *tourismebretagne.com* ●
Pour les plus passionnés, le site ● *vogavecmoi.com* ● et en relation coéquipiers et propriétaires de bateaux de plaisance.

## Les sports de glisse

Le vent n'agite plus guère les ailes des moulins sur la côte bretonne (encore à Erdeven, à Ambon…). Mais il pousse désormais des quantités d'engins sur l'eau. La pointe de la Torche, dans la baie d'Audierne (Finistère Sud), est un spot incontournable pour les amateurs de glisse en tout genre : surf, windsurf, kitesurf, char à voile. Elle accueille régulièrement des compétitions nationales et internationales.
La grande plage de Kerhilio, sur la presqu'île de Quiberon (Morbihan), compte parmi les spots de kite les plus en vue en Bretagne. On y pratique kitesurf, surf, windsurf.
– Pour plus de renseignements : ● *tourismebretagne.com* ● *nautismebretagne.fr* ●

## La plongée sous-marine

***Jetez-vous à l'eau !***

Pourquoi ne pas profiter de votre escapade dans cette région maritime pour vous initier à la plongée sous-marine ? Les fonds marins bretons sont riches en espèces (requins-baleines, phoques gris) et en découvertes : épaves – notamment de sous-marins allemands et du bateau qui servit à transporter la statue de la Liberté ! Pour faire vos 1res bulles, pas besoin d'être sportif ni bon nageur. Il suffit d'avoir plus de 8 ans et d'être en bonne santé. En vacances, c'est le moment ou jamais de se jeter à l'eau ! Cela dit, il est indispensable de respecter certains usages et de prendre des précautions comme, notamment, respecter un intervalle de 12 à 24h avant de prendre l'avion, afin de ne pas modifier le déroulement de la désaturation.

L'océan Atlantique offre aux côtes bretonnes les fabuleuses richesses de sa vie sous-marine. En contrepartie, l'humilité est de rigueur pour aborder les innombrables spots de la région, car tempêtes, marées et courants ne pardonnent ni l'inconscience ni même la négligence. Plonger en Bretagne nécessite ainsi – même pour les hommes-grenouilles confirmés – un apprentissage technique très sérieux.
– ***La météo :*** le beau temps s'impose pour plonger. Période idéale : d'avril à octobre, avec une température de 17 °C environ en surface (au fond, l'eau est plus froide). On trouve généralement des spots abrités selon chaque régime météo. Attention à la forte houle d'ouest.

■ ***Répondeur Météo marine :*** ☎ *0899-71-08-08 (2,99 €/mn).* Bulletins pour les activités de bord de mer et la navigation : rivage, glisse, côte et large.

– ***La profondeur :*** la moyenne est de 15 à 20 m. Les plongées dépassent rarement 30 m.
– ***La visibilité :*** en moyenne de 5 à 6 m. Elle peut être réduite aux abords des côtes (brassage du sédiment) mais elle est comparable à la Méditerranée (20 m) quand on plonge sur des roches au grand large ou autour des îles (les Glénan, Groix, Belle-Île). Visibilité limitée sur les épaves.
– ***Les marées :*** facteur essentiel avec lequel il faut jongler. En général, on plonge à l'étale (court moment où la mer ne monte ni ne descend), pour éviter les violents courants de marées. À l'étale de haute mer, visibilité meilleure (eaux claires venues du large) et poissons plus nombreux. L'étale de basse mer permet de gagner au moins 5 m de profondeur sur un spot (paliers de décompression réduits en conséquence).
– ***Les courants :*** violents dans la région et engendrés par les marées, ils sont amplifiés par la géographie du site (golfe du Morbihan).
– ***La vie sous-marine :*** riche et très variée. Votre moniteur vous familiarisera avec les beautés et pièges des fonds bretons, tout en dégotant les choses intéressantes à observer. Certaines espèces affichent une présence systématique sur les spots : laminaires, alcyons, anémones, éponges, tacauds, congres, bars, lieus, vieilles, tourteaux, galathées, oursins. ***Règle d'or :*** respectez cet environnement fragile. Ne prélevez rien, et attention où vous mettez vos palmes !
– ***Derniers conseils :*** en plongée, restez absolument en contact physique avec vos équipiers. Attention aux filets abandonnés sur les roches ou les épaves.

***Les centres de plongée***

En France, la majorité des clubs de plongée sont affiliés à la Fédération française d'études et de sports sous-marins (FFESSM). Les autres sont rattachés à l'Association nationale des moniteurs de plongée (ANMP) ou encore au Syndicat national des moniteurs de plongée (SNMP). L'encadrement – équivalent quelle que soit la structure – est assuré par des moniteurs, véritables professionnels de la mer, qui maîtrisent le cadre des plongées et connaissent les spots « sur le bout des palmes ». Un bon centre de plongée est celui qui respecte toutes les règles de sécurité, sans négliger le plaisir. Méfiez-vous d'un club qui vous embarque sans aucune question préalable sur votre niveau ; il n'est pas « sympa », il est dangereux. Vérifiez si le centre est bien entretenu (rouille, propreté, etc.), si le matériel de sécurité – obligatoire – (oxygène, trousse de secours, téléphone portable ou radio, etc.) est à bord. Les diplômes des moniteurs doivent être affichés.

## La thalassothérapie

Finies les thalassos curatives et vieillottes, elles sont aujourd'hui une réponse au stress ambiant et offrent, souvent dans des cadres modernisés et avec un panel de soins innovants, une belle occasion de se ressourcer. Bonne nouvelle, la

Bretagne, véritable berceau des soins en bord de mer, en compte une douzaine, dont 8 rien qu'en Bretagne Sud : les centres de Carnac, Concarneau, Quiberon, Douarnenez, Bénodet, Belle-Île, Arzon – Port-du- Crouesty, La Baule et Pornichet.
• *thalasso-bretagne.fr* •

## VISITES EN BRETAGNE SUD

Villes d'Art et d'Histoire, Petites Cités de caractère, Villes historiques, Plus Beaux Villages de France, la Bretagne a de quoi régaler l'amateur de vieilles pierres. Voici quelques sites utiles pour découvrir leurs programmes de visites, circuits détaillés et manifestations culturelles :
• ***vpah.culture.fr*** • ***petitescitesdecaractere.com*** • ***tourismebretagne.com*** •

### Les « Villes d'Art et d'Histoire »

- Quimper (Finistère).
- Concarneau (Finistère).
- Lorient (Morbihan).
- Vannes (Morbihan).
- Nantes (Loire-Atlantique).
- Guérande (Loire-Atlantique).

### Les « Petites Cités de caractère »

- Locronan (Finistère).
- Pont-Croix (Finistère).
- Guémené-sur-Scorff (Morbihan).
- Josselin (Morbihan).
- Malestroit (Morbihan).
- Rochefort-en-Terre (Morbihan).
- La Roche-Bernard (Morbihan).

### Les « Villes historiques »

- Quimperlé (Finistère).
- Pont-l'Abbé (Finistère).
- Hennebont (Morbihan).
- Port-Louis (Morbihan).
- Auray (Morbihan).
- Pontivy (Morbihan).
- Châteaubriant (Loire-Atlantique).

### Les « Communes du patrimoine rural »

De petits villages bénéficient d'un label particulier attribué pour la qualité du site, des animations et pour l'habitat. Il s'agit de Concoret, Cruguel, Guéhenno, Le Guerno, Locmalo, Noyal-Muzillac, Peillac, Ploërdut, Séglien et Tréhorenteuc (Morbihan).
Chaque village est doté de circuits d'interprétation et de découverte du patrimoine. Renseignements complémentaires sur • *tourismebretagne.com* • *cprb-dev.org* •
– Voir aussi plus haut le chapitre « Itinéraires conseillés ».

# LE FINISTÈRE SUD

• Carte *p. 54-55*

## ABC du Finistère

- ❑ ***Superficie :*** 6 733 km$^2$.
- ❑ ***Préfecture :*** Quimper (63 000 hab. ; traité dans ce guide).
- ❑ ***Sous-préfectures :*** Brest, Morlaix (traités dans le guide *Bretagne Nord*) et Châteaulin (traité dans ce guide).
- ❑ ***Population :*** 909 028 hab.
- ❑ ***Signes particuliers :*** 1er département maritime de France avec environ 1 250 km de côtes, soit près de ¼ du littoral français !

**Le Finistère Sud correspond peu ou prou à la région historique de la Cornouaille. C'est sûrement dans ce Sud que le Finistère porte le mieux son nom : avec la célèbre pointe du Raz, on touche bien là à la « fin des terres ». Avec ses 1 250 km de côtes, le Finistère est le 1er département maritime de France. Un atout qui attire des visiteurs en quête de paysages sauvages, de côtes fouettées par les vents et de plages de sable blond. L'intérieur des terres, avec les Montagnes Noires, souvent délaissées par les voyageurs en quête d'horizons marins, ramène à la Bretagne brute et noble, pétrie par le temps. Laissez-vous porter entre terre et mer, de chemin forestier en sentier côtier, pour découvrir une palette de paysages et de couleurs qui n'ont pas fini de vous surprendre.**

## Infos utiles

**i *Finistère 360° :*** • *finisteretourisme.com* • Un incontournable pour tout savoir sur les sites immanquables, les hébergements, les activités culturelles ou sportives, les bons plans et les événements. Finistère Tourisme édite une collection de guides thématiques gratuits que l'on trouve dans tous les bureaux d'information touristique : culture, patrimoine et jardins, ports et escales, loisirs nautiques, randonnées...

– Le Conseil départemental propose, avec son ***passeport culturel,*** des entrées à tarifs réduits dans une trentaine de musées et sites finistériens. La 4e visite est gratuite ! • *passeport.culturel.finistere.fr* •

# LE PAYS DE QUIMPER

## QUIMPER (KEMPER)

(29000) | 65 480 hab. | *Carte Finistère Sud, B-C2*

• Plan *p. 56-57*

**Le site a été choisi par les Romains au confluent (d'où son nom *Kemper*) des rivières Steïr et Odet. Depuis, la capitale historique de la Cornouaille s'étire**

BRETAGNE
TOUT
commence
en FINISTÈRE
LANCEZ-VOUS DANS
LA MÉTHODE
FINISTÈRE
OU 7 JOURS
POUR *ADOPTER*
UN PROGRAMME
QUI FAIT ENFIN
PLAISIR

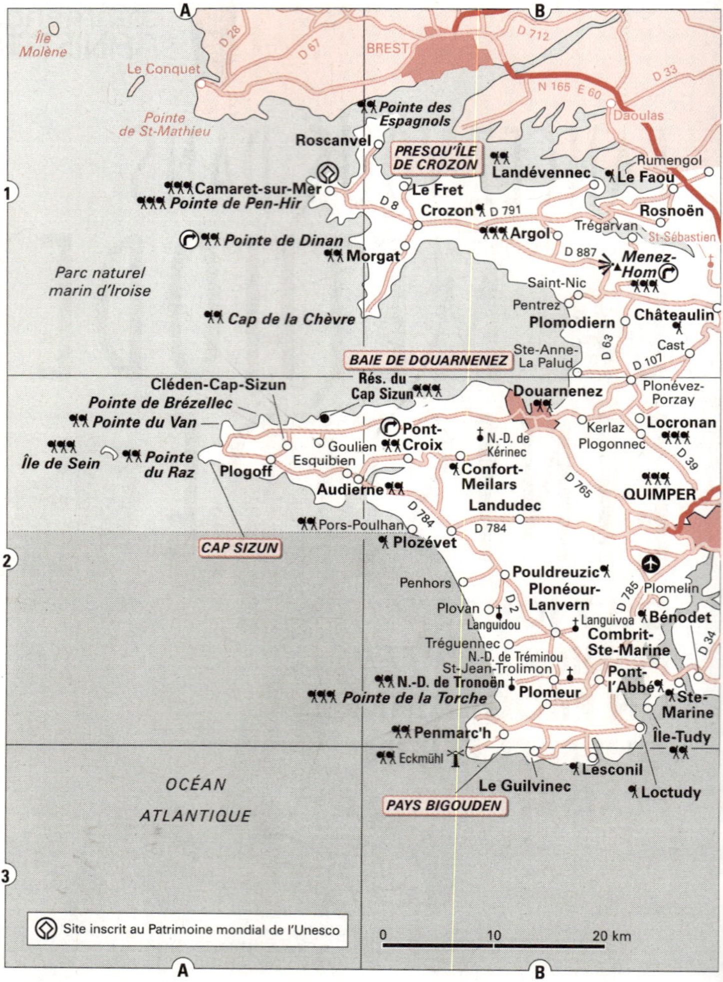


noblement le long de l'Odet. Dans son centre, elle aligne de charmantes maisons à colombages qui habillent des ruelles médiévales et de paisibles placettes. Les anciens remparts encerclent encore une partie de la ville ancienne, et les passerelles fleuries qui semblent jouer à saute-mouton sur l'Odet lui confèrent beaucoup de charme. On aime y flâner, les yeux vers le ciel pour admirer les belles façades et la végétation qui s'échappe des murs de pierre. Et si vous vous perdez, les flèches de Saint-Corentin vous ramèneront sur la place principale, où une bolée de cidre vous requinquera avant de partir à la découverte du charmant quartier de Locmaria.

## LE FINISTÈRE SUD

## Adresses et infos utiles

**Office de tourisme** (plan B1) **:** *8, rue Élie-Fréron.* ☎ *02-98-53-04-05.* ● *quimper-tourisme.bzh* ● *Avr-juin, lun-sam 10h-12h30, 13h30-18h30 ; juil-août, lun-sam 9h-19h ; dim et j. fériés 10h-13h, 15h-18h ; sept-oct, lun-sam 9h30-18h ; nov-mars, lun-sam 9h30-12h30, 13h30-18h.* Cet office nouvelle génération est doté d'un espace numérique, avec casque de réalité virtuelle disponible librement ! Il édite un magazine gratuit et un plan touristique

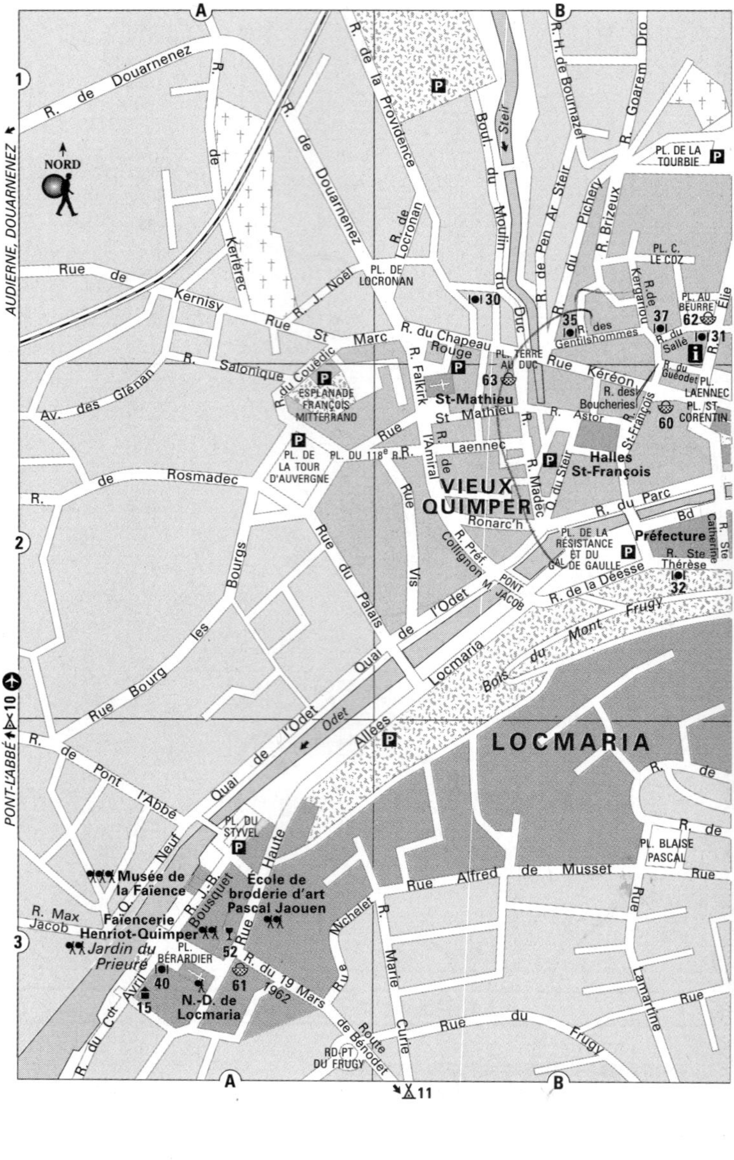

A
B
1
2
3
NORD
AUDIERNE, DOUARNENEZ
PONT-L'ABBÉ
10
11
R. de Douarnenez
R. de Kerfère
R. de la Providence
R. de Locronan
Boul. du Moulin du Duc
Steir
R. H. de Bournazel
R. Goarem Dro
PL. DE LA TOURBIE
R. Steir
R. de Pen Ar Steir
R. du Pichery
R. Brizeux
PL. C. LE COZ
Rue de Kernisy
Kerfèrec
R. J. Noël
PL. DE LOCRONAN
30
Rue St Marc
R. du Chapeau Rouge
PL. TERRE AU DUC
35
R. des Gentilshommes
R. de Kergariou
37
PL. AU BEURRE
62
31
R. du Salle
R. Élie
R. Salonique
R. du Couëdic
ESPLANADE FRANÇOIS MITTERRAND
R. Falkirk
63
St-Mathieu
Rue Kéréon
R. du Guéodet
PL. LAENNEC
Av. des Glénan
Rue St Mathieu
R. des Boucheries
R. Astor
R. St-François
60
PL. ST-CORENTIN
PL. DE LA TOUR D'AUVERGNE
PL. DU 118e R.I.
R. Laennec
R. de l'Amiral
R. Madec
Q. du Steir
Halles St-François
R. de Rosmadec
Rue Vis
VIEUX QUIMPER
Ronarc'h
R. du Parc
Bd
R. Ste Catherine
R. Préf. Collignon
PL. DE LA RÉSISTANCE ET DU GAL DE GAULLE
Préfecture
R. Ste Thérèse
32
Rue des Bourgs
Rue du Palais
Quai de l'Odet
PONT M. JACOB
R. de la Déesse
Mont Frugy
Bois du Mont Frugy
Rue Bourg les Bourgs
Locmaria
Odet
Allées Locmaria
LOCMARIA
R. de Pont l'Abbé
Q. Neuf
PL. DU STYVEL
Rue Haute
R. de
Musée de la Faïence
École de broderie d'art Pascal Jaouen
R. J.-B. Bousquet
R. Max Jacob
Faïencerie Henriot-Quimper
52
Jardin du Prieuré
PL. BÉRARDIER
40
15
61
N.-D. de Locmaria
R. du 19 Mars 1962
R. du Cdt Avril
Rue Michelet
R. Marie Curie
Rue Alfred de Musset
PL. BLAISE PASCAL
Rue Lamartine
Rue du Frugy
Route de Bénodet
RD-PT DU FRUGY

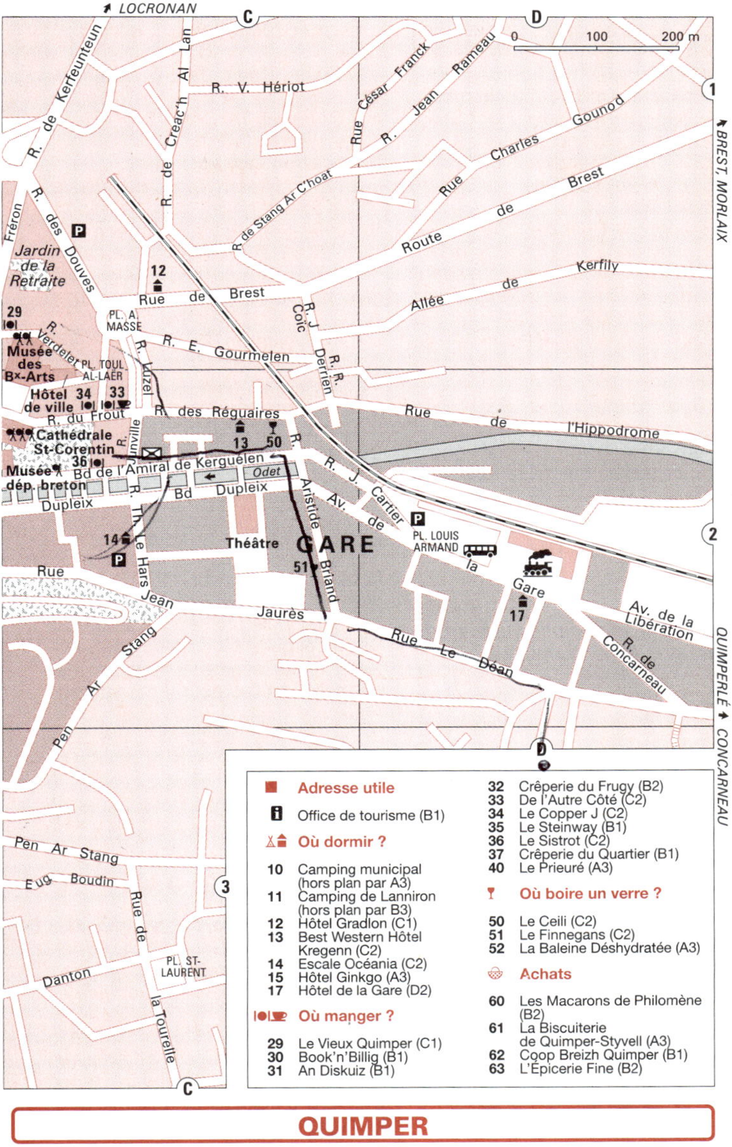


■ **Adresse utile**

Office de tourisme (B1)

**Où dormir ?**

10 Camping municipal (hors plan par A3)
11 Camping de Lanniron (hors plan par B3)
12 Hôtel Gradlon (C1)
13 Best Western Hôtel Kregenn (C2)
14 Escale Océania (C2)
15 Hôtel Ginkgo (A3)
17 Hôtel de la Gare (D2)

**Où manger ?**

29 Le Vieux Quimper (C1)
30 Book'n'Billig (B1)
31 An Diskuiz (B1)
32 Crêperie du Frugy (B2)
33 De l'Autre Côté (C2)
34 Le Copper J (C2)
35 Le Steinway (B1)
36 Le Sistrot (C2)
37 Crêperie du Quartier (B1)
40 Le Prieuré (A3)

**Où boire un verre ?**

50 Le Ceili (C2)
51 Le Finnegans (C2)
52 La Baleine Déshydratée (A3)

**Achats**

60 Les Macarons de Philomène (B2)
61 La Biscuiterie de Quimper-Styvell (A3)
62 Coop Breizh Quimper (B1)
63 L'Épicerie Fine (B2)

## QUIMPER

avec des itinéraires et des conseils de balades. En été : visites guidées des vieux quartiers *(tlj sauf dim et j. fériés),* visites-spectacles nocturnes *(mer et ven)* et visite familiale gratuite *(mer).* Des visites thématiques sont aussi proposées le dimanche hors saison. Billetterie pour des excursions maritimes : croisières sur l'Odet, les Glénan, Ouessant, etc.

✈ ***Aéroport de Quimper-Cornouaille*** *(hors plan par A3)* **:** *29700* ***Pluguffan.*** *☎ 02-98-94-30-30. • quimper.aeroport.bzh • À 10 km au sud-ouest du centre. Une navette relie l'aéroport à la gare (sur résa seulement, lun-ven, au ☎ 02-98-95-97-92 ; • agencequb@keolis.com • qub.fr •).*

🚌 ***Gare routière*** *(plan D2)* **:** *2, pl. Louis-Armand. ☎ 02-98-90-88-89. À côté de la gare SNCF. Lun-sam 6h45-19h15.* Le réseau *BreizhGo* dessert de nombreuses villes du Finistère Sud. *Infos : ☎ 02-98-90-88-89. • breizhgo.bzh •*

🚗 ***Taxis :*** ***Radio Taxi Quimpérois,*** *☎ 02-98-90-21-21 ; • taxi-quimper.fr •* ***Quimper Taxi,*** *☎ 02-98-53-42-42 ; • quimper-taxi.fr •*

■ ***Location de voitures :*** *notamment avec* ***Hertz,*** *19, av. de la Gare, ☎ 02-98-53-12-34 et à l'aéroport, ☎ 02-98-94-09-65 ;* ***Europcar,*** *à la gare, ☎ 02-98-52-57-57 et à l'aéroport, ☎ 02-98-90-00-68 ;* ***Avis,*** *à la gare, ☎ 0820-61-16-79 ou à l'aéroport, ☎ 02-98-90-31-34 ;* ***Rent a Car,*** *50, av. de la Libération, ☎ 02-98-53-03-00.*

■ **Parking :** *en saison, on trouve plus facilement des places au parking de la gare que sur les rives de l'Odet ; cela revient aussi moins cher, avec un tarif fortement dégressif (2,60 € les 2h, 4,60 € les 10h, 8 € les 24h).*

## Où dormir ?

### Campings

⛺ ***Camping municipal du Bois du Séminaire*** *(hors plan par A3,* ***10****)* **:** *av. des Oiseaux. ☎ 02-98-55-61-09. • camping-municipal@quimper.bzh • À 2 km à l'ouest du centre-ville. Env 25 mn à pied de la cathédrale (montée puis descente !) ou bus n° A ou 2 (arrêt Chaptal). Ouv Pâques-Toussaint pour les tentes ; réservé, en hiver, aux caravanes et camping-cars. Accueil fermé mer et dim (ouv dim mat juin-sept). Forfaits env 11,60-15,30 €.* La trentaine d'emplacements, étagés, alternent gazon, terre battue et goudron. Ils sont assez petits et pour la plupart sans ombre, mais le coin est tranquille. Aucune infrastructure à part le bloc sanitaire.

⛺ ***Camping du Domaine de l'Orangerie de Lanniron*** *(hors plan par B3,* ***11****)* **:** *29, allée de Lanniron. ☎ 02-98-90-62-02. • contact@lanniron.com • lanniron.com • Ouv fin mars-début nov (tte l'année pour les loc longues durées). Forfaits tente env 19-41 € ; loc de mobile homes, cottages, studios et maisons 2-11 pers.* Installé dans un superbe domaine de 38 ha, voici un camping tout confort où les hébergements, pour tous les budgets, se dispersent entre golf et prairie humide. On se promène, à 2 pas, sur les bucoliques bords de l'Odet. Évitez juste les logements (trop) proches des salles louées pour les mariages... Aquaparc (pour résidents), trampoline, tennis, minigolf, miniferme... une foule d'activités attend petits et grands en saison. Location de vélos. La voie verte pour piétons et cyclistes permet de rejoindre le centre-ville à 2 km.

### De prix moyens à chic

🏠 ***Hôtel de la Gare*** *(plan D2,* ***17****)* **:** *17 ter, av. de la Gare. ☎ 02-98-90-00-81. • hoteldelagarequimper@wanadoo.fr • hoteldelagarequimper.com • ♿ Congés : vac scol de Noël. Doubles 55-78 €.* Juste en face de la gare (on l'aurait deviné !), on avoue un faible pour ce petit hôtel géré par un couple charmant. On y a reçu le meilleur accueil de la ville ! Les chambres se répartissent dans 2 bâtiments et arborent parquet, mobilier et tons marins. Préférez celles à l'arrière, très silencieuses. L'ensemble est frais, tenu avec grand soin et moderne.

🏠 ***Hôtel Gradlon*** *(plan C1,* ***12****)* **:** *30,*

*rue de Brest. ☎ 02-98-95-04-39. • contact@hotel-gradlon.fr • hotel-gradlon.fr • ♿ Congés : 2-3 sem en janv. Doubles 60-150 €. Réduc de 10 % sur le prix de la chambre, la 1re nuit, sur présentation de ce guide.* À 2 pas du centre, et pourtant on se croirait à la campagne en poussant la porte de ce petit hôtel. Papier peint et rideaux fleuris, mobilier ancien, le tout dégage un charme un tantinet suranné. Les chambres sont joliment décorées, et les supérieures donnent sur un charmant patio fleuri. Les moins chères, sur la rue, sont bien insonorisées et tout aussi confortables (mais on entend quand même ses voisins).

**Escale Océania** *(plan C2,* ***14****) : 6, rue Théodore-Le-Hars. ☎ 02-98-53-37-37. • oceania.quimper@oceaniahotels.com • oceaniahotels.com • Doubles env 62-94 €.* Son imposante bâtisse grise n'a rien de bien engageant, mais ne vous y fiez pas. Cet hôtel central et moderne abrite une soixantaine de chambres assez spacieuses, claires et sobrement contemporaines. Bois clair et parquet les rendent lumineuses. Une adresse fréquentée par une clientèle d'affaires. Ne pas confondre avec l'hôtel *Océania,* des mêmes propriétaires, mais situé en périphérie.

### De chic à plus chic

***Best Western Hôtel Kregenn*** *(plan C2,* ***13****) : 13, rue des Réguaires. ☎ 02-98-95-08-70. • information@kregenn.fr • hotel-kregenn.fr • ♿ Doubles 104-154 €. Parking 7 €.* Aux marges du centre historique, ce bel hôtel récemment restauré bénéficie d'un design contemporain assez joueur, alternant notes Art déco (lampes), moquettes grises à motifs, vasques dans l'air du temps et autres têtes de lit turquoise (mais pas que...). Clim pour les chambres donnant côté sud, baignoire balnéo (et plus d'espace !) pour les supérieures. Outre la déco et l'esprit cocooning, on aime beaucoup la terrasse en bois avec canapé d'extérieur donnant sur un jardinet et sa mare à nénuphars, au fond. Accueil d'une grande gentillesse, un de nos coups de cœur.

***Hotel Ginkgo*** *(plan A3,* ***15****) : 1, rue du Chanoine-Moreau. ☎ 02-30-99-75-35. • reservation@hotelginkgo.com • hotel-ginkgo.com • ♿ Doubles env 140-180 € ; suites et familiales.* Installé au bord de l'Odet, dans un ancien prieuré du charmant quartier de Locmaria, cet hôtel marie avec goût vieilles pierres et design. Mobilier contemporain sur mesure, couleurs végétales, parquet clair et douches à l'italienne, tout a été bien pensé pour refléter la sérénité du lieu. Les chambres se répartissent dans la maison principale pour les supérieures (avec vue sur le jardin et l'Odet pour certaines) et une annexe moins charmante mais tout aussi fonctionnelle pour les standard en duplex. Accueil adorable, belle terrasse où prendre le petit déj et calme absolu.

## Où manger ?

### De très bon marché à bon marché

***Au Vieux Quimper*** *(plan C1,* ***29****) : 20, rue Verdelet. ☎ 02-98-95-31-34. Tlj sauf dim-lun. Congés : 3 sem en janv, 1 sem en sept et 3 sem en nov. Repas env 15 €. Réservez !* Fondée en 1956, cette crêperie se niche dans une petite salle rustique aux murs en pierre, meubles bretons, faïences Henriot et... luminaires en bois flotté et cuillères de bois ! On se régale ici de bonnes crêpes traditionnelles (choix énorme !), fines et croustillantes, accompagnées de cidre ou de lait ribot. Demandez une des spécialités de la maison : le « pavé », une sorte de complète, accompagnée d'une salade verte servie dans un bol de petit déj breton.

***An Diskuiz*** *(plan B1,* ***31****) : 12, rue Élie-Fréron. ☎ 02-98-95-55-70. • chamburynatalie@gmail.com • Juil-août, tlj sauf mer et dim ; sept-juin, tlj sauf mar-mer. Congés : mars et nov. Repas env 15 €. Café offert sur*

FINISTÈRE SUD

*présentation de ce guide.* Encore un lieu où l'on savoure de délicieuses crêpes garnies de bons produits locaux, bio pour certains. La mini-salle traditionnelle peut sembler un peu triste, on préfère la poignée de tables en terrasse quand le soleil montre le bout de ses rayons. Dorées et croustillantes, les crêpes font l'unanimité chez les Quimpérois !



**Crêperie du Frugy** *(plan B2,* ***32****) : 9, rue Sainte-Thérèse. ☎ 02-98-90-32-49. • fgfrugy@outlook.fr • Tlj midi et soir ; janv, juin et sept, fermé dim-lun. Repas env 15 €.* Une bonne crêperie, un peu à l'écart des rues touristiques. Avec ses vieilles pierres et sa fresque dessinée par le brodeur Pascal Jaouen, la maison joue la tradition. Andouille, pommes, sardines, caramel maison et même salicorne ou encore galette-saucisse, c'est toute la gastronomie bretonne qui se concentre dans une bonne galette de sarrasin (produits bio et locaux).

**Crêperie du Quartier** *(plan B1,* ***37****) : 16, rue du Sallé. ☎ 02-98-64-29-30. Tlj sauf dim hors saison. Formule déj 12 € ; carte env 15 €. Apéritif maison offert sur présentation de ce guide.* À 2 pas de la très touristique place au Beurre, qui aligne les crêperies lambda, celle-ci se démarque par sa formule déjeuner intéressante et ses crêpes généreusement garnies. Une adresse en toute simplicité, chaleureuse, plébiscitée par nombre de Quimpérois. Les produits sont frais et locaux, l'accueil et le sourire aussi larges qu'une crêpe, et la terrasse sur la ruelle piétonne bien agréable.

**Book'n'Billig** *(plan B1,* ***30****) : 7, rue de la Providence. ☎ 09-81-71-99-36. • booknbillig@gmail.com • ♿ Tlj sauf dim-lun et j. fériés 10h30-18h30 (21h ven). Repas env 12 €.* La 1re crêperie-bouquinerie de Quimper. 2 petites salles intimes, avec le décor le plus chouette qui soit : des livres ! Et dans l'assiette, de bonnes crêpes. On peut repartir avec un bouquin sous le bras (tout est à vendre) ou en déposer un ! Un joli concept qui nous a plu, soutenu par des expos, soirées et petits concerts épisodiques.

**De l'Autre Côté** *(plan C2,* ***33****) : 1, rue Toul-al-Laër. ☎ 09-86-28-55-41. • lea.gouriou29@gmail.com • Tlj sauf dim-lun et j. fériés 12h-18h. Congés : 2de quinzaine d'août. Formule 13 €.* Dans son salon de thé coloré (avec livres et jeux à dispo), Léa mijote une cuisine fraîche et des assiettes vitaminées. Tartes, muffins salés, gratins, salades composées, tout est fait maison. Les gâteaux sont bien alléchants aussi : tarte citron meringuée, moelleux pavot-citron, *carrot cake* ou tarte banane-chocolat, on craque ! Parfait aussi pour un goûter en terrasse. Et Léa a aussi ouvert une annexe gaufres (sucrées ou salées) juste en face, préparées à base de farines bio. Miam !

## De bon marché à prix moyens

**Le Sistrot** *(plan C2,* ***36****) : 53, bd Amiral-de-Kerguélen. ☎ 02-98-10-73-46. • erwangire@gmail.com • lesistrot.com • ♿ Tlj sauf sam midi, dim et le midi les j. fériés ; également fermé mer midi hors saison. Formules 17,50-22,50 € ; accord 3 cidres-mets 11 € en sus. Apéritif maison offert sur présentation de ce guide.* Le *sistr*, c'est le cidre en breton. Ajoutez « bistrot », et voici l'idée de ces 2 frangins, tombés de leur pommier. Au menu : 2 entrées, une petite dizaine de plats, 3 desserts et... 60 références de cidre ! En cuisine, on aime les épices, les accords sucrés-salés et l'exotisme : les assiettes voyagent entre le Finistère et les autres continents, entre terre et mer. Pour le cidre, laissez-vous guider par le chef, qui saura faire pétiller vos papilles. Assiettes apéros aussi.

**Le Steinway** *(plan B1,* ***35****) : 20, rue des Gentilshommes. ☎ 02-98-95-53-70. Tlj sauf dim-lun. Formules déj 16,80-20,80 € (plat 12 €) ; menu le soir 31 €. Au piano (ha ha...), un chef à la belle dextérité jongle entre* les bons produits locaux et les touches aventurières, façon chutneys et notes de mangue, dans des recettes (pas forcément) sucrées-salées, fines et équilibrées. À l'ardoise, de l'excellent poisson (évidemment !) mais aussi de belles pièces de boucher et des desserts gourmands, le tout présenté dans des assiettes alléchantes, pleines de couleurs et de saveurs. Côté cadre : une salle en longueur, aux banquettes de moleskine rouge, sous l'œil vigilant d'un espadon. Petit choix de vins au verre à bon prix. Une valeur sûre.

**Le Copper J** *(plan C2,* ***34****) : 22, rue du Frout. ☎ 02-98-90-16-65. • jaouen.katell@gmail.com • Tlj sauf dim, plus lun hors saison. Formules 15,50-19,50 € ; menus 27,50-35,50 € ; carte env 30 €.* Au pied de la cathédrale, une adresse appréciée des Quimpérois pour sa cuisine régulière où les produits du terroir pétillent sur des notes d'exotisme. Goûtez le magret de canard au chutney d'agrumes et blé noir poêlé, le ceviche ou le poisson du marché. Les carnassiers croqueront dans les appétissants burgers (avec frites maison, évidemment), la valeur sûre de la maison (avec version végétarienne).

## Chic

**Le Prieuré** *(plan A3,* ***40****) : 1, rue Chanoine-Moreau. ☎ 02-98-75-05-55. • contact@le-prieure.fr • Tlj sauf le soir dim et lun. Formules déj (sauf j. fériés) env 20,50-27,50 € ; menus 32-85 € (!) ; plats 14-32 €.* Cette adresse gastronomique, au calme, parmi les meilleures de la ville, sublime les produits locaux au rythme des saisons et des marées, sur des notes volontiers sucrées-salées. Attention les prix grimpent vite, sauf peut-être au déjeuner. 2 salles : l'une, vaste – dont la baie vitrée lumineuse donne sur la grande cour intérieure –, au style épuré rehaussé de touches bretonnantes et de tableaux, se prête aux déjeuners ; l'autre, plus cosy, est agréable en soirée. Belle terrasse dans une jolie cour tout en granit.

FINISTÈRE SUD

# Où dormir ? Où manger dans les environs proches ?

## De prix moyens à chic

**Logis du Stang, chambres d'hôtes** *: 41, allée de Stang-Youenn, 29000 Quimper. ☎ 02-98-52-00-55. 06-81-55-73-83. • contact@logis-du-stang.com • logis-du-stang.com • À 6 km au sud-est de Quimper. Congés : de mi-nov à mi-fév. Doubles 84-94 €.* À 10 mn du centre-ville, en pleine campagne, 4 belles chambres indépendantes, meublées avec goût et aux personnalités différentes : 2 dans le logis principal, 2 dans de mignonnes dépendances en pierre sur jardin. Excellent petit déj servi dans la maison de maître habitée par la famille. Superbe jardin planté d'hortensias, de lavande et de palmiers. Une adresse raffinée et un accueil des plus attentionné. Également un bel appartement à louer au centre-ville.

**Ti-Coz** *: 4, Hent-Koz, lieu-dit Ty Sanquer, 29000 Quimper. ☎ 02-98-94-50-02. • restaurant-ty-coz@wanadoo.fr • À 7 km au nord de Quimper. Tlj sauf dim soir-lun (mar-mer soir sur résa seulement). Menus 27 € (mer-ven midi), puis 34-60 € ; carte 60 €.* À la sortie de la ville, ce restaurant gastronomique offre un décor des plus chaleureux avec de larges banquettes, du bois sombre et des plafonds bleu nuit. À la carte (courte !), place à la fraîcheur et la légèreté avec des plats joliment présentés et colorés. Le terroir et la tradition se mêlent aux épices et à des touches d'exotisme pour titiller les papilles. Desserts tout aussi raffinés. Idéal pour un dîner en amoureux.

# Où boire un verre ?

**Le Ceili** *(plan C2,* ***50****) : 4, rue Aristide-Briand. Tlj 11h (17h dim)-1h.* Impossible de passer par Quimper sans boire une *Coreff* dans cette institution locale, qui n'a pas bougé depuis 1979 ! Ambiance bretonne et celtique garantie (prononcez « Kelli » !), avec des concerts fréquents en saison et des écrans les jours de match. On y a vécu de belles émotions pendant la Coupe du monde 2018 ! Aux beaux jours, la foule déborde allègrement sur la terrasse. Le bar le plus animé de la ville.

**Le Finnegans** *(plan C2,* ***51****) : 46, rue Aristide-Briand. Tlj sauf dim midi et lun, 11h-14h30, 18h (17h w-e)-1h.*

À quelques pas de l'immanquable *Ceili* (voir plus haut), on a aimé ce beau pub boisé aux multiples recoins où se poser avec sa bande. Un long comptoir où goûter les bières locales, des écrans pour les soirs de match et des tonneaux en guise de tables hautes, tout y est dans ce pub au style très *British*.

**La Baleine Déshydratée** *(plan A3, **52**) : 16, rue Haute. Tlj sauf dim-lun, 16h-22h.* Installée à côté de la faïencerie Henriot, la *Baleine* (aussi implantée à Lorient et Saint-Nazaire) crache de la bière à gogo, façon connectée... On charge d'abord sa carte, puis on se sert soi-même à l'une ou l'autre des 28 pompes à bière (artisanale) – sans oublier de goûter à la production maison, bien sûr. En-cas pour éponger.



## Achats

**Les Macarons de Philomène** *(plan B2, **60**) : 13, rue Kéréon. ☎ 02-98-95-21-40. • macaron-quimper.com • Mar-ven (plus lun de mi-juil à mi-août) 9h-19h, sam 8h30-19h15, dim 9h-12h30.* Une halte gourmande à 2 pas de la cathédrale. Réputée pour ses macarons et ses bonnes glaces maison. Les pâtisseries s'en sortent très bien aussi.

**La Biscuiterie de Quimper-Styvell** *(plan A3, **61**) : 8, rue Chanoine-Moreau. ☎ 02-98-65-12-37. • biscuiteriedequimper.com • Tlj 9h-19h (20h juil-août).* La star, ici, c'est la crêpe dentelle, pur produit quimpérois (et née ici même à Locmaria). On peut assister à sa fabrication artisanale sur place (roulée au couteau, selon la méthode ancestrale), un savoir-faire unique en France. Délicatement feuilletée et croustillante, la crêpe dentelle faite maison se vend sous la marque L'Hermine d'Or. Également le célèbre kouign-amann, le far breton, de délicieux sablés, madeleines, gâteau breton et tout un tas d'autres douceurs.

**Coop Breizh Quimper** *(plan B1, **62**) : 16, rue Élie-Fréron. ☎ 09-64-45-70-76. • coop-breizh.fr • Mar-sam 10h30-13h, 14h30-19h.* Vitrine de la culture en Bretagne, cette boutique propose des ouvrages pour enfants en breton, des CD, mais aussi de beaux livres de photos, histoire de prolonger le voyage à la maison.

**L'Épicerie Fine** *(plan B2, **63**) : 12, pl. Terre-au-Duc. ☎ 02-98-10-02-51. Mar-sam 10h (9h30 sam)-19h (plus lun ap-m en juil-août) ; fermé dim.* Cette alléchante boutique pleine de couleurs et de parfums exotiques propose les superbes sélections d'épices d'Olivier Roellinger, ainsi que moult conserves de poisson, biscuits, soupes de poisson, tartinades, vins de petits propriétaires, confitures et autres douceurs. Charcuterie ibérique à la coupe *(10 €, plateau dégustation).* Dans la même veine, avec de la déco et des vêtements en plus, faites un tour dans la boutique voisine : ***L'Échoppe Bretonne*** *(6, pl. Terre-au-Duc).*

**Magasin d'usine Armor Lux** *(hors plan par B3) : 21-23, rue Louison-Bobet, Z.I. de Kerdroniou-Ouest. ☎ 02-98-90-83-83. Tlj 9h30 (10h30 dim)-19h (18h30 à la braderie). Visites guidées des ateliers sur résa seulement.* La bonneterie d'Armor, spécialisée dans les pulls marins, a été fondée à Quimper en 1938. On y trouve cabans, marinières, duffle-coats, cirés, vareuses, polaires, T-shirts, pantalons... Un entrepôt abrite la braderie avec les anciennes collections et les ateliers de fabrication que l'on voit à travers les vitres ; un autre, le magasin d'usine.

## À voir

### *Dans le vieux Quimper*

**La cathédrale Saint-Corentin** *(plan C2) : pl. Saint-Corentin. Tlj 9h45 (14h dim)-18h30 (fermé 12h-13h30 sept-juin).*

Commencée en 1239 et achevée... sous Napoléon III. Pour vous dire qu'elle a été fignolée ! L'une des 3 plus anciennes cathédrales gothiques de Bretagne. Façade à porche unique, tout en lignes élégantes, sobres et équilibrées. Tours carrées surmontées de 2 magnifiques flèches culminant à 76 m. Elles furent construites en 1856 sur le modèle de celle de l'église de Pont-Croix. Entre les flèches, statue du roi Gradlon. Portail finement sculpté qui contraste avec la façade rectiligne.
À l'intérieur, vous noterez que le chœur n'est pas dans le prolongement de la nef... Il y a un angle de 5° ! Sans doute pris pour intégrer dans le chœur la sépulture d'Alain Canhiard, le vainqueur des Normands en 913. Tandis que la nef, rebâtie en 1424, repose sur des fondations romanes du XIe s, le chœur a gardé son axe antérieur. En raison d'un défaut de conception inhérent à l'architecture gothique, on a dû consolider les voûtes du chœur. Cette restauration a surtout permis de restituer à l'ensemble sa polychromie ocre et rouge originelle. Ces tons chauds rendent la cathédrale plus accueillante. Remarquez, dans la chapelle des fonts baptismaux (juste à gauche quand on entre dans la cathédrale), le magnifique vitrail de J.-J. Gruber (1980).

**Le musée des Beaux-Arts** *(MBAQ ; plan C1-2)* **:** *40, pl. Saint-Corentin. ☎ 02-98-95-45-20. • musee@quimper.bzh • mbaq.fr • Juil-août, tlj 10h-18h ; avr-juin et sept-oct, tlj sauf mar 9h30-12h, 14h-18h ; nov-mars, tlj sauf mar et dim mat 9h30-12h, 14h-17h30. Entrée : 5 € ; réduc ; gratuit dim nov-mars. Livret-jeux pour les enfants.* Impossible d'énumérer toutes les richesses qu'il recèle. Voici les plus marquantes : belles œuvres de l'école française du XVIIIe s. Notamment les délicats portraits de Louis-Léopold Boilly. Superbes Boudin : *Nature morte aux fruits* ; *Marine, rivage normand* ; *Vue du port de Quimper.* Insolite peinture régionale bretonne décrivant en tableaux réalistes la vie quotidienne : *L'Oie* de Paul Gauguin, *Rue de Morlaix* de Jules Noël, *Noce en Bretagne* de Leleux, *Retour du pardon de Saint-Anne-la-Palud* de Guillou. Voir surtout *Les Lavandières de la nuit* de Yan' Dargent, dans lequel tout l'esprit des légendes de Bretagne est condensé. Autre mention spéciale aux *Noces de Corentin Le Guerveur* de Roussin, tableau plein de vie. Avec les *Brûleurs de Goémon,* admirez le réalisme de Lucien Simon. De même, le sublime Paul Sérusier et ses *Pommes sur fond bleu...* Admirable salle à manger décorée par Jean-Julien Lemordant pour l'hôtel de l'Épée. C'est toute l'épopée du peuple bigouden qui s'exprime ici avec une énergie fulgurante.
Par ailleurs, la ***salle Max-Jacob*** vaut également le détour. Quelques œuvres du poète né à Quimper, mais surtout une émouvante évocation de sa vie. Toutes les photos de son enfance, sa famille, ses études et diplômes... Portraits par ses amis peintres, dont Picasso, et le seul avec une étoile jaune par Jean Boullet. Remarquables eaux-fortes aux titres évocateurs. Admirez *Chômeurs, La Prisonnière* ou encore *Paysages mauvais,* pour ceux qui douteraient encore du don prémonitoire de certains artistes...
Avant de partir, ne manquez pas la ***nouvelle section surréaliste*** (salle 3). Parmi les œuvres présentées, voir *Le Pont,* du peintre surréaliste ***Yves Tanguy.*** Bien que né à Paris, cet artiste était très attaché au Finistère, sa mère possédant une maison à Locronan. L'œuvre en question est d'autant plus intéressante qu'elle s'avère être la 2e toile à avoir été réalisée par cet autodidacte et une des rares exposées en France. *Querelle d'hiver* de Pierre Roy et *Portrait de Sonia Veintraub* de Jacques Hérold méritent aussi le coup d'œil dans cette salle Max-Jacob consacrée à l'univers poético-onirique des surréalistes.
Derrière la boutique, salle d'expositions temporaires.

**Le Musée départemental breton** *(plan C2)* **:** *1, rue du Roi-Gradlon. ☎ 02-98-95-21-60. • musee-breton.finistere.fr • ♿ Adjacent à la cathédrale. Juil-août, tlj 10h-19h ; sinon, mar-ven 9h30-17h30, w-e 14h-17h30, fermé lun et j. fériés. Dernier accès 30 mn avt. Entrée : 5-7 € ; réduc ; gratuit w-e oct-mai et moins de 26 ans.* Ce musée est installé depuis 1911 dans l'ancien palais des Évêques de Cornouaille, dont la construction s'échelonna du XVIe au XVIIIe s. Remarquer le cloître néogothique, ajouté au XIXe s par l'architecte des flèches de la cathédrale.

Noter également le donjon style Renaissance (XVIe s), édifié pour l'évêque Claude de Rohan. Le musée présente aujourd'hui 4 000 ans d'art régional breton, d'ethnographie et d'archéologie bretonnes.

*Au rez-de-chaussée*
Présentation de la préhistoire au travers de divers objets puis évocation de l'habitat et du mode de vie de la cité gallo-romaine des Osismes, avec, outre les parures, l'orfèvrerie, les objets de la vie quotidienne, la « stèle aux Quatre-Dieux », haute de 3 m et sculptée de plusieurs figures représentant des divinités romaines.
Art médiéval et moderne : 2 gisants de chevaliers, un trésor de pièces d'or des royaumes de France et d'Angleterre (XIVe s), une collection de statues religieuses en bois polychrome (du XIVe au XVIIIe s), des vitraux, etc.

*Aux 1er et 2e étages*
Grande variété de costumes traditionnels ainsi que leurs représentations, exécutées par des peintres et sculpteurs de la région. Le parcours retrace ensuite l'évolution du mobilier depuis le XVIIe s jusqu'au renouveau du mobilier breton dans l'entre-2-guerres.

### LE LIT CLOS BRETON

*La famille habitant souvent dans une seule pièce, ce meuble permettait un peu d'intimité et conservait la chaleur en hiver. On le fermait grâce à des panneaux coulissants joliment décorés de rosaces en roue de charrette. Autre utilité oubliée : le lit clos protégeait les bébés du danger des cochons affamés qui cohabitaient avec la famille.*

*Au 3e étage*
Riche collection de grès et faïences de Quimper ; c'est la plus importante des collections publiques de ce genre, avec plus de 300 pièces, du XVIIe s à nos jours.
– La visite s'achève sur l'espace des expositions temporaires.

**Balade dans le centre historique :** impossible de décrire toutes les ruelles pavées, ni d'élire la plus belle maison à colombages. Voici donc une courte sélection de nos rues préférées, on vous laisse flâner pour trouver la vôtre.
– ***La rue Kéréon*** *(plan B1-2)* **:** autrefois rue des Cordonniers (*kéréon* en breton). Bordée de magnifiques demeures du XVIe s à encorbellement. Façades à colombages ou couvertes d'ardoises. À l'angle de la rue des Boucheries s'élève la plus belle d'entre elles. Avec la cathédrale s'inscrivant dans la perspective, c'est la photo du siècle. ***Rue du Guéodet*** (juste au-dessus), fascinante ***maison des Cariatides.***
– ***La rue Élie-Fréron et la place au Beurre*** *(plan B-C1)* **:** beaucoup de charme. Rue Fréron, admirez l'***hôtel de Boisrouvray,*** au n° 22. Plus haut dans la rue, on tombe sur le ***jardin de la Retraite*** *(avr-oct, tlj 9h-21h ; nov-mars, tlj 9h-19h).* Protégé par les remparts de l'ancienne ville fortifiée, un lieu calme, composé de 4 jardins thématiques. En redescendant, tournez dans l'adorable rue Ar-Barz-Kadiou pour détailler le bel ***hôtel de Boisbilly.*** De là, on rejoint la ***place au Beurre,*** qui connut les 1res imprimeries et librairies quimpéroises. Aujourd'hui, elle regroupe un tas de crêperies qu'on ne conseille pas franchement. Continuez par la ***rue du Sallé,*** où la maison bleue à colombages du n° 10 nous enchante.
– ***La place Terre-au-Duc*** *(plan B1-2)* **:** nombreuses maisons à pignons et encorbellement, ainsi que le long de la petite rivière Steïr (avec sa tour à échauguettes). Jusqu'au XVIe s, la place abritait les halles commerçantes de la ville. La ***rue Saint-Mathieu*** n'est pas en reste avec encore beaucoup de ruelles, passages et placettes tout autour, qui vous livreront leur lot de belles demeures.
– ***Les halles Saint-François*** *(plan B2)* **:** en forme de coque de bateau renversée, on vous conseille d'y aller le mercredi ou le samedi, jours où le marché s'étend dans les rues alentour. On s'y offre alors volontiers une halte gourmande : cuisine du monde ou... crêpe à emporter !

## Dans le quartier de Locmaria

C'est dans ce quartier que se situait l'ancien port de Quimper. On y extrayait l'argile qui a donné naissance à l'art de la faïence. Agréable balade, on s'y rend en longeant l'Odet ; compter 15 mn depuis la cathédrale.

**Le musée de la Faïence** *(plan A3)* **:** *14, rue Jean-Baptiste-Bousquet. ☎ 02-98-90-12-72. • mfq4@musee-faience-quimper.com • musee-faience-quimper.com • Seulement de mi-avr à fin sept, tlj sauf dim et j. fériés 10h-18h. Entrée : 5 € ; réduc. Billet jumelé avec la faïencerie Henriot : 7 €.*
Installé dans une ancienne faïencerie, le long de l'Odet. Les 8 salles d'exposition retracent l'histoire de la faïence à Quimper depuis 1699. Son principal intérêt est d'avoir su intégrer et synthétiser les motifs, les couleurs et les techniques des villes concurrentes comme Marseille, Nevers ou Rouen, et d'avoir finalement inventé un style propre.
Les 1res salles sont consacrées à la technologie, avec des petites maquettes montrant les différentes étapes avant la cuisson et le décor. Puis les faïences du XVIIIe s, où l'on retrouve tous les héritages et où l'on devine déjà l'ébauche d'un style quimpérois. Aujourd'hui emblématique, le petit Breton n'apparaît que dans la 2de moitié du XIXe s. Dès lors, le style Quimper s'impose définitivement. Grâce aux artistes, les décors vont sans cesse s'enrichir et évoluer. Certains laisseront même une empreinte durable : François-Victor Bazin, René-Yves Creston (voir la mappemonde réalisée pour l'exposition coloniale internationale de 1931, dont la ceinture équatoriale porte la mention : « Partout où le soleil passe, le Breton passe »). Les œuvres de Mathurin Méheut, Micheau-Vernez, Nicot, Quilivic, Renaud, Odetta ou Berthe Savigny (connue pour ses bébés) et quelques autres grandes signatures sont particulièrement recherchées par les collectionneurs, notamment pour les périodes Art nouveau et Art déco. Dans la dernière salle, expos saisonnières de grande qualité.

**La faïencerie Henriot-Quimper** *(plan A3)* **:** *pl. Bérardier. ☎ 02-98-90-09-36. • contact@henriot-quimper.com • henriot-quimper.com • ♿ (ateliers et boutique). Boutique et galerie ouv tte l'année, tlj sauf dim et j. fériés 10h-12h30, 13h45-18h15 (visite libre). Visite guidée des ateliers avr-sept (30 mn), lun-ven 10h30 (ou 11h)-16h. Visite : 5 € ; réduc. Billet jumelé avec le musée de la Faïence : 7 €.*
La faïencerie, créée en 1690, est l'une des plus anciennes manufactures françaises. C'est la seule faïencerie bretonne à fabriquer et à décorer entièrement à la main toutes ses faïences. Chaque pièce est exécutée selon la technique de la main levée et signée par l'artiste. Après la visite (30 mn), on vous mène tout droit au magasin... Toute la production est aujourd'hui assurée par une quinzaine d'employés seulement, qui tentent de perpétuer cette tradition de la faïence. Si vous voulez le bol-prénom, le vrai, l'unique, il faudra le commander car la boutique n'a que très peu de stock. Comptez alors 2 semaines de délai et environ 40 € pour un bol. Oui, c'est cher.

### LE BOL-PRÉNOM

*Il fut popularisé par les congés payés en 1936. Les 1ers vacanciers voulaient rapporter un souvenir abordable et utile (ça change). Le prénom doit être peint à la main levée. Mais attention, les bols-prénoms que l'on trouve sur les marchés sont souvent fabriqués en Chine.*

### LE PAYS GLAZIK

*Le pays « petit bleu »... ? Regroupant les communes autour de Quimper, il doit son nom à la couleur des costumes masculins d'autrefois. Tout remonte à 1815. Après la défaite de Waterloo, on ne savait plus que faire des énormes stocks de tissus de l'armée. Un marchand breton les racheta et les vendit sur les marchés près de Quimper.*

**L'école de broderie d'art de Quimper** *(plan A3)* **:** *16, rue*

*Haute. ☎ 02-98-95-23-66. • contact@pascaljaouen.com • pascaljaouen.com • Tlj sauf dim 10h-12h, 13h30-18h ; fermé les j. fériés, le lun en juin et oct et sam-lun le reste de l'année. Entrée : 5 € ; réduc.*
Fondée en 1995 par Pascal Jaouen, l'école de broderie s'est installée dans les locaux qui abritaient les faïenceries de Quimper. Brodeur professionnel et enfant du pays, il s'attache à moderniser la tradition en réinterprétant les motifs traditionnels des différentes communautés, comme le *glazig.* La broderie glazig, qui a donné son nom à la région de Quimper (« pays Glazik »), se reconnaît à ses motifs caractéristiques de fleur et de cœur, brodés sur 2 épaisseurs (lin et drap de laine initialement bleu, d'où le nom) avec du fil de soie aux points de chaînette et de feston.
L'espace comprend l'école, qui enseigne la broderie à l'année mais propose aussi des stages d'été, ainsi que la mercerie, où l'on trouve un vaste choix de fils de soie, des kits de broderie et des catalogues de motifs. Enfin, la galerie accueille des expos d'art textile où sont présentées des créations haute broderie.

**_L'église Notre-Dame de Locmaria_** *(plan A3)* **: *actuellement en rénovation.*** La plus vieille église de Quimper (construite à partir de 1020) offre un bel exemple d'architecture romane bretonne. Sobriété des lignes, belle charpente en bois, et un chemin de croix réalisé par Louis Noël en faïence de Quimper (vers 1860). Par l'intérieur de l'église (porte à droite du cœur), on accède au jardin dans lequel subsistent les vestiges de l'ancien cloître.

**_Le jardin du Prieuré_** *(plan A3)* **:** *en face de l'église. Avr-oct, tlj 9h-21h ; nov-mars, tlj 9h-19h. GRATUIT.* Le long de l'Odet, on aime beaucoup ce « Jardin remarquable ». Établi dans l'esprit des clos médiévaux du XV^e s, il est composé de plantes aromatiques et médicinales (les simples). Outre ses intérêts historiques et botaniques, ce jardin possède aussi une dimension symbolique, comme la fontaine évoquant une source de vie ou les allées en croix symbolisant le supplice de Jésus. On aime s'y reposer, assis sur un banc, en écoutant l'Odet.

## Marchés

– ***Grand Marché :*** *sam mat, le long des quais du Steïr (rue Astor, bd du Moulin-du-Duc et pl. Terre-au-Duc). Également un* ***petit marché*** *le mer.*
– ***Marché bio :*** *ven à partir de 16h, à Kerfeunteun, sur le parking de la Maison pour tous.*
– ***Marché estivaux :*** *juil-août, mar 17h-20h, à la ferme de Sainte-Cécile à Briec ; mer 17h-20h, à la chapelle de Kerdévot à Ergué-Gabéric.*

## Manifestations

– ***Derrière les remparts :*** *jeu à 21h en juil-août, dans les jardins de l'Évêché (plan C2). Programme à l'office de tourisme. GRATUIT.* Musique et danse bretonnes animent ces soirées estivales.
– ***Festival Cornouaille Quimper :*** *3 j., la 3^e sem de juil. ☎ 02-98-55-53-53. • festival-cornouaille.bzh •* Fondé en 1923, il regroupe 140 spectacles, concerts, expos, animations, des milliers de participants en costume, jeux bretons, fest-noz, musique dans la rue, etc. Grand défilé le dimanche matin (clôture) de tous les groupes folkloriques de Bretagne et d'autres pays celtiques.
– ***Semaines musicales de Quimper :*** *1 sem en août. Des concerts seront organisés tt au long de l'année scolaire. • semaines-musicales.bzh •* Festival de musique classique.

## DANS LES ENVIRONS DE QUIMPER

***La cidrerie Manoir du Kinkiz et le musée de l'Alambic à la distillerie Du Plessis*** *(hors plan par D2)* **:** *75-77, chemin du Quinquis,* ***Ergué-Armel.*** *☎ 02-98-90-20-57 (manoir) et 02-98-90-75-64 (distillerie). • contact@kinkiz-terroir.bzh • kinkiz-terroir.bzh • À 6 km au sud-est de Quimper. Visite tlj sauf dim et j. fériés 9h-12h30, 14h-18h30. GRATUIT.* La visite commence par une promenade dans le verger avant de se rendre à la cidrerie où l'on apprend comment était fabriqué et consommé le cidre dans les fermes au début du XX^e s. On pénètre ensuite dans les chais où l'on stocke certes du cidre, mais aussi des eaux-de-vie (*lambig* ou Fine Bretagne AOC) et du pommeau de Bretagne AOC. En fin de parcours, dégustation de différents produits, dont le fameux cidre de Cornouaille (AOP) que fabriquent les Seznec. Goûtez aussi au Pastis marin (on vous laisse la surprise !). Le proche *musée de l'Alambic* présente différents modèles d'alambics en cuivre datant des années 1800 à nos jours, dont quelques modèles ambulants se déplaçant dans les campagnes, ainsi qu'un magnifique pressoir du XVII^e s.

***La distillerie des Menhirs*** **:** *7, Hent-Saint-Philibert, 29700* ***Plomelin.*** *☎ 02-98-94-23-68. • contact@distillerie.fr • distillerie.bzh • À 10 km au sud-ouest de Quimper. Visite guidée en juil-août : lun-jeu à 10h30, 15h et 16h30, ven et en sept à 10h30 et 15h ; le reste de l'année, sur rdv. Boutique ouv lun-sam mat : 8h (10h sam)-12h, 13h30-17h30 (16h30 ven).* Producteurs-distillateurs, la famille Le Lay a créé un whisky, non pas à base d'orge mais de blé noir. Son nom : Eddu. Produisent aussi cidre, pommeaux et *lambig.*

### LA GUERRE DES BOUTONS

*Alexandre Massé perdit ses parents très jeune. Orphelin, il dut partir travailler à Paris, dans une fabrique de boutons. Comme il était travailleur, on lui confia vite la direction de l'usine. En inventant le bouton à 4 trous, il révolutionna l'industrie de l'habillement et écrasa la concurrence. Son brevet fut acheté dans le monde entier. Fortune faite, il revint à Plomelin et légua tous ses biens aux orphelins.*

***La chapelle Notre-Dame-de-Kerdévot*** **:** *à env 11 km vers l'est en direction de Coray par la D 115. Juil-août seulement, tlj sauf dim 15h-18h30 (20h mer) ; hors saison, appeler la mairie d'Ergué-Gabéric (☎ 02-98-66-68-21).* Un ensemble chapelle-calvaire remarquable et entouré de verdure. Le calvaire a perdu les statues de son socle mais il reste tous les personnages des croix. Chapelle typique du beau style cornouaillais du XV^e s, avec un clocher-porche ajouré et une sacristie du XVIII^e s. À l'intérieur, riche mobilier qu'on ne soupçonnerait pas, notamment un magnifique retable flamand et une superbe Vierge sur son trône. Pardon le 2^e week-end de septembre.

# LE PAYS BIGOUDEN

**Le Pays bigouden s'étend de Sainte-Marine, sur les rives de l'Odet, à Plozévet. Les contrastes géographiques sont importants : côte ouest dépouillée, peu peuplée, côte sud protégée et populeuse, marais contre bocage, etc.**
**Ici, nulle falaise escarpée, pas de paysage en miettes ou de côte déchiquetée, mais beaucoup de plat pays où**

### LA TACHE MONGOLOÏDE

*De nombreux petits Bigoudens naissent avec une tache bleue en haut des fesses, qui disparaît à l'adolescence. Cette empreinte génétique se retrouve aussi chez certains Asiatiques. Certaines femmes ont aussi les yeux légèrement bridés. On évoque une présence de Huns ou de Sarmates au IV^e s... Personne ne sait vraiment.*

FINISTÈRE SUD

**s'égrènent ports de pêche et de plaisance, petites stations balnéaires et villages authentiques dans les terres. Une Bretagne à l'état brut, sans maquillage ni concession, émouvante.**
**C'est dans le triangle Quimper-Plozévet-Penmarc'h que la fameuse révolte des Bonnets rouges contre les taxes de Louis XIV se révéla la plus dure, ainsi que la répression qui s'ensuivit. Les clochers des églises qui avaient sonné le tocsin de la révolte furent décapités. On dit d'ailleurs que la forme de la coiffe bigoudène y fait allusion ! Reste que la région proclame toujours fièrement son identité et ses particularismes. À flâner de plages sauvages en villages relativement épargnés par le tourisme, vous vous rendrez vite compte que le Bigouden a de quoi être fier de son pays !**



■ ***Bigouden'Spot :*** *• ccpbs.fr •* Le *pass* existe en 2 versions : celle à 10 € offre 10 % de réduction sur les activités des centres nautiques du Pays bigouden et celle à 30 € donne droit à - 20 % (pour toute la famille) sur les balades, cours et loc.

# COMBRIT-SAINTE-MARINE [kombrid-sant-voran]

(29120) 4 225 hab. *Carte Finistère Sud, B2*

**Face à Bénodet (voir plus loin dans « Le Pays fouesnantais »), sur l'estuaire de l'Odet, la commune de Combrit dévoile l'adorable petit port de Sainte-Marine abrité, coquet et pittoresque, très connu dans le milieu de la plaisance. La belle et longue plage de Kermor attire les familles.**

## Adresses utiles

***Office de tourisme :*** *pl. de Grafenhausen, Sainte-Marine. ☎ 02-98-56-48-41 ou 02-98-82-37-99. • pbs@destination-paysbigouden.com • destination-paysbigouden.com • Ouv pdt vac scol principalement. Juil-août, lun-sam 10h-12h30, 14h30-17h30 ; hors saison, lun, mer et sam 9h30-12h30, jeu-ven 14h30-17h30.*

■ ***Centre nautique :*** *parc de Kerobistin. ☎ 02-98-56-48-64. • cnsm.fr • Juil-août, plus stages aux vac de Pâques et de la Toussaint.* Stages, locations et balades nautiques : kayak, catamaran, dériveur, planche à voile, paddle...

■ ***Le P'tit Bac :*** *☎ 02-98-57-00-58. De début avr à mi-sept, ttes les 30 mn, sauf jeu-ven en début et fin de saison. Tarif : 2 € (idem vélo) ; réduc.* Bac piéton pour Bénodet.

## Où dormir ? Où manger ? Où boire un verre à Sainte-Marine et dans les environs ?

### De bon marché à prix moyens

***Les fermes de Betty, chez Betty Folcher :*** *Le Stang,* ***Combrit.*** *📱 06-74-38-97-57. • b-m.folcher@wanadoo.fr • lesfermesdebetty.com • Ouv d'avr à mi-oct. Double 85 €. Café offert sur présentation de ce guide.* Dans un environnement bucolique et serein, 4 belles chambres, dont une familiale formée de 2 parties séparées par la salle de bains. Les 3 autres, de plain-pied – « Cœur », « Mer », « Campagne » –, bénéficient d'une terrasse privative. Petit déj copieux servi dans la cuisine : belle déco alsacienne rendant hommage aux origines de notre hôtesse – qui apprécie les gens à l'heure ! Vaste jardin pour se prélasser au calme.

**Crêperie de l'Abri :** *15, quai Jacques-de-Thézac,* **Sainte-Marine.** *☎ 02-98-51-98-72. Congés : janv. Tlj en saison, service continu w-e ; hors saison, fermé mar (nov-mars ouv du ven soir au lun midi seulement). Résa conseillée. Carte env 15 €. Café offert sur présentation de ce guide.* Cette maison rénovée datant du XVIIe s et nichée au coin du port abrite une excellente crêperie qui ne désemplit pas l'été (patience !). Les crêpes sont bonnes et croustillantes, et on apprécie la terrasse avec vue sur les bateaux.

**Café du Port :** *2, quai Jacques-de-Thézac,* **Sainte-Marine.** *☎ 02-98-56-44-36. • contact@lecafeduport.fr • De mi-juin à août ou mi-sept, tlj 10h-1h ; fermé lun-mar hors saison. Congés : de mi-nov à début fév, sauf vac de Noël. Menus 21,50 € (déj en sem sauf j. fériés), puis 32-43 €.* Une grande terrasse bien ombragée, avec vue sur le port, sous son auvent, et une belle salle de restaurant aux boiseries marines. Classique carte de poissons et crustacés mais également de bonnes viandes.

**Café de la Cale :** *3, quai Jacques-de-Thézac,* **Sainte-Marine.** *☎ 02-98-56-30-49. • pomat.m@orange.fr • En saison, tlj 10h-0h45 ; le reste de l'année, fermé mar. Congés : de mi-nov à début fév, sauf vac de Noël.* Cette minuscule maison blanche aux volets bleu marine abrite un zinc plutôt charmant : une poignée de tables et surtout la plus chouette terrasse du port. À la petite restauration simple du midi (plat du jour, salades, burger, etc.) succèdent les tapas à partir de 16h. Sans doute l'adresse la plus sympa de Sainte-Marine pour boire un verre mais mieux vaut arriver tôt.

## De chic à beaucoup plus chic

**Chambres d'hôtes La Ferme de Kerscuntec :** *Kerscuntec, route de Kermor,* **Combrit.** *☎ 02-98-51-90-90. 06-86-99-78-28. • contact@lafermedekerscuntec.fr • lafermedekerscuntec.fr • Entre Sainte-Marine et Combrit (3e route à gauche après le pont de Cornouaille en venant de Bénodet). Doubles 90-150 €. CB refusées. Min 2 nuits.* Dans un beau corps de ferme du XVIIe s, les 5 chambres lumineuses, au décor qui fleure bon la campagne, sont fabuleuses. On apprécie le magnifique jardin où sont cultivés des fruits que l'on retrouve dans les confitures du matin, hmm ! Et pour ceux qui voudraient s'activer, les chemins de randonnée ne sont pas loin. Une adresse idéale pour un séjour au calme, en amoureux...

**Hôtel-bistrot du Bac :** *19, rue du Bac,* **Sainte-Marine.** *☎ 02-98-56-34-79. • contact@hoteldubac.fr • hoteldubac.fr • Doubles 84-140 € ; familiales. Réduc de 10 % pour une résa au moins 30 j. avt. Menu 32 € ; plats 19-31 €.* Tout est de blanc et de bleu : bleu marine au bistrot, où l'on sert une cuisine de la mer ; lavande ou bleu clair dans les 11 chambres, pour se rapprocher du ciel. Assez petites mais modernisées, elles sont claires et fraîches, avec jonc de mer ou parquet au sol. De la salle à manger, vue superbe sur l'Odet et le pont de Cornouaille. Terrasse très agréable aux beaux jours – qui s'entend forcément un peu des chambres – mais facturée un peu cher.

**Villa Tri Men :** *16, rue du Phare,* **Sainte-Marine.** *☎ 02-98-51-94-94. • contact@trimen.fr • trimen.fr • Juil-août, resto ouv seulement le soir, tlj sauf dim ; avr-juin et sept-oct, ouv le midi sam, plus le soir mar-sam. Doubles 108-315 €. Réduc de 10 % pour une résa au moins 30 j. avt. Menus 55-115 € ; carte env 70 €.* Cette grande villa, construite en 1913 dans un site exceptionnel au milieu d'un jardin avec vue sur mer, a été transformée en un hôtel résolument contemporain. Les 16 chambres, toutes différentes et très confortables, ont comme points communs une décoration sobre mais raffinée et une vue imprenable sur Bénodet et le petit port de Sainte-Marine. Dans le jardin, des cottages coquets ouvrent sur l'horizon. Au resto *Les Trois Rochers*, dont les baies vitrées et la terrasse regardent l'Odet, la carte, courte, marie les tendances du marché, les saveurs de la mer et la créativité d'un chef talentueux. Une adresse d'exception.

## Où acheter de bons produits ?

**Les Petits Paniers d'Ysa :** *71, rue de l'Odet,* ***Sainte-Marine.*** *☎ 02-98-94-97-58. • lespetitspaniersdysa@orange.fr • En été, tlj sauf dim ap-m 9h30-13h, 16h-19h30 ; hors saison mar-sam 9h30-12h30, 16h-19h, plus dim mat.* Une épicerie gourmande avec gâteaux maison, verrines, planches apéro... En vrac aussi, le meilleur de la production locale : fruits et légumes, charcuterie, excellents fromages, œufs de plein air, conserves de poisson ou terrines, cidres et jus de pomme, vins nature et bio...

## À voir. À faire

**La chapelle de Sainte-Marine :** *souvent ouv en été (horaires un peu aléatoires).* D'architecture typique, en granit, du XVIe s et en forme de L, elle est dédiée aux pêcheurs avec ses magnifiques ex-voto (maquettes de navires suspendues). Étonnant plafond voûté en bois et vitraux modernes qui ne déparent pas l'ensemble.

**L'Abri du marin :** *13, quai Jacques-de-Thézac. ☎ 02-98-51-94-40. De mi-juin à mi-sept, tlj sauf lun et mar mat 10h30-12h30, 14h-19h ; vac scol, mer-dim (jeu-dim en basse saison) 14h-19h. Visite : 2 € ; 3 € pour une visite couplée avec le fort de la pointe de Combrit.* Cette charmante maisonnette aux murs roses, la « couleur du bonheur » selon Jacques de Thézac, est l'un des 15 *Abris du marin* qu'il créa de 1900 à 1952 pour loger et éduquer les gens de mer. Photographies, objets divers évoquant leur vie et expos temporaires.

**Balade sur la pointe de Combrit :** *prévoir env 1h A/R (ni vélos ni poussettes).* Du centre nautique, au parc de Kerobistin, on longe l'Odet (jolie vue sur l'estuaire et Bénodet) jusqu'au phare. Traverser la route et faire une pause au *Fort* (1862), qui abrite des expos temporaires en saison *(juin-sept, tlj sauf mar 14h30-18h30 ; entrée : 2 €, 3 € pour une visite couplée avec l'Abri du marin).* Reprendre un bout de route jusqu'à la maison des douaniers et poursuivre sur le sentier côtier jusqu'à la plage de sable fin de Penmorvan (Kermor). De là, on peut retourner à la case départ par la rue de la plage ou poursuivre jusqu'à Île-Tudy par le chemin en contrebas des dunes ou par l'intérieur du polder : prévoir alors 1h de plus pour l'aller.

## DANS LES ENVIRONS DE SAINTE-MARINE

**Le parc botanique de Cornouaille et le musée des Minéraux :** *à* ***Combrit.*** *☎ 02-98-56-44-93. • info@parcbotanique.com • parcbotanique.com • ♿ Accès fléché depuis la D 44. De mars à mi-nov, tlj 10h-12h, 14h-18h. Fermé du 20 sept à mi-oct et de mi-nov à fév. Entrée par le musée des Minéraux : 8 € ; réduc.* C'est le seul jardin privé du Finistère labellisé « Jardin remarquable ». Ses 4 000 espèces de plantes, parmi lesquelles 380 variétés de camélias, 420 de rhododendrons et quelque 2 000 pieds d'azalées, nous font voyager du Chili au Japon, en passant par le Costa Rica et la Chine. Un grand bol de vert qui s'étend sur 4,5 ha.

## ÎLE-TUDY [enez-tudi]

(29980) 760 hab. *Carte Finistère Sud, B2*

**Ce petit bourg aux blanches maisons s'étirant sur une presqu'île à l'embouchure de la rivière de Pont-l'Abbé est un de nos endroits préférés de la**

**Bretagne Sud, même si on en fait rapidement le tour. Maisons et ruelles étroites rappellent un peu l'île de Sein. Du petit port piéton, on rejoint à pied la longue et belle plage de Kermor, qui s'étire sur près de 4 km vers la pointe de Combrit.**

## Adresses et info utiles

**Office de tourisme :** *5, rue du Port. ☎ 02-98-98-47-12 ou 02-98-82-37-99. • destination-paysbigouden.com • Juil-août, tlj 10h-13h, 15h-19h ; Pâques-sept, lun-ven 10h-12h30, 15h-18h30. Fermé hors saison.*

■ **Centre nautique :** *1, rue des Mousses. ☎ 02-98-56-43-10. • cniletudy.fr •* Stages de voile et planche à voile (juillet-août), location de planches, catamarans, paddles et kayaks.

■ **Le passeur :** *☎ 02-98-56-42-57. Juil-août, tlj 9h-20h (22h de mi-juil à mi-août), juin et sept, tlj sauf dim 9h-12h, 14h-19h (18h sept). Tarif : 1,50 € ; réduc (0,50 € vélo).* Bac piéton pour Loctudy, au départ de la cale.

– **Marchés :** *lun mat, rue de l'Église ; en saison av. de Bretagne.*



## Où dormir ? Où boire un verre ?

**Ty Polder :** *5, impasse des Colibris. 06-33-53-80-22. • protonveronique@gmail.fr • ty-polder.com • Tte l'année. Min 2 nuits. Double 80 €.* Tout au fond d'un quartier résidentiel aux noms d'oiseaux, Véronique loue, à côté de sa belle maison d'architecte en bois, une chambre indépendante du même tonneau, mariant très joliment teck et cèdre rouge. Coin salon, cafetière, vieux meuble chinois, w-c et douche séparés. Le lieu a du charme, notamment grâce à sa petite terrasse extérieure entourée de verdure. Le GR 34 passe juste de l'autre côté du champ (attention aux vaches si elles sont là !).

**Le Winch :** *2, pl. de la Cale. ☎ 02-98-56-36-12. Avr-sept et vac scol, tlj jusque tard ; le reste de l'année, ven-dim.* L'été, la terrasse est parfaite pour siroter un cocktail ou un verre de vin en attendant le coucher de soleil. Petite carte de tartines et tapas pour éponger tout ça, ou alors commandez un saucisson à trancher vous-même ! N'attendez pas de miracle côté service.

## Fête et manifestation

– **Festival « Si la mer monte... » :** *w-e de Pentecôte. • silamermonte.com •* Sensibilisation au réchauffement climatique et aux problèmes de submersion marine. Conférence, animations, concerts, etc.

– **Fête de la Misaine :** *1er w-e d'août.* Rassemblement de vieux gréements, restauration, fest-noz...

# PONT-L'ABBÉ [pont-n'-abad]

(29120) 8 650 hab. *Carte Finistère Sud, B2*

• Plan *p. 73*

**La capitale du Pays bigouden, ville bourgeoise et tranquille, sommeille au bord de son étang et de son petit port de fond d'estuaire. Ici, on essaie de perpétuer les traditions, notamment lors de la fête des Brodeuses en juillet,**

**qui donne l'occasion d'admirer les Bigoudènes et leurs fameuses coiffes. Un événement dans le Sud-Finistère ! Les quelques boutiques et le chouette Musée bigouden occupent les jours de pluie.**

## Adresse et info utiles

**Office de tourisme** *(plan A2)* **:** *11, pl. Gambetta. ☎ 02-98-82-37-99. • destination-paysbigouden.com • Juil-août, 9h30-19h plus dim 10h-12h30 ; oct-mars, ouv lun, mer et ven ap-m, plus jeu et sam mat (lun, mer, ven-sam 10h-12h30, 14h30-17h30 et jeu 9h30-13h30 aux vac scol) ; le reste de l'année, lun-sam 10h-12h30, 14h-18h (fermé ap-m les j. fériés).*

– **Marchés :** *jeu mat, pl. Gambetta et pl. de la République ;* ***marché des créateurs*** *jeu 8h-14h30, de mi-juil à mi-août, cour du château.*



## Où manger ?

### De bon marché à prix moyens

**L'Esprit de Famille** *(plan A2,* ***12****)* **:** *15, rue Lamartine. ☎ 02-98-70-96-04. • espritdefamille29@orange.fr • ♿ Ouv le midi mar-sam, plus le soir jeu-sam ; cave ouv mar-sam 9h-19h30. Formules 14,90-18,90 €.* On traverse la riche cave à vins-épicerie pour rejoindre la vaste salle du milieu, éclairée par une verrière. Les couleurs ne manquent pas dans l'assiette : la cuisine est vraiment élaborée, voire inspirée, d'une belle fraîcheur, à base de très bons produits (délicieuse charcuterie espagnole notamment). Service souriant et bons conseils pour le choix des vins.

**Le Cocagne** *(plan A2,* ***11****)* **:** *23, rue Lamartine. ☎ 02-98-66-19-73. • lecocagne@orange.fr • ♿ Tlj sauf jeu soir et dim en saison ; plus mar soir hors saison. Formules déj 14-17,50 € (lun-sam) ; menus 27-35 € (soir et w-e).* Si le décor est un peu tristoune, la cuisine du marché et les prix d'amis en font un petit resto familial où l'on prend plaisir à passer un moment. Au menu : des produits iodés mais aussi des associations terre-mer, qui ne s'encombrent pas de fioritures inutiles. Bref, un petit resto traditionnel où l'on se concentre sur l'essentiel.

**Le Fief** *(plan A1,* ***14****)* **:** *3, rue du Château. ☎ 02-98-87-24-55. • restaurant.lefief@gmail.com • Ouv midi et soir mer-ven, plus le soir mar et sam. Formules 14,50-18 €.* Décidément, Pont-l'Abbé ne manque pas de bonnes tables. Les produits locaux du marché rencontrent ici les épices du monde, sur des notes volontiers originales. Le menu change au gré des saisons, l'accueil est sympathique et la salle en pierre, cosy.

### De prix moyens à chic

**L'Essentiel** *(plan A2,* ***13****)* **:** *22, pl. de la République. ☎ 02-98-58-63-05. Tlj sauf mer soir, dim soir et lun. Résa conseillée. Formules et menus midi en sem 15-30 € ; menu soir et w-e 45 € ; carte env 50 €.* Une bonne table contemporaine, qui détonne dans ce village traditionnel. La carte, fraîche et courte, se teinte d'exotisme en naviguant entre terre et mer, et parfois les 2 éléments se rencontrent pour des saveurs étonnantes. Produits du marché et de saison, pêche du jour, assiettes raffinées et colorées. Au déjeuner, un excellent rapport qualité-prix, et le soir, une adresse où se faire plaisir.

## Achats

**Le Minor** *(plan A1,* ***30****)* **:** *5, quai Saint-Laurent. ☎ 02-98-87-07-22. • contact@leminor.com • leminor.com • Mar-sam 10h-13h, 14h-19h, plus*

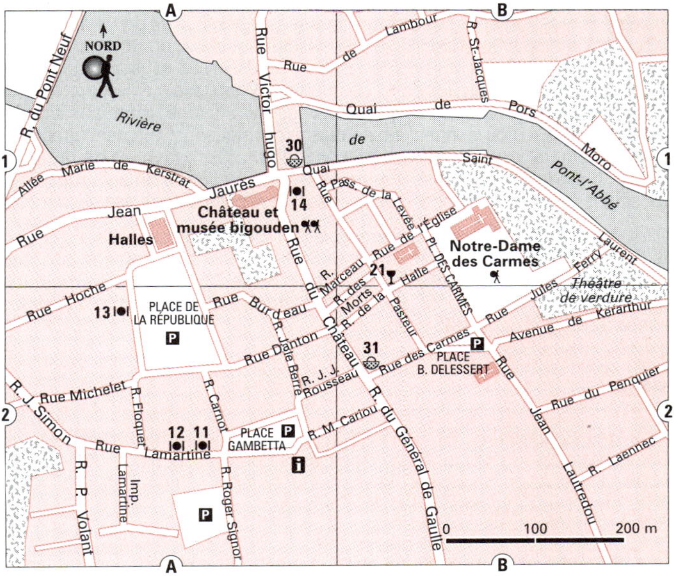


PONT-L'ABBÉ

| | |
|---|---|
| ■ **Adresse utile** | **13** L'Essentiel (A2) |
| Office de tourisme (A2) | **14** Le Fief (A1) |
| **Où manger ?** | **Achats** |
| **11** Le Cocagne (A2) | **30** Le Minor (A1) |
| **12** L'Esprit de Famille (A2) | **31** Sophie C (B2) |

*lun en été.* Fondée en 1936, cette maison était jadis célèbre pour ses habillages de poupées au costume traditionnel. C'est aujourd'hui un classique pour la déco intérieure et le linge de maison (imprimé ou enduit, nappes...).

***Sophie C*** *(plan B2,* ***31****)* **:** *21, rue du Général-de-Gaulle. ☎ 02-98-66-02-60. • sophie@sophie-c.fr • Mar-sam (et lun de mi-juil à août) 9h30-12h30, 14h-19h.* *Sophie C* a eu la bonne idée d'imaginer Lisette, une Bigoudène accrochée à son parapluie, qu'elle décline de la vaisselle au linge de maison. Dans sa boutique, on trouve aussi plein de belles idées déco et cadeaux, du joli mobilier au sac de plage.

## À voir. À faire

***Le château et le Musée Bigouden*** *(plan A1)* **:** *château des Barons du Pont, 1, rue Jean-Jaurès. ☎ 02-98-66-09-03 (visite guidée hors saison : ☎ 02-98-66-00-40). • musee.ville-pontlabbe.bzh • ♿ (partiel). Juil-août, tlj 10h-18h ; avr-juin et sept-vac de la Toussaint, mar-dim 14h-18h. Entrée : 5 € ; réduc, expos permanente (renouvelée ts les ans) et temporaires comprises.* Dans le gros donjon, musée remarquable sur le folklore régional. Les collections proposent une plongée au cœur de l'identité bigoudène. Au 1er étage, on découvre le mobilier sculpté, dont le célèbre lit clos. On apprend que le manque d'hygiène de ce genre de couchage lui a coûté sa disparition dans les années 1930. Amusant, on défile alors dans le temps pour découvrir une cuisine des années 1960. Saviez-vous que la TV est responsable de la disparition des cafés de quartier ? Plus besoin d'aller aux nouvelles au comptoir, les nouvelles s'invitent chez vous. Au 2e étage, place aux costumes traditionnels. Mais d'où viennent ces tenues excentriques ? Comment attacher une coiffe de Bigoudène (pas si évident !) ? Les Bretons descendent-ils des Mongols ? Enfin, le 3e étage est consacré à la broderie avec un film et de superbes coiffes. Expositions temporaires au rez-de-chaussée. Une belle balade dans le temps.



***L'église Notre-Dame-des-Carmes** (plan B1) :* ancienne chapelle d'un couvent des carmes édifiée au XIVe s et modifiée 300 ans plus tard. Admirez les 2 belles rosaces, dont celle du maître-autel (avec de plus de 7 m de diamètre) et la forme originale du clocher surmonté d'un dôme d'ardoise de 2 étages. Le pardon des Carmes a lieu le 3e dimanche de juillet.

## Fête

– ***Fête des Brodeuses :*** *3 j. entre début et mi-juil. • fetedesbrodeuses.com •* Défilés de groupes folkloriques de toutes les régions, élection de la reine des brodeuses et l'occasion de croiser de vraies Bigoudènes ! Énormément de monde. Défilés et fest-noz (payants) place des Carmes.

## DANS LES ENVIRONS DE PONT-L'ABBÉ

***La chapelle de Notre-Dame-de-Tréminou :*** *à 2 km à l'ouest (route de Saint-Jean-Trolimon). Juil-fin sept, tlj 14h30-18h.* Charmant édifice du XVe s, au clocher ajouré. La chapelle fut l'un des hauts lieux de la révolte des Bonnets rouges. En effet, c'est du calvaire-chaire que fut mise la dernière main au *Code paysan,* élaboré par les 14 paroisses en rébellion. Véritable cahier de revendications populaires, il annonçait un siècle en avance les cahiers de doléances de 1789. Parmi les demandes, on trouvait notamment l'abolition de la corvée et l'autorisation des mariages entre nobles et roturiers. Grand pardon le 4e dimanche de septembre.

# LOCTUDY [loktudi] (29750) 4 180 hab. *Carte Finistère Sud, B2*

**Port langoustinier et station balnéaire qui s'étend le long d'une belle côte découpée, on y choisit sa plage selon la direction des vents ! La commune en compte 5, il y en aura bien une faite pour vous ! Commerces et restos se concentrent autour de l'agréable rue du Port, qui mène... au port ! Un joli panorama s'y révèle sur Île-Tudy et la plage de Sainte-Marine. Les randonneurs qui font le GR 34 peuvent passer à Île-Tudy par le traversier en saison.**

## Adresses utiles

***Office de tourisme :*** *pl. des Anciens-Combattants. ☎ 02-98-87-53-78 ou 02-98-82-37-99. • destination-paysbigouden.com • Juil-août, lun-sam 10h-13h, 14h-18h30 ; avr-juin et sept, lun-ven 10h-12h30, 14h-17h ; oct-mars, lun-mer et ven 10h-12h30.*

***Cercle nautique :*** *plage de Langoz.*

☎ 02-98-87-42-84. • cnloctudy.com • Ouv tte l'année. Balades, locations, cours et stages de voile, planche à voile, paddle, kayak... Activités dès 4 ans.
■ **Le passeur :** ☎ 02-98-56-42-57. Juil-août, tlj 9h-20h (22h de mi-juil à mi-août) ; juin et sept, tlj sauf dim 9h-12h, 14h-19h (18h sept). Tarif : 1,50 € ; réduc (0,50 € vélo). Bac piéton pour Île-Tudy, au départ du port de plaisance.

## Où dormir ? Où manger ?

### Camping

**Camping de Kergall :** *bd de la Mer, plage de Langoz.* ☎ *02-98-87-45-93.* • *campingdekergall@orange.fr* • *Tt près du centre nautique et à 800 m à l'est de la ville. Ouv Pâques-15 sept. Forfait tente 15 €. CB acceptées juil-août seulement.* Assez bien ombragé. Simple et pas cher. Le gros plus du camping, c'est la plage (surveillée en juillet-août) de l'autre côté de la rue et le club nautique juste à côté.

### De bon marché à chic

**Hôtel de Loctudy :** *19, rue du Port.* ☎ *02-98-87-40-21.* • *contact@lhoteldeloctudy.com* • *lhoteldeloctudy.com* • *Congés : fin déc-10 janv. Doubles 60-85 €. Un petit déj/chambre par nuit (pour les résas en direct) offert sur présentation de ce guide.* Gros coup de cœur pour cet hôtel tenu avec grand soin par des proprios souriants, qui aiment recevoir et échanger avec leurs clients. Dans la rue qui mène au port de pêche, cette maison agréablement décorée et joliment retapée abrite une quinzaine de chambres au confort et à la propreté irréprochables. Très beau séjour lumineux et terrasse fleurie pour le petit déj. On a aimé l'ambiance maison de famille. Sûr, on y reviendra !

**Au Merlan Frit :** *20, rue des Perdrix.* ☎ *02-29-40-75-42.* • *bentif29@outlock.fr* • *Tlj sauf w-e. Formules déj 12,50-18,50 €.* Petit resto bien planqué côté port. On ne profite pas de la mer depuis la terrasse, mais les hangars à poisson de l'autre côté de la rue garantissent la fraîcheur de la carte. L'ardoise courte change avec la pêche du jour et les envies du chef. C'est simple, c'est frais, bref on s'est régalés. Amusant : un coin brocante au fond avec mobilier vintage, jeux pour enfants, déco chinée... Concert à scène ouverte le 1er vendredi du mois.

**Crêperie du Ster :** *1, rue des Sables-Blancs.* ☎ *02-98-87-58-71. Ouv Pâques-sept et vac scol (fermé mer hors juil-août). Pas de résas.* Si la crêperie donne sur un rond-point, la mer n'est jamais qu'à 600 m et, dans l'assiette, l'horizon est au beau fixe ! Les habitués apprécient les excellentes galettes (aux Saint-Jacques par exemple), les sauces maison, le cadre cosy (avec véranda fermée) et le service efficace et souriant.

## À faire

**Croisières :** *avec les* ***Vedettes de l'Odet.*** *Embarcadère au bout de la rue du Port.* ☎ *02-98-57-00-58.* • *vedettes-odet.com* • Depuis le port de Loctudy *(juil-août seulement)* : la croisière sur l'Odet et les Glénan.

# LESCONIL [leskon] (29740) 3 500 hab. *Carte Finistère Sud, B3*

**À 8 km au sud de Pont-l'Abbé, ce petit port de pêche artisanale, doublé d'un port de plaisance, offre des animations quasi quotidiennes en saison**

**(concerts apéros). Également un centre nautique, mais on préfère aller se dorer la pilule sur les belles plages de Loctudy.**
– ***Fête de la Langoustine :*** *2e sam d'août, au port.*

## Adresses utiles

***Office de tourisme :*** *9, rue du Port. ☎ 02-98-87-86-99 ou 02-98-82-37-99. • destination-paysbigouden.com • Juil-août, lun-sam 10h-13h, 15h-19h ; avr-juin et sept, lun-mer et ven 10h-12h30, 14h30-17h ; fermé le reste de l'année.*
■ ***Centre nautique :*** *2, rue Victor-Hugo. ☎ 02-98-87-89-43. • centrenautiquelesconil.com • Ouv tte l'année.* Location, cours et stages de kayak, catamaran, planche à voile et paddle.
– ***Marchés :*** *mer mat tte l'année et lun soir en juil-août, à partir de 18h sur le port (danses bretonnes).*



## Où dormir ? Où manger ?

### Campings

***Camping des Dunes :*** *67, rue Paul-Langevin. ☎ 02-98-87-81-78. • contact@camping-desdunes.com • camping-desdunes.com • Ouv avr-sept. Forfait tente 22 € ; loc de mobile homes.* Notre camping préféré dans ce joli coin de Bretagne, avec accès direct à la plage. Emplacements à l'abri du vent, derrière les dunes. Sanitaires modernes, aire de jeux de 400 m². Grand confort pour cette structure à taille humaine et à l'accueil familial. Location de vélos.
***Camping de la Grande Plage :*** *71, rue Paul-Langevin. ☎ 02-98-87-88-27. • contact@campinggrandeplage.com • campinggrandeplage.com • Ouv d'avr à mi-sept. Forfaits tente 15-25 € ; bungalows toilés et mobile homes 2-6 pers.* Confortable et bien situé, à 300 m de la plage. On apprécie les haies qui dessinent des emplacements bien délimités. Piscine et toboggans. Location de vélos.

### De prix moyens à plus chic

***Hôtel du Port :*** *4, rue du Port. ☎ 02-98-87-81-07. • contact@hotelduportlesconil.com • hotelduport-lesconil.com • Doubles 61-121 €. Apéritif offert sur présentation de ce guide.* Tout frais, tout pimpant, un hôtel s'intégrant harmonieusement à son environnement et s'ouvrant sur le port par de larges baies vitrées. Modernes, claires et lumineuses, les chambres affichent un design épuré. La plupart offrent une vue privilégiée sur le retour des pêcheurs. Un beau coup de cœur pour cet hôtel nouvelle génération !
***Bistrot du Port :*** *même maison que l'Hôtel du Port. ☎ 02-98-87-81-07. En saison, tlj sauf mer ; hors saison, fermé dim soir, lun et mer midi. Formule 19,50 € (sauf dim et j. fériés), menu bistrot 35 €.* Le cadre contemporain tranche avec la traditionnelle déco bretonne. Dans cette ambiance plaisante et confortable, mais pas prétentieuse, on profite pleinement de la vue sur le port. À la carte : des poissons et fruits de mer d'une belle fraîcheur, à la cuisson impeccable, copieux et bien présentés. Service jeune et plaisant. Terrasse aux beaux jours.
***Crêperie Ty Glaz :*** *2, rue Joliot-Curie. ☎ 02-98-95-48-30. En saison, mar-ven midi et tlj sauf dim le soir.* Juste en retrait du front de mer, cette petite crêperie est bien chaleureuse avec ses parquets, ses tables en bois, sa déco dans l'air du temps, sa jolie céramique et sa petite cuisine serrée derrière une verrière. Mais l'essentiel est dans l'assiette : d'excellentes galettes faisant honneur aux produits du terroir locaux, apprêtés pour certains avec quelques pointes d'inventivité. La carte, assez courte, a en revanche oublié la mer !

**Tara – Cantine de Mer :** *quai de Langoguen (ouest), terre-plein du port. ☎ 02-98-82-27-43. • cantinedemer@orange.fr • Tlj sauf le midi mar et jeu plus, de fin sept à juin, le soir mer et jeu. Congés : dernière sem de juin. Formules déj (sauf dim) 14,90-19,50 € ; menus 19,50-23,90 €. Vente à emporter.* Cantine toute de rouge vêtue, installée dans un ancien entrepôt, sur le port de pêche. Une terrasse couverte et une déco marine à l'intérieur, avec vue dégagée sur la mer. Si la langoustine règne en maîtresse d'avril à mi-juillet, et le poisson toute l'année, il y a toujours une viande du jour, une entrecôte ou une andouillette à l'ancienne. Également d'alléchants plateaux de fruits de mer, à commander à l'avance.



# LE GUILVINEC [AR GELVENEG]

(29730) 2 730 hab. *Carte Finistère Sud, B3*

**Au cœur du 3e port de pêche de France, derrière Boulogne-sur-Mer et Lorient, on se plonge dans l'univers des marins-pêcheurs. On y assiste en semaine au retour des chalutiers vers 16h30, accompagné de nuées de goélands, et on y visite, en famille, la palpitante *Haliotika, Cité de la Pêche*. On peut aussi flâner rue de la Marine, petite rue commerçante, sur le port et du côté de Léchiagat, un quartier aux rues étroites et maisons de pêcheurs, de l'autre côté de l'estuaire.**

### L'ABRI DU MARIN

*Située au bout du parking du Guilvinec, la médiathèque accueillit jadis l'un des premiers Abris du marin, créés en 1900 par Jacques de Thézac sur le littoral breton (une quinzaine au total). Cet aristocrate fou de mer voulait offrir aux marins désœuvrés pendant les longs mois d'hiver de quoi s'occuper : cours d'électricité, de navigation ou de TSF... Revers de la médaille : on n'y servait que de la tisane d'eucalyptus, et les femmes légères et les jeux d'argent y étaient interdits !*

## Adresses et info utiles

**Office de tourisme :** *pl. de la Petite-Sole. ☎ 02-98-58-29-29 ou 02-98-82-37-99. • destination-paysbigouden.com • Ouv tte l'année. Juil-août, tlj 10h (14h dim)-19h30 (10h30 j. fériés) ; le reste de l'année, horaires réduits.*

**Centre nautique de la Grève Blanche :** *plage du Guilvinec. 06-62-63-56-20. • centrenautiqueduguilvinec.com •* Location, cours et stages de planche à voile, kayak et catamaran ; balades et randonnées en kayak...

– **Marchés :** *le mat mar et dim tte l'année, rue de la Marine.*

## Où dormir ? Où manger au Guilvinec et dans les environs proches ?

### Camping

**Yelloh Village ! La Plage :** *241, Hent-Maner-ar-Ster, 29760* **Penmarc'h.** *☎ 02-98-58-61-90. • info@yellohvillage-la-plage.com • villagelaplage.com • Sur la route de Penmarc'h ; fléché. Ouv de début avr à mi-sept. Forfaits tente 19-52 € ; bungalows et tentes toilées aménagées 2-6 pers ; cabanes dans les arbres 120-150 €/nuit.* Immense (plus de 400 emplacements, pas géants), ce camping est un petit village en soi, regorgeant d'activités : parc aquatique, animations pour enfants et adultes, resto, *food trucks* l'été, minigolf, tennis, location de vélos, et on en oublie. Son atout majeur : l'accès direct à la plage à 300 m de là. Idéal pour certains, démesuré pour d'autres, il en faut pour tous les goûts. Certains bungalows sont quand même bien proches les uns des autres.



## De bon marché à prix moyens

**Bigouden Backpacker :** *9, rue Albert-Pochat, à* ***Treffiagat.*** *☎ 09-72-55-98-32. • contact@bigouden-backpacker.fr • bigouden-backpacker.fr • Réception 16h-21h. Lit 20 € ; draps et serviette 5 €.* Située en bord de route, la maison, conçue dans l'esprit des *backpackers* australiens, s'adresse surtout aux randonneurs du GR 34 et surfeurs fréquentant assidûment le secteur. L'accueil de Julie est sympathique, les lieux sont très propres, les lits confortables et le jardinet sympa. Salon, cuisine bien équipée. Sachez juste que les chambres ne ferment pas à clé.

**Maison d'hôtes Cap Ouest :** *7, pl. Dixmude. ☎ 02-98-74-18-03. 06-19-68-39-46. • contact@cap-ouest.com • cap-ouest.com • Doubles 48-75 € ; petit déj en sus.* Pour cette adresse, notre cœur chavire. Pousser la grille de cette maison d'hôtes, c'est pénétrer dans l'univers doux et chaleureux de Martine et son époux. Un petit morceau de jardin fleuri de 1 000 couleurs donne le ton. La bâtisse, couverte de vigne vierge, abrite 5 chambres avec parquet, tenues avec grand soin, aux décors puisant entre bord de mer, exotisme et grand siècle. Douillettes, elles offrent un excellent confort, surtout pour les plus grandes. À la tête d'une grande famille, les proprios adorent recevoir et partager de bons moments avec leurs hôtes. Certainement l'un des meilleurs accueils du Finistère Sud !

**An Atoll :** *pointe de Men-Meur. ☎ 02-98-58-18-73. • anatollcafe@orange.fr • Fermé dim soir-lun en saison ; hors saison, fluctuant. Congés : déc-fév. Carte env 35 € ; homard env 34,50-37,50 €. Café offert sur présentation de ce guide.* Un poil en dehors des sentiers battus. Belle terrasse et large vue, agrémentée par le bruit des vagues. Cuisine plutôt simple, avec parfois une petite touche exotique et toujours une cuisson respectant les saveurs. Petite carte, donc fraîcheur assurée pour ce resto que beaucoup considèrent comme le meilleur rapport qualité-prix du Guilvinec. La spécialité maison, c'est le homard-frites-mayo : un trio gagnant ! Après le repas, on s'offre une agréable balade sur la grève.

## Chic

**Le Poisson d'Avril :** *19, rue de Men-Meur. ☎ 02-98-58-23-83. • lepoissondavril@hotmail.com • lepoissondavril.fr • Sur le bord de mer, derrière Haliotika. Tlj sauf lun-mar. Résa conseillée min 1 sem à l'avance en saison (surtout pour les quelques tables en terrasse). Doubles 90-105 €. Menus 29-44 €.* Ce joli resto immaculé s'ouvre par de larges baies vitrées sur les rochers et la mer. Voilà une adresse gastronomique, la meilleure de la ville, et peut-être de ce morceau de côte. La cuisine de saison mêle saveurs du terroir et touches surprenantes. Poitrine de cochon, sardines et merlu côtoient ainsi algues, wasabi et pesto de poivron dans des assiettes élégamment dressées. Dispose de 4 chambres à l'étage, chacune avec balcon privé et vue mer.

# À voir. À faire

**Haliotika – Cité de la Pêche :** *au port. ☎ 02-98-58-28-38. • reservations@haliotika.com • haliotika.com • Juil-août, lun-ven 9h30-19h, w-e et j. fériés 15h-18h30 ; juin, 1re quinzaine de sept, vac de la Toussaint et de Noël, lun-ven 10h-12h30, 14h30-18h30 (sauf ven vac de Noël) ; de mi-sept aux vac de* *la Toussaint, lun-ven 15h-18h30. Entrée : 6,50 € ; réduc. Visites guidées payantes, avec les coulisses de la criée (9,50-13,40 €, réduc), durée 2h30. Journées « Savourez la pêche » (45 €, réduc) et sorties en famille. Résa conseillée pour les visites et ateliers.*

3e port de pêche français, Le Guilvinec met ici à l'honneur le monde de la pêche et de la mer, ses métiers, ses techniques. Vitrine remarquable à plus d'un titre, où l'on vous explique les bateaux, les hommes, le quotidien du marin, les poissons, les zones de pêche, les filets : reconstitution d'un chalut, d'une passerelle de navigation, coupe d'un chalutier hauturier pour découvrir la vie à bord, la calle à poissons, la zone de triage. On peut aussi s'installer au poste de commandement et prendre la barre du navire. Saviez-vous que seuls 20 % du poisson vendu en France vient des eaux françaises ? Ou encore qu'il y a des saisons pour les poissons (comme pour les légumes !) ? Du départ en mer à nos assiettes, voici une expo archi-ludique d'où petits et grands ressortiront bluffés. À ne pas manquer : l'arrivée des chalutiers côtiers à partir de 16h15 sur la terrasse.

Avec des enfants, on conseille la visite de la criée côtière, plus courte mais plus visuelle que la visite des coulisses de la criée, où des détails plus techniques sont abordés. Les mordus et lève-tôt (!) suivront la visite de la criée hauturière, où l'on assiste à la vente aux enchères de 6h, avant de déguster une soupe de poisson de bon matin. Slurp ! Et pour les apprentis cuistots, 2 ateliers cuisine par mois, autour des produits de la mer (bien sûr !), sous la houlette de chefs locaux.



# PENMARC'H (29760) 5 360 hab. *Carte Finistère Sud, B2*

**À l'extrémité de la pointe de Penmarc'h, cernée par les récifs et souvent assiégée par l'océan, la sentinelle du Pays bigouden regroupe en fait plusieurs « quartiers ». Le plus célèbre est celui de *Saint-Guénolé,* un important port de pêche artisanale, spécialisé dans la sardine, la langoustine et le thon. *Saint-Pierre,* à la pointe sud, plutôt résidentiel, s'étend au pied du phare d'Eckmühl. Enfin, *Kérity* s'oriente plus vers le côté balnéaire. On aime ces ambiances différentes, entre l'agitation du retour de pêche et la quiétude des plages alentour. Et puisqu'on en parle... Au nord, Pors- Carn étale ses 2 km de sable fin. On y vient pour sa houle tranquille qui permet de s'essayer au paddle ou à la planche à voile en toute tranquillité. Au sud, la plage du Ster, plus familiale, s'étend de Kérity au Guilvinec. Ses eaux sont plus calmes et plus chaudes (façon de parler !).**

## Adresses et infos utiles

**i *Office de tourisme :*** *pl. du Maréchal-Davout ; au pied du phare. ☎ 02-98-58-81-44 ou 02-98-82-37-99. • destination-paysbigouden.com • Juil-août, tlj sauf dim 10h-12h30, 14h30-17h30 ; horaires réduits hors saison.* En juillet-août, sorties géologiques sur les rochers de Saint-Guénolé *(mar ; gratuit)* et visites guidées du port de Saint-Guénolé-Penmarc'h *(jeu ; payant),* sur résa ; lire la rubrique « À voir. À faire » plus loin.

■ ***Centre nautique municipal :*** *pyramide du Ster. ☎ 02-98-58-64-87. • centrenautique@penmarch.fr •* Location, cours et stages de paddle, kayak, catamaran ; également des balades en kayak aux rochers des Étocs.

– ***Marchés :*** marché bigouden avec produits du terroir *(sur le port de **Kérity,** mer mat)* ; marché à Saint-Guénolé *(ven mat)* ; marché alimentaire et artisanal au pied du phare d'Eckmühl *(mar à partir de 18h).*

## Où dormir ? Où manger ? Où boire un verre dans le coin ?

### Campings

⛺ ***Camping municipal :*** *à* ***Toul-ar-Ster.*** *☎ 02-98-58-86-88 ou 60-19 (mairie hors saison). • campingpenmarch@orange.fr • penmarch.fr • Sur l'immense plage du Ster, à 1,5 km au sud de Penmarc'h. Ouv de mai à mi-sept. Forfaits tente 13-24 €.* Camping tout simple, pas cher et à 100 m de la plage (accès direct), pour les amoureux du camping traditionnel. Les groupes sont installés au fond, laissant le reste du camping plus tranquille. Peu d'emplacements ombragés. Dépôt de pain et journaux, plus *food-truck* en juillet-août.

⛺ ***Camping Les Genêts :*** *20, rue Gouesnac'h-Névez. ☎ 02-98-58-66-93. 📱 06-83-15-85-92. • campinglesgenets29@orange.fr • camping-finistere-bretagne.fr • En bordure de la route Penmarc'h-Loctudy, par Plobannalec (D 53). Ouv avr-sept. Forfaits tente 14,50-34,50 € ; loc de mobile homes et tentes aménagées ; frais de dossier 15 €.* Un beau 3-étoiles sur 4 ha d'espace herbu et arboré, à 1,5 km de la plage. Piscine couverte chauffée avec jacuzzi, piscine extérieure, pataugeoire et toboggans. Dommage que la route passe si près de l'espace aquatique. Snack-resto et location de vélos.

### Prix moyens

🏠 ***Hôtel Les Ondines :*** *90, rue Pasteur, à Saint-Guénolé. ☎ 02-98-58-74-95. • hotel@lesondines.com • lesondines.com • Derrière la plage de la Joie. Doubles 70-80 € ; familiales.* Même s'il n'est pas au bord de l'eau, certaines chambres de ce gentil petit hôtel au décor marin offrent une petite vue mer au même tarif : 1ers arrivés, 1ers servis ! Lampes en bois flotté et galets, têtes de lit rappelant des coques de bateau, bouées suspendues par-ci, par-là... pas de doute, on est en Bretagne !

🍴 🍸 ⛱ ***Chez Marie-Cath :*** *sur la plage de* ***Pors-Carn.*** *📱 06-61-12-72-08. Ouv fin mars-fin oct, tlj 11h-1h (services 12h-14h30 et 19h-21h30 ou 22h). Résa conseillée. Carte env 20-25 €.* Oublié l'ancien camion et la paillotte sur remorque. Désormais, Marie-Cath affiche une grande et belle terrasse en bois posée à l'orée de la plage. À la carte : crêpes, salades, omelettes, viandes ou poissons grillés tout à fait recommandables. Mais la spécialité de la maison, ce sont les kouign-amann (sorte de crêpes épaisses), à déguster sous un nuage de sucre ou une bonne couche de caramel au beurre salé ! On peut aussi les emporter et les manger les pieds dans le sable. Sympa aussi pour boire un verre en journée, même si la qualité du service est assez variable (et souvent lent).

### De prix moyens à chic

🏠 🍴 ***Hôtel-restaurant Le Sterenn :*** *432, rue de la Joie, à Saint-Guénolé. ☎ 02-98-58-60-36. • contact@hotel-sterenn.com • hotel-sterenn.com • Resto ouv tlj sauf lun midi (dim soir-lun en basse saison). Congés : début déc-début fév. Doubles 77-160 €. Petit déj 13,50 €. Formules sauf dim midi et j. fériés 21,50-30 € ; menus gastro 40-50 €.* Petit hôtel à l'architecture contemporaine, posé en bord de plage. Si les chambres ne sont pas immenses, elles ont été rénovées et sont bien tenues. Avec la vue mer, au réveil, c'est parfait ! Côté resto, belle cuisine de la mer aux accents très locaux ; la cuisson du poisson est maîtrisée. Quelques sous encore ? Offrez-vous le beau menu gastronomique ! La demi-pension est, elle, un peu moins convaincante.

🍴 ***Restaurant Les Rochers :*** *66, rue des Embruns, à Saint-Guénolé. ☎ 02-98-58-75-30. • lesrochers@live.fr • Tlj sauf mer en juil-août ; fermé mar-mer hors saison. Plats 18-26 €.* Les rochers, ce sont ceux que l'on aperçoit, sculptés par le vent et les marées, depuis la salle du restaurant au 1er étage, derrière la longue baie vitrée. Dans l'assiette, une savoureuse cuisine de la mer composée uniquement de produits du cru : poisson fumé (maison), poissons nobles, palourdes farcies, vous connaissez la chanson.

**La Voilerie :** *600, rue du Phare (au pied du phare d'Eckmühl). ☎ 02-98-58-43-80. • lavoilerie29760@gmail.com • Tlj sauf lun 12h-21h30. Formules 15-18 € (mar-ven midi, sauf j. fériés) ; menu 30 €.* Cadre plutôt élégant, produits frais, cuisine facile à lire, l'adresse est bonne et invite même dans l'assiette quelques épices – de Pondichéry et d'ailleurs. Le jeune chef fume lui-même le saumon d'Écosse (sur commande).

## Achats

***Océane Alimentaire – Conserverie artisanale de poissons :*** *au port de Saint-Guénolé. ☎ 02-98-58-43-04. • contact@oceane.bzh • oceane.bzh • Juil-août, lun-ven 10h-19h ; w-e et j. fériés 10h-12h15, 15h-19h. Le reste de l'année, horaires variables (voir leur site). Visite guidée gratuite (1h) sur résa en juil-août.* Cette fabrique assez remarquable propose de nombreux produits de très grande qualité : sardines de Saint-Guénolé, soupes, rillettes de thon et de maquereau, haricots de la mer, foies de lotte au *wakamé,* plats cuisinés, etc. Tout vient de Penmarc'h et des ports mitoyens !

***La Compagnie Bretonne :*** *105, Hent-Yvon-Buannic, parc d'activités de Prat-Gouzien. ☎ 02-98-58-40-12. • info@lacompagniebretonne.fr • lacompagniebretonne.fr • Lun-ven 9h-12h30 (13h juil-août), 14h-19h, plus sam de mi-juil à août. Visites guidées à 10h, 11h, 15h et 16h de mi-juin à la Toussaint (résa conseillée), juil-août tlj sauf ven ap-m et w-e.* Beaucoup de produits dans ce magasin d'usine : rillettes de thon à l'estragon, sardines, soupes de la mer, raviolis de poisson au coulis de langoustines, salicornes en marinade... *Autre boutique sur le port de Saint-Guénolé (328, rue Lucien-Le-Lay ; ☎ 02-98-11-65-40 ; tlj en été).*

FINISTÈRE SUD

# À voir. À faire

***L'église Saint-Nonna :*** *rue de l'Église (!), dans le bourg de Penmarc'h.* Édifiée au XVI<sup>e</sup> s en gothique flamboyant avec de nombreux pignons, tourelles et autres clochetons, elle paraît bien grande pour un si petit pays ! Grosse tour-porche avec caravelles sculptées dans la pierre, signe que les armateurs financèrent la construction.

## À Saint-Pierre

***Le phare d'Eckmühl :*** *pl. Davout. 📱 06-07-21-37-34. • penmarch.fr • Avr-sept, tlj 10h30-18h30 (19h30 juil-août) ; oct-11 nov, tlj 14h-18h. Dernier accès 30 mn avt. Entrée : 2,70 €. Billet jumelé avec le Centre de découverte maritime : 5,20 € ; réduc. Visite de nuit mar en juil-août sur résa (☎ 02-98-58-72-87) ; 7 €, réduc. Les jours de grand vent, on peut monter mais pas sortir sur la terrasse (logique !).* D'une hauteur de 65 m, il fut inauguré en 1897 en mémoire du prince d'Eckmühl, dont la fille a financé la construction. Son faisceau porte à 45 km. 307 marches au total, mais on n'en monte que 290 (ouf !), les dernières étant réservées à l'accès à la lentille. Là-haut, panorama complet de la région, de la pointe du Raz aux Glénan. Vous pouvez toujours essayer de battre le record de la course annuelle pour grimper au sommet (moins de 47 s !). Nous, on n'a même pas tenté. L'intérieur est en opaline et la rampe en bronze. En fin de parcours, on découvre le témoignage du dernier gardien de phare d'Eckmühl.

***Le Centre de découverte maritime, vieux phare :*** rue des Naufragés-du-23-Mai-1925 ; *derrière le phare d'Eckmühl. ☎ 02-98-58-72-87. • penmarch.fr • Juil-août, tlj 10h30-18h30 ; avr-juin, sept et vac scol (sauf Toussaint), tlj sauf mar 14h-18h ; reste de l'année, w-e 14h-18h. Dernier accès 30 mn avt. Tarif : 3,20 €, réduc. Billet* *jumelé avec le phare : 5,20 € ; réduc.* Ce musée situé dans le 1er phare de Penmarc'h présente des expositions liées au patrimoine maritime (histoire des phares et balises). À l'étage, expos temporaires, le plus souvent d'artistes contemporains locaux.

**La chapelle Notre-Dame de la Joie :** *à 1 km au nord du phare d'Eckmühl, en bord de mer.* Architecture assez simple du XVe s ; on craque pour son emplacement face au grand bleu. Pardon important le 15 août.

## À Saint-Guénolé

L'office de tourisme de Penmarc'h (voir plus haut) organise des visites guidées du **port de Saint-Guénolé-Penmarc'h** *(juil-août, jeu 16h-18h ; résa obligatoire ; env 5 €).* À l'arrivée des bateaux côtiers, le guide nous fait découvrir le port et commente le débarquement du poisson et la criée.

### GARDIEN DE PHARE, UN MÉTIER DANTESQUE

*Les phares étaient classés par leurs gardiens en 3 catégories : paradis (si le phare est placé sur le continent), purgatoire (sur une île) et enfer (en pleine mer). L'enfer, ici, ce n'est pas « les autres », mais la solitude, qui pèse lorsqu'on est isolé par une tempête !*

**Les rochers de Saint-Guénolé :** *entre le port et la plage de Pors-Carn.* Célèbres pour leur masse, leurs formes et la splendeur des embruns qui les balaient dans un lourd fracas. Découverte géologique organisée par l'office de tourisme *(juil-août, mar 10h-12h ; gratuit).*

**La chapelle de la Madeleine :** *à 1 km de Saint-Guénolé, en marge de la route de Plomeur.* Édifiée en 1410, elle abrite de flamboyants vitraux signés Jean Bazaine. Tout près, fontaine sacrée sculptée (Pustoc'h). Le site dans son ensemble vaut le coup d'œil avec ses jolies maisons de pierre aux volets bleus.

# LA POINTE DE LA TORCHE, PLOMEUR ET NOTRE-DAME-DE-TRONOËN

(29120) *Carte Finistère Sud, B2*

**Point de ralliement de tous les surfeurs du Finistère et d'au-delà, la pointe de la Torche offre en toute saison un théâtre saisissant depuis sa superbe plage. Tempête de ciel bleu ou tempête tout court, le spectacle est grandiose.**
**Après la Côte Sauvage, magnifique, changement de paysage : au nord de Plomeur commence une région extrêmement plate et morcelée, ouverte à tous les vents de l'océan. Les fermes, très éparpillées, se réfugient derrière des rangées d'arbres depuis longtemps courbés comme des vieillards. Par temps gris et bruineux, la mélancolie s'affirme.**

## Où dormir dans le coin ?

### Campings

**Camping de la Torche :** *à* ***Roz-an-Tremen,*** *pointe de la Torche.* ☎ *02-98-58-62-82.* • *info@campingdelatorche.fr* • *campingdelatorche.fr* • *À 1,8 km de la pointe de la Torche, bien indiqué en venant de Plomeur. Ouv début avr à fin sept (oct pour les loc). Forfaits tente 14-26 € ; loc de mobile homes et de* *chalets jusqu'à 7 pers. Réduction de 10 % en basse saison sur forfaits tente et loc, sur présentation de ce guide.* Dans un bel environnement, ce camping nature et à taille humaine, labellisé Sites et Paysages, produit plus d'énergie qu'il n'en consomme (Écolabel européen). On salue la démarche ! Emplacements bien délimités et bien ombragés car le site est arboré, et donc l'intimité garantie. Accès direct à la plage, à 1,5 km de là. Piscine couverte chauffée et location de vélos. Accueil adorable.

***Camping de Lanven :*** *lieu-dit* **La Chapelle-de-Beuzec.** *☎ 02-98-82-00-75. 📱 06-61-86-45-16. • contact@campinglanven.com • campinglanven.com • À 3,5 km au nord-ouest de Plomeur. Ouv de mi-juin à mi-sept pour les tentes et de début avr à la Toussaint pour les loc. Forfaits tente 13-17 € ; loc de mobile homes jusqu'à 6 pers.* Spacieux et bien tenu, ce camping se divise en 3 parties : une pour les mobile homes, une pour les familles et une pour les jeunes (notamment les colos). Une bonne idée pour respecter le rythme de chacun et ne pas subir le bruit des autres ! L'ensemble est bien ombragé et équipé (snack, location de vélos, bar, billard...) ; les sanitaires ne sont plus tout jeunes mais encore très corrects. Personnel accueillant.

## Bon marché

***Keraluic Camping vert et gîtes :*** *Keraluic, 29120 Plomeur. ☎ 02-98-82-10-22. • info@keraluic.fr • keraluic.fr • À la sortie de Plomeur en direction de Saint-Jean-Trolimon. Congés : fin nov-début fév. Camping ouv 15 avr-15 oct. Forfaits tente 15,90-17,90 € ; tente montée (mi-mai à début sept) 450 €/sem. Chambres d'hôtes 60-65 €, seulement début fév-fin juin et de mi-sept à fin nov (pas en été) ; studios 2 pers 275-425 €/sem selon saison. Café (ou thé), wifi et réduc de 10 % sur le prix de la chambre (à partir de 3 nuits en basse saison) offerts sur présentation de ce guide.* Notre coup de cœur dans ce coin de Finistère. Dans un ancien corps de ferme, la chaumière abrite 2 chambres au beau décor boisé et de bon confort (à l'étage), ainsi que 3 studios qui profitent d'une terrasse privée chacun. Aménagée dans un jardin fleuri de 1 ha, on adore l'aire naturelle de camping (23 emplacements seulement), où aucune animation ni infrastructure ne vient brouiller le calme ambiant. Ceux qui tiennent à leur confort pourront opter pour les tentes aménagées avec lits et/ou matelas, réchaud à gaz et frigo. Accueil des plus chaleureux. Une pépite !



# À voir. À faire

***La pointe de la Torche :*** tous les amateurs de glisse du Finistère connaissent le spot ! Les surfeurs surtout, qui y enfilent leur combi par tous les temps. En cas de mer en furie, le sol tremble quand les vagues s'écrasent et déferlent sur une plage étendue sur 30 km de Saint-Guénolé à Audierne. Le site accueille d'ailleurs des compétitions internationales comme les *Wave Games* (surf, paddle, kite et windsurf). Attention, il peut être dangereux de s'y baigner ; bien respecter la couleur du drapeau et s'en tenir à la zone surveillée. Un sentier fait le tour de la petite presqu'île. Superbe point de vue sur les rochers de Saint-Guénolé et la plage de Pors-Carn.
Les écoles et loueurs s'égrènent sur la route qui file tout droit vers la pointe. En voici 2 sérieuses :

■ ***École de surf de Bretagne :*** *☎ 02-98-58-53-80. • esb-latorche.com •* Propose des cours de surf, mais aussi paddle et char à voile.

■ ***Rise Up Surf School :*** *☎ 02-98-98-21-55. • rise-up-surfschool.com • Tlj sauf mar 10h-12h15, 13h30-18h30.*

***Le calvaire de Notre-Dame-de-Tronoën :*** *juin-sept, tlj sauf dim 10h30-12h30, 14h30-18h30 ; avr-mai, ap-m seulement ; fermé oct-mars. Visites guidées gratuites en juil-août.* Probablement le plus ancien de Bretagne, et en tout cas, l'un des plus fascinants. On le date du milieu du XVe s. Isolé avec sa chapelle sur une butte, dans un paysage très austère de dunes, de haies et de friches. Côté mer, les personnages du calvaire, rongés par les vents salins, n'offrent plus que des formes fantomatiques. Tous les détails ont été gommés. Sur les faces moins exposées, on reconnaît certaines scènes. Côté chapelle, superbe *Nativité* à laquelle les lichens donnent un relief fantastique : la Vierge, chose rare, y est représentée allongée, seins nus ! Un des Rois mages est en costume médiéval. Côté route, on distingue bien (en bas à gauche) la scène du *Lavement de pieds*. Tendresse sublime de la pietà. La chapelle, côté calvaire, présente 2 jolis porches encadrant le clocher, une grande fenêtre rayonnante et un retable intéressant.



## DANS LES ENVIRONS DE LA POINTE DE LA TORCHE...

***La Maison des jeux bretons :*** *à* ***Saint-Jean-Trolimon.*** *☎ 02-98-82-13-45. • maisondesjeuxbretons.fr • Juil-août, lun-sam 14h-18h ; vac scol, mar-sam 14h-18h ; le reste de l'année, mer et sam 14h-18h. Entrée : 2 € ; réduc.* Un endroit pour (re)découvrir et pratiquer une quinzaine de jeux traditionnels (jeux de boules, de quilles et de palets) pour petits et grands. Une personne est là pour vous expliquer les règles ! Concours annuel « Trophée de Saint-Jean » au mois de juillet. Parfait pour une sortie en famille.

# PLONÉOUR-LANVERN [ploneour-lanwern]

(29720) 6 220 hab. *Carte Finistère Sud, B2*

**Ce village situé à la croisée des routes vers Pont-l'Abbé, Tréguennec, Penmarc'h et Audierne regroupe quelques commerces (notamment de délicieuses biscuiteries artisanales) et des cafés où les locaux aiment se retrouver.**

## Adresse utile

***Office de tourisme :*** *pl. du Général-de-Gaulle. ☎ 02-98-91-45-15 ou 02-98-82-37-99. • destination-paysbigouden.bzh • De début juil à fin août seulement, lun-ven 9h30-12h30.*

## Où dormir ? Où manger à Plonéour et dans les environs ?

### Bon marché

***Chambres d'hôtes à l'Auberge Bigoudène :*** *Corn Goarem, route de Penhors, à* ***Plovan.*** *06-71-85-51-87. • auberge-bigoudene@orange.fr • auberge-bigoudene.fr • Double 51 € ; familiale. Table d'hôtes sur résa 18 €. CB refusées. Apéritif maison offert sur présentation de ce guide.* Cette grande maison bretonne au milieu de nulle part est balayée par les vents et les éclats du phare. Elle abrite 3 chambres au style désuet et campagnard, dans un décor fait de bric et de broc : mobilier traditionnel, objets de famille, faïences et peintures... Les prix planchers compensent le côté kitsch. L'accueil de Stéphane est franc et la table d'hôtes excellente : le poulailler, le clapier et la mer ne sont pas loin !

**Crêperie Tachen Ar Groas :** *à* ***Tachen-ar-Groas.*** *☎ 02-29-20-41-42. • creperietachenargroas@hotmail.com • Tlj sauf mar.* Née il y a 40 ans dans un hameau, ressuscitée à l'été 2020, la crêperie fait déjà référence dans toute la région. Farines locales, produits issus de circuits courts, préparations maison : on dit bravo. La carte est réduite, mais on peut aussi composer ses crêpes et kouign-amann soi-même ! En prime : de jolies salades-repas aux accents très locaux, avec roulés de blé noir.

## Plus chic

**Manoir de Kerhuel :** *route de Quimper, à Plonéour-Lanvern. ☎ 02-98-82-60-57. • contact@manoirdekerhuel.fr • manoirdekerhuel.fr • Resto ouv le soir en sem seulement. Congés : de début oct à mi-déc. Doubles 113-179 € ; familiales et suites. Menus 29-65 €.* Au cœur d'un parc immense, le manoir, authentique et cossu, abrite des chambres au décor contemporain d'une certaine sobriété, très confortables – mis à part les « cottages » familiaux, en duplex, peu agréables pour le prix (sombres et mal fichus). Belle piscine chauffée, tennis, sauna... Mais le must du lieu, c'est son resto. D'un raffinement total, des associations de saveurs séduisantes, des légumes de choix et plein de petites attentions durant le repas : mignardises, beurre maison... Le 1er menu présente un rapport qualité-prix exceptionnel. Attention, le week-end, en saison, le lieu accueille souvent des mariages.

## Où acheter de bons produits ?

**Le Goûter Bigouden :** *8, rue René-Le-Berre. ☎ 02-98-87-61-84. • legouterbigouden@gmail.com • Tlj sauf dim 8h (9h sam)-12h15, 13h30 (14h sam)-19h.* Tout est fabriqué sur place. On vient de loin pour goûter les palmiers délicieusement caramélisés, mais on confesse un faible pour les galettes de sarrasin et la gamme Sarrabreizh de biscuits fourrés. Également des gâteaux bretons, du kouign-amann et des palets au cœur de framboise. La maison est présente sur les marchés du secteur.

**Maison Percelay :** *Kervelar, à la sortie est de Plonéour-Lanvern. ☎ 02-98-87-62-20. • contact@percelay.bzh • percelay.bzh • Lun 8h30-12h, 13h30-17h30 ; mar-sam 8h30-12h30, 13h30-19h ; fermé dim.* Installée dans un édifice moderne flambant neuf, cette biscuiterie artisanale propose crêpes et gâteau breton, à déguster sur place (ou pas !) dans un coin salon de thé. Il y a aussi des kouign-amann à la framboise et plein de produits bretons à emporter.

# DANS LES ENVIRONS DE PLONÉOUR-LANVERN

**La chapelle de Languivoa :** *à 1,5 km au nord de Plonéour-Lanvern.* L'une des 6 chapelles mutilées en représailles par Louis XIV après la révolte des Bonnets rouges, aujourd'hui restaurée. Admirez les belles arcades et les chapiteaux à motifs végétaux.

**La Chèvrerie de la Baie :** *Kergaradec, 29720* ***Tréguennec.*** *📱 06-82-88-51-32. • chevrerie-delabaie.com • À 6 km au sud-ouest de Plonéour-Lanvern, prendre la D 156 en direction de la côte et tourner à gauche après le lieu-dit Kermabec. Juil-août, ouv mar, mer, ven et dim 16h-19h ; le reste de l'année, seulement dim et j. fériés 16h-19h. GRATUIT (1 € pour donner le biberon aux chevreaux).* Une chouette sortie à faire en famille. On visite la ferme, on assiste à la traite des chèvres (à 16h), et les plus jeunes peuvent même nourrir les chevreaux. Vente de produits à la boutique : fromage de chèvre frais, mozzarella et viande de buffle (aussi élevés ici), etc.

***Plovan :*** *à 7,5 km à l'ouest de Plonéour-Lanvern par la D 2.* On vient pour la petite église Saint-Gorgon, tassée sur elle-même, comme pour ne laisser aucune prise au vent. Clocher ajouré à tour ronde. Joli calvaire avec une Vierge qui semble porter une coiffe bretonne.

***La chapelle de Languidou :*** *à 1 km de Plovan, direction Pont-l'Abbé.* Ces romantiques ruines d'une chapelle des XIIIe-XVe s déploient arcades romanes et colonnes cannelées. Magnifique rosace flamboyante.



# POULDREUZIC [pouldreuzig]

(29710) 2 20 hab. *Carte Finistère Sud, B2*

**On vient ici faire le plein de spécialités bretonnes, dont le célèbre pâté inventé en 1915 par Jean Hénaff, à l'origine du fameux slogan : « Seul un Breton s'entête à faire aussi bon ! » Et pour accompagner sa tartine, on charge le coffre de cidre Kerné, une référence dans le Finistère. Le bourg a vu naître Pierre-Jakez Hélias, journaliste et homme de lettres (*Le Cheval d'orgueil,* c'est lui), qui a beaucoup publié en breton et a toujours revendiqué ses origines paysannes. Pouldreuzic est aussi « Ville de Surf » et « Pavillon Bleu » !**

## Adresse utile

***Office de tourisme :*** *pl. Corentin-Hénaff, salle Pierre-Jakez-Hélias. ☎ 02-98-91-45-15 ou 02-98-82-37-99. • destination-paysbigouden.com • Juil-août seulement, lun-jeu et sam 9h30-12h30. Annexe à Penhors, ouv l'été lun-jeu et sam 15h-18h30.*

## Où dormir ?

### Campings

***Camping Les Peupliers :*** *5, chemin de Logan. ☎ 02-98-54-49-98. • contact@camping-peupliers-pouldreuzic.com • camping-peupliers-pouldreuzic.com • À 1,5 km, en direction de Plozévet. Ouv avr-oct. Forfaits tente 12-18,50 € ; bivouac 1 € (18h-9h) ! ; loc de mobile homes, bungalows et coco sweet (2-6 pers) ; également un gîte pour 10 pers. CB refusées (sauf juil-août).* Un camping calme, ombragé, avec de larges emplacements généreusement arborés. Nos préférés : ceux en bordure, avec ombre en journée et coucher de soleil en soirée. Plus économiques que les mobile homes, on a aimé les *coco sweet,* des tentes aménagées en toile et bois avec de vrais lits et un coin cuisine (micro-onde, frigo). Espace forme avec piscine et sauna. Accueil très chaleureux. Notre camping préféré dans le coin.

***Camping de Landrézec :*** *route de la Mer. ☎ 02-98-54-34-81. • camping-landrezec@wanadoo.fr • camping-landrezec.fr • Ouv juin-sept. Forfait tente 10,90 € ; loc de mobile homes. CB refusées.* Très calme, ce camping familial à la campagne dispose de 2 terrains, l'un pour les tentes (au milieu des pommiers et sur une herbe bien épaisse), l'autre pour les caravanes. Tout simple. Boulangerie à 100 m pour le pain frais du matin !

## Où dormir ? Où manger dans les environs ?

***Hôtel-restaurant Breiz-Armor :*** *sur la plage de **Penhors,** Pouldreuzic. ☎ 02-98-51-52-53. • breizarmorhotel@gmail.com • breiz-armor.fr •*

*♿ Congés : janv-fév et de mi-nov à début déc. Doubles 75-130 €.* Typique des constructions un peu lourdes des années 1980, l'hôtel est judicieusement posé en bord de mer. La plupart des chambres, assez récentes et lumineuses, profitent de la vue sur le large – avec balcons privés ou communs à l'étage. Coin spa (sur résa) et mini-salle de sport. Au resto, logiquement spécialisé en poissons et fruits de mer, le constat est nettement plus contrasté (et les prix trop élevés), dommage.

## À voir. À faire à Pouldreuzic et dans les environs



***Musée – maison natale de Pierre-Jakez Hélias :*** *20, rue de Quimper,* ***Pouldreuzic.*** *☎ 02-98-54-40-32 (mairie). • mairie@pouldreuzic.bzh • pouldreuzic.bzh • Début juil-août, lun-sam 10h-12h, plus 15h-18h mar et jeu. Tarif : 3 € ; gratuit moins de 18 ans.* C'est dans cette maison de poche qu'est né le journaliste et écrivain breton. Une pièce abrite le mobilier d'époque (lit clos, horloge, cheminée...) ; dans l'autre, on assiste à une interview de l'homme de lettres. Des extraits de textes originaux sont aussi exposés.

– Pour compléter la visite, suivez le circuit d'interprétation ***« Sur les traces du Cheval d'orgueil »,*** de 6 km environ, qui débute devant la maison. Des balades guidées sont proposées en juillet-août (2/mois).

***La Maison Hénaff :*** *à la sortie de* ***Pouldreuzic,*** *direction Plozévet (fléché sur la gauche). ☎ 02-98-51-53-76 (musée) ou 02-98-54-36-59 (boutique). • mph@henaff.fr • henaff.fr • Visite libre ou guidée de juil à mi-sept, tlj sauf dim 11h-18h. Tarif : 3 € (guidée 4,50 €) ; réduc ; gratuit moins de 12 ans.* L'ancienne ferme de la famille Hénaff accueille aujourd'hui un musée qui retrace toute l'épopée du célèbre pâté depuis la fondation de la maison en 1907. Anciennes machines, photos, vidéos, objets dérivés...

### C'EST BON, C'EST BRETON !

*Jean Hénaff était agriculteur à Pouldreuzic. En 1907, les sardines quittèrent les côtes bretonnes pour migrer vers les mers chaudes. Il eut alors l'idée de remplir les boîtes de conserve avec... des légumes. Puis du cochon. Les marins adoptèrent cette petite boîte bleue qui fait encore la réputation du Pays bigouden. Depuis, Hénaff a même conçu des plats, en partenariat avec Alain Ducasse, pour les astronautes de la station spatiale internationale.*

***La cidrerie familiale Kerné :*** *37, Mesmeur,* ***Pouldreuzic.*** *☎ 02-98-54-41-86. • contact@cidre-kerne.fr • cidre-kerne.bzh • À la sortie de Pouldreuzic, direction Plozévet. Tte l'année, lun-sam 9h30-12h30, 14h-19h.* L'affaire a été fondée en 1947 et le cidre Kerné est aujourd'hui l'un des plus représentés dans les crêperies. Au menu : espace découverte, dégustation et vente sur place de produits régionaux. Des visites sont organisées au moment de la fabrication, à l'automne (vers la Toussaint). Ateliers et animations toute l'année.

***Le musée de l'Amiral :*** *sur la plage de* ***Penhors,*** *30 rue du Port. ☎ 02-98-51-52-52. • contact@museedelamiral.com • museedelamiral.com • Juil-août, tlj 10h-19h30 ; le reste de l'année, mar-ven 10h-12h, 14h-18h (19h juin et sept), w-e 14h-18h. Fermé janv-début fév et de mi-nov à mi-déc. Entrée : 6 € ; réduc.* Après avoir parcouru le monde, Guy Ségalen a voulu faire partager ses trésors de voyage. C'est ainsi qu'est né le musée de l'Amiral, espace de découverte de la nature et musée inédit présentant coquillages, oiseaux de mer, fossiles, minéraux... Objets étonnants comme ces os d'une baleine de 18 m, ce homard centenaire et le célèbre *Tridacna gigas* (appelé aussi « bénitier », qui peut peser plusieurs centaines de kilos). Une dizaine de films sont diffusés le long de la visite, sur la pêche notamment.

***La brasserie de Pouldreuzic :*** *à* ***Trégonguen.*** *☎ 02-98-54-37-71. • bieres.penhors@wanadoo.fr • brasserie-penhors.com • À la sortie du village, sur la route de Penhors. Seulement ven 15h-19h30, plus mar juin-sept.* Dans une vieille ferme, visite de la salle de brassage, des cuves de fermentation et de garde, avant de déguster la fameuse bière artisanale locale, la *Penhors,* dans ses différentes déclinaisons (ambrée, blanche, blonde, brune et stout ; la plupart en version bio).

***Penhors :*** *à 4,5 km de Pouldreuzic par la D 40.* Belle plage sauvage d'où l'on s'offre un beau point de vue sur les pointes du Raz et de Penmarc'h. Entre la *chapelle Notre-Dame de Penhors* et le chemin des douaniers s'avance une superbe Vierge. Avec ses bras ouverts, elle semble protéger les marins.



# PLOZÉVET [plozeved]

(29710) 3 040 hab. *Carte Finistère Sud, B2*

**Petite bourgade à la « frontière » du Pays bigouden et du cap Sizun. Chaque année, le 3e week-end d'août, se déroule le *Mondial Folk,* un rendez-vous international de folklores, comme son nom l'indique.**

## Adresse utile

***Office de tourisme :*** *13, rue du Centre. ☎ 02-98-91-45-15 ou 02-98-82-37-99. • destination-paysbigouden.com • D'avr à mi-sept, lun-sam 9h30-12h30, 14h-18h, plus dim mat de mi-juil à mi-août ; hors saison, lun-ven 9h30-12h, 14h-17h.*

## Où dormir ? Où manger à Plozévet et dans les environs ?

### Camping

***Flower Camping La Corniche :*** *chemin de la Corniche, à* ***Plozévet.*** *☎ 02-98-91-33-94. • campinglacorniche@flowercampings.com • campinglacorniche.com • Ouv mars-Toussaint. Forfaits tente 16-24 € ; loc de chalets, tentes aménagées (avec lits) et mobile homes 2-6 pers.* La plage est à 1,5 km, la piscine est à 26 °C, et les emplacements de ce petit camping sans prétention sont pour la plupart séparés par des haies (préférez le n° 65, plus grand et arboré, ou les nos 59 à 62). Les locatifs (certains plus tout jeunes) sont aussi proposés à la journée, en formule hôtelière. Petite épicerie.

### De prix moyens à chic

***Chambres d'hôtes Domaine de Tréouzien :*** *Tréouzien, 29780* ***Plouhinec.*** *06-86-84-34-05. • contact@domainedetreouzien.fr • domainedetreouzien.fr • À 4 km à l'ouest de Plozévet. Doubles 105-125 € ; familiales.* Cette ancienne ferme du XIXe s a été superbement retapée en maison d'hôtes qui fleure bon la campagne. Dans les 5 chambres élégantes et éthérées, blanc, crème et gris souris s'accordent avec les vieilles pierres et de larges fenêtres s'ouvrent sur le jardin. Accueil aux petits soins, excellent petit déj, piscine intérieure chauffée et espace bien-être. Des prestations à la hauteur des tarifs affichés.

**Le Menhir :** *Kerrest, 29710* ***Plozévet.*** *☎ 02-98-91-46-97. • menhir.restaurant@gmail.com • Tte l'année, tlj sauf lun (et mar en basse saison). Menus 25,90 € (mar-ven, sauf j. fériés)-39 €.* Discothèque devenue bon restaurant, le *Menhir* se dresse en vigie face à la mer. Des galets, des vagues, du vent : voilà le paysage qu'offrent les grandes baies vitrées, souvent un peu ternies par l'excès d'embruns ! L'autre attraction est dans l'assiette : une cuisine (surtout) marine de qualité, sans complications excessives, appuyée sur les produits locaux et l'expérience du chef passé par plusieurs étoilés.



## À voir

***L'église Saint-Démet :*** *tlj 9h30-18h (16h nov-mars).* Le porche sud voûté en ogive, du XVe s., enjambe une vieille fontaine. Les piliers à faisceaux de colonnettes du bas-côté sont du style de l'école de Pont-Croix et datent du XIIIe s. : c'est le dernier vestige de l'église primitive. Simple et joli calvaire.

### SAUVEZ LE SOLDAT LE GOUIL !

*Le monument aux morts de Plozévet est atypique et émouvant. Il représente un modeste paysan accolé à un menhir au milieu d'un amoncellement de rochers. Cet habitant de Plozévet, Sébastien Le Gouil, perdit 3 fils et un gendre à la guerre de 1914-1918. Il fut à l'origine de la loi dispensant un frère d'aller au combat si un autre y était déjà.*

## DANS LES ENVIRONS DE PLOZÉVET

***Pors-Poulhan :*** *à env 4 km à l'ouest de Plozévet par la D 784.* Le port, pittoresque, invite à une pause le temps d'une bouffée d'air iodé. On s'installe bien volontiers à la terrasse haut perchée de l'unique café. Saluez pour nous la Bigoudène qui garde le port (œuvre du célèbre sculpteur René Quillivic). Usée par le temps et le vent, une inscription indique en breton : « Ici finit le Pays bigouden. » À ses pieds, remarquez l'ancien four à goémon, où l'on fabriquait des pains de soude, dont on faisait notamment du savon et du verre.

Depuis le parking du port, un sentier remonte la vallée jusqu'aux ***moulins de Tréouzien.*** Restauré, le moulin à eau est ouvert au public *(juil-août, tlj sauf lun 14h-18h, plus 10h-12h le w-e ; également, pdt vac scol, horaires réduits).* Vente de pain et brioches les samedi et dimanche. Un peu plus haut, le moulin à vent n'a pas encore été restauré.

***Le Centre d'interprétation de Menez Dregan :*** *28, rue de la Corniche, 29780* ***Plouhinec.*** *☎ 02-98-70-87-33. • menezdregan.wixsite.com • Juil-août, tlj sauf dim mat 10h30-12h30, 14h-17h30 ; dernière quinzaine de juin et 1re quinzaine de sept, ouv seulement mar-jeu et dim ap-m. Fermé de mi-sept à mi-juin. Entrée : 3 € ; réduc. Site extérieur libre d'accès. Visite guidée 2 fois/sem en juil-août (compter 1,30 €).* Offrez-vous un voyage de 500 000 ans en arrière sur les traces de nos ancêtres. Ce site préhistorique regroupe la grotte de Menez Dregan, dans laquelle les archéologues ont découvert des traces de feu ; l'allée couverte de Menez Korriged (une sépulture néolithique) et la nécropole de la pointe du Souc'h. Un sentier de découverte, ponctué de panneaux explicatifs, permet une visite libre. Dans le centre, une scénographie moderne dévoile les spécificités de chaque site, le travail des archéologues...

# LANDUDEC [Landudeg]

(29710) 1 475 hab. *Carte Finistère Sud, B2*

**Sur la route de Plozévet à Quimper, ce bourg vaut surtout pour sa petite église et, pour les gourmands, sa biscuiterie et sa crêperie artisanales !**

## Où dormir ?

### Camping

**Camping Castel Domaine de Bel Air :** *à Kéridreuff Ty Varlen, Landudec. ☎ 02-98-91-50-27. • contact@belaircamping.com • belaircamping.com • Ouv de mi-avr à fin sept. Forfaits tente 20-57 € (!) selon saison ; loc de mobile homes 2-8 pers, coco sweet et wigwams 2-4 pers.* Un camping plutôt club-vacances et mobile homes, aux infrastructures flambant neuves. Plusieurs espaces aquatiques avec toboggans (dont une récente piscine chauffée avec banquettes d'hydromassage), plan d'eau pour la pêche, embarcations à pédales... Accueille pas mal de groupes et de familles en quête d'animation. Moins adapté en revanche aux campeurs en quête de calme. Location de vélos.

### De prix moyens à beaucoup plus chic

**Domaine de Lesvaniel :** *☎ 02-98-91-55-05. • domainedelesvaniel@yahoo.fr • domainedelesvaniel.com • Tourner à gauche sur la D 784, 2 km après Landudec. Double 87 € ; gîte 2 pers 250-500 €/sem. Table d'hôtes (lun-mer seulement), sur résa, 25 €.* Cette belle maison au caractère typiquement breton, doublée d'une pension pour chevaux, s'entoure de 30 ha de prés et de bois bordés par la rivière Goyen. Elle offre 5 chambres fraîches, idéales pour un séjour au calme. Également 2 gîtes indépendants aménagés avec soin, tout juste rénovés. Très agréable tant au niveau de l'accueil que des prestations, même si les prix sont un peu élevés. Cours d'équitation.

## Où acheter de bons produits ?

**Les Délices Bigoudens :** *37, rue André-Foy. ☎ 02-98-91-51-08. Tlj sauf dim 9h30-12h30, 14h-18h.* Gâteau breton, kouign-amann, palets et sablés, crêpes fraîches... Toute la gamme des délices bigoudens ravira les gourmands.

# LE CAP SIZUN

• Carte Le Pays capiste *p. 91*

**Ici, le Finistère porte bien son nom. Le cap Sizun, c'est bien « la fin des terres », le bout de la France et du continent, un bout du monde même. La côte nord s'effiloche dans l'océan, offrant ses plus belles falaises aux seuls oiseaux de mer. Quelques baies sablonneuses côté sud adoucissent le tableau. Au bout, tout au bout, la mythique pointe du Raz affronte les vents du large. Puis, presque abandonnée à l'océan, surgit Sein, l'île au ras des flots.**

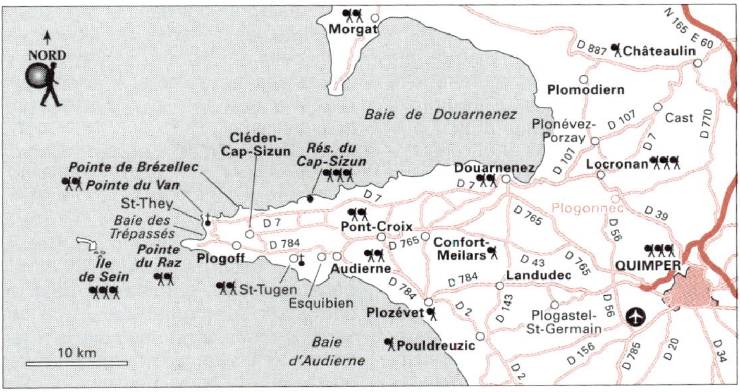


## LE PAYS CAPISTE



# AUDIERNE [GWAIEN]

(29770) 2 190 hab. *Carte Finistère Sud, A2*

**Le port de pêche est encore assez actif : toute une flottille de bateaux multicolores égaie la ria du Goyen, bordée d'anciennes et cossues maisons d'armateurs à l'harmonieux ordonnancement. Dominant le tout, la ville déroule, entre ses 2 églises, un pittoresque écheveau de ruelles, venelles et escaliers. Mais Audierne, c'est aussi une petite station balnéaire charmante dotée de superbes plages. D'ailleurs si, en journée, il est bien agréable de se balader dans le centre, on vous recommande de dîner côté plage de Trescadec, pour profiter des derniers rayons de soleil.**

## Adresses et infos utiles

**Office de tourisme :** *8, rue Victor-Hugo. ☎ 0809-10-29-10. • office-tourisme@cap-sizun.fr • capsizuntourisme.fr • Juil-août, tlj 10h-13h, 14h-18h. Le reste de l'année, lun-sam 9h30-12h30, 14h-17h30.*

**Centre nautique :** *plage de Sainte-Évette. ☎ 02-98-70-21-69. • voile-capsizun.com • Juil-août, lun-ven 10h-19h, w-e 14h-19h ; hors saison sur rdv.* Location, stages et cours de kayak, paddle, planche à voile, dériveur et catamaran.

– **Marchés :** *sam mat tte l'année pl. de la Liberté. Marché nocturne mer juil-août au même endroit. Également un marché bio le mar soir en juil-août aux Capucins.*

## Où dormir ? Où manger ?

### Camping-gîte

**Naéco Audierne :** *bois de Loquéran. ☎ 02-98-74-95-06. • contact@naeco.bzh • naeco.bzh • D'Audierne, franchir le pont en direction de Plouhinec et prendre immédiatement à gauche ; à partir de là, c'est fléché. Camping 10-18 € ; cabanes 26-55 € ;*

*dortoirs 16-20 €/pers ; doubles 45-59 € en gîte, 55-69 € en hôtel.* Noyés dans le bois de Loquéran, camping et gîte sont bien tranquilles et parfaitement entretenus. On choisit entre les dortoirs et les chambres privées (2 ou 3 personnes), pas géantes mais impeccables, de style scandinave. Chacune dispose de sa propre salle de bains et... d'une chaise longue pliée sur le mur à l'entrée ! Il pleut ? Les cabanes sous les arbres vous éviteront de tremper la tente. Cuisine bien équipée et salle à manger avec terrasse. À la réception conseils, cartes, circuits et petites adresses pour mieux découvrir la région.

## De bon marché à prix moyens

**La Quincaillerie :** *5, rue du 14-Juillet. ☎ 02-98-10-75-09. • quincaillerie29@gmail.com • laquincaillerieaudierne.com • Resto ouv tlj sauf lun 11h30-19h. Doubles 75-110 €. Repas 10-15 € ; brunch (sur résa en sem) 18 €. Réduc de 10 % sur le prix de la chambre (oct-avr, sauf vac scol et j. fériés) sur présentation de ce guide.* Immense coup de cœur pour cette adresse atypique et pleine de personnalité. Hôtel, resto, salon de thé et même mercerie, cette adresse a plus d'un tour dans sa poche. On adore les chambres claires et pimpantes, à la déco chinée, rehaussée de notes colorées et d'un confort sans faille. Côté resto, une carte courte et gourmande où tout est fait maison : soupes, tartes, cakes salés, on joue sur le plaisir des choses simples. Excellents gâteaux maison. Très agréable cour végétalisée aux beaux jours. Une de nos adresses préférées dans le Finistère, c'est dire !

**La Caravane Bleue :** *plage des Capucins. 06-75-64-49-16. Ouv avr-sept, tlj sauf mer-jeu 12h-21h30 en continu. CB acceptées.* Un *food-truck* meilleur que beaucoup de « vraies » crêperies ? Si, si. Filez vous installer sur la terrasse de cette paillotte, face à la caravane turquoise, pour une dose de bonne humeur et de délicieuses galettes et crêpes, cuites et servies à la vitesse de l'éclair par les jeunes boss. Bière et cidre sont dans le frigo rouge de droite, les boissons non alcoolisées dans celui de gauche ; servez-vous et payez ensuite. À côté, le *food-truck Well-Wazh* est spécialisé dans les produits de la mer.

**Crêperie an Teuzar :** *6, quai Camille-Pelletan. ☎ 02-98-70-00-46. • anteuzar29@gmail.com • Tlj sauf dim-lun. Résa impérative. Carte env 15 €.* On y savoure d'excellentes crêpes à base de produits du terroir, généreusement garnies (on peut les composer soi-même), ainsi que des salades-repas. Dommage que la réservation soit plus ou moins imposée en saison et l'accueil de plus en plus rugueux (une mauvaise passe ? Espérons-le). Terrasse couverte.

**Maison Ti-Forn :** *22, rue Léon-Gambetta. ☎ 02-98-70-08-26. Tlj sauf dim 6h45-19h30 (12h30 mar).* Hmm, les délicieux gâteaux ! On a craqué pour le paris-brest au caramel au beurre salé ! Les plus curieux s'attaqueront au kouign-amann... au chocolat ! Également de bonnes parts de pizzas et des sandwichs pour un déjeuner improvisé.

## De prix moyens à beaucoup plus chic

**Hôtel de la Plage :** *21, bd Emmanuel-Brusq. ☎ 02-98-70-01-07. • info@hotel-finistere.com • hotel-finistere.com • Doubles 75-129 €. Formule 25 € ; menus 32-52 € ; carte env 45 €.* Difficile de mieux porter son nom, avec des couleurs marines et toute la déco qui va avec : du blanc, du bleu, du bois verni et des rideaux aux imprimés de la mer. Les meilleures chambres regardent l'océan et profitent d'un balcon, les autres ont vue sur le parking. C'est simple mais très bien tenu (un peu cher en saison). On adore le salon chaleureux, au style presque *British*. Une bonne table également, où la mer occupe une place de choix sur la carte. Mention spéciale à l'accueil, enjoué et chaleureux.

**Hôtel-restaurant Au Roi Gradlon :** *3, bd Emmanuel-Brusq. ☎ 02-98-70-04-51. • accueil@auroigradlon.com • auroigradlon.com • Congés : de déc à mi-fév. Resto fermé lun, plus* *sam midi en saison ; lun, mar midi et dim soir hors saison. Doubles 75-120 €. Formules déj lun-sam 18-20 €.* Coincé entre route et plage, l'hôtel révèle une vingtaine de chambres agréables et claires, pour la plupart (bien) rénovées sur des tonalités blanc ou bleu-blanc. On n'y monte pas, mais on y descend (par l'escalier), et on s'endort bercé par le ressac. Celles avec balcon vue mer ne sont pas très grandes. Le resto, aux 1[res] loges, sert de belles assiettes de la mer (mais chères) ; jolie surprise côté sucré avec de bons desserts maison.

**Hôtel-restaurant Le Goyen :** *pl. Jean-Simon. ☎ 02-98-70-08-88. • hotel.le.goyen@wanadoo.fr • le-goyen.fr • ♿ (resto seulement). Congés : de janv à mi-mars. Doubles 120-235 €. Petit déj 17 €. Menu 57 € (homard 89 €). Apéritif offert sur présentation de ce guide.* L'adresse chic de la ville, côté port et non côté plage. Derrière cette grande façade d'allure plus suisse que bretonne, toutes les chambres, avec balcon, regardent la mer. Elles sont spacieuses, confortables (bonne literie) et impeccables. Au resto, cuisine maritime raffinée et formule déj d'un bon rapport qualité-prix.

**Le Comptoir de l'Iroise :** *8, quai Camille-Pelletan. ☎ 02-98-70-15-80. • lecomtpoirdeliroise@orange.fr • Tlj sauf lun, plus dim de mi-juil à fin août, 10h-1h . Service en continu 12h-22h de mi-juil à mi-août. Congés : vac de la Toussaint-vac de fév, sauf vac de Noël. Formules déj 15-18,80 € ; carte env 30 €.* Après plus de 2 décennies passées aux fourneaux, le chef Éric Lavallée a entrepris de se simplifier (un peu) la vie : *exit* le resto gastronomique, bonjour le bar lounge. Au menu, désormais, figurent surtout quelques plats de brasserie, des fruits de mer, des tapas (volontiers ibériques) et de bonnes planches de fromages et charcuterie. Belle carte des vins (tant mieux, les 2 se marient bien !). Salle à manger au style industriel et aux lumières tamisées. Accueil d'une rare gentillesse.

**Les Bouchons :** *24, rue Guesno. 📱 06-38-71-10-72. Ouv Pâques-Toussaint et fin déc-fin janv, tlj sauf mer et sam midi. Menu 39 € ; carte 40-50 €.* Amis gastronomes, voici l'adresse à ne pas rater à Audierne ! Il y a d'abord cette solide demeure en pierre du XVIIIe s discrètement arrimée au pied du rocher, avec ses chênes centenaires survolant la courette où l'on prend l'apéro. Puis les salles comme figées dans le temps, plafonds bas et cheminées massives. Le sourire et la bonne humeur du chef Yves et de son épouse belge (en salle). Et sa cuisine bien sûr, fine et copieuse en même temps, appuyée sur d'excellents produits frais d'ici et d'ailleurs, scrupuleusement choisis (les fournisseurs sont affichés). Le menu (à privilégier) est expliqué en détail, le vin 100 % nature. On adore.



## Où dormir dans les environs ?

**Gîtes de la Ferme de Kersivian :** *Kersivian, 29770* ***Esquibien.*** *☎ 02-98-70-08-95. 📱 06-35-90-61-26. • jeanpierre.coquet@wanadoo.fr • lesgitesdekersivian.free.fr • À 2 km du centre d'Audierne. Prendre la route de la pointe du Raz, puis tourner à droite après le centre Leclerc. Gîtes 2-6 pers 239-739 €/sem.* Autour de l'ancien corps de ferme joliment restauré, entouré de 3 ha de verdure, se répartissent 3 gîtes indépendants, confortables et tout équipés, avec 2 ou 3 chambres, jardin privé et transats pour se prélasser.

**Chambres d'hôtes du manoir de Suguensou :** *Suguensou, 29770* ***Esquibien.*** *📱 06-51-85-93-37. • suguensou@gmail.com • manoirdesuguensou.com • À 2 km du centre d'Audierne, en direction de Douarnenez, 1re à gauche après le pont qui enjambe le Goyen, dans un sous-bois discret. Congés : 11 nov-début mars. Doubles 75-80 € ; gîte 4 pers 420-600 €/sem. Réduc de 5 % sur le prix de la chambre sur présentation de ce guide.* Cette belle maison bourgeoise traditionnelle avec parquet et cheminées abrite 4 chambres au charme suranné. On apprécie l'élégant et romantique salon, le jardin de 8 000 m² un peu sauvage et le bel accueil d'Olivier. Également un confortable gîte de plus de 80 m².

## À voir. À faire

**Aquashow :** *rue du Goyen. ☎ 02-98-70-03-03. • aquarium.fr • Avr-sept, tlj 10h-19h ; oct-mars, vac scol ttes zones, tlj 14h-18h. Entrée : env 13 € ; réduc. En été, visite guidée (45 mn) tlj à 11h.* Plus de 150 espèces de poissons, crustacés et requins fréquentant les eaux bretonnes sont présentés ici. Au programme : jeux de simulation de tempête, bassin tactile pour les enfants, découverte d'un galion englouti et de ses hôtes (congres, homards, etc.), spectacle de chasse sous-marine des cormorans (ils plongent jusqu'à 40 m de profondeur). De la terre, on passe aux airs, avec une volière et un formidable spectacle d'oiseaux (à 11h45, 15h15 et 17h15 en saison).

**La plage de Trescadec :** *à 1,5 km vers l'ouest.* 1,5 km de sable fin ! Au-delà, on parvient à la plage de Sainte-Évette, d'où l'on embarque pour l'île de Sein. On conseille une balade à pied depuis l'Évette sur le GR 34.

## Manifestation à Audierne et dans les environs

– **Route de l'amitié :** *1er w-e d'août, les années impaires. • routedelamitie.fr •* 1 semaine de navigation côtière et de festivités. D'Audierne au Bono, de vieux gréements et voiliers naviguent ensemble. Animations et concerts gratuits.

## DANS LES ENVIRONS D'AUDIERNE

**La chapelle Saint-Tugen :** *à 5 km à l'ouest d'Audierne.* La plus belle chapelle du cap, construite en 1535 et agrandie au XVIIe s. Tour carrée massive de style gothique flamboyant. Séduisant enclos avec porte triomphale en ogive et calvaire avec belle pietà. Porche sud à tympan ajouré et orné des statues des apôtres. À l'intérieur, nef en forme de carène de navire renversée. Dans un coin, la pièce où l'on enfermait les enragés (saint Tugen avait la réputation de guérir la rage et... les maux de dents). Bateaux ex-voto.

– Autour du 24 juin, ne pas manquer le traditionnel ***pardon.*** Procession le samedi soir autour de la chapelle.

# LA POINTE DU RAZ ET PLOGOFF [plougon]

(29770) 1 250 hab. *Carte Finistère Sud, A2*

**« Secourez-moi, Grand Dieu, à la pointe du Raz, mon vaisseau est si petit et la mer si grande ! » clamaient jadis les marins. Ici finit le cap Sizun, ici finissent la terre, le Finistère, la France (îles exceptées) et l'Europe tout entière... Sauvage, splendide et impressionnant, le site a été totalement réaménagé par le Conservatoire du littoral. La trop forte fréquentation touristique menaçait la végétation.**

### LES INDIGNÉS DU NUCLÉAIRE

*Les confrontations autour de la centrale nucléaire de Plogoff, en 1980, furent très violentes des 2 côtés. Traumatisée, EDF n'investira guère dans la région dans les 30 années suivantes. Résultat, la Bretagne ne produit que 13 % de ses besoins en électricité. Aujourd'hui, on sait que Plogoff avait 2 points communs avec Fukushima : la centrale devait être bâtie en bord de mer et près d'une faille sismique...*

**Résultat : si l'accès au site reste gratuit, le parking (cher !) est devenu obligatoire. Mais il s'agit aussi de préserver ce petit bout du monde.**
**De là, panorama superbe sur l'île de Sein et la pointe du Van.**

## Infos (très) pratiques sur la pointe du Raz

– ***Parking payant** obligatoire Pâques-Toussaint, voitures et camping-cars 6,50 €, camping-cars pour la nuit et caravanes (en tt temps) 15 €, moto 4 € ; gratuit le reste de l'année. Les 30 premières mn sont gratuites, mais il faudrait faire l'A/R en courant à la pointe pour ne pas payer ! Autre astuce : y aller à vélo (gratuit) ou se garer à la baie des Trépassés (1h de marche).*
– Commerces et petits restos sur place, dont ***L'Armen,*** repris récemment par Stéphane Pichon, sacré meilleur crêpier de France 2020 (garnitures un peu légères, dommage).
– Du parking, 2 sentiers rejoignent la statue de Notre-Dame-des-Naufragés. Le direct, presque tout droit *(env 800 m ; 15-20 mn de marche),* ou le côtier, que l'on recommande évidemment *(1,7 km ; env 30-35 mn).* Service de navette entre le parking et la pointe *(ttes les 30 mn, 11h-13h et 14h-19h en juil-août, puis jusqu'à 18h ; 1 €/trajet ; gratuit PMR et moins de 12 ans).*
– Les plus sportifs peuvent rejoindre la pointe du Van à pied. Compter 2,5 km (50 mn) jusqu'à la baie des Trépassés, puis encore 3 km (1h) jusqu'à la pointe du Van, soit presque 4h A/R.

FINISTÈRE SUD

## Adresse utile

ℹ ***Maison de la pointe du Raz :** dans l'espace commercial de la Pointe. ☎ 02-98-70-67-18. • pointeduraz.com • Avr-oct, tlj 10h30-18h (19h juil-août, 17h30 oct).* Centre d'interprétation et service de résa pour les balades et randonnées guidées *(durée : 1h30-2h ; 4-8 €/pers).* Consignes.

## Où dormir ? Où manger ?

### Bon marché

***Chambres d'hôtes La Ferme du Bout du Monde :** chez Annick et Jean-Noël Le Bars, 3, impasse de Kerguidy-Izella, 29770 **Plogoff.** ☎ 02-98-70-35-60. 📱 06-31-78-09-02. • fermelebars@orange.fr • fermelebars.com • À 5 km de la pointe du Raz, direction Plogoff (fléché depuis la D 784). Congés : de mi-nov à fin mars. Double 63 € ; familiale. Petit camping à la ferme, compter 13 € pour 2.* Dans une jolie ferme traditionnelle de 1832, à cour fermée. La vigne vierge court sur cette longue maison de granit qui abrite 4 chambres rénovées, simples mais mignonnes et très bien tenues. On a aimé l'accueil sincère et chaleureux. Et les enfants adoreront le jardin où gambadent des poules et des chèvres. Cuisine à disposition.

***Chambres d'hôtes L'Auberge du Fumoir d'Ar-Men :** 16, **Kerhuret.** ☎ 02-98-70-34-85. 📱 06-03-36-54-86 (resto) ou 06-19-72-54-79 (chambres). • aubergedufumoir@gmail.com • aubergedufumoirdarmen.fr • Passé le village, suivre la D 784 en direction de la pointe du Raz pdt 2,5 km et prendre à gauche. Ouv fin mars-fin oct. Double 60 € (min 2 nuits en juil-août) ; gîtes 450-540 €/sem (se loue aussi au w-e). Mar-sam, table d'hôtes 34 € (28 € pour ceux qui logent sur place). Digestif maison offert sur présentation de ce guide.* Les 5 chambres sont installées dans d'anciennes étables admirablement réhabilitées, avec tout le confort espéré et une déco alternant pierre apparente, bois et meubles cérusés de bleu (ou pas). Les sympathiques jeunes propriétaires vous feront visiter l'atelier de préparation de poissons fumés (au bois de hêtre) et vous conseilleront pour la visite de la région ; la pointe n'est qu'à 2 km. Repas unique le soir en fonction de la pêche du jour, accessible aux non-résidents.

**Le Galion :** *2, Le Loch, à* ***Plogoff****. ☎ 02-98-70-36-26. Tlj sauf mar hors saison (en continu juil-août). Formules 12,50-18 €.* Référence locale, cette crêperie de bord de route a le bon goût de faire face à la mer. Les galettes mettent en valeur les produits locaux, comme la saucisse de Molène (miam), l'andouille de Guémené et la truite fumée à Esquibien. Marre des crêpes ? Il y a aussi des omelettes sur billig, quelques plats simples et des poissons fumés (du *Fumoir d'Ar-Men*) à partager. Dans la salle de vieux bistrot réinventé trône une sirène (de proue).

**Crêperie du Cap :** *30, rue Pierre-Brossolette. ☎ 02-98-70-60-52. • marchandv@laposte.net • Dans le bourg. Congés : nov-mars. Tlj sauf mer hors saison. Formules 9,50-15 € ; carte env 15 €.* Dans une demeure traditionnelle au décor simple et rustique, cette crêperie, tenue par la même famille depuis 3 générations, est justement réputée dans tout le cap. On y privilégie les produits locaux. Parmi les spécialités : la galette au saumon (du *Fumoir de la Pointe du Raz*) et celle à la saucisse fumée de pays.

**Monsieur Papier :** *59, rue des Langoustiers. ☎ 02-98-64-84-14. • contact@monsieurpapier.fr • Tte l'année. Tlj 11h-20h30 en continu l'été (19h30 en ½ saison, puis 1-2 j. de fermeture/sem en basse saison).* Inventeur du concept de café-papeterie, Monsieur Papier s'est installé dans l'ancien relais d'où partaient jadis les bateaux assurant la traversée vers l'île de Sein. On y fait halte pour voir les productions maison et s'offrir un bon en-cas de produits locaux – poissons fumés, fromages –, tartes salées ou pâtisseries du jour maison. En prime : la vue sur le grand large depuis la véranda et la terrasse.

## De prix moyens à chic

**Hôtel Kermoor :** *18, plage du Loc'h. ☎ 02-98-70-62-06. • kermoor.h.rest@wanadoo.fr • hotel-kermoor-plogoff.com • À 2 km au sud-est de Plogoff par la D 784. Ouv Pâques-Toussaint. Doubles 75-135 €.* Juste en retrait de la route, l'hôtel surveille la mer, à quelques centaines de mètres de la plage. Ses chambres ont été doucement rénovées, par petites touches (hormis les salles de bains, néanmoins en bon état). Saumon, jaune, brun et même avec lit à baldaquin, elles sont toutes un peu différentes. Les 3 avec terrasse, face mer, sont plus étroites. Piscine avec nage à contre-courant et jacuzzi géant avec vue mer !

# L'ÎLE DE SEIN [enez sun]

(29990) 250 hab. *Carte Finistère Sud, A2*

**« Qui voit Sein voit sa fin... » Prolongement de la pointe du Raz (à environ 8 km), l'île apparaît comme une espèce de pince de crabe très mince, de 1,8 km de long sur 800 m de large (100 m dans les parties les plus étroites).**

**N'étaient les maisons de l'unique village, on la distinguerait à peine des flots : son point culminant s'élève à 6,50 m ! Pas d'arbres, presque pas de buissons... on ne cultive presque rien ici, à part quelques pommes de terre, sur de rares parcelles protégées par des murets.**

**La vie n'a jamais été facile à Sein. Aujourd'hui protégée par des digues, elle a été, par le**

### GÉNÉRAL, LES VOILÀ !

*L'île tout entière est Compagnon de la Libération. Après l'appel du 18-Juin du général de Gaulle, tous les hommes quittèrent Sein pour l'Angleterre. Ils ne laissèrent sur l'île que vieillards, femmes et enfants. En juillet 1940, le général passa en revue ses 600 premiers soldats. À chacun, il demanda son origine. Il entendit 150 fois : « De l'île de Sein. » Étonné, il s'exclama : « Sein est-il donc le quart de la France ? »*

**passé, plusieurs fois submergée ! Eu égard à ces conditions extrêmes, depuis un décret de Colbert, les Sénans ne paient pas de taxe d'habitation ! L'administration a même, de temps à autre, tenté de faire évacuer Sein, mais ses habitants s'y sont accrochés, contre vents et marées ! La population a malgré tout beaucoup décliné (1 300 habitants en 1938, environ 250 aujourd'hui...). L'île vit désormais un peu de la pêche et beaucoup du tourisme.**
**Quel plaisir de découvrir ce port mignon comme tout, aux maisons blanches ou colorées, pelotonnées les unes contre les autres pour lutter contre le vent. Quelle joie de flâner derrière les quais, dans ces ruelles juste assez larges pour permettre le passage des tonneaux d'eau douce !**
– La voiture est interdite sur l'île, et la navette n'embarque pas les vélos. Sein se visite donc à pied !



## Comment y aller ?

En bateau ! La traversée (1h) vaut déjà le coup, le long du cap Sizun, souvent en compagnie des dauphins. La compagnie *Penn Ar Bed* assure la liaison à l'année, avec le renfort de *Finist'mer* en été. On peut acheter les billets dans les offices de tourisme du cap Sizun ou à l'embarquement, à la cale de Sainte-Évette (à 2,5 km au sud-ouest d'Audierne, à Esquibien). Résa plus que conseillée, y compris hors saison. Parfois, en raison de la météo, l'embarquement/débarquement se fait à Douarnenez au lieu d'Audierne ; dans ce cas, une navette gratuite permet d'aller récupérer sa voiture.

***Compagnie maritime Penn Ar Bed :*** *☎ 02-98-70-70-70. • pennarbed.fr • A/R 35 € en haute saison et 30 € en basse saison ; réduc.* Circule tte l'année entre Audierne et l'île : 1-3 A/R par j. Fin juin-début sept, 1 A/R chaque dim depuis ***Camaret.***

***Compagnie maritime Finist'mer :*** *☎ 0825-135-235. • finist-mer.fr • A/R 32 € ; réduc.* Circule de début juil à mi-sept seulement : 1-2 A/R par j., sauf dim.

## Adresse utile

***Centre nautique :*** *06-08-67-60-99. • iledeseinnautisme.com •* Location de paddles et kayaks, balades en kayak autour de l'île et jusqu'à la Chaussée de Sein *(25-35 € pour 1-2h),* mais aussi des visites guidées à pied de l'île *(10 € pour 2h).* Super plan : les clients du centre peuvent profiter de ses tentes pour passer la nuit sur place *(10 €/pers ; douche 2 €) ;* cuisine équipée et salle à manger à disposition.

## Où dormir ? Où manger ?

L'île compte 4-5 bars et restos, pas vraiment donnés. À choisir, on préfère le ***Tatoon*** (malgré le service un peu expédié), idéalement installé sur le quai, pour ses formules à 23 € (plat unique) ou 32 €. La cuisine est bonne et l'accueil sympathique.

### Prix moyens

***Hôtel-restaurant d'Ar-Men :*** *route du Phare. ☎ 02-98-70-90-77. • hotel.armen@wanadoo.fr • hotel-armen.net • (resto). À l'ouest du village, en direction du grand phare. Ouv fin mars-début nov. Resto fermé mer et dim soir. Doubles 55-85 €. Menu 28 € ; ragoût de homard sur commande 61 €.* « Le dernier hôtel avant l'Amérique », dit leur pub (on ne peut que s'incliner devant le slogan). Chambres mignonnettes plutôt simples. Les plus belles (n^os^ 1 et 6) sont un peu plus chères (tout en restant raisonnables) mais quelle vue depuis les fenêtres exposées plein sud ! Carte courte et logiquement iodée, avec en vedette le ragoût de homard.

## À voir

**L'église Saint-Guénolé :** si Saint-Guénolé a, paraît-il, séjourné sur l'île au Ve s, Sein – dont les habitants célébraient moult cultes païens – n'a été évangélisée qu'au XVIIe s ! Cette église un peu austère n'a été construite qu'en 1902. Les pierres ont été transportées depuis le port, une à une, par les Sénans (ou plutôt par les Sénanes). Une inscription latine le rappelle sur le portail. Juste devant, 2 menhirs semblent engagés dans un débat hautement philosophique ; on les surnomme d'ailleurs « les Causeurs ».

**Le musée de l'Île et le musée du Sauvetage en mer :** *dans l'ancien* Abri du marin *(XIXe s). Ouv juin-sept, tlj 11h-16h30 (sous réserve de modification). Entrée : 4 € ; réduc.* Au rez-de-chaussée, la section principale, intéressante, se consacre à la vie quotidienne sur l'île aux temps jadis. À l'étage, des expos se penchent sur « Le ralliement des Sénans à la France libre » et l'« Île de Sein, ville Compagnon de la Libération », avec films d'époque à l'appui. De l'autre côté de l'accueil, le ***musée du Sauvetage en mer*** vous plonge dans l'histoire de la SNSM à l'île de Sein, avec la liste détaillée des interventions effectuées, année par année, plus quelques infos sur la fonction des abris du marin. Il expose aussi quelques objets repêchés sur l'épave d'un navire napoléonien parti à l'assaut de la Grande-Bretagne en 1796 !

**Le phare de Goulenez :** *visite juil-sept (parfois dès juin), tlj 11h-16h30 (15h30 lun-jeu en sept). Entrée : 4 € ; réduc.* On grimpe les 241 marches jusqu'à la lanterne pour le panorama imprenable sur l'île et les îlots rocheux qui s'éparpillent vers l'ouest – particulièrement nombreux à marée basse. Au pied du phare, la chapelle Saint-Corentin a été restaurée.

**Le phare Ar Men :** à voir... de loin, puisqu'il s'élève à 12 km à l'ouest de l'île. Sa construction, commencée en 1867, a duré 14 années, au prix de difficultés incroyables. La 1re année, la météo n'a permis que 7 accostages et... 8h de travail ! Considéré comme un lieu de travail extrêmement éprouvant par les gardiens de phare, il était surnommé « l'Enfer des Enfers ». Il fut classé Monument historique en 2015.

# LA POINTE DU VAN

*Carte Finistère Sud, A2*

**10 fois moins touristique que la pointe du Raz, elle n'attire pas les marchands de biniouseries et friandises en tout genre. Le vent tente d'y déraciner l'adorable *chapelle Saint-They,* au bord de la falaise. Il paraît que sa cloche sonne d'elle-même quand un bateau est en danger ! Le point de vue est splendide sur la pointe du Raz, que l'on voit s'étirer en direction de l'Amérique, et sur la *baie des Trépassés,* qui n'a rien de lugubre malgré son nom ! Protégée par les 2 pointes, cette baie est, au contraire, vraiment à croquer. Par temps clair, on distingue le phare de Tévennec.**

# CLÉDEN-CAP-SIZUN [kledenn-ar-c'hab] ET LA POINTE DE BRÉZELLEC

(29770) 960 hab. *Carte Finistère Sud, A2*

**Cette petite commune, connue pour ses nombreuses pointes rocheuses (Van, Brézellec, Castel Meur et Penharn), a su garder son authenticité. Plusieurs petites plages de sable fin et des ports viennent s'y nicher.**

## Où camper ? Où manger dans le coin ?

⛺ ***Camping de la Baie :*** *à Lescleden, Cléden-Cap-Sizun. ☎ 02-98-70-64-28. • camping.de.la.baie@orange.fr • À 2 km à l'ouest de Cléden-Cap-Sizun, sur la route de la baie des Trépassés. Congés : déc-fév. Forfait tente 10 €.* Plein d'habitués se retrouvent, année après année, dans ce tout petit camping de campagne, tout simple, tenu par Christine et sa mère – ambiance familiale garantie. Une trentaine d'emplacements seulement, au-dessus de la baie des Trépassés. Sanitaires avec eau chaude, petite épicerie à l'accueil et basta. On peut charger son téléphone au bar.

⛺ ***Camping de Keringard :*** *à Keringard, 1,5 km à l'est de Cléden-Cap-Sizun. ☎ 02-98-70-66-78. 📱 06-49-22-87-37. • keringard.free.fr • Congés : nov-mars. Forfaits tente 11,40-14,10 € ; douche (visiteurs) 3 € ; mobile homes 4 pers.* Immenses kiwis grimpant aux murs, pommiers, clapiers... Voilà un camping bien au vert, partagé entre un bel espace gazonné entouré de haies, arboré, et 2 champs à l'arrière, avec leur douche et w-c tout simples. Il y a aussi 3 mobile homes plus tout jeunes, loués à la nuitée (hors août).

|●| ***L'Étrave-Roma :*** *2, Kerbesquerrien, route de la Pointe-du-Van. ☎ 02-98-70-66-87. ♿ Tlj sauf mar-mer. Fermé oct-mars. Formules sauf dim et j. fériés 19-24,50 € ; menus 39-60 € (avec le homard bleu) ; carte 40 €. Café offert sur présentation de ce guide.* Le bâtiment, moderne, est sans charme, mais la salle est assez impressionnante avec ses larges baies vitrées donnant sur l'océan. Cette table à la campagne possède une solide réputation grâce à son homard au chaudron, dont la recette, secrète, se transmet de génération en génération depuis 1947. La moitié de la salle est là pour ça ! Sinon, la cuisine reste tournée vers la mer.



## À voir

***L'église :*** *dans le bourg.* Du XVIe s, au style un peu disparate, mais intéressante. Beau clocher ajouré, avec tourelle sur le côté et escalier extérieur. Au-dessus de l'ogive, balustrade flamboyante et bateaux sculptés. Collé à l'église, curieux ***monument aux morts,*** en forme de calvaire, avec un soldat et un marin de part et d'autre. Il aligne plus de 100 noms d'hommes morts lors de la guerre 1914-1918. Une honteuse boucherie.

Aux alentours, allez faire quelques pas à la ***pointe de Brézellec*** pour profiter du poignant combat de la mer et des superbes falaises déchiquetées – désertées par les touristes. Après le parking, suivez le chemin de terre à droite sur 300 m. Du promontoire au gros rocher rond, l'échappée sur la côte est spectaculaire.

# LA RÉSERVE DU CAP-SIZUN

*Carte Finistère Sud, A2*

**À 3 km au nord de Goulien, autour de la pointe de Kastel-ar-Roc'h, s'étend, sur 40 ha, l'une des réserves naturelles les plus célèbres d'Europe : une vaste lande, une haute falaise et quelques îlots survolés par goélands argentés bruns et marins, fulmars boréals et cormorans huppés. Malheureusement, la dernière colonie de guillemots (famille des pingouins) du Finistère, qui nichait ici, a pratiquement disparu. Les ornithologues amateurs essaieront de dénicher les très rares craves à bec rouge, traquets motteux, tariers peintres, faucons pèlerins, pipits farlouses et autres fauvettes pitchous. L'observation s'effectue à partir de sentiers bien balisés et libres d'accès à l'année (chiens interdits).**

## Où camper ?

***Camping municipal Kerros :*** *Kerros, 29770 **Goulien.** ☎ 02-98-70-06-04. • goulien.mairie@orange.fr • goulien.fr • À 4 km de la plage, entre Poullan-sur-Mer et la pointe du Van, sur la D 7. Ouv fin juin-fin août. Pas de wifi. Forfait tente 11 €. CB refusées.* Ce camping tout basique se résume à une pelouse autour d'un stade entouré d'arbres. 2 bâtiments en dur : l'un pour la cuisine (2 plaques, micro-ondes et frigo), l'autre pour les sanitaires.

# PONT-CROIX [pontekroaz]

(29790) 1 610 hab. *Carte Finistère Sud, B2*

**Petite capitale du cap Sizun, Pont-Croix a émergé au Moyen Âge, sur la rive droite du Goyen, face au 1er gué qui permettait de passer du Pays bigouden au cap Sizun. Quelques grandes familles, dont les Rosmadec, en firent l'une des plus puissantes seigneuries de la région, au port animé et aux foires prospères. De ce riche passé, Pont-Croix a gardé un joli patrimoine qui lui a valu le label « Petite Cité de caractère ».**

## Adresse et info utiles

***Office de tourisme :*** *rue de la Prison, au Marquisat. ☎ 0809-10-29-10. • capsizuntourisme.fr • Juil-août, lun-sam 10h-13h, 14h-17h30 (sous réserve).*

– ***Visites guidées :*** *lun ap-m et mar soir en juil-août, avec l'historien Thierry Le Sergent, sur résa. 06-82-77-98-63. Compter 8 € ; réduc.*

– ***Marché des producteurs :*** *mar en été, à partir de 17h, pl. de la République (concert à 19h) ; **marché hebdomadaire** jeu mat tte l'année.*

## Où dormir ? Où manger ?

***Kom'Home :*** *3, rue de la Prison. 06-65-98-14-76. • contact@komhome.org • komhome.org • Resto tlj 11h-14h (brunch) et 18h-22h. Doubles 85-95 €, petit déj inclus. Brunch 15-18,50 €.* Après plus d'une décennie passée à la Réunion et en Nouvelle-Calédonie, puis un tour du monde en famille, Florence et Olivier sont revenus ouvrir ces chambres d'hôtes dans une vieille maison du bourg (face au Marquisat). Au rez-de-chaussée : une ancienne salle de bar réinventée et souriante, plus une jolie courette pour picorer plat du jour, tapas ou *taponnes* – les tapas bretonnes, tendance mer et charcuterie locale (issue de l'agriculture raisonnée). Au-dessus : 5 belles chambres avec parquet (2 ou 3 personnes) assez spacieuses, joliment décorées, portant le nom d'une de leurs escales favorites. Plus une cuisine commune et un salon, façon *backpacker* anglo-saxon. Tout le monde peut venir prendre le petit déj (7 €).

***Chambres d'hôtes Le 29 d'à Côté :*** *29, rue du Goyen. 07-89-67-75-55. • le29dacote@gmail.com • le29dacote.com • Doubles 80-130 €. Réduc de 10 % sur le prix de la chambre en janv-fév et nov, sur présentation de ce guide.* Une de nos adresses préférées dans ce coin de Finistère. Cette belle maison de ville abrite 4 chambres tout confort où mobilier chiné et touches contemporaines se côtoient. Le bois brut contraste avec les coussins hyper colorés, les meubles anciens avec les touches design. Déco et propreté soignées, excellente literie, joli linge de maison et salles de bains modernes. Ajoutez un accueil chaleureux, un excellent petit déj et un p'tit coin de jardin... On n'est pas bien, là ?

**Chambres d'hôtes La Glycinière :** *16, pl. de la République. ☎ 02-98-70-58-50. 06-33-87-16-26. • laglyciniere@la-glyciniere.com • la-glyciniere.com • Doubles 85-90 € ; familiales. Gîte 550-750 €/sem. Table d'hôtes 25 € ; « Ardoise gourmande » 15 € pour ceux qui arrivent tard.* Sur la place principale, cette maison de ville fleure bon la campagne. Les chambres, spacieuses, joliment meublées et baignées d'une lumière tamisée, arborent une déco personnalisée et fleurie. Excellent petit déjeuner. Cour intérieure et piscine dans le jardin. Gîte hyper confortable.



## À voir

***La collégiale Notre-Dame-de-Roscudon :*** *tlj 9h30-18h (17h hiver).* Édifiée au XIIIe s, elle s'est vu ajouter un porche au XIVe s – un pur joyau, festival de rosaces sculptées dans la pierre. La tour-clocher du XVe s a servi de modèle pour les flèches de la cathédrale de Quimper. À l'intérieur : mélange de vitraux modernes et anciens, piliers à fines colonnettes cannelées et chapiteaux supportant des arcades romanes à délicates voussures. Admirez aussi les plafonds en lambris aux motifs floraux et étoilés, les sablières sculptées du chœur et les dragons de la tribune. L'ensemble dégage une extraordinaire impression d'élégance.

Les vieilles ***ruelles pavées,*** autour de l'église, sont pleines d'un charme discret. Étroites et fleuries, elles descendent en pente douce vers la rivière Goyen. Les escaliers de la Grande-Rue-Chère, aux vieilles demeures, vous y mèneront aussi. Belle ***place de la République*** (où l'on vous recommande chaudement d'apprécier un café en terrasse) avec ses rangs de maisons d'une grande homogénéité architecturale. Chouette animation le mardi soir en été, avec le marché des producteurs.

***Le musée du Marquisat :*** *rue de la Prison. ☎ 02-98-70-51-86. Juil-sept seulement, tlj sauf dim 10h-12h, 14h-17h. GRATUIT.* Remontant au moins au XVe s, cette maison noble, propriété de la famille de Rosmadec est surnommée depuis toujours « le Marquisat ». On y découvre quelques pièces remeublées à l'ancienne, mettant en valeur le patrimoine du cap Sizun : costumes et coiffes traditionnels (dont la coiffe *pen-sardin*), outils agricoles et objets du quotidien. Superbe escalier à vis.

## Fête et manifestation

– ***Festival Mouezh Ar Gelted :*** *2 j. (mar et jeu) début août.* Foire à l'ancienne avec ses vieux outils et engins, cortège en costumes sur chars, musique traditionnelle...
– ***Fête des Bruyères :*** *1[er] w-e d'août, sur le plateau de Kastel-Koz, à* ***Beuzec-Cap-Sizun.*** Danseurs et groupes folkloriques défilent en musique, avec une noce reconstituée qui trône sur un char à bancs. Repas et fest-noz. Colorée et très populaire, une des plus belles fêtes de la région !

# CONFORT-MEILARS [meilar]

(29790) 910 hab. *Carte Finistère Sud, B2*

**La commune réunit 2 villages : *Confort,* sur la D 765, et *Meilars,* à 1 km au sud-ouest. Confort-Meilars étant le terroir d'origine de la famille Gloaguen, nous insistons pour lui donner en ces pages une mention honorable bien méritée !**

## Où dormir dans les environs ?

**Chambres d'hôtes de Kerantum :** *chez Laurence Le Du, Kerantum, 29790* ***Mahalon.*** *06-62-52-74-06. • gitesetchambres.kerantum@wanadoo.fr • locations29.com/hebergements/kerantum • (1 gîte). À 3 km par la D 765 en direction de Douarnenez, sur la droite. Ouv de mi-fév à mi-nov. Doubles 60-70 € ; gîtes env 200-1 200 €/sem. Réduc de 10 % sur le prix de la chambre oct-mars sur présentation de ce guide.* À la ferme, en pleine nature, dans une grande demeure : propreté, confort, espace, large utilisation du bois blanc, chambres légèrement mansardées, on aime bien. Cuisine et coin salon à disposition des 3 chambres. Petit déj copieux où l'on privilégie le fait maison. Accueil sincère tout en gentillesse. Également 4 gîtes jusqu'à 6 personnes.

## À voir

Superbe ***église*** gothique du XVIe s, avec une ravissante flèche ajourée à double balustrade et tourelle sur le côté. À l'intérieur, une « roue à carillon » de la même époque, accrochée sous la voûte, avait autrefois, paraît-il, le pouvoir de faire parler les enfants souffrant de difficultés d'élocution. Beaux vitraux du XVIe s contant des épisodes de la Bible. Ceux du chœur présentent encore de vives couleurs.
Au flanc de l'église, un beau ***calvaire,*** quelque peu malmené autrefois par les révolutionnaires iconoclastes mais rénové depuis... Les 12 apôtres ont été remplacés en 1870.

***La forge « Ti ar marichal » :*** *au bourg. ☎ 02-98-74-51-89 (mairie). Forge en activité sam mat 9h-12h. Téléphoner à la mairie pour d'éventuels horaires étendus en haute saison. GRATUIT.* Cet atelier de forgeron a été remarquablement rénové, avec tous ses outils et enclumes. Des bénévoles y reproduisent les gestes du maréchal-ferrant ou du forgeron (notamment en septembre pour la fête du Cheval). Autre intérêt, la présence d'une colonie de grands rhinolophes (chauves-souris) dans les combles (au moins 200 !). Une caméra infrarouge retransmet leur (in)activité au rez-de-chaussée, sans les perturber.

# LE PAYS DE DOUARNENEZ

## DOUARNENEZ (29100) 14 265 hab. *Carte Finistère Sud, B2*

• Plan *p. 104-105*

**Grand port de pêche, Douarnenez est l'une des capitales de la mémoire bretonne. Ses héros ne sont pas des saints ni des princes, mais des marins, des ouvriers... Un petit peuple longtemps fédéré par la tradition de la pêche à la sardine, dont les habitants tirent leur surnom : les *penn sardin* (« têtes de sardines » en breton !).**

### À VOS PIOCHES !

*Au XVIe s, le brigand La Fontenelle écumait le Pays bigouden avec ses 700 comparses. Finalement pris, il fut exécuté en place de Grève, à Paris, en 1602. Son butin considérable, notamment composé, dit-on, de 2 barils d'or et d'une croix de diamants, n'a jamais été retrouvé. Il serait enfoui sur l'île Tristan, son refuge favori. À vos pelles !*

**Si la ville n'aligne pas un patrimoine architectural époustouflant, elle mérite au moins une visite pour son passionnant musée de bateaux à flot, unique en France. On peut également rejoindre à marée basse (avec un guide) l'île Tristan, située à quelques encablures : un site naturel protégé, fréquenté autrefois par Tristan et Yseult, par le célèbre brigand La Fontenelle et par de nombreux artistes au début du XX^e^ s. Coup de cœur aussi pour le petit port du Rosmeur, où l'on aime flâner en fin de journée.**

## LA SODOME ET GOMORRHE DE BRETAGNE

C'est au large de Douarnenez qu'aurait été édifiée la ville mythique d'Ys, capitale de la Cornouaille à l'époque du roi Gradlon, réputée pour son goût de la débauche. Dahut, la fille du roi, amoureuse d'un beau jeune homme (qui était, en fait, le diable), accepta, pour ses beaux yeux, de voler les clés des écluses qui protégeaient Ys. Les écluses ouvertes, la ville fut engloutie. Gradlon parvint à s'enfuir avec sa fille en croupe mais dût abandonner la cité aux flots. Ys disparue, le roi fonda sa nouvelle capitale à Quimper. Lorsque la mer est forte, on entend tinter les cloches englouties, dit-on !



## Adresses et info utiles

**i** ***Office de tourisme du pays de Douarnenez*** *(plan C2)* **:** *1, rue du Docteur-Mével. ☎ 02-98-92-13-35. • info@douarnenez-tourisme.com • douarnenez-tourisme.com • Juil-août, tlj 10h-18h30 ; le reste de l'année, lun-sam 10h-12h30, 14h-17h30 (18h avr-juin et sept-oct), plus dim mat avr-juin et sept.* Visites guidées hebdomadaires *(avr-Toussaint)* de la ville, du site naturel des Plomarc'h et de l'île Tristan (selon marées) et aussi du Port-Rhu et du port de pêche à la sardine en juillet-août.

■ ***Location de vélos :*** ***Stephan Cycles,*** *87, rue Louis-Pasteur, ☎ 02-98-92-72-97 (fermé dim-lun) ;* ***Velonova,*** *quai de l'Yser, port de plaisance de Tréboul, ☎ 02-90-94-14-56) ;* ***Espace Loisirs Leclerc,*** *Z.A. de Toubalan. ☎ 02-98-11-99-19.*

– ***Marchés :*** *le mat lun-sam aux halles de Douarnenez (plan D2) et sur la pl. de Tréboul.* ***Grand marché*** *le mat mer et sam, pl. de Tréboul.*

## Où dormir ?

### Campings

⛺ ***Camping Huttopia*** *(hors plan par A1,* ***10****)* **:** *69, av. du Bois-d'Isis. ☎ 02-98-74-05-67. • douarnenez@huttopia.com • huttopia.com • Ouv fin avr-sept. Forfaits tente 14-33,70 €. Tentes aménagées avec coin cuisine (4-5 pers) 49-101 €/j. ; roulottes 4 pers 69-118 € ; 2 nuits min pour les locatifs (3 nuits en juil-août).* Voici peut-être notre camping préféré dans tout le Finistère Sud, dans un super site vallonné et boisé de 4 ha surplombant la baie, avec la plage à 400 m et le centre-ville à 2,5 km. Environ 90 emplacements bien ombragés et espacés, répartis en terrasses. Installations et sanitaires impeccables. Piscine chauffée et aire de jeux. L'été, plein d'activités ludiques et gratuites à faire en famille : randonnées, atelier de fabrication de pain, jeux traditionnels en bois... Laverie et petite épicerie. Comme toujours chez *Huttopia,* authentique esprit camping ! Attention, le couvre-feu à 23h est strictement appliqué.

⛺ ***Camping de Kerleyou*** *(hors plan par A2,* ***17****)* **:** *15, chemin de Kerleyou. ☎ 02-98-74-13-03. • campingdekerleyou@wanadoo.fr • camping-kerleyou.com • À 1,5 km de la plage des Sables-Blancs. Ouv de mi-avr à mi-sept. Forfaits tente 18-28 € ; loc de chalets et mobile homes (1-4 chambres).* Bien ombragé par les chênes et très fleuri, voilà un camping convivial pour des vacances en famille. Un bel avantage : on peut récupérer le GR 34 directement depuis le camping. Piscine couverte et chauffée.

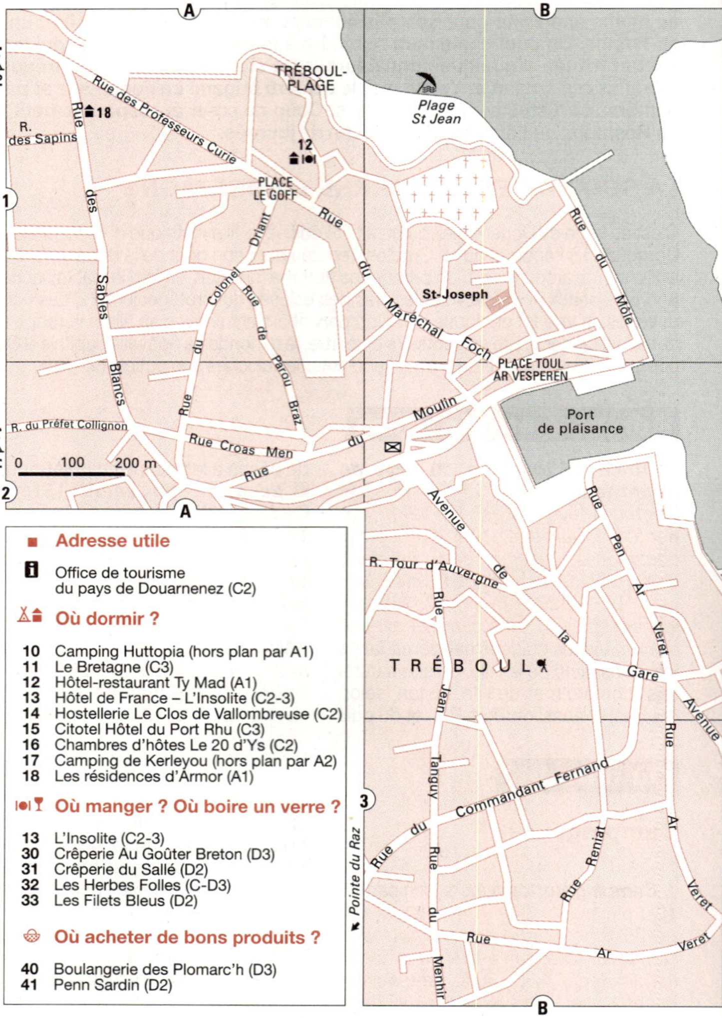


■ **Adresse utile**

Office de tourisme du pays de Douarnenez (C2)

**Où dormir ?**

- **10** Camping Huttopia (hors plan par A1)
- **11** Le Bretagne (C3)
- **12** Hôtel-restaurant Ty Mad (A1)
- **13** Hôtel de France – L'Insolite (C2-3)
- **14** Hostellerie Le Clos de Vallombreuse (C2)
- **15** Citotel Hôtel du Port Rhu (C3)
- **16** Chambres d'hôtes Le 20 d'Ys (C2)
- **17** Camping de Kerleyou (hors plan par A2)
- **18** Les résidences d'Armor (A1)

**Où manger ? Où boire un verre ?**

- **13** L'Insolite (C2-3)
- **30** Crêperie Au Goûter Breton (D3)
- **31** Crêperie du Sallé (D2)
- **32** Les Herbes Folles (C-D3)
- **33** Les Filets Bleus (D2)

**Où acheter de bons produits ?**

- **40** Boulangerie des Plomarc'h (D3)
- **41** Penn Sardin (D2)

## De bon marché à prix moyens

***Chambres d'hôtes Le 20 d'Ys*** *(plan C2,* ***16****)* **:** *20, rue Saint-Michel. ☎ 02-98-51-62-55. 06-83-20-45-11. • contact@20dys.com • 20dys.com • Congés : vac scol de fév. Doubles 60-80 €.* En plein centre, près du Port-Musée, Yves et Isabelle ont remodelé une vieille maison de fond en comble pour y loger 3 chambres d'hôtes avec

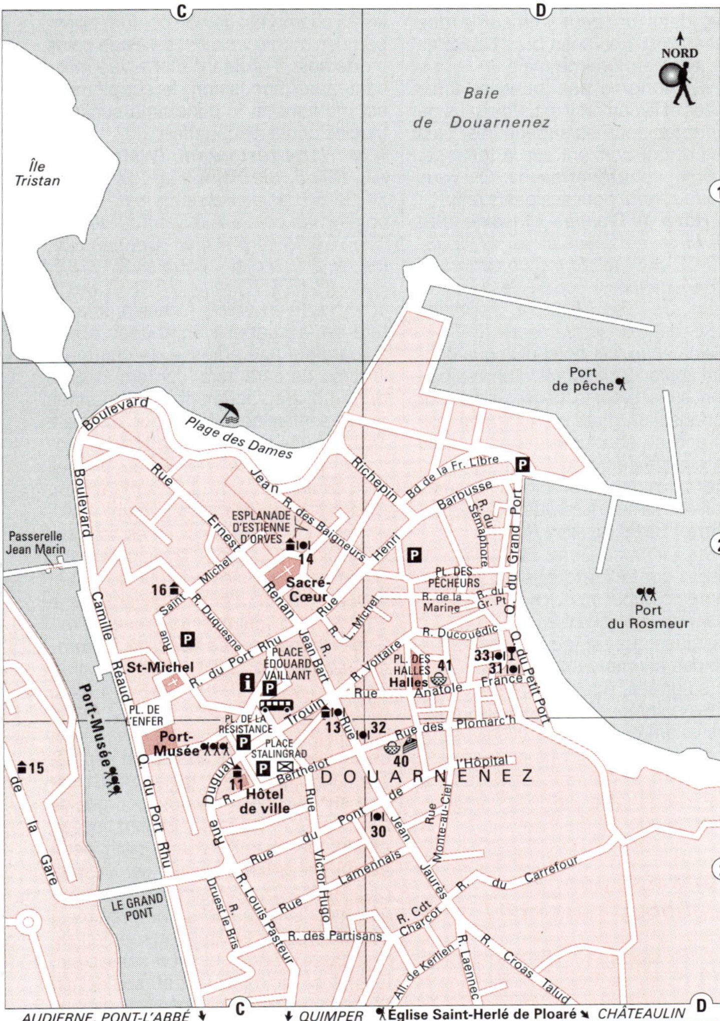


DOUARNENEZ

salle de bains, dont une familiale en duplex. Soignées et cosy, elles sont nommées d'après des îlots de la baie. La moins chère est plus petite, mais on aime bien son vieux coffre de médecin-lieutenant de marine ayant appartenu au grand-père d'Isabelle. Le petit déj se prend autour de la table commune, dans une déco gentiment marine.

**Le Bretagne** *(plan C3,* ***11****)* **:** *23, rue Duguay-Trouin.* ☎ *02-98-92-30-44.* • *contact@le-bretagne.fr* • *le-bretagne.*

*fr ● Doubles 49-78 €.* Hôtel classique, dans un petit immeuble des années 1950. Les chambres basiques n'ont rien de moderne mais vu le prix affiché, on ne va pas jouer les fines bouches et le confort y est. Pour plus de style, optez pour les supérieures, plus claires et qui donnent sur la terrasse, au calme. Jacuzzi et sauna. On vous l'indique surtout pour ses petits prix.

**Hôtel de France – L'Insolite** *(plan C2-3,* ***13****) : 4, rue Jean-Jaurès. ☎ 02-98-92-00-02. ● hotel.de.france.dz@wanadoo.fr ● lafrance-dz.com ● Resto fermé dim-lun. Doubles 65-115 €. Formules 18-22 € (déj mar-sam), menus 39-69 €.* En plein centre, cet hôtel plus que centenaire abrite 22 chambres d'un très bon confort, super propres. Léger bémol pour l'insonorisation mais mention spéciale pour l'accueil, absolument charmant. Au resto, cuisine de très belle tenue, parmi les meilleures de la ville, entre terre et mer, produits de saison et assiettes élégantes.

**Citotel Hôtel du Port Rhu** *(plan C3,* ***15****) : 99, av. de la Gare. ☎ 02-98-74-00-20. ● contact@hotel-du-port-rhu.fr ● hoteldouarnenez.bzh ● ♿ Congés : 2-3 sem en janv. Doubles 57-89 €.* Cet hôtel classique et de bonne tenue abrite des chambres proprettes et calmes, soignées, égayées de quelques touches colorées. Préférez celles donnant sur l'arrière, qui offrent une vue sur le Port-Musée. Sinon, tout le monde peut profiter du panorama depuis la terrasse et la salle du petit déjeuner. Petit jardin pour se prélasser.

## De prix moyens à beaucoup plus chic

***Les Résidences d'Armor*** *(plan A1,* ***18****) : 36, rue des Sables-Blancs. ☎ 02-98-74-00-35 ou 02-51-55-42-82. ● info@residencesdarmor.com ● residencesdarmor.com ● ♿ Doubles 78-128 € ; familiales.* On vous parle ici de l'hôtel, récemment restauré, pas du village-vacances attenant, plus daté. À 2 pas de la plage des Sables-Blancs, les 25 chambres, de bon confort, allient parquet, mobilier clair et salles de bains modernes. 5 profitent d'une vue mer ; sautez sur l'occasion, le supplément est modique et le panorama sublime. Piscine couverte chauffée.

***Hôtel-restaurant Ty Mad*** *(plan A1,* ***12****) : 3, rue Saint-Jean. ☎ 02-98-74-00-53. ● info@hoteltymad.com ● hoteltymad.com ● À 3,5 km du centre-ville. Resto fermé mar. Congés : de mi-nov à début avr. Doubles 90-218 €. Petit déj 15 €. Formule déj 26 € ; menu 40 € ; carte env 40 €.* L'ancien presbytère de la chapelle Saint-Jean abrite aujourd'hui une adresse de charme à la déco de caractère, contemporaine, dans un emplacement exceptionnel, sur le sentier côtier. Mention spéciale pour la suite logée sous le toit. La propriétaire cultive le bien vivre, l'accueil et le confort (piscine, sauna, hammam, massages) de ses clients. Côté resto, on mise sur la fraîcheur et les saisons, en cuisinant des produits bio ou locaux. Superbe salle de resto turquoise, entièrement vitrée pour profiter du jardin. Une adresse qui a vraiment tout pour plaire !

***Hostellerie Le Clos de Vallombreuse*** *(plan C2,* ***14****) : 7, rue d'Estienne-d'Orves. ☎ 02-98-92-63-64. ● clos.vallombreuse@wanadoo.fr ● ♿ Resto ouv mar-ven midi et le soir mar-sam. Doubles 80-165 €.* L'arrivée est impressionnante : passée la grille, on débouche sur une belle maison bourgeoise de la fin du XIXe s, surplombant l'océan et plantée au milieu d'un petit parc. Vu de près, l'impression est un peu plus mitigée. Les chambres rénovées vue mer (avec balcon, nos préférées) et celles de la « villa » (attenante), en duplex, sont cosy et bien agréables ; les autres moins. Quant au spa et aux parties communes, ils mériteraient plus d'attention. Cela dit, le resto, enveloppé de boiseries, ne manque pas d'allure et la cuisine, tournée vers la mer, est correcte. Superbe terrasse avec piscine chauffée en saison face à l'océan.

## Où dormir dans les environs ?

***Chambres d'hôtes de Kerioret Izella*** *: à Kerioret-Izella, 29100* ***Kerlaz.*** *📱 06-61-85-75-80. ● kerioret.izella.29@gmail.com ● chambresdekerioret.*

*com • À 5 km au nord-est de Douarnenez par la D 7. Congés : de mi-nov aux vac de fév. Doubles 55-60 € ; familiale. CB refusées.* Dans un ancien corps de ferme, avec la mer en ligne de mire au loin, vous trouverez 3 chambres avec salle de bains privée, dont une familiale (comportant 2 vraies chambres séparées). La déco est à la fois actuelle et authentique, les lits confortables et l'accueil d'Anthony et Carine sympathique. Au rez-de-chaussée : salon et cuisine à la disposition des résidents. Et sous vos yeux, le matin, un excellent petit déjeuner tout fait maison !



## Où manger ? Où boire un verre ?

### Bon marché

**Crêperie Au Goûter Breton** *(plan D3, **30**)* **:** *36, rue Jean-Jaurès. ☎ 02-98-92-02-74. Fermé dim, plus sam soir hors saison. Congés : 2de quinzaine de juin. Menus 12,80-24,80 € ; carte env 13 €. Apéritif maison ou café offert sur présentation de ce guide.* Au menu, une façade orange, une carte annotée d'espiègleries et un décor d'épicerie vintage, avec jeux anciens et journaux à dispo. En plus des traditionnelles crêpes, les curieux goûteront les hamburgers armoricains (steak et crêpe !). Belle sélection de cidres bio.

**Crêperie du Sallé** *(plan D2, **31**)* **:** *7, quai du Petit-Port. ☎ 02-98-92-22-13. • crepeiedusalle.bzh@gmail.com • Tlj sauf lun et mar soir. Congés : janv. Compter env 15 €. Café offert sur présentation de ce guide.* Situation parfaite sur l'agréable port du Rosmeur ; si vous dégotez une place en terrasse (couverte), c'est encore mieux ! Adorable petite salle aux murs de pierre, décorée comme chez une vieille tante. Bonne qualité des produits, dont des légumes bio et du caramel au beurre salé maison. Carte classique pour cette petite institution qui ronronne bien mais qui affiche des prix un brin salés.

### De prix moyens à chic

**Les Herbes Folles** *(plan C-D3, **32**)* **:** *17B, rue Jean-Jaurès. ☎ 02-29-20-82-78. Ouv seulement mar-ven 12h-15h, mar et jeu 18h45-23h. Formules 14,50-17,50 € (le midi), 20-24 € (le soir).* Producteurs locaux et cuisine fusion ? Si, si, c'est possible. La cheffe jongle allègrement avec les herbes et les épices, magnifiant les rillettes de thon à la coriandre et tartare d'algues, ou le mijoté de porc fermier au miel et à la cardamome. Le menu découverte permet de goûter l'ensemble des propositions du moment. Salle pour les familles à l'étage. Super accueil.

**Les Filets Bleus** *(plan D2, **33**)* **:** *17, quai du Petit-Port. 06-61-52-82-58. Lun 10h-16h, jeu-sam 9h-22h, dim 10h-22h ; fermé mar-mer. Brunch dim 11h-14h30. Menus du marché 19-25 € (le midi).* Jolie âme de Bretagne... Sur le quai piéton, face au port du Rosmeur, on s'offre une bière du cru, un thé (joli choix), un verre de vin (pas cher), à diluer dans un « frichti du soir », façon burger aux noix, planches de charcuterie et fromages, ou poireaux-araignée ! C'est bon, c'est frais, local et inventif. Toutes les générations sont là, en terrasse, entre natifs et alternatifs. Et lorsque la pluie survient, on se réfugie dans le petit intérieur, à la déco savamment rétro.

**L'Insolite** *(plan C2-3, **13**)* **:** *4, rue Jean-Jaurès. ☎ 02-98-92-00-02. • hotel.de.france.dz@wanadoo.fr •* Restaurant de l'*Hôtel de France* (voir plus haut la rubrique « Où dormir ? ») et l'un des meilleurs de la ville. Gaël, le patron, est au piano.

## Où acheter de bons produits ?

**Le véritable kouign-amann de Douarnenez :** *demander la liste de l'association des artisans à l'office de tourisme.* Ce délicieux gâteau breton à base de pâte feuilletée est la grande spécialité locale. À chacun sa façon de faire : certains le préfèrent doré et craquant, d'autres fondant et peu caramélisé. Un tiers de farine, un tiers de beurre, un tiers de sucre pour l'un, moitié de farine et le reste à part égale entre beurre demi-sel et sucre pour l'autre. Chacun son *tour*, aussi, c'est le cas de le dire : après avoir superposé la couche de pâte, celle de beurre et celle de sucre, encore faut-il savoir plier (en 3 ou en portefeuille), puis passer le rouleau à pâtisserie. Il est impensable de quitter Douarnenez sans avoir croqué dans cette petite bombe calorique.

***Boulangerie des Plomarc'h – Sylvie et Thierry Lucas*** *(plan D3, **40**) : 20, rue des Plomarc'h. ☎ 02-98-92-37-24. • kouign-douarnenez.com • Tlj sauf dim 6h15-19h30.* LA référence à Douarnenez pour se fournir en kouign-amann ! On peut les acheter en part individuelle (aussi au blé noir) ou en format familial. On trouve aussi des fars nature, aux pruneaux ou aux pommes, et des gâteaux bretons, nature ou garnis de fruits. Possibilité de commander en ligne. Bon à savoir : le kouign-amann se conserve environ 1 semaine : un souvenir gourmand à rapporter à la maison. Une remarque tout de même : mieux vaut être fondu de beurre !

***Penn Sardin*** *(plan D2, **41**) : 7, rue Le Breton. ☎ 02-98-92-70-83. En saison, lun-sam 10h-19h, dim 10h-14h ; le reste de l'année, mar-sam 10h-12h30, 14h30-19h.* Une chouette boutique haute en couleur, où les conserves de sardines s'empilent jusqu'au plafond (ou presque !). Déchiffrez bien les boîtes, la provenance du poisson est écrite dessus. Au fait, savez-vous ce qu'est un puxisardinophile ? Un collectionneur de boîtes de sardines, pardi !

## À voir

Douarnenez et Tréboul étaient autrefois 2 entités bien distinctes. Les habitants de Douarnenez surnommaient d'ailleurs ceux de Tréboul « les Marocains », histoire de bien leur faire sentir qu'ils habitaient presque au bout du monde (soit de l'autre côté de la ria...). Aujourd'hui sonne l'heure de la revanche pour Tréboul, devenue plus attrayante aux yeux de nombreux visiteurs, qui ne font pas l'effort de comprendre la vieille cité et préfèrent découvrir les plages et les vieilles rues de ce village « resté dans son jus ». La fusion administrative, en 1945, entre Douarnenez, Tréboul et les villages voisins de Ploaré et Pouldavid a engendré une ville à ***4 ports*** : Tréboul (pour la plaisance), Port-Rhu (ancien port de cabotage transformé en musée à flot), le port moderne (pour chalutiers et langoustiers) et l'ancien port du Rosmeur (encore utilisé pour la petite pêche côtière).

### UNE GRÈVE DE FEMMES

*Les ouvrières des usines de sardines étaient les plus mal payées du pays. En 1924, tandis que les hommes étaient en mer, les femmes firent grève. Les gendarmes à cheval n'hésitèrent pas à charger ! Les ouvrières eurent gain de cause, après 42 jours de grève, grâce à un énorme élan de solidarité. Pas étonnant que Douarnenez, bien qu'ancré dans une région très catholique, ait élu le 1er maire communiste de France !*

***Le Port-Musée*** *(plan C2-3) : pl. de l'Enfer, quai du Port-Rhu. ☎ 02-98-92-65-20. • port-musee.org • ♿ (dans le musée, pas dans les bateaux). Juil-août, tlj 10h-18h (musée à quai et bateaux à flot) ; avr-juin et sept-oct, tlj sauf lun 10h-12h30, 14h-18h (musée) ; mars, tlj sauf lun hors vac scol 10h-12h30, 14h-18h (musée à quai seul). Fermé janv-fév et nov-20 déc. Entrée : 5,50-7,50 € ; réduc.* Le Port-Musée est un musée de bateaux à flot unique en France, que l'on doit à une poignée d'hommes et de femmes motivés par leur amour de la mer et passionnés de navigation et d'histoire. En quelques années, ces bénévoles infatigables ont sillonné les côtes françaises et européennes pour collecter les derniers bateaux de travail traditionnels avant qu'ils ne disparaissent. C'est donc une collection inestimable de 250 bateaux différents qui constitue le fonds de ce musée. Les 40 embarcations les plus représentatives sont exposées dans les vastes espaces d'une ancienne conserverie, tandis que plusieurs bateaux sont montrés à flot le long des estacades de Port-Rhu. Certains d'entre eux se visitent et bénéficient d'une muséographie qui allie le son et l'image pour nous dévoiler la vie quotidienne et le labeur des équipages : le travail du sable sur la gabare *Dieu protège,* le balisage des voies maritimes à bord du *Roi Gradlon,* la pulsation des sons dans les entrailles de cuivre du remorqueur à vapeur *Saint-Denys,* les parfums de la marine à voile sur l'exceptionnel caboteur norvégien *Anna Rosa,* datant du XIXe s. Et puis il y a encore le boutre arabe *Nizwa,* la chaloupe sardinière *An Eostig,* le bateau-phare *Scarweather*... Quant au ***musée,*** il présente des engins primitifs mais ô combien ingénieux, comme les pirogues monoxyles ou les bateaux de peau des Inuits. Admirez aussi ce bateau-panier du Vietnam, construit en bambou et enduit de bouse de buffle pour assurer son étanchéité. Pratique, les pêcheurs pouvaient le porter sur leur dos. Magnificence de toutes les voiles déployées dans la salle des gréements, douceur des formes de toutes ces embarcations à clins ou à franc-bord qui témoignent du génie des constructeurs de nos côtes. Sans oublier les expositions temporaires de longue durée, qui occupent la majeure partie du musée.

FINISTÈRE SUD

***Le port du Rosmeur*** *(plan D2)* **:** au bord de l'eau, vieux cafés de marins et restos touristiques se mêlent dans une chouette animation. En terrasse pour déguster une marmite de moules au déjeuner, ou le soir pour descendre quelques canons en regardant les bateaux, les pieds au ras de l'eau, on ne se lasse pas de la douceur de vivre qui baigne ces quais piétonniers en saison. On recommande particulièrement ***Aux Loups des Mers*** *(33, quai du Grand-Port)* pour boire un verre en fin de journée.

**PROMENEZ LA LANGOUSTE !**

*Quand les bateaux revenaient de Mauritanie avec leur cargaison de langoustes, les prix étaient parfois trop bas. Alors les capitaines voguaient avec leur chargement, dans la baie de Douarnenez, en attendant que les cours remontent. Exceptionnellement, les femmes avaient le droit de monter à bord. Beaucoup d'enfants ont été conçus quand « on promenait la langouste ».*

***Le port de pêche*** *(plan D1-2)* **:** *visite guidée 1 fois/sem en juil-août (saison de la pêche à la sardine) à 6h du mat. Résa auprès de l'office de tourisme : ☎ 02-98-92-13-35.* Douarnenez, où cette activité a longtemps été florissante, possède encore la plus grande conserverie de poisson de France. Déchargement du poisson de 23h à l'aube. Criée fermée au public.

***L'église Saint-Herlé de Ploaré*** *(hors plan par D3)* **:** *rue Laennec (route de Quimper). À 15 mn à pied du centre. Juil-août, tlj 10h-12h, 15h-18h.* Magnifique exemple de la Renaissance bretonne (XVIe s), cette église est dominée par un remarquable clocher flamboyant, avec flèche élancée à lanternons, culminant à plus de 60 m. Le beau porche a perdu ses statues. À l'intérieur, maître-autel du XVIIe s avec retable et tabernacle polychromes. À droite du chœur, groupe en bois de la Trinité, du XVIIe s.

## À faire

***Les plages :*** celle des ***Sables-Blancs*** à ***Tréboul*** est la plus connue et une des plus fréquentées par les familles, car en pleine ville. À côté, la ***plage Saint-Jean*** *(plan A-B1),* aussi appelée « plage du Milieu », est plus confidentielle, calme et entourée de végétation. À 2 pas du centre-ville, on trouve les pittoresques ***plages des Dames*** *(plan C2)* et de ***Pors-Cad*** face à l'île Tristan (jolie vue) et aux installations du port de pêche (moins jolie vue !). À l'est du port du Rosmeur, par le sentier des Plomarc'h (lire ci-après), on atteint l'immense ***plage du Ris.***

***Le chemin de la Sardine :*** ce circuit vous fera découvrir l'histoire sardinière de Douarnenez depuis l'époque gallo-romaine jusqu'aux dernières mutations du port. Suivez les sardines ! Elles indiquent le fil à suivre vers les 17 pupitres explicatifs. Le circuit débute sur le belvédère des Plomarc'h qui surplombe la baie et le port. La promenade vous mène dans la ville, du port du Rosmeur avec ses venelles et façades colorées, au Port-Rhu et au front de mer face à l'île Tristan. Le circuit se termine face à l'ancienne mairie de Douarnenez. Plan disponible à l'office de tourisme.

***Le sentier des Plomarc'h :*** à flanc de falaise, il longe une partie de la baie de Douarnenez au départ du port du Rosmeur (dépliant gratuit à l'office de tourisme), offrant de beaux points de vue sur le littoral. Halte obligatoire au vieux hameau des Plomarc'h, joliment rénové, où l'on peut même dormir dans des maisons de pêcheurs transformées en gîtes d'étape. Cet ancien village sardinier conserve de vieux lavoirs et l'un des plus grands sites industriels gallo-romains du nord de l'Europe : 16 cuves où était fabriqué du garum, extrait de poisson cousin du nuoc-mâm vietnamien. Compter 1 à 3h de balade A/R selon vos haltes.

### LE SURRÉALISTE ARMORICAIN

*Yves Tanguy est né à Paris en 1900. Après sa rencontre avec Breton et Prévert, il se lance dans la peinture et devient l'un des plus brillants surréalistes. Parti en 1940 aux États-Unis, il épouse, à Reno, la richissime Kay Sage, et obtient la nationalité américaine en 1948. C'est le début du succès international. Il est le 1er surréaliste français exposé aux États-Unis. Il meurt brutalement en 1954. Selon les dernières volontés d'Yves Tanguy, ses cendres et celles de Kay Sage ont été répandues par Pierre Matisse, son exécuteur testamentaire, dans la baie de Douarnenez (non loin de Locronan, le village d'origine de sa famille).*

➢ Le ***sentier côtier des Roches-Blanches,*** partant de ***Tréboul,*** est un favori des promenades dominicales. Vous n'y serez pas vraiment seul, mais les points de vue insolites en font une superbe sortie ! Les plus courageux poursuivront jusqu'à la pointe du Raz (GR 34) ; compter alors 3 jours.

## Manifestations

– ***Carnaval des gras :*** *5 j. précédant Mardi gras (fév ou mars), dans le centre.* Particulièrement animé : bals, défilés costumés et mise à feu du Den Paolig (géant en papier mâché) le mercredi des Cendres.
– ***Festival La Vie en Reuz :*** *2-3 j. fin mai-début juin, les années impaires (21-23 mai 2021). • lavieenreuz.com •* Grande fête d'arts de rue, avec fanfares et concerts.
– ***Ça cartonne :*** *1 j. en juin, les années impaires.* Originale et unique, cette course de bateaux en carton (fabriqués par les participants eux-mêmes) rassemble de plus en plus de curieux. Tout le monde peut y participer, à condition d'être un minimum bricolo !
– ***Festival Temps Fête – grande fête des Bateaux :*** *courant juil, les années paires. • tempsfete.com •* Plusieurs centaines de bateaux : voiliers, goélettes, sloops, thoniers, caboteurs, chaloupes de toutes sortes. Expos, concerts... À ne rater sous aucun prétexte.
– ***Festival de Cinéma de Douarnenez :*** *4e sem d'août. ☎ 02-98-92-09-21. • festival-douarnenez.com •* Vaste programmation cinématographique et rencontres avec des réalisateurs, écrivains, artistes, représentants d'associations...

# LE PORZAY ET LA PRESQU'ÎLE DE CROZON

• Carte *p. 112-113*

**Entre l'Aulne et la baie de Douarnenez trône le *Menez-Hom* (voir plus loin le texte qui lui est consacré), dernier (ou 1er !) soubresaut des Montagnes**

**Noires. Du sommet de cette ronde montagne, les jours de grand beau temps, toute la région se découvre à vos pieds : au sud-est, la vaste plaine agricole du Porzay, piquetée de villages tranquilles ; à l'ouest, la longue presqu'île de Crozon, promontoire de granit en forme de croix, qui a longtemps échappé à la boulimie des promoteurs. Les amoureux de falaises escarpées, de landes désertes, de plages secrètes ourlées d'une mer d'un bleu quasi permanent, y trouveront leur compte. Un des vrais visages de la Bretagne.**

## Adresse utile

■ ***Maison du parc naturel régional d'Armorique :*** *15, pl. aux Foires, 29590* ***Le Faou.*** ☎ *02-98-81-90-08.* • *pnr-armorique.fr* • *Lun-ven 8h30-12h30, 13h30-17h30 (17h mer).* Créé en 1968, le parc naturel régional d'Armorique couvre une quarantaine de communes, essentiellement dans le centre du Finistère (monts d'Arrée, voir le *Routard Bretagne Nord*), soit environ 125 000 ha, dont $^1/_3$ en zone maritime. Au sud, il englobe une petite portion des Montagnes Noires (Pleyben et le secteur de Châteaulin/Port-Launay) et, à l'ouest, l'ensemble de la presqu'île de Crozon.



# LOCRONAN [lokorn]

(29180) 820 hab. *Carte Finistère Sud, B2*

**« Petite Cité de caractère », Locronan possède une totale unité architecturale. Superbes demeures et hôtels particuliers des XVII^e^ et XVIII^e^ s s'ordonnent harmonieusement autour de la place principale et de son vieux puits. Dans les rues pavées, véritable décor de cinéma, les touristes se pressent en plein été. Venez de préférence tôt le matin ou en fin de journée pour découvrir Locronan sous un jour plus calme et apaisant.**

## AVERTISSEMENT

*Attention : parking payant (4 €) 15 juin-15 sept 9h30-18h. Le forfait est valable pour tte cette période, on ne paie donc qu'une fois, à condition de garder l'autocollant.* Sinon, parking gratuit au rond-point en arrivant par l'axe Quimper-Douarnenez.

## UN PEU D'HISTOIRE

Locronan doit son existence à un moine irlandais, saint Ronan, venu trouver dans le coin paix et recueillement. Sa renommée s'est perpétuée jusqu'à aujourd'hui, et la ***Troménie,*** grande fête religieuse d'origine celtique, reproduit chaque année en procession la balade qu'il effectuait tous les matins autour de la montagne (voir plus loin « Manifestations »).

### LE PAIN DES MORTS

*Le Jour de l'an celtique, la Samain, se célèbre le 1er novembre. Durant la nuit, les morts, invités à un grand banquet, communiquent avec les vivants. Ainsi à Locronan, le 1er novembre, on continue, depuis la nuit des temps, à distribuer le pain des morts, de porte à porte.*

Locronan a connu, à partir du XIVe s, une grande prospérité grâce au tissage de toiles de lin et de chanvre, utilisées par toutes les flottes des grandes puissances

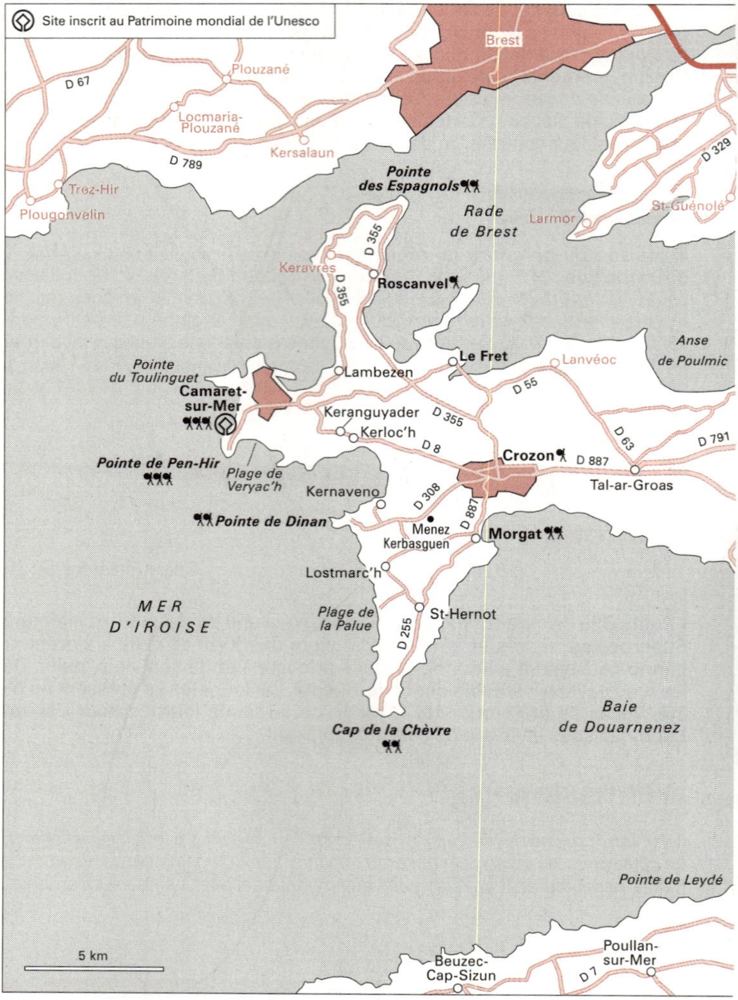


maritimes – bientôt jusqu'au Nouveau Monde. Les nombreuses demeures Renaissance en témoignent. La Compagnie des Indes avait même alors des bureaux sur la grande place. La fin des grands voiliers et la révolution industrielle ont signé au XIXe s l'arrêt de mort de la production locale. Au XVIIe s, Locronan comptait plus de 300 tisserands ; il n'en restait que 77 en 1836, 23 en 1872 ; le dernier a fermé boutique en 1914...

## LA PRESQU'ÎLE DE CROZON

## Adresse et infos utiles

**Office de tourisme :** *pl. de la Mairie.* ☎ *02-98-91-70-14.* ● *locronan-tourisme.bzh* ● *Juil-août, lun-sam 10h-18h, dim 11h-13h, 15h-18h (17h j. fériés) ; avr-juin et sept, lun-ven 10h-12h30, 13h30-18h, dim 14h-18h (17h*

*j. fériés) ; hors saison, ouv seulement vac scol de la Toussaint et déc, horaires réduits et variables.*
– **Marché aux étoiles :** *jeu à partir de 19h, de mi-juil à mi ou fin août.* Marché d'artisanat d'art et de terroir.
– **Illuminations et marché de Noël :** *du 1er sam de déc ou dernier j. des vac de Noël.* Féerique !

## Où dormir ? Où manger ?



### Camping

**Camping de Locronan :** *10, rue de la Troménie. ☎ 02-98-91-87-76. • contact@camping-locronan.fr • camping-locronan.fr • À 400 m du bourg, sur la route de la chapelle ar Sonj, montagne de Locronan. Ouv début avr-fin sept. Forfaits tente 15,90-21,90 € ; loc de mobile homes et bungalows toilés. Réduc en basse saison : 7 nuits pour le prix de 6 en camping et 7 nuits pour le prix de 5 en locatifs, sur présentation de ce guide.* Ombragé par les pins, bien tenu, ce camping profite d'une situation privilégiée à seulement 10 mn à pied du centre-ville. Chaque mobile home y dispose de sa terrasse face au panorama de la baie : plus on grimpe, plus la vue se dégage. Piscine chauffée à 28 °C, pataugeoire et aire de jeux pour les enfants.

### De prix moyens à chic

**Latitude Ouest Hôtel :** *837, route du Bois-du-Névet. ☎ 02-98-91-70-67. • contact@latitudeouest.fr • latitudeouest.bzh • Resto ouv le soir seulement 19h-20h30 (21h en été). Doubles 78-106 €. Menus 26-32 €. Au resto, apéritif maison offert. À l'hôtel, réduc de 10 % sur le prix de la chambre (hors juil-août, sur demande à la résa), sur présentation de ce guide.* Dans un parc arboré de 3 ha, à 800 m du village, cet hôtel à l'architecture un peu froide cache de belles chambres thématiques, fraîches, modernes et lumineuses : catégories « Atlantique », « Orient » et « Côté Sud ». Certaines s'ouvrent directement sur le jardin et d'autres, en duplex, sont conçues pour les familles avec un espace parents et un pour les enfants. Courte carte au resto, c'est bon signe, avec une cuisine teintée d'épices du monde. Dommage que le cadre fasse un peu cantoche.

**Crêperie Ty Coz :** *pl. de l'Église. ☎ 02-98-91-70-79. 📱 06-98-53-46-01. • creperietycoz@hotmail.fr • Congés : janv, mars et nov. Tlj en continu 12h-21h ; hors vac scol, lun et mer-ven 12h-21h, mar et dim 12h-14h30, fermé sam. Carte 15 €.* La réputation de cette excellente crêperie, dans la même famille depuis 1952, n'est plus à faire ! Les 2 salles se répartissent de chaque côté de la cuisine semi-ouverte, d'où s'échappe la délicieuse odeur du beurre fondu. Les produits locaux (andouille de Guémené, tomme du Nevet...) garnissent des crêpes croustillantes à souhait et gourmandes. Pas de réservations ni de liste d'attente, alors venez très tôt, ou prenez votre mal en patience ! Petite terrasse au pied de l'église et un bar contigu pour siroter un cidre en attendant.

**Ar Maen-Hir :** *15 bis, rue du Prieuré. ☎ 02-56-10-18-37. • ajt-29@orange.fr • Tlj sauf lun, sam midi et dim soir. Formules 15-19 € (mar-ven midi) ; plats env 19-25 €.* Carte courte, pêche du jour et produits du terroir, touches d'ici et d'ailleurs, la cuisine du jeune Thibaud Erard, passé par Top Chef, ne manque pas de maîtrise. Contrairement à tant d'autres, pour éviter de faire grimper l'addition, il ne travaille pas que les produits nobles – bien au contraire. Résultat : la formule du midi, en semaine, présente un excellent rapport qualité-prix. À déguster sereinement sur la grande terrasse.

**Comptoir des Voyageurs :** *pl. de l'Église. ☎ 02-98-91-70-74. • comptoirdesvoyageurs@orange.fr • Congés : de janv à mi-fév. Tlj sauf lun. Menus 30-58 €.* Difficile de trouver plus bel emplacement : la petite terrasse en bois donne pile-poil sur la façade de l'église. Le service féminin est gentil et précis et, dans l'assiette, la cuisine se fait volontiers inventive. On a notamment adoré la truite fumée maison, avec sa mousse de fenouil et ses pétales de soucis. Les huîtres marinées à la framboise sont plus surprenantes ! Le poisson (3 niveaux de prix) est parfaitement cuit et la provenance des produits est indiquée. Dommage qu'il n'y ait pas de formule 2 plats un peu plus abordable.

## Où dormir dans les environs ?

### Camping

⛺ ***Camping La Plage de Tréguer :*** *plage de Sainte-Anne-la-Palud, Treguer Vihan, 29550* ***Plonévez-Porzay.*** *☎ 02-98-92-53-52. • camping-treguer-plage@wanadoo.fr • camping-treguer-plage.com • À 6 km de Locronan. Ouv mai-fin sept. Forfaits tente 17,50-30,20 € ; loc de coco sweet, tentes aménagées et mobile homes 4-5 pers.* Au pied du GR 34, le camping s'implante entre plage et campagne, à côté du site naturel classé de la dune de Sainte-Anne-la-Palud, avec accès direct à la mer ! Ambiance conviviale avec animations et soirées à thème (notamment musicales) en plein été. Piscine couverte chauffée et grands toboggans.

### Prix moyens

***Relais de Tréfeuntec :*** *6, rue Jean-Marie-Le-Bris, Tréfeuntec, 29550* ***Plonévez-Porzay.*** *☎ 02-98-92-50-03. 📱 06-30-56-26-67. • hotel29@relais-de-trefeuntec.com • relais-de-trefeuntec.com • À 8 km au nord-ouest de Locronan par la D 63 puis la D 61. Congés : du 20 déc à mi-fév. Doubles 58-82 € ; familiales. Rhum arrangé offert sur présentation de ce guide.* Grosse maison en pierre dans un hameau cossu, à distance de marche de la plage de Sainte-Anne-la-Palud. Chambres rénovées dans des tons clairs plutôt plaisants et piquées de déco marine. Accueil chaleureux et familial pour cette adresse pleine de tranquillité.

***Domaine de Lanévry, chez Josy et René Guéguen-Gonidec :*** *Lanévry, 29100* ***Kerlaz.*** *☎ 02-98-92-14-87. 📱 06-75-79-63-63. • info@lanevry.bzh • lanevry.bzh • Prendre la direction Douarnenez ; après Kerlaz, 1re route à droite, c'est fléché. Doubles 70-80 € ; gîtes 2-4 pers 250-680 €/sem.* Dans un cadre des plus verdoyant, 5 chambres un tantinet kitsch douillettement installées dans une ancienne ferme. Tantôt fleurie, tantôt contemporaine, chacune possède son style propre et ses couleurs gaies. Accueil enthousiaste de Josy. Espace détente avec sauna, hammam et jacuzzi, parfait avant d'aller se prélasser dans le jardin. Également 4 gîtes fort bien équipés pour 2 à 4 personnes. Ne confondez pas avec les *Chambres d'hôtes de Lanévry,* au bout de la rue.

### De chic à plus chic

***Manoir de Moëllien :*** *à* ***Plonévez-Porzay.*** *☎ 02-98-92-50-40. • bienvenue@manoirmoellien.fr • manoirmoellien.fr • À 2 km de Locronan, bien fléché. Resto ouv le soir lun-sam. Doubles 88-138 €. Menus 33-48 €. Café offert sur présentation de ce guide.* Un rien austère, ce manoir du XVIIe s est paisiblement installé au cœur de la campagne. Si l'intérieur dégage la même atmosphère authentique mais un peu froide, les 18 chambres ont été pour la plupart rénovées sur des notes actuelles. Réparties, de plain-pied, dans d'anciennes dépendances tranquilles, elles sont confortables, mais un peu inégales en termes de décoration. Cuisine raffinée et belle salle à manger à l'ancienne. Accueil de grande qualité.

## À voir

***L'église Saint-Ronan :*** *tte l'année, tlj : en saison, 9h30-19h ; hors saison, 10h-18h.* Édifiée entre 1420 et 1480 grâce aux donations des ducs de Bretagne.

Chef-d'œuvre du gothique flamboyant, cette église n'a jamais subi ni adjonction ni modification. Sinon que la grosse tour carrée, frappée 3 fois par la foudre, a perdu définitivement sa flèche en 1808. Porche inspiré de l'un de ceux de la cathédrale de Quimper. Sur sa droite, la *chapelle du Penity,* édifiée à l'emplacement de l'église primitive et du tombeau de saint Ronan pour lui servir de reliquaire.
À l'intérieur, festival de merveilles. À droite de l'entrée, dans la chapelle, *gisant de saint Ronan,* en pierre de Kersanton (1430). Magnifique *Déposition de Croix* en pierre polychrome de la même époque. Au-dessous, 2 petits bas-reliefs de Jésus ressuscité. Attardez-vous sur la *chaire,* fascinante bande dessinée déroulant, en 10 médaillons, la *vie de saint Ronan* (sculptée en 1707). Somptueux retable du Rosaire, du XVIIe s. À côté de l'autel principal, saint Ronan dans une niche, affublé d'un costume d'évêque. Le vitrail principal, de la fin du XVe s, prolonge notre béatitude en 18 panneaux racontant la Passion.
Ne manquez pas ensuite d'aller au fond du cimetière pour une très belle vision du chevet (avec calvaire).

**La chapelle Bonne-Nouvelle :** *en bas de la rue Moal. Ouv début avr-Toussaint, tlj 10h-18h.* Adorable, elle date de l'époque de l'église Saint-Ronan et fut modifiée ultérieurement. Petit calvaire et fontaine ancienne. La rue Moal était la rue des tisserands, un temps la plus animée du bourg.

**Le musée des Beaux-Arts :** *à côté de l'office de tourisme. ☎ 02-98-91-70-14. Mêmes horaires que l'office de tourisme (voir plus haut « Adresse et infos utiles »). Entrée : 5 € ; réduc ; gratuit moins de 12 ans.* Intéressant petit musée qui abrite une collection de peintures (Émile Simon, Désiré Lucas...) et sculptures bretonnes. Étape de la route des Peintres en Cornouaille, ce petit musée témoigne de la richesse artistique de la Bretagne au début du XXe s.

Rue Lann, ***maison familiale du peintre surréaliste Yves Tanguy.*** En vacances ici, il y a attiré les frères Prévert, Breton, Éluard... Privée, elle ne se visite donc pas.

## Manifestations

– ***La Petite Troménie :*** *2e dim de juil, ts les ans qui ne sont pas de Grande Troménie (celle-ci ayant lieu ts les 6 ans ; la prochaine en 2025).* Symbolise la promenade qu'effectuait, pieds nus et l'estomac vide, saint Ronan, tous les matins. Procession avec les reliques du saint, sur un parcours de 6 km. Pour la Grande Troménie, la procession suit un ancien sentier sacré de 12 km. Il est ponctué de 12 étapes, avec rites à observer. Le tout en costume traditionnel.
– ***Pardon de Sainte-Anne-la-Palud :*** *dernier dim d'août.* L'un des plus importants de Bretagne, consacré à la très populaire sainte Anne, mère de la Vierge (donc patronne des mères de famille). Il réunit chaque année des milliers de pèlerins autour de la chapelle de Sainte-Anne-la-Palud (sur la commune de Plonévez-Porzay), où se trouve une statue de la sainte de 1548 en granit polychrome. Messe en plein air, processions de bannières.

## DANS LES ENVIRONS DE LOCRONAN

***Plas Ar Horn :*** *suivre la rue du Four en direction du camping ; c'est ensuite à 2 km.* De Plas Ar Horn (289 m), la « montagne » de Locronan, spectaculaire panorama sur la baie de Douarnenez et le Menez-Hom. Sur place, petite chapelle récente avec des vitraux de Bazaine, ouverte uniquement en période de Troménie.

***L'église Saint-Thurien :*** *à **Plogonnec.** À env 3 km au sud-est de Locronan.* Ce bourg discret cache cette remarquable église du XVIe s. Séduisant ensemble composé de la porte monumentale, de la façade avec pignons en dents de scie et du très original clocher de type Beaumanoir. Ce dernier s'appuie sur de puissants contreforts et est encadré de 2 tourelles octogonales surmontées de lanternons. Chaire et confessionnaux du XVIIIe s. Près de la porte, panneau peint du XVIIe s, avec des scènes de la vie de saint Maudez. Superbes vitraux du XVIe s représentant le Jugement dernier, la Transfiguration et la Passion. Dans la nef de gauche, vitrail de la Résurrection et des saints. Dans le chœur, à droite, vitrail du Jugement dernier avec de très beaux rouges. Résurrection des damnés avec leur cortège de démons cornus et velus (les élus avec les anges). Tout en haut, le Christ sur un arc-en-ciel et en manteau rouge.



# PLOMODIERN [ploudiern]

(29550) 2 200 hab. *Carte Finistère Sud, B1*

**Gros bourg et petite « capitale » du Porzay, au centre-ville pas désagréable, Plomodiern s'entoure de quelques belles plages, dont celle de Pors-ar-Vag, fréquentée par les surfeurs et surveillée en été. À marée haute, difficile de dégoter assez de sable pour étaler sa serviette.**

## Adresses utiles

***Office de tourisme :*** *4, pl. Saint-Yves. ☎ 02-98-81-27-37. • menezhom-atlantique.bzh • Juil-août, lun-sam 9h45-12h30, 14h30-18h ; le reste de l'année, lun-sam 9h45-12h30, 14h-17h30.*

***Club nautique :*** *à la plage de Pors-ar-Vag. Injoignables par tél ou mail, il faut se déplacer. Ouv juil-août.* Paddle et cours de surf. Également avec ***Breizh Trip Surf School*** à la plage de Lestrevet, *06-26-96-37-19 ; • breizhtripsurfschool.com •* Pour le kayak, contacter ***Dizolo,*** *06-88-48-61-54 ; • dizolonature@gmail.com • dizolo-nature@gmail.com •*

## Où dormir ? Où manger ?

### Coup de folie

***Auberge des Glazicks :*** *7, rue de la Plage. ☎ 02-98-81-52-32. • contact@aubergedesglazick.com • aubergedesglazick.com • Fermé lun-mar et dim soir, plus mer midi hors vac scol. Congés : 2de quinzaine de mars. Résa indispensable. Doubles 210-360 €. Menus 65 € (mer-ven midi sauf j. fériés)-230 €.* Au début du XXe s, cet endroit abritait l'atelier d'un maréchal-ferrant. Devant l'affluence des clients, la grand-mère décida de leur offrir la soupe. La 2e génération continua dans cette lignée de resto populaire. Que croyez-vous que fit la 3e génération ? « Nourri » de cette culture culinaire, Olivier Bellin obtient le prix du Meilleur Jeune Cuisinier de Bretagne, fait son tour de France et retourne dans la maison familiale ! Amoureux de sa terre natale, ce chef allie avec audace viande et produits de la mer, accommodés de saveurs parfois exotiques. Sa carte suit, bien sûr, les saisons, et les desserts offrent une véritable symphonie de goûts et de couleurs. Pour prolonger le plaisir, 8 chambres contemporaines et superbes (mais hors de prix !), classées *Relais & Châteaux*. Très spacieuses, elles sont agrémentées de touches marines et de clins d'œil au grand-père !

## Festival

– ***Festival du Menez-Hom :*** *1re quinzaine d'août, dans le bourg. • festivaldumenezhom.com •* Ce festival regroupe une foule d'animations et activités culturelles, notamment l'un des plus importants salons des peintres de Bretagne et une soirée de la Mer le 8 août, avec dîner et chants marins. Le festival se termine le 15 août par un défilé costumé dans les rues de la ville.

## DANS LES ENVIRONS DE PLOMODIERN

**L'enclos paroissial de Sainte-Marie-du-Menez-Hom :** *à 4 km au nord de Plomodiern par la D 47. Chapelle ouv avr-oct, tlj 10h-18h. Visite guidée gratuite jeu 16h-18h.* Il faut venir au lever du soleil, un jour clément, pour vous imprégner seul de la douceur romantique de l'enclos, parmi les plus séduisants du Finistère Sud. Au-dessus de la porte monumentale (XVIIIe s), la Vierge et saint Hervé trônent dans des niches. Le calvaire, du XVIe s, est sublime. La chapelle offre un élégant clocher à dôme décoré de balustrades et une jolie façade Renaissance. Dans le cœur, le maître-autel et ses 2 autels latéraux, restaurés, aux colonnes torses ornées de vignes dorées, contrastent avec le reste de la chapelle, sobre, presque austère. Levez les yeux sur le plafond en carène de bateau renversée et les splendides sablières sculptées du XVIe s.

FINISTÈRE SUD

## LE MENEZ-HOM

*Carte Finistère Sud, B1*

**À 3 km de Sainte-Marie-du-Menez-Hom, ce modeste sommet de grès armoricain culmine à 330 m, livrant un panorama époustouflant à 360°. Par temps clair, on aperçoit la pointe du Van (près de la pointe du Raz), le cap de la Chèvre, la rade de Brest, les vallées de l'intérieur, etc. Ce paysage lessivé par les embruns ressemble au Connemara... Le coin, parmi les plus sauvages et arides de Bretagne, est aussi prisé des amateurs de parapente, dont on admire le ballet des voiles colorées par beau temps.**

## DANS LES ENVIRONS DU MENEZ-HOM

**Le musée de l'École rurale :** *à* ***Trégarvan.*** *☎ 02-98-26-04-72. • contact@musee-ecole.fr • musee-ecole.fr • À 10 km au nord de Sainte-Marie-du-Menez-Hom par la D 47. Début juil-20 sept, tlj 10h30-13h, 14h-18h30 ; vac de fév, début avr-début juil et 21 sept-oct, tlj sauf sam 14h-18h ; nov-déc, mer, ven et dim seulement 14h30-17h30. Entrée : 5 € ; réduc.* L'ancienne école, construite en 1907 et fermée en 1974, abrite un musée remis au goût du jour. Histoire de la scolarisation des campagnes, du volontarisme des 1ers temps, rivalité écoles publique et catholique, place de la langue bretonne... Vous percevrez, ainsi, l'importance symbolique de l'école en 1910, la place qu'elle prenait dans la vie des gens, comparé aux dernières années de l'école de Trégarvan alors qu'il n'y avait plus que 5 élèves. Parcours ludique et pédagogique pour les enfants. Beaucoup de documents, témoignages, souvenirs...

## ARGOL

(29560) 1 000 hab. *Carte Finistère Sud, B1*

**Ce petit village hors des sentiers battus mérite l'escale pour sa passionnante *Maison des vieux métiers vivants* et l'admirable arc de triomphe de l'enclos de l'église Saint-Pierre-et-Saint-Paul.**

## Adresse utile

**Bureau d'information touristique :** *6, rue du Menez-Hom, 29560* ***Telgruc-sur-Mer.*** *☎ 02-98-27-78-06. • crozon-tourisme.bzh • Juil-août, lun-sam 9h30-12h30, 14h30-18h et dim 10h-12h30 ; 2de quinzaine de juin et 1re de sept, lun, mer et sam.*

## Où camper dans les environs d'Argol ?

**Camping L'Armorique :** *112, rue de la Plage, 29560* ***Telgruc-sur-Mer.*** *☎ 02-98-27-77-33. • contact@campingarmorique.com • campingarmorique.com • À 700 m de la plage de Trez-Bellec. Ouv avr-sept. Forfaits tente 18-28,40 € ; loc de bungalows, chalets et mobile homes (2-6 pers).* Posé sur une colline, dans un coin tranquille, ce camping 4 étoiles affiche fièrement son caractère familial. Le GR 34 passe en contrebas et il y a un accès direct jusqu'à la plage, à 10 mn à pied (centre nautique et char à voile). Piscine chauffée, pataugeoires et toboggan. L'été, snack uniquement de bons produits : poulet fermier, frites maison... Location de vélos électriques.

## À voir

**L'enclos paroissial :** l'église Saint-Pierre-et-Saint-Paul (aussi appelée Sainte-Geneviève) est entourée d'un nostalgique cimetière. Détaillez les passages latéraux, on trouve les traditionnels échaliers, ces pierres qui empêchaient les bêtes de pénétrer dans l'enclos. La porte principale du cimetière est d'une grande richesse baroque avec ses lanternons. Au milieu, l'une des 2 seules représentations du roi Gradlon existant aujourd'hui, avec celle de la cathédrale de Quimper.

**Le musée vivant des Vieux Métiers :** *pl. des Anciens-Combattants. ☎ 02-56-04-81-59. • contact@museevivant.fr • museevivant.fr • Début juil-début sept, tlj sauf sam 14h-18h ; avr-début juil et sept, mar, jeu et dim 14h-17h30 ; oct, le dim seulement 14h-17h30. Fermé fin oct-début avr. Entrée : 6 € ; réduc.* De vieux métiers mis en scène : reconstitution d'ateliers de sabotier, vannier, rémouleur, cordier, tourneur sur bois, tondeur de moutons, brodeuse, potier. Vivants aussi parce que, ici, des retraités bénévoles (agriculteurs, patrons-pêcheurs) vous racontent ce qu'était leur travail et partagent leurs souvenirs. On retrouve les gestes d'autrefois, ainsi que nombre de jeux et objets insolites. Les activités varient au fil des jours. Amusant de voir comme on rivalisait d'ingéniosité à l'époque où tout se créait à la main ! Une visite passionnante à faire en famille.

## DANS LES ENVIRONS D'ARGOL

**La plage de Pentrez :** *à env 7 km au sud par la D 163.* Si le village de Saint-Nic, dont elle dépend, ne présente pas grand intérêt, on apprécie la station balnéaire de Pentrez et ses kilomètres de plages. Une zone est réservée à la baignade (surveillée l'été) mais la plage est surtout réputée pour qui veut s'essayer au char à voile.

**Club de char à voile :** *chemin des Dunes. ☎ 02-98-26-94-61. • ccvpentrez@gmail.com • charavoilepentrez.fr • Juil-août, tlj 9h-12h, 14h-18h. Compter 18-27 € pour un cours de 1h15.*

FINISTÈRE SUD

## CROZON [craon] (29160) 2 800 hab. *Carte Finistère Sud, B1*

**Au confluent de plusieurs routes, cette bourgade du parc naturel régional d'Armorique a donné son nom à la presqu'île. Son église Saint-Pierre, son marché quotidien et ses boutiques sont une invitation à flâner au cœur du bourg, très prisé en été. On lui préfère malgré tout sa voisine Morgat, qui a les pieds dans l'eau.**

### Adresse et infos utiles

**Office de tourisme :** *bd de Pralognan-la-Vanoise. ☎ 02-98-27-07-92. • crozon-tourisme.bzh • Juil-août, lun-sam 9h30-13h, 14h-18h30 ; dim 10h-13h. Hors saison, lun-sam 9h30-12h, 14h-18h (17h sam nov-mars).* Billetterie pour concerts, transports, balades en mer... Borne interactive accessible tous les jours 24h/24 pour trouver un hébergement, un site, une activité. Et guichet SNCF.

– ***Pass' Musées Presqu'île :*** *distribution à l'office de tourisme. GRATUIT.* Valable pour 1 ou 2 personnes, ce *pass* donne droit à un tarif réduit dès la 2e visite dans l'un des 5 sites culturels du territoire : musée de l'ancienne abbaye de Landévennec ; musée de l'École rurale à Trégarvan ; musée vivant des Vieux Métiers à Argol ; Maison des minéraux à Saint-Hernot et tour Vauban à Camaret.

– ***Marchés :*** *le mat, tlj sauf lun, sur la pl. de l'Église.* ***Grand marché*** *les 2e et 4e mer du mois à Crozon, et les 1er, 3e et 5e mer du mois en juil-août à* ***Morgat.***

### Où dormir ? Où manger ?

***Camping de l'Aber :*** *à* ***Tal-ar-Groas,*** *50, route de l'Aber. ☎ 02-98-27-02-96. 📱 06-75-62-39-07. • camping.aber@gmail.com • camping-aber.com • À 5 km à l'est de Crozon par la D 887. Ouv avr-oct. Forfaits tente 16-20 € ; loc de mobile homes 2-6 pers. Un kir Tatin offert sur présentation de ce guide.* La vue sur la baie, depuis les terrasses des mobile homes, accrochés sur la colline et orientés plein sud, est imprenable. En prime : piscine extérieure chauffée, GR 34 à côté et super balades alentour. Accueil pro et sympa.

***Chambres d'hôtes Le Magasin à Sel :*** *13, rue Alsace- Lorraine. ☎ 02-56-10-67-28. 📱 06-11-68-85-65. • contact@lemagasinasel.fr • lemagasinasel.fr • Double 70 €.* Derrière la porte verte, un long couloir empierré s'enfonce, débouchant sur cette petite merveille : une courette, un grenier à sel de 1648 et une ancienne forge réunis, où les aimables propriétaires ont aménagé 3 chambres réjouissantes, déclinant matières naturelles et enduits de chanvre et de chaux – 1 au rez-de-chaussée, assez petite, avec sa salle de bains tout en bois réalisée par un charpentier de marine, 1 à l'étage du même tonneau, et une dernière un peu plus grande, avec petit canapé-lit. Une cuisine commune donne sur un très bel espace salle à manger et un jardin intérieur bien fleuri. En prime : des jeux, des infos sur le coin et, le 2e vendredi du mois, des conférences, concerts ou expos d'artisans d'art. On adore !

***Hôtel de la Presqu'île :*** *1, rue Anne-de-Mesmeur. ☎ 02-98-27-06-51. • contact@hotel-lapresquile.fr • lemutingourmand.fr • ♿ Congés : oct. Doubles 70-103 €.* Sans faire d'étincelles, ce petit hôtel de 13 chambres offre un confort de bon aloi, sur des tonalités de pierre apparente (parties communes), de jaune et de bleu. L'ensemble est un brin désuet, mais c'est le seul hôtel du centre. Communique avec le resto *Le Mutin Gourmand* (voir ci-après).

***Crêperie l'Escale Gourmande :*** *12, rue de Reims. ☎ 02-98-26-10-34. Tlj sauf lun (et dim soir en basse saison). Résa conseillée.* Farines bio, beurre de baratte, légumes du marché de Crozon, œufs de plein air, charcuterie bretonne, tout est réuni, ici, pour titiller les papilles en prenant soin de la planète. Les crêpes, nettement plus terriennes que maritimes, révèlent un beau savoir-faire de Thomas, le jeune chef en cuisine (secondé par la sympathique Typhaine en salle). En bonus : quelques plats de saison pour ceux qui font une overdose de sarrasin !

**Crêperie Le Korrigan :** *plage de Postolonnec, à Crozon. ☎ 02-98-27-14-37. Ouv avr-sept, tlj sauf lun. Résa fortement conseillée. Env 15-20 €.* Posée en vigie au-dessus de la plage, cette bonne crêperie traditionnelle est plébiscitée par les résidents du camping voisin, notamment pour sa vue, depuis la terrasse, sur la baie de Douarnenez. Grand choix, service rapide et accueil chaleureux.

**Le Mutin Gourmand:** *1, rue Graveran. ☎ 02-98-27-06-51. • contact@lemutingourmand.fr • Tlj sauf lun et mar midi. Menus 32-70 € ; formules déj mer-sam 18-22 €.* Génération après génération, la mercerie de l'arrière-grand-père, aux murs de pierre apparente, est devenue la référence gastronomique des habitants du coin. On vient surtout y déguster des produits de la mer. « Aucun poisson d'élevage n'est admis au *Mutin* », dixit ! Tout est beau, tout est fait maison, du pain jusqu'au foie gras, un délice. On a aussi craqué pour les très beaux desserts. Attention quand même à la note si vous ne prenez pas la formule.

FINISTÈRE SUD

## À voir. À faire

**L'église Saint-Pierre :** *en été, tlj 8h30-19h ; hors saison lun-ven 9h-12h, 14h-17h, plus sam mat.* Le superbe retable à 2 volets du début du XVII<sup>e</sup> s, à droite du chœur, compte 24 panneaux en bois sculpté et peint. Près de 400 personnages y figurent, évoquant de façon assez naïve le martyre de 10 000 soldats chrétiens crucifiés sous le règne de l'empereur Hadrien. Chaire en chêne sculpté du XVII<sup>e</sup> s.

**Peninsula Le Labyrinthe :** *à* ***Menez-Kerbasguen,*** *route de la pointe de Dinan (D 308). ☎ 02-98-26-25-34. • peninsulabyrinthe.com • Juil-août, tlj 10h30-18h30 ; avr-juin, tlj 14h-18h ; sept-oct et vac de la Toussaint, mer et w-e 14h-17h ; vac d'hiver ttes zones tlj 14h-17h. Attention, dernière admission 1h30 avt fermeture. Entrée : 9 € ; réduc ; gratuit moins de 5 ans.* Vous pénétrez dans un labyrinthe géant en palissades de bois à la recherche d'une légende locale. Exposition permanente sur l'histoire des labyrinthes dans le monde et jeux variés sur le même thème.

## Festival

– **Festival du Bout du Monde :** *1er w-e d'août. • festivalduboutdumonde.com •* Un grand rendez-vous pour les fous de musique... du monde. Un événement XXL, avec 8 jours de festivités et de concerts sur toute la presqu'île.

## MORGAT

(29160) 200 hab. *Carte Finistère Sud, B1*

**Contiguë à Crozon, la petite station balnéaire se love au creux d'une jolie baie. Lancée au début du XX<sup>e</sup> s par Armand Peugeot, qui y fit construire des hôtels pour loger ses cadres en vacances, elle conserve de cet âge d'or quelques villas bourgeoises. Les plus belles regardent l'horizon et la belle plage exposée plein sud. L'ancien port de pêche accueille désormais plusieurs centaines de bateaux de plaisance. C'est aussi le point de départ de sorties en mer. Très agréable hors saison, bon camp de base pour rayonner**

**dans la presqu'île, Morgat est très fréquentée en été, mais elle n'en reste pas moins séduisante avec ses façades colorées et son air iodé.**

## Adresses utiles

**Office de tourisme de Morgat :** *pl. d'Ys. ☎ 02-98-27-29-49. • crozon-tourisme.bzh • Juil-août, lun-mer 9h30-12h30, 15h-19h30 ; jeu-dim 14h30-19h. Juin et sept, lun, mar mat, mer mat et sam ap-m. Fermé hors saison.*

**Club nautique de Crozon-Morgat :** *au port de plaisance. ☎ 02-98-16-00-05. • cncm.fr • Juil-août, tlj 9h-19h.* Location, stages et balades nautiques en kayak, paddle, voile, planche à voile, surf... Sur la plage, location de kayaks également chez ***Crapato Elasto,*** *06-88-71-72-22.*



## Où dormir ?

### Bon marché

***Gîte d'étape Ouest Découvertes :*** *2 bis, Garn-an-Aod. ☎ 02-98-26-22-11. • contacts@ouest-decouvertes.com • Doubles à partir de 46 € ; draps 6 €. Réservez longtemps à l'avance car il n'y a que 11 chambres. Table d'hôtes 19 € (hors boisson).* Caché à l'orée du vieux quartier de pêcheurs, à 50 m de la plage, voici l'un de nos plus sympathiques gîtes d'étape, établi dans un ancien petit hôtel. Pas de dortoirs ici, que des chambres doubles et quelques triples, toutes avec salle de bains, très simples dans le mobilier et la déco. Spécialisé dans l'accueil des randonneurs, intime, chaleureux, le gîte est souvent plein pendant les intersaisons (notamment en septembre). Les proprios, d'une gentillesse et d'une affabilité réjouissantes, tiennent leur affaire avec soin et ne sont pas avares en bons conseils. Et lorsque l'on rentre fourbu, la petite piscine chauffée s'avère bien agréable...

### De prix moyens à chic

***Hôtel de la Baie :*** *46, bd de la Plage. ☎ 02-98-27-07-51. • hotel.delabaie@orange.fr • hoteldelabaiecrozonmorgat.com • Congés : 2 sem en déc. Doubles 73-117 € ; studios 2-3 pers 92-142 €.* Séparé de la plage par la route, face à la baie, l'hôtel propose une gamme de chambres adaptée à différents budgets. Si certaines ne sont pas bien larges et très simples, elles s'avèrent lumineuses (même côté cour) et bien tenues. Demandez-en une au 3e étage, on voit la mer depuis son lit ! Également des studios avec kitchenette et des apparts répartis dans le bourg.

***Locations Kastell Dinn :*** *au hameau de **Kerlouantec,** à 2 km à l'ouest de Morgat. ☎ 02-98-99-28-81. 06-62-52-96-61. • menezpat@gmail.com • sejour-insolitebretagne.com • Doubles 70-95 € (2 nuits min ; 5 en juil-août).* Les chaleureux propriétaires, adeptes du tourisme durable, proposent 3 hébergements insolites. Vous aurez le choix entre l'adorable « Quille en l'air », construite sous une coque de bateau retournée, la pittoresque « Caloge », bateau recouvert d'un toit de chaume, et une roulotte. Chacun dispose de son petit jardin privatif. Une dépendance, « l'Abri du marin », dispose d'un coin cuisine et offre un bien bel abri en effet pour préparer et prendre ses repas. Dans une longère voisine, 3 chambres d'hôtes aux touches de déco assez originales (dont une suite familiale de 2 chambres) viennent compléter cette très belle offre d'hébergements.

***Résidence Odalys Horizon Morgat :*** *lieu-dit **Penfrat.** ☎ 02-98-26-27-12. • morgat@odalys-vacances.com • odalys-vacances.com • Compter 255-1 095 €/sem pour 4-8 pers. Un petit déj (léger)/chambre offert sur présentation de ce guide.* À 600 m de la plage et des commerces, des maisonnettes en duplex, fort bien tenues, s'alignent dans un parc de 2 ha. Aire de jeux et espaces sécurisés pour les enfants, salle de jeux, terrain multisport, boulodrome, salle de remise en forme, piscine couverte et chauffée, sauna... Attention, pas mal de choses sont en option (payantes).

## Où manger ? Où prendre un bon goûter ?

**Saveurs et Marée :** *52, bd de la Plage. ☎ 02-98-26-23-18. • denis@saveurs-et-maree.com • Tlj midi et soir ; sauf dim soir-lun hors saison. Menus 26-36 €.* Le seul resto de poisson qui mérite vraiment de figurer dans nos pages. Malgré son emplacement très touristique, il propose une cuisine sérieuse. Déco contemporaine mais chaleureuse et grande véranda avec vue mer. Les produits sont tous locaux (petits pêcheurs côtiers, agriculteurs locaux). Poisson, assiettes et plateaux de fruits de mer à la fraîcheur assurée !

**Thé à l'Ouest :** *96, bd de la France-Libre. ☎ 02-98-26-97-83. • aleth@thealouest.fr • Avr-déc, tlj 10h-18h ; janv-mars fermé 12h-14h30. Congés : vac de la Toussaint. Menu midi env 12 € ; brunch dim en juil-août 20 €.* Cette adresse gourmande, mi-boutique de produits régionaux mi-salon de thé, nous a séduits dès l'entrée. Place aux couleurs et à la fantaisie dans la déco et dans l'assiette ! On y avale en continu une salade bien fraîche, une part de quiche, des muffins salés et d'excellents gâteaux, le tout concocté maison. Organise aussi des cours de tricot, des ateliers de conversation en anglais (la proprio est *British*)...

**Boutique Landié :** *quai du Kador. • contact@boutiquelandieacute.fr • Juil-août, tlj 11h30 (14h lun)-minuit ; juin, ven-sam 14h-23h, dim 14h-20h ; sept, tlj 14h-20h (23h ven-sam).* Quel habitué n'a pas sacrifié au moins une fois au rituel de la gaufre ou de la sucette maison (faite devant vous) à la baraque Landié ? Les familles y font la queue depuis 1956.

FINISTÈRE SUD

## À faire

➢ ***Le sentier côtier du cap de la Chèvre :*** petit sentier escarpé et sauvage qui longe les falaises plongeant dans l'océan. Joyeux exercice pour les amateurs de sensations vertigineuses. Il démarre des falaises de la pointe de Morgat, à l'entrée du port. Compter 5 km jusqu'à l'île Vierge (superbe balade !), 10 km jusqu'au cap de la Chèvre en passant par la pointe de Saint-Hernot. Dolmen sur la gauche avant le carrefour de Kerroux. Les plus courageux pourront poursuivre jusqu'à la pointe de Dinan en dominant de belles plages.

➢ ***Les grottes marines de Morgat :*** *avec les **Vedettes Sirènes** au port de plaisance. 06-90-93-97-05. • sirenes.bzh • Compter 50 mn-1h15 et 14-24 € selon circuit.* D'avril à septembre, cette compagnie propose plusieurs circuits vers des grottes marines, l'île Vierge et jusqu'au cap de la Chèvre.

## Fête et manifestation

– ***Les Mardis de Morgat :*** *du 2e mar de juil au dernier mar d'août. GRATUIT.* Concerts sur le port, marché nocturne, cirque de rue, fanfare. Navettes gratuites entre Crozon et Morgat.

– ***Fête du Thon :*** *14 juil et 15 août, à côté du centre nautique.* Fanfare, marché artisanal, repas autour de thon grillé et feu d'artifice.

# LE CAP DE LA CHÈVRE

*Carte Finistère Sud, A-B1*

**Du paysage rude et sauvage de landes bardées de hautes falaises, émergent des petits hameaux aux très jolies maisons traditionnelles, comme Ménesguen et Rostudel.**

**Au bout se dresse un sémaphore ; un petit chemin sur la droite, 500 m avant, mène à un point de vue. En face : la pointe du Raz et l'île de Sein ; à tribord, la pointe de Dinan. Hors saison, ou de bon matin, seul, le site est simplement magique... Les randonneurs qui ont foulé ces sentiers ont dressé d'émouvants cairns. Vous aussi, apportez votre petite pierre à ces édifices instables.**



## Où dormir ? Où manger dans le coin ?

***Gîte d'étape L'Hermine :*** *29160 **Saint-Hernot.** ☎ 02-98-27-15-00. 06-81-83-54-26. • lhermine.saint-hernot29@orange.fr • lhermine-saint-hernot29.com • Sur la route du cap de la Chèvre, face à la chapelle. Congés : 3 sem en mars (avt les vac de Pâques), 3 sem après les vac de la Toussaint, 1 sem à Noël. Resto tlj sauf mar-mer déc-fév. Env 20 €/pers en dortoir ; doubles 50-62 €. Carte 20 €. Café offert sur présentation de ce guide.* Une patronne de caractère règne sur ce gîte tout simple où les randonneurs font escale en nombre. Côté logement, on choisit entre les 2 dortoirs de 9 et 6 lits (salles de bains partagées), « l'appartement » du gîte principal (5 chambres riquiqui et mansardées se partageant 3 salles de bains, une cuisine et une pièce commune) et l'annexe, en face, façon maison de grand-mère (3 chambres plus grandes, salon, cuisine et jardinet). Pas le grand luxe mais des prix planchers et une adresse bien tenue. Côté resto, dans la salle rustique ou sur la terrasse donnant sur la chapelle Saint-Hernot, on cuisine tout maison. C'est costaud, assurément copieux. Goûtez le far au sarrasin !

# À voir. À faire

***La Maison des minéraux :*** *route du cap de la Chèvre. ☎ 02-98-27-19-73. • contact@maison-des-mineraux.org • maison-des-mineraux.org • À 4 km de Morgat. Juil-août, tlj 10h-19h ; début avr-juin et sept-oct, lun-ven 10h-12h et 14h-17h, dim 14h-17h, fermé sam. Fermé nov-mars. Entrée : 7 € ; réduc.* Superbe collection de pierres de Bretagne et du monde entier, dont une salle de minéraux fluorescents. Présentation des paysages du Finistère. Un petit jardin ludique illustre la géodiversité bretonne. Organise également, en été, de passionnantes balades nature dans le coin, pour découvrir et comprendre les superbes paysages de la presqu'île de Crozon, ainsi que des ateliers pour enfants, pour transformer les petits en véritables chercheurs d'or. Expos temporaires.

***Les plages :*** la ***plage de la Palue*** (orientée plein ouest, 2 km de long) est une des plus belles du département. ***Interdite à la baignade*** car très dangereuse (vagues et baïnes...), mais super spot pour le surf et le funboard. Dans son prolongement, on trouve la ***plage de Lostmarc'h,*** où naturistes et « textiles » cohabitent (***baignade dangereuse, donc interdite*** là encore).

## LA POINTE DE DINAN

*Carte Finistère Sud, A1*

**Appelé aussi le *château de Dinan,* du fait de son aspect massif et ruiniforme, le site n'a rien à envier à celui du cap de la Chèvre, avec ses superbes échappées sur les falaises déchiquetées et le chaos rocheux jeté en mer. Une**

**petite plage de galets se niche dans une crique au pied de l'observatoire. Au fond, on aperçoit l'immense plage de sable de l'anse de Dinan et les *Tas de Pois* de la pointe de Pen-Hir.**
**À quelques encablures vers l'est, la plage du Goulien attire les amateurs de glisse à l'année.**

## Où camper dans le coin ?

*Camping La plage de Goulien : à* **Kernavéno.** *06-08-43-49-32. • contact@camping-crozon-laplagedegoulien.com • camping-crozon-laplagedegoulien.com • À 5,5 km à l'ouest de Crozon par la D 308 et à 100 m de la plage. Ouv avr-sept. Forfait tente 22 € ; loc de mobile homes.* Ce camping sympa est très fréquenté par les surfeurs, qui n'ont qu'à descendre la rue, la planche sous le bras, pour aller titiller les vagues. Tout a été pensé pour eux : un coin pour nettoyer les combis, un endroit où entreposer sa planche... Terrain bien arboré avec certains coins très ombragés et bucoliques. Les sanitaires sont grands et impeccables. Minigolf et tables de ping-pong, jeux pour enfants, billard, *food-truck* mercredi et samedi... Juste en contrebas, ***Surf Oxygène*** *(06-61-92-64-35))* loue planches de surf, kayaks et paddles (cours de char à voile aussi !).

# CAMARET-SUR-MER [kameled]

(29570) 2 600 hab. *Carte Finistère Sud, A1*

**Ancien port langoustier reconverti dans le tourisme et la plaisance, l'agréable Camaret occupe une anse splendide, où les derniers bateaux de pêche agonisent avec une pittoresque dignité. Malgré la foule en juillet et août, le charme de cette petite station balnéaire en arc de cercle est intact. On ne se lasse pas du panorama qu'offrent les quais, surveillés en face par la tour Vauban (classée à l'Unesco) et l'adorable chapelle marine Notre-Dame-de-Rocamadour. Tôt le matin ou en fin de journée, grimpez vers le GR 34 accroché à flanc de falaise, le spectacle est grandiose de là-haut !**

### UN ESSAI QUI TOMBE À L'EAU

*C'est à Camaret que l'ingénieur américain Fulton expérimenta en 1801 son sous-marin de poche destiné à poser des mines sur les flancs des navires anglais. Bonaparte n'y crut pas et Fulton repartit aux États-Unis.*

## Adresse et infos utiles

***Office de tourisme :*** *1A, rue des Quatre-Vents. ☎ 02-98-27-93-60. • crozon-tourisme.bzh • Sur le port. Juil-août, lun-sam 9h30-13h, 14h-18h30 ; dim 10h-12h30 (plus 15h-18h j. fériés). Le reste de l'année, lun-sam 9h30-12h, 14h-18h (17h le sam nov-mars).* Topoguides et fiches de randonnées.
– ***Petits marchés :*** *tte l'année, mar, pl. Charles-de-Gaulle. Juil-août, mar 9h-12h30, pl. de la Mairie et pl. Saint-Thomas.*

***Bateau pour Ouessant et Molène :*** départ de la gare maritime quai Téphany. La compagnie ***Penn Ar Bed*** assure des liaisons vers Ouessant d'avr à sept (1-7/sem) et vers Molène le mar de fin juil à fin août *(☎ 02-98-80-80-80 ; • pennarbed.fr •).* ***Finist'mer***

FINISTÈRE SUD

*(☎ 0825-135-235 ; • finist-mer.fr •)* assure également des liaisons vers Ouessant de mi-avr à fin sept *(1-2/sem).* Compter 1h-1h30 de traversée jusqu'à Ouessant et env 1h jusqu'à Molène. On peut traverser seulement jusqu'au ***Conquet*** (10 €) !

## Où dormir ? Où manger ?

### Camping

***Camping municipal du Lannic :*** *rue de Grouanoc'h. ☎ 02-98-27-91-31. 06-42-65-22-20. • camping.municipal.camaret@orange.fr • Sur les hauteurs de Camaret, à 800 m de la plage. Ouv tte l'année. Forfait tente env 13 € ; loc de mobile homes 4-6 pers (sauf nov-avr), dont 1 accessible aux PMR.* Ce camping tout simple occupe un vaste terrain assez bien ombragé, à 10 mn à pied du centre. Les emplacements ne sont pas bien délimités, mais les prix plus que raisonnables. Accès direct au GR 34.

### De bon marché à prix moyens

***Auberge de jeunesse Club Léo Lagrange :*** *4, rue du Stade. ☎ 02-98-27-92-50. • info@club-leo-camaret.fr • club-leo-camaret.com • Ouv de mi-mars à fin oct. Nuitée env 29 €/pers, réduc enfant, draps et petit déj compris (carte des AJ obligatoire, 1,50 €). Repas 12 €.* Proche du camping, à 10 mn à pied du centre, cette AJ fonctionne en parallèle d'un centre d'activités nautiques très dynamique. Ses quelque 40 chambres de 2 à 5 lits (chacune avec salle de bains) se répartissent entre le grand bâtiment principal (ambiance colo), plus tout jeune, et des petits bâtiments annexes plus adaptés aux individuels (certains ont une petite terrasse !). Cuisine. Terrain de tennis pour les terriens et beaucoup d'activités nautiques pour les poissons dans l'eau : plongée tous niveaux, stages, location et cours de voile, planche à voile, paddle, surf... (lire plus loin « À voir. À faire »). Bon accueil.

***Hôtel du Club Nautique Léo Lagrange :*** *quai Louis-Auguste-Téphany. Mêmes coordonnées que le précédent. Doubles 60-130 €, petit déj inclus.* Si le lieu, tout juste rénové, accueille en priorité les stagiaires du club, n'importe qui peut y séjourner. Les 9 chambres sont plus fonctionnelles que charmantes (avec lino au sol), mais elles sont impeccables, toutes avec salle de bains privée, certaines avec lits simples, d'autres avec lits superposés. En prime : une vue mer pour les plus chanceux et... sur la fosse de plongée pour tous ! Accès possible à toute heure par digicode (envoyé à la résa).

***Hôtel Vauban :*** *4, quai du Styvel. ☎ 02-98-27-91-36. 06-51-53-57-05. • contact@hotelvauban-camaret.fr • hotelvauban-camaret.fr • Congés : de mi-déc à mi-janv. Doubles 70-90 €.* Un petit hôtel fort bien tenu, sur les quais. C'est même notre préféré, pour tout avouer. Certaines des chambres, récemment rénovées, offrent une jolie vue sur le port et la tour Vauban (mais pas de balcons). D'autres donnent à l'arrière sur une terrasse ensoleillée. L'accueil est adorable et les prix franchement raisonnables vu la situation et la qualité des chambres.

***Le Styvel :*** *2, quai du Styvel. ☎ 02-98-27-92-74. • hotelstyvel@wanadoo.fr • hotel-du-styvel.com • Doubles 45-76 €.* Dans la même famille depuis 3 générations, cet hôtel d'une quinzaine de chambres offre l'option la plus économique pour dormir sur le port. Avec parquet flottant, pour certaines en partie lambrissées, elles ne sont pas grandes (certaines salles de bains sont même ultra-étroites) ni très bien insonorisées, mais vu la situation et les prix, ne boudons pas trop. Une bonne option pour les randonneurs que l'auberge de jeunesse ne tenterait pas. La cuisine est simple, mais le poisson (frais) est servi bien chaud !

***Chez Mémé Germaine :*** *plage du Veryac'h. ☎ 02-98-73-37-50. Accès (non fléché) en traversant le village-vacances de Pen-Hir. Tlj sauf lun 12h-22h (21h mar). Venir tôt !* Idéalement situé juste au-dessus de l'immense plage sauvage du Veryac'h, cet ancien bar de pays a été réinventé en crêperie d'aujourd'hui, tenue par une équipe jeune et dynamique. La carte, très courte, s'en tient à l'essentiel : blé noir beurre, complète, complète andouille, chèvre miel, sucre beurre, chocolat et caramel maison. Le tout excellent et à des prix défiant toute concurrence !

### De prix moyens à plus chic

**Hôtel de France :** *19, quai Toudouze. ☎ 02-98-27-93-06. • contact@hotel-france-camaret.com • hotel-france-camaret.com • Hôtel fermé de mi-déc à début janv, resto de mi-nov à Pâques. Doubles 79-141 €. Formule déj en sem 18,90 € ; menus 26-39 € ; menu homard 70 €.* Les 20 chambres de cet hôtel familial classique (3 générations ici aussi !) oscillent entre pas très grandes (au 3e étage) et plus amples. Le confort est plutôt bon et de petites rénovations sont constamment effectuées. La salle de resto panoramique de l'étage, à la déco marine, offre une belle vue mais elle n'est ouverte qu'en saison ; on aime bien aussi la terrasse côté port. Bonne cuisine très iodée, avec 2 ou 3 viandes en prime.

**Le Thalassa :** *12, quai du Styvel. ☎ 02-98-27-86-44. • hotel.thalassa@wanadoo.fr • hotel-thalassa.com • Doubles 74-205 €.* Cette adresse, la plus chic du port, compte une cinquantaine de chambres, réparties en 3 catégories. Lignes contemporaines et salles de bains modernes pour toutes, avec tout le confort espéré. Les classiques côté port sont un peu étriquées, mieux vaut opter pour une « privilège », plus large et avec balcon (les seuls de Camaret !), à condition d'avoir le porte-monnaie qui suit. Belle piscine extérieure chauffée et jacuzzi.

**Les Frères de la Côte :** *11, quai Toudouze. ☎ 02-98-27-95-42. Tte l'année, fermé dim soir, plus lun hors saison. Menu 32 € ; plats 14-23 €.* Dans leur cuisine, ces frères savent associer la richesse des côtes bretonnes aux parfums des épices découvertes dans les Caraïbes. Assiette de poissons crus gingembre (en 2 tailles), assiette de poissons fumés maison, huîtres à la pomme granny, farandole de 3 filets de poisson grillés, risotto de poisson au parmesan... vous voilà embarqués pour un joli voyage gastronomique joliment iodé. Les desserts jouent eux aussi volontiers la note exotique. Avez-vous déjà goûté une crème brûlée à la patate douce ? De l'avis de tous, le meilleur resto de la ville.



## Où dormir ? Où manger dans les environs ?

**Camping Le Grand Large :** *à* ***Lambézen.*** *☎ 02-98-27-91-41. • contact@campinglegrandlarge.com • campinglegrandlarge.com • À 3,5 km à l'est de Camaret, du côté de la pointe Sainte-Barbe. Ouv début avr-début oct. Forfaits tente 19,60-29,10 € ; loc de mobile homes 2-8 pers (dont un 4 pers accessible aux PMR).* Repris il y a quelque temps, le camping est peu à peu rénové par ses nouveaux propriétaires, avec quelques mobile homes neufs et 1 des 2 blocs sanitaires refait. On apprécie les emplacements très bien délimités par des haies (une douzaine avec vue mer), et le coin campeur plus sauvage (sans voitures), ouvert en juillet-août. Terrasse pour chaque mobile home. Si l'ambiance est plus campagne, l'accès à la plage (à 450 m) est aisé. Vue magnifique depuis la piscine. Épicerie, bar, snack, aire de jeux, tennis, minigolf, petit coin bibliothèque à l'accueil...

**Chambres d'hôtes Villa Trouz Ar Mor :** *93, chemin Gouarem-Nevez,* ***Kerloc'h.*** *☎ 02-98-27-83-57. 06-20-30-77-39. • trouzarmor@yahoo.com • trouzarmor.com • À 3 km au sud-est de Camaret. Prendre la direction de Crozon (fléché sur la droite). Doubles 65-90 €. Table d'hôtes 25 € sur résa (sauf mer). CB refusées. Un accès sauna ou un cours de yoga pour 2 offert sur présentation de ce guide, pour tt séjour d'au moins 2 nuits.* Dans leur maison moderne face à la mer (véranda panoramique), Frédéric et Sylvie proposent 5 chambres colorées, pétulantes, dont les 2 moins chères partagent une salle de bains (intéressant pour les familles). Très branché philosophies indienne et tibétaine, Frédéric a tout prévu pour vous rendre le séjour agréable : massages, cours de yoga, sauna, réflexologie, gommage aux algues, etc. (moyennant supplément, bien entendu). Généreux petit déj, en partie bio, pris autour d'une grande tablée.

**Le Ti-Son :** *Keranguyader, à 2 km sur la route de Crozon. ☎ 02-98-81-54-23. • lydielaloux@orange.fr • Tlj sauf mer soir, jeu soir, et sam midi. Menu ouvrier 12,50 € ; plats 14-18 €.* Derrière la façade de cette sympathique auberge de bord de route se cachent un intérieur rustique et convivial, et un jardinet où voisinent pin, pommier, caravane et 6 tables sous parasol ou auvent. L'accueil est ultra-chaleureux et le menu de la maison, très apprécié des habitués, incroyable : buffet de près de 30 hors-d'œuvre, plat du jour, dessert, quart de rouge et café pour 12,50 € ! Cuisine familiale sans chichis, portions généreuses, frites maison et moules en saison. En hiver, le feu crépite dans le poêle...

## Où boire un verre ?

**La Rhumerie de Camaret – Café Burger :** *36, quai Toudouze. • rhumerie@orange.fr • En saison, tlj 11h-2h ; basse saison, tlj sauf dim-lun 11h-14h, 17h-1h. Café offert sur présentation de ce guide.* Mojito, cuba libre, *piña colada,* margarita... on aime siroter son cocktail en terrasse face au port, à l'heure de l'apéro ou en soirée. Désormais, on peut aussi y grignoter un burger.

**Le Notic :** *15, quai Toudouze.* Un bar de poche installé dans une baraque riquiqui où les locaux squattent l'unique table en terrasse. Un repaire pour vieux loups de mer. Proposent aussi des tapas.

## À voir. À faire

**La tour Vauban :** *à l'extrémité du sillon, digue naturelle qui ferme l'entrée de la rade de Camaret. ☎ 02-98-27-94-22 (mairie). Juin-août, tlj 11h-13h, 14h-18h ; vac de Pâques-juin, sept-Toussaint et vac de Noël, tlj sauf mar 14h-18h. Entrée : 5 € ; réduc.* En 2008, le comité du Patrimoine mondial a inscrit 12 fortifications de Vauban sur la liste du Patrimoine mondial de l'Unesco, dont la Tour dorée de Camaret-sur-Mer. L'histoire attribue à cet édifice un rôle crucial dans la victoire des Bretons sur la flotte anglo-hollandaise en 1694. Elle abrite aujourd'hui un centre d'interprétation où des écrans multimédias expliquent l'œuvre du célèbre ingénieur de Louis XIV. On y évoque aussi les conditions de vie des soldats en poste ici. À l'extérieur, une table d'orientation et un mât de signaux qui servait à communiquer avec les bateaux au large.

**La chapelle Notre-Dame-de-Rocamadour :** *sur le sillon. Pâques-Toussaint et vac scol, tlj 9h-19h ; le reste de l'année, seulement les w-e.* Édifiée au XVIe s, elle devrait son drôle de nom aux voyageurs venus de Scandinavie qui débarquaient à Camaret

### NOTRE-DAME DES MARINS

*Située à 200 km de la mer, la Vierge noire de Rocamadour, dans le Lot, est bizarrement honorée par les matelots locaux depuis des siècles. On la prie lors des tempêtes, et les miracles sont, dit-on, nombreux. Les ex-voto de maquettes de bateaux dans cette chapelle en sont la preuve. On a bâti 2 autres églises en son honneur (celle de Camaret en Bretagne et une autre à Québec), pour que la Vierge soit facilement accessible aux gens de la mer.*

avant de prendre la route jusqu'au célèbre pèlerinage du Quercy. À l'intérieur : tons marins pour l'autel peint en bleu ciel et blanc, rames et bouées de sauvetage de part et d'autre du chœur, bateaux ex-voto et ancres marines surmontées par des anges. Un décor peu commun et charmant, abrité sous un plafond *glaz* (bleu breton).

– ***La base nautique du Club Léo-Lagrange :*** *quai Téphany. ☎ 02-98-27-90-49. • club-leo-camaret.fr • Ouv juil-août seulement.* Le club de loisirs ouvre en été une base où l'on propose de nombreuses activités nautiques : plongée tous niveaux (baptême et exploration), stages, location et cours de voile, planche à voile, paddle... Les installations sont de tout premier ordre.



## Manifestations

– ***Festival des Lundis musicaux :*** *début juil-fin août. ☎ 02-98-27-90-49. • lundis-musicaux.com •*
– ***Bénédiction de la mer :*** *1er dim de sept.*

# LA POINTE DE PEN-HIR

*Carte Finistère Sud, A1*

**La plus touristique des pointes de la presqu'île est somptueuse. Des falaises déchiquetées y plongent dans des flots souvent tumultueux, sur lesquels se devinent, à distance, les îles d'Ouessant et de Molène par beau temps. En contrepoint de la gigantesque croix de Lorraine de béton dédiée aux Bretons de la France libre, s'éparpillent, battus par le ressac, les fameux rochers des *Tas de Pois,* dont chacun porte un petit nom : *Pen Glas* (la Tête verte), *Ar Forc'h* (la Fourche), *Bern Id* (le Tas de céréales). Le site est plus calme tôt ou en toute fin de journée, sinon le parking est vite bondé...**
**Si vous arrivez de Camaret, vous passerez devant les alignements mégalithiques de Lagatjar, où s'égrènent 87 menhirs. Puis devant le petit musée-mémorial de la Bataille de l'Atlantique, qui rend hommage à tous les marins, civils comme militaires, disparus en mer au cours de la 2d Guerre mondiale** *(avr-sept, tlj 14h-18h ; entrée : 4 €, réduc).*

# LA POINTE DES ESPAGNOLS ET ROSCANVEL

[ROSKANVEL] (29570) *Carte Finistère Sud, B1*

**Pour rejoindre la côte nord de la presqu'île de Crozon, plus sauvage et moins fréquentée que la côte sud, on traverse le village de Roscanvel, au port adorable et riquiqui. Plus avant, la très stratégique pointe des Espagnols domine le goulet d'entrée de la rade de Brest, formant un chenal long de 3 km et large de 1,5 km. Elle a été fortifiée par Vauban au XVIIe s. On marche aujourd'hui sur les remparts recouverts de fougères. De là, superbe panorama (n'oubliez pas vos jumelles !) sur le port de Brest et le phare du Minou, situés sur la rive opposée.**
– Sur place, petite expo sur les fortifications en presqu'île de Crozon *(ouv juil-août ; visites guidées ; GRATUIT).*
➢ La pointe est accessible en voiture depuis Roscanvel (4 km) ou Camaret-sur-Mer (11 km). Parking gratuit à 350 m.

## LE FRET [ar Fred] (29160) 2 600 hab. *Carte Finistère Sud, B1*

**À 5 km au nord de Crozon, cet ancien petit port de pêche spécialisé dans la coquille Saint-Jacques a conservé une belle authenticité. Très peu de commerces et donc très peu de monde, et c'est tant mieux.**

### Où dormir ? Où manger ?

**Camping Gwel Kaër :** *rue de Pen-an-Ero, port du Fret. ☎ 02-98-27-61-06. 06-21-30-85-16. • info@camping-gwel-kaer.com • camping-crozon-bretagne.com • Ouv de mi-avr à sept. Forfaits tente 16,20-18,50 € ; mobile homes (2-6 pers).* Gwel Kaër veut dire « belle vue », et c'est vrai qu'on est gâté ! Le camping, surplombant opportunément la mer, en terrasses, est ombragé par de grands pins – à moins de préférer les pelouses en plein soleil. Les emplacements, séparés par des haies, occupent une bonne partie de l'espace. Les mobile homes sont, eux, assez proches les uns des autres. On vient ici pour le calme, la tranquillité et l'accueil.

**Hostellerie de la Mer :** *11, quai du Fret. ☎ 02-98-27-61-90. • hostellerie.de.la.mer@wanadoo.fr • hostelleriedelamer.com • Sur le port. Congés : janv et 1 sem en oct. Resto fermé lun et sam le midi, plus dim et lun le soir en basse saison. Doubles 58-129 €. Formules déj en sem 19-22 € ; menus 29-46 € ; carte env 50 €. Café offert sur présentation de ce guide.* Les chambres donnant sur l'arrière sont plutôt petites et hyper classiques mais pas très chères et bien tenues. Celles côté mer sont évidemment plus séduisantes et plus spacieuses... Au resto, le chef propose une cuisine plutôt raffinée et moderne, à base de produits du terroir et de la mer. Certains locaux y voient l'un des meilleurs restaurants de la presqu'île.

### À faire

➢ ***Croisière commentée jusqu'à Brest :*** *avec la compagnie maritime de la rade* ***Le Brestoâ*** *( 07-78-37-03-23 ; • lebrestoa.com •). Circule d'avr à mi-sept, mat et soir, 4-7 j./sem. Départs du Fret à 10h10 (via Oceanopolis) et 18h05 (direct) ; de Brest, départs à 9h30 et 17h30. Compter 17 € A/R ; réduc. Durée de la traversée : 30-55 mn. Également des balades commentées dans la rade en juil-août (24-29 €).*

## LANDÉVENNEC [Landevenneg]

(29560) 340 hab. *Carte Finistère Sud, B1*

**À l'écart des sentiers touristiques, cet adorable petit village occupe un éperon rocheux face à l'embouchure de l'Aulne, tout au bout de la rade de Brest. Une seule et unique rue s'allonge entre l'ancienne abbaye et l'église du XVII<sup>e</sup> s. Ce « petit paradis » s'enturbanne d'une végétation quasi méditerranéenne : palmiers et figuiers, mimosas et camélias poussent ici grâce à un microclimat exceptionnel. Pas vraiment un hasard, donc, si le site a séduit les bénédictins.**

## Adresse utile

**Office de tourisme :** *rue Saint-Guénolé. ☎ 02-98-27-78-46. • landevennec.fr • Juil-août seulement, tlj 10h-12h30, 15h-18h30.*

## Où dormir ? Où manger ?

### De bon marché à prix moyens

**Gîte d'étape :** rue de l'Abbaye. *☎ 02-98-27-72-65 (mairie). • mairie.landevennec@wanadoo.fr • Derrière l'épicerie communale et la mairie. Tte l'année. Compter env 16 €/pers (draps à prévoir).* Dans une bâtisse moderne de bois et d'ardoise, avec un petit jardin où méditer, vous trouverez une quinzaine de couchages répartis en 5 chambres toutes simples mais bien tenues, aux lits superposés. Cuisine équipée et salles de bains communes. La mairie gère aussi un petit camping municipal au bord de l'Aulne, pas franchement ombragé *(compter 10,30 € pour 2).*

**Chambres d'hôtes Saint-Patrick :** *16, rue Saint-Guénolé. ☎ 02-98-27-70-83. 07-60-64-19-62. • lesaint.patrick@wanadoo.fr • le-saint-patrick.fr • Juste avt l'église. Ouv Pâques-fin sept. Restauration le soir en juil-août. Chambres avec lavabo 43-58 €.* On aime bien le vieux bistrot resté dans son jus, avec son comptoir usé et ses belles photos de la nature bretonne prises par le boss. Les 7 chambres sont celles d'une maison de famille, aux armoires d'antan, vieilles portes en bois et poignées de céramique ; elles partagent 2 salles de bains (1 par étage). La n° 7 (l'une des 3 avec vue sur la rade) est sympa, avec son parquet lasuré, son vieux coffre et ses quelques touches de déco.



## À voir

***L'ancienne abbaye de Landévennec*** *(vestiges, musée et jardin monastique) :* *☎ 02-98-27-35-90. • musee.landevennec@wanadoo.fr • musee-abbaye-landevennec.fr • (musée). De juil à mi-sept, tlj 10h30-19h ; de mi-avr à juin et de mi-sept à début nov, lun-ven 10h30-18h, w-e 10h30-13h, 14h-18h. Dernier billet 30 mn avt fermeture. Fermé début nov-mars. Entrée : 6 € ; réduc. Visites guidées gratuites en juil-août et pdt vac scol (lun-sam), vestiges + musée (1h30), ou jardins (env 1h).*

De l'***ancienne abbaye bénédictine,*** il reste de hauts murs qui, dominant les bords de l'Aulne, offrent l'un des plus beaux panoramas de la région. De l'église subsistent les bases des piliers et l'abside, voisine des vestiges du monastère : cloître carolingien, salle du chapitre et réfectoire. Fondé au Ve s par saint Guénolé *(Gwennolé),* c'est le plus ancien et le plus célèbre des sanctuaires bretons. Cette abbaye a joué un rôle considérable à l'époque dans la propagation du christianisme. En 818, elle adopta la règle de saint Benoît, puis fut entièrement reconstruite. Son scriptorium connut une activité intense, interrompue en 913 par l'arrivée des Vikings. Après bien des vicissitudes (attaques des Anglais, des Ligueurs...), la Révolution française a précipité la chute définitive de Landévennec. Ses bâtiments, vendus aux enchères, devinrent ensuite de carrière de pierre... Un noble fortuné a racheté le site à la fin du XIXe s et a consacré sa fortune à relever les ruines.

Sur le même site, un ***musée*** moderne présente l'histoire de l'abbaye, ainsi que les objets découverts au cours des fouilles de ce site extrêmement riche : sarcophage en chêne du IXe s, dallage du Xe s réutilisant des éléments gallo-romains, poteries. Enfin, on conseille la visite guidée du ***jardin médicinal,*** créé à partir de données archéologiques et textes antérieurs à l'an 1000.

***La nouvelle abbaye Saint-Guénolé :*** *à proximité de l'ancienne abbaye.* Inaugurée en 1958, la nouvelle abbaye abrite une communauté d'une vingtaine de moines bénédictins. L'église abbatiale (moderne) se visite. Vente de produits monastiques, dont les pâtes de fruits fabriquées par les moines : leur spécialité.

# ROSNOËN ET LE FAOU (AR FAOU)

(29590) 2 750 hab. *Carte Finistère Sud, B1*



**Si l'on vient de Landévennec, après avoir passé le pont suspendu de Térénez, une belle route en corniche offre une magnifique arrivée dans le fjord de l'Aulne. Tout au fond, voilà Le Faou (prononcer « Le Fou »), étape charnière entre le nord et le sud du Finistère et porte d'entrée de la presqu'île de Crozon. Cette ancienne ville portuaire et « Petite Cité de caractère » présente, dans ses rues et place principales, un bel alignement de maisons médiévales classées.**

## Adresses utiles

***Office de tourisme:*** *39, rue du Général-de-Gaulle, au Faou. ☎ 02-98-81-06-85. • crozon-tourisme.bzh • Juil-août, tlj sauf dim ap-m 10h-13h, 14h-19h ; juin et sept, lun-ven 10h-12h30, 14h-18h. Fermé le reste de l'année.* Installé dans une superbe maison en pierre à volets rouges égayée de géraniums aux fenêtres.

***Maison du parc naturel régional d'Armorique :*** *15, pl. aux Foires, Le Faou. ☎ 02-98-81-90-08. • pnr-armorique.fr • Lun-ven 8h30-12h30, 13h30-17h30 (17h mer).* Voir plus haut « Adresse utile » au début de « Le Porzay et la presqu'île de Crozon ».

## Où dormir ? Où manger dans le coin ?

### Bon marché

***Crêperie La Frégate :*** *50, rue du Général-de-Gaulle, au Faou. ☎ 02-98-81-09-09. • lafregate3@wanadoo.fr • Fermé lun-mer hors saison, seulement mar-mer juil-août. Résa indispensable. Carte 15-25 €.* Au centre du village, la belle bâtisse classée du XVIe s à double encorbellement, mariant la pierre et l'ardoise, révèle un ravissant cadre intérieur. Ici officie Christophe Beuriot, qui a plusieurs fois décroché le titre de meilleur crêpier du Finistère (et pourtant il est normand, prions saint Corentin !), tant pour l'originalité de ses crêpes que pour la qualité des produits utilisés, en majorité locaux ou bio. La crêpe Saint-Jacques et son tartare d'algues est superbe. Bon, tout cela a nécessairement son prix... Et, au fait, ne soyez pas trop pressés !

***Ferme apicole de Térénez :*** *à Térénez. ☎ 02-98-81-06-90. • apiculteur.terenez@gmail.com • fermeapicole.com • Sur la D 791 entre Le Faou et le pont de Térénez (bien indiqué). Doubles 45-55 € ; familiales 4 pers.* Dans un superbe jardin fleuri, cette ferme abrite 6 chambres confortables (malgré une déco un peu vieillotte), qui peuvent accueillir 2 à 4 personnes. Cadre superbe où l'on croise poules, oies et moutons. Mais la vedette ici, c'est l'abeille ! Stéphane est apiculteur et transforme avec bonheur ses produits : pain d'épices, palets et thé au miel, bonbons, nougat, bougies, cire pour meubles, jusqu'au dentifrice ! Passionné, il a même ouvert un écomusée sur la vie des abeilles *(tte l'année, tlj 10h-20h).* Les visites sont gratuites et très intéressantes. On voit même les ruches ! Saviez-vous qu'une abeille doit parcourir 100 000 km pour produire 1 kg de miel ? Heureusement qu'elle n'est pas payée !

***Ferme-auberge du Seillou :*** *route de Térénez, à Rosnoën. ☎ 02-98-81-92-21. • fermeaubergeduseillou@wanadoo.fr • fermeaubergeduseillou.com • Sur la D 791, à 4 km du Faou. Congés : de mi-sept à mi-oct. Double 58 €. Table d'hôtes sur résa 18 €.* Dans une belle ferme en pierre au milieu d'une vaste prairie, 5 chambres d'hôtes claires et rustiques. On vient surtout pour la bonne table d'hôtes : bœuf, poulet, porc de la ferme, *kig ha farz* lorsqu'il y a assez de monde, légumes du jardin et desserts maison. Vente directe de viande (par caissettes de 10 kg !) et de poulet (pesant jusqu'à 3 kg !). Plusieurs circuits pédestres tout à côté.

## Prix moyens

***Viviers de Térénez :*** *à 6 km du Faou, sur la D 791. ☎ 02-98-81-90-68. • pascal.brisset.0328@orange.fr • Boutique ouv avr-déc, tlj 9h30-18h30 en été ; 9h30-17h30 lun-ven et 10h-12h le w-e en basse saison. Resto ouv avr-oct seulement ; midi et soir juil-août (sauf lun soir). Congés : janv-mars. Carte 30 €. Café offert sur présentation de ce guide.* Vente de crustacés au détail ou dégustation en terrasse au bord de la grève, avec vue sur l'abbaye de Landévennec. C'est bon, c'est frais... avec une superbe vue sur la rade de Brest. Moules, huîtres, homards, on peut aussi aller voir les viviers. Attention, ça pince ! Location de kayaks aussi.

FINISTÈRE SUD

# À voir dans le coin

***L'église Saint-Sauveur :*** du XVI^e^ s. Près de la rivière, elle compose, avec la petite ville du Faou, un charmant tableau. Petite, mais son clocher à dôme et lanternon est remarquable. Tout comme son porche gothique et ses fonts baptismaux.

***L'église Notre-Dame-de-Tout-Remède*** *(ou la Vieille Renommée)* ***:*** *à* ***Rumengol.*** *À 3 km au nord-est du Faou par la D 42.* Remarquable édifice du XVI^e^ s. Sous la voûte, Annonciation polychrome et 12 apôtres sous baldaquin. À l'intérieur, le must, ce sont les 2 retables monumentaux occupant tout le transept. Festival de pampres et grappes dorées, anges et chérubins. À gauche du chœur, Vierge du XV^e^ s. À droite, curieux groupe de la Trinité avec un Christ malingre et le Saint-Esprit perché sur la couronne. Tribune d'orgue du XVII^e^ s sur colonne de bois sculpté. C'est vraiment la débauche d'or !

– **2 grands pardons diocésains :** *fin mai-début juin pour la fête de la Sainte-Trinité et 15 août pour l'Assomption.*

# CHÂTEAULIN [kastellin] ET PORT-LAUNAY [meilh-ar-wern]

(29150) 5 670 et 400 hab. *Carte Finistère Sud, B-C1*

**Ville carrefour entre presqu'île de Crozon et Montagnes Noires, assise dans une boucle de l'Aulne, *Châteaulin* garde de son statut d'ancien port sa physionomie, avec ses 2 grands quais bordés d'arbres. Le chemin de halage suit le canal de Nantes à Brest et offre un décor idéal pour une balade à pied ou à vélo. Les maisons éclusières accueillent des mini-expos permanentes et gratuites.**

**À 2 km au nord-est, *Port-Launay,* aux maisons basses épousant un autre méandre de l'Aulne, compose l'un des plus jolis paysages du coin, sur fond de douce colline verdoyante. Ici accostaient autrefois de lourds bateaux, aujourd'hui remplacés par quelques plaisanciers britanniques.**

## Adresse utile

**Office de tourisme :** *aux halles, à Châteaulin. ☎ 02-98-86-02-11. • menezhom-atlantique.bzh • Ouv avr-sept seulement, mar-sam 9h45-12h30, 14h30-18h.*



## Où camper dans le coin ?

**Camping Rodaven :** *rocade de Parc-Bihan, à Châteaulin. ☎ 02-98-86-32-93. 06-83-01-52-67. • contact@campingderodaven.fr • campingderodaven.fr • Ouv fin avr-fin sept. Forfaits tente 13,30-14,30 € ; loc de mobile homes (2-6 pers) ; hébergements insolites (roulottes, cabanons et tentes aménagées) 2-4 pers 25-63 €/nuit.* Très confortable, ce camping a reçu le label Saint-Pierre pour l'accueil des pêcheurs. L'arrière du terrain donne sur le canal de Nantes à Brest : calme assuré. Très bien placé car on rejoint le centre-ville en 10 mn à pied en longeant l'eau.

**Camping La Pointe :** *route de Saint-Coulitz, à Châteaulin. ☎ 02-98-86-51-53. • lapointecamping@gmail.com • lapointecamping.com • À l'entrée de Châteaulin. Ouv de mi-mars à mi-oct. Forfaits tente 12-18 € ; tentes toile et bois 2-4 pers avec cuisine, frigo, électricité 250-500 €/sem ; chambres 35-50 €.* Un beau camping, fleuri et arboré, où Dame Nature régit les lieux, avec les quelques poules du jardin ! En bord de canal, on prône ici la sérénité et le camping sauvage (pas de mobile homes, juste des tentes aménagées). Location de vélos et embarcadère pour les kayaks juste devant. Les propriétaires étant anglais, beaucoup de compatriotes se retrouvent ici. Soirée crêpes hebdomadaire en juillet-août.

## Où manger ? Où boire un verre ? Où écouter de la musique ?

**Les Cocottes :** *27, quai Cosmao. ☎ 02-98-86-23-17. Lun-ven midi, à partir de 12h, plus mar-jeu soir. Menu 16 €.* Un chandelier en cristal au-dessus du bar, 2 cocottes en métal, des coussins et des toiles colorés, voici pour le décor – complété d'une terrasse cachée. Ici, le chef travaille en solo (et en brio !) : il fait tout, tout seul, selon l'inspiration du jour et les produits du moment. Pas de carte, on prend ou on passe.

**Crêperie la Marjolaine :** *29, quai Cosmao. ☎ 02-98-86-38-00. Fermé lun, jeu soir et dim soir.* La salle n'a rien de remarquable (à part son bataillon de luminaires en osier) et la terrasse donne sur la rue, mais on vient avant tout pour les bonnes crêpes, les bons prix et l'accueil convivial.

**Café-cabaret Run Ar Puns :** *à 2 km à la sortie de Châteaulin vers Pleyben. ☎ 02-98-86-27-95. • marijane@runarpuns.com • runarpuns.com • Tlj sauf dim-lun, à partir de 16h-17h. Pour le programme des concerts, voir le site. Prix moyen d'un billet : 13 €. Mer 16h-19h, marché bio (soupe offerte après le marché, de mi-sept à mi-juin).* Coup de cœur pour ce bar à concerts prolongé d'une belle terrasse, installé dans une ancienne ferme à 2 pas de la ville mais déjà en pleine campagne. Long bâtiment de pierres sèches où l'on peut entrer se désaltérer ou se réchauffer tant qu'il y a de la lumière. Intérieur convivial et chaleureux. L'association qui gère cet endroit labellisé « Scène de musiques actuelles » par le ministère de la Culture, organise une trentaine de concerts à l'année, entre septembre et juin. D'autres s'ajouteront peut-être après le marché bio du mercredi, en 2021, à suivre !

## À voir

**L'église Notre-Dame :** *sur les hauteurs de la ville de Châteaulin, rive gauche.* On découvre soudain, au détour d'un virage en épingle à cheveux, un adorable ensemble enfoui dans la verdure : de vieilles maisons qui escaladent doucement la pente, et cette ancienne chapelle (XVe et XVIe s) du château de Châteaulin. Porte gothique, clocher Renaissance à dôme et balustrade. Et un enclos miniature avec ossuaire et calvaire orné d'une représentation du Jugement dernier.

## DANS LES ENVIRONS DE CHÂTEAULIN



**Le groupe sculpté de Cast :** *à env 7,5 km au sud de Châteaulin par la D 107, vers Plonévez-Porzay.* Si l'église, avec son vieux porche et son calvaire, est intéressante, c'est avant tout le superbe groupe sculpté devant, dit *Chasse de saint Hubert,* qui retient l'attention. Quasiment unique en Bretagne. Extrême finesse d'exécution. Vêtements d'époque (vers 1525). Saint Hubert est à genoux, entouré de ses bassets, devant un cerf portant, comme le veut la tradition, un christ en croix dans ses cors.

**Le calvaire de Quilinen :** *à 17 km au sud de Châteaulin par la D 770.* Pour les accros de beaux calvaires bretons, une étape indispensable sur la route de Quimper. L'un des rares à posséder un socle triangulaire. Édifié au XVIe s, le calvaire, avec ses personnages s'étageant harmonieusement, semble se projeter vers le ciel et nous y entraîner. Certains apôtres sont reconnaissables à leurs attributs (saint Pierre et sa grosse clé, par exemple). Le mauvais larron est littéralement cassé en 2 sur la croix.

# DES MONTAGNES NOIRES AUX PORTES DE LA CORNOUAILLE

**Ne cherchez pas de hauts sommets, le point culminant des Montagnes Noires s'élève à... 318 m d'altitude. On suppose que leur nom vient des denses forêts qui les recouvraient autrefois. Prolongement naturel des monts d'Arrée (voir le *Routard Bretagne Nord*), le massif est toutefois moins haut, d'aspect plus doux. Traversé par la vallée de l'Aulne, il témoigne tout autant d'une Bretagne profonde pleine de mystères, quasi intacte, peu touristique et où ne manquent pas les « bonnes vibrations ». Ce secteur regorge de chemins de randonnée et de sites naturels qui offrent une belle mise au vert. Une occasion aussi de fuir la foule du littoral en plein mois d'août.**

## PLEYBEN [pleiben] (29190) 3 890 hab. *Carte Finistère Sud, C1*

**Ce gros bourg aurait pu longtemps se contenter de gérer benoîtement son train-train quotidien, s'il ne possédait l'un des 7 calvaires monumentaux de Bretagne – un pur chef-d'œuvre. Toute l'animation se concentre autour de l'enclos paroissial et le village compte quelques bonnes adresses de bouche.**

FINISTÈRE SUD

## Adresse utile

**Office de tourisme :** *11, pl. Charles-de-Gaulle ; sur le côté gauche de la mairie. ☎ 02-98-26-71-05. • menezhom-atlantique.bzh • Avr-sept, en principe tlj sauf dim. Fermé le reste de l'année.*

## Où dormir ? Où manger dans le coin ?

### De bon marché à prix moyens

**Canal Loisirs :** *à* **Pont-Coblant.** *☎ 09-81-64-34-63. • contact@canal-loisirs.com • canal-loisirs.com • À 4,5 km de Pleyben, sur l'ancienne route de Quimper en direction de Briec. Camping ouv de mai à mi-sept ; auberge tte l'année (double 55 €, chambres collectives 4-6 pers 45-65 €). Au camping, compter 10 € pour 2 ; en dortoir (de mi-juin à août seulement), 17 €/pers.* Au bord du canal de Nantes à Brest, ce complexe de loisirs a plus d'un tour dans son sac : au ras de l'eau, un petit camping tout en herbe avec une trentaine d'emplacements, mais aussi 10 chambres privées ou aménagées en dortoirs pour 4 à 6 personnes, avec sanitaires dans chacune. L'ensemble, tout simple et bien tenu, conviendra aux budgets serrés. Enfin, le centre loue kayaks, canoës, barques, paddles et pédalos pour naviguer sur le canal *(de mai à mi-sept)* et vélos toute l'année (avec prise possible à Nantes).

**Le P'tit Jeannot :** *51, pl. Charles-de-Gaulle, à Pleyben. ☎ 02-98-26-38-68. • contact@creperiedelenclos.fr • Tlj sauf lun, mar soir et dim midi. Formules 16,50-18 €.* Reprise par un jeune couple, l'ancienne *Crêperie de l'Enclos* est en pleine mutation. Aux côtés des crêpes de blé noir qui ont fait la réputation de la maison figurent aussi désormais salades-repas et burgers de qualité (avec frites maison) sentant bon le terroir. Pas mal de produits sont bio et/ou locaux.

**La Blanche Hermine :** *1, pl. Charles-de-Gaulle, à Pleyben. ☎ 02-98-26-61-29. • florence@la-blanche-hermine.com • Tlj sauf lun, plus mar hors saison. Congés : en hiver. Plats env 12-22 € ; carte env 30 €. Une chopinette de chouchen offerte sur présentation de ce guide.* Ici, face au superbe enclos paroissial, on mange breton, on boit breton, on écoute des chants bretons... Au menu, notamment : la fameuse choucroute bretonne, la *pothouarn Menez-Du* (potée des Montagnes Noires) et d'excellents desserts comme la succulente poêlée de pommes sucrées au miel, flambée au *lambig* et sa glace vanille. Propose aussi une trentaine de bières bretonnes. *Yec'hed mat !*

## Où acheter de bons produits ?

**Chocolaterie Chatillon :** *46, pl. Charles-de-Gaulle. ☎ 02-98-26-63-77. • info@chatillon-chocolat.com • chatillon-chocolat.com • chatillon-chocolat.com • Tlj sauf dim 9h-19h. Visites libres gratuites de l'atelier, 9h30-11h30, 14h-15h30 (vidéo jusqu'à 17h30) ; visite guidée avec dégustation à 11h en juil-août.* Fabrication artisanale de florentins (leur spécialité), chocolats fins, biscuits, etc.

## À voir. À faire

**L'enclos paroissial :** *en été, tlj 9h-19h ; le reste de l'année, horaires restreints. Visites guidées du site par des bénévoles : juil-août, tlj sauf sam et dim mat 10h30-12h30, 14h30-18h30 ; gratuit, mais contribution bienvenue.*

On peut s'étonner que l'***église Saint-Germain*** soit si imposante pour un village de proportions somme toute modestes. Le magnifique clocher Renaissance à lanternons est l'un des 4 plus beaux de Bretagne et a servi maintes fois de modèle. Façade peu ordinaire de style Cornouaille, à laquelle on a adjoint une flèche sur le côté, reliée par une galerie. À l'intérieur, un enchantement : maître-autel de 1667, retable du Rosaire de 1698, orgie de clefs pendantes, poutres décorées, superbes sablières sculptées polychromes (1571). Elles représentent, avec une inspiration et une imagination sans limite, des scènes de la vie quotidienne et paysanne, ésotérisme, figures grotesques, dans un joyeux mélange de sacré et de profane, avec l'Ankou, la mort, omniprésente. Plafond en forme de carène de navire renversée. Magnifique *vitrail de la Passion* (XVIe s), dont les couleurs ont conservé toute leur fraîcheur, et monumental orgue de Thomas Dallam (1688-1692) aux somptueux tons bleu et or. Jolis confessionnaux à bulbes.
On peut monter au clocher 2 fois en juillet et 2 fois en août ; se renseigner auprès de l'office de tourisme (voir plus haut « Adresse utile »).
Le ***calvaire*** daterait de 1555. Gênant la construction du clocher, il a été déplacé près d'un siècle plus tard et a reçu de nouvelles sculptures. Ce qui rend ce calvaire unique, c'est bien sûr son aspect arc de triomphe massif et majestueux. Bien entendu, que les sculptures soient perchées là-haut rend la lecture des différentes scènes de la vie de Jésus plus malaisée, mais rien n'arrête nos lecteurs avides de détails insolites. Attardez-vous sur les costumes de nombreux personnages, véritable catalogue de la mode de l'époque, et sur les expressions des visages. Dans la *Cène*, réalisée en 1650, le style se révèle moins lyrique, moins tourmenté mais plus maîtrisé, plus sec aussi, que dans les scènes précédentes.
L'***ossuaire*** fut édifié en 1550. C'est l'un des plus anciens de Bretagne. Sa façade présente une belle ornementation. Le croiriez-vous, l'ossuaire a servi de chapelle, mais aussi d'école et, au XIXe s, de... bureau de poste. Petit musée breton *(visite libre).*

➢ ***Activités nautiques avec Canal Loisirs :*** *à* ***Pont-Coblant.*** *☎ 09-81-64-34-63. • canal-loisirs.com • Voir plus haut la rubrique « Où dormir ? Où manger dans le coin ? ».*

# CHÂTEAUNEUF-DU-FAOU [kastell-nevez-ar-faou]

(29520) 3 775 hab. *Carte Finistère Sud, C1*

**Gros bourg posé sur une verdoyante colline dominant un méandre de l'Aulne. Ne pas manquer son église au surprenant plafond bleu vif et son baptistère décoré par Paul Sérusier, la gracieuse chapelle Notre-Dame-des-Portes et l'insolite fontaine souterraine Saint-Jean-Baptiste. Les berges de la rivière sont appréciées des pêcheurs et la base de loisirs de Saint-Goazec offre de belles possibilités d'en profiter grâce aux activités nautiques. La ville est aussi le point de départ de nombreuses randonnées.**

### FRIPES DIVINES

*À Leuhan, lors du pardon, le curé vendait aux enchères les vêtements des défunts. Ayant atteint le royaume des cieux, les disparus favorisaient, dit-on, la guérison des malades. Cette tradition a perduré jusque dans les années 1960.*

## Adresse utile

ℹ ***Bureau d'information touristique :*** *pl. Ar-Segal. ☎ 02-98-81-83-90. • officedetourisme@haute-cornouaille.fr • tourisme-chateauneufdufaou.com • Juil-août, tlj 10h-12h30, 14h-18h30 (dim mat seulement). Le reste de* *l'année, mar et ven 10h-12h30 ; ouvertures supplémentaires pdt vac scol.* Bonne petite doc sur le pays *(livret gratuit 21 randos et 15 circuits de VTT).* Parcours Paul-Sérusier à découvrir dans la ville *(brochure).*

## Manifestation

– **Fest Jazz :** *dernier w-e de juil. • fest-jazz.com •* Ce festival de jazz anime les bords du canal pendant 3 jours. Il y a aussi une scène off avec des concerts gratuits en centre-ville.



## DANS LES ENVIRONS DE CHÂTEAUNEUF-DU-FAOU

**La chapelle du Moustoir :** *à 3 km à l'est de la ville. Bien indiqué. Juil-août, tlj 10h-19h ; mai-juin et sept-oct, w-e seulement 10h-19h.* Une bucolique petite balade à pied, en suivant le chemin de halage le long de l'Aulne, vous mènera à cette petite merveille édifiée au XVI^e s et dédiée à saint Ruellin, évêque de Tréguier au VI^e s. La charpente de bois en berceau est en grande partie d'origine et la statuaire remarquable : groupe de la Sainte Famille, saint Pierre et Saint Louis en pierre polychrome du XVI^e s. Fonts baptismaux à dais.
À l'extérieur, beau calvaire du XV^e s, sculpté d'un seul tenant du fût à l'extrémité supérieure (noter le diable sous la console du mauvais larron). Enclos abondamment fleuri, notamment d'hortensias : un vrai festival de couleurs et de senteurs !

**Saint-Goazec :** *à 6 km au sud-est de Châteauneuf par la D 36, puis la D 117.* C'est ici que l'Odet, l'un des principaux fleuves de Bretagne, prend sa source. Ne manquez pas de goûter l'eau de la source *Isabelle.*
On vient aussi ici pour profiter de l'Aulne et s'adonner au tourisme fluvial. Sur place, une guinguette propose un large choix d'embarcations pour découvrir la région depuis la rivière (kayaks, *paddles,* barques, vélos sur l'eau...). *Rens et résas auprès d'**Aulne Loisirs Plaisance** (☎ 02-98-73-28-63. • aulne.loisirs.plaisance@wanadoo.fr • avr-sept).*

**Le domaine de Trévarez :** *sur la route de Laz, à **Saint-Goazec.** ☎ 02-98-26-82-79. • domaine.trevarez@cdp29.fr • cdp29.fr • À 5,5 km au sud de Châteauneuf-du-Faou. Juil-août, tlj 10h-18h30 ; de mi-mars à juin et sept-début nov, tlj 13h30-18h30 ; fin nov-début janv, tlj 14h-19h30. Fermé les 3 premières sem de nov et de début janv à mi-mars. Entrée (parc, château et expos) : 8 € ; réduc ; gratuit moins de 7 ans.*
Sur une superficie de 85 ha, le domaine départemental de Trévarez, labellisé « Jardin remarquable » et « Patrimoine du XX^e s », offre au fil des saisons une myriade de belles promenades entre le jardin bien ordonné de l'esplanade et le parc à l'anglaise plus sauvage. Jardin à l'italienne, jardins contemporains, chapelle et étang, fontaines disséminées ici et là... Trévarez abonde d'endroits pittoresques pour flâner dans une débauche de fleurs. Les collections de plantes de terre de bruyère sont d'une diversité remarquable : on recense ici environ 750 variétés de camélias, 600 de rhododendrons et des hortensias par milliers. Ce patrimoine végétal exceptionnel se découvre aussi, notamment, lors des week-ends à thème « Trévarez en camélia » (fin mars) et « Trévarez en rhododendron » (début mai) : visites, animations pour les familles, vente de plantes...
L'étonnant château néogothique, surnommé « le château rose » et ses anciennes écuries sont nés de la volonté de James de Kerjégu entre 1893 et 1907. Réquisitionné par la Kriegsmarine lors de la dernière guerre, l'édifice fut bombardé par la Royal Air Force en 1944. Les appartements privés, restaurés dans le style Art nouveau, peuvent se visiter. Les écuries, réaménagées, se distinguent par un vaste manège surmonté d'une belle verrière.

Tout au long de l'année, Trévarez propose diverses manifestations florales et expositions. Boutiques, « Café de Trevarez », aire de jeux pour enfants agrémentent la visite.

## CLÉDEN-POHER [kledenn-poc'her]

(29270) 1 180 hab. *Carte Finistère Sud, C-D1*



**Là encore, ce modeste bourg rural offre un enclos paroissial parmi les plus harmonieux qui soient. Au chevet de la charmante église (greffée d'un élégant clocher), la traditionnelle sacristie en forme de carène de navire renversée a été rajoutée, comme tant d'autres, au XVIIIe s. L'ossuaire possède une fort belle porte gothico-Renaissance et, à l'angle du toit, un terrifiant Ankou. La charpente, aux poutres sculptées de figures grotesques, est d'origine. Le calvaire, certes moins spectaculaire que ceux de Pleyben et Guimiliau, est néanmoins le plus beau des petits calvaires, chef-d'œuvre d'équilibre et de symétrie.**

### Où dormir ?

***Le Domaine de Pratulo :*** *Pratulo, Moulin Vert. ☎ 02-98-93-91-77. 📱 06-88-46-63-05. • contact@chateau-pratulo.com • chateau-pratulo.com • À 5 km au sud-ouest du village. Doubles 37-40 € ; gîte 4-6 pers.* Au cœur de la campagne, ce domaine familial remontant au XVe s se pose juste au bord de l'Aulne. Des chambres mignonnes sont installées dans l'ancien moulin rénové surplombant la rivière, avec salle de bains commune. Il y a aussi 3 gîtes répartis sur la propriété, très bien équipés, pour 2 à 6 personnes. On peut se baigner et louer des canoës. Accueille de nombreux mariages en saison.

### Manifestation

– ***Grand pardon de Notre-Dame de Cléden :*** *15 août.* La grand-messe et les vêpres se déroulent en plein air, près du calvaire. À la procession de l'après-midi, des centaines de personnes venant de toute la région suivent en chantant la statue de Notre-Dame de Cléden.

## CARHAIX-PLOUGUER [karaez-plouger]

(29270) 7 790 hab. *Carte Finistère Sud, D1*

**La région fut l'épicentre de la révolte « des Bonnets rouges », lorsque près de 30 000 paysans s'insurgèrent contre la fiscalité écrasante de Louis XIV. Petit centre commerçant et animé, Carhaix fait partie des cités bretonnes qui affirment le plus leur identité celtique. La région est devenue un carrefour des voies vertes en Bretagne : l'itinéraire européen *Vélodyssée y* rejoint le canal de Nantes à Brest. Mais Carhaix s'est surtout fait un nom grâce à son festival de musique « Les Vieilles Charrues », qui draine chaque année des têtes d'affiche et est aujourd'hui le plus fréquenté de France, tous genres confondus. Carrément dément pour une petite ville de moins de 8 000 habitants !**

## Adresse utile

**Office de tourisme :** *en raison de travaux au siège de la rue Brizeux, l'OT devrait rester au moins jusqu'en 2022 au 5, rue du Docteur-Menguy, au centre d'interprétation archéologique Vorgium. ☎ 02-98-17-53-07. • tourismecarhaix@poher.com • carhaixpohertourisme.bzh • Juil-août, tlj 10h-12h30, 14h-18h30 ; vac scol, tlj sauf lun 10h-12h, 14h-17h30 ; hors vac scol, tlj sauf lun 14h-17h30, plus mer et sam 10h-12h30.*

## Où dormir ? Où manger ?

### Camping

**Camping municipal La Vallée de l'Hyères :** *route Kerniguez. ☎ 02-98-99-10-58 ou 02-98-17-53-07 (office de tourisme hors saison). • camping.municipal@ville-carhaix.bzh • ville-carhaix.bzh • Dans la vallée de l'Hyères, à 1,5 km au nord-ouest du centre. Ouv avr-début oct. Forfait tente 12 € ; « cabanétape » (2 pers) 13-16 €/pers ; mobile homes 6 pers (dont un accessible aux PMR) ; roulotte 2 pers (+ 2 enfants).* Spacieux et agréable, au bord de l'Hyères, un peu au nord du canal de Nantes à Brest. À 2 pas, parc aventure (Karaez Adrénaline) avec méga-tyrolienne et labyrinthe végétal, centre équestre... Location de vélos.

### De bon marché à prix moyens

**Hôtel Noz Vad :** *12, bd de la République. ☎ 02-98-99-12-12. • aemcs@nozvad.com • nozvad.bzh • ♿ Congés : 2de quinzaine de déc et 1re sem de fév. Doubles 50-102 €.* Cet hôtel tout ce qu'il y a de plus classique constitue plutôt un bon point de chute. Pas franchement un coup de cœur, mais le choix est limité par ici. Les chambres les plus chères *(Prestige)* sont plus actuelles.

**Crêperie Ty Gwechall :** *25, pl. des Droits-de-l'Homme. ☎ 02-98-93-17-00. • plpjdpetit@gmail.com • Derrière les halles. Tlj sauf mar-mer. Résa indispensable. Carte env 15 €.* Décor rustique pour cette crêperie installée (depuis 1938 !) dans une maison de 1650, 100 % bretonne. Murs de pierre, poutres apparentes, cheminée et faïence, on joue sur les valeurs sûres et la tradition, dans la déco comme dans l'assiette. Très bonnes crêpes aux recettes plutôt classiques, réalisées et garnies avec de bons produits de la région. De l'avis de tous, la meilleure crêperie de la ville.

**Les Bonnets Rouges :** *12, rue des Ursulines. ☎ 02-98-27-48-36. 📱 06-61-24-70-74. • camille.sarreau@hotmail.fr • ♿ Ouv le midi lun-ven, plus le soir mar et ven ; fermé le w-e. Pizza env 12 € ; plats 16-20 €. Les Bonnets Rouges,* c'est une adresse brûlante, à vif. D'abord côté décor, avec ses affiches de révolution et ses drapeaux où flotte un parfum d'indépendance. Puis côté cuisine, où grille de la bonne viande sur les braises. Amis carnassiers, voici l'une de nos meilleures adresses pour déguster une bonne pièce de boucher dans la région. Et, en dessert, d'excellents gâteaux préparés avec amour le matin même. Une adresse conviviale, où l'on aime et défend son terroir. Un dernier conseil : allez visiter les toilettes !

## À voir. À faire

**Le centre d'interprétation archéologique virtuel Vorgium :** *5, rue du Docteur-Menguy. ☎ 02-98-17-53-07. • vorgium.bzh • Juil-août, tlj 10h-12h30, 14h-18h30 ; sept-juin, tlj sauf lun 14h-18h (17h30 nov-mars), plus 10h-12h30 mer et sam. GRATUIT. Visites guidées payantes.* Le parcours permanent du centre présente l'histoire de Vorgium, ville de l'Armorique gallo-romaine devenue Carhaix, et aborde la vie quotidienne de ses habitants. Des dispositifs numériques interactifs et ludiques expliquent l'urbanisme, l'eau courante, l'alimentation ou encore la décoration des demeures urbaines découvertes par les archéologues. Dans le jardin du centre, les vestiges d'un quartier commerçant ont été restaurés en réalité augmentée à l'aide d'une tablette.

Carhaix possède quelques splendides ***maisons à encorbellement,*** comme la ***maison du Sénéchal,*** qui abrite l'office de tourisme. L'adorable ***rue Brizeux,*** qui descend vers l'église et les halles, qui compte aussi quelques belles maisons au style 100 % breton. Avenue du Général-de-Gaulle, ne pas manquer le ***Château rouge*** *(Kastell Ru)* : imposant par son allure et sa couleur, il fut commandé par un notable de Carhaix pour son épouse. Beau présent !

***L'église Saint-Trémeur :*** *entrer par la petite porte côté rue (face au presbytère). Tlj.* Reconstruite au XIXe s, elle a conservé son imposant clocher du XVIe s, copié sur celui de Saint-Herbot. Remarquable portail ogival avec la statue de saint Trémeur qui tient sa tête dans la main (lisez le panneau pour savoir comment il l'a perdue !). Le jour de la terrible tempête du 15 octobre 1987, des blocs de 60 kg sont tombés du clocher – toujours en place, n'ayez crainte !

***Exposition Mari Eugénie :*** *6, rue Hollo. 06-82-16-79-58. • marieugenie.bzh • Mai-sept, mer-sam 14h-18h. GRATUIT. Visite guidée 4,50 €, sur rdv.* Cet espace d'exposition privé met en lumière le beau patrimoine vestimentaire breton (costumes et coiffes) – surtout de la région du Poher.

À 1 km au nord du centre-ville, le hameau de **Petit-Carhaix,** avec des maisons d'artisans des XVIIe et XVIIIe s. Noter la petite taille des portes : nos ancêtres étaient moins grands que nous ! Jusqu'à la fin du XVIIIe s, il fallait payer un droit de passage pour pouvoir emprunter le pont.

***La brasserie Coreff :*** *2, pl. de la Gare. ☎ 02-98-93-00-70. • contact@coreff.bzh • brasserie-coreff.com • Visite guidée mar-ven en juil-août, à 11h et 15h ; le reste de l'année, sur résa. Dégustation le sam.*
En 1985 eut lieu un événement extraordinaire pour les vrais buveurs de bière (en tout cas en Bretagne), à Morlaix précisément : la naissance d'une bière bretonne, la *Coreff.*
Contrairement à la quasi-totalité des bières françaises et allemandes, la *Coreff* est une bière à haute fermentation (comme la *Guinness,* les bières britanniques et celles des trappistes belges). On ne lui adjoint pas de gaz carbonique pour la refroidir ni la filtrer ; tout se fait naturellement. Il y a l'ambrée « historique », la brune, la blanche, la rousse, la blonde, également des versions bio, ou encore la très appréciée *Indian Pale Ale,* sortie des fûts pour les 30 ans de la brasserie.
Sur place, un petit musée nous initie au milieu brassicole breton en 4 étapes : les origines des bières celtes, les débuts de la brasserie Coreff, sa communauté aujourd'hui et le procédé de fabrication.

## Festival

***Festival Les Vieilles Charrues*** *(Gouel an Erer Kozh)* ***:*** *3e w-e de juil, aux dépendances de Persivien, Kerampuilh. • vieillescharrues.asso.fr •* En 1992, quelques jeunes du coin, impressionnés par la foule réunie à Brest lors d'un rassemblement de vieux gréements, décident de monter, en plein air, un festival musical. Clin d'œil aux vieux gréements brestois, ils l'intitulent « Les Vieilles Charrues ». Depuis, le festival s'est imposé comme un incontournable sur la route estivale des festoches. Environ 280 000 spectateurs s'y pressent chaque année pour applaudir des stars françaises et internationales. Sont montés sur les scènes de Carhaix :

les Blues Brothers, James Brown, Nougaro, Iggy Pop, Matmatah, Cesaria Evora, Manu Chao, Bashung, Muse, Johnny Hallyday, Aznavour, ZZ Top, NTM, Depeche Mode, Gorillaz... Impossible de tous les citer !
Des raisons à ce succès un peu inespéré ? Des prix d'entrée bon marché, une organisation qui repose sur des bénévoles, une programmation populaire et éclectique (rock, world music, variété, musique classique), qui accorde toujours une large place au riche vivier de la musique bretonne. Et peut-être aussi et surtout ce sens de la fête qu'ont les Bretons, ce plaisir à être ensemble.



# SPÉZET [speɪed] (29540) 1 850 hab. *Carte Finistère Sud, C1*

**Spézet, c'est le point culminant des Montagnes Noires, un sommet à l'altitude vertigineuse de... 318 m ! Les environs attirent les randonneurs en quête de beaux points de vue car les nombreux sentiers alentour livrent une quantité de petites surprises : ponts gaulois, menhirs, allée couverte, croix de chemin, fontaines, chapelles, éperons rocheux, ruisseaux, bois, landes et tourbières. Allez jeter un œil à l'église du XVIIIe s, avec baptistère à dais et 3 retables de la même époque.**

## Adresse utile

**Bureau d'information touristique :** *la Maison Bleue, 1, rue du Général-de-Gaulle. ☎ 02-98-93-94-70. • haute-cornouaille.fr • Tte l'année, mar-ven 10h-12h, 14h-17h, sam 9h-12h, dim 10h30-12h.* Demandez-leur conseil pour les itinéraires de randonnées, bien balisés *(petite brochure gratuite).*

## À voir à Spézet et dans les environs

***La chapelle Notre-Dame-du-Krann :*** *à moins de 1 km du bourg. Visite mai-sept, tlj 14h-17h30.* Enfoui dans les arbres, l'édifice peut paraître d'abord sévère, mais il révèle vite d'intéressants détails architecturaux : 1 élégant clocher Renaissance avec un escalier de pierre le long du toit, un ensemble exceptionnel de vitraux du XVIe s (maîtresse-vitre représentant la Passion, avec une grande richesse de costumes) et retables de Notre-Dame de la Trinité, aux personnages sculptés polychromes.

### LE PARDON DU BEURRE

*Le dimanche de la Trinité (en mai, 1 semaine après la Pentecôte), une énorme motte de beurre sculptée est offerte à la Vierge et exposée à la chapelle de Krann. Le beurre était un symbole de fécondité dans les anciennes croyances druidiques.*

***Le calvaire de Kerbreudeur :*** *à* ***Saint-Hernin,*** *à 7 km à l'est de Spézet, par la D 82.* Insolite apparition, sur le bord de la route, du plus ancien calvaire de Bretagne. D'apparence très archaïque, il émeut assez par sa solitude dans le paysage remembré. Les scènes sculptées de la base, usées jusqu'à la moelle, ont perdu la plupart de leurs détails. Cependant, on reconnaît aisément le chemin de croix (les 2 larrons tirés par une grosse corde) et saint Jean soutenant la Vierge. À l'un des coins, la Flagellation apparaît moins évidente. Dans la scène des Rois mages, ceux-ci portent l'habit à la Charles VII.

## Fête et manifestation à Spézet et dans les environs

– ***Pardon de Notre-Dame-du-Krann :*** *dim suivant la Pentecôte.* Une tradition pittoresque dans la région. Des femmes représentant chaque quartier du village (le bourg, l'eau, la montagne) collectent de l'argent pour acheter une énorme motte de beurre qui sera sculptée de motifs religieux. Jadis, du temps où l'on battait son propre beurre, on le récoltait directement dans les familles pour confectionner une motte par quartier (qui pesait 80 kg).
– ***Fête de Kerlaviou :*** *dernier dim d'août, à* ***Kerlaviou,*** *à quelques km à l'est de Spézet.* Jeux traditionnels bretons.



# SCAËR [skaɛʀ] (29390) 5 500 hab. *Carte Finistère Sud, C2*

**Vous voilà aux portes de la Cornouaille, au cœur d'une campagne profonde qui assure la transition entre les Montagnes Noires et l'une des plus belles portions du littoral breton, de Concarneau à Quimperlé. Labellisé « station verte », le village et ses alentours sont réputés pour leurs sols riches en staurotides, les pierres magiques bretonnes. Vous en trouvez une belle collection à la galerie des Minéraux (voir plus loin).**

## Adresse utile

ℹ ***Bureau d'informations touristiques Quimperlé Terre Océane :*** *pl. de la Libération.* ☎ *02-98-59-49-37.* • *quimperle-terreoceane.com* • *Juil-août, lun-sam 9h30-12h30, 14h-17h30, sauf mer mat et sam ap-m ; le reste de l'année, mar-ven 10h-12h30, 14h-17h30 ; sam 9h30-12h30. « Accueil Vélo ».*

## Où dormir ? Où manger à Scaër et dans les environs ?

### Camping

⛺ ***Camping Kerisole :*** *1, rue Louis-Pasteur, à Scaër.* 📱 *06-46-71-76-40.* • *info@camping-kerisole.fr* • *camping-kerisole.fr* • ♿ *Ouv avr-oct. Forfait tente 20 € ; caravane 250 €/sem ; loc de mobile homes (4 pers).* Dans un parc de 15 ha, en bordure de rivière. Très arboré et tout simple avec seulement 3 mobile homes, 6 caravanes et 2 bungalows.

### De bon marché à prix moyens

🏠 🍽 ***Le Toul Ar C'hoat :*** *chez Lily et Martial Le Gall, à l'entrée de la forêt de Coatloc'h.* ☎ *02-98-59-00-77.* • *toul.archoat@orange.fr* • *etape-bretagne.com* • *Doubles 68-72 €, petit déj inclus. Min 2 nuits. CB refusées. Apéritif maison offert sur présentation de ce guide.* Impossible de louper cette maison aux volets vert anis et géraniums aux fenêtres, posée juste à l'entrée de la forêt. Lily et Martial y proposent 5 chambres au calme et au confort garanti. Le ***Bar Étape,*** en dessous, a récemment fermé ses portes (merci la covid) mais ils ne refuseront jamais un randonneur affamé...
🏠 ***Chambres d'hôtes Les Trois Fontaines :*** *chez Colin et Christine Daniel, 15, rue Désiré-Granet, à Scaër.* ☎ *02-98-95-31-89.* 📱 *06-44-32-57-84.* • *colin.daniel2@orange.fr* • *jc-lestroisfontaines.*

*com • Doubles 60-75 €. Min 2 nuits.* À 5 mn à pied du centre, cette maison moderne abrite 4 chambres, belles et claires, tenues avec grand soin par les propriétaires anglais. Excellente literie, propreté impeccable, déco soignée... Ajoutez un accueil aux petits soins (mieux vaut avoir quelques notions de la langue de Shakespeare) et une belle piscine extérieure chauffée, couverte. Un sans-faute !



**À la Crêpe d'Autrefois :** *1, rue Le Hamp, à Scaër. ☎ 02-98-57-65-85. 06-80-30-24-95. • alacrepedautrefois@wanadoo.fr • Tlj sauf dim, plus lun en basse saison. Congés : 3 dernières sem d'oct. Repas env 16 €. Kir breton offert sur présentation de ce guide.* Labellisée « Crêperie gourmande », on y propose de bonnes galettes à base de farine bio et produits locaux, dans une salle égayée de tableaux, façon galerie. Spécialité de noix de Saint-Jacques aux petits légumes et fondue de poireaux. Mieux vaut ne pas être pressé.

## À voir

**La galerie des Minéraux :** *47, rue Jean-Jaurès, dans le bourg. ☎ 02-98-59-40-81. Ouv mer 10h-12h, 15h-18h. GRATUIT.* Passionné et passionnant, René Métairie expose dans cette boutique sa collection privée de pierres et minéraux. Ancien photographe professionnel, il a rapporté de superbes pièces de ses voyages et adore raconter ses anecdotes. Une vitrine abrite une centaine de staurotides, les fameuses pierres magiques de Bretagne. Naturellement en forme de croix, elles auraient de multiples vertus, dont celles de soigner la folie, la fièvre, les maux de ventre, et même d'aider à arrêter de fumer... Admirez aussi la super collection d'appareils photo anciens. On a eu envie de se remettre à l'argentique !

## Manifestation

– **La Cavalcade de Scaër :** *w-e de la Pentecôte les années impaires.* Une des plus grandes manifestations du genre en Bretagne, depuis 1923 : 1 500 participants, des costumes somptueux, des chars, des fanfares, des bals... et de l'humour !

# BANNALEC [Banaleg]

(29380) 5 820 hab. *Carte Finistère Sud, C2*

**Ce gros bourg de campagne plutôt animé, carrefour entre Gourin et Pont-Aven, Rosporden et Quimperlé, connaît une petite notoriété grâce à Jörg Bong, un écrivain et éditeur allemand auteur d'une série de romans policiers sous le pseudonyme de Jean-Luc Bannalec. Son personnage principal, le commissaire Dupin, mène des enquêtes à travers toute la Bretagne. Une idée originale pour (re)découvrir la région.**

## Adresse utile

**Bureau d'informations touristiques Quimperlé Terre Océane :** *1, pl. de la Libération. ☎ 02-98-39-67-28. • quimperle-terreoceane.com • Vac et printemps, et juil-août, lun-ven 10h-12h30, 15h (14h30 vac de printemps)-17h30, sauf mer ap-m ; fermé w-e.* Demander la carte touristique avec les circuits pédestres.

## À voir

**L'église paroissiale :** du XVI^e s, elle est coiffée par un clocher à double balustrade surmonté d'une flèche en granit. À l'intérieur, retable en tuffeau du XVII^e s et vestige d'une Vierge ouvrante assez rare (il n'en reste que 3 en Bretagne). Pardon annuel le 2^e dimanche de septembre. Festival des Genêts d'or (fête des Vieux Métiers, concerts, noces bretonnes) le week-end du 15 août.

# LE PAYS FOUESNANTAIS



**Quittons l'arrière-pays pour revenir côté plages. Séparée du Pays bigouden par l'Odet, cette région au sud de Quimper est, avec sa façade océanique jalonnée d'anses et de baies, une des zones les plus touristiques du Finistère Sud, récemment rebaptisée du nom de Riviera Bretonne.**
**C'est sur les rives de l'Odet, né dans les Montagnes Noires, qu'on a longtemps extrait l'argile pour fabriquer la faïence de Quimper. Des croisières avec les *Vedettes de l'Odet* offrent la possibilité d'en descendre ou d'en remonter le cours, sur 16 km, entre des rives verdoyantes balisées de magnifiques châteaux. Les paysages changent sans cesse : l'Odet se fait tantôt lac, tantôt ria.**

# BÉNODET [Benoded]

(29950) 3 630 hab. *Carte Finistère Sud, B2*

**D'un côté l'Atlantique, de l'autre l'embouchure de l'Odet. Avec pas moins de 4 plages de sable fin, de nombreux commerces et campings, des restos par dizaines, un casino et un centre de thalasso, Bénodet attire foule l'été. Et ça ne date pas d'hier : la station balnéaire a commencé à émerger sous le Second Empire, avec l'arrivée du chemin de fer en 1863.**

## Adresses et infos utiles

***Office de tourisme :*** *29, av. de la Mer. ☎ 02-98-57-00-14. • tourisme@benodet.fr • benodet.fr • Ouv tte l'année : juil-août, lun-sam 9h-19h, dim et j. fériés 10h-18h ; mars-juin, sept-oct et petites vac scol, lun-sam 9h30-12h, 13h30-18h ; nov-début fév, lun-sam 9h30-12h, 14h-17h.*

***Location de vélos : Cycletty,*** *5, av. de la Mer, à Bénodet, et chemin de Kerhos, au Letty. ☎ 09-70-35-57-65. • cycletty.com •* Vélos classiques et électriques.

***Les Bénodettes,*** *39, rue du Poulquer. 07-69-00-24-93. En été, tlj 10h-18h.*

– ***Le P'tit Bac :*** *entre Bénodet et Sainte-Marine, cale Saint-Thomas. ☎ 02-98-57-00-58. De début avr à mi-sept, tlj 10h30 (9h30 juil-août)-18h (19h juin, 19h30 juil-août) ; passage ttes les 30 mn. Tarif : 2 € ; réduc. On peut passer son vélo (2 €).*

– Le ***stationnement*** est gratuit dans toute la ville, mais les zones bleues sont limitées à 1h30 de mi-juin à mi-sept.

## Où dormir à Bénodet et dans les environs ?

### Campings

***Camping du Letty :*** *impasse Creisanguer. ☎ 02-98-57-04-69. • reception@campingduletty.com • campingduletty.com • Ouv 20 juin-début sept. Forfaits tente 24-80 €.* Voici l'un des plus beaux campings que l'on ait vu en France ! Spacieux, impeccable, très vert, très calme, sans aucun mobile home, juste des emplacements pour tentes, caravanes et camping-cars, dont certains plantés tout contre la plage ! Les sanitaires sont nombreux et très bien tenus, le parc aquatique splendide, la piscine couverte plantée de bananiers et de papyrus. Il y a même un tennis, un lieu dédié pour rincer son équipement de plongée et une salle de bains bébés... Bref, c'est le grand luxe ! Revers de la médaille : en plein été, les tarifs sont (très) élevés.

**Camping du Poulquer :** *23, rue du Poulquer. ☎ 02-98-57-04-19. • contact@campingdupoulquer.com • campingdupoulquer.com • Ouv de début mai à mi-sept. Forfaits tente 20,50-26,10 € ; mobile homes 4-6 pers.* Plus petit, plus étroit, plus classique que le précédent, le camping du Poulquer est aussi bien moins cher en saison ! Les emplacements ne sont pas géants, plus ou moins ombragés, mais séparés par des haies. Les mobile homes se regroupent au fond du terrain dans un secteur calme, mais ils sont proches les uns des autres. Piscines couverte et extérieure (avec grand toboggan hélicoïdal). Club enfants gratuit le matin en juillet-août.

## De prix moyens à chic

**Le Cornouaille Hôtel :** *62, av. de la Plage, à Bénodet. ☎ 02-98-57-03-78. • info@le-cornouaille-hotel.com • le-cornouaille-hotel.com • ♿ Congés : janv. Doubles 65-140 € ; apparts (2-8 pers) 90-360 €. Petit déj 11,50 € ; brunch les dim d'hiver 20 €.* De l'extérieur sobre, on ne soupçonnerait pas un si sympathique hôtel. La quinzaine de chambres arborent un joli parquet, du mobilier épuré et de pimpantes touches de couleur – volontiers turquoise. C'est frais et gai ! Également une poignée d'appartements pour poser ses bagages plus longtemps. Petite piscine couverte. Accueil très pro et chaleureux. Notre coup de cœur à Bénodet !

**Le Bateau Libre :** *17, rue de l'Église. 📱 06-48-53-42-12. • hello@bateaulibre.com • bateaulibre.com • Congés : 3-4 sem en janv. Doubles 69-139 €.* On dirait un peu un paquebot, avec sa proue avancée vers le rond-point... Au-dessus du bar-resto très looké (voir « Où manger ? Où boire un verre ? »), 12 « cabines » plutôt amples (17-28 m²) et leurs lits douillets flottent sur un océan de parquet verni. Tables de chevet en forme de bites d'amarrage, pièces de mobilier ancien, salles de bains en céramique noire (ou non), elles sont racées, assurément. Le top ? La chambre du 1er à la proue, en double exposition, prolongée d'une incroyable terrasse zen mêlant gravillons et plantes. Le petit déj se prend en commun sur une immense table en bois, fabriquée sur mesure.

**Hôtel Armoric :** *3, rue de Penfoul, à Bénodet. ☎ 02-98-57-04-03. • contact@armoric-benodet.com • armoric-benodet.com • À 1 km de la plage par l'av. de la Mer. Doubles 71-163 €.* Ce bel hôtel bleu et blanc est un peu en retrait du centre-ville (moins de 10 mn à pied ; idem pour la plage). Ses quelque 30 chambres sont parfaitement tenues, à la déco classique et aux tons marins. Excellent accueil, petit jardin et piscine chauffée complètent des prestations déjà bien à la hauteur des prix affichés.

## De chic à beaucoup plus chic

**Hôtel-restaurant Kastel :** *corniche de la Plage, à Bénodet. ☎ 02-98-57-05-01. • resa-benodet@relaisthalasso.com • relaisthalasso.com/thalasso-spa-benodet • Face à la mer, à côté du centre de thalasso. ♿ Congés : 6-10 déc. Doubles 100-260 €. Formules déj 20-22 € ; le soir, menus 25-32 €.* Il s'agit de l'hôtel de la thalasso, qui propose des forfaits nuitée avec soins à des prix avantageux. Les 25 chambres, très confortables, sont spacieuses et décorées sur des tonalités de bois clair, avec moquette rayée et fauteuil capitonné. Les plus chères font face à la mer (avec balcon), d'autres la voient latéralement. Agréable salle à manger lumineuse et bonne cuisine de la mer (carte courte), légère. Les clients de l'hôtel bénéficient d'une remise de 10 % sur la thalasso.

Des cabanes de soins en duo ont été ajoutées et le sauna refait. Attention, en revanche, peignoirs et accès au solarium et à la salle de sport sont en supplément (10 €), sauf pour les chambres de la catégorie *Grand Large* (face mer).

***Maison d'hôtes Château de Penfrat :*** *25, chemin de Penfrat, 29950* ***Gouesnac'h.*** *06-33-33-37-63 (Barbara) ou 06-83-51-14-45 (Patrick). • info@penfrat.fr • penfrat.com • À 10 km au nord de Bénodet, par la D 34. Congés : déc. Doubles 100-150 € ; suite 4 pers. Min 2 nuits.* Un superbe manoir les pieds (presque !) dans l'anse de Saint-Cadou ! Patrick accueille avec chaleur et naturel ses hôtes dans sa superbe demeure, où l'on se sent vite comme à la maison. On a beaucoup aimé la vaste suite avec son immense salle d'eau et l'appartement familial avec ses 2 chambres qui communiquent et se partagent la salle de bains (convient bien aussi pour une bande de copains). Déco élégante et soignée, très beau parc et baignade recommandée dans la rivière. Une adresse au calme, loin de l'agitation du bord de mer, et pourtant à 15 mn en voiture du centre.

***Hôtel Les Garennes :*** *lieu-dit Les Garennes, à Clohars-Fouesnant-Bénodet. ☎ 06-04-18-96-22 • garennescenter@gmail.com • lesgarennes.bzh •. Doubles 120-230 € (vue mer). Petit déj-buffet 15 €.* S'il est un lieu qui mise à fond sur la carte bien-être, c'est bien ce nouvel hôtel spa, installé dans une superbe demeure familiale de la fin du XIX<sup>e</sup> s. Plafonds moulurés, hautes fenêtres et grands volumes, imposantes cheminées... jusque dans certaines salles de bains, murs de pierre et de brique, grosses poutres de bois sablé. Absolument tout est d'origine et modernisé dans la déco. Ni trop, ni pas assez, juste ce qu'il faut pour s'y sentir très bien ! Jetez un œil aux luminaires, impressionnants. Chambres au confort parfait, plus chères côté mer, mais la vue côté parc (50 ha de végétation) est saisissante. Piscine, très beau spa avec une belle carte de massages, stages à thème (yoga, rando...) et prêts de vélos électriques. Une belle adresse.

FINISTÈRE SUD

## Où manger ? Où boire un verre ?

Mieux vaut, en général, s'éloigner un peu de l'avenue de la Plage pour trouver les meilleures adresses.

### De bon marché à prix moyens

***Crêperie de Bénodet :*** *8, av. de l'Odet. ☎ 02-29-40-29-26. • creperie.benodet@orange.fr • Fermé oct et fév, sauf vac scol. Tlj en juil-août ; fermé le lun avr-juin et sept ; mars ouv ven-dim seulement. Résa conseillée. Carte 15-20 €.* La bonne crêperie de la station, installée dans une salle boisée aux lignes épurées. Très bonnes crêpes, facturées un chouia plus cher qu'ailleurs, mais n'oubliez pas, la ville est très touristique, donc les prix grimpent.

***La Mouette Rieuse :*** *26, av. de la Plage. ☎ 02-98-57-28-14. Tlj sauf lun hors juil-août. Menus 10,50-15 € (lun-ven midi).* Le prix canon du petit menu, comprenant une complète, une crêpe sucrée et une bolée de cidre attire foule dès l'ouverture ! Il faut dire qu'elles sont bonnes et le cadre agréable, avec une véranda en bois encadrée de végétation séparant la salle de la rue. Si vous composez une crêpe intéressante (une option offerte à tous), le patron la mettra peut-être à la carte !

***L'Hémisphère :*** *11, rue de Kerguélen. ☎ 02-98-10-99-30. Tlj sauf mer. Plats env 15-23 €.* On est là dans la *world cuisine* au sens premier du terme, inspirée par ses voyages à Sébastien, le jeune patron-chef. Ceviche de lieu jaune, samossas de bœuf confit, tataki de thon de ligne, les produits locaux rencontrent les horizons lointains. La spécialité de la maison ? *Le Tigre qui pleure,* un steak mariné. Même les vins la jouent exotique.

***Le Bateau Libre :*** *voir plus haut « Où dormir ? ». Pâques-sept, tlj ; le reste de l'année, fermé lun-mar.* Resto ou bar *trendy* ? Les deux, mon commandant. On vient ici en particulier à l'heure de l'apéro, pour accompagner son cocktail d'un maki de langoustine ou d'un sandwich de homard – ah ben oui, quand même ! Il y a aussi des planches généreuses et des tapas. Le choix est réduit, mais les produits sont de qualité.

## Où manger une bonne glace ?

**Bankiz :** *7 bis, corniche de la Plage. Mai-oct, tlj 15h-19h30, 20h30-23h.* Le glacier de la station où l'on fait la queue jusque tard le soir pour déguster un bon cornet, ou une gaufre pour les journées plus frisquettes.



## Où acheter de bons produits ?

**L'Atelier des Saveurs :** *5, route du Letty. ☎ 02-98-57-01-27. • contact@atelierdessaveurs.com • atelierdessaveurs.com • Tlj sauf dim-lun 14h30-19h (18h30 hors saison et fermé mar).* Ici, on a une vraie passion : les confitures et les chutneys. Selon les saisons, on appréciera la gingembre et poire, la figue verte et pêche, la *piña colada,* la gelée de gewurztraminer au safran, ou encore la confiture de Noël. En prime : un choix pointu d'épices, dont d'excellents « mélanges maison ».

**La Compagnie Bretonne :** *5, rue de Kerguelen. ☎ 02-98-57-27-93. • lacompagniebretonne.fr • Tlj en été 9h30-12h30, 14h30-19h30 ; se renseigner hors saison.* La conserverie de Saint-Guénolé a ouvert boutique ici. L'occasion de remplir son panier de sardines – notamment.

# À voir. À faire

**Croisières sur l'Odet ou aux îles Glénan :** *avec les* **Vedettes de l'Odet,** *2, av. de l'Odet. ☎ 02-98-57-00-58. • vedettes-odet.com • 2-4 départs/j. en juil-août ; 0-2 départs/j. avr-début juil et sept. En pleine saison, mieux vaut réserver 2 j. à l'avance. Compter env 32-60 €.* Offrez-vous donc l'aller-retour vers l'archipel des Glénan, avec escale libre sur l'île Saint-Nicolas. Également des croisières sur l'Odet (en différentes formules) et plein d'autres options.

**Descente de l'Odet en kayak :** *cale du Bac, corniche de l'Estuaire. ☎ 02-98-53-19-99. 📱 06-85-77-41-55. • kayak.quimper@orange.fr • kayak-quimper.org • Juil-août seulement. Compter 22 € la balade de 1h30 guidée ; env 22 € la ½ journée et 27 € la journée en libre ; réduc.* Ce club quimpérois ouvre une base ici en été. Superbe balade nature de 14 km à faire entre Quimper et Bénodet. Depuis l'eau, on a un point de vue exceptionnel sur toutes les plus belles maisons qui bordent l'Odet. Loue aussi des kayaks et des paddles.

**Les Ateliers Crêpes de Véro :** *41, rue Jean-Charcot. 📱 06-75-75-49-91. • crepes-de-vero.fr • Derrière l'office de tourisme. Tte l'année, sur résa, 3-5 j./sem. Atelier 2h30 ou 5h30, 49-89 €/pers. 6 pers max. S'y prendre à l'avance pdt vac scol.* « On apporte du bonheur avec les crêpes ! » C'est Véro qui le dit ! Issue d'une famille où la crêpe est une institution, cette charmante Bretonne propose des ateliers pour enfants et adultes où l'on apprend à faire sa pâte blé noir et froment, à tourner les crêpes, à les garnir et à les plier, avant de les savourer tous ensemble. Le tout ponctué d'anecdotes. Une idée géniale !

**Le musée du Bord de mer :** *29, av. de la Mer. ☎ 02-98-57-00-14. • benodet.fr • Juil-août, tlj 10h-13h, 14h-18h ; le reste de l'année, jeu-lun seulement. GRATUIT.* Une évocation nostalgique des vacances balnéaires au travers d'objets, de photos et de films. Tout sur la magie de l'estuaire et de l'Odet, ainsi que sur la navigation de plaisance et les 1res régates organisées ici dès 1907. Expos d'artistes locaux.

# FOUESNANT [foën]

(29170) 9 890 hab. *Carte Finistère Sud, C2*

**Si la petite ville n'a pas grand attrait en elle-même, la commune aligne pas moins de 17 km de côte, dont 14 km de plage... À vos serviettes ! Fouesnant abrite aussi de superbes sites naturels, dont l'archipel des Glénan.**



## Adresses utiles

**Office de tourisme :** *4, espace Kernévéleck. ☎ 02-98-51-18-88. • info@tourisme-fouesnant.fr • tourisme-fouesnant.fr • Juil-août, lun-ven 9h-12h, 14h-18h, sam 13h-18h, dim et j. fériés 9h-13h ; avr-juin et sept-oct, lun-sam 9h-12h, 14h-18h. Fermé sam ap-m et dim hors saison.* Propose diverses activités bien-être (les « Vitamines Sea »).

**Centre nautique :** *1, chemin de Kersentic, plage du Cap-Coz. ☎ 02-98-56-01-05. • cnfc.fr • Juil-août 10h-19h ; mai-juin et sept loc le w-e sur le parking.* Location et cours de kayak, planche à voile, catamaran, dériveur et paddle.

## Où dormir ? Où manger ?

Les communes de Fouesnant et La Forêt-Fouesnant comptent une myriade de campings. Vous aurez l'embarras du choix !

**Hôtel L'Orée du Bois :** *4, rue de Kergoadig. ☎ 02-98-56-00-06. • contact@hotel-oreedubois.com • hotel-oreedubois.com • Doubles 44-82 €.* Un petit hôtel en pierre avec son lot de géraniums en façade. Les chambres les moins chères sont petites et toute simples (avec lavabo et w-c, mais douches sur le palier), d'autres plutôt coquettes pour des prix encore raisonnables. Certaines offrent même une belle vue. À 2 pas démarrent les sentiers pédestres.

## Où dormir ? Où manger dans les environs ?

### À Cap-Coz (29170)

*À 3 km à l'est du bourg de Fouesnant.*

**Hôtel-restaurant Belle-Vue :** *30, descente de Bellevue. ☎ 02-98-56-00-33. • contact@hotel-belle-vue.com • hotel-belle-vue.com • Resto fermé lun-mar (sauf pour les pensionnaires). Congés : nov-début mars. Doubles 85-131 € ; ½ pens 82-108 €/pers. Formule déj en sem 23 € ; menus 33-48 €.* Face à l'océan, dans un coin tranquille à 2 pas de la plage de Cap-Coz. Chambres très confortables, certaines mansardées, sans âme particulière mais donnant soit sur mer, soit sur jardin. Excellente cuisine servie dans une élégante salle ouverte sur le large.

**Hôtel de la Pointe :** *153, av. de la Pointe-du-Cap-Coz. ☎ 02-98-56-01-63. • bienvenue@hotel-capcoz.com • hotel-capcoz.com • Resto fermé dim soir, lun et mar midi hors saison ; lun midi, mar midi et mer en juil-août. Congés : janv-début fév. Doubles 95-120 €. Menus 34-78 € ; carte env 50 €.* Dans la même famille depuis 3 générations, ce *Relais du Silence* bénéficie d'une superbe situation. La plupart des chambres ont été joliment restaurées dans un esprit sobre et coloré tout à la fois. Les plus chères regardent la mer. L'une des 2 salles de restaurant donne sur l'anse de Port-la-Forêt. La table est, à juste titre, réputée dans toute la région.

### *À la pointe de Mousterlin (29170)*

*À 7 km au sud du bourg de Fouesnant.*

***Camping Kost ar Moor :*** *17, route du Grand-Large. ☎ 02-98-56-04-16. 06-44-28-39-34. • contact@camping-fouesnant.com • camping-fouesnant.com • Du 20 avr à mi-sept. Forfaits tente 15-27,50 €. Mobile homes 4-6 pers.* La plage est à 400 m et le site tranquille et arboré. Les emplacements, assez spacieux mais plus ou moins bien délimités, sont surtout situés au fond, au calme. Les mobile homes ont tous une terrasse. Sanitaires très récents. Piscine avec toboggan, snack, location de vélos, jeux pour enfants.

### *À Beg-Meil (29170)*

*À 6 km au sud-est du bourg de Fouesnant.*

***Le Domaine des Glénan :*** *5, chemin de Kervastard. ☎ 04-79-75-75-20. • reservations@vacanceole.com • domainedesglenan.com • Ouv Pâques-Toussaint. Appartements 4-6 pers 364-1 386 €/sem ; loc dès 5 j. hors mi-juil à mi-août et dès 2 j. en début et fin de saison (57-188 €/j.).* C'est un grand ensemble de 67 appartements, situé en plein centre de Beg-Meil. Si ce type d'hébergement n'a pas généralement nos faveurs, celui-ci abrite des T2 et T3 récents, spacieux et bien équipés, vraiment agréables, tous avec coin salon, lave-vaisselle et balcon – ou coin de jardin pour ceux résidant au rez-de-chaussée. En prime : une piscine chauffée.

***La Casa Pépé :*** *5, chemin de Kervastard. ☎ 02-98-57-69-47. Tlj sauf lun 12h-14h30, 18h30-22h. Compter 11-14 €. Local fresh fooding,* dit le slogan, dans la langue de Shakespeare. Il fallait bien ça pour singulariser ce snack pas-comme-les-autres, greffé sur la place du marché, ou burgers, *fish & chips* et salades font la part belle aux produits frais locaux. Il y a même un burger végétarien. Et puis on aime beaucoup ce coin de terrasse en bois niché sous son néflier...

***La Boîte à sardines :*** *16, rue des Glénan. ☎ 02-98-11-07-40. • laboite-a-sardines28@orange.fr • Tlj sauf mer, jeu midi et sam midi. Formule déj 16 € (lun-ven) ; plats env 14-20 €.* Bienvenue dans l'antre de la sardine triomphante ! Ici, elle s'affiche en vedette, simplement grillée ou... en crumble, au menu comme à la carte. Cette dernière, courte, invite à table quelques autres fruits de mer : thon ou cabillaud *a la plancha,* Saint-Jacques, gambas... Du bien iodé, du bien frais. Sans oublier quelques viandes plus classiques pour les bougons. On aimerait juste des portions un poil plus consistantes.

***Bistrot chez Hubert :*** *16, rue des Glénan. ☎ 02-98-94-98-04. • hubertjan@wanadoo.fr • En saison, tlj ; hors saison, fermé lun-mar. Formule déj sauf dim 20 € ; plats 21-30 €.* Cette institution régale depuis 4 générations (1903). Grande terrasse et belles salles en enfilade, où les assiettes bretonnes voisinent avec les verres à pied. L'ardoise évolue avec la saison et le marché, naviguant entre terre et mer pour des assiettes raffinées mais aux portions parfois un peu chiches.

## Où acheter de bons produits ?

***Crêperie Le Masson :*** *40, pl. de l'Église. ☎ 02-98-56-14-28. • contact@comptoir-creperie-lemasson.com • comptoir-creperie-lemasson.com • Tlj sauf dim 7h-19h.* Délicieuses crêpes au sarrasin ou au froment, faites sous vos yeux sur les billig qui tournent derrière le comptoir. Le bon plan : demander un paquet de « crêpes cassées ». Un petit trou, des rebords pas nets ou un pliage raté et elles sont vendues moins cher, mais tout aussi bonnes ! Gâteaux bretons aussi (notamment).

## À voir. À faire

***L'église Saint-Pierre :*** *dans le bourg.* Un chef-d'œuvre de l'art roman (fin du XIe s) ! Notez les beaux chapiteaux de la croisée de transept, décorés de feuilles d'acanthe, volutes, étoiles et personnages. Sur l'émouvant monument aux morts, une femme fouesnantaise, en costume traditionnel, pleure ses enfants.

### DOUCEMENT, LES JET-SETTEURS

*Les Pompidou aimaient passer leurs vacances à Saint-Tropez, entourés de vedettes et de milliardaires. Mais cet étalage people était insupportable pour de Gaulle, qui prônait le calme familial et la discrétion. Voilà pourquoi le 1er ministre changea de décor et loua par la suite, pendant 8 ans, le manoir de Kernaeret (« la maison des Vipères », en breton) à Fouesnant.*

On l'a déjà dit, Fouesnant compte 14 km de plages, il y en aura forcément une où vous aimerez étaler votre serviette. La plus proche du bourg est la ***plage de Cap-Coz,*** surveillée en été et non-fumeurs (hourra !). Très plate, l'eau y est plus chaude qu'ailleurs et attire donc les familles. Le centre nautique y ouvre aussi une annexe en été. ***De Cap-Coz à Beg-Meil,*** c'est une succession de criques sauvages, protégées des vents dominants. ***De Beg-Meil à Mousterlin,*** la ***plage de Kerambigorn*** est un spot de glisse apprécié. Elle est surveillée, tout comme sa voisine ***Coat Clevarec.*** Ce sont des plages plates où l'on pratique le longe-côte. À l'ouest de la pointe de Mousterlin, on trouve la plage surveillée de ***Kerneuc*** et la plage naturiste de ***Kerler.***

## Fête et manifestation

– ***Fête des Pommiers :*** *3e dim de juil.* Défilé, concerts, danse bretonne et feu d'artifice. Un concours régional de cidre est aussi organisé – Fouesnant étant réputée pour la qualité de son cidre, un des meilleurs de France paraît-il. Vous pourrez même voter pour la Reine des pomm... iers !
– ***Festival Les Pierres parlent en Bretagne :*** *de fin juil à mi-août.* Le soir venu, des conteurs investissent plusieurs monuments du sud breton, dont la chapelle de Kerbader (payant).

## DANS LES ENVIRONS DE FOUESNANT

Nombreuses ***chapelles*** autour de Fouesnant, dont celle de ***Kerbader,*** où le pardon (le 3e dimanche d'août) clôt l'été en beauté par une fête traditionnelle. Citons aussi la chapelle ***Sainte-Anne*** et son bel enclos, à 2 km au nord de Fouesnant.

***La pointe de Mousterlin :*** le coin le plus nature de Fouesnant. Et un site qui n'a pas d'équivalent en Bretagne. Paysages surprenants de part et d'autre de cette langue rocheuse qui pointe dans l'océan. À l'ouest, vers Bénodet, s'étire la ***mer Blanche,*** séparée de l'océan par une interminable dune que les eaux franchissent 2 fois par jour. Rivage d'un aspect presque désolé, donc plages encore sauvages. À l'est, vers Beg-Meil, s'étend un polder propriété du Conservatoire du littoral. Là encore, au pied de la dune, succession de belles plages.

## LA FORÊT-FOUESNANT

(29940) 3 485 hab. *Carte Finistère Sud, C2*

**À 3,5 km de Fouesnant, direction Concarneau, ce charmant village se double d'un petit port de pêche niché au fond d'une anse. Un peu à l'écart, accessible en 5 mn par une passerelle, le 3e port de plaisance de Bretagne**

(1 100 places), *Port-la-Forêt,* est, entre autres, le port d'attache de François Gabart et de Jean Le Cam. De nombreux navigateurs au long cours s'y sont formés. L'occasion d'admirer de près des « géants » des mers.
À voir, au village, l'*église Notre-Dame-d'Izel-Vor,* bijou du XVIe s dont le porche est orné de statues, et le calvaire dans l'enclos paroissial. Belle plage familiale de sable fin à Kerleven (surveillée en juillet-août), à 2 km au sud du centre-ville. En été, des excursions depuis Port-la-Forêt mènent à l'archipel des Glénan.



## Adresse et info utiles

**Office de tourisme :** *2, rue du Vieux-Port (déménagement prévu pl. de la Baie à partir de mars 2021). ☎ 02-98-51-42-07. • accueil@foret-fouesnant-tourisme.com • foret-fouesnant-tourisme.com • Juil-août, lun-sam 9h30-13h, 14h-18h30, dim 10h-13h ; avr-juin et sept-oct, tlj sauf dim 9h30-12h, 14h-18h (17h30 nov-mars).* Très bon accueil. Visites guidées et sorties nature de juin à septembre (et vacances de printemps).
– **Marché :** *dim mat tte l'année, pl. de la Baie, en bas du bourg.*

## Où dormir ?

### Camping

**Camping Les Saules :** *54, route de la Plage. ☎ 02-98-56-98-57. • camping-les-saules.com • Ouv de début mai à mi-sept. Forfaits tente 11-30 € ; mobile homes 2-6 pers.* Les mobile homes des résidents se regroupent côté terre, derrière la réception. Ceux des vacanciers et les emplacements (pas géants mais délimités par des haies) se trouvent côté plage, près de la belle piscine avec toboggans et palmiers, du bar-crêperie et du stand de location de kayaks et paddles. Gros plus : l'accès direct à la mer ! En prime : dépôt de pain, club enfants, piscine nocturne le mardi soir... Sanitaires bien tenus.

**Camping du Manoir de Penn Ar Ster :** *2, chemin de Pen-ar-Ster. ☎ 02-98-56-97-75. • info@camping-pennarster.com • camping-pennarster.com • Ouv mars-nov. Forfaits tente 17-26 € ; mobile homes et chalets (dont 2 chalets avec accès pour les PMR).* Ce camping, installé sur 3 ha de verdure, occupe un terrain tout en longueur en fond de vallon, dans un environnement très calme, mais proche des commerces et de la plage. Il mérite son prix national des campings fleuris ! Emplacements bien délimités par des haies, assez spacieux. Sanitaires plus tout jeunes, mais bien tenus. Minigolf et location de vélos électriques. Très bon accueil.

### Prix moyens

**Gîtes et Chambre d'hôtes de Suzette :** *chez Marie-José et Jean-Michel Guillo, à* **Lanjulien-Huella.** *☎ 02-98-56-95-01. 📱 06-62-26-95-01. • gitesdesuzette@gmail.com • gites-chambre-bretagne.com • À 1,5 km au nord du bourg par la rue des Cerisiers. Double 75 € ; gîtes 2-6 pers 265-790 €/sem.* En pleine campagne, au calme, la belle longère en pierre, joliment retapée, abrite une chambre confortable, fraîche et agréable. Dans le grand jardin, une balançoire, des jeux pour enfants, des plantes aromatiques... Accueil sympa et très attentionné. Loue aussi 6 gîtes pour 2 à 6 personnes, très bien équipés.

**Auberge du Vieux Port :** *4, corniche de la Cale, au vieux port. ☎ 02-98-56-97-33. • hotelduport29@wanadoo.fr • hotelduport.fr • Ouv fin fév-fin nov. Resto ouv le soir lun-sam. Doubles 70-93 €. Formule 21 € ; menu 30 €.* Cette élégante maison se dresse face au vieux port, près de Port-la-Forêt (5 mn à pied par la passerelle) et de la plage de Kerleven (15 mn à pied). Ses 7 chambres au cadre contemporain alternent douces tonalités boisées et touches colorées pour donner du peps. Excellent confort et petit coin salon pour la catégorie *Privilège*. L'agréable salle de resto donne sur un jardin fleuri. La qualité de la table fidélise les habitués de cette bonne adresse.

***Chambres d'hôtes Kerlimonaire :*** *chez Claudine Prima-Merrien, 10-12, route de Prat-ar-Zant. ☎ 02-98-56-93-61. 06-73-22-20-58. • claudine.prima-merrien@orange.fr • Congés : 3 sem en mars. Double 75 €.* Les 2 grandes chambres (avec micro-onde), à l'étage, sont meublées à l'ancienne, mais on vient avant tout ici pour l'accueil et la gentillesse de Claudine – qui dresse la table du petit déj devant la maison dès qu'il fait beau, entre les fleurs, accueille les animaux avec plaisir et prépare même la mayonnaise pour ceux qui s'en reviennent des viviers avec une prise sous le bras ! Comme à la maison. Claudine loue aussi un gîte assez étroit dans la maisonnette d'à côté.



## Où manger ? Où faire une pause goûter ?

### Bon marché

***La Maison de Marie-Anne :*** *3, route de la Plage, Beg Ménez. ☎ 02-98-55-09-78. 06-26-56-11-30. • pascal.iquel@gmail.com • À 2 km à l'est du bourg. Tlj sauf lun, plus le soir mar-jeu hors saison. Congés : nov et janv. Carte env 12-15 €. Café offert sur présentation de ce guide.* Cette adorable maison de pierre abrite une crêperie-salon de thé. Un des rares endroits, où l'on peut déguster une bonne crêpe en plein après-midi puisque l'heure du goûter, ici, c'est sacré. Petit coin de jardin où l'on savoure aussi avec plaisir gâteaux, muffins...

***Aux Viviers de Penfoulic :*** *route de Beg-an-Aer. ☎ 02-98-56-83-89. 06-49-93-31-69. • viviers.de.penfoulic@orange.fr • Juin-sept, lun-sam 9h-19h, dim 9h-12h30 ; le reste de l'année, tlj sauf dim ap-m 9h-12h30, 15h-19h. Carte 15-20 €.* Le ciel, les oiseaux et l'anse de Penfoulic. Ajoutez de grosses tables en bois, des huîtres et un p'tit verre de blanc, le paradis est à portée de vivier. Et sur les plateaux de fruits de mer s'empilent aussi coques, moules, palourdes grises et roses des Glénan, praires, tourteau ou homard pêchés sur les côtes voisines. Difficile de trouver plus frais.

***Crêperie Quartier d'Été :*** *42, rue du Vieux-Port. ☎ 02-98-56-82-40. Tlj sauf lun ; dim service continu 11h30-21h30. Congés : oct-mars. Carte 12-15 €. Réservez !* Cette crêperie réputée est située au calme, au bord d'une petite route longeant amoureusement les flancs de la ria. Les galettes 100 % blé noir français sont agrémentées de garnitures fraîches aussi locales que possible. On aime bien la jolie vaisselle en grès commandée à une potière du cru.

## Où acheter du bon cidre ?

***Cidrerie Séhédic :*** *1, route de Fouesnant. ☎ 02-98-56-85-18. • cidre-sehedic.fr • Tlj sauf mar, dim et j. fériés 10h-12h30, 14h30-18h.* Dans cette cidrerie créée en 1950, les 20 ha de vergers sont travaillés en certification bio. L'occasion de faire le plein de délicieux jus de pomme et cidres, à moins de préférer le pommeau ou l'eau-de-vie de cidre !

## Fête et manifestation

– ***Fête des Cerisiers :*** *1 dim de fin juin.* Grande fête traditionnelle animée par des danses, de la musique et des jeux bretons.

– ***Les Nuits celtiques de Peniti :*** *les mer soir à 21h en juil-août.* Spectacles, musiques et danses traditionnelles bretonnes au théâtre *Peniti.*

# L'ARCHIPEL DES GLÉNAN

*Carte Finistère Sud, C3*



**À environ 18 km de la côte, un groupe d'une dizaine d'îles plus polynésiennes que bretonnes ! Fonds de sable blanc, eau d'une transparence émeraude... et glacée ! Nécropole à l'âge du bronze, propriété des moines de l'abbaye de Saint-Gildas-de-Rhuys au Moyen Âge, repaire de pirates jusqu'au XVIIe s, disputé sous la Révolution par les Français et les Anglais, ce collier d'îles et d'îlots est aujourd'hui surtout connu pour sa mythique école de voile. Les nombreux îlots, rochers et hauts-fonds sont aussi prétextes à des explorations sous-marines. Un site exceptionnel dès 5 m de fond et pour tous niveaux de plongée. La navigation jusqu'aux îles est un petit voyage en soi et il n'est pas rare d'apercevoir des dauphins : ouvrez l'œil !**

– Ne pas manquer le pardon des Glénan, le 1er w-e de septembre *(infos sur ● tourisme-fouesnant.fr ●).*

## Comment y aller ?

Avec les ***Vedettes de l'Odet*** *(☎ 02-98-57-00-58 ; ● vedettes-odet.com ● ; formules env 32-60 €, réduc).*

➢ ***De Bénodet :*** début avr-20 sept, 1-3 départs/j. selon période (sauf lun et ven avr-juil et sept).

➢ ***De Concarneau :*** début juil-fin août, 2-4 départs/j. ; avr, juin et début sept, env 4/sem. Départ au port de plaisance.

➢ ***De Loctudy :*** début juil-fin août, 2 départs/j. mar-sam.

➢ ***De Port-la-Forêt*** *(La Forêt-Fouesnant)* **:** début juil-fin août, 2 départs/j. mar-sam.

➢ ***De Beg-Meil*** *(La Cale)* **:** début juil-fin août, 2 départs/j. mar-sam.

## Où dormir ? Où manger du homard ?

Attention, le camping est interdit sur l'archipel. Seule solution pour y passer la nuit, le ***gîte de mer Sextant,*** sur l'île Saint-Nicolas. Il compte 30 lits, répartis en dortoirs de 6 places avec lits superposés et sanitaires en commun à l'eau froide (à utiliser avec parcimonie)... Pas de ravitaillement possible sur l'île, ni eau potable, on doit tout emporter. Et faire le ménage après soi : soyez respectueux, le gardien est bénévole. Grande cuisine commune. Réservez longtemps à l'avance... dès février pour l'année en cours. ***Association Sextant :*** *Hent Coz Kernanguel, à Fouesnant. ☎ 02-98-50-68-88 (urgences). ● sextant-glenan.org ● Gîte ouv à ts avr-sept ; max 3 nuits.*

Mangez un homard grillé ou des palourdes farcies aux ***Viviers Castric*** sur l'île Saint-Nicolas. *Résa indispensable (plusieurs j. à l'avance, surtout en juil-août !) au ☎ 02-98-50-68-90. Menus 19-25 € ; poisson du jour 17 €.*

## À voir. À faire

***L'île Saint-Nicolas :*** la seule que le visiteur venu en navette aura le droit d'aborder. À la fin du XIXe s, l'île comptait encore 85 habitants permanents. Il n'y en a plus aujourd'hui en hiver. Sur 22 ha, 2 bars-restaurants, le ***Centre international de plongée des Glénan*** (voir plus bas) et une quinzaine de maisons privées. Sans oublier, bien sûr, l'une des plus petites réserves naturelles du monde, où, parmi les fameux narcisses des Glénan (uniques au monde, floraison en avril), on voit se faufiler le lézard des murailles.

## L'ÉTAT LIBRE DES GLÉNAN

*Las des contraintes imposées par les autorités de la ville, les peintres qui fréquentaient Concarneau décidèrent, en 1926, de créer un « État libre » sur l'archipel des Glénan, doté de son propre gouvernement et de son propre drapeau (une sardine bleue sur fond blanc). Le peintre Léon Broquet s'en proclama roi !*

■ ***Centre international de plongée (CIP) des Glénan :*** *06-84-46-84-82. • cip.glenan29@gmail.com • cip-glenan.fr • Ouv avr-nov.* Établi sur l'île Saint-Nicolas depuis 1959, le centre propose des formations allant du baptême au monitorat, des randos palmées, des explorations, mais aussi des stages de plusieurs jours (hébergement en dortoirs rustiques).

***L'île de Penfret*** (39 ha) porte le sémaphore de la Marine et un phare. Le ***Centre nautique des Glénans*** *(☎ 02-98-97-14-84 ; • glenans.asso.fr •)*, la plus célèbre des écoles de voile françaises, y est installé depuis 1947. L'archipel offre, outre la « Chambre » – espace abrité entre les îles Saint-Nicolas, Cigogne et Drennec –, une multitude d'alignements propres à faire progresser rapidement et efficacement les jeunes (et moins jeunes !) loups de mer inscrits en stages de voile. L'accueil se fait ici, mais le centre dispose d'autres bâtiments sur les îles Bananec et Cigogne, caillou de 1 ha où les stagiaires logent dans un fort du XVIIIe s ! Si les conditions de vie paraissent spartiates, l'air est pur et la vue sur mer imprenable...

– Parmi les autres îles de l'archipel : l'***île du Loc'h,*** la plus grande avec 58 ha, propriété privée de la famille Bolloré où pointe une cheminée de brique rouge, vestige d'une ancienne usine à iode, ***Brunnec*** (propriété du Conservatoire du littoral), ***Quignenec,*** presque entièrement recouverte à marée haute...

# LA CÔTE, DE CONCARNEAU AU POULDU

**Parmi les plus belles portions du littoral breton, cette adorable région est traversée par – au moins ! – 3 rivières (l'Aven, le Bélon et la Laïta), qui s'épanouissent dans des estuaires où se lovent de petits ports de pêche. Pour parfaire le tableau : de jolis villages à l'architecture intacte, des bouts de côte romantiques, des plages de sable fin et une luminosité hors pair qui a attiré nombre de peintres – et pas des moindres !**

## CONCARNEAU [konk-kerne]

(29900) 19 875 hab. *Carte Finistère Sud, C2*

• Plan *p. 158-159*

**Dans le classement des 10 premiers ports de pêche français, Concarneau, classée « Ville d'Art et d'Histoire », est connue pour sa célèbre**

**ville close (bondée en été), son musée de la Pêche et son festival des Filets bleus, qui rameute tout le Finistère ! Mais Concarneau est aussi une station balnéaire réputée avec un port de plaisance situé en plein centre-ville, à l'abri des remparts. Nos meilleures adresses se trouvent hors les murs.**

– Laissez votre voiture sur le parking gratuit de l'ancienne gare.

### LES OUBLIÉS DE SAINT-PAUL

*En 1930, la conserverie de langoustes de Saint-Paul fait une excellente saison sur cette minuscule île volcanique des terres australes françaises, perdue à 3 000 km au sud de la Réunion. Parmi les travailleurs malgaches et bretons – pour beaucoup de Concarneau –, 7 volontaires restent 3 mois de plus. Mais... on les oublie ! 4 d'entre eux, ainsi qu'un bébé né sur place, meurent du scorbut, faute de nourriture fraîche. Les survivants sont secourus par un bateau de passage, 9 mois plus tard.*

## Adresse et info utiles

**Office de tourisme** *(plan C2) : quai d'Aiguillon. ☎ 02-98-97-01-44. • accueil@tourismeconcarneau.fr • tourismeconcarneau.fr • Avr-sept, lun-sam 9h-18h30, dim et j. fériés 10h-13h (juil-août, tlj 9h-19h) ; le reste de l'année, lun-sam 9h-12h30, 14h-18h.* Infos sur les visites guidées de la ville et du port de pêche, les balades commentées en vedette en baie de Concarneau, les sorties à bord d'un vieux gréement...

– ***Marchés :*** *tte l'année, lun mat et ven mat, sur les places face à l'entrée de la ville close.* ***Marché bio*** *mer soir sur le parvis des halles.*

## Où dormir ?

### Camping

***Camping Les Sables Blancs*** *(plan A1, **12**) : av. du Dorlett, plage des Sables-Blancs. ☎ 02-98-97-16-44. • contact@camping-lessablesblancs.com • camping-lessablesblancs.com • ♿ En arrivant à Concarneau, suivre la direction « La côte ». Ouv avr-oct. Forfaits tente 16-32 € ; loc de mobile homes. Réduction de 5 % sur le prix des séjours sur présentation de ce guide.* Haut perché avec l'océan pour horizon, ce beau camping est situé à 300 m de la plage. Il est très apprécié des camping-caristes mais moins adapté aux campeurs (emplacements généralement pas bien grands ni intimes). Un chemin piéton mène au centre de Concarneau en 20 mn. Jolie salle de resto panoramique (bonnes pizzas maison) et plaisante terrasse. Piscine découverte chauffée (plutôt petite) et jacuzzi. Accueil pro et sympa.

### Auberge de jeunesse

***Auberge de jeunesse Ethic Étapes*** *(plan C3, **10**) : quai de la Croix. ☎ 02-98-97-03-47. • concarneau@aj-finistere.org • aj-concarneau.org • Ouv tte l'année. Accueil 9h-12h, 17h30-20h. Compter 20 €/pers, avec le petit déj et les draps.* Occupant le vaste bâtiment de l'ancien *Abri du marin,* le nez sur les rochers, l'AJ propose 56 places en chambres de 2, 4 ou 6 lits, presque toutes avec vue mer. Basique, l'auberge prévoit une grande rénovation. En attendant, 4 chambres (pour 5 personnes), fonctionnelles, ont été rénovées dans l'ancienne criée aux thons attenante (lit individuel et armoire pour chacun) ; préférez celles-ci, avec salle de bains privée. Accueil convivial du responsable.

### De prix moyens à chic

***Chambres d'hôtes Ty Eleana*** *(plan B3, **13**) : 30, rue Jean-Bart.*

*☎ 02-98-59-05-50. 📱 06-74-20-76-05. • chambresdhotes@tyeleana.fr • tueleana.fr • Min 2 nuits (4-5 nuits en juil-août). Double 80 €.* Une oasis dans la ville : telle est l'image qui surgit lorsque, franchissant la porte, on débouche sur un jardin clos touffu où *Le Chat* veille sur les hortensias et le grand olivier. Ancienne hôtelière et voyageuse assidue, Renée a ouvert 3 chambres dans sa belle maison de pierre – dont 2, à l'étage (louées seulement en même temps), partagent une des 2 salles de bains. Celle du rez-de-chaussée est la plus grande, avec parquet, très belle cheminée en pierre, mobilier chiné, miroir ancien et accès direct à un coin terrasse ; sa salle de bains est privée, mais il faut sortir de la chambre pour y accéder.

**Hôtel de France et d'Europe** *(plan C2,* ***15****) : 9, av. de la Gare. ☎ 02-98-97-00-64. • contact@hotel-france-europe.com • hotel-france-europe.com • Congés : 10 j. fin déc. Doubles 92-117 €. Petit déj 12 €. Parking payant.* Parfaitement situé en plein centre-ville, l'hôtel est néanmoins calme le soir. On a aimé la vingtaine de chambres contemporaines et impeccables, le beau petit déj-buffet aux délicieuses confitures artisanales et la terrasse-patio presque exotique, isolée de l'agitation de la ville. Accueil particulièrement pro et chaleureux. Notre meilleure adresse dans cette catégorie.

**Hôtel des Halles** *(plan C3,* ***11****) : 2, rue Charles-Linement, pl. de l'Hôtel-de-Ville. ☎ 02-98-97-11-41. 📱 06-80-58-01-61. • contact@hoteldeshalles.com • hoteldeshalles.com • ♿ Congés : 20 oct-début janv. Doubles 72-88 €; familiales. Parking payant.* Petit hôtel moderne à la déco soignée, proposant 25 chambres simples mais agréables aux couleurs joyeuses, avec pas mal de boiseries. Jolie situation à 2 enjambées de la ville close, pour des prix franchement raisonnables.

## De chic à beaucoup plus chic

**Hôtel Kermoor** *(plan A1,* ***14****) : 37, rue des Sables-Blancs. ☎ 02-98-97-02-96. • contact@hotel-kermor.com • hotel-kermor.com • Doubles 117-168 €.* L'intérieur de cette pittoresque villa balnéaire jaune du début du XIXe s, posée sur la plage des Sables-Blancs, évoque irrésistiblement celui d'un bateau. Vu la situation et le charme des lieux, les chambres s'avèrent sagement tarifées. Lambrissées, claires et fraîches, elles ouvrent toutes sur l'océan et arborent une plaisante déco marine. Certaines, pour parfaire l'impression de croisière terrestre, ont des hublots pour fenêtres ! Les plus chères disposent de terrasses dominant la plage (et certaines d'un salon). Un de nos coups de cœur dans tout le Finistère !

**Le Petit Manoir de Kériolet et le Pavillon de Kériolet** *(hors plan par C1,* ***16****) : rue de Kériolet. ☎ 02-98-56-90-40 ou 📱 06-72-88-63-27 (Petit Manoir), 📱 06-43-03-49-56 (Pavillon). • contact@lepetitmanoirdekeriolet.com • lepetitmanoirdekeriolet.com • carolinecardinal29@yahoo.cfr • lepavillondekeriolet.com • À 2,5 km au nord du centre-ville. Doubles 109-149 €.* Difficile de ne pas tomber sous le charme de ce domaine intégré en les murs du château de Kériolet, scindé en 2 beaux édifices partageant une belle piscine centrale et un jardin fleuri de rhododendrons. D'un côté, une superbe maison aux huisseries rouges, abritant 5 chambres où parquet brut, mobiliers à l'ancienne et cheminées ont été remis au goût du jour avec de pimpantes touches de couleur féminines et un confort d'aujourd'hui. De l'autre, l'ancien pavillon de chasse, à l'ambiance très semblable, mais dont les 5 autres chambres rendent hommage aux membres masculins de la famille. Les 2 espaces sont gérés chacun par un frère et une sœur.

**Hôtel Les Sables Blancs** *(plan A1,* ***14****) : 45, rue des Sables-Blancs. ☎ 02-98-50-10-12. • contact@hotel-les-sables-blancs.com • hotel-les-sables-blancs.com • Resto ouv tlj midi et soir. Doubles 130-280 € ; suites à partir de 200 €. Petit déj-buffet 15 €. Formules et menus 26-33 € ; carte env 40 €.* Posé sur la plage du même nom, l'hôtel, moderne et immaculé, abrite une quinzaine de chambres de haut standing, sobres et décorées avec goût dans des tons clairs. Toutes sont tournées vers le large et les plus

FINISTÈRE SUD

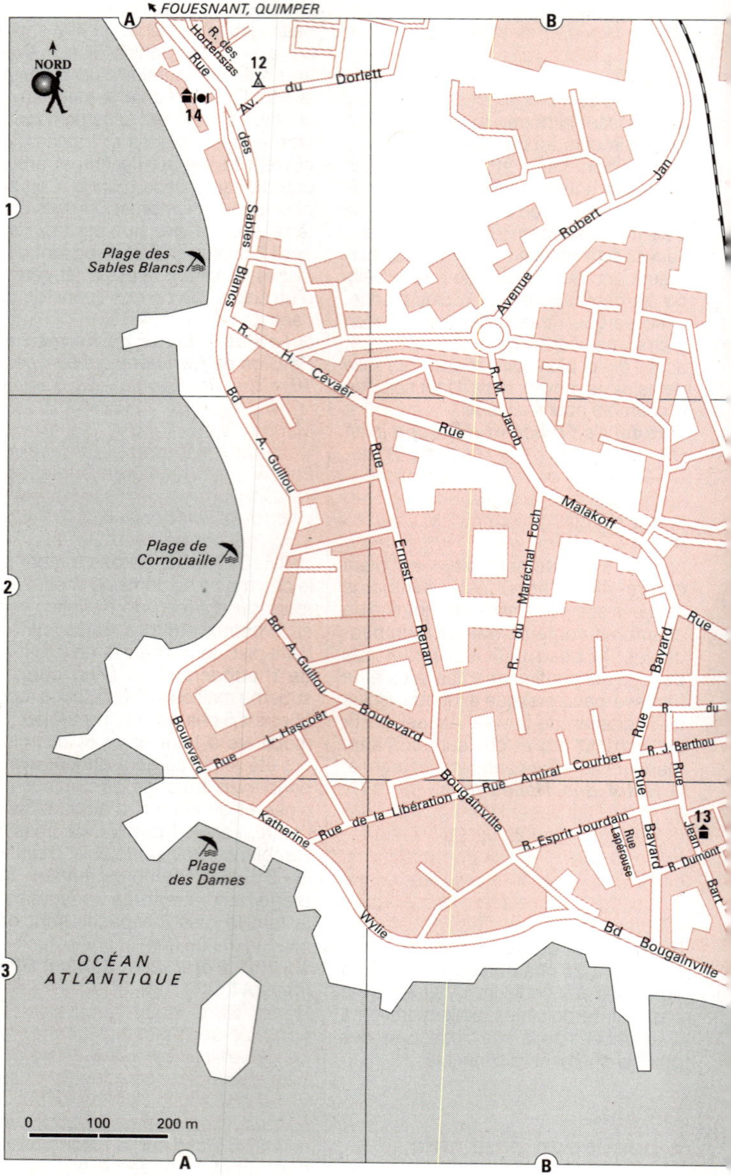
FOUESNANT, QUIMPER
NORD
R. des Hortensias
Rue
12
14
Av. du Dorlett
Rue des Sables Blancs
Plage des Sables Blancs
Avenue Robert Jan
R. H. Cévaër
Bd A. Guillou
R. M. Jacob
Rue Malakoff
Rue Ernest Renan
Plage de Cornouaille
R. du Maréchal Foch
Rue Bayard
Rue
R. du
Bd A. Guillou
Boulevard
Rue L. Hascoët
Boulevard
R. J. Berthou
Rue Amiral Courbet
Rue
Bougainville
Rue de la Libération
Katherine
Rue
R. Esprit Jourdain
Rue Lapérouse
Rue Bayard
13
Jean Bart
R. Dumont
Plage des Dames
Wylie
Bd Bougainville
OCÉAN ATLANTIQUE
0
100
200 m
A
B
1
2
3

■ **Adresse utile**

Office de tourisme (C2)

**Où dormir ?**

10 Auberge de jeunesse Ethic Étapes (C3)
11 Hôtel des Halles (C3)
12 Camping Les Sables Blancs (A1)
13 Chambres d'hôtes Ty Eleana (B3)
14 Hôtel Kermoor et Hôtel Les Sables Blancs (A1)
15 Hôtel de France et d'Europe (C2)
16 Le Petit Manoir de Kériolet et le Pavillon de Kériolet (hors plan par C1)

**Où manger ? Où s'offrir une pause sucrée ?**

31 La Coquille (D2)
32 Le Flaveur (C3)
33 Ah ! La Belle Histoire (C2)
34 Le Croguervol (C3)
35 La Maison du Kouign Amann (C-D2)
40 Le Petit Chaperon Rouge (C2)

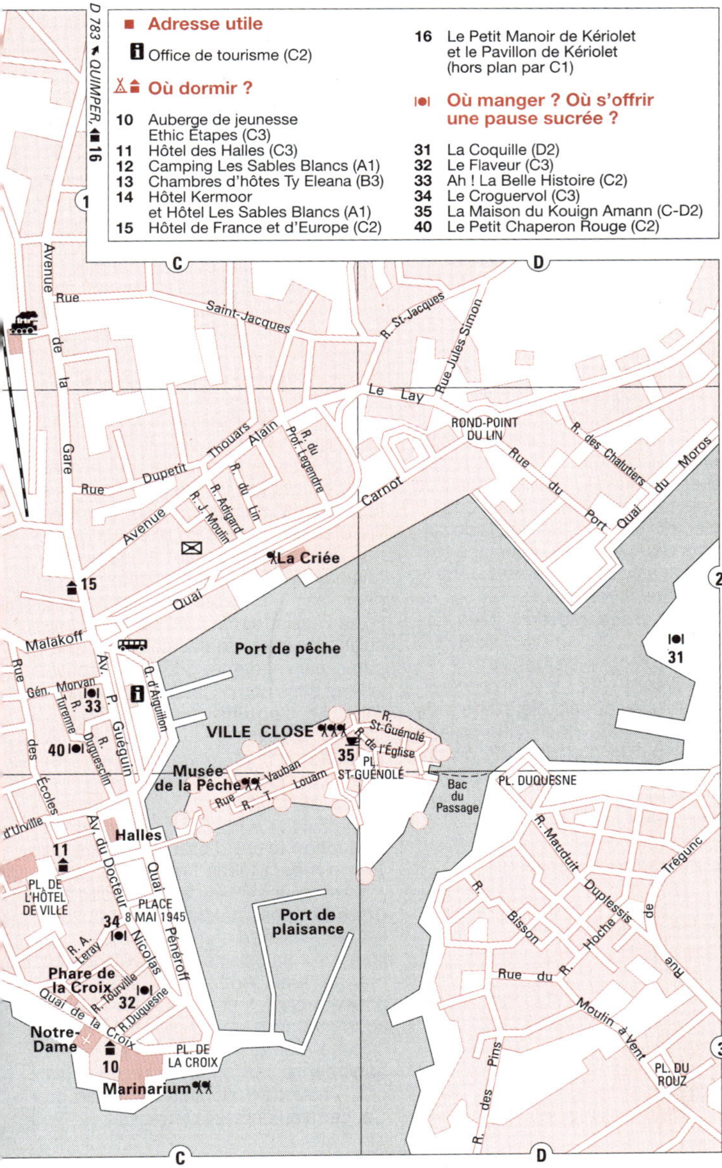


CONCARNEAU

chères profitent de larges terrasses. La très jolie salle de resto contemporaine regarde vers le large, comme la jolie (et courte) carte iodée. Superbe terrasse où savourer son petit déj aux beaux jours. Location de vélos électriques.

## Où manger ?



### De bon marché à prix moyens

**Le Petit Chaperon Rouge** *(plan C2, **40**) : 7, pl. Duguesclin. ☎ 02-98-60-53-32. • monique.bozec@wanadoo.fr • Tlj sauf dim-lun. Congés : 12 j. en mars, 12 j. en juin, 3 sem fin sept-début oct. Carte env 10-15 €. Apéritif maison offert sur présentation de ce guide.* Cette jolie maison aux volets colorés, au chaperon rouge en façade et au décor plutôt champêtre abrite une excellente crêperie. L'accueil est aimable et la pâte à crêpes de qualité. Réalisée avec de la farine spécialement commandée au minotier, elle contient des grains de sarrasin qui donnent aux crêpes une texture et une saveur particulières... Petite terrasse sur rue tranquille.

**Ah ! La Belle Histoire** *(plan C2, **33**) : 3B, rue du Général-Morvan. ☎ 02-98-97-56-43. Lun-ven 11h-14h30. Menus 12-21 €. CB refusées.* Au menu : une soupe du jour, une tarte salée, un *Buddha bowl,* une salade peut-être ou un plat de tofu, à faire glisser avec un smoothie ou un bon jus frais. Bref tout ce qu'il faut pour manger sainement, dans un esprit 100 % végétarien et local. Un petit effort sur l'ambiance serait le bienvenu.

### De prix moyens à plus chic

**Le Flaveur** *(plan C3, **32**) : 4, rue Duquesne. ☎ 02-98-60-43-47. Tlj sauf dim soir et lun, plus jeu soir hors saison. Congés : vac scol de fév. Formule déj en sem sauf j. fériés 21 € ; menus 30-90 €.* Dans une jolie maison d'un joli rose, la cuisine gastronomique, fine, inventive, élégante, s'appuie sur des matières 1res tracées – viandes et volailles exclusivement françaises, poissons de la pêche du jour... –, en suivant les tendances du marché. Le menu complet au déjeuner est une aubaine. Que dire de plus sinon que le soir, c'est la fête ! Plus copieux, ce serait le nirvana !

**Le Croguervol** *(plan C3, **34**) : 3, rue Alfred-Le-Ray. ☎ 02-98-50-35-80. • croguervol@gmail.com • Tlj sauf mar. Congés : 3 sem en oct ou nov. Plats env 18-23 €.* Atypique. Le mot revient dans toutes les bouches. Il faut dire que l'accueil du boss, bonnet de marin vissé en tête (même en plein été !), n'a rien de commun. Quant à l'ambiance taverne de loups de mer, mâtinée de piano-bar, elle surprend aimablement. Dans l'assiette, c'est du velours : une cuisine de marché (ardoise courte) préparée par madame, goûteuse, conviviale et sans complication excessive.

**La Coquille** *(plan D2, **31**) : 1, rue du Moros. ☎ 02-98-97-08-52. • restaurant-la-coquille@orange.fr • Fermé dim soir et lun. Formules déj côté bar 17-22 € ; menus 32-48 € ; carte env 50 €.* Formé chez Robuchon avant d'être le chef de *La Tour d'Argent,* Jean-François Sicallac a retrouvé une 2de jeunesse au contact de sa Bretagne natale. Ces retrouvailles heureuses font souffler un vent de liberté sur sa cuisine teintée d'accents marins bien troussés. Sérénité et sobriété caractérisent son travail qui, sous une apparente simplicité, cache la patte d'un grand chef. À l'entrée, le bar propose une formule bistrot à petits prix. Chouette panorama sur le port de Concarneau depuis la terrasse.

## Où s'offrir une pause sucrée ?

**La maison du Kouign Amann** *(plan C-D2, **35**) : 18, pl. Saint-Guénolé. ☎ 02-98-60-58-35. Ouv de Pâques à la Toussaint.* Tout au bout de la ville close, l'adresse est éminemment touristique, avec sa grande terrasse accueillante sur la place, mais le kouign-amann n'en est pas moins bon ! Quant au décor du XVII^e s, avec ses lourdes cheminées de pierre, il vous réjouira d'être là par une journée pluvieuse. Inutile, en revanche, de s'attarder sur la carte d'en-cas salés.



## À voir. À faire

***La ville close*** *(plan C-D2-3)* **:** longue d'environ 350 m et large de 100 m seulement, l'incontournable ville close est envahie en saison par les visiteurs. Après avoir franchi le porche de la maison du Gouverneur, on enfile la rue Vauban, repavée à l'ancienne, bordée de superbes maisons à colombages et volets colorés. Un véritable marché du temple, où boutiques et restaurants s'enchaînent, sans vraiment se démarquer les uns des autres. Au retour, on conseille de s'écarter de la rue principale et de monter sur les remparts élevés au XIV^e s. Des portes percées dans la muraille y offrent quelques échappées pittoresques sur le port de pêche. Ne manquez pas l'ancienne chapelle de l'hôpital de la Trinité (du XV^e s) avec saint Guénolé serein dans sa niche, ou encore la belle fontaine place Saint-Guénolé.

➢ Une navette permet de traverser l'entrée du port en 3 mn, du passage Lanriec (pl. Duquesne) à la ville close (à côté de la porte des Larrons). Rotations tte l'année *(1 €/pers ; avoir l'appoint).*

### BAGARRE À CONCARNEAU

*Printemps 1894. Gauguin marche sur les quais de Concarneau, accompagné de quelques amis peintres et de sa nouvelle maîtresse, une jeune Malaise âgée de 13 ans à peine, surnommée « Annah la Javanaise ». Cette dernière attire la curiosité d'un groupe de gamins qui commencent à lui jeter des pierres. Les gifles fusent, et les pêcheurs du coin s'en mêlent pour défendre leurs petits. C'est ainsi que Gauguin se retrouve avec une jambe brisée et les agresseurs avec une amende dérisoire. Gauguin décide alors de partir à Tahiti.*

***Le musée de la Pêche*** *(plan C3)* **:** *3, rue Vauban. ☎ 02-98-97-10-20. • museepeche@cca.bzh • musee-peche.fr • Juil-août, tlj 10h-19h ; avr-juin, sept-oct et vac scol ttes zones, tlj sauf lun 10h-18h ; le reste de l'année, tlj sauf lun 14h-17h30. Entrée : 5 € ; réduc ; gratuit moins de 18 ans. Compter une bonne heure de visite.* Dans la ville close, le musée présente l'histoire des pêches depuis la préhistoire jusqu'à aujourd'hui. Bateaux, machineries, maquettes et films éclairent l'activité halieutique. Présentation de bateaux, dont un chalutier à flot, l'*Hémérica,* amarré au quai du musée. À l'entrée, saluez l'énorme cœlacanthe de plus de 30 kg. Cette espèce n'aurait que très peu évolué depuis 350 millions d'années. Quelle trogne ! Expos temporaires.

***Le Marinarium*** *(plan C3)* **:** *pl. de la Croix. ☎ 02-98-50-81-64. • contact.concarneau@mnhn.fr • stationmarinedeconcarneau.fr • Juil-août, lun-ven 10h-19h, w-e et j. fériés 13h-19h ; avr-juin et sept, tlj 10h-12h, 14h-18h ; fév-mars et oct-déc, tlj 14h-18h. Fermé début janv-début fév. Entrée : 5 € ; réduc.* Cet ancien laboratoire de biologie marine française, créé en 1859, est aujourd'hui un centre de recherche doublé d'un intéressant écomusée. Ses 10 aquariums abritent une bonne partie de la faune locale. On y observe du plancton au microscope, on s'émerveille devant le ballet des hippocampes et on apprend que la « coquette » est un poisson qui naît femelle, puis change de sexe au cours de sa vie ! L'exposition *Océan* (jusqu'à fin 2021) invite à plonger sous la surface. Animations en salle de laboratoire pendant les vacances scolaires (tout public) et sorties avec les animateurs pour découvrir flore et faune in situ (sur demande).

**La corniche :** jolie promenade le long de l'océan. Du Marinarium jusqu'à la plage des Sables-Blancs, compter 30 mn. Baignade recommandée en attendant le coucher du soleil (la plage faisant face à l'ouest !).

➢ **Balade commentée dans la baie :** *06-63-05-83-47. • fpv.evain@gmail.com • croisieresbleues.fr • Avr-oct, 5-7 départs/j. Durée : env 1h en mer. Tarif : 10 € ; réduc.*

➢ **Traversée commentée Concarneau/Beg-Meil :** *4 A/R par j. mar-ven de mi-juil à fin août ; le mar seulement de mi-mai à mi-juil et de fin août à mi-sept. Résa conseillée. Durée : 35 mn. Tarif A/R : 12 € ; réduc.* On peut embarquer son vélo !

➢ **Excursions en bateau :** vers les îles Glénan. Voir « L'archipel des Glénan » plus haut.

➢ **Pêche en mer :** *à bord de l'ancien sardinier* Santa Maria. *Contacter M. Bodé, 06-62-88-00-87. • santamariapeche.com • Juil-août sur résa, lun-ven avec un départ à 8h et un à 13h30 ou 14h. Durée : 4h-4h30. Tarif : 37 €/pers (+ 3 € matériel + appât) ; réduc. Pêche au gros également en juil-août sam 8h-18h. Compter env 100 €/pers (repas non fourni).*

**La criée de Concarneau :** *rens à la* Maison du patrimoine, *☎ 02-98-50-37-18. • maison.patrimoine@concarneau.fr • Visite guidée en juil-août, mar et jeu à 6h (durée 2h) ; sur résa seulement, 12 pers max ; rdv devant l'office de tourisme ; 8 € (petit déj inclus), réduc, gratuit moins de 12 ans. Couvrez-vous bien (visite de chambre froide) et chaussez-vous en conséquence !* Accompagné d'un guide-conférencier, partez à la découverte de cette emblématique salle des ventes, où les mareyeurs s'approvisionnent. Aujourd'hui, tout est informatisé, mais on peut encore voir les anciennes machines qui affichaient les fluctuations de prix. La visite, certes matinale, vaut le coup. En prime, elle se termine par un café et un petit déj !

**Le château de Kériolet :** *à 2,5 km au nord du centre-ville, bien indiqué à l'entrée de Concarneau. ☎ 02-98-97-36-50. • contact@chateaudekeriolet.com • chateaudekeriolet.com • Ouv seulement de début juin à la 3e sem de sept, tlj sauf sam 10h-13h, 14h-18h (dernière visite 40 mn avt). Entrée : 7 € ; réduc. Accès libre au parc du château.* Ce curieux manoir a été remanié dans le style néogothique à la fin du XIXe s pour le compte d'une princesse russe, arrière-grand-tante du tsar Nicolas II, remariée à un Français... de 30 ans son cadet, auquel elle acheta le château et 2 titres de noblesse pour faire bonne mesure ! Il passa ensuite dans les mains de son arrière-petit-fils, le prince Youssoupov, l'assassin de Raspoutine, puis il fut laissé à l'abandon. Son propriétaire actuel a entrepris une magnifique et courageuse réhabilitation. Admirez (notamment) l'ange musicien perché sur sa tourelle !

## Manifestations

– **Festival Livre et Mer :** *3 j. en nov. ☎ 02-98-97-52-72. • livremer.org •* Depuis 1984, ce salon célèbre la mer au travers de livres, photos, films.
– **Le Chien jaune, festival du Polar :** *1 w-e mi-juil. • lechienjaune.fr •* Les auteurs en profitent pour dédicacer leurs bouquins. Concerts gratuits le samedi en soirée (plutôt jazz).
– **Festival des Filets bleus :** *4 j. vers 15-20 août, quai Carnot. Rens : ☎ 02-98-97-09-09. • festivaldesfiletsbleus.fr •* Le festival trouve son origine dans une 1re manifestation de solidarité avec les familles de pêcheurs, ruinées au début du XXe s suite à la disparition des bancs de sardines. Cette fête traditionnelle est considérée comme la plus ancienne de Bretagne. Concerts de musique bretonne et débauche de beaux costumes régionaux.

# TRÉGUNC [tREgon]

(29910) 7 270 hab. *Carte Finistère Sud, C2*

**Trégunc partage avec sa voisine Névez quelques-unes de ces curieuses *maisons en pierres debout.* Plages, criques et petits ports de pêche, tels que *Pors-Breign* (le « Port-Pourri » !), ponctuent 23 km d'une côte encore sauvage.**



## Adresse et info utiles

**Office de tourisme :** *route de Concarneau, Kérambourg, en plein centre. ☎ 02-98-06-87-90. • contact@bretagnecornouailleocean.com • deconcarneauapontaven.com • Juil-août, lun-sam 9h30-12h30, 14h-18h ; sept-juin, lun-sam 9h30-12h30, 14h-18h.* Visites guidées sur le thème des pierres et légendes. Un accueil extra !

– ***Marchés :*** ***traditionnel*** *mer mat ;* ***bio*** *mar ap-m 16h-19h sur la pl. de l'Église ; également à la pointe de Trévignon dim mat en saison (dès 8h30).*

## Où dormir ? Où manger à Trégunc et ses environs ?

### Camping

***Camping de la plage Loc'h Ven :*** *8, route du Camping,* ***Pendruc.*** *☎ 02-98-50-26-20. • contact@lochven.com • lochven.com • ♿ À env 4 km au sud-ouest par la route de Pendruc. Ouv de fin avr à mi-sept (début avr-fin sept pour les loc). Forfaits tente 14,50-23 € ; loc de mobile homes (2-6 pers, dont 1 PMR).* Environnement bucolique et calme pour cette structure à l'accueil chaleureux et à l'esprit familial ! Sympa : les mobile homes sont séparés les uns des autres par des haies. C'est aussi en partie le cas des emplacements, pas géants mais bien ombragés. Sanitaires assez récents et bien tenus. La plage de Pendruc (pas géante mais vierge de constructions) et le GR 34 sont à 100 m !

### De bon marché à prix moyens

***Chambres d'hôtes et salon de thé Le Grenier délicieux :*** *7 bis, route de la Pointe-de-la-Jument. ☎ 02-90-41-66-73. • legrenier.delicieux@gmail.com • En saison, tlj sauf lun 10h-12h, 15h-18h30 ; hors saison ven-dim seulement. Congés : mars et oct. Double 59 €.* « Ouya un chat bleu » dit le sous-titre... Un chat bleu de porcelaine, perché au-dessus du comptoir, où l'on fait son choix entre les différents gâteaux du jour, avant d'aller s'installer à l'ombre du figuier, s'il fait beau. La proprio, ancienne bibliothécaire, a aussi ouvert 2 chambres d'hôtes (mansardées), impeccables, à l'étage de la longère. Elles portent les noms de ses grands-parents : Eugène et Angélique.

***Restaurant Le Menhir :*** *17, rue de Concarneau, à Trégunc. ☎ 02-98-97-62-35. 📱 06-81-25-74-96. • menhir3@wanadoo.fr • ♿ (sauf w-c). Dans la rue principale, à 200 m de l'église. Ouv tlj 12h-14h. Congés : 3 sem en sept et 2 sem fin déc. Formule sauf dim et j. fériés 12,50 € ; menu 30 €. Kir breton offert sur présentation de ce guide.* D'abord, il y a l'accueil, souriant et sincère ; puis on découvre la cuisine, à la fois goûteuse, parfumée et imaginative. Certains diront que c'est un resto à l'ancienne ; nous, on préfère parler de tradition et d'amour de la cuisine du terroir. On aime ici les bonnes viandes, les légumes oubliés et les sauces renversantes. Tout est fait maison, jusqu'aux excellents desserts !

## Achats

**Conserverie Courtin :** *zone de **Kerouel.** ☎ 02-98-97-01-80. • conserverie-courtin.com • À 1,5 km, sur la route de Concarneau. Tlj 9h-19h (20h juil-août). Visite et dégustation gratuites.* L'une des dernières conserveries encore en activité (fondée en 1893). Vente au détail de velouté au crabe, boîtes de sardines et du fameux confit de noix de Saint-Jacques, etc. Également un espace musée , et de larges vitres pour observer la conserverie en activité *(en sem 9h-12h30 en général).*

**Brasserie de Bretagne :** *zone de **Kerouel,** en face de la conserverie Courtin. ☎ 02-98-50-25-97. • brasserie-bretagne.fr • Juil-août, tlj sauf dim 10h30-13h, 15h-22h (21h lun-mar) ; ferme 1 à 2h plus tôt hors saison.* Cette brasserie bretonne produit plusieurs bières, dont la fameuse *Britt,* que l'on reconnaît à son emblème : le macareux moine. Mais aussi la *Sant Erwann,* les bières bio *Dremmwel* (dont une de blé noir) et *Ar-Men.* Apéros-concerts réguliers.

**Magasin Fin de séries Guy-Cotten :** *zone de **Kerouel,** derrière la brasserie* Britt. *☎ 02-98-10-46-77. • guycotten.com • Tlj sauf dim 10h30-12h30, 13h30-18h30. Fermé sam sept-mai.* Créée en 1969 par M. Guy Cotten (on s'en doutait), la maison est spécialisée dans les vêtements de mer, notamment son indémodable ciré jaune. Bonnes affaires.

## DANS LES ENVIRONS DE TRÉGUNC

***La pointe de Trévignon :*** *à 8 km au sud par la D 1.* N'y manquez pas le retour des bateaux de pêche, vers 11h et 15h. La pointe est couronnée d'une drôle de villa privée datant du début du XX^e s. Tout à côté, s'étendent les dunes et étangs de Trévignon, miraculeusement épargnés et classés zone Natura 2000.

***Les plages :*** à l'est de la pointe de Trévignon, la plage de ***Trescao Don*** attire beaucoup de familles : il faut aller loin pour ne plus avoir pied, et les eaux sont tranquilles. Sa voisine ***Kersidan*** attire les sportifs, surtout les amateurs de kitesurf ; les surfeurs se retrouvent eux un peu plus loin, sur la plage de ***Dourveil.*** À l'ouest de la pointe de Trévignon, la longue *plage de la* ***Baleine*** est surtout fréquentée par les locaux et se poursuit par ***Kerouini,*** spot naturiste. On avoue un petit faible pour le beau panorama depuis la plage calme de ***Pendruc*** et la ***pointe de la Jument,*** tout à l'ouest.

➢ ***Glénan Découverte*** *(📱 06-70-75-89-79 ; • contact@glenandecouverte.com • ; A/R 40 €, 30 € 3-12 ans ; min 6 pers)* propose de rejoindre l'***archipel des Glénan*** en bateau pneumatique depuis la pointe de Trévignon (30 mn de traversée) ; l'excursion permet de passer 3h sur l'île librement. Propose également une balade côtière de Trévignon à Kerdruc.

# NÉVEZ [nevez]

(29920) 2 720 hab. *Carte Finistère Sud, C2-3*

**Névez gouverne à un vaste territoire d'une trentaine de petits hameaux, dont beaucoup ont conservé leur authenticité. Des petits ports, comme *Port-Manec'h,* station balnéaire très en vogue au début du XX^e s, quelques villages de chaumières, mais surtout, du côté des villages de Kerascoët et de Kercanic, les originales demeures et clôtures en *mein zao,* que l'on ne trouve qu'ici et à Trégunc. Ces « pierres debout » (en breton) de 2 m de haut posées verticalement composaient les façades des chaumières ou de (très !) solides clôtures.**

## Adresse utile

**Office de tourisme :** *18, pl. de l'Église. ☎ 02-98-06-87-90. • contact@bretagnecornouailleocean.com • deconcarneauapontaven.com • Juil-août, lun-sam 9h30-13h, 14h30-18h30, plus dim mat et j. fériés 10h-13h ; sept-juin, lun-sam 9h30-12h30, 14h-18h.* Organise des circuits l'été : « Au fil de la pierre », chaumières de Kerascoët, sorties nature, animations pour les enfants à la découverte du bord de mer et du milieu naturel, etc. Demander le guide des randos avec propositions de circuits (1,50 € ; téléchargement gratuit).



## Où manger ?

**Crêperie Le Triskell :** *18, rue de Port-Manec'h. ☎ 02-98-06-68-10. Dans le village, près de l'école. Avr-sept, tlj sauf dim et lun midi ; hors saison sauf vac scol, ouv seulement le soir ven et sam. Repas env 15 €.* Un cadre chaleureux, un franc sourire, des ingrédients de 1er choix et des préparations fraîches font du *Triskell* une crêperie de référence. Belles spécialités salées au blé noir, et côté froment, ne pas manquer la rafraîchissante « rhubafrais », qui porte bien son nom. Bonnes glaces également.

## Où dormir ? Où manger dans les environs ?

### À Raguénez

*À 3,5 km au sud du bourg.* Abrite la plage de Raguénez, l'une des plus belles de la station, surnommée « Tahiti » par les locaux.

### Campings

**Camping de l'Océan :** *15, impasse des Mouettes, Keroren-Raguénez. ☎ 02-98-06-87-13. • contact@camping-ocean.fr • camping-ocean.fr • À 300 m de la plage de Raguénez. Ouv de mi-mai à mi-sept. Forfaits tente 20,50-26,50 € ; loc de mobile homes (4-6 pers).* Ombragé et planté de pommiers, au calme, un camping d'une tenue impeccable, à l'accueil familial. Piscine couverte et chemin piéton privé en contrebas pour accéder à la plage en 5 mn. Les résidents doivent porter un bracelet.

**Camping du Vieux Verger :** *20, Keroren-Raguénez. ☎ 02-98-06-86-08. • contact@campingduvieuxverger.com • campingduvieuxverger.com • À 600 m des plages. Ouv de mi-avr à mi-sept. Tentes 13-20 € ; loc de mobile homes (4-6 pers).* Ce camping compte en fait 2 terrains : celui du haut *(Ty Noul)*, proche de la piscine, et celui plus bas *(Le Vieux Verger)*, plus calme car éloigné de l'accueil et des activités. Malgré les haies, on a trouvé qu'on y manquait un peu d'intimité. Excellent accueil, et la plage n'est qu'à 10-15 mn à pied ; sinon, on peut louer un vélo.

### Plus chic

**Hôtel-restaurant Ar Men Du :** *47, rue des Îles, Raguénez-Plage. ☎ 02-98-06-84-22. • contact@men-du.com • men-du.com • Resto fermé le midi mar et mer. Congés : de début nov à mi-déc et janv-fév. Doubles 95-225 €. Menus 55-95 € ; carte env 55 €.* Que ce soit dans le corps du bâtiment principal ou dans la petite annexe, les chambres bénéficient toutes d'une vue imprenable sur la lande sauvage, le chemin des douaniers ou la mer. La plupart affichent une déco assez contemporaine et épurée, avec, dans l'annexe, de larges baies vitrées et une terrasse privative (nos préférées). Suffisamment rare pour le souligner, le petit déj est servi dans la véranda ou sur la terrasse, face à la mer. Quelle vue ! Côté table, on savoure une cuisine fine et inspirée, surtout tournée vers la mer, avec des arrivages minutieusement sélectionnés. Une maison de qualité, comme on dit, récompensée pour sa gastronomie durable !

## À Kerascoët

*À 3 km au sud-est du bourg.* Le calme règne dans cet adorable hameau constitué de chaumières.

**Camping des Chaumières :** *24, Kerascoët. ☎ 02-98-06-73-06. • info@camping-des-chaumieres.com • camping-des-chaumieres.com • Ouv de mi-avr à mi-sept. Forfaits tente 14-20 € ; mobile homes.* On aime bien ce camping aux emplacements certes pas immenses, mais bien délimités, agréablement ombragés et bercés par le chant des oiseaux. Les sanitaires sont impeccables. Il n'y a que 8 mobile homes en location (avec terrasse), pas les uns sur les autres. Ici, on respire. En prime : les belles chaumières de Kerascoët à 100 m !

## À Port-Manec'h

*À 5 km au sud-est du bourg.* Cet adorable port compte de bien jolies maisons et une plage de poche.

### Campings

**Camping de Keraeren :** *Port-Manec'h, Névez. ☎ 02-98-06-80-38. • camping.keraeren@gmail.com • camping-keraeren.fr • ♿ Ouv de mi-juin à mi-sept. Forfait tente env 10 € (douche 0,95 €) ; mobile homes. CB refusées.* À 500 m de la plage (moins de 10 mn à pied), en pleine campagne, ce petit camping s'avère tout simple, pas cher et bien tenu. Calme (pas d'animations) et atmosphère familiale assurés, accueil franc et souriant en prime.

**Camping Côté Ô Port Manec'h :** *10, Kercouliou. ☎ 05-47-74-30-72. • reservation@cote-o.fr • cote-o.fr • Ouv Pâques-fin sept. Forfaits tente 13-26 € ; loc de mobile homes ou bungalows (2-8 pers).* Ce beau camping étagé à flanc de colline, dans la verdure, s'est offert une cure de jouvence, en adoptant plein de nouveaux et superbes mobile homes en bois au style scandinave épuré. Tous ont une terrasse et un lave-vaisselle. Les plus agréables sont situés dans la partie basse, la plus intime et la plus proche du chemin d'accès à la plage (200 m), ombragée par de grands arbres (nos 38 à 40 notamment). Idem pour les emplacements, délimités par groupes de 2 à 4. Mentionnons aussi les 3 « roulottes », en fait des cabanes améliorées avec sanitaires et cuisine. Piscines intérieure et extérieure chauffées avec toboggans, animations familiales et sportives en été, location de vélos, etc. Un bon choix.

### De bon marché à prix moyens

**Hôtel du Port et de l'Aven :** *30, rue de l'Aven. ☎ 02-98-06-82-17. • hotel.du.port@wanadoo.fr • hotelduport.com • Ouv avr-fin sept. Min 3 nuits en saison. Resto ouv aux résidents seulement, le soir, tlj sauf dim. Doubles 61-86 €, tarifs dégressifs au-delà de 3 nuits ; ½ pension 32 €. Menu 25 € ; carte env 40 €.* Surplombant le port, l'hôtel, très fleuri, est dans la même famille depuis 1935. Beaucoup d'habitués fréquentent sa dizaine de chambres, assez différentes, qui offrent une jolie vue. Certaines disposent d'une terrasse. Seul bémol : l'insonorisation. Si l'*Hôtel du Port* est plutôt réservé, l'été, aux clients en pension, ce n'est pas le cas de l'annexe, l'*Hôtel de l'Aven,* juste un peu plus haut dans la rue. La moitié de ses 20 chambres, tout juste rénovées, y bénéficient également d'une belle vue sur le jardin et la mer. Elles sont un peu plus grandes et des parois isophoniques ont été ajoutées. Sympa aussi : les papiers peints sur un mur, dans l'air du temps.

**La Châtaigneraie :** *16, rue de la Plage. ☎ 02-98-06-64-15. Ouv début avr-août, tlj 10h-minuit (10h-23h et fermé lun jusqu'à mi-juin). Plats 13-24 €.* Serait-ce la plus belle terrasse du Sud breton ? Une chose est sûre : allongée au pied d'une élégante demeure de pierre mangée par la glycine, au-dessus de la plage de Saint-Nicolas, elle sent bon les vacances. On y prend une glace ou l'apéro (mojitos et vins au verre, notamment) depuis 1937, entre planches, tapas et rillettes maison. Mais on peut aussi s'y restaurer fort dignement d'une galette, de burgers, de moules, d'un tartare ou d'un bon boudin aux pommes.

## Très chic

**Manoir Dalmore :** *7, corniche de Pouldon, plage de Port-Manec'h. ☎ 02-98-06-82-43. • contact@manoirdalmore.com • manoirdalmore.com • Resto ouv le soir tlj sauf mer, sur résa la veille (hors saison, ouv ven-dim soir seulement). Congés : 1re quinzaine de déc et 3 sem en janv. Doubles 100-230 €. Menu 38 € ; carte env 40 €. Un petit déj/chambre offert sur présentation de ce guide.* Depuis 1926, cette imposante bâtisse néo-médiévale surplombe l'adorable plage de Port-Manec'h. Dans la plupart des 10 chambres et suites, cheminées de brique, parquets et éléments de boiserie ont été préservés, en intégrant tout le confort moderne. La plupart ont une vue imprenable sur la mer. Sauna. Terrasse face au littoral et accès direct à la plage.

## *Au port de Kerdruc*

*À 4,5 km à l'est de Névez.* Adorable petit port blotti sur la rive ouest de l'Aven.

## De prix moyens à chic

***Établissement ostréicole L. Publier :*** *16, rue des Vieux-Fours. ☎ 02-98-06-62-60. 06-82-90-99-09. • laurent.publier@gmail.com • Prendre la direction du port et tourner sur un chemin à droite 150 m avt d'y arriver ; fléché. Avr-sept, tlj sauf lun. Oct-mars, lun-ven seulement. Mieux vaut téléphoner s'il pleut pour savoir si c'est ouvert ! Compter 25-35 €. Café offert sur présentation de ce guide.* Dans l'assiette : des huîtres de tous calibres et d'origines diverses, des fruits de mer et même quelques desserts maison (le tout un poil cher). Petite carte de vins blancs. On profite de tout ça attablé sur une terrasse chauffée qui offre une superbe vue sur l'Aven.

***Bistrot de l'Écailler :*** *☎ 02-98-06-78-60. Ouv de mi-avr à mi-sept, tlj sauf mar-mer (fermé mar-mer midi seulement en juil-août). Menu homard 52 € ; carte env 50 €.* Cette adresse au cadre élégant avec photos anciennes et décor boisé est réputée pour ses fruits de mer d'une grande fraîcheur : normal, elle appartient à une famille d'ostréiculteurs. La spécialité de la maison, c'est le homard-frites ! Dommage que la note grimpe vite. Terrasse chauffée avec vue sur l'Aven et Rosbras.

FINISTÈRE SUD

## Où acheter de bons coquillages dans les environs ?

***La Cabane aux Coquillages :*** *11, impasse des Cormorans,* ***Kerdruc.*** *☎ 02-98-06-81-49. • cabane-aux-coquillages.com • Lun-sam 9h-12h30, 14h-18h (19h de juil à mi-sept), plus dim mat pdt les vac scol (sauf fév).* Professionnels et particuliers viennent se fournir en coquillages et crustacés dans cette petite cabane qui surplombe les rives de l'Aven : bigorneaux, palourdes grises et roses, praires, moules... Les huîtres sont affinées sur place (plates de Cancale ou creuses de Penerf, entre autres). Une fraîcheur garantie à toute épreuve !

## DANS LES ENVIRONS DE NÉVEZ

➢ Magnifique ***promenade de Port-Manec'h à Raguénez,*** par la côte *(carte de rando à l'office de tourisme ; compter env 2h).* On démarre dans le charmant lieu de villégiature de ***Port-Manec'h,*** avec ses cabines de bain très

Belle Époque, puis on passe par le hameau de ***Kerascoët,*** aux belles chaumières restaurées (voir ci-après).
Autre option : le circuit n° 4 (blanc et jaune ; 10,3 km, soit env 3h15), également au départ de la plage de Saint-Nicolas à Port-Manec'h, qui longe l'Aven vers le manoir de Poulguin et l'anse de Kérochet avant de revenir par l'intérieur des terres et le « Doigt de dieu ».

### T'AS DE BEAUX YEUX, TU SAIS !

*Après le tournage de* Quai des Brumes *en 1938, Michelle Morgan et Jean Gabin vécurent une passion amoureuse. Ils cachèrent leur liaison à Port-Manec'h, à l'*Hôtel Julia, *aujourd'hui disparu.*



★★★ Ⓟ ***Les constructions en pierres debout :*** *à* ***Kerascoët*** *et à* ***Kercanic,*** *à env 4 km de Névez.* L'office de tourisme organise d'intéressantes visites guidées à la découverte de cet habitat traditionnel *(1 sem sur 2 en été ; résa obligatoire, le nombre de pers/visite limité à 20 ; env 6 €).* On découvre une carrière, un ancien four à pain et une chaumière en pierres debout (visite de l'extérieur uniquement).
Les pierres debout – *mein zao* en breton – sont une curiosité de la région de Névez, qui fut durant des siècles un centre important d'extraction et de taille du granit. Au début du XXe s, 150 tailleurs de pierre travaillaient encore dans les carrières de Kérochet, à mi-chemin de Névez et de Kerdruc. Quand on souhaitait construire une maison, on découpait des dalles larges de 30 à 50 cm, mais peu épaisses. Plantées dans une tranchée, elles formaient un mur de pierres debout, dont on comblait les interstices avec des petites pierres et du mortier à base de terre. L'âtre constituait le point central des maisons, que des cloisons de bois pouvaient morceler en 2 ou 3 pièces.
Il subsiste encore une quinzaine de chaumières dans les villages de Kerascoët et de Kercanic. 2 ou 3 d'entre elles ont conservé leurs appentis de pierres debout destinés aux outils ou aux animaux (certains servaient de soue aux cochons). Toutes ces maisons de poupée, coquettes et soigneusement restaurées, sont coiffées d'un épais toit de chaume. La traditionnelle paille de seigle a tendance à être remplacée par du roseau de Camargue, plus résistant. Il ne reste d'ailleurs que quelques chaumiers dans le département.
On verra un peu partout dans la région des clôtures de pierres debout et quelques monuments mégalithiques de plus de 6 000 ans d'âge. Si, à Kerascoët, les chaumières regroupées forment un véritable village, celles de Kercanic, à 3 km environ, sont dispersées et d'un accès plus difficile.

★ Le vieux ***moulin à marée du Hénan*** *(à 4 km de Névez, sur l'Aven),* datant du XVe s (ancienne dépendance du château), ainsi que l'***arboretum.*** Pas loin, la jolie ***chapelle Sainte-Marguerite,*** du XVIe s.

## PONT-AVEN

(29930) 2 860 hab. *Carte Finistère Sud, C2*

• Plan *p. 171*

**Ce petit village breton a connu une extraordinaire destinée, indissociable du nom de Paul Gauguin ! Une incroyable colonie artistique y a vu le jour dès les années 1860, séduite par le climat doux et la luminosité exceptionnelle, la beauté des chapelles isolées et des ruines de château, du relief encaissé, du lit de l'Aven tapissé de rochers et ponctué de moulins, du port à marée qui symbolise la rencontre entre la mer et la campagne, du bois d'Amour...**

**Trouvez vous aussi votre inspiration en flânant dans les rues du village, le long de l'Aven ou encore sur la place du marché, remplissez votre panier dans les boutiques de produits fins (hmm, les galettes !), découvrez les créations d'artistes locaux et ne boudez pas votre plaisir, Pont-Aven compte quelques bonnes tables. Certains jours en haute saison, on y joue du coude pour avancer dans les ruelles, alors profitez du petit matin ou des week-ends hors saison pour découvrir cette charmante petite ville.**



## L'ÉCOLE DE PONT-AVEN

### LE DÉBARQUEMENT AMÉRICAIN

*Pont-Aven ne fut pas découvert par Gauguin, comme on le croit souvent, mais, dès 1864, par un certain Bacon, peintre américain. Il y emmena d'autres compatriotes qui aimaient les villageois, les paysages et... les bistrots ouverts jusqu'à 22h ! Gauguin n'arriva que 22 ans plus tard, en 1886.*

Comme Saint-Tropez et Barbizon, Pont-Aven a possédé son bataillon d'artistes. De 1886 à 1896, une vingtaine de peintres y travaillent ensemble, confrontant leur travail, élaborant un style, discutant les formes. À leur tête, Gauguin. Fuyant la grande ville, celui-ci se cherche une voie nouvelle, au contact de la nature, dans des conditions matérielles moins difficiles. Autour et à sa suite, Émile Bernard, Paul Sérusier, Maxime Maufra, Henri Moret, Maurice Denis, puis des artistes européens tels que l'Irlandais Roderic O'Connor, les Hollandais Meyer de Haan et Verkade, le Polonais Wladyslaw Slewinski... échangent et s'influencent à Pont-Aven.

Gauguin n'est, en vérité, venu sur place que 5 fois. À Pont-Aven, il se rapproche de la nature, puise dans son apparence en projetant sa subjectivité, simplifie ses formes et commence à travailler à grands coups d'aplats de couleurs pures avec un cerne épais. Maurice Denis, véritable théoricien de l'école de Pont-Aven, parle de synthétisme, formalisant un courant très pluriel qui, paradoxalement, n'avait pas de style propre puisqu'il se voulait par définition subjectif. Le symbolisme, le fauvisme, l'abstraction... naîtront de cette liquidation de tout ce qui n'est pas absolument nécessaire à l'expression de l'œuvre. D'où l'importance de l'école de Pont-Aven.

## Adresse et infos utiles

ℹ ***Office de tourisme*** *(plan A2)* **:** *3, rue des Meunières. ☎ 02-98-06-87-90. • contact@deconcarneauapontaven.com • deconcarneauapontaven.com • Juil-août, lun-sam 9h30-18h30 ; dim et j. fériés 10h-13h. Avr-juin et sept, pause 13h-14h et fermé dim. Le reste de l'année, tlj sauf dim 9h30-12h30, 14h-18h.*

– ***Marchés :*** *mar mat, au port en été, pl. Julia le reste de l'année.*

– Le ***stationnement*** en zone bleue (nombreuses places quai Botrel, le long du port, mais souvent complet en haute saison) est limité à 2h, tlj 9h-18h, de mi-juin à mi-sept. Le parking Bel-Air du cimetière *(plan A2)* est le plus grand et il est gratuit, tout comme le parking Pontic-Malo, derrière l'*Intermarché (plan A1),* à moins de 500 m du centre, sur la route de Concarneau. Dans les 2 cas, les camping-cars peuvent y passer la nuit *(6 €, 19h-9h).*

## Où dormir ?

### Prix moyens

***Hôtel Les Mimosas*** *(plan A-B3,* ***11****)* **:** *22, sq. Théodore-Botrel. ☎ 02-98-06-00-30. • contact@lesmimosas-pontaven.com •*

*lesmimosas-pontaven.com • Resto ouv tlj mai-sept ; fermé lun hors saison. Congés : fin janv-début mars. Doubles 72-99 €. Menus 19 € (sauf sam soir-dim et j. fériés)-49,50 €.* À l'écart de l'agitation du centre, le long de l'Aven, l'hôtel mêle astucieusement éléments de décor anciens (dont un chouette papier peint fleuri) et confort moderne. Les chambres sont de petites bonbonnières confortables, à la literie parfaite, lumineuses et agréables, toutes avec vue sur le port, dont 2 très prisées pour leur large terrasse. Un style intemporel reposant. Au resto, honnête cuisine régionale et une agréable terrasse pour savourer un verre en journée.

**Chambres d'hôtes Les Chambres de l'atelier** (plan A1, **12**) : *35, rue Émile-Bernard. 06-63-03-03-24. • rrozenn@hotmail.com • Facebook • Tte l'année. Double 70 €.* Rozenn aime la peinture et les vieux meubles. Ses toiles, de tous les styles, couvrent les murs de l'escalier menant aux 2 chambres perchées (au 2e étage), au mobilier et planchers cérusés. Elle propose d'ailleurs des stages « patine » et peinture naturelle. La « Julia » est romantique, avec sa tête de lit sculptée, l' « Escale d'Aven » plus bois flotté. Petite terrasse à l'arrière pour le petit déj. Des triples vitrages assurent la tranquillité des hôtes (la maison donnant sur la route de Concarneau).

**Hôtel Les Ajoncs d'Or** (plan B2, **10**) : *1, pl. Julia. ☎ 02-98-06-02-06. • lesajoncsdor29@orange.fr • ajoncsdor-pontaven.com • (resto). Resto ouv tlj sauf dim soir, plus lun hors saison. Congés : 2 sem en fév et 1 sem en oct. Doubles 80-85 €. Menu 35 € ; carte env 30 €.* Gauguin y séjourna lors de son dernier passage à Pont-Aven, en 1894. Sur la place principale, cet hôtel classique abrite des chambres calmes, mais qui datent malgré quelques efforts (coco au sol). On aimerait y retrouver la déco davantage dans l'air du temps des parties communes. À venir peut-être ? Au resto, bonne cuisine sous influence marine, avec la farandole de coquillages farcis mais aussi la choucroute de la mer en hiver ou l'artichaut farci au saumon fumé.

## De prix moyens à chic

**Maison d'hôtes Castel Braz** (plan B1, **14**) : *12, rue du Bois-d'Amour. ☎ 02-98-06-07-81. • castelbraz@castelbraz.com • castelbraz.com • Congés : début nov-fin mars, sauf vac de Noël. Doubles 85-140 € ; studios 65-80 € (min 2 nuits), petit déj 7 €.* Le nom de la rue est déjà une invitation. Au cœur de la ville, cette grande maison bourgeoise de la fin du XIXe s lorgne sur la rivière du haut de ses 3 étages. Voilà un vrai nid, aménagé avec l'amour des belles choses. De chambre en chambre (chacune avec sa cheminée), on apprécie le mobilier vintage et la déco graphique, avec ces papiers peints aux palmiers colorés. Les suites (2 chambres séparées par la salle de bains) et le studio donnent sur l'Aven. Petit jardin où l'on lézarde avec plaisir dans un transat en fin de journée.

**La Chaumière Roz Aven** (plan A3, **13**) : *11, quai Théodore-Botrel. ☎ 02-98-06-13-06. • contact@hotelpontaven.com • hotelpontaven.com • Congés : janv. Doubles 78-120 €. Petit déj 16 €. Formules le midi 19-23 €.* Difficile de ne pas remarquer cette néo-chaumière posée sur le quai... Elle abrite 4 chambres avec poutres et moquette, globalement plus spacieuses que celles du bâtiment principal, plus étroites. On oscille ici entre mobilier à l'ancienne et d'hôtel de chaîne, mais l'ensemble est bien tenu et l'accueil pro et gentil.

## Plus chic

**Les Cabanes de La Carri'Air** (hors plan par B1, **16**) : *19, rue Sainte-Marguerite. 06-12-37-28-90. • lacarriair@gmail.com • lacarriair.com • À 1 km de Pont-Aven. Congés : début janv-20 fév. Compter 130-155 €. Paniers-repas env 22-29 €. Apéro offert sur présentation de ce guide.* Dans une ancienne carrière de pierre reconquise par la végétation, voici 3 *lodges* atypiques au design savamment pensé, suspendus à flanc de falaise. La très intime « Cachoti'air », colorée et destinée aux petites familles, se planque dans la végétation, avec sa petite mezzanine. La « Vision'air », idéale pour roucouler à 2, surplombe de sa terrasse la carrière, avec vue panoramique sur

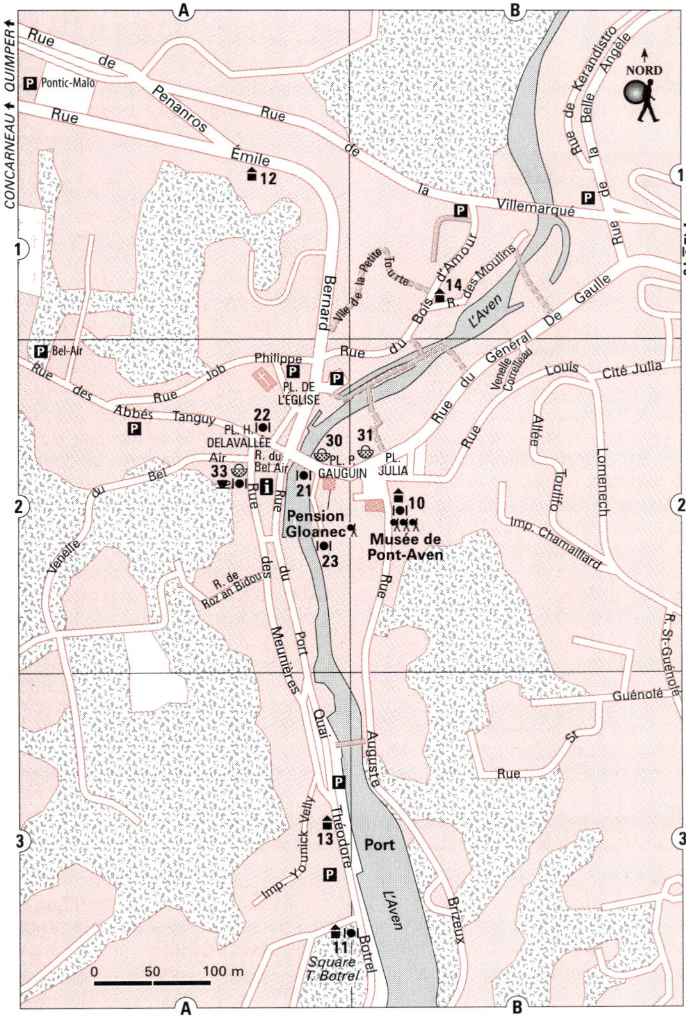


# PONT-AVEN

■ **Adresse utile**

- ℹ Office de tourisme (A2)

**Où dormir ?**

- **10** Hôtel Les Ajoncs d'Or (B2)
- **11** Hôtel Les Mimosas (A-B3)
- **12** Chambres d'hôtes Les Chambres de l'atelier (A1)
- **13** La Chaumière Roz Aven (A3)
- **14** Maison d'hôtes Castel Braz (B1)
- **16** Les cabanes de la Carri'Air (hors plan par B1)

**Où manger ?**

- **21** Sur le Pont (A2)
- **22** Les 3 Buis (A2)
- **23** Le Moulin de Rosmadec (A2)
- **33** Chocolaterie de Pont-Aven (A2)

**Où acheter les fameuses galettes et autres douceurs locales ?**

- **30** Traou Mad (A2)
- **31** Galettes Penven et Maison Le Darz (B2)
- **33** Chocolaterie de Pont-Aven (A2)

Pont-Aven. Quant à la « Lumin'air », dont les baies vitrées s'ouvrent sur la végétation, elle est composée de 2 cabanes indépendantes réunies autour d'une même terrasse, pouvant accueillir jusqu'à 5 personnes. Le petit déj est déposé le matin dans un panier rempli de produits frais. Également des paniers-repas pour ceux qui veulent jouer les Robinsons. Jacuzzi de mi-avril à septembre, cuisine d'été à disposition, 2 vélos en prêt... Un coup de cœur.

## Où manger ?



### De prix moyens à chic

|●| ***Sur le Pont*** *(plan A2,* ***21****)* **:** *11, pl. Paul-Gauguin. ☎ 02-98-06-16-16. Tlj sauf lun-mar. Menus 27 € (déj, sauf dim)-34 € ; carte 40-50 €.* Les chaises Starck et les tableaux pop art aux murs contrastent avec la façade blanche, toute simple. En cuisine, le chef, Franck Sébilleau (ancien propriétaire du *Moulin de Rosmadec*), joue sur une carte très courte, faisant la part belle aux produits nobles (et donc chers !). La précision des cuissons et la justesse des goûts offrent un bel équilibre.

|●| ***Les 3 Buis*** *(plan A2,* ***22****)* **:** *6, rue des Abbés-Tanguy. ☎ 02-98-09-43-17. • annelebeux@gmail.com • En saison, tlj sauf mer ; hors saison, fermé mer-jeu et dim soir. Congés : 2-3 sem en fév et 2 sem en oct. Menus 20-25 € ; carte 40-45 €.* Dans une authentique maison de ville du XVIIᵉ s, *Les 3 Buis* (du nom des 3 sœurs associées) proposent une cuisine de saison fraîche et inventive, qui privilégie les produits du terroir sans oublier le maritime, avec parfois une touche d'exotisme. Cadre vintage, épuré mais chaleureux, belle salle baignée de lumière grâce aux baies vitrées. Et une terrasse pour les beaux jours.

|●| ***Le Moulin de Rosmadec*** *(plan A2,* ***23****)* **:** *venelle de Rosmadec. ☎ 02-98-06-00-22. • contact@rosmadec.com • Tlj sauf lun-mar. Menus 56-101 €.* On entre là dans le domaine de la gastronomie de haut vol, du resto des grandes occasions et des fines gueules. Récemment restauré sans perdre son âme, le *Moulin,* premier étoilé du Finistère (1933 !), s'est enrichi d'un mur végétal qui permet désormais au chef d'agrémenter ses plats de nouvelles notes florales en droite ligne ! Les produits locaux de saison sont, comme toujours, à l'honneur, pour une cuisine inspirée et tout en délicatesse. Aux beaux jours, la verrière et la terrasse surplombant l'Aven enchantent. En écho à la cité des peintres, le resto abrite une galerie *(ouv jeu 10h30-18h ou sur rdv)* proposant des expositions thématiques.

## Où manger dans les environs ?

|●| ***Auberge Ty an Heol*** **:** *1, pl. de l'Église, à* ***Nizon****. ☎ 09-86-24-50-60. 📱 06-60-62-87-65. • tyanheol@bbox.fr • À 2,5 km à l'ouest de Pont-Aven par la D 24. Tlj sauf mer-jeu, plus mar soir nov-mars en période scol. Congés : 10 j. début janv et 2 sem en nov. Menus 23-30 € ; carte env 30 €.* Sur la place principale de ce charmant village, cette gentille auberge (pierres sèches, poutres apparentes, cheminée) se fait le chantre d'une authentique cuisine personnalisée à base de produits choisis avec rigueur. La cuisine, intéressante, navigue entre les bonnes vieilles recettes bretonnes et les parfums et contributions des terres lointaines. Sans négliger des élans de créativité et de subtiles associations de saveurs... À chaque fois, un joli voyage culinaire.

## Où acheter les fameuses galettes et autres douceurs locales ?

***Traou Mad*** *(plan A2,* ***30****)* **:** *10, pl. Paul-Gauguin et 28, rue du Port. ☎ 02-98-06-01-94 (boutique) ou 01-03 (résas). • biscuiterie-loc-maria.*

*fr • En juil-août tlj 9h30-19h15, reste de l'année tlj 10h-12h, 14h-19h. Boutique d'usine, Z.A. de Kergazuel, tlj 9h30-12h30, 14h-18h (18h30 juil-août). Horaires réduits en hiver. Visites guidées de la biscuiterie début juil-fin août, mar-jeu à 10h, 11h30, 14h et 15h30 sur résa.* Voilà le sablé breton le plus célèbre, créé en 1920 par un boulanger de Pont-Aven. La plupart des produits utilisés sont locaux. Les gourmands seront ravis d'apprendre que, outre la célèbre galette, *Traou Mad* (« bonnes choses » !) propose aussi une déclinaison de crêpes dentelle, sucrées et salées.

***Galettes Penven*** *(plan B2, **31**) : 20, pl. Julia. ☎ 02-98-06-02-75. • galettes-penven.com • En saison, tlj 9h30-19h (19h30 ven-dim) ; hors saison mar-sam 9h30-12h30, 14h-18h. Visite guidée gratuite de la biscuiterie (Z.A. de Kergazuel), mar et jeu à 11h, tte l'année, sur résa (☎ 02-98-06-05-87).* Moins connues que les fameuses galettes *Traou Mad*, les « Délices de Pont-Aven » vendues dans cette boutique ont la particularité d'être fabriquées artisanalement depuis 1890. On y trouve les galettes traditionnelles, mais aussi celles au citron, au caramel au beurre salé, à la fraise et même au rhum !

***Maison Le Darz*** *(plan B2, **31**) : 22, pl. Julia. ☎ 02-98-06-38-63. • maison.ledarz@orange.fr • Tlj 10h-13h, 14h30-19h, sauf lun hors saison.* Gourmands, fondez ! Cet excellent chocolatier (adepte des sculptures en chocolat ou en pâte à pain !) mitonne aussi d'irrésistibles caramels au beurre salé aux noisettes (hmm), à la framboise ou au citron, un gâteau breton fondant (fourré au caramel au beurre salé pour la version *light*) et des tartelettes fortes en cacao. Et pourquoi pas simplement un ballotin de chocolats fins ? Le plus dur, c'est de faire son choix.

***Chocolaterie de Pont-Aven*** *(plan A2, **33**) : 1, pl. Henri-Delavallé. ☎ 02-98-09-10-47. Tlj (sauf lun hors saison) 10h-19h ; salon de thé 12h15-18h. En été, carte salée 12h-14h.* Au rez-de-chaussée, on se laisse aller à la gourmandise en craquant pour les chocolats et gâteaux maison. À l'étage, on s'installe au salon de thé, dans une salle haute de plafond à l'ancienne, écrasée par une gigantesque cheminée en granit, entre fauteuils club à l'anglaise et musique classique ou jazzy. Idéal pour picorer un bon gâteau ou déjeuner d'une tarte salée du jour, servie avec une salade. Très belle carte de thés. En bonus : un minuscule jardin intérieur en terrasse, tout mignon !

FINISTÈRE SUD

## À voir. À faire

***La pension de Marie-Jeanne Gloanec*** *(plan A2) : pl. Paul-Gauguin.* Cette brave Bretonne hébergeait les peintres. Malheureusement, la pension a disparu. C'est aujourd'hui la *Maison de la Presse*, mais une plaque commémorative au-dessus de la porte rappelle le passé du lieu.

***Le musée de Pont-Aven*** *(plan B2) : pl. Julia. ☎ 02-98-06-14-43. • museepontaven.fr • Juil-août, tlj 10h-19h (sauf lun début juil) ; avr-juin, sept-oct et vac scol, tlj sauf lun 10h-18h ; le reste de l'année, tlj sauf lun 14h-17h30. Fermé en janv. Entrée : 8 € ; 5 € hors expo temporaire ; réduc. Audioguide gratuit, visites guidées et nombreux ateliers réservables en ligne.*

### GAUGUIN, PEINTRE GÉNIAL, HOMME SORDIDE

*Après avoir abandonné son métier d'agent de change, pour se consacrer entièrement à la peinture, Gauguin part à Copenhague avec sa femme danoise et leurs 5 enfants. La misère venant, il abandonne sa famille pour s'installer avec ses copains, à Pont-Aven puis à Arles. Mais l'appel du large le reprend : il gagne la Martinique, puis finalement les Marquises – où il vit en compagnie de très jeunes filles qui, pour beaucoup, garderont en souvenir la syphilis...*

Sur la place principale, le musée de Pont-Aven, rénové par les architectes ayant travaillé sur la rénovation des musées d'Orsay et Rodin à Paris, a fière allure, mélangeant judicieusement le verre, le métal et le bois. Le mobilier et les supports multimédias hautement qualitatifs, ainsi que les murs de couleurs franches qui délimitent les thématiques, mettent en valeur une collection d'une belle richesse. Celle-ci s'étend des 1ers artistes américains en résidence à Pont-Aven jusqu'aux artistes venus peindre ici au XXe s.



*La salle Julia (1er étage)*

La salle Julia (ancienne salle de restaurant de l'hôtel) restitue l'âme de l'*Hôtel Julia,* en hommage à Julia Guillou, une serveuse visionnaire qui a fondé l'établissement à la fin du XIXe s. Maison très réputée, elle y accueillait, dit-on, jusqu'à 200 personnes, dont le docteur Barnes de Philadelphie, ce fameux collectionneur de peintures qui séjournait régulièrement en Finistère Sud. Imposante cheminée en granit, parquet, boiseries sculptées sur les piliers, stucs... Les lustres et tapis sont l'œuvre de Matali Crasset, artiste contemporaine. Ses tapis en forme de cercles chromatiques s'inspirent des œuvres des peintres Maurice Denis, Émile Bernard et Paul Sérusier.

### AMBASSADRICE VISIONNAIRE

*Simple serveuse dans l'établissement voisin, Julia Guillou fait construire au décès de sa patronne ce qui deviendra le fameux* Hôtel Julia. *Pour faciliter la venue et le confort des artistes, elle met en place un service de diligences depuis la gare, des navettes vers la plage de Port-Manec'h pour pallier l'absence de plage à Pont-Aven, ainsi qu'une annexe en bord de mer. Elle fait du mécénat en exposant les œuvres d'artistes dans sa salle de restaurant. La réputation touristique de Pont-Aven est née !*

*La collection conservée par le musée (3e étage)*

Les couleurs des cimaises du parcours s'inspirent de celles du tableau *Le Talisman* ou *Paysage au bois d'Amour* de Sérusier (exposé au musée d'Orsay, dommage !). Ce tableau petit format peint durant l'été 1888, au bois d'Amour, sous la dictée de Gauguin, est un élément fondateur de l'école de Pont-Aven : des plages de couleurs sombres ou éclatantes, parfois dissonantes, aux contours nets, incarnent ***le ressenti et l'émotion de l'artiste,*** en rupture totale avec la peinture académique traditionnelle figurative. Finie la mythologie. Les peintres se passionnent pour les scènes de la vie quotidienne, les traditions, les paysages. On n'imite plus le réel, ***on traduit les émotions.***

Au fil des salles, on découvre quelques paysages peints par des peintres américains et d'Europe du Nord, dont certains autrefois exposés dans la pension Gloanec et l'ancien *Hôtel Julia.*

Une grande ***frise chronologique de l'école de Pont-Aven*** mène, par un corridor, vers le ***cabinet Gauguin.*** Admirez le pastel *Deux têtes de Bretonnes,* peint à Pont-Aven, mêlant les portraits d'une Bretonne et d'une jeune femme aux traits polynésiens. Également une gravure éditée par Gauguin à l'occasion de l'Expo universelle de 1889. L'exposition au café *Volpini* s'avère un échec cuisant qui précipitera le départ du peintre en Polynésie. Des 11 illustrations originales, 7 se trouvent ici au musée.

Un peu plus loin, *L'Hommage à Gauguin,* de Girieud (1906), fut présenté au Salon des fauves à Paris 3 ans après la mort du peintre. Sur le tableau, on peut notamment reconnaître Sérusier avec sa barbe rousse et Maurice Denis, le théoricien de l'école de Pont-Aven.

Les sections aux murs jaunes rassemblent des œuvres des ***fondateurs de l'école de Pont-Aven*** (Paul Sérusier, Émile Bernard et Maurice Denis) et précèdent, à mi-parcours, un film de 12 mn qui résume les fondements de cette école. Il renvoie vers les sites proches qui ont inspiré les peintres (calvaire à Nizon, chapelle de Trémalo à Pont-Aven).

Les sections aux murs bleus sont consacrées au groupe de Pont-Aven et à son ***extension européenne.*** Quelques œuvres du Polonais Slewinski. Influencé et soutenu par Gauguin à la fin du XIXe s, il reconstitua un village d'artistes similaire à l'esprit de Pont-Aven, dans l'est de l'Europe. Ne pas manquer *Le Paysage rocheux, Le Pouldu* de Charles Filiger, dont les sinuosités ont directement inspiré le tracé du jardin du musée.
La ***section sur le japonisme*** fait écho à l'admiration générale des peintres de l'école de Pont-Aven pour cet art : beaucoup étaient collectionneurs d'estampes japonaises, découvertes grâce aux expositions universelles. Étonnante toile d'André Joly qui synthétise cette influence : perspective traitée par plans successifs, vagues décorées qui rappellent celles d'Hokusai.
L'avant-dernière salle est consacrée aux ***nabis,*** dont le style émane directement de l'école de Pont-Aven. La représentation n'est plus seulement sur toile, mais sur des illustrations de programmes de théâtre, des affiches, dont on observe ici quelques belles pièces. L'Art nouveau n'est pas loin !
La fin du parcours est déjà une ouverture à l'***abstraction,*** portée en germe par l'école de Pont-Aven. Beaux tableaux de Jean Deyrolle, dont on perçoit l'évolution artistique. Lui-même auteur de cette phrase : « Je suis devenu abstrait grâce à Sérusier. »

*Le jardin Filiger*
Conçues telle une œuvre à contempler (dans des transats aux beaux jours), ses terrasses, plantées d'essences locales, se superposent, tels les aplats propres à l'école de Pont-Aven, et reproduisent la palette de couleurs du *Paysage rocheux, Le Pouldu* de Charles Filiger, l'une des pièces maîtresses du musée, dont le jardin est inspiré. Il est le point de départ (ou final) de la visite.
Pour finir, belle librairie-boutique.

***Balade en ville et dans le bois d'Amour :*** se procurer à l'office de tourisme le magazine proposant plusieurs itinéraires sur les pas de Gauguin (4 circuits de 30 mn à 1h chacun). On aime en particulier la ***promenade Xavier-Grall,*** ensemble de petites passerelles piétonnes qui enjambent l'Aven. Le grand poète (1930-1981) s'était installé à côté de Pont-Aven à la fin de sa vie.

***Vedettes Aven Bélon :*** *quai Théodore-Botrel. ☎ 02-98-71-14-59 (ou billets à l'office de tourisme). • vedettes.aven.belon@free.fr • vedettes-aven-belon.com • Avr-oct, 1-2 départs/j. du port de Pont-Aven, autant du petit port du Bélon. Compter env 13,50-19,50 € ; réduc. Durée : 1h-1h45.* Excursions commentées sur l'Aven, qui permettent d'admirer le mélange de mer et de terre, d'eaux et de forêts caractéristique des rias. Le circuit bleu part de Pont-Aven jusqu'à l'océan. Le rouge continue jusqu'au joli port du Bélon.

## Fêtes et manifestation

– ***Fête des Fleurs d'ajoncs :*** *1er w-e d'août.* Le dimanche matin, les cercles celtiques et *bagadoù* défilent en centre-ville *(accès payant sur le parcours pour assister au défilé).* L'après-midi, les groupes se produisent en centre-ville *(gratuit).* Messe bretonne, marché d'artisans, fest-noz : tous les ingrédients de la fête bretonne !
– ***Fête de la Belle Angèle :*** *fin août (à la dernière grande marée).* Rassemblement de vieux gréements sur le port, visite possible des bateaux, concerts, chants marins, fest-noz, feu d'artifice...
– ***Pont-Aven en lumière :*** *fin nov-début janv. • pontavenenlumiere.fr •* Un parcours lumineux qui met en valeur le patrimoine local.

## DANS LES ENVIRONS DE PONT-AVEN

***La chapelle de Trémalo :*** *à 1,2 km sur les hauteurs de Pont-Aven, accessible à pied depuis le centre-ville par le bois d'Amour (env 30 mn). Tlj 10h-17h.*

Lun des pans du toit touche presque le sol ! À l'intérieur, belles sablières sculptées et christ en bois du XVIIe s, qui servit de modèle au célèbre *Christ jaune* de Gauguin.

***L'église de Nizon :*** *à 2,5 km au nord de Pont-Aven par la D 24.* Un chef-d'œuvre de l'art religieux breton. Superbes statues naïves, vitraux modernes. Sur la place, calvaire avec pietà qui servit de modèle à Gauguin pour peindre son *Christ vert,* en 1889.



# RIEC-SUR-BÉLON [RIEG]

(29340) 4 310 hab. *Carte Finistère Sud, C2*

**Aux portes de Riec, un séduisant labyrinthe de routes de campagne tisse sa toile, menant aux plus belles chaumières et aux ports les plus lilliputiens. Le village est connu pour être la capitale d'une fameuse variété d'huître plate, qui est même passée dans le langage commun : la « Bélon » ou « Belon ». C'est, en fait, plutôt l'ultime lieu de séjour pour les huîtres : naissance (le « naissain ») et adolescence se passent sous d'autres cieux bretons ; à 3 ans, elles viennent à Bélon acquérir cet incomparable goût de noisette que leur donne le mélange d'eau douce et d'eau salée de la rivière.**

## Adresse et info utiles

***Bureau d'informations touristiques Quimperlé Terre Océane :*** *pl. Yves-Loudoux. ☎ 02-98-06-97-65 ou 02-98-39-67-28. • contact@quimperle-terreoceane.com • quimperle-terreoceane.com • Juil-août, lun-sam 9h30-12h, 14h-18h ; dim 10h30-12h30. Avr-juin et sept, lun-ven (jusqu'à 17h30) et sam mat ; hors saison, mar-ven et sam mat.* Accueil vélo. Livret-jeux en famille de port en port de Rosbras au Pouldu.

– ***Marché :*** *le mat mer et sam à côté de l'office de tourisme, sur la place.*

## Où dormir ?

### Prix moyens

***Chambres d'hôtes Le Châtel :*** *Le Châtel. ☎ 02-56-46-39-18. 06-01-30-28-77. • f_robino@yahoo.fr • À 3 km à l'ouest de Riec-sur-Bélon, sur la route de Pont-Aven. Ouv vac de Pâques-vac de la Toussaint. Double 60 € ; maison pour 4 pers 100 €/nuit. CB refusées. Verre de cidre offert sur présentation de ce guide.* Une adorable maison d'hôtes pour les amoureux de campagne et de calme. Dans un charmant corps de ferme couvert de vigne vierge, 4 chambres simples et très bien tenues où meubles anciens et confort d'aujourd'hui plantent un décor comme à la maison. Une 5e chambre pour 4 personnes occupe une maisonnette indépendante. Accès à une cuisine commune pour tous. Le bon petit déjeuner est servi dans l'ancienne étable. Accueil charmant en prime, on s'y sent bien !

***La Mouette Rieuse :*** *8, impasse des Figuiers, lande Julien. 06-80-07-12-23. • m.kergreiz@orange.fr • chambresdhoteslamouetterieuse.fr • À 4 km à l'est de Riec-sur-Bélon. Doubles 68-75 € ; studio 2 pers 98-108 €. Apéritif maison offert sur présentation de ce guide.* Dans un coin de campagne un peu perdu, on adore cette maison chaleureuse, où Martine et Bertrand accueillent leurs hôtes avec une rare convivialité et un large sourire. La maison abrite une chambre toute fraîche et proprette, tandis qu'un studio en ossature bois et baies vitrées est posé dans le jardin – un nid douillet pour 2 avec coin cuisine, salle à manger, douche hammam et terrasse. Ici, on cultive et consomme les produits du jardin et on organise des ateliers sur l'interaction entre l'humain et son environnement. Vous avez dit zen ?

## Où acheter du bon cidre ?

***Au Pressoir du Belon, Cidrerie Goalabré :*** *2, La Villeneuve. ☎ 02-98-06-53-45. • pressoirdubelon@bbox.fr • cidre-belon-bretagne.fr • À 1 km au sud du bourg. Tlj sauf dim (et sam oct-avr) 10h-12h, 14h-19h (18h sam). Congés : 1 sem en juin et 2 sem en sept.* Cette cidrerie est la dernière de la route du cidre, avant l'entrée dans le département du Morbihan. Après une petite présentation par le maître des lieux, place à la dégustation de cidres fermiers, demi-secs ou bruts, et du fameux cidre cornouaille, plus charpenté et tannique, au goût doux-amer.



# À faire

***Vedettes Aven Bélon :*** *☎ 02-98-71-14-59. • vedettes-aven-belon.com • De mi-juil à août, 5-7 départs/sem du port du Bélon, sur résa seulement (côté Moëlan ou côté Riec). Durée : 1h. Tarifs : env 13,50-19,50 € ; réduc.* Excursions commentées dans les estuaires du Bélon et de l'Aven. Le circuit orange mène jusqu'à Pont-Aven, que l'on peut visiter pour une durée variable (selon marée).

# DANS LES ENVIRONS DE RIEC-SUR-BÉLON

***Le port du Bélon :*** *à 4 km au sud.* L'un de nos petits ports préférés en Finistère, entre pêche et plaisance. Une route adorable y mène, mais mieux vaut se garer bien en amont sur le bas-côté car il n'y a que peu de places au port. On y vient avant tout pour déguster les délicieuses huîtres plates, spécialité du coin, avec un p'tit verre de blanc. Plusieurs ostréiculteurs ont installé une poignée de tables à la bonne franquette devant leurs viviers ! On recommande les ***Huitrières du Château de Bélon*** *(☎ 02-98-06-90-58 ; • domainedebelon@live.fr • ; tte l'année, tlj 10h30-18h et jusqu'à 19h en haute saison ; visite des parcs mer et ven à 15h en juil-août, 5 €),* avec leur batterie de tables en bois rustiques plantées au-dessus de la ria, sous les arbres, pour déguster les huîtres maison avec un zeste de citron, un muscadet ou un sauvignon. Ceux qui veulent s'attabler confortablement, dans une vraie salle de resto, opteront pour ***Chez Jacky*** *(sur le port ; ☎ 02-98-06-90-32 ; d'avr à oct, tlj sauf dim soir et lun),* en s'en tenant aux huîtres.

➢ De là, on vous conseille la ***boucle de Penquernéo.*** Le départ se fait du château du Bélon, longe le Bélon puis la mer et conduit à la pointe de Penquernéo. Le retour se fait par l'intérieur. Demander le plan touristique avec les circuits pédestres à l'office de tourisme (également téléchargeable).

***Le port de Rosbras :*** *à env 5 km au sud-ouest.* Celui-là aussi, on l'aime beaucoup. Ce petit port de plaisance a su garder son caractère typiquement breton. D'ailleurs, quand on est à Kerdruc, en face, au coucher du soleil, on a vraiment envie de s'y poser. On en profite depuis la terrasse du bistrot du port.

➢ Garez-vous ici pour entamer une très agréable balade jusqu'à la *pointe de Penquernéo.* En route, on passe l'*anse de Goulet-Riec,* merveilleusement préservée. Sentier bordé de genêts, entre terre, ciel et rivière, menant si l'on veut jusqu'à Bélon... 6 km de plénitude !

**Le Bistrot de Rosbras :** *42, rue des Voiliers (au port). ☎ 02-98-06-92-00. 06-60-02-18-05. • bistro.rosbras@orange.fr • Ouv mai-sept seulement, tlj sauf lun-mar. Menu 25 € ; carte env 40 €.* D'abord, c'est une terrasse idyllique pour boire un verre en journée ; ensuite, une très belle cuisine pleine d'inspiration et des associations de saveurs qui enchantent les papilles. Les fruits de mer, d'une fraîcheur absolue, sont joliment déclinés dans des plats savoureux, façon ravioles ou risotto. Service souriant et rapport qualité-prix remarquable, mais soyez patients !



# MOËLAN-SUR-MER [molan]

(29350) 6 920 hab. *Carte Finistère Sud, D3*

**Au cœur du pays des Avens, ciselé par ces anciennes vallées glaciaires envahies par la mer, le bourg, commerçant, s'entoure de mignons petits ports de pêche, d'anciens moulins à eau (dont celui de l'Abbé au fond de l'anse de Merrien) et de nombreux vestiges mégalithiques. Ne manquez pas, à Moëlan même, la chapelle Saint-Philibert-et-Saint-Roch.**

## Adresses et info utiles

**Bureau d'informations touristiques Quimperlé Terre Océane :** *20, pl. de l'Église. ☎ 02-98-39-67-28. • quimperle-terreoceane.com • Juil-août, lun-sam 9h30-12h30, 13h30-18h30 ; dim 10h30-12h30. Sept-juin, lun-sam 9h30-12h30, 14h-17h30 ; fermé jeu oct-mars (hors vac scol).*

**Location de vélos et autres : M. Gouyec,** *12, rue du Guilly. ☎ 02-98-39-69-09. Tlj sauf dim 9h-12h, 14h-18h45.* Excellent matériel, vélos électriques, réparation, accessoires, etc. **Steren ar mor,** *32, Kervetot, port de Brigneau. 06-03-93-50-02.* Ce dernier loue VTT, canoës et kayaks.

– **Marchés :** *au bourg, mar mat ; à Kergroës, sam mat.*

## Où dormir beaucoup plus chic ?

**Manoir de Kertalg :** *Le Guilly, route de Riec. ☎ 02-98-39-77-77. • manoirdekertalg@orange.fr • manoirdekertalg.com • À 3 km au nord-ouest de la ville, par la D 24. Fermé nov-mars. Doubles 138-295 € ; petit déj 19 €.* L'élégant manoir, bordé par le Bélon, s'entoure d'un parc de plus de 80 ha et d'une forêt offrant de belles balades. Dans les anciennes écuries ont été aménagées 7 belles chambres spacieuses aux couleurs douces et à la décoration raffinée (à condition d'aimer le doré et les tissus damassés). Les *Deluxe* sont malgré tout surestimées. Agréable terrasse avec vue sublime sur la rivière pour prendre son petit déj. Jardin très bien entretenu où se prélasser dans un transat et sympathique bar-salon de thé pour une pause l'après-midi.

## À voir

**La chapelle Saint-Philibert-et-Saint-Roch :** *juil-août, tlj sauf mer 10h-12h, 15h-18h30. GRATUIT. Concerts en été.* Chapelle du XVIe s, pleine de charme, classée Monument historique. Sous le porche, les lépreux possédaient leur abri. Dans l'enclos, calvaire et jolie fontaine entourée de bancs où il fait bon rêver.

## Fête et manifestations

- ***Les Mardis festifs :*** *de mi-juil à mi-août.* Fanfares-concerts gratuits en plein air.
- ***Digue en Fête :*** *autour du 1er w-e d'août au port de Brigneau.* Réunion de vieux gréements.
- ***Kerfany en fête :*** *mi-août.* Repas, musique et feu d'artifice.
- ***Parade des OFNI :*** *le 15 août.* Les OFNI ? Des Objets Flottants Non Identifiés, entre la cale de Kersaux et le port du Bélon.
- ***Pardon de Lanriot :*** *1er dim de sept.* Procession de 7 km de l'église paroissiale jusqu'à la chapelle de Lanriot. Célébration mariale et bénédiction de la mer au port du Bélon.



## DANS LES ENVIRONS DE MOËLAN-SUR-MER

À l'ouest de Moëlan, l'***allée couverte de Kermeur-Bihan*** est le plus beau vestige mégalithique du pays de Quimperlé. On en trouve d'autres à 3 km sur la route de Brigneau ; et à Kergoustance, à la sortie de Moëlan en direction de Riec-sur-Bélon.

***Kerfany :*** *à 7 km à l'ouest de Moëlan-sur-Mer, à l'entrée de l'estuaire.* D'opulentes villas s'alignent en retrait de la jolie plage (Pavillon Bleu), abritée et surveillée. De la *pointe de Minbriz,* beau panorama sur l'estuaire, la pointe de Penquernéo et Port-Manec'h. Et pourquoi ne pas vous offrir une balade en kayak dans la ria du Bélon ?
➢ ***Le sentier de Kerfany :*** ce sentier de douaniers longe criques et parcs à huîtres jusqu'à Porsguen, puis Kerdoualen et Blorimond, en passant par la plage de Kerfany. Réalisable en 3h. Balisé en jaune. Ne pas manquer d'admirer la chapelle et la fontaine de Lanriot.

***Le port de Brigneau :*** *à 5 km au sud-ouest de Moëlan-sur-Mer par la D 116.* Petit port, avec ses hameaux tout autour, blottis le long d'un treillis dense de routes étroites et sinueuses. La plupart des maisons ont été superbement restaurées et certaines ont conservé leur toit de chaume. La ria de Brigneau se distingue par son eau moirée de couleur *glaz,* cette teinte bretonne si particulière oscillant entre le bleu et le vert. Visites guidées en juillet-août, le jeudi à 15h.
➢ Là aussi, en partant du minuscule port de Brigneau, possibilité de rejoindre 2 intéressants chemins côtiers. Le 1er, le sentier côtier de la digue de Malachappe, longe la rive droite de l'estuaire et va par Beg- Moc'h jusqu'à Kerglouanou. Le 2d suit la rive gauche de l'estuaire et s'achève au port de Merrien (départ à la sortie de Brigneau, direction Moëlan). Au passage, à ***Kerouant,*** on croise *La Houard* ou maison des douaniers. C'est un ancien poste d'observation du XVIIe s, bien restauré et reconnaissable à son toit de granit en forme d'escalier. Cela permettait aux gardes qui surveillaient de recevoir et de transmettre les messages du haut du toit.

***Le port de Merrien :*** *à 5 km de Moëlan-sur-Mer.* Peut-être le plus petit des ports de la côte. En tout cas, le plus secret et le plus charmant, lové au fond d'une petite échancrure. Plus de 60 ha de bois et de landes sur les rives du Merrien sont aujourd'hui protégés. Songez que dans les années 1950, les ports de Merrien, Bélon, Doëlan et Brigneau assuraient encore l'activité de 600 pêcheurs. Suivez la pancarte « Kersécol/Port-Baly » pour admirer un bout de côte peu urbanisé.

# QUIMPERLÉ [kemperle]

(29300) 12 510 hab. *Carte Finistère Sud, D2*

● Plan *p. 182-183*

**Agréable petite ville, récemment classée « Pays d'Art et d'Histoire », Quimperlé s'amarre au confluent des rivières Isole et Ellé, qui y forment la Laïta. De pittoresques ruelles médiévales pavées livrent leur pesant de vieilles demeures, débouchant sur de merveilleuses églises. « Le chemin Bleu », une mise en lumière… bleue, imaginée par Yann Kersalé, offre un lieu de promenade fleuri et bucolique au cœur de la ville, jusqu'au pont de l'Ellé. Ajoutez une belle sélection pour dormir et se restaurer, qui encourage à rester plus longtemps.**

## Adresse et info utiles

🅸 ***Bureau d'informations touristiques Quimperlé Terre Océane*** *(plan C2)* **:** *3, pl. Charles-de-Gaulle. ☎ 02-98-39-67-28. ● quimperle-terreoceane.com ● Juil-août, lun-sam 9h30-13h et 14h-18h30, dim 10h30-12h30 ; sept-juin, lun-sam 9h30-12h30, 14h-18h.* Visites guidées vivantes pour découvrir le patrimoine. Demandez le livret enfants pour aider les petits à visiter la ville avec vous. Excellent accueil.

– L'application gratuite ***Rando Bretagne Sud*** classe les parcours en pays de Quimperlé par types d'activités (à pied, à vélo, itinéraires trail) et niveaux de difficulté.

## Où dormir ?

### De bon marché à prix moyens

***Hôtel Bar Évènement Le Brizeux*** *(plan C2,* ***13****)* **:** *7, quai Brizeux. ☎ 02-98-96-19-25. 📱 06-47-87-77-98. ● contact@lebrizeux.com ● lebrizeux.com ● Doubles 45-75 € ; studios jusqu'à 4 pers 90-110 €.* Très bien placé, au bord de la Laïta, ce petit hôtel familial a été entièrement rénové dans des tons frais. Les 9 chambres ne sont pour la plupart pas très larges et assez sobres, mais elles s'avèrent fonctionnelles, confortables, calmes (double vitrage côté rue) et bien tenues. La déco de quelques-unes a été confiée à des artistes locaux, belle initiative ! 2 chambres se partagent les sanitaires et offrent donc une option archi-économique. Un excellent rapport qualité-prix. Au rez-de-chaussée, le bar, avec sa voûte gothique (!) se double d'une mini-salle de concert, expos, animations, etc.

***Chambres d'hôtes Villa Ker Milin*** *(hors plan par C1,* ***12****)* **:** *126, rue de Quimper. ☎ 02-98-06-57-80. 📱 06-61-92-57-09. ● villakermilin@gmail.com ● villakermilin.fr ● Doubles 80-95 €.* À si peu de distance du centre en voiture, cette grande demeure de maître s'entoure d'un magnifique parc aux multiples coins secrets – avec même une petite bambouseraie. Elle offre 4 chambres cosy, élégantes, d'excellent confort, décorées sur des notes un peu différentes ; on aime bien la « Francine » (32 m² !) avec son parquet, son mobilier à l'ancienne et sa cheminée en marbre. Beau petit déjeuner de produits frais et faits maison. En prime, un accueil charmant.

### Chic

***Le Vintage Hôtel*** *(plan C1,* ***14****)* **:** *20, rue Brémond-d'Ars. ☎ 02-98-35-09-10. ● hotelvintage@orange.fr ● hotelvintage.fr ● ♿ Doubles 97-128 €. Petit* *déj (buffet breton) 13 €. Rafraîchissement offert sur présentation de ce guide.* Dans l'ancienne *Caisse d'épargne* à l'opulente façade, cet hôtel pour le moins original abrite 10 chambres de style contemporain, au mobilier d'inspiration Art déco. Chacune porte le nom d'un peintre qui inspire sa déco. Nombreux tableaux peints par des amis de la famille. Une adresse où l'on est chouchouté et où l'on se sent bien.

## Où dormir dans les environs ?

### Camping

**À l'Abri de l'Océan :** *591, route de la Madeleine, Locquillec, 29300* **Baye.** *☎ 02-98-96-80-35. • alabridelocean@orange.fr • alabridelocean.fr • À 6 km à l'ouest de Quimperlé par la D 783. Ouv tte l'année, sauf fin déc (après Noël)-début janv. Forfait tente env 16 € ; loc de chalets et mobile homes. Double 47 € ; familiale.* Petit ensemble hôtel-camping à prix fort intéressants. Camping assez confortable, aux emplacements séparés par de petites haies et assez arborés. Les chambres sont très simples et sans goût côté déco, mais à prix mini. Piscine et pataugeoire chauffées, aire de jeux, minigolf... et nombreuses activités à proximité. Très bon accueil.



## Où manger ?

### Bon marché

**Chez ChouChou** *(plan C2,* ***20****) : 10, rue Savary. ☎ 02-98-06-87-63. • christian.slimani@sfr.fr • ♿ Juil-août, tlj sauf dim 11h (17h sam)-1h ; hors saison ouv lun-ven 12h-14h, plus ven-sam 19h-22h. Congés : 1re sem de mars, dernière sem de sept et 1re sem d'oct. Plats 11-14 €.* Cadre particulièrement éclectique, coloré et chaleureux (box confortables, lustres de cristal, objets vintage...). Bonne cuisine classique servie avec une générosité incroyable (tartare, saucisse de Toulouse, steak de thon, etc.) et bons desserts maison s'il vous reste de la place. Service détendu, atmosphère gentiment bruyante et conviviale. Toujours plein, il doit bien y avoir une raison !

**Crêperie Ty Billig** *(plan B3,* ***21****) : 2, pl. Saint-Michel. ☎ 02-98-96-40-91. • contact@ty-billig.com • Fermé dim-lun, plus mer soir hors saison. Autour de 12-15 €. Café offert sur présentation de ce guide.* La devanture jaune soleil, la déco esprit brocante et l'ambiance font de *Ty Billig* une sympathique adresse. Le chef prépare devant vous des crêpes cuisinées avec des produits du terroir, notamment le blé noir issu d'un producteur bio local. Garnitures classiques ou plus singulières. Vente de produits locaux au coin épicerie et nombreuses animations culturelles tout au long de l'année (concerts). Jeux pour les enfants.

**Labo Gustatif** *(plan B2,* ***22****) : 11, rue Génot. 📱 07-83-77-86-71. • contact@labo-gustatif.fr • Ouv mer-sam, midi et soir. Menus 15-25 €.* Ici, le menu change toutes les semaines. Dans cet antre de la « biostronomie » grandie à l'aune du fermenté et de la conscience écologique, on cultive les jeunes pousses sous les yeux des convives et on produit ses propres *kombucha*, kéfir de fruits et *ginger beer* (tous riches en probiotiques). On choisit entre 2 entrées et 2 plats (dont l'un toujours végétarien), puisant dans la richesse des produits locaux, bio naturellement. Courette verdoyante aux beaux jours.

### De prix moyens à chic

**L'Ardoise Bistrot** *(plan C2,* ***25****) : 2, rue Isole. ☎ 02-98-96-10-70. • lardoisebistrot29@gmail.com • ♿ Tlj sauf dim-lun, plus sam midi hors saison. Congés : fin juin-début juil. Formule déj en sem 13,50 € ; menus 25-32 € ; carte env 35 €. Digestif maison offert sur présentation de ce guide.* Une ambiance bistrot revisitée avec une

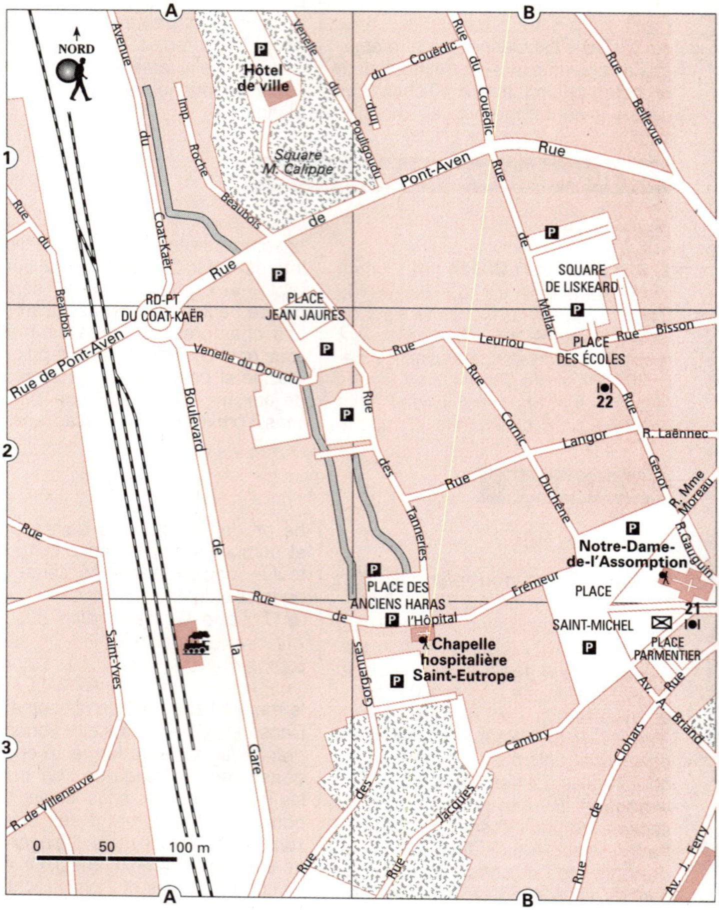


| | |
|---|---|
| **Adresse utile** | Villa Ker Milin (hors plan par C1) |
| Bureau d'information touristique (C2) | **13** Hôtel Bar Évènement Le Brizeux (C2) |
| **Où dormir ?** | **14** Le Vintage Hôtel (C1) |
| **12** Chambres d'hôtes | |

touche contemporaine et un soupçon d'exotisme. Cuisine évolutive basée sur des produits frais du terroir et de la mer, pour une carte qui évolue avec le marché et les saisons et des assiettes colorées et élégantes. En prime, un accueil chaleureux.

***La Coulée Douce*** *(plan C2,* ***23****)* **:** 2,

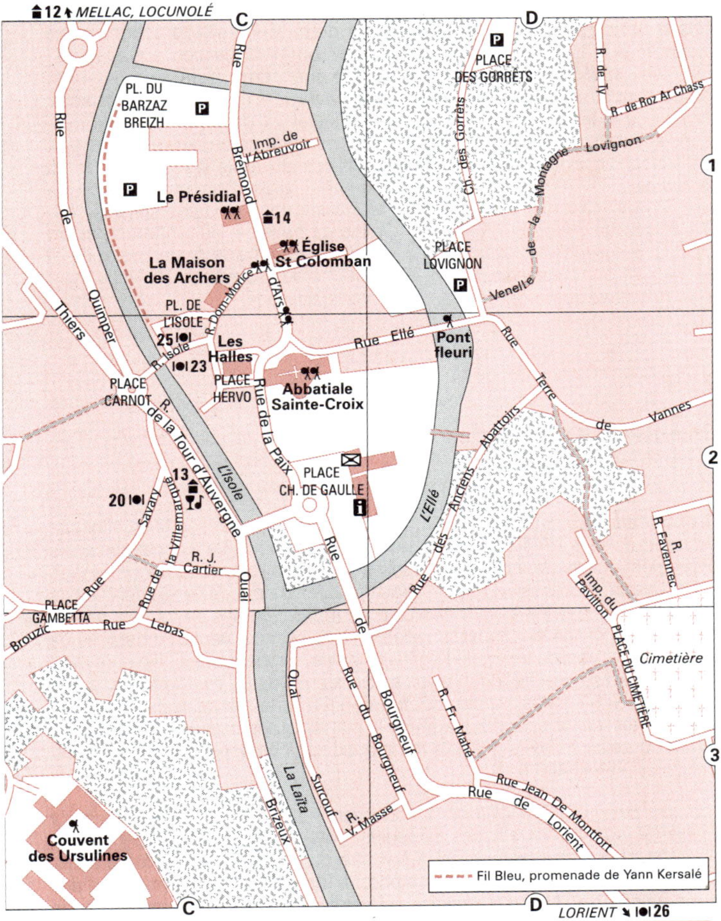


## QUIMPERLÉ

| | |
|---|---|
| **Où manger ?** | **23** La Coulée Douce (C2) |
| **20** Chez Chouchou (C2) | **25** L'Ardoise Bistrot (C2) |
| **21** Crêperie Ty Billig (B3) | **26** La Cigale Égarée (hors plan par D3) |
| **22** Labo Gustatif (B2) | |

*rue de La-Tour-d'Auvergne.* ☎ *02-98-35-11-27.* 📱 *06-67-62-40-08.* ● *guillsyl@hotmail.fr* ● *Tlj sauf mer-jeu et dim. Congés : 15 j. en fév et 2 sem fin août-début sept. Formule déj en sem 15 € ; menu 28 €.* Si on trouve la salle un peu tristoune, aux beaux jours, réservez une table sur la passerelle protégée (le clapotis de l'eau couvre presque le bruit des voitures). Cuisine traditionnelle bien troussée, à base de produits locaux. Bonnes viandes cuisinées en sauce, en brochette ou en croûte de sel, mais aussi d'excellents poissons et des desserts maison gourmands à souhait. Bon accueil et service souriant.

**La Cigale Égarée** *(hors plan par D3,* ***26****) : 8, rue d'Athenry. ☎ 02-98-39-15-53. • contact@cigaleegaree.com • Dans la zone d'activités, derrière le concessionnaire automobile. Tlj sauf dim-lun. Formules déj 25-29 € (sauf j. fériés) ; menu 47 €.* Non, ne faites pas demi-tour en approchant cette zone commerciale peu engageante ! Contrairement aux apparences, *La Cigale* n'a pas cessé de chanter en s'installant dans cette grande maison rose entourée d'arbres fruitiers et protégée du reste du monde par un agréable jardin. Son interprétation de la cuisine nous emmène sur des chemins de traverse, où règne un parfum d'aventure entre terre de Bretagne et parfums de Provence. Une vraie symphonie culinaire.

## À voir

➢ ***Visite guidée de la ville :*** *rdv à l'office de tourisme, en juil-août, mer à 15h (5 € ; 2h). Visite de l'abbatiale Sainte-Croix ou de la chapelle Saint-Eutrope, en juil-août, jeu à 15h.*

**L'abbatiale Sainte-Croix** *(plan C2) : tlj 10h-18h.* Étonnante, cette architecture sur différents niveaux ! Édifiée au XIe s, l'abbatiale a été en partie reconstruite après l'effondrement du clocher en 1862. C'est la seule église romane bretonne de plan circulaire, inspiré de l'église du Saint-Sépulcre à Jérusalem. Rotonde centrale de 18 m de haut, sur laquelle s'ouvre la plus belle abside romane de toute la région. Énormes piliers cannelés. Superbe ***retable*** Renaissance, véritable dentelle de pierre. La crypte, vestige intact de l'église primitive, impose le recueillement avec ses lumières tamisées et ses chapiteaux aux jolis entrelacs. 2 ***tombeaux*** du XVe s, dont celui de saint Gurloës, réputé autrefois pour guérir les migraines. Un trou permettait d'y passer la tête. Surtout, admirer la magnifique *Mise au tombeau.* Trésor présentant quelques objets cultuels remarquables : custode, ciboire, reliquaire, ostensoir du XVIIe au XIXe s.

**La rue Brémond-d'Ars** *(plan C1-2) :* notables et officiers de marine s'y sont jadis fait construire de belles demeures. Voyez les nos 8, 10 et 12 (maisons à colombages) et le double escalier à balustre du ***présidial*** au no 15. Au no 16, vestiges de l'***église Saint-Colomban*** : porche roman du IXe s, surmonté d'une fenêtre gothique du XIIIe s (seul vestige de la ville primitive, entièrement détruite en 878 par les Vikings).

**La rue Dom-Morice** *(plan C1-2) :* rue pavée, piétonne, aux très belles maisons en encorbellement et à colombages.
– *Au no 7, la* **maison des Archers** *: ☎ 02-98-39-06-63. Début juin- début oct, tlj sauf mar 10h-12h, 14h-18h. Entrée : 5 €.* On ne boude pas son plaisir de pouvoir pénétrer et visiter cette superbe maison en encorbellement du XVIe s, aujourd'hui lieu d'expositions et de spectacles. Juste à côté se trouve la plus ancienne maison de Quimperlé, une échoppe ayant conservé son étal de pierre.

**L'église Notre-Dame-de-l'Assomption** *(plan B2) : pl. Saint-Michel. Tlj sauf dim 10h-18h.* Commencée au XIIIe s, remaniée aux XVe, XVIIe et XVIIIe s, elle est repérable de loin à sa tour carrée. Admirable portail nord à la foisonnante décoration Renaissance bretonne. Entrée barrée d'un linteau ouvragé et divisée en 2 portes en arcade superbement sculptées. À l'intérieur, observez la décoration des sablières : diables, animaux sauvages, têtes grotesques, fous, etc. Datées de 1430, elles seraient les plus anciennes décorées de Bretagne. Belle statuaire en bois, notamment une pietà tragique et une Vierge à l'Enfant.

**Le couvent des Ursulines** *(plan C3)* **:** *rue Jules-Ferry.* Cette chapelle de style jésuite du XVII^e s, baroque, possède un superbe plafond décoré à la feuille d'or. Elle accueille aujourd'hui des expositions d'art contemporain *(☎ 02-98-39-28-44 ; début juin-début oct, tlj sauf mar 10h-12h, 14h-18h ; le reste de l'année, ouv selon expos ; 5 €).*

**La chapelle hospitalière Saint-Eutrope** *(plan B3)* **:** *rue de l'Hôpital-Frémeur. Ouv théoriquement mer 14h30-17h30 et ven 10h15-12h15.* Un monument unique en Bretagne puisqu'il s'agit du dernier hôpital médiéval de l'Ouest. Les chambres s'ouvraient sur la nef pour que les malades puissent suivre la messe.

FINISTÈRE SUD

## Manifestations

– ***Le Cinéma dans la prairie :*** *jeu en juil-août. GRATUIT.* Séances de cinéma en plein air dans la prairie de Saint-Nicolas.
– ***Les Mercredis musicaux :*** *de mi-juil à mi-août, pl. Saint-Michel. GRATUIT.*
– ***Festival des Rias :*** *dernière sem d'août. GRATUIT.* Théâtre de rue sur le pays de Quimperlé.

## DANS LES ENVIRONS DE QUIMPERLÉ

***Le manoir de Kernault :*** *à env 6 km au nord-ouest, sur la commune de* ***Mellac.*** *☎ 02-98-71-90-60. • manoir.kernault@cdp29.fr • Début juil-août, tlj 11h-19h ; début juin-début juil et début sept-20 sept, mer et w-e 14h-18h. Entrée : 5 € ; réduc ; gratuit moins de 7 ans. Parc en accès libre tte l'année.* Propriété du département, Kernault est un domaine de 32 ha, composé d'un parc en accès libre et d'un manoir dont les 1^res pierres furent posées au XV^e s. Un parcours d'interprétation aide à découvrir et comprendre l'histoire du lieu. Amusant, dans un souci de démarche écologique, chevaux de trait bretons, vaches écossaises et (petits) moutons d'Ouessant contribuent à l'entretien du parc ! Un verger a été consacré Conservatoire de la pomme, avec une centaine de variétés. Expos temporaires, ateliers, animations, spectacles et journées à thème rythment l'année à Kernault.

***Les roches du Diable :*** *à 12 km au nord-est de Quimperlé, 29310* ***Locunolé.*** Une superbe balade au bord de l'Ellé. Le cours d'eau se faufile sous un chaos de roches au milieu des bois. Voilà un site diablement romantique et inquiétant, très apprécié par les canoéistes. Réputé pour ses compétitions, c'est l'un des plus difficiles de France. Carte touristique et livret-jeux disponibles à l'office de tourisme de Quimperlé avec des légendes, des itinéraires de balades et des informations sur la faune et la flore du site.

# CLOHARS-CARNOËT [kloar-karnoed], DOËLAN ET LE POULDU

(29360) 4 440 hab. *Carte Finistère Sud, D3*

**Le bourg de Clohars-Carnoët offre peu d'intérêt, mais les plages et petits ports tout autour donnent envie de s'y arrêter, notamment *Doëlan,* l'un des ports de pêche les plus mignons de cette portion de côte, et *Le Pouldu,* port de plaisance à l'embouchure de la Laïta, avec une station**

**balnéaire et de forts belles plages. Dommage que les lotissements se soient autant multipliés depuis le passage de Gauguin et de ses amis de Pont-Aven...**



## Adresse et infos utiles

**Bureau d'informations touristiques Quimperlé Terre Océane :** *pl. de l'Océan, au Pouldu. ☎ 02-98-39-67-28. • quimperle-terreoceane.com • Juil-août, lun-sam 9h30-13h et 14h-18h30, dim 10h30-12h30 ; avr-juin et sept, lun-sam 9h30-12h30, 14h-17h30 ; oct-mars, mar-mer et ven 10h-12h30, 14h-17h30, plus sam mat.* Demander le livret pour enfants avec parcours découverte entre terre et mer.

**Traversée Le Pouldu-Guidel** *(Morbihan)* **:** *06-64-27-62-15. Juil-août, ttes les 30 mn, sauf lun mat, 10h-12h, 14h-19h ; w-e de mai-juin et sept 10h30-12h, 14h-18h. Compter 1 €/pers, 3 €/vélo.*

– **Marchés :** *au Pouldu mer mat et dim soir en juil-août ; à Clohars-Carnoët bourg le sam mat.*

## DOËLAN

Logé dans une ria étroite et profonde, le port de pêche et de plaisance est gardé par 2 phares, un vert et un rouge, et de coquettes maisons bretonnes colorées. Le GR 34 offre de jolis points de vue sur le port. Demandez à la capitainerie ou à l'office de tourisme la brochure « Parcours du patrimoine » : 3 circuits (de 1h30 à 1h45 chacun) relient fontaines, anciens lavoirs et autres témoins du passé – à explorer aussi en visite guidée *(lun en juil-août)* ou avec l'appli « Imagia ». Rive droite, vente de poissons et crustacés.

## LE POULDU

Cette station balnéaire possède 3 belles plages de sable fin : Bellangenet et les Grands-Sables, familiales, aux eaux calmes, et le Kérou, spot de surf réputé, toutes les 3 Pavillon Bleu et surveillées en été. Les environs sont une véritable aubaine pour les promeneurs, avec des sentiers côtiers, des randonnées pédestres (GR 34) et des circuits VTT balisés. Sur le plan culturel, Le Pouldu est mondialement connu grâce à Paul Gauguin, à Meyer de Haan, à Paul Sérusier et à leurs amis de l'école des peintres de Pont-Aven.

## Où dormir ? Où manger ?

### Campings

**Camping Croas an Ter :** *1, Quelvez. ☎ 02-98-39-94-19. • campingcroasanter@orange.fr • campingcroasanter.com • ♿ À 2 km au nord des plages, par la D 49. Ouv de mai à mi-sept. Forfait tente 15,30 € ; loc de mobile homes, caravanes, chalets, tentes aménagées et équipées. Cabadiennes (petites cabanes) 35 €/j. CB refusées. Réduc de 10 % sur présentation de ce guide.* À 1,5 km de la plage, voilà un adorable camping vert et calme (classé « refuge LPO » !), où les oiseaux gazouillent dans les arbres vénérables. L'accueil, exceptionnel, en fait notre petit chouchou dans le coin. On a bien aimé aussi les pots d'herbes aromatiques dans lesquels chacun est libre de se servir. Location de vélos. En revanche, ici, ni point de restauration, ni équipements de loisirs.

**Camping du Pouldu :** *83, rue des Grands-Sables. ☎ 02-98-39-92-32. • camping.du.pouldu@gmail.com • camping-du-pouldu.com • ♿ Ouv de mai à mi-sept. Forfaits tente 12-26 € ; loc de mobile homes et tentes aménagées 2-6 pers.* Dans ce camping fleuri à l'atmosphère familiale, on profite du calme de la campagne, tout en gardant la mer à proximité (plage à 800 m). Espaces bien délimités, entre autres grâce aux multiples arbres fruitiers. Piscine chauffée, bar avec coin bibliothèque (concerts) et location de vélos (notamment électriques).

**Camping des Grands-Sables :** *22, rue du Philosophe-Alain. ☎ 02-98-39-94-43. • campinglesgrandssables@orange.fr • camping-lesgrandssables.com • Ouv de début avr à mi-sept. Forfaits tente 16-29 € ; loc de mobile homes 4-6 pers.* Blotti contre la chapelle Notre-Dame-de-la-Paix, c'est le camping le plus proche de la plage (150 m) mais pas notre préféré. Assez bien ombragé, il est néanmoins moins arboré et moins fleuri que ses voisins ; l'accueil n'en reste pas moins charmant et les sanitaires sont tout neufs ! Jeux pour enfants.

**Camping Les Embruns :** *2, rue du Philosophe-Alain, au* **Pouldu.** *☎ 02-98-39-91-07. 06-67-45-18-35. • contact@camping-les-embruns.com • camping-les-embruns.com • Ouv début avr-début nov. Forfaits tente 12-70 € (!) ; loc de chalets et de mobile homes (4-6 pers).* À 200 m de la plage, ce magnifique camping 5 étoiles, superbement fleuri, dispose d'emplacements paysagers assez intimes, à la décoration marine. Piscine chauffée couverte et espace bien-être. Minigolf gratuit et animations payantes.

## De bon marché à prix moyens

**Hôtel-Restaurant du Pouldu :** *75, rue du Port. ☎ 02-98-39-90-66. • hoteldupouldu29@orange.fr • hotel-du-pouldu.com • Tlj sauf lun, plus mar hors saison. Ouv Pâques- oct. Doubles 55-70 € ; apparts sur la plage 2-8 pers 230-860 €/sem. Formule 18 € (sauf sam soir-dim) ; menu 34 €.* Depuis plusieurs générations, les locaux fréquentent le bar et les habitués les chambres au-dessus. Elles ont vu passer bien du monde et mériteraient un bon coup de frais (notamment les salles de bains), mais les amateurs de vintage y trouveront quelque chose d'attachant. Celles avec vue mer (juste sous vos fenêtres) sont plus claires et plus agréables. Dans la grande salle au charme désuet du resto (et ses nappes en papier), poissons et crustacés squattent la carte. En prime : une superbe terrasse face à la Laïta. Accueil gentil.

**Crêperie Ti Annick :** *8, rue du Philosophe-Alain. ☎ 02-98-39-92-84. Tt à côté du Camping Les Embruns. Ouv de Pâques à mi-sept, tlj sauf mar. Repas env 15 €.* Un petit resto qui ne paie pas de mine mais où l'on propose de bonnes crêpes à prix corrects. Cadre rustique et ambiance familiale. Il n'y a qu'une petite dizaine de tables à l'intérieur, et une grande terrasse donne sur le jardin.

FINISTÈRE SUD

# À voir. À faire

**La chapelle Notre-Dame-de-la-Paix :** *rue du Philosophe-Alain.* Au milieu d'un carré de verdure, petite, paisible et émouvante, cette chapelle du XVe s fut transplantée depuis Nizon, en 1956, puis remontée ici pierre par pierre. À l'intérieur, beaux et lumineux vitraux contemporains de Le Moal et Alfred Manessier (dans le chœur).

**La Maison-Musée du Pouldu :** *10, rue des Grands-Sables. ☎ 02-98-39-98-51. • maison-musee-lepouldu@clohars-carnoet.fr • maisonmuseedupouldu.blogspot.com • De mi-juin au 20 sept, tlj 11h-19h ; vac de Pâques et de la Toussaint, tlj sauf sam 14h-18h ; d'avr à mi-juin et du 21 sept à mi-oct, seulement dim, j. fériés et ponts 14h-18h. Dernière entrée 30 mn avt. Fermé nov-avr. Entrée : 4,10 € ; réduc ; gratuit moins de 12 ans. Tarif couplé avec l'abbatiale de Saint-Maurice : 2e site ½ tarif.*

De 1889 à 1893, de nombreux peintres ont fréquenté la *Buvette de la Plage,* tenue par la charmante hôtesse Marie Henry. Paul Gauguin y avait pris pension, comme

Meyer de Haan, qui peignirent murs, portes, plafond, cheminée et fenêtres de la salle à manger ! D'autres artistes, dont Sérusier, Filiger, Maufra, Seguin, les imitèrent... Hélas, Marie Henry partagea sa collection entre ses 2 filles en 1925. Puis, en 1959, la totalité fut dispersée à l'Hôtel Drouot de Paris. La plupart des œuvres se trouvent désormais dans les plus grands musées du monde et dans quelques collections privées. Si l'actuel *Café de la Plage* n'est plus qu'un bar comme les autres, juste à côté, la commune a eu l'idée de reconstituer la *Buvette*. Des reproductions ont retrouvé la place des œuvres originales. Mobilier d'époque, documents et objets contribuent à recréer l'atmosphère qui régnait dans ce lieu, enrichie de créations sonores, jeux de lumière et maquette. La maison accueille en outre chaque année un parcours thématique dans le jardin. L'été, différentes animations sont proposées aux enfants.



➢ ***Le chemin des Peintres :*** *rens à l'office de tourisme (visite guidée en juil-août).* Un itinéraire à suivre sur les traces de Gauguin et de ses amis au départ du musée du Pouldu. Au choix : une boucle de 2 km (30 mn) jusqu'à la chapelle Notre-Dame (vitraux d'Alfred Manessier) et une de 5 km (1h30) intégrant en plus le port du Bas-Pouldu et l'anse de Stervilin.

## DANS LES ENVIRONS DE CLOHARS-CARNOËT

***Le site abbatial de Saint-Maurice :*** *81, route de Lorient, à 5 km à l'est de Clohars-Carnoët par la D 224. ☎ 02-98-71-65-51. ● abbayesaintmaurice.blogspot.com ● De mi-juin au 20 sept, tlj 11h-19h (derniers billets 1h avt fermeture) ; vac scol de printemps et de la Toussaint, tlj sauf sam 14h-18h ; d'avr à mi-juin et du 21 sept à mi-oct, dim, ponts et j. fériés 14h-18h. Fermé nov-10 avr. Tarif : 5 € ; réduc ; gratuit moins de 12 ans. Tarif couplé avec la Maison-musée du Pouldu : 2e site ½ tarif.*

En lisière de la superbe forêt domaniale de Carnoët, la Laïta s'évase, se prenant un temps pour un lac ou imitant un fjord marin. Des centaines d'oiseaux s'y regroupent, surtout le matin, quand le soleil s'amuse avec les reflets de l'eau. C'est dans ce cadre que se dressent les vestiges de l'abbaye cistercienne de Saint-Maurice, du XIIe s : la salle capitulaire, l'orangerie et le logis de l'abbé. Une exposition permanente y traite de l'épopée cistercienne et des aménagements monastiques. On peut pique-niquer sur les bords de la rivière et, d'avril à septembre, observer le moniteur retransmettant la vie des chauves-souris installées dans le grenier, grâce à une caméra infrarouge...

En bas du sentier menant à l'abbaye, sur la droite, misez sur ***La Crêperie de Saint-Maurice*** *(☎ 02-98-71-50-67 ; juil-août, tlj en continu 12h-21h ; hors saison, tlj sauf mar, service continu dim).* Grand choix de crêpes salées et sucrées, dont des galettes à base d'algues et d'autres à la pâte mi-blé noir mi-... pommes de terre ! Accueil très aimable malgré l'affluence, chouette environnement et terrasse couverte sur la Laïta.

# LE MORBIHAN

• Carte p. 190-191

## ABC du Morbihan

- ***Superficie :*** 6 823 km$^2$.
- ***Préfecture :*** Vannes (53 200 hab.).
- ***Sous-préfectures :*** Lorient et Pontivy.
- ***Population :*** 751 300 hab.
- ***Signes particuliers :*** 8 communes situées sur des îles, 1/8$^e$ des voiliers immatriculés en France, le plus grand menhir du monde à Locmariaquer, mais brisé en 4 morceaux !) et un record inégalé, celui de la plus grande crêpe du monde (96 cm de diamètre) !

**Le Morbihan, seul département à porter un nom breton (signifiant « mer petite »), doit sa notoriété touristique aux ressources du littoral. Il est vrai qu'avec ses côtes découpées et variées à souhait, ses îles aguicheuses, ses baies taillées sur mesure pour les sports nautiques, son climat réputé plus ensoleillé qu'ailleurs en Bretagne et sa lumière inimitable, la côte morbihannaise n'est pas à court d'arguments. À l'intérieur, ce pays des bois et tout en relief ne manque pas de richesses archéologiques, de densité historique ou d'équipements de loisirs. On peut y faire des découvertes surprenantes et y passer des vacances sportives ou paisibles, dans une campagne séduisante et vraie, fidèle à la Bretagne centrale !**

## Adresses et info utiles

***Morbihan Tourisme :*** *Parc d'Innovation Bretagne Sud, CS 72001, 56010* ***Vannes*** *Cedex. ☎ 02-97-54-06-56. • morbihan.com •*

***Relais départemental des Gîtes de France :*** *42, av. Wilson, BP 30318, 56403* ***Auray*** *Cedex. ☎ 02-97-56-48-12. • gites-de-france-morbihan.com •*

– ***Sites d'info sur les transports en commun :*** *• mobibreizh.bzh/fr/ • breizhgo.bzh •* Très pratiques pour préparer son itinéraire (infos actualisées sur les bus, bateaux...).

# LORIENT ET LA RADE DU BLAVET ET DU SCORFF

**Le pays de Lorient représente un concentré de 30 km sur 30 tant d'un point de vue économique, commercial, touristique que militaire. Une entité qui se valorise et n'a plus honte d'une image écornée. Lorient, cette agglomération graphique en diable à l'instar de Brest ou de Saint-Nazaire par exemple, a enfin pris conscience de son potentiel pour se réapproprier son territoire maritime. Outre le Festival interceltique, le nautisme constitue, avec la Cité de la Voile, un autre axe de développement. Certes, les bunkers Keroman 1, 2 et 3 n'ont pas le charme d'une cathédrale gothique, mais la reconversion exemplaire de ce site**

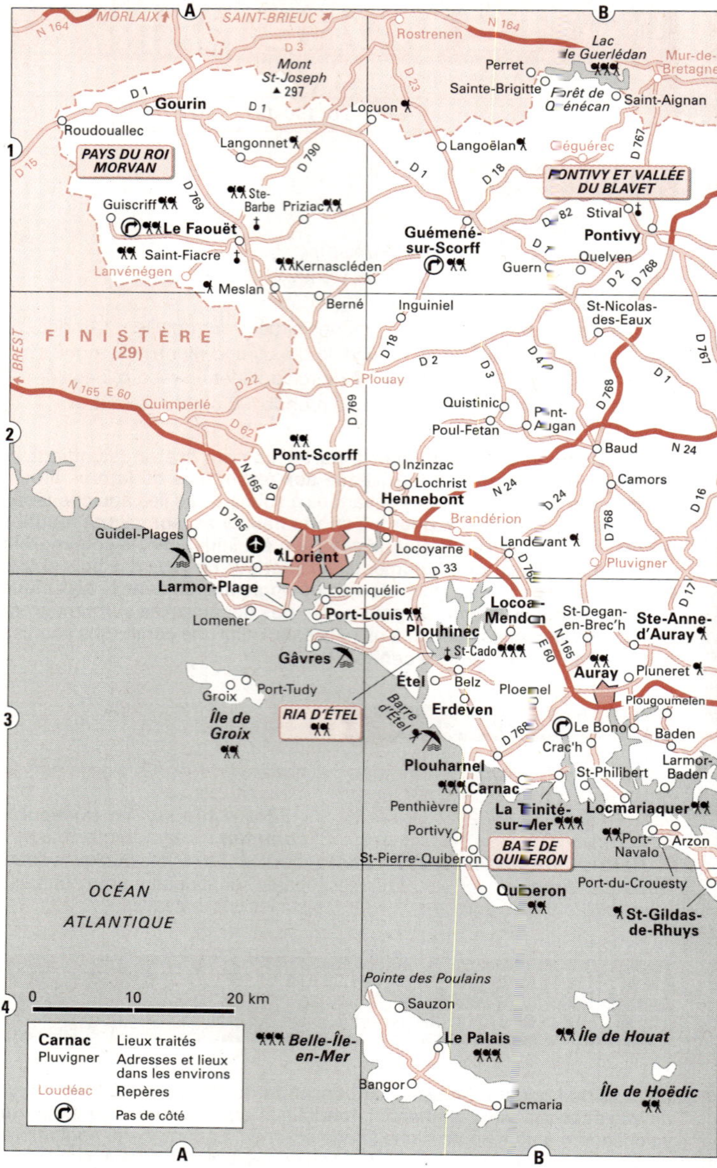

A
B
MORLAIX
SAINT-BRIEUC
N 164
Rostrenen
Mont
St-Joseph
297
Perret
Sainte-Brigitte
Saint-Aignan
Mur-de-
Bretagne
Gourin
Roudouallec
Locuon
Langonnet
Langoëlan
PAYS DU ROI
MORVAN
D 790
D 769
D 1
D 3
D 23
D 15
D 18
D 767
DU BLAVET
Guiscriff
Ste-
Barbe
Priziac
Le Faouët
Saint-Fiacre
Lanvénégen
Meslan
Kernascléden
Guémené-
sur-Scorff
Stival
Pontivy
Quelven
Guern
D 768
D 2
Berné
Inguiniel
St-Nicolas-
des-Eaux
FINISTÈRE
(29)
BREST
N 165 E 60
Quimperlé
D 22
D 62
Plouay
D 769
Quistinic
Poul-Fetan
Baud
N 24
Pont-Scorff
Inzinzac
Lochrist
Camors
Hennebont
D 24
D 16
D 765
D 6
Brandérion
Guidel-Plages
Ploemeur
Lorient
Locoyarne
Pluvigner
D 33
Larmor-Plage
Locmiquélic
Lomener
Port-Louis
Plouhinec
St-Degan-
en-Brec'h
Ste-Anne-
d'Auray
D 17
Gâvres
St-Cado
Auray
Pluneret
Port-Tudy
Groix
Étel
Belz
Ploemel
Plougoumelen
Île de
Groix
RIA D'ÉTEL
Barre
d'Étel
Erdeven
Le Bono
Baden
Crac'h
Plouharnel
Larmor-
Baden
St-Philibert
Carnac
Penthièvre
Locmariaquer
Portivy
Port-
Navalo
Arzon
St-Pierre-Quiberon
Port-du-Crouesty
St-Gildas-
de-Rhuys
OCÉAN
ATLANTIQUE
Pointe des Poulains
Sauzon
0
10
20 km
Belle-Île-
en-Mer
Le Palais
Île de Houat
Bangor
Île de Hoëdic
1
2
3
4
Carnac
Lieux traités
Pluvigner
Adresses et lieux
dans les environs
Loudéac
Repères
Pas de côté

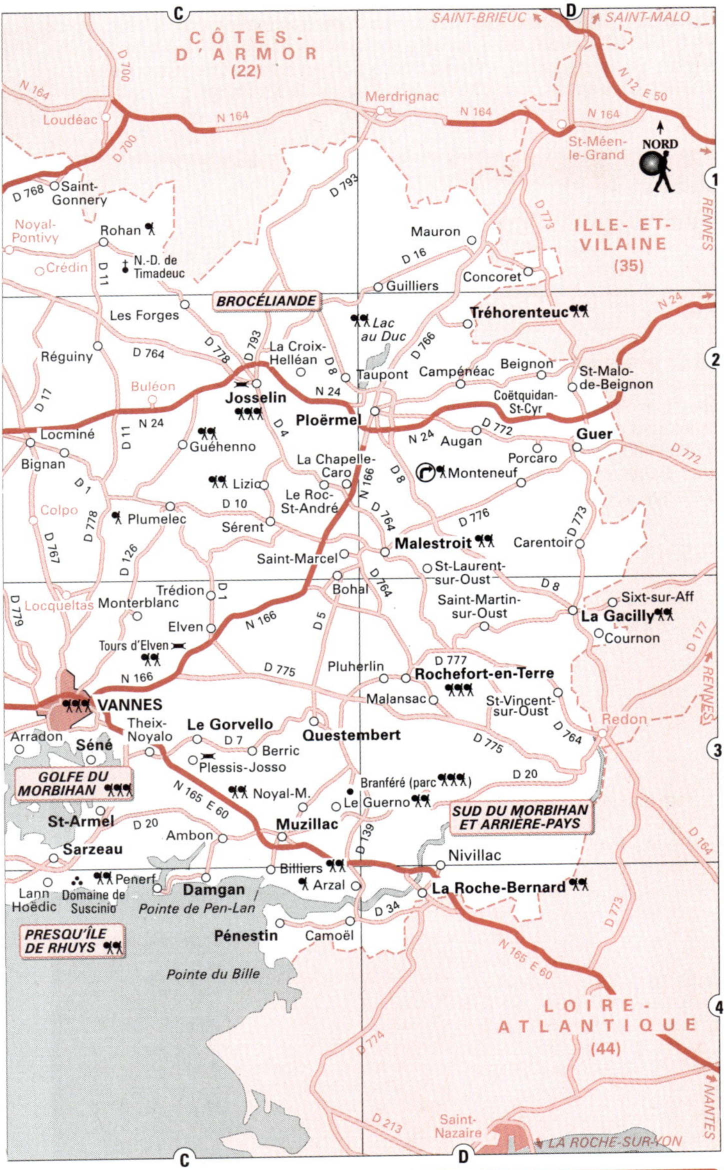

C
D
1
2
3
4
CÔTES-D'ARMOR (22)
ILLE-ET-VILAINE (35)
LOIRE-ATLANTIQUE (44)
NORD
SAINT-BRIEUC
SAINT-MALO
RENNES
NANTES
LA ROCHE-SUR-YON
N 164
N 12 E 50
N 24
N 166
N 165 E 60
D 700
D 768
D 793
D 16
D 773
D 11
D 778
D 764
D 766
D 8
D 17
D 4
D 772
D 1
D 10
D 776
D 767
D 126
D 779
D 5
D 775
D 777
D 7
D 20
D 139
D 34
D 164
D 177
D 774
D 213
Loudéac
Merdrignac
St-Méen-le-Grand
Saint-Gonnery
Noyal-Pontivy
Rohan
N.-D. de Timadeuc
Crédin
Mauron
Concoret
Guilliers
BROCÉLIANDE
Les Forges
Tréhorenteuc
Lac au Duc
Réguiny
La Croix-Helléan
Taupont
Campénéac
Beignon
St-Malo-de-Beignon
Buléon
Josselin
Ploërmel
Coëtquidan-St-Cyr
Locminé
Guéhenno
Augan
Guer
Bignan
La Chapelle-Caro
Porcaro
Monteneuf
Lizio
Le Roc-St-André
Colpo
Plumelec
Sérent
Malestroit
Carentoir
Saint-Marcel
St-Laurent-sur-Oust
Bohal
Trédion
Saint-Martin-sur-Oust
Sixt-sur-Aff
La Gacilly
Locqueltas
Monterblanc
Elven
Cournon
Tours d'Elven
Pluherlin
Rochefort-en-Terre
VANNES
Malansac
St-Vincent-sur-Oust
Theix-Noyalo
Le Gorvello
Redon
Arradon
Séné
Questembert
Berric
Plessis-Josso
GOLFE DU MORBIHAN
Noyal-M.
Branféré (parc)
Le Guerno
SUD DU MORBIHAN ET ARRIÈRE-PAYS
St-Armel
Muzillac
Ambon
Sarzeau
Nivillac
Billiers
Penerf
Lann Hoëdic
Domaine de Suscinio
Damgan
Arzal
La Roche-Bernard
Pointe de Pen-Lan
PRESQU'ÎLE DE RHUYS
Pénestin
Camoël
Pointe du Bille
Saint-Nazaire


# LE MORBIHAN

**hors du commun lui a valu de nombreuses reconnaissances. Alors, plus que jamais, le pays de Lorient ne constitue pas une destination par défaut... Avec l'île de Groix, 100 km de côtes, un pôle urbain d'art et d'histoire, 2 cités médiévales (Port-Louis et Hennebont), le pays de Lorient revendique un nouveau tourisme à côté des spots que sont Vannes, le golfe du Morbihan ou Pont-Aven.**

# LORIENT [an oriant]

(56100) 57 600 hab. *Carte Morbihan, A-B2*

• Plan *p. 194-195*



**2e port de pêche français en tonnage, 1er pour la langoustine, Lorient transpire encore du souvenir de sa longue tradition ouvrière, de ses métallurgistes en sabots. Mais n'ayez crainte, Lorient la bleue ne garde de son histoire douloureuse que quelques cicatrices, et l'essentiel est préservé : les nombreux bars et pubs de la ville exhalent une odeur de franche convivialité, transmutée chaque année au mois d'août en une vague bienfaisante de chaleur humaine grâce au Festival interceltique. N'oubliez pas : Lorient est une ville de marins... et de Celtes !**

## LORIENT DANS L'HISTOIRE

Au milieu du XVIIe s, Charles de La Meilleraye exploite à Port-Louis une compagnie commerciale appelée *Compagnie de Madagascar.* En 1664, Louis XIV fonde la Compagnie des Indes orientales, qui rachète le privilège de la Compagnie de Madagascar. Le site de Port-Louis étant trop resserré, une ordonnance royale de 1666 établit un partage entre Port-Louis pour les entrepôts et le futur Lorient pour les chantiers de construction navale. La nouvelle ville connaît vite la prospérité grâce à toutes les marchandises précieuses débarquées ici : étoffes, porcelaines, tapis et épices.

### UN NOM BATEAU

*En 1666, les chantiers navals de Port-Louis voient le jour sur la rive droite de l'estuaire du Scorff. 4 ans plus tard, on annonce la naissance d'un 1er vaisseau,* Le Soleil d'Orient. L'Orient *tout court pour les intimes. Peu à peu, ce nom s'impose à la nouvelle cité !*

Mais les guerres de la Révolution et de l'Empire porteront un coup fatal à ce commerce international artificiellement implanté à la faveur du monopole d'État... La pêche sera certes encouragée suite à l'invention des conserves à l'huile, en 1804 ; mais c'est la marine qui assure, au XIXe s, la persistance d'une importante industrie.

L'arsenal connaît son apogée sous le 2d Empire, grâce à Dupuy de Lôme, inventeur des cuirassés. Un port de pêche industrielle (à Keroman) est inauguré en 1927.

### LA BRETAGNE QUI GAGNE... PUIS PERD

*Joseph-Yves Limantour naquit en 1812 près de Lorient. Commerçant avisé, il fit fortune en Californie. Il se faisait payer en terrains, à tel point qu'il posséda pratiquement tout San Francisco (plus de 250 km²). Mais lors de la guerre du Mexique contre les États-Unis (1848), il choisit le camp des perdants. Il fut alors dépossédé de ses biens. Une plage existe toujours à son nom à Point Reyes.*

L'occupation allemande et les bombardements alliés provoquent la destruction de toute la vieille ville et d'une partie des faubourgs récents. Il ne reste plus que 5 000 maisons d'avant-guerre, dont 250 représentent de beaux spécimens du style Art déco. Lorient méritait bien son label « Ville d'Art et d'Histoire ».

## Arriver – Quitter

### En train

➢ Liaisons multiples en TGV avec **Paris, Lyon, Lille...** ☎ *36-35.* • *oui.sncf* •

### En avion

✈ ***Aéroport de Lorient Bretagne Sud*** *(hors plan d'ensemble par A3)* **:** *56270* ***Ploemeur.*** ☎ *02-97-87-21-50.* • *lorient.aeroport.fr* •

➢ Liaisons régulières avec **Paris** (Air France).

### En bateau pour l'île de Groix

➢ Liaisons régulières assurées par la ***Compagnie Océane*** *(☎ 0820-056-156 – 0,12 €/mn ; • compagnie-oceane.fr •)* au départ de la gare maritime *(zoom B3)*. Env 5-9 départs/j. selon période. Tarifs : 30-35 € A/R ; réduc ; gratuit moins de 4 ans. Prévoir 45-50 mn de traversée. Traversée à bord de gros bateaux qui peuvent embarquer des véhicules, mais c'est cher, il faut réserver longtemps à l'avance, et la location de vélos (y compris électriques) sur place est plus avantageuse : une bonne partie des plus beaux chemins ne sont praticables qu'à vélo ou à pied. Cela dit, les tenants du tout-moteur pourront toujours louer un scooter ou une voiture sur place.

➢ Avr-sept, il est également possible de traverser, de Lorient et de Port-Louis, avec la compagnie ***Escal'Ouest*** *(☎ 02-97-65-52-52 ; • escal-ouest.com •)*. Hors saison, seulement pour les groupes : 28-30 € A/R ; réduc. Également des visites de la rade de Lorient *(1h15 ; 17 €/pers, réduc)*, ainsi que des croisières sur le Blavet avec escale au marché d'Hennebont *(2h, 17 €/pers, réduc, seulement l'été)*. À noter que le bateau fait à chaque fois une halte à Port-Louis.

P ***Stationnement :*** vaste parking à proximité de l'embarcadère, mais limité à 3h de stationnement *(9h-12h, 14h-18h w-e avr-juin, tlj juil-août et j. fériés)*. Veiller à se garer sur les parkings dédiés en amont, à utiliser les parkings privés ou à emprunter la ligne de bus depuis la gare SNCF.

➢ Autre port de départ mai-sept : Lomener, avec ***Laïta Croisières*** *(📱 06-50-75-39-90 ; • laita-croisieres.fr •)*. Sur résa seulement ; 27 € A/R dans la journée ; traversée de 30 mn sur un bateau de 48 places.

### Liaisons batobus

*Infos au ☎ 02-97-21-28-29.* • *ctrl.fr* • Le moyen le plus rapide et le plus sympa de traverser la rade, plutôt que d'en faire le tour en voiture. Nombreuses liaisons tlj pour Locmiquélic ou Port-Louis (arrêts au port de Sainte-Catherine et à Pen Mané), également pour Gâvres et Lorient. Des correspondances en bus continuent sur Gâvres et Riantec à partir de Port-Louis. Les bateaux partent ttes les 30 mn du port de pêche de Kéroman ou du quai des Indes *(zoom B3)*, en face de l'office de tourisme (dim, départs seulement du quai des Indes). Circulent lun-sam 6h45 (5h45 depuis le port de pêche)-20h, dim et j. fériés 10h-19h15 seulement du quai des Indes. Prix d'un ticket simple : 1,50 € (sous réserve d'une augmentation), valable 1h ; le ticket journée à 4,50 € permet de circuler tte la journée sur l'ensemble du réseau *CTRL*.

## Adresses et infos utiles

ℹ ***Lorient Bretagne Sud Tourisme*** *(zoom B3)* **:** *Maison de la mer, quai de Rohan.* ☎ *02-97-84-78-00.* • *lorientbretagnesudtourisme.fr* • *Début juil-fin*

MORBIHAN

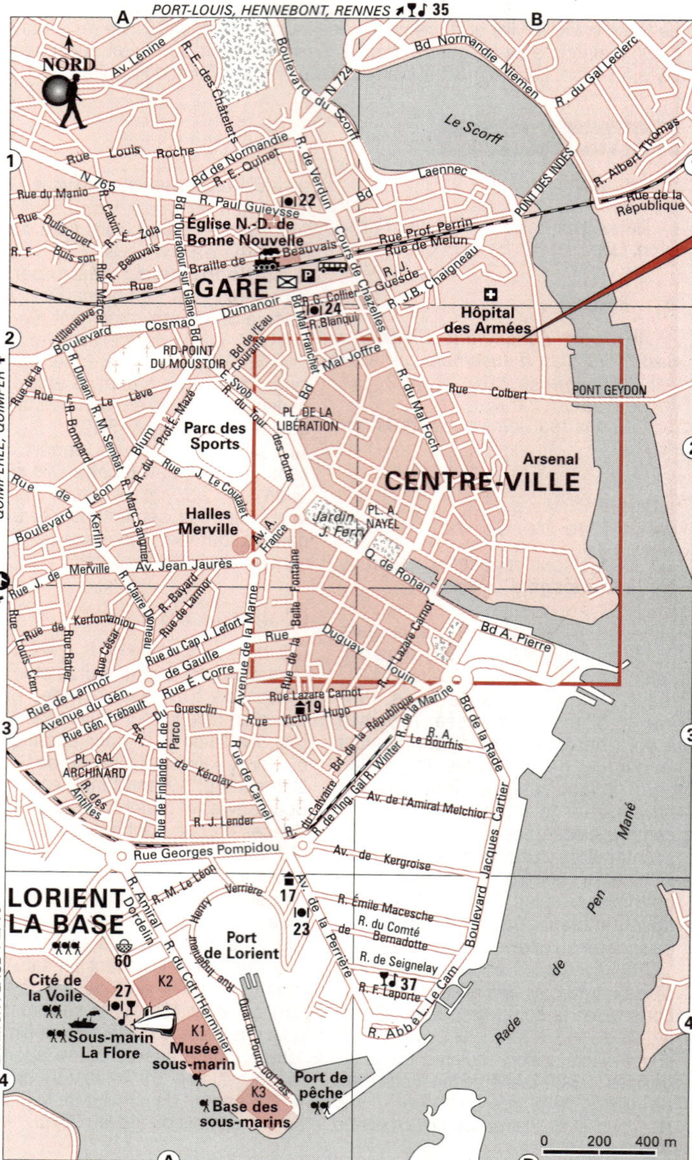
PORT-LOUIS, HENNEBONT, RENNES 35
NORD
QUIMPERLÉ, QUIMPER
LARMOR-PLAGE 10
GARE
Église N.-D. de Bonne Nouvelle
Hôpital des Armées
CENTRE-VILLE
Arsenal
Parc des Sports
Halles Merville
Jardin J. Ferry
LORIENT LA BASE
Port de Lorient
Cité de la Voile
Sous-marin La Flore
Musée sous-marin
Base des sous-marins
Port de pêche
Le Scorff
Rade de Pen Mané
Av. Lénine
Rue Louis Roche
N 765
N 724
Boulevard du Scorff
Bd Normandie Niemen
R. du Gal Leclerc
R. Albert Thomas
Rue de la République
PONT DES INDES
Laennec
R. Paul Guieysse
Rue Prof. Perrin
Rue de Melun
R. J.B. Chaigneau
Cours de Chazelles
Bd Mal Joffre
R. du Mal Foch
Rue Colbert
PONT GEYDON
Bd de l'Eau Courante
Bd Mal Franchet
PL. DE LA LIBÉRATION
RD-POINT DU MOUSTOIR
Boulevard Cosmao Dumanoir
Av. Jean Jaurès
Rue de la Belle Fontaine
Avenue de la Marne
Q. de Rohan
Bd A. Pierre
Rue Duguay Trouin
R. Lazare Carnot
Rue Lazare Carnot
Rue Victor Hugo
Bd de la République
R. de la Marine
Bd de la Rade
Boulevard Jacques Cartier
Rue Georges Pompidou
Av. de Kergroise
Av. de l'Amiral Melchior
Av. de la Perrière
Rue de Carnel
PL. GAL ARCHINARD
Rue de Larmor
Avenue du Gén. de Gaulle
Boulevard Léon Blum
R. Amiral Dordelin
R. du Cdt l'Herminier
Quai du Pourquoi Pas
R. Abbé L. Le Cam
K1
K2
K3
17
19
22
23
24
27
37
60
0
200
400 m
A
B
1
2
3
4
MORBIHAN

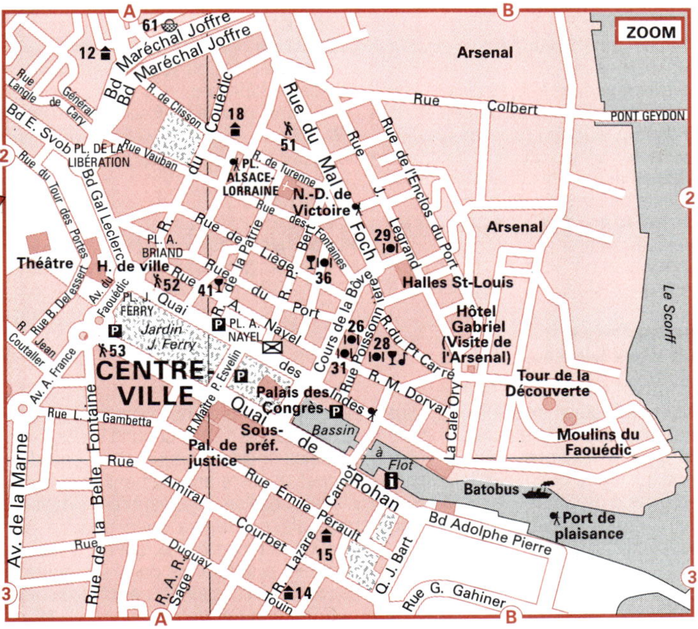


## ■ Adresse utile

- Lorient Bretagne Sud Tourisme (zoom B3)

## Où dormir ?

**10** Auberge de jeunesse du Ter (hors plan d'ensemble par A4)
**12** Hôtel Cléria (zoom A2)
**14** Hôtel Victor Hugo (zoom B3)
**15** Hôtel Les Pêcheurs (zoom B3)
**17** Hôtel Les Océanes (plan d'ensemble A3-4)
**18** Hôtel Astoria (zoom B2)
**19** Hôtel d'Arvor (plan d'ensemble A3)

## Où manger ?

**22** Le Jardin Gourmand (A1)
**23** Le Poulpe (plan d'ensemble A4)
**24** Le Pic (plan d'ensemble A2)
**26** Le Yachtman (zoom B2)
**27** Bar-resto et Crêperie La Base, Where's Tom ? (plan d'ensemble A4)
**28** Tavarn ar Roue Morvan et The Westport Inn (zoom B2)
**29** Le Tire-Bouchon (zoom B2)
**31** L'Alsace à Quai (zoom B2)

## Où boire un verre ? Où écouter de la musique ?

**27** Bar-resto La Base (plan d'ensemble A4)
**28** Tavarn ar Roue Morvan et The Westport Inn (zoom B2)
**35** Pub Galway Inn (hors plan d'ensemble par B1)
**36** Café Galerie Dubail (zoom B2)
**37** Le Galion (plan d'ensemble B4)
**41** La Truie et sa Portée (zoom B2)

## Où danser ?

**51** Le Passport (zoom B2)
**52** Le Pacific (zoom A2)
**53** Le Vogue (zoom A2)

## Achats

**60** Le Hangar 727 (plan d'ensemble A4)
**61** Carnet de Vins (zoom A2)

*août, lun-sam 10h-12h30, 14h-18h30 (tlj 9h30-20h pdt le Festival interceltique), dim et j. fériés 9h30-13h30 ; avr-début juil et sept, lun-sam 10h-12h, 14h-18h ; le reste de l'année, 10h-12h, 14h-17h.* Infos sur les croisières commentées de 1h30 dans la rade de Lorient, les sorties à la voile, les visites guidées. Billetterie et coffrets-cadeaux pour des séjours sur le territoire de Lorient.

■ ***Direction des patrimoines*** *(zoom B2) : enclos du Port, à l'Hôtel Gabriel. ☎ 02-97-02-23-29. • patrimoine.lorient.bzh •* Propose de nombreuses visites thématiques et des expositions.

**P** ***Parkings :*** gratuits sur Lorient ou en zone bleue (avec disque, on en trouve à l'office de tourisme).

***Gare routière*** *(plan d'ensemble A1) : ☎ 02-97-21-28-29 (transports urbains).* ***CTRL,*** *☎ 02-97-21-28-29. • ctrl.fr •*

***Taxis :*** *☎ 02-97-21-29-29 et liste disponible à l'office de tourisme.*

■ ***Location de voitures :*** *notamment avec* ***Morbihan Auto Location*** *(☎ 02-97-84-12-12 ; 06-37-50-90-65).*

MORBIHAN

## Où dormir ?

Votre attention, braves festoyeurs : pendant le Festival interceltique, tout est complet des mois à l'avance (mais vous pouvez toujours tenter votre chance quelques jours avant) et... plus cher. Le reste de l'année, les tarifs sont souvent moins élevés les vendredi, samedi et dimanche.

### Auberge de jeunesse

***Auberge de jeunesse HI*** *(hors plan d'ensemble par A4,* ***10****) : 41, rue Victor-Schœlcher. ☎ 02-97-37-11-65. • lorient@hifrance.org • hifrance.org • ♿ Sur les belles rives de l'étang du Ter. Depuis le centre-ville : bus nº T2 ou T4, arrêt Le Ter ou Jean-Moulin. En voiture, prendre la direction Larmor-Plage et suivre le fléchage. Congés : de mi-déc à mi-janv. Doubles 40-60 €, draps inclus ; familiales ; petit déj en sus ; ½ pens possible.* Dans un grand bâtiment fonctionnel, situé sur les rives boisées du Ter, des dortoirs de 3 à 5 lits, avec lavabo. Établissement relativement récent et de bon confort (cuisine, petit bar, salon TV, baby-foot, ping-pong, billard, etc.). Assez loin du centre, mais cadre superbe.

### Bon marché

***Hôtel d'Arvor*** *(plan d'ensemble A3,* ***19****) : 104, rue Lazare-Carnot. ☎ 02-97-21-07-55. • contact@hoteldarvor.fr • hotel-darvor-lorient.com • Congés : de mi-déc à mi-janv. Doubles 45-50 € ; familiales. Apéritif maison offert sur présentation de ce guide.* À 10 mn à pied du centre, un petit hôtel dans la même famille depuis 1936. Ici ou là, quelques meubles anciens procurent un peu de cachet à cet établissement convivial d'une douzaine de chambres, simples mais claires, toutes avec douche et lavabo (les moins chères ont les w-c sur le palier). Une aubaine dans son genre, d'autant que l'accueil est très chaleureux.

***Hôtel Les Pêcheurs*** *(zoom B3,* ***15****) : 7, rue Jean-Lagarde. ☎ 02-97-21-19-24. • contact@hotel-lespecheurs.com • hotel-lespecheurs.com • Doubles 41-53 € (w-c sur le palier), puis 58 € ; majoration pdt le Festival interceltique. Garage vélos-motos.* Excellent rapport qualité-prix pour cet établissement bien tenu, dans un style contemporain sobre et agréable, et situé presque dans le centre-ville. Pratique pour le départ matinal vers les îles.

### Prix moyens

***Hôtel Les Océanes*** *(plan d'ensemble A3-4,* ***17****) : 17, av. de la Perrière. ☎ 02-97-37-14-66. • contact@hotel-lesoceanes.com • hotel-lesoceanes.com • Congés : autour des fêtes de fin d'année. Doubles 55-105 € ; familiale.* Situé à proximité de *Lorient La Base,* dans une avenue qui renaît peu à peu grâce à l'implantation de l'école des beaux-arts, cet hôtel ne manque pas d'atouts : chambres de bon confort et impeccables, rénovées dans un style moderne coloré, parties communes sympa (coin salon agréable et salle de petit déj prolongée par un jardinet), prix raisonnables et accueil chaleureux.

**Hôtel Cléria** (zoom A2, **12**) : *27, bd Franchet-d'Esperey. ☎ 02-97-21-04-59. • info@hotel-cleria.com • hotel-cleria.com • Doubles 60-150 € ; familiales. Garage payant.* À voir les parties communes douillettes, les propriétaires aiment la déco et le confort ! Les chambres sont cosy, à la déco contemporaine gaie et avenante. Un hôtel très bien tenu et un accueil prévenant.

**Hôtel Victor Hugo** (zoom B3, **14**) : *36, rue Lazare-Carnot. ☎ 02-97-21-16-24. 📱 06-20-96-18-66. • contact@hotelvictorhugo-lorient.com • hotelvictorhugo-lorient.com • Congés : fêtes de fin d'année. Doubles 57-92 €. Garage privé payant. Réduc de 10 % sur le prix de la chambre hors périodes d'événements sur présentation de ce guide.* Chambres fonctionnelles, vraiment étroites pour la catégorie « cabines », mais toutes confortables et bien insonorisées. Un établissement modeste mais accueillant et bien situé, qui a connu un coup de jeune récemment.

## De prix moyens à chic

**Hôtel Astoria** (zoom B2, **18**) : *3, rue Olivier-de-Clisson. ☎ 02-97-21-10-23. • hotelastoria.lorient@wanadoo.fr • hotelastoria-lorient.com • Congés : fêtes de fin d'année. Doubles 88-111 € ; familiales. Parking. Réduc de 10 % sur le prix de la chambre sauf juil-août sur présentation de ce guide.* Bien situé, doté de tout le confort et tenu par une équipe charmante. C'est à coup sûr un point de chute impeccable, d'autant que la déco change souvent (c'est le dada des proprios) ! Les chambres modernes sont, quant à elles, irréprochables.

MORBIHAN

# Où manger ?

Le boulevard Franchet-d'Esperey et le cours de la Bôve restent des secteurs incontournables pour le grand choix de restaurants. Le soir, dirigez-vous vers la place Polig-Montjarret : un nom peu banal pour un quartier on ne peut plus bretonnant. Ambiance garantie ! Voici notre sélection non exhaustive parmi les nombreuses tables de très bonne qualité et les bars qui font le buzz à Lorient.

## De très bon marché à bon marché

**Tavarn ar Roue Morvan** (zoom B2, **28**) : *pl. Polig-Monjarret. ☎ 02-97-21-61-57. • tavarn-morvan@wanadoo.fr • ♿ Tlj sauf dim et j. fériés. Résa conseillée. Carte env 30 €. Apéritif maison offert sur présentation de ce guide.* Vous vouliez du celtique ? En voilà ! C'est la taverne bretonne par excellence, décorée dans les règles et qui sert 2 plats du jour marqués d'un triskèle (viande ou poisson) : andouille de Guémené chaude, *kig ha farz*... avec une bonne sélection de *gwinou* (chopines) rouges, blancs ou rosés, ou encore un pétulant cidre artisanal. Ajoutons la musique, une ambiance jeune et beaucoup d'animations (concerts certains soirs). On y boit, on y mange, on y danse et on y chante !

**The Westport Inn** (zoom B2, **28**) : *2, pl. Polig-Monjarret. ☎ 09-67-17-76-57. 📱 06-23-84-95-41. Tlj sauf dim-lun et le midi les j. fériés. Congés : 17-31 août. Formule déj en sem 14,90 €.* Nul besoin de traverser la mer, l'Irlande vient à vous ! Ce pub pur jus, voisin du *Tavarn,* voit les choses en vert et propose quelques plats bien tournés, tandis que les pintes de *Guinness* s'alignent au comptoir : *Irish stew, fish & chips* et même *Irish breakfast* le samedi. Les soirées animées se prolongent tard dans la nuit et débordent immanquablement sur la placette de ce quartier estampillé celte.

**Crêperie La Base** (plan d'ensemble A4, **27**) : *Lorient La Base. ☎ 02-97-30-61-27. ♿ Tlj jusqu'à 22h en saison. Carte 15-20 €.* Face à la *Cité de la Voile,* une salle chaleureuse et une terrasse cool avec chaises relax et plage. Galettes comme il faut. Sympa pour la vue, pratique pour les familles et les petites faims.

**Where's Tom ?** (plan d'ensemble A4, **27**) : *Lorient La Base. 📱 07-85-85-36-39. Ouv le midi mar-ven, plus ven-dim tte la journée en haute saison (le soir, stationner pas loin, au parking* *du Géant). Plat env 10 €.* Difficile de manquer ce bus à impériale anglais (rouge évidemment !) qui propose de la *street food* de qualité du type burgers, mais aussi des salades ou des plats mijotés. À emporter ou sur place, à l'étage. Pratique en tout cas entre 2 visites de *Lorient La Base*.

## Prix moyens



IOI ***Le Poulpe*** *(plan d'ensemble A4,* ***23****) : 29, av. de la Perrière. ☎ 02-97-50-08-24. • lepoulpe.lo56@gmail.com • Ouv le midi lun-ven, plus le soir ven. Menu 16,80 € le midi ; menu homard 43 € ven soir.* Un joyeux bazar règne dans ce rade populaire où l'on se bouscule. Le chef – qui a côtoyé les plus grands – mitonne de bons petits plats à base de produits de saison, tout en soignant la présentation. Rapport qualité-prix imbattable le midi et service dynamique. Bref, une adresse comme on les aime. Pour ceux qui en redemandent, le chef a ouvert une autre table à Caudan.

IOI ***L'Alsace à Quai*** *(zoom B2,* ***31****) : 19, cours de la Bôve. ☎ 02-97-21-47-81. • lalsaceaquai@gmail.com • ♿ Tlj sauf dim-lun 12h-13h45, 19h-22h. Carte env 28 €. Digestif offert sur présentation de ce guide.* Une adresse conviviale, née de la rencontre d'une Alsacienne et d'un Breton. Côté déco, c'est l'Alsace qui l'emporte et arbore ses couleurs dans une salle agréable et cosy. Côté carte, un mariage fructueux entre ces 2 régions qui satisfera petits et grands : flammekueches, *fish & chips,* choucroute terre ou mer, le tout à base de produits frais... un régal ! Accueil prévenant.

IOI 🍸 ***Bar-resto La Base*** *(plan d'ensemble A4,* ***27****) : Lorient La Base. ☎ 02-97-88-01-93. • labase.lorient@gmail.com • ♿ Tlj 9h30 (10h dim)-1h. Formules brochettes, salades et plats env 12-40 €.* Hyper branchée, une adresse stylée pour voir et être vu, mais aussi une base solide pour un verre ou un plat sur la terrasse colorée ouverte sur le bassin de plaisance. Sinon, grande salle contemporaine tout en baies vitrées, pour grignoter des tapas, une salade, une brochette. Service jeune et sympa. Soirées très animées... et concerts certains soirs.

## De prix moyens à chic

IOI ***Le Tire-Bouchon*** *(zoom B2,* ***29****) : 45, rue Jules-Legrand. ☎ 02-97-84-71-92. 📱 07-86-80-24-68. Fermé lun-mar et sam midi. Congés : 1 sem début sept, Noël-janv. Formules déj en sem 17-20 € ; menus 32-57 €.* Dans un cadre soigné, des petits plats raffinés, élégants, voire innovants pour une cuisine de vérité à base de produits frais. Et la version enfants est à l'avenant ! Accueil attentionné.

IOI ***Le Pic*** *(plan d'ensemble A2,* ***24****) : 2, bd du Maréchal-Franchet-d'Esperey. ☎ 02-97-21-18-29. • restaurant.lepic@outlook.fr • ♿ Fermé mer soir, sam midi et dim. Congés : 1 sem en juil. Formules lun-ven 14,90-18,90 € ; menus à partir de 24 € ; carte 35 €. Café offert sur présentation de ce guide.* Avec son décor rétro de bistrot parisien chic et sa petite terrasse aux beaux jours, l'endroit plaît à juste raison. Une cuisine de marché et de la mer, traditionnelle mais raffinée, accompagnée de vins bien choisis.

IOI ***Le Yachtman*** *(zoom B2,* ***26****) : 14, rue Poissonnière. ☎ 02-97-21-31-91. 📱 06-14-98-18-51. • info@leyachtman lorient.fr • Fermé dim. Résa conseillée le soir. Formule déj en sem 18 € ; menus 22-45 €.* Décor contemporain, élégant et épuré, avec quelques éclats des vitraux colorés dédiés à Lorient. Très beau menu du jour et cuisine traditionnelle terre-mer respectueuse des produits. Intéressante carte des vins d'un passionné (la boutique est attenante au restaurant). On aime beaucoup l'ensemble !

## Chic

IOI ***Le Jardin Gourmand*** *(plan d'ensemble A1,* ***22****) : 46, rue Jules-Simon. ☎ 02-97-64-17-24. 📱 06-63-08-04-50. • jardingourmand@tropmad.com • tropmad.com • ♿ Ouv mer soir-dim midi en haute saison ; sinon seulement ven-dim midi. Congés : janv et de fin août à mi-sept. Résa très conseillée. Formules déj en sem 28-34 € ; menus 38-46 €. Une recette de Nathalie offerte sur présentation de ce guide.* Sous la pergola ou en salle, dans un cadre aéré et élégant, on déguste chaque jour de nouvelles recettes savoureuses à base de produits locaux et de saison, retravaillés par les doigts de fée de Nathalie Beauvais. Ses spécialités ont même fait l'objet d'un recueil élu meilleur livre de cuisine régionale du monde. La classe ! D'ailleurs, parallèlement, elle a créé une société d'édition de livres de recettes, de formation et de consulting. C'est dans tous les cas notre table préférée à Lorient, comme celle de nombreux Lorientais.

## Où boire un verre ? Où sortir ?

***Café Galerie Dubail*** *(zoom B2,* ***36****) : 22, rue du Général-Dubail. ☎ 09-81-00-50-90. 06-12-81-51-26. • cafegaleriedubail@gmail.com • cafe dubail.fr • Mar-sam 12h-14h, 19h-21h. Formule déj en sem 18,90 € ; menu 25 €. Dîner spectacle jazz 3 jeu/mois, 22 €.* Une adresse qui fait du bien à la longue liste des troquets lorientais... Ce café culturel propose débats, concerts et expos. La carte, créative et gourmande, toujours avec une petite touche bretonne, va à l'essentiel et s'adapte aux différents moments de la journée et de l'année. Service familial et très sympa.

***Pub Galway Inn*** *(hors plan d'ensemble par B1,* ***35****) : 18, rue de Belgique. ☎ 02-97-64-50-77. À la sortie de Lorient. Tlj 17h-2h.* Pub irlando-celtique très sympa. Atmosphère chaleureuse pour une *Guinness* bien crémeuse, surtout à l'occasion des sessions traditionnelles du mercredi et des petits concerts le week-end fleurant bon l'Écosse, l'Irlande, façon rock, blues ou folk, qu'importe. Terrasse charmante dans le jardin.

***Le Galion*** *(plan d'ensemble B4,* ***37****) : 2, rue Florian-Laporte. ☎ 02-97-37-41-23. Tlj sauf dim 7h30-1h (2h les soirs de concert).* Au cœur du quartier de la Perrière, jouxtant le port de pêche, dockers, pêcheurs, routiers, touristes et rockeurs se croisent dans ce drôle de vieux troquet. Concerts les vendredi et samedi (tendance rock-punk-garage !). Un vrai lieu de vie, tout comme la galerie d'art et scène voisine, le ***Lieu Noir Lieu Jaune,*** installée dans un container. Des adresses résolument en marge, atypiques comme on les aime.

***La Truie et sa Portée*** *(zoom B2,* ***41****) : 10, rue de la Patrie. ☎ 02-97-64-19-16. • Facebook • Tlj sauf dim. CB refusées.* À l'extérieur, la façade est habillée d'une végétation verdoyante. À l'intérieur, la décoration toute de bois a des allures de décor de théâtre pour lutins et fées. On se croirait presque dans une maison de troll ! En ce qui concerne le nom du bar, si vous trouvez la solution... Quant à la devise, « une groin-groin, sinon rien », c'est du lard ou du cochon ?

***Tavarn ar Roue Morvan*** et ***The Westport Inn*** *(zoom B2,* ***28****) : pl. Polig-Monjarret. Pubs ouv jusqu'à 1h. Voir « Où manger ? ».*

***Bar-resto La Base*** *(plan d'ensemble A4,* ***27****) : Lorient La Base. Voir « Où manger ? ».*

## Où danser ?

À Lorient, les 3 boîtes classiques qui rassemblent le plus de clubbers et font partie du circuit nocturne sont ***Le Passport*** *(zoom B2,* ***51*** *; 8, rue de Turenne),* ***Le Pacific*** *(zoom A2,* ***52*** *; 4, pl. Jules-Ferry)* et ***Le Vogue*** *(zoom A2,* ***53*** *; 5, pl. Jules-Ferry).*

## Achats

***Le Hangar 727*** *(plan d'ensemble A4,* ***60****) : Lorient La Base, 3, rue d'Estienne-d'Orves. ☎ 02-97-37-12-13. • conceptstore@727sailbags.com • 727sailbags.com • Lun-sam 10h-13h, 14h-19h. Visite possible (et intéressante !) des ateliers (à 50 m) sur résa et en groupe.* Le *concept-store* d'une marque récente, 100 % lorientaise. Sacs, déco, vêtements... Le tout est confectionné sur place en recyclant des voiles de bateau qui ont fait le tour du monde. Pas forcément donné mais l'idée est séduisante, le résultat bluffant et le design branché sans être tape-à-l'œil.

MORBIHAN

**Carnet de Vins** (zoom A2, **61**) : *10, bd du Maréchal-Joffre. ☎ 02-97-84-95-07. Lun-sam 10h-13h, 15h-19h30 (sam en continu), fermé dim et lun mat.* Épicerie fine, vins bio, whiskies de la galaxie celte... Il y a toujours une bonne raison pour pousser la porte de ce caviste alternatif.

# À voir. À faire

## Autour du centre-ville



D'une manière générale, l'architecture à Lorient n'a rien de particulièrement excitant, à part les 2 notables exceptions que sont le ***quartier de Merville*** *(plan d'ensemble A1-2),* avec ses quelques maisons Art nouveau et villas Art déco, ainsi que l'étonnant ***quartier de Kerentrech*** *(hors plan d'ensemble par A1),* au nord de la gare SNCF, épargné par les bombardements, dont les maisons du début du XX^e s affichent une surprenante diversité de formes et de couleurs.

***Le port de plaisance*** *(zoom B3)* **:** une belle escale que ce bassin à flot en plein centre-ville. La capitainerie est située à proximité du quai de Rohan.

Quelques belles façades classiques au bout du ***quai des Indes*** *(zoom B2-3).* En le suivant, gagner le quartier piéton, toujours très animé, autour de la place Aristide-Briand *(zoom A2).* Sur la place Alsace-Lorraine, la déroutante et peu esthétique ***église Notre-Dame-de-Victoire*** *(zoom B2),* de plan carré, est construite en béton armé et parée de granit. À l'intérieur, béton brut et marbre au sol, vitraux aux couleurs vives et coupole portée par 4 piliers d'une rare finesse.

***L'Abri*** *(zoom B2)* **:** *pl. Alsace-Lorraine. Visites à certaines dates assurées par la Direction des patrimoines et de l'Hôtel Gabriel et le Service de l'animation, de l'architecture et du patrimoine (voir « Adresses et infos utiles ») ; tarif : 5,10 €, réduc, gratuit moins de 12 ans. Durée : env 1h15.* Dès 1941, un abri antiaérien de 400 places fut construit sous la place Alsace-Lorraine. Un lieu de mémoire bouleversant, conservé en grande partie dans son état d'origine.

***L'enclos du port*** *(zoom B2)* **:** *dans le cœur historique de Lorient, l'ancien enclos de la Compagnie des Indes. Rens auprès du Service de l'animation, de l'architecture et du patrimoine et de la Direction des patrimoines et de l'Hôtel Gabriel (voir « Adresses et infos utiles ») pour les dates. Visite guidée : 5,10 €. Durée : 1h30.* Le départ se fait à l'***Hôtel Gabriel,*** ancien hôtel des ventes de la Compagnie. Monuments préservés des XVIII^e et XIX^e s : ***moulin-observatoire de la Marine, réservoir d'eau,*** la charpente des archives de la marine sous la ***tour de la Découverte*** (en réfection)...

### LE CIMETIÈRE DE BATEAUX DE KERHERVY

*Quand on franchit la rivière du Blavet, entre Kervignac et Lanester, on aperçoit des carcasses de thoniers. Pendant la 2^de Guerre mondiale, de nombreux capitaines cachèrent ici leurs bateaux pour qu'ils ne soient pas réquisitionnés par les Allemands. Malheureusement, certains marins ne revinrent pas, et les navires sont aujourd'hui des épaves échouées dans la vase.*

## Autour de Lorient La Base

***Lorient La Base*** *(plan d'ensemble A4)* **:** cette base, composée de 3 titanesques blocs de béton surnommés *K1, K2* et *K3* (*K* pour *Keroman*), a été construite en un temps record par les Allemands et plus de 15 000 hommes entre 1941 et 1943. Elle abritait 40 sous-marins *U-boote* et 1 000 hommes. À cause d'elle, Lorient fut détruite. Grâce à elle, en 1945, Lorient redevint le pôle économique de la Bretagne Sud. La Marine nationale, après l'avoir utilisée pendant 52 ans, l'a quittée en 1997. Ce gigantesque ensemble (12 ha, 1,8 million de mètres cubes bâtis), témoin du XXe s, a été réhabilité avec la manière et abrite désormais différents sites d'envergure. Avec un ***sous-marin*** à découvrir, la ***Cité de la Voile Éric-Tabarly,*** son espace d'expos temporaires ***L'Annexe,*** la salle de spectacle de musiques actuelles ***L'Hydrophone*** (ouverte en 2019), ainsi que l'infrastructure ***Course au large*** qui accueille des navigateurs d'exception, leurs bateaux et leurs équipes, c'est même le principal pôle touristique de la ville. Vous n'aurez d'ailleurs pas trop d'une journée pour tout voir !

***La Cité de la Voile Éric-Tabarly*** *(plan d'ensemble A4)* **:** *☎ 02-97-65-56-56. • citevoile-tabarly.com • Juil-août, tlj 10h-19h ; le reste de l'année, vac scol tlj 10h-18h, hors vac scol se renseigner ; fermeture de la billetterie à 17h. Fermé en janv. Compter 2-3h de visite. Entrée : env 12,80 € ; réduc et combinés 2 ou 3 sites avec réduc de 10-15 % ; tarif famille 38 €.* Nul besoin d'être un vieux loup de mer pour prendre plaisir à s'initier aux forces de la nature qui s'exercent sur un voilier. Dès l'entrée, on embarque à bord du trimaran d'Alain Gauthier pour une virée entre Groix et Lorient projetée sur 3 écrans géants. Vidéos, écrans interactifs, maquettes, matériaux font découvrir toutes les innovations en matière de quille, coque, mât et voile pour aller toujours plus vite sur les océans, sans autre carburant que le vent. Dans ce domaine, Éric Tabarly fut un pionnier, inventeur ingénieux autant que grand sportif. Un espace entier lui est logiquement dédié, ainsi qu'à ses différents *Pen Duick*. La Cité de la Voile permet encore d'entendre les témoignages des plus grands navigateurs grâce à des « douches sonores », de piloter des petits voiliers radiocommandés sur un bassin équipé d'une soufflerie, de se confronter aux défis techniques du pilotage *(Ocean Ride)* ou encore de partir pour un tour du monde en solitaire grâce à un simulateur 4D.

## LA MARÉE N'ATTEND PAS !

*En 1967, le général de Gaulle invite Éric Tabarly à l'Élysée, suite à ses nombreuses victoires. Scandale : le navigateur refuse, car il a prévu ce jour-là de mettre à l'eau son* Pen Duick II *à Lorient. 4 mois plus tard, il reçoit une nouvelle invitation, avec ce mot du président : « J'espère que cette fois la marée vous permettra d'être avec nous. »*

Si l'envie vous prend de naviguer pour de bon, seul ou accompagné, toutes les possibilités sont offertes le long du quai à l'extérieur, où vous aurez sans doute la chance de voir, de très près, des ***bateaux prestigieux*** se préparant pour une prochaine course au large. Car c'est ici que nombre d'entre eux sont construits et peaufinés.

***Le sous-marin La Flore-S645 et son musée*** *(plan d'ensemble A4)* **:** *bloc K2. ☎ 02-97-65-52-87. • la-flore.fr • Juil-août, tlj 10h-19h (20h les 3 premières sem d'août) ; le reste de l'année, mar-dim 10h-12h30, 14h-18h (tlj 10h-18h pdt vac scol) ; dernier départ de visite 1h30 avt fermeture. Fermé janv-début fév.* ***Résa indispensable pdt vac scol*** *en raison du nombre limité de visiteurs (sur place ou via Internet). Durée de visite : env 1h15. Entrée : 9,90 € ; réduc ; gratuit moins de 7 ans. 2 jeux téléchargeables gratuitement (smartphone et tablette).*

## UN CHIEN AUX ABOIS

*Les marins de* La Flore *embarquaient avec eux un chien pour des raisons de sécurité. Vivant au ras du sol, celui-ci était le tout 1er à ressentir les effets indésirables d'un taux anormalement élevé de $CO_2$. Alerté, l'équipage du sous-marin s'empressait alors de vérifier la qualité de l'air à bord.*

MORBIHAN

Départs toutes les 40 mn pour découvrir les secrets de l'un des anciens fleurons de la Marine nationale, opérationnel entre 1964 et 1989. Mais avant d'embarquer, une présentation de cet engin ayant parcouru presque 600 000 km sous les mers s'impose. Aménagée dans un bloc, moderne et efficace, elle reprend l'historique de la base et les subtilités techniques inhérentes à ce type d'appareil. Vient ensuite le moment tant attendu, et c'est l'audioguide vissé sur la tête qu'on pénètre dans l'univers exigu (pas si oppressant que cela, on se tient facilement debout) de *La Flore*, de la chambre des torpilles au poste de commandement, en passant par la cuisine et les toilettes. Systèmes de propulsion, appareils de navigation, complexité de la vie à bord pour les 60 hommes d'équipage... Vous saurez tout !



***Le Musée sous-marin du Pays de Lorient*** *(plan d'ensemble A4) : tour Davis-K1-BS de Keroman. ☎ 02-97-37-27-99. • contact@musee-sous-marin.com • musee-sous-marin.com • Visites guidées ou audioguidées juil-août tlj 13h30-18h30 ; vac scol, se renseigner ; sinon ouv dim tte l'année 14h-18h. Compter env 1h de visite. Entrée : 5,50 € ; réduc ; gratuit moins de 7 ans (parcours et audioguide enfants). 0,50 € de réduc par billet sur présentation de ce guide.* Immersion... mais pas dans un sous-marin ! Le clou de la visite, c'est la présentation de l'un des plus vieux centres de sauvetage pour sous-mariniers au monde, construit en 1942 et en service jusqu'en 1995. Rassurez-vous, on ne l'essaie pas, mais on découvre les étonnantes techniques de survie des équipages en grande profondeur. Projection de films d'archives et courtes expos (photos, récits, monde des épaves) sur les traces immergées de la bataille de l'Atlantique à Lorient... pour vous plonger dans un voyage sous la mer et dans le temps.

***La base des sous-marins & Bloc K3*** *(plan d'ensemble A4) : horaires de visite disponibles et billeterie en ligne • billetterie.lorientlabase.fr •. Entrée : 6,50 €, comprenant la visite du toit ; réduc ; gratuit moins de 7 ans. Billet jumelé avec le sous-marin* La Flore *env 15 €, réduc. Durée : 1h30.* Pour pénétrer dans les entrailles de la bête ! Cette visite guidée érudite permet de découvrir l'un des 3 blocs de la base (le plus grand), et d'en apprendre un peu plus sur la construction et le contexte de la 2de Guerre mondiale.

***Le port de pêche*** *(plan d'ensemble A4) :* important pour la valeur et la diversité du poisson débarqué. C'est le 1er port de pêche de France pour le tonnage et la variété des espèces. Presque 2 km de quais, une criée couverte de 2 ha, à voir et à sentir tôt le matin... ou au cours des visites guidées organisées pendant les vacances scolaires *(résas auprès de l'office de tourisme).* Cela dit, il existe aussi une visite guidée pour les puristes, avec découverte de la criée à 6h du mat ! Plusieurs milliers de personnes vivent par et pour la pêche. Le chalutier est le bateau le plus utilisé, mais les autres techniques de pêche ne sont pas en reste, comme la palangre, le filet maillant ou le casier. Quelque 60 espèces sont offertes sur le marché sous les ***halles de Merville*** *(zoom A2)* tous les matins et le vendredi après-midi, près de l'hôtel de ville. Également vente aux particuliers aux établissements ***Moulin Lorient Marées*** *(au port, magasin 78 ; lun-sam 8h-12h).* Pas cher et on ne peut plus frais, ma bonne dame !

De mai à août, la compagnie *Escal'Ouest (plan d'ensemble A4)* organise des sorties de ***pêche en mer,*** des ***traversées vers l'île de Groix,*** des ***croisières commentées de la rade de Lorient...*** *☎ 02-97-65-52-52. • escal-ouest.com • Voir aussi la rubrique « Arriver – Quitter ».*

## Manifestations

– ***Festival Deiziou :*** *fin janv-début mars.* Festival breton au cœur de l'hiver.
– ***Festival de Kerhervy :*** *1 sem fin juin. • festival.kerhervy.com •* Dans le décor naturel et grandiose du cimetière à bateaux de Kerhervy à Lanester, un festival de théâtre amateur.

***Festival interceltique :*** *1 sem début août.* ☎ *02-97-21-24-29.* ● *festival-interceltique.bzh* ● Il réunit les peuples d'Irlande, d'Écosse, de Cornouailles, du pays de Galles, de Bretagne, de Galice, des Asturies et de l'île de Man. 10 jours et 10 nuits de festivités, plus de 4 500 artistes. Musique, danse, spectacles folkloriques, fest-noz chaque soir dans un gymnase près de l'office de tourisme. Crêpes, cidre et cotriade à gogo au port de pêche et autour du bassin à flot. Un haut lieu de la fête, un must de la celtitude et le point culminant de la vie lorientaise. Les rues, les bars et les salles de spectacle sont envahis par une foule de plus de 500 000 personnes. À vivre au moins une fois.
– ***Festival Les IndisciplinéEs :*** *fin oct-début nov.* ● *hydrophone.fr* ● Festival pop, rock, folk.
– Plein d'infos sur les ***sorties et événements*** sur le site ● *lorientbretagnesudtourisme.fr* ● *(rubrique « Agenda »).*



# LARMOR-PLAGE [AN ARVOR]

(56260) 8 000 hab. *Carte Morbihan, A3*

**Cet ancien village de pêcheurs n'a gardé de son passé que d'infimes traces, notamment 3 villas au port de Kernevel. Pour le reste, Larmor remplit le cahier des charges d'une sympathique station balnéaire. Jolie promenade de Port-Maria au pied de la ville, sur laquelle s'alignent restaurants et bars. Dirigez aussi vos pas vers le port de plaisance avec une autre terrasse-café toute colorée face à *Lorient La Base.* Enfin, les plages sont idéalement disposées pour la pratique des sports nautiques. Pas étonnant que la superbe base nautique et de plongée de Kerguelen se révèle particulièrement dynamique !**

## Adresses et info utiles

***Lorient Bretagne Sud Tourisme – Agence de Larmor-Plage :*** *24, av. du Général-de-Gaulle.* ☎ *02-97-84-78-00.* ● *lorientbretagnesudtourisme.fr* ● *Près de la plage de Port-Maria. Juil-août, tlj 9h30-13h, 14h-18h30 ; sinon, mar-sam 10h-12h, 14h-18h (9h-13h de sept à mi-nov et fêtes de fin d'année).* Billetterie avec tarifs préférentiels pour toutes croisières ou traversées sur Morbihan et Finistère et pour les visites guidées, activités nautiques, festivals... Borne d'informations touristiques 24h/24.

***Port de plaisance de Kernevel :*** *à la capitainerie.* ☎ *02-97-65-48-25.* Point de départ des navettes vers Lorient, Port-Louis, la Cité de la Voile *(ts les ap-m en juil-août ; 1,50 €). Rens* ***CTRL*** *:* ☎ *02-97-21-28-29.* ● *ctrl.fr* ●

– ***Marché nocturne :*** *juil-août, jeu à* ***Ploemeur,*** *mar à* ***Port-Louis,*** *mer à* ***Larmor-Plage.***

## Où dormir dans le coin ?

### Camping

***Camping de la Fontaine :*** *rue de Quéhello,* ***Kerderff.*** ☎ *02-97-33-71-28.* ● *camping@sellor.com* ● *campingdelafontaine.fr* ● *À 650 m de la plage. Congés : de mi-janv à mi-fév. Résa impérative en août. Forfaits tente env 16,20-23,60 € ; mobile homes. 140 empl.* Camping 3 étoiles calme, à l'ambiance familiale, proposant des emplacements agréables et arborés, séparés par des haies.

### De chic à plus chic

***Chambres d'hôtes Villa Ker Mat :*** *16, av. de la Plage, à Larmor-Plage.*

*☎ 02-97-33-77-96. 📱 06-62-53-27-26. • gepinguet@gmail.com • sites-perso.com/pinguet • Doubles 90-120 € ; familiale. Réduc de 10 % sur le prix de la chambre sur présentation de ce guide.* Beaucoup de cachet pour cette villa 1910 et un évident charme balnéaire (monumentale cheminée Art nouveau !). La plupart des chambres, tout comme la salle de petit déjeuner, font face à la mer et surplombent la plage. Cette maison de famille, meublée sans façons, est restée dans son jus, et c'est ce qui fait aussi son charme.

## À voir

**L'église Notre-Dame-de-la-Clarté :** *tlj 9h-18h30.* Sans doute du XIVe s, un magnifique exemple de gothique breton. Surprenante par les proportions de son clocher massif, elle possède un porche flamboyant exceptionnellement ouvert au nord (vents dominants obligent). À l'intérieur, dans le bas-côté gauche, retable de la Crucifixion, avec ses petits personnages très expressifs.

### BON VENT À QUI ME SALUE

*Selon une coutume toujours vivante, les navires de guerre de la Royale qui quittent le port de Lorient donnent des coups de canon, attendant la réponse des cloches de Notre-Dame pendant que les couleurs nationales sont hissées sur le clocher. La devise de Larmor est d'ailleurs « Bon vent à qui me salue ». En 1855, un capitaine de frégate refusa ce salut parce qu'il était huguenot. Hasard ou punition divine ? Sa* Sémillante *fit naufrage au large de la Corse avec 700 hommes d'équipage.*

MORBIHAN

# DE LARMOR-PLAGE À GUIDEL-PLAGES

**Tout au long de ce bout de côte, quelques « ports » minuscules, simples mouillages secoués par la houle d'ouest, de vieux forts, quelques superbes plages et un bel ensemble de dunes.**

## Où dormir ? Où manger dans le coin ?

### Camping

**Camping Pen Palud :** *impasse de Pen-Palud,* ***Lomener,*** *56270 Ploemeur. ☎ 02-97-82-94-56. • camping-pen-palud.com • À l'entrée de Lomener, côté Larmor-Plage. Avr-sept. Forfaits tente 18,40-28,50 € pour 2 ; locatifs. 116 empl.* Il n'a y a que la route à traverser pour aller faire trempette sur la plage. Sinon, tout ce qu'il faut sur place dans ce 3-étoiles tout en longueur, encadré par un quartier résidentiel bien calme. Piscines couverte ou extérieure, restauration, location de vélos, etc.

### De bon marché à prix moyens

**Résidence Odalys Fleur de Sel :** *RD 152, La Falaise, 56520* ***Guidel-Plages.*** *☎ 02-97-24-41-74. • guidel@odalys-vacances.com • odalys-vacances.com • À partir de 228 €/sem le 2 pièces pour 4 pers.* Envie d'une résidence face à l'océan pour un séjour remise en forme ? Ne cherchez plus, vous avez frappé à la bonne porte ! Situés face à la plage, les appartements sont répartis dans des bâtiments aux lignes épurées entourant une belle piscine chauffée. Pour ceux souhaitant se faire cocooner, direction le centre de balnéothérapie (accès aux plus de 16 ans) et son espace forme pour une séance massage. Pour les autres : piscine, sauna, hammam et salle de cardio-musculation. Accueil convivial.

**Crêperie Ty Rouille :** *1, route de Perello,* ***Lomener,*** *56270 Ploemeur. ☎ 02-97-24-07-74. À l'entrée du port de Lomener. Tlj en saison (non-stop* *dim) ; fermé mar hors saison. Congés : 3 sem en janv. Repas env 18 €.* Une adresse accueillante d'emblée avec sa salle moderne et lumineuse, dans les tons crème et boisés. Et bien traditionnelle dans l'assiette avec des galettes impeccables et une délicieuse soupe de crabe en spécialité maison. Le tout servi avec un enthousiasme communicatif.

### De chic à plus chic

**Breizh Yourte :** *à* ***Coatroual****, 56520 Guidel. ☎ 02-97-02-99-00. 06-07-36-24-48. • info@breizhyourte.fr • breizh-yourte.fr • À 10 mn de Guidel par de petites routes. 1 seule yourte ! 85-110 €/nuit, 520 €/sem. CB refusées. Une bouteille de cidre offerte sur présentation de ce guide.* Nicolas a eu le déclic après une transhumance en Mongolie : faire venir une yourte et tout le mobilier ad hoc pour reproduire un authentique campement dans un champ où se baladent quelques animaux. Très dépaysant ! Toilettes sèches sur le site et douche dans le bâtiment principal, où l'on trouve également un petit salon commun, la salle de petit déj et une cuisine à disposition.

**Le Vivier :** *9, rue de Beg-er-Vin, à* ***Lomener.*** *☎ 02-97-82-99-60. • info@levivier-lomener.com • levivier-lomener.com • À 5 mn de la plage. Resto tlj sauf dim soir hors saison. Résa conseillée. Doubles 124-158 €. Menus déj 35 €, puis 40-60 €. Carte 60 €. Plateau de fruits de mer 50 €.* Littéralement les pieds dans l'eau. Toutes les chambres de cet hôtel cosy dans un style contemporain élégant ont une baie vitrée avec vue sur Groix assurée. C'est aussi l'une des très bonnes tables de la région, qui plonge sur les flots depuis la salle moderne et claire. La cuisine est gourmande, sans trop de sophistication pour respecter les produits, principalement des fruits de mer (vivier de homards) et des poissons. Accueil souriant et service attentionné.

MORBIHAN

## À voir. À faire

De Larmor-Plage, prenez la route côtière en direction de Quimperlé. 1er arrêt suggéré : le joli petit port de ***Lomener.*** Continuons la balade par ***Le Pérello*** et ses viviers, avant d'arriver à un autre port microscopique, ***Port-Blanc-en-Kerroch*** et ses caseyeurs. En arrivant à la pointe de Courégant, toutes ces constructions en disharmonie commenceront sans doute à vous mettre le système pileux en état d'alerte, mais en poursuivant le long de cette côte découpée à souhait, vous ne manquerez pas de vous ébahir, au choix, sur le charme incontestable du golf de Ploemeur (catégorie golfs iodés) ou sur les charmes (plus contestables) de la plage naturiste des Kaolins. Poussez un soupçon plus loin, et c'est le fameux ***Fort-Bloqué,*** ancien fort militaire de Kéragan, construit en 1745 sur un îlot rocheux, qui marque le début d'une somptueuse plage orientée plein ouest, pour le plus grand bonheur des surfeurs et planchistes confirmés. Plage bordée par les jolies dunes de ***Guidel-Plages,*** avant la séduisante et paisible embouchure de la Laïta, qui marque la « frontière » avec le Finistère.

# PONT-SCORFF [pont-skorff]

(56620) 3 700 hab. *Carte Morbihan, A2*

**Même si le centre du bourg se situe en partie haute, celui-ci « dégringole » joliment jusqu'aux rives du Scorff, qui louvoie dans une petite vallée verdoyante. À l'écart de la côte et des grands axes, Pont-Scorff se réveille**

**depuis quelques années grâce à la mise en valeur de son riche patrimoine architectural et naturel. Il est vrai que la ville fut autrefois un centre important grâce à son pont qui permettait d'enjamber la rivière. Depuis, de nombreux artistes et autres artisans d'art ont investi les murs de cette ville pleine de charme qui mérite définitivement le détour.**



## Où manger ? Où boire un verre ?

**Crêperie Charles Le Merdy :** *4, rue Terrien. ☎ 02-97-32-55-39. ♿ En contrebas de l'église. Tlj sauf dim midi et mar. Env 12 €.* Simple et sympathique : toiles cirées, tables en bois bien robustes, et dans l'assiette, des crêpes de blé noir. Elles sont délicieuses, surtout en dessert, avec confitures maison.

**L'Art Gourmand :** *14, pl. de la Maison-des-Princes. ☎ 02-97-32-65-08. ♿ Pl. de l'église. Tlj sauf mar soir, mer et dim soir. Congés : fin fév, début juil et 1 sem fin oct. Menus déj en sem 17 €, puis 24-44 €.* Gentilles formules le midi, mais il serait dommage de ne pas goûter les beaux menus de Marc Le Ouedec. Avec lui, la Bretagne dans ses composantes terre-mer est mise en valeur par une cuisine de saison sans esbroufe et joliment présentée. Cadre très agréable, petite salle presque intimiste au mobilier bleu roi. Accueil et service attentionnés.

**Ti-Henri :** *3, rue Prince-Henri-de-Polignac. ☎ 02-97-32-58-33. Près de la pl. de la Mairie, face à LA COUR des métiers d'art. Jeu-dim. Menu 32 € ; plats 18-24 €.* Le rendez-vous des amateurs de grillades. Viandes du pays mais aussi d'autres régions, que le chef cuit au feu de la cheminée. Un repaire très convivial, au cadre chaleureux. En revanche, ce n'est pas très grand : réservez !

**Tavarn au Rat qui pète :** *3, rue Terrien. ☎ 02-97-32-52-92. • Facebook • En contrebas de l'église. Mer-dim 17h-1h.* Pub breton sans tabous où un mât de bateau trône au milieu du comptoir et de la déco hétéroclite. Bières locales, rhums arrangés, saucissons pour la grignote... Avec le nom, le ton est donné.

## À voir. À faire

**La maison des Princes :** *à côté de l'église.* Très beau monument historique datant du XVIe s, témoin du pouvoir des Rohan-Guéméné, alors puissants seigneurs locaux. Il abrite aujourd'hui la mairie derrière son imposante façade en granit biseauté.

**LA COUR des métiers d'art :** *8, rue Prince-de-Polignac. ☎ 02-97-32-55-74. • lacourdesmetiersdart.com • À 50 m de la pl. de la Mairie. Ouv fév-déc, mer-sam 10h-13h, 14h-18h ; dim et j. fériés, 14h-18h. GRATUIT.* Installée dans un immeuble du XVIe s, LA COUR des métiers d'art abrite sur 300 m² et 3 niveaux les œuvres de plus de 70 artisans d'art nationaux, triés sur le volet dans un esprit contemporain. Au 2e étage, à l'espace « Carte Blanche », 3 expositions temporaires renouvelées dans l'année. On trouve d'autres artisans indépendants répartis dans plusieurs bâtiments dans la cour à l'arrière (gestion différente mais même niveau de qualité).

**L'Espace Pierre-de-Grauw :** *4, pl. de la Maison-des-Princes. ☎ 02-97-56-87-03. • espace.degrauw@pontscorff.bzh • Juil-août et vac scol, mar-sam et dim ap-m 10h30-12h30, 14h30-18h30 ; sept-juin hors vac scol, mar-dim 14h-18h. GRATUIT.* Expo des œuvres de l'artiste néerlandais Pierre de Grauw (1921-2016), empreintes de philosophie et de spiritualité. Elles sont superbement mises en valeur dans cette ancienne mairie-école du XIXe s. Voir également ses sculptures dans le village, notamment place de l'Église (dépliant disponible). Expositions temporaires au dernier étage.

***L'atelier d'Estienne :*** *1, rue Terrien. ☎ 02-97-32-42-13. Mars-juin, en période d'expo, mar-dim 13h-18h. GRATUIT.* Un espace d'art contemporain proposant toute l'année des expositions (qui débordent largement dans le village) ponctuées de rencontres.

Des sources du Scorff à la rade de Lorient, 300 km de sentiers balisés. Autour de Pont-Scorff même, 3 parcours de ***randonnées pédestres,*** de 9, 11 et 13 km.

***Base nautique L'Amical Laïque :*** *à **Bas-Pont-Scorff.** 07-66-00-20-55.* Canoë, kayak, etc.

La ***voie verte (vélos)*** quitte le centre de Pont-Scorff vers Quéven (6 km) et se prolonge jusqu'à Ploemeur.



## Fête et manifestations

– ***Festival Saumon :*** *3 j. pdt la 2e sem de juil. • festivalsaumon.fr •* Événement festif, instructif pour petits et grands. Tout est gratuit sauf le manger et le boire !
– ***Fête des Battages :*** *3e w-e de juil.*
– ***Marché des potiers :*** *3e w-e d'août.*

# HENNEBONT [henbont]

(56700) 15 550 hab. *Carte Morbihan, B2*

**Cette Cité d'art de Bretagne se révèle attachante avec son patrimoine à la richesse inattendue comprenant une basilique et quelques maisons anciennes sur la place de l'Église et dans la ville close, dont les imposants remparts dominent le Blavet avec superbe.**
**Située à un emplacement stratégique à la fois maritime et fluvial, la petite ville a subi au cours du Moyen Âge des sièges mémorables, dont celui de 1342, qui fit la gloire de Jehanne la Flamme, ainsi surnommée car elle grilla les assiégeants. Plus près de nous, au cours de la 2de Guerre mondiale, les Allemands, retranchés dans la poche de Lorient, ont lancé sur Hennebont nombre d'obus incendiaires qui ont provoqué beaucoup de dégâts.**

## Adresse et info utiles

***Lorient Bretagne Sud Tourisme – Agence d'Hennebont :*** *1, pl. du Maréchal-Foch. ☎ 02-97-84-78-00. • lorientbretagnesudtourisme.fr • D'avr à mi-sept, mar-sam 10h-12h, 14h-18h (plus dim et j. fériés du 14 juil au 16 août, de mi-sept à fin oct ainsi que fêtes de fin d'année 9h30-13h).* Très beau local, face aux remparts. Certains dimanches en été, excursions commentées en bateau au départ d'Hennebont jusqu'à l'île de Groix avec *Escal'Ouest.* Billetterie avec tarifs préférentiels. Borne d'informations touristiques 24h/24.
– Très beau ***marché*** le jeudi. Un des plus importants de Bretagne. On peut y venir en bateau depuis Larmor-Plage et Port-Louis.

## Où manger ?

***Au Jardin des Sens :*** *pl. du Calvaire. ☎ 02-97-36-21-44. 06-81-72-74-45. • contact@aujardindessens.fr • Fermé lun. Résa conseillée. Formules déj en sem 17,50-20,50 € ; menus 32-54 €. Café offert sur présentation* *de ce guide.* Une belle adresse gourmande à 100 m de la basilique. Le cadre est agréable, mais la terrasse au jardin l'est encore plus. La carte fait la part belle aux produits locaux et de saison, du type andouillette et huîtres, cuisinés avec une certaine créativité. Accueil et service souriants.



## Où dormir ? Où manger dans les environs ?

***Chambres d'hôtes Ty-Mat :*** *Ty-Mat, 56650* ***Inzinzac-Lochrist.*** *☎ 02-97-36-89-26. 06-76-05-60-55. • ty-mat@wanadoo.fr • ty-mat.fr • Double 90 € ; familiale.* 4 chambres dans une grande demeure bourgeoise du XVIIIe s, bordée par un joli parc de 3 ha. Accueil charmant et chambres décorées avec goût.

***Chambres d'hôtes d'Édyth-Charlotte Hillion :*** *24,* ***Le Bas-Locoyarne.*** *☎ 02-97-36-21-66. 06-45-15-53-19. • edyth.hillion@gmail.com • gite-hennebont.com • À 2 km d'Hennebont. Ouv Pâques-Toussaint. Double env 47,50 € ; gîtes 3-4 pers 200-350 €/sem.* Jolie ferme fleurie d'hortensias et de géraniums, dont les origines remontent au XVIIe s. Elle abrite des chambres rustiques pleines de cachet et de bon confort. Copieux petit déj servi dans une vaste pièce commune. Pas de table d'hôtes, mais un micro-onde, un frigo et un barbecue à disposition. Très bon rapport qualité-prix-convivialité.

***L'Auberge du Chemin de Fer :*** *2, rue Marcel-Sembat, 56600* ***Lanester.*** *☎ 02-97-76-18-79. 06-30-20-81-88. • aubergeducheminde fer@gmail.com • aubergeducheminde fer.fr • Resto ouv le midi lun-ven, plus le soir ven-sam. Fermé dim. Appartements 2 pers 70-130 €. Menus 12 € (midi en sem), puis 19-38 €. 10 % de réduc sur le prix de la chambre (hors juil-août) et apéritif maison offert sur présentation de ce guide.* Une adresse atypique pour mordus de train. Le TGV passe à 20 m et tout ici est dédié aux rails. Sympathique carte de brasserie plébiscitée par les locaux (sans jeu de mots !), à déguster dans une joyeuse ambiance de buffet de la gare. Comme un train peut en cacher un autre, le jardin abrite – en plus de 2 appartements classiques – un authentique autorail Picasso aménagé en un studio et un appartement pour 4, voire 6. Confort, originalité et ticket gagnant avec des enfants !

# À voir. À faire

***La basilique Notre-Dame-de-Paradis :*** *pl. Foch.* Ce superbe élan de pierre de style gothique flamboyant (XVIe s) a été épargné pendant la guerre, à l'exception de sa flèche, haute de 72 m. Sous l'énorme tour carrée de façade s'ouvre un porche orné d'arcatures flamboyantes. Voir les vitraux de Max Ingrand, posés en 3 fois, de 1955 à 1965. Sur la place, quelques belles façades du XVIIe s.

***La porte Broërec :*** du XVe s, elle donne accès à la ville close et servait autrefois de prison. ***Marion du Faouët,*** un sacré bout de femme (dont nous vous recommandons de lire la biographie...), y fut détenue en 1746. Après avoir franchi la porte, prenez à gauche l'escalier qui monte au chemin de ronde des remparts, d'où l'on a une vue plongeante sur les jardins à la française et le Blavet. Les tours abritent le ***musée de la Porte Broërec,*** qui évoque l'histoire et le patrimoine d'Hennebont *(• musee-hennebont.fr • ; juin-3e w-e de sept, tlj 10h30-12h30, 13h30-18h30 ; entrée : 5,50 €, réduc, gratuit moins de 12 ans).*

Pour bénéficier d'une autre ***vue panoramique sur la coulée du Blavet,*** remonter la rue du Champ-de-Foire, à droite des 2 tours. Table d'orientation.

***Le Haras national d'Hennebont :*** *rue Victor-Hugo. ☎ 02-97-89-40-30. • haras-hennebont.fr • Ouv avr-nov ; pour les horaires, consulter le site. Entrée spectacle + visite + expo : à partir de 12 € ; réduc et forfait famille. Tour à poney (4-10 ans) : 5 €. Visite guidée sur certaines périodes : 7,90 €. Soirée cabaret : à partir de 49 € ; réduc.* Créé en 1806 à Langonnet par Napoléon Ier, le haras est transféré

50 ans plus tard à Hennebont, sur le parc de 24 ha de l'ancien monastère de cisterciennes de la Joie-Notre-Dame. On visite les écuries, la sellerie et la cour de la forge avec ses artisans. Le haras est reconnu comme l'un des berceaux des imposants chevaux de trait bretons et entretient une belle collection de voitures hippomobiles. Spectacles équestres originaux, expos temporaires, balades à poney, animations...

## Fêtes et manifestation

***Fêtes médiévales :*** *dernier w-e de juil, les années impaires. • medievales-hennebont.com • GRATUIT.* Marché médiéval, joutes et tournois, troubadours, jongleurs...

– ***Pardon de Notre-Dame-du-Vœu :*** *dernier dim de sept.* Ce pardon trouve son origine en 1699, quand la Vierge Marie fit reculer la peste.

## DANS LES ENVIRONS D'HENNEBONT

***L'écomusée industriel des Forges :*** *mail François-Giovannelli, 56650* ***Inzinzac-Lochrist.*** *☎ 02-97-36-98-21. • inzinzac-lochrist.fr • À 6 km au nord d'Hennebont par la D 145. Ouv avr-nov ; visites guidées et animations selon période, se renseigner sur le site pour les horaires. Entrée : env 5 € ; réduc.* Créées en 1860, ces forges ont été fermées un siècle plus tard. Dans un paysage démantelé, on retrouve les souvenirs de ce qui a été l'une des entreprises les plus importantes de Bretagne (elle employa jusqu'à 3 000 personnes). Un point de vue unique sur un siècle d'histoire technologique, sociale et syndicale du centre sidérurgique.

***Le parc d'eau vive :*** *île de Locastel, 56650* ***Inzinzac-Lochrist.*** *☎ 02-97-36-09-27. • sellor-nautisme.fr •* Kayak sur le Blavet : locations, stages, randonnées en autonomie d'un ou plusieurs jours, sans oublier l'ascenseur à kayak et les ***24h Kayak*** en relais le 1er week-end de juin, un événement festif qui cartonne.

***West Wake Park :*** *lieu-dit Le Rudet, carrière de Bonne-Nouvelle, 56650* ***Inzinzac-Lochrist.*** *☎ 02-97-76-11-76. • wp56.fr • D'avr à mi-nov. Résa conseillée. Compter 20 €/h ; dégressif.* Du téléski nautique, ça vous tente ? Sur ce très beau plan d'eau dans un site arboré, *wakeboard,* ski et *kneeboard* au programme, dès 8 ans. Jeux gonflables pour les plus petits. Et tout ce qu'il faut pour la restauration (de qualité d'ailleurs !) avec vue imprenable.

# PORT-LOUIS [porzh-loeiz]

(56290) 2 780 hab. *Carte Morbihan, A3*

**Cette ancienne place forte commande l'entrée de la rade de Lorient, en arrière de la presqu'île de Gâvres. Toujours protégée par ses remparts, un charme discret et tout en nuances se dégage de Port-Louis. Ce doux mélange de traces de fastes (les 9 premiers directeurs de la Compagnie des Indes y avaient leur résidence) et de**

### FORT JALOUX

*Lorsque Vauban, le célèbre commissaire général des fortifications de Louis XIV, visita en 1683 la citadelle de Port-Louis, qui n'était pas une de ses œuvres, il lui trouva de nombreux défauts : matériaux de mauvaise qualité, rempart inachevé, bastions trop aigus ou inutiles... Jalousie ? On imagine qu'il aurait bien aimé en être l'auteur, mais il n'était pas né à l'époque !*

MORBIHAN

**ville de pêcheurs (activité principale de Port-Louis à partir du XIXe s) lui procure une atmosphère toute particulière.**
**Si la ville a beaucoup souffert des bombardements de la 2de Guerre mondiale, elle conserve de nombreux témoignages de sa splendeur au temps de la Compagnie des Indes, dont elle abrite d'ailleurs le merveilleux musée.**

## UN PEU D'HISTOIRE

La ville et ses fortifications ont fêté leurs 400 ans en 2018. Ce port bénéficie d'une situation exceptionnelle et connut, dès le Moyen Âge, une grande activité. Au XVIe s, à l'époque de la Ligue, les Espagnols vinrent soutenir le duc de Mercœur, gouverneur de Bretagne, qui avait chassé les protestants retranchés à Port-Louis. Les soldats de don Juan del Aguila construisirent alors la citadelle, où ils restèrent jusqu'en 1598. En 1618, Louis XIII, qui avait terminé les travaux de fortification de la ville, lui donna modestement le nom de... Port-Louis. Sous Louis XIV, elle devint un important port de commerce, mais face à la concurrence de Lorient, Port-Louis périclita rapidement.



## Adresses et infos utiles

**Lorient Bretagne Sud Tourisme – Agence de Port-Louis :** *1, av. Marcel-Charrier. ☎ 02-97-84-78-00. • lorientbretagnesudtourisme.fr • À l'entrée de la ville, au rond-point. De juil à mi-sept, tlj sauf dim ap-m 10h (9h30 dim)-12h30, 14h-18h30 ; puis seulement le mat mar-sam de mi-sept à début nov.* Concerne les communes de Port-Louis, Gâvres, Riantec et Locmiquélic. Billetterie avec tarifs préférentiels pour toutes croisières ou traversées sur Morbihan et Finistère, visites guidées, activités, spectacles... Borne d'informations touristiques 24h/24.

**Le Vélo Mandarine :** *av. Marcel-Charrier. 06-67-19-73-18. • levelo mandarine.com • Près de l'office de tourisme. Tarif : env 10 €/j.* Location de vélos, visites guidées de Groix à 2-roues.

**Liaisons batobus :** *☎ 02-97-21-28-29. Voir la rubrique « Arriver – Quitter. Liaisons batobus » à Lorient plus haut.* Un réseau de bus en correspondance avec le bateau permet de relier Lorient (plus Lanester), Port-Louis, Locmiquélic, Gâvres et Riantec.

**Liaison pour l'île de Groix** avec *Escal'Ouest* depuis le port de la Pointe à Port-Louis (voir la rubrique « Arriver – Quitter. En bateau pour l'île de Groix » à Lorient plus haut). Croisière à bord d'un vieux gréement, *Le Bro-Warok (mars-sept ; 06-28-90-22-84).*

– **Marché nocturne :** *juil-août, mar 18h-minuit.*

## Où dormir ? Où manger ?

### Camping

**Camping municipal des Remparts :** *rue des Récollets. ☎ 02-97-82-47-16 ou 59-59 (hors saison). • accueil@ville-portlouis.fr • ville-portlouis.fr • Par la promenade Henri-François-Buffet. Ouv de mi-juin à fin août. Pas de résas. Forfaits tente env 7,60-33 €. CB refusées. 41 empl.* À l'abri des remparts mais pas des regards, puisque le site est au cœur de la cité et simplement entouré par un muret bas. Pas très grand mais mignon et correct ; superbe cadre historique (sur un côté) que cette ceinture de murailles à 200 m de la plage, tout près de la citadelle.

### De bon marché à prix moyens

**Hôtel de la Citadelle :** *1, pl. du Marché. ☎ 02-97-82-46-05. • reservations@hotelcitadelle.fr • hotel-citadelle.*

*fr • ♿ Entre la rue principale et la citadelle. Doubles 65-170 €.* Un fringant et reposant établissement fraîchement rénové, au cœur de la cité. On y apprécie son jardin, le salon cosy, le bar, la petite épicerie fine et la salle de gym. Dans les étages, de coquettes chambres au goût du jour, lumineuses, de toutes tailles et avec vue sur la mer, l'église ou la place. Au 3e étage, les familiales connaissent un vrai succès. Ouverture récente d'un spa avec sauna, hammam, douche sensorielle et jacuzzi dans le jardin clos (ouvert selon la météo).

**La Grande Plage :** *plage du Casino, au niveau de la citadelle. ☎ 02-97-05-19-72. Fermé dim soir-lun. Menus à partir de 19 € le midi puis 26 €.* Laissez de côté la brasserie du *Casino*, c'est *La Grande Plage* qui nous intéresse, juste derrière. À l'ombre des remparts et plantée dans le sable, tout en dégustant une cuisine semi-gastronomique sans grain de sable, on profite d'un panorama privilégié sur l'île de Groix et Larmor-Plage. Pratique aussi pour garder un œil sur les enfants et leurs châteaux de sable.

## Plus chic

**Avel-Vor :** *25, rue de Locmalo. ☎ 02-97-82-47-59. • contact@restaurant-avel-vor.com • ♿ Fermé dim soir et lun-mar. Congés : 2 sem en oct. Menus 31 € (en sem), puis env 64-97 € (possibilité accord mets-vins).* La salle confortable, au design contemporain tout en lumière et en contrastes colorés, s'ouvre sur le petit port de Locmalo. Ambiance classe mais détendue chez ce chef étoilé pris en flagrant délit d'invention gustative, selon l'arrivage des bateaux côtiers. Mais s'il se laisse facilement inspirer par le vent de la mer *(Avel Vor)*, ce chef réalise aussi quelques incursions terrestres, en terroir breton toujours.

MORBIHAN

## Où manger ? Où boire un verre dans le coin ?

**Le Cargo :** *34, rue du Port, port de Sainte-Catherine, 56570* **Locmiquélic.** *☎ 02-97-84-51-51. • contact@lecargo-bistro-resto.fr • Tlj sauf lun et dim soir 9h-1h (19h dim). Formules déj en sem 16-22 € ; menus 23-32 €.* La déco à elle seule vaut le détour : un peu délirante, colorée, pleine de souvenirs de voyages et meublée de bric et de broc. Ensuite, la terrasse : sur le port, quasiment le nez dans les haubans. Certes, l'ambiance est un tantinet branchée, mais quel endroit ! Concerts réguliers et honnête cuisine de brasserie.

Même esprit chez le voisin bistronomique, ***L'Arrêt O'Port*** *(☎ 02-97-33-40-57).*

## Où boire un thé ? Où faire des emplettes ?

**La Dame Blanche :** *35, Grande-Rue. ☎ 02-97-82-45-11. • contact@la-dameblanche.fr • la-dameblanche.fr • Tlj sauf mer plus mar hors saison. Congés : après les vac de Noël. Carte env 15 €.* Dans une bâtisse du XVIIe s construite par un marchand de la Compagnie des Indes, une librairie-café bien agréable pour boire un thé (bonne sélection), une bière bretonne, le tout accompagné d'une tartine, d'une pâtisserie. Agréable jardin et cheminée l'hiver.

**Yermat Bier :** *13, Grande-Rue. 06-04-07-32-75. Fermé dim, plus le soir mer et jeu et lun hors saison.* La vitrine de cette microbrasserie locale est plutôt discrète, pourtant la maison pétille d'innovation. À la carte de la cave et du magasin, notamment une bière au Kari Gosse, l'épice emblématique de la région.

# À voir

**La citadelle :** *rens au ☎ 02-97-82-56-72. ♿ Abrite 2 musées distincts mais qui se partagent, outre les murs, le même billet d'entrée et les mêmes horaires :*

*fév-avr et d'oct à mi-déc, tlj sauf mar 13h30 (10h sept)-18h ; mai-août, tlj 10h-18h30 (18h15 pour les musées) ; dernier billet 45 mn avt fermeture. Entrée : 8 € ; réduc ; gratuit moins de 26 ans. Audioguide inclus pour les billets payants (selon disponibilité). Jolies boutiques.* Commencée par les Espagnols en 1590, à l'époque de la guerre de la Ligue, achevée en 1623 sous Louis XIII, elle occupe la pointe de la presqu'île qui ferme au sud-est la rade de Lorient. Le grand pavillon de la porte Royale et ses 2 bastions latéraux sont l'œuvre de Cristóbal de Rojas ; les autres tours ont été édifiées par l'architecte du maréchal de Brissac, Jacques Corbineau. De nombreux prisonniers y ont été détenus : prêtres réfractaires pendant la Révolution, conscrits réfractaires sous l'Empire, Louis-Napoléon Bonaparte en 1836, communards et résistants...

**Le musée de la Compagnie des Indes de la Ville de Lorient :** *☎ 02-97-82-19-13. • musee.lorient.bzh • ♿ Mai-août, tlj 10h-18h30 ; sept, tlj sauf mar 10h-18h ; fév-avr et d'oct à mi-déc, tlj sauf mar 13h30-18h. Entrée : 8 € ; réduc ; gratuit moins de 26 ans. Fermé de mi-déc à fin janv.* Un musée incontournable qui retrace l'aventure mythique de la Compagnie créée en 1664 par Colbert. La superbe scénographie à base de magnifiques maquettes s'articule autour de 3 axes : naissance des grandes Compagnies des Indes européennes, construction des navires et voyages au long cours (remarquables ***reconstitutions miniaturisées*** des métiers de la batellerie), et enfin échanges commerciaux. Beaucoup à lire, à apprendre : on peut étudier dans les moindres détails de ***vieilles cartes d'Asie et d'Afrique,*** partir sur les routes orientales grâce à de merveilleux objets d'art qui témoignent des contacts (pas forcément heureux, il faut bien le dire) entre l'Est et l'Ouest. Les ***richesses orientales*** éblouissent, entre porcelaines délicates, laques chinoises, indiennes (étoffes imprimées)... Exceptionnels palempores, ces couvre-lits en coton imprimé importés des Indes aux XVII$^e$ et XVIII$^e$ s. Le motif représentait souvent un grand arbre de vie avec de nombreux animaux ou des motifs sur commande. Sensationnels ***objets d'art africain ou indo-portugais*** (coffret avec incrustations) également.

## LE NAUFRAGE DU *SAINT-GÉRAN*

Le Saint-Géran, *navire de la Compagnie des Indes parti de Lorient en 1744, coula à quelques encablures de l'île Maurice, faisant 200 victimes, presque toutes bretonnes. Les scènes dramatiques de ce naufrage inspirèrent 40 ans plus tard à Bernardin de Saint-Pierre son célèbre roman* Paul et Virginie, *dans lequel l'héroïne ne se dévêt pas par pudeur et se noie. Le compositeur Jules Massenet (un Lorientais !) en fit un opéra en 1876.*

**Le musée national de la Marine :** *• port-louis@musee-marine.fr • musee-marine.fr •* Le 1$^{er}$ espace retrace, autour d'un pimpant canot de 1897, l'histoire du sauvetage en mer à travers les âges. Plusieurs films permettent d'apprécier à sa juste valeur le courage de ces marins qui se portent au secours de leurs pairs. Dans l'espace « Trésors d'océans », on admire les très belles collections de porcelaines du XI$^e$ au XV$^e$ s trouvées dans des jonques au large des Philippines ; ou encore les canons du *Mauritius* (un des 1$^{ers}$ vaisseaux de la Compagnie des Indes hollandaise), coulé au large du Gabon en 1609.

De l'esplanade des Pâtis, une porte dans les remparts donne accès à la ***Grande Plage*** ou ***plage des Pâtis,*** qui regarde la pleine mer barrée au loin par le profil de Groix. Les remparts forment une superbe digue de pierre. Très belle vue sur la rade.

De la ***promenade du Lohic*** (remparts), superbe vue sur l'adorable village de Gâvres et sa cale. Petits bateaux de pêche échoués à marée basse. Jolies plages entrecoupées de bancs rocheux, le courant s'engouffrant dans la « petite mer » de Gâvres. Repérer aussi le ***port de Locmalo,*** simple et modeste.

Allez surtout flâner dans la ***vieille ville,*** où des trésors tranquilles vous attendent, comme ces maisons anciennes, tantôt élégantes et quasi hautaines, tantôt serrées les unes contre les autres et conviviales. Jetez un coup d'œil, par exemple, aux nos 13 et 26 de la *rue des Dames* et au no 36 de la *rue de la Pointe.* La *Grande-Rue,* à l'évidence, mérite elle aussi d'être parcourue.

# L'ÎLE DE GROIX [ENEZ GROE]

(56590) 2 360 hab. *Carte Morbihan, A3*

• Carte *p. 215*

**« Groix la dense, l'essentielle, la douce et la coriace... Île vivant dans son épaisseur d'île, solidité du roc et du parentage, de l'amitié, de la coutume, de l'amour... » Sous la plume magique d'Henri Queffélec nous apparaît l'île de Groix dans ce qu'elle a de plus profondément singulier. À l'évidence, ce n'est pas ici que vous trouverez la petite île tirée à 4 épingles pour dépliants touristiques. Plus d'un siècle de combat des thoniers à voile face aux terribles colères du golfe de Gascogne ont irrémédiablement façonné l'esprit groisillon. L'ouragan de 1930 et ses nombreuses victimes parmi les pêcheurs de l'île plongèrent d'ailleurs Groix dans un long deuil.**

**Inutile de vous dire que Groix la rude n'a que faire de la coquetterie tape-à-l'œil de sa cousine Belle-Île. Labellisée zone Natura 2000, l'île vous sera livrée comme ça, sans emballage ni mode d'emploi. Prenez un vélo ou lacez vos chaussures, et perdez-vous dans les petits chemins tortueux. C'est ainsi que vous découvrirez la gentillesse d'un Groisillon, la chaleur d'un bistrot inattendu ou la légende du trou de l'Enfer...**

**Puisqu'il faut quand même vous en dire un peu plus, l'île fait 8 km de long pour 4 km de large et offre 40 km de chemins à parcourir à pied ou à vélo.**

### UNE ÎLE « GREK »

*Ne vous étonnez pas si l'on traite les Groisillons de... « Greks ». Rien à voir avec Ulysse ! Le mot vient du breton greg désignant ces cafetières émaillées que vous observerez un peu partout en ouvrant l'œil. Car dans les années 1930, les femmes de l'île consommaient une quantité vertigineuse de café. Le surnom « Grek » s'est peu à peu installé.*

## UN PEU D'HISTOIRE

1res traces de présence humaine sur l'île, de nombreux monuments mégalithiques sont encore visibles : dolmen de Port-Mélite, grand menhir de Clavezic, dolmen et allée couverte de Port-Saint-Nicolas, ainsi que les vestiges d'un camp gaulois à Kervédan.

Lors de la christianisation de la Bretagne, au Ve s, l'île servit de refuge aux Grands-Bretons fuyant les Anglo-Saxons. Les Vikings, eux, débarquèrent au Xe s. On a retrouvé à Locmaria, fait unique en France, une sépulture viking à barque incinérée sous un tumulus et datée. Groix était sur la route des conquérants scandinaves. Au XIVe s, l'île est passée sous la coupe des seigneurs de Rohan.

Curieusement, ce n'est qu'à la fin du XIXe s que l'île eut un port : Port-Tudy. De 1870 à 1934, Groix fut le 1er port français d'armement au thon. Avec la disparition de la pêche à la voile, la concurrence du port de Lorient et des usines espagnoles, portugaises puis marocaines, Groix se vit contrainte de se reconvertir dans le tourisme, pour le meilleur et pour le pire...

– Pour une bonne immersion dans l'atmosphère de l'île, on vous recommande le polar de Peter May, ***L'Île au Rébus*** (Éditions du Rouergue, 2017), qui se déroule entièrement à Groix. Tout au long d'une enquête rondement menée par l'inspecteur MacLeod, on y découvre les contours de l'île, ses côtes, son climat parfois hostile, la vie des Groisillons. Aussi dépaysant qu'haletant.

### FEMMES ARMATEURS

*Les hommes étant en mer, les cordons de la bourse étaient tenus (bien serrés) par les épouses. Elles travaillaient dur et dépensaient peu. Dans la 2de moitié du XIXe s, les femmes investirent dans les bateaux. Grâce à elles, l'île de Groix devint le 1er port français de thoniers.*



## Comment y aller ?

Se reporter (plus haut) à la rubrique « Arriver – Quitter. En bateau pour l'île de Groix » de Lorient.

## Adresses et infos utiles

- ***Office de tourisme :*** *au débarcadère.* ☎ *02-97-84-78-00 (central d'appel de Lorient).* • *lorientbretagnesudtourisme.fr* • *Juil-août, lun-sam 9h-13h, 15h30-18h30, dim 9h30-12h30 ; sept, mar-dim 9h30-12h30, 14h-17h30 ; oct-nov, mar-sam, le mat seulement.* Infos hébergements, sorties en mer, randonnées. Tarifs préférentiels pour les locations de vélos.
- ***Marchés :*** *sous les halles. Mar, jeu et sam à 8h-13h (juil-août, tlj).*
- ***Distributeurs de billets :*** *au* Crédit agricole, *sur la pl. du Leurhé, en haut du Bourg, après l'église, à* La Banque postale *et à* l'Intermarché, *sur la route des plages.*
- ***Location de vélos :*** *au port,* **Coconut's** *(☎ 02-97-86-81-57 ; • coconutslocationgroix.com •),* **Groix Location** *(📱 06-43-82-53-01 ; • groixloc.fr •) et* **Bikini Bike** *(☎ 02-97-86-85-12 ; • bikini-bike.com •). Au Bourg, proche du cinéma,* **Au Velo Vert** *(☎ 02-97-85-44-32 ou 📱 06-77-32-85-57 ; • auvelovert@gmail.com •). Env 11 €/j., vélo électrique env 25 €/j.* Vérifiez bien les vélos. L'idéal pour découvrir l'île, moyennant quelques efforts physiques (grosse montée au port, on suggère de la faire à pied !). Les loueurs fournissent un antivol, des sièges bébé, des paniers, des remorques-enfants... et portent parfois les bagages jusqu'à la location. Attention, en saison, mieux vaut réserver à l'avance.
- ***Location de scooters et/ou voitures :*** **Coconut's, Bikini Bike** *et* **Groix Location** *(coordonnées plus haut). Loc de scooters et de voitures à réserver avt l'arrivée sur l'île.*
- ***Supermarchés :*** il y en a 2 sur l'île. Bon à savoir pour le pique-nique !
- ***Capitainerie de Port-Tudy :*** *☎ 02-97-86-54-62.* • *groix.fr* •
- ***Centre nautique :*** *plage de Port-Mélite, sur la plage des Grands-Sables à l'est de l'île. ☎ 02-97-33-77-78. 📱 06-84-79-61-80. Ouv juil-août.* Stages et location : voile, catamaran, planche à voile, kayak, etc.
- ***Balades accompagnées sur l'île :*** ***Balade Mandarine,*** *📱 06-67-19-73-18 (résa indispensable).* Propose des visites à pied ou à vélo.
- ***Transports en bus :*** *2 lignes sillonnent l'île. Attention, la ligne pour rejoindre Le Bourg au départ de tt arrêt est sur résa à effectuer la veille avt 17h.* **CTRL** *(☎ 02-97-21-28-29 ; • ctrl.fr •). Ticket : env 1,50 €.*
- ***Douches et w-c :*** *sur le port.* Coût compris dans la place de plaisance.

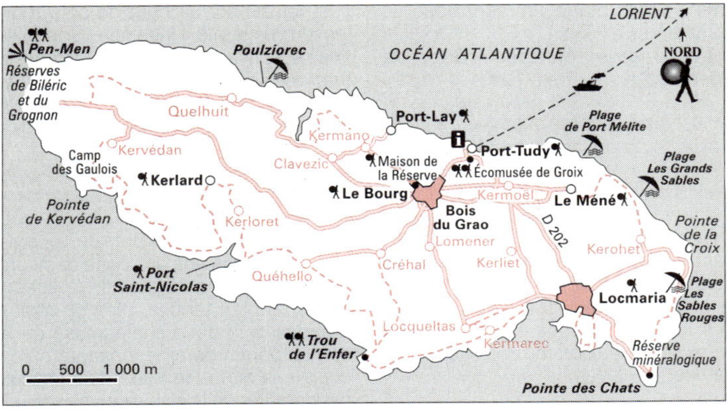


# L'ÎLE DE GROIX



## Où dormir ?

### CAMPINGS ET AUBERGE DE JEUNESSE

**Camping municipal du Méné :** *au lieu-dit* ***Fort du Méné,*** *à côté de l'AJ. ☎ 02-97-86-81-13 ou 80-15 (mairie). Ouv mai-sept. Emplacement seulement. Forfait tente en haute saison env 10 €. CB refusées. 80 empl.* On ne peut plus sauvage ! Pas d'électricité, des haies et un terrain herbeux, en terrasses, dans un environnement paisible. Accueil très gentil.

**Camping des Sables-Rouges :** *port Coustic,* ***Locmaria.*** *☎ 02-97-86-81-32. • campinggroix@orange.fr • campingdessablesrouges.com • Ouv avr-sept. Forfait tente env 20 € en haute saison ; bungalows toilés, lodges et mobile homes (loc w-e possible hors saison). 102 empl.* En terrasses, avec vue mer et accès direct à la plage ! Un site d'exception pour ce camping en partie ombragé, très bien aménagé, proche de la pointe des Chats et des commerces de Locmaria (2 km). Calme aussi : pas d'animations le soir. Location de vélos.

**Auberge de jeunesse du Fort du Méné :** *☎ 02-97-86-81-38. 06-08-97-83-41 • iledegroix@hifrance.org • hifrance.org • À 1,5 km du port et du Bourg. À pied, sentier côtier vers la pointe de la Croix. Par la route, direction Port-Mélite et suivre le fléchage au sol. Ouv avr-oct. 13,90 €/pers en dortoir, draps inclus. Apéritif maison offert sur présentation de ce guide.* Insolite ! Une partie des dortoirs de 3 à 10 lits se terre dans une batterie de blockhaus couverts de fresques peintes par un Allemand. C'est plus que rudimentaire, mais quelle bonne idée de réutiliser tout ce béton pour bricoler une AJ au bord de l'océan ! La plage est juste au bas de la falaise. Autres options dans des bâtiments annexes : une chambre de 4 lits et 2 dortoirs autour de 20 lits. Plusieurs cuisines équipées, salle à manger et sanitaires avec douches solaires.

### LOCATIONS

**Chez M. et Mme Verdié :** ***Les Grands-Sables.*** *☎ 02-97-86-82-64. 06-62-76-19-38. • pverdie@les-grands-sables.com • locationsgroix-lesgrandssables.com • Appartements de 2 à 6 pers 350-980 €/sem.* 2 studios mansardés avec terrasse, et 3 appartements impeccables (4-6 personnes) en rez-de-chaussée avec terrasse face à la mer. Les proprios vivent juste à côté et prêtent une voiture pour les courses.

Très calme, plage en contrebas et commerces à 2 km.

**Les Cabines Marines – Gîtes de Port-Tudy :** *à **Port-Tudy.** Résas : 06-76-28-98-43. • cabinesmarines@gmail.com • cabinesmarines.fr • Tt à gauche du débarcadère. Tte l'année. Studios 1-4 pers (2 nuits min) 60-95 € ; gîtes 5 pers env 170-230 € le w-e ; loc à la sem possible.* Une petite structure chaleureuse et bien arrangée, comprenant 4 studios et un gîte modulables à volonté, qui surplombent la mer et le port, avec terrasse très agréable. Les logements sont judicieusement conçus, un peu comme des cabines de bateau.



## *HÔTELS ET CHAMBRES D'HÔTES*

### Bon marché

**L'Auberge du Pêcheur :** *58, rue du Général-de-Gaulle, **Le Bourg.** 02-97-86-56-92. Voir « Où manger ? ».*

### De prix moyens à chic

**Nid'Île Parcabout :** ***Bois-du-Grao.** 02-97-86-57-61. • lola@parcabout.fr • parcaboutgroix.com • Avr-oct. Doubles dès 96 €, petit déj inclus.* Qu'est-ce qu'un nid'île ? Un nid dans une île, pardi ! Bienvenue dans de drôles de cocons en toile, suspendus jusqu'à 10 m dans les arbres, et accessibles par un réseau de filets sécurisés. Ça tangue un peu ! À l'intérieur, un lit tout rond, une lampe, et la garantie de se réveiller avec le chant des oiseaux ! Versions familles (5 personnes) encore plus étonnantes. Quant aux commodités, elles sont dans un bloc à côté de la réception. Insolite et sympa comme tout.

**Hôtel de la Jetée :** *à **Port-Tudy.** 02-97-86-80-82. 06-31-69-47-20. • hotel.delajetee@orange.fr • hoteldelajetee.fr • Sur le port, dernière maison à droite en arrivant par la mer. Congés : de début janv à mi-fév. Doubles 50-94 €.* Du charme à revendre : 8 petites chambres mignonnes et une vue géniale sur un bout de côte totalement dépeuplé. Une vraie carte postale : sur l'avant, le port ; sur l'arrière, la mer qui vient presque lécher les murs par un petit passage dans la falaise. Un hôtel de qualité, tenu par des gens très gentils.

**Hôtel Ty-Mad :** *à **Port-Tudy.** 02-97-86-80-19. • contact@tymad.com • tymad.com • À gauche du port en allant vers Le Bourg. Doubles 76-160 €.* Dans une ancienne demeure bourgeoise, une vingtaine de chambres très bien tenues, plus ou moins grandes, à la déco chaleureuse où le contemporain domine, donnant sur la cour, le jardin ou le port. Mais chacun peut profiter de la piscine en saison, se reposer dans le joli jardin et apprécier le petit déjeuner en regardant le va-et-vient des bateaux. Assurément une bonne maison !

**Hôtel de l'Escale :** *à **Port-Tudy.** 02-97-86-56-09. • lescale.gx@gmail.com • hoteldelescale.fr • Face au débarcadère. Doubles 50-70 € ; 1 studio 75-125 €.* Un petit hôtel qui propose des chambres toutes simples et fonctionnelles, bénéficiant d'une vue imprenable sur le port. Petit déj servi au ***Mojo,*** le bar du rez-de-chaussée. Accueil très sympathique et arrangeant.

### Beaucoup plus chic

**Le Sémaphore de la Croix :** ***Mez Carnelet.** 06-21-55-16-41. • contact@semaphoredelacroix.fr • semaphoredelacroix.fr • Proche de la pointe des Chats. Ouv de mi-avr à mi-nov. Doubles en chambres d'hôtes 165-205 € ; juil-août, Le Sémaphore est loué en gîte à la sem seulement, 4 000-4 500 € (!).* Vivre au temps du sémaphore dans un authentique cadre marin ! Cette belle bâtisse isolée dispose de chambres spacieuses (certaines avec accès indépendant), tout confort et décorées de façon élégante et moderne. Notre coup de cœur pour la chambre de l'officier (2e étage) avec sa grande fenêtre. Grand jardin, terrasse et jacuzzi face à la mer... Un lieu de grand charme.

## Où manger ?

### De bon marché à prix moyens

**Les Garçons du Port :** *à* ***Port-Tudy,*** *face au quai. ☎ 02-97-80-11-63. Fermé lun hors saison. Plats 15-25 €, tapas 5-10 €.* On aime ce bar-brasserie pour sa situation – une terrasse face au ballet des bateaux –, pour son ambiance décontract dans un décor personnalisé et pour sa carte finement menée. Et derrière les baies vitrées, la mer est toujours là.

**L'Auberge du Pêcheur :** *58, rue du Général-de-Gaulle,* ***Le Bourg.*** *☎ 02-97-86-56-92. • aubergedepecheur@aol.com • À 2 pas du port en montant vers Le Bourg. Tlj, tte l'année. Menu déj 21 € ; carte env 30 €. Rhum arrangé offert sur présentation de ce guide.* La carte fait la part belle aux produits de la mer bien travaillés, mais on y sert aussi de belles grillades. Service en salle au cadre rustique (belle collection de cafetières, les fameuses *gregs* !) ou dans le beau jardin verdoyant. Intéressant rapport qualité-prix. Bar, connu pour sa carte de whiskies.

### Chic

**Le Cinquante Restaurant-cave :** *22, pl. de l'Église,* ***Le Bourg.*** *☎ 02-97-86-51-10. • lecinquante.iledegroix@orange.fr • Fermé oct-mars hors vac scol ; sinon ouv ts les soirs sur résa sauf dim avr-sept. Ardoise env 40-50 €. Verre de vin naturel ou biodynamique offert sur présentation de ce guide.* Resto-caviste derrière l'église, le « *50* » affiche dès le matin sur une ardoise les préparations du jour, élaborées en fonction du marché et de l'inspiration. Fraîcheur garantie ! Poissons fumés maison, fruits de mer, légumes, herbes, etc., viennent essentiellement de l'île et sont majoritairement bio. Le vendredi en juillet-août, menu homard uniquement. Le tout accompagné de vins naturels. Résa conseillée pour partager une table dans la petite salle à la note rétro !

MORBIHAN

## Où boire un verre ?

**Pop's Tavern :** *rue de Pokado,* ***Locmaria.*** *☎ 02-97-86-83-95. • poptavern56@gmail.com • ♿ À l'entrée de Locmaria en arrivant du Bourg et de Port-Tudy. Tlj. Carte env 20-30 €. Café offert sur présentation de ce guide.* Bar-tabac, lieu de rencontre et de vie îlienne, la *Pop's Tavern* est résolument conviviale ! Pour partager un verre, jouer une partie de boules bretonnes ou casser la croûte en toute simplicité (snacks et dégustations d'huîtres) à prix gentils. Concerts certains soirs en saison.

**Ti Beudeff :** *à* ***Port-Tudy,*** *dans la montée. ☎ 02-97-86-80-73. 📱 06-27-88-30-41. • beudeff@free.fr • beudeff.fr • Ouv avr-oct, tlj sauf mar midi. Café offert sur présentation de ce guide.* Ce bar-tabac dans son jus constitue le rendez-vous mythique des voileux des 4 coins de la planète. Ça se voit que les tables ont pas mal trinqué, elles aussi !

## Où acheter de bons produits ?

**Le Comptoir Groix et Nature :** *à* ***Port-Tudy.*** *☎ 02-97-86-52-44. • groix-et-nature.com • Avr-sept plus vac scol de la Toussaint et de Noël, tlj 10h-20h ; hors saison horaires variables en fonction des bâteaux ; vac scol fermé lun ; visite interactive de l'atelier de production et dégustation sur résa (☎ 02-97-86-81-37).* L'unique conserverie de l'île propose une large gamme de produits de la mer, fumés ou en conserve, fabriqués sur place, certains originaux ! Vente également à l'atelier à Port-Lay.

**Les Fumaisons :** *à* ***Port-Tudy.*** *☎ 02-97-12-38-66. • lesfumaisons.*

*com • En été, tlj midi et soir. Assiettes 8-20 €.* Cet atelier artisanal de fumaisons propose des dégustations et la vente sur sa jolie terrasse surplombant le port. Poissons issus de la pêche durable, saisonnière et locale.

***Caramels de Groix :*** *pl. de l'Église,* ***Le Bourg.*** *• caramelsdegroix.com • Fermé dim ap-m et lun hors saison, ouv 10h-12h30, 15h-19h.* Petite boutique proprette à l'avant d'un atelier de caramel au beurre salé, produit sous toutes ses formes.

***Ti Dudi Breizh :*** *rue du Port-Mélite,* ***Le Bourg.*** *☎ 02-97-86-56-39. 06-58-68-44-65. • contact@tidudibreizh.fr • tidudibreizh.fr • Tlj sauf dim plus lun hors saison 9h30-12h30, 15h-18h (non-stop jusqu'à 19h30 en été). Congés : janv. 10 % de réduc sur la production du magasin sur présentation de ce guide.* Biscuits, kouign-amann, gâteau ou far breton... Tout est *made in* Groix et 100 % blé noir.

– Les 2 boulangeries de l'île (situées au Bourg) proposent des *gwastels,* une spécialité groisillonne.

MORBIHAN

## À voir

### PORT-TUDY

Cet ancien grand port thonier abritait jadis les fameux *dundees,* magnifiques voiliers de pêche gréés en cotre à tapecul... « Les bateaux s'entassaient là-dedans à touche-touche tels des bestiaux dans la bétaillère... ah ! l'imbroglio des amarres qui se chevauchent, qui s'insinuent les unes dans les autres... confusion que nous aimons parce qu'elle est notre force... » (Queffélec).
Port-Tudy est désormais le carrefour des échanges avec le continent et abrite dans une relative exiguïté bateaux de plaisance, pinasses de pêche côtière, chalutiers et bateaux de liaison. Si Groix est une escale réputée pour les marins, c'est bien plus pour l'ambiance de ses bars que pour le charme ou le confort de son port (réaménagé).

***L'écomusée de Groix :*** *☎ 02-97-86-84-60. • museedegroix.com • Avr-sept, tlj sauf lun et j. fériés 10h-12h30, 14h-18h. Entrée : 5 € ; réduc ; gratuit moins de 26 ans. Visite guidée sur résa seulement : 7 € ; réduc.* Visite indispensable pour qui veut comprendre cette île. L'écomusée, très riche, est installé dans une ancienne conserverie de thon de 600 m². Milieu naturel, archéologie, histoire, habitat (reconstitution d'un intérieur traditionnel), mais aussi les activités traditionnelles (dont la pêche au thon), les grandes étapes de la vie (jouets d'enfants en bois, belles coiffes de mariage, etc.), les lieux de sociabilité, bref, tous les aspects de la vie groisillonne y sont traités. Mais l'écomusée dépasse vite ses 4 murs : des sentiers balisés conduisent aux mégalithes, au camp gaulois de Kervédan, aux chapelles, aux fontaines et lavoirs... Activités pendant les vacances scolaires (visites guidées du musée et de la ***Maison de Kerlard,*** habitat typique de pêcheur-agriculteur groisillon).

### LE BOURG

Curiosité locale, sur la place centrale, au sommet du clocher de l'église Saint-Tudy, trône un superbe ***thon*** blanc faisant office de coq ! Ainsi placé, il servait à remercier le Ciel pour la générosité et la prospérité de la mer. Sur la plaisante place de l'Église, quelques ***boutiques*** de déco et une ***librairie-café*** toujours au fait de l'actualité culturelle. D'autres boutiques dans les rues adjacentes, antiquaires, céramistes, etc.

Dans le ***cimetière*** a été élevé un émouvant monument aux marins ayant péri en mer, notamment à la suite de la grande tempête de 1930. Des ex-voto témoignent de cet événement dans les chapelles de l'île.

***La Maison de la réserve :*** *derrière la salle des fêtes. ☎ 02-97-86-55-97. Juin-août, lun, mer et ven 10h-12h ; sept, mar et mer 10h-12h ; le reste de l'année, seulement le* *mar. Entrée libre. Animations : 7 € ; réduc.* Gérée par l'association « Bretagne vivante » (Société d'étude et de protection de la nature en Bretagne), vous y trouverez plein d'informations sur la faune, la flore et la géologie de l'île. Animations in situ pour découvrir toutes ces richesses, notamment à la pointe de Pen-Men et à la pointe des Chats.



## DE PORT-TUDY À LOCMARIA PAR L'OUEST

### Port-Lay

Un port de poche, l'un des plus petits de Bretagne. Il faut imaginer les thoniers rangés autrefois comme des sardines entre les quais. C'est ici qu'a lieu le ***festival du Film insulaire*** avec séances en extérieur.

### Poulziorec (Tahiti Beach)

La côte se fait sauvage, la falaise plonge vers des flots azur et turquoise. Au petit hameau de ***Quelhuit,*** jolie chapelle (toujours ouverte !). De là, descendre vers la mer et prendre à droite (direction Port-Melin). Au bout de 500 m, un petit paradis marin s'offre à vous après une vertigineuse (et dangereuse) descente escarpée, un petit lagon de bonheur et de calme que tout le monde appelle *Tahiti Beach...* Soyez discret, c'est notre coup de foudre sur l'île...

### Pen-Men

La pointe nord-ouest de l'île dominée par un phare, une réserve naturelle dont la Maison de la réserve propose des visites guidées (voir plus haut, au Bourg). Un paysage très sauvage et protégé où l'on observe toutes sortes d'oiseaux de mer et des plantes rares, d'origine méridionale. Un minéral très particulier, le glaucophane (ou amphibole bleue), fait la célébrité internationale du site.

> **OISEAU TRISTE**
>
> *« Goéland » vient du breton gwelañ qui signifie « pleurer ». Rien d'étonnant quand on entend le cri plaintif de cet oiseau marin.*

### Le village de Kerlard

Les maisons de pêcheurs du village de Kerlard sont très représentatives de l'habitat de l'île. L'une d'entre elles a été remise dans son état de 1930 ***(Maison de Kerlard,*** *☎ 02-97-86-84-60 ; juil-août, mar et ven sur résa ; entrée : 6 €, réduc).* Crêperie ***L'Écurie*** sous une tonnelle pour les petites faims.

### Port-Saint-Nicolas

Très jolie crique au milieu des falaises, où se reposent quelques barques de pêcheurs.

### Le trou de l'Enfer

Impressionnant ! Au beau milieu de la falaise, une gigantesque fente, une percée dantesque. Comme si une puissance titanesque, dans un instant de colère, avait donné un violent coup de hache au beau milieu de cette côte déjà hostile. On aperçoit mieux la faille du côté droit. Prudence avec les enfants et ne quittez pas les limites des sentiers.

## LOCMARIA ET LES PLAGES

***Locmaria*** fut longtemps le port principal et le village le plus peuplé de l'île. Un peu à l'image de l'île, il semble faire front, très peu protégé, face à l'hostilité de l'océan. Le long du petit port, austère plage de sable gris. Village coquet mais sobre, aux maisons serrées les unes contre les autres, solidaires. Face à la plage, les terrasses des bars-brasseries du ***Bateau Ivre*** et du ***Bar de la Plage.***



De là, pousser une ***pointe*** jusqu'à celle ***des Chats*** et jusqu'au 2e phare de l'île, très photogénique. Ici point de falaises comme à l'ouest de l'île, mais la seule réserve de France à intérêt minéral, à la beauté sauvage. Remarquez en effet les strates de schiste bleu à grenat contenant ces étonnants micaschistes scintillants. Table d'explication sur l'étonnante histoire géologique de Groix, surnommée « l'île aux grenats ».

### L'ÎLE AUX TRÉSORS

*Parmi les atouts cachés de Groix, ses richesses géologiques : une soixantaine de minéraux différents, formés il y a 400 millions d'années, certains rares (comme le glaucophane bleu, couleur bleu nuit), certains très beaux. Quant à la couleur rouge de certaines plages, elle vient du grenat. Il n'en fallait pas moins pour qu'une réserve géologique soit créée en 1982.*

En longeant la côte vers le nord, vous tomberez sur l'exquise ***plage des Sables-Rouges.*** Les grenats ont encore frappé. Une merveille. Le *VVF* sur la falaise n'est pas des plus heureux, mais il faut bien avouer que c'est un super plan hors saison !

***La plage des Grands-Sables :*** objectivement sublime, ce serait la seule plage convexe d'Europe ! Le sable combine toutes les nuances du grenat au blanc, et il est d'une finesse... Ah ! au fait, la plage se déplace au gré des tempêtes et des courants. Convexe et voyageuse, voilà une plage bien curieuse...

## LE MÉNÉ

Ce village est remarquable pour ses maisons traditionnelles de pêcheurs-agriculteurs, serrées autour de la chapelle Notre-Dame-du-Calme.

# À faire

***Balade le long du sentier côtier :*** *5 boucles de randonnées accessibles de 5,8 à 13,6 km.* Attention, le sentier côtier est interdit aux vélos et aux VTT, mais 4 boucles permettent l'accès à ces derniers. Plans disponibles à l'office de tourisme.

***Le parc d'aventures Parcabout :*** **Bois-du-Grao.** ☎ *02-97-86-57-61.* ● *parcaboutgroix.com* ● *Tlj pdt vac scol ; sinon, seulement mer, w-e et j. fériés. Tarif : 12 €/j. ; réduc.* Rien à voir avec un accrobranche. Ici, on se balade de toiles en filets, sur un large réseau de 2 000 m², suspendu à bonne hauteur parmi les arbres. L'avantage, c'est que les harnais ne sont pas nécessaires !

***Visites des entreprises :*** *infos à l'office de tourisme.* Escargoterie, ferme des ormeaux, apiculteurs, maraîchers bio, conserverie Groix-Nature...

***Grands-Sables, Port-Mélite et Locmaria :*** *surveillées l'ap-m en juil-août.*

## Manifestations

– ***Festival international du Film insulaire de Groix (FIFIG) :*** *5 j. pdt la 2de quinzaine d'août. ● filminsulaire.com ●* Mis sur pied par une association locale dont les membres s'investissent à fond pour faire tourner les bobines à Groix. Documentaires et fictions venus des îles du monde entier. Projections à Port-Lay ou au touchant *Cinéma des familles,* datant de 1937.
– ***Championnat du monde de godille :*** *début sept, à* ***Port-Lay.*** Une véritable performance physique, grosse ambiance et superbes affiches à collectionner !



## Plongée sous-marine

Groix constitue un site paradisiaque pour les amateurs de vie sous-marine luxuriante. De nombreuses roches à faible profondeur et quelques belles épaves jalonnent les abords de l'île, dont le spectaculaire sous-marin allemand *U171* coulé en 1942 par 38 m de fond.

■ ***Subagrec :*** *à* ***Port-Lay.*** *☎ 02-97-86-59-79. ● asso.plongee@subagrec.fr ● subagrec.fr ● Juin-sept (plus quelques sorties à la mi-saison, se renseigner), tlj. Résa conseillée. Adhésion à l'association impérative. Baptême 47 € ; plongée 34-41 €. Réduc sur les plongées moins de 18 ans.* Ce club *(FFESSM)* dispose de 3 bateaux rapides pour acheminer ses plongeurs – en petits comités – sur les différents spots à explorer. Baptêmes (sur le joli site appelé Poulziorec, notamment), formations jusqu'au niveau III, *snorkelling* encadré.

# LE PAYS DU ROI MORVAN

**Le pays du Roi Morvan regroupe les anciens cantons de Gourin, Le Faouët et Guémené-sur-Scorff. Une région boisée, très vallonnée et semée d'étangs, parcourue par des rivières comme l'Ellé ou le Scorff, dont les méandres lui apportent une touche de magie. Quand on se souvient de la richesse de la basse Bretagne aux XVIe et XVIIe s, on ne sera pas surpris de découvrir également autant d'églises, de chapelles, de manoirs et autres monuments.**
**C'est d'ici, particulièrement autour de Gourin, que le plus grand nombre de Bretons sont partis émigrer, essentiellement vers l'Amérique du Nord. Nature brute, riche histoire et secrets distillés au compte-gouttes... Il est temps de porter vos pas vers cette autre Bretagne, tournée vers la terre. Plutôt pauvre.**
– Procurez-vous dans les offices de tourisme le livret *(payant)* recensant les plus belles ***sablières*** du secteur. Il s'agit de pièces de charpente richement sculptées entre le XVe et le XVIIe s. Ces poutres ornées, polychromes et aux motifs naïfs et complexes, sont splendides. On en retrouve dans toutes les églises et chapelles du pays du Roi Morvan. Une « route » a été mise en place, on vous encourage à la suivre...

# LE FAOUËT [ar faoued]

(56320) 2 900 hab. *Carte Morbihan, A1*

**Autour de magnifiques halles du XVIe s, ce bourg chargé d'histoire présente une forte richesse en monuments. On trouve plusieurs églises et chapelles parmi les plus belles de Bretagne dans la campagne alentour. Rien d'étonnant, dès lors, que les peintres y aient convergé en nombre.**

### ROBIN DES BOIS EN JUPON

*Marie-Louise Tromel, née au Faouët en 1717, devient chef des brigands à l'âge de 18 ans, détroussant paysans et marchands mais promettant de ne jamais faire couler le sang. Elle ira même jusqu'à partager son butin avec les plus démunis, forgeant ainsi sa réputation de voleuse au cœur d'or. Elle remettait à ses victimes un reçu qui leur permettait de ne pas être de nouveau détroussées avant 1 an. Elle fut finalement pendue à Quimper en 1755...*

## Adresse utile

**Office de tourisme du pays du Roi Morvan :** *3, rue des Cendres. ☎ 02-97-23-23-23. • tourismepaysroimorvan.com • Près des halles. Juil-août, lun-sam 9h30-13h, 14h-18h ; dim et j. fériés 10h-13h. Le reste de l'année, mar-sam 10h-12h30, 14h-17h30 (fermé jeu nov-mars).*

## Où dormir ? Où manger ?

### De bon marché à prix moyens

**Chambres d'hôtes chez Louisette :** *24, rue des Cendres. ☎ 02-97-23-22-61. • chez-louisette-bnb.com • À quelques enjambées des halles. Doubles 58-63 € sans petit déj.* Cet ancien hôtel-restaurant a conservé tout son charme d'autrefois et les chambres ont été repensées pour se sentir comme à la maison, de passage chez tante Louisette. Vieux meubles retapés et tapisseries actuelles font bon ménage. Petit déjeuner énergisant pour attaquer la journée.

**Crêperie de l'Argoat :** *19, rue de la Croix-Blanche. ☎ 02-97-23-09-18. • cpargoat@wanadoo.fr • Face aux halles. Fermé jeu et dim midi. Env 15-25 €.* Tandis que les locaux viennent retirer leurs pizzas à emporter, nous, c'est la carte des crêpes qui nous botte le plus (ici, on ne parle pas de galettes), fines et moelleuses à souhait. Mais, prévoyants, on garde un peu de place pour le gâteau breton maison.

**Le Thon qui rit :** *23, rue du Soleil. ☎ 02-97-23-21-67. • lethonquiritresto@gmail.com • Face aux halles. Fermé mar soir, mer et sam midi. Formule déj en sem 13 € ; plats env 9-19 €.* Le nom de la rue met en confiance. La carte aussi : encore une alliance celtico-italienne qui semble fonctionner sur cette place. Il y a de grandes chances que vous mangiez rond, plat et croustillant, à moins d'opter pour les burgers ou les pâtes. Une adresse pratique et accueillante.

## Où dormir dans les environs ?

**Camping écologique Le Lac Ô Fées :** *lac du Bel-Air, 56320* ***Priziac.*** *06-78-33-24-96. • contact@campinglelacofees.fr • campinglelacofees.fr • À 6 km à l'est. Tte l'année. Forfaits tente 13-21 € pour 2 ; locatifs. 55 empl.* Idéalement situé en bordure d'un lac, il présente tous les avantages d'un camping familial, tranquille et on ne peut plus écolo. Fiche pour compter les oiseaux à l'accueil ! Parmi les haies et les arbres bichonnés, des mobile homes à louer ainsi qu'une « cabane de fées » en bois. Plage sous votre nez et restauration en été.

***Chambres d'hôtes Le Jardin d'Érables :*** *3, Marta, 56240* ***Berné.*** *☎ 02-97-34-28-58. 06-74-57-63-10. • hellomarta@orange.fr • lejardinderables.com • À 13 km au sud-est du Faouët. Fermé dim. Compter 56 € pour 2 (gîte seulement en juil-août, pour 14 pers). Repas sur résa 20 €. Réduc de 10 % à partir de 2 nuits en chambre d'hôtes sur présentation de ce guide.* Une ancienne vaste ferme dont l'un des bâtiments est réservé aux chambres d'hôtes. Du cachet et un confort général assuré, jusqu'à la piscine dans le grand jardin. Chambres sans luxe mais agréables. Et repas composés avec les produits du jardin et de la basse-cour.

MORBIHAN

## À voir

***Les halles :*** elles datent du XVIe s. Ce sont pour beaucoup les plus belles halles de Bretagne, avec celles de Questembert. Leur surface au sol avoisine les 1 000 m² ! Des piliers en bois reposant sur des socles en granit soutiennent une charpente digne de quelques grands architectes contemporains. Elles accueillent le marché les 1er, 3e et 5e mercredis du mois... et les fest-noz !

***Le musée du Faouët :*** *1, rue de Quimper. ☎ 02-97-23-15-27. • museedufaouet.fr • Dans le centre. Avr-début oct, mar-sam 10h-12h, 14h-18h, et dim ap-m (tlj en juil-août). Entrée : 5 € ; réduc ; gratuit moins de 18 ans.* Installé dans un ancien couvent d'ursulines du XVIIe s (salle avec de superbes vitraux), ce musée rappelle que Le Faouët fut une petite cité chère aux peintres, injustement restée dans l'ombre de Pont-Aven. Le fonds permanent, riche de plus de 400 œuvres, est présenté par roulement. Il regroupe des toiles de peintres ayant, entre le XIXe et le début du XXe s, fréquenté Le Faouët ou vécu dans la région (Mathurin Méheut, Émile Compard, Lucien-Victor Delpy...) et qui ont aimé peindre les nuances paysagères ou bien les scènes typiques de la vie rurale. Le musée présente également une exposition-événement artistique annuelle et de grande qualité, d'avril à octobre.

***La chapelle Sainte-Barbe :*** *à 2,5 km au nord-est du Faouët. Avr-oct, tlj sauf lun 10h-12h, 14h-18h (juil-août tlj 10h-12h30, 14h-19h) ; nov-mars, seulement le w-e 14h-17h.* Son emplacement surprend de prime abord : construite entre 1489 et 1512 sur le flanc d'un ravin, cette chapelle s'élève parmi un fouillis de châtaigniers. On y accède par le haut via l'ancienne maison du gardien (aujourd'hui une taverne) puis un double escalier monumental du XVIIIe s. La chapelle est de style flamboyant du XVe s : vitraux Renaissance, tribune en bois sculpté, quelques ex-voto très imagés, maître-autel au centre...

### UNE SAINTE IGNIFUGE

*La jeune Barbe fut décapitée au IIIe s par son propre père pour avoir refusé d'abjurer sa foi. Les représailles ne se firent pas attendre : un éclair frappa ce dernier en plein cœur. Il n'en fallait pas tant pour attribuer à la sainte la maîtrise du feu et de l'orage. Elle est ainsi la protectrice des mineurs, démineurs, pompiers, artificiers, artilleurs et de beaucoup d'autres corporations liées au feu. Elle a aussi sa place sur les chantiers de tunnels pour protéger les ouvriers-mineurs.*

➢ Un très joli sentier en contrebas de la chapelle conduit en un bon quart d'heure à la *fontaine Sainte-Barbe,* où les jeunes filles impatientes de trouver un époux venaient jeter des épingles.

– Pardon de Sainte-Barbe le dernier dimanche de juin.

***Le musée de l'Abeille vivante et la Cité des Fourmis :*** *Kercadoret. ☎ 02-97-23-08-05. • abeilles-et-fourmis.com • À 1,5 km du centre, fléché. Avr-août, tlj 14h-18h (11h-19h juil-août) ; sept-11 nov, mar-dim 14h-18h. Entrée : 9,50 € ; réduc ; gratuit moins de 4 ans. Espace pique-nique.* Dans cette grande longère de pierre en pleine nature, on apprend beaucoup sur le monde des abeilles et le métier d'apiculteur au travers, notamment, de ruches vitrées. Amusez-vous à repérer la reine ! Ça bosse tout autant chez les fourmis : on peut même pénétrer à l'intérieur de fourmilières. Quelques phasmes (étonnants !) aussi pour ceux que ça branche. Boutique.

***La chapelle Saint-Fiacre :*** *à 2,9 km au sud du Faouët, route de Quimperlé. Avr-oct, tlj sauf lun 10h-12h, 14h-18h (juil-août tlj 10h-12h30, 14h-19h) ; nov-mars, seulement le w-e 14h-17h.* Elle possède un clocher à pignon et tourelle s'élevant sur une façade richement ouvragée qui fait penser à l'église Notre-Dame de Kernascléden. D'une élégance toute discrète, son intérêt essentiel réside dans le splendide jubé polychrome tout en dentelle de bois, sculpté par Olivier Le Loergan, en 1480. Il présente des scènes sacrées et profanes qu'il faut prendre le temps de déchiffrer. Autre curiosité : les vitraux du XVIe s, notamment dans le transept, dont l'un représente l'arbre de Jessé et un autre est consacré à saint Fiacre. À 700 m de la chapelle, fontaine censée guérir les maladies de peau.
– Pardon de Saint-Fiacre le 3e dimanche d'août.



## DANS LES ENVIRONS DU FAOUËT

***Le parc naturel du Stérou :*** *Le Stérou, 56320* ***Priziac.*** *☎ 02-97-34-63-84. • lestrerou.com • À 6,5 km à l'est du Faouët par la D 132 et autant de Priziac. Indiqué à droite sur la route de Priziac. Tte l'année, tlj 9h-21h. Entrée : 10 €.* On a retrouvé Bambi ! 80 ha de parc, répartis sur 6 vallées et au cœur d'une belle nature, presque luxuriante ici. L'écrin idéal pour approcher daims, cerfs, biches, faons et chevreuils évoluant en liberté, et découvrir de beaux sites comme le trou du Biniou, la vallée des Sources ou le clos des Roches. On peut faire un minisafari en voiturette 4 places, de l'initiation pêche ou assister au brame du cerf (en octobre). Enfin, on peut même y manger et y dormir dans des chalets de bois et de paille en plein cœur de la nature.

***La base nautique et de loisirs lac du Bel-Air :*** *56320* ***Priziac.*** *Infos : ☎ 02-97-34-65-86. 📱 06-83-54-46-34. À env 7 km à l'est du Faouët ; indiqué dans le bourg. Tlj en juil-août. Accès au site GRATUIT, activités nautiques payantes.* Une grande base de loisirs au bord d'un petit lac avec camping écolo (voir « Où dormir dans les environs ? »), plage aménagée, aires de jeux, terrains de sport, activités nautiques, espace pique-nique... perdue en pleine Bretagne. Bien agréable quand il fait chaud.

***Le parc animalier Chez Dame Nature :*** *à Pencleux, 56320* ***Meslan.*** *☎ 02-97-34-26-72. • chezdamenature.com • Début avr-sept, tlj 11h-19h ; oct, dim 14h-18h ; vac scol de la Toussaint, tlj 14h-18h. Tarif : 9,90 € ; réduc ; gratuit moins de 4 ans. Aires de pique-nique.* Ferme-conservatoire peuplée d'animaux miniatures, mais aussi de taille normale, y a pas de raison. Alpagas, wallabies, enclos dans lequel on peut caresser et nourrir des chèvres... Également un labyrinthe végétal, un sentier (1,6 km), des structures gonflables et un bâtiment d'expo écologique. Radical pour enchanter les plus jeunes !

## GOURIN [GOURIN] (56110) 4 000 hab. *Carte Morbihan, A1*

**Capitale des Montagnes Noires, Gourin fut la plus vaste paroisse de la Cornouaille jusqu'à la Révolution. Avec l'arrivée du chemin de fer en 1892, les**

carrières de schiste et de granit prirent ici un essor remarquable mais fermèrent en 1962 face à la concurrence des ardoises angevines. Le train ne passe plus, mais un tronçon de l'ancienne voie ferrée a été aménagé en voie verte. Une statue de la Liberté (modèle réduit, bien sûr...), se dresse sur la place centrale de la ville. Normal pour la « capitale de l'émigration bretonne » aux États-Unis ! Un phénomène qui dura jusqu'en 1965.

### COUSINS AMÉRICAINS

*C'est un certain Nicolas Le Grand qui s'est installé aux États-Unis le 1er, en 1881. L'émigration au début du XXe s fut si importante qu'Air France ouvrit un bureau à Gourin ! Aujourd'hui, plus de 6 000 enfants du pays sont plus proches de l'Hudson River que de l'Aulne, et toutes les familles ont des parents, frères ou cousins de l'autre côté de l'Atlantique. On trouve d'ailleurs 2 villes au nom de Gourin au Canada ! Qui l'eût cru ?*



## Adresse utile

**i *Office de tourisme du pays du Roi Morvan :*** *24, rue de la Libération. ☎ 02-97-23-66-33. • tourismepaysroimorvan.com • Juil-août, lun-sam 9h30-12h30, 14h-18h ; j. fériés 10h-12h30. Sept-juin seulement lun, mer et ven, 10h-12h30, 14h-17h30.*

## Où manger à Gourin et dans les environs ?

**|●| *La Table de Morvan :*** *41, rue Jacques-Rodallec, à Gourin. ☎ 02-97-23-41-27. • philippe.perrot0398@orange.fr • Ouv le midi lun-sam, le soir ven-sam, plus le soir lun-sam hors saison. Fermé dim. Congés : 2 sem en fév et 3 sem en août. Formule déj en sem 16 € ; menus 27-32 €.* Cette belle demeure historique abrite une table étoilée et réputée pour sa gourmande cuisine bistronomique de terroir. Avec ses murs de granit et ses sombres boiseries, le cadre est superbe, très chaleureux, surtout quand crépite le feu de cheminée.

**|●| *Le Bienvenue :*** *84, rue Nicolas-le-Grand, 56110* **Roudouallec.** *☎ 02-97-34-50-01. 📱 06-70-47-94-15. • le.bienvenue@wanadoo.fr • Tlj sauf lun. Résa conseillée. Formule déj sauf dim 18 € ; menus 21,80-59 €.* Un « Restaurant du terroir » qui mérite assurément le détour ! Oublions la déco pour nous concentrer sur les belles spécialités de ce chef « locavore », inventif et passionné par « sa » Bretagne et tous les beaux produits qu'elle peut offrir. La cuisine tient toutes ses promesses dès la formule du déjeuner. Accueil chaleureux et service dans la grande tradition.

# À voir. À faire

***L'église :*** du XVIe s. De style gothique flamboyant, elle est couronnée par un beau clocher à balustres et clochetons. À l'intérieur, pietà et chaire du XVIIe s.

***Le château de Tronjoly :*** *à 1 km, route de Quimper. Seul le parc est accessible librement.* Tout un complexe en fait, comprenant des gîtes et surtout cet imposant logis en partie reconstruit en 1898. C'est un lieu chargé d'histoire révolutionnaire. Expos temporaires de grande qualité et manifestations en été.

Plusieurs circuits de ***randonnée dans les Montagnes Noires*** : circuits « La Montagne », « Carrières » ou encore « Crêtes ». Des paysages inattendus qui bercent l'imaginaire breton depuis la nuit des temps !

## DANS LES ENVIRONS DE GOURIN

***La gare de Guiscriff :*** *117, rue de la Gare, 56560* ***Guiscriff.*** *☎ 02-97-34-15-80. • armarchdu.guiscriff@orange.fr • lagaredeguiscriff.com • ♿ À 13 km au sud de Gourin (D 27). Mai-sept, mar-dim 10h30-18h30 (19h juil-août) ; avr, oct et vac de Noël, mer-dim 13h30-17h. Entrée : 5 € ; réduc. Entrée à 4 € sur présentation de ce guide.* Une petite gare de campagne pour un vaste et passionnant sujet : le 1er réseau ferroviaire breton qui fonctionna de la fin du XIXe s à 1967. Vous saurez tout sur les 5 lignes qui rayonnaient à partir de Carhaix. L'apport économique, social, touristique et culturel fut évidemment considérable.
Un musée pour tous, ludique, interactif, voire carrément détaillé pour les mordus de l'*ar marc'h du,* autrement dit « le cheval noir » en breton. Témoignages de cheminots, outils anciens, maquettes électriques... Tout cela est rendu vivant par une muséographie bien vue.
Les lignes devenues voies vertes se parcourent aujourd'hui à vélo, à l'instar de celle qui passe ici. L'emplacement du musée n'a pas été choisi au hasard, d'autant que le site comprend également un café et un camping.

***L'abbaye cistercienne de Langonnet :*** *56630* ***Langonnet.*** *• abbayedelangonnet.fr • Tlj sauf mar et dim mat 9h-12h, 14h-17h. GRATUIT (mais dons bienvenus !).* Elle a été fondée en 1136 sur les rives de l'Ellé, à côté de l'ancienne voie romaine Vorgium-Blabia. De ce monastère, il ne reste que la salle capitulaire, de style gothique (1250). Les bâtiments actuels ont été édifiés de 1688 à 1736, ils abritent aujourd'hui une maison de retraite pour les missionnaires spiritains. À découvrir aussi, l'intéressant musée d'Arts africains *(juil-août, tlj sauf mar et dim mat ; sinon seulement sur demande),* « quai Branly » local contenant d'étonnantes pièces rapportées par les missionnaires.

***L'église Saint-Pierre-et-Saint-Paul :*** *56630* ***Langonnet.*** Elle fait partie, peut-on dire, de la « série romane » de Priziac, Ploërdut, Calan. Elle possède encore des piliers et des chapiteaux du XIIe s. L'architecture extérieure est gothique.

## Fête et manifestation

– ***Fête de la Crêpe :*** *dernier w-e de juil, à* ***Tronjoly.***
– ***Championnat des sonneurs :*** *1er w-e de sept, à* ***Tronjoly.*** *☎ 02-97-23-55-81. • championnatdessonneurs.fr •*

# GUÉMENÉ-SUR-SCORFF [AR GEMENE]

(56160) 1 100 hab. *Carte Morbihan, B1*

**Le nom de cette « Petite Cité de caractère » tire son origine d'une motte féodale édifiée ici vers 1050 par un seigneur local, Guégant. Cependant, c'est la famille Rohan-Guémené qui marqua la ville de son empreinte durant plusieurs générations. De cette riche histoire, on retient les vestiges du château, que l'on peut visiter, mais surtout les « Bains de**

### COMMENT FAIRE L'ANDOUILLE

*Les boyaux de porc (les chaudins), salés et dégraissés, sont embauchés (enfilés) les uns dans les autres en cercles concentriques avant d'être recouverts d'une baudruche en boyau de bœuf. Ce boudin est ensuite fumé au bois de hêtre pendant 3 semaines, puis cuit à l'eau parfumée au foin. Il faut 3 cochons pour fabriquer une andouille de 700 g !*

**la Reine », une étonnante étuve médiévale qui en dit long sur l'hygiène au Moyen Âge** *(● lesbainsdelareine.com ● ; mêmes horaires et même bâtiment que l'office de tourisme).*
**Le bourg est tout joli avec ses maisons de pierre, ses placettes pavées, son atmosphère paisible. Idéal pour une petite promenade... avant la pause andouille, la véritable star de Guémené !**

## Adresse utile

**Office de tourisme :** *5, pl. du Château. ☎ 02-97-28-01-20. ● tourismepaysroimorvan.com ● À l'entrée des* « Bains de la Reine » *(lire l'intro). Juil-août, tlj 9h30-13h, 14h-18h30 ; le reste de l'année, mar-dim 10h-12h30, 14h-18h (17h30 et fermé dim-lun oct-mars).* Demander l'itinéraire de découverte de la ville.



## Où dormir ? Où manger ? Où boire un verre ?

***Aux Sabots Rouges :*** *6, rue Bisson. ☎ 02-97-51-24-38. ● auxsabotsrouges@gmail.com ● auxsabotsrouges.fr ● Fermé lun-mer en hiver. Doubles 60-75 €. Formule déj 14,50 € ; plat env 12 €.* En plein centre, dans une maison restaurée du XVIIe s, de ravissantes chambres d'hôtes mêlant l'ancien et le moderne. Un charme indéniable qui se prolonge au restaurant, où les plats s'échappent aisément vers la Méditerranée et d'autres ailleurs. Buffet de salades, *fish & chips...* pour vous donner une idée de l'éclectisme. Déco chic contemporain et bistrot guilleret (30 bières différentes à la carte) qui font du bien à Guémené.

***Les Trois Marchands :*** *29, rue Émile-Mazé. ☎ 02-97-51-21-53. ● trois.marchands@orange.com ● Ouv le midi tlj sauf dim. Congés : vac de fin d'année et août. Menu env 12 €. CB refusée.* Joli intérieur traditionnel avec cheminées et collection de vieilles cafetières pour ce resto qui fait le plein chaque midi. Tutoiement et « *Kenavo* » de mise, on se serre les coudes avec les voisins d'un jour. Pas de baragouinage à la carte, c'est LE menu, et que rien que celui-là ! Plus qu'un resto ouvrier, une expérience en soi.

## Où dormir ? Où manger ? Où boire un verre dans la vallée du Scorff ?

***Camping de Pont Calleck :*** *Le Grayo, 56240* ***Inguiniel.*** *☎ 02-97-50-78-70. ● camping.pontcalleck@gmail.com ● camping-pontcalleck.fr ● Congés : de janv. à mi-mars. Mobile homes 4 pers 55-80 €/nuit. Réduc de 10 % entre le 15 mars et le 10 juillet sur présentation de ce guide.* Un camping confidentiel, caché dans la forêt bordant la merveilleuse vallée du Scorff. Sur ce site aménagé parmi les arbres, des emplacements sur différents niveaux, des bungalows toilés et des mobile homes. Un refuge idéal pour randonneurs, kayakistes, pêcheurs (le Scorff n'est qu'à 300 m) et autres farfadets de nature, d'autant qu'ici on adopte une démarche écoresponsable. Tranquillité assurée !

***Auberge de Pont Calleck :*** *Le Grayo, 56240* ***Inguiniel.*** *☎ 02-97-32-08-75. ● info@auberge-pont-calleck.fr ● auberge-pont-calleck.fr ● Tlj sauf lun soir en été ; fermé lun-mar et les mer, jeu et dim soir le reste de l'année. Congés : janv. Formule déj en sem 18,50 € ; menus 30-35 €.* Une vraie carte postale : une terrasse surplombant la rivière, une cascade qui coule quasiment dans la salle à manger... Cuisine assurée par un maître restaurateur : autant dire que la cuisine est maison, et la maison sérieuse !

## Où acheter une bonne andouille de Guémené ?

***La Maison de l'Andouille, chez Rivalan-Quidu :*** *5, rue de Bellevue. ☎ 02-97-51-21-10. • andouille-guemene.com • Lun-sam 9h-12h30, 14h15-19h.* Une institution où l'on fait l'andouille de père en fils (ou gendre) depuis 1931 ! Compter autour de 40 € le kilo, ma bonne dame ! Au plafond, près de 6 000 cochons suspendus...

## Fête et manifestation à Guémené et dans les environs

– Ne pas manquer la ***fête de l'Andouille,*** le 2e dimanche après le 15 août. *Rens auprès de l'office de tourisme.* Repas traditionnel « andouille-purée », musique, marché du terroir, concours de boules, fest-noz, etc.
– ***Pardon du 15 août à Kernascléden :*** procession en costume.



## DANS LES ENVIRONS DE GUÉMENÉ-SUR-SCORFF

***Langoëlan*** (56160) : *à env 8 km au nord (D 3).* Voir son église Saint-Barnabé de style gothique avec gargouilles et ossuaire. À proximité, de superbes propriétés privées, entre manoirs et villas évoquant le style balnéaire. Charmant étang du Dordu, où nichent canards, oies, cygnes et hérons. Il est agrémenté d'un chemin d'interprétation et... d'une providentielle buvette à la belle saison ! À moins d'opter pour ***L'Atelier Bistrot*** *(☎ 02-97-51-37-81),* la table bistronomique du bourg.

***Locuon :*** *à env 14 km au nord-ouest (D 3 ou D 1).* Un monumental escalier en granit conduit à la chapelle Notre-Dame-de-la-Fosse, lovée dans une ancienne carrière gallo-romaine dont les blocs extraits ont servi à la construction de Vorgium (Carhaix). Une ambiance toute particulière émane de ce lieu magique !

***L'église Notre-Dame de Kernascléden*** (56540) : *à env 12 km au sud-ouest par la D 782.*
La « reine des chapelles » de style gothique flamboyant en Bretagne. Consacrée à Notre-Dame, elle a fière allure, tant la pierre est festonnée, témoin d'une grande richesse.
À l'intérieur, la ***peinture murale de la Danse macabre,*** dans le croisillon sud, fait la célébrité du lieu. Bien que délabrée (rongée par les dernières tentatives de sauvegarde, un comble !), cette composition reste un chef-d'œuvre de l'art breton du XVe s. Les démons sont peints avec un réalisme effrayant. Pour les amateurs, on ne trouve que 5 autres *Danses macabres* en France (et 8 en Europe), notamment à Kermaria-an-Iskuit, commune de Plouha (Côtes-d'Armor). Dans un registre plus allègre, la voûte du même transept, de la même époque, mérite elle aussi un coup d'œil, entre autres pour ses jolis anges musiciens et la représentation de l'Ascension. Dans le chœur, superbes scènes de la vie de Jésus et de la Vierge Marie.

***La Maison de la chauve-souris :*** *1, pl. de l'Église, 56540* ***Kernascléden.*** *☎ 02-97-28-26-31. • maisondelachauvesouris.com • Face à l'église. Juil-août, tlj 10h-18h30 (le w-e dès 13h30 ; visites guidées à 15h et 17h) ; vac scol (hiver, printemps et Toussaint), tlj 14h-17h30 (visite guidée mer et dim à 15h) ; avr-juin et sept-oct, mer-dim 14h-17h30. Juil-août, Nuits de la chauve-souris mar et ven à 20h30 sur résa (env 2h30 ; 8,50 €). Tarifs : 6,50 € ; visite guidée 7,50 € ; réduc ; gratuit jusqu'à 4 ans.* Ni chauves ni souris, les chiroptères (de *kheir,* « main », et *pteron,* « ailée ») sont des animaux en tout point fascinants. Cet espace ludique et scénographié, entièrement revisité en 2019, offre une approche scientifique, culturelle et quasiment exhaustive. Des caméras infrarouges permettent d'observer en direct la colonie installée dans les combles de l'église.

# LA RIA D'ÉTEL ET ALENTOUR

**Cet aber d'Étel (le mot celtique *aber* indique une avancée étroite de l'océan dans les terres) est appelé ici « ria », comme en Galice. Il étale ses charmes entre ciel et terre, qui rivalisent de paix et de lumière.**
**Un remarquable exemple de ce qu'on appelle « une ria en bouteille » : étroite à l'embouchure, où se forme une méchante barre, et évasée en amont, avec de multiples bras de mer où logent les chantiers ostréicoles et où se trouvent une multitude de sites à découvrir, à commencer par la célèbre île de Saint-Cado. Sur la D 781, le pont Lorois franchit majestueusement la ria, en son milieu.**



## GÂVRES [GAVR] (56680) 750 hab. *Carte Morbihan, A3*

**La pointe de Gâvres laisse l'impression d'un lieu naturel, préservé et comme coupé du monde à l'extrémité d'une langue de sable de 3 km orientée est-ouest (un no man's land, en grande partie terrain militaire). On accède au bourg par une longue route via Plouhinec ou en traversant en bateau la « petite mer » de Gâvres en 5 mn à partir de Port-Louis, grâce à l'un des derniers passeurs de la région. Gâvres plaît aux routards curieux qui ne manquent pas de faire la balade en boucle autour de la presqu'île (4 km), riche en découvertes : fort de Porh-Puns, dolmens, ruelles typiques, blockhaus... Visites guidées possibles** *(☎ 02-97-84-78-00).* **La très belle plage de Gâvres est l'un des spots de kitesurf les plus prisés de la région.**

### Où camper ?

***Camping municipal La Lande :*** *lieu-dit La Lande. ☎ 02-97-52-31-48 📱 07-78-10-42-96. • contact@campingdelalande.com • campingdelalande.com • Tt à la pointe de la presqu'île. Ouv de mi-juin à fin août. Forfait tente 16 €. 100 empl.* Terrain cerné par les flots, dans un environnement naturel parsemé de... blockhaus. Situation formidable et des emplacements à tout petit prix. Idéal pour les familles. Enfoncez bien vos sardines, ça peut souffler...

## ÉTEL [an intel] (56410) 1 950 hab. *Carte Morbihan, B3*

**Ce port de pêche toujours actif est opportunément situé à quelques encablures de l'embouchure de la ria qui porte son nom, le long du chenal. Un repère tout indiqué pour partir explorer les environs.**

## Adresses et info utiles

**Office de tourisme :** *pl. des Thoniers. ☎ 02-97-55-23-80. • baiedequiberon.bzh • Juil-août, lun-sam 9h30-13h, 14h-19h ; dim et j. fériés 10h-13h, 14h-17h. Avr-mai, lun-sam 9h30-12h30, 14h-18h plus certains dim. Sept-oct, mar-sam 9h30-2h30, 14h-18h (plus dim en sept 10h-13h, 14h-17h).*

■ **Passeur Étel-Plouhinec :** *port d'Étel. Avr-sept, à la demande, sans résa. A/R env 4 €, 10 mn de traversée.* Pratique pour rejoindre le port de Magouër et éviter un grand détour en voiture. Vélos admis.

■ **Cercle nautique :** *rue de la Barre. ☎ 02-97-55-21-26. • cercle-nautique-etel.fr • Tlj sauf w-e. Loc de matériel pdt vac scol.* Tous niveaux. Stage d'initiation sur le plan d'eau et de perfectionnement sur la ria.

– **Marchés :** *mar mat tte l'année et ven en nocturne (18h-22h) juil-août.*

## Où dormir ? Où manger dans le coin ?

### Campings

**Camping du Moulin des Oies :** *21, rue de la Côte, 56550* ***Belz.*** *☎ 02-97-55-53-26. 📱 06-81-88-17-76. • camping@lemoulindesoies.bzh • lemoulindesoies.bzh • ♿ Ouv avr-sept. Forfaits tente 16,30-18,30 € ; mobile homes et caravanes. 90 empl. Réduc de 5 % sur présentation de ce guide.* Un joli petit camping familial aux emplacements bien verts et agréables. Idéal pour les amateurs de calme et de pêche. Bassin d'eau de mer aménagé avec miniplage et transats. Salle de billard, TV et lecture. Ambiance détendue. Piscine.

**Camping de Saint-Cado :** *3, rue du Pen-Perleieu, 56550* ***Belz.*** *☎ 02-97-55-31-98. 📱 06-17-20-27-71. • info@camping-saintcado.com • camping-saintcado.com • Prendre la D 9 puis direction Saint-Cado. Ouv d'avr à mi-oct. Forfaits tente env 12,80-16,80 € ; mobile homes. 117 empl. Ouv aux camping-cars 15 oct-1er avr, 10 €/j.* Joli camping peinard et pas cher, face à l'île pour profiter pleinement du site. Accès direct à une petite plage et à la ria d'Étel.

### Très bon marché

**Restaurant Mauricette :** *64, rue de la Libération, à Étel. ☎ 02-97-55-56-49. Dans la rue piétonne qui mène au port. ♿ En saison, tlj sauf mer ; sinon ouv mer-dim. Congés : janv. Compter 13 €. Café offert sur présentation de ce guide.* P'tite brocante déco, jardin à l'arrière... L'ambiance décontract et vintage se prête parfaitement à la carte de cette boîte de douceurs, à la fois crêperie et salon de thé. Idéal pour regonfler les troupes ou papoter en attendant que passe le crachin.

### Bon marché

**Le Bistrot à Thon :** *6, ruelle des Quais, à Étel. ☎ 02-97-55-32-50. • lebistrotathon@hotmail.fr • Dans une ruelle qui monte à partir de la pl. des Thoniers. Fermé lun, plus mar hors saison. Congés : de nov à mi-déc. Carte env 25 €.* Derrière une façade jaune pétant, une atmosphère de bon « thon » règne dans cette salle sans chichis, à moins d'opter pour une table dans la ruelle. Le tour du monde en 80 recettes de thon différentes, dont une grosse douzaine disponible chaque jour. Sympa et original. C'est d'ailleurs l'une des adresses préférées des locaux dans le secteur.

**Le Chat qui pêche :** *2, cours des Quais, à Étel. ☎ 02-97-55-24-70. ♿ Fermé lun. Menu du jour 21,50 € ; carte 15-20 €.* C'est le café des copains d'Étel, à la fois bar et bistrot où l'on commente l'actualité en détaillant l'expo du moment, avant de passer à table dans la salle bistrotière ou sur la terrasse couverte.

### Prix moyens

**Le Trianon :** *14, rue du Général-Leclerc, à Étel. ☎ 02-97-55-32-41.*

*• hotel.letrianon@wanadoo.fr • letrianon56.com • Dans la rue principale. Resto ouv le soir fév-nov ; fermé déc-janv. Doubles 78-150 € ; supérieures. Menus 28-34 €. Parking clos.* Derrière la façade rose ou dans la maison au fond du jardin, des chambres à l'ancienne, à la déco façon bonbonnière (salle de bains pour certaines, un peu datées toutefois). Bien tenu, pas dépourvu de charme au final, et au calme. Resto traditionnel sur place (ne pas venir trop tard).

***Chambres d'hôtes L'Escale de la Ria :*** *9, rue Amiral-Schwerer, à Étel. 06-61-39-08-06. • reservation@escaledelaria-etel.com • escaledelaria-etel.com • Congés : vac de fin d'année. Doubles 75-115 €. Apéritif maison offert sur présentation de ce guide.* Embarquez pour l'une des îles morbihannaises qui donnent leur nom aux agréables chambres (« Hoëdic » est un peu plus petite) de cette grande maison néo-bretonne au fond de son jardin. Une adresse confortable, idéalement située dans une rue calme à 2 pas du centre. Accueil charmant.

MORBIHAN

## À voir. À faire

***Le musée des Thoniers :*** *3, impasse Jean-Bart. ☎ 02-97-55-26-67. • museedesthoniers.fr • Juil-août, lun-ven et l'ap-m w-e 10h-12h30, 14h30-18h30 ; avr-juin et sept, mar-ven et l'ap-m w-e 10h-12h, 14h-18h ; vac de la Toussaint et de mi-déc à mi-janv, tlj 14h-18h. Entrée : 6 € ; réduc. 25 % de réduc sur l'entrée, valable pour une entrée adulte sur 2 entrées ou plus, sur présentation de ce guide.* La mémoire vive d'un port et de sa ria, dont la pêche (à la sardine, au thon, au chalutage) fit la richesse entre 1850 et 1970 : outils de navigation, maquettes, reconstitutions animées, projection de films, etc. Un musée modeste par la taille mais bigrement touchant. À Noël, exposition de crèches maritimes (concours national).

Le ***sentier Le Bignac*** part en bas du pont Lorois (sur la commune de Belz) et longe la côte jusqu'à Étel en passant par Port-Niscop, le pont du Sach... 3,5 km aller (facile). Fortement conseillé aux amateurs d'oiseaux marins et admirateurs de la nature.

Étel est aussi le point de départ de plusieurs chemins pédestres et d'un chemin cycliste (autour du plan d'eau) d'où l'on peut rejoindre la barre puis, au-delà, Erdeven et ses 80 km de pistes VTT.

## Fête et manifestation

- ***Les mardis et jeudis d'Étel :*** *en été.* Fest-noz ou concerts sur le port.
- ***Fête du Thon :*** *début août.* Thon grillé à gogo, feu d'artifice, chants marins...

## DANS LES ENVIRONS D'ÉTEL

***L'île de Saint-Cado :*** *à env 5 km au nord d'Étel (fléché).* Une perle rare qu'il faut absolument aller voir au soleil couchant... en amoureux romantiques. Située au milieu de la ria, l'île est reliée au continent par un pont de pierre qu'un certain saint Cado, un peu gourou sur les bords, aurait construit au VI$^{e}$ s pour que ses groupies viennent le voir sans s'enfoncer les pieds dans la vase. L'intérieur de la chapelle n'a rien de spécialement remarquable, mais il faut avouer qu'on imaginerait mal Saint-Cado sans sa chapelle : c'est elle qui donne le ton, qui semble présider à la destinée de la petite île. Laquelle est aussi ravissante à marée basse, quand les parcs à huîtres se découvrent, qu'à marée haute, lorsqu'elle se retrouve cernée par les eaux de la ria. Saint-Cado abritait au XVII$^{e}$ s le port des « pressiers de sardines », qui resta le plus grand port sardinier de la ria jusqu'à ce que l'ostréiculture prenne le dessus, vite rejointe et dépassée par le tourisme. La balade s'impose (d'autant que la petite maison solitairement posée sur l'îlot voisin de Nichtarguér vaut aussi son pesant de pittoresque), mais ne vous attendez pas à faire la visite tout seul...

***La barre d'Étel :*** à découvrir côté Étel (plage de Kerminihy) ou côté Plouhinec (sémaphore). De part et d'autre, le spectacle des vagues soulevées par la barre, selon la marée, est très étonnant et les abords très beaux. Cette barre a ceci de particulier qu'elle bouge sans cesse : un jour ici, le lendemain là, suivant la position d'un banc de sable toujours en mouvement. Le danger est réel pour les marins qui, pour la franchir, doivent souvent faire appel au sémaphore civil planté là, le dernier en Europe.

### NAUFRAGÉ POLITIQUE

*Le Dr Bombard a tenu pendant 113 jours seul en mer, sans eau ni nourriture. Il voulait démontrer qu'en suivant certaines règles on pouvait survivre... En revanche, sa désastreuse tentative de franchissement de la barre d'Étel en radeau de survie en 1958 coûta la vie à 9 personnes. Quant à son expérience politique, elle fut également houleuse. Il sombra au bout de 30 jours en tant que secrétaire d'État auprès du ministre de l'Environnement, en 1981.*

***Croisières sur la ria d'Étel :*** *avec* ***Navix.*** *☎ 02-97-46-60-00. • navix.fr • Départ d'Étel. De mi-avr à sept. Compter 19,80 €/pers ; réduc. Durée : 1h30. 10 % de réduc hors bateau-restaurant sur présentation de ce guide.* Croisière commentée depuis la barre d'Étel jusqu'à Locoal-Mendon.



# ERDEVEN [an ardeven]

(56410) 3 600 hab. *Carte Morbihan, B3*

**Station balnéaire assez classique et sympathique, ni trop abîmée ni trop snob. *An Ardeven* (« sur la dune », en breton, et il y en a quelques-unes dans le coin !) garde, pour cause de servitude militaire, les plus vastes espaces libres en bord de mer de Bretagne Sud. Exposées sud-ouest, face à la houle de l'océan, ses plages constituent un bon spot pour le kitesurf.**

## Adresse et info utiles

***Bureau d'information touristique :*** *7 bis, rue Abbé-le-Barh. ☎ 02-97-55-64-60. • baiedequiberon.bzh • Tte l'année. Juil-août, lun-sam 9h30-19h ; dim 10h-13h, 14h-17h. Le reste de l'année, lun-sam 9h30-12h30, 14h-18h (17h30 en hiver).* Infos sur toute la ria. Organise des visites guidées. Billetteries.

– ***Marchés :*** *sam mat et, en saison seulement, lun en nocturne 17h-22h30.*

## Où dormir ? Où manger ?

### Campings

De nombreux campings, près de la plage ou dans la campagne. Le ***Camping de la Plage*** est municipal mais peut se révéler bruyant en cas d'affluence.

### De bon marché à prix moyens

***La Voile Bleue :*** *2, route de la Plage. ☎ 02-97-55-67-55. 06-03-07-14-58. • voilebleue@orange.fr •*

*hotel-lavoilebleue.com • À 500 m du centre du bourg. Resto lun-sam soir seulement. Congés : déc-janv. Doubles 56-70 €. Carte 15,50 €.* Sur la route de la plage (à 5 mn en voiture), un petit hôtel qui tient beaucoup de la maison d'hôtes pour l'accueil franchement amical de la propriétaire et l'ambiance doucement familiale. Chambres toutes simples mais bien tenues, agréables pour celles en rez-de-jardin. Courte carte au tableau noir : salades et petits plats maison.

**Résidence prestige Odalys Le Château de Kéravéon :** *Kéravéon.* ☎ *02-97-56-77-23. • chateau.keraveon@odalys-vacances.com • À env 2 km du centre par la D 105 puis fléchage. Ouv avr-oct. À partir de 310 €/sem pour un 2 pièces 4 pers (linge fourni, lits faits à l'arrivée et ménage quotidien inclus).* Au cœur d'un parc de 70 ha abritant un superbe château du XVIIIe s et un donjon du XVIIe s qui servait autrefois d'amer. 28 appartements de grand confort et 6 appartements aménagés dans l'Orangerie. Piscine chauffée *(de mi-mai à fin sept).* Une adresse coup de cœur et pleine de charme, pour jouer au châtelain dans un cadre enchanteur mais sans chichis !



## Où dormir dans les environs ?

***Dihan – Cabanes dans les arbres, yourtes mongoles et chambres d'hôtes :*** *à Kerganiet, 56400 **Ploemel.** ☎ 02-97-56-88-27. 06-08-10-05-83. • contact@dihan-evasion.org • dihan-evasion.org • Ouv mars-oct. Doubles 95-255 €. Panier-repas (soir seulement) 30 €/pers et panier apéritif. Café ou thé offert et réduc de 10 % sur le prix de la chambre (hors juil-août) sur présentation de ce guide.* Superbe cadre en bordure de forêt où faire une pause (*dihan* en breton). Cabanes perchées de 5 à 10 m (montée avec baudrier), tentes suspendues (bulles transparentes, façon belle étoile !) ou écolodges, confortables et spacieuses yourtes colorées, chambres d'hôtes dans la longère, chalet scandinave, roulotte... Confort un peu rustique mais c'est le but du jeu ! Spa nature avec sauna, piscine chauffée, stages artistiques, initiation au kite ou au paddle dans la ria d'Étel pour ce retour à une vie simple au grand air. Accueil sympa d'un couple dynamique.

***La Belle Folie :*** *Kergo, à **Ploemel.** ☎ 02-97-06-02-38. • bonjour@labellefolie.fr • labellefolie.fr • À env 9 km à l'est d'Erdeven. Ouv tte l'année. Nuitée 30-... 200 € selon type d'hébergement ; chambre familiale. Repas tlj 12h-15h, 18h-22h sauf le soir dim-mer hors saison. Formules déj en sem 12-17 €. Carte 21 €.* Pour une folie ç'en est une ! Le pitch : des hébergements alternatifs conçus par les étudiants de l'école d'architecture de Nantes dans un design atypique et en matériaux durables. Les chambres ? Tissée (comme une toile d'araignée), superposée, branchée, cactus, elles ont toutes leur originalité ! Quant à la « Keravan », on vous laisse découvrir. Pour autant, l'originalité ne le cède pas au confort : rien n'a été laissé au hasard question cocooning. Quelques tentes et un mini-refuge complètent l'offre « petits budgets ». Le plus ? Les différentes actions menées pour réduire l'impact environnemental. Et, dans la verdure ou sous la grande serre, un resto-bar, ouvert aux non-résidents, où tout est fait maison et... bio. Bref, quand écolo rime avec rigolo. On dit chapeau ! Également des ateliers buissonniers en forêt ou pêche à pied pour les enfants et les sorties en voilier, avec Soline (sur résa *Les balades de Soline* : ☎ *07-82-89-98-35. • Facebook •*)

***Chambres d'hôtes Les Chaumières de Kerimel :*** *9, Kerimel à **Ploemel.** 06-83-40-68-56. • chaumieres.kerimel@wanadoo.fr • chambres-kerimel.com • Ouv de mi-mars à nov. Doubles 90-100 €. Table d'hôtes 20 €. Bière ou jus de pomme maison offert sur présentation de ce guide.* En pleine campagne, dans une belle ferme bretonne du XVIIIe s restaurée avec goût, on est accueilli par un propriétaire tout sourire et dynamique. Il organise par exemple des soirées crêpes à volonté. Très convivial ! Quant à l'hébergement, il comprend des parties communes pleines de caractère et des chambres au charme rustique indéniable, de très bon confort, avec accès indépendant. Petit déj bio. Beau jardin.

## À voir. À faire

Nombreux ***monuments mégalithiques,*** dont les importants ***alignements de Kerzerho,*** en accès libre à l'entrée du bourg en venant de Plouharnel.

8 km de ***plages.*** Celle de ***Kerhillio,*** qui s'étire sur 6 km, et celle de ***Kerouriec*** sont surveillées en juillet-août. Plage naturiste de ***Kerminihy*** à l'entrée de la ria d'Étel.
- Outre le ***surf,*** possibilité de pratiquer ***char à voile, kitesurf, voile, équitation, golf,*** etc.
- Pour découvrir le ***kayak de mer,*** contacter le ***Cercle nautique de la Ria d'Étel*** : ☎ *02-97-55-21-26.*

***Randonnées à vélo et à pied*** autour de la commune. On compte près de 80 km de sentiers de randonnées cyclo-pédestres.



# LOCOAL-MENDON [lokoal-mendon]

(56550) 2 220 hab. *Carte Morbihan, B3*

**Ce village possède – qui l'eût cru ? – 40 km de littoral sur la ria d'Étel. Là niche une faune variée de canards, hérons et cormorans.**

## Où dormir ? Où manger dans le coin ?

***Gîte de séjour La Petite Presqu'île :*** *16, route du Coedo, à* ***Locoal.*** *☎ 02-97-81-20-98. 06-24-32-31-66. • info@la-petite-presquile.com • la-petite-presquile.com • Dans le village, juste après l'église. Doubles 74-122 € ; familiales. Réduc de 15 % sur la 3e nuit consécutive ou 20 % sur la 4e nuit consécutive, en basse saison hors j. fériés et hors vac scol, sur présentation de ce guide.* Un lieu en harmonie avec la nature, propice au repos, à l'inspiration et à la création. Bâtiment bioclimatique et chambres modernes, lumineuses et très confortables. Pour la détente, vaste terrasse panoramique, et un beau jardin qui dégringole jusqu'à la ria où l'on peut embarquer sur un canoë. À moins de préférer louer un vélo.

***Chambres d'hôtes L'Arbre Voyageur :*** *27, Ty Er Chir, à* ***Locoal-Mendon.*** *☎ 02-97-55-32-71. 06-08-31-46-95. • contact@larbrevoyageur.com • larbrevoyageur.com • Compter 90-130 € (min 2 nuits juil-août) ; familiales. Table d'hôtes 25 € (sur résa, tt compris). Réduc de 10 % sur le prix de la chambre hors haute saison sur présentation de ce guide.* Dans un coin de campagne verdoyant et boisé entre terre et mer, 5 très belles chambres d'hôtes contemporaines, fonctionnelles et tout confort. Notre préférence va pour « Bois de santal » avec sa terrasse face à la piscine couverte. Copieux petit déj et table d'hôtes de qualité à partager avec Corinne et Hugues, hôtes attentionnés. Piscine couverte et chauffée. Hugues, professeur de golf mais aussi passionné de voile, propose aux amateurs des stages sur la pelouse du golf Saint-Laurent et des sorties en mer à bord de son voilier.

***Crêperie La Locoaline :*** *pl. Georges-Cadoudal, à* ***Locoal.*** *☎ 02-97-24-60-60. • hysalis@hotmail.fr • À l'entrée du hameau, sur la droite. Fermé lun-mar en juil-août ;*

*ouv seulement ven-dim hors saison. Congés : janv. Carte 16 €. Café offert sur présentation de ce guide.* Joyeuse déco (et qui change au gré des saisons !) bricolée maison. Les crêpes et autres galettes sont tout aussi maison, à base de bons produits, l'accueil est souriant, il y a un espace jeux et bouquins rien que pour les enfants. Bref, tout ce qu'on est en droit d'attendre d'une bonne crêperie !

## DANS LES ENVIRONS DE LOCOAL-MENDON

***Le chemin de Cadoudal :*** *à partir de* ***Locoal.*** Ravissante balade de 3 km en boucle autour de la presqu'île de la Forest. Vues sur la ria, les parcs ostréicoles, et observation des échassiers à marée basse. Avec cela, vous aurez bien mérité une dégustation d'huîtres chez ***Avel Breizh*** *(06-13-31-05-86).*

***La chapelle de Locmaria :*** *à* ***Landévant.*** *À 9 km au nord de Locoal-Mendon par la D 16.* Son chevet est éclairé par une splendide fenêtre rayonnante. On remarquera aussi une petite colonne à chapiteau dorique et tailloir sculpté de masques du XVe s ; des statues anciennes ornent une galerie.

Vers Landévant, au lieu-dit la Demi-Ville, sur le ruisseau du même nom (un des nombreux affluents de la ria d'Étel), subsiste un ***moulin à marée*** de 1540 dont on voit encore l'énorme roue de 6 m de diamètre plonger ses palettes dans le « coursier ».

MORBIHAN

# PLOUHINEC [pleheneg]

(56680) 4 200 hab. *Carte Morbihan, B3*

**Village tranquille, « la Petite Plaine » est une terre riche où l'on cultive des primeurs. La Côte Sauvage dispose d'immenses plages vierges. Ne manquez pas de descendre vers le *port du Vieux-Passage,* l'un des endroits les plus étroits de la ria, royalement paisible dans un coude la rivière, ou le *port du Magouër,* avant de pousser jusqu'au sémaphore pour admirer de près la passe d'Étel.**

### VOUS PRENDREZ BIEN DU JEGADO ?

*L'une des plus grandes serial killeuses de l'histoire est née à Plouhinec en 1803. Excellente cuisinière, employée comme domestique, Hélène Jegado empoisonnait ses victimes en glissant de l'arsenic dans un délicieux gâteau qui porte aujourd'hui son nom. Elle fut condamnée à mort pour 5 victimes officielles, mais on lui en prête en réalité plus de 60 dans le Morbihan et à Rennes, où elle fut guillotinée en 1852 !*

## Où dormir ?

***Chambres d'hôtes Back to Breizh :*** *19, rue du Général-de-Gaulle. ☎ 02-97-82-49-56. 06-32-01-55-72. • brigitte.ean@wanadoo.fr • backtobreizh.com • Congés : de mi-déc à fin fév. Doubles 65-67 €.* Petite maison ancienne, en bord de route (mais les véhicules à moteur ne s'y bousculent pas la nuit). Déco très personnelle, au goût d'aujourd'hui mais un peu nostalgique, de la salle de petit déj (excellent, le petit déj !) aux chambres de bonne taille. Superbe accueil, pas avare de conseils sur la région.

## Où manger ? Où boire un verre ? Où écouter de la musique ?

|●| **Bar Tal er Mor :** *77, rue du Passage-d'Étel.* ☎ *02-97-36-76-51. Au port du Magouër, face à Étel. Avr-sept, tlj ; sinon ven-lun seulement. Plats 12-18 €.* C'est le bar-tabac du port, mais aussi une table très fréquentée par les locaux. Petite salle sans façons de l'autre côté de la rue, tout se passe dans l'assiette. Le thon ou la bavette crépitants sont servis sur une ardoise chaude, mais le chef propose aussi burgers, salades, moules... La carte est courte mais bien vue. Une adresse authentique et un réel goût de bien faire, jusqu'aux sauces d'accompagnement. Pour peu que le ***Café de la Barre*** voisin organise un concert, et l'on est aux anges.



# LA BAIE DE QUIBERON ET LES ÎLES

## LA PRESQU'ÎLE DE QUIBERON

5 200 hab. *Carte Morbihan, B3*

• Plan I *p. 239* • Plan II *p. 240-241*

**Presqu'île multifacette, Quiberon est l'un des plus beaux fleurons du tourisme morbihannais. Péninsule reliée au continent par une étroite langue de sable, elle offre à la fois la quasi-brutalité iodée de la bien nommée Côte Sauvage à l'ouest, la douceur tranquille d'une jolie station balnéaire familiale (avec Saint-Pierre) dans sa partie est, et, en été, l'hystérie collective et grouillante d'une Côte d'Azur bretonne dans sa partie sud autour de la « ville », Quiberon. Quoi qu'il en soit, réjouissez-vous, surfeurs, campeurs, pêcheurs, randonneurs, rêveurs, dragueurs, flambeurs... cette presqu'île vous en réserve de belles. Quiberon offre en effet une assez grande variété de plages, chacune ayant son type de sable, d'orientation, de degré d'intimité et de population... Et prévoyez la crème solaire : la presqu'île serait aussi ensoleillée que Cannes ! Cela dit, nous, on préfère hors saison, y a pas photo...**

### UN PEU D'HISTOIRE

Près de 5 000 ans avant notre ère, l'homme était déjà présent dans le secteur. Des foyers, sépultures et autres lames de silex ont en effet été découverts sur l'îlot Téviec, aujourd'hui en mer face au fort Penthièvre, mais à l'époque dans les terres. Les mégalithes sur la presqu'île nous indiquent que 2 500 ans av. J.-C., l'homme était toujours là... et 2 000 ans plus tard, les Vénètes établissent plusieurs villages sur la péninsule, avant d'être balayés par l'invasion romaine. Au Ve s, ce sont enfin les Bretons qui arrivent d'Angleterre.
Au Moyen Âge, la presqu'île est l'une des grandes terres de chasse des ducs de Bretagne, avec sa vaste forêt, largement défrichée à partir du XIIIe s. En 1795, l'escadre anglaise qui débarque avec une armée de plusieurs milliers d'émigrés est écrasée par le général Hoche : 1 500 morts et 3 000 prisonniers. Les royalistes, qui ont plusieurs fois dynamité sa statue à Port-Maria (voyez sa redingote et son sabre pliés), ne lui ont pas pardonné.

En 1882, la ligne de chemin de fer parvient à Quiberon, facilitant le transport des sardines et invitant surtout les touristes à découvrir l'endroit. Dès le début du XX$^e$ s, Quiberon devient une station balnéaire, décrochant le label de « Station climatique » en 1924.

## LE STATIONNEMENT À QUIBERON

Pour un automobiliste, Quiberon en haute saison, c'est du stress en boîte. Ça circule beaucoup, et on s'arrache les places. En plus, la maréchaussée veille sur les parcmètres (tarifs pas donnés), donc pas de blague ! Demandez à l'office de tourisme la liste des parkings. Voici nos tuyaux spécial Bison Futé.

– Le ***centre*** est généralement en ***zone orange*** : stationnement de courte durée (10 mn à 1h30). Mais il existe des rues en ***zone violette,*** notamment du côté de Port-Maria (au-delà de la gare maritime), où l'on peut se garer jusqu'à 4h maximum (la 1$^{re}$ heure est gratuite). Se munir d'un disque.

– ***À 15 mn à pied du centre,*** on peut se garer gratuitement avec disque en ***zones*** résidentielles ***verte*** (24h) ou ***jaune*** (3 jours).

– Le ***parking des îles ou du Sémaphore*** *(payant),* d'une capacité de 1 150 places surveillées, a été créé à l'entrée de Quiberon, avec un service gratuit de navettes pour la gare maritime. Passage toutes les 10-20 mn en été. Très pratique et bon rapport tranquillité-prix. On peut laisser le bijou plusieurs jours sans problème : intéressant quand on s'embarque pour les îles. Dans ce cas, il existe aussi des ***parkings privés et gardés,*** certains dans des hôtels, proches de l'embarcadère.

– Un autre bon plan : le ***parking privé Kerné,*** situé à 2 km du centre de Quiberon, dans le hameau de Kerné. Même principe avec navette gratuite pour le port aussi bien pour l'aller que pour le retour en appelant un peu à l'avance : *06-86-62-69-18. • parkingdekerne.com •*

– Voici encore la meilleure parade aux enquiquinements : venez avec le TER (le *Tire-Bouchon*) et louez un vélo !

MORBIHAN

## Adresses et infos utiles

***Office de tourisme*** *(plan II, B2)* **:** *14, rue de Verdun, à* ***Quiberon.*** *☎ 02-97-50-07-84. • baiedequiberon.bzh • Juil-août, lun-sam 9h30-19h ; dim et j. fériés 10h-13h, 14h-17h. Avr-début juil, sept et vac scol de la Toussaint, lun-sam 9h-12h30, 14h-18h. Oct-mars, lun-sam 10h-12h30, 14h-17h30.* Se procurer la carte de la presqu'île indiquant les randos.

***Office de tourisme*** *(plan I)* **:** *3, rue Curie, à* ***Saint-Pierre-Quiberon.*** *☎ 02-97-30-88-86. • baiedequiberon.bzh • Ouv avr-sept.* Pratique, car à l'entrée de la presqu'île.

– ***Marchés :*** *sam tte l'année, à* ***Quiberon*** *(esplanade Hoche).* Évidemment plus grand en été, avec plus de 200 stands. *De mi-juin à mi-sept, à* ***Port-Haliguen,*** *mer mat ; juil-août, nocturne 1 soir/sem sur le bd Chanard.*

### Transports

***Le Tire-Bouchon*** *(plan II, B2)* **:** *à la gare SNCF de* ***Quiberon.*** *Juil-août, env 10 fois/j. ; 2$^{de}$ quinzaine de juin et 1$^{re}$ de sept, seulement w-e. Durée du trajet : env 1h. En été, billetterie ouv en fonction des horaires du train.* TER assurant la liaison Auray-Quiberon. Arrêts à Ploemel, Plouharnel, Les Sables-Blancs, Penthièvre, Isthme, Kerhostin et Saint-Pierre-Quiberon avant d'atteindre Quiberon-centre. Une véritable aubaine pour qui veut passer une journée à Quiberon. On évite les bouchons (d'où son nom) et le casse-tête du parking.

***Pour la traversée de la presqu'île :*** bus *BreizhGo (☎ 02-99-30-03-00).* Liaisons Auray-Quiberon régulières sauf en juil-août (il s'arrête à Plouharnel et c'est alors le TER *Tire-Bouchon* qui prend le relais).

***Liaisons régulières avec Belle-Île, Houat et Hoëdic :*** de la gare maritime *(plan II, B3)*, avec la *Compagnie Océane (☎ 0820-056-156 – 0,12 €/mn ; • compagnie-oceane.fr •).* Départs fréquents pour Belle-Île, jusqu'à 10-12/j. en saison, 8h-21h (parfois

22h en août). Pour Houat et Hoëdic, env 2-5 départs/j. selon période. Il est nécessaire de laisser sa ***voiture*** dans un parking *(payant)*, privé ou non. Liste auprès de l'office de tourisme. Noter que le passage des véhicules est possible avec la *Compagnie Océane*, mais c'est tout à fait inutile et très cher. Nous recommandons vivement à nos lecteurs d'éviter d'aller à Belle-Île avec leur voiture. On peut louer tous les véhicules sur l'île à un prix qui ne dépasse pas le coût du passage de la voiture. Enfin, l'île est tellement plus belle à vélo !

■ ***Location de vélos à Quiberon-ville :*** ***Cycle Loisirs*** *(plan II, B2), rue Victor-Golvan.* ☎ *02-97-50-31-73.* • *cyclesloisirs.com* • ***Cyclomar*** *(plan II, B3), 47, pl. Hoche.* ☎ *02-97-50-26-00.* • *cyclomar.fr* • Loue également des scooters et motos.

## Où dormir ?



### Campings, village-vacances et auberge de jeunesse

Très nombreux campings à peu près partout. Au choix : les quelques campings municipaux, pas chers et simples, ou les 3 ou 4-étoiles, grand luxe, tout confort et chers.

⛺ 🏠 ***Camping Relais de l'Océan*** *(plan I,* ***11****)* **:** *16, av. de Groix, BP 18,* ***Kerhostin****, 56510 Saint-Pierre-Quiberon.* ☎ *02-97-30-91-29.* • *info@relaisdelocean.com* • *relaisdelocean.com* • *En face de la plage de l'Océan. Ouv avr-oct. Forfaits tente env 13-23 € ; loc de mobile homes et tentes aménagées 44-87 €/nuit. Promos en basse saison. 270 empl. Pour min 5 nuits réservées, 2 nuits offertes pour tte venue avr-juin et de fin août à mi-oct sur présentation de ce guide.* Classique, bien arboré et au calme. Location de vélos et piscine. Restaurant et animations en juillet-août. Gère également le ***Village-vacances Saint-Joseph de l'Océan,*** situé en face, sorte d'hôtel dans un esprit de convivialité. Chambres très simples, fonctionnelles et pas bien grandes mais impeccables. *Juil-août, seulement en pens complète et ½ pens, à la sem ; le reste de l'année, loc à la nuit env 33-36 €/pers, avec petit déj.*

⛺ ***Camping municipal de Kerhostin*** *(plan I,* ***10****)* **:** ***Kerhostin,*** *56510 Saint-Pierre-Quiberon.* ☎ *02-97-30-95-25 ou 88-86 (office de tourisme).* • *campingkerhostin@saintpierrequiberon.fr* • ♿ *Juste avt le rétrécissement de l'isthme, sur la droite en allant vers Quiberon. Ouv début juin-début sept. Forfaits tente env 11-15 €. 97 empl.* Surplombant la baie, un espace assez vaste mais sans ombre, sauf du côté de la route (passante, autant le savoir) et tout au fond. Les emplacements au bord de la petite falaise profitent d'une très belle vue. Simple.

🏠 🍽 ***Auberge des Dunes*** *(plan I,* ***20****)* **:** *av. Surcouf, à* ***Penthièvre,*** *56510 Saint-Pierre-Quiberon.* ☎ *02-97-52-34-00.* 📱 *06-88-91-42-50.* • *aubergedesdunes@revesdemer.com* • *revesdemer.com* • *Congés : janv-fév.* ♿ *À l'entrée de la presqu'île. Bus ligne 1 depuis la gare d'Auray ou train* Tire-Bouchon*. Double 33,50 €/pers. Dortoir 24 €/pers, avec petit déj et draps. Repas 14 €. Réduc de 10 % sur le prix de la chambre sur présentation de ce guide.* 3 bâtiments

■ **Adresse utile**
- ℹ Office de tourisme

⛺ 🏠 **Où dormir ?**
- **10** Camping municipal de Kerhostin
- **11** Camping Relais de l'Océan et Village-vacances Saint-Joseph de l'Océan
- **20** Auberge des Dunes
- **21** Le Petit Hôtel du Grand Large
- **23** Hôtel des Deux Mers
- **29** Hôtel de la Plage

🍽 **Où manger ?**
- **21** Le Petit Hôtel du Grand Large
- **29** Hôtel de la Plage
- **40** Le Bateau Ivre
- **47** Le Vivier

🍸 **Où boire un verre ?**
- **47** Le Vivier

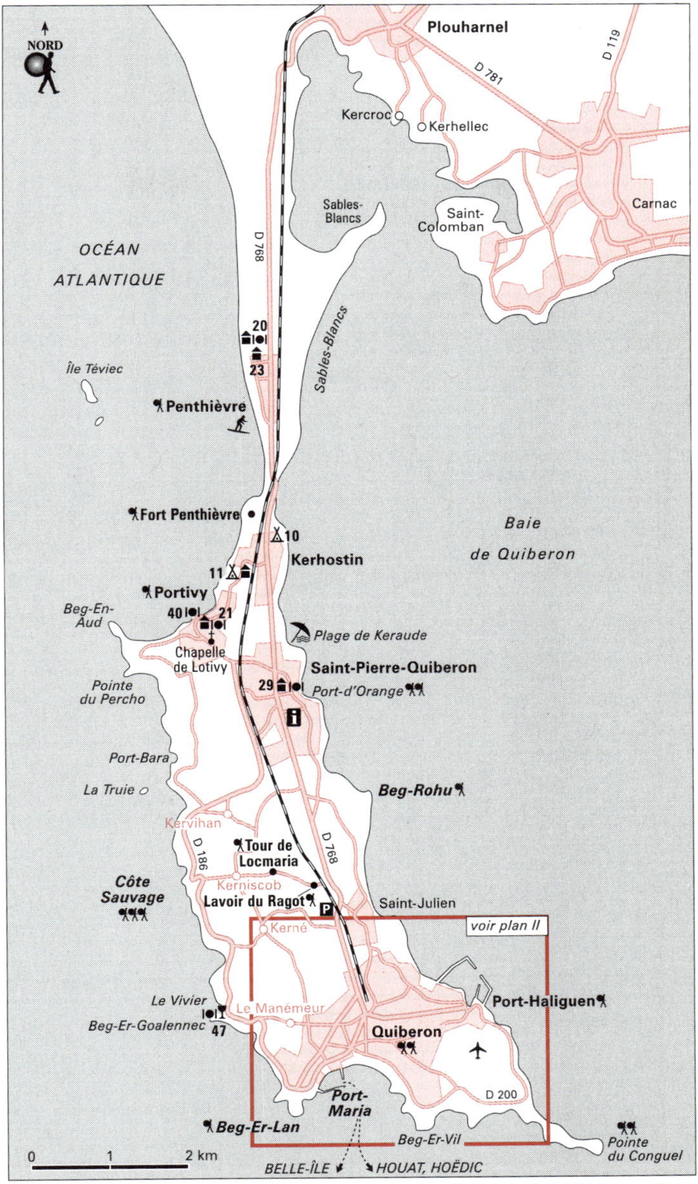


## LA PRESQU'ÎLE DE QUIBERON – Plan I

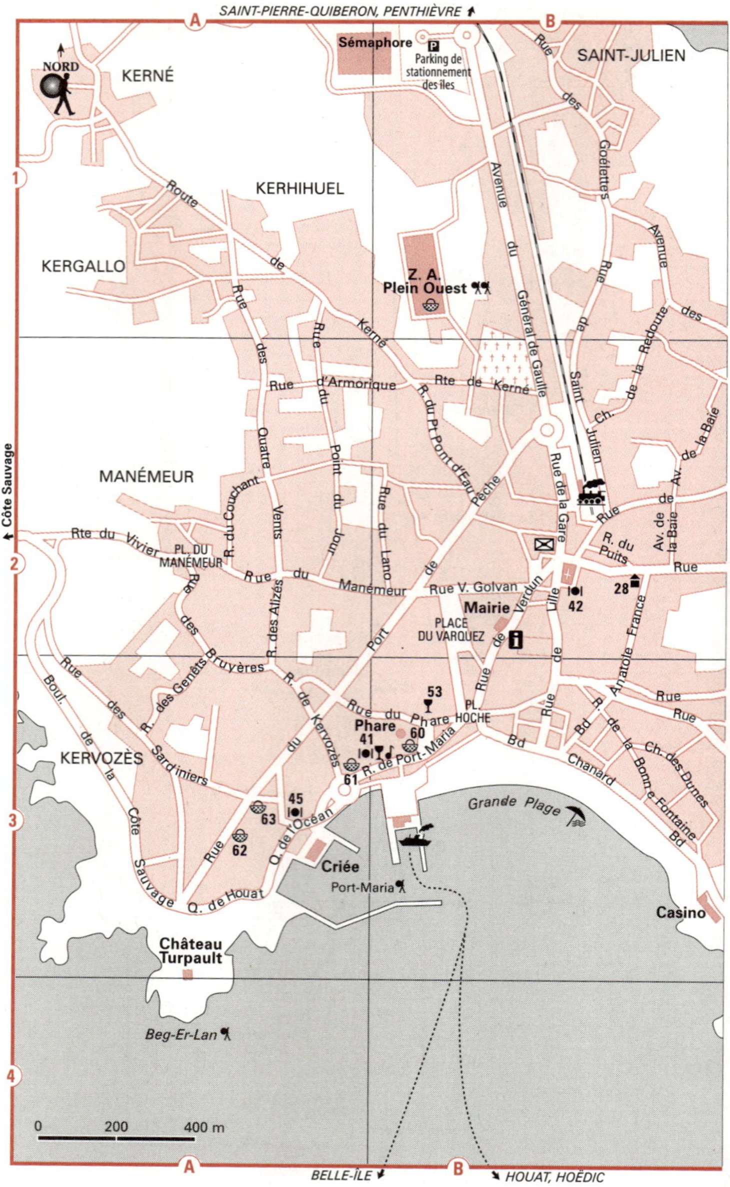
SAINT-PIERRE-QUIBERON, PENTHIÈVRE
NORD
KERNÉ
Sémaphore
Parking de stationnement des îles
SAINT-JULIEN
KERHIHUEL
KERGALLO
Z. A. Plein Ouest
MANÉMEUR
Côte Sauvage
PL. DU MANÉMEUR
Mairie
PLACE DU VARQUEZ
PL. HOCHE
Phare
KERVOZÈS
Route de Kerné
Rte de Kerné
Rue d'Armorique
Rue des Quatre Vents
Rue du Point du Jour
R. du Pt Pont d'Eau
Avenue du Général de Gaulle
Rue des Goélettes
Rue de Saint Julien
Avenue des
Ch. de la Redoute
Av. de la Baie
Av. de la Baie
Rue de la Gare
R. du Puits
Rue du Couchant
Rte du Vivier
Rue du Manémeur
Rue du Lano
Rue de Port Pêche
Rue V. Golvan
Rue de Verdun
Rue de Lille
Rue Anatole France
R. des Alizés
Rue des Bruyères
R. des Genêts
Rue des Sardiniers
Boul. de la Côte Sauvage
R. de Kervozès
Rue du Phare
R. de Port-Maria
Rue du Port
Q. de l'Océan
Q. de Houat
Bd Chanard
R. de la Bonne-Fontaine
Ch. des Dunes
Bd
Grande Plage
Criée
Port-Maria
Casino
Château Turpault
Beg-Er-Lan
28
42
53
60
41
61
45
63
62
0
200
400 m
A
B
1
2
3
4
BELLE-ÎLE
HOUAT, HOËDIC

## ■ Adresses utiles

Office de tourisme (B2)
Gare maritime (B3)

## Où dormir ?

17 Hôtel Europa (D3)
26 Hôtel Bellevue (C4)
27 Hôtel Port-Haliguen (C2)
28 Hôtel Men Er Vro (B2)

## Où manger ?

17 Hôtel Europa (D3)
27 L'Atlantique (C2)
41 Un Petit goût de... (A-B3)
42 Crêperie Ty Rétro (B2)
45 La Marine (A3)
46 La Chaumine (C2)

## Où boire un verre ? Où prendre un thé ? Où sortir ?

41 Un Petit goût de... (A-B3)
53 Hacienda Café (B3)

## Où acheter de bons produits ?

60 Henri Le Roux (B3)
61 Riguidel (A3)
62 Conserverie La Quiberonnaise (A3)
63 Les Jeannettes (A3)

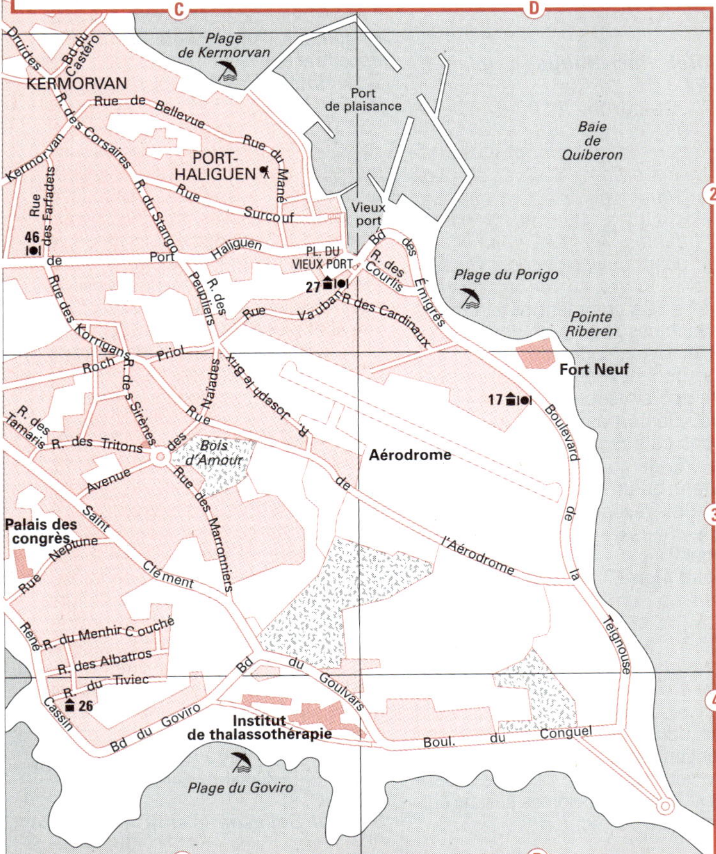


QUIBERON – Plan II

simples, fonctionnels, isolés au bout d'une impasse. Une centaine de lits répartis dans des chambres classiques de 2 à 6 lits avec lavabo et douche (w-c en commun), ainsi que des gîtes équipés pour 2 à 5 personnes. Accès direct à une plage qui décoiffe ! Activités sportives et location de vélos. Et Écolabel européen : l'herbe est tondue par des moutons d'Ouessant, et pas mal de produits bio à table (le pain est maison).

## De bon marché à prix moyens

**Hôtel Port-Haliguen** (plan II, C2, **27**) : *10, pl. de Port-Haliguen, 56170* ***Quiberon.*** *☎ 02-97-50-16-52. 06-18-22-38-51. • contact@hotel-port-haliguen.com • hotel-port-haliguen.com • Sur le vieux port, à 100 m de la plage et des activités nautiques. Ouv de mi-mars à oct. Doubles 70-105 € ; familiales. 1 petit déj pour 1 séjour hors juil-août et j. fériés offert sur présentation de ce guide.* Ce charmant hôtel cumule les avantages : convivial, accueil souriant et dynamique, très bien situé sur le port et rénové dans un style contemporain sobre, pimpant et très actuel. Confort assuré, et même des balcons côté mer. Petit déj peu varié mais une de nos adresses préférées, d'autant qu'un restaurant bistronomique très recommandable occupe le rez-de-chaussée (voir plus loin, « Où manger ? »).

**Hôtel Men Er Vro** (plan II, B2, **28**) : *22, rue de Port-Haliguen, 56170* ***Quiberon.*** *☎ 02-97-50-16-08. 06-85-91-80-51. • menervro56@orange.fr • hotel-menervro.com • À 2 mn du centre-ville à pied. Doubles 62-82 € ; familiale.* Un petit 2-étoiles convivial d'une douzaine de chambres, sans prétention mais bien agréable avec sa petite véranda et son salon pour bouquiner. Chambres colorées et sans chichis mais de bon confort.

## De chic à plus chic

**Hôtel des Deux Mers** (plan I, **23**) : *8, av. Surcouf, à Penthièvre-Plage, 56510* ***Saint-Pierre-Quiberon.*** *☎ 02-97-52-33-75. • infos@hotel-des-deux-mers.com • hotel-des-deux-mers.com • Doubles 88-143 € ; familiales.* À l'écart de l'axe principal et à 2 enjambées de la plage, une ancienne villa balnéaire, cossue, à la façade travaillée. On devine tout le chic d'un siècle passé, et sa rénovation est particulièrement réussie, au goût du jour mais dans le respect des lieux. Une quinzaine de chambres, toutes aussi charmantes les unes que les autres. Salon séduisant, ou belle véranda à l'arrière pour bouquiner. Une adresse élégante, à l'atmosphère intimiste et décontractée.

**Hôtel de la Plage** (plan I, **29**) : *25, quai d'Orange, BP 6,* ***port d'Orange,*** *56510 Saint-Pierre-Quiberon. ☎ 02-97-30-92-10. • contact@hotel-plage-quiberon.com • hotel-plage-quiberon.com • Ouv avr-sept. Doubles 74-152 € ; familiales. Voir aussi « Où manger ? ».* Confortable hôtel moderne de bord de plage, idéalement situé, avec chambres et appartements classiques, spacieux et lumineux. Ceux avec vue sont plus chers mais évidemment plus agréables car dotés de balcons ou de loggias. Et pour la trempette au petit matin, on plongerait presque du balcon...

**Hôtel Europa** (plan II, D3, **17**) : *3, bd de la Teignouse, BP 50343, 56170* ***Quiberon.*** *☎ 02-97-50-25-00. • europa.hotel@wanadoo.fr • hotel-europa-quiberon.com • Sur la route côtière. Ouv de mi-fév à début nov. Doubles 89-129 € ; supérieure ; familiale.* Cet hôtel isolé, à l'allure extérieure plutôt moderne, profite d'un emplacement sympa, face à une petite plage. Les chambres, modernes et plaisantes, possèdent toutes un balcon et sont tournées ou non vers la mer. La vraie surprise, c'est la piscine couverte chauffée, le spa et l'excellente table (voir « Où manger ? »).

**Hôtel Bellevue** (plan II, C4, **26**) : *4, rue du Tiviec, 56170* ***Quiberon*** *Cedex. ☎ 02-97-50-16-28. • info@hotel-bellevuequiberon.com • hotel-bellevuequiberon.com • Un peu en retrait de la plage, à la hauteur du casino. Fermé janv-fév. Doubles*

*59-199 €.* Construction classique des années 1970, sans grand charme extérieur mais dont l'intérieur se révèle très confortable, paisible et lumineux, agréablement décoré au goût d'aujourd'hui. On peut préférer les chambres de l'étage pour la belle vue dégagée (certaines disposent même de 2 loggias avec transats). Piscine extérieure chauffée et salle de sport pour les accros. Une adresse d'un avantageux rapport qualité-prix hors saison.

**Le Petit Hôtel du Grand Large** *(plan I,* ***21****) : 11, quai Saint-Ivy, Portivy, 56510* ***Saint-Pierre-Quiberon.*** *☎ 02-97-30-91-61. 06-61-71-23-14. • contact@lepetithoteldugrandlarge.fr • lepetithoteldugrandlarge.fr • Fermé mar, plus dim soir et mer hors saison. Congés : janv. Doubles 100-140 € ; familiales.* Faire escale à Portivy, dans ce petit port adorable, ouvert sur la Côte Sauvage et l'île de Groix. Jeter l'ancre (l'emblème de ce petit hôtel) pour s'endormir face à la mer dans l'une des 6 chambres mignonnes à craquer, à la déco soignée, mêlant objets chinés et aménagements dans l'air du temps ! Surtout, ne pas manquer d'y prendre le repas (voir « Où manger ? »).

MORBIHAN

## Où manger ?

### À Quiberon-ville

#### Très bon marché

**Crêperie Ty Rétro** (plan II, B2, **42**) : *12, pl. du Repos. ☎ 02-97-59-25-43. Juste derrière l'église. Tlj sauf mer, plus jeu et dim soir hors saison. Compter 12-15 €.* Une crêperie plutôt récente dans le paysage quiberonnais mais qui a su s'imposer et fidéliser sa clientèle (à tel point que c'est souvent complet et qu'il faut réserver à l'avance). Les crêpes et les galettes sont délicieuses (et *kraz* à souhait), la déco agréable, le service souriant et les prix tout doux. Ceci explique sans doute cela !

#### Prix moyens

***Un Petit Goût de...*** *(plan II, A-B3,* ***41****) : 22, rue de Port-Maria. ☎ 09-66-95-50-37. • melimelosas@gmail.com • Tlj à la belle saison (service seulement en terrasse, plus ou moins couverte !), jusqu'à 1h. Congés : nov-mars. Carte 30 €.* Une invitation au voyage, l'assurance d'une soirée on ne peut plus dépaysante, à naviguer quelque part entre Cuba, Tokyo et la Jamaïque (à Quiberon, quoi !). On peut aussi bien venir siroter un mojito à l'ombre des bambous que déguster une cuisine fusion fraîche et faite maison. Une adresse gentiment branchouille, sérieuse et accueillante, particulièrement pour les familles avec sa cour fermée.

**La Chaumine** (plan II, C2, **46**) : *79, rue de Port-Haliguen. ☎ 02-97-50-17-67. • restaurant-lachaumine.com • Ouv fin mars-début nov, tlj sauf lun-mar midi plus dim soir hors saison. Résa conseillée. Menu déj 26 € ; le soir 31-49 €.* C'est l'une des tables de référence du coin pour son cadre coquet, d'humeur marine, mais surtout pour ses jolis menus proposant de bons produits de la mer : soles, langoustines, turbots ou homard. Beau plateau de fruits de mer.

**Hôtel Europa** (plan II, D3, **17**) : *3, bd de la Teignouse, BP 50343. ☎ 02-97-50-25-00. Voir aussi « Où dormir ? ». Ouv fin mars-début nov. Menus 26-60 €.* Quelle jolie vue depuis la vaste salle de restaurant, toute vitrée et en rotonde ! On est au large, dans tous les sens du terme, y compris à la carte. Et aux anges devant les plats, originaux, goûteux et soignés jusque dans le détail.

**La Marine** (plan II, A3, **45**) : *20, quai de l'Océan, Port-Maria. ☎ 02-97-50-09-81. 06-80-28-28-51. Fermé mer, plus mar en haute saison. Congés : mars. Carte env 35 €. Café offert sur présentation de ce guide.* Pas de chichis dans ce restaurant aux allures de bistrot et à l'ambiance marine en diable. Du port de pêche à l'assiette, il n'y a que la route à traverser. Crustacés, poissons sous toutes leurs formes, moules-frites... La fraîcheur est garantie ! Et en dessert, far breton ou kouign-amann pour rester dans le thème.

**L'Atlantique** (plan II, C2, **27**) : *10, pl. de Port-Haliguen. ☎ 02-56-54-23-84. Tlj sauf lun. Menus 32-55 € ; carte env 35-40 €.* Au rez-de-chaussée de l'hôtel *Port-Haliguen,* un petit resto bistronomique bien sympathique. Carte courte, ce qui est toujours de bon augure, qui lorgne du côté de l'Orient (et non Lorient !). Paprika, wasabi, safran... Voilà une cuisine qui ne manque ni de saveurs ni d'originalité. Accueil franchement gentil pour ne rien gâcher.

### Sur le reste de la presqu'île

#### Prix moyens

**Le Bateau Ivre** (plan I, **40**) : *9, pl. Saint-Ivy, Portivy, à* ***Saint-Pierre-Quiberon.*** *☎ 02-97-30-99-19. Tlj sauf mar hors saison. Congés : 3 sem fin nov et de janv à mi-fév. Résa conseillée. Carte 20-25 €.* Ivre ? De joie, ça, c'est sûr ! Car ce bateau a le vent en poupe : grosse ambiance lorsque locaux et touristes investissent en force la terrasse face à la mer, ou la salle tout en baies vitrées à la déco marine façon cargo. L'équipage est dynamique, mais il faudra sans doute patienter avant de goûter aux moules-frites format XL, aux galettes ou à la viande *a la plancha.* Simple, consistant et bon. Une brasserie tonique et festive.

**Hôtel de la Plage** (plan I, **29**) : *25, quai d'Orange, BP 6,* ***port d'Orange,*** *Saint-Pierre-Quiberon. ☎ 02-97-30-92-10. Voir « Où dormir ? ». Ouv avr-sept. Formule 26 € ; menu env 36 €.* Jolie vue sur la plage depuis le restaurant, si calme le soir. À la carte de la brasserie et du restaurant, des produits de la mer et du terroir breton.

**Le Vivier** (plan I, **47**) : *12, route du Vivier, sur la Côte Sauvage à Quiberon. ☎ 02-97-50-12-60. • lesbirvideaux@orange.fr • Dans la partie sud de la Côte Sauvage, juste à l'ouest de Manémeur. Hors saison, fermé lun. Congés : déc-janv. Carte env 21 €.* Un café-restaurant posé sur la mer, loin de toute habitation. Entre les moules goûteuses, la soupe de poisson qui réchauffe comme il faut et l'assiette de fruits de mer qui chante et enchante, on se régale ici devant le meilleur de la Côte Sauvage, avec Belle-Île à l'horizon. On paie quand même un peu le cadre, et l'endroit perd de son charme lors de la ruée touristique.

#### Très chic

**Le Petit Hôtel du Grand Large** (plan I, **21**) : *11, quai Saint-Ivy, Portivy, à* ***Saint-Pierre-Quiberon.*** *Pour les fermetures et congés, voir plus haut « Où dormir ? ». Résa conseillée. Menus 50 € (déj lun-sam), puis env 100 €.* Quand la mer s'embrase au couchant, la salle à manger avec ses baies vitrées donnant sur le port brille plus encore d'un service charmant et chaleureux, emmené par Catherine, la jeune patronne œnophile. Autodidacte et parfois peu conventionnel, Hervé cuisine avec bonheur la mer, les poissons méconnus ou snobés, et propose des cuissons parfaites. Ambiance de bistrot conviviale, petite carte mais grande fraîcheur, petits plats et grande cuisine... Un coup de cœur.

## Où boire un verre ? Où sortir ?

**Un Petit Goût de...** (plan II, A-B3, **41**) : *22, rue de Port-Maria, à Quiberon. 06-85-19-82-04. Voir « Où manger ? ».* Ambiance exotique propice à la dégustation de mojitos et autres cocktails. DJs de temps à autre pour faire un peu la fête.

**Le Vivier** (plan I, **47**) : *12, route du Vivier, sur la Côte Sauvage, à Quiberon. Voir « Où manger ? ».* Si *Le Vivier* est avant tout un resto, c'est aussi, lors de votre balade à vélo ou à pied le long de cette côte admirable, une halte bien méritée pour s'abreuver en observant le duel sans merci entre les falaises et la mer.

**Hacienda Café** (plan II, B3, **53**) : *4, rue du Phare, à Quiberon. ☎ 02-97-30-51-76. À 50 m de la pl. Hoche. Jeu-dim minuit-6h. Plus de 18 ans seulement.* Night-club, entre bar pour surfeurs noctambules et café latino. Bière, punch maison, rhum flambé et tout et tout...

## Où acheter de bons produits ?

Pour les vrais gourmands, il est impossible de quitter Quiberon sans avoir au moins goûté les fameux caramels au beurre salé de chez **Henri Le Roux** *(plan II, B3, **60** ; 18, rue de Port-Maria ; ☎ 02-97-50-06-83.)*, et le kouign-amann, un peu cher tout de même, de chez **Riguidel** *(plan II, A3, **61** ; 38, rue de Port-Maria ; ☎ 02-97-50-07-41 ; fermé mer hors saison).*

***Conserverie La Quiberonnaise*** *(plan II, A3, **62**)* **:** *30, rue du Port-de-Pêche (tte l'année) ou 5, quai de Houat (l'été seulement), à Quiberon. ☎ 02-97-50-12-54. • laquiberonnaise.fr •* Une institution : on y met la sardine en boîte (à la main !) depuis 1921, c'est-à-dire 3 générations. Du simple, du bon, du traditionnel... même si certaines séries de boîtes sont signées de grands noms de la B.D. comme Franck Margerin. Vente directe d'usine.

***Les Jeannettes*** *(plan II, A3, **63**)* **:** *38, rue du Port-de-Pêche, à Quiberon. ☎ 02-97-50-07-13. • conservesles jeannettes.com • Lun-ven 10h-12h, 15h-18h.* Une autre conserverie traditionnelle (sardine, thon, anchois...), ouverte depuis 1925. Ici, les boîtes sont d'une vraie sobriété : le plus important, c'est ce qu'il y a à l'intérieur !

***Zone d'activités « Plein Ouest »*** *(plan II, B1)* **:** *à l'entrée de Quiberon. Tourner à droite après le cimetière en venant du nord, direction Kerné ; puis 1re à droite.* Appelée aussi **Quai des Saveurs,** car on y trouve plusieurs entreprises familiales de « douceurs » gastronomiques, qui se visitent gratuitement. Évidemment, vous n'en ressortirez sans doute pas le ventre et les mains vides.

– ***Conserverie La Belle Îloise :*** *☎ 02-97-50-08-77. • labelleiloise.com • Visite gratuite : en saison, lun-ven ttes les heures 10h30-17h (avec pause 11h30-14h30) ; hors saison, 2 visites/j. (11h et 15h). Compter 45 mn. Boutique lun-sam (fermé sam en hiver) 9h-12h, 14h-18h.* Si *La Belle Îloise* a démarré modestement en 1932, comme en témoigne ici la reconstitution du 1er atelier, l'entreprise est aujourd'hui installée dans un espace très moderne. Mais les sardines sont toujours mises en boîte à la main. Maquereau, thon, recettes à tartiner... La production s'est aussi enrichie.

– ***Atelier de fumaison – Maison Lucas :*** *☎ 02-97-50-59-50. Visite en saison lun-ven (téléphoner pour avoir les horaires de visites qui sont assez changeants).* On peut voir les différents postes à travers les vitres du hall (filetage, salage, fumage et tranchage). On fume ici une trentaine d'espèces, aussi bien locales (lieu, haddock, maquereau, sardine, thon...) qu'exotiques (marlin, espadon, flétan...).

– ***La Maison d'Armorine :*** *1, rue des Confiseurs. ☎ 02-97-50-24-25. ♿ Visites juil-août lun-ven à 10h, 11h, 14h30 et 15h30 ; sinon, lun-ven à 11h et 15h. Durée : env 20-30 mn.* Là encore, une affaire datant de l'après-guerre, où l'on produit les célèbres « niniches », des sucettes artisanales déclinées en 50 parfums, sans colorants ni conservateurs. On goûtera également le *Salidou,* caramel mou au beurre salé, aux biscuits et chocolats maison, et à la palourde, un croustillant au caramel.

– ***La Cour d'Orgères :*** *☎ 02-97-29-55-62. • lacourdorgeres.com • Vidéo commentée et dégustation lun-ven ts les 30 mn 10h-12h, 14h-15h30 ; en fonction du nombre de pers hors saison.* Un spécialiste de confitures, aux saveurs « éphémères » (de saison) et parfois étonnantes, mais aussi de pâtisseries (inimitable financier aux amandes, gâteau breton) et de glaces artisanales.

MORBIHAN

## À voir

### PENTHIÈVRE

C'est « l'entrée » de la presqu'île : un étonnant espace étroit entre la plage protégée des Sables-Blancs (à l'est) et celle de Penthièvre (à l'ouest). Côté ouest, face à la bonne grosse houle de l'Atlantique, la plage de Penthièvre constitue l'un des plus beaux spots de funboard et de kitesurf de Bretagne. Les jours de grand vent, le spectacle est magique quand les vagues s'en donnent à cœur joie. À marée basse, cette énorme plage de sable accueille également nombre de chars à voile.

**Le fort Penthièvre :** *ne se visite pas, mais on peut accéder à la crypte souterraine et au monument aux fusillés.* Il a été transformé au milieu du XIXe s sur les fondations d'une redoute en bois édifiée au XVIIIe s par le duc de Penthièvre, grand amiral de Louis XV. Ce sont maintenant les marsouins du 3e RIMA qui ont pris la place de la garnison de l'armée allemande, retranchée là jusqu'au 10 mai 1945. Glaçant hommage aux 50 résistants bretons massacrés par l'occupant dans un souterrain de ce fort le 13 juillet 1944.



## PORTIVY

Le joli petit ***port*** mérite vraiment une halte, surtout au coucher du soleil. Avec ses caboteurs échoués à marée basse et ses sympathiques terrasses de front de mer (voir nos adresses « Où manger ? » plus haut). Au sud, au début de la Côte Sauvage, les petites anses de Port-Blanc et Port-Bara font de jolis spots pour les surfeurs aguerris (et eux seuls !) quand la météo est dans le bon sens. Car sinon ***la baignade est interdite.***

## SAINT-PIERRE-QUIBERON (56510)

Répartie sur plusieurs sites, cette charmante station balnéaire familiale possède de jolies plages, alternant sable fin et rochers couverts de goémon. Bambins en Optimist et débutants en planche à voile peuvent ici naviguer en toute sécurité, bien abrités qu'ils sont par la configuration de la presqu'île.

***Le port d'Orange :*** c'est le petit port de Saint-Pierre, aménagé à la fin du XIXe s. Il fut nommé ainsi d'après un prince d'Orange, cousin d'Anne de Bretagne. Quelques terrasses et hôtels opportunément installés face à cette adorable petite baie abritée avec une vue somptueuse sur Carnac et une plage en croissant, la ***plage de Keraude.***

***Beg-Rohu :*** c'est sur cette pointe que s'est installée dès 1966 l'École nationale de voile et de sports nautiques (ENVSM pour les intimes), centre d'entraînement de haut niveau pour régatiers tricolores. C'est dans ce superbe camp retranché de l'équipe de France de voile, véritable laboratoire jalousé par nos adversaires étrangers, que sont formés bon nombre de médaillés français aux Jeux olympiques.

## LA CÔTE SAUVAGE

Côté ouest, au sud de Portivy, en allant vers la pointe de Quiberon. Par vent d'ouest consistant, le spectacle est superbe. Par forte tempête, c'est franchement dantesque. Les vagues furieuses viennent alors se fracasser contre les falaises déchiquetées dans un vacarme assourdissant. *Nombreux parkings gratuits.*
Attention, les consignes de sécurité concernant les baignades sur la Côte Sauvage sont à prendre au sérieux. La ***baignade*** est tout simplement ***interdite*** du fort de Penthièvre (au nord) jusqu'au château Turpault (au sud). Lames de fond, courants et ressacs meurtriers sont fréquents.
En revanche, très beaux sentiers de balades balisés par le Conservatoire du littoral (ne pas s'en écarter, question de sécurité et de protection de la faune et de la flore). Entre autres friandises, on vous propose les petites ***anses de Port-Bara, Port-Pigeon, Port-Guibello et Port-Kerné,*** les ***grottes et arches de Port-Bara ou Port-Blanc...***

***La tour de Locmaria :*** *au lieu-dit Kernavest, entre la D 768 et la Côte Sauvage, au nord de Quiberon-ville.* Pas facile à dénicher : garez-vous au ***lavoir du Ragot,***

ce superbe jardin chouchouté par des bénévoles autour d'un véritable lavoir breton *(accès libre).* Puis gagnez en 500 m à pied la tour de Locmaria, à travers la lande, par un lacis de chemins qui y mènent tous ou presque. De ce point culminant de la presqu'île – une ancienne tour de guet à 33 m de haut tout de même –, Quiberon vous appartient d'un seul regard *(accès libre).* Table d'orientation circulaire au sommet.

## QUIBERON (KIBEREN ; 56170 ; plan II)

La station balnéaire et climatique fut en partie lancée, au début du XXe s, par les soyeux lyonnais. Du reste, aujourd'hui encore, les Lyonnais viennent en nombre à Quiberon. Peu d'immeubles mais de jolies maisons familiales qui font face à la plage, située entre la place Hoche et les rochers de Beg-Er-Vil.

***Beg-Er-Lan*** *(plan II, A4)* **:** *pointe marquant le début de la Côte Sauvage côté Port-Maria.* Jetez un œil au *château Turpault (privé et non visitable),* étrange édifice construit en 1904 dans un esprit romantico-Belle Époque pour l'industriel choletais Georges Turpault, un riche filateur.

***Port-Maria*** *(plan II, A-B3),* autrefois haut lieu de la pêche à la sardine, est toujours assez vivant du fait de son activité de pêche côtière. Mais ce sont les navettes pour Belle-Île, Houat et Hoëdic qui alimentent surtout le remue-ménage.

Le long de la ***Grande Plage*** *(plan II, B3),* la promenade sur le *boulevard Chanard* est un rituel qui s'impose (sauf pour les amateurs de quiétude et de paix intérieure !). La plage très fréquentée en été se résume à un curieux mélange de club Albatros, de drague adolescente et de familles pépères. Près de la Grande Plage, la ***plage du Goviro*** *(plan II, C4)* constitue le rendez-vous des jeunes. La ***plage de Castéro*** *(hors plan II par C2),* en remontant au-delà de Port-Haliguen, serait la plus chaude (on parle de température de l'eau !). Pour les petits rusés, ***Saint-Julien*** *(plan I),* encore plus au nord, offre des plages très agréables et moins bondées.

Vers l'est, la route côtière passant par l'Institut de thalassothérapie mène au ***chemin côtier de la pointe du Conguel*** (compter 45 mn-1h pour en faire le tour à pied). Très belle végétation et vue splendide sur Belle-Île, Houat et Hoëdic. Pas de voitures et c'est plat. Un chemin idéal pour les amateurs de footings matinaux !

***Port-Haliguen*** *(plan II, C-D2)* **:** à 2 pas de Quiberon, le vieux port était autrefois un abri très apprécié des navires vénètes puis romains. En 1795, les royalistes y capitulèrent devant Hoche. Les choses ont quelque peu changé depuis qu'un bon gros port de plaisance est sorti de mer, c'est même l'un des plus fréquentés de la côte bretonne. Les ruelles, notamment sur la butte derrière le port, méritent que l'on s'y attarde un peu. L'école de voile de Port-Haliguen est plus que recommandable.

– ***Thalasso*** *(plan II, C4)* **:** ☎ 02-97-50-48-88. • thalassa.com • Nombreux forfaits. L'un des centres emblématiques en France, dont le 1er directeur ne fut autre que Louison Bobet. C'est toujours un must, le temps d'un séjour ou d'un simple soin.

# BELLE-ÎLE-EN-MER (GUEDEL)

(56360) 5 200 hab. *Carte Morbihan, B4*

• Carte *p. 248-249* • Plan Le Palais *251*

**La légende invoque les fées de la forêt de Brocéliande qui, chassées de leur domaine, jetèrent leurs couronnes de fleurs dans le golfe du Morbihan.**

MORBIHAN

**Emportées par le courant, 3 d'entre elles s'en échappèrent pour aller former, au large, Belle-Île, la plus grande des îles bretonnes (90 km²), et les 2 palmipèdes déplumés de son escorte, Houat (le « canard »), 2,9 km², et Hoëdic (le « caneton »), 2,1 km².**

# BELLE-ÎLE-EN-MER

**Son nom ne date pas d'hier : les navigateurs grecs la baptisèrent *Kalonessos*, « la belle île » ! Déjà ! Il va falloir vous y faire : Belle-Île est extrêmement belle, diablement somptueuse, irrémédiablement enchanteresse. C'en est presque exaspérant que tout soit aussi beau.**

**Le miracle de Belle-Île, c'est cette immense écharpe de champs et de pâturages, ce vert omniprésent que broutent chevaux, vaches et moutons, ces landes que survolent en rasant les goélands. Entrecoupées de profonds vallons, envahies de ronciers et de pans de schiste infranchissables. Certaines routes se révèlent tellement pentues que les cyclistes doivent obligatoirement les descendre à pied, vélo à la main ! Beaucoup de nature pour peu d'habitants et le sentiment exalté des grands espaces. C'est au nord, face au continent (la côte *en dedans*), que prospèrent les jardins et s'étalent de vastes baies ourlées de grandes plages propices à la baignade. C'est là, naturellement, que se sont développées les principales localités, là que l'on débarque : dans le charmant port de pêche de Sauzon, ou au Palais, puissamment fortifié par Vauban, qui reste dominé par sa citadelle à 3 niveaux de remparts. Les maisons aux murs rose pastel, voire violine ou aubergine, y font écho à l'ardeur des lilas, géraniums et autres glycines.**
**Si les architectes du roi se consacrèrent longuement à renforcer ce versant du littoral, ils n'eurent guère d'efforts à fournir pour la côte *en dehors,* soulignée d'une ceinture de falaises constamment assaillie par le ressac. Là se multiplient caps décharnés, gouffres, arches marines et grottes. Sous leurs murailles, des flots contradictoires s'affrontent, explosent en giclées brutales, comme à la pointe des Poulains et, plus encore, à Port-Coton. Une fois les vacanciers disparus, les Îliens vont y dénicher les délicieux pouces-pieds, partout ailleurs disparus. L'été, pourtant, la mer s'abandonne parfois à l'indolence du soleil et à la magie des fonds turquoise léchant des anses profondes aux sublimes instants de sable blanc. De petits ports naturels se faufilent dans le roc... Superbe.**

## UN PEU D'HISTOIRE

Depuis l'Antiquité, ce relais entre les îles Britanniques et la péninsule Ibérique semble avoir eu une importance stratégique telle qu'elle fut convoitée, envahie par toutes les puissances guerrières et maritimes d'Europe occidentale. Pillée par les pirates saxons en 280, envahie par les Normands en 910, l'île est considérée comme l'une des plus belles pièces du patrimoine des comtes de Cornouaille, lorsque le duc de Bretagne Geoffroy Ier s'en empare et en fait donation aux moines de l'abbaye de Redon en l'an 1006.
Pendant 5 siècles, l'île reste le domaine des moines et est sans cesse attaquée, pillée, dévastée. Charles IX, jugeant nécessaire de confier l'île à qui saurait la défendre, la donne à Albert de Gondi, favori de Catherine de Médicis. Cependant, criblés de dettes, les Gondi vendent l'île à Nicolas Fouquet, le fameux surintendant de Louis XIV. Son arrestation par d'Artagnan en 1661 fait de Belle-Île une propriété de la Couronne, qui chargera Vauban de la fortifier, suite à une sanglante descente des Hollandais. En 1720, Louis XV loue Belle-Île à la Compagnie des Indes, avant de la céder aux fermiers généraux... Bref, en 1761, les Anglais s'en emparent, puis la rendent en 1763 en échange de Minorque. 1765 : 78 familles d'Acadiens, chassées du Canada français, s'y installent et y font souche (voir ci-après).
Au XIXe s, la citadelle sert de bagne pour prisonniers militaires puis politiques, avant de devenir à la fin des années 1930 un centre d'hébergement des réfugiés de la guerre d'Espagne. Dès juillet 1940, l'île est occupée par les Allemands ; elle sera l'un des derniers points libérés de France, étant comprise dans la fameuse « poche de Lorient ».

### LE BAGNE DES ENFANTS

*En 1902, le ministère de la Justice ouvrit un centre de détention pour les mineurs à partir de 13 ans. On y apprenait les métiers de la mer, mais sans jamais sortir sur l'eau. En 1934, une révolte des enfants révéla à la France leurs terribles conditions de vie. Le centre ferma en... 1977.*

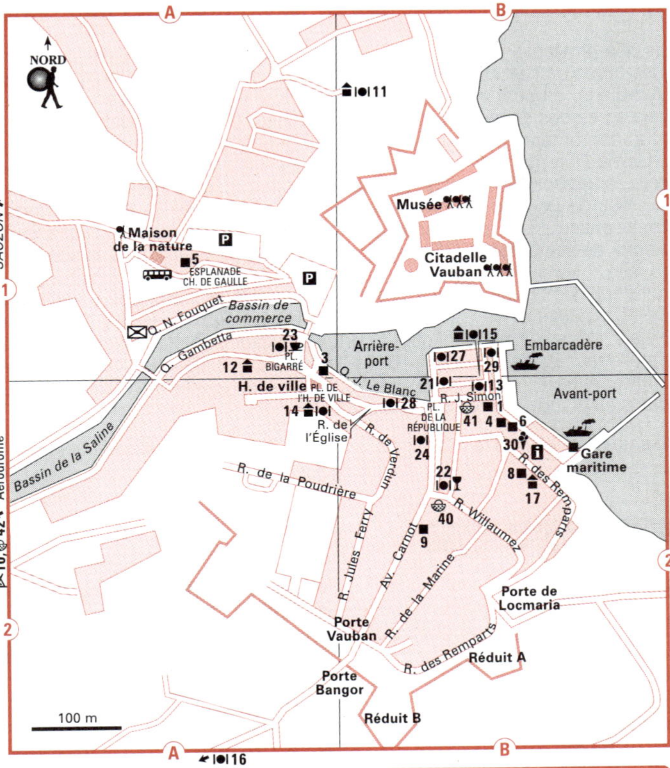


## LE PALAIS

### ■ Adresses utiles

- i Office de tourisme (B2)
- **1** Locatourisle (B2)
- **3** Roue libre (A1)
- **4** A Loca Scoot & Vélo (B2)
- **5** Maison de la nature (A1)
- **6** Cyclélec (B2)
- **8** Liber & Co (B2)
- **9** La Maison de Photo (B2)

### Où dormir ?

- **10** Camping de l'Océan (hors plan par A2)
- **11** Auberge de jeunesse (B1)
- **12** L'Acadien (A1)
- **14** Hôtel Corto Maltèse (A2)
- **15** Hôtel Atlantique (B1)
- **17** Loft d'hôtes Liber and Co et Hôtel Vauban (B2)

### Où manger ?

- **13** La Frégate (B2)
- **14** Corto Maltèse (A2)
- **16** Ao (hors plan par A2)
- **21** L'Odyssée (B2)
- **22** Crêperie La Chaloupe (B2)
- **23** La Parenthèse (A1)
- **24** Le Verre à Pied (B2)
- **27** Le Goëland (B1)
- **28** La Main à la Pat' (B2)
- **29** Crêperie L'Annexe (B1)

### Où déguster une glace ou un gâteau ? Où boire un verre ? Où écouter de la musique ?

- **22** Les Irréductibles(B2)
- **23** Baker Street (A1)
- **30** Glacier du Port (B2)

### Où trouver de bons produits ?

- **40** Kaerilis – Bell'Isle Single Malt Whisky (B2)
- **41** La Palantine (B2)
- **42** Espace Découverte La Bien Nommée (hors plan par A2)

## LES ACADIENS DE BELLE-ÎLE

Partis des provinces de l'ouest de la France dès le début du XVIe s pour peupler les terres de l'est du Canada actuel, baptisées Acadie, les colons français, les Acadiens, en sont chassés lorsque ces territoires passent sous contrôle anglais après des années de guerres et plusieurs traités. Refusant l'autorité de la couronne britannique, leur expulsion est ordonnée en 1755. C'est le début du « Grand Dérangement ». Une partie de ces Acadiens est déportée vers les colonies anglaises d'Amérique, une autre vers l'Angleterre ; beaucoup gagnent les bayous de Louisiane (alors espagnole). Après plusieurs années d'errance, certains sont autorisés à trouver asile en France : 78 familles arrivent ainsi à Belle-Île à partir de septembre 1765. Des terres leur sont attribuées, et elles ne tardent pas à faire souche.
Aujourd'hui, nombre de Bellilois se souviennent de leurs racines et entretiennent ce passé avec fierté. Ne vous étonnez donc pas de débarquer quai de l'Acadie, au Palais, et de voir parfois flotter le drapeau acadien (bleu, blanc, rouge avec une étoile jaune). L'association « Belle-Île Acadie » multiplie les contacts et les rencontres avec les autres représentants de la nation acadienne et participe tous les 5 ans au grand Congrès mondial acadien.



■ ***Association « Société Historique » :*** ☎ *02-97-31-77-62.* • *belle-ile-histoire.org* •

## Comment y aller ?

### En bateau

***Gare maritime*** *(plan B2)* ***:*** *quai Bonnelle,* ***Le Palais.***

***Depuis Quiberon (passagers + véhicules)***

***Compagnie Océane :*** liaisons tte l'année *(☎ 0820-056-156 – 0,12 €/mn ;* • *compagnie-oceane.fr* •*).* C'est la seule compagnie qui dessert l'île toute l'année, depuis **Quiberon,** avec le *Vindilis* et le *Bangor.* Tous ces ferries assurent le passage des véhicules mais, à moins de rester plusieurs jours à Belle-Île, il est plus simple (et pas plus cher) d'en louer un sur place. Pour passer sa voiture en été ou lors des grands week-ends, il faut réserver des semaines, voire des mois à l'avance ! Le tarif passager coûte un peu plus cher en fin de sem et les j. fériés : 14-17,50 € aller simple ; réduc. Vélo : 7,50 € (intéressant dès 2 j. donc).

➢ ***Liaison Quiberon-Le Palais :*** 5-12 traversées/j., à bord des 2 ferries (trajet en 45 mn) ou, en juil-août, à bord de la vedette *Kerdonis* (trajet en 30 mn), qui ne prend que des passagers.

➢ ***Liaison Quiberon-îles de Houat et de Hoëdic :*** 2-5 traversées/j. Navette avec la vedette *Kerdonis* également.

➢ ***Liaison Quiberon-Sauzon :*** traversées début juil-fin août seulement. Départ à 20h, tlj sauf sam. Retour en général à 8h.

***Depuis Vannes et Port-Navalo (passagers uniquement)***

***Navix :*** ☎ *02-97-46-60-00.* • *navix.fr* • Tlj juil-août ; tlj sauf lun et ven mai-juin et sept ; en avr, uniquement les mar. De Vannes à 8h30, de Locmariaquer à 9h20 (selon marée) et de Port-Navalo à 9h45 ; arrivée à 10h50. Retour vers 18h50-20h30, soit 7h sur place. A/R adulte : 32-35 € ; aller simple env 23 € ; réduc ; gratuit moins de 4 ans.

***Compagnie du Golfe :*** ☎ *02-97-67-10-00.* • *compagnie-du-golfe.fr* • Avr-sept, départ de Vannes à 8h45 et de Port-Navalo à 10h, ven-lun en avr-juin et sept, tlj en juil-août (sauf quelques dates) ; retour à 18h40 à Port-Navalo et 19h30 à Vannes. Compter 31-29 € A/R ; aller simple env 22-23 € ; réduc ; gratuit moins de 4 ans.

***Vedettes du Golfe :*** ☎ *02-97-44-44-40.* • *vedettes-du-golfe.fr* • Fin juin-fin oct, depuis Vannes et Port-Navalo (ou Locmariaquer en correspondance), selon un calendrier assez irrégulier. Attention, pour Vannes, changement à Port-Navalo lun-ven en août. A/R adulte : env 30-32 € ; aller simple 21,50-22,50 € ; réduc ; gratuit moins de 4 ans (5 € juil-août).

***Autres ports de départ***

➢ ***Depuis La Turballe et Le Croisic :*** *avec* ***Navix,*** *juil-août seulement.* 42 € A/R (voir plus loin dans le chapitre « La Loire-Atlantique » les rubriques « Arriver – Quitter » de La Turballe et du Croisic).

## Se déplacer sur l'île

***Belle-Île Bus :*** *espace Charles-de-Gaulle,* ***Le Palais.*** *Départ depuis la gare routière. ☎ 02-97-31-56-64. • lescarsbleus.com • Fonctionne 1er avr-5 nov.* Tarif : 2,50 € ; billet à la journée 8 € (13 € pour 2 j., 28 €/sem) ; réduc. Dessert les 4 communes, les principaux sites et plages à raison de 3-7 liaisons/j. selon ligne et période. ***Faire signe au chauffeur.*** Attention, les bus ne prennent pas les vélos !

➢ ***Le Palais/Sauzon/Les Poulains :*** 6-8 fois/j. À partir de 9h30, avec la ligne 1. Correspondance en juil-août avec la ligne 4 pour Bangor, aux Poulains.

➢ ***Le Palais/Donnant-village/Port-Coton/Bangor :*** 4-8 fois/j. à partir de 8h40, avec la ligne 2. Juil-août, correspondance à Por- Coton avec les lignes 4 ou 5 pour Bangor.

➢ ***Le Palais/Les Grands-Sables/Locmaria :*** 5-6 fois/j. à partir de 9h30 avec la ligne 3. Arrêt aux Grands-Sables sur le trajet aller ou retour.

La ***visite de l'île en car*** est proposée par les *Cars Bleus* *(☎ 02-97-31-56-64).* Cette compagnie propose un grand tour à la journée, avec départ à env 10h45 du débarcadère et retour à 16h30, et une version *light* (12h30-16h30) ; compter env 17-20 € ; réduc (repas non compris).

## Adresses utiles

***Office de tourisme*** *(plan B2)* ***:*** *quai Bonnelle, 56360* ***Le Palais.*** *☎ 02-97-31-81-93. • belle-ile.com • À côté de la gare maritime. Juil-août, lun-sam 9h-12h30, 14h-18h30, dim 9h-13h ; sept-juin, lun-sam 9h (10h jeu)-12h30, 14h-18h.* Accueil pro. Remarquable brochure *Séjour et Découverte.*

■ ***Maison de la nature (CPIE ;*** *plan A1,* ***5) :*** *Les Glacis,* ***Le Palais.*** *☎ 02-97-31-40-15. • belle-ile-nature.org • Accueil lun-ven 10h-12h30.* Propose des sorties nature et découverte toute l'année. Lire plus loin « À voir. Le Palais ».

### Transports sur l'île

■ ***Location de voitures :*** *chez* ***Locatourisle*** *(plan B2,* ***1****), quai Bonnelle,* ***Le Palais*** *(face au débarcadère). ☎ 02-97-31-83-56. • locatourisle.com • Avr-sept, tlj 8h30-18h45 ; le reste de l'année, tlj 8h30-12h15, 14h-18h.* Flotte de Méhari, 2CV, Zoé électriques *(47-131 €/j. selon modèle et saison)*... Attention, l'essence se paie à la fin en fonction de la consommation.

■ ***Location de campers : Belle-Île Camper Vans,*** *route de Sauzon, au* ***Palais.*** *06-86-84-40-19. • contact@belleilecampervans.com • belleilecampervans.com • 3-6 j. (7e j. gratuit) 400-800 €.* Location de combis vintage pour dormir au-dessus des plus belles plages de l'île, des bivouacs de rêve au gré des marées et des sites coups de cœur !

■ ***Location de vélos et scooters :*** là, vous n'aurez que l'embarras du choix. Les loueurs s'alignent pour la plupart face au débarcadère du Palais ou à proximité et appliquent des tarifs similaires : *10-12 €/j. pour un vélo, 23-25 €/j. s'il est électrique – une option intéressante vu les longues distances. Tous sont ouv en continu en juil-août (8h45/9h-18h/19h),* *marquent une pause déj en ½ saison et ne marchent que sur résa (ou pas du tt) nov-mars.* Citons ***Roue libre*** *(plan A1,* ***3****; 5, quai Jacques-Leblanc ; ☎ 02-97-31-49-81 ; • velobelleile.fr •),* qui livre gratuitement sur les lieux de séjour sur résa ; l'accueillant ***A Loca Scoot & Vélo*** *(plan B2,* ***4****; 4, quai Bonnelle ; ☎ 02-97-31-49-94 ; • velo-scooter-belle-ile-56.fr •),* qui fait de même et dispose aussi de scooters et motos (permis 125 nécessaire) ; ***Cyclélec*** *(plan B2,* ***6****; 3, quai Bonnelle ; ☎ 02-97-31-87-10),* spécialisé dans les vélos électriques (de qualité). Dans tous les cas, ne prévoyez pas de trop longs parcours avec des enfants : l'île n'est pas si plate (surtout pour remonter des plages !), elle est souvent venteuse, et le trafic routier important en été.

## Culture

■ ***Liber & Co*** *(plan B2,* ***8****) : 2, rue des Remparts,* ***Le Palais.*** *☎ 02-97-31-82-41. • liberandco@gmail.com • À côté de l'Hôtel Vauban. En haute saison, mer-sam 10h-13h, 16h30-19h30 (22h30 en été sam), dim 11h-13h, 17h-19h. En basse saison, seulement ven-dim.* Ce café littéraire de charme, plein de livres et d'objets anciens et familiers, baigne dans une atmosphère culturelle envoûtante. En juillet-août, chaque semaine, 2 ou 3 initiatives littéraires ou musicales (ou les 2 à la fois), riches en émotions et rencontres. Le dimanche vers 17h, lecture de textes de voyages, nouvelles, poèmes, lettres, etc. On adore la salle du 1er étage, son cadre chaleureux et confortable, tout plein de livres d'art et de poésie... Expos de peintures, photos également. Possibilité de dîner (sur réservation) après les soirées littéraires. L'occasion de faire de sympathiques rencontres.

■ ***La Maison de Photo*** *(plan B2,* ***9****) : 18, av. Carnot,* ***Le Palais.*** *📱 06-77-92-75-40. • lamaisondephoto.com • 1re rue à gauche venant du quai des ferries. En saison et vac scol, tlj 10h30-13h, 16h30-19h. Fermé fin de la Toussaint-Pâques.* Cette galerie de photos noir et blanc, dirigée par Nicolas Boudreaux, présente ses œuvres et celles d'artistes invités, comme Jean Dieuzaide (fondateur de la galerie municipale du Château-d'Eau à Toulouse), Michel Bourdin (un des plus talentueux photographes de la voile et de la mer), Pierre Jamet... Avis aux amoureux du noir et blanc, de l'argentique et des tirages aux pigments de charbon (sur de beaux papiers)...

# Où dormir ?

## Campings

Paradoxalement, les campings ne sont pas toujours complets en saison (les bungalows sont en revanche très prisés).

⛺ ***Camping de l'Océan*** *(hors plan par A2,* ***10****) : à Roboscère,* ***Le Palais.*** *☎ 02-97-31-83-86. 📱 06-11-91-01-48. • info@camping-ocean-belle-ile.com • camping-ocean-belle-ile.com • ♿ À la sortie du Palais, route de l'aérodrome, sur la gauche ; bien indiqué. Ouv avr-oct (locatifs 15 mars-15 nov). Forfaits tente 15,50-22,50 € ; loc de chalets et mobile homes. 108 empl.* Installé sous les grands pins (meilleurs emplacements : A07, A08 et A14, semi-ombragés et face aux champs). Sanitaires impeccables. Piscine.

⛺ ***Camping Trion Guen :*** *lieu-dit Trion Guen. ☎ 02-97-31-85-76. • contact@campingtrionguen-belleile.com • campingtrionguen-belleile.com • ♿ Ouv d'avr à mi-oct. Forfait tente 13 € ; mobile homes.* Éloigné de la route, un camping familial, simple, tranquille et bien arboré. Aire de jeux pour les enfants, équipements corrects.

⛺ ***Camping de Bordeneo :*** *à 500 m de la plage et 1,7 km du* ***Palais.*** *☎ 02-97-31-88-96. • camping.bordeneo@wanadoo.fr • bordeneo.com • Ouv début avr-fin sept. Forfaits tente 22,70-33,25 € ; locatifs. 200 empl.* Dans un environnement boisé, le 4-étoiles de l'île : excellent confort, piscine chauffée (tte la saison) et parc aquatique chauffé (juil-août). Épicerie, dépôt de pain, bar, etc. pendant l'été. Animations en journée et en soirée en juillet-août.

⛺ ***Camping municipal de Bangor :*** *18, rue Pierre-Cadre, à **Bangor.** ☎ 02-97-31-89-75. • camping.bangor@orange.fr • camping.bangor.fr • Ouv avr-sept. Résa conseillée. Tente env 13 € ; cabanes 60-85 € pour 2 nuits ; loc de mobile homes. 70 empl.* Très calme, pas très grand et espace verdoyant. Douches.

⛺ ***Camping Kernest :*** *Kernest, **Bangor.** ☎ 02-40-86-85-82. • contact@camping-kernest.com • camping-kernest.com • ♿ Ouv avr-sept. Forfaits tente 14,50-24 € ; loc de chalets, mobile homes et bungalows toilés 230-980 €/sem. 100 empl.* Fort bien situé au milieu des pins, confortable et à 800 m de la plage. Soirées à thème, tennis, pétanque et aire de jeux pour les enfants. Piscine couverte et chauffée.

⛺ ***Camping municipal de Port Andro :*** *à **Locmaria.** ☎ 02-97-31-73-25 ou 75 (hors saison). • camping.portandro@wanadoo.fr • À env 3 km au nord-est du bourg de Locmaria. Ouv de mi-mai à fin sept. Forfait tente env 13 € (pas d'électricité). 120 empl.* Dans un site superbe. Très tranquille. Douches.

⛺ ***Camping municipal de Pen Prad :*** *Pen Prad, **Sauzon.** ☎ 02-97-31-64-82. 📱 06-33-83-91-20. • camping-sauzon@wanadoo.fr • sauzon.fr • ♿ À l'entrée de Sauzon. Ouv d'avr à mi-oct. Forfait tente en haute saison 13 € ; loc de chalets et mobile homes. 66 empl.* Pour le camping, réservation payante pour tout séjour supérieur à 1 semaine. Bien tenu.

⛺ ***Camping La Source :*** *vallon du Port-aux-Plages, **Sauzon.** ☎ 02-97-31-60-95. 📱 06-78-47-32-23. • camping@belleile-lasource.com • belleile-lasource.com • À l'entrée de Sauzon. Ouv avr-sept. Bungalows toilés 38-72 € ; loc de chalets 52-90 €/nuit. 54 empl.* Environnement verdoyant. Excellent confort. Agréables chalets en bois. Piscine.

⛺ ***Camping Les Grands-Sables :*** *à **Locmaria.** ☎ 02-97-31-84-46. 📱 07-82-65-12-37. • contact@camping-belle-ile.com • camping-belle-ile.com • En direction de Locmaria par la route côtière, à 300 m de la plus grande plage de l'île. Ouv avr-sept. Forfaits tente 13,50-19 € ; loc de bungalows et caravanes. 60 empl.* Face à la mer, à 300 m de l'école de voile. Petit, tranquille et intime.

## Au Palais

### Bon marché

🏠 🍽 ***Auberge de jeunesse*** *(plan B1, **11**) : à **Haute-Boulogne.** ☎ 02-97-31-81-33. • belle-ile@hifrance.org • hifrance.org • Derrière la citadelle du Palais, à 15 mn du débarcadère. Ouv avr-oct. Attention, l'AJ est une telle aubaine à Belle-Île qu'il est préférable de réserver (adhésion obligatoire). Compter 22,10 €/pers. Repas le soir 12,60 €.* Une centaine de lits en chambres de 2 personnes (lits superposés). Salon de lecture et salon TV, cafétéria, bar, table commune ou cuisine libre.

### De bon marché à prix moyens

🏠 ***L'Acadien*** *(plan A1, **12**) : 36, rue Joseph-Le-Brix. ☎ 02-97-31-84-86. • hotelacadien@orange.fr • hotel-acadien.com • Doubles 45-65 €.* Petit hôtel agréable en plein centre-ville, qui propose 11 chambres totalement rénovées. Large utilisation du bois et bonnes idées de déco rendent le cadre chaleureux. Jolies salles de bains. Bar au rez-de-chaussée (mais entrée indépendante).

🏠 🍽 ***Hôtel Atlantique*** *(plan B1-2, **15**) : quai de l'Acadie. ☎ 02-97-31-80-11. • contact@hotel-atlantique.com • hotel-atlantique.com • Doubles 55-95 € ; familiales. Possibilité de ½ pens. Formules déj en sem 18-28 €.* Une trentaine de belles chambres, dont certaines avec vue sur le port. Confortable. Ascenseur, TV satellite, insonorisation, etc. Fait également resto.

### De prix moyens à plus chic

🏠 ***Loft d'hôtes Liber and Co*** *(plan B2, **17**) : rue des Remparts (dans le haut du Palais). ☎ 02-97-31-82-41. 📱 06-82-43-87-15. • liberandco@gmail.com •*

*liberandco.com • Tte l'année. Compter 110-150 € selon nombre de pers (de 2 à 4).* Pour nos lecteurs littéraires (et les autres aussi), une magnifique chambre d'hôtes attenante à l'un des plus sympathiques lieux culturels-librairies qu'on connaisse ! Spacieux, lumineux, avec mezzanine et tout le confort rêvé : cuisine équipée, sanitaires séparés de la salle de bains, lave-linge/sèche-linge, belle cheminée avec feu qui crépite. Mon tout d'un charme énorme, des livres partout (normal, vous direz !)... et l'accueil proustien de Bénédicte et ses enfants. Réserver, bien entendu !



**Hôtel Corto Maltèse** *(ex-Le Galion ; plan A2,* ***14****)* **:** *4, pl. de l'Hôtel-de-Ville. ☎ 02-97-31-37-37. 06-48-55-43-33. • contact@hotelcortomaltese.fr • hotel-restaurant-belle-ile.fr • Fermé dim hors saison. Doubles 50-90 € ; familiales. Digestif maison offert sur présentation de ce guide.* Le plus vieil hôtel de Belle-Île (ouvert depuis 1850 quand même !) a été rénové de fond en comble. 11 chambres plaisantes, d'un vrai confort. Intéressant : 3 familiales et un duplex avec 2 chambres (et chacune leur salle de bains). Bon resto, avec terrasse, spécialisé dans les fruits de mer et crustacés (voir « Où manger ? »).

**Hôtel Vauban** *(plan B2,* ***17****)* **:** *1, rue des Remparts. ☎ 02-97-31-45-42. • hotelvauban@wanadoo.fr • hotel-vauban-belleile.com • Doubles 50-101 €.* Sur les hauteurs du port, avec, bien sûr, une superbe vue pour la plupart des chambres. Fonctionnel, au calme, avec des chambres chaleureuses et bien tenues. Petit déj-buffet bio. Bon accueil randonneurs et cyclistes (« packs randonnée pédestre »).

## *À Sauzon*

### Bon marché

**Centre d'accueil Willaumez :** *rue Willaumez/route de l'Apothicairerie. 07-72-05-64-54. • centreaccueilwillaumez-sauzon@wanadoo.fr • Dans le haut du bourg et à 2 pas du sentier côtier. Ouv avr-début janv. Nuitée 17,50 € en lits superposés. Double 44 €.* D'une capacité de 46 personnes réparties dans 2 bâtiments, comprenant 16 chambres de 2 lits superposés, dont une avec douche et w-c, et 2 chambres de 5 lits. Cuisine à disposition. Activités yoga et land art, location de minibus 9 places. En prime, un accueil sympathique et une atmosphère familiale garantie.

### De bon marché à prix moyens

**Hôtel Aux Tamaris :** *11, allée des Peupliers. ☎ 02-97-31-65-09. • contact@auxtamaris.fr • auxtamaris.fr • Doubles 67-87 € (les 2 chambres les moins chères ont les w-c en commun) ; familiales. Intéressant pour les familles : 2 mobile homes indépendants sur jardin. Forfait randonneurs et le propriétaire se porte conducteur pour faire la dépose sur les sentiers de randonnée en voiture. Parking. Surprise offerte sur présentation de ce guide.* En haut du bourg et en pleine campagne, 2 maisons dans le style bellilois, comptant 14 chambres dotées du confort moderne. Certaines légèrement mansardées pour les romantiques, avec vue sur la campagne. Grand jardin arboré et étang. Patrons attentionnés. Cuisine à disposition. Un de nos meilleurs rapports qualité-prix sur l'île.

### Plus chic

**Villa Pen Prad :** *rue du Chemin-Neuf. 06-49-41-71-43. • villapenprad@gmail.com • villapenprad.com • À droite en entrant au port. Ouv mai-oct. Doubles 160-230 €, petit déj inclus ; suites. Apéritif maison ou café offert sur présentation de ce guide.* Cette belle grosse bâtisse surplombe littéralement le port, et toutes ses chambres bénéficient d'une vue privilégiée. Superbement restaurée avec tout le confort, tout en conservant des éléments de charme du passé : le vénérable escalier, les lambris de bois à l'ancienne, des chambres séduisantes... Tout autour, un merveilleux jardin en espalier sur la baie (accès direct), avec une végétation méditerranéenne et des palmiers (si, si !), ménageant des coins et recoins pour jouir béatement des sublimes crépuscules sur la baie et le port. Généreux petit déjeuner et, en prime, l'accueil chaleureux de Perrine et Nicolas, jeune couple fort sympathique. L'adresse idéale pour nos lecteurs (-trices) en voyage d'amoureux.

### *À Bangor et à Locmaria*

#### De bon marché à prix moyens

**Centre d'accueil de Bangor :** *près de la mairie. ☎ 02-97-31-89-75. • camping.bangor@orange.fr • gite.bangor.fr • Ouv avr-août. Nuitée env 34 € pour 2 (loc de draps 7 €).* Après une récente et belle rénovation, cette grande demeure belliloise offre 11 doubles à lits superposés et 5 avec grand lit. Sanitaires communs. Cuisine équipée, salle à manger, jardin. Commerces à proximité et jolie plage à 2 km.

**Gîte communal de Lannivrec :** *☎ 02-97-31-73-75. • camping.lannivrec@wanadoo.fr • locmaria-belle-ile.fr • ♿ Ouv de mi-avr à début nov. Nuitée en dortoir 13 € (loc de draps possible) ; chambre avec 3 lits env 32 €.* Dans une demeure basse traditionnelle. Sanitaires et cuisine communs. Agréable et bien tenu.

#### De chic à très chic

**Hôtel Le Grand Large :** *Goulphar, à* ***Bangor.*** *☎ 02-97-31-80-92. • legrandlarge@book-inn-france.com • hotelgrandlarge.com • Congés : de nov à mi-fév. Doubles 78-399 €.* Une des plus belles situations rêvées. Bien en marge de la route, tout seul face à l'océan, à 2 pas des célèbres aiguilles de Port-Coton, avec 20 chambres sur 35 face à la mer... Bon confort, avec également un restaurant et une piscine.

**Hôtel La Désirade :** ***Le Petit-Cosquet.*** *☎ 02-97-31-70-70. • hotel-la-desirade@wanadoo.fr • hotel-la-desirade.com • ♿ Après Bangor, sur la route de Port-Coton. Ouv de mi-avr à oct. Résa conseillée. Doubles 119-215 € ; familiales et appartements 2-8 pers. Formule déj 19 € ; menu 35 € ; carte 58 €. Apéritif maison offert sur présentation de ce guide.* Un établissement de charme, à l'architecture typiquement belliloise : maisons basses, murs et volets peints, dans lesquelles se trouvent 28 chambres spacieuses et décorées avec soin. Certaines, destinées aux familles, ressemblent même à de petits appartements. L'hôtel s'est agrandi d'un espace fitness avec sauna, hammam, jacuzzi, salles de massage et de musculation. Piscine chauffée ouverte jusque tard en saison, suivant la météo. Enfin, comment ne pas évoquer le petit déj-brunch servi tous les jours jusqu'à 11h dans une salle où il fait bon jouer les prolongations : crêpes, far, yaourts maison... ? De quoi faire le plein d'énergie avant de partir à vélo (en location sur place) ! Bon resto (voir « Où manger ? »). Le menu de la demi-pension change tous les jours et donne un bon aperçu de la créativité du chef.

MORBIHAN

## Où manger ?

### *Au Palais*

#### De bon marché à prix moyens

**Crêperie L'Annexe** *(plan B1,* ***29****) : 3, quai de l'Yser. ☎ 02-97-31-81-53. 06-32-89-58-38. Tlj sauf mer et jeu soir hors saison. Congés : fin vac de fin d'année et vac de Pâques. Résa conseillée ! Carte env 19 €. Café offert sur présentation de ce guide.* Tournée vers la citadelle dans un chaleureux décor marin, *L'Annexe* assure sur le terrain des crêpes sophistiquées. Fines et craquantes, les galettes de blé noir sont préparées à base de légumes bio cultivés sur place et de produits régionaux. Salades également.

**La Parenthèse** *(plan A1,* ***23****) : pl. du Général-Bigarré. ☎ 02-97-29-30-24. • resto.laparenthese@orange.fr • Tlj sauf dim-lun. Congés : de mi-déc* *à mi-janv. Plats 14-19 €.* Tenu par un jeune couple vigilant sur la qualité des produits (locaux), ce restaurant de poche affiche ses trouvailles du jour à l'ardoise. Elles reflètent bien l'évolution des saisons, à des prix plutôt modérés pour Belle-Île. L'accueil est sympa, et la belle terrasse devant n'est pas en reste (avec des musiciens les mercredis d'été).

**L'Odyssée** (plan B2, **21**) : *quai Vauban. ☎ 02-97-29-13-08. • lodyssee.dessables@gmail.com • Tlj sauf mar-mer hors saison. Congés : 2 sem mi-nov et janv. Formule déj en sem et sam 16 € ; menu 30 €. Apéritif maison offert sur présentation de ce guide.* Cadre agréable (2 petites salles décalées et terrasse plaisante sur le port et à l'étage, avec vue mer) pour une cuisine de qualité régulière. Viandes tendres à souhait, agneau de l'île, tajine de poisson et choucroute de la mer aux choux verts frais.

**Crêperie La Chaloupe** (plan B2, **22**) : *10, av. Carnot. ☎ 02-97-31-88-27. • jacques.sauvage @orange.fr • lachaloupe.com • Près de la pl. du Marché. Service tlj en continu 11h-23h, bon à savoir ! Congés : de mi-nov à mi-fév. Menus 11,90-18 € ; carte 18-20 €. Apéritif maison offert sur présentation de ce guide.* Pas mal de choix : une centaine de galettes et crêpes, faites à la commande, dont certaines originales en suggestion. Les ingrédients y fusionnent bien. Soupe de poisson, salades et bonnes glaces également. Terrasse sur l'animation de la rue.

**Le Verre à Pied** (plan B2, **24**) : *3, pl. de la République. ☎ 02-97-31-29-65. • mariebelleile@yahoo.fr • ♿ Juste en face du marché. Juil-août, tlj ; sinon fermé mer. Congés : de déc à mi-fév. Formule déj 17 € ; grosses tartines 10-12,50 €, plats 13-20 €.* Cuisine traditionnelle, simple, servie dans une courette agréable et ombragée, à des prix abordables. Dans la salle, on est un peu serrés comme des sardines.

**La Main à la Pat'** (plan B2, **28**) : *1, rue de l'Église. ☎ 02-97-31-57-70. • lamainalapat@hotmail.fr • Tlj sauf dim-lun hors saison. Congés : fév et 1 sem fin nov. Résa conseillée (salle assez petite). Formule déj 11 € ; carte 15 €.* Une petite crêperie proposant une honnête carte de « complètes » de blé noir à des prix sensiblement moins chers que les autres crêperies avec des produits de producteurs bellilois. Et quelques créations plus originales comme les *samoussas* de blé noir ou les *Breizh-burgers*. Quelques tables avec vue directe sur le port. Bon accueil et service efficace.

**La Frégate** (plan B2, **13**) : *quai de l'Acadie. ☎ 02-97-31-56-07. Ouv d'avr à mi-oct. Tlj sauf lun, le midi uniquement. Carte 22 €.* Belle terrasse pour jouir de la vie du port. Bien aussi pour le petit déjeuner, ses snacks et tapas sur le pouce. Nos lecteurs québécois y retrouveront leur fameuse poutine (frites sauce cheddar au jus de veau)...

**La Table de Corto** (plan A2, **14**) : *4, pl. de l'Hôtel-de-Ville. ☎ 02-97-31-37-37. 📱 06-48-55-43-33. • resto@hotelcortomaltese.fr • Ouv midi et soir jusqu'à 22h30 tlj sauf dim hors saison ; service continu pour les huîtres et pâtisseries. Formule déj env 27 €. Digestif offert sur présentation de ce guide.* Dans l'hôtel du même nom. Agréables terrasses intérieures, celle du rez-de-chaussée présentant l'originalité d'avoir un plancher en verre au-dessus du vivier. Par dizaines, homards et tourteaux s'ébattent sous vos pieds. Excellentes soupe de poisson maison et assiette de poissons fumés. Pour les carnivores, viandes correctes (déclinaisons de l'agneau de Belle-Île).

**Le Goëland** (plan B1, **27**) : *3, quai Vauban. ☎ 02-97-31-81-26. ♿ Tlj sauf lun-mar hors saison. Congés : janv. Menu déj 30 € ; carte env 45 €.* Chaleureux cadre et comptoir en bois. Cuisine de bonne réputation, utilisant des produits frais locaux de qualité. Parmi les spécialités : bar ou turbot en croûte de sel de Guérande, tartare de saumon, moules de l'île de Groix... Sauces et frites maison. Ambiance bonne franquette (parfois, on mange sur de toutes petites tables).

## Plus chic

**Ao** (hors plan par A2, **16**) : *7, route de Bangor (200 m après la* *porte de Bangor). ☎ 02-97-57-12-51. • contact@aobelleile.com • Ouv de mi-mars à oct. Ts les soirs mar-sam, dim midi, menu japonais. Congés : janv-fév. Résa très conseillée. Menus 43-66 €. Menu dégustation en 8 services 65 € (uniquement sur résa). Grand choix de vins à partir de 23 €.* Cadre sobre pour une belle cuisine inventive et raffinée aux inspirations japonisantes. Chef venant du pays du Soleil-Levant, suivant scrupuleusement les saisons, privilégiant les bons produits de l'île et jouant avec justesse avec les associations de saveurs. Menu présentant un beau rapport qualité-prix. Terrasse protégée et arborée fort agréable.

## À Sauzon

### Bon marché

**Crêperie Les Embruns :** *quai Joseph-Naudin. ☎ 02-97-31-64-78. • creperielesembruns@gmail.com • Jolie petite maison rose sur le port de Sauzon. Ouv avr-oct, tlj 12h-22h30, en service continu. Carte env 18 €.* L'endroit est réputé pour la qualité de ses produits biologiques (pour la plupart), en particulier ses délicieuses galettes de blé noir, confectionnées avec de la farine bio moulue au *moulin de la Fatigue* de Vitré, avec une vraie meule en pierre. Goûter à la crêpe orange-chocolat-glace vanille flambée Grand Marnier... Garnitures généreuses.

### De prix moyens à chic

**Le Roz-Avel :** *rue du Lieutenant-Riou. ☎ 02-97-31-61-48. 📱 07-68-22-68-70. • rozavel.sauzon@hotmail.fr • Tlj sauf lun-mar soir. Congés : janv-mars et de nov à mi-déc. Formule déj 25 € sauf dim ; menus 33-60 €.* Ici, on privilégie les produits locaux et du terroir, dans une valse sans cesse rejouée des saisons et des arrivages. Le 1er menu présente un remarquable rapport qualité-prix. Attendez-vous à déguster huîtres, porc, agneau de l'île rôti ou confit, fromage de chèvre frais Pilou, et tout plein de surprises, comme cette tasse de (glace) café dans sa coque au chocolat avec mousse de chicorée et écume de lait au dessert. Sacrée maîtrise ! Cadre (terrasse) et service à la hauteur de cette adresse élégante, d'un excellent rapport qualité-prix.

**L'Abri Côtier :** *quai Guerveur. ☎ 02-97-31-60-50. • labricotier@gmail.com • Tlj sauf dim soir-lun, plus mar en saison. Congés : mars et de mi-nov à mi-déc. Résa conseillée en haute saison. Menus env 33 €.* L'un des rares restos à ouvrir une partie de l'hiver. Petite salle classique, terrasse sur le port. Au piano, un jeune chef inspiré, plein d'idées et amoureux des bons produits et des saveurs originales. Accueil souriant, service efficace. Certes, prix modérés, mais pour une félicité totale, on rêverait juste que certains plats soient un poil plus copieux !

**Café de la Cale :** *quai Guerveur. ☎ 02-97-31-65-74. • brunoloiseau@orange.fr • Un peu avt le phare. Menus déj en sem 25 €, 29 € le soir, dim et j. fériés ; formule 41 €.* Coquillages et crustacés, dit la chanson... Ajoutez-y les poissons, et le tour d'horizon est pour ainsi fait – même s'il ne faut pas oublier le bar de l'île, assez réussi. La belle terrasse face au port, envahie aux beaux jours par la gentry en villégiature, a indéniablement son charme. Atmosphère très people. L'intérieur est coloré et chaleureux. Dommage que le service pèche parfois.

## À Bangor et alentour

### De bon marché à prix moyens

**Crêperie Chez Renée :** *18, rue Sarah-Bernhardt, à* ***Bangor.*** *📱 06-12-93-24-16. Tlj seulement le midi. Résa très conseillée. Congés : janv. Menu déj en sem 15 €. Apéritif offert sur présentation de ce guide.* Comment ne pas tomber sous le charme de cette fantastique terrasse mangée par les fleurs et la verdure ? Pour les jours pluvieux, il y a la salle dans la maison, à l'atmosphère coquette, avec son piano à la disposition des musiciens. Les galettes et les crêpes sont bonnes et croustillantes, le service rapide – voire parfois un peu expédié en plein été ! Table de ping-pong.

**Crêperie Café Coton :** *route des Aiguilles-de-Port-Coton, à* ***Kervilahouen.*** *☎ 02-97-31-32-62. • contactytp@creperie-coton.fr • Tlj sauf dim soir et lun hors saison. Congés : janv. Pour la terrasse et le jardin, résa vivement conseillée (2e service à 21h). Compter env 25 €.* Cadre agréable pour d'excellentes crêpes à la farine bio et utilisant au maximum les produits de l'île. Quelques spécialités : galettes, raclette, lieu fumé, andouille de Guémené, camembert, pomme et crème fraîche, crêpe au caramel au beurre salé...

## Chic

**Café Clara :** ***Port-Goulphar,*** *dans l'hôtel* Castel Clara. *☎ 02-97-31-84-21. • reservation.cc@book-inn-france.com • La brasserie de l'hôtel-thalasso* Castel Clara. *Ouv le midi tlj, plus le soir en saison. Tte l'année. Résa conseillée. Buffet fruits de mer et délices de l'île 45 € (supplément homard 17 €) ; menus 45-140 €.* Osez donc franchir le seuil du très chic hôtel-thalasso *Castel Clara !* Le service est pro sans être ampoulé, et la salle avec ses baies vitrées – tout comme la vaste terrasse – livre un panorama à couper le souffle sur l'échancrure de Port-Goulphar. Magnifique de l'entrée au dessert, avec un superbe choix de fruits de mer, crudités bio, verrines et poissons fumés maison. Desserts simples mais délicieux. Seul regret : n'avoir pas eu assez faim cette fois-là pour se resservir ! Belle expérience gastronomique au *180°*, le resto ultrachic de l'hôtel.

**La Désirade :** *voir plus haut « Où dormir ? ». Avr-oct, ouv le soir tlj. Résa conseillée. Menus 34 € ; carte réduite hors saison. Apéritif maison offert sur présentation de ce guide.* Dans une belle longère, juste en face de l'hôtel du même nom (mêmes propriétaires). Cuisine de la mer, et carte qui évolue au gré de la pêche ou du marché. Les produits sont essentiellement locaux, et la carte se veut créative. Belle carte des vins. Service attentionné.

## À Locmaria

**Le Mabalulu :** ***Port-Andro*** *(à côté de Locmaria). ☎ 02-97-52-57-29. En saison, tlj midi et soir. Compter env 20 €.* Restaurant surplombant une charmante plage familiale. Terrasse recherchée. Une belle découverte : excellent accueil, service jeune et souriant, et, surtout, une cuisine sans chichis, avec des accents personnels comme cette délicieuse Tatin de légumes, de vraies frites, un populaire burger, des bulots d'une belle fraîcheur. Salades pas en reste et planches intéressantes. À signaler, enfants bienvenus et soirées jazz, parfois musique irlandaise ou bretonne (en principe le mardi).

**Le Transat :** *rue des Acadiens (un peu avt le supermarché). ☎ 02-97-31-07-05. 📱 06-08-37-45-63. Ouv avr-sept, tlj sauf dim-lun hors saison. Carte env 35 €. Café offert sur présentation de ce guide.* Bonne et simple cuisine : moules, sardines grillées, grillades, crêpes. Petite terrasse protégée. Quelques chambres à louer.

**Crêperie L'Équipage :** *la Fontaine du Bois, chemin de Port-Maria. ☎ 02-97-31-77-96. Tlj en saison, sinon fermé dim soir-lun. Carte env 15 €. Café offert sur présentation de ce guide.* Grande terrasse avec vue sur la mer pour de bonnes crêpes et galettes.

**Cochennec :** *chemin de Port-Maria (juste devant L'Équipage). 📱 06-19-78-67-89. • huitres.cochennec@gmail.com • Tlj, tte l'année. Dégustation et vente 10h-14h. Compter 15 € la douzaine (verre de muscadet inclus).* Ce producteur d'huîtres de Carnac depuis 4 générations possède désormais cette antenne à Belle-Île. Agréable terrasse pour déguster des huîtres d'une belle fraîcheur à prix modérés. Intéressante formule mixte également. Vente au détail. Présent aussi de mars à septembre au marché du Palais le samedi matin, à celui de Sauzon le samedi en fin d'après-midi (17h-19h30) et à celui de Bangor le dimanche matin.

## Où déguster une glace ou un bon gâteau ?

**Glacier du Port** (plan B2, **30**) **:** *quai Bonnelle, au* ***Palais,*** *à côté de l'office de tourisme. Juil-août, tlj 10h-1h env ; sinon, tlj 13h-18h30.* Jusqu'à 80 parfums au cœur de l'été... cerise marbrée, fraise des bois, mangue, etc.

**Baker Street** (plan A1, **23**) **:** *47, rue Joseph-Le-Brix, au* ***Palais.*** *☎ 02-97-31-07-52. En saison, lun-sam 9h-19h. Fermé dim, plus lun hors saison. Congés : 2 sem en oct, 3 sem en janv.* Mignon minisalon de thé-pâtisserie : petite restauration, sandwichs, tartes salées (à la sardine, au saumon, aux aubergines notamment), gâteaux maison... Café bio du Pérou et bonne sélection de thés. Quelques tables dehors.

**Ty crêpouille :** *Z.A. de Mérézelle. ☎ 02-97-31-34-72. Tlj sauf dim 9h-12h30, 16h-18h30.* Après avoir sustenté les gourmands bien avisés depuis leur camion bleu stationné place du Marché, la famille Marais a posé ses valises dans cette petite boutique. On vient non seulement y glaner crêpes et galettes, mais aussi kouign-amann, far et autres gâteaux bretons. Quelques options sans gluten aussi.

**L'Herminoise :** *quai Joseph-Naudin (après Les Embruns), à* ***Sauzon.*** *En saison, tlj jusqu'à 22h30.* De savoureuses glaces artisanales (hmm, la caramel au beurre salé !), mais pas seulement, fait également salon de thé. Fines crêpes bio à déguster et à emporter. En prime bien sûr, la vue sur ce port d'anthologie.

MORBIHAN

## Où boire un verre ? Où écouter de la musique ?

**Les Irréductibles** (plan B2, **22**) **:** *8, av. Carnot, au* ***Palais.*** *☎ 02-97-14-50-47. Tlj 9h30 (18h mar-mer)-1h.* Un des bars favoris des jeunes. Terrasse bondée en saison. Bonnes bières (*Triple Buse* et autres), planches mixtes...

**Le Kervi :** *à la sortie de* ***Kervilahouen,*** *en direction de Goulphar. ☎ 02-97-31-82-04. Tte l'année : en saison, tlj 8h-20h30 ; hors saison, tlj 8h-13h, 16h-20h. Restauration avr-sept seulement : carte env 22 €.* Le rade de voisinage. Petite restauration très correcte, sandwichs, far maison. Boutique d'alimentation. Jeux pour les enfants.

**Nul Bar After :** *Pen Prad, à l'entrée de* ***Sauzon.*** *☎ 02-56-37-02-68. 📱 06-86-38-35-41. Ouv fin mars-fin oct, tlj 9h-1h.* La plus belle terrasse surplombant la fin du port. Bons choix de bières et cocktails. Très animé en saison. Soirées concerts et de temps à autre *quiz blind test* (cinéma, musique et sports). Possibilité de grignoter tapas et planches. Votre seule chance de boire un verre tard.

## Où trouver de bons produits ?

**Kaerilis – Bell'Isle Single Malt Whisky** (plan B2, **40**) **:** *40, av. Carnot, au* ***Palais.*** *☎ 02-97-31-28-20. • kaeriliswhisky.com • ♿ Avr-oct, tlj sauf dim-lun 10h15-13h, 16h15-19h sur résa au 📱 06-45-31-64-98 ; hors saison et vac scol, se renseigner.* Le whisky *Kaerilis* est élaboré et vieilli en fût de chêne à Belle-Île. Un goût iodé, marin, caractérise les 2 cuvées actuelles dont la belle robe tire du jaune paille clair à l'acajou. Belle souplesse et bel équilibre (meilleur que le vôtre si vous en abusez) ! Accueil sympa.

**La Palantine** (plan B2, **41**) **:** *rue Jules-Simon, au* ***Palais.*** *☎ 02-97-52-16-40. Tlj en saison.* Un artisan chocolatier qui régale tous les visiteurs (70 à 82 % de cacao). Bon choix et prix raisonnables. Pâtes à tartiner, caramels au beurre salé, bonbons au chocolat, etc.

**Brasserie La Morgat :** ***Port-Salio.*** *☎ 02-97-31-56-88. • brasserielamorgat@orange.fr • Sur la route de la plage de Bordardoué. Juil-août, lun-sam 16h-20h ; avr-sept, tlj sauf w-e 16h-19h. Visite gratuite de la brasserie à 18h avec dégustation, et pour 15 € d'achat, bouteille (33 cl) offerte (offre non cumulable).* Si l'on ne visite pas, on peut au moins y acheter 4 bières Ômaison et sa « fleur de morgat ». Bar et terrasse face à la mer.

**Espace Découverte La Bien Nommée** (hors plan par A2, **42**) **:** *Z.A. de Bordilla, au* ***Palais.*** *☎ 02-97-31-34-99. • labiennommee.com • Lun-ven 9h-12h30, 13h30-17h. Gratuit.* Découvrez la fabrication des galettes fines et palets de la biscuiterie *La Bien Nommée.* Dégustation et vente directe. Autre enseigne place de la République *(avr-sept, tlj 9h30-19h ; oct-nov, horaires restreints)* et plusieurs encore dans la région.

**Le Rucher de l'Abeille Noire :** *Borgrouager, au* ***Palais.*** *06-25-46-21-63. • lerucherdelabeillenoire.com • Avr-oct, tlj sauf dim 18h-19h30 ; nov-mars, tlj sauf dim 17h-18h30.* Miel, propolis, hydromel, pollen frais et autres gâteries produites par les abeilles noires de Belle-Île (une sous-espèce endémique). Visite pédagogique sur réservation *(11 € ; réduc ; env 1h30).*

**Pilou :** *Z.A. de Mérézelle, route de Bangor (venant du Palais). 06-63-02-54-14. Boutique mar-jeu 17h-19h en saison, fermée hors saison.* Maud, qui vient du Nord, près de Maroilles (une référence), confectionne de délicieux fromages blancs, faisselles, yaourts, fromages frais et à pâte molle à base de lait de vache... On la trouve aussi sur le marché du Palais et à Bangor.

**Au Coin des Producteurs :** *Z.A. de Mérézelle, route de Bangor (venant du Palais). À gauche juste avt d'arriver au grand carrefour. Tte l'année, ven 9h30-12h30, 17h-19h, sam 9h30-12h30, plus jeu mat juil-août.* Une quinzaine de petits producteurs proposent leurs bons produits frais : poulets, agneau, charcuterie maison (délicieuses rillettes d'agneau), œufs, lait, beurre, fromages de chèvre, légumes et confitures... et même des savons de Belle-Île !

## À voir

### *LE PALAIS* [porzh-lae]

Au mitan de la côte « en dedans », face au continent, Le Palais déborde de charme avec son port croquignolet accueillant la ronde des ferries, son bassin à flot pénétrant dans une profonde ria dominée par la puissante citadelle, ses remparts enchâssés de portes et bastions, ses rues et ruelles bordées de maisons colorées, et ses échappées belles sur la grande bleue. L'été, des ***visites guidées*** sont organisées par la ***Société historique*** *(☎ 02-97-31-77-62 ; • belle-ile-histoire.org • ; juil-début sept, presque tlj, voir le programme auprès de l'office de tourisme ; compter 5 €/pers ; emporter une torche pour la visite des fortifications).*

***La citadelle Vauban*** (plan B1) **:** *☎ 02-97-31-85-54. • citadellevauban.com • Accès libre à l'hôtel et au resto. Juil-août, tlj 9h-19h ; le reste de l'année, tlj 9h30-18h (17h nov-mars). Visite guidée juil-août 1 à 2 fois/sem, env 1h30, 10,50 €/pers, réduc. Musée fermé en janv et de mi-nov à mi-déc. Tarif : 9 € ; réduc ; gratuit moins de 10 ans. L'achat du billet donne droit à une réduc au Grand Phare et au musée Sarah- Bernhardt de la pointe des Poulains.*
Trônant puissamment au-dessus du port, avec ses hautes murailles et ses fossés démesurés, la citadelle a été construite à partir de 1549. Vauban la renforça en 1683, ce qui n'empêcha pas les Anglais de s'en emparer en 1761. Devenue au fil du temps caserne, puis prison (notamment pour les communards), et même centre d'éducation pour mineurs délinquants, elle est l'un des derniers endroits libérés de France lors de la 2de Guerre mondiale (le 10 mai 1945 !). Propriété privée depuis 1960, elle fait l'objet d'une restauration superbe et fidèle, notamment pour les canons qui furent fondus à l'identique à Quimperlé. En plus de sa vocation culturelle, le logis du gouverneur abrite désormais un resto, et un hôtel occupe le bâtiment du Grand Quartier.

MORBIHAN

– On pénètre dans l'enceinte par un pont enjambant le fossé et par la ***porte du Donjon.*** « Par la beauté de ses portes, l'ennemi juge la bonté d'une citadelle », disait Vauban...
– Le ***musée d'Art et d'Histoire,*** par lequel commence la visite, passe en revue le passé de l'île depuis les origines, en faisant particulièrement ressortir le caractère stratégique des lieux. Documents anciens, maquettes de navires, boulets de canon illustrent abondamment le propos. D'autres épisodes marquants sont abordés, comme la prise de Belle-Île par les Anglais – échangée contre Minorque (!) – et l'installation des Acadiens sur l'île en 1765. Mobilier et objets rendent compte de la vie quotidienne des années 1900, qui virent l'île accueillir ses 1ers villégiaturistes, Sarah Bernhardt en tête, représentée en colère sur un carton à chapeau par son ami le peintre Georges Clairin !
– Dans un 2d temps, on aborde la ***visite de la citadelle*** proprement dite, au gré d'un parcours fléché. Courtines, parapets, poudrière en forme de ruche (superbe !), bastions, cavaliers, échauguettes et autres cachots n'auront bientôt plus de secrets pour vous. La vue sur le port en contrebas, vers lequel les canons pointent, est carrément spectaculaire.
– Le parcours est interrompu par un 2d espace muséal, occupant l'étage de l'ancien ***arsenal*** (1780), à la superbe charpente d'origine. La *salle de la Marine* y expose un fort bel ensemble de cartes marines et, surtout, de modèles réduits de navires, sans oublier quelques instruments de navigation.
– En toute fin de visite, on rejoint les vestiges du château des Gondi, nous ramenant aux origines de la citadelle (XVIe s). De sa casemate, l'horizon est invariablement bleu...

Juste en contrebas du parking de la forteresse débute le ***sentier côtier.*** 10 m après une maison en ruine, un raidillon (un peu dangereux) dévale jusqu'à une incroyable criquette de sable aux eaux turquoise. Un vrai bonheur, réservé aux initiés !

***L'enceinte :*** dès l'époque de Vauban, Belle-Île est dotée d'un ensemble de fortifications côtières destinées à repousser l'ennemi. Une enceinte protégeant intégralement Le Palais est prévue, mais les crédits manquent... L'invasion anglaise de 1761 montre sa nécessité, et c'est ainsi qu'en 1803 Bonaparte lance le chantier. Interrompu par la chute de l'Empire, il ne sera achevé que dans les années 1860, sous Napoléon III, à une époque où les constructions se révèlent déjà obsolètes... Reste, 150 ans plus tard, un double rempart enserrant un fossé central, le tout en partie reconquis par la végétation. On s'y promène avec délectation, à condition de surveiller les enfants (pas de barrières de protection). Le côté intérieur de l'enceinte est dénommé *escarpe,* le côté extérieur *contrescarpe.*
➢ On vous conseille de commencer la balade en remontant, depuis la place du Marché, l'avenue Carnot jusqu'à la monumentale ***porte Vauban,*** plutôt décorative avec ses escaliers courant de part et d'autre. Côté droit, une poterne (marquée « 1862 ») et son tunnel permettent de franchir l'obstacle à pied ou à vélo et de déboucher dans le fossé central, puis d'en ressortir par une rampe en Y (qui aidait à monter les canons) sur le haut de la ***porte de Bangor.*** Seule ouverture de l'enceinte vers la campagne, celle-ci est prolongée par un tunnel en courbe et contre-courbe permettant d'éviter les tirs directs de l'ennemi (on ne le voit qu'en voiture). De là, on longe la contrescarpe vers le réduit B, au niveau duquel on peut redescendre dans le fossé. Outre le magnifique site de pique-nique (avec tables) que l'on y trouve, on peut y explorer une partie de l'enfilade de 120 casemates donnant sur le fossé. Tout au bout, on débouche au niveau du réduit A et de la très étroite ***porte de Locmaria,*** l'une des entrées « secrètes » du Palais (interdite aux voitures de location !).

***La Maison de la nature*** (**CPIE** ; *plan A1,* **5**) **:** *Les Glacis.* ☎ *02-97-31-40-15.* • *belle-ile-nature.org* • *À l'entrée du parking Les Glacis, au-dessus de la poste, sur la droite. Lun-mar et jeu-ven 10h-12h30, 15h30-17h30 ; mer 10h-12h.* Organise des sorties nature et découverte.

MORBIHAN

## SAUZON [saozon]

Les maisons alignées le long du port, aux jolies teintes pastel, regardent l'autre rive d'une ria longue de 2,2 km, aux coteaux vierges de construction, couverts de genêts et de bruyère. L'image de l'*Hôtel du Phare,* avec son sémaphore et ses bateaux, est la plus célèbre de l'île. Une vraie carte postale, à distiller depuis les terrasses des cafés.

***Atelier Galerie Valérie Gautier :*** *rue du Chemin-Neuf. 06-80-58-83-56. Tlj 11h-13h, 16h30-19h.* Une galerie où l'art contemporain se décline superbement sous toutes les formes : peinture, sculpture, photo... Valérie Gautier, directrice artistique dans l'édition d'art, a créé et anime ce dynamique lieu de rencontre des artistes et du public. Expos de très haute qualité.

***Le jardin Éden du Voyageur :*** ***Bordery.*** *☎ 02-97-31-63-37. • jardinedenduvoyageur.blogspot.com • À 1 km de Sauzon, à Bordery, en direction de Deuborh et de la plage (bien indiqué). Ouv mai-nov uniquement sur réservation. En juil-août, 2 visites guidées/sem. Entrée : 10 € ; gratuit moins de 12 ans. Sinon, visite non accompagnée avec topoguide illustré ; entrée : 5 €/pers + en option guide illustré à 8 €.* Paysagiste, une partie de l'année au Niger et au Mali pour l'implantation de potagers, Michel Damblant a réalisé son rêve : sur 3 000 m², un jardin tropical à mille lieues des élégants mais ennuyeux jardins à la française. Dans un désordre naturel et poétique, des centaines de fleurs, arbres, plantes aromatiques et médicinales qui poussent en liberté, mêlent leurs formes, leurs couleurs, leurs parfums, et créent une incroyable oasis de fraîcheur. Chaque plante, chaque fleur possède une riche histoire et son lot d'anecdotes. On ne voit pas le temps passer. Vite, amenez-y vos enfants, c'est une visite d'une qualité rare. Et pour prolonger la magie du voyage, de beaux livres de Michel, vendus au profit des jardins pédagogiques d'Afrique.

## LA POINTE DES POULAINS

À son extrémité nord-est, Belle-Île secoue son beau manteau vert pour se draper de granit. Les coups de boutoir de l'océan ont émietté la roche en écueils, dessinant un cadre austère où la grande Sarah Bernhardt aimait à se retirer, avec vue sur le phare douché par les embruns. C'est son ami et amant le peintre Georges Clairin qui l'attira en ce lieu. Elle y vint avec assiduité pendant 30 ans, contre vents et marées.

***La pointe des Poulains :*** *☎ 02-97-31-61-29. 06-70-63-93-68. Avr-sept, tlj sauf lun 10h30-17h30 (18h tlj juil-août) ; oct, jeu-sam 13h-17h ; dernière entrée 1h avt. Fermé nov-mars. Visites guidées en juil-août, mar et jeu à 9h30 (durée : 1h), tarif 8 €. Entrée : 6 € ; réduc ; gratuit moins de 7 ans.* Le domaine patiemment modelé par Sarah Bernhardt dans sa chère pointe des Poulains se redécouvre aujourd'hui en

### SARAH BERNHARDT, LA 1re STAR

*Née d'une mère courtisane, placée en nourrice près de Quimperlé, la jeune Henriette-Marie-Sarah Bernhardt grandit en Bretagne. « Mademoiselle Révolte », comme on la surnomme, parle ainsi breton, commande son cercueil à l'âge de 19 ans, le trimbale partout, et construit très tôt sa légende. Elle passe par l'Amérique « pour faire un mythe », dit-elle. À 50 ans, elle débarque à Belle-Île et tombe sous le charme d'un vieux fort abandonné. Elle le remodèle entièrement et, l'été venu, y héberge une foule d'amis, des chiens, des chevaux, des singes (vite revendus), un crocodile et un boa (vite abattus), un puma et un grand duc... En 1913, prévoyant une mort forcément remarquable, elle achète le rocher de Basse-Miot, qui flotte au large de son fort, pour y mettre sa sépulture. Flamboyante, toujours !*

4 actes, sous la houlette du Conservatoire du littoral, actuel propriétaire des lieux. 1re étape : ***la Maison du littoral*** présente deux scénographies : « Plongez » et « Vagabondez », pour sensibiliser le visiteur à la fragilité des espaces naturels. On rejoint ensuite la ***villa des Cinq Parties du monde,*** ex-maison d'amis devenue musée, où la voix de Fanny Ardant déclame la vie aventureuse de Sarah Bernhardt au gré d'une mise en scène enlevée, relevée d'archives cinématographiques. On descend ensuite jusqu'à son ***fortin*** chéri, largement restauré après les destructions de la 2de Guerre mondiale. L'âme de la grande tragédienne flotte, avec les oiseaux et le vent, dans ce havre de paix découvert en 1894 et devenu refuge : « Un fort spécialement inaccessible, inhabitable, inconfortable et qui par conséquent m'enchanta. » Le lieu, rendu à la vie, semble avoir été quitté hier, avec ses tenues, son miroir, ses bibelots, sa boîte à chapeaux, le grand salon bercé par le piano, son panier de pique-nique et son champagne au frais... Reste encore à pousser jusqu'au ***phare,*** accessible à marée basse seulement, planté le nez au vent du large, avec pour seul horizon cette Amérique qui vit jouer Sarah.

MORBIHAN

## BANGOR

Amarré dans les terres, Bangor est un village sans histoire, qui domine la Côte Sauvage et les plages du sud de l'île. Les fest-noz y sont fort populaires.

***Le jardin La Boulaye :*** **Le Grand-Cosquet** *(entre Bangor et Locmaria). ☎ 02-97-31-76-09. Seulement sur rdv ; téléphoner pour connaître les horaires. Tarif : 10 € ; gratuit moins de 21 ans.* Un typique et pittoresque vallon bellilois joliment remis en valeur : chemins retrouvés, étang aménagé, ruisseaux qui glougloutent à nouveau, murets traditionnels relevés. Le tout fleuri et ponctué de riches essences d'arbres et de sculptures, s'intégrant bien au paysage.

## DONNANT

D'où qu'on l'aborde, la ***plage de Donnant*** se révèle somptueuse. À marée basse, voici une large enclave de sable roux-doré pailleté de blanc et de noir, qu'enrobe une couronne de dunes et de rochers. Sur ses flancs avancés, des bassins naturels forment alors des baignoires secrètes dans l'odeur omniprésente de l'iode et des algues. Réputée parfois pour ses énormes rouleaux. À marée haute, surfeurs et bodyboarders débarquent, défiant les dangereux courants. Le jusant coupe alors la plage en 2 parts inégales et la baignade *(surveillée en juil-août, 13h-19h)* se résume à un corridor délimité par 2 drapeaux bleus (courants traîtres vers les rochers de part et d'autre).

### LE PARADIS D'ARLETTY

*La plage de Donnant était l'endroit préféré d'Arletty. Des locaux se souviennent encore de cette femme élégante toute de blanc vêtue, qui rejoignait les lieux au volant d'une 2CV blanche, tout aussi immaculée, qu'elle conduisait le nez collé au pare-brise. Arletty, alors, était déjà presque aveugle !*

## LE GRAND PHARE

*06-70-63-93-68. Juil-août, tlj 10h30-13h, 14h-18h ; avr-juin et sept, mer-dim seulement ; début oct-vac scol de la Toussaint, mer-dim 13h-17h. Dernière entrée 20 mn avt fermeture. Visites commentées nocturnes et pour « l'ouverture » matinale du phare (sur résa). Tarif : 3 € visite simple et 5 € visite commentée ; réduc ; gratuit moins de 7 ans.* Inauguré en 1835, le dernier phare habité de l'île porte à 26 milles (48 km), ce qui en fait l'un des plus puissants d'Europe.

Solidement amarré à une base ronde, il culmine à 92 m au-dessus de la mer, présentant une belle façade en granit sertie de 5 lucarnes blanches. Ceux qui graviront ses 247 marches auront, du sommet, une vue allant de Lorient jusqu'au Croisic. Une fort belle expo permanente au rez-de-chaussée évoque l'histoire des phares, le métier de gardien, le balisage et les espaces naturels de l'île.

## L'ANSE DE GOULPHAR

Passé l'embranchement du Grand Phare, la route atteint le très chic hôtel-thalasso **Castel Clara** *(Relais & Châteaux)*. À ses pieds, discret, se niche ce superbe petit port naturel, comme enfoncé dans le littoral rocheux où marinent quelques plates et voiliers sur fond de landes couvertes au printemps des éclats d'or des genêts. Magnifique !

– ***Thalassothérapie :*** *au* ***Castel Clara.*** *☎ 02-97-31-84-21. • castel-clara.com • « Escapade thalasso » (2 soins) dès 79 € ; sinon compter par exemple 770 € la cure remise en forme de 6 j.* Envie de vous faire dorloter ? Les programmes de remise en forme, alternant soins d'hydrothérapie, massages et enveloppement d'algues, démarrent à partir de 2 jours. Il y en a pour tous les goûts, tous les âges et tous les cas de figure : minceur, stress et sommeil, etc.

## PORT-COTON

Au bout de la route, les ***aiguilles de Port-Coton,*** taraudées par le ressac et cernées de falaises plissées, se dressent au milieu de la fureur des flots... L'endroit tire son nom de l'écume si abondante qui s'y forme au paroxysme des tempêtes et s'élève avec le vent comme des touffes d'ouate ! Monet, qui séjourna à Kervilahouen, à 2 pas de là, en 1886, décrit un « pays superbe de sauvagerie avec son amoncellement de rochers terribles et sa mer invraisemblable de couleurs ». En 2 mois, il ne réalisa pas moins de 39 toiles : des paysages surtout, à l'exception du portrait de Poly, son homme à tout faire, chargé de maintenir le chevalet au sol lorsque exultaient les bourrasques... Pour mieux encore profiter du paysage, le bien nommé *Hôtel du Grand Large,* dressé dans sa superbe, tend son immense terrasse aux velléités d'admiration.

## LES AUTRES PLAGES

Isolées au long de la côte sud, entre la pointe du Grand-Village et la pointe Saint-Marc, plusieurs plages superbes et pas trop envahies se réservent aux habitués et aux courageux. Celle de ***Kerel,*** à l'ouest de Grand-Village, se niche au fond d'une anse profonde, découvrant à marée basse un large estran un peu vaseux ; à marée haute, les enfants s'y baignent sans danger, dans une eau un poil plus chaude qu'ailleurs. Celle d'***Herlin*** (surveillée) est familiale et sympa aussi. Mais c'est la très sauvage ***Baluden,*** un peu plus à l'est, qui a notre préférence. Accessible depuis le village d'Herlin par une piste correcte (sur 800 m), elle s'étale au pied d'un long toboggan d'herbe rase que prolonge superbement le tapis de sable... Véritable paysage irlandais ! ***Attention,*** cependant, ***aux courants*** : Baluden n'est pas surveillée ! Sur la route côtière, vers Locmaria, les ***Grands-Sables*** est la plage familiale par excellence. Longue, peu de vagues, elle abrite les écoles de voile. Enfin, signalons ***Port-Andro,*** près de Locmaria, intime et familiale (avec un camping à 20 m et un excellent resto en surplomb).

## LOCMARIA [lokmaria]

À l'extrémité sud-est de l'île, ce village, dont la paroisse fut fondée en 1070, se serre autour de l'***église Notre-Dame-de-l'Assomption,*** la plus ancienne de l'île, surnommée Notre-Dame-du-Bois-Tord. On raconte qu'en 1674 les Hollandais abattirent le bel orme qui se dressait devant, afin d'en faire un mât. N'appréciant pas l'initiative, la Vierge le fit se tordre en tombant, ce qui le rendit inutilisable. À l'intérieur, vous verrez 2 beaux ex-voto de bateaux, dont le plus grand, datant de 1862, mesure 2,80 m de long. Sur le vitrail à droite du chœur, bateaux, champs, chevaux, églises et villages évoquent la Belle-Île éternelle... Descendez ensuite (à pied) jusqu'à la plage de poupée du joli ***Port-Maria,*** noyé dans la verdure.

## LA CÔTE « EN DEDANS »

Mieux protégée des éléments, la côte nord de Belle-Île révèle de longues plages drossées contre un arrière-pays vallonné de champs et de bois de pins. À la hauteur du très mignon village de ***Samzun*** (comment un si joli hameau a-t-il pu s'appeler le « village des pendus » ?), un peu oublié dans son recoin, la route côtière rejoint ainsi la superbe ***plage des Grands-Sables*** au doux tapis de sable d'une grande finesse, étiré tout en longueur *(école de voile avr-sept).* Au-delà se découvrent encore, par des chemins de traverse, les jolies plages de ***Port-Yorc'h*** et de ***Bordardoué.*** Près de cette dernière, ***La Belle Fontaine,*** également appelée « Aiguade de Vauban », a été construite sous son autorité en 1703 et restaurée en 2019. Ce réservoir (classé), contenant 850 000 l, servait autrefois au ravitaillement des navires en eau douce.

MORBIHAN

## À faire

■ ***Golf de Belle-Isle-en-Mer :*** *à la pointe des Poulains. ☎ 02-97-31-64-65. • golf-belleile.com • Ouv de mi-mars à mi-nov.* Ce 14-trous, digne des plus beaux golfs irlandais, vous en bouchera un coin avec son parcours si tonique le long de la Côte Sauvage. Mention spéciale pour le trou n° 2, unique en Europe avec son green situé au bout d'une presqu'île cernée par la mer !

■ ***Surf à Donnant :*** ***Ty School,*** *📱 06-63-86-75-47.* ***Belle Île Surf Club,*** *📱 06-77-12-37-80.*

■ ***Tennis du Gouerc'h :*** *au* ***Palais.*** *☎ 02-97-31-83-87.* Plusieurs formules sur les 3 courts couverts et 5 courts en plein air.

■ ***Sports nautiques :*** le meilleur endroit est aux ***Grands-Sables*** *(direction Locmaria par la côte).* On y trouve l'école de voile ***Horizon*** *(☎ 02-97-31-54-71 ; • horizon@oceanet.fr • belleile-horizon.com • ; avr-sept).* Stages de voile pour tous, à partir de 6 ans, et location de bateaux à voile ou à moteur, paddles. Sinon, s'adresser à ***Ty School*** *(📱 06-63-86-75-47).*

### Le sentier côtier

🚶🚶🚶 ⇇ Belle-Île possède l'un des sentiers côtiers les plus pittoresques de Bretagne. D'une sauvagerie poignante sur l'immense majorité du parcours. Il ne cesse de plonger dans les vallons, de remonter, de contourner et de livrer de surprenants points de vue. C'est réellement par le sentier côtier que vous découvrirez la plage la plus pittoresque et insolite, celle qui correspondra à votre fantasme du jour. Attention, si le sentier se révèle plutôt accessible à tous question pénibilité, voici cependant quelques conseils : pas mal de passages délicats sur le plan sécurité. On y côtoie parfois d'abruptes falaises, et certaines pentes peuvent rester très glissantes après la pluie.
Les conseils du Père Routard : portez de bonnes chaussures de marche, pas de tongs ! Ne vous approchez jamais du bord de la falaise car il est friable. Laissez vivre les fleurs sauvages : à peine cueillies, elles ne durent guère longtemps. Bicyclettes et vélomoteurs sont interdits sur le sentier, on le comprend bien.

Des topoguides vous permettront un somptueux tour de l'île : 82 km en 4 jours, logement en gîte d'étape, gîte communal ou centre d'accueil. Capacité de ce type d'hébergement cependant globalement insuffisante pour Belle-Île. Dommage, car pour les marcheurs cette île est un paradis. Cependant, certains centres d'hébergement, comme l'auberge de jeunesse, viennent chercher les randonneurs le soir et les conduisent le matin.

➢ Possibilité de fractionner, bien sûr, et d'effectuer les plus belles portions. Voici quelques coups de cœur : du Palais à la plage de Bordardoué, par la pointe de Ramonette. Vous longerez un moment *La Belle Fontaine,* grand réservoir d'eau construit par Vauban pour approvisionner les navires en eau potable. On peut s'arrêter à la *pointe de Gros-Rocher,* l'un des grands spots pour la pêche à pied (moules, berniques, huîtres sauvages, crevettes, parfois quelques étrilles et oursins, etc.). De Samzun, le sentier domine de petites falaises. À certains moments, quand la mer est haute et que les plages suivantes ne sont pas accessibles par les Grands-Sables, elles permettent l'accès à de jolies criques peu fréquentées (cependant, descente pas très facile pour les enfants). *Fort de la Biche* dominant la plage du même nom. Pour la *plage de Port-Huelen,* descente un peu rude aussi. Cette plage et celles qui suivent jusqu'à la pointe de Kerdonis sont souvent recouvertes par la mer à marée haute. Arrivée du sentier côtier à la *plage de Port-Andro.*

### LE POUCE-PIED, UN CRUSTACÉ BIZARRE

*En forme de doigt, on le récolte surtout à Belle-Île et en Galice. Assez rare. Faut dire que le bestiau est difficile à dénicher, accroché au pied de falaises abruptes et dangereuses.*

## Plongée sous-marine

D'île en île, voici un haut lieu de la plongée bretonne. La visibilité excellente (15 m environ) permet de jouir pleinement de la richesse des sites rocheux (somptueuses corynactis dès 2 m de fond !). Car les épaves dignes de ce nom – la *France* ou le *Ponto-Poros* – sont plutôt accessibles de Quiberon. Attention : houle et courants souvent violents. Parmi nos meilleurs spots : le Cochon (niveau I confirmé), les Chambres et la Truie (niveau II confirmé).

### Club de plongée

■ ***Angélus Plongée :*** *présent sur le marché du Palais tlj 9h30-12h30 en saison. 📱 06-85-13-83-76. ● info@angelus-plongee.com ●*

## Manifestations

– ***Festival de Musique de chambre :*** *2de quinzaine de juil. ● belleilemusique.com ●* Du baroque au contemporain, dans les plus beaux sites extérieurs de l'île (citadelle, Grand Phare, pointe des Poulains...).
– ***Festival lyrique international de Belle-Île :*** *de fin juil à mi-août.* Opéra, musique sacrée et jazz à la salle Arletty, la citadelle et dans les églises de l'île.
– ***Belle-Île on Air :*** *2 j. mi-août. ● belleileonair.org ●* Musiques actuelles, tendance électro.
– ***Festival de Bangor :*** *autour du 20 août. Résas à l'office de tourisme (☎ 02-97-31-81-93). ● belle-ile-festivaldebangor.com ● Tarif : env 16 € ; réduc ; gratuit moins de 12 ans ; pass festival (5 concerts) 60 €.*

# L'ÎLE DE HOUAT [enez houad]

(56170) 260 hab. *Carte Morbihan, B4*

**À Houat (2,9 km²), le « canard » en breton, règne une paix royale, tout juste dérangée en saison par l'arrivée des bateaux chargés de visiteurs d'un jour. Passé la montée au bourg, guère charmante, se découvre le noyau villageois des origines, aux maisons de pierre émouvantes de timidité, qui semblent rougir quand on les admire ; cet attendrissant clocher nain, tout de modestie ; ces magnifiques plages de sable qu'il faut savoir mériter, où le ressac roule inlassablement de bien jolis galets ; et cette lande sauvage et odorante, couvrant près des 4/5 de la surface d'une île qui ne fait que 5 km de long. Une chose est sûre : si vous êtes en mal de paix, de solitude et de recueillement, vous trouverez ici votre bonheur.**



## Comment y aller ?

**Compagnie Océane :** ☎ *0820-056-156 (0,12 €/mn).* • *compagnie-oceane.fr* • Traversées tte l'année au départ de ***Quiberon.*** Tablez sur un minimum de 2 liaisons/j. (mat et ap-m), avec des pointes à 4-5/j. au plus fort de l'été.

**Navix :** ☎ *02-97-46-60-00.* • *navix.fr* • De mi-juil à fin août, 1-2 bateaux/j. pour Houat (1 seul pour Hoëdic), tlj ou presque, au départ de ***Vannes, Port-Navalo*** et ***Locmariaquer.*** Autres rotations depuis ***La Trinité, Le Croisic*** et ***La Turballe*** (se reporter plus loin à ces villes dans le chapitre « La Loire-Atlantique »).

**Compagnie du Golfe :** ☎ *02-97-67-10-00.* • *compagnie-du-golfe.fr* • Liaison **Port-Navalo/Belle-Île/Houat,** assez irrégulière mais intéressante pour ceux qui voudraient voir au moins 2 îles, ou rallier Houat depuis Le Palais. Hoëdic est desservie selon le même principe, mais seulement quelques j. dans la saison.

Également depuis ***Vannes*** et ***Port-Navalo*** avec les ***Vedettes du Golfe*** *(☎ 02-97-44-44-40 ; • vedettes-du-golfe.fr •),* de mi-mai à mi-sept, 1-5 traversées/sem ; depuis ***Locmariaquer*** et ***Port-Navalo*** vers Houat seulement avec les ***Vedettes Angélus*** *(☎ 02-97-49-42-53 à **Port-Navalo** ; ☎ 02-97-57-30-29 à **Locmariaquer** ; • vedettes-angelus.com •),* début juil-fin août, mar et jeu ; et encore au départ de ***Port-Blanc (Baden)*** vers Houat et Hoëdic avec ***Izenah Croisières*** *(☎ 02-97-57-23-24 ; • izenah-croisieres.com •)* le jeu de mi-juil à fin août.

## Adresses et infos utiles

**Point info :** *au port. ☎ 02-97-30-68-04. Ouv Pâques-sept ; sinon, s'adresser à la mairie, pl. de l'Église (lun-ven 10h-12h, 15h-17h).* Intéressant *Guide de l'île de Houat (2 €).*

■ **Location de vélos :** ***Houat Vélos,*** *à 100 m sur la droite en montant du port. ☎ 02-97-30-66-64. Avr-sept (w-e seulement en moyenne saison, ou par tél), 9h30-13h, 14h-19h. Compter 9-12 €/j.* Cela dit, le vélo n'est utile qu'au village et pour rejoindre la pointe ouest (interdit dans les chemins côtiers) ; partout ailleurs, on s'enfonce dans le sable...

■ **Bus de l'île :** *au débarcadère. Compter 2,20 € (1 €/sac) pour n'importe quelle destination sur l'île.*

– **Attention, l'île ne dispose d'aucun distributeur,** venez donc avec de l'argent liquide.

**Supérette :** ***Votre Marché,*** *dans le bourg. Tlj sauf dim ap-m.*

## Où dormir ? Où manger ? Où boire un verre ?

### Camping

Officiellement, il n'y a pas de camping sur l'île. Pourtant, une très agréable ***aire naturelle d'accueil*** *(mai-sept ; pas de résas ; compter 6-12 €/tente 2-8 pers)* gazonnée a été aménagée derrière le fort central, pas très loin de l'Éclosarium. Toilettes à disposition. Douches au bloc sanitaire du port ou à la salle de sport (seulement en saison, se renseigner pour les horaires).

### Bon marché

***Chez Loulou :*** *le bourg. ☎ 02-97-30-67-88. Sur la gauche en montant au bourg (ou chemin direct, à gauche, depuis le port). Pâques-fin sept, tlj sauf lun selon affluence, mieux vaut téléphoner. Galettes 3,90-13 € ; poissons env 17-23,50 €.* Adossé à un pavillon, le resto se prolonge d'une agréable véranda lumineuse et d'une terrasse, dominant toutes 2 la mer. Les galettes sont à la hauteur de la situation, et le poisson très bon... quand il y en a (parfois, il n'y a rien). Une garantie de fraîcheur ! En plus, l'accueil est sympathique et souriant.

***Bar-brasserie Le Siata :*** *au fond d'une petite place à côté de la boulangerie. ☎ 02-97-30-66-13. Nov-avr, réserver la veille, sinon ouv tlj sauf dim soir. Congés : janv-fév. Plats 9,50-17,50 €.* La déco marine est chaleureuse, l'accueil sympa au milieu des habitués et la cuisine plus que correcte, façon moules au curry, pizzas ou croque-monsieur. Tiennent aussi la boulangerie attenante.

### Prix moyens

Le site internet de la mairie *(• mairiedehouat.fr •)* dispose d'une liste des ***chambres d'hôtes*** (il y en a 5) et ***locations*** (appartements pour 2 à 8 personnes), que l'on peut aussi obtenir sur place ou par courrier (en échange d'une enveloppe timbrée).

***Hôtel-bar L'Ezenn :*** *route du Vieux-Port, en allant à la plage de Treac'h ar Gouret. ☎ 02-97-30-69-73. • contact@hotelezenn.fr • hotelezenn.fr • Double 78 € ; familiales.* 6 chambres au confort standard (douche et w-c), dont certaines ont l'avantage d'avoir une vue sur la mer. Sous le toit, 2 familiales peuvent loger jusqu'à 4 personnes. L'ensemble est d'une grande propreté et le jardin en balcon, avec ses 2 grosses tables en bois, ses fleurs et ses pommiers, est charmant. En plus, le lieu est tenu par des gens accueillants.

***La Boîte à Poissons :*** *route du Vieux-Port. ☎ 09-67-12-76-80. 06-65-45-60-89. • elen@laboiteapoissons.fr • laboiteapoissons.fr • Au-dessus de la plage du Salus. Ouv mai-sept. Compter 64 € pour 2, 98 € pour 4.* Voilà 5... tentes inuits (avec futon), là où on ne s'attendrait pas à les trouver ! Draps et duvets sont compris, et un dôme sert de « salle commune », avec table en bois, mais il est impossible de cuisiner (réchauds interdits). Toilettes sèches et point d'eau pour la douche à 5 mn à pied. Atypique, mais les tarifs sont bien élevés...

## À voir

***Le bourg :*** la devise de Houat, *Ag er mor e viuamb* (« De la mer nous vivons ») dit bien à quel point la pêche fut ici essentielle. Si la flotte s'est peu à peu réduite à 6 bateaux pour 11 pêcheurs, l'arrivée au ***port*** a conservé son charme. Passée la montée entre les pavillons (moches) vers le cœur du bourg, on découvre un noyau attachant de petites maisons de granit serrées autour de l'***église Saint-Gildas*** (1766-1840). Une très ancienne statue du saint, sans doute espagnole, y trône à côté d'une chaire, d'une tribune et d'un confessionnal en bois sculpté, réalisés par les charpentiers de marine. À 2 pas, sur la placette de la mairie, un fusiller marin de 1914-1918 veille, lui, sur le vieux monument aux morts.

*Le fort de Houat :* *ne se visite pas.* Construit en 1693 par Vauban, doté d'une garnison de seulement 15 hommes, il repoussa 3 ans plus tard les 500 soldats de l'amiral Berkeley. Plus tard, il devint un symbole de la lutte de l'île aux côtés des royalistes. Toujours là, il a été largement reconquis par la végétation. On le voit en se rendant à l'Éclosarium (voir ci-après).

*L'Éclosarium :* *à 1 km du bourg ; bien indiqué. ☎ 02-97-52-38-38. • contact@eclosarium.com • Ouv fin avr-30 sept : juil-août, tlj 10h-12h30, 14h-17h30 (en continu jeu-ven) ; le reste du temps, tlj 10h-12h30, 14h-16h. Entrée : 4 € ; réduc ; gratuit moins de 7 ans. Entrée à 3 € sur présentation de ce guide.* C'est avant tout un centre dédié aux biotechnologies marines, qui met en lumière l'importance du phytoplancton (qui produit 80 % de l'oxygène terrestre) et la beauté des fonds marins à travers une expo de photos. On commence néanmoins par une section consacrée à l'histoire de Houat et on termine par une boutique de produits cosmétiques *Daniel-Jouvance* (à l'origine de ce centre) et de créations des artisans de l'île.

On trouve à Houat de magnifiques ***plages.*** La plus belle de toutes, *Treac'h ar Gouret* (alias Grande Plage), s'étire des abords du village jusqu'à la pointe orientale (En Tal), qu'elle enrobe intégralement d'un rare tapis de sable convexe, où les chasseurs de coquillages et de galets seront aux anges. Côté sud du bourg, *Treac'h ar Salus* ne manque pas de charme. Mais on lui préfère *Treac'h ar Beniguet,* tout à l'ouest de l'île, que l'on atteint après 45 mn de marche (un peu morne) dans la lande. À quelques encablures s'amarre un vieux fort veillant sur une portion de côte enlevée aux falaises sculptées par l'érosion.

MORBIHAN

# L'ÎLE DE HOËDIC [ENEZ EDIG]

(56170) 102 hab. *Carte Morbihan, B4*

**Houat vous semble trop fréquentée ? Reste Hoëdic, 20 bonnes minutes au-delà, 2 fois plus petite, 2 fois moins peuplée encore, qui barbotte dans les flots tel un « petit canard » – son nom breton. Cette île de 2,5 km de long sur 1 km de large n'a longtemps vécu que de la mer. Mais si une poignée de pêcheurs perpétue la tradition, l'île (qui passe à environ 3 000 habitants chaque été) vit aujourd'hui surtout du tourisme. Plate et peu boisée, la côte offre une alternance de criques, de plages de sable baignées par des eaux turquoise (plus courtes qu'à Houat) et de caps rocheux. Pas de voiture ici : on se promène cheveux au vent par les sentiers, en prenant son temps, en quête des quelques mégalithes et du fort Vauban, avant de revenir immanquablement au noyau central du bourg, dont les petites maisons s'alignent pour la plupart côte à côte, comme pour mieux affronter les tempêtes. Voyage réservé aux esthètes !**

### CURÉ À TOUT FAIRE

*Au XIXe s, les chartes de Houat et Hoëdic font du recteur (curé) l'homme tout-puissant des îles. Assisté d'un conseil des anciens, il est à la fois maire, syndic des gens de mer, agent des douanes, notaire, juge et percepteur. Il surveille les cours de l'école et contrôle la vente du vin, dont les bénéfices reviennent à l'église... Sous son œil vigilant, les jeunes femmes sont interdites de quitter l'île sans sa permission jusqu'à leurs 30 ans, au risque « d'être bientôt gâtées », et les garçons de pêcher avant d'avoir fait leur 3e communion ! Houat et Hoëdic sont de vraies théocraties. Malgré l'arrivée d'un agent de l'État en 1880, le curé demeura secrétaire de mairie jusqu'en... 1991 !*

## Comment y aller ?

Pour y accéder, voir plus haut la rubrique « Comment y aller ? » de l'île de Houat.

## Adresses utiles

■ **Mairie :** ☎ 02-97-52-48-88. • hoedic.net • Lun-ven 10h-11h30, 15h-17h.

**Magasin d'alimentation :** *juil-août, tlj 9h-20h ; sinon, fermé dim ap-m et lun.* Idéal pour le pique-nique... d'autant qu'en face se trouve la boulangerie-tabac.



## Où dormir ? Où manger ? Où boire un verre ?

### Camping

**Camping municipal :** ☎ 02-97-29-75-65. • camping-dhoedic@orange.fr • *Ouv mai-sept. Forfaits tente 9,50-25 €.* En fait, il s'agit d'un périmètre qui s'étend de part et d'autre du Petit-Bois, à l'est du village. On y trouve un bloc sanitaire tout neuf.

### De bon marché à prix moyens

Au milieu de l'île, le ***fort Vauban*** (lire aussi « À voir ») a été transformé en ***gîte d'étape*** et écomusée. ☎ 02-97-52-48-82. • fort.hoedic@gmail.com • fort-hoedic.fr • *Ouv avr-oct. Nuitées 15-18 €/pers ; draps et petit déj non fournis. Cuisine en gestion libre.* Si le lieu en lui-même ne manque pas de prestance, les 2 dortoirs (30 lits), certes bien propres, sont on ne peut plus simples et ne sont pas chauffés. Apportez votre sac de couchage. Grande cuisine, sanitaires communs récents et vaste salon (avec quelques jeux pour enfants).

On compte 18 ***gîtes communaux*** disséminés dans le village, dont la moitié occupent des maisons individuelles. *S'adresser à la mairie : ☎ 02-97-52-48-88. La plupart sont prévus pour 2-6 pers ; compter env 45-140 € (à la nuitée en sem oct-mars, 2 nuits min avr-sept).*

**Crêperie du Vieux Port :** ♿ *Mai-fin sept : tlj en juil-août, sinon ouverture variable. Repas env 15 €.* Dans une maison moderne, toute blanche. Des crêpes, des galettes, mais aussi des paninis, des sandwichs...

**Café du Repos :** ☎ 02-97-14-17-30. *En été, tlj 9h-1h en continu ; le reste de l'année, tlj 10h-16h, 18h-22h. Congés : janv-avr. Carte env 20 €.* On y croque un morceau pour pas trop cher – entrecôtes, hamburgers, saucisses, moules –, dans une ambiance de troquet de village. Aux beaux jours, on profite du soleil sur la grande terrasse, et les enfants de la balançoire accrochée au grand conifère courbé par le vent, juste devant.

**Café du Nord :** ☎ 02-97-57-47-90. *Ouv avr-sept (tlj 9h-21h en été).* Une grande terrasse les pieds dans l'herbe côté port, une autre plus petite côté village et, au centre, une lourde salle en pierre pour les jours de coup de tabac, où trône une pendule marquant 11h à toute heure (l'heure de l'apéro, *of course*). Les patrons, qui sont de grands voyageurs, invitent régulièrement des musiciens en saison pour un bœuf.

## À voir

***L'église Notre-Dame-la-Blanche :*** *si elle est fermée, demander les clés à La Trinquette.* Elle a été bâtie en 1853, après que l'église précédente fut rasée pour laisser place à une fortification... finalement jamais érigée ! Elle abrite un riche mobilier en bois réalisé par l'atelier des sculpteurs de marine de Lorient, ainsi qu'un grand triptyque de la *Passion* façon El Greco, réalisé pour le film *L'Incorrigible* de Philippe de Broca, offert à l'île après le tournage ! Remarquez aussi le plafond bleu en coque de bateau renversée, peint d'hermines et de fleurs de lys, et les 2 vitraux montrant saint Goustan en train de bénir les 1ers colons et de chasser le démon de l'île.

**Le fort d'Hoëdic :** *traverser le « Parc des Princes » (le terrain de foot) en allant vers l'est...* Bâti en 1846-1856 sur les plans dudit monsieur, bien longtemps après sa mort, à une époque où il était déjà totalement obsolète, il devint entrepôt de goémon dès 1893 ! Il appartient aujourd'hui à l'indispensable Conservatoire du littoral, qui y a aménagé un gîte d'étape et un petit ***écomusée*** *(juin-sept, tlj sauf dim 10h30-12h30, 15h30-19h ; GRATUIT).* Ses 2 salles se penchent sur le patrimoine local : fortifications et sites mégalithiques principalement. Une touchante collection de photos sépia illustre la vie du village au temps jadis.



# PLOUHARNEL

(56340) 1 825 hab. *Carte Morbihan, B3*

**À la racine de la presqu'île de Quiberon et sur la ligne du *Tire-Bouchon* (le TER qui relie Auray à Quiberon), une commune charnière très étendue, passage obligé que vous veniez de Carnac, d'Étel ou de Quiberon. Belles plages sauvages. Les surfeurs se retrouvent à la Grande-Plage, à Sainte-Barbe ou aux Crevettes. Les amateurs de patrimoine jetteront un œil à la chapelle Notre-Dame-des-Fleurs (en marge du bourg, en allant vers Kercroc), dédiée aux « fleurs à fruits ». Profitez-en pour flâner autour, dans les ruelles du vieux bourg.**

## Adresse utile

**Office de tourisme :** *rond-point de l'Océan, BP 2. ☎ 02-97-52-32-93. • baiedequiberon.bzh • Avr-sept, mar-sam 9h-12h30, 14h-18h (été 9h30-13h, 14h30-19h), plus dim mat ; hors saison, fermé dim-lun.* Organise des randos commentées du mur de l'Atlantique au Bego. Location de vélos.

## Où dormir ? Où manger à Plouharnel et dans le coin ?

### Campings

**Camping de la Lande :** *à* ***Kerzivienne.*** *☎ 02-97-52-31-48. • contact@campingdelalande.com • campingdelalande.com • À la sortie de Plouharnel direction Quiberon, à 600 m du village. Ouv de juin à mi-sept. Forfait tente en haute saison 16 € ; mobile homes. CB refusées. 88 empl.* Plaisant, planté de quelques pins avec des emplacements bien délimités par des haies. Pour les balades, il y a le chemin côtier de la baie de Plouharnel et les pistes cyclables Étel-Quiberon. Centre-bourg à 600 m.

**Camping municipal Les Sables-Blancs :** *route de Quiberon. ☎ 02-97-52-37-15. • lessablesblancs0351@orange.fr • ♿ Ouv avr-sept. Forfaits tente env 16,70-19,85 €. 600 empl.* Immense et évidemment pas intime mais directement en bord de plage (anse du Pô). Agréable pour la pêche à pied ou la planche à voile, mais pour l'ombre, on repassera.

### De bon marché à prix moyens

**Chambres d'hôtes Maison de la Baie :** *27, rue de la Baie, à* ***Kercroc.*** *📱 06-72-11-73-04. • rousseau.odile56@wanadoo.fr • À 800 m de Plouharnel. Venant de Carnac, à gauche juste avt le rond-point principal. Congés : déc-janv. Double 55 € ; familiales.* Cette maison particulière sans prétention, cachée dans un jardinet bien fleuri, renferme des chambres un peu à l'ancienne mais bien tenues et un salon commun pour les hôtes. Au calme puisque sur une route qui se termine en cul-de-sac sur un domaine ostréicole. Accueil gentil.

**Crêperie La Rose Trémière :** *3, rue Sainte-Anne, à **Plouharnel**. ☎ 02-97-52-49-68. • larosetremiere@wanadoo.fr • Fermé les soirs et dim midi hors saison. Formule déj en sem env 16 € ; carte 7-25 €.* Beau choix de galettes et de crêpes, avec quelques originalités comme celle à base de confiture de pétales de roses. Belle terrasse sur l'avant et jardin clos, idéal pour les enfants. Également des pizzas sur place ou à emporter (seulement le soir).

### Chic

**Chambres d'hôtes Villa Mané Lann :** *chemin de Mané-Lann, à **Plouharnel**. ☎ 02-97-58-31-99. 06-27-88-93-70. • contact@villamanelann.com • villamanelann.com • Doubles 95-135 € ; familiales. Table d'hôtes 27 €. Apéritif maison offert sur présentation de ce guide.* Bel ensemble de petits bâtiments contemporains sur les hauteurs d'un parc (5 000 m²) arboré de pins maritimes qui descend vers l'anse du Pô. Joli point de vue depuis les chambres modernes et confortables qui s'ouvrent sur la piscine chauffée (et le jacuzzi). Accueil charmant, situation idéale pour le repos et les balades. On a été un peu moins convaincus par le petit déj en revanche.

**Carnac Lodge Hôtel :** *Kerhuéno, à **Plouharnel**. ☎ 02-97-58-31-33. • contact@carnaclodge.com • carnaclodge.com • À 1,5 km de Plouharnel, direction Carnac ; prendre à droite à la pancarte « Stop andouille » (on ne blague pas !). Doubles 45-185 €.* Le sympathique propriétaire aime la déco. En fonction de son inspiration, il modifie sans cesse l'aménagement de son établissement très convivial et coloré : des toiles contemporaines ici, un lounge en terrasse là, et quelques objets ethniques rapportés de voyage autour du bar. Quant aux chambres, elles sont dans le même esprit, toutes différentes et chaleureuses. Piscine extérieure, sauna, spa, jacuzzi, massage... Ambiance résolument à la détente.

## DANS LES ENVIRONS DE PLOUHARNEL

### Vers Erdeven

**La chapelle Sainte-Barbe :** *à env 3 km, fléché.* Une adorable chapelle qui vaut surtout pour son environnement verdoyant, au cœur du petit hameau de Sainte-Barbe. Ses vitraux contemporains évoquent les naufrages. Du haut d'une petite tour carrée en saillie sur la façade, Lazare Hoche observa, en 1795, la défaite des émigrés venus prêter main-forte à Cadoudal, commandant en chef des chouans dans le Morbihan. À l'origine, la chapelle avait les pieds dans l'eau et un moulin fonctionnait avec les marées. C'est dire si l'océan a bien reculé !

**Le dolmen de Crucuno :** *à 6 km, dans le village du même nom.* Posé sur 9 piliers, au beau milieu des habitations. À 300 m de là, le quadrilatère mégalithique de Crucuno (2 triangles répondant au théorème de Pythagore, pour les plus érudits) est orienté au lever du soleil pour les solstices d'été. Rassemblement au jour J, comme à Stonehenge !

### Vers Carnac

**Les abbayes de Sainte-Anne et de Saint-Michel-de-Kergonan :** *à moins de 1 km du rond-point principal de Plouharnel.* L'abbaye de Sainte-Anne se trouve route d'Auray et accueille des bénédictins. Boutique de livres, céramiques et objets en étain. De là, on peut rejoindre l'abbaye de Saint-Michel-de-Kergonan à pied (en voiture, prendre la route de Carnac). Elle accueille des bénédictines. Bâtiment de taille impressionnante. On peut jeter un œil à la nef de l'église. À la boutique, des produits de jardinage ou à base d'algues, ainsi que du bio alimentaire.

## CARNAC [karnag] (56340) 4 500 hab. *Carte Morbihan, B3*

• Plan *p. 276-277*



**S'il y a une ville côtière, en Bretagne, à laquelle on puisse accoler le terme de « station balnéaire », avec tout ce qu'il contient de séduisant et d'agaçant à la fois, c'est bien Carnac. Mais l'étonnant ici, c'est la cohabitation entre cet univers un peu clinquant et la vieille tradition de station balnéaire familiale et bourgeoise.**

**Pour la « reine des plages » du Morbihan, l'accoutrement des acteurs qui y habitent à longueur d'année ou qui y séjournent un moment pendant les beaux jours varie entre le chapeau haut de forme visible lors des mariages dans l'église Saint-Cornély – saint patron des bêtes à cornes – et la casquette du pêcheur breton de souche. La palette est large. Le tableau pictural estival se remarque également sur le très couru marché Saint-Fiacre des mercredi et dimanche, quand les locaux côtoient la gent trotte-menu parisienne propriétaire des résidences secondaires. La ville des 4 500 Carnacois voit sa population se multiplier par 10 l'été. Résultat : attention aux bouchons en début et en fin de journée aux abords de la ville !**

**La dualité se retrouve dans la nette nuance existant entre *Carnac-Plage*, ses villas cossues alignées le long d'avenues rectilignes et bordées de pins, ses plages bondées et ses dragueurs en décapotable, et *Carnac-Bourg*, plus calme, plus discret, plus pittoresque, mais qui jamais ne se départit de son « chic ».**

**En tout état de cause, Carnac est une station balnéaire attrayante en toute saison, avec ses 5 plages de sable fin orientées au sud et balisées de pittoresques cabines de toile, sa longue promenade aménagée où cohabitent piétons et cyclistes, son centre de thalassothérapie, ses boutiques, ses restos et ses 3 célébrissimes champs de mégalithes de l'ère néolithique.**

### UN MÉGA-ENSEMBLE DE MÉGALITHES !

Carnac, faut-il le rappeler, est aussi et avant tout l'une des plus extraordinaires concentrations de mégalithes au monde, dont la renommée n'est plus à faire, avec 3 grands sites (et un plus petit) comptant environ 3 000 menhirs. Les longues pierres levées (*menhirs* en breton, de *men* – « pierre » – et *hir* – « longue ») et les tables de pierres *(dolmens)* parsemant le territoire de Carnac interpellent immanquablement le visiteur ému. Tout comme l'archéologue James Miln,

#### RIXE DE CONFUSION

*En faisant Obélix livreur de menhirs, Goscinny et Uderzo nous ont bien fait rigoler, mais ils ont créé une belle confusion dans nos esprits naïfs. Carnac date du IVe millénaire avant notre ère, donc bien avant l'arrivée des Gaulois ou des Celtes. L'erreur remonte en fait au XIXe s. Avant cette époque, les historiens ne connaissaient pas l'existence de peuples antérieurs aux Gaulois en France. Ils n'avaient alors qu'une idée fixe : ce qui était très ancien était obligatoirement... gaulois.*

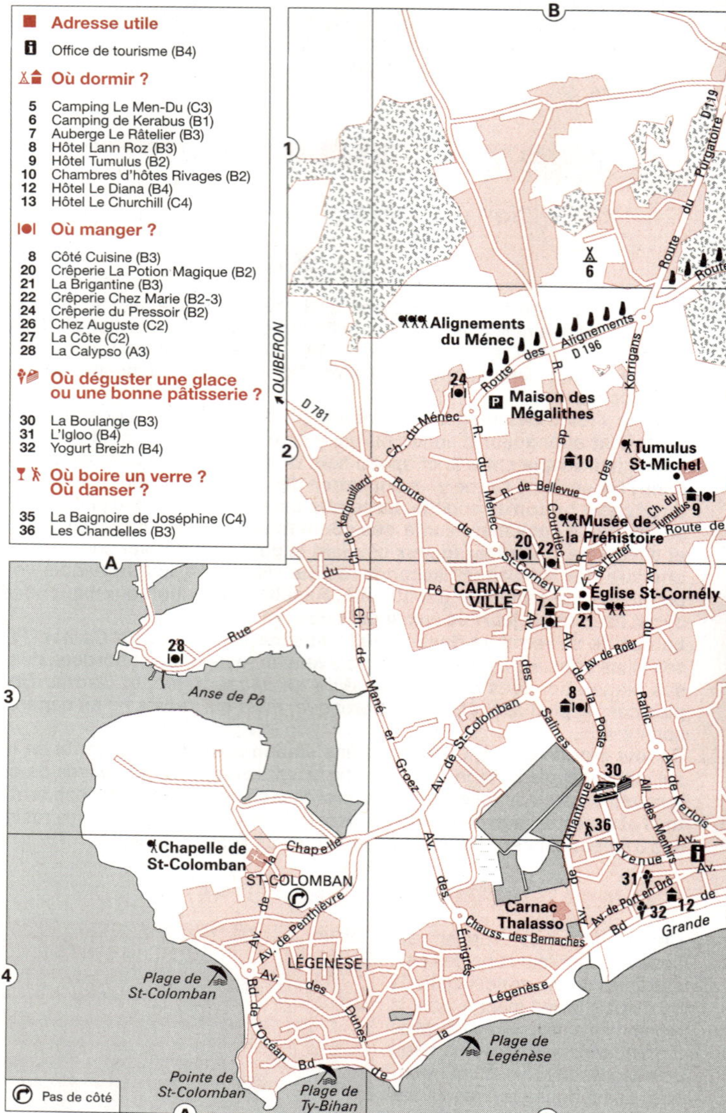
Adresse utile
Office de tourisme (B4)
Où dormir ?
5 Camping Le Men-Du (C3)
6 Camping de Kerabus (B1)
7 Auberge Le Râtelier (B3)
8 Hôtel Lann Roz (B3)
9 Hôtel Tumulus (B2)
10 Chambres d'hôtes Rivages (B2)
12 Hôtel Le Diana (B4)
13 Hôtel Le Churchill (C4)
Où manger ?
8 Côté Cuisine (B3)
20 Crêperie La Potion Magique (B2)
21 La Brigantine (B3)
22 Crêperie Chez Marie (B2-3)
24 Crêperie du Pressoir (B2)
26 Chez Auguste (C2)
27 La Côte (C2)
28 La Calypso (A3)
Où déguster une glace ou une bonne pâtisserie ?
30 La Boulange (B3)
31 L'Igloo (B4)
32 Yogurt Breizh (B4)
Où boire un verre ? Où danser ?
35 La Baignoire de Joséphine (C4)
36 Les Chandelles (B3)
Pas de côté
Alignements du Ménec
Maison des Mégalithes
Tumulus St-Michel
Musée de la Préhistoire
CARNAC-VILLE
Église St-Cornély
Anse de Pô
Chapelle de St-Colomban
ST-COLOMBAN
LÉGENÈSE
Carnac Thalasso
Plage de St-Colomban
Pointe de St-Colomban
Plage de Ty-Bihan
Plage de Legénèse
QUIBERON
D 781
D 196
D 119
Route du Purgatoire
Route des Alignements
Ch. du Ménec
R. du Ménec
R. de Courdiec
Av. des Korrigans
R. de Bellevue
Ch. du Tumulus
Route de
Route de St-Cornély
Ch. de Kergouillard
Rue du Pô
Ch. de Mané er Groez
V. de l'Enfer
Av. du Rahic
Av. de Roër
Av. des Salines
Av. de la Poste
Av. de St-Colomban
Av. de l'Atlantique
All. des Menhirs
Av. de Kerlois
Avenue
Av. de Port en Drô
Bd de la Grande
Chauss. des Bernaches
Av. des Émigrés
Chapelle
Av. de Penthièvre
Av. de
Av. des Dunes
Bd de l'Océan
Bd de la Légenèse

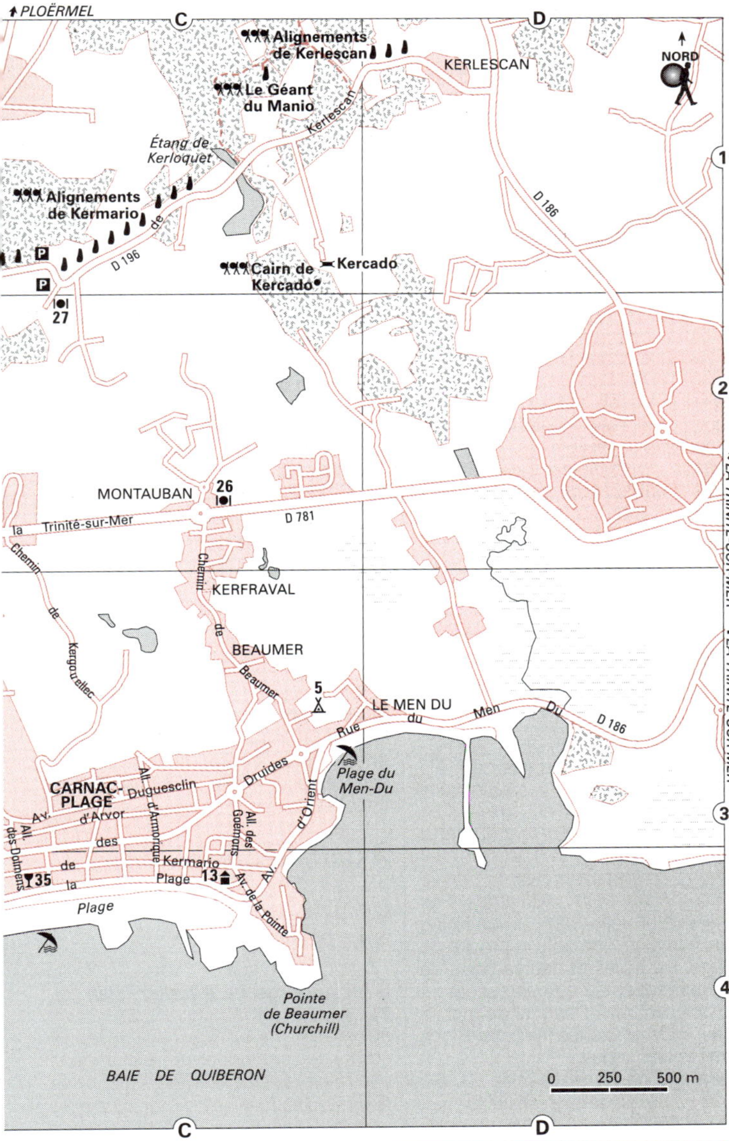
PLOËRMEL
C
D
Alignements de Kerlescan
Le Géant du Manio
KERLESCAN
NORD
Kerlescan
Étang de Kerloquet
Alignements de Kermario
de
D 196
D 186
Cairn de Kercado
Kercado
27
1
2
3
4
MONTAUBAN
26
la Trinité-sur-Mer
D 781
LA TRINITÉ-SUR-MER
LA TRINITÉ-SUR-MER
Chemin de Kergouellec
Chemin de Beaumer
KERFRAVAL
BEAUMER
5
LE MEN DU
Rue du Men Du
D 186
Plage du Men-Du
CARNAC-PLAGE
Av. d'Arvor
All. Duguesclin
Druides
All. d'Armorique
All. des Dolmens
des
de
la
Plage
Kermario
35
13
All. des Goémons
Av. d'Orient
Av. de la Pointe
Plage
Pointe de Beaumer (Churchill)
BAIE DE QUIBERON
0 250 500 m



# CARNAC

débarqué d'Édimbourg dans les années 1860 et qui fut le 1er à vraiment déterrer les blocs de pierre, on est saisi par leurs formes et leurs dispositions aux heures du lever et du coucher du soleil.
Les alignements de Carnac constituent un ensemble vieux de 6 000 ans (période du Néolithique). Par le nombre de menhirs, l'architecture nouvelle qu'ils composent et le monde imaginaire qu'ils évoquent, ces alignements sont bien plus qu'une curiosité. Ils constituent l'un des plus grands mystères qui soient, et qui reste à percer.

## Adresses et infos utiles



ℹ ***Office de tourisme*** *(plan B4) : 74, av. des Druides, à* ***Carnac-Plage.*** *☎ 02-97-52-13-52. • ot-carnac.fr • Tlj sauf dim hors saison. Bureau-annexe à* ***Carnac-Bourg,*** *pl. de l'Église, ouv tte l'année.* Propose des balades à thème autour de Carnac (nature, ostréicoles, théâtrales, pédestres, contées ou en yole).

■ ***Centre de thalassothérapie Carnac les Salines Hotel & Spa by Thalazur*** *(plan B4) : av. de l'Atlantique. ☎ 02-97-52-53-54. • carnac@thalazur.fr •*

– ***Transports dans les environs :*** de la gare d'Auray, bus fréquents pour Carnac-Plage et Carnac-Bourg. Le TER *Tire-Bouchon,* qui relie l'été Auray à Quiberon, s'arrête à Plouharnel. Navette payante à l'arrivée du train pour Carnac-Bourg et Carnac-Plage.

– ***Circuler en ville :*** *infos à l'office de tourisme. Juil-août, navette entre la plage et le bourg* (Carnavette). *Gratuit.*

– ***Balades en Segway :*** *avec* ***Mobilboard Carnac,*** *allée du Parc. ☎ 02-90-61-12-71. 📱 06-34-29-19-45.* Pour découvrir Carnac et ses plages ou ailleurs, perché sur ces curieux engins à 2 roues très mobiles.

– ***Marché nocturne :*** *jeu 18h-23h en période estivale.*

## Où dormir ?

### Campings

⛺ ***Camping Le Men-Du*** *(plan C3,* ***5****) : 22 bis, chemin de Beaumer, à* ***Carnac-Plage.*** *☎ 02-97-52-04-23. • mendu@wanadoo.fr • camping-mendu.net • ♿ À 2 pas de la plage du Men-Du. Ouv avr-sept. Forfaits tente 17-26 € ; mobile homes. CB refusées. 100 empl.* Pas trop grand et verdoyant, un camping à taille humaine, agréable et proche de la plage. De belles et hautes haies de conifères taillées au cordeau séparent les emplacements. Pas mal de mobile homes, mais ambiance familiale. Blocs sanitaires bien tenus.

⛺ ***Camping de Kerabus*** *(plan B1,* ***6****) : 13, allée des Alouettes. ☎ 02-97-52-24-90. 📱 06-73-41-32-59. • contact@camping-kerabus.com • camping-kerabus.com • ♿ À l'écart des plages mais planté en lisière des alignements. Ouv avr-oct. Forfaits tente 17-25 € ; quelques mobile homes et bungalows toilés. 89 empl.* Un camping au calme et évidemment bien moins cher que les autres, du fait de son relatif éloignement du centre animé. Simple, sans resto, agréable et familial. Piscine chauffée.

### À Carnac-Bourg

#### De prix moyens à plus chic

🏠 🍽 ***Auberge Le Râtelier*** *(plan B3,* ***7****) : 4, chemin du Douët. ☎ 02-97-52-05-04. • contact@le-ratelier.com • le-ratelier.com • Niché dans une ruelle du centre-ville, à 200 m de l'église. Resto tlj sauf mar-mer hors saison. Congés : janv et de mi-nov à mi-déc. Doubles 63-79 € ; familiales. Formules déj en sem 19-20 € ; menus 24-57 €.* Charmant hôtel-restaurant dans une belle et imposante maison de caractère mangée par le lierre, très au calme car retranchée dans une grande cour. Une atmosphère champêtre et simple se dégage de ce lieu convivial, où l'on est accueilli avec le sourire. Belle salle de resto rustique (cuisine traditionnelle) et chambres à l'ancienne bien tenues. Un rapport qualité-prix avantageux.

**Hôtel Lann Roz** *(plan B3, **8**) : 36, av. Zacharie-Le-Rouzic. ☎ 02-97-14-49-91. • contact@lannroz.fr • lannroz.fr • Entre le centre-bourg et la thalasso. Congés : janv. Doubles 79-189 € ; ½ pens le soir + 33 €/pers. Parking privé gratuit. Resto fermé mar-mer.* 15 chambres de charme, d'un excellent confort (literie haut de gamme, insonorisation optimale, écrans plats HD, plateau d'accueil, beaux effets de lumière) et toutes dans le même esprit. Salles de bains (certaines avec douche et baignoire) carrelées de pierre de lave, ouvertes sur la chambre. La majorité d'entre elles bénéficient d'une vue plein sud sur les anciennes salines et d'un balcon. Bon point, le resto de l'hôtel, *Côté Cuisine,* est excellent (voir « Où manger ? »).

**Hôtel Tumulus** *(plan B2, **9**) : chemin du Tumulus. ☎ 02-97-52-08-21. • info@hotel-tumulus.com • hotel-tumulus.com • À l'écart du bourg, au pied du tumulus Saint-Michel. Resto tlj sauf le midi en fév-mars et oct, tlj sauf le midi lun-mar avr-sept. Congés : 1re quinzaine de janv. Doubles 75-220 € ; familiales. Menu 35 €.* Hôtel *(Relais du Silence)* construit à partir de 1900 par la famille de Zacharie Le Rouzic, l'archéologue local à qui l'on doit la renaissance des alignements de Carnac. Ses descendants gèrent toujours cette demeure de charme un peu en dehors du temps, où il flotte une atmosphère à la Agatha Christie et où se mêlent bois exotiques et granit, dans des tons bleu-gris. Tout le confort évidemment, avec des chambres coquettes donnant sur le tumulus ou sur le golfe, au loin, à moins d'opter pour celles qui occupent une annexe en rez-de-jardin et bénéficient par conséquent de terrasses privées. Spa, jacuzzi et piscine extérieure chauffée, restaurant profitant d'une vue magnifique sur la baie de Quiberon. Sans oublier un accueil impeccable.

**Chambres d'hôtes Rivages** *(plan B2, **10**) : 23, rue de Courdiec. 06-60-65-86-12. • info@rivages-carnac.com • rivages-carnac.com • Tte l'année, tlj. Doubles 85-110 €.* Tendance design dans cette très belle maison contemporaine, à 2 pas du centre mais dans une rue calme. 3 chambres, 3 ambiances : Orient, Afrique et marine. Espace, soin du détail et de la déco, choix des matériaux, salle de bains ultra-chic... On est un peu hors du temps et déjà plus en Bretagne. Accueil décontracté et souriant.

## À Carnac-Plage

### De prix moyens à plus chic

**Hôtel Le Churchill** *(plan C4, **13**) : 70, bd de la Plage. ☎ 02-97-52-50-20. • contact@lechurchill.com • lechurchill.com • Congés : de mi-nov à début fév sauf fêtes de fin d'année. Doubles 85-195 €.* Un hôtel contemporain plutôt luxueux mais dans une version conviviale, car pas trop grand et situé dans un secteur paisible. Tout est fait pour le bien-être des hôtes : belle piscine chauffée, spa, et un accueil aux petits oignons. Quant aux jolies chambres, au design très réussi, elles disposent toutes d'une terrasse ou balcon et sont orientées face à la mer... mais on ne la voit que du 4e étage en raison de la présence d'un bosquet d'arbres qui bouche la vue. Mieux vaut le savoir.

**Hôtel Le Diana** *(plan B4, **12**) : 21, bd de la Plage. ☎ 02-97-52-05-38. • contact@lediana.com • lediana.com • Doubles 165-315 € ; suites. Menus 36-95 €.* Hôtel mythique des années 1970, le *Diana* a rouvert ses portes entièrement rénové et agrémenté d'un SPA. Cette version 2.0 (quoique la façade ait conservé son aspect d'époque), propose un large panel de chambres et de suites ultra-luxe avec vue imprenable sur le grand large (pour les plus chères). Cuisine de saison au restaurant gastronomique, l'***Eskell*** *(ouv le soir, plus dim midi).*

## Où dormir dans les environs ?

### Camping

⛺ ***Flower Le Lac :*** *lieu-dit* ***Le Lac,*** *56340 Carnac. ☎ 02-97-55-78-78. • info@lelac-carnac.com • lelac-carnac.com • ♿ À 6,5 km du centre-bourg, en direction des alignements puis D 196. Ouv avr-fin sept. Forfaits tente 16-32 € ; locatifs. 130 empl.* Un 3-étoiles qui concilie charme, confort, modernité et authenticité. Dans un site splendide (la ria de Crac'h), il propose toutes sortes de locations (tentes équipées, tipis et roulottes en plus des classiques chalets et mobile homes), mais il réserve une belle place aux campeurs traditionnels, qui sont à l'aise et à l'ombre. Épicerie, piscine, etc. Ambiance familiale.

### Prix moyens

🏠 ***Chambres d'hôtes Ty Me Mamm :*** *77,* ***Quelvezin,*** *56340 Carnac. ☎ 02-97-52-45-87. 📱 06-48-39-43-26. • 56tymemam@orange.fr • tymemam.com • Doubles 75-90 €.* Jolie maison de pierre dans un hameau tranquille, avec une pelouse soignée à l'arrière où les enfants peuvent profiter de différents jeux (portique...) tandis que les parents investissent les chaises longues. Les vacances, quoi ! 4 chambres, sobres, fonctionnelles et dotées de belles salles de bains, qui portent des noms de plages de Carnac. Entrée indépendante. Frigo et four micro-ondes à disposition. Grande salle commune avec cheminée. Également un gîte. Accueil adorable et attentionné.

## Où manger ?

### *À Carnac-Bourg*

### Bon marché

🍴 ***Crêperie La Potion Magique*** *(plan B2,* ***20****) : 10, rue Saint-Cornély. ☎ 02-97-52-63-46. 📱 06-26-94-21-05 ou 06-14-24-01-33. • creperie.lapotionmagique@gmail.com • Pas loin de l'église, à l'étage de la petite galerie marchande. Tlj sauf mar. Hors saison, fermé dim soir-lun. Congés : 1re quinzaine d'oct et 1re quizaine de déc. Menus 7,50-10,50 €. Café offert sur présentation de ce guide.* Pas de poudre de perlimpinpin. Un accueil adorable, un service qui pulse, de bons produits, des assiettes généreuses, les enfants accueillis à bras ouverts... tels sont les authentiques ingrédients de *La Potion Magique,* labellisée à juste titre « Crêperie gourmande ». On recommande.

🍴 ***La Brigantine*** *(plan B3,* ***21****) : 3, rue Colary. ☎ 02-97-52-17-72. • daniel.seveno@orange.fr • labrigantine.net • Dans une rue en contrebas de la pl. de l'Église. Tlj sauf dim, plus lun hors saison. Congés : de janv. à mi-fév et 1re quizaine d'oct. Formule déj en sem 22 € ; menus 37-47 € ; menu homard 70 € ; carte 45 €.* Une carte et une déco résolument marines et quelques savoureuses spécialités concoctées par un chef autodidacte aussi doué que passionné : homard à la bretonne, pot-au-feu de la mer et une remarquable (et luxueuse) cotriade délicatement safranée et à base de poissons nobles. Accueil chaleureux. Une excellente adresse et une valeur sûre.

🍴 ***Crêperie Chez Marie*** *(plan B2-3,* ***22****) : 3, pl. de l'Église. ☎ 02-97-52-07-93. 📱 06-43-34-35-62. • gaelleguillevic@sfr.fr • En face de l'église. ♿ Tlj sauf lun soir, plus mar midi hors saison. Congés : de mi-nov à mi-déc. Résa indispensable. Carte env 20 €.* Depuis 1959, la même famille maintient la tradition de la bonne crêpe à Carnac. Petite salle typique et chaleureuse, aux murs de pierre particulièrement cosy en hiver, sinon terrasse couverte. Beau choix de crêpes généreusement garnies.

### De prix moyens à chic

🍴 ***Côté Cuisine*** *(plan B3,* ***8****) : 41, av. Zacharie-Le-Rouzic. ☎ 02-97-57-50-35. • cotecuisine-carnac@hotmail.fr • cotecuisine-carnac.fr • Dans l'*Hôtel Lann Roz*. Fermé mar-mer. Congés : janv, dernière sem de juin, mi-nov. Résa* *préférable, surtout le soir. Formule déj 28 € ; menus 35-110 €.* Réalisée à 4 mains par un couple, cette cuisine enlevée et inventive, composée de produits du marché et de la marée, respire la bonne humeur ! Tout est frais, et même créatif pour certains plats. Les Bretons se sont donné le mot : la grande salle au décor contemporain est souvent pleine.

### À Carnac-Plage, dans les alignements et autour

#### Bon marché

**Crêperie au Pressoir** *(plan B2,* ***24****) : le Ménec. ☎ 02-97-52-01-86. Dans le hameau, au bout des alignements du Ménec. Ouv avr-nov. Tlj sauf lun en été ; fermé dim soir-mar le reste de l'année. Env 13 €.* Dans une belle ferme, une série de petites salles au plafond bas et aux épais murs de pierre, avec des tables recouvertes de toile cirée. On s'attend presque à voir entrer quelque lutin sorti de derrière les menhirs voisins, posés là comme par magie... On se rassure avec une dose de cidre et de bonnes galettes classiques. Atmosphère sympathique, sans chichis.

**Chez Auguste** *(plan C2,* ***26****) :* ***Montauban,*** *56340 Carnac. ☎ 02-97-58-24-84. • chezauguste56@orange.fr • Tlj (sauf le soir mar-mer hors saison). Formule déj en sem 10,90 € ; menus 19,50-24,50 €.* Qui l'eût cru ? Dans cette belle longère, la traditionnelle galette bretonne s'acoquine avec le burger. Les 2 spécialités que tout oppose figurent en bonne place sur la carte pour le bonheur de tous. Et ça marche ! Les 2 sont traités avec art et manière, avec de bons produits. Générosité est le maître mot dans l'assiette comme à l'accueil. Sympa.

#### De chic à très chic

**La Côte** *(plan C2,* ***27****) : impasse Parc-er-Forn, lieu-dit* ***Kermario.*** *☎ 02-97-52-02-80. • restaurant.lacote@orange.fr • restaurant-la-cote.com • Soyons clairs, le resto ne se trouve pas sur la côte, mais bien à l'intérieur des terres, juste au nord de Carnac-Bourg, sur la D 196, près des menhirs de Kermario. Tlj sauf lun en saison, plus soir hors saison. Menus 26 € (midi sauf dim et j. fériés), puis 39-60 € ; menu homard env 83 € ; carte env 60 €.* Pierre Michaud a transformé la vieille maison familiale en une bonne table, grâce à une sélection très rigoureuse des produits et un talent indéniable. Goûtez donc ce télescopage de saveurs, de couleurs, qui vous fera voyager 2h durant. Une entrée terre-mer qui donne le ton, pour vous mettre en appétit, et, à suivre, un bar de ligne par exemple. Car le chef a fait du poisson sauvage sa spécialité. Surprenant et éblouissant en bouche. Accueil et service agréables.

**La Calypso** *(plan A3,* ***28****) : 158, route du Pô. ☎ 02-97-52-06-14. • calypso.comptabilite@gmail.com • calypso-carnac.com • Depuis Carnac-Plage, vers le bourg ; suivre la direction du Pô (fléché). Tlj sauf lun, plus dim soir hors saison. Congés : de mi-nov à début fév. Résa indispensable ! Carte env 80-85 €.* Alexandre, le patron, régale les amateurs avec son poisson et ses homards entiers grillés en direct dans la grande cheminée ! En entrée, terrine chaude de foie de lotte, gratin de langoustines ou encore de succulentes huîtres chaudes. Copieux et originaux accompagnements. Notre préférence va aux tables de la petite salle, près de la fenêtre. Une adresse au cadre rustique et charmant, très prisée par les gens du coin. Accueil à la hauteur de la qualité et du lieu, naturel et souriant.

MORBIHAN

## Où déguster une glace ou une bonne pâtisserie ?

**La Boulange** *(plan B3,* ***30****) : 1, av. des Druides, à* ***Carnac-Plage.*** *☎ 02-97-52-61-96. Au niveau du rond-point des Salines. Pizzas 10-12,50 €.* Lorsqu'il y a la queue devant une boulangerie, c'est toujours bon signe ! Celle-ci ne déroge pas à la règle, et on se presse à toute heure pour ses viennoiseries, ses dizaines de variétés de pains et baguettes, ses délicieuses tartes aux pommes, ses *cooks* pomme-caramel, ses inimitables kouign-amann nature ou fourrés (et pas si gras !)... et enfin ses généreuses fougasses, quiches et gigantesques pizzas à emporter, sur la plage évidemment ! Terrible...

**L'Igloo** (plan B4, **31**) **:** *14 av. Miln, à* ***Carnac-Plage.*** *Congés : nov-fév.* Une institution à Carnac depuis bientôt 40 ans ! Choix fou parmi tous les parfums imaginables. Vous ne pourrez pas rester de glace devant cette déclinaison de chocolats, ces savoureux sorbets de fruits et d'alcools, mais aussi ces saveurs parfois osées...

**Yogurt Breizh** (plan B4, **32**) **:** *2, av. Miln, à* ***Carnac-Plage.*** *Ouv avr-sept.* Un « bar à glaces » (à la déco plutôt flashy !) ouvert par Alain Chartier, Meilleur Ouvrier de France (voir sa boutique à Vannes). De vraies glaces artisanales, aux parfums très souvent étonnants et à prix tout à fait décents. Même si elles sont facturées au poids (et que la tentation de goûter à tout est grande !).

MORBIHAN

## Où boire un verre ?

**La Baignoire de Joséphine** (plan C4, **35**) **:** *16, allée des Alignements, à* ***Carnac-Plage.*** *☎ 02-97-52-88-95. 06-75-23-70-16 • la.baignoire@wanadoo.fr • Tt près de l'office de tourisme. Juil-août, tlj ; avr-sept, fermé mar. Congés : janv. 1 verre de planteur maison offert sur présentation de ce guide.* Déco façon « ma cabane au Canada » tendant vers le hangar de surf, avec ses murs en bois colorés ornés de trophées marins. Consos pas chères et bonne ambiance. Un bar vraiment sympathique avec terrasse, pris d'assaut en été par la belle jeunesse parisienne en vacances à Carnac. Si t'es pas allé à la *BJ*... t'as raté tes vacances, mon gars !

## Où danser ?

**Les Chandelles** (plan B3, **36**) **:** *bd de l'Atlantique, à* ***Carnac-Plage.*** *☎ 02-97-52-90-98. • les-chandelles-carnac.business.site • Face aux Salines de l'*Hotel Spa & Thalasso, *près du rond-point du casino. Ouv minuit-6h : tlj en juil-août ; le w-e avr-juin et sept-déc. Entrée : 9-12 € ; vestiaire 3 €.* Depuis des années, *Les Chandelles* détiennent le monopole de la *night life* à Carnac. « Casual » est très appréciée des jeunes comme des parents, la mythique discothèque ne déçoit personne. De la salle principale diffusant les musiques du moment au « Chandelier », salle bien connue des habitués à l'ambiance tamisée où résonnent musiques groove et disco, on s'y déhanche sans complexe jusqu'au petit matin ! Un incontournable.

# À voir

***Le musée de la Préhistoire*** (plan B2) **:** *10, pl. de la Chapelle, à* ***Carnac-Bourg.*** *☎ 02-97-52-22-04. • museedecarnac.com • Tlj sauf mar hors vac scol 10h-12h30, 14h-18h (17h30 en hiver) ; juil-août, tlj 10h-18h30 ; mars et oct-nov, tlj 14h-17h30, plus 10h-12h30 en oct. Fermé déc-fév sauf vac scol. Entrée : 7 € ; réduc. Le billet donne droit au* Pass des Mégalithes *sur les autres sites du circuit (cairn du Petit-Mont à Arzon,*

### ARCHÉOLOGUE EN HERBE

*Parmi les objets exposés au musée de la Préhistoire de Carnac, ne manquez pas les haches polies dites « du petit Rohu ». Elles n'ont été trouvées que très récemment. Imaginez un petit garçon anglais jouant sur la plage à Saint-Pierre-Quiberon en 2007, un jour de grande marée. Il ramasse ce qu'il croit être un joli galet et met en fait la main sur des outils préhistoriques d'une grande rareté ! Bon prince, il en fit don au musée...*

*cairn de Gavrinis, cairn de la Table des Marchand de Locmariaquer, alignements de Carnac).* Le musée possède la plus riche collection néolithique au monde ! Environ 6 600 objets exposés : haches polies, outillage au sens large, parures (magnifique collier provenant du tumulus Saint-Michel) et poteries, sépultures, plans et photos de sites, etc. Nombreux panneaux explicatifs et schémas restituant des scènes de la vie quotidienne des hommes préhistoriques, qui permettent aux visiteurs intéressés par l'archéologie de tout savoir – ou presque – sur les ***menhirs*** (pierres levées), ***dolmens*** (tables de pierres, vestiges de cairns dont ils formaient le cœur), ***enceinte*** (pierres dressées en cercle), ***tumulus*** (nom générique des buttes servant de sépultures). Lorsque ces derniers sont en pierre, comme à Carnac, on les appelle ***cairns.***
Toute l'année, sur résa, des archéologues organisent des visites guidées et animent des ateliers passionnants sur la vie de nos ancêtres. Une introduction très complète avant de visiter les célèbres mégalithes.

**ꝏ *L'église Saint-Cornély*** *(plan B3)* **:** *à* ***Carnac-Bourg,*** *en plein centre.* C'est l'un des plus beaux monuments de style Renaissance du Morbihan. À l'origine romane, l'église a pris de l'importance au milieu du XVIIe s et on y a adjoint une tour-clocher ; puis, plus tard, sur son flanc nord, un porche à colonnes de style toscan supportant un remarquable baldaquin ajouré en volutes de pierre. La grande porte ouest est ornée de 2 motifs en bois peint, qui rappellent que cette église est consacrée au saint réputé pour guérir les bêtes à cornes (mais non, pas les humains !), saint Cornély le bien nommé. L'intérieur se révèle avant tout éclectique : en levant les yeux, on remarque rapidement les voûtes des 3 nefs, recouvertes de lambris et entièrement peintes de scènes de l'Évangile et de la vie du saint. C'est un artiste de Pontivy qui les a réalisées, aidé par son fiston : naïf et plutôt réussi. À voir encore, la grille de fer forgé qui ferme le chœur, la chaire délicatement ciselée, l'orgue et les quelques vitraux du XIXe s.



## Les alignements de Carnac

Les alignements de Carnac se composent de 4 ensembles distincts qui s'étendent sur près de 4 km : ***le Ménec*** à l'ouest, puis ***Kermario,*** un peu plus loin ceux de ***Kerlescan*** et, enfin, ***le Petit Ménec*** plus à l'est, sur le territoire de La Trinité-sur-Mer. Ils rassemblent en tout près de 3 000 menhirs régulièrement espacés et alignés ici à l'époque du Néolithique, c'est-à-dire il y a environ 6 000 ans, globalement selon un axe est-ouest, sur 8 à 10 rangs. La plupart ne dépassent pas 3 m de hauteur, et ils mesurent en moyenne 90 cm de haut.
Aux alignements, il faut ajouter ***les enceintes, les tertres et autres tumuli (pluriel de « tumulus » )*** soulignant le caractère funéraire de ces ensembles. L'extraction du granit s'est en grande partie réalisée sur le site lui-même. Il n'y a donc quasiment pas eu de transport. Leurs tailles accompagnent, soulignent et accentuent la topographie des lieux : les plus hauts sont disposés au sommet, les plus petits dans les déclivités.

### Des menhirs par milliers...

Si le nombre de menhirs composant les alignements de Carnac est particulièrement impressionnant, le département du Morbihan compte un très grand nombre de mégalithes, dolmens et autres menhirs dispersés sur son territoire, isolés ou regroupés dans de petits ensembles à découvrir. Tout autour de la baie de Quiberon par exemple, ***on en compte plusieurs centaines.*** À Carnac même, de nombreux autres édifices monumentaux méritent une visite : le Géant du Manio, le cairn de Kercado, ou encore le tumulus Saint-Michel, du sommet duquel on découvre l'un des plus beaux panoramas sur l'ensemble de la baie de Quiberon, de Groix à l'entrée du golfe du Morbihan, en passant par Belle-Île, Houat et Hoëdic.

## ... qui conservent tout leur mystère

Quelle signification doit-on donner à ces ensembles ? Quelle fonction détenait cette création humaine ? Purement esthétique ? Religieuse, païenne, mortuaire, sacrificielle ? Furent-ils dressés pour mesurer les cycles des saisons selon le mouvement des astres et ainsi régler les semailles, ou comme simple lieu de culte à ciel ouvert (mais lequel ?). C'est cette dernière hypothèse qui est la plus souvent évoquée, mais elle reste parfaitement incertaine. Les scientifiques, les archéologues, les chercheurs... cherchent encore. ***L'absence de certitudes scientifiques*** a laissé le champ libre au développement de l'imaginaire, du conte, des légendes, des mythes et des superstitions. Carnac, une armée de pierres. ***Les kérions ou* korrigans,** hommes petits, forts malgré leur taille, un peu sorciers, envahissent les sites à la nuit tombée. Les *spontailles,* revenants, font des apparitions aussi rapides qu'inattendues. ***Chaque menhir possède ainsi sa propre histoire,*** voire son propre pouvoir. Comme celui du Ménec autour duquel les femmes tournaient ou se frottaient le ventre afin d'avoir des enfants.



## Protéger le site

Après une période d'***importantes dégradations*** (la végétation avait quasiment disparu, les pierres risquaient de se déchausser...), l'État décida de protéger le site en 1991 et d'engager une restauration de la lande bretonne de manière « passive », notamment par la mise en place de clôtures qui ceinturent les différentes zones. Ces aménagements n'ont pas fait l'unanimité à l'époque, et certains des mécontents se sont réunis en créant l'association « Menhirs libres ». Il faut dire que les autorités avaient manqué de finesse ; après avoir laissé le site quasiment à l'abandon durant des lustres, voilà qu'on empêchait tout simplement les habitants de Carnac de profiter des alignements. Pourtant, il y avait urgence. Car il faut savoir que, contrairement à l'iceberg, ***seuls 10 % du menhir sont implantés dans le sol.***
Afin d'entretenir la lande nouvelle, le centre des Monuments nationaux, gestionnaire des alignements de Carnac, a mis en place un élevage de moutons indigènes de la race Lande de Bretagne, grosso modo chargés de tondre la pelouse ! Ce choix s'avère plutôt judicieux. La lande a reconquis le site dans toutes ses parties et les pierres se sont stabilisées.

***Les alignements*** *(plan B-C1-2) :* *Pour mieux préserver la qualité du site et les monuments, les différents sites de mégalithes ne sont accessibles au public en visite libre que sur la période 1er oct-31 mars. Avr-sept, accès possible seulement en visite guidée : 2-10 départs/j. selon période. Prix de la visite-conférence : 11 € ; réduc ; gratuit moins de 7 ans (appli mobile à télécharger). Durée : env 1h, pdt laquelle on accède à l'un des 3 alignements principaux. À noter que le* Pass des Mégalithes *(gratuit) offre des réducs dans les autres sites mégalithiques (cairn du Petit-Mont à Arzon, cairn de Gavrinis, Table des Marchands de Locmariaquer, musée de Carnac). Rens et résas à la* ***Maison des mégalithes*** *(plan B2) : ☎ 02-97-52-29-81. • menhirs-carnac.fr • Juste devant les alignements du Ménec, au nord du centre de Carnac-Bourg. Avr-sept, tlj 9h30-18h (19h juil-août) ; oct-mars, tlj 10h-13h, 14h-17h. Avt d'admirer les alignements, on conseille d'y faire un tour. Le nouvel espace d'interprétation (accès gratuit) équipé d'écrans interactifs constitue une introduction parfaite à la visite du site. Un film (10 mn env) et des expositions complètent la présentation. Enfin, une boutique et une terrasse panoramique offrent une vue exceptionnelle sur les alignements. Différentes animations proposées pdt vac scol (balades à thème, soirées contées, ateliers « Gestes de la préhistoire » ; env 2h30 et 13 €/adulte, réduc). Parking, aire de repos et de pique-nique.*
– ***Petites (re)précisions utiles :*** d'octobre à mars, quand le site est libre d'accès, on circule librement, ô joie ! Les âmes romantiques pourront alors errer et vagabonder dans la lande sauvage et changeante... En été, dur, dur de circuler dans

le coin ! La visite est obligatoirement guidée et se fait par petits groupes. Les commentaires sont absolument passionnants, ce qui compense largement le fait que l'on « piétine » un peu et que l'on n'approchera, au final, que peu de mégalithes. Ce sont donc 2 approches différentes et complémentaires. Dernière chose : en été, il n'y a pas d'ombre ! Et par grosse chaleur (si, si !), le champ peut se transformer en véritable cagnard. Avec de jeunes enfants, mieux vaut donc ces jours-là privilégier la visite du matin ou de la toute fin d'après-midi, ou... la plage.

Nous décrivons les alignements et les sites d'ouest en est, à partir de la Maison des mégalithes.

– ***Les alignements du Ménec*** *(plan B2)* **:** situés devant la Maison des mégalithes, ils constituent, par leur longueur et par le nombre de pierres, le plus important des alignements de Carnac ; 1 099 menhirs sur 1 200 m ! L'enceinte est difficile à discerner dans le hameau du Ménec mais toujours présente. La route passe juste devant, et nombre de visiteurs se contentent de longer les alignements à 50 km/h, c'est bien dommage. Laissez donc la voiture (parking à proximité), et si le site n'est pas accessible, empruntez l'agréable sentier piéton situé sur son flanc nord.

– ***Les alignements de Kermario*** *(plan C1)* **:** comme pour celui du Ménec, un sentier piéton situé sur l'arrière du site (sur le flanc nord) permet d'approcher les pierres dans un cadre bucolique, en toute tranquillité. Les 1 029 pierres qui composent Kermario s'étendent sur 1 250 m pour une largeur qui varie entre 100 et 200 m. Bien plus imposant que son voisin, le plus haut menhir de Kermario mesurait 6,40 m. Le plus petit mesure à peine 50 cm. On y trouve également un dolmen, visible dans la partie sud du site, près de la route, face au panneau du restaurant *La Côte*. Côté route, à peu près au milieu du site, on voit les restes du vieux moulin de Kermaux, au sommet duquel on peut grimper. Excellent point de vue sur l'ensemble de Kermario. Noter que les plus hautes pierres sont dressées dans la partie ouest du site. Elles sont plus petites en se dirigeant vers l'est. À l'extrémité de Kermario, on trouve le Manio.

– ***Les alignements de Kerlescan*** *(plan C1)* **:** un ensemble très lisible de 555 menhirs convergents, disposés sur 13 lignes, sur une largeur de 139 m et une longueur de 880 m. On aime bien l'atmosphère particulièrement champêtre de ce site assez isolé. En haute saison, hors visite, on ne peut l'observer que depuis la route, car aucun sentier ne le borde.

– ***Le cairn de Kercado*** *(plan C1)* **:** *sur un domaine privé, juste dans la partie est de Kermario, sur la droite de la D 196 (en allant vers l'est). Prendre la jolie allée ombragée jusqu'au bout et se garer ; au bout du parking, emprunter le petit chemin. En haute saison, accès payant (pas obligatoire) : 1 €.* Quelques dizaines de mètres plus loin, on découvre sous les arbres cet intéressant cairn (structure en pierres sèches recouvrant les sépultures) de 30 m de diamètre et de 5 m de hauteur, surmonté d'un menhir. C'est le plus ancien de la région : il serait vieux de 6 500 ans au moins. À l'intérieur, l'étroit couloir mène à une chambre de 3 m sur 3, où 8 supports verticaux soutiennent une « table » (en fait, un plafond) gravée d'une hache double. Les fouilles de 1925 permirent de trouver les perles d'un collier, des restes de vases, des pointes de flèches, quelques ossements... Tout cela en fait l'un des plus riches tumuli de la région en termes de mobilier funéraire.

– ***Le Géant du Manio*** *(plan C1)* **:** *reprendre la D 196 vers l'est ; quelques centaines de mètres plus loin, sur la gauche, se garer au niveau du centre équestre (fléché) ; on accède au Géant par un chemin de quelques centaines de mètres.* Ce menhir domine tout du haut de ses 6 m. Impressionnant. Juste à côté, un quadrilatère de pierres, énigmatique.

– ***Le Petit Ménec* :** *au-delà de la route de La Trinité-sur-Mer.* C'est un ensemble blotti sous les bois et encore peu fréquenté.

***Le tumulus Saint-Michel*** *(plan B2)* **:** *chemin du Tumulus, un peu au nord du centre de* ***Carnac-Ville.*** Très spectaculaire butte de terre et de cailloux, haute de 15 m et vieille de 6 000 ans. Si l'intérieur du tumulus ne se visite pas, une petite chapelle a été posée sur son sommet, ainsi qu'une table d'orientation, offrant un point de vue extra sur la région. Belle croix de granit sculptée sur ses différents côtés.

**Saint-Colomban** *(plan A4) : à quelques km au sud-ouest de Carnac. Un conseil : se garer près de la plage de Saint-Colomban.* Le hameau rassemble vieilles fermes traditionnelles aux fenêtres arrondies et belles maisons retapées autour de la chapelle (ouverte seulement en été), de style flamboyant. À l'intérieur (entrée par le flanc nord), un mur porte encore une fresque d'inspiration marine très naïve et quelques statues en bois peint. Sur la route menant au village, on pourra jeter un œil à la ***fontaine de Saint-Colomban*** sur la gauche : c'est une jolie réalisation de granit construite au XVIe s, au bout d'un long bassin. Celui-ci servait pour les lavandières, l'autre était destiné aux bestiaux. On raconte qu'on y plongeait aussi la tête des simples d'esprit pour qu'ils y puisent quelque intelligence. Balade très calme dans les ruelles à quelques pas pourtant de l'animation carnacoise.



## Plages

Les ***5 plages*** de Carnac, bordées d'un beau sentier de douaniers, s'étalent de l'anse du Pô, en limite de Plouharnel, à l'anse de Beaumer, côté La Trinité-sur-Mer. Cette côte en festons fait alterner des caps et des anses de sable fin. Toutes ces plages sont très appréciées par les familles car surveillées et bien équipées. C'est sur la plage de ***Legenèse*** que 5 000 royalistes débarquèrent, le 27 juin 1795, pour renverser la Révolution. Le hic, c'est qu'ils tombèrent sur le général Hoche...

Voir également ***la plage de Saint-Colomban et l'anse du Pô,*** délicieuses et paisibles pour admirer les couchers de soleil, pratiquer la pêche à pied à marée basse ou la planche à voile quand la mer revient.

## Manifestations

- ***Théâtre de verdure – festival Place aux mômes :*** *mai-oct, au jardin de Césarine (face à la poste). GRATUIT.* Une vingtaine de spectacles de plein air pour les enfants.
- ***Eurocat :*** *w-e du 1er mai. • yccarnac.com •* Championnat de catamarans.
- ***Skedanoz – Les Nuits scintillantes :*** *2 sem fin juil-début août.* Mise en lumière du site mégalithique.

# LA TRINITÉ-SUR-MER [an drinded]

(56470) 1 642 hab. *Carte Morbihan, B3*

**La Trinité-sur-Mer, c'est La Mecque européenne de la course au large, le royaume des mangeurs d'écoutes, des suceurs d'embruns. Ici sont nées les légendes les plus tenaces de la voile océanique, à commencer par le grand prêtre, Tabarly, et tous ses dignes héritiers, les Poupon, Riguidel, Caradec, Lamazou et Kersauson, les Peyron, Gautier, Bourgnon et autres gloires du tour du globe.**
**Ces routards des mers n'ont pas choisi leur fief au hasard. On accède à cet ancien port de Carnac par la mer, après un long slalom entre les parcs à huîtres du chenal, ou par la terre, en franchissant l'étonnant pont de**

**Kerisper, en venant d'Auray. La Trinité fait partie de ces très rares endroits où se conjuguent 3 des plus beaux archétypes du paysage breton : les jolies plages, les superbes paysages de rivière en remontant le Crac'h et un arrière-pays verdoyant comme on les aime. Venez ici un week-end de régate (de mars à octobre), et ce port paisible se transformera sous vos yeux en une ruche folle jusqu'au soir, où la température monte vite dans les bistrots le long du quai.**
**Enfin, après avoir flâné le long des quais animés, dirigez vos pas sur les hauteurs, pour vous plonger dans le vieux bourg et son lacis de ruelles paisibles, ses élégantes maisons traditionnelles et jardins de curé fleuris ordonnés autour de l'église.**



## Adresses et info utiles

**Office de tourisme :** *30, cours des Quais. ☎ 02-97-55-72-21. • baiedequiberon.bzh • Juil-août, lun-sam 9h30-19h, dim 10h-13h et 14h-17h ; avr-juin et sept, lun-sam 9h-12h30, 14h-18h ; oct-mars, mar-sam 9h30-12h30, 14h-18h (plus lun pdt vac scol).* Organise des visites de chantiers ostréicoles avec dégustation pendant les vacances scolaires (y compris pour les plus jeunes), ainsi que des initiations à la pêche à pied. Billetterie bateaux, croisières et spectacles.

***SNT** (Société nautique de La Trinité) :* *môle Éric-Tabarly. ☎ 02-97-55-73-48. Pour tout connaître du calendrier des régates, stages de voile et permis bateau : • snt-voile.org •*

– ***Marché alimentaire et artisanal :*** *mar et ven tte l'année.* Les meilleurs producteurs et autres artisans de bouche de la région (ne pas manquer entre autres les fabuleuses confitures de Coralie) se retrouvent sur ce marché très couru en saison. Le vendredi, nombreux stands non alimentaires.

## Où dormir ?

### Campings

***Camping de la Baie :*** ***plage de Kervillen.*** *☎ 02-97-55-73-42. • contact@campingdelabaie.com • campingdelabaie.com • ♿ Direction Carnac-Plage, puis à gauche vers Kervillen. Ouv de mi-avr à mi-sept. Forfaits tente 28-49 €. 170 empl. Location de vélo ½ journée pour 1 pers offerte sur présentation de ce guide.* Un camping très bien équipé. Emplacements de toutes les tailles pour les tentes, bien délimités. Piscine et plage au bout des doigts de pied.

***Camping de la Plage :*** ***plage de Kervillen,*** *40 bis, rue de Kervourden. ☎ 02-97-55-73-28. • contact@camping-plage.com • camping-plage.com • ♿ Au bord de la plage de Kervillen (direction Carnac-Plage, puis tourner à gauche). Ouv mai-fin sept. Forfaits tente 21-45 €. 195 empl.* Très bons équipements et terrain arboré à souhait. Location de vélos. Piscine.

### Très chic

***Le Lodge Kerisper :*** *4, rue du Latz. ☎ 02-97-52-88-56. • contact@lodgekerisper.com • lodge-kerisper.com • ♿ À env 250 m du port, côté pont Kerisper. Congés : 3 sem en janv et 2 sem fin nov-début déc. Doubles 89-204 € ; familiales. Apéritif offert sur présentation de ce guide.* Bel établissement chaleureux, comprenant 3 bâtiments organisés autour d'un jardin de curé et d'une agréable piscine de poche chauffée. Plein de trouvailles décoratives, avec 1 000 objets de récup agencés avec intelligence et raffinement. Équilibre subtil entre la modernité zen et la chaleur du bois clair qu'on retrouve partout. Le grand hall de réception avec son joli bar donne le ton. Location de vélos, espace détente... Et puis petite terrasse pour la plupart des chambres.

## Où dormir dans les environs ?

### De bon marché à prix moyens

**Domaine de Magouëro :** *Le Magouëro, 56470 **Saint-Philibert.** ☎ 02-97-55-01-92. 06-37-93-80. • c.leroll@orange.fr • Sur la route entre La Trinité et Crac'h, avt le rond-point pour Locmariaquer. Ouv avr-oct. Résa conseillée. Doubles 35-45 € ; familiales. Réductions variables selon la chambre et la formule sur présentation de ce guide.* Repérez la jolie longère de caractère bordée de fleurs. À l'étage, une poignée de chambres avec lavabo, alignées dans un long couloir ; douche et toilettes sur le palier. Au rez-de-chaussée, une autre chambre avec salle de bains privée, micro-onde et frigo. La déco est classique et tout est bien tenu par l'accueillante propriétaire et son fils qui expose ses tableaux dans la maison d'en face. Malgré la proximité de la route, cela reste une aubaine rare. Vélos à disposition.

**Chambres d'hôtes La Ferme de Kérino :** *2, Kérino, 56950 **Crac'h.** ☎ 02-97-55-06-10. • kerino@wanadoo.fr • kerino.com • À 4 km de La Trinité. Résa obligatoire. Doubles 70-85 € ; roulottes et cottages 2-4 pers également.* Cette ancienne ferme réhabilitée dispose d'un vaste choix d'hébergements parfaitement entretenus : des chambres modernes en duplex qui font aussi gîtes, des gîtes indépendants dans de ravissantes maisons anciennes, des roulottes et des cottages... le tout en pleine campagne avec les oiseaux pour voisins. Accueil naturel de la famille d'agriculteurs.

### De chic à plus chic

**Le Galet Hôtel et Spa :** *56470 **Saint-Philibert.** ☎ 02-97-55-00-56. • contact@legalet.fr • legalet.fr • ♿ (1 chambre). Entre le pont de Kerisper et le rond-point du Chat-Noir, sur la D 781. Doubles env 60-160 € ; suites.* Suffisamment en retrait de la route, dans un beau parc arboré et fleuri, cet hôtel moderne et cubique présente un style épuré très réussi. Meublé dans un style contemporain cossu et frais, il propose des chambres classiques à contemporaines disposant d'un balcon sur l'avant ou donnant sur le jardin. Terrasses, piscine extérieure chauffée en saison, tennis et espace bien-être complètent le tableau.

**La Villa Bel Ange :** *25, route des Plages, 56470 **Saint-Philibert.** ☎ 02-97-50-23-44. • lavillabelange@orange.fr • lavillabelange.com • Sur la route côtière Est. Ouv avr-nov. Doubles 100-250 € ; suites et apparts.* Un petit établissement de grand charme : à peine une dizaine d'hébergements, tous lumineux et décorés avec soin dans un style balnéaire chic dans l'air du temps, réunis dans une grande villa de caractère, plantée en surplomb de la mer. Terrasses ou balcons pour presque tout le monde, des kitchenettes bien pratiques dans les appartements... et un lit tout rond dans la suite nuptiale ! Cadre magnifique, quiétude garantie, confort irréprochable, tout y est.

## Où manger ?

### Bon marché

**Le Camion :** *sur le quai, devant l'ancienne criée ou à l'extrémité, vers la SNT. • lecamion56@gmail.com • Tlj d'avr à la Toussaint, fermé mar-mer le reste de l'année. Congés : de mi-nov à mi-déc.* La folie des *food-trucks* a gagné la Bretagne... et ce camion bleu aux bonnes odeurs est un rayon de soleil sur le port. À l'ardoise, hot-dogs, soupes, mais on vient surtout pour les crêpes et galettes, fondantes et généreuses, servies avec le sourire. Également une petite carte de cafés et chocolat chaud. Un spot addictif où il faut parfois faire la queue !

**Crêperie Ty Malou :** *10, cours des Quais. ☎ 02-97-30-17-30.*

*Fermé jeu et le soir mar-mer hors saison. Congés : vac de fév (zone B) et 1re quinzaine d'oct. Résa souhaitable en saison. Formule déj 13,50 € ; carte env 16 €.* Dans la famille des crêperies trinitaines, celle-ci jouit d'un emplacement stratégique, sur le port, et propose des horaires d'ouverture élastiques. Passez donc la porte et l'appréhension de la froideur du décor, le service, lui, n'est que gentillesse. Les crêpes et galettes, garnies d'ingrédients fraîchement cuisinés, tiennent bien leurs promesses. Gros succès pour cette adresse où l'on peut aussi manger en terrasse aux beaux jours.

## De prix moyens à chic

**Le Surcouf Bistro :** *21, rue des Résistants. ☎ 02-90-61-39-03. Juste avt le pont de Kerisper en venant du centre. En été, tlj ; hors saison, fermé dim soir hors ponts et j. fériés. À noter : ferme à 23h30 ven (à l'arrivée du dernier train Paris-Auray). Menu env 23 € le midi lun-ven, sinon compter 20-36 € ; carte 12-35 €.* Une petite adresse sympa comme tout, avec un bon menu du midi, qui suit le cours du marché. Un bout de terrasse et une salle reposante dans les tons gris-blanc pour mieux se concentrer sur la cuisine maison, haute en couleur, variant au gré des saisons. Le tout à des tarifs de bistrot.

**Le Quai :** *8, cours des Quais. ☎ 02-97-55-80-26. 06-18-06-03-57. En été, tlj ; le reste de l'année, fermé lun-mer soirs. Plats du jour env 12-14 € ; carte env 28 €.* D'accueillantes petites nappes à carreaux, alignées en salle ou en terrasse couverte, plantent le décor. C'est dans cette adresse spécialisée dans les coquillages et poissons, amarrée face à la forêt de mâts du port de plaisance, que les Trinitains se retrouvent pour déguster la pêche du jour. Du frais donc et du choix, entre les bulots, les huîtres ou le gratin de sole (l'un des incontournables de la carte). Une valeur sûre, d'autant que quand vient l'addition, personne ne reste à quai.

MORBIHAN

## Où déguster des huîtres et fruits de mer ?

À 2 pas de La Trinité-sur-Mer, la rivière de Crac'h accueille plusieurs chantiers ostréicoles. L'occasion ou jamais d'une dégustation en direct (couchers de soleil d'anthologie en prime !).

**Aquaculture Jaouen :** *Kernivilit, 56470* ***Saint-Philibert.*** *☎ 02-97-30-00-24. • apalourde@wanadoo.fr • aquaculturejaouen.com • Ouv avr-déc. Juil-août, tlj ; hors saison, tlj sauf lun, et le soir dim-jeu. Résa indispensable. Buffet de fruits de mer à volonté le midi env 32,50 € ; carte env 20 €.* En bordure du Crac'h, cet ancien chantier naval (où se construisaient les *Pen Duick* de Tabarly) propose de la dégustation ostréicole et de coquillages divers, dans un énorme hangar réchauffé par une cheminée centrale en hiver et une déco marine, à moins de profiter de la terrasse en été. Installé sur de longues tables au coude à coude, on déguste dans une franche convivialité de larges portions de coquillages, le tout hyper frais, évidemment. Et accompagné de délicieuses frites maison. Accueil cool et sympa.

**La Perle de Quéhan :** *chez Quintin, 7 bis, route de Quéhan, 56470* ***Saint-Philibert.*** *☎ 02-97-55-01-94. • laperledequehan@gmail.com • Après le pont de Kerisper, à gauche au rond-point, c'est un peu plus loin. Tlj en saison ; sinon jeu-dim seulement. Carte env 40 €. Verre de vin blanc sélectionné offert sur présentation de ce guide.* Posé à côté du chantier ostréicole, c'est presque un vrai resto avec une agréable terrasse façon guinguette au-dessus de la rivière. À la carte, quelques petits plats issus des viviers, et de bons desserts bretons. Huîtres d'une évidente fraîcheur. Service vraiment sympa.

**Istrenn Passion :** *Les Vieilles Presses, 56470* ***Saint-Philibert.*** Voir la rubrique « Achats dans les environs ».

## Où boire un verre ?

***Sur le port,*** cours des Quais, au ***Carré*** *(☎ 02-97-30-12-83 ; bar ouv tlj)* et au ***Quai*** *(☎ 02-97-55-80-26 ; resto ouv tlj),* on parle gros vent et catamaran en préparant les prochaines régates. Quant à ***L'Étage*** de la SNT, la Société nautique de La Trinité, c'est sans doute l'un des plus prisés en raison de sa terrasse... à l'étage et de la joyeuse ambiance qui y règne en saison !

***Aux Terrasses de la Plage :*** *56, rue de Kervillen. ☎ 02-97-55-84-15. • auxterrassesdelaplage@orange.fr • aux-terrasses-de-la-plage.fr • Près de la plage. D'avr à mi-sept, tlj. Menus 24-50 € ; carte 25-30 €. Apéritif maison offert au repas sur présentation de ce guide.* Une petite soif après la baignade à Kervillen ou au cours de votre randonnée autour de la pointe de Kerbihan ? Voici une bonne halte, à la fois bar et restaurant. Très jolie terrasse face à la presqu'île de Quiberon.

***MAM&Co :*** *10, av. de la Baie. 06-11-98-42-94. • Facebook • Ouv en saison et pdt certaines vac scol, tlj 9h-21h30.* Sur la route de Carnac, et face à la plage du Men Du, ce bar-resto se donne des allures de paillotte raffinée et séduisante. Snacking à toute heure avec planches, plats à partager et bons cocktails à savourer en terrasse de préférence au coucher de soleil. Merveilleux !

## Où prendre le thé ? Où déguster des pâtisseries ?

***La Parenthèse :*** *pl. du Voulien. ☎ 02-97-59-58-40. Fermé lun, plus dim soir. Congés : janv. Formule déj 16,70 €.* Ce comptoir de dégustation-salon de thé a le charme qui fait défaut au fond de parking où il est installé ! Joli décor baroque et fauteuils confortables pour déguster des plats sucrés-salés faits maison. Également des gâteaux *home made* (hmm, la délicieuse pavlova !), sur place ou à emporter. Le plus dur, ici, c'est sans doute de choisir !

## Achats dans les environs

***Biscuiterie La Trinitaine :*** *Kerluesse, 56470* ***Saint-Philibert.*** *☎ 02-97-55-02-04. • contact@latrinitaine.com • latrinitaine.com • Tlj 10h-19h.* Ici, plus de 40 t de biscuits sont fabriqués chaque jour et conditionnés sous toutes les formes. Vente au détail. Également pléthore d'autres produits (soupes, conserves, confitures, chocolats, etc.) dans ce supermarché on ne peut plus breton.

***Istrenn Passion :*** *Les Vieilles Presses, 56470* ***Saint-Philibert.*** *☎ 02-97-55-19-01. 06-11-15-96-00. • istrennpassionmorbihan@yahoo.fr • ostreiculteur-trinitesurmer-morbihan.fr • Ouv avr-oct. Dégustation sur place. Apéritif maison offert sur présentation de ce guide.* Cet ostréiculteur propose huîtres traditionnelles extra-fraîches et autres produits de la mer selon les saisons. Jolie terrasse opportunément posée face à La Trinité pour la dégustation. Organise des ***visites de l'exploitation*** en saison *(jeu ; infos à l'office de tourisme).*

# À voir. À faire

***La halle aux poissons :*** *bien située, entre le port de plaisance et le bassin des pêcheurs. Ouv tte l'année, le mat.* Faites-y votre marché sans hésiter. C'est aussi là que se trouvent le bureau du port, la SNSM et les pontons où sont amarrés de prestigieux voiliers.

Sur le port, vos pas vous mèneront forcément des intéressantes ***galeries*** de peintres locaux aux boutiques chics.

La jolie ***pointe de Kerbihan*** mérite une bonne halte. Face à vous, sur la droite, Quiberon ; au fond, Belle-Île, Houat et Hoëdic ; sur la gauche, l'île de Méaban et l'entrée du golfe du Morbihan. Si vous êtes chanceux, les week-ends de régates, vous assisterez à un somptueux ballet de spinnakers multicolores, la plupart des régates organisées par La Trinité se déroulant justement au large de la pointe.

Une très belle promenade à pied permet, en longeant la côte au départ de la SNT, de rejoindre la plage de Beaumer, vers Carnac, en passant par celle de Kervillen et la pointe de Kerbihan. Alternant des paysages de landes, dunes, rochers, marais salants et forêt, ce ***chemin des douaniers*** vous réserve de magnifiques points de vue sur l'estuaire de Crac'h et la baie de Quiberon. Le tout est de choisir son heure pour la luminosité et la moindre affluence. Autant dire que c'est la balade préférée des Trinitains le dimanche, lorsqu'ils ne sont pas en mer.



***La plage de Kervillen :*** *on peut la rejoindre depuis la pointe de Kerbihan (voir plus haut).* Une des plus belles de La Trinité, avec la baie de Quiberon pour décor. Fréquentation familiale.

***Le pont de Kerisper :*** tout en élégance, il offre un très beau point de vue sur la « rivière » de Crac'h et ses chantiers ostréicoles en amont, et les centaines de voiliers amarrés à ses pieds dans la zone de plaisance en aval.

***La commune de Saint-Philibert :*** *entre Crac'h et La Trinité.* 2 belles plages à taille humaine (dont celle de Kernevest). Et dans le bourg, une *chapelle* du XVIIe s, vraiment mignonne, consacrée à un saint arrivé par la mer dans une auge de pierre ! À l'intérieur, plafond étoilé, tribunes en bois et vitraux évoquant l'activité ostréicole du coin. Les parcs sont d'ailleurs juste derrière et font face au traditionnel lavoir-fontaine. Une jolie carte postale bretonne.

➢ ***Visites ostréicoles :*** *rens et résas à l'office de tourisme, ☎ 02-97-55-72-71. Juil-août seulement, mer-jeu, à* ***Saint-Philibert.*** *Env 6 € ; réduc.* Visite commentée d'un chantier et des parcs – en fonction des marées – ou randonnées le long des sentiers côtiers. Sorties adaptées pour les plus jeunes.

## Curiosité

***Fourbisseur de marine :*** *pl. de l'Église. Ouv quasiment tlj, tte l'année, qu'il pleuve ou qu'il vente.* Il retape, astique, nettoie, polit (et vend !) tous les objets se rapportant de près ou de loin à la mer. Son garage et son sous-sol regorgent de poulies, de rames, de longues-vues, de sextants, de phares de bateaux, de jouets anciens, etc. À visiter presque comme un musée. Michel Trenit, avec son look de capitaine au long cours, est, on s'en doute, une figure locale.

## Balades en bateau et liaisons avec les îles

■ ***Location de bateaux électriques sans permis :*** *avec* ***E-SEA,*** *devant la capitainerie (juil-août) ou au départ de Nautic Sport (le reste de l'année). 06-60-61-93-01. • e-sea.bzh • Pâques-Toussaint. Compter 50 €/h et 80 € pour 2h (6 pers max).* Location d'embarcations vraiment sympa et silencieuses. Un moyen original pour remonter la rivière de Crac'h en toute tranquillité.

**Compagnie Navix :** *sur les quais, dans la galerie de la Criée. ☎ 02-97-46-60-00. ● bienvenue@navix.fr ● Résa indispensable en saison. 10 % de réduc hors bateau-restaurant sur présentation de ce guide.* Propose en juillet-août des croisières avec ou sans escales à Port-Navalo, ainsi qu'à l'île aux Moines et/ou l'île d'Arz, dans le golfe du Morbihan. Également des traversées pour l'île de Houat.

– **Sorties en mer sur des voiliers :** *en été. Rens à l'office de tourisme.* Nombreuses possibilités à la demande.

## Manifestations

MORBIHAN

– **Le Spi Ouest France :** *w-e de Pâques.* Course de bateaux. Beaucoup de monde, des animations et une bonne ambiance.
– **L'Ar Men Race :** *w-e de l'Ascension.* Cette course à la voile en équipage réunit les plus chevronnés sur 300 miles. L'occasion d'admirer d'impressionnants vaisseaux des mers.
– **Le Tour de Belle-Île :** *mai ou juin. ● tourdebelleile.com ●* Grosse ambiance et... belles affiches !
– **Les Tréteaux trinitains :** *juil-août, salle Saint-Joseph. Billets à l'office de tourisme. Env 8 € la place.* Une troupe amateur menée par Jean Le Rouzic, médecin de La Trinité, (ré)interprète de grands classiques vaudevillesques. Chapeau bas, les bénéfices sont reversés à des associations caritatives.
– **Les Milles musicaux :** *tte l'année, mais principalement à la belle saison, salle Saint-Joseph. ● lesmillesmusicaux.com ●* Programmation musicale de grande qualité, classique mais pas seulement.

# LOCMARIAQUER [lokmaria-kaer]

(56740) 1 650 hab. *Carte Morbihan, B3*

**Arrimée à une corpulente presqu'île fermant le golfe du Morbihan par l'ouest, Locmariaquer s'ancre aux avant-postes de l'océan. Le goût des huîtres locales s'en ressent et, passé la pointe de Kerpenhir, s'étalent de vastes et superbes étendues de sable fin.**
**Station balnéaire familiale très populaire (et envahie l'été), Locmariaquer est aussi appréciée des amateurs de sports nautiques pour ses multiples expositions au vent et des passionnés de préhistoire pour ses monuments mégalithiques, Grand Menhir et dolmen de la Table des Marchand en tête.**

## Adresses et info utiles

**Office de tourisme :** *1, rue de la Victoire. ☎ 02-97-57-33-05. ● baiedequiberon.bzh ● Juil-août, lun-sam 9h30-13h, 14h-19h ; dim et j. fériés 10h-13h, 14h-17h. Avr-juin et sept-oct, mar-sam 9h30-12h30, 14h-18h, plus certains dim mat.*
**École de voile :** *au sémaphore, à la pointe de Kerpenhir. ☎ 02-97-57-46-31.*
Juil-août, le ***Ti'bus*** dessert tlj gratuitement 7 points d'arrêt sur Locmariaquer, Saint-Philibert et Crac'h. Pratique, notamment pour rejoindre la cale du Guilvin (excursions en bateau).

## Excursions en mer et liaisons vers les îles du golfe du Morbihan

**Balades dans le golfe :** *avec la compagnie* ***Navix.*** *☎ 02-97-46-60-00. • navix.fr • Vente des billets pl. Dariorigum, embarcadère au port du Guilvin, à 15 mn à pied.* Avr-sept, visites commentées du golfe à la journée ou à la ½ journée, avec ou sans escale sur l'île aux Moines et/ou l'île d'Arz. Également des liaisons pour Belle-Île avr-sept, avec changement de bateau à Port-Navalo ; des excursions à Houat et Hoëdic de mi-juil à fin août, et sur la rivière d'Auray.

**Les Vedettes Angélus** *(☎ 02-97-57-30-29 ; • vedettes-angelus.com •)* proposent également des tours du golfe avec ou sans escale à l'île aux Moines, et une excursion à Houat/Hoëdic mar et jeu début juil-fin août, plus ven en août.

**Le Passeur des Îles :** *☎ 02-97-46-43-85. • passeurdesiles.com • Avr-sept, traversées entre Locmariaquer et Port-Navalo (presqu'île de Rhuys). Juil-août, départs tlj ttes les heures, 9h30-18h30 ; seulement 4 départs/j. en ½ saison. Env 9,50 € A/R ; réduc. Passage de vélo possible (payant).* Possibilité aussi d'aller au marché de Vannes en bateau les mercredis d'été (toujours via Port-Navalo) et navette directe pour l'île d'Arz en juil-août (lun-mar, jeu et dim).

MORBIHAN

## Où dormir ?

### Campings

**Camping La Ferme Fleurie :** *route de Kerinis, à* ***Kerlogonan.*** *☎ 02-97-57-34-06. 06-85-66-33-75. • campingdelafermefleurie@orange.fr • ♿ Ouv d'avr à mi-oct. Forfait tente 13 € ; loc de mobile homes. 30 empl. Panier de produits maison offert sur présentation de ce guide.* Petit camping presque confidentiel (ce qui n'est pas très courant dans la région !), soigné, où vous devrez impérativement réserver en été. Des emplacements séparés par des fleurs et des haies vives, ou un espace ouvert, c'est au choix. Bloc sanitaire miniformat mais bien tenu. Ici, les randonneurs et cyclistes sont particulièrement choyés. Et, cerise sur le gâteau, on peut se ravitailler en œufs frais et légumes du jardin !

**Camping Lann Brick :** *18, lieu-dit* ***Lann-Brick.*** *☎ 02-97-57-32-79. • camping.lannbrick@wanadoo.fr • camping-lannbrick.com • À 2,5 km sur la route de Kerinis. Arrêt Ti'bus, pratique ! Ouv mars-oct . Forfaits tente 17-23,50 € ; loc de mobile homes, tithomes, bungalows toilés et caravanes. Env 100 empl. 1 petit déj/chambre par nuit offert sur présentation de ce guide.* Très sympa et bien équipé, à 150 m de la mer, avec des haies et des sanitaires bien tenus. Location de vélos et piscine chauffée extérieure.

### De prix moyens à chic

**Hôtel La Voile :** *12, rue Clemenceau. ☎ 02-97-57-31-32. • resa@hotellavoile.com • hotellavoile.com • À l'entrée du bourg. Congés : janv-début fév. Doubles 45-160 € ; également 1 familiale et 1 appartement (4-5 pers) 69-240 €.* Ce petit hôtel ultra-central abrite des chambres pimpantes et de bon confort, avec pour dominante des touches de pourpre.

**Chambres d'hôtes Rêves de Bord de Mer :** *lieu-dit* ***Bellevue.*** *06-81-82-65-58. • olivier.frich@wanadoo.fr • reves-de-bord-de-mer.fr • Congés : de mi-déc à mi-fév. Doubles 99-139 € ; également un appart d'hôtes (2-4 pers). 10 % de réduc sur le prix de la chambre en basse saison sur présentation de ce guide.* Un chez-soi au bord de l'eau, à la déco marine contemporaine et dans un parc arboré ? N'en rêvez plus : la mer sert de déco aux chambres situées au rez-de-chaussée ou à l'étage de cette maison moderne, au gré des marées et des lumières. Vous en serez bouche bée en arrivant ! Accès direct au GR côtier (compter 35 mn pour le bourg de Locmariaquer) et prêt de kayaks pour les sportifs épicuriens. Dans ce havre, on est au large, dans tous les sens du terme. Accueil et petit déj extra, pour ne rien gâcher.

## Où manger ?

**Crêperie Le Vahiné :** *1, rue de l'Yser. ☎ 02-97-57-43-47. 06-69-64-92-42. • levahine@gmail.com • levahine-creperie.com • Dans le bourg, face au port. Fermé lun-mar hors saison. Congés : de janv à mi-fév et de mi-nov à mi-déc. Formule déj en sem 13 € ; menu 14,50 € ; carte 17 €. Apéritif maison offert sur présentation de ce guide.* Les 2 terrasses, l'une sur l'arrière aux faux airs de jardin, l'autre qui regarde vers le port, sont autant d'arguments. La carte joue elle aussi la dualité, avec ses galettes et crêpes à base de produits locaux, et ses touches exotiques inattendues : acras de poisson, achards de légumes et assiettes créoles ! Tout cela tient fort bien la route, sans compter l'accueil sympathique.

**Chez Marie-Thé :** *6, rue Clemenceau. 06-21-65-19-76. Tte l'année, tlj sauf dim ap-m 10h30-14h30, 17h30-21h30.* Bar, salon de thé, épicerie, lieu de rencontre... ce petit espace coloré et sympa, à l'image de la patronne, est le nouveau lieu où l'on cause dans le village. On y grignote une assiette de charcuterie ou de fromages, on y descend un petit verre bien choisi où l'on vient s'approvisionner de bons produits en saluant les copains. On aime !

**Dégustation d'huîtres :** directement auprès de producteurs. On recommande ***Les Huîtres d'Evariste,*** chez Erwan Frick, à Kerivaud *(06-61-75-54-42),* au nord du bourg. Petite carte de plats de la mer cuisinés, presque les pieds dans l'eau et dans un environnement idyllique. Ou encore ***Les Viviers de Loc'Ker,*** route de Kerpenhir *(☎ 02-97-57-47-79 ; en saison, tlj 10h-13h, 16h-20h).* Pour la dégustation : 11h-14h, 18h-21h. Autre joli spot, au sud du bourg, au-delà de l'embarcadère, face à une plage de sable fin.

## Où boire un verre ? Où écouter de la musique ?

**La Barker :** *2, rue Wilson. ☎ 02-97-57-43-53. Dans le bourg. Ouv mars-oct, tlj à partir de 17h.* Un bistrot au comptoir vintage, à la déco éclectique, prolongé sur l'arrière d'une terrasse-patio. L'atmosphère est au diapason, relax et souriante, et l'accueil chaleureux. Chaque vendredi hors saison et 2-3 fois par semaine en juillet-août, on y organise de bons concerts. Tendance blues, rock, folk, groove, soul...

## À voir. À faire

***L'église Notre-Dame-de-Kerdro :*** le transept et l'abside sont romans, et le bénitier du XVe s. Le reste a été remanié entre le XVIIe et le XIXe s, notamment par l'adjonction d'un d'escalier en colimaçon qui grimpe hardiment en 4 volutes à droite du chœur. De la place voisine qui donne sur le port, on aperçoit à marée basse les parcs à huîtres.

***Le Grand Menhir brisé et le cairn de la Table des Marchands :*** *route de Kerlogonan ; à 700 m du centre-ville. ☎ 02-97-57-37-59. • site-megalithique-locmariaquer.fr • Suivre les panneaux « Site des mégalithes ». Tlj : juil-août 10h-19h ; mai-juin 10h-18h ; sept-avr 10h-12h30, 14h-17h15. Fermé 1er janv, 1er mai et 25 déc. Entrée : env 6 € ; réduc ; gratuit moins de 26 ans. Visite guidée régulière*

*(2-5/j. selon période, sans supplément ; durée : 45 mn). Le billet donne droit au* Pass des Mégalithes *(réduc pour le cairn du Petit-Mont à Arzon, cairn de Gavrinis, alignements et musée de Carnac).*
Le site, célèbre, regroupe ***3 monuments distincts,*** à découvrir de préférence après avoir visionné l'excellente vidéo d'introduction (toutes les 15 mn), qui explique bien l'origine et le rôle supposé des monuments que vous allez voir. Chacun a été édifié à plusieurs siècles d'écart. On tombe d'abord sur le ***tumulus d'Er Grah,*** du Ve millénaire av. J.-C., partiellement restauré après avoir servi de... parking dans les années 1970 ! Sa sépulture interne apparaît aujourd'hui exposée au centre d'un long lit de pierres de 140 m, qui constituait la base du tumulus. Sa taille, tout comme les rares objets trouvés à l'intérieur (fragments de perles, outils), laisse supposer un occupant de très haut rang.
À 2 pas sommeillent les 4 morceaux du fameux ***Grand Menhir brisé,*** monolithe mesurant à l'origine 20,60 m de long pour 330 t estimées – la plus grande stèle de l'époque connue en Europe. Érigé il y a 6 500 ans environ (c'est le plus ancien monument du site), il se serait vraisemblablement brisé à la suite d'un séisme. Dans l'alignement, des vestiges de fosses, matérialisées par des amas de cailloux, laissent supposer qu'il faisait partie d'un ensemble de 18 pierres levées. En suivant le petit chemin apparaît le célèbre dolmen de la ***Table des Marchands,*** une tombe à couloir ayant sans doute servi plusieurs fois, édifiée vers 3900 av. J.-C. Le cairn qui l'enveloppe (couverture de pierres sèches) a été entièrement rebâti. La chambre, inhabituellement haute (2,50 m), est axée autour d'une dalle de forme ogivale, face à l'entrée, gravée de signes parfaitement symétriques (on pense à des sortes de crosses). Noter le graffiti « gazelle », inscrit dans la pierre et dont personne ne connaît l'origine ni la signification. Le plafond, gravé lui aussi (hache emmanchée, crosse et bovidé), est constitué par un fragment réutilisé de l'un des 18 grands menhirs. À lui seul, il pèse près de 40 t ! Une autre de ses sections recouvrirait le caveau du tumulus d'Er Grah et une 3e a été recyclée en tant que plafond du cairn de Gavrinis, à 4 km !

**Le dolmen du Mané-Lud :** *accès depuis un parking à env 200 m de la Table des Marchand. Ouv en permanence. GRATUIT.* Moins mis en valeur que le cairn de la Table des Marchand, ce dolmen niché derrière une maison n'en reste pas moins intéressant. Il est constitué d'une allée en partie couverte, menant à une chambre funéraire. Certaines dalles sont gravées.

**Le dolmen des Pierres plates :** *près de la grande plage de Kerpenhir. On l'observe de l'extérieur seulement.* Datant de 3000 à 2500 av. J.-C., cette allée couverte longue de 24 m est courbée !

## Fête

– ***Fête de l'Huître :*** *3e dim d'août.* Dégustations, expositions sur l'ostréiculture, concours d'écaillers, chants marins et danses traditionnelles...

# AURAY [an alre]

(56400) 13 800 hab. *Carte Morbihan, B3*

• Plan *p. 298-299*

**Nichée au fond de la longue ria méandreuse et aux rives boisées de la rivière d'Auray, la ville doit beaucoup de son charme au vieux quartier de**

MORBIHAN

**Saint-Goustan et à ses quais. Face à quelques vieux gréements, les maisons à colombages et les ruelles pavées susurrent leurs vieux souvenirs dans l'ombre d'un pont remontant au XIIIe s. De là, la rue du Château, tout en pente, bordée d'échoppes de nombreux artistes et artisans, se hisse jusqu'à la ville haute, où s'anime un agréable marché et s'endorment de vieilles églises. Auray fut, sous la houlette de Georges Cadoudal, né au hameau voisin de Kerléano, l'un des berceaux de la Chouannerie bretonne.**

## Adresses et infos utiles

***Office de tourisme*** *(plan B2)* ***:*** *20, rue du Lait. ☎ 02-97-24-09-75. • baiedequiberon.bzh • En été, lun-sam 9h30-19h ; dim et j. fériés 10h-13h, 14h-17h. Le reste de l'année, lun-sam 9h30 (ou 10h)-12h30, 14h-17h30 (ou 18h).* Installé dans la belle chapelle de la Congrégation. Organise en juillet-août une visite guidée payante de Saint-Goustan. Demander la brochure *Flâner à Auray* avec itinéraire de découverte et le guide *Auray Pays d'artistes,* également avec itinéraire (artistique).

***Tire-Bouchon (TER*** *; hors plan par A1)* ***:*** *à la gare SNCF, pl. Raoul-Dautry. ☎ 0800-880-562. • ter.sncf.com/bretagne •* En été, plusieurs liaisons/j. avec Quiberon grâce à ce TER bien pratique pour éviter les embouteillages infernaux.

***Location de voitures :*** *avec* ***Avis,*** *à la gare, 15, pl. Raoul-Dautry (☎ 02-97-29-00-29) ; et* ***Europcar*** *38, rue Jean Jaurès, à 2 pas de la gare (☎ 02-97-24-23-33).*

***Taxis : Allo Alta Taxi*** *(📱 06-62-18-56-78) ou* ***Guernevé*** *(☎ 02-97-57-56-56).*

– ***Marchés :*** *lun 9h-12h30,* ***marché traditionnel*** *au centre-ville.* ***Marché bio,*** *pl. Notre-Dame, jeu 17h-20h, et* ***producteurs locaux*** *ven mat. Certains dim, fin mai-fin août,* ***marchés de l'artisanat*** *à Saint-Goustan.* ***Noël à Auray*** *en déc, en centre-ville.*

## Où dormir ?

### De bon marché à prix moyens

***Hôtel Le Marin*** *(plan C3,* ***5****)* ***:*** *1, pl. du Rolland. ☎ 02-97-24-14-58. • contact@hotel-lemarin.com • hotel-lemarin.com • Congés : de mi-déc à fin-janv. Doubles à partir de 73 €.* Niché au calme dans le quartier de Saint-Goustan, ce petit établissement abrite des chambres aux noms d'îles bretonnes. Pas bien grandes mais mignonnes et confortables, elles ont d'agréables salles de bains et, pour certaines, une vue sur la rivière. Au rez-de-chaussée, un petit bar-salon est réservé aux hôtes (petit déj copieux). Terrasse fleurie accueillante.

***Hôtel Le Cadoudal*** *(plan B2,* ***3****)* ***:*** *9, pl. Notre-Dame. ☎ 02-97-24-14-65. • reservation@lecadoudal.com • lecadoudal.com • ♿ Doubles 56-81 €.* Petit hôtel ultra-central d'un bon rapport qualité-prix. Les chambres déclinent des tons gris et blanc très actuels. La moins chère, sous les combles, est vraiment riquiqui. Le rez-de-chaussée abrite un bar avec terrasse, très fréquenté du petit déjeuner à l'apéro (mais pas de repas) pour assiettes de charcuterie et de fromages et pour ses bocaux de terrines maison à partager. Salades et sandwichs à composer, uniquement le midi.

***Celtic Hôtel*** *(plan A1,* ***1****)* ***:*** *38, rue Georges-Clemenceau. ☎ 02-97-24-05-37. 📱 06-65-17-54-90. • info@celtic-hotel.fr • celtic-hotel.fr • ♿ Congés : janv. Doubles 62-85 € ; familiales.* Une autre bonne surprise ! Cet hôtel en cœur de ville abrite 18 chambres contemporaines portant toutes le nom d'une île du golfe. Personnalisées et de bon goût, elles déclinent diverses couleurs et décos. De tailles variables, elles sont bien agréables et confortables, même si l'isolation phonique peut être un peu juste. Bar-brasserie charmant au rez-de-chaussée et accueil vraiment sympathique.

**Hôtel Le Branhoc** *(hors plan par D2, **4**) : 5, route du Bono. ☎ 02-97-56-41-55. • contact@hotel-lebranhoc.com • hotel-lebranhoc.com • Doubles standard 39-149 € ; familiales. Café offert sur présentation de ce guide.* Une trentaine de chambres bien équipées (salles de bains impeccables), installées dans un bâtiment moderne. Celles à l'arrière s'ouvrent sur un joli petit parc, elles sont plus plaisantes mais aussi plus chères. Certes le cadre manque de cachet au bord de la route du Bono, mais pour le prix, l'accueil très gentil et le niveau de confort, le rapport qualité-prix reste indéniable...

## Où manger ? Où boire un verre ?

### De très bon marché à bon marché

**L'Épicerie** *(plan B2, **12**) : 15, pl. aux Roues. ☎ 02-97-31-10-62. Fermé le soir lun-mar, plus mer et dim hors saison. Formules déj 16-18,50 €.* On jurerait une placette provençale ou montmartroise avec ses arbres, ses chaises métalliques flashy et sa déco vintage nostalgique. La maison mange à tous les râteliers : petit déj, en-cas et grignotages, déjeuner, goûter ou apéro, à chaque heure sa (bonne) raison de faire escale ! Les produits sont frais, locaux, de saison, la cuisine travaillée juste ce qu'il faut pour rester lisible, et le goût est au rendez-vous. Bref, il ne reste plus qu'à espérer un rayon de soleil...

**Le Café qui fume** *(plan A2, **15**) : 22, pl. Joffre. 📱 06-86-74-44-07. • lecafequifume@gmail.com • lecafequifume.com • Mer-sam 9h-18h30, lun-dim 9h-14h30. Plats env 10-13 €. Petit café offert à la fin du repas sur présentation de ce guide.* Après un voyage outre-Atlantique, un financement participatif a permis à Julien et Nolwenn d'ouvrir ce café-épicerie-lieu d'expo, où produits du terroir côtoient cookies, cafés torréfiés sur place et autres douceurs *made in America.* Le dimanche, venez profiter des brunchs (sur résa) aux délicieux pancakes. Le reste de la semaine, des plats chaque jour différents avec parfois une petite touche exotique. Une adresse funky tant dans la déco que dans l'esprit.

**La Fromentine** *(plan B2, **13**) : 10, rue du Château. ☎ 02-97-29-18-29. Au début de la descente vers Saint-Goustan. Ouv le midi tlj sauf dim, plus le soir jeu-sam (mar-sam juil-août). Formule et menus 17,50-20 € le midi en sem, 19,50-23 € le soir.* Sous son look de vieux bistrot resté dans son jus, la maison mitonne une bonne cuisine de marché pas avare de bonnes idées et plus que sagement facturée. L'accueil est gentil. Petite terrasse sur la rue piétonne pas très intime mais tout de même agréable.

### De prix moyens à chic

**Kabuki** *(plan B2, **14**) : 32, rue Jean-Marie-Barré. ☎ 02-97-59-39-92. 📱 06-07-30-50-12. • kabukisushi56@gmail.com • kabuki-le-resto-de-sushi.fr • Ouv mar-ven. Formules déj 17-22 € ; menus 32-58 €.* Un resto de sushis, certes, mais à des années-lumière des chaînes qui ont pignon sur rue piétonne un peu partout en France. Le jeune (et tatoué) patron est fils et petit-fils de pêcheurs. Autant dire que le poisson, il connaît, et il s'approvisionne au quotidien chez les meilleurs. Toute petite salle où on ne perd pas une miette de son travail. Service discret, tendance austère.

MORBIHAN

## Où manger dans les environs ?

### De bon marché à prix moyens

**Crêperie Aux Galettes d'Antan :** *6, rue Georges-Cadoudal, 56400 **Pluneret.** ☎ 02-97-29-17-60. 📱 06-78-00-79-45. • auxgalettesdantan@yahoo.fr • Ouv avr-oct seulement le soir : tlj en saison, jeu-dim hors saison. Carte 18 €. Digestif offert sur présentation de ce guide.* La déco réjouissante de cette

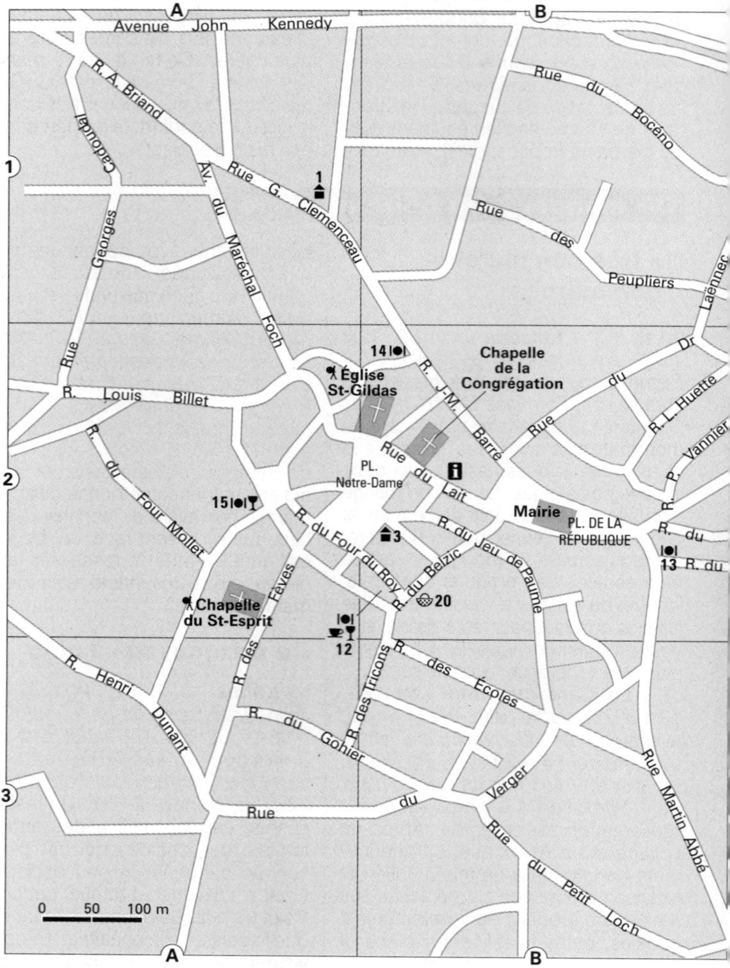


| | |
|---|---|
| **Adresse utile** | 3 Hôtel Le Cadoudal (B2) |
| Office de tourisme (B2) | 4 Hôtel Le Branhoc (hors plan par D2) |
| **Où dormir ?** | 5 Hôtel Le Marin (C3) |
| 1 Celtic Hôtel (A1) | |

crêperie tourne autour de l'univers Belle Époque : ambiance atypique avec de nombreuses photos anciennes, des costumes « french cancan », des objets de spectacle... sans oublier l'accueil très sympa assuré par une famille de

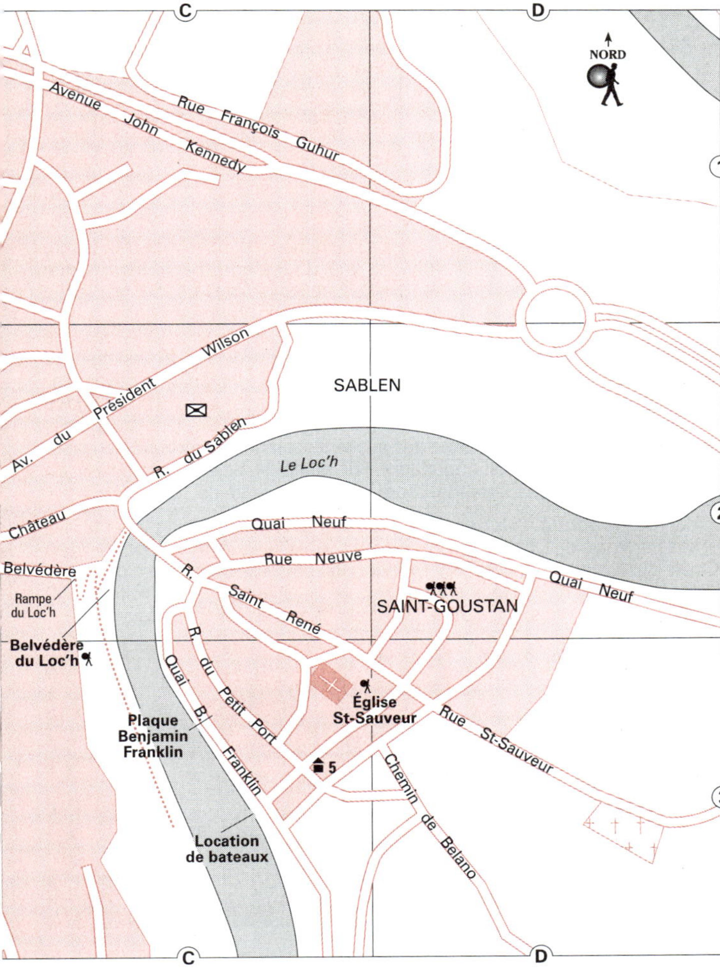




## AURAY

| | |
|---|---|
| **Où manger ?** **Où boire un verre ?** | **14** Kabuki (B2) |
| | **15** Le Café qui fume (A2) |
| **12** L'Épicerie (B2) | **Achats** |
| **13** La Fromentine (B2) | **20** Au Régal Breton (B2) |

danseurs de grand-mère en petit-fils. Mamie était danseuse internationale ! Et les crêpes et galettes ? Délicieuses, ici on les appelle « Mata Hari », « Goulue » ou « Folies-Bergère » !

## Achats

***Au Régal Breton** (plan B2, **20**) :* *17, rue du Belzic. ☎ 02-97-24-22-75. 07-87-06-82-50. • auregalbreton@orange.fr • Ouv tlj.* Far, gâteau breton, kouign-amann... que du bon chez cet artisan pâtissier-chocolatier à la devanture moderne. Il propose même un « fondant alréen », spécialité maison en hommage à Auray.

## À voir. À faire

***Saint-Goustan** (plan C-D2-3) :* niché à l'extrême fond du golfe du Morbihan, ce charmant petit port fut aux XVI<sup>e</sup> et XVII<sup>e</sup> s le 3<sup>e</sup> de Bretagne par le trafic ! Face à la berge boisée et aux quais de granit, foulés par Benjamin Franklin (une plaque le rappelle), se dandinent voiliers et vieux gréements invitant à embarquer *(voir • indomptable.eu • unityoflynn.fr •).* Il ne faut pas manquer de se balader dans les délicieuses vieilles ruelles, où se dressent de foisonnants jardins et de nostalgiques maisons à pans de bois et encorbellement pétries par le temps. Les pavés disjoints, les glycines et les hortensias rythment la courte ascension jusqu'à l'***église Saint-Sauveur,*** au portail du XV<sup>e</sup> s (le reste est néogothique). Elle est placée sous la protection de saint Goustan, patron des pêcheurs et marins, représenté un poisson en main (la providence l'en nourrit lors d'un naufrage, affirme la tradition). En vis-à-vis, la chapelle Notre-Dame-de-Lourdes, pataude, date de 1878.

Un magnifique ***pont à 4 arches*** du XIII<sup>e</sup> s traverse la rivière pour gagner la ville haute, soit par la rue du Château (piétonne), soit par les « ***rampes du Loc'h*** » *(plan C2).* Celles-ci, plus raides encore, zigzaguent jusqu'à un « S » permettant d'admirer idéalement le petit port. Du ***vieux château*** qui se tenait là en vigie, détruit en 1560 sur l'ordre d'Henri II, seuls demeurent 3 contreforts enchâssés d'une tour ronde.

***La ville haute :*** là-haut, on rejoint la place de la République puis la place Notre-Dame, veillée par le fanal altier de l'***église Saint-Gildas*** *(plan B2).* Rebâtie en 1663, elle abrite un étonnant gisant du Christ sculpté dans le tuffeau (début XVI<sup>e</sup> s), émouvant de réalisme. On remarque aussi la voûte Renaissance en cul-de-four et le maître-autel du XVII<sup>e</sup> s. À 100 m de là par la rue des Fèves, la ***chapelle du Saint-Esprit,*** aux gigantesques ogives du XIII<sup>e</sup> s, accueille des expos temporaires en été et à Noël.

### LE PHARMACIEN FAIT PARLER LA POUDRE

*Mélange d'épices exotiques, très apprécié pour parfumer les crustacés (et surtout le homard), le Kari Gosse est, à Auray où il est aujourd'hui fabriqué, vendu en... pharmacie (sans ordonnance !). Normal : il a été « inventé » au XIX<sup>e</sup> s par M. Gosse, un pharmacien, d'après une recette soufflée par un naufragé tamoul...*

***Tours du golfe et découverte de la rivière d'Auray :*** *avec la compagnie **Navix.** ☎ 02-97-46-60-00. 06-20-00-58-87. • navix.fr • De mi-juil à août. 10 % de réduc hors bateau-restaurant sur présentation de ce guide.* Départ du port de Saint-Goustan ou du charmant petit port du Bono (selon marées), et descente de la rivière jusqu'à l'embouchure, avant de visiter le golfe du Morbihan.

## Manifestations

– ***Semaine du golfe :*** *à l'Ascension, les années impaires. • semainedugolfe.com • 10-16 mai 2021.* Auray est ville « escale » des vieux gréements et s'anime pour l'occasion de chants, fest-noz, parades... Ambiance bon enfant de marin !

– ***Morbihan Paddle Trophy Ouest France :*** *1 w-e mi-juin.* • *morbihanpaddle trophy.fr* • Venu d'Hawaii, comme le surf, le paddle, ou SUP *(stand up paddle)*, connaît un essor considérable par ici. Pas de vagues dans le golfe ? Qu'importe ! Il s'agit ici de pagayer debout sur une planche. Les courses (11 km), entre Baden ou Séné et Vannes, comptent pour la Coupe de France de la discipline. Il y a même un raid longue distance entre Arzon et Auray !
– ***Les Jeudis en fête :*** *juil-fin août. GRATUIT.* Chaque jeudi, animations dans différents quartiers d'Auray.
– ***Détour d'art :*** *de début juil à mi-sept.* • *detourdart.com* • Durant cette période, les plus belles chapelles parsemant la campagne sont ouvertes aux visiteurs. Au programme : concerts, jeu de piste en famille, expos et visites guidées par les passionnés de l'association... L'occasion de découvrir de véritables pépites.



# SAINTE-ANNE-D'AURAY [santez-anna-wened]

(56400) 2 607 hab. *Carte Morbihan, B3*

**Dans ce bourg appartenant au cercle des Villes sanctuaires en France, sur les chemins de Saint-Jacques-de-Compostelle, se tient chaque année le plus important des rendez-vous religieux de Bretagne, les 25 et 26 juillet (jour de la Sainte-Anne). On y compte alors des dizaines, voire des centaines de milliers de pèlerins et visiteurs. Un peu le Lourdes breton avec, dans le rôle de Bernadette Soubirous, un certain Yvon Nicolazic (1591-1645), à qui sainte Anne apparut en 1623. La mère de la Vierge lui demanda d'élever une chapelle en son honneur. Alors, ce brave paysan déterra, au lieu indiqué, une statue de cette sainte, aujourd'hui patronne des Bretons. Mais on parle aussi d'un culte à la déesse romaine Ana, mère des dieux celtes. Rien à voir en tout cas avec Anne de Bretagne !**

## Adresses utiles

ℹ ***Office de tourisme :*** *1, rue de Vannes.* ☎ *02-97-24-34-94.* • *baie dequiberon.bzh* • *En plein centre, à côté de la basilique. Juil-août, lun-sam 9h30-13h, 14h30-19h ; dim et j. fériés 9h-13h. Le reste de l'année, horaires restreints.* Billetterie croisières et spectacles.

ℹ ***Accueil du Sanctuaire :*** *sur l'esplanade, près de la basilique.* ☎ *02-97-57-68-80.* • *sainteanne-sanctuaire.com* • *Tlj 8h30-12h30, 14h (14h30 dim)-19h.* Renseignements complets sur les offices, musées, pèlerinage, etc. Visite organisée du site (gratuite) possible pour les groupes. Environ 1h15.

ℹ ***Académie de Musique et d'Arts sacrés :*** *11, rue de Vannes.* ☎ *02-97-57-55-23.* • *academie-musique-arts-sacres.fr* • Gère tous les espaces d'exposition, les concerts et événements.

## Où dormir ? Où manger ?

### Camping

⛺ ***Camping municipal du Motten :*** *6, allée des Pins.* ☎ *02-97-57-60-27.* • *campingmotten@orange.fr* • *Ouv de mi-juin à mi-sept. Forfait tente en haute saison env 13 €. CB refusées. 115 empl.* Un joli camping aux tarifs économiques, propre, bien ombragé et suffisamment herbeux. Équipements classiques. Parfait pour les cyclistes, les randonneurs et les familles.

## De bon marché à prix moyens

**Maisons Glenn Anna L'Auberg'ine :** *8, route de Vannes. ☎ 02-97-31-37-19. • contact@laubergine.fr • hotel-maison-glenn-anna-auray.com • Face à la basilique. Resto ouv tlj sauf mar soir-mer et dim soir. Congés : vac scol de fév. Doubles 55-75 € ; familiales. Formule déj 19 € en sem ; menus 25-35 €.* Une étape classique. Préférer les chambres du bâtiment principal donnant sur la basilique ; celles de l'arrière, dans un bâtiment fonctionnel, donnent sur une cour. Le restaurant-bistrot, ouvert par la fille et le gendre du chef de *L'Auberge* (voir ci-après), constitue la bonne table du bourg. Bons petits plats au gré du marché. Également une cave à vins.

**La Croix Blanche :** *25, route de Vannes. ☎ 02-97-57-64-44. • info@hotel-lacroixblanche.com • hotel-lacroixblanche.com • Fermé dim soir, le midi lun-mar, plus lun soir hors saison. Congés : de mi-nov à mi-déc. Doubles 50-75 €. Formule (sauf dim) 16,50 € ; menus 19,50-37 €. Au resto, café offert sur présentation de ce guide.* Le rendez-vous des pèlerins élabore des assiettes copieuses et gourmandes, privilégiant les spécialités à base de produits régionaux, de la terre ou de la mer. Terrasse sous des treilles. Côté hôtel, c'est simple, propre et d'un honnête rapport qualité-prix.

## De prix moyens à chic

**L'Auberge :** *56, rue de Vannes. ☎ 02-97-57-61-55. • hotel-maison-glenn-anna-auray.com • Resto fermé lun et le midi mar-mer. Doubles 80-115 € ; ½ pens possible. Menus 32-95 €.* Chambres et suites joliment rénovées dans le style Art déco, toutes avec salle de bains en marbre, douche hydromassante, clim ; certaines avec terrasse. Au resto, l'une des tables réputées de la région, bons produits de la terre comme de la mer, pour des réalisations élégantes et personnalisées. Et un service particulièrement stylé. Accueil familial très sympathique.

# À voir

**La basilique et le sanctuaire :** *☎ 02-97-57-68-80. • sainteanne-sanctuaire.com • Tlj 9h30-19h. Tarif réduit pour les moments culturels sur présentation de ce guide.* L'édifice actuel a été construit à la fin du XIX$^e$ s, par Deperthes, architecte de l'Hôtel de Ville de Paris, pour remplacer la chapelle du XVII$^e$ s, édifiée par Nicolazic. À l'intérieur, un fragment de la statue découverte par Yvon Nicolazic au XVII$^e$ s et partiellement brûlée sous la Révolution, est enchâssé dans le socle de la statue moderne. À voir aussi, une statue d'Yvon Nicolazic en bois du Sénégal, les grandes orgues Cavaillé-Coll classées Monument historique, le Mémorial (le plus important monument aux morts de Bretagne dédié à la 1$^{re}$ Guerre mondiale). La basilique abrite des reliques de Jean-Paul II à proximité d'une statue le représentant. Il « passa » par là en 1996... Tout au long de l'année, l'Académie de Musique et d'Arts sacrés y propose une série de concerts et expositions. Rens : *• www.academie-musique-arts-sacres.fr •*

**Le cloître :** *à l'arrière de la basilique.* Du XVII$^e$ s, simple et harmonieux, il abrite une double galerie (la plus haute était réservée aux pères carmes). Passage obligé vers le trésor (entre autres), il sépare la basilique de l'ancien couvent occupé aujourd'hui par un collège-lycée.

**Le trésor :** *entrée par le cloître. Mai-début nov, tlj sauf lun.* Plusieurs objets (tableaux, bijoux, maquettes, etc.) et ex-voto offerts par les visiteurs, ainsi qu'une collection de statues du XIV$^e$ au XX$^e$ s. Voir notamment les maillots des cyclistes bretons Jean Robic (vainqueur du Tour de France en 1947) et Bernard Hinault.

Tout autour de la basilique, on trouve plusieurs édifices et monuments : la ***Scala Santa,*** du XVII^e s, avec son escalier que l'on montait et redescendait à genoux. Les ***allées*** du parc mènent à la ***statue*** monumentale de sainte Anne (de 12,5 t !) qui apprend à Marie à lire la Bible. Jusqu'en 1972, elle dominait la basilique en son sommet. La ***fontaine,*** source très ancienne, marque le lieu où Yvon Nicolazic aurait eu sa 1^re apparition de sainte Anne, en 1623.

***Le mémorial des victimes de guerre :*** *à gauche de la basilique quand on lui fait face.* Datant de 1923, il est entouré d'un mur portant 8 000 noms de soldats bretons victimes de la Grande Guerre.

## Manifestations

- ***Son et lumière « 1625... le mystère de sainte Anne » :*** *juil-août.*
- ***Grand pardon :*** *25-26 juil.* Le plus grand pèlerinage de Bretagne. Avec danses et musiques bretonnes en costume.
- ***Festival des Galettes du monde :*** *le w-e autour du 25 août.* • *galettesdumonde.free.fr* •
- ***Spectacle de la crèche vivante :*** *déc et vac de Noël.*

MORBIHAN

## DANS LES ENVIRONS DE SAINTE-ANNE-D'AURAY

***Pluneret :*** *à 5 km au sud de Sainte-Anne.* Voir la belle ***chapelle Sainte-Avoye,*** du XVI^e s, qui autrefois servait de repère pour la navigation. Elle abrite le seul jubé Renaissance du Morbihan, en bois polychrome et sculpté sur les 2 faces : côté nef, les 12 Apôtres ; côté chœur les vertus. Et aussi cette rare collection de couronnes de mariées sous globes.

### ÉTONNANTE COMTESSE

*Enterrée au cimetière de Pluneret, la comtesse de Ségur (1799-1874) était d'origine russe. Son père, le général Rostopchine, incendia Moscou pour empêcher Napoléon de l'occuper. Avec ses livres pour enfants, la comtesse de Ségur participera au succès des éditions Hachette. Son chef de publicité, au début, s'appelait Émile Zola.*

***Treuroux Loc'h Pagaies :*** *au moulin de Treuroux, à* ***Brec'h.*** *☎ 02-97-57-71-63.* • *moulin-de-treuroux.pagesperso-orange.fr* • *À 6 km au nord-ouest de Sainte-Anne-d'Auray par la D 19. Avr-sept, tlj 10h30-19h. Env 8 €/ pers.* Dans le cadre unique de ce vieux moulin (privé), un « parcours » en canoë ou en kayak de seulement 1,5 km sur le Loc'h. Mais le cadre bucolique vaut la peine, au détour de la rivière qui serpente entre les prairies. Possibilité de déguster glaces, crêpes sucrées et boissons fraîches à la terrasse.

***L'écomusée de Saint-Degan :*** *rue Park-Ségal, 56400* ***Brec'h.*** *☎ 02-97-57-66-00.* • *ecomusee-st-degan.fr* • *Juil-août, lun-ven 10h-19h, w-e 14h-19h ; fév-juin et sept-nov, lun-ven 14h-17h (et 10h-17h pdt vac scol). Entrée : 6 € ; réduc.* Bel aménagement d'une chaumière bretonne du XVII^e s et d'une longère typique du XIX^e s, où l'on expose les meubles traditionnels et les objets du quotidien des paysans du pays d'Auray. Dans les dépendances, des outils anciens ainsi que des expos temporaires de peinture. Animations ponctuelles, comme la fête du Pain qui permet de réactiver le vieux four. Vaut le coup si vous passez dans le coin, d'autant qu'on peut faire une rando au départ du site, passant par un verger conservatoire.

# VANNES ET LE GOLFE DU MORBIHAN

## VANNES [GWENED]

(56000) 55 560 hab. *Carte Morbihan, C3*

• Plan *p. 306-307*



**Vannes, « Ville d'Art et d'Histoire », connaît un véritable « revival ». Son port, réaménagé et doté de longues promenades, matérialise son lien charnel au golfe, dont elle s'affirme définitivement comme capitale et porte d'entrée. Voguant vers de nouveaux horizons, elle est entrée avec lui dans le très sélect Club des plus belles baies du monde... et même dans le XXIe s avec la patte de street-artistes qui réveillent certains murs.**
**Pôle économique et étudiant, gravitant notamment autour des célèbres chantiers navals Multiplast, où sont inventés les multicoques et monocoques de demain, Vannes est aussi une cité au riche patrimoine. Son centre historique, corseté encore de murailles, est resté intact : l'unique bombe tombée pendant la 2de Guerre mondiale a eu la délicatesse de ne pas exploser. Résultat : on déambule avec bonheur dans son lacis de rues et ruelles préservées, sur lesquelles se penchent avec bonhomie de vénérables demeures à pans de bois issues des confins du Moyen Âge.**

### LA BELLE ET LA BAIE

Le cœur de Vannes n'est pas situé directement au bord de l'océan, mais dans les retranchements du golfe du Morbihan : le long chenal dessiné par l'estuaire de la Marle, aux airs de canal, le relie à la « petite mer » comme un étroit et vital cordon ombilical. Mais si l'Atlantique est à 15 km à vol d'oiseau, la marée va et vient ainsi jusqu'au pied de la porte Saint-Vincent, irriguant le cœur historique et l'appelant naturellement vers le large. La mer est d'ailleurs partout, à la carte des restaurants, dans les boutiques de déco et de souvenirs, dans le cliquetis des haubans maltraités par les vents d'hiver et jusqu'à l'apothéose de la Semaine du golfe, qui, tous les 2 ans, voit danser sur l'eau les plus beaux des vieux gréements...
En ville même – voitures repoussées extra-muros ou sous terre –, promenades, jardins, pistes cyclables et cœur piéton délimitent une cité où l'on marche volontiers. Ni vraiment bourgeoise, ni prétentieuse, ni trop paisible, Vannes a su rester familiale, décontractée, et offrir une qualité de vie qui fleure bon la douceur bretonne.

### VANNES DANS L'HISTOIRE

Vainqueur des Vénètes (Gaulois) en 56 av. J.-C. au terme d'une grande bataille navale, César fait entrer la Bretagne Sud dans le giron romain. La cité de Darioritum émerge tout au nord du golfe du Morbihan, là où les voyageurs franchissent les marais. Au Ve s, Vannes est déjà un évêché, sur lequel veille saint Patern – l'un des 7 saints fondateurs de Bretagne, réputé pour ses miracles de faiseur de pluie (est-ce vraiment utile ici ?). Suivent les âges sombres : le royaume de Bro Waroch, que la légende dit fondé par un chevalier de la Table ronde ; les incursions franques ; l'intégration à l'éphémère royaume de Bretagne au IXe s, puis les invasions normandes. Au bas Moyen Âge, Vannes émerge de la guerre de Succession de Bretagne pour s'imposer comme une grande ville marchande. Les ducs Jean IV et

Jean V la bichonnent, en font la capitale de leur État, y installent le 1er Parlement (1485) et l'administration supérieure. Et c'est à Vannes, finalement, qu'est signé en 1532 l'acte d'union du duché de Bretagne au royaume de France (une plaque commémorative le rappelle devant la porte de Calmont).
Durant la Révolution, le Pays vannetais reste farouchement royaliste et chrétien. Ses habitants accueillent fort mal le général Hoche venu combattre les émigrés débarqués à Quiberon en 1795. Dans la 2de moitié du XIXe s, la ville se développe et s'agrandit avec l'arrivée du chemin de fer.

## Adresses et infos utiles

**Parkings :** la ville se découvre à pied, le centre ancien étant peu étendu et essentiellement piéton. Reste à se garer. Le parking le plus pratique, au Port, est parfaitement situé mais un peu cher. On peut stationner gratuitement plus au sud, le long du port (avenue du Maréchal-de-Lattre-de-Tassigny), ou au discret parking Saint-Joseph *(plan A2),* auquel on accède par un tunnel depuis la rue Jehan-de-Bazvalan, au niveau des vieux lavoirs. S'il n'y a plus de place nulle part, restent les ***grands parkings du parc du Golfe,*** au sud de la ville, où se trouve la gare maritime – gratuits eux aussi. Ils sont reliés au centre-ville par les bus nos 3 (arrêt République) ou 7 (arrêt Le Port), qui se prennent juste en face du parking en saison. Billet : 1,50 €.

– ***Vélocéo :*** *☎ 02-97-01-22-23. • veloceo.kiceo.fr •* Vannes s'est dotée d'un système de ***vélos à assistance électrique*** en libre-service, avec 6 stations réparties dans la ville, 50 vélos en tout. Abonnement à l'année *(28 €)* ou à la journée *(2 €)* ; les 45 premières minutes sont gratuites, puis 3 €/h.

***Office de tourisme*** *(plan A2)* **:** *quai Tabarly. ☎ 02-97-47-24-34. • golfdumorbihan.bzh • Juil-août, lun-sam 9h30-19h, dim et j. fériés 10h-18h ; avr-juin, sept et oct-mars lun-sam 9h30-12h30, 13h30-18h. Fermé dim sauf vac scol et 1re quinzaine de sept (ouv 10h-13h).* Une équipe accueillante, vraiment disponible et super compétente. Billetterie pour les bateaux et concerts.

***CityPass :*** ce *pass* donne libre accès aux transports et à environ 20 sites de Vannes et du golfe du Morbihan. *• citypass.bzh • 3 formules : 24h (24 €) ; 48h (34 €) et 72h (44 €).* On l'achète à l'office de tourisme et chez les différents partenaires.

***Service musées-patrimoine*** *(zoom A2,* ***1****)* **:** *31, rue Thiers. ☎ 02-97-01-64-00. • patrimoine@mairie-vannes.fr • En saison 13h30-18h, oct mar-dim 13h30-18h.* Visites guidées de la vieille ville et des fortifications : contées, gourmandes, Vannes en musique, nocturnes en été, ateliers pour les enfants (à réserver), etc. Durée : 1h-1h30 *(5,80 € ; gratuit moins de 18 ans),* sauf pour la visite éclair destinée à ceux qui manquent de temps *(jeu, 2 fois/mois).* Visite nocturne uniquement juil-août : 8,10 € (réduc).

***Taxis :*** ***Taxi 56 Vannes,*** *06-07-70-48-87.* ***Radio Taxis Vannetais,*** *☎ 02-97-54-34-34.*

***Location de voitures :*** *notamment avec* ***Avis,*** *☎ 02-97-40-25-00 ;* ***Europcar,*** *☎ 02-97-42-43-43 ;* ***Hertz,*** *☎ 02-97-42-66-69.*

Les cars ***BreizhGo*** *(☎ 0800-01-01-56 ; • breizhgo.bzh •),* réseau départemental des transports publics, desservent les principales communes du département. Billets : 2 €, quel que soit le trajet (correspondance incluse) ; il existe également une carte de 10 voyages à 15 €. La compagnie ***Kicéo*** dessert les communes de l'agglomération (Conleau, Séné, Arradon, Port-Navalo et toute la presqu'île de Rhuys...). *Rens au ☎ 02-97-01-22-10 ou sur • kiceo.fr • Ticket : 1,50 € ; pass journée 4,20 €.*

– ***Marché*** le mat mer et sam : les étals des producteurs de la région investissent les ruelles du centre ancien, jusqu'au parvis des Halles. Un must !

### Excursions en mer et liaisons vers les îles du Golfe

En saison, il est vivement conseillé de réserver, soit en direct, soit auprès

## Adresses utiles

- Office de tourisme (A2)
- 1 Service musées-patrimoine (zoom A2)

## Où dormir ?

- 8 Chambres d'hôtes La Villa Garenne (zoom B2)
- 9 Flower Camping Le Conleau (hors plan par A4)
- 10 Hôtel Le Bretagne (zoom B1)
- 11 Hôtel Anne de Bretagne (zoom B1)
- 12 Chambres d'hôtes La Maison de la Garenne (zoom B2)
- 13 Hôtel Manche Océan (zoom B1)
- 15 Hôtel de France (zoom B1)
- 16 Hôtel La Marébaudière (hors zoom par B1-2)
- 19 Hôtel et Spa Villa Kerasy (zoom B1)
- 20 Le Roof (hors plan par A4)

## Où manger ?

- 21 Lecocq & Folks (zoom B2)
- 22 K 19 (zoom A1)
- 23 La Tête en l'Air (zoom B1)
- 24 Le Roscanvec (zoom B2)
- 25 L'Annexe (zoom A1)
- 26 Le Vent d'Est (zoom B2)
- 27 Bistro-resto Rozili (hors plan par A4)
- 28 La Source (zoom A1)
- 29 L'Amarré (A2)
- 30 Crêperie Balade en Crêpanie (zoom B1)
- 31 Le P'tit Belon (zoom A2)
- 32 Le Coq à l'Âne (zoom B1)
- 33 La P'tite Souris (zoom A2)
- 35 La Gourmandière (hors zoom par B1)
- 40 Chez Woody (zoom B1)
- 42 Empreinte (zoom B2)
- 47 Le Homard-Frites (hors zoom par B1)

## Où faire une pause gourmande ? Où boire un thé ?

- 34 Chocolatier-glacier Chartier (zoom B2)
- 36 Délice Café (zoom B2)
- 44 L'Atelier (zoom B2)

## Où boire un verre ? Où écouter de la musique ?

- 37 Les Valseuses (zoom B2)
- 41 Le Trussac Café, Le Piano Barge et Le Corlazo (hors plan par A4)
- 45 Paddy O'Dowds, Tarmac et Vieux Safran (zoom B2)
- 52 À l'Aise Breizh Café (zoom B2)

## Où acheter de bons produits régionaux ?

- 34 La Huche à Pain (zoom B2)
- 51 Boulangerie-pâtisserie Le Brun (zoom B2)

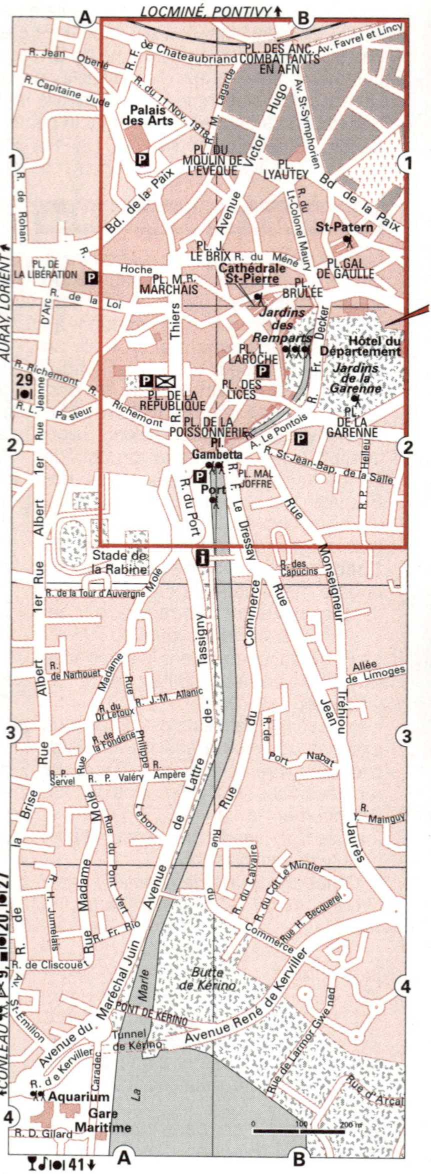

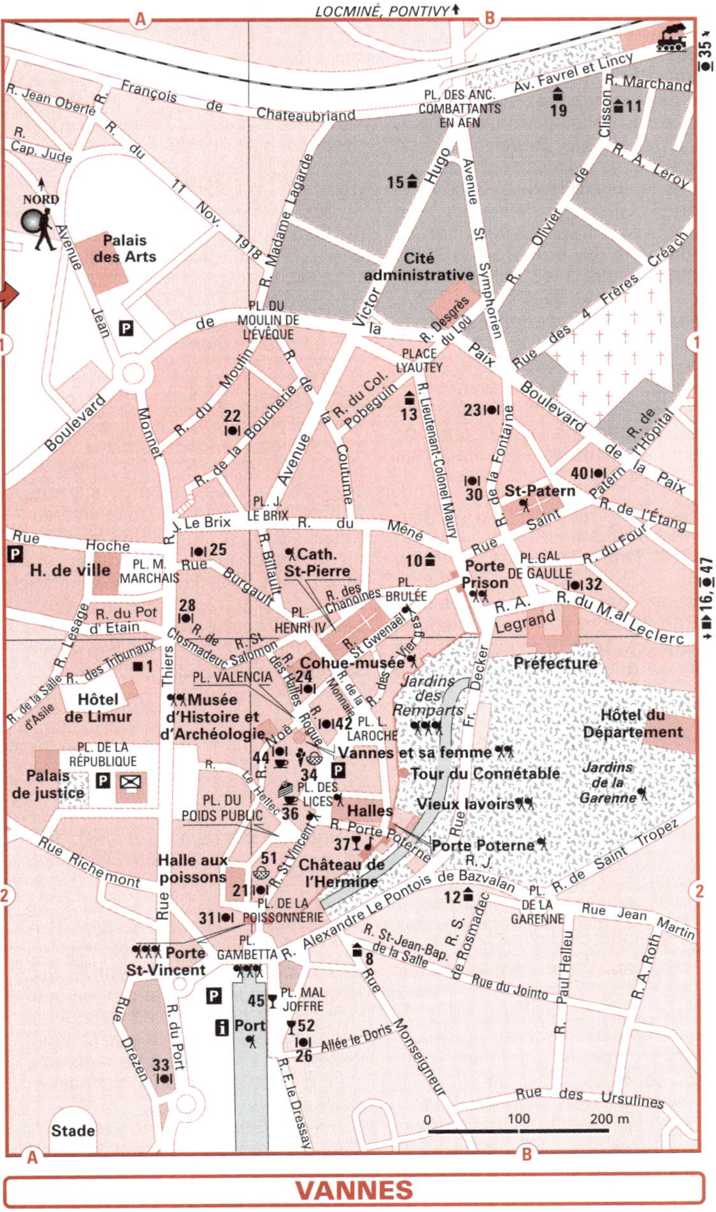

LOCMINÉ, PONTIVY
A
B
1
2
NORD
35
47
16,
R. Jean Oberlé
R. François de Chateaubriand
R. Cap. Jude
R. du 11 Nov. 1918
Avenue Jean
Palais des Arts
PL. DES ANC. COMBATTANTS EN AFN
Av. Favrel et Lincy
R. Marchand
19
11
R. de Clisson
R. A. Leroy
15
Avenue Victor Hugo
Avenue St Symphorien
R. Madame Lagarde
R. Olivier de Clisson
Rue des 4 Frères Créach
Cité administrative
PL. DU MOULIN DE L'ÉVÊQUE
R. Desgrès du Loû
de la Paix
PLACE LYAUTEY
Boulevard de la Paix
R. de l'Hôpital
Boulevard
R. du Moulin
R. de la Boucherie
R. du Col. Pobeguin
13
R. Lieutenant-Colonel Maury
23
22
Monnet
Avenue
la Coutume
R. de la Fontaine
40
R. de la Boucherie
30
St-Patern
Rue Saint Patern
R. de l'Étang
PL. J. LE BRIX
R. J. Le Brix
R. du Méné
Rue Hoche
25
Rue Burgault
R. Billault
Cath. St-Pierre
10
Rue Porte Prison
PL. GAL DE GAULLE
R. du Four
H. de ville
PL. M. MARCHAIS
32
R. des Chanoines
PL. BRULÉE
R. A. Legrand
R. du M.al Leclerc
28
R. du Pot d'Etain
PL. HENRI IV
R. de Closmadeuc
R. St Salomon
R. St Gwenaël
R. des Vierges
R. Lesage
R. des Tribunaux
1
Thiers
Cohue-musée
Préfecture
R. de la Salle
R. d'Asile
PL. VALENCIA
24
R. des Halles
R. de la Monnaie
R. des Vierges
Jardins des Remparts
Fr. Decker
Hôtel de Limur
Musée d'Histoire et d'Archéologie
R. Noë
R. Rogue
42
PL. L. LAROCHE
Hôtel du Département
PL. DE LA RÉPUBLIQUE
44
34
Vannes et sa femme
Palais de justice
Tour du Connétable
Jardins de la Garenne
R. Le Hellec
PL. DES LICES
PL. DU POIDS PUBLIC
36
Halles
Vieux lavoirs
R. Porte Poterne
37
Porte Poterne
Rue Richemont
R. St Vincent
51
Halle aux poissons
Château de l'Hermine
R. J. de Bazvalan
R. de Saint Tropez
21
12
PL. DE LA GARENNE
Rue
PL. DE LA POISSONNERIE
R. Alexandre Le Pontois
R. S. de Rosmadec
Rue Jean Martin
31
PL. GAMBETTA
R. St-Jean-Bap. de la Salle
Porte St-Vincent
8
R. Paul Helleu
Rue du Jointo
R. A. Roth
45
PL. MAL JOFFRE
Rue Monseigneur
Rue Drezen
R. du Port
Port
52
26
Allée le Doris
33
R. F. le Dressay
Rue des Ursulines
0
100
200 m
Stade


VANNES

des offices de tourisme de la région. Les départs se font à la gare maritime du parc du Golfe *(plan A4)*, au sud du centre : de là, on gagne l'***île d'Arz*** toute l'année (reportez-vous au texte « Les îles du golfe du Morbihan » plus loin), ***Port-Navalo, Belle-Île, Houat*** et ***Hoëdic*** à la belle saison. Outre les liaisons, vous aurez aussi la possibilité de choisir parmi différentes croisières, avec ou sans escale sur les îles du golfe (***île aux Moines*** et/ou ***île d'Arz***), voire avec repas à bord, avec *Navix* (☎ 02-97-46-60-00 ; • navix.fr •), la *Compagnie du Golfe* (☎ 02-97-67-10-00 ; • compagnie-du-golfe.fr •) et les *Vedettes du Golfe* (☎ 02-97-44-44-40 ; • vedettes-du-golfe.fr •). Pour connaître toutes les options, y compris les locations de voiliers, consultez : • golfedumorbihan.bzh •

➢ ***Pour Belle-Île :*** avec *Navix,* avr-sept vers 8h30, via Port-Navalo ; retour vers 20h. Tarifs : 31-34,50 € A/R selon saison ; réduc. Avec la *Compagnie du Golfe,* avr-sept vers 8h20, également via Port-Navalo, ven-lun seulement en avr-juin et sept, tlj en juil-août (sauf quelques dates) ; retour à 18h30 à Port-Navalo, 19h30 à Vannes. Tarifs : 30,50-32,50 € A/R ; réduc (notamment 10 % sur présentation de ce guide, hors bateau-restaurant). Avec les *Vedettes du Golfe,* fin juin-fin oct via Port-Navalo, selon un calendrier assez irrégulier (tlj sauf dim en août). Attention, en août pour Vannes, changement à Port-Navalo en sem. Compter 30-35,50 € A/R.

➢ ***Pour Houat et Hoëdic :*** avec *Navix,* de mi-juil à fin août, 1-2 bateaux/j., tlj ou presque pour Houat, dont un continue jusqu'à Hoëdic. Avec les *Vedettes du Golfe,* de mi-mai à mi-sept, 1-5 traversées/sem via Port-Navalo (31-33 € A/R).

***L'André-Yvette :*** *57, rue Anita-Conti. ☎ 02-97-42-61-78. • gabare.andreyvette@lespep56.com • Navigation traditionnelle à la journée ou ½ journée 35-62 €.* Cette superbe gabare de l'Iroise de 25 m, restaurée en 2011, date de 1936 et servit au transport de marchandises jusqu'en 1974. Elle navigue aujourd'hui sur tout le littoral sud breton, embarquant novices, particuliers, groupes et entreprises, enfants, adultes et personnes en situation de handicap.

## Où dormir ?

### Camping

***Flower Camping Le Conleau*** *(hors plan par A4,* ***9****) : 188, av. du Maréchal-Juin. ☎ 02-97-63-13-88. • camping.conleau@flowercampings.com • vannes-camping.com • ♿ Ouv début avr-début oct. Forfaits tente 19-34 € ; cabanes et mobile homes 55-160 €/j. 213 empl. La 7e nuit offerte et gratuité pour les moins de 3 ans en emplacement sur présentation de ce guide.* À l'entrée de la jolie presqu'île de Conleau, ce camping tout propre et bien agencé est idéal pour rayonner dans le secteur. Terrain plus ou moins ombragé, globalement verdoyant, avec de belles parcelles réservées aux tentes, avec en prime une belle vue. Piscine découvrable et chauffée. Location de vélos et de canoës.

### Prix moyens

***Hôtel Le Bretagne*** *(zoom B1,* ***10****) : 36, rue du Mené. ☎ 02-97-47-20-21. • info@lebretagnevannes.fr • hotel-lebretagne-vannes.com • À 50 m de la porte Prison. Doubles 68-88 €.* Perché au 1er étage, voici un petit hôtel de poche, particulièrement central. Ses 12 chambres se révèlent calmes côté remparts et confortables (bons lits). Déco soignée, pas dénuée de charme. Préférer les chambres côté remparts, plus petites mais plus calmes et moins chères.

***Hôtel Manche Océan*** *(zoom B1,* ***13****) : 31, rue du Lieutenant-Colonel-Maury. ☎ 02-97-47-26-46. 📱 06-03-47-73-40. • info@manche-ocean.com • manche-ocean.com • Congés : 18 déc-10 janv. Doubles 59-99 € ; familiales. Réduc de 10 % sur le prix de la chambre* *(sauf haute saison, promo et w-e fériés) sur présentation de ce guide.* Implanté sur un petit carrefour (pas trop passant), ce bâtiment moderne du centre-ville abrite une quarantaine de chambres fonctionnelles, confortables, colorées, bien tenues et assez spacieuses pour les plus chères d'entre elles (la plupart avec frigo). Accueil cordial.

**Chambres d'hôtes La Villa Garenne** *(zoom B2,* ***8****) :* *3, rue Monseigneur-Tréhiou. 06-76-01-80-83. • info@lavillagarenne.fr • lavillagarenne.fr • Doubles 75-100 € ; familiales. Café ou thé offert sur présentation de ce guide.* Cette ancienne maison de ville, entièrement restaurée, se dresse idéalement aux portes des remparts. Elle abrite 5 chambres, toutes au 2e étage (sans ascenseur), dont une triple. L'une donne sur le jardin, les autres plus ou moins sur les remparts. Petit déj de qualité (produits locaux). Un bout de courette et salon avec thé et café à dispo. Déco fraîche et plaisante sur le thème des arts. Également 2 apparts à louer dans le même quartier. Bon accueil.

**Hôtel Anne de Bretagne** *(zoom B1,* ***11****) :* *42, rue Olivier-de-Clisson. ☎ 02-97-54-22-19. 06-69-14-12-87 • contact@annedebretagne-vannes.com • annedebretagne-vannes.com • Ouv tlj sauf w-e et j. fériés hors saison. Résa conseillée en saison. Doubles 58-72 €.* Quasi face à la gare mais au calme et en retrait, dans une petite rue. Hôtel simple mais fonctionnel et bien tenu. Chambres classiques, sans chichis mais agréables. Un bon rapport qualité-prix, même si l'insonorisation n'est pas au top.

**Hôtel de France** *(zoom B1,* ***15****) :* *57, av. Victor-Hugo. ☎ 02-97-47-27-57. • contact@hotelfrance-vannes.com • hotelfrance-vannes.com • Congés : vac de fin d'année. Doubles 61-107 €; familiales.* L'*urban style* a fait souffler un vent de fraîcheur sur cet établissement. Couleurs, atmosphère, souci du détail et de l'air du temps lui ont mis du rose aux joues et du vert pomme sur les murs. Bon niveau de confort pour des chambres coquettes et modernes. L'accueil décontracté est au diapason. Salle du petit déj agréablement prolongée par une terrasse extérieure. Demander en priorité une chambre donnant sur l'arrière, plus au calme.

**Le Roof** *(hors plan par A4,* ***20****) :* ***presqu'île de Conleau,*** *10, allée des Frères-Cadoret. ☎ 02-97-63-47-47. • reception@le-roof.com • le-roof.com • Doubles 89-259 €. Formules 29-37 € ; carte env 50 €. 10 % de réduc sur le prix de la chambre hors sam soir sur présentation de ce guide.* Cet hôtel 3 étoiles de chaîne, à l'architecture lambda, a l'avantage d'être le seul de Vannes véritablement les pieds dans l'eau, au bord du golfe, à l'abri de toute circulation. Préférez donc, pour la vue (de carte postale), les chambres côté flots ! Côté parking, c'est évidemment moins enchanteur, même avec un balcon... Resto et brasserie *(Le Café de Conleau),* prolongés par une terrasse verdoyante vraiment extra, se concentrent sur les produits de la mer. Pas donné, mais plats bien réalisés. Plagette juste à côté.

**Hôtel Quality La Marébaudière** *(hors zoom par B1-2,* ***16****) :* *4, rue Aristide-Briand. ☎ 02-97-47-34-29. • contact@marebaudiere.com • marebaudiere.com • Congés : sem de Noël. Doubles 96-140 € ; familiale.* Pas trop loin du centre mais un peu reculée, dans un coin tranquille, cette grande bâtisse toute blanche, très locale, abrite des chambres pas bien grandes mais tout confort et à l'agréable déco contemporaine. Spa. On est plus près du 3-étoiles que des 4 affichées, mais les tarifs restent corrects et le grand parking gratuit est appréciable ! Seul bémol : la tenue de séminaires parfois un peu bruyants.

**Chambres d'hôtes La Maison de la Garenne** *(zoom B2,* ***12****) :* *2, rue Sébastien-de-Rosmadec. ☎ 02-97-67-00-31. 06-89-31-94-10. • contact@maisondelagarenne.com • maisondelagarenne.com • Doubles 109-141 € ; appartement pour 4. Accès au spa inclus (à certaines heures). Réduc de 10 % sur le prix de la chambre hors saison, sur présentation de ce guide.* Voilà une bien jolie maison de maître assise sur les hauteurs, à un jet de pierre des remparts. Au menu : architecture bourgeoise, grands volumes, déco raffinée, cheminée, parquets, volée de marches, bibliothèque... La maison accueille avec autant de gentillesse que de simplicité les vacanciers et la clientèle d'affaires dans ses 4 belles chambres et sa suite – toutes lumineuses, très calmes, au confort des plus moderne (douche balnéo). Bien beau jardin à l'arrière, hyper tranquille et augmenté d'un grand spa avec nage à contre-courant. Espace bien-être au sous-sol avec équipement dernier cri. Cuisine à dispo. Bon petit déj à base de produits régionaux.

## Beaucoup plus chic

**Hôtel et Spa Villa Kerasy** *(zoom B1, **19**)* **:** *20, av. Favrel-et-Lincy. ☎ 02-97-68-36-83. • info@villakerasy.com • villakerasy.com • Doubles 119-209 € ; suite. Formules séjour à thème. Parking privé et gratuit. Un petit déj/pers et surclassement selon disponibilité offerts sur présentation de ce guide.* L'Asie à la descente du train, à côté de la gare de Vannes, c'est possible ! La *Villa Kerasy,* « Maison d'Asie » en breton, installée dans une ancienne fabrique de bonneterie des années 1920 précédée d'un escalier de pierre gardé par 2 éléphants, fait revivre l'épopée de la Compagnie des Indes à travers 14 escales, de Pondichéry à Canton. À chaque chambre-comptoir, très soignée, sa décoration doucement personnalisée et, pour les plus chanceux, une petite terrasse privative. Tout petit jardin japonais, spa... on vient ici en amoureux ou pour s'offrir une parenthèse luxueuse.

MORBIHAN

# Où manger ?

### *Dans le centre*

## De très bon marché à bon marché

**Crêperie Balade en Crêpanie** *(zoom B1, **30**)* **:** *21, rue de la Fontaine. ☎ 02-97-54-19-64. 📱 06-73-06-88-59. • crepanie56@free.fr • baladeencrepanie.com • Tlj sauf lun (et mar hors saison). Congés : 2 sem fin janv, 1 sem fin juin et 2 sem début oct. Formules 9,95-12,10 € (lun-sam midi), puis 16,95 € ; carte 15 €. Kir breton ou jus de pomme artisanal offert sous présentation de ce guide.* L'accueil attentif, le service rapide et l'agréable courette à l'arrière sont autant d'atouts qui voient affluer les Vannetais. Les galettes et les crêpes n'y sont pas pour rien évidemment, élaborées avec des produits locaux de qualité.

**Le P'tit Belon** *(zoom A2, **31**)* **:** *3, pl. de la Poissonnerie. ☎ 02-97-43-24-16. • keravel974@icloud.com • Ouv mar-sam (sauf mar soir hors saison). Formule EPD 18,50 € ; carte 27 €.* Le *P'tit Belon* a changé de ton. La vaste terrasse ouverte sur l'animation de la halle aux poissons bat toujours son plein, en particulier les jours de marché. L'intérieur en revanche a fait peau neuve, façon bistrot chic. Boiseries peintes, longue banquette de moleskine taillée sur mesure, éclairages tamisés et tableaux, tout est rentré au chausse-pied dans l'adorable salle du rez-de-chaussée, réhaussée d'une 2e salle plus sobre à l'étage. Sébastien, assisté d'un jeune chef talentueux, concocte des plats différents (brioche de homard, *poke-bowl*, copieux burger...) et rapidement servis par une équipe enthousiaste. En souvenir des îles, le patron sert aussi de sacrés petits rhums arrangés.

**Le Coq à l'Âne** *(zoom B1, **32**)* **:** *17, pl. du Général-de-Gaulle. ☎ 02-97-42-56-74. Tlj sauf dim-lun. Midi en sem, formules 16-18,50 € ; carte 20-25 €.* Local, frais et bio (en majorité) ! Voici la recette de ce néobistrot bien vivant, au service enjoué et aux assiettes colorées. L'ardoise change souvent et les plats piochent leur inspiration aux 4 points cardinaux : mafé végétarien, burger espagnol, salade thaïe... Une carte qui passe allègrement... du coq à l'âne.

## De bon marché à prix moyens

– Voir aussi les intéressantes formules déjeuner des restaurants dans la rubrique « De chic à... très chic ».

**Lecocq & Folks** *(zoom B2, **21**)* **:** *5,*

*rue Saint-Vincent. ☎ 02-97-54-19-17. 📱 06-66-87-96-76. • lecocqandfolks@outlook.fr • ♿ Tlj service 12h-14h, 19h-22h. Fermé hors saison les j. fériés et le soir dim-mar. Menus du marché ou végétarien 20,50-36 €.* C'est un café relooké, coquet, pimpant, coloré, où les batteries de cuisine rutilantes, au-dessus du bar, font écho à quelques vieilles machines (à coudre, un projo Super 8...), des tables hautes, d'autres moins hautes et des banquettes. C'est aussi un petit resto à la carte courte, qui ne travaille que le frais, sur des touches inventives, et où l'on sert le dimanche un brunch de qualité. L'accueil, lui, est un peu réservé.

**|●| *La P'tite Souris*** *(zoom A2,* ***33****) : 36, rue du Port. ☎ 02-97-47-15-90. Tlj sauf dim. Congés : janv. Formules déj 12,50-15,50 € ; menus 21-28 € ; carte 21 €.* Pas de terrasse (rond-point oblige), mais des salles mignonnettes qui grimpent dans les étages de cette vieille maison, où le service se fait sportif ! Dans l'assiette, des produits locaux pour une cuisine pas mal amenée et joliment présentée. Le menu du midi est d'un bon rapport qualité-prix.

**|●| *Le Homard-Frites*** *(hors zoom par B1,* ***47****) : 5, pl. Stalingrad. 📱 06-60-21-65-28. • lehomardfrites@gmail.com • lehomardfrites.com • Ouv mar-sam. Congés : 2 sem début janv. Carte 20 €. Café supplémentaire offert sur présentation de ce guide. Résa conseillée.* Mélanger le luxe du homard et le côté populaire de la frite, voici le pari du jeune chef Tony Streissel. Produits frais, et on choisit soi-même son homard (un bleu breton) dans le vivier du restaurant.

## Prix moyens

**|●| *La Source*** *(zoom A1,* ***28****) : 36, rue Thiers. ☎ 02-97-53-99-36. • lasource.vanne@gmail.com • Tte l'année, tlj sauf mer et dim. Résa préférable. Formule et menu déj 18-22 € (sauf dim) ; plats 17-23 €.* Ce bistrot sur 2 étages ne désemplit pas. À la source (facile !), une équipe au taquet, notamment aux heures de pointe, pour servir une cuisine de marché troussée. Produits frais du cru, cuissons justes et une jolie pointe d'inventivité. Le rapport qualité-prix est bon.

**|●| *K 19*** *(zoom A1,* ***22****) : 19, rue de la Boucherie. ☎ 02-97-61-50-90. • restaurantk19@gmail.com • ♿ Ouv mar-ven et sam soir (fermé jeu soir). Congés : dernière sem de juil, 1re sem d'août et vac de Noël. Formules 18,50-21,50 € (midi), puis 28-42 €.* La petite salle, dans l'air du temps, se planque dans une rue où il faut un peu aller la chercher. Au menu, une bonne cuisine de marché (produits souvent locaux), avec de l'idée derrière ses airs de ne pas y toucher. Les Vannetais(es) ont déjà flairé la bonne adresse, réservation donc conseillée.

**|●| *Chez Woody*** *(zoom B1,* ***40****) : 5, rue Saint-Patern. ☎ 02-97-69-13-73. • contact@chezwoody.fr • Ouv tlj midi et soir (jusqu'à 23h), fermé le midi juil-août. Résa préférable. Tapas 3-12 € ; plats 16-26 € ; desserts 5,50-6,50 €.* Ne cherchez pas Woody ! Le nom est une allusion au décor mi-chic, mi-boisé (poutres, élégantes tables en bois, chaises de velours, éclairages tamisés) qui sert d'écrin à la cuisine BBQ. Car viandes et poissons sont exclusivement cuits sur les larges braseros visibles de tous et accompagnés de légumes, purée ou frites maison. À ne pas manquer non plus le burger bigrement régressif et ces délicieux petits plats de partage (*bocadillos, pinchos* et *raciones*) qui forcent la convivialité. Assiettes généreuses, jusqu'aux desserts. Et accueil chaleureux. On adore.

## De chic à... très chic

**|●| *Empreinte*** *(zoom B2,* ***42****) : 15, pl. Valencia. ☎ 02-97-46-06-42. • empreinte-restaurant.fr • Mar-ven le midi et ven-sam le soir. Formules déj en sem 25-30 € ; carte 40 €.* À peine ouvert, cet établissement laissait déjà son empreinte sur les pavés du centre historique de Vannes... et dans le cœur des gourmets. On trouve ici bien plus qu'une belle table. La carte est évolutive, inspirée, intelligente, sincère et tout simplement merveilleuse. Inutile de préciser que les produits sont les meilleurs qui soient, toujours locaux et frais. Ainsi les menus sont composés chaque semaine, au gré du marché, des arrivages et des marées. On ne cherche pas à vous en mettre plein la vue, et pourtant c'est beau. On n'enveloppe pas les plats avec des noms compliqués, car le savant équilibre des saveurs parle de lui-même. Voici un couple qui a l'âme du bien-faire, l'amour du service et le plaisir d'en donner. Un beau moment en perspective.

**La Tête en l'Air** *(zoom B1, **23**) : 43, rue de la Fontaine. ☎ 02-97-67-31-13. • lateteenlair56@gmail.com • Ouv jeu-dim (jeu-lun en juil-août). Formules déj en sem 20-30 € ; le soir, menus à l'aveugle 50-70 € (5 ou 7 assiettes surprise) et menus accord mets-vins 80-110 €.* Emmenée par une jeune équipe aussi accueillante que passionnée, l'adresse revisite ses classiques sur des notes plus ou moins intenses d'inventivité, sans surcharger le convive et dans le respect de (beaux) produits, frais et de saison. On s'installe au choix dans l'une des 3 salles en enfilade, façon « bistrot des temps modernes » (comme ils disent !), qui débouchent sur la cuisine ouverte, sous une verrière. Carte des vins... et des rhums, riche en découvertes.

**L'Annexe** *(zoom A1, **25**) : 18, rue Émile-Burgault. ☎ 02-97-42-58-85. • l-annexe.56@orange.fr • restaurant lannexe.eatbu.com • Tlj sauf dim-lun. Formule déj 28 € ; le soir, 40-62 €.* Avec ce resto encore récent, Vannes confirme qu'elle est un vivier de bons chefs. Et c'est bien connu, les bons chefs sont pointilleux avec le marché ! Donc ici, on ne déroge pas à la règle : que du beau, du savoureux, du local et du « saison » au service d'un vrai savoir-faire assaisonné de créativité. La formule déj est une aubaine. Accueil adorable de madame, en salle.

**Le Roscanvec** *(zoom B2, **24**) : 17, rue des Halles. ☎ 02-97-47-15-96. • roscanvec@yahoo.fr • Tlj sauf dim-lun. Résa indispensable. Menu déj 34 € ; autres menus 58-98 €.* Surprenante, inventive, raffinée, savante, insolite : les qualificatifs ne manquent pas pour définir la cuisine de Thierry Seychelles, passé chez les grands de Bretagne. Ajoutons-en un : téméraire. Car il en faut de la témérité pour afficher, dans ce resto de poche d'une petite rue pavée du centre historique de Vannes, une carte digne des grands laboratoires gastronomiques. Entouré d'une fine équipe, il concocte une cuisine quasi expérimentale, mais qui sait tout de même garder les pieds sur terre. La carte des desserts décline des mariages aussi subtils que savoureux. Les prix, certes élevés, restent néanmoins abordables, le service est parfait, et la déco design ne manque pas de classe !

**L'Amarré** *(plan A2, **29**) : 6, rue Pasteur. ☎ 02-97-66-59-89. Ouvert jeu-dim le soir seulement, plus dim midi. Carte env 50 €.* Quel navire ! Une superbe bâtisse bourgeoise à la lisière du centre historique, rajeunie d'un magnifique décor contemporain coloré avec cheminée et d'une superbe véranda ouverte sur un jardin à l'arrière. Mais encore ? Une cuisine iodée, fine et inventive, qui s'épanouit au plus près de l'océan : huîtres naturelles, poissons de ligne. Tout est fait maison, même la pâte des ravioles !

## Autour du port (et plus loin !)

### De bon marché à prix moyens

**Le Vent d'Est** *(zoom B2, **26**) : 21, rue Ferdinand-le-Dressay. ☎ 02-97-01-34-53. 📱 06-84-97-52-27. • leventdest.fr • En saison, tlj sauf dim-lun ; hors saison, fermé dim soir, lun et jeu soir. Congés : 20 juin-10 juil. Menus 18 € (midi en sem)-27 € ; carte 37 €. Digestif maison offert sur présentation de ce guide. Résa conseillée.* Pour changer des poissons et des fruits de mer, un délicieux restaurant alsacien dans une salle très joliment décorée de façon traditionnelle, au 1er étage avec vue sur le port. En hiver, carte résolument tournée vers l'est mais avec des spécialités revisitées et modernisées. En été, un petit vent d'ouest apporte quelques plats plus bretonnants tout aussi joliment réalisés. N'oubliez pas d'aller faire un petit tour aux toilettes ! Accueil très sympathique.

**La Gourmandière** *(hors zoom par B1, **35**) : rue du Poignant. ☎ 02-97-47-16-13. • oliviersamson@orange.fr •*

*♿ Excentré, il faut être motorisé. Bistrot tlj sauf mer à midi. Resto gastronomique ouv le soir jeu-lun. Côté bistrot, formules et menus 23-43 € ; côté gastro, menus 62-92 €.* C'est vrai, la localisation au pied de la double voie n'invite pas au détour. Et pourtant, quelle adresse ! Le midi, dans le cadre rustico-moderne du *Bistr'Aurélia,* Olivier Samson propose une cuisine « retour du marché » simple mais joliment travaillée. Pas de doute, le chef est créatif et il en joue avec talent. Le soir, à la *Table d'Olivier,* c'est plus chic, plus cher, plus choc mais... top !

**Bistro-Resto Rozili** *(hors plan par A4,* ***27****) : 178, av. du Maréchal-Juin. ☎ 09-81-18-16-09. • mathias.carnot@hotmail.fr • Ouv le midi lun-mar, et jeu-dim midi. Congés : fin oct-début nov. Formules 25-49 €. Café offert sur présentation de ce guide.* Ça vaut le coup de s'éloigner un peu du centre-ville pour découvrir cette table où le poisson est à l'honneur. Le chef-patron réalise un travail de qualité, soutenu par une équipe aux petits soins avec ses hôtes. Menu « Bistrot » ou menu « Papille », son savoir-faire s'exprime sur chaque plat et le plaisir est constant. Terrasse agréable aux beaux jours, avec un petit bout de vue sur le golfe.

Voir aussi **Le Piano Barge,** cité plus loin dans la rubrique « Où boire un verre ? Où écouter de la musique ? ».

MORBIHAN

## Où dormir ? Où manger autour de Vannes ?

L'arrière-pays de Vannes (autrement appelé « balcons du golfe ») s'étend côté nord, où les verts intenses de l'Argoat (la Bretagne intérieure) prennent le pas sur les bleus fulgurants de l'Arvor. Un pays bucolique de pâturages et de forêts, où les vieilles chapelles s'éparpillent entre les hameaux, les chemins creux et les monuments mégalithiques.

### Prix moyens

***L'Onde Verte :*** *12, rue des Lavandières, 56250* ***Saint-Nolff.*** *☎ 09-82-25-99-32. • alexispotier@londeverte.fr • À 100 m de l'église. Lun-sam 12h-13h30, plus jeu-sam 19h-21h. Menus 2-3 plats 18-24 € le midi, 24-29 € le soir ; carte env 35 €. Café offert sur présentation de ce guide.* Le jeune chef a l'étoffe d'un grand. Sous les abords modestes de ce resto de village, aux salles empilées en hauteur, il mitonne une cuisine aussi fine que surprenante. Son foie gras se marie au chutney et aux épices, sa joue de porc braisée au cidre de Rhuys. Et, pour les amateurs de burgers, le chef propose une version luxe et délicate à la compotée d'oignons. Savoir-faire, inventivité, prix raisonnables, accueil chaleureux, bon choix de vins au verre... un vrai sans-faute.

### Chic

***Chambres d'hôtes Le Domaine de Coët Bihan :*** *route de Rudevent, lieu-dit Coët Bihan, 56250* ***Monterblanc.*** *☎ 02-97-44-97-22. 📱 06-20-42-42-47. • domainedecoetbihan@gmail.com • chambredhotes-vannes.com • D'avr à mi-oct. Doubles 90-105 € (80-95 € à partir de la 2e nuit).* Jacques et Jantine ont entièrement restauré une belle ferme fleurie implantée sur un domaine de 14 ha. Ils reçoivent leurs hôtes dans 4 chambres cosy et très bien équipées, assez spacieuses et aux beaux parquets, chacune avec salle de bains privée (et entrée séparée). Par les fenêtres, une verte campagne se déroule, où s'ébrouent les chevaux en pension. On se délasse dans la piscine intérieure chauffée et on s'offre de longues balades entre bois et pâturages.

***Le Pressoir :*** *7, rue de l'Hôpital, 56890* ***Saint-Avé.*** *☎ 02-97-60-87-63. • info@le-pressoir.fr • le-pressoir.fr • À la sortie ouest de Lescran, à env 2 km à l'ouest de Saint-Avé. Tlj sauf dim soir-lun. Menus 36-110 €. Apéritif offert sur présentation de ce guide.* On ne vient pas ici en coup de vent, mais dans l'optique d'un repas gourmand et raffiné mettant en valeur le meilleur des produits de saison. Le chef, Vincent David, formé notamment auprès de Marc Meneau, à Vézelay, allie avec agilité les saveurs de la terre et de la mer. La carte change, virevolte selon l'inspiration et le moment. La technique est précise, les alliances sophistiquées, zestées.

## Où faire une pause gourmande ? Où boire un thé ?

***Chocolatier-glacier Chartier*** *(zoom B2,* ***34****)* **:** *25, pl. des Lices. ☎ 02-97-01-93-78. • alainchartier.fr • Juil-août, tlj 10h (sauf lun 14h30)-19h ; hors saison, tlj sauf lun mat et dim ap-m 10h-13h, 14h30-19h (9h-19h sam).* Meilleur Ouvrier de France et champion du monde des desserts glacés, Alain Chartier met constamment au point des parfums inédits : kouign-amann, cassis-violette, litchi-rose, cactus-gingembre... et bien d'autres encore. Les gourmands craqueront aussi pour ses gâteaux et éclairs glacés. Vous aimez ? Alors pourquoi ne pas vous inscrire à l'école des desserts... ?

***L'Atelier*** *(zoom B2,* ***44****)* **:** *7, rue Noë. ☎ 02-97-01-34-68. Lun-sam en été ; mar-sam seulement le midi en basse saison. Formule 10,80 € ; carte env 17 €. Café offert sur présentation de ce guide.* Les 3 tables posées aux beaux jours dans la ruelle pavée, et l'intérieur vert pastel aux chaises en bois blanc et vieilles photos encadrées aux murs, sont croquignolets. L'escale est bonne pour s'offrir un thé à 4h (26 parfums au choix !), mais les galettes, les crêpes, les tartes du jour et les salades-repas attirent aussi pas mal d'habitués le midi. Très en vogue : le far breton poêlé au caramel.

***Délice Café*** *(zoom B2,* ***36****)* **:** *7, pl. des Lices. ☎ 02-97-54-23-31. Tlj sauf dim (plus j. fériés hors saison) 8h-20h. Formules thé gourmand, chocolat chaud.* Idéalement placé face aux halles on sert à toute heure des plats de brasserie, en intérieur ou en terrasse – très agréable aux beaux jours. Mais ce sont les pâtisseries qui font la différence, autour de quelques classiques indétrônables et élaborées sur place par une vraie chef pâtissière. Tarte Tatin, éclair chocolat-pistache, flan divinement vanillé (c'est tout bête, mais tout un art), tarte aux fruits exotiques meringuée... Un lieu de perdition pour les becs sucrés !

## Où boire un verre ? Où écouter de la musique ?

### *Dans le centre ancien et vers le port*

Sur la sympathique place Gambetta *(zoom A-B2),* face au port, ***L'Océan,*** son voisin le ***Bord'eaux*** et le ***Gambetta*** déroulent de vastes terrasses très (très) prisées aux beaux jours. On s'y retrouve, on y drague et on y traîne sans fin... Allez donc y pomper l'air du large, ou l'air du temps, selon l'humeur. Certains y mangent aussi mais, de ce point de vue, aucun n'est vraiment recommandable. À 2 pas, rive gauche *(zoom B2,* ***45****),* 2 pubs très festifs attirent les étudiants : le ***Paddy O'Dowds*** et le ***Tarmac.*** Le ***Vieux Safran,*** un peu plus bas, est fréquenté par une clientèle plus grisonnante.

***À l'Aise Breizh Café*** *(zoom B2,* ***52****)* **:** *4, rue du Commerce (port de plaisance, capitainerie). ☎ 02-97-68-15-89. • albc.vannes@orange.fr • Tlj 9h-1h (fermé lun-mar soir hors saison). Menu déj en sem 17,50 €, autres menus env 25 €.* L'endroit idéal pour admirer à l'aise les bateaux du port, au-dessus de la capitainerie. Le café occupe une grande salle lumineuse et moderne, avec déco de bois brut et tout aussi vaste terrasse.

***Les Valseuses*** *(zoom B2,* ***37****)* **:** *10-12, rue Porte-Poterne. ☎ 02-97-26-86-15. • lesvalseuses.panpan-vannes.com • Tlj sauf dim-lun hors saison 16h-2h. Congés : 2 sem début janv.* La ville semble assoupie ? Détrompez-vous : tous sont ici, entre l'immense terrasse bon enfant et la grande salle

MORBIHAN

de pub où résonnent tantôt les clameurs des supporters de foot et de rugby (RCV au cœur), yeux rivés aux écrans géants, tantôt les balades jazzy (mercredi plutôt) ou autres des groupes venus envoûter les lieux. Ajoutez quelques soirées à thème, et le panorama est complet. Intéressant choix de bières étrangères.

**Le Piano Barge** *(hors plan par A4, **41**) : parc du Golfe, allée Loïc-Caradec. ☎ 02-97-47-75-05. Mar-ven et sam soir. Congés : 2 sem début janv. Café offert sur présentation de ce guide.* Cette vieille péniche hollandaise, complètement retapée, a jeté l'ancre à 2 brasses de la gare maritime. Certains vont y manger, avec vue sur l'eau, mais on vous conseille avant tout la salle de concert dans la cale, qui accueille des artistes locaux pour une programmation variée.

**Le Trussac Café** *(hors plan par A4, **41**) : 5, pl. Anatole-France. ☎ 02-97-63-17-80. • noelle.trussacbar@orange.fr • À 10-15 mn à pied du port. Tlj sauf w-e et j. fériés. Congés : de mi-juil à mi-août et vac scol de Noël.* Des cafés comme ça, il n'y en a plus guère ! Pas vraiment un café d'ailleurs, mais plutôt un lieu de vie : on s'y donne rendez-vous entre voisins, on y débat lors de soirées philo, on commente le documentaire du soir, et le vendredi, certains empoignent la guitare pendant que d'autres s'emparent du piano et de la batterie pour des bœufs fraternels. Comme le dit l'adorable propriétaire, ici, c'est comme à la maison. Il n'y a qu'à jeter un coup d'œil au jardin avec boulodrome et terrasse pour s'en convaincre !

**Le Corlazo** *(hors plan par A4, **41**) : presqu'île de Conleau, 5, allée du Docteur-François-Salomon. ☎ 02-97-63-24-43. Tte l'année. L'été, tlj 10h-23h ; hors saison, jusqu'à 18h et fermé mar-mer.* La situation pour prendre un verre est imbattable : on est là à l'orée du golfe du Morbihan, face à la petite marina de Conleau, au cœur de paysages aux relents d'aquarelles anglaises, et on est bien. Restauration le midi et apéritif dînatoire le soir d'avril à septembre.

MORBIHAN

## Où acheter de bons (et beaux) produits régionaux ?

**Les Halles des Lices** *(zoom B2) : 4, pl. des Lices. Mar-dim 8h-14h.* Ce petit marché couvert regroupe principalement des producteurs locaux, aux produits souvent bio. Boucherie, boulangerie, charcuterie, poissonnerie, fromagerie, traiteur et restos du monde, rien ne manque pour faire ses courses, acheter de quoi pique-niquer, ou même croquer un morceau sur les quelques tables à dispo au fond de la halle. Visez les drôles de pyramides en chocolat des *Nénettes* et goûtez les tartes salées de l'*Atelier des Halles*.

**Boulangerie-pâtisserie Le Brun** *(zoom B2, **51**) : 9, rue Saint-Vincent. ☎ 02-97-47-40-07. Mar-dim 7h30-19h45.* Le boss a été justement récompensé pour son succulent kouign-amann. Far breton et autres spécialités sucrées valent aussi le détour.

**La Huche à Pain** *(zoom B2, **34**) : 23, pl. des Lices. ☎ 02-97-47-23-76.* Pour les recalés du *gotchial* du ***Moulin à Café*** de Saint-Armel ou ceux qui n'ont pas prévu d'y aller, cette bonne boulangerie du centre propose une version dodue, bien dorée et à la mie onctueuse de la fameuse brioche locale.

# À voir

## Le centre historique

Le cœur historique de Vannes, délimité encore à l'est par ses hauts remparts médiévaux, n'est pas bien étendu : on le parcourt aisément à pied, en l'abordant de préférence par la ***place Gambetta*** *(zoom A-B2)*, ouverte sur le port, où les terrasses de cafés se tiennent au coude à coude. L'esplanade en hémicycle a remplacé au XIXe s un pont double, sous lequel la mer s'engouffrait à marée haute, léchant les murailles et alimentant les fossés de la ville. La place tourne le dos à la belle ***porte Saint-Vincent,*** gardienne baroque (XVIIe-XVIIIe s) de la cité, greffée du blason de Vannes et couronnée d'une statue de saint Vincent Ferrier, infatigable prédicateur espagnol appelé par le duc de Bretagne Jean V pour rétablir l'ordre moral à Vannes et mort ici même en 1419. La légende veut que la cité soit engloutie par les eaux lorsqu'il abaissera la main !

## STATUE À PART

*La place de l'hôtel de ville est dominée par la statue équestre en bronze du connétable de Richemont, frère de Jean V et lui-même duc de Bretagne à la toute fin de sa vie. Durant la 2de Guerre mondiale, le monument, qui pèse 2 t, faillit être fondu par les Allemands, qui finalement l'épargnèrent : le connétable, très actif durant la guerre de Cent Ans, était le symbole de la lutte contre l'ennemi anglais.*



La ***rue Saint-Vincent*** *(zoom B2),* qui s'étire une fois le porche franchi, demeura longtemps une voie d'eau, trait d'union entre le port et la place des Lices, qui marqua jusqu'au XIVe s la limite sud de la place forte. Au XVIIe s, les membres du Parlement de Bretagne, exilés à Vannes par Louis XIV à la suite de la célèbre révolte des Bonnets rouges, y firent édifier leurs hôtels particuliers en pierre, dont certains demeurent.

Théâtre – au Moyen Âge – des joutes et tournois, la vaste ***place des Lices*** *(zoom B2),* en pente, accueille les mercredi et samedi matin le marché de Vannes. On y trouve aussi les ***halles,*** avec leurs commerces de bouche traditionnels. À droite, l'étroite rue Porte-Poterne se glisse jusqu'à la... ***porte Poterne*** *(zoom B2),* datant de 1680, qui débouche sur un pont de pierre lancé au-dessus des jardins des Remparts et de la Marle canalisée.

À vos pieds, les splendides ***lavoirs*** du XIXe s, à colombages et galerie à toit d'ardoises, ont été restaurés. Ils ont été rachetés par souscription publique en 1927 pour éviter qu'ils ne soient détruits ! Le Service du patrimoine, installé à l'étage, propose toutes sortes de visites guidées de la ville (voir « Adresses et infos utiles » plus haut).

Les vastes ***jardins des Remparts*** *(zoom B2),* égayant les anciennes douves de leurs massifs à la française, invitent naturellement à une pause. Vergers puis potagers y occupèrent longtemps l'espace. Les hautes murailles soulignant l'est du centre historique s'y dressent dans toute leur ampleur. Elles sont dominées au sud par le ***château de l'Hermine,*** reconstruit vers 1785 à l'emplacement de l'ancien château des ducs de Bretagne (expositions temporaires au rez-de-chaussée). Côté nord se dresse la haute ***tour du Connétable,*** enchâssée au XVe s sur les remparts pour mieux veiller sur le plateau de la Garenne (sur la rive opposée de la Marle). En repassant la porte Poterne, vous pourrez vous en approcher par la ***rue du Rempart*** et grimper l'escalier menant à un point de vue.

La ***rue des Remparts*** débouche sur le haut de la place des Lices. Redescendez-la un peu jusqu'à la hauteur du glacier *Chartier* (voir « Où faire une pause gourmande ? Où boire un thé ? ») pour prendre, sur votre droite, la ***rue du Bienheureux-René-Rogue.*** Elle débouche presque immédiatement sur la petite ***place de Valencia,*** ainsi nommée en hommage à la ville d'origine de saint Vincent Ferrier. La belle maison à pans de bois du n° 3 (XVIe s), occupée par un restaurant, est célèbre pour son enseigne en granit polychrome connue sous le nom de ***Vannes et sa femme*** *(zoom B2),* devenue une sorte d'emblème de la ville.

**Château-Gaillard – musée d'Histoire et d'Archéologie** (zoom B2) **:** *2, rue Noé. ☎ 02-97-01-63-00. Juin-sept seulement, tlj 13h30-18h. Entrée : 6,50 € (avec visite du musée de la Cohue) ; réduc ; gratuit moins de 18 ans.* Le vénérable Château-Gaillard, manoir du XVe s à tour d'angle monumentale, ayant appartenu au chancelier du duc Jean V de Bretagne, abrite ce petit musée municipal centré sur la préhistoire, la protohistoire et la période gallo-romaine. Au-rez-de-chaussée, expos temporaires. Au ***1er étage,*** voir le riche et rare ensemble de ***pierres polies*** (superbe collection de haches funéraires en chloromélanite et jadéite) et de colliers en callaïs (variété de turquoise) datés d'environ 4500 av. J.-C., provenant des grands monuments mégalithiques de la région, joliment présentés. Admirer aussi le « dépôt de Langonnet », 1er exemple de lingots monétaires en bronze vraiment remarquable. Épées, haches, bijoux et poteries proviennent de différents sites du Morbihan. Au ***2e étage,*** on découvre un cadre séduisant : parquets et plafonds Louis XIV, belles cheminées médiévales, magnifiques boiseries et étonnant *cabinet des Pères du Désert,* orné de 8 toiles et 57 panneaux peints du XVIIe s, de style flamand, remarquablement conservés. Ils représentent la vie du Christ, de moines et d'ermites égyptiens de l'Antiquité tardive. Et encore d'autres petites collections archéologiques. Le ***3e étage*** vaut surtout pour sa nef de bois, entièrement chevillée.

Le quartier regorge de ***vieilles demeures à pans de bois,*** pour certaines en encorbellement, notamment ***rue des Halles*** (ex-rue Latine, où logeaient les étudiants) et ***rue Saint-Salomon*** (voyez la « maison aux lions » au no 13). Cette dernière débouche sur la jolie place Henri-IV, attenante à la place Saint-Pierre, veillée par la silhouette inégale de la cathédrale.

***La cathédrale Saint-Pierre*** (zoom B1-2) **:** *☎ 02-97-47-10-88 (presbytère). • cathedrale-vannes.cef.fr • Tlj 8h30-19h. Visite guidée gratuite régulière en juil-août (horaires variables, se renseigner).* Cet édifice massif et composite agrège une tour aux bases romanes du XIIIe s, une flèche du XIXe s, une façade néogothique, une nef et un chœur du XVe s, où trône un bel ensemble en marbre sculpté du XVIIIe s, sans oublier une curieuse chapelle ronde, de style Renaissance italienne (1537)... rare en Bretagne ! Devenu lieu de pèlerinage, le sanctuaire a reçu le titre honorifique de basilique mineure. Jetez enfin un œil au bel autel baroque.

***La Cohue – musée des Beaux-Arts*** (zoom B2) **:** *pl. Saint-Pierre. ☎ 02-97-01-63-00. Juin-sept, tlj 13h30-18h (sauf lun et j. fériés oct-mai) ; oct-mai, tlj sauf lun et j. fériés. Entrée : 6,50 € l'été (musée d'Histoire et d'Archéologie inclus) ; 4,60 € hors saison (pour la Cohue seule) ; réduc ; gratuit moins de 18 ans et pour ts le dim hors saison.* La « cohue », dans le vocabulaire des temps jadis, c'est le marché. Ici, au Moyen Âge, le rez-de-chaussée était occupé par les étals des marchands et l'étage par la cour de justice du duc. Aujourd'hui, l'édifice accueille les collections permanentes du musée des Beaux-Arts ainsi que des expos temporaires. Au rez-de-chaussée, peinture du XIXe s, essentiellement locale. Voir les belles huiles de Jeanne-Marie Barbey, les toiles inspirées de Jules Noël et le travail de Léon

## UN VRAI CHEMIN DE CROIX

*L'œuvre phare du musée des Beaux-Arts, Le Christ sur la croix de Delacroix, a connu un vrai calvaire. Mal exposé au Salon de 1835, le tableau est néanmoins acheté par l'État et envoyé à Vannes à la demande du député local. Il doit être accroché dans la cathédrale, mais atterrit à l'église Saint-Patern : la gorge et les seins de Marie Madeleine sont alors jugés trop impudiques. Nouvel émoi du curé, qui fait repeindre la poitrine incriminée en noir par son sacristain, puis cache carrément l'œuvre dans le clocher... Ce n'est qu'après la mort de l'artiste que le tableau sortira des oubliettes, pour être restauré et trouver une place de choix au musée.*

MORBIHAN

de Bellée. Au fond, la pièce maîtresse : le célèbre *Christ sur la croix* de Delacroix. Et ne manquez pas, à l'étage, une salle réservée aux œuvres de ***Geneviève Asse*** (née à Vannes), qui a exploré toute sa vie les bleus avec grand talent. Son travail est exposé dans une nef superbe et épurée.

À droite du portail de la cathédrale, la ***rue Saint-Gwénaël*** *(zoom B1-2)* est elle aussi bordée de maisons à colombages, occupées par boutiques chics et galeries. Celle, restaurée, à l'angle de la 1re ruelle, présente de belles ouvertures gothiques et des corbeaux sculptés. Plus bas, sur la droite, un petit détour par la ***rue des Vierges*** permet d'accéder au seul pan du chemin de ronde courant au long des remparts ouvert au public – rendez-vous favori des lycéens. Il s'appuie sur la tour Joliette (XVe s) et sur le seul ***mur gallo-romain*** de la cité (IIIe s) à avoir été conservé, aux alternances de moellons de granit et de brique. De là, le ***panorama*** sur les murailles et les jardins s'étendant en contrebas est superbe.



La ***rue Saint-Gwénaël*** descend doucement jusqu'à la ***porte Prison*** *(zoom B1),* bel exemple d'architecture militaire médiévale (XIIIe-XVe s), dont les 2 passages (l'un pour les piétons, l'autre pour les charrettes) étaient commandés par un double pont-levis. L'ensemble a été sauvé in extremis de la destruction au début du XXe s. Des 2 tours, aux geôles utilisées pour enfermer les réfractaires à la Révolution, une seule a survécu.

## *Hors les murs*

Quittant la ville close, on débouche sur le ***quartier Saint-Patern*** *(zoom B1),* le plus ancien de Vannes, cœur de la ville romaine. Côté droit, on retrouve l'extrémité nord du jardin des Remparts. Côté gauche, on file vers la rue Saint-Patern et l'***église*** du même nom, au style baroque des XVIIIe-XIXe s. L'édifice antérieur, victime de l'effondrement du clocher, était un des points d'orgue du pèlerinage du *Tro Breiz* jusqu'au XVe s. À ses pieds, la ***rue de la Fontaine*** a conservé nombre de ses vieilles ***demeures à pans de bois,*** squattées en partie par une brochette de bars et restaurants.

La promenade en ville s'achève. Pour regagner le port, passez donc devant la préfecture (1865) et par le jardin des Remparts. Juste au-dessus, les ***jardins de la Garenne*** *(zoom B2),* aménagés au XVIIIe s dans le ***parc de l'ancien château ducal,*** offrent un joli point de vue sur la ville close.

***Le port*** *(zoom A-B2)* **:** *tt au long du chenal, depuis la pl. Gambetta.* Un plan de rénovation, dans les années 1970, faillit en faire un parking, avant d'opter, heureusement, pour un bassin à flot. Aujourd'hui, le port n'abrite plus que des bateaux de plaisance qui viennent s'y amarrer après avoir franchi le pont tournant de Kérino (« pont vert ») et une porte-écluse. Rive gauche trône la capitainerie, un bâtiment moderne à la belle architecture de bois. Rive droite, à côté de l'office de tourisme, un vaste ***kiosque*** propose toute l'année des expos temporaires gratuites *(☎ 02-97-01-62-27 ; horaires variables).* Le quai se prolonge sur près de 1,5 km par la ***promenade boisée de la Rabine,*** qui permet de rejoindre à pied le pont de Kérino et le parc du Golfe.

## *Du côté du parc du Golfe et de Conleau*
*(plan A4 et hors plan par A4)*

Le ***parc du Golfe*** regroupe la gare maritime de Vannes, le casino et plusieurs musées et attractions. Du port, des navettes permettent de s'y rendre gratuitement en juillet-août et les jours de marché (voir « Adresses et infos utiles »).

**L'aquarium** *(plan A4) : au parc du Golfe. ☎ 02-97-40-67-40. ● aquariumdevannes.fr ● ♿ Tlj : juil-août, 9h30-19h ; avr-début juil puis sept et vac scol, 10h-12h, 14h-18h ; oct-mars, 14h-18h ; fermeture des guichets 30 mn avt. Entrée : 14,30 € ; enfant 10,20 € ; gratuit moins de 3 ans ; pass 14,80-20,40 € avec le jardin aux Papillons. Animaux interdits. Des chaises hautes sur roulettes, disponibles à l'entrée, permettent aux plus petits de mieux voir. Séances de nourrissage régulières.* Alimenté en partie en énergie par 3 *smartflowers* solaires plantées dans le minigolf, l'aquarium de Vannes comprend 3 sections : eaux de mer tempérées, eaux douces chaudes (Amazonie notamment) et mers tropicales. La 1re présente la faune du golfe, dont la daurade royale (qui change de sexe au cours de sa vie !) et les hippocampes, emblèmes du parc naturel régional, qui se reproduise désormais en captivité. Les 2 autres espaces sont plus classiques avec, en tout, une cinquantaine de petits aquariums et de plus grands bassins, où évoluent requins de récif à pointe noire, tortues, poissons-clowns et autres poissons-vaches... Étonnantes sèches, crabes, roussettes, anguilles et requin-bambou. Superbes poissons tropicaux. On croise aussi des colonnes à méduses, des anguilles électriques, quelques murènes... N'oubliez pas de saluer le célèbre crocodile du Nil, retrouvé dans les égouts de Paris (voir encadré).

## LES ÉGOUTS ET LES COULEURS

*En 1984, un crocodile fut trouvé dans les égouts de Paris. Il mesurait 80 cm. C'est après avoir constaté le déclin du nombre de rats que les égoutiers entreprirent des recherches pour dénicher le coupable. En fait, la coupable. Ils mirent la main (si l'on peut dire) sur une jolie crocodile, sans doute abandonnée par un propriétaire amoureux des animaux domestiques ! On la baptisa Éléonore et fut installée à l'aquarium de Vannes, où elle est depuis bichonnée avec amour. La belle a aujourd'hui la quarantaine, pèse 200 kg, mesure plus de 2,50 m et semble très à l'aise dans son 110 m² reconstituant le milieu de son enfance : les égouts.*

**Le jardin aux Papillons :** *parc du Golfe. ☎ 02-97-40-67-40. ● jardinauxpapillons.com ● À côté de l'aquarium. Fermé oct-mars. Avr-début juil, 11h-17h30 ; juil-août, 10h-19h ; mars et sept, 12h-17h ; fermeture des guichets 30 mn avt. Entrée : 11,80 € ; 8,20 € 3-11 ans ; gratuit moins de 3 ans ; pass 14,80-20,40 € avec l'aquarium. Animaux interdits. Plus la luminosité est forte, plus on a de chance de voir les papillons voler : mieux vaut donc venir entre 11h et 16h.* Dans cette vaste serre tropicale (200 types de plantes) évoluent en permanence quelque 400 papillons d'une quarantaine d'espèces en provenance de Guyane, Madagascar, Philippines... Il y fait entre 20 et 27 °C, pour un taux d'hygrométrie oscillant entre 90 et 100 %. Dans l'éclosoir, on peut observer la naissance des papillons. Les autres volent librement, d'hibiscus en coupelles de fruits fermentés, au milieu des perruches à collier, cailles de Chine et discrets mandarins... Ne manquez pas l'*Atacus Atlas,* papillon nocturne parmi les plus grands du monde, et le si beau *morpho d'Amazonie,* aux ailes d'un bleu incroyable.

**La presqu'île de Conleau :** *parking face au camping ou navette gratuite en juil-août depuis le centre-ville et le parc du Golfe.* Poussez donc jusqu'à cette ancienne île aux maisons ombragées par de grands pins, reliée au continent depuis 1879 par une route-digue. Là se nichent un vaste ***bassin de nage d'eau de mer*** *(GRATUIT),* une gentille ***plagette*** et un ***petit port de plaisance.*** Le point de vue sur le fond du golfe du Morbihan est bien joli avec, en face, Port-Anna, où s'ancrent les sinagots, caché dans le goulet qui mène de la rivière de Vannes au golfe du Morbihan... Pour profiter de la vue, il y a la terrasse du ***Corlazo*** (voir « Où boire un verre ? Où écouter de la musique ? ») et le bistrot de l'hôtel *Le Roof* (voir « Où dormir ? »).

## Fêtes et manifestations

Le programme complet des manifestations est disponible sur le site de l'office de tourisme : • *golfedumorbihan.bzh* •

– ***Semaine du golfe :*** *w-e de l'Ascension, les années impaires. L'édition 2021 aura lieu 10-16 mai.* • *semainedugolfe.com* • Un bon millier de vieux gréements et de simples coques de noix, dont les incontournables sinagots, se donnent rendez-vous dans les différents ports et îles du golfe, sur fond de fiesta, de musique et de dégustations d'huîtres. C'est LE grand rendez-vous maritime par excellence du golfe du Morbihan.

– ***L'Ultra Marin Raid golfe du Morbihan :*** *1 w-e fin juin.* • *raid-golfe-morbihan.org* • L'Ultra Marin, c'est un trail de 177 km pour 1 054 m de dénivelée positive tout autour du golfe du Morbihan, principalement par les sentiers côtiers ! Un peu moins fou ? Restent les itinéraires de 87 km (Raid), 56 km (Trail) et 36 km (Ronde des Douaniers), sans oublier une marche nordique chronométrée de 25 km.

– En été, ***concerts au kiosque*** sur le port.

– ***Festival des Musiciens voyageurs :*** *début juil.* Concerts (gratuits ou payants) de musique ancienne dans des lieux de charme, conférences et master classes, à Vannes, mais aussi sur les îles du golfe, à Arradon, à Pontivy...

– ***Fêtes historiques :*** *mi-juil 2020.* Défilé en costume, animations, spectacles en ville et sur les remparts, sur fond de grands feux d'artifice. Une époque différente est choisie chaque année comme thème de la fête.

– ***Jazz en ville :*** *fin juil.* ☎ *02-97-01-62-30.* • *festivaljazzenville.fr* • *GRATUIT.* Malgré son nom, il ne se limite pas aux portes de Vannes, avec des concerts jusqu'à Arzon et au château de Suscinio.

– ***Les Musicales du golfe :*** *10-15 j. fin juil-début août.* ☎ *07-83-03-59-03.* • *musicalesdugolfe.com* • Concerts classiques en ville et dans les églises du pays de Vannes, à Baden, Plougoumelen, Theix, Séné, Saint-Avé et Surzur.

– ***Fêtes d'Arvor :*** *1 w-e mi-août.* Cette fête bretonne du « pays de mer » résonne des fest-noz, *bagadoù* (groupes folkloriques) et défilés en costumes bretons, sans oublier le feu d'artifice du 15 août tiré sur les remparts.

– ***Tournoi des Vénètes :*** *autour du 20 août.* Des joutes nautiques, au port, opposent des représentants de Vannes et des communes voisines.

– ***Celti' Vannes :*** *8 j. fin sept-début oct.* Spectacles, contes, fest-noz, concerts et jeu de piste pour enfants célèbrent les cultures celte et bretonne.

# DANS LES ENVIRONS DE VANNES

***Les tours d'Elven ou la forteresse de Largoët :*** *56250* ***Elven.*** • *contact@largoet.com* • *largoet.com* • *Le long de la N 166 (D 766). De Vannes, direction Rennes, à 14 km (indiqué). Accès du site à 800 m à pied depuis la grande porte d'entrée. Juin-sept, tlj (sauf mar juin et sept) 10h30-12h10, 14h20-18h30 ; de mi-mars à fin mai et vac scol de la Toussaint, w-e et j. fériés 14h-18h30 (tlj sauf mar pdt vac scol). Entrée : 5,50 € ; gratuit moins de 10 ans ; réduc. Circuit de visite avec panneaux explicatifs. Landscape game (énigmes historiques sur la forteresse) 15 €/groupe (8 pers max).* Nichées dans la forêt au bord d'un étang, les 2 tours d'Elven ramènent à un temps révolu où les seigneurs régnaient en maîtres absolus sur leurs domaines. Nicolas Fouquet, le surintendant des finances de Louis XIV, les racheta en 1656, alors que les bâtiments étaient déjà largement en ruine ! Seuls demeurent vraiment aujourd'hui une ***tour ronde*** du XV^e^ s et un ***énorme donjon*** résidentiel octogonal de la fin du XIV^e^ s – un des plus hauts de France (52 m), empilant pas moins de 7 niveaux pour parvenir à voir par-delà les bois. Henri Tudor y fut retenu prisonnier au XV^e^ s, avant de devenir roi d'Angleterre sous le nom d'Henri VII. À l'intérieur, malgré la disparition des planchers, des escaliers un peu raides permettent de découvrir toute la structure et de profiter de points de vue sur ce site empreint de romantisme, qui a servi de décor à plusieurs films, dont *Le Monocle noir* (Lautner), *Lancelot du Lac* (Bresson) ou encore *Chouans !* (de Broca).

– À l'entrée du parc, admirer la ***maison de la Porterie,*** avec ses lièvres géants en granit, qui date du XIXe s.
– Agréable promenade autour de l'étang ; possibilité de venir pique-niquer. Et pour les enfants, n'hésitez pas à vous lancer dans le *landscape game,* 12 énigmes à résoudre en s'amusant.

***Les landes de Lanvaux :*** c'est un peu le poumon vert de Vannes et le lieu de promenade des Vannetais quand ils tournent le dos à la mer. Entre Camors (à l'ouest) et Redon (à l'est), cette crête granitique qui, culminant à seulement 175 m, délimite un pays sauvage et méconnu où, aux côtés des bois profonds, dominent encore en partie genêts et bruyères. Les villages s'y éparpillent entre étangs et rivières préservées, tandis que, au détour des sentiers, se dressent des ***monuments mégalithiques*** dont les célèbres ***Babouin et Babouine,*** 2 mystérieux menhirs sculptés, fléchés à la sortie sud de Trédion, le ***dolmen de la Loge-au-Loup*** ou l'impressionnante ***Quenouille de Gargantua,*** un menhir haut de 5,70 m. Et des ***chapelles oubliées*** par le temps : parmi les plus intéressantes, citons celle du mignon hameau de ***Saint-Bily*** *(sur la D 133 entre Trédion et Plaudren ; le propriétaire de la chaumière en face a les clés)* et, entre Locmaria et Grand-Champ, la chapelle ***Notre-Dame de Burgo*** (1520-1540) qui n'est plus qu'une ruine, mais une fort belle ruine romantique. Pour découvrir les Landes en famille, se procurer le livret-jeux *Mys'terre* (GRATUIT) disponible à l'office de tourisme de Vannes.



# LE GOLFE DU MORBIHAN

• Carte *p. 322-323*

**Incontestablement, l'un des plus beaux paysages de Bretagne que cette « Mer petite » *(Mor bihan)* aux paysages changeant avec la marée, les saisons, le temps... enchevêtrement de bras de mer enlaçant des îles et parsemés de nombreux parcs à huîtres. « Il faut voir ces îles certains matins brumeux, quand les îlots multiples surgissent comme les sommets d'une chaîne de montagnes dont l'eau aurait un jour envahi les vallées. » André Gide définissait ce spectacle comme « une aquarelle sans ligne ».**

## LES ORIGINES DU GOLFE

Si le bassin oriental du golfe du Morbihan a été peu à peu envahi par l'océan dès la fin de l'ère tertiaire en raison de mouvements géologiques, son flanc ouest, lui, n'est sous les eaux que depuis 10 000 ans environ. Le niveau de la mer n'a cessé de varier au Quaternaire (+ 15/- 25 m), entraînant par moments une érosion accrue des flancs du golfe par les 4 cours d'eau qui s'y jettent (rivières d'Auray, du Vincin, de Vannes – ou Marle – et de Noyalo), ou les noyant a contrario jusqu'à les transformer en rias, comme c'est encore le cas. Ces variations expliquent que certains monuments mégalithiques se retrouvent aujourd'hui sous les eaux. C'est notamment le cas de l'un des 2 cercles de pierre du célèbre *cromlech d'Er Lannic.* Aujourd'hui, la vaste cuvette du golfe s'étend sur 115 km², bien que cette superficie varie naturellement en fonction des marées. Sa profondeur est faible : 6 m seulement en moyenne, pour un marnage qui ne dépasse pas 4,5 m à Vannes alors qu'il atteint 8 m sur les côtes océaniques. Pourquoi ? Pour une raison simple : le golfe n'a jamais totalement le temps de se vider avant qu'une autre marée ne vienne le remplir (et vice versa). Résultat : en raison des mouvements d'eau contradictoires (estimés à 400 millions de mètres cubes à chaque marée !), les courants sont très puissants, particulièrement dans les goulets séparant les îles du continent et dans celui de Port-Navalo (900 m de large), seule ouverture sur

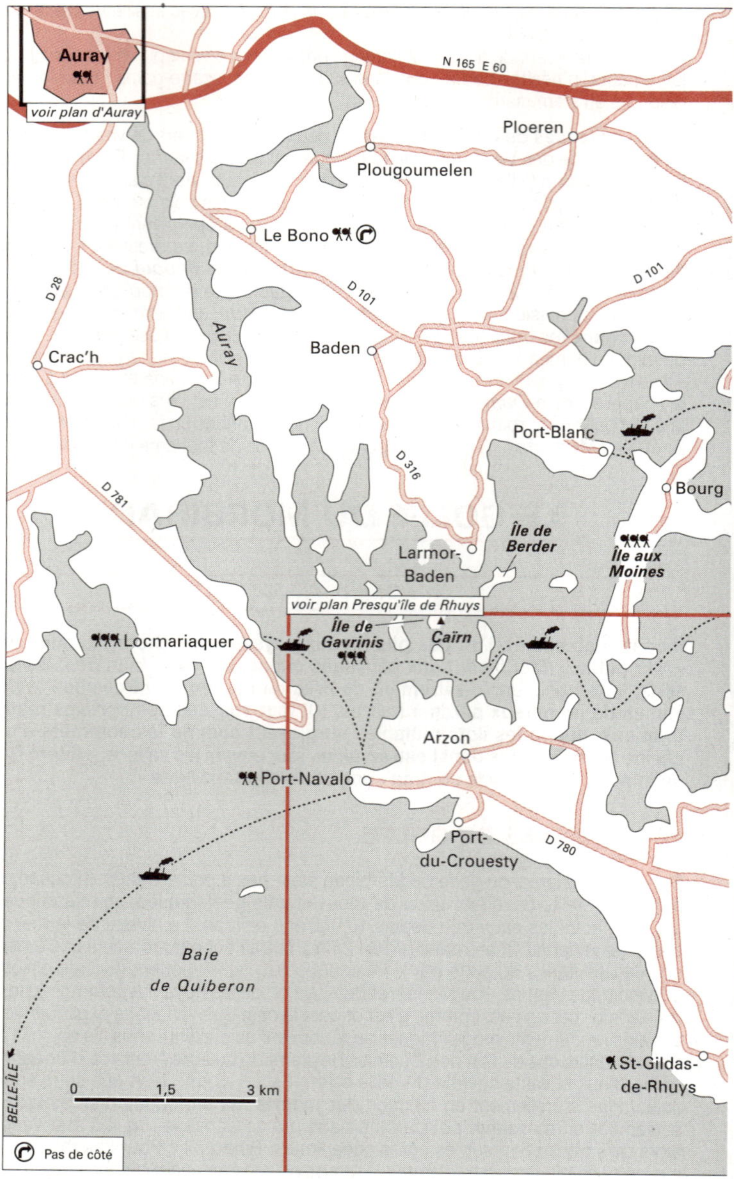
Auray
voir plan d'Auray
N 165 E 60
Ploeren
Plougoumelen
Le Bono
D 28
D 101
D 101
Auray
Baden
Crac'h
Port-Blanc
D 316
D 781
Bourg
Île de Berder
Larmor-Baden
Île aux Moines
voir plan Presqu'île de Rhuys
Île de Gavrinis
Caïrn
Locmariaquer
Arzon
Port-Navalo
Port-du-Crouesty
D 780
Baie de Quiberon
St-Gildas-de-Rhuys
BELLE-ÎLE
0
1,5
3 km
Pas de côté

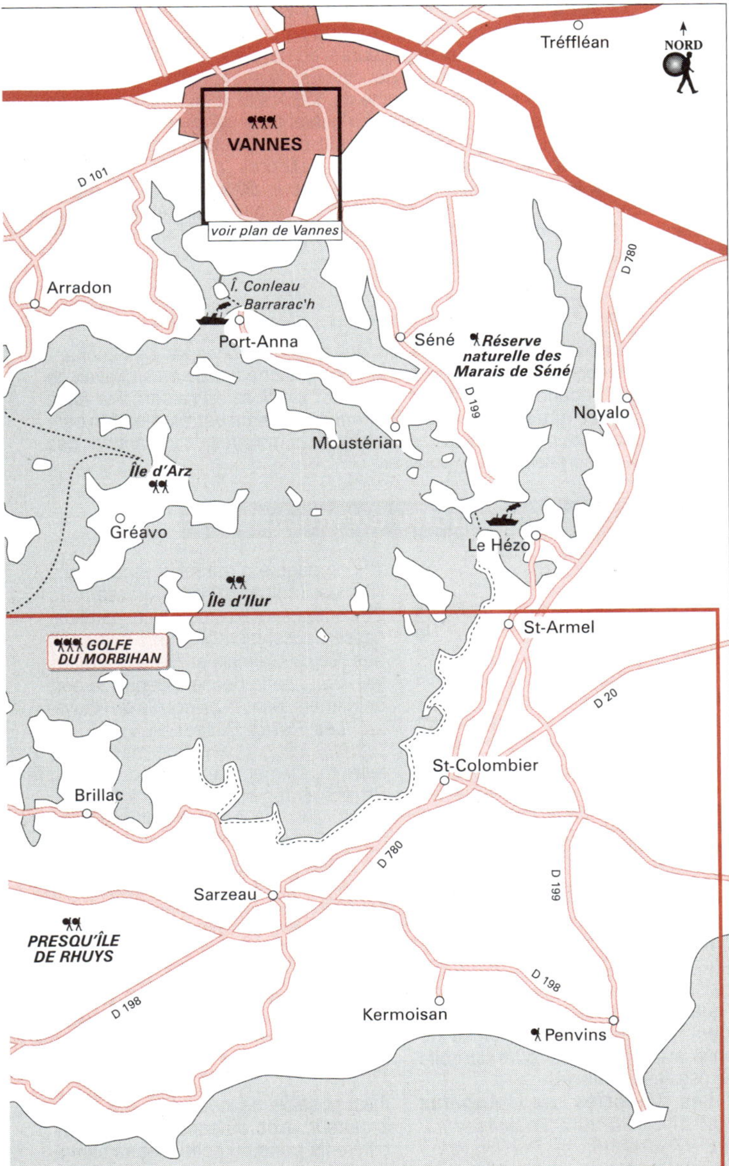


LE GOLFE DU MORBIHAN

l'océan. Là, lors des grandes marées, le flux atteint 8 ou 9 nœuds, et il n'est pas rare alors que les plus petits bateaux fassent du surplace ! Au même moment, les pêcheurs à pied et les oiseaux migrateurs s'en donnent à cœur joie sur les immenses estrans plus ou moins vaseux découverts, où abondent les coquillages. La légende affirme que le golfe est parsemé de 365 îles et îlots, un pour chaque jour de l'année. N'en croyez rien. Ils sont une quarantaine (42 exactement), tous privés, à l'exception de l'île aux Moines, de l'île d'Arz (les 2 seules habitées à l'année) et d'Ilur, qui appartient au Conservatoire du littoral.
À l'automne 2014, le golfe du Morbihan est devenu le ***50e parc naturel régional*** de France avec 81 200 km², dont 17 000 km² « d'aire d'intérêt maritime », englobant l'intégralité du golfe (île aux Moines exceptée), ainsi que la plupart des terres limitrophes.



## AVERTISSEMENT

Le golfe du Morbihan est certainement l'un des sites de France les plus enchanteurs pour naviguer, entre les îles, en dériveur, en planche à voile ou en kayak de mer. Il convient, cependant, d'être ***extrêmement prudent en raison des forts courants de marée et de la présence de nombreux parcs ostréicoles.*** Un balisage spécifique a été mis progressivement en place, mais restez vigilant car des vents contraires pourraient vous y pousser.

## Comment visiter le golfe du Morbihan ?

### En bateau

***Excursions en bateau :*** la ***Navix*** (*☎ 02-97-46-60-00 ; • navix.fr •*), la ***Compagnie du Golfe*** (*☎ 02-97-67-10-00 ; • compagnie-du-golfe.fr •*) et les ***Vedettes du Golfe*** (*☎ 02-97-44-44-40 ; • vedettes-du-golfe.fr •*) proposent différentes formules, à la ½ journée ou à la journée, avec ou sans escale sur l'île aux Moines et/ou l'île d'Arz. Toutes 3 proposent des départs de Vannes et de Port-Navalo ainsi que, pour la *Navix*, d'Auray, du Bono, de Locmariaquer et de La Trinité (en haute saison seulement). La *Navix* propose aussi des croisières-déjeuner depuis Vannes.

***Izenah Croisières*** (*☎ 02-97-57-23-24 – avr-sept – ou 02-97-26-31-45 ; • izenah-croisieres.com •*). Départs du quai de Port-Blanc (commune de Baden). Dessert l'île aux Moines tte l'année et propose des tours du golfe avec escales en saison.

Les ***Vedettes de l'Angélus*** (*☎ 02-97-57-30-29 à Locmariaquer, ☎ 02-97-49-42-53 à Port-Navalo ; • vedettes-angelus.com •*) et ***Le Passeur des Îles*** (*☎ 02-97-46-43-85 ; • passeurdesiles.com •*) sont, eux, attachés à Port-Navalo et Locmariaquer. Les croisières dans le golfe de la 1re compagnie n'offrent d'escale qu'à l'île aux Moines. Plus intéressant, la 2de compagnie, aux tout petits bateaux, dessert aussi bien l'île d'Arz (avr-août) que l'île de Gavrinis et l'île aux Moines (avr-sept), cette dernière depuis le port de Kerners, dans la presqu'île de Rhuys.

***Les Petits Passeurs*** (*• petitpasseur@gmvagglo.bzh •*) permettent de relier rapidement des villes du littoral. Se présenter directement à la cale. Tarifs : 2 € ; 3 € A/R ; gratuit moins de 4 ans et pour les vélos.

➢ ***Liaison Vannes (Conleau)/Séné (Barrarac'h) :*** juil-août, tlj 9h30-12h30, 14h-19h ; w-e de mi-avr à mi-sept et 15 premiers j. de mai, mêmes horaires jusqu'à 18h.

➢ ***Liaison Séné (Montsarrac)/Saint-Armel :*** mêmes horaires que pour Conleau, mais pas de liaison avr-mai.

### En louant un bateau

Il est possible de louer un petit bateau à moteur, avec ou sans permis, dans différents ports du golfe, notamment à la pointe d'Arradon, à Larmor-Baden, à Séné... Vous pourrez aller d'île en île à votre rythme, faire une escale là où vous vous sentirez inspiré (ou aspiré ?)... Cependant, ATTENTION, la navigation ici requiert une bonne connaissance de la mer et du code maritime ! Dans le cas contraire, louez les services d'un skippeur. Les offres ne manquent pas, qu'il s'agisse de voiliers traditionnels, de catamarans ou même de vieux gréements (sinagots), pour des sorties de quelques heures ou des randonnées maritimes de plusieurs jours vers le large. L'office de tourisme de Vannes recense l'essentiel de l'offre sur les pages suivantes : • *golfedumorbihan.bzh/explorer-vannes/activites-vannes/voile-nautisme/location-bateaux/* •

## Soyons fous... en montgolfière !

Prendre de la hauteur est la meilleure manière d'appréhender le golfe dans son ensemble. Tout simplement magique ! Toutefois, comme souvent en Bretagne, l'expérience est soumise aux aléas météorologiques, et en particulier aux vents : le lieu de décollage, la zone survolée et le lieu d'atterrissage dépendent précisément de ces conditions, Mais d'une manière ou d'une autre, on finit toujours par voir la « petite mer » et ses îles. La prestation, organisée avec la montgolfière de l'office de tourisme de Vannes d'une capacité de 3 personnes (aérostier compris), prévoit la mise en œuvre de la montgolfière, le vol de 1h environ et le pliage. Bref, une expérience complète menée par le sympathique Michel et son fidèle coéquipier qui suit le ballon au sol et récupère tout le monde au point d'atterrissage. *Rens. : M. Michel Debusschere, ☎ 06-08-37-97-12. • mchldebusschere@gmail.com • Tarif : 250 €/pers.*

MORBIHAN

# LES ÎLES DU GOLFE DU MORBIHAN

*Carte Morbihan, B-C3*

## *L'ÎLE AUX MOINES* (enez manach ; 56780)

Ici, l'odeur du goémon se mêle à la senteur des pins, et, grâce au climat particulièrement doux, camélias, mimosas, palmiers et orangers poussent à profusion. Les habitants sont d'ailleurs très fiers de leurs 3 oliviers... C'est la plus grande des îles du golfe du Morbihan et, à l'évidence, la plus gâtée par la nature, très boisée (bois d'Amour, bois des Regrets...). Mesurant 7 km de long pour 3 km de large au maximum, elle prend la forme d'une croix et doit son nom aux moines de Redon, à qui le roi Érispoé en fit don. On peut en faire le tour en 17 km, à pied ou à vélo. C'est ici le royaume des cyclistes : seuls quelques insulaires ont une voiture. L'été, l'île aux Moines est prise d'assaut par la bonne société parisienne. Résultat : les prix de l'immobilier et de l'hébergement s'envolent. La population passe alors de 650 à 6 000 habitants ! Et les bateaux débarquent 10 000 visiteurs par jour au plus fort de l'été... Les Îlois les surnomment un peu vachement KGB, pour K-Way, Glacière et Baskets !

### Comment y aller ?

➢ Outre les excursions dans le golfe qui font escale à l'île aux Moines (voir plus haut « Comment visiter le golfe du Morbihan ? »), l'accès à l'île se fait par ***Port-Blanc*** (entre Arradon et Larmor-Baden, sur la commune de Baden), à 14 km au sud-ouest de Vannes. La traversée (5 mn) est assurée par la compagnie ***Izenah Croisières :*** *☎ 02-97-26-31-45. • izenah-croisieres.com • Tarifs : 5,50 € A/R, vélo 4 €. Achat des billets au kiosque sur le port ou directement à bord s'il est fermé. Départs ttes les 30 mn, 7h (8h dim et* *j. fériés)-19h30 (22h juil-août).* À Port-Blanc, bonne nouvelle, tous les parkings (bien fléchés), sauf le plus proche de l'embarcadère, sont gratuits.

➢ Sinon, penser au ***Passeur des Îles*** *(☎ 02-97-46-43-85 ; 📱 06-22-01-67-72 ; • passeurdesiles.com •),* qui assure 3-5 traversées/j. au départ de Kerners (presqu'île de Rhuys) en juil-août et 5/sem en avr-juin et sept (aller à 10h30, retour à 17h).

## Une journée à l'île aux Moines

Les ***4 loueurs*** de vélos invitent à découvrir l'île à petite reine. C'est une bonne solution, pour peu que l'on veuille s'en tenir aux rues et routes goudronnées. On peut d'ailleurs adjoindre à sa monture une cariquelle (carriole), comme tout bon Îlois. À votre arrivée, demandez à l'office de tourisme une carte de l'île signalant les itinéraires balisés. Le ***jaune*** mène à la pointe du Trec'h, au nord (5 km A/R) ; le ***rouge,*** à la pointe de Brouel, à l'est (6 km A/R) ; et le ***bleu,*** à la pointe de Penhap, au sud (10 km A/R). Bien pratique, ces routes sont signalées par des flèches peintes sur le sol à chaque intersection.

Le ***sentier côtier,*** lui, est réservé aux piétons (pas de vélos !) : l'usage de bâtons de marche à pointe métallique y est interdit en raison de la trop forte érosion. Parcourant l'essentiel du pourtour de l'île, il effectue une boucle de 17 km (environ 4h30 de marche), auxquels on peut ajouter 2 km A/R pour voir aussi la pointe de Brouel. Celle du Nioul est accessible dans la continuité du sentier côtier, à l'extrémité sud de l'île. Sachez, enfin, que toutes les flèches vertes mènent au port ! Pour les repas, hors les restaurants et crêperies, on trouve sur place boulangerie et supérettes le long du port et dans le bourg.

## Adresses et infos utiles

ℹ ***Bureau d'information touristique :*** *sur le port, juste au débarcadère. ☎ 02-97-26-32-45. • ileauxmoines@golfedumorbihan.bzh • golfedumorbihan.bzh • Juil-août, tlj 9h30-18h ; avr-juin et sept, tlj 9h30-13h, 14h-17h15.*

■ ***Location de vélos :*** 4 loueurs, en face du débarcadère ou à proximité. ***Location du Port,*** *📱 06-11-84-59-54 ;* ***P'tit Louis,*** *☎ 02-97-26-35-21 ;* ***L'Île à Vélo,*** *☎ 02-97-26-38-70 ;* ***Île aux Moines Location,*** *à côté du café Chez Jeannette, 📱 06-52-30-91-45. Tarifs semblables : env 3,50 €/h, 5-6 € pour 2h et 10-12 €/j.* Tous types de cycles, carrioles et sièges pour enfants. Dans tous les cas, vérifier que le matériel est en bon état. Ne pas oublier bouteille d'eau, crème solaire et chapeau ! Attention, en juillet-août, il est interdit de circuler à vélo dans la rue principale du bourg : marchez à côté de votre monture.

🚗 ***Taxis :*** ***Fredo Transport*** *(📱 06-45-27-62-54) ou* ***Christophe*** *(📱 06-78-90-61-38).*

■ ***Visite de l'île en minibus avec Lili Voyages :*** *📱 06-88-17-24-23. Env 4 départs/j. Compter 14 € pour 1h ; réduc.*

## Où dormir ? Où manger ? Où boire un verre ?

Sachez que la majorité des établissements ferme de novembre à mars. Globalement, les prix sont ici élevés, trop élevés vous diront beaucoup de gens – un reflet, notamment, du prix astronomique du foncier. Au plus fort de la saison, l'accueil pâtit souvent de l'affluence, et le service ne se fait guère précis : beaucoup d'employés sont des saisonniers, pas toujours bien formés... L'été, le marché se tient tous les matins (sauf dimanche). Vous y trouverez *Flobreizh* avec ses coquillages et poissons à emporter, la « traiteuse » Sophie de Kerno dans son *food-truck*, le maraîcher de l'île, Erwan

Longuet, et le seul ostréiculteur de l'île, Martin, qui tient également un espace de dégustation le long du GR 34.

## Camping

**Camping municipal Le Vieux Moulin :** *rue du Vieux-Moulin. ☎ 02-97-26-30-68. • camping@mairie-ileauxmoines.fr • À env 15 mn à pied du port. Ouv mai-sept. Compter 7 €/adulte ; réduc. Loc de tentes 2-4 places avec matelas et oreillers 15-20 €/nuit (10-15 € à partir de 3 nuits) en plus du tarif par pers ; grandes tentes lodges pour 4 pers, possible à la journée hors juil-août 53-79 €/j. 44 empl.* Ce bel espace avec arbres soignés et grandes pelouses est bien au calme et joliment aménagé, avec des emplacements de bonne taille. Pratique : les locations de tente si vous n'avez pas votre matériel. Douches et sanitaires propres, machine à laver, jeux pour enfants, table de ping-pong et terrain multisport juste à côté, accessible aux clients du camping. Barbecue.

## De bon marché à prix moyens

**Établissements Martin :** *Beg Moussir. ☎ 02-97-26-31-56. 06-88-58-32-91. • huitres.ilesauxmoines@gmail.com • huitres-ileauxmoines.fr • À 5-10 mn à pied du centre par la rue qui part derrière l'église (et devient chemin côtier). Avr-oct, tlj. Carte env 12 €.* Cette famille d'ostréiculteurs sympa comme tout, qui veille sur ses parcs depuis 3 générations, a disposé quelques tables sous les arbres et face au chantier, mais surtout face au golfe et à l'île d'Arz. Un cadre idéal pour déguster 6 ou 12 huîtres, ou des palourdes, servies avec le verre de blanc. La totale, quoi !

**Chez Charlemagne :** *le port. ☎ 02-97-26-32-43. • chez.charlemagne@orange.fr • Tlj sauf lun 12h-14h30, 19h30-21h30 (bar jusqu'à 1h). Congés : nov-avr. Formule déj 21,50 € ; carte env 25 €. Charlemagne* est une institution : on y célèbre la soirée en bonne compagnie devant une bière bretonne artisanale, face au port. La terrasse est d'ailleurs située sur une barge juste en face, en prise directe avec le golfe. On y mange plutôt bien même si le service est parfois inégal en saison.

**La Chaumière :** *pl. Ru-Vraz. ☎ 02-97-26-30-77. 06-28-51-04-17. • dominique.legall5@orange.fr • Tlj sauf ven. Congés : de début nov à mi-fév, sauf vac de fin d'année. Formules 14,90-15,90 € ; carte env 20 €.* Si la chaumière néobretonne surprend un peu, on apprécie le lieu pour son service efficace à toute heure, sa terrasse et sa salle fraîche et lumineuse, avec banquette et poutres. On y mange des choses simples : des galettes et des crêpes, mais aussi une classique omelette ou une andouillette.

**Le Maëmi :** *5, rue du Commerce, dans le bourg. ☎ 02-97-68-94-83. 06-72-25-12-59. Tlj sauf mar en été, mer-dim midi hors saison. Formule midi 21 € ; le soir, carte env 25 €. Apéritif offert sur présentation de ce guide.* Une carte courte et pas prétentieuse, dans laquelle on pioche un bon *fish & chips* maison et des moules fraîches en saison. Le soir, en plus de la carte, quelques tapas aux accents hispaniques. Une sympathique halte.

## De prix moyens à chic

**Chambres et table d'hôtes Le Chemin des Îles :** *rue des Escaliers, au cœur du bourg. ☎ 02-97-42-63-45. 06-07-40-40-59. • contact@lechemindesiles.com • lechemindesiles.com • Doubles 125-145 €, et une suite. Table d'hôtes 25 € (hors boisson). Sur présentation de ce guide, Françoise la propriétaire énergéticienne propose un test « énergie ».* Passé le portail, une discrète allée couverte d'une voûte végétale mène à cette jolie demeure précédée d'un vaste jardin. Les chambres évoquent l'Afrique, Tahiti, Porquerolles, la Thaïlande mais aussi l'île aux Moines évidemment et invitent à la décompression (parfait si le test énergie révèle des tensions !). Très confortables (excellente literie), elles sont décorées avec un goût sûr. On se sent bien dans cette maison. Le soir, la table d'hôtes aux saveurs des îles prolonge le plaisir. Sans oublier le jardin qui offre un moment de détente entre 2 randos à vélo.

**Le San Francisco :** *rue Benoni-Praud. ☎ 02-97-26-31-52. • contact@lesanfrancisco.com • lesanfrancisco.com • Juste au-dessus du débarcadère. Ouv avr-fin oct. Doubles 105-180 €. Formule déj 22 € ; menu homard 58 € ; carte env 35-40 €. Resto fermé dim soir et jeu soir hors saison.* Cette belle demeure, ancienne maison de repos des franciscaines, a été reprise par une jeune équipe menée par 2... sœurs. En cuisine, on privilégie une carte courte mettant en valeur des produits frais de qualité, principalement des poissons et fruits de mer, à accompagner d'une intéressante sélection de vins bio. C'est bon mais cher ! Quant aux chambres, de taille variable, elles profitent – pour certaines – d'une vue imprenable sur le golfe. Elles sont rénovées dans un joli style contemporain. Accueil très inégal, dommage.



**Chambres d'hôtes Kerisa – restaurant Asphodèle :** *rue du Presbytère. ☎ 02-97-26-32-52. • isabelle@kerisa.com • kerisa.fr • Pâques-Toussaint, resto tlj 12h-15h. Doubles 125-155 €. Formule déj 32 € ; carte env 35 €.* Cette belle maison de pierre, précédée d'un charmant jardin, abrite 5 chambres toutes différentes mais arrangées avec soin et goût dans un style assez « déco », avec de bons lits. Seules les salles de bains détonnent un peu. Les sympathiques hôtes, Isabelle (originaire de l'île) et son mari Jack (polonais), proposent une petite restauration simple, fraîche et colorée, préparée avec des produits locaux, le plus souvent bio : quiche, tartes salées et sucrées, tartares, burgers et salades, servie aux beaux jours en terrasse. L'après-midi, le lieu devient salon de thé et l'on profite agréablement du beau jardin.

## À voir. À faire

À pied, parcourez le ***sentier côtier,*** et, à vélo, les petites routes où ne circule quasiment aucun véhicule à moteur. C'est le bonheur assuré !

***La grande plage*** *(plage du Dréhen)* **:** *accès par un court chemin traversant le bois d'Amour, depuis le débarcadère (5 mn).* Officiellement baptisée du nom de Dréhen, cette belle étendue de sable de 300 m joue la nostalgie avec sa trentaine de cabines de bains bleu et jaune (privées) très carte postale, dominées par de fières villas... Elle est idéale pour une baignade (zone délimitée), avec panorama sur le détroit séparant l'île de Port-Blanc. 2 autres plages s'étendent plus au sud, sur la côte : ***le Goret*** (ou *le Gored* ; à 2,5 km), calme, nichée à l'abri de 2 digues, et ***le Rudel,*** la plus sauvage, 800 m plus loin. Mentionnons aussi la plage de ***Port-Miquel,*** à l'est du bourg, un peu plus vaseuse.

Du port, en contournant le cœur du bourg par la rue de la Grimpette (authentique !), on rejoint la rue de la Mairie, qui se prolonge vers la ***pointe du Trec'h,*** à l'extrémité nord de l'île. On peut aussi s'y rendre par le parcours jaune en passant par la fontaine du Lério, la mairie gardée par 2 canons du XVIIIe s et l'église Saint-Michel. Dans tous les cas, on passera ensuite le ***calvaire*** à degrés, avant de descendre vers la cale de la pointe du Trec'h, où s'amarrent quelques plates. De là, la vue sur Arradon et le golfe est superbe. Allez-y par le circuit jaune et revenez par le sentier littoral si vous êtes à pied, histoire de longer les parcs ostréicoles (voir « Où dormir ? Où manger ?... »).

***La pointe de Brouel :*** *à l'est de l'île ; correspond au circuit*

### AMOURS CONTRARIÉES

*Une légende rappelle que l'île aux Moines et l'île d'Arz étaient jadis reliées par une excroissance rocheuse jetée comme un pont entre la pointe de Brouhel îloise et la pointe de Brouel ildaraise. Une jeune fille îloise, éperdument amoureuse d'un jeune Ildarais, l'empruntait quotidiennement pour le rejoindre, au grand dam des parents, opposés à l'union. Dieu tout-puissant, appelé en renfort, les châtia en submergeant l'isthme, emportant la belle dans les flots pour l'éternité... Non mais !*

*rouge (6 km A/R).* Brouel, c'est le nom de la pointe, des îlots au large et aussi de la pointe et de la plage situées juste en face, sur l'île d'Arz ! Il y a bien longtemps, avant la montée des eaux, elles étaient liées. En chemin, vous passerez plusieurs fontaines et puits.

Ceux qui ont le temps et/ou l'énergie s'aventureront plus au sud, par le ***circuit bleu*** *(10 km A/R),* en quête du ***cromlec'h de Kergonan,*** qui a conservé 24 pierres levées en arc de cercle (site pas bien spectaculaire, malgré sa grande taille). Petite salle d'expo *(horaires aléatoires ; GRATUIT).* Puis on se dirige vers le petit ***dolmen de Kerno,*** où ont été découvertes perles et pendeloques. Presque au sud de l'île, celui de ***Penhap*** (Er Boglieux), classé, est encore coiffé d'une dalle énorme. Il est sans doute vieux de 5 000 à 6 000 ans et conserve quelques gravures. Une légende, encore une, voudrait que César repose sous la chambre funéraire dans un cercueil en or !



## Manifestation

– ***Festival de la Voile :*** *3 j. autour du 15 août. • anim-voile.com •* Régates et animations.

## *L'ÎLE D'ARZ* (an arzh ; 56840)

Le nom d'*Arz* viendrait du mot celtique *Athos,* qui signifie « ours » ! Nettement moins touristique et médiatique que sa voisine l'île aux Moines, d'une beauté moins luxuriante, plus plate et moins arborée, elle séduit les puristes par cette sorte d'austérité paisible propre aux lieux cultes de la « bretonnitude » vraie. Mesurant dans ses plus grandes extensions 5 km sur 3, l'île d'Arz abrite tout juste 260 habitants pour 269 ha (plus de 1 ha par personne !). Du débarcadère, il vous faudra payer un peu de votre personne pour gagner le bourg, situé au beau milieu de l'île, sur sa seule élévation. Le sentier côtier, séduisant en diable, vous y mènera par le chemin des écoliers, via le vieux moulin à marée restauré et sa digue. En arrivant, vous tomberez sans doute sous le charme de ces petites maisons toutes recroquevillées sur leurs ruelles, au pied de la vieille église, sans trop de relooking cosmétique. Au-delà, d'autres sentiers mènent à une panoplie de pointes, de presqu'îles et de plages séduisantes, glissant entre les haies, les bois de pins et des champs bien gras où les vaches bretonnes pie noir ont repris pied.
Terrienne, certes, « l'île des capitaines » a néanmoins le regard rivé vers le large : elle est le berceau de dynasties de marins au long cours, aujourd'hui pour la plupart à la retraite. Jean Bulot (voir la rubrique « Livres de route » dans le chapitre « Bon à savoir avant le départ » en début de guide), l'ancien capitaine de l'*Abeille Flandre,* l'un des plus puissants remorqueurs du monde, y a regagné la terre ferme, et Franck David, champion olympique de planche à voile, y passe une bonne partie de son temps à défier les vents de Brouhel. La célèbre *école de voile des Glénan* a d'ailleurs choisi l'île pour y implanter sa base morbihannaise.

### Comment y aller ?

Outre les nombreuses excursions proposées par différentes compagnies (voir plus haut), les liaisons régulières sont effectuées par les ***bateaux-bus du Golfe*** *(☎ 02-97-44-44-40 ; • vedettes-du-golfe.fr •)* : départ du parc du Golfe à Vannes (ou Conleau oct-fin mars), avec escale à Barrarac'h (Séné). De Vannes, tlj 6h30 ou 6h45 (8h40 dim et j. fériés)-19h45 ou 20h selon saison, à raison de 10-16 bateaux/j. Dernier retour de l'île 19h55-20h25 selon période. Tarif : 16 € A/R (île d'Arz + île aux Moines) ; réduc.
➢ ***Pour rejoindre le bourg depuis l'embarcadère :*** à l'arrivée de la

plupart des bateaux, les estafettes ***Transport Iledarais*** *(☎ 02-97-44-30-82)* peuvent vous conduire au bourg pour 2,20 € l'aller, 2,50 € avec bagages (sinon, 25 mn à pied). Compter 3 € pour vélo et planche. Retours coordonnés avec les rotations des bateaux.

## Adresses utiles

***Infos touristiques :*** ***Golfe du Morbihan – Vannes Tourisme.*** *☎ 02-97-47-24-34. • golfedumorbihan.bzh •*

***Location de vélos et kayaks :*** *au débarcadère.* ***Arz Locations,*** *06-73-58-72-33. • contact@velocouest.fr • Env 3,50 €/h, 8 € les 4h et 10 €/j.* Un loueur qui s'y connaît puisqu'il possède plusieurs points de location dans le Golfe (île aux Moines, Vannes...). Vélos bien entretenus, et aussi des carrioles pour le transport des enfants, des sièges bébé, des tandems, et même 2 vélos électriques *(25 €/j.).* Dispose aussi de 3 kayaks. *Également* ***L'Arz et la Manière,*** *☎ 02-97-44-33-58. Prix similaires.*

***École de voile des Glénan :*** *Keroland. ☎ 01-53-92-86-00. • glenans.asso.fr • Tte l'année sauf de début janv à mi-fév et de début nov à mi-déc. Stages dériveur ou catamaran (avr-oct) et croisière, avec hébergement (dortoirs 3-6 lits, cuisine et sanitaires communs).*

MORBIHAN

## Où dormir ?

***Camping municipal Les Tamaris :*** *entre le débarcadère (moins de 10 mn à pied) et le bourg, face à la plage de la Falaise. ☎ 02-97-44-33-97 ou 31-14 (mairie). • camping@mairie-iledarz.fr • ♿ Ouv Pâques-Toussaint (juil-août, réception 7h30-12h30, 16h-21h). Résa vivement conseillée en été. Forfait tente 2 pers 12 €. Douche pour les non-résidents 2,50 €.* L'ensemble se révèle plutôt agréable, avec des haies pour délimiter les vastes emplacements et des coins ombragés. Sympa, simple et familial. Sanitaires propres.

***L'Escale d'en Arz :*** ***pointe de Béluré,*** *face à l'embarcadère. ☎ 02-97-44-32-15. • contact@restaurant-escale.com • restaurant-escale.com • Mars-déc, tlj. Doubles 55,50-93,50 € ; familiales. Menu env 25 €. Kir breton offert sur présentation de ce guide.* C'est le seul hôtel de l'île. Face à la cale, simple et sans prétention, il abrite une poignée de chambres pas bien grandes mais impeccables et rénovées, sauf pour les blocs douche/w-c un peu datés. Certaines ont une belle vue sur le golfe. Côté resto, les classiques galettes, poissons et fruits de mer, servis sur la magnifique terrasse pieds dans l'eau.

## Où manger ? Où boire un verre ?

***La Guitoune :*** *à l'entrée du bourg. Ouv avr-sept, tlj uniquement le midi (le soir jeu-sam en saison). Plat 15 €. Café offert sur présentation de ce guide.* Une simple terrasse de poche cernée par des fleurs (mais pas de salle). Le jeune couple qui tient l'affaire ouvre donc selon le fil de la météo. La carte est courte mais la salade *Ces'Arz* ou l'assiette de tomme de l'île valent qu'on y fasse halte. Pour conclure, far breton ou riz au lait et hop ! on remonte sur son bicloune.

***Crêperie-restaurant Les Îles :*** *au centre du bourg. ☎ 02-97-44-30-95. • creperielesiles@gmail.com • Tlj avr-nov (sauf lun hors saison). Plats 13-21 € ; galettes 4-12 € ; fruits de mer à partir de 9 €.* Belle terrasse en bois (envahie l'été), cadre rustique chic, galettes « gastronomiques » à base de blé noir breton et fruits de mer... On a envie de s'asseoir. Restera à être un peu patient au plus fort de la saison.

***Bar-brasserie-épicerie La Fontaine :*** *à* ***Pénero.*** *☎ 02-97-44-32-26. ♿ Pâques-Toussaint, tlj sauf lun (plus mar et mer midi hors saison). Bar jusqu'à*

*1h (surtout le w-e). Galettes et crêpes le soir 2-3 fois/sem juil-août et lors des concerts. Préparations maison env 15 €/pers.* L'ambiance est décontractée dans ce petit bar coloré, gentiment bohème, avec son agréable terrasse installée autour d'un palmier. Le soir, les habitués s'y retrouvent devant une bière bretonne, en attendant le prochain concert. En journée, on se pose tout en picorant des assiettes de tapas, formages, salade ou cake du jour. Autre option : le coin épicerie fine, pour acheter de quoi se faire un bon pique-nique (et même le consommer sur place !).

**Au Perroquet bleu :** *av. Charles-de-Gaulle. ☎ 02-97-44-30-15. À l'entrée du bourg, sur la gauche, juste au niveau du petit calvaire. Tlj midi et soir sauf mer soir. Plats 15-21 €.* Pas de surprise ici : des moules-frites à prix démocratique, des huîtres et des fruits de mer, des poissons plutôt bien cuisinés et des salades. Bref, une cuisine simple et honnête, servie sur une grande terrasse couverte ou dans la salle façon troquet sans chichis.

**Le Triskel :** *dans le bourg. 06-80-96-14-80. Tte l'année, à partir de 8h30-9h selon saison. Plat du jour env 12 € ; autres plats 10-18 €.* Le Triskel, c'est le rendez-vous incontournable des voileux de l'île. On y vient pour l'ambiance très couleur locale qui y règne aux heures apéritives – celles-ci s'étendent volontiers de 11h à minuit... Au fond, terrasse adorable et verdoyante.

MORBIHAN

## Où acheter de bons fromages ?

**Fromagerie de l'île d'Arz :** *à* ***Kernoel.*** *Fléché sur la gauche en allant vers le bourg depuis le débarcadère. Vente à la ferme mar et jeu 9h30-12h30, et en juil-août mar, jeu et sam sur la pl. du Marché.* On travaille ici en famille et on a redonné vie à un élevage d'une trentaine de vaches bretonnes pie noir. Tomme, lait cru, crème fraîche, yaourt, fromage blanc, beurre... ils vendent toute une panoplie de bons produits frais, écoulés à 100 % sur l'île même.

# À voir. À faire

**Le musée Marins et Capitaines :** *pl. de la Grée. ☎ 02-97-48-65-84. • musee-iledarz.com • Mai-août, tlj sauf lun 11h-13h, 14h-17h30 (ainsi qu'aux petites vac) ; le reste de l'année, seulement w-e (mêmes horaires). Entrée : 4 € ; réduc ; gratuit moins de 6 ans.* Ce petit musée se consacre, à travers une riche collection et plusieurs vidéos passionnantes et attachantes, au passé de l'île, quand – du XVIIIe s aux années 1960 – tous les hommes ou presque prenaient la mer, engagés dans la marine marchande ou la Royale. Les intéressés ont légué ou prêté une partie de leurs collections personnelles, notamment des maquettes. Voir aussi les instruments de navigation et un ex-voto de bateau. Prendre le temps de regarder les petits films, vraiment intéressants. Au-delà des bateaux et de la vie des marins, le musée se consacre aussi à la vie des Ildaraises, transformées en « gardiennes de l'île ». Il faut écouter leurs témoignages, d'une grande sincérité. Expos temporaires dans une salle attenante.

➢ Pour les amoureux de belles balades, le ***sentier côtier*** (circuit bleu, uniquement à pied), long de 14 km (compter 4h), effectue le tour complet de l'île, offrant de merveilleuses ouvertures sur le golfe et une succession de jolis moments. Cette île est un bonheur de petits chemins riants, de minuscules presqu'îles sauvages et de découvertes inattendues. Partant de la cale de Béluré et longeant la longue plage de la Falaise, vous rejoindrez d'abord le petit cimetière de bateaux, puis le ***moulin à marée de Berno*** *(• moulindeberno@gmail.com • de début juin à sept, en principe tlj 10h-17h, mais horaires assez aléatoires).* Datant du XVIe s, tombé en ruine, il a été ressuscité grâce à l'ardeur de bénévoles autant passionnés que passionnants, regroupés au sein d'une association présidée par le célèbre Jean Bulot. La digue est reconstruite, et le moulin restauré ! La balade se poursuit de pointe en pointe, contournant le bourg, jusqu'à la belle ***plage de Brouël (ou Brouhel).*** On s'y baigne avec plaisir après la renverse, lorsque les eaux se réchauffent (un peu) sur le sable étalé au soleil. Peu après, on atteint l'extrémité sud de l'île à la ***pointe de Liouse,*** où trône un dolmen noyé sous les grands pins, face à une vue panoramique du golfe. Superbe ! On remonte ensuite par la côte est, direction la base nautique des Glénan et la petite ***plage de Pen-Raz,*** calée contre le quai du même nom – un site sympa pour un pique-nique sous les pins ou une baignade à marée haute. Puis la plage de Fontaine-Varia (chouette à marée haute). Puis, 2 choix s'offrent à vous : aller explorer le bourg (église du XIIe s) ou continuer la balade par les côtes, en direction de la large ***plage de Rudevent,*** gentiment tournée au sud (baignade agréable). Ceux qui fatiguent couperont pour rejoindre directement l'embarcadère, tandis que les autres s'offriront le séduisant (dé)tour de la corpulente ***pointe de Bilhervé,*** en large partie occupée par une colonie de vacances des Douanes. Sa façade nord, marécageuse, est fréquentée par de nombreux oiseaux, notamment des oies de Sibérie (bernaches cravants) en hiver.

➢ Le ***circuit rouge*** (10 km), qui effectue la 1re partie du parcours par le ***moulin à marée*** et revient au débarcadère par le bourg, offre un joli avant-goût aux plus pressés. Il permet de s'offrir de courts détours par les 2 vieux manoirs de l'île, des XVIe et XVIIe s, à ***Kervio*** et ***Pénero*** (privés).

– L'île d'Arz, c'est aussi le royaume de la ***pêche à pied.*** Aux grandes marées, la partie est, de la pointe de Béluré au promontoire de Pénera, dévoile, lorsque la mer déchale, d'excellents coins accessibles à tous. On y trouve coques, palourdes, bigorneaux, huîtres... Veillez à bien respecter le balisage des parcs ostréicoles, signalés par de grands piquets.

## L'ÎLE D'ILUR

Flottant au sud-est de l'île d'Arz mais partie intégrante de la commune, ***Ilur,*** la 4e île du golfe par la taille (37 ha), est aujourd'hui inhabitée... ou presque. Seul y vit le gardien du Conservatoire du littoral, qui veille sur elle depuis 2008 depuis son rachat à l'industriel belge qui voulait en faire une résidence de vacances. Île publique, donc, n'importe qui peut y débarquer librement, pour peu qu'il possède un bateau ou un kayak. Les chanceux découvrent alors un petit paradis au hameau microscopique serré autour d'une église et une toile de sentiers batifolant entre landes, vasières, murets (7 km !) bordés d'arbres et mûriers, prés salés où paissent une quinzaine de moutons, bois, courtes falaises colonisées par les cristes marines (une plante vivace comestible, au goût prononcé de céleri), dunes et jolis points de vue sur le golfe. Dans le proche futur, on devrait pouvoir y résider... le Conservatoire envisage en effet de développer des gîtes dans certains des bâtiments de l'ancien village.

### LE VIN FOU, VERSION MORBIHANNAISE

*Autrefois, une poignée de familles installées sur l'île d'Ilur, petite voisine d'Arz, cultivaient le noah, un cépage américain qui donnait un vin très chargé en méthanol et au nez « foxé » (une odeur qui oscille entre le renard et la punaise écrasée !). Il avait de plus la particularité de provoquer la folie et même de rendre aveugle pendant plusieurs heures. Il fut finalement interdit en 1935.*

## L'ÎLE DE GAVRINIS

### Comment y aller ?

➢ **De Larmor-Baden :** ***bureau d'accueil Cairn de Gavrinis*** *sur le port, cale de Pen-Lannic. ☎ 02-97-57-19-38. • accueil@cairndegavrinis.com •* Résa indispensable (jusqu'à 4 j. à l'avance en juil-août) pour la visite du site (20 pers max par groupe), qui est guidée et comprend l'A/R en bateau. L'île est accessible avr-sept. Juil-août, tlj 9h30-18h30 (dernier départ) et pdt vac d'hiver et de la Toussaint (tlj sauf lun 13h30-18h). Départs env ttes les 30 mn. Avr-juin et sept, tlj sauf lun 9h30-16h30 (dernier départ). Prix : env 18 € Gavrinis seule, 20 € avec le contournement de l'île d'Er Lannic en plus ; réduc ; gratuit moins de 4 ans. Env 15 mn de traversée. Durée totale avec la visite : env 1h. À noter que le billet donne droit au *Pass des Mégalithes,* qui offre des réducs dans les autres grands sites mégalithiques de la région (Table des Marchand à Locmariaquer, cairn du Petit-Mont à Arzon, alignements et musée de Carnac).

➢ **De Port-Navalo** (presqu'île de Rhuys) avec ***Le Passeur des Îles*** *(☎ 02-97-46-43-85 ; • passeurdesiles.com •).* Juil-août, tlj sauf sam à 11h45 et à 16h45 ; avr-juin et sept, mar et ven à 9h45, retour à 11h30. Durée : 2h incluant la visite.

MORBIHAN

### À voir

**Le cairn :** *résa obligatoire (voir plus haut). • cairndegavrinis.com • Sacs et objets encombrants sont à déposer obligatoirement à l'entrée du site. Attention, animaux interdits.* Certains l'appellent la « chapelle Sixtine du Néolithique ». Parmi les multiples monuments mégalithiques bretons, celui-ci est le plus impressionnant. Sa position, déjà, détonne : au fur et à mesure de la montée des eaux dans le golfe, ce cairn, jadis juché sur une colline dominant les vallées fluviales environnantes, s'est retrouvé sur un îlot grand comme un mouchoir de poche... Sa taille est impressionnante : haut de 8 m pour un diamètre de plus de 50 m, il est percé d'un couloir de 14 m de long constitué de grandes dalles gravées, qui conduit à la chambre funéraire du dolmen, recouverte par une énorme dalle. Son âge : plus de 6 000 ans.

Que sait-on exactement du cairn de Gavrinis ? Qu'il abritait la sépulture d'un unique personnage, sans doute très important. Ses dimensions remarquables et les efforts considérables déployés pour graver 24 des 29 dalles de granit du couloir d'accès à la chambre funéraire en témoignent. Spirales, demi-cercles concentriques, haches de pierre, serpents ou vagues ne couvrent pas moins de 71 m linéaires ! Dans la salle même, vous remarquerez aussi une dalle trouée présentant 2 « poignées » de pierre. Sa signification reste mystérieuse. Elles ont sans doute été creusées plus tard. On croyait, après la découverte du site en 1832, que les Celtes y déposaient leurs offrandes humaines... Une chose est sûre : l'excellent état de conservation des gravures est dû au fait que l'édifice a été dissimulé vers 2000 av. J.-C. sous une

#### RECYCLAGE NÉOLITHIQUE

*La dalle de la chambre funéraire de Gavrinis (longue de 4 m pour un poids estimé de 17 à 23 t) était d'abord un menhir de 14 m de haut. Brisée, une partie a été recyclée pour constituer la dalle supérieure de la Table des Marchand et une autre transportée à Gavrinis, à 4 km. Comment peut-on en être sûr ? Parce que les 2 éléments possèdent chacun une partie d'un même décor gravé, façon puzzle : d'un côté un cervidé (ou chèvre), de l'autre ses cornes ! Le mystère reste entier quant aux méthodes de transport employées...*

couche de terre, camouflage de l'enceinte décidée par les hommes. Certains archéologues y voient le signe d'un départ volontaire.
Prenez garde, au cours de votre visite, de ne pas toucher les dalles ni même de les effleurer involontairement : elles ont déjà été pas mal abîmées depuis le XIXe s, poussant certains spécialistes à préconiser la construction d'un fac-similé du cairn, comme pour la grotte de Lascaux. Pour le moment, il n'en est rien.

***L'enceinte mégalithique d'Er Lannic :*** flottant juste en face de Gavrinis, l'îlot d'Er Lannic (« petite lande ») est célèbre pour les enceintes jumelles en forme de fer à cheval qui s'y dressent (environ 3500 av. J.-C.). L'une est totalement immergée, l'autre située entre terre et mer, avec une partie des menhirs sur la lande et l'autre sur l'estran, découverte à marée basse, témoignage de la montée du niveau de la mer depuis le Néolithique. La mise au jour de tessons de poteries laisse imaginer un usage cultuel des lieux (offrandes). Privée et classée Réserve ornithologique, Er Lannic est inaccessible, mais le bateau qui mène à Gavrinis contourne l'île et permet d'observer les belles pierres levées.



## L'ÎLE DE BERDER

Couvrant 23 ha, l'île de Berder est reliée à Larmor-Baden par une chaussée carrossable noyée à marée haute, ce qui permet d'y demeurer un maximum de 4h (un panneau indique les horaires d'accès possibles). ***Une île privée dont on ne peut de toute façon faire le tour (2,6 km) qu'à pied par le sentier côtier***, de plage en plage, en zyeutant à distance les bâtiments édifiés dans les années 1880 par le comte Arthur Dillon : un manoir doté d'une tour hexagonale de 5 étages et la chapelle Sainte-Anne, édifiée pour le mariage de son fils. L'homme, aux goûts de luxe, a aussi créé un jardin d'agrément de 10 ha, truffé d'essences tropicales et de grands pins. L'île échut ensuite à la duchesse d'Uzès, qui la revendit à une congrégation religieuse. Aujourd'hui propriété d'un groupe immobilier, elle devrait, d'ici à 2021, être aménagée en hôtel de luxe. À suivre...

## LES AUTRES ÎLES

Il ne faut pas croire la légende : il n'y a pas 365 îles dans le golfe du Morbihan, mais 42. Hors l'île aux Moines, l'île d'Arz et Ilur, toutes sont privées. 2 sont néanmoins accessibles à pied à marée basse : ***Tascon,*** face à Saint-Armel (voir plus loin « La presqu'île de Rhuys »), ainsi que ***Boëd,*** située juste au large de la presqu'île de Séné. Pour rejoindre cette dernière, il faut gagner le hameau de Cadouarn, puis longer la côte vers le sud-est en direction de Moustérian, jusqu'à la hauteur d'un grand étang ; le passage est à cette hauteur. Que voir à Boëd ? Un cimetière de bateaux, une vieille tour carrée solitaire (Ténéro) agrippée aux rochers veillant l'estran, une vue sur l'île voisine, ***Boëdic,*** depuis la pointe ouest, et de jolies plages côté sud. Bottes plus que conseillées ! Au sud du golfe, mentionnons l'***île de Stibiden,*** appartenant à Danielle Darrieux... Attention, la propriété privée commence à la limite atteinte par les plus hautes eaux. Venez avec votre horaire des marées en poche !

# LA CÔTE, DU BONO À ARRADON

*Carte Morbihan, B-C3*

## LE BONO (AR BONOÙ ; 56400)

Posé sur un charmant coude de la rivière du Bono juste avant qu'elle ne mêle ses eaux à celle de la rivière d'Auray, l'exquis petit port du Bono joue les cartes postales. Au bout de la rue principale, un vieux pont suspendu couvert d'une chaussée en lattes de bois, réservé aux piétons, offre une vue pittoresque sur le cours d'eau, les bateaux de pêche et les vieux gréements qui s'amarrent parfois là. Au-delà, le secteur, verdoyant, invite à de jolies balades loin de l'agitation, entre forêts, marécages et rives.

### DES COQUILLAGES POUR LE VAGABOND

*Le « vagabond des mers du Sud », Bernard Moitessier, est enterré dans le petit cimetière du Bono, village où il a terminé ses jours. Sa tombe, une simple dalle d'ardoise, est pourtant immanquable puisque nombreux sont ceux à sacrifier à la tradition en y déposant les colliers de coquillages de cette Polynésie qu'il aimait tant.*



## Où dormir ?
## Où manger au Bono et dans les environs ?

### Campings

⛺ ***Camping du Parc Lann :*** *52, rue Thiers, au* ***Bono.*** *☎ 02-97-57-93-93. 📱 07-88-00-79-47. • campingduparclann@orange.fr • campingduparclann.fr • ♿ Accès par la N 165 et la D 101 ; depuis le bourg, en direction de Plougoumelen ; bien indiqué. Ouv fin avr-sept. Forfaits tente 15,20-18,20 € ; loc de caravanes, roulottes et chalets. 60 empl.* Un petit camping à taille humaine, à l'ambiance confidentielle et conviviale. Le site est bien arboré et tous les emplacements, disposés autour du bloc sanitaire central, bénéficient de beaux espaces ombragés. Les sites dans la prairie n'ont ni électricité ni ombre, mais ils sont bien au calme. Des poules et un coq se baladent librement sur le camping, mais que l'on se rassure, ce petit monde dort dans un poulailler à l'écart. Animations familiales en saison et coin épicerie avec vente d'œufs frais !

⛺ ***Camping La Fontaine du Hallate :*** *8, chemin de Poul-Fetan, lieu-dit Le Hallate, 56400* ***Plougoumelen.*** *📱 06-16-30-08-33. • claude@camping-morbihan.bzh • camping-morbihan.bzh • Ouv avr-oct. Forfaits tente env 17-19 € ; cabanes et chalets. Petit déj possible, sanitaires du camping à disposition.* Cet adorable camping tranquille et familial joue la carte du bonheur champêtre, de l'écologie et de l'économie des ressources, tout cela de manière ludique. Le terrain est charmant et semi-ombragé avec ses haies vives qui délimitent d'agréables emplacements. Les hébergements locatifs sont idéalement répartis sur le terrain qui descend en pente douce vers un étang. Les espaces sont variés et les logements bien camouflés. Les sanitaires aussi jouent l'économie de l'eau, et c'est tant mieux. Fait salon de thé en haute saison (17h-21h).

### Bon marché

🍴 ***Crêperie de Keroyal :*** *3, impasse de Keroyal, 56400* ***Plougoumelen.*** *☎ 02-97-24-03-81. 📱 06-11-75-26-45. • creperie-keroyal@wanadoo.fr • creperie-keroyal.com • Fermé mar midi, plus lun hors saison. Résa conseillée. Carte env 16 €. Café offert sur présentation de ce guide.* Aménagée avec goût dans une maison de caractère, elle offre une vue plongeante sur la rivière du Bono. Large éventail de galettes 100 % blé noir bio, orientées mer ou tradition. Gril également. Une adresse très fréquentée par les familles, car on peut facilement surveiller ses bambins à travers les baies vitrées (aire de jeux). Accueil très sympa de surcroît.

🍴 ***Le Temps d'une Crêpe :*** *hameau de Bélean, commune de* ***Ploeren,*** *à quelques km à l'est de Bono. ☎ 02-97-46-02-71. 📱 06-09-48-19-72. Tlj sauf lun, sam midi, plus mer soir hors saison. Carte env 16 €.* Pourquoi « Le Temps d'une Crêpe » ?! On aurait bien appelé le lieu « Le Temps de 2 ou 3 Crêpes » ! Car on sert ici des galettes réjouissantes, bien fournies et exquises. La salle est coquette, l'arrière-cour adorable. Pas étonnant que les habitués s'y pressent dès l'ouverture.

## De prix moyens à chic

**Chambres d'hôtes Ar-Couette :** *Le Maneguen, au* ***Bono.*** *06-12-05-80-98. • xsaintleger@gmail.com • ar-couette.com • À 2 km au sud du Bono vers Baden, indiqué sur la droite. Compter 100-110 € pour 2 ; familiale.* Cette élégante ferme tout en pierre est une belle surprise : les petites dépendances, en face de la maison principale, renferment un salon commun agréable avec cuisine équipée et de jolies chambres parfaitement équipées. Toutes sont de très bon goût, mais sur les 5 chambres, dont une double parfaite pour les familles, on avoue un coup de cœur pour celle en rez-de-jardin avec coin terrasse. Enfin, une autre dépendance abrite une petite piscine intérieure tout en mosaïques, avec balnéo et un sauna ! Inattendu, d'autant que l'accès est libre.

**Chambres d'hôtes de Lohenven :** *5, route de Bretagne, à Lohenven, 56400* ***Plougoumelen.*** *☎ 02-97-57-82-94. 06-64-61-30-31. • scrizzi@wanadoo.fr • Résa conseillée. Double 60 €. Café ou jus de fruits offert sur présentation de ce guide.* En pleine campagne, cette maison bretonne traditionnelle, tenue de main de maître par la sympathique Joëlle, a été rénovée avec beaucoup de style et de goût. Chambres de bonne taille dans la dépendance, donnant sur un parc verdoyant (7 000 m²). Salle à manger avec poêle, cuisine à disposition.

**Hôtel Alicia :** *1, rue du Général-de-Gaulle, au* ***Bono.*** *☎ 02-97-57-88-65. 06-24-14-44-91. • hotelalicia@orange.fr • hotel-alicia.com • À la sortie du Bono en direction d'Auray, juste avt le pont. Doubles 54-124 € ; familiales. Un petit déj/chambre par nuit offert sur présentation de ce guide.* Bien qu'implanté le long de la départementale, ce petit établissement moderne et pimpant a un atout déterminant : sa situation stratégique en surplomb de la rivière et du port. Depuis les balcons des chambres supérieures, la vue panoramique vaut vraiment la peine. Au 2ᵉ, il faut se contenter de Velux, mais la prestation est similaire pour tout le monde : déco actuelle sobre et bon niveau de confort. Petit espace spa avec jacuzzi. L'accueil est pro et souriant, mais l'insonorisation un peu légère.

# À faire

**Tours du golfe et découverte de la rivière d'Auray :** *avec la compagnie* ***Navix.*** *☎ 02-97-46-60-00. • navix.fr • Début juil-fin août. 10 % de réduc hors bateau-restaurant sur présentation de ce guide.* Départ du port de Saint-Goustan à Auray ou du charmant petit port du Bono, et remontée de la rivière jusqu'à l'embouchure, avant de visiter le golfe avec des escales sur l'île aux Moines et l'île d'Arz.

**Balades découverte en stand up paddle :** ***À la Dérive,*** *pl. du Banc-Marie (sur le port). 07-68-91-81-07. • aladerive56@hotmail.com • Différentes formules au départ du Bono.* Nul besoin de partir loin pour découvrir de magnifiques points de vue. C'est la bonne nouvelle ! Mais les plus aguerris opteront pour les balades gourmandes dans le golfe, qui se terminent par une dégustation d'huîtres chez un ostréiculteur. Autres balades à la carte et location de matériel.

## BADEN *(56870)*

Ancré dans les terres mais pas bien loin de l'eau, ce village tranquille est dominé par un haut clocher, devenu amer. C'est de Port-Blanc, situé sur son territoire, à 6 km, que l'on embarque pour l'île aux Moines.

MORBIHAN

## Adresses utiles

■ ***Base nautique Varec'h :*** *le Bois-Bas, 56870* ***Penmern.*** *06-03-32-35-67. • bretagne-kayak.fr • Ouv tte l'année, tlj 9h-18h (19h en été).* Location de kayaks et paddles pour partir explorer le golfe. Organise des sorties guidées à la demande, avec pique-nique d'huîtres.

■ ***Izenah Croisières :*** *base nautique Bretagne Sud, à* ***Port-Blanc.*** *☎ 02-97-57-23-24. • izenah-croisieres.com •*

■ ***Caseneuve Maxi Catamaran :*** *base nautique Bretagne Sud, à* ***Port-Blanc.*** *06-82-69-38-13. • caseneuvemaxicatamaran.com •* Sortie sur un grand catamaran de 18 m vers les îles du Ponant *(env 65 €)* ou balade de 2h en soirée dans le golfe *(35 €),* mais aussi navigation sur un trimaran de course...



## Où dormir ? Où manger dans le coin ?

### Camping

***Domaine Mané Guernehué :*** *52, rue Mané-er-Groez, à* ***Baden.*** *☎ 02-97-57-02-06. • info@camping-baden.com • camping-baden.com • À 10 mn à pied du centre de Baden et 3 km de la plage. Ouv début avr-fin sept. Forfaits tente 19-59 € ; loc de chalets et de mobile homes. 377 empl.* La famille Madec, propriétaire de ce camping depuis une quarantaine d'années, ne ménage pas ses efforts pour le maintenir au top ! Chaque année, pour le plus grand bonheur des familles, de nouvelles installations y voient le jour. Dans le vaste parc arboré de 12 ha, plusieurs types d'hébergements s'entremêlent : les emplacements tentes, spacieux et délimités par des haies, certains au grand confort avec eau et électricité, et même sanitaires privatifs, et plusieurs types de chalets et mobile homes, quelques-uns au design vraiment moderne. Bons équipements : restaurant, tennis, spa, piscines, centre équestre, épicerie... et gentillesse à toute heure. Organise des soirées animées et excursions. Location de vélos.

### De bon marché à prix moyens

***Les Hauts de Toulvern :*** *route de Toulvern, au sud de* ***Baden,*** *vers la pointe du même nom. 06-37-70-51-67. • contact@leshautsdetoulvern.fr • leshautsdetoulvern.com • Doubles 68-75 € ; familiales.* C'est une démarche écoresponsable qui est à l'origine de cette petite résidence haut de gamme. Tout, de la structure en matériaux sains au linge de maison en fibres naturelles, obéit à une logique écologique, avec un vrai souci de réduction de l'énergie et de protection de l'environnement. Côté confort, les appartements sont impeccables : déco contemporaine élégante et bons équipements (TV à écran plat, cuisine...), ainsi qu'une terrasse ou un balcon. De quoi passer des vacances « propres » dans un environnement, évidemment, champêtre !

***Chambres d'hôtes Anse de Kerdelan :*** *20, route de Kerfanc. ☎ 02-97-57-19-74. 06-08-42-23-75. • maillardmarylene@yahoo.fr • ansedekerdelan.com • Congés : de mi-déc à mars. Double 100 € ; familiales. Réduc de 10 € sur le prix de la chambre à partir de 2 nuits sur présentation de ce guide.* Rarement le mot « panoramique » est aussi justifié. Juchée sur une avancée du littoral, la longère du XVIII<sup>e</sup> s, entièrement retapée, profite d'une vue hypnotique à 180° sur les replis du golfe. Devant la maison, un magnifique jardin avec hamac, banc et chaise longue, bref, tout ce qu'il faut pour profiter de la vue. Les 4 chambres, dont 3 à l'étage (et 2 communicantes partageant une salle de bains), affichent une déco marine de bon aloi aux tonalités bleu-jaune.

***Résidence Odalys Les Îles du Morbihan :*** *lieu-dit* ***Le Lannic.*** *☎ 02-97-58-13-74. • ilesdumorbihan@*

*odalys-vacances.com • Ouv fév-Toussaint. À partir de 80 €/nuit pour 2 (linge de toilette fourni).* Cette résidence située face à l'île aux Moines et à seulement 400 m de la plage se compose de studios et appartements de 2 et 3 pièces confortablement aménagés (avec kitchenette). L'ensemble est moderne et bien tenu. Sur place : piscine, sauna et salle de fitness.

**Crêperie La Goélette :** *6, pl. Weilheim, à* **Baden.** *☎ 02-97-57-07-19. 06-67-73-87-72. • lagoelettebaden@orange.fr • creperie-baden.com • À proximité de l'église. Tlj sauf lun, plus mar hors saison. Congés : janv. Carte uniquement, env 16 €. Apéritif maison offert sur présentation de ce guide.* Sur la place du village, cette jolie petite crêperie décorée de toiles modernes tient bon son cap avec des galettes goûteuses, croustillantes et bien garnies qui font la part belle aux produits locaux. Également des petits plats maison, façon andouille de Guémené, saucisse de Kervignac et moules en saison (l'été, donc !), etc. Agréable terrasse.

**Crêperie Er Lannic :** *à* **Port-Blanc.** *☎ 02-97-57-07-07. 06-86-43-57-26. • marie.le.port@cegetel.net • creperieerlannic.com • Au rond-point juste avt l'embarcadère. Tlj en juil-août ; sinon fermé mer-jeu. Congés : de mi-nov à début fév. Galettes 2,80-12 €, grosses salades 11-14,80 €. Apéritif maison offert sur présentation de ce guide.* Vieille maison de pierre, grosses tables de pique-nique en bois peint sur le gazon devant... l'endroit est sympathique en plus d'être pratique. Certes, l'été, c'est un peu l'usine, mais y a pas à dire, les galettes et les crêpes sont bonnes et généreuses. Une institution par ici.

**La Chaumière de Pomper :** *14, hameau* **Kerherve.** *☎ 02-97-58-59-66. 06-78-38-09-42. • lachaumieredepomper@gmail.com • lachaumieredepomper.fr • Sur la gauche de la D 101, en venant de Baden, avt le rond-point. Tlj sauf dim-lun. Congés : 1 sem fin juin, 1 sem en oct, vac de Noël et de fév zone B. Table d'hôtes 20-25 €.* Cette belle crêperie à la salle lumineuse et tendance, posée dans un superbe parc, nous la joue classe. Une crêperie gastro ? Quelle bonne idée ! On y mange d'excellentes crêpes et galettes à la pâte fine et croustillante, garnies de produits de région sélectionnés avec soin et parfaitement cuisinés. En plus, c'est copieux et particulièrement bien présenté. La carte de cidres se veut tout aussi pointue et réserve de belles découvertes. Un peu chic donc, mais la galette gagne ici ses lettres de noblesse.

## De chic à plus chic

**Maison d'hôtes Le Val de Brangon :** *12, route de Brangon, à* **Baden.** *☎ 02-97-57-06-05. 06-09-79-90-94. • vb@levaldebrangon.com • levaldebrangon.com • Congés : début janv-avr. Doubles 180-230 €. Apéritif maison offert sur présentation de ce guide.* Cette magnifique longère modernisée, située dans une campagne verdoyante à 5 mn de voiture du littoral, séduira les couples en quête de calme et de luxe. Les 5 chambres affirment un confort douillet, et la déco qui rend hommage au patrimoine breton est régulièrement renouvelée, histoire de ne pas ennuyer les habitués ! Les objets de déco, récents ou chinés, sont superbement mis en valeur. Belles chambres au confort irréprochable, isolation parfaite, tissus de choix. Celle du rez-de-chaussée dispose d'une terrasse privée avec transats. Pour paresser, il y a le grand salon cosy avec sa cheminée, l'impeccable jardin avec ses transats, et l'espace bien-être avec hammam et piscine découvrable dans l'ancienne cidrerie. Petit déj-brunch d'anthologie et possibilité de plateaux-repas sur demande. Tout cela orchestré par un couple aux petits soins et jamais avare de bons conseils sur les activités alentour.

**Hôtel-restaurant Le Gavrinis :** *1, rue de l'Île-de-Gavrinis, au lieu-dit* **Toulbroch,** *à env 1,5 km. ☎ 02-97-57-00-82. • contact@gavrinis.com • gavrinis.com • Resto tlj sauf lun, sam midi, dim soir. Congés : janv et mi-nov. Doubles 69-109 €. Formules déj en sem 19-24 € ; menus 34-45 € ; carte env 55 €. Café offert sur présentation de ce guide.* Un bâtiment moderne qui cache bien son jeu derrière un rideau de verdure, et qui renferme des parties communes élégantes et cosy, des chambres soignées et lumineuses de bon confort, et une table réputée. Atmosphère un brin classieuse, mais bel effort de déco et remarquable travail dans les assiettes, pleines de saveurs délicates. De l'ouvrage bien tourné, celui d'un artisan qui aime et connaît son métier, assurément.

## À faire

Belle balade sur le sentier côtier de la ***pointe de Toulvern*** jusqu'à la ***plage de Sept-Îles*** et son île (privée) accessible à pied à marée basse.

***Le Toulverne – Au Rythme des Marées :*** *pointe de Toulvern. ☎ 02-97-57-00-19. 06-04-59-68-28. • contact@aurythmedesmarees.fr • aurythmedesmarees.fr • Découverte des parcs à huîtres, dégustations à bord avr-oct 18-40 € (100 € famille : 2 adultes + 2 enfants) ; apéro sur l'eau 45 €. 1 départ/j. en fonction des marées. Dégustation en terrasse, en saison, tlj 12h-20h.* Ivan Selo, 5e génération d'ostréiculteurs, a équipé un bateau à fond plat d'un puits de vision sous-marine et fait partager sa passion aux visiteurs qu'il emmène dans ses parcs à huîtres. La visite est suivie d'une dégustation à bord. Le bateau ressort, en fin de journée, à l'heure de l'apéro, pour admirer le coucher du soleil sur les îles du golfe du Morbihan... Le bonheur ! Mais vous pouvez aussi venir pour une simple dégustation à ***La Cabane à Huîtres,*** où vous attendent les mêmes huîtres et leurs copines les palourdes.

MORBIHAN

### LARMOR-BADEN (an Arvor-Baden ; 56870)

Est-ce un bourg tranquille ou une station balnéaire ? Un peu des 2, mon commandant – tout dépendant de la saison ! Important centre ostréicole, Larmor-Baden est aussi et surtout le principal point d'embarquement pour le fameux cairn de Gavrinis (voir plus haut « Les îles du golfe du Morbihan »).

#### Adresse utile

***Golfe Croisières :*** *quai de Pen-Lannic ; à côté du bureau d'accueil Cairn de Gavrinis. ☎ 02-97-57-15-27. • golfe-croisieres.com •* Propose différentes croisières dans le golfe, avec ou sans escale à l'île aux Moines et/ou à l'île d'Arz.

#### Où dormir ? Où manger ?

***Camping Ker Eden :*** *route d'Auray. ☎ 02-97-57-05-23. • info@camping-larmorbaden.com • camping-larmorbaden.com • À env 1 km au nord-ouest par la D 316. Ouv de mi-mai à mi-sept. Forfaits tente env 19-32 € ; loc de tentes lodges et de mobile homes. Possibilité de loc à la nuit. 96 empl.* Il a du chien ce camping familial agréablement posé à la lisière du golfe, avec accès direct à la plage ! Certains emplacements longent directement la plage, avec un coup de cœur pour la situation du no 32. Les autres donnent côté champ, et ceux au centre ont l'avantage d'avoir vue sur l'eau car légèrement en surplomb. De grands pins ombragent les parcelles (non délimitées). Sanitaires impeccables. Ambiance familiale. Épicerie et *food-trucks* plusieurs fois par semaine. Piscine. Location de vélos.

***Hôtel du Parc Fétan :*** *17, rue de Berder. ☎ 02-97-57-04-38. • contact@hotel-parcfetan.com • hotel-parcfetan.com • Dans le centre, tt près du port. Ouv de mi-mars à mi-nov. Resto fermé le midi et le mer* *soir, plus ven soir hors saison. Doubles 61-155 € ; familiales. Menus 25-50 €. Parking gratuit. Apéritif maison offert sur présentation de ce guide.* Un couple adorable et plein d'énergie tient cet établissement discret de 25 chambres, aux notes marines. Certaines sont tournées vers la mer, les autres donnent dans côté jardin. Également 9 appartements avec coin cuisine et terrasse privée (certains en duplex) façon résidence de tourisme. Par ailleurs, un effort notable est fait pour s'approcher du « zéro déchet ». On offre de l'eau filtrée aux clients dans les chambres et des gourdes sont à dispo pour les randonneurs. Une démarche à soutenir ! Piscine *(chauffée mai-sept)* et spa avec cabine de cryothérapie (payante), ainsi qu'un agréable restaurant de cuisine traditionnelle.



**Huîtres Crénéguy – Chez Lucien :** *18, rue de Pen-Lannic, à côté du port. ☎ 02-97-52-38-47 ou 02-97-57-16-48. • contact@huitres-creneguy.fr • Ouv de mai à mi-sept midi ts les w-e. Juil-sept, tlj 11h-14h, 18h-21h. Carte env 15 €.* Chez les Crénéguy, ostréiculteurs depuis 5 générations, huîtres creuses ou plates (maintes fois récompensées), palourdes, crustacés, rillettes de poisson, la fraîcheur est tellement irréprochable et les saveurs si iodées qu'on pourrait y manger les yeux fermés. Enfin, façon de parler, car le panorama sur le golfe, depuis la terrasse où sont posées de grosses tables en bois, est à couper le souffle et réserve de mémorables couchers de soleil. Une bonne maison, comme on dit. Vente à emporter, à l'année, au chantier *(7, chemin du Port-Lagaden ; ☎ 02-97-57-16-48).*

**Ets Gouguec Ostréiculteur :** *à **Pen-en-Toul,** à 800 m au nord-est du centre de Larmor-Baden, par la D 316. 06-42-56-39-06. • gouguec@yahoo.fr • achat-huitre-en-ligne.fr • Tlj midi et soir. Congés : 14 juin-4 juil. Formule déj 8 €. Carte env 24 €.* Situé face à une vénérable digue de pierre, l'ancien chantier ostréicole se mue l'été en resto en plein air, avec ses quelques tables en bois rustiques les pieds dans l'herbe. Au menu : les bonnes huîtres de la maison, mais aussi des palourdes, des rillettes de maquereau, de la crème de sardines ou de thon. Santé, bonheur, disent les Suisses !

## À voir. À faire

De la ***pointe de Locmiquel,*** gardienne de la belle anse du même nom, jusqu'à la longue ***plage des Sept-Îles,*** dont la jolie langue de sable, prolongée par un tombolo, relie à marée basse l'unique îlot (privé) étrangement baptisé du nom de Sept-Îles... On peut en faire le tour. De là, on peut continuer jusqu'au *port de Penn-Lannic* et au gois de l'*île de Berder.* Vous nous en direz des nouvelles.

## *ARRADON* (aʀadɔ̃ ; 56610)

Son exposition, sa végétation, son chemin côtier et ses jolis points de vue sur le golfe du Morbihan font d'Arradon une sorte de Riviera locale aux portes mêmes de Vannes. Si le village en lui-même n'a rien d'extraordinaire, les pointes d'Arradon et de Penboc'h expriment tout le charme du littoral.

### Où dormir ? Où manger ?

#### Campings

**Camping de Penboc'h :** *9, chemin de Penboc'h, dans le hameau de **Bourgerel.** ☎ 02-97-44-71-29. • camping.penboch@orange.fr • camping-penboch.fr • À 2 km à l'est du centre d'Arradon. Ouv début avr-fin sept. Forfaits tente env 15,90-35,80 € ; mobile homes et chalets. Réduc de*

*10 % sur les emplacements de camping hors vac scol et w-e fériés (offre non cumulable) sur présentation de ce guide.* Ce vaste camping 4 étoiles répartit ses 192 emplacements entre 2 espaces séparés par une toute petite route – l'un regroupant la majorité des infrastructures, l'autre plus arboré. Nos préférés sont ceux du fond, contre le bois et près du sentier côtier. Très bons équipements : piscines chauffées, intérieure (avec jacuzzi) comme extérieure (avec toboggans aquatiques), minigolf, ping-pong, laverie, etc. Ambiance familiale sympathique.

***Camping de l'Allée :*** *lieu-dit* ***L'Allée,*** *56610 Arradon. ☎ 02-97-44-01-98. 06-26-63-89-28. • contact@camping-allee.com • camping-allee.com • Ouv avr-sept. Forfaits tente env 16-20 € ; cottages 4-6 pers 295-860 €/sem ; loc de cabanons toilés. 148 empl.* Un camping familial agréable, dans un beau cadre de verdure. Emplacements de belle taille, séparés par des haies, au milieu des pommiers. Sanitaires impeccables. Calme assuré. Piscine.

## De bon marché à prix moyens

***Chambres d'hôtes Le Maner Kozh :*** *3, chemin de Kerveho. 06-60-92-80-79. • ottomaner-koz@gmail.com • Double 70 €. Réduc de 10 % sur le prix de la chambre, sur présentation de ce guide.* Ce fort beau manoir du XVe s s'amarre au cœur d'un vaste parc boisé, véritable havre de paix à moins de 500 m du golfe. Jardins et vieilles pierres ne manquent pas de charme, et les 5 chambres (dont un appart), toutes avec leur propre salle de bains, sont cosy et d'un très bon rapport qualité-prix. On apprécie les bons lits, l'accueil... tout en fait !

***Établissements Jegat – espace de dégustation :*** *18, allée de la Pointe. ☎ 02-97-44-02-45. • huitres-jegat@orange.fr • Mai-sept, tlj 12h-15h, 18h-22h (en fonction de la météo). Dégustations 7,50-14 €.* Pour de bonnes huîtres (travaillées au naturel, élevées sur le sable, à l'ancienne) et des coquillages savoureux type palourdes farcies, à emporter ou à déguster sur place, sur une bien jolie terrasse devant le golfe, avec un bon verre de vin en biodynamie.

***L'Abri Côtier :*** *pointe d'Arradon, sur le port. ☎ 09-66-96-75-73. Tlj en saison et vac scol ; oct-mars, seulement le midi jeu-dim. Menus 23-32,50 € ; carte 30-35 €.* Les cuisines sont installées dans un ancien hangar à bateaux, tout comme le grand comptoir et les cageots de marchandise (bien fraîche) empilés juste devant. Mais les tables, elles, sont plantées de l'autre côté de la route, sur la terrasse couverte au bord de l'eau. Sacré pari sur la météo mais quelle vue ! Et quelle surprise dans l'assiette. Si la mer, et le golfe en particulier pour les fruits de mer, est grande pourvoyeuse, on y savoure aussi d'excellents burgers, ou encore de généreuses salades. Le tout servi par une équipe dynamique. Prévoir une petite laine les soirs d'été. En hiver, une poignée de tables à l'intérieur.

***La Timonerie :*** *4, rue de la Mairie. ☎ 02-97-44-75-43. • timonerie56610@gmail.com • Fermé dim en saison ; sinon dim et le soir lun-mar. Midi en sem, formules 15-18,50 € ; ardoises 20-30 €.* L'enseigne annonce une pizzeria. Mais si pizzas il y a, effectivement, on rencontre surtout un chef, un vrai, qui travaille de bons produits locaux et de saison. Les menus du jour sont un peu en deçà des dîners, mais ils sont franchement donnés ! Frais décor de bistrot moderne et service aux petits soins.

## De chic à beaucoup plus chic

***Le Parc Er Gréo :*** *9, rue Mane-Guen, lieu-dit* ***Le Gréo.*** *☎ 02-97-44-73-03. • contact@parcergreo.com • parcergreo.com • Doubles 79-174 € ; familiales. Parking. Apéritif offert sur présentation de ce guide.* L'édifice, moderne, semble hésiter entre le petit hôtel élégant et l'auberge de charme. Il abrite 14 chambres d'un excellent niveau de prestation (salles de bains neuves, confort...), toutes personnalisées et pour la plupart orientées plein sud, côté jardin et piscine (couverte et chauffée). En prime : un jacuzzi extérieur et un sauna. Le petit déj est servi dans une salle décorée de peintures réalisées par le père du propriétaire, ou dans la véranda, très lumineuse. Bref, voilà un lieu séduisant, intime, à l'accueil aussi charmant que professionnel.

## Où acheter de bons produits régionaux ?

***Philippe Maudet Pâtissier :*** *2, rue de la Mairie.* ☎ *02-97-44-02-37. Juil-août, tlj 7h-19h30 (sauf dim 13h) ; sinon mar-sam 7h-19h30, dim et j. fériés 7h-13h.* Tout le monde connaît la maison pour son excellent kouign-amann, qui a remporté le 1er prix lors des concours 2010 et 2014 ! Un délice, à emporter ou à déguster en terrasse, en taille XXL ou en portion individuelle. Goûtez donc le pomme-caramel.

***Cidrerie du Golfe :*** *chemin de Talhouarch.* 📱 *06-95-81-43-76.* • *contact@la-cidrerie.fr* • *la-cidrerie.fr* • *Ouv tte l'année mar-ven.* Grâce à ses 5 ha de pommiers, la maison produit du cidre bio, mais aussi jus, *lambig* (eau-de-vie) et Dayou (2/3 jus de pomme, 1/3 *lambig*).

## À voir. À faire

Le ***sentier côtier*** (GR 34) permet de s'imprégner de doux paysages marins. Rejoignez-le, par exemple, au niveau du joli petit ***moulin à marée de Paluden*** *(direction er Gréo, puis à gauche par la rue du Paluden).* En allant vers l'ouest, vous gagnerez la cale (petit port) et les tourelles de ***Pen er Men.*** Du côté opposé, vous rejoindrez la séduisante ***pointe d'Arradon,*** elle aussi très boisée, et, plus à l'est, la « tour Vincent », une drôle de résidence blanche bâtie au XIXe s, puis la plage et la pointe de ***Penboc'h,*** attenantes au camping du même nom. Le secteur, très préservé, offre un beau panorama sur les côtes et les îles (d'Arz notamment). Le must : aller y pique-niquer au coucher du soleil.

■ ***Location de bateaux à moteur, voiliers, canoës-kayaks et planches à voile :*** *sur le port d'Arradon (à la pointe), chez* ***Le Blan Marine*** *(☎ 02-97-44-06-90 ; • leblanmarine.com •) ou* ***47° Nautik*** *(☎ 02-97-44-72-92 ; • 47nautik.com • ; propose aussi des sorties en mer).*

■ ***Belle Plaisance :*** *24, chemin de Gravellic.* ☎ *02-97-44-80-91.* • *belleplaisance.bzh* • Sorties en voilier sportif ou de croisière, voire à bord d'un vieux gréement (notamment le *Fal Ben,* une copie de bordeur des années 1870), suivi de régates, école de voile, location de bateaux à moteur, dériveurs, kayaks et SUP...

# LA PRESQU'ÎLE DE SÉNÉ (SINE) (56860)

**À 5 km au sud de Vannes, la petite commune de Séné occupe une corpulente presqu'île en forme d'hameçon, délimitée à l'ouest par la Marle, et à l'est par une vaste étendue de marais et d'anciennes salines classées Réserve naturelle qui longent la rivière de Noyalo. Un lieu aux 2 visages : aux zones commerciales et banlieues-dortoirs, qui s'imposent d'abord à l'œil, répond un arrière-pays verdoyant, presque sauvage, baigné côté golfe par des images éternelles de marines.**

## Adresse et infos utiles

– **Marché bio :** *pl. de l'Église. Mars-nov, ven 16h-19h.* • *lesproducteurs desene.com* • Au cœur de la presqu'île de Séné, entre terre et mer, les producteurs ont eu la bonne idée de se rassembler pour promouvoir leurs productions. Certains sont présents sur le marché bio du vendredi soir, d'autres directement à la ferme. On trouve aussi une sélection de ces produits à l'épicerie-resto **Les Potes au Feu** *(7 bis, rue d'Alsace, sur la zone commerciale du Poulfanc).* Coup de cœur pour les fromages, crèmes dessert et caramels au beurre salé de lait de chèvre de la chèvrerie de Kerlebik.

**Les Petits Passeurs** offrent la possibilité de rejoindre Vannes (Conleau) et Saint-Armel sur la presqu'île de Rhuys en quelques minutes. Se présenter directement à l'embarcadère de **Barrarac'h** (près de Port-Anna) pour Vannes, et de **Monsarrac** au sud de la presqu'île de Séné pour Saint-Armel. Horaires : voir plus haut la rubrique « Comment visiter le golfe du Morbihan ? ».



## Où dormir ? Où manger ?

**Camping du Moulin de Cantizac :** *2, rue des Orchidées, 56860* ***Séné.*** *☎ 02-98-92-53-52.* • *info@camping-vannes.com* • *camping-vannes.com* • *À l'entrée de Séné, sur la gauche de la route principale. Ouv 1er w-e d'avr-3e sem d'oct env (date du marathon de Vannes). Forfaits tente 14,70-22,70 € ; loc de mobile homes.* Une localisation bien pratique pour ce camping familial, aux portes de Vannes... et déjà au vert ! Le terrain, en longueur, est délimité par un ruisseau mais dispose de très peu d'emplacements dont plusieurs ombragés. Espace aquatique chauffé et couvert. Et sanitaires récents. Camion pizza certains soirs à l'entrée du camping. Location de vélos en été.

**Crêperie Avel-Vras :** *5, pl. de l'Église, 56860* ***Séné.*** *☎ 02-97-40-50-47. 📱 06-60-45-25-72.* • *creperie.avelvras@gmail.com* • *Tlj sauf dim-lun ; ouv seulement le midi hors saison. Congés 3 sem en janv. Compter 15 €. Café offert sur présentation de ce guide.* Bénéficiant du label « Crêperie gourmande », la maison met en avant le blé noir et les produits locaux (souvent bio), pour de bonnes galettes aux drôles de noms d'oiseaux (marins en général). Les crêpes, elles, font plus dans le floral... La pomme au caramel au beurre salé ne vous décevra pas ! Accueil sympa.

**La Belle d'Ilur :** *route de Badel, 56860* ***Séné.*** *📱 06-37-29-86-20. Tte l'année. Carte env 7 €. Café offert sur présentation de ce guide.* Posée face à l'île de Boëd, la ferme ostréicole de Nolwenn et Thierry Réhault invite à une belle petite escapade marine. On y savoure au grand air, les yeux dans le bleu, une douzaine d'huîtres avec pain, beurre et vin blanc, à moins de préférer palourdes, crevettes ou rillettes de la mer produites localement. Le temps se couvre ? Une petite salle prend le relais. Leurs huîtres, provenant de naissains élevés dans les Charentes, ont une saveur bien particulière.

## À voir

**La réserve naturelle des marais de Séné :** *route de Brouël. ☎ 02-97-66-92-76.* • *reservedesene.bzh* • *Bien fléché depuis l'hippodrome de Vannes, mais curieusement pas du tt depuis Séné (GPS indispensable ou retourner sur le rond-point de l'hippodrome puis suivre le fléchage). Juil-août, tlj 10h-13h, 14h-19h ; fév-juin et sept, tlj 14h-18h (19h avr-juin) ; fermeture de la billetterie 2h avt. Fermé de mi-sept à fin janv. Entrée : 5 € ; réduc et forfait famille ; gratuit moins de 7 ans.*

*Pour les adultes et les enfants, ateliers et nombreuses sorties nature, gratuites ou payantes, tte l'année (voir le site internet). Expos temporaires et vidéos à l'accueil de la Maison de la réserve.*

Créée en 1996, la réserve couvre 530 ha de vasières, anciens marais salants, prés salés et prairies, fréquentés par de très nombreuses espèces d'oiseaux. Zone d'hivernage majeure pour les ***migrateurs dits « hivernants »,*** la réserve, comme le golfe dans son ensemble, accueille une population importante de bernaches cravants (qui viennent de Sibérie), dont l'effectif avoisine les 10 000 individus, mais aussi des canards siffleurs, pilets, souchets et sarcelles d'hiver, fort nombreux de novembre à mars. L'été, on y observera plus volontiers les oiseaux d'eau dits « ***nicheurs*** » venus s'y reproduire. Parmi les 19 espèces de limicoles répertoriées, citons le très commun bécasseau variable, la barge à queue noire, le pluvier argenté, l'avocette (très !) élégante, le vanneau huppé, sans oublier courlis et chevaliers.

Pour les observer, 2 options : le ***parcours payant*** (dédié à l'observation des oiseaux) accessible depuis la Maison de la réserve, avec 5 observatoires répartis sur 3,8 km de sentiers (animateurs le long de ce parcours en saison et location possible de jumelles – 1 €) ; ou le ***parcours libre*** (gratuit, pour la balade et les paysages), balisé en rouge, comprenant sur 5 km 3 points de vue, mais plus éloigné des rives. Malheureusement, double punition, pas de location de jumelles pour ce parcours.

Petite astuce pour mieux apercevoir les oiseaux : sur la partie payante, venir à marée haute, quand l'horaire le permet. Certaines vasières étant inaccessibles lorsque la mer est haute, les oiseaux se rapprochent logiquement des zones moins immergées, donc du littoral. CQFD !

Au sud du bourg, une vue superbe sur le golfe vous attend à la ***pointe du Bill.***

Autre gentille escale : le joli ***Port-Anna,*** au nord-ouest de la presqu'île, aux abords duquel mouillent plusieurs sinagots et vieux gréements (lorsqu'ils ne sont pas de sortie !). Les derniers de ces bateaux aux voiles rouges, traditionnellement destinés à la drague des huîtres, portent tout simplement le nom des habitants de Séné ! La légende laisse entendre que les saints bretons débarquèrent en Armorique à bord de sinagots...

### ROSE AMER

*À la sortie de Port-Anna, là où la rivière de Vannes rejoint le golfe, se dresse depuis 1879 une grande maison rose. Classée au nombre des amers (points de repère pour les navigateurs), elle figure sur les cartes marines. Les propriétaires ont interdiction de la repeindre d'une autre couleur.*

***L'île de Boëd :*** voir plus haut « Les îles du golfe du Morbihan. Les autres îles ».

## LA PRESQU'ÎLE DE RHUYS

• Carte *p. 346-347*

**Longue d'une vingtaine de kilomètres pour 1 à 10 km de large, la presqu'île de Rhuys « ferme » le golfe du Morbihan par le sud. Au nord, donc, la « petite mer » et ses doux paysages d'aquarelles, intimes et riants, où prospèrent villas et parcs à huîtres. Au sud, les étendues iodées et agitées du Mor Braz, la « grande mer », plus typiquement balnéaire, au littoral souligné de longues plages. À l'estran infini de la 1re, paradis des pêcheurs à pied, répondent les pâtés de sable, les folles embardées en kite, en SUP et à la voile de la 2de. Et au centre, demanderez-vous ? Là, une fois quitté la colonne vertébrale de**

**la D 780, la péninsule livre une belle alternance de pâturages, bois, étangs, marais, fermes, vergers et chemins de traverse, à parcourir à pied ou à vélo, en quête des nombreux monuments mégalithiques, manoirs et châteaux de ce séduisant bout de terre.**
**Rhuys est aussi une terre chargée d'histoire : ses 1ers résidents secondaires furent d'ailleurs les ducs de Bretagne, qui venaient ici chasser le gibier sur l'immense domaine de Suscinio !**
**Petite précaution : la presqu'île ne compte qu'une dizaine d'hôtels et ils se remplissent vite, mieux vaut donc réserver. En revanche, vous y trouverez de nombreux campings.**

## Adresse utile

L'***office de tourisme Golfe du Morbihan Vannes Tourisme*** dispose de 3 bureaux sur la presqu'île de Rhuys, à Sarzeau, Arzon et Saint-Gildas-de-Rhuys (voir ces villes). Vous pourrez vous y procurer l'indispensable journal gratuit d'animations, qui détaille événements, expos, concerts et autres fêtes traditionnelles. Vous y trouverez aussi une carte indiquant les itinéraires à vélo et pourrez y acheter la carte IGN au 1/25 000 du golfe *(13 €),* ainsi que le très complet *Topoguide rando du Golfe du Morbihan (9 €),* qui propose plusieurs circuits avec des fiches détaillées pour chacun d'eux, complétées d'informations sur le patrimoine et l'histoire. Fait aussi billetterie pour les excursions en bateau (golfe, îles du Ponan), sorties nature, animations, spectacles et *CityPass* (cartes 24h, 48h, 72h) comprenant plus de 30 sites incontournables, l'accès aux transports urbains et à la location de vélos.

MORBIHAN

# SAINT-ARMEL

(56450) 880 hab. *Carte Morbihan, C3*

**À l'entrée de la presqu'île, côté golfe, on aime bien ce petit bourg serré autour de son église et d'un café-bar-boulangerie-débit de tabac qui anime les lieux tout au long de l'année. À ses portes s'étend une campagne riante, déroulée en bocages jusqu'aux portes des marais salants de Lasné. Au-delà, on atteint l'île Tascon, reliée à la terre ferme par une chaussée submersible, puis la pointe du Passage, d'où un bac, à la belle saison, conduit de nouveau, comme jadis, à Vannes et à son marché. Les parcs à huîtres témoignent, eux, des débuts de l'ostréiculture dans la presqu'île de Rhuys dès les années 1870.**

### LE *GOCHTIAL*

*À mi-chemin entre la brioche et le pain de campagne, il est fabriqué à partir de farine de froment et de levain. Parfait pour le petit déjeuner, le gochtial (« pain-gâteau ») était à l'origine préparé uniquement lors des grandes fêtes ou pardons. Si on le trouvait alors sur toute la presqu'île, il ne subsiste quasiment plus aujourd'hui qu'à Saint-Armel, où le boulanger perpétue vaille que vaille la tradition, depuis 4 générations !*

## Adresse et info utiles

➢ ***Le Petit Passeur de Saint-Armel :*** *cale du Passage. ☎ 06-20-23-62-64. Fonctionne avr-fin sept : tlj 9h30-12h30, 14h-18h (19h juil-août et jusqu'à 22h30 pdt la Semaine du golfe). Tarif : 2 €/trajet ; 3 € A/R ; vélos gratuits.*

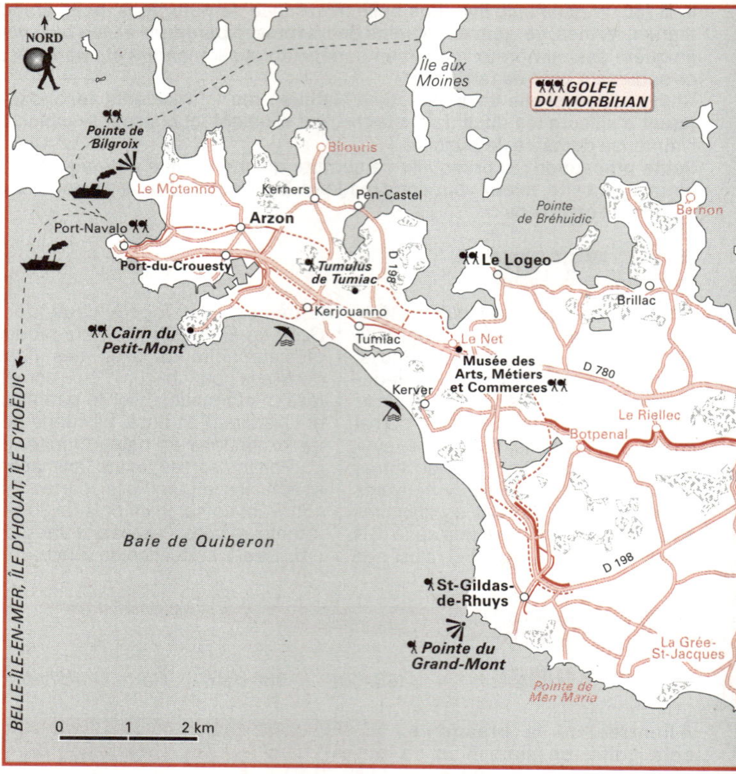




Une agréable petite traversée de 3 mn entre les barques et les cabanes ostréicoles, sur un bateau à fond plat qui a aussi le mérite d'épargner aux randonneurs ou aux vélocipédistes un détour de 20 km jusqu'à la cale de Montsarrac, à Séné.

## Où dormir ? Où manger ?

**Hôtel Le Chevalier Gambette :** *19, route de Saint-Colombier. ☎ 02-97-43-94-03. 06-48-57-95-59 • contact@hotelchevaliergambette.com • hotelchevaliergambette.fr • Tte l'année. Doubles 69-109 € ; familiales. Réduc de 10 % sur le prix de la chambre en basse saison sur présentation de ce guide.* Ce moderne « hôtel d'hôtes », comme disent les proprios, abrite une vingtaine de chambres cosy réparties en 4 maisonnettes, au confort irréprochable, discrètement décorées sur le thème des oiseaux du golfe. Celles du rez-de-chaussée ont, pour la plupart, une terrasse ; certaines, à l'étage, une vue. L'atmosphère est à la fois conviviale et intimiste, et l'accueil chaleureux.

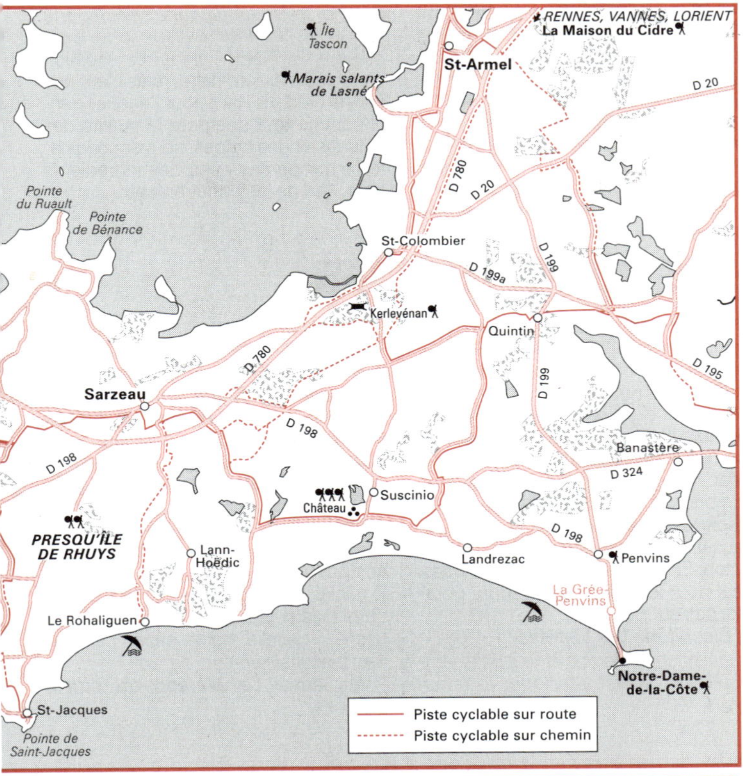




# LA PRESQU'ÎLE DE RHUYS

**Chambres et table d'hôtes A Fleur de Mer :** *9 bis, route An-Aodeu. ☎ 02-97-69-85-24. 06-49-14-89-35. • contact@afleurdemer.fr • afleurdemer.fr • Avr-oct. Doubles 65-95 €. Table d'hôtes 24 € (boisson comprise). Apéritif maison offert sur présentation de ce guide.* Plus calme, on ne peut guère ! Pas de route bruyante et le golfe est juste 50 m à l'arrière de la maison. Les chambres se nichent à l'étage de cette bâtisse moderne, précédée d'un beau jardin empli de plantes, de légumes et d'arbres fruitiers. Confortables et agréables, elles disposent toutes de sanitaires privés. Accueil tout en douceur. Et si vous n'avez pas le courage de ressortir, la table d'hôtes vous tend les bras *(sur résa, 4 pers min).* Petit déj de qualité.

**Les Parcs du Passage :** *10, chemin du Poulho. ☎ 02-97-26-48-57. Pointe du Passage, juste au nord de Saint-Armel. D'avr à mi-nov, tte l'année pour la dégustation, fermé le soir lun et dim.* On aime bien ce genre d'endroit, informel et convivial. Ce n'est pas un resto mais un chantier ostréicole tout mignon, avec juste quelques tables et chaises en plastique, face aux îlots et replis de la côte... On vous y ouvre une douzaine d'huîtres à la volée, quelques autres coquillages, on vous sert un petit verre de blanc, et hop ! Si le beurre est fourni, c'est à vous d'apporter le pain. Ça tombe bien, le frère tient la (bonne) boulangerie du village.

**Crêperie Bara-Breizh :** *35, route de Penvins. ☎ 02-97-26-46-52. • contact@bara-breizh.com • bara-breizh.com • ♿ À l'entrée du bourg, sur la droite. Ouv mer, lun midi et dim soir hors saison. Congés : déc. Carte env 20 €. Apéritif maison offert sur présentation de ce guide.* La situation n'est pas extraordinaire, mais c'est une bonne crêperie, tant pour l'accueil gentil comme tout que pour la qualité des galettes et des crêpes, souvent originales et préparées avec des ingrédients frais. Aire de jeux pour enfants.

## Où acheter de bons produits ?



**Le Moulin à Café :** *1, rue de la Mairie. ☎ 02-97-26-41-43. Tlj sauf lun 7h30 (7h45 w-e)-13h15 (13h dim), 14h30-20h (16h30-19h30 dim en basse saison, 17h-20h en été). CB refusées.* Véritable institution locale, cet accueillant café-bar-boulangerie-débit de tabac vend depuis 4 générations un pain brioché local, le *gochtial,* à goûter absolument (venir tôt ou le réserver). Il y a aussi du kouign-amann et du gâteau breton. Et tant d'autres bonnes choses. Idéal pour le petit déj, à prendre pourquoi pas sur place.

**Biscuiterie Les Vénètes :** *15, rue de Lann-Vrihan, 56450* ***Le Hézo.*** *☎ 02-97-43-91-24. • biscuiteriedesvenetes.com • Lun-sam 9h-12h, 14h-19h ; plus dim en saison 10h-12h, 15h-19h.* Tout est fait sur place, et on ne travaille que des produits naturels et bio de la région, sans conservateurs ni additifs. Les biscuits sablés au sarrasin (sucrés, ou salés pour l'apéro) sont un must, mais on craque aussi pour les minimadeleines, les gâteaux bretons, le coulis de caramel au beurre salé, les crèmes (délicieuse celle au citron) et pâtes à tartiner et aussi, désormais, les confitures aux parfums originaux. Pour compléter le panier, sympathique sélection de produits locaux (sel des marais salants de Lasné, vaisselle, petite déco...) et ateliers biscuits *(sur résa, payant).*

– Voir aussi ***La Maison du cidre,*** plus bas.

## À voir. À faire dans le coin

***Les marais salants de Lasné :*** *visites guidées sur inscription seulement, auprès de la paludière Nathalie. 📱 06-81-22-43-52. • lapaludieredugolfe.fr • Programme et inscription par mail (sur le site) ou par SMS. En été, 3-8 visites/sem. Prix : 6 € ; réduc. Durée : env 1h30.* Les 1res traces de l'exploitation du sel à Lasné remonteraient au XVe s. Au XVIIIe s, elle fut confiée par les moines de Saint-Gildas-de-Rhuys à des paludiers de Guérande. Abandonnée, puis relancée en 2003, l'activité est à nouveau aux mains d'une paludière venue tout spécialement de Guérande ! Son domaine occupe près de 10 ha sur les 31 ha de la zone (classée Espace naturel sensible), où l'on peut observer de très nombreux oiseaux, au gré des sentiers. La balade guidée à pied au milieu des marais salants permet de mieux comprendre le métier de paludier. Vente de sel après la visite. Des moutons y paissent à la belle saison. De là, le sentier côtier rejoint la pointe du Passage.

***L'île Tascon :*** amarrée au large des marais salants de Lasné, cette île de 55 ha est la 3e du golfe par la taille. On peut s'y rendre à pied, par le radier (passage submersible) du Rodu, long de 400 m, découvert environ 2h30 avant et après la marée basse ; même les voitures peuvent l'emprunter. L'île, l'une des dernières encore cultivées, abrite quelques résidences secondaires ainsi que la ferme de la famille ***Le Ménach,*** qui produit viande bovine, légumes et œufs sur quelque 24 ha (vente en direct) et loue un gîte *(• latasconnaise.e-monsite.com •).* Les Le Ménéach représentent à eux seuls 75 % de la population de l'île !

Avis aux amateurs de piafs : l'***anse de Tascon*** est un endroit idéal pour l'observation des oiseaux en hiver. 40 % des migrateurs qui visitent le golfe s'y regroupent. Au large, l'***île de Bailleron,*** propriété de l'Université de Rennes, accueille, elle, surtout canards siffleurs et bernaches.

***La Maison du cidre :*** *route de Lann-Vrihan (D 780), 56450* ***Le Hézo,*** *au giratoire de Kermarch. ☎ 02-97-26-47-40. • museeducidre.com • ♿ Juil-août, lun-sam 10h-18h30 ; dim et j. fériés 10h-12h, 15h-18h. Avr-oct (vac scol de la Toussaint comprises), tlj sauf dim 10h-12h, 14h30-18h30. Dernières visites à 11h et 17h. Boutique : avr-oct, mêmes horaires que le musée ; nov-mars, tlj sauf dim 10h-12h, 14h30-17h30. Entrée : 5 € ; réduc ; gratuit moins de 16 ans.* Tout commence par un film de 25 mn environ décrivant la fabrication artisanale du cidre hier et aujourd'hui. La cidrerie existe depuis 1928 et la 3e génération est à la tireuse. L'occasion d'apprendre que, dans les années 1960, les agriculteurs étaient subventionnés pour arracher leurs pommiers ! Suit une visite audio-commentée autour d'anciens hangars abritant des objets et du gros matériel par thèmes : broyage, pressage (dont un pressoir vieux de presque 250 ans), atelier de tonnelier, alambics, ruche vitrée vivante, conservatoire avec les différentes variétés de pommes présentes sur les 13 ha de vergers situés à Surzur, etc. Tout cela se termine par une dégustation des cidres fermiers de la maison et du fameux Royal Guillevic (Label rouge, produit à partir de pommes locales Guillevic), sans oublier d'excellents jus de pomme et crêpes. Quiz pour enfants.



## SARZEAU [sarhau] (56370) 7 800 hab. *Carte Morbihan, C3*

**Sarzeau est né de la volonté des ducs de Bretagne de créer un contre-pouvoir à la puissance monastique de Saint-Gildas. Établie au cœur même de la presqu'île de Rhuys, la petite ville gouverne aujourd'hui un canton couvrant à lui seul près de la moitié de la région. Sous des abords pragmatiques un peu envahissants (vastes zones d'activité), elle cache un centre tranquille, avec son église entourée de quelques belles vieilles maisons et bons commerces de bouche. Mais c'est au-delà que se découvre le plus beau : les vastes plages de la côte atlantique, le bocage, les bois, les petits ports ostréicoles et, en vedette, le superbe château de Suscinio, rendu à sa grandeur passée.**

### SORTIE DE BAIN

*On ne sait pas exactement pourquoi ni comment, mais c'est au presbytère de Sarzeau qu'on retrouva la fameuse baignoire dans laquelle le très anticlérical Marat fut assassiné par Charlotte Corday en 1793. Le curé de la paroisse la revendit en 1896 au musée Grévin pour financer la construction de l'école du bourg !*

## Adresse et infos utiles

***Bureau d'information touristique :*** *rue du Père-Coudrin ; à l'angle de la rue du Général-de-Gaulle. ☎ 02-97-53-69-69. • golfedumorbihan.bzh • Juil-août, lun-sam 9h-13h, 14h-19h ; dim 10h-13h. Le reste de l'année, lun-sam 9h-12h, 14h-18h.*

■ ***Location de vélos :*** ***Vélo Cycle Abbis,*** *7, allée des Ducs-de-Bretagne. ☎ 02-97-53-64-64. • legolfenvelo.com • Tlj en été et vac scol ; fermé dim hors saison. À partir de 10-12 €/j (résa possible 24h/24 en ligne).*

– **Marchés :** *jeu, pl. des Trinitaires ; marché bio en centre-ville sam mat.*

➢ **Navette Estibus :** ts les jeu 9h-13h30, juil-août, depuis les parkings gratuits à l'entrée de la ville. Gratuite.

## Où dormir ? Où manger ?

### En centre-ville

#### Sur le pouce

**Pizza Rhuys :** *7, allée des Ducs-de-Bretagne. ☎ 02-97-40-70-23. 07-62-76-79-01. Tte l'année, ts les soirs. Pizzas 5,50 € (petite)-15 €. Distributeur extérieur 24h/24.* Une institution sur la presqu'île, lancée par le champion de France des Pizzaiolos 2013. Sa guitoune et ses pizzas à emporter sont pour beaucoup une bénédiction. Et c'est très bon. Les pizzas au feu de bois sont toutes composées à partir d'ingrédients de qualité, volontiers bio et/ou locaux – tomme de Bellevue, saumon fumé de Sarzeau, chèvre fermier de Languidic, etc.
À 2 pas du kiosque, une nouvelle boutique propose d'autres pizzas, et surtout des vins et glaces bio. Parfait pour compléter le repas ! Outre cette adresse, une quinzaine de points de vente en juillet-août, fixes ou en camions, qui se baladent autour du golfe. Procurez-vous un dépliant de la maison, ils sont partout !

#### Bon marché

**Crêperie L'Entre-temps :** *3, impasse de Poulmenac'h. ☎ 02-97-48-25-72. 06-81-47-84-42. • bobet.regis@orange.fr • Juil-août, tlj sauf dim ; hors saison, fermé le soir mer-jeu, plus dim. Congés : Toussaint. Carte env 18 €.* Alors que bon nombre de crêperies revendiquent leur label « Crêperie gourmande », celle-ci se présente comme « crêperie artisanale ». Pas de label officiel donc, mais une affirmation : la carte est 100 % crêpes (« crêpophobes », passez votre chemin) et à base de préparations maison. L'accueil est vraiment chouette, le lieu sans chichis, les habitués nombreux, le service rapide et les galettes excellentes (en plus, le choix est intéressant !). Agréable terrasse en été. Bref, un sans-faute.

**Les Pieds dans l'Plat :** *3, rue de Poulmenac'h. ☎ 02-97-48-22-28. • lespiedsdanslplat@live.fr • lespiedsdanslplatsarzeau.fr • Juil-août, tlj sauf mer ; hors saison, ouv mer-dim. Congés : 15 derniers j. de nov, 15 derniers j. de juin. Résa indispensable en saison. Menus 11,50 € (déj en sem), puis 25,90-31,90 € ; galette env 14,50 €. Café offert sur présentation de ce guide.* Un long couloir débouche sur une courette abritée où sont installées quelques tables, puis sur les chaleureuses petites salles basses de plafond de l'intérieur, et enfin, tout au fond, sur un petit jardin-terrasse pris d'assaut aux beaux jours. Ici, on mange de bonnes galettes de blé noir, assez originales pour certaines, mais aussi quelques salades, des brochettes de bœuf ou des moules.

#### De prix moyens à chic

**Hôtel-restaurant Lesage :** *3, pl. Duchesse-Anne. ☎ 02-97-41-77-29. 06-75-69-78-61. • horelrestaurantlesage@orange.fr • hotelrestaurantlesage.com • ♿ Tlj, sauf lun, plus dim soir hors saison. Doubles 78-150 € ; suites. Formules et menus 20 € (déj en sem et sam), puis 26-36 €. Apéritif maison offert sur présentation de ce guide.* Au cœur du bourg, l'hôtel occupe une bâtisse en pierre d'une certaine prestance. Au rez-de-chaussée, le mariage de l'ancien et du moderne est harmonieux, tandis que dans les étages, les chambres ont adopté un style résolument contemporain (chaque chambre possède son thème). Un beau point de chute, d'autant que la cuisine se défend très bien dans un registre traditionnel et de saison.

### À l'écart du centre-ville

#### Campings

On trouve de très nombreux campings dans les petits villages de la commune de Sarzeau. Certains même très bien placés avec des accès plage directs. Nous avons privilégié dans notre sélection les plus tranquilles et agréables.

⛺ ***La Ferme de Lann Hoëdic :*** *rue Jean-de-La-Fontaine,* ***Lann-Hoëdic.*** *☎ 02-97-48-01-73. • contact@camping-lannhoedic.fr • camping-lannhoedic.fr • ♿ Avr-oct, tlj. Forfaits tente 18-25,30 €. 108 empl.* Au milieu des champs, une petite route relie les emplacements pour tentes dispersés sur de grandes pelouses habillées de nombreux arbres et de haies joliment composées d'essences variées. Une autre partie du camping, toujours aussi soignée, accueille les mobile homes. Côté services : une agréable salle commune, quelques animaux auxquels les enfants peuvent rendre visite, un bel espace jeux, une activité hebdomadaire en été et des locations de VTT. La plage est à 800 m par un joli sentier.

⛺ ***Les Genêts :*** *30, rue Sens, à* ***Saint-Jacques.*** *☎ 02-97-41-87-22. • contact@camping-les-genets.com • camping-les-genets.com • Ouv avr-sept (forfaits camping-car hors saison). Forfaits tente 13-29 € ; loc de mobile homes.* À 800 m de la plage lui aussi, ce camping familial bien équipé et soigneusement entretenu est en grande partie dédié aux mobile homes, qui forment comme un petit village pas désagréable. Les emplacements de camping sont pour la plupart délimités par des haies ; les nos 16, 20 et 21 font partie des plus tranquilles. Sur place : espace de jeux, piscine avec pataugeoire chauffée (de mi-mai à mi-septembre), ainsi qu'une salle de jeux et de lecture.

⛺ ***Le Cadran Solaire :*** *50, rue de Benester, 56370* ***Le Tour-du-Parc.*** *☎ 02-97-67-30-40. • contact@campingcadransolaire.fr • campingcadransolaire.fr • À 300 m de la mer. Ouv Pâques-Toussaint. Forfaits tente 2 pers env 16-18 € ; mobile homes 2-6 pers.* Ceux qui aiment l'ombre et les emplacements délimités par de hautes haies seront servis. L'endroit est parfaitement tenu (sanitaires impec !) et le cadre agréable, même pour les mobile homes, qui se fondent plutôt bien dans le décor et jouissent d'une certaine intimité. Ici, c'est le calme que l'on privilégie.

## De bon marché à prix moyens

🏠 ***Gîte d'étape de Quintin :*** *à* ***Quintin.*** *☎ 02-97-26-42-54. • gitedequintin56@yahoo.fr • gitedequintin.canalblog.com • Ouv Pâques-Toussaint. Env 14 €/pers.* On aime beaucoup le hameau et ses quelques maisons de pierre entourées de bois et de champs. Le gîte compte juste 12 lits répartis en 2 dortoirs tout simples à l'étage d'une maisonnette (chacun avec douche), et une cuisine-salon (avec poêle à bois) au rez-de-chaussée. En prime : un barbecue, un bouc et quelques poules. Également 2 chambres en plus au bout de leur maison.

🏠 ***Chambres d'hôtes L'Alizé :*** *7, rue Marie-Le-Franc, à* ***Banastère.*** *☎ 02-97-67-37-05. 📱 06-32-72-17-81. • cachassagne@orange.fr • chambresdhotes-morbihan.fr • Tte l'année. Double 70 €. Réduc de 10 % sur le prix de la chambre sur présentation de ce guide.* Quelle jolie situation ! Cette maisonnette blanche est posée sur la promenade de Banastère, face à l'eau. 2 petites chambres (communicantes) au rez-de-chaussée. Elles sont fraîches et coquettes. Un bout de jardinet fleuri sur l'avant pour profiter du soleil et de l'air marin. Ambiance tranquille et accueil agréable. À 2 pas, les proprios louent aussi un gîte pour 4 à 6 personnes, pas bien grand mais bien équipé.

## De prix moyens à chic

🏠 ***Chambres d'hôtes Les Roseaux de Pencadenic :*** *87 bis, rue de Pencadenic, 56370* ***Le Tour-du-Parc.*** *☎ 02-97-63-72-04. • contact@lesroseauxdepencadenic.com • lesroseauxdepencadenic.com • Doubles 72-78 € ; familiales. Café offert sur présentation de ce guide.* La maison en bois est cachée derrière une autre pas bien belle. Pour le reste, on apprécie ses 5 chambres de plain-pied (dont une suite familiale séduisante), donnant toutes sur une petite terrasse en bois très conviviale ; elles ne sont pas géantes, mais chacune est individualisée et joliment décorée, avec grande douche pluie. Une autre terrasse à l'arrière donne sur les marais, où est servi le petit déj aux beaux jours. Thé et café en libre-service, et accueil très pro. En prime : accès direct au GR 34 et vélos en prêt !

**Kerstéphanie :** *route de Roaliguen, à 2 km du centre de Sarzeau. ☎ 02-97-41-72-41. • bonjour@lekerstephanie.fr • ♿ Jeu-lun midi et soir. Menus déj en sem 21-25 € ; menu végétarien 35 € et autres menus 36-55 €.* Le cadre est champêtre, avec une terrasse ombragée par un bel albizia, au creux d'une maison traditionnelle. Le service de belle tenue met bien en valeur une cuisine inspirée, mêlant avec intelligence les produits d'ici et les saveurs d'ailleurs. Les assiettes sont composées avec intelligence et joliment présentées.

### Autour de Sarzeau

## Bon marché

**La Cabane à Milo :** *route du Scluze, 56370 Sarzeau. 📱 06-85-14-51-90. • lesparcsduscluze@gmail.com • Au bout de la pointe de l'Ours. Ouv avr-sept. Juin-août, mar-dim 11h-21h ; sinon mer-dim 11h-15h, 18h-20h. Compter 10 € la douzaine d'huîtres.* Petite cabane les pieds dans l'eau, avec vue époustouflante sur le golfe du Morbihan. On y déguste toutes sortes de fruits de mer et notamment les huîtres de la maison, d'une fraîcheur irréprochable. Aussi quelques poissons et des rillettes de la mer. Le tout dans une ambiance franchement bon enfant ! À arroser d'un petit cru sans prétention. Un must dans le secteur !

**Le Pie Noir Café :** *2104, route Duchesse-Isabeau-d'Écosse,* ***Suscinio.*** *☎ 02-97-41-85-68. Ouv 12h-14h, 19h-21h, nov-mars et vac scol ven-dim midi, sinon mer-dim midi (plus dim soir juil-août). Congés : janv. Carte env 20 €. Café offert sur présentation de ce guide.* Parce qu'ils ont de l'idée, des convictions et de l'énergie à revendre, Isabelle et Gurvan Bourvellec, producteurs de la ferme fromagère de Suscinio, ont érigé cette magnifique et imposante grange au sein de leur ferme. D'un côté, la boutique commercialise produits laitiers, conserves et plats cuisinés de chez eux ou de producteurs locaux. De l'autre, le restaurant, orné de portraits de famille en noir et blanc, où sont servis les produits de la boutique : cassoulet, bourguignon, porc au cidre... et aussi des salades et tartines. Portions bien généreuses. En dessert, ne pas faire l'impasse sur l'onctueux *gwell*, un yaourt fermenté fabriqué à partir du lait de vache pie noir, bien sûr.

**Les Viviers du Pont de Banastère :** *66, rue Banastère, au niveau du pont, 56370* ***Le Tour-du-Parc.*** *☎ 02-97-67-40-79. • contact@viviers-banastere.com • ♿ Ouv tte l'année ; dégustation fév-nov, sur résa tlj sauf lun-mar. Plats et dégustations env 10-35 € et plateaux de fruits de mer.* Quelques tables dans la poissonnerie, entre les étals ou sur la terrasse en bois devant les viviers, et voilà le décor ! On est là chez un producteur de produits de la mer. À la carte, des huîtres, bien sûr, mais aussi des moules-frites ou le poisson du jour, des bigorneaux, des bulots, des langoustines, du tourteau, voire du homard. Les portions sont généreuses, la fraîcheur assurée et la cave des propriétaires-récoltants accompagne à merveille les plats.

**Les Viviers du Ruault :** *117, route de la Pointe-du-Ruault. 📱 06-62-80-51-36. • lesvivierduruault@laposte.net • Ouv tte l'année et tlj. Horaires variables selon saison. Formules dégustation (avec verre de vin blanc) 5,50-15 €.* Cette côte du golfe a le don de nous offrir des panoramas et une lumière à rester baba. Alors quand les ostréiculteurs y ouvrent un espace de dégustation, on accourt ! À toute heure, on y sert huîtres creuses, palourdes et bulots, qui passent directement de la mer à l'assiette, et aussi des crevettes, huîtres plates de Cancale en saison et rillettes de poisson avec croûtons. Jolie terrasse végétalisée, quasi pieds dans l'eau et abritée de parasols. Un plan d'enfer à l'apéro !

**La Nurserie du Golfe :** *tt au bout du chemin de la* ***Pointe-de-Bénance.***

*06-79-93-84-54. Mai-nov, mer-dim 18h-21h30. « Apéri'Triskel » incluant (entre autres) 6 huîtres et un verre de vin, 12 €.* L'écloserie de Marieg est bien sympathique (lire la rubrique « À voir »). Elle propose des dégustations dans un environnement paradisiaque, tout au bout d'une pointe s'ouvrant sur le golfe. Huîtres, rillettes de la mer, produits de la terre locaux...

***Les Viviers du Logeo :*** *33, rue de Chicotienne, au* ***Logeo.*** *☎ 02-97-26-80-90. 06-09-82-05-32 ou 06-14-18-61-85. • lesviviersdulogeo@gmail.com • les-viviers-du-logeo.fr • Fléché depuis le rond-point à l'entrée du village. Ouv tlj sauf dim soir en haute saison, sinon lun-ven. Vin blanc ou rosé offert sur présentation de ce guide.* C'est avant tout un chantier ostréicole, où une petite terrasse en bois, posée face aux eaux du golfe, invite à déguster les huîtres maison, avec pain, beurre et verre de muscadet. On peut aussi commander une assiette plus plantureuse avec du pâté et repartir avec coquillages et crustacés.

***Crêperie Bretonne à La Ferme :*** *route de la Forêt-Ducale, au* ***Bodérin.*** *☎ 02-97-41-85-14. Ouv avr-Toussaint tlj pdt vac scol, sinon ven soir-dim soir. Carte env 14 €.* Encore une crêperie ? Oui, mais pas n'importe quelle crêperie ! Ici, on mange à la ferme, en terrasse sous une glycine, face au jardin où paissent les animaux (les enfants adorent). Dans l'assiette, rien que du bon, avec plein de produits locaux, et à prix canon !

***Crêperie Les Bigoudens :*** *9, route de Ménez, à* ***Penvins.*** *☎ 02-97-46-08-78. 07-68-57-97-15. • lesbigoudens@hotmail.fr • Tlj de fin mars à mi-nov sauf jeu hors saison. Carte env 16 €. Apéritif maison offert sur présentation de ce guide.* Dans cette petite crêperie moderne du centre-bourg, tout est frais et cuisiné avec soin à partir de produits locaux – de préférence – et de saison. Même les glaces sont faites maison ! Service impeccable.

***Le Vieux Colombier :*** *1, rue du Stang, hameau du* ***Vieux-Colombier.*** *☎ 02-97-43-94-40. Fermé dim soir, lun et mer. Congés : fin janv, fin juin et début oct. Menus midi 14,50-17 € ; autres menus 24-45 €.* Au cœur de ce hameau, en bord de route, voici une bonne surprise ! Une table de très belle tenue, semi-gastronomique, dont les plats s'affranchissent de tout régionalisme, si ce n'est pour conserver la fraîcheur et la qualité des produits locaux. Une cuisine inspirée, présentée avec soin et servie avec beaucoup de prévenance.

MORBIHAN

## De prix moyens à chic

***Le Mur du Roy :*** *43, chemin du Roy, à* ***Penvins.*** *☎ 02-97-67-34-08. • contact@lemurduroy.com • lemurduroy.com • Ouv tlj sauf mar, plus lun soir et mer-ven midi hors saison. Congés : déc-janv. Doubles 64-95 €. Au resto, menus 24-26 €. Apéritif maison offert sur présentation de ce guide.* Au fond d'un cul-de-sac, une adresse s'ouvrant sur la mer. Bravo au jeune couple plein de dynamisme et de gentillesse qui a repris cette adresse. Les chambres sont confortables et simples, même si elles méritent un petit coup de jeune. Mais la situation est extra et l'atmosphère pleine de bienveillance. Le soir, la belle terrasse prolongée par un grand carré de pelouse qui s'ouvre sur la mer appelle à la sérénité. Mention spéciale à la table, hautement recommandable. Essentiellement tournée vers l'océan, inventive et délicate, elle séduit immanquablement.

## Où boire un verre dans le secteur ?

***La Pointe :*** *12, route de la Chapelle, à* ***Penvins.*** *☎ 02-97-62-26-84. 06-69-73-20-29. • sealbamorel@gmail.com • Tlj sauf lun-mar hors saison. Congés : fin déc. Carte env 20 €. Café offert sur présentation de ce guide.* Sentinelle de la plage de Penvins, *La Pointe* hisse sa terrasse XXL aux tables et chaises en bois les pieds dans le sable, offrant une vue imprenable. L'été, le lieu se mue en QG des kiteurs et adeptes du paddle. *No rush*, on est ici pour profiter (du soleil ? Espérons).

**Le Clifden Pub :** *route du Golfe, à* ***Porh-Brillac.*** *☎ 02-97-26-84-48. • guenaclif@gmail.com • À l'écart de la route Sarzeau-Arzon (au nord). Tlj sauf mar soir-mer hors saison.* Tenu par la même famille depuis 1925, voici un vrai pub irlandais accueillant comme si on y était, avec sa collection d'objets hétéroclites du sol au plafond, des boiseries sombres, une source inépuisable de *Guinness* (et de bières bretonnes), un billard dans un coin... On peut grignoter et s'en mettre plein les écoutilles lors des concerts folk ou blues.

**Le Café du Logeo :** *terrasse tt au bout du port, à la cale de mise à l'eau. Juil-août, tlj 11h-22h.* Site exceptionnel pour boire un pot au coucher du soleil. Ici, par beau temps, le bonheur est palpable.



## Où acheter de bons produits à Sarzeau et autour ?

**Fumage artisanal d'Arzon :** *9, rue du Général-de-Gaulle, à* ***Sarzeau.*** *☎ 02-97-41-86-76. • fumagearzon@gmail.com • fumage-arzon.fr • Juil-août, tlj sauf dim ap-m 9h-12h30, 16h-19h ; le reste de l'année, horaires restreints. Congés : janv-fév.* La maison mère de cette excellente conserverie artisanale se trouve à Arzon (voir la rubrique « Achats » à Arzon), mais on trouve ici en plus d'excellents plats à emporter (sushis bretons, thon à la tahitienne et nems maison).

**Au Coin des Délices :** *30, rue du Général-de-Gaulle, à* ***Sarzeau.*** *☎ 09-81-27-49-16. • contact@aucoindesdelices.com • aucoindesdelices.com • Ouv lun-sam 9h-12h30, 15h-19h, sauf lun hors saison. Réduc de 5 € dès 30 € d'achat une seule fois sur présentation de ce guide.* Une chouette petite épicerie où l'on trouve aussi bien des articles du quotidien (poteries, bols-prénoms...) qu'une sélection pointue de produits régionaux, comme ceux de la jeune marque locale *Mademoiselle Breizh,* qui travaille avec l'ESAT de Vannes. Ou encore les merveilleux gâteaux de *La Charrette qui Kouign* (Biscuiterie de Suscinio), les petits sablés sucrés-salés de la *Biscuiterie des Vénètes,* du thé et du café... Bref, un concentré de bonnes choses à rapporter de vacances.

**Ferme fromagère de Suscinio :** *route Duchesse-Isabeau-d'Écosse. ☎ 02-97-41-85-68. • tomederhuys@orange.fr • Sur la D 198 vers Penvins, env 200 m après l'intersection pour le château. Boutique ouv avr-oct, tlj 9h-19h30 (dim ap-m seulement) et nov-mar, tlj sauf lun-mar 9h30-12h30, 15h30-19h (dim ap-m seulement).* Ce lieu mérite vraiment une visite, pour la bonne tome *(fabrication à 10h30 lun-ven)* de Rhuys et autres fromages qui y sont produits, mais aussi pour l'accueil. Gurvan, un géant rouquin, ne manque pas une occasion de chanter les louanges de ses vaches bretonnes pie noir, une race rustique sauvée de l'oubli dans les années 1980 ; quant à sa femme, Isabelle, elle prend le temps, surtout à l'heure de la traite *(tlj à 17h15 sauf le dim),* de tout expliquer en détail aux petits et aux grands. On y mange aussi très bien (voir plus haut *Le Pie Noir Café* dans « Où dormir ? Où manger ? Autour de Sarzeau »).

## À voir. À faire à Sarzeau et dans les environs

### Sarzeau côté océan : château et plages

**Le domaine de Suscinio :** *☎ 02-97-41-91-91. • suscinio.fr • Juil-août, tlj 10h-20h (23h pour les nocturnes) ; avr-juin et sept, tlj 10h-20h ; fév-mars et oct-12 nov, tlj 10h-18h ; 13 nov-fin janv, tlj 14h (10h pdt vac scol de Noël)-17h. Dernière entrée 1h avt fermeture. Tarif : 10 € ; réduc ; gratuit moins de 10 ans. Spectacle son et lumière à la nuit tombée mar et jeu en été : 16,50 € ; 10 € 10-17 ans.*

*Nombreuses formules de visite au choix : voir impérativement le site internet. On conseille vivement de prendre une visite guidée ou de télécharger le parcours audioguidé sur smartphone pour faire « parler la pierre » de ces grands espaces très peu meublés. Nombreuses animations pour les enfants et familles.* Le célèbre château de Suscinio, dont la silhouette altière se dresse avec panache au-dessus de ses douves en eaux, a été ***fondé par les ducs de Bretagne vers 1240.*** Symbole de puissance politique, Suscinio atteignit son apogée aux XIVe et XVe s. Anne de Bretagne, elle, n'y vint que 3 fois ! Les ducs aimaient venir chasser dans ce lieu exceptionnel, édifié à proximité immédiate de l'océan et adossé à une forêt très giboyeuse. Des marais salants prospères, des étangs et de beaux jardins s'étendaient bien au-delà.

Acquis à l'état de ruine en 1965 par le conseil général du Morbihan, Suscinio a retrouvé l'essentiel de sa splendeur d'origine.

Pénétrant dans l'enceinte par le pont franchissant les douves, on visite d'abord le ***logis ducal du XVe s,*** le plus imposant et le mieux remis en état. Consacré à l'histoire du château (au 1er étage, la salle de justice ; aux 2e et 3e, les appartements du duc et de la duchesse). Malgré son côté massif propre aux châteaux forts, le logis affiche déjà un confort d'une grande modernité avec ses imposantes cheminées et larges fenêtres, les « coussièges » (bancs de pierre près des fenêtres), les latrines, les étuves... Quelques meubles (très peu en fait, et d'époque plus tardive), des objets issus des fouilles archéologiques, maquettes et supports multimédias complètent la présentation. On parvient ainsi aux appartements de la duchesse, où sont présentés, sous une impressionnante voûte en bois d'origine, les splendides pavements des XIIIe et XIVe s provenant d'une chapelle hors les murs, en état exceptionnel. Ce trésor est l'un des plus beaux exemples en Europe !

On emprunte ensuite une portion du ***chemin de ronde*** survolant la grande cour intérieure et la zone de fouilles, pour rejoindre le ***logis merveilleux,*** dont la structure était sensiblement la même, mais qui a perdu ses planchers. Une nouvelle scénographie autour de la ***légende arthurienne*** propose un circuit dans l'obscurité, sur des passerelles, animé de projections (enluminures animées, jeux d'ombre et de lumière...) et ambiances sonores. Plutôt bien fait. À l'issue du parcours, on se hisse en haut d'une tour jusqu'à un point de vue panoramique sur les bois et la mer alentour.

À l'arrière du château enfin, un ***campement de chasse*** du Moyen Âge, installé à la belle saison, invite à s'essayer aux techniques de tir à l'arbalète. Faites gaffe quand même.

***Le Tour-du-Parc :*** délimitée par les rivières de Sarzeau et de Pénerf, bordée d'étiers et d'anciennes salines, cette commune à l'entrée de la presqu'île est un centre renommé pour l'ostréiculture. C'est ici que débute le fantastique GR 34, qui effectue tout le tour de la Bretagne par les côtes. Si vous n'avez pas 2 semaines devant vous, offrez-vous au moins une ***balade jusqu'à Banastère***, entre rivière de Pénerf et parcs ostréicoles.

***Les transports maritimes du Lenn :*** *cale de **Pencadénic.** 06-82-69-16-13. • lepasseurdulenn.com • En service vac de printemps-fin sept : de juil à mi-sept, tlj 9h30-12h30, 14h-19h ; avr-juin, les w-e seulement. Sinon, sur demande. Tarifs : 4 € ; 6 € A/R.* Agréable traversée de 5 mn sur un bateau à fond plat pour éviter le détour de 27 km jusqu'à la cale de Pénerf, à Damgan. Mais l'accueil est parfois aussi houleux que la mer...

***Penvins et la chapelle Notre-Dame-de-la-Côte :*** ce village a grandi le long de l'une des portes du domaine de Suscinio. On peut d'ailleurs encore y voir des vestiges du mur du Roy, long à l'origine de 40 km, édifié à partir de 1250 par Jean Ier afin de protéger les domaines de chasse des ducs de Bretagne. Si on ne peut pas dire que Penvins soit un exemple d'aménagement réussi, on peut, en revanche, tomber sous le charme de la chapelle Notre-Dame-de-la-Côte, petite bâtisse blanche trapue en forme de croix grecque, fort joliment posée à la pointe de Penvins.

Rebâtie en 1897, elle a failli être détruite pendant la 2de Guerre mondiale : tous les amers jalonnant le mur de l'Atlantique devaient être détruits. Aujourd'hui, la chapelle veille sur les activités nautiques qui se déroulent à son pied (ou presque) !

Après la pointe de Penvins commencent les kilomètres de plages : ***plages de Landrezac et du Roaliguen,*** bordées de petites dunes (fragiles !) et menant au petit port Saint-Jacques, une zone balnéaire à l'urbanisme touffu.

– ***Le parc accrobranche Celt'Aventures :*** *lieu-dit **La Maison-Neuve,** route du Menez, à Penvins. 06-13-08-87-00. • celtaventures.com • Ouv Pâques-Toussaint : juil-août, tlj 10h-19h (23h30 mer) ; sinon, seulement vac scol et w-e 11h-19h. Entrée : à partir de 2,50 € ; réduc.* Inspiré par les contes et légendes de Bretagne, ce sympathique accrobranche dispose de 9 parcours aériens et au sol (dès 4 ans) et de nombreuses autres activités *(escape game, laserquest, trotticross...).*



## Sarzeau côté golfe : petites routes, criques sableuses et parcs à huîtres

Plus secrète, plus industrieuse, la côte du golfe est aussi plus bucolique avec ses ports de poche, ses bateaux au mouillage, ses panoramas aux teintes d'aquarelles et ses côtes immanquablement enrobées de pins. On travaille ici l'huître, et plusieurs escales invitent à en profiter (voir nos adresses plus haut). N'hésitez pas à emprunter les petites routes en cul-de-sac partant à l'assaut des pointes : vous en serez récompensé.

***Le château de Kerlevénan :*** *à côté de **Saint-Colombier.** ☎ 02-97-26-46-79. De juil à mi-sept, tlj sauf mer, visite ttes les heures 14h-18h ; sinon sur rdv. Entrée : 3 €.* Parmi la quarantaine de châteaux et manoirs du secteur, celui-ci a particulièrement belle allure. Il a été édifié en tuffeau par le marquis de Gouvello, qui hérita du domaine en 1776, et achevé par son fils dans un style italien dans les années 1820. On n'y entre pas, mais on parcourt le parc riche d'une grande diversité d'espèces arboricoles, à la découverte, notamment, de la chapelle et du pavillon chinois.

***La Nurserie du Golfe :*** *tt au bout du chemin de la **Pointe-de-Bénance.** 06-79-93-84-54. • lanurseriedugolfe.com • Visites mars-nov, le mer avec conférence ; ven et dim en autonomie grâce à une appli ; sur résa en tt cas (par tél). Entrée : 5 € ; gratuit moins de 5 ans.* Marieg (Marie-Gabrielle), passionnée par les huîtres, fait découvrir tous les secrets de son écloserie aux visiteurs, du naissain au produit fini, que l'on peut déguster sur place. Elle a développé un concept inédit : elle affine les huîtres à la spiruline marine, une algue réputée pour ses effets énergisants et détoxifiants, qui leur donne une étonnante couleur verte et un petit goût particulier ! La visite de son labo est assez extraordinaire : de la fiole au grand bassin, ça bouillonne là-dedans comme chez un savant fou ! Le site est labellisé « Green Morbihan » et s'inscrit dans une démarche durable.

***Le port du Logeo :*** le mignon petit port du Logeo jouit aujourd'hui d'une belle tranquillité, ce qui n'était pas le cas aux XVIIIe et XIXe s, quand le vin, le bois et le sel de la presqu'île y transitaient. Aujourd'hui, on s'y amarre le temps d'un verre ou d'une balade. Envie d'un tour en kayak ou à SUP ? Adressez-vous à *Kerners Kayak (06-80-32-34-93 ; • kerners-kayak.com • ; juil-août seulement).* D'une partie de pêche ? Contactez Pierre-Yves Perrodo *(06-61-54-27-64).*

## Fêtes et manifestations dans le coin

– ***Festival Plages de danse :*** *mai (années paires), dans tte la presqu'île de Rhuys. ☎ 02-97-48-29-40. • lhermine@gmvagglo.bzh •* Programme original alternant

formes courtes et spectacles de grande ampleur, en salles ou en extérieur, de la danse classique au contemporain en passant par le tango et le hip-hop. Ateliers, stages ouverts à tous.
– ***Journées du vent :*** *w-e du 14 juil.* • *penvins-cerf-volant.org* • Festival de cerf-volant et de foils à la pointe de Penvins. Démonstrations, ateliers, concerts...
– ***Fêtes celtiques :*** *fin juil.* Une semaine d'animations culturelles et musicales (broderie, expos, danse, concerts, fest-noz, stages et ateliers...) qui se clôt le dimanche par les défilés des danseurs et *bagadoù* dans le centre de Sarzeau.

# SAINT-GILDAS-DE-RHUYS (lokentaz)

(56730) 1 760 hab. *Carte Morbihan, B3*



**C'est ici que la péninsule de Rhuys a commencé à émerger des limbes de l'histoire. En l'an 530, un moine breton, Gweltas (Gildas), y fonde une abbaye qui, peu à peu, connaît un très grand rayonnement religieux, intellectuel et économique favorisant le défrichement de la région et son peuplement. Les hordes normandes rasent l'édifice, mais un nouveau est rebâti aux XIe et XIIe s dans un style roman. Il en reste le chevet, le chœur et le transept, enchâssés aujourd'hui dans un grand sanctuaire qui veille avec bienveillance sur la charmante place centrale du bourg. Au-delà, on rejoint la belle et longue plage des Goh-Velin ou le gentil port de plaisance de Port-aux-Moines et l'anse voisine de Port-Maria. Agréable station de vacances, Saint-Gildas s'assoupit une fois la belle saison passée.**

## ABÉLARD À SAINT-GILDAS

Au début du XIIe s, le philosophe et théologien Abélard se voit confier l'éducation de la jeune Héloïse par le chanoine Fulbert, son oncle. Leur admiration réciproque, leur goût commun des lettres et des idées, les rapprochent : ils deviennent amants et, bientôt, s'enfuient en Bretagne, où naît un enfant... Impensable à cette époque. Le couple se marie secrètement, mais l'oncle, hors de lui, fait émasculer le philosophe ! Abélard et Héloïse entrent alors tous 2 dans les ordres, mais entament une correspondance passionnée. En 1125, pour échapper au scandale, Abélard accepte le siège d'abbé de Rhuys, alors vacant. Il regrette très vite son choix. À le lire, les moines du cru, sans foi ni loi, ne pensent qu'à la chasse, ont tous femme et enfants, et volent même l'Église. Incapable de ramener l'ordre dans la congrégation, il s'enfuit en 1133 et finit par trouver refuge au prieuré Saint-Marcel, près de Chalon-sur-Saône, où il s'éteint en 1142.

## Adresse et info utiles

ℹ ***Bureau d'information touristique :*** *rue Saint-Goustan, face à la mairie.* ☎ *02-97-53-69-69.* • *golfedumorbihan.bzh* • *Juil-août, lun-sam 9h-13h, 14h-19h ; dim 10h-13h. Avr-juin et sept, lun-sam 9h-12h, 14h-18h ; plus dim 10h-13h vac de Pâques. Oct-mars, lun-ven 9h-12h.*
■ ***CityPass :*** ce *pass* donne libre accès aux transports et à environ 20 sites de Vannes et du golfe du Morbihan. • *citypass.bzh* • *3 formules : 24h (24 €) ; 48h (34 €) et 72h (44 €).* On l'achète à l'office de tourisme et chez les différents partenaires.
– ***Marchés :*** *dim tte l'année, plus un petit marché mar et ven.* ***Marché bio et artisanal*** *en juil-août, mer 17h-22h, avec concert à partir de 19h.*

## Où dormir ?

### Campings

**Camping du Kerver :** *chemin du Kerver. ☎ 02-97-45-21-21. • camping kerver@gmail.com • campingdukerver.com • Ouv mai-sept. Forfaits tente 12,60-16 € ; tentes canadiennes équipées louées à la sem (ou dès 2 nuits hors juil-août 79 €).* Ce camping sans prétention aligne une grosse centaine d'emplacements peu délimités et sans beaucoup d'ombre, mais très bien situés, derrière la dune d'une belle plage appréciée des voileux... Attention, les sites sans électricité sont pour la plupart côté route. Aire de jeux pour les enfants, lave-linge, ping-pong.

**Camping Le Grand Guitton :** *80, route du Cossay. 06-88-58-29-68. • legrandguitton@orange.fr • campinglegrandguitton.com • Ouv mai-sept. Forfaits tente 16-19 €.* Ce camping tranquille et tout simple se compose de longues bandes de pelouse séparées de murets moussus, en partie ombragées par de grands arbres. La végétation variée et fournie donne l'impression d'être en pleine campagne. Et pourtant, tendez bien l'oreille : vous entendez le bruit des vagues ? La plage, accessible par un sentier, est juste derrière la petite dune. Bloc sanitaire nickel et accueil détendu et souriant.

### Prix moyens

**Chambres d'hôtes Oxygène Bretagne :** *chez Dominique Lefèbvre-Raude, 27, chemin du Goh-Vras. 06-28-06-71-06. • oxygene.bretagne@gmail.com • oxygenbretagne.sitew.fr • Ouv fév-oct. Doubles 70-80 €, petit déj inclus (à l'heure désirée).* Dans une rue étroite très tranquille, cette maison moderne abrite 2 chambres pas bien grandes à l'étage, toutes 2 avec leur propre salle de bains mais sur le palier. Gros plus : la vue sur la mer, qui danse au bout du beau jardin, dont on profite depuis la petite terrasse... L'été, on peut y prendre le petit déj ! Accueil charmant.

## Où manger ? Où boire un verre ?

### Bon marché

**La Cabane des Poissons Rouges :** *72, route du Rohu, à côté de l'école de voile. 06-63-85-77-55. Ouv seulement avr-sept : juin-sept, tlj à partir de 10h en continu ; avr-mai, w-e seulement et certains mer. Ferme par mauvais temps. Carte 10-20 €.* Locaux et vacanciers en ont fait une petite institution. Ce très convivial resto-bar de plage plante ses tables (faites de tourets de câble) et ses chaises dans l'herbe, à côté d'un mobile home-cuisine réaménagé grâce au financement participatif. Au menu : poissons fumés, galettes, moules-frites... rien de compliqué, mais le tout tiré par conviction de produits de saison, bio et locaux. C'est prêt ? On vous appellera par votre prénom pour aller chercher votre pitance (soyez un peu patient).

**Le P'tit Bistro :** *3, rue du Général-de-Gaulle. ☎ 02-97-47-13-13. • lepetitbistro56@gmail.com • Tlj sauf jeu, plus le soir mer et dim hors saison. Congés : janv-début fév et fin nov-début déc. Carte env 29 €. Café offert sur présentation de ce guide.* On aime bien ce *P'tit Bistro* décontracté ouvert en continu. Si l'hiver on prend place près de la cheminée, et autour du bar qui s'avance sur la salle telle une proue de bateau, l'été, on opte sans hésiter pour l'agréable terrasse ombragée. Cuisine bistrotière de très bon aloi, simple mais fraîche et habilement tournée. Les moules de Pénestin tiennent le haut de l'affiche en saison, tandis que salades et tartines complètent l'ardoise. Fait aussi bar en journée et soirée (soirées à thème). Accueil adorable.

### De prix moyens à chic

**Le Vert d'O :** *94, rue du Guernevé. ☎ 02-97-45-25-25. • levertdo@*

*gmail.com • ♿ Dans une petite rue perpendiculaire à la plage des Goh-Velin. Tlj sauf lun (et mar-jeu midi et dim soir hors saison). Formule déj en sem 23 € ; menus 30-53 €.* Tenue par des jeunes dynamiques, cette adresse a beaucoup d'atouts en poche : une salle lumineuse à la déco très actuelle, une terrasse dominant la mer à distance, un accueil charmant et une cuisine soignée (certes, un peu chère) élaborée par une gourmande qui ne s'économise pas ! Ses plats sont simples à déchiffrer mais modernes, pleins de couleurs et d'idées, voire ludiques ! Gardez une place pour les desserts, particulièrement inventifs.

**Le Café de la Place :** *11, pl. Mgr-Ropert. ☎ 02-97-45-24-68. ♿ Ouv 12h-14h, 19h-21h. Plats 12,50-21,50 €.* À la belle terrasse sur la place de l'abbatiale répond une salle de bistrot à l'ancienne pleine de caractère, où gravitent de nombreux habitués. Certains boivent, d'autres mangent... La cuisine du jour est sans complication mais agréable : rillettes de sardines fraîches pour l'apéro, burgers maison, pâtes aux palourdes, et bon point pour le café gourmand, vraiment gourmand !

**Cave de Rhuys :** *25, rue du Général-de-Gaulle. ☎ 02-97-54-60-88. 📱 06-34-50-91-80. • cavederhuys@gmail.com • Tlj sauf dim soir et mer hors saison. Congés : janv-fév. Café offert sur présentation de ce guide.* La propriétaire de ces caves étant originaire du Languedoc, elle y présente une partie de ses coups de cœur. Mais la sélection s'enrichit de crus, vins et spiritueux (bon choix de rhums et whiskys) de toutes provenances à emporter ou consommer sur place, moyennant un droit de bouchon *(9 €).* Au fond, dans la belle salle contemporaine ouverte sur une terrasse végétalisée, et dans une ambiance un poil branchée, dégustation de plats du jour, planches de charcuterie et fromages parfaites à l'apéro ou pour un repas sur le pouce. Coin épicerie pour compléter le panier.

MORBIHAN

## Où acheter de bons produits ?

**La Petite Biscuiterie de Saint-Gildas :** *29, route de Sarzeau. ☎ 02-97-45-35-23. Mar-sam 7h-12h30, 14h30-18h30 ; dim 7h30-12h30. En été, tlj (jusqu'à 13h dim).* Fermez les yeux, ouvrez la bouche. Le boss a fait ses classes dans une grande maison parisienne. Ses spécialités ? Les *karas,* des biscuits légèrement croustillants au caramel au beurre salé (exquis à la framboise et plein de petits frères), mais aussi de très bons kouign-amann et pâtisseries traditionnelles. Seul regret : l'emplacement en bord de route, à la sortie du village.

## À voir

**L'abbatiale :** *☎ 02-97-45-24-71. Tlj 9h-18h15 (19h en été). Visite guidée gratuite en juil-août, tlj sauf sam ap-m, dim mat et cérémonies religieuses, 10h-12h, 16h-18h.* Elle mérite bien une visite, cette abbatiale qui ouvre aux passants son chœur aux chapiteaux romans, rareté en Bretagne. Si la nef a été rebâtie au XVIIIe s, restent aussi un très vieux bénitier en pierre et des pierres tombales dans le déambulatoire. La visite guidée donne accès à la sacristie et à son trésor de grande qualité artistique, un des plus beaux ensembles de Bretagne : calices, croix, châsses en bois du XIVe s, reliquaires contenant les ossements de saint Gildas, etc. L'été, les lieux accueillent des concerts.

**La pointe du Grand-Mont :** *se garer au bout de la route du Grand-Mont.* Sur le sentier côtier, bardé de courtes falaises entrecoupées de criques et criquettes, on rejoint une croix de granit offrant un joli panorama sur l'océan, la presqu'île de Quiberon et les îles au loin (avec table d'orientation).

# ARZON [ARZHON-REWIZ]

(56640) 2 130 hab. *Carte Morbihan, B3*



**À l'embouchure du golfe du Morbihan dans l'océan Atlantique, seuls 800 m séparent le littoral de la commune de Locmariaquer à l'ouest, de celui de la commune d'Arzon à l'est. Située à la pointe de la presqu'île de Rhuys, cette dernière présente une géographie pour le moins accidentée et contrastée, alternant pointes et baies nombreuses. La baie principale, profonde et très bien protégée, a vu se développer l'immense marina de Port-du-Crouesty. Il s'agit de l'un des plus grands ports de plaisance de la façade atlantique, adossé à une station à l'architecture parfois... controversée, qui tranche avec la tranquillité toute provinciale du bourg d'Arzon et plus encore avec la vieille élégance de granit et de fleurs de Port-Navalo. Au-delà, d'autres hameaux traditionnels s'égrènent au fil des côtes *(Le Monteno, Bernon, Kerners, Béninze...)*, témoins d'une activité tournée vers la mer. De nombreux mégalithes parsèment aussi la région. La pointe de la presqu'île offre encore de belles plages et des promenades agréables sur le sentier côtier et dans les landes, ainsi qu'un bon réseau de pistes cyclables. Évidemment, l'ambiance change du tout au tout, ici, d'une saison à l'autre.**

## Adresses et infos utiles

***Bureau d'information touristique :*** *rond-point du Crouesty, à **Port-du-Crouesty.** ☎ 02-97-53-69-69. • golfedumorbihan.bzh • Juil-août, lun-sam 9h-13h, 14h-19h ; dim 10h-13h, 15h-18h. Le reste de l'année, lun-sam 9h-12h, 14h-18h.* Propose des visites guidées à thème (nature, patrimoine, ostréiculture), ateliers enfants et randonnées. Et puis il y a aussi les balades en gyropode et le classique petit train pour une visite commentée de 1h d'Arzon, Port-du-Crouesty et Port-Navalo.

■ ***Location de vélos :*** ***Vélo Cycle Abbis,*** *à **Port-du-Crouesty,** 11, pl. d'Artimon. ☎ 02-97-48-10-49. Succursale dans la zone du Rédo. ☎ 02-97-53-95-30. • legolfenvelo.com • Tlj en été et vac scol ; sinon sur résa (possible tlj en ligne).* ***Les Cycles de l'Océan,*** *50, rue Centrale, à Arzon. ☎ 02-97-53-74-19. • cycles-ocean.com • Pâques-fin sept, tlj 9h30-19h. À partir de 10-12 €/j.*

– ***Marchés :*** *lun mat Pâques-Toussaint à **Port-du-Crouesty** ; mar mat tte l'année à **Arzon,** sur la pl. de l'Église ; ven mat Pâques-Toussaint à **Port-Navalo.***

➢ ***Navette gratuite Arzibus :*** *• arzon.fr •* Relie gratuitement Arzon (parking du Sanso, près du *Super U*) à Port-Navalo en juil-août, ttes les 15 mn, 8h-20h15. Une 2e ligne dessert les villages d'Arzon.

## Excursions en bateau et liaisons avec les îles

### Au départ de Port-Navalo

Attention, le stationnement étant payant en ville en juil-août, stationner au ***parking du Sanso*** (en face du *Super U,* à l'entrée d'Arzon), gratuit mais ouvert seulement en été ; des navettes gratuites *Arzibus* desservent le port, en été, ttes les 15 mn à partir de 8h15. Prévoir de la marge pour retirer ensuite vos billets au guichet de la gare maritime. Infos auprès de l'office de tourisme : *☎ 02-97-53-69-69.*

***Compagnies de bateaux***

■ ***Le Passeur des Îles :*** *☎ 02-97-46-43-85. • passeurdesiles.com •*

■ ***Navix :*** *☎ 02-97-46-60-00. ● navix.fr ●*
■ ***Compagnie du Golfe :*** *☎ 02-97-67-10-00. ● compagnie-du-golfe.fr ●*
■ ***Vedettes du Golfe :*** *☎ 02-97-44-44-40. ● vedettes-du-golfe.fr ●*
■ ***Vedettes Angélus :*** *☎ 02-97-49-42-53. ● vedettes-angelus.com ●*

***Le Passeur des Îles :*** traversées entre Port-Navalo et Locmariaquer avr-sept, 4 trajets/j. 9h-18h15 (jusqu'à 9/j. en juil-août, 9h-19h). Durée : env 30 mn. Tarifs : 9,50 € A/R ; réduc ; passage vélo 6 € A/R. La compagnie propose aussi des traversées pour le ***marché à Vannes*** (mer d'été ; 21 € A/R), vers l'***île d'Arz*** (lun-mar, jeu et dim en juil-août ; mer avr-juin et sept ; 16 € A/R, réduc) et l'***île de Gavrinis,*** ce qui évite de se rendre à Larmor-Baden (tlj sauf sam juil-août ; mar et ven avr-juin et sept ; 25 € A/R, réduc). Également des traversées vers l'***île aux Moines,*** mais depuis le port de Kerners (5 traversées/j. juil-août ; tlj sauf ven-sam avr-juin et sept ; 13,50 € A/R, réduc). Passage vélo possible (sauf Gavrinis) : 6 €.

***Bateaux pour Belle-Île :*** avec *Navix,* tlj Pâques-sept, ou la *Compagnie du Golfe,* tlj juil-août (sauf quelques dates) ; ven-lun avr-juin et sept. Les *Vedettes du Golfe* fonctionnent, elles, de mi-avr à mi-oct. Compter 31-32 € A/R. Ça permet d'éviter l'engorgement de Quiberon.

***Bateaux pour Houat et Hoëdic :*** avec *Navix* (de mi-juil à fin août, 1-2 bateaux/j., tlj ou presque), la *Compagnie du Golfe* (Houat et Hoëdic via Belle-Île, liaison irrégulière), les *Vedettes du Golfe* (fin avr-fin sept, 1-3 traversées/sem) et les *Vedettes Angélus* vers Houat et Hoëdic (mar et jeu en juil-août, plus ven en août).

***Balades vers les îles du golfe du Morbihan et la rivière d'Auray :*** la *Compagnie du Golfe,* les *Vedettes du Golfe, Navix* et les *Vedettes Angélus* proposent toutes des croisières dans le golfe à la ½ journée ou à la journée, avec escales ou non à l'île aux Moines et/ou à l'île d'Arz (l'*Angélus* ne dessert pas Arz). *Navix, Le Passeur des Îles* et les *Vedettes Angélus* proposent, en outre, la remontée de la rivière d'Auray en juil-août (plus de fréquences avec l'*Angélus*) et en fonction des horaires de marée, avec escales possibles à Saint-Goustan et au Bono.

***Sorties en mer ou dans le golfe sur un vieux gréement :*** *sur le Krog-e-Barz. ☎ 02-97-49-07-50. ● krog-e-barz.com ●* Avr-sept. Tarifs selon saison : 60-69 € pour Houat et Hoëdic, 35-40 € dans le golfe ; réduc. Reconstruit en 1992 sur le modèle d'un langoustier du début du XXᵉ s, le *Krog-e-Barz* invite à de belles sorties en mer d'une journée dans le golfe ou vers les îles de Houat ou Hoëdic. Participation aux manœuvres requise !

## Où dormir ? Où manger ? Où boire un verre à Arzon, Port-du-Crouesty, Port-Navalo et autour ?

### À Arzon

***L'Atelier de l'Océan :*** *2, rue Centrale. ☎ 02-97-69-02-55. ● contact@atelier-ocean.com ● Juil-août, tlj sauf dim soir 8h30-13h, 15h30-19h30 (19h hors saison) ; le reste de l'année, tlj sauf lun et dim soir. Congés : janv. Dégustation Pâques-Toussaint : 6 huîtres et verre de vin blanc sec env 8,50 €.* L'odeur de l'iode nimbe tout l'angle de rue. Tenue par 2 sœurs ostréicultrices, cette poissonnerie-écailler se double d'un lieu sans chichis, bien sympathique pour gober huîtres, coques, palourdes ou même une « assiette dégustation ». Les plateaux de fruits de mer, eux, se commandent.

***Le Marcellin :*** *20, quai des Cabestans. 📱 06-78-95-29-01. Sur le parking de la capitainerie. Juil-août, tlj 22h30-5h30 ; le reste de l'année, ven-dim et veilles de j. fériés. Congés : de janv à mi-fév. Âge min : 20 ans. Tenue correcte exigée.* Le vieux bois et le bar ondulant font penser à un pub, mais c'est bien la principale boîte de la presqu'île, fréquentée par tous, entre soirées à thème et airs d'hier et d'aujourd'hui. Des coins relax ont été aménagés pour boire un verre de vin.

### À Port-du-Crouesty

**Crouesty Hôtel :** *18, rue du Croisty. ☎ 02-97-53-87-91. • hotellecrouesty@wanadoo.fr • hotellecrouesty.com • À 2 pas du port, le long du bd de la Résistance. Ouv mars-oct. Doubles 89-179 €.* Malgré son emplacement un peu à l'écart de l'avenue, la grande terrasse en bois est bien agréable et l'aménagement contemporain soigné des parties communes séduit. Les chambres, à la personnalité bien marquée, sont confortables (bons lits), même si certaines salles de bains n'ont pas encore été rénovées et que le prix est tout de même élevé en saison. Accueil très sympathique.

**Le Green :** *9, pl. des Huniers. ☎ 02-97-53-91-94. Sur le port. Ouv de mi-fév à mi-nov ; en saison, tlj jusqu'à 1h.* Belle terrasse parmi les nombreux commerces du quai. Bons cocktails, et petite restauration le midi, service jusqu'à 15h en saison.

**Le Cargo :** *au-dessus de la capitainerie. ☎ 02-97-44-53-85. 06-64-20-18-48. • lecargo@panpan-vannes.com • Fermé lun soir-mar hors saison. Congés : janv. Formule déj 12 € ; menus 20-26 €.* Ce grand café-resto semble flotter au-dessus du port de plaisance tel un vaisseau, offrant une vue imprenable sur les bateaux depuis ses terrasses. On y prend volontiers l'apéro, voire on prolonge le jeudi pour les concerts de jazz. Un joli spot, à l'accueil variable.

## Très chic

**Miramar La Cigale Hôtel Thalasso & Spa :** *☎ 02-97-53-49-00. • miramar-lacigale.com • Doubles 165-560 € (voir les promos de dernière minute sur Internet) ; familiales. Forfaits découverte thalasso à ts les prix. Au resto, buffets et menus 55-80 €.* L'imposant paquebot, naviguant sur son lac marin, juste en retrait du littoral, semble prêt à jeter l'ancre... Classé 5 étoiles, le *Miramar La Cigale* entre dans la catégorie des meilleurs établissements de Bretagne. On y séjourne dans le cocon de chambres d'une blancheur immaculée, avant de se laisser dériver jusqu'à l'excellente thalasso le temps d'un enveloppement aux algues, à la piscine d'eau de mer chauffée au toit rétractable, au dernier étage, et à la salle de fitness située à la proue, avec baies vitrées à 180° ! Même étage, même vue panoramique pour le resto *Le Safran* et sa carte aux touches fusion, perché en vigie, dans une ambiance aussi feutrée que panoramique. Si vous calez côté finances, reste le bar *Le Goéland* où il fait bon s'enfoncer dans les profonds fauteuils en savourant un cocktail maison.

### À Port-Navalo

**Camping de Port Sable :** *20, chemin du Toulassais. ☎ 02-97-53-71-98. • portsable@arzon.fr • camping-arzon.fr • Ouv avr-sept. Forfaits tente 15,10-19,10 €.* Attenant à un lotissement mais débouchant sur la plage de Port-Sable, voici un beau site, légèrement vallonné. Ceux qui souhaitent garder les yeux rivés sur le grand bleu devront renoncer aux emplacements ombragés, mais les autres s'installeront sous de grands pins. L'ensemble est bien conçu et tenu, avec de beaux blocs sanitaires. Terrain de jeux pour enfants.

**Hôtel Glann Ar Mor :** *27, rue des Fontaines. ☎ 02-97-53-88-30. • hotel.glannarmor@orange.fr • glannarmor.fr • Congés : janv. Doubles 68-88 €.* Il flotte dans cette maison quelque chose de l'ambiance agréable des pensions de bord de mer d'autrefois. Les 9 chambres y sont sans effet de manche côté déco et pas très grandes (sans parler de certaines salles de bains), mais l'ensemble est avenant, frais et très bien tenu. Accueil agréable.

**Crêperie La Sorcière :** *59, rue des Fontaines. ☎ 02-97-53-87-25. 06-25-30-83-15. • leduff.pierreyves@gmail.com • Fermé lun-mer hors vac scol. Congés : déc-fév. Compter 19 € à la carte. Apéritif maison offert sur présentation de ce guide.* Quelques vieilles sorcières égaient les murs de la salle mais les galettes et crêpes sont bien fraîches, vraiment bonnes et généreusement garnies.

**Le P'tit Zeph :** *1, rue du Phare. ☎ 02-97-49-40-34. L'été, tlj sauf lun (et mar hors saison). Formules et menus 29-35 €.* Sur le port, les 2 petites salles simples et chaleureuses, l'une façon bistrot, l'autre plus dans l'air du temps. On s'y retrouve entre copains autour d'un verre et d'un excellent repas. Aux beaux jours, la très agréable petite terrasse d'angle est un délice. Le menu fait la part belle aux choses de la mer – avec le homard bleu en vedette. Plats goûteux et joliment présentés, sublimant les excellents produits. Accueil fort sympathique. À l'étage, ***Le Grand Largue,*** de la même maison, s'affirme plus gastro et bien plus cher, avec une vue renforcée sur le golfe.

**Le Marin :** *10, bd de la Rade. ☎ 02-97-53-87-99. Ouv mars-nov. En juil-août, tlj sauf lun midi. Env 30-35 €. Résa indispensable en saison.* Pisciphobes, passez votre chemin, l'ardoise tout entière est consacrée à la cuisine de la mer. Une table bien réputée pour ses excellents choix de poissons et fruits de mer. Et préparations impeccables, à commencer par l'excellente choucroute de la mer.

## *Autour d'Arzon*

***Camping de Bilouris :*** *au port de **Kerners.** ☎ 02-97-53-70-55. • campingbilouris@gmail.com • campingdebilouris.com • Ouv avr-oct. Emplacements 2 pers 12,90-25,90 € ; mobile homes.* On aime bien ce terrain niché juste au-dessus du golfe, avec ses grands arbres, ses parcelles limitées par de hautes haies (certaines avec vue sur l'eau), ses sanitaires tout neufs et ses nombreux bungalows, dont plusieurs sont posés pile-poil face au golfe. Au bout du camping, au niveau de la cale se nichent un loueur de kayaks et son agréable petit bar-snack, *La Petite Cale*... En complément : un terrain de l'autre côté de la rue avec juste une poignée d'emplacements pour tentes sous de grands pins, face à un champ, le regard rivé sur les eaux scintillantes de la « petite mer ».

***Camping Le Tindio :*** *2, rue du Bilouris, **Arzon.** ☎ 02-97-53-75-59. • letindio@arzon.fr • camping-golfedumorbihan.com • Avr-oct. Pour 2 pers, env 14,90-18,90 € ; bungalows toilés et chalets.* Les parties réservées aux campeurs sont vastes et verdoyantes, parfaitement au calme. Sanitaires en nombre suffisant et bien tenus. En revanche, les hébergements en dur sont un peu les uns sur les autres.

MORBIHAN

## Achats

***Fumage artisanal d'Arzon :*** *23, rue Centrale, à Arzon. ☎ 02-97-53-80-18. • fumagearzon@gmail.com • fumage-arzon.fr • Juil-août tlj sauf dim ap-m 9h-12h30, 15h-19h ; le reste de la saison 18h30, fermé lun et dim ap-m, ouv j. fériés sauf 25 déc et 1er janv. Congés : janv-fév.* La conserverie artisanale de Patrick Chauchard propose un bon saumon fumé à la main au sel de Guérande, mais aussi des blinis à accompagner d'un délicieux tarama au corail d'oursin, des sardines en bocal... autant de produits de la mer mis en boîte avec respect.

# À voir. À faire dans le secteur

## *ARZON*

En partie éclipsé par les célèbres Port-Navalo et Port-du-Crouesty situés sur sa commune, le bourg d'Arzon mérite une petite escale. On peut y pousser la porte de l'église *(ouv en permanence),* rebâtie en 1815, en allant faire un tour au sympathique marché. Midi approche ? Savourez donc les huîtres du sympathique *Atelier de l'Océan* (voir « Où dormir ? Où manger ? Où boire un verre... ? »).

*Le tumulus de Tumiac :* *à 150 m de la D 780, après le rond-point de Kerjouano en venant d'Arzon, sur la gauche.* Ce tumulus, haut de 20 m pour 86 m de diamètre, est le plus ancien de la presqu'île de Rhuys (4790-4530 av. J.-C.). On parle communément de la ***butte de César,*** car l'empereur romain y aurait assisté au déroulement de la bataille qui opposa ses galères aux vaisseaux des Vénètes, en 56 av. J.-C. En vérité, on ne sait pas exactement où elle s'est déroulée. Et, du sommet, atteint par un sentier (5 mn), la mer paraît un peu loin...

## PORT-DU-CROUESTY (LE CROUESTY)



Situés juste au sud du bourg d'Arzon, cette station et son port en eau profonde, sortis de terre dans les années 1970 et constamment agrandis jusque dans les années 2000, sont le cœur battant de la presqu'île en été. Port-du-Crouesty possède les 3 attributs sacrés de la station balnéaire : un casino, un centre de thalasso (réputé) et un golf. En saison, sur les quais, cafés, restaurants et boutiques grouillent d'animation, dissimulant en partie l'architecture peu séduisante des lieux. Hors saison, le souffle retombe et le port – le plus grand de Bretagne –, qui accueille quelque 1 450 bateaux à l'année, s'assoupit. Pour vous consoler, vous pourrez aller vous offrir un cocktail à la spiruline ou une cure (tout dépend de votre budget !) au *Miramar,* hôtel-bar-restaurant et, surtout, centre de thalassothérapie ouvert (presque) toute l'année !

### ON Y PERD SON LATIN... OU SON BRETON !

*Rue Croisty, chapelle du Croisty, Port-du-Crouesty, Port-Crouesty... non mais, c'est quoi ce bazar ? C'est Le Croisty ou Le Crouesty ? Les 2, mon capitaine ! Le Croisty est l'ancien nom du Crouesty, qui signifie « maison de la croix ».*

*Le cairn du Petit-Mont :* *à 750 m du port (fléché), puis 5-10 mn à pied depuis le parking. ☎ 02-97-53-74-03. • cairndepetitmont.com • Juil-août, tlj 11h-18h30 ; avr-juin, sept, vac de la Toussaint et d'hiver, tlj sauf lun 14h-18h30 ; dernière entrée 30 mn avt. Tarif : 7 € ; réduc ; gratuit moins de 10 ans. Visite guidée (55 mn) ou libre. Le billet donne droit au* Pass des Mégalithes, *qui offre des réducs à la Table des Marchands à Locmariaquer, au cairn de Gavrinis et aux alignements et musée de Carnac. Billet jumelé avec le cairn de Gavrinis : 20 € ; réduc. Sacs à déposer à l'accueil.* Ce cairn à 3 degrés, haut de 41 m, est l'un des monuments mégalithiques majeurs du golfe du Morbihan. Il englobe 3 dolmens bâtis à 3 périodes différentes, entre 4600 et 2500 av. J.-C. Surprise, les Allemands y ont aménagé un blockhaus durant la 2de Guerre mondiale ! Voilà qui témoigne de sa position stratégique à l'entrée du golfe. En y pénétrant, on accède au dolmen nº 2, le plus intéressant, dont certaines dalles sont gravées de crosses et de haches. Le dolmen situé côté nord mérite aussi un coup d'œil pour sa dalle sculptée... d'une paire de pieds (sans doute à l'époque gallo-romaine) !

*La chapelle du Croisty :* *accès le plus aisé à pied par la promenade longeant la marina, sinon par la rue menant au cairn du Petit-Mont (panneau « Ker an Iliz » à droite), mais impossible de se garer. 8 juil-20 août env, dim à 19h. Bénédiction des bateaux le 15 août.* Selon la légende, saint Gildas aurait demandé que, à sa mort, son corps soit déposé dans une barque laissée à la dérive. Partie de l'île de Houat, elle se serait échouée ici, 3 mois plus tard, avec le corps intact du saint. Les moines y firent bâtir un oratoire. Malheureusement, celui-ci, situé trop près de la mer, ne résista pas à ses assauts. La chapelle actuelle, plus en retrait de la côte, date de 1826. Jadis, les marins partant en mer faisaient leur prière en passant devant.

Si la grande ***plage du Fogeo,*** étirée au pied de l'hôtel *Miramar La Cigale,* a dû être renforcée par des renforts de dune. Un parking, puis un vaste espace de jeux et de promenade avec un bar, *Les Voiles,* et des tables de pique-nique ombragées, permet d'y accéder. Celles ***de Kerver*** et ***de Kerjouanno,*** au sud-est, offrent un visage bien plus naturel – pour ne pas dire sauvage. Immenses, elles s'adossent à de courtes dunes. Au Kerver, juste au nord du camping municipal du même nom, on la rejoint en traversant un bois de grands pins idéal pour le pique-nique (tables).

– ***Thalassothérapie :*** *au* ***Miramar La Cigale.*** *☎ 02-97-53-49-13 (résas).* *• miramar-lacigale.com • Tlj 9h-13h, 14h30-18h (19h en saison).* Avec 45 cabines, 3 piscines d'eau de mer, 3 bassins marins, un spa océanique avec parcours aquatique et un hammam aux courbes douces, le *Miramar* assure côté soins ! Mention spéciale pour le parcours marin : une piscine circulaire et bouillonnante, avec plusieurs alcôves dotées de jets séquentiels, bains bouillonnants, nage à contre-courant, etc. Cure ou journée, à vous de voir, en fonction de vos envies et surtout de vos moyens. Programme riche et traitements innovants pour vous détendre !

MORBIHAN

## PORT-NAVALO

À l'entrée du golfe du Morbihan, tout au bout de la presqu'île, ce joli mouillage et son village breton à l'ancienne, joliment fleuri, affirment un charme certain. C'est ici que, au XIXe s, était basée l'importante flotte de bricks et goélettes de transport d'Arzon. Aujourd'hui, à la belle saison, de très nombreuses excursions dans le golfe et vers les îles du Ponant partent d'ici.

***Le phare :*** lors de sa construction au XIXe s, il trônait encore seul sur sa pointe, au milieu des grands pins, tout au bout de la presqu'île. Désormais entouré de maisons, il n'est plus accessible, mais il a laissé son nom à une promenade facile qui, du port, longe le front de mer, offrant une jolie vue.

Port-Navalo s'enorgueillit de plusieurs anses sablonneuses : la ***plage de Port-Lenn*** dans la baie même ; la jolie petite ***plage de sable fin de Port-Navalo*** côté ouest, très prisée donc vite saturée en été ; et, plus au sud, la ***plage de Port-Sable,*** une anse charmante accessible par le seul sentier côtier (ou par le camping voisin).

***La pointe de Bilgroix :*** l'endroit offre un impressionnant point de vue, à la renverse, lorsque les eaux montantes de l'océan et celles du golfe se rencontrent, engendrant de forts courants de marée, bien visibles, même par temps calme. Leur vitesse peut approcher les 9 nœuds (16,6 km/h) ! À contre-courant, certains bateaux ne passent pas. Juste au-dessus du point de vue, jetez un coup d'œil à l'***allée couverte de la pointe de Bilgroix*** (2900-2500 av. J.-C.). Pas très impressionnante, c'est néanmoins la seule existant encore en Bretagne bâtie en pierres sèches plutôt qu'avec des dalles orthostatiques.

## LA CÔTE DU GOLFE

Au nord de la commune d'Arzon, côté golfe, s'étirent d'autres plages discrètes, découvrant à marée basse de larges estrans (on ne s'y baigne pas, alors). Bordée de maisons aux jolis jardins, celle du ***Tréno*** est plus facilement accessible à pied ou à vélo, en prenant le chemin à la hauteur du nº 16 de la rue du Dolmen. Similaire, la ***plage des Fontaines*** a la particularité d'avoir une partie herbue et ombragée.

***Le moulin de Pen-Castel :*** *rue de Keravello,* ***Arzon.*** *Le moulin est situé au nord d'Arzon, en passant par Kerners. ☎ 02-97-53-88-06. • moulin-pen-castel.fr • Ouv en fonction des expos.* Ce moulin à marée existe au moins depuis le XIIe s. Le bâtiment actuel, du XVIIe s, est l'un des plus beaux et mieux conservés de Bretagne. Il resta en activité jusqu'en 1919. Restauré, il accueille de très nombreuses expositions temporaires gratuites, mais également des concerts, des ateliers et des rencontres (programme auprès de l'office de tourisme).

***La chapelle Saint-Nicolas de Kerners :*** *ouv seulement pour la messe 10 juil-20 août env dim à 9h30.* On se croirait presque transplanté en Provence ! Vieille de 5 siècles, la chapelle se serre sur une très jolie placette de village, contre un boulodrome ombragé par les pins. À l'intérieur, les poutres sculptées font écho à la balustrade en bois du chœur.

***Kayak de mer et SUP (stand up paddle) :*** *avec* ***Kerners Kayak,*** *sur la cale de* ***Kerners*** *(en bas du Camping du Bilouris). 06-80-32-34-93. • kerners-kayak.com • Ouv Pâques-Toussaint. Randonnées guidées par un moniteur en kayak de 1h30 (36 €) ou randonnée journée (65 €). Également des sorties coucher du soleil à la demande.* Stages pour tous les niveaux, mais pas de location. Ces randos accompagnées constituent une excellente manière de découvrir le golfe, au ras de l'eau. Explications de qualité, bonne ambiance et les guides s'avèrent vraiment disponibles pour vous faire passer un bon moment. On sent la force des courants, les marées, on s'approche des côtes... On a également apprécié l'adorable petite terrasse attenante, ***La Petite Cale*** *(ouv Pâques-sept),* où il fait bon prendre un verre après une excursion.

## Manifestations dans le secteur

– ***Semaine du golfe :*** *w-e de l'Ascension (années impaires). Prochaine édition 10-16 mai 2021.* Grande fête maritime qui rassemble plus de 1 000 bateaux. Également au port du Logeo à Sarzeau, à Saint-Armel, à Sené, à Vannes...
– ***Festival Place aux mômes :*** *ts les mer pdt l'été à 21h, ainsi qu'à Pâques et à la Toussaint, à* ***Port-du-Crouesty.*** Spectacles gratuits pour enfants : contes, théâtre, marionnettes, chant...
– ***Festival Les Arzonnaises :*** *juil-août, sur les quais du* ***Crouesty*** *et à* ***Port-Navalo.*** Concerts gratuits, principalement de groupes de la scène émergeante bretonne, plus quelques têtes d'affiche.
– ***Les Grandes Régates de Port-Navalo :*** *fin juil-début août au yacht-club du* ***Crouesty.*** *• grandesregatesdeportnavalo.fr •* Régates, parade de bateaux traditionnels, fest-noz et feux d'artifice à la fin !
– ***Le Mille Sabords du Crouesty Golfe du Morbihan :*** *w-e de la Toussaint. • lemillesabords.com •* Le 1er salon nautique européen de l'occasion (à ciel ouvert).

# LE SUD DU MORBIHAN ET L'ARRIÈRE-PAYS

## LA ROCHE-BERNARD [AR ROC'H-BERNEZ]

(56130) 815 hab. *Carte Morbihan, D3*

**Accrochée sur la pente de la rive gauche de la Vilaine, cette « Petite Cité de caractère » a décidément beaucoup de charme, grâce à la fois à la patine de l'histoire et à sa situation géographique originale. Un port riche de vieux gréements et beaucoup de maisons anciennes, dont certaines construites à flanc de rocher. Sur la partie haute, le bourg, avec ses petits passages et ruelles (certaines pentues), autour de la belle place du Bouffay, plonge par endroits dans un autre siècle.**
**Une petite cité à double facette, en somme, attachante et vivante, en partie grâce aux nombreux artisans d'art (vitrailliste, perlière d'art, potier, peintre**

**mosaïste, céramiste, sculpteurs...) qui s'y sont installés et ouvrent leurs ateliers à l'année. La profusion de bonnes petites adresses témoigne aussi du dynamisme de « La Roche-BD » (pour les intimes).**

## UN PEU D'HISTOIRE

La ville doit son nom au chef viking Bernhardt, qui, le 1er, apprécia à sa juste valeur l'intérêt du promontoire dominant la Vilaine. Ce fut au cours des siècles un fief protestant, puis républicain : les Bleus la baptisent La Roche-Sauveur ! Sa situation au fond de l'embouchure de la Vilaine et les forêts alentour fournissant du bois de construction favorisa l'installation de chantiers navals autour d'une anse bien abritée où se trouve maintenant l'adorable port de plaisance. On y a notamment construit, selon les recommandations de Richelieu, le 1er vaisseau à 3 ponts superposés, *La Couronne,* lancé en 1635.



## Adresses et infos utiles

**Office de tourisme de La Roche-Bernard :** *14, rue du Docteur-Cornudet. ☎ 02-99-90-67-98. • damgan-larochebernard-tourisme.com • Juil-août, tlj lun-sam 9h30-13h, 14h-19h ; dim 10h-13h, 14h-19h. Le reste de l'année, lun-sam 9h30-12h30, 14h-18h.* Un office hyper dynamique qui propose de nombreuses docs et activités (lire plus bas la rubrique « À voir »). Billetterie pour les bateaux croisière sur la Vilaine ou dans le golfe du Morbihan, ainsi que pour les parcs animaliers et récréatifs. Fiches de randonnées pédestres, circuits VTT FFC, etc., et une appli téléchargeable pour découvrir le patrimoine. Très bon accueil.

**École de voile et location de canoës-kayaks : Loisirs Temps Libre,** *Le Pâtis. ☎ 02-99-90-83-25. 06-74-57-32-19. • loisirs-temps-libre.fr • Juil-août, tlj ; sur résa hors saison.*

**Les Vedettes Jaunes :** *voir plus loin « Adresses utiles dans le coin » à Muzillac. ☎ 02-97-45-02-81. • vedettesjaunes.com •* Embarquement tlj à La Roche-Bernard en été.

**Balades sur la Vilaine au départ de La Roche-Bernard :** à bord du **Morwenna** (*06-08-08-19-68 ; • morwenna.fr •*). Sur un vieux gréement pour découvrir la Vilaine à la voile : balade, balade apéro. Ou à bord du **Bato-Margot** (*06-98-88-32-16 ; • bato-margot.com •*). *Balade de 1h15 (juin-sept).*

**Locations de bateaux électriques sans permis Écol'Eau :** *quai Saint-Antoine, presque en face de la capitainerie. ☎ 02-97-45-02-81. Juil-août, tlj 10h-19h ; avr-juin, w-e et j. fériés 10h-19h et sept w-e et j. fériés 10h-12h, 14h-18h. Résas possibles. Loc de 1h à la ½ journée (35-125 €, 5-8 places).* Un moyen ludique et « écol'eau » pour découvrir les rives verdoyantes de la Vilaine.

**Location de vélos :** *quai Saint-Antoine. Rens à la capitainerie du port : ☎ 02-99-90-62-17. Env 3 €/h.*

– **Joyeux marché :** *en face de l'office de tourisme. Tte l'année, ven 17h-19h30.* Produits bio de la ferme et animations (concerts, crêperie ambulante...).

## Où dormir ? Où manger ? Où boire un verre ?

### *Dans la ville haute*

### De bon marché à prix moyens

**Hôtel Les 2 Magots :** *3, pl. du Bouffay. ☎ 02-99-90-68-13. • hotel.lesdeuxmagots@gmail.com • hotellesdeuxmagots.com • Ouv tte l'année. Congés : vac de fin d'année. Doubles 59-89 € ; familiales.* La façade à l'enseigne de l'« Auberge des 2 Magots » fait référence à l'ancien établissement qui réunissait le restaurant et l'hôtel. Depuis, chacun pour soi ! D'un côté, donc, la table (voir plus loin), de l'autre, l'hôtel, au charme inattendu au vu de la minuscule réception. Dans les étages, couloirs, coins et recoins mènent aux chambres, rénovées et toutes différentes (style, taille, déco). Toutes ont leur charme, sont bien calmes et d'un excellent confort pour le prix. Nos préférées sont celles qui donnent sur l'adorable place du Bouffay. Bon petit déj-buffet servi au 1er étage dans de jolies salles, dont une tout en boiseries. Accueil charmant.

***Crêperie La Sarrasine :*** *1, pl. du Marchix. ☎ 02-99-90-77-44. Env 16 € ; viandes et salades 8,30-19,20 €.* Dans la grande salle au décor moderne et coloré, ou en terrasse, la carte décline de fameuses galettes et crêpes réalisées avec des produits frais. Pour ceux qui en ont ras le bol des crêpes, viandes, salades et moules (en saison) complètent la carte. Accueil impeccable.

## Chic

***L'Auberge Bretonne :*** *2, pl. Duguesclin. ☎ 02-99-90-60-28. • contact@auberge-bretonne.com • auberge-bretonne.com • Ouv jeu soir-dim midi et mer soir. Doubles 72-89 € ; familiales. Menus 34-69 €.* La déco est classique et cossue, et les chambres, spacieuses et hyper confortables, affichent à ce titre un bon rapport qualité-prix. Côté cuisine, produits frais et locaux sont subtilement relevés d'une touche d'épices et d'exotisme. Le midi, c'est une franche aubaine avec des menus gourmands tout ce qu'il y a de plus accessible. À vouloir trop bien faire, le service finit par paraître un peu guindé et ampoulé. Dommage, mais à ce prix-là, on ne boudera pas son plaisir !

***L'Auberge des 2 Magots :*** *1, pl. du Bouffay. ☎ 02-99-90-60-75. • contact@aubergedesdeuxmagots.fr • Tlj midi et soir, sauf dim soir-lun. Formules déj en sem 19-24 € ; le soir, 32-53 €.* Façade XVIIe s, déco épurée XXIe s... 4 siècles séparent l'histoire de cette bâtisse historique du centre-ville et celle du jeune chef qui en a repris les rênes. Les menus sont dictés par le marché et les saisons, et évoluent régulièrement. Excellente cuisine d'inspiration, qui lorgne autant du côté de l'océan que dans les terres. Présentations soignées. Service très attentionné avec de bons conseils du sommelier. Une adresse qui va prendre forcément du galon. C'est le moment d'y goûter.

### *Sur le port*

## Camping

***Camping municipal Le Pâtis :*** *3, chemin du Pâtis (sur le port de plaisance). ☎ 02-99-90-60-13. • camping.lrb56@gmail.com • Ouv de mars à mi-oct. Forfaits tente 11-17,50 € ; mobile homes.* Bien équipé et très bien situé, au bord de la Vilaine, un joli petit camping d'environ 70 emplacements avec gazon, très arborés. Jeux pour les enfants. À proximité du centre-ville et des commerces.

## De bon marché à prix moyens

***Le Sarah B. :*** *9, quai Saint-Antoine, Le Vieux-Port. ☎ 02-99-90-74-60. • contact@lesarahb.fr • lesarahb.fr • Devant le grand parking. Tlj sauf lun soir hors saison. Formules déj 13-15,80 € ; carte env 18 €.* Un lieu avec l'une des plus hautes hauteurs sous plafond qu'on n'ait jamais vues ! Il s'agit d'une belle bâtisse de 1800, ancien théâtre sur le vieux port, devenu lieu branché tous styles, à l'image du mobilier de récup et de la musique. Ambiance agréable pour boire une bière bretonne ou un thé (le dimanche après-midi) devant un jeu de société. À la carte, cuisine du monde et locale, faite maison : bo bun, *breizhfish* (version bretonnante du *fish & chips*), viandes, poissons, moules. C'est aussi un bar avec bières bretonnes et tapas. Voir également leur programmation de concerts et spectacles. Agréable terrasse plein sud.

## Où dormir dans les environs ?

***Le Domaine de Bodeuc :*** *route du domaine de Nivillac, lieu-dit Izernac, 56130* ***Nivillac.*** *☎ 02-99-90-89-63. 📱 06-30-79-45-47. • contact@*

*hotel-bodeuc.com • hotel-bodeuc.com • Congés : de mi-nov à fin mars. Doubles 85-148 € ; chambres-ateliers avec balnéo, suites et familiales. Dîner (sauf jeu) 25-32 €. Apéritif maison offert sur présentation de ce guide.* À mi-chemin entre la maison d'hôtes et l'hôtel, cet élégant manoir du XIXe s, niché au cœur d'un parc arboré de 15 ha, avec piscine chauffée, nous a séduits. Les chambres cossues, toutes personnalisées, dans des styles différents, Art déco, Directoire ou campagne, offrent un confort des plus moderne. Dans le manoir, petit coup de cœur pour la vue depuis la nº 9, sous la charpente, ou pour la nº 6, « Harmonie ». Celles des annexes, en retrait dans la propriété, sont tout aussi mignonnes et certaines dotées de terrasse. Au restaurant (pour les résidents uniquement), belle cuisine de tradition réalisée par un chef formé à *La Gourmandière,* l'une des bonnes tables de Vannes (voir à cette ville). Accueil dévoué et attentionné de Marina et Christophe qui gèrent cette maison avec beaucoup de classe et de professionnalisme. Location de vélos électriques pour arpenter les environs.

**Chambres d'hôtes du Moulin du Couëdic :** *lieu-dit* ***Saint-Cry,*** *56130 Nivillac. ☎ 02-99-90-62-47. 06-76-57-68-44. • moulin-couedic@orange.fr • moulin-du-couedic.com • Doubles 55-60 € ; familiales. Plateau d'accueil offert sur présentation de ce guide.* En rase campagne, une ferme à l'architecture moderne qui a perdu son moulin depuis bien longtemps. Dîner copieux, composé quasi exclusivement de produits de la ferme. Et goûtez-nous ce far breton au lait de la ferme ! Quant aux 4 chambres, elles sont modestes et d'un bon rapport qualité-prix. Accueil familial et chaleureux.

**Chambres d'hôtes Le Domaine du Grand Condest :** *lieu-dit* ***Le Grand-Condest,*** *56130 Nivillac. ☎ 02-99-91-59-57. 06-28-55-25-99. • contact@legrandcondest.fr • legrandcondest.fr • Doubles 75-90 €. Table d'hôtes (hors juil-août) 25 €, boisson comprise. Café offert sur présentation de ce guide.* Quand on observe les photos de ce domaine en ruine au moment de l'achat, et ce qu'il est devenu, on est plus qu'admiratifs du travail accompli par les propriétaires. Aujourd'hui, cette magnifique bâtisse de pierre blonde et dotée en partie d'un toit de chaume abrite 4 belles chambres (dont une en rez-de-jardin) spacieuses, lumineuses et décorées, avec goût dans des teintes douces. Dans la grande pièce commune, cuisine équipée, TV et jeux invitent à prolonger le séjour « comme à la maison ». Tout comme le jardin à la tonte millimétrée. Au petit déj, jus des pommes du jardin. Accueil particulièrement attentionné de madame, qui travaillait dans un office de tourisme et connaît bien son affaire. Également un gîte. Et un spa en prévision.

MORBIHAN

## À voir. À faire

– L'office de tourisme propose des fiches thématiques et plan pour découvrir la ville (artistes et artisans d'art) et un circuit d'interprétation du patrimoine. Également des circuits, randos et visites guidées, chaque jour en été. Voir plus haut « Adresses et infos utiles ».

***Le rocher et son canon :*** à mi-chemin entre la ville haute et le port, ce site classé offre un panorama exceptionnel qui permet d'appréhender l'activité maritime de la ville, au cœur d'une intense végétation. Facilement accessible.

***Le musée de la Vilaine maritime :*** *château des Basses-Fosses, Vieux Quartiers. ☎ 02-99-90-67-98 (office de tourisme). • lesamisdumuseevilainemaritime.jimdo.com • Env 20 juin-20 sept, tlj 10h30-12h30, 14h30-18h30. Entrée : 3 € ; réduc. Visites guidées et visites en famille proposées. Expositions temporaires.* Un agréable musée sur 3 niveaux, qui retrace l'histoire maritime de la Vilaine (secteur géographique allant de l'estuaire de la Vilaine à Redon) et les arts et traditions populaires de la région. Ce bâtiment est construit sur le rocher de la rive gauche de la Vilaine, comme le reste de la ville, et ses 5 niveaux accrochés sur le rocher surplombent insolemment l'étier. Édifiée aux XVIe et XVIIe s, cette belle demeure dans laquelle vous pénétrez (sans doute celle d'un riche négociant) a, paraît-il, reçu la visite, il y a plus de 3 siècles, d'une reine et d'un roi, Henriette Marie de France, épouse du roi d'Angleterre, et Jacques II. Mais l'histoire de cet hôtel particulier reste mystérieuse à bien des égards. À l'intérieur, reconstitution d'un atelier de bottier, plusieurs maquettes de bateaux d'époque, quelques coiffes et costumes traditionnels... Évocation de la bataille des Cardinaux (1759), qui opposa les flottes française et anglaise, et exposition de couronnes et globes de mariage. Également une pittoresque cabine de chasse-marée (ça sent encore le vieux poêle !) et cette salle dédiée au navire *La Couronne,* avec sa maquette qui a demandé plus de 2 500 heures de travail.

– ***Flottille de vieux gréements :*** dans le vieux port, une association qui réunit des propriétaires passionnés de vieux gréements. Ils restaurent, entretiennent et font naviguer ce patrimoine vivant. La flottille participe à de nombreux rassemblements maritimes dans la baie de la Vilaine.

***La Maison de l'abeille :*** *8, rue du Passage. ☎ 02-99-90-79-50. • lamaisondelabeille-morbihan.fr • En descendant vers le port. Petite exposition. Juil-août, tlj 10h30-12h, 14h30-19h ; avr-juin et sept-déc, lun-sam 15h-18h. Fermé janv-mars, sauf vac scol. GRATUIT.* Ruche vivante, vidéo, panneaux, vitrine avec quelques objets anciens et surtout une boutique qui fleure bon le miel et la cire. Convivial et pédagogique. Beau choix de miels provenant des ruches localisées de l'autre côté de la Vilaine, et d'autres sélectionnés chez des producteurs.

La campagne alentour est bien agréable et mérite qu'on s'y promène. Plusieurs circuits de ***randonnées pédestres et VTT*** balisés la parcourent (fiches en vente à l'office de tourisme). Essayez, par exemple, ces adorables petits chemins qui surplombent la Vilaine côté rive gauche, à l'ouest de La Roche. On peut aussi, pour se faire peur ou prendre de beaux clichés, emprunter la ***passerelle piétonne*** qui court sous le pont du Morbihan, à 40 m au-dessus de l'eau ! Pour les amateurs, il existe d'ailleurs un « circuit des ponts » ! Enfin, on peut aussi découvrir ***la Vilaine maritime et ses rives sauvages*** à bord d'un bateau électrique (voir plus haut « Adresses et infos utiles »).

## Manifestations

– ***Vilaine en fête :*** *semaine de l'Ascension, les années paires.* Manifestation sur le thème du nautisme, avec la participation de la Flottille traditionnelle de basse Vilaine. Concerts, expositions, baptêmes, parade nocturne des vieux gréements...
– ***Festival Photo Ar'Images :*** *de mi-juil à fin oct. • arimages56.jimdo.com •* Expositions de photos grand format le long des quais et dans les ruelles de la ville. Expo-vente des photos fin octobre-début novembre.
– ***Festival des Garennes :*** *août.* Festival de musique dans le cadre bucolique des jardins des Garennes, sur le port de La Roche-Bernard.

## DANS LES ENVIRONS DE LA ROCHE-BERNARD

***Balade sur le canal de Nantes à Brest :*** il est possible de passer de la Manche à l'Atlantique via Dinan, Rennes, Redon, La Roche-Bernard, pour déboucher sur le grand large. Une bonne idée peut consister en un rallye d'eau de mer et d'eau douce entre La Roche-Bernard, Josselin, Pontivy, Hennebont, l'île de Groix, Belle-Île, et retour à La Roche-Bernard. Location de coches d'eau en différentes escales de cet itinéraire et sur l'Aulne, dans le Finistère.
– ***Renseignements :*** ***association « Escales Fluviales de Bretagne »,*** *☎ 02-23-47-02-09. • canauxdebretagne.org •*

# PÉNESTIN [pennestin]

(56760) 1 560 hab. *Carte Morbihan, C3-4*

**Sur la rive gauche de l'embouchure de la Vilaine, Pénestin (prononcez « Pénétin ») tient probablement son nom du commerce maritime de l'étain, organisé par les Phéniciens. Attraction n° 1, la *plage de la Mine-d'Or.* Le site doit son nom à une mine exploitée vers la fin du XIXᵉ s et abandonnée faute de rendement. Mais le routard baigneur et rêveur préférera peut-être y voir une allusion à ce sable micacé d'or (enfin, ne vous ramenez pas avec vos tamis, ce n'est qu'une façon de parler), bordé par une falaise atypique (classée) d'un ocre puissant nervuré de gris. Le coucher de soleil y vaut le déplacement, mais essayez de tomber sur la marée haute parce que, à marée basse, c'est un peu envasé (côte nord, au niveau de l'embouchure de la Vilaine).**
**À part ça, Pénestin reste une plaisante station balnéaire, avec 14 plages de sable fin, et un haut lieu de la mytiliculture. Labellisée « Site remarquable du goût », la commune a donné son nom à des moules de bouchot, charnues et à la chair jaune-orangé.**



## Adresses utiles à Pénestin et dans les environs

**Office de tourisme :** *allée du Grand-Pré, à Pénestin.* ☎ *02-40-24-34-44.* • *penestin.com* • *À l'entrée de la ville. Juil-août, lun-sam 9h30-12h45, 14h15-18h30 ; dim et j. fériés 10h-13h. Avr-juin et sept-oct, lun-sam. Nov-mars, lun-ven (horaires restreints). Fermé certains j. fériés ou ouv le mat seulement. Guide rando env 5 €.*

■ **Location de vélos :** ***Brico Loisirs,*** *74, rue du Calvaire, à Pénestin.* ☎ *02-99-90-35-92.* ***Minigolf de la Mine d'Or,*** *06-74-57-29-45.* ***Tizéa*** *(vélos électriques),* ☎ *02-23-10-24-50.*

■ **Association « Mer et Nature » :** *40, rue de l'Église, à* ***Pénestin.*** *06-08-52-53-50 ou 06-07-73-97-65.* • *meretnature.fr* • *mernaturemor@gmail.com* • Une invitation à découvrir autrement le littoral, à mieux connaître les activités « coquillages » de la région. Visites à pied à marée basse dans les parcs conchylicoles, entre autres randonnées, sur 2 sites autour de Pénestin. Environ 1h30 de sortie *(dès 5 €/pers).* Pensez à apporter vos jumelles et vos bottes !

■ **Club nautique de Pénestin :** *plage de Poudrantais, à* ***Pénestin.*** ☎ *02-99-90-32-50.* • *cnpenestin.com* •

■ **Location de vélos et kayaks :** ***Au Gré du Vent,*** *port de plaisance, 56130* ***Camoël.*** ☎ *02-99-90-56-91. 06-20-67-49-92.* • *augreduvent.fr* • *Entre Pénestin (à 6 km) et La Roche-Bernard.* Également des bateaux à moteur avec ou sans permis. Parcours à la journée, à la ½ journée ou au coucher du soleil, en mer ou en rivière. Équipe sympa.

■ **Ouest Parapente Nantes :** *falaise de la Mine-d'Or, à* ***Pénestin.*** *06-77-69-48-96.* • *ouestparapentenantes.com* • Les vols ont lieu en soirée. Sur le site officiel de la Mine-d'Or, site unique en Europe pour son départ d'une falaise classée qui surplombe la mer.

■ ♿ **Plage de Poudrantais – baignade :** à retirer au club nautique, un Hippocampe et un Tiralo qui permettent la baignade pour les personnes à mobilité réduite.

## Où dormir ? Où manger ?

### Camping

**Le Domaine d'Inly :** *route de Couarne.* ☎ *02-99-90-35-09.* • *reception@camping-inly.com* • *camping-inly.com* • ♿ *Indiqué sur la route de La Baule. Ouv avr-fin sept. Forfaits tente 27-53 € ; tentes et* *chalets-cottages 357-2 485 €/sem. 500 empl. Réduc de 20 % sur la 2e sem pour un séjour de 2 sem consécutives avt le 6 juil et après le 24 août ou réduc pour les campeurs en avr-juin et sept sur présentation de ce guide.* Vaste camping 5 étoiles étendu dans un parc de 15 ha. Parfaitement équipé. Nombreuses activités : piscines chauffées avec toboggan, bain bouillonnant, restaurant, jeux, tennis, étang pour la pêche, centre équestre, club enfants en saison...

### De bon marché à prix moyens

**Relais international de la jeunesse de la Mine-d'Or :** *☎ 02-99-90-30-22. • clajnantes@wanadoo.fr • clajbretagne.org • Au bord de la plage de la Mine-d'Or, sous les arbres. Tlj. Nuitée 12-15 €/pers. Adhésion à l'association obligatoire (5 €/pers). Apéritif maison offert sur présentation de ce guide.* Le CLAJ, comme on dit ici ! On y prend le repas commun autour de la table familiale. L'hébergement se fait en chambres (dans une authentique chaumière bretonne !) et en bungalows l'été. Le fonctionnement s'inscrit dans un mode de tourisme participatif : « La vaisselle se fait toujours à la main. Il convient tout particulièrement à ceux qui recherchent la vie naturelle et le grand air entre amis. » Dans tous les cas, apporter son duvet. Capacité d'environ 60 lits.

**L'Ancre d'Or :** *55, rue de la Plage, la Mine-d'Or. ☎ 02-99-90-38-92. 06-07-13-34-42. • hotel.ancredor@gmail.com • hotel-penestin.com • Ouv d'avr à mi-nov. Doubles 99-129 €.* Situation idéale, pratiquement sur la plage et à proximité du bourg. Hôtel moderne, coquet et familial avec ses 10 chambres colorées et confortables, certaines avec terrasse et la plupart avec vue mer. Celles du 2e sont dotées de Velux. Accueil adorable.

**Crêperie L'Endroit :** *37, rue de la Plage. 06-25-79-04-78. • creperielendroit@gmail.com • Congés : début nov-fin mars. Carte env 15 €.* Idéalement placée à 2 volées de tongs de la superbe plage de la Mine-d'Or ; une carte courte qui privilégie les produits frais, des crêpes qui se tiennent, fines et bien cuites, un joli petit cadre actuel, une belle terrasse et des prix serrés... Clairement, voilà « l'endroit » où il faut se poser pour une pause sucrée-salée pas volée.

## À voir. À faire

**La Maison de la mytiliculture :** *15, rue du Port. ☎ 02-23-10-03-00 (mairie). Sur le port de Tréhiguier. Juil-août, tlj sauf dim et mer, 10h30-12h30, 15h-18h. Entrée : 4 € ; réduc.* Exposition pédagogique sur la croissance de la moule, les outils et techniques des mytiliculteurs. Pas des quantités d'objets, mais on apprend le principal et on découvre plus en détail les conditions de travail des pêcheurs. Une vidéo complète la visite. Cadeau bonus : la grimpette des dernières marches de cet ancien phare offre un panorama divin sur l'estuaire.

**Le sentier côtier :** *long de près de 12 km. Topoguides en vente à l'office de tourisme.* Magnifique ! Particulièrement à marée basse, quand la mer – en se retirant – découvre les bouchots par milliers... Depuis le petit port de Poudrantais par exemple, on accède à la pointe Laboureur. Jolies villas balnéaires et adorables « sam'suffit ». Tout au bout, la belle et secrète maison Art déco du peintre et illustrateur Jean-Émile Laboureur, qui immortalisa en son temps les 1res naturistes, des garçonnes de la ville venues s'ébattre à l'abri des criques.

## Fête et manifestation

– **Festival Place aux mômes :** *ts les lun pdt vac scol. GRATUIT. Infos à l'office de tourisme.* Danse, musique, cirque, spectacles, etc. Tout pour les enfants.
– **Fête de la Moule :** *début août, sur le joli port de Tréhiguier.* Bal, feu d'artifice et... moules-frites !

# MUZILLAC [muzilheg]

(56190) 5 078 hab. *Carte Morbihan, C3*

**Chef-lieu de canton, Muzillac fait office d'étape sur l'axe Nantes-Quimper. Au bourg, quelques belles vieilles façades et la chapelle de Penesclus. Pour se dégourdir les jambes, faire un tour à l'étang de Pen-Mur (un joli coin), le long des chemins de randonnée aménagés aux alentours, ou jusqu'au barrage d'Arzal et son port de plaisance pour profiter des activités nautiques.**



## Adresses utiles dans le coin

**Office de tourisme de Muzillac :** *pl. Saint-Julien (pl. de l'Hôtel-de-Ville), à* ***Muzillac.*** *☎ 02-97-41-53-04. • damgan-larochebernard-tourisme.com • Juil-août, lun-sam 9h30-13h, 14h-19h ; dim 10h-12h30. Le reste de l'année, lun-sam 9h30-12h30, 14h-18h (fermé lun nov-fin mars).*

**Les Vedettes Jaunes :** *au barrage, 56190* ***Arzal.*** *☎ 02-97-45-02-81. • vedettesjaunes.com •* Propose des sorties en remontant la Vilaine, en croisière-promenade, repas ou dîner aux chandelles.

## Où dormir ? Où manger ? Où boire un verre dans le coin ?

### Camping

**Camping de Kernéjeune :** *Kernéjeune, 56190* ***Arzal.*** *☎ 02-97-45-01-60. 📱 06-18-79-65-10. • contact@camping-de-kernejeune.com • camping-de-kernejeune.com • ♿ À 8 km au sud de Muzillac ; prendre la direction Billiers, puis, à la sortie de la ville, suivre Arzal ; c'est à 7 km sur cette petite route qui mène à l'embouchure de la Vilaine. Congés : mi-nov. Forfaits tente 11,90-18,90 € ; loc de gîtes et chambres 38-48 €, mobile homes. 64 empl. Réduc de 10 % sur le prix de la chambre oct-juin sur présentation de ce guide.* Un site paisible et ombragé, avec de bons équipements et une piscine chauffée en saison. Balades à faire dans les alentours, dont une jusqu'à la Vilaine.

### De bon marché à prix moyens

**Hôtel-restaurant Les Genêts d'Or :** *5, rue du Couvent, à* ***Muzillac.*** *☎ 02-97-41-68-49. • lecouedic.fabrice@orange.fr • hotel-lesgenetsdor.fr • ♿ (resto). En plein centre. Tlj sauf dim soir. Doubles 42-57 €. Menus 12,90 € (le midi), puis 22-28 €. Café offert sur présentation de ce guide.* Peu d'adresses en ville, sinon ces *Genêts d'Or,* un petit hôtel complètement rénové, fidèle à sa catégorie et à ses petits prix. Chambres simples et bien tenues. Au rez-de-chaussée, le bar des habitués et un resto (menus ouvriers le midi, cuisine plus élaborée le soir). Tenu par un jeune couple sympathique.

**Crêperie Kalon Digor :** *1, Grande-Rue. ☎ 02-97-41-68-43. 📱 06-81-44-15-74. • rodedith@orange.fr • Tlj sauf mar, plus lun hors saison. Compter 15 €.* Toute ville bretonne qui se respecte a sa bonne crêperie. *Kalon Digor* ne fait pas exception. Dans le cœur commerçant de la ville, elle fait le plein midi et soir et ravit les habitués autant que les touristes de ses généreuses galettes aux garnitures parfois déroutantes (andouille-camembert ou magret de canard-camembert) et ses spécialités « gratinées » réalisées avec des ingrédients de choix. Sinon, belle carte de galettes « spéciales » et crêpes au froment fondantes. Accueil fort sympathique.

**Le Brassin Belge :** *2, rue de la Paix, 56190* ***Le Guerno.*** *☎ 02-97-42-87-16. 06-02-55-65-09. • brassin.belge@wanadoo.fr • brassinbelge.fr • Tlj sauf lun midi, plus lun soir hors saison. Congés : de mi-sept à début oct. Réduc de 5 % sur achat à emporter sur présentation de ce guide.* Une cave-brasserie-bar à bières où l'on trouve plus d'une centaine de bières belges, certaines monumentales, d'autres inconnues. Ne sont représentées que des petites brasseries familiales et artisanales. Une pression : celle de la maison ! Également des cidres locaux sélectionnés, du chouchen, des chocolats belges et du miel de pays. Adorable petit jardin et concerts-spectacles réguliers. Pique-nique accepté si l'on prend une bière... ou autre chose.



## Manifestations dans le coin

– ***Les Jeudis de l'été :*** *juil-août, à 19h, à* ***Muzillac.*** *Infos à l'office de tourisme.* Spectacles éclectiques et concerts gratuits dans la rue, sur les places, dans les jardins et les salles.

– ***Festiv'Arz :*** *15 août, à* ***Arzal.*** *Infos à l'office de tourisme.* Un énorme fest-noz avec danse, musique et jeux bretons, son et lumière, feu d'artifice, etc.

## DANS LES ENVIRONS DE MUZILLAC

**Le parc de Branféré :** *Branféré, 56190* ***Le Guerno.*** *☎ 02-97-42-94-66. • branfere.com • À env 10 km au nord-est de Muzillac. Tlj de mi-fév à début nov : en principe juil-août, 9h30-21h ; avr-début juil et sept-début nov, 10h-18h30 (18h sept-nov) ; de mi-fév à fin mars, 13h-18h. Dernière entrée 1h30 avt fermeture (2h en été). Entrée : 23 € ; gratuit moins de 4 ans ; réduc et formules familles, en achetant le billet sur • shop.branfere.com • ou dans certains offices de tourisme de la région. En arrivant, renseignez-vous tt de suite sur les horaires des animations et nourrissages.* Le parc botanique, planté d'essences rares, a été aménagé au XIXe s. Le parc animalier, lui, a été créé un siècle plus tard par un couple de routards fortunés (héritiers du domaine) et passionnés, qui a rapporté de ses voyages des espèces animales du monde entier. Son but : recréer en Bretagne, sur 45 ha, un lieu de rencontre entre les mondes animal, végétal et humain, un petit Éden en somme, où tous les animaux, ou presque, sont en liberté. D'où le concept un peu surprenant de ce parc où l'on peut voir, approcher ou même toucher près de 1 200 animaux parmi lesquels 120 espèces, d'oiseaux et de mammifères et un parc marin avec phoques et manchots. En héritant du domaine, la Fondation de France y introduisit des espèces en voie d'extinction (gibbons, lémuriens, girafes du Niger, pandas roux, rhinocéros indiens). L'environnement est fabuleux, à l'image de la plaine africaine ou encore de la vallée indienne que l'on parcourt sur un chemin en bois en hauteur. Prises de vues magnifiques assurées ! D'avril à septembre, avec pour toile de fond la façade du château, original ***spectacle d'oiseaux,*** éclairé de commentaires passionnants, et ponctué par le magnifique envol de dizaines de cigognes, perroquets, échassiers, cormorans, pélicans... Vraiment superbe. Pour mieux les voir, placez-vous devant les mares. Pour faire une pause (enfin, façon de parler), on peut s'offrir (c'est gratuit !) quelques sensations fortes sur le parcours ***Parcabout*** : 5 000 m de filets (clin d'œil à la marine) tendus entre les arbres entre 2 et 8 m de haut, sur lesquels on peut se balader et profiter d'un panorama exceptionnel sur la plaine africaine.

Ce lieu est tellement authentique que Nicolas Hulot l'a choisi pour y implanter son ***école de sensibilisation à la biodiversité,*** qui s'adresse essentiellement aux jeunes de 6 à 22 ans. Plus de 3 000 chanceux y séjournent chaque année.

Tout le parc s'inscrit dans une démarche de développement durable (eau, tri des déchets, conservation des espèces menacées, restauration, énergies, fournitures, etc.) et détient la certification Green Globe. Bref, un chouette endroit, qui n'a pas pris une ride depuis sa création, bien au contraire, et où l'on peut aisément passer la journée.

|●| 5 points de ***restauration*** sont situés au cœur du parc, avec vue imprenable sur les animaux. Menus élaborés à base de produits bio et de saison, locaux ou issus du commerce équitable.

***Le Guerno*** *(56190)* **:** *à env 8 km à l'est de Muzillac par la route de Redon. Visite insolite en été (rens à l'office de tourisme de Muzillac).* Village classé « Commune du patrimoine rural ». Église Saint-Jean-Baptiste dite aussi Sainte-Anne, en forme de croix latine, avec chevet circulaire. Cette église a été construite au XIIe s par les hospitaliers et remaniée au XVIe s. Son clocher est une tour cylindrique à toiture conique, une « tour en poivrière » en termes exacts, couronnée d'un lanternon sous lequel on aurait gardé un morceau de la Vraie Croix...

– ***Marché des produits du terroir :*** *mar 17h-21h en juil-août.*



***Noyal-Muzillac*** *(56190)* **:** *à env 6 km au nord de Muzillac par la D 5 vers Questembert.* 2e village du canton classé « Commune du patrimoine rural ». Ce bourg possède moins d'unité que Le Guerno, car les maisons anciennes en côtoient de bien plus modernes. Mais en y regardant de près, Noyal-Muzillac recèle de petits trésors. Faites un tour sur la ***place de l'Église,*** avec le nez levé bien haut : ces belles lucarnes ouvragées, datant des XVIe et XVIIe s, ornaient les demeures de la noblesse locale. Dans le genre Renaissance encore, la petite ***poste*** se pose là. Ravissante. Entrez dans l'***église Saint-Martin.*** Tous les styles architecturaux s'y rencontrent : la base et la tour sont romanes (XIe s), des ajouts (voûtes gothiques) ont été faits aux XVe et XVIIIe s, et comme la nef s'est effondrée, les travaux ont repris au XXe s. Elle abrite notamment 3 superbes huiles du XVIIe s, retrouvées en piteux état et admirablement restaurées. Autres pièces dignes d'intérêt : la ***fontaine Saint-Martin*** (1839) et le petit ***lavoir,*** ainsi que la ***chapelle de Brangolo.***

Enfin, avant de quitter le village, faites un saut à la ***Boulangerie du Patrimoine*** *(1, pl. de la Bascule ; ☎ 02-97-61-35-65 ; fermé mer et dim ap-m),* ouverte par un jeune couple de pâtissiers, dans une *Maison du patrimoine.* Pâtisseries réputées.

***Arzal*** *(56190)* **:** *à 10 km au sud-est de Muzillac par la N 165, puis la D 139.* Vous aurez peut-être à traverser ce village pour vous rendre sur la rive sud de la Vilaine sans passer par La Roche-Bernard. En effet, le barrage d'Arzal-Camoël enjambe le fleuve, retenant au passage 50 millions de mètres cubes d'eau. Le plus grand barrage d'estuaire en Europe. Construit en 1970 pour remédier aux fréquentes inondations induites par l'envasement de la Vilaine, il retient aussi une poignée de plaisanciers dans son port bordé de feuillus et de pins.

Si vous le pouvez, faites un stop à la ***chapelle de Lantiern*** (à la sortie de la ville), d'origine templière et construite au XIIe s.

***Billiers*** *(56190)* **:** cette jolie commune rurale, avec son petit bourg délicat, du haut de cette butte dominant les marais et la mer, a un on-ne-sait-quoi de très séduisant. Curieuse église phare en plein centre du bourg, offrant une vue jusqu'à l'océan.

Un peu plus loin, vers le sud et la mer, allez donc jeter un coup d'œil à la ***pointe de Pen-Lan.*** Voyez les petites impasses, le phare rouge et blanc qui trône au sommet de la « butte », et l'adorable petit port de pêche séparé des belles plages de Bétahon à Ambon par un mini-estuaire (un « étier », pour les initiés), large d'une dizaine de mètres. À marée basse, on y ramasse les coquillages (côté port).

Une piste cyclable et piétonne relie le centre-ville de Billiers et Pen-Lan, qui longe la mer, la lande, les marais... et les vaches ! Un paysage tout bonnement magique.

# DAMGAN (56750) 1 610 hab. *Carte Morbihan, C3*

**Cette station balnéaire familiale et populaire, dotée d'une plage de 6 km de long, reçoit énormément de monde en été. Sa population est alors probablement multipliée par 40. Son parc de résidences secondaires, par rapport à la population permanente, la classe au 1er rang du Morbihan. Bon site pour les activités nautiques, la plage est sûre, et la station en partie abritée des vents d'ouest par la presqu'île de Rhuys. Le climat y est doux, et ça sent bon les vacances !**
**On est également au pays de l'huître, la « Penerfine », du nom de la rivière, la Penerf, qui borde cette jolie presqu'île. C'est un lieu de villégiature qui semble avoir été occupé depuis la nuit des temps par l'*Homo erectus.* On a, en effet, trouvé, entre Kervoyal et Cromenac'h, des racloirs en silex probablement vieux de plus de 600 000 ans (malheureusement, aucun site de fouilles n'est visible).**

## Adresses et info utiles

**Office de tourisme de Damgan :** *pl. Alexandre-Tiffoche. ☎ 02-97-41-11-32. • damgan-larochebernard-tourisme.com • Juil-août, lun-sam 9h30-19h, plus le mat des dim et j. fériés 10h-12h30 ; le reste de l'année, mer-sam 9h30-12h30, 14h-18h.* Propose à partir de février des sorties nature : chantiers ostréicoles et pêche à pied, entre autres *(env 6,50 € ; réduc).*

■ **Écoles de voile, nautisme et pêche en mer :** *liste disponible à l'office de tourisme.*
– **Club nautique de Damgan :** *bd de l'Océan. ☎ 02-97-41-12-49. • cndamgan.com • Ouv juil-août.* Planche à voile, Optimist, catamaran. Pour tous les niveaux et tous les âges.
– **Brise et Voiles :** *impasse des Mâts (route de Penerf). ☎ 02-97-41-10-62. • briseetvoiles.com • Avr-oct, tlj.* Propose, outre la location de tout ce qui porte une voile, des balades en kayak au long de la belle rivière de Penerf et des escapades en catamaran.
■ **Location de vélos et rosalies :** ***Abbis Location,*** *28 bis, rue d'Ambon. ☎ 02-97-48-10-49. • abbis-location.fr • Tarif dégressif selon durée.* 10 km de front de mer relient Kervoyal et Penerf.
– **Marchés :** *marché hebdomadaire très réputé mar en saison et sam tte l'année sur la place (centre), marché nocturne mer soir ; en saison, mer mat à* ***Kervoyal*** *et dim mat à* ***Ambon.***

## Où dormir ? Où manger à Damgan et dans les environs ?

### Camping

**Grand Air Cadu :** *2 rue de Cadu. ☎ 02-97-41-17-30. • info@campingcadu.com • campingcadu.com • ♿ Sur la route entre Damgan et Penerf, indiqué sur la droite. Ouv avr-oct. Forfaits tente 16,20-24,90 € ; loc de mobile homes. 174 empl.* Un camping bien tenu, avec des emplacements agréables séparés par des haies, toutes les activités qui ravissent les enfants, et la mer à 300 m. Et même une douche pour chiens et un évier à coquillages ! Piscine.

### De prix moyens à chic

**Hôtel L'Albatros :** *1, bd de l'Océan, à Damgan. ☎ 02-97-41-16-85. • albatros56@orange.fr • hotel-albatros-damgan.com • Entre la grande plage et Kervoyal. Tlj de nov à mi-fév. Résa conseillée. Doubles 63-88 €. Menus 23 € (déj en sem), puis 30-40 €.* Bâtiment moderne, dont le principal avantage est sa situation privilégiée face à la mer. La vue depuis les chambres en façade est géniale, surtout pour celles qui disposent d'un balcon. Côté confort, c'est classique, propre et fonctionnel. L'autre avantage, c'est sa bonne table traditionnelle spécialisée dans les fruits de mer, qu'on déguste là encore face à la mer. Accueil attentionné et souriant.

**Latitude 47° :** *38, bd de l'Océan, à Damgan. ☎ 02-97-41-10-07. • contact@hotel-morbihan.com • Sur le front de mer, au rdc de l'*Hôtel de la Plage*. Tlj. Congés : de mi-nov à début fév. Formule 24,90 € (sauf w-e et j. fériés) ; menus 29,90-39,90 €.* Les accros à la « vue mer » choisiront la véranda, mais la salle est vraiment plaisante avec sa déco de bistrot d'aujourd'hui. Le service (en marinières *new school*) est chaleureux. Et la cuisine du chef, qui a travaillé dans de grandes maisons, est habile et maligne. Une heureuse surprise dans cette très familiale station balnéaire.

**Le Bistrot de la Mer :** *17, rue du Port, à* **Penerf.** *☎ 02-97-41-00-97. • bistrotdelamer@bbox.fr • lebistrotdelamer.com • À l'entrée du village, au rond-point. Tlj sauf lun soir et mar en basse saison. Congés : nov-fév. Menus 22,80-29,80 €. Carte env 30 €. Digestif maison offert sur présentation de ce guide.* Chez la sympathique Aurélie, on goûte de généreux plats évidemment axés sur les produits de la mer et sélectionnés dans une démarche écoresponsable. On peut aussi s'y contenter d'huîtres de Penerf, servies avec un petit coup de blanc. Jolie petite déco intérieure agrémentée d'une douce musique jazz, avec bougies pour l'ambiance, et agréable terrasse aux beaux jours. Bref, une institution par ici. Pour vous dégourdir après un bon repas, faites une balade sur le chemin côtier.

### De chic à plus chic

**Hôtel de la Plage :** *38, bd de l'Océan, à Damgan. ☎ 02-97-41-10-07. • contact@hotel-morbihan.com • hotel-morbihan.com • Congés : de mi-nov à mi-fév. Doubles 85-180 € ; familiales. Parking. Bon resto (*Latitude 47°*, voir plus haut).* Difficile de faire plus près de la mer ! Déco des parties communes dans un style contemporain pimpant et de bon goût. Les chambres sont dans le même esprit, très réussies. Le confort est impeccable, surtout lorsqu'on profite d'une terrasse face au large. Accueil chaleureux et attentionné.



## DANS LES ENVIRONS DE DAMGAN

***Penerf :*** cette étonnante petite langue de sable en forme de crochet au bout de la pointe abrite les plus petites embarcations, alors que les plus grosses trouvent leur bonheur dans le port naturel de Penerf. Ce mouillage était autrefois une escale pour les navires scandinaves descendant vers le Sud. Au XVII$^{e}$ s, on avait même envisagé de créer là le port de commerce de la Compagnie des Indes. Jetez donc un coup d'œil à la petite église Saint-Pierre, à la pointe, avec ses 2 bateaux suspendus dans la nef.

– ***Fête traditionnelle de la Mer :*** *à* **Penerf,** *début août.* Chants marins, bal, joutes nautiques, parade de vieux gréements, feu d'artifice, etc.

## QUESTEMBERT [KISTREBERZH]

(56230) 7 020 hab. *Carte Morbihan, C3*

**Ce chef-lieu de canton doit son nom aux châtaignes (*kistin* en breton). En 890, ce fut le théâtre d'une violente bataille entre les Armoricains, commandés par le duc Alain le Grand (roi de Bretagne), et les Normands.**

**S'il ne reste plus grand-chose de ce lointain passé, le bourg possède encore d'impressionnantes halles du XVIe s qui valent, à elles seules, le déplacement. En particulier les jours de marché. Par ailleurs, c'est d'ici que vous pourrez partir à vélo ou à rollers à l'assaut des 52 km de voie verte reliant Questembert à Mauron, plus au nord.**

## Adresse et info utiles

**_Rochefort-en-Terre Tourisme – Pays de Questembert :_** *13, rue des Halles. ☎ 02-97-26-56-00. • rochefortenterre-tourisme.bzh • À côté des halles. Juil-août, lun-sam 9h30-13h, 14h30-18h30, et le mat des dim et j. fériés ; hors saison, horaires restreints.*

– **Marchés :** *lun mat tte l'année sous la halle historique. Et* ***marché de producteurs*** *mer 17h-20h30 env (prolongé d'un concert en été).*

## Où dormir dans le coin ?

### De chic à plus chic

**_Chambres d'hôtes Le Moulin du Bois :_** *la Ville-au-Vent, 56230* ***Berric.*** *☎ 02-97-67-04-44. 06-60-12-29-96. • tgoujon@wanadoo.fr • moulindubois.com • Doubles 80-120 € ; familiales. Réduc de 10 % à partir de 2 nuits consécutives sur présentation de ce guide.* Au bout du chemin, le vallon s'ouvre sur un étang et ce vieux moulin restauré avec goût dans une déco médiévale. Un cadre enchanteur et champêtre, avec de superbes chambres, côté rivière ou côté étang. Beau duplex indépendant pour les familles. Jardin avec piscine pour les beaux jours.

## À voir. À faire

***Les halles :*** construites en 1552 par Jérôme de Carné, créateur des foires de Questembert, elles ont été restaurées en 1675 par Estienne Charpentier (un nom tout trouvé !). Fiche signalétique : 55 m de long, 15 m de large, 10 m de haut, 84 piliers, pour une surface de toiture de 1 180 m². Dans le même style, voir les halles du Faouët, de Clisson et de Plouescat. Ce sont les 4 dernières encore debout en Bretagne !

Dans le ***bourg,*** près des halles, voir l'***hôtel de Belmont,*** maison du XVe s aux lucarnes ouvragées. À l'arrière, depuis le jardin, la tourelle ornée de 2 bustes, ***cariatides*** en bois sculpté, de Questembert et sa femme. La ***chapelle Saint-Michel,*** du XVIe s, la fontaine, le lavoir du prieuré et les rues aux noms pittoresques méritent aussi un coup d'œil.

***La voie verte :*** longue de 52 km, très prisée des sportifs, cette ancienne voie ferrée aménagée est réservée aux piétons et aux cyclistes. Elle part de l'hippodrome de Questembert pour rejoindre plus au nord Mauron via Malestroit et Ploërmel. Une vraie réussite accessible à tous, enrichie de « vélopromenades », des boucles d'une vingtaine de kilomètres sur routes secondaires, de part et d'autre de la voie verte.

# LE GORVELLO [el gorvelleu] (56450) *Carte Morbihan, C3*

**Ce minuscule et délicieux village breton, à cheval sur 2 communes (Theix et Sulniac), est doté d'un patrimoine d'une remarquable unité : une église, une chapelle, une fontaine miraculeuse, des brochettes de maisons en**

**granit fleuries du XVIIIe s... et un « Café de pays » assez emblématique dans le secteur. Sans oublier, au-delà, le château du Plessis-Josso, drapé dans sa superbe médiévale.**

## Où dormir ? Où manger ? Où boire un verre dans le coin ?

***Le Petit Café dans la Prairie :*** *41, rue des Ducs-de-Bretagne,* ***Theix-Noyalo.*** *☎ 02-97-43-00-71. 06-31-78-09-38. • cafe.prairie@gmail.com • lepetitcafedanslaprairie.com • Tlj sauf lun plus mar-mer hors saison. Congés : 1 sem en oct et 1 sem en mars. Doubles 55-65 € ; appartements 70-115 €. Café offert sur présentation de ce guide.* C'est dans ce charmant « Café de pays » que bat le cœur du Gorvello. On loge à l'étage dans 3 jolies chambres aux tonalités oscillant entre océan et Provence, ou dans l'appartement (avec cuisine) aux murs en pierres apparentes, loué à la semaine ou à la nuitée selon les disponibilités. Pour les petites faims, Sylvain propose des assiettes apéritives avec les produits de son épicerie à savourer aux beaux jours sur la jolie petite terrasse. Régulièrement, le lieu accueille concerts (classique, jazz, folk...), impro théâtrales, jeux, karaoké et autres. On y trouve aussi des infos sur le coin. Il y a même un billard et un terrain de boules... Bref, un vrai café de pays !

***Crêperie du Gorvello :*** *17, rue des Ducs-de-Bretagne, à* ***Theix-Noyalo.*** *☎ 02-97-43-69-19. Mer-dim (jeu-dim hors saison) 12h-13h15, 19h-21h. Résa conseillée. Galettes 7-10 €.* Plutôt envie d'une galette ou d'une crêpe ? Alors, n'hésitez pas. Celles de cette jolie maison de pierre sont bonnes, très bonnes même, fort bien garnies, servies rapidement et avec le sourire. Que demander de plus ? Le cidre de la distillerie du Gorvello ? Il y en a. Trouver une table ? Ça, ce n'est jamais garanti. Réservez !

MORBIHAN

## À voir. À faire au Gorvello et dans les environs

***Le bourg du Gorvello :*** ce village-rue, fondé au XIIe s par les Templiers, séduit au 1er coup d'œil par ses brochettes de vieilles maisons bretonnes qui semblent vouloir refuser d'entrer dans le XXIe s. Le granit habille les façades piquetées d'hortensias et de rosiers, les vieux calvaires et le lavoir. Ne manquez pas la très belle croix sculptée d'un Christ naïf aux grandes mains, dressée au carrefour des D 7 et D 183, et poussez la porte de l'***église Saint-Jean-Baptiste*** *(ouv en journée),* bâtie à partir de 1523. Elle possède un étonnant porche latéral et quelques beaux éléments du gothique flamboyant. À moins de 100 m au sud, la ***fontaine Saint-Jean-Baptiste*** date du XVIIe s. Moins de 300 m à l'est de l'église, la sobre ***chapelle Saint-Roch*** (1604) s'amarre au cœur du cimetière paroissial, veillé par une croix de 4,50 m... taillée dans un menhir ! Le sanctuaire est connu pour ses sablières aux sculptures naïves et sa fresque redécouverte en 2000 sous une dizaine de couches de chaux. Mentionnons enfin, à 1 km sur la route de Berric, le ***monument de saint Vincent Ferrier,*** façonné à partir du clocheton d'une chapelle du XVIIe s tombée en ruine !

***La Distillerie du Gorvello :*** *route de Pébeyec,* ***Le Gorvello****, 56250* ***Sulniac.*** *☎ 02-97-54-04-11. • contact@distilleriedugorvello.fr • distilleriedugorvello.fr • Juil-août tlj sauf dim et j. fériés, sinon mar-sam. Congés : 1re quinzaine de janv. Visite guidée gratuite ven à 11h en juil-août (résa conseillée). Le reste du temps, explications, dégustation gratuite et vente au public.* Faisant face aux vergers (bio), cette belle distillerie moderne élabore d'excellents produits artisanaux dérivés de la pomme. En tout, 18 produits : jus, cidre, poiré, pommeau et fine AOC, poiret, eau-de-vie de cidre blanc, vinaigre de cidre... et même un jus de pomme pétillant (non alcoolisé). Autres spécialités : le Petit Prince Guillevic et le cidre de Guillevic IGP, confectionnés à partir de cette variété de pomme typique de ce territoire. Également un gin bio associant plantes locales et épices lointaines (Heol an ORIANT).

***Le manoir du Plessis-Josso :*** *56450* ***Theix-Noyalo.*** *☎ 02-97-43-16-16. • plessis-josso.com • ♿ (rdc seulement). Ouv seulement de mi-juil à fin août, tlj 14h-18h30 en principe (résa conseillée). Visite guidée 35-45 mn. Tarif : 10 € ; réduc ; gratuit moins de 7 ans. Attention, ce domaine privé reste visitable tant que l'état de santé de la propriétaire le permet.* Protégé encore par le carcan de ses hautes murailles crénelées et sa corpulente tour d'angle, cet austère et néanmoins superbe château a été édifié à la fin du XIVe s par un écuyer du duc de Bretagne. Ce n'était alors qu'un manoir. Inchangé depuis la Révolution, il appartient depuis cette époque à la même famille, qui l'entrouvre à la visite chaque été. Cet exemple parfait de manoir breton – immortalisé par Philippe de Broca dans son film *Chouans !* – avait avant tout une fonction agricole. Il veillait sur un domaine de 1 500 ha étendu sur plusieurs paroisses, comprenant moulins, fours, chapelle, port privé sur le golfe du Morbihan... et une population de 500 personnes. La visite guidée permet, derrière la façade principale du logis au fronton central orné de magnifiques dragons gothiques, de découvrir des intérieurs représentatifs des 15 000 manoirs bretons du Moyen Âge : salle publique où l'on rendait la justice, chambres, 3 cuisines – dont une possédant une très rare boucherie, etc. L'ensemble est partiellement meublé. La visite terminée, on peut se promener autour du manoir et découvrir ses dépendances. Vraiment intéressant, et complémentaire de la visite du domaine de Suscinio, le château des ducs de Bretagne.



# ROCHEFORT-EN-TERRE [ROC'H-AN-ARGOED]

(56220) 650 hab. *Carte Morbihan, D3*

**Construite sur un étonnant éperon de schiste dominant la vallée du Gueuzon, cette « Petite Cité de caractère » (également classée parmi les « Plus Beaux Villages de France » et élue village préféré des Français par les téléspectateurs de France 2 en 2016), l'une des plus pittoresques de Bretagne intérieure, fait basculer 4 siècles en arrière tant son unité architecturale a été jalousement préservée.**

**Certes, le village est devenu touristique, mais quoi de plus normal ? Une telle harmonie et un tel soin dans la préservation du passé méritent d'être vus. Fils électriques et antennes de télévision ? Enterrés, cachés, planqués (pour la plupart). Panneaux publicitaires, affiches de tout poil ? Tout simplement interdits ou peints à l'ancienne, dans l'esprit du site ! Les rares maisons assez mal loties pour ne pas être du XVIIe s sont camouflées sous les fleurs qu'on trouve à chaque coin de rue, ou noyées sous le lierre.**

**Aujourd'hui, artistes et artisans y sont légion et redonnent vie au centre, toujours bien animé. Rochefort doit se découvrir à pied, d'autant que des parkings (payants) ont été aménagés aux extrémités de la ville.**

## ROCHEFORT DANS L'HISTOIRE

L'intérêt stratégique de ce belvédère est reconnu depuis le XIIe s. Le château puis la cité construits sur cet éperon rocheux sont devenus « Roche forte », et ont donné leur nom à la famille et au lieu-dit. Le roi breton Jean IV s'oppose, comme plusieurs seigneurs bretons, à l'annexion de la Bretagne par le roi de France, Charles VIII. Celui-ci, en guise de représailles, fait détruire le château. Grâce aux 100 000 écus d'or alloués par Anne de Bretagne, le château est reconstruit. Après diverses tribulations, le château est démoli par les républicains. Le village ne périclite pas pour autant, grâce à une petite industrie prospère (textile, ardoise) qui lui permet de survivre.

Au début du XX$^{e}$ s, le peintre américain Alfred Klots, séduit par l'endroit, achète les ruines du château et se fait construire un grand manoir breton en lieu et place des communs. En 1911, il prend l'initiative d'un concours de maisons fleuries, le 1$^{er}$ en France.

### DITES-LE AVEC DES FLEURS !

*Le peintre américain Alfred Klots tomba amoureux de Rochefort, au point de s'installer dans le château. En 1907, il inventa le concours des « Villages fleuris ». En hiver, l'artiste hébergeait, dans ses immenses serres, les fleurs de ses voisins pour les protéger du froid. Depuis plus de 100 ans, Rochefort est toujours autant fleuri.*

MORBIHAN

## Adresse et info utiles

**Office de tourisme :** *3, pl. des Halles. ☎ 02-97-26-56-00. • rochefortenterre-tourisme.bzh • En été, tlj 10h-13h, 14h-18h30 ; hors saison, horaires restreints. Fermé en janv.* Visites guidées de Rochefort mardi-samedi, en été, et les vendredi et samedi de décembre (tombée de la nuit, sous les illuminations).

– **L'Équicerie :** *06-83-41-45-72. Sam ap-m de mi-avr à mi-sept.* Une drôle d'épicerie ambulante dans une voiture à cheval qui fait sa tournée entre Pluherlin et Rochefort. Expérience amusante *(sur résa)* : l'épicière emmène chaque samedi quelqu'un en tournée avec elle.

## Où dormir ?

**L'Étang Moderne :** *10, rue de l'Étang. ☎ 02-97-43-51-33. 06-12-26-71-70. • octave.cat@wanadoo.fr • letangmoderne.com • Double 60 €.* Cette ancienne école paroissiale abrite un lieu on ne peut plus atypique. Parce que c'est aussi (et surtout !) une salle de concert avec une programmation éclectique et régulière, y compris hors saison (saluons au passage cette initiative !). L'étage pouvant accueillir 14 personnes (6 jolies chambres colorées avec salles de bains communes et cuisine à disposition) héberge les touristes de passage quand il n'y a pas d'artistes en résidence ou en concert. Pas de nuisances sonores à craindre, donc !

**Les Locations du Puits :** *12, chemin des Douves. ☎ 02-97-43-30-43. • francois.pinat@gmail.com • chambresetgites.fr • Juil-août, seulement à la sem, 280 € pour 2 ; sinon, 70 €/nuit pour 2, petit déj inclus.* Au cœur de la vieille ville mais au calme, dans une ruelle charmante et peu fréquentée. 2 studios confortables dans une petite maison : un au rez-de-chaussée et un sous le toit, plus lumineux. Derrière le Velux de ce dernier, on découvre une jolie petite vue fleurie. Entrée indépendante. Chaque studio est prévu pour 2 personnes et possède douche, w-c, coin cuisine, lave-linge et TV. Un jardin à dispo sépare les studios de la *Crêperie du Puits,* qui appartient aux mêmes propriétaires. Louent également 2 belles maisons, dans un parc verdoyant, à la sortie de Rochefort. Super pour les familles.

**Le Pélican :** *pl. des Halles. ☎ 02-97-43-38-48. • le.pelican@wanadoo.fr • hotel-pelican-rochefort.com • Tlj sauf dim soir-lun. Double en ½ pens 156 €. Menus midi 16,50 € (en sem), puis 19-39 €.* Petit hôtel craquant, idéalement placé au cœur de la cité de caractère. Adresse authentique qui excelle par son bon rapport qualité-prix. 6 chambres coquettes (la n° 1, avec son mobilier breton, est la plus grande), pimpantes et fraîches, dont certaines s'ouvrent sur la belle place des Halles. Dans la salle à manger aux belles poutres, près de la grande cheminée, le « merroir » de Bretagne se mêle au terroir et se fait gourmand. Très bon accueil.

## Où manger ? Où boire un verre ? Où écouter de la musique ?

**Le Café Breton :** *8, rue du Porche. ☎ 02-97-43-36-94. 07-86-03-76-53. • latourdulion@hotmail.fr • Dans la rue principale. Tlj (sauf le soir hors saison). Congés : de janv à mi-fév et 1re quinzaine de nov. Menus 15-20 €. Propose également 5 chambres d'hôtes 100-150 €.* Le café, qui existe depuis 1818, avait été aménagé par M. Klots, peintre américain qui possédait le château et cette maison. Même si l'ambiance n'est plus ce qu'elle était, c'est aujourd'hui une honnête crêperie. Mais on peut toujours y boire un verre, et le décor néo-breton mérite assurément le coup d'œil. Miniterrasse surplombant la rue. Bon rapport qualité-prix-accueil, mais service parfois un peu longuet. De l'autre côté, la *Tour du Lion* au style bistrotier appartient aux mêmes propriétaires.

**Voyage Gaufré :** *5, rue Candre. ☎ 09-50-44-96-58. Tlj sauf jeu, plus mer hors saison. Congés : janv. ♿ Carte env 14 €. Apéritif maison offert sur présentation de ce guide.* Marre des crêpes ? Ce petit resto au décor moderne et doté d'une poignée de tables en terrasse propose des spécialités de gaufres, salées et sucrées. Les salées, subtil mélange de sarrasin et de froment, sont très digestes et proposées sous forme de tartines. Bien que pas très copieuses, elles sont surmontées de délicieuses préparations maison avec produits locaux (ratatouille, salade, saumon-crème ciboulette). Les sucrées sont régressives à souhait. On en redemande !

**Le Pélican :** voir « Où dormir ? ».

**Le Café de la Pente :** *9, rue du Vieux-Bourg. ☎ 02-97-43-40-11. • lecafedelapente@gmail.com • lepotcommun.com • Dans une rue (en pente !) en contrebas du bourg ; fléché depuis la rue principale. Tlj sauf lun-mer, à partir de 18h.* Un de ces lieux autres dont Rochefort semble cultiver le secret. Un café-concert associatif (voire alternatif) où l'entrée aux concerts est laissée à votre entière générosité et où l'on ne vous regardera pas de travers si vous filez un coup de main pour débarrasser les tables. Musique (dont les apéros-concerts du jeudi en été sur la chouette terrasse-jardin), expos, théâtre, cinéma (voire concours de palet breton)... il s'y passe toujours, ou presque, quelque chose. Ambiance évidemment très (très) cool.

**L'Étang Moderne :** voir « Où dormir ? ». Bar dans le jardin ouvert les soirs de concert.

## Où dormir ? Où manger dans les environs ?

**L'Auberge Saint-Hernin :** *3, pl. du Puits, 56220 **Pluherlin.** ☎ 02-97-43-34-33. • auberge.sainthernin@orange.fr • auberge-sainthernin.fr • ♿ À 2 km à l'ouest de Rochefort. Resto tlj sauf dim soir-lun (plus sam midi hors saison). Double 72 € ; familiales. Menu déj 11,50 €. Café offert sur présentation de ce guide.* Sous la protection de saint Hernin, une belle maison de caractère en pierre de pays. Chambres mignonnes comme tout, rénovées de fraîche date et confortables. Longue salle à manger de poutres et de pierres sèches pour partager une savoureuse et copieuse cuisine maison, avec une nette prédilection pour les charcuteries. Accueil charmant, attentionné et souriant. Piscine chauffée *(mai-sept).* Une adresse familiale et sans chichis, qu'on aime vraiment beaucoup.

**Chambres d'hôtes Aux Agapanthes :** *le Moulin à Vent, lieu-dit*

*Caringay, 56220 Pluherlin. 📱 06-84-10-01-45. • contact@aux-agapanthes.com • Doubles 60-75 € ; familiales. Apéritif maison offert sur présentation de ce guide.* Les propriétaires, d'anciens crêpiers de Sarzeau, ont souhaité lever le pied et s'offrir une vie au vert dans cette adorable maison d'hôtes en pleine campagne. 3 chambres dont une en rez-de-jardin dans un style champêtre chic, une belle piscine chauffée, des petits déj gourmands et un accueil des plus chaleureux. Un bon cocktail pour une pause au vert !

## À voir. À faire

**Le château :** c'est en fait, aujourd'hui, les anciens communs du XVII^e s, transformés en manoir grâce à de nombreuses pièces d'architecture provenant du château de Keralio, près de Muzillac. Vue splendide sur les Grées depuis l'arrière. Une partie des bâtiments abrite le ***Naïa Museum*** *(☎ 02-97-40-12-35 ; • naiamuseum@gmail.com • naiamuseum.com • ; vac et j. fériés, tlj ; le reste de l'année, fermé lun ; horaires variables à voir sur le site ; entrée : 6 €, réduc, gratuit moins de 11 ans),* surprenant endroit dédié aux Arts de l'imaginaire où sont présentées des œuvres diverses (sculptures, illustrations, vidéo...) aux frontières du fantastique ou de la science-fiction.

***L'église Notre-Dame-de-la-Tronchaye :*** *au débouché de la ruelle du Four-à-Ban qui part de la Grande-Rue.* La tradition populaire veut qu'au IX^e ou au X^e s, au moment des invasions normandes, un prêtre ait caché dans un tronc d'arbre creux, afin de la soustraire aux pillages, une statue de bois représentant la Vierge allaitant son enfant. 2 siècles plus tard, une bergère aurait retrouvé cette statue dans ce même tronc. Il fut alors décidé de construire une église à cet emplacement (ce que raconte l'un des beaux vitraux de l'église). Le clocher carré remonterait au XII^e s, mais l'ensemble date des XVI^e et XVII^e s. ***Belle façade à pignons, percée de fenêtres flamboyantes.*** Aux angles du clocher, 4 figures de bœufs. À l'intérieur, ce qui frappe, ce sont les piliers penchés, en raison de différents glissements de terrain. Pour éviter que l'église ne s'effondre, des contreforts furent d'ailleurs construits. Sablières ornées de faces grimaçantes. Au fond, ***superbe tribune en bois finement sculpté,*** provenant de l'ancien jubé. Dans le chœur, stalles du XVI^e s en chêne massif, et dans l'arrière-chœur, retable Renaissance baroque de 1610 en tuffeau polychrome. Mais il faut surtout remarquer, sur la gauche de la chaire, une ***étonnante sculpture macabre en bois.*** On y voit 2 crânes, des fragments de fémurs et de tibias... Il s'agit d'un *memento mori* destiné à effrayer le bon peuple en lui rappelant l'éphémère de la condition humaine. Sur le parvis se dresse un très beau calvaire, spécimen des « croix-panneaux » que l'on trouve dans cette région. Les 3 étages de sculptures racontent la Passion. C'est là que se trouvait le cimetière de Rochefort jusqu'au milieu du XIX^e s.

***Les maisons anciennes :*** pour la plupart, c'étaient les hôtels particuliers des administrateurs seigneuriaux (sénéchal, greffier, notaire...). Belles façades de granit, ponctuées de tourelles d'angle, dont les pierres de taille semblent exulter de magnificence florale. Une balance signale la porte d'entrée de l'ancien tribunal (place du Puits). Ne manquez pas *Le Café Breton* (rue du Porche), l'une des plus belles maisons et des plus anciennes (1550), et descendez dans la partie basse du bourg, qui comblera les amateurs de belles pierres.

## Manifestations

– ***Festivités :*** *tt au long de l'année. Rens auprès de l'office de tourisme (ou sur leur site internet).* Fête médiévale *(w-e du 15 août).* Ne pas manquer non plus les illuminations féeriques dans tout le village *(dernier w-e de nov-vac de Noël, tlj 17h30-22h).*

## DANS LES ENVIRONS DE ROCHEFORT-EN-TERRE

**L'étang du Moulin-Neuf :** *à 1 km à la sortie de la ville, direction Péaule/Limerzel.* Sur la droite, on aperçoit l'étang. Balade familiale agréable. Baignade en été. Activités nautiques (canoë, paddle...), vélo, kart, accrobranche à la base de loisirs Moulin Neuf Aventure, ouverte tous les jours en été plus les week-ends de mi-avril à mi-septembre. Découvrez aussi tous les jours sur résa l'*escape game* « L'affaire Penn-Dall ».

**Le parc de Préhistoire :** *56220* ***Malansac.*** *☎ 02-97-43-34-17. ● prehistoire.com ● Juil-août, tlj 10h-19h30 ; avr-juin, tlj 11h-19h ; sept, tlj sauf lun 13h-19h ; oct, w-e 13h-18h (tlj pdt vac scol de la Toussaint). Fermeture des caisses 2h avt. Entrée : 15 € ; réduc ; gratuit moins de 4 ans. Compter env 2h de visite libre.* Dans d'anciennes carrières d'ardoise et de schiste maintenant boisées ou remplies d'eau, bordées de falaises, on se promène entre les dinosaures et les hommes de Cro-Magnon en matériaux composites. Promenade globalement agréable, même si l'ensemble vieillit et que tous les modelages ne sont pas toujours saisissants de réalisme.

**Tropical Parc :** *Laugarel, 56220* ***Saint-Jacut-les-Pins.*** *☎ 02-99-71-91-98. ● tropical-parc.com ● Avr-sept, tlj 10h (14h en sept)-19h ; oct, seulement w-e 14h-18h (tlj pdt vac scol de la Toussaint). Entrée : 16,50 € ; 11,50 € 4-10 ans.* Plantes arborescentes, cahutes, musiques du monde et animaux en tout genre recréent, sur un parc de 5 ha, des univers exotiques des 4 coins du monde (jardins mexicain, africain, australien, indonésien, chinois, etc.) ; on remonte même au temps des dinosaures avec le jardin jurassique ! Également un grand spectacle de perroquets (à 15h30). Familial.

# BROCÉLIANDE

**Un pays attachant pour qui voudrait vivre des moments forts avec la nature, l'histoire et l'imaginaire. Les chemins de halage vous mèneront d'écluse en écluse, le long du canal de Nantes à Brest, tandis qu'à Tréhorenteuc s'ouvrent les portes de la forêt de Brocéliande. À Josselin, l'imposant château des Rohan en dit long sur cette terre de caractère et de résistance. La campagne est truffée de manoirs privés (visibles de la route), de chapelles (Saint-Mélec, Saint-Gobrien, Saint-Maudé...) ou de châteaux plus étonnants les uns que les autres, noyés dans la verdure. Un pays méconnu, qui ne demande qu'à être exploré.**

– ***Destination Brocéliande :*** *☎ 02-97-73-33-34. ● broceliande-vacances.com ●*

## LA GACILLY [GAZILIEG] (56200) 3 975 hab. *Carte Morbihan, D3*

**La Gacilly, dont le nom viendrait de *Gasselet* (marécage), est le fief d'Yves Rocher (ancien maire du village ; la maison de cosmétiques qui porte son nom est le plus gros employeur du canton, avec plus d'un millier de personnes). Il y a développé une grande partie de son activité liée aux**

### LA BRETAGNE QUI GAGNE !

*Yves Rocher était, à l'origine, un modeste chapelier. Il souffrait d'hémorroïdes. Une vieille paysanne le soignait grâce à une mixture composée de saindoux et d'une plante, la ficaire. Il lui racheta sa recette qui sera à l'origine d'un empire de la cosmétique, fondé sur les plantes.*

**plantes et à la nature. C'est d'ailleurs ici que tout a commencé pour lui dans les années 1950, et la toute nouvelle Maison Yves Rocher retrace cette aventure. Depuis, la ville a pris de l'essor, et de nombreux artisans d'art sont venus s'y installer dans une trentaine d'ateliers et de galeries, ouverts toute l'année.**

## Adresse utile

***Office de tourisme de l'Oust à Brocéliande Communauté :*** ***bureau de La Gacilly,*** *Le Bout-du-Pont. ☎ 02-99-08-21-75. • broceliande-vacances.com • Près du pont et des eaux de l'Aff. Juin-sept, tlj 10h30-18h ; le reste de l'année, téléphoner.*

***Location de vélos électriques :*** ***Bretagne Bateaux Bois,*** *pont de Saint-Congard, 56200* ***Saint-Martin-sur-Oust.*** *☎ 02-99-91-50-55. 06-09-79-27-61.*



## Où dormir ? Où manger à La Gacilly et dans les environs ?

### Camping

***Camping Rives Nature :*** *Le Clos Sérot, route de La Gacilly, 35550* ***Sixt-sur-Aff.*** *☎ 02-99-08-10-59. • contact@rives-nature.com • rives-nature.com • À moins de 1 km du centre. Ouv avr-fin oct (pour empl.) et tte l'année pour les loc. Forfaits tente 13-24 € ; loc à la nuitée 50-143 €. Petit déj 8 €.* Un paradis zen et un camping qui se veut résolument différent. Quelques emplacements pour les tentes, les caravanes et les camping-cars, et des locations insolites, tout charme et tout confort : tentes *lodges,* roulottes et cottages design. Ici, le calme est de rigueur afin de communier au plus près avec la nature (pas de voitures sur le terrain)... *No stress !*

### Chambres d'hôtes

***Chambres d'hôtes du Clos du Tay :*** ***Le Tay.*** *☎ 02-99-08-04-25. • d.ledouaron@orange.fr • closdutay.com • À 1,6 km du centre-ville. Congés : nov. Double 72 € ; familiales. Table d'hôtes sur résa 22 €. 10 % de réduc sur le prix de la chambre dès la 2e nuit ou un pot de confiture maison sur présentation de ce guide.* Un manoir des Templiers de 1527 (voyez l'écusson au-dessus de la cheminée), joliment restauré, un jardin (primé pour son fleurissement) et une campagne souriante tout autour. Chambres élégantes. Quelques animaux qui amuseront les hôtes, dont des ânes robustes pour partir en balade 1h ou une journée. Repas original et de grande qualité, à base de produits frais et locaux : madame est une passionnée de cuisine, monsieur concocte de la liqueur à base de fruits du jardin. Devinerez-vous de quoi se compose le petit cocktail de bienvenue ?... Accueil d'une grande gentillesse. Gîte labellisé « Tourisme et Handicap », et « Tourisme durable ».

***Chambres d'hôtes du Manoir de la Pommery :*** *35550* ***Sixt-sur-Aff.*** *☎ 02-99-70-07-40. • infos@manoir-pommery.com • manoir-pommery.com • À 7 km à l'est de La Gacilly, en Ille-et-Vilaine. Congés : janv-fév et 2 sem en juil. Double 83 €. Repas sur résa 25 €.* Joli domaine arboré avec son manoir du XVIe s, bien au calme. Plusieurs chambres à l'étage, aménagées avec goût, dont la « Jaune », notre préférée, avec une vue sur les pommiers. Superbe salle de petit déj, dotée d'une grande cheminée. On se prendrait presque pour le seigneur des lieux. Accueil adorable.

***Chambres d'hôtes Popote et Polochon :*** *4, av. de la Libération, 56200* ***Saint-Martin-sur-Oust.*** *☎ 02-99-91-52-51. • popote-et-polochon@orange.fr • popote-et-polochon.com • Doubles 78-92 €. Table d'hôtes sur résa.* L'ancienne école des garçons abrite des chambres à la déco moderne et personnalisée, et une grande salle à manger-cuisine donnant directement sur la piscine. Étonnant. Une adresse très fréquentée par les cyclistes au cours de leur remontée du canal de Nantes à Brest.

## De bon marché à prix moyens

**Crêperie La Mauvaise Graine :** *16, rue Lafayette, à La Gacilly. ☎ 02-99-08-57-83. 06-78-57-04-01. Dans une rue piétonne proche de l'office de tourisme. • sylvainb0903@orange.fr • Tlj sauf dim soir-lun et ven soir hors saison. Carte env 11 €.* Halte réputée, pour se faire plaisir, le temps d'une galette à *La Mauvaise Graine* (en référence au sarrasin, cette graine rapportée des croisades par erreur). On s'installe dans la coquette salle ou en terrasse sous le tilleul pour déguster de bonnes galettes bien servies et croustillantes. Plusieurs garnitures en provenance des fermes voisines. Accueil gentil comme tout.

**Végétarium Restaurant :** *Le Bout-du-Pont ; dans la* Maison Yves Rocher. *☎ 02-99-08-37-37. Juin-fin sept, tlj 10h-19h, plus le soir jeu-sam ; oct-mai, mar-dim 10h-18h, plus sam soir ; pdt vac scol, tlj. Fermé 25 déc. Formules et menus 24-29 € ; jeu soir en été, apéro-concert à partir de 13,90 €.* Une salle contemporaine et zen ouvrant sur un patio fleuri et une vaste terrasse, l'occasion de goûter en toute simplicité à la délicieuse cuisine de produits de saison. Des animations musicales et culturelles y sont organisées toute l'année avec des conférences en rapport avec la philosophie et les valeurs de la maison (nature, beauté, bien-être et art).

## Spécial coup de cœur

**La Grée des Landes – Éco Hôtel Spa Yves-Rocher :** *Les Tablettes, 56200* **Cournon.** *☎ 02-99-08-50-50. • resa.hotel@yrnet.com • lagreedeslandes.com • Congés : 1 sem début janv. Doubles 165-250 € ; cabane (oct-mai) et suite familiale 200-350 €. Voir les différents forfaits sur leur site. Menus 44-75 €. Café ou apéritif maison offert sur présentation de ce guide.* Les 10 ha de prairies fleuries, la réserve de papillons et le site-refuge de la LPO donnent la note colorée et bio de ce concept nature/écologie, bien dans l'esprit de la *Maison Yves Rocher.* Un exemple unique de développement durable en matière d'écoconception, de matériaux, de gestion d'énergie... mais surtout d'intégration dans un environnement naturel : les toitures des 29 chambres (étagées dans la pente de la colline) sont végétalisées pour assurer une isolation impeccable, les eaux du spa sont recyclées... Chaque chambre – d'un confort absolu et cocoon – possède sa terrasse, sa literie et son linge en coton bio... Spas, piscine à débordement (quelle vue sur la vallée !), soins (*Yves Rocher,* évidemment ; certains dispensés dans une cabine perchée dans les arbres !) complètent le plaisir absolu des lieux. Jardin avec magnifique potager bio (on peut y apercevoir parfois un chevreuil qui broute les tendres pousses...) ! Lounge bar avec produits bio... et 1er whisky breton bio !

# À voir. À faire

**La Maison Yves Rocher :** *Le Moulin, Le Bout-du-Pont. ☎ 02-99-08-37-36. • maisonyvesrocher.fr • Mai-sept : tlj 10h-19h ; fermé le lun mat. Oct-mai : mar-dim 10h-18h, pas de séance entre 12h et 14h. Entrée à partir de 7,50 € ; réduc ; gratuit moins de 7 ans. Durée de visite : 45 mn, départ ttes les 15 mn. Résa conseillée.* La *Maison Yves Rocher,* entièrement dévolue à la marque, regroupe 3 entités : le ***restaurant*** (voir plus haut « Où dormir ? Où manger... ? »), l'espace ***boutique et institut*** conçu pour découvrir les bienfaits de la cosmétique végétale (soins flash, conseils, *nail bar*...), et une ***scénographie*** qui retrace, en 5 mises en scène originales et sur plusieurs niveaux, l'aventure d'Yves Rocher et nous immerge dans les coulisses de la cosmétique végétale. De la vision d'Yves Rocher et sa volonté de créer des produits de beauté accessibles à toutes les femmes au grenier où tout a commencé, en passant par cette salle au décor si poétique mettant en scène, en musique, le pouvoir des végétaux, on se laisse embarquer dans ce parcours à la fois onirique et sensoriel. Très innovant.

**Balade dans la ville :** on préférera la fin du printemps pour se promener le long des venelles et de la ***rue Saint-Vincent,*** avec les fleurs et les photos exposées sur les façades dans le cadre du festival. Maisons anciennes, ateliers d'artisans (suivre le parcours remis à l'office de tourisme), petits passages... Promenade bien agréable. Ne pas manquer la ***venelle de Linoue*** (face à l'office de tourisme), joliment chargée en fleurs.

**Le Jardin botanique :** *accès libre (se renseigner sur les animations en été).* ☎ *02-99-08-37-36.* La visite se déroule au sein d'une bambouseraie et d'un joli jardin avec plus de 1 500 espèces de plantes utiles à l'homme, classées par catégories (médicinales, aromatiques, comestibles...), dont certaines sont utilisées pour leurs propriétés cosmétiques dans les produits Yves Rocher. Le jardin est aussi un conservatoire pour les plantes en voie de disparition. Juste à côté, voir aussi l'arboretum avec un arbre par pays où la marque est implantée, soit environ 80 pays !



## Fêtes et manifestation à La Gacilly et dans les environs

– **Festival En bas de chez vous :** *fin mai, à* ***La Gacilly.*** • *festival-en-bas-de-chez-vous.com* • Spectacles d'arts de rue.
– **Fête des Fleurs :** *1er w-e de juin, à La Gacilly.*
– **Festival Photo Peuples et Nature :** *juin-fin sept, à* ***La Gacilly.*** • *festivalphoto-lagacilly.com* • Expo *(gratuite)* qui se revendique le plus grand festival photo en plein air de France et qui draine des centaines de milliers de visiteurs dans les rues, jardins et sites.
– **Fête des Arts et Vieux Métiers :** *1er dim d'août, à* ***Saint-Martin-sur-Oust.*** Le parc du château de La Luardaye rassemble les vieux métiers d'autrefois : lavandières, démonstration de battage au fléau ou de fabrication du beurre... Musique, danses, etc.
– **Fête de la Soupe :** *dernier dim de nov, à* ***La Gacilly.*** *Rens à l'office de tourisme.* Animation de rue durant laquelle de nombreux participants sont invités à confectionner une soupe que le public goûte et note. Celle ou celui qui obtient la meilleure note reçoit la soupière d'or.

## DANS LES ENVIRONS DE LA GACILLY

**La Ferme du Monde, parc animalier :** *Le Bois-Brassu, 56910* ***Carentoir.*** ☎ *02-99-93-70-70.* • *sgeta@wanadoo.fr* • *lafermedumonde.com* • *À 6 km au nord de La Gacilly. Avr-sept, tlj 10h-18h (19h juil-août) ; oct-nov, seulement mer, w-e et j. fériés 10h-18h, tlj pdt vac de la Toussaint ; fermeture du guichet 1h30 avt. Tarif : 9,50 € ; réduc ; gratuit moins de 4 ans.* Une sortie familiale classique pour ce parc où sont rassemblés des animaux d'élevage des 5 continents. Des bébêtes bien de chez nous, ânes et compagnie, et aussi des lamas et des dromadaires. Vos enfants pourront nourrir les animaux du « parc de contact ». Balade à pied, en pédal'kart ou en petit train *(visite commentée 2,50 €).* Spectacles et animations, comme la Fête bretonne, en été, ainsi que des ateliers dominicaux en présence de bénévoles qui viennent partager leur savoir-faire en matière d'ardoise, d'osier, de tir à l'arc, de tonte des moutons, etc. Mais aussi foire aux animaux en septembre, vide-greniers en octobre... Espace pique-nique abrité et couvert. Saluons, au passage, le fait que le site soit géré par une ESAT, à savoir une entreprise de travail adapté aux handicapés, et qu'elle organise chaque année, le dernier week-end de juin, un festival *Handistars* (chanson, conte, théâtre...). À noter aussi qu'on trouve à la boutique la confiture de lait du *Bois Jumel,* produite à Carentoir.

Petite virée en ***pays de Redon,*** au fil de la Vilaine, de l'Oust et du canal de Nantes à Brest. *Rens à l'office de tourisme de Redon (☎ 02-99-71-06-04 ; • tourisme-pays-redon.com •).*

– Le pittoresque ***port de Foleux,*** à ***Béganne,*** et la bucolique halte nautique de Rieux, au bord de la Vilaine, pour découvrir la beauté et la douceur des paysages de la vallée de la Vilaine.

– Le superbe ***site de l'île aux Pies sur le canal de Nantes à Brest*** : *à 10 km au sud de La Gacilly direction Glénac, près de* ***Saint-Vincent-sur-Oust*** *(indiqué).* Permet pêle-mêle randonnées, varappe ou belles balades sur les canaux. On peut également y observer les oiseaux sauvages (panneaux explicatifs), se promener le long du chemin de halage sur les 2 rives... Jolie vue et beaux paysages. Pousser jusqu'au ***Pont-d'Oust à Peillac*** avec sa halte nautique et sa piscine au bord du canal.

– ***Location de canoës et de kayaks sur place :*** ***Canoë Lilopi,*** *☎ 02-99-91-21-15. 📱 06-22-59-30-05. • canoe-lilopi.fr •*

– ***Saint-Jean-la-Poterie :*** un centre d'art de céramique, lieux d'exposition et lieu d'atelier pour s'initier à la poterie ou à la peinture sur faïence pour varier les plaisirs !

MORBIHAN

## MALESTROIT [malastred]

(56140) 2 500 hab. *Carte Morbihan, C2*

**Avec son patrimoine parfaitement conservé, ses ponts, son île, son canal de Nantes à Brest et sa rivière de l'Oust, la petite ville de Malestroit (prononcez « Malétroit ») regorge de charme. La richesse passée de cette « Petite Cité de caractère » se lit sur chacune des nobles demeures, de style gothique ou Renaissance, les unes en bois à pignons et étages en encorbellement, les autres en pierre avec lucarnes et gargouilles sculptées. Un régal pour les yeux !**
**Malestroit baigne par ailleurs dans la spiritualité. Il y eut jusqu'à 3 couvents : des Augustines, des Ursulines et de la Sagesse. Le 1er abrite maintenant une clinique (toujours gérée par les Augustines), où s'illustra pendant la 2de Guerre mondiale la révérende mère Yvonne Aimée de Jésus, à qui le général de Gaulle remit la Légion d'honneur le 22 juillet 1945 pour hauts faits de résistance.**

### MORT POUR L'EXEMPLE

*Les Parisiens connaissent la station de métro et la place du 10e arrondissement Bonsergent. Mais savent-ils qu'elles sont nommées d'après Jacques Bonsergent, né et enterré à Malestroit ? Triste célébrité. Cet ingénieur des Arts et Métiers fut le 1er Français exécuté par les Allemands lors de la 2de Guerre mondiale, le 23 décembre 1940. Entraîné dans une bousculade à Paris, il était innocent mais ne dénonça pas ses camarades. Il fut condamné « pour faire un exemple ».*

### Adresses et info utiles

ℹ ***Office de tourisme :*** *6, pl. du Bouffay. ☎ 02-99-08-21-75. • broceliande-vacances.com • En saison, tlj 10h-12h30, 14h-18h (15h le dim* *juin-sept) ; hors saison, horaires plus restreints.* Plan-balade à travers la ville.

■ **Location de vélos :** *au* ***camping municipal de Sérent*** *(☎ 02-97-75-91-98) et* ***Cy'glon*** *à* ***Saint-Congard*** *(☎ 02-97-60-62-28).*

– **Marchés :** *jeu mat sur la place et* ***petit marché*** *sam mat.*

## Où dormir ? Où manger ?

**Camping Domaine « Les Rives de l'Oust » :** *chemin des Tanneurs. ☎ 02-97-75-13-33. 06-83-69-88-17. • campingdemalestroit@orange.fr • campingmalestroit.com • Avr-sept. Forfaits tente en haute saison à partir de 11 €. 100 empl.* Pas très cher pour séjourner au vert, à l'ombre de grands arbres. Aire de service pour les camping-cars.

**Hôtel Le Cap Horn :** *1, fg Saint-Michel. ☎ 02-97-75-13-01. 06-88-17-72-33. • contact@hotel-malestroit.com • hotel-malestroit.com • Dans le centre, face à la clinique des Augustines. Double 53 €. Un petit déj/pers par nuit offert sur présentation de ce guide.* Pourquoi faire compliqué quand on peut faire simple ? Le grand large sert de cap à la déco de cet établissement modeste et accueillant. À l'arrière du bar, le long de couloirs agencés comme des coursives, des chambres confortables, plus larges que des cabines de paquebot et dotées de salles d'eau. Local à vélos. Un port d'attache providentiel pour les petits budgets.

**Crêperie Maël Trech :** *13, pl. du Bouffay. ☎ 02-97-75-17-72. 06-99-49-06-86. • valy.launay@laposte.net • maeltrech.fr • Face à l'église. Tlj sauf mar soir-mer hors saison. Résa conseillée. Repas 14,50-16 €.* Cidre artisanal, chouchen, farine locale, charcuterie du coin et toute la Bretagne dans votre assiette. Bonnes spécialités de galettes, à goûter sur une agréable terrasse face à la superbe église.

## Où dormir ? Où manger dans les environs ?

**Camping Domaine du Roc :** *rue Beaurivage,* ***Le Roc-Saint-André,*** *56460 Val-d'Oust. ☎ 02-97-74-91-07. 06-48-07-68-05. • domaine-du-roc@orange.fr • domaine-du-roc.fr • À l'entrée du village. Ouv 1er avr-1er nov. Forfait tente env 14 € ; locatifs 220-680 €/sem. 55 empl.* Un camping familial idéalement situé au bord du canal de Nantes à Brest, et proposant toutes sortes d'activités (piscine couverte et chauffée, parcours acrobatique, location de vélos, bateaux sans permis, kayak...). Il dispose surtout d'un choix d'hébergements insolites... vraiment insolites ! Cabanes perchées, caravanes de collection (de 1930 à 1960 !) et des « baricanes », à savoir des cabanes aménagées dans des barriques géantes.

**Gîte Les Laurentides :** *rue Greneuc, 56140* ***Saint-Laurent-sur-Oust.*** *06-77-85-10-06 ou 06-87-50-87-10. • gitesleslaurentides@gmail.com • leslaurentides.fr • Tte l'année. Nuitée 23-25 €/pers (sans draps). Doubles 23-25 € ; familiales. Menu déj 10,50 €. Carte env 14,50 €. Café offert sur présentation de ce guide.* Gîte parfaitement aménagé dans une très belle demeure ancienne. Capacité de 50 couchages avec des chambres pour 2 à 5 personnes. Idéal pour les aventuriers de la nature, à pied, en barque ou à vélo.

**Hôtel-restaurant Le Petit Kériquel :** *1, pl. de l'Église,* ***La Chapelle-Caro,*** *56460 Val-d'Oust. ☎ 02-97-74-82-44. 06-87-08-96-23. • contact@lepetitkeriquel.com • keriquel.com • Resto fermé dim soir et mer. Congés : 3 sem en oct. Doubles 70-85 € ; familiales. Menus 16,90 € (midi en sem), puis 21,80-35 €. Apéritif maison offert sur présentation de ce guide.* Heureuse transformation d'un hôtel de village en une pétulante maison de famille, avec des chambres toniques, tout confort, où il fait bon poser ses bagages. Petit jardin idéal pour le petit déj. Restaurant de terroir labellisé, aux plats « vrais », avec des produits élaborés maison et au maximum bio. Accueil jovial et relax.

**Le Moulin de la Béraudaie :** *56140 **Bohal.** ☎ 02-97-73-78-92. 06-60-61-14-82. • thiclo2@wanadoo.fr • moulindelaberaudaie.com • Doubles 72-85 € ; familiale. Table d'hôtes 25 €. Apéritif maison offert sur présentation de ce guide.* Une halte spéciale déconnexion dans un lieu à part, bucolique à souhait, un ancien moulin à eau rénové au bord de son bief, un bras de la Claie. Les abords sont fleuris, les chambres parfaites, les hôtes toujours à l'écoute et les repas de monsieur, cuisinier de son état, juste comme il faut. Un de ces secrets dont regorge la région que l'on dévoile du bout des lèvres.



## À voir

***Autour de la place du Bouffay : rues au Froment*** et ***aux Anglais,*** vieilles maisons du XVI^e s. ***Place du Bouffay,*** maisons datant de 1640 et 1646 ; plus vieille encore, la ***maison de la Truie-qui-File,*** aux surprenantes sculptures : une truie file sa quenouille, un lièvre joue de la veuze et un homme bat sa femme ! En été, la place du Bouffay devient entièrement piétonne de 10h à 1h du matin.

***L'église Saint-Gilles :*** *pl. du Bouffay.* Construite au début du XII^e s sur une fontaine sacrée, toujours présente, elle fut incendiée par les ligueurs en 1592. Lors de sa reconstruction, elle fut doublée d'une 2^de nef. Plusieurs fragments de vitraux du XVI^e s garnissent les fenêtres ; l'un d'eux retrace la légende de saint Gilles et du péché de Charlemagne. Des peintures murales exceptionnelles ont été découvertes en 2011 sur la voûte à croisée du transept, lors d'une restauration. Les motifs orientaux (dont un éléphant de combat) datent probablement des croisades ! Autre curiosité : une chaire sans escalier ! Le portail nord de la façade occidentale présente une décoration flamboyante et riche. Celui de la longère méridionale est orné de sculptures symboliques très expressives.

***Les vestiges de l'église de La Madeleine :*** *de l'autre côté de la ville, après avoir passé l'île Notre-Dame depuis le centre.* Agréable petite balade. L'église fut construite au XII^e s, ses vestiges sont très émouvants. C'est là, en 1343, que fut signée la trêve de Malestroit pendant la guerre de Cent Ans. En 1795, une poignée de chouans y furent massacrés par des républicains. Les pans de murs restants sont désormais presque noyés dans la verdure. La nature reprend tendrement ses droits sur la pierre. Belle lumière le soir.

## À faire

Malestroit, c'est le royaume du ***canoë-kayak.*** On y pagaie à sa guise en rivière ou plus tranquillement sur le canal de Nantes à Brest *(rens à la **base nautique,** à côté du camping : ☎ 02-97-75-29-86 ; loc tlj 10h-19h en juil-août, et en réservant par tél le reste de l'année).* Stages, encadrement, location à l'heure ou à la journée. Prix raisonnables. L'Oust n'est pas en reste grâce à ***Phil Escape,*** en barque ou en embarcation à pédales.

C'est aussi la porte d'accès à la ***voie verte*** : 30 circuits à pied ou à vélo avec des fiches descriptives (dans les offices de tourisme ou à télécharger gratuitement sur *• broceliande-vacances.com •*). Cette ancienne voie de chemin de fer reliant Questembert à Médréac, longue de 87 km, passe entre autres par Malestroit, Saint-Marcel, Val-d'Oust (Le Roc-Saint-André) et La Chapelle-Caro. Location de VTT (voir « Adresses et info utiles »). On conseille de partir par le canal de Nantes à Brest et de revenir par la voie verte pour éviter la côte et faire un joli circuit.

## Fête et manifestations à Malestroit et dans les environs

– ***Les Vendredis du canal :*** *concerts ven soir fin juin-fin août, pl. du Bouffay, à* ***Malestroit,*** *en plein centre. ☎ 02-99-08-21-75 (office de tourisme). GRATUIT.* Styles très variés.
– ***Le Pont du Rock :*** *dernier w-e de juil, à* ***Malestroit.*** *• aupontdurock.com •* Grosse affiche, avec des groupes de rock connus ou en devenir, qui font gigoter la jeunesse bretonne. Le tout au prix d'un seul concert.
– ***Fête des Jumeaux :*** *14 et 15 août, à* ***Pleucadeuc.*** Renommée, une fête où l'on voit tout en double !



## DANS LES ENVIRONS DE MALESTROIT

***Le musée de la Résistance bretonne :*** *Les Hardys-Béhélec, 56460* ***Saint-Marcel.*** *☎ 02-97-75-16-90. • resistance-bretonne.com • À 3 km à l'ouest de Malestroit.* ***Fermé pour travaux ; réouverture en principe à l'été 2021.*** Petit village détruit durant la 2de Guerre mondiale, Saint-Marcel fut le théâtre d'âpres combats entre forces alliées et soldats allemands autour du « maquis de la Nouette ». Ce musée présentera à sa réouverture la vie et l'engagement des résistants bretons durant cette période au moyen de nombreux objets, documents et reconstitutions.

Par la petite route de Sérent, à 1 km du musée, une imposante ***colonne*** marque le souvenir de la bataille du 18 juin 1944 qui fit 560 morts chez l'ennemi et 42 dans le camp des résistants et des Forces françaises libres (FFL).

***Les tourbières de Kerfontaine :*** *56460* ***Sérent,*** *sur la route vers Malestroit via Saint-Marcel, indiqué sur la gauche (parking). Tte l'année.* Arrêtez-vous pour une balade insolite dans les landes de Lanvaux. Landes tourbeuses, réserve de plantes rares. Ne pas oublier de prévoir, hiver comme été, des bottes pour la visite, car le milieu est plutôt humide.

***L'insectarium :*** *56460* ***Lizio,*** *à la sortie du bourg. ☎ 02-97-74-94-31. 06-67-53-83-94. • contact@insectariumdelizio.fr • insectariumdelizio.fr • Juil-août, tlj 10h-19h (fermé 2e dim d'août) ; avr-juin, 1re quinzaine de sept et vac scol de la Toussaint, tlj 14h-18h ; le reste de l'année, sur résa. Dernière entrée 1h30 avt fermeture du parc. Entrée : 9 € ; 7 € 4-16 ans ; réduc de 10 % sur le prix de l'entrée sur présentation de ce guide. Visite commentée, compter 1h30.* L'heure est venue de partir à la découverte de ces bébêtes fascinantes que l'on croit connaître mais qu'on ose rarement regarder dans les yeux. Mygales velues, mantes cruelles, mille-gambettes interminables... On observe, on touche, on apprend et on s'amuse à débusquer le plus grand prédateur des 1 500 000 espèces de nos amis ! Petit rappel : les araignées ne sont pas des insectes, mais on en voit quand même ici. La visite continue à l'extérieur, près de la mare, du jardin botanique et surtout dans la volière à papillons de 400 m² *(de mi-juin à mi-sept).*

***L'Univers du Poète ferrailleur :*** *à* ***La Ville-Stéphant,*** *56460 Lizio. ☎ 02-97-74-97-94. 06-87-02-62-79. • contact@poeteferrailleur.com • poeteferrailleur.com • À 3 km de Lizio, direction Le Roc-Saint-André ; indiqué. Juil-août, tlj 10h-19h ; tlj de début avr à mi-mai et de mi-oct à début nov, 14h-18h. Entrée : 7,50 € ; réduc ; gratuit moins de 4 ans. Compter env 2h. Restauration sur place, résa bienvenue.* Robert Coudray, sculpteur de mouvements, compose d'originales, drôles et sensibles sculptures animées, aquatiques et musicales, qui forment une « cathédrale éveillée ». Les créations de ce poète, « sculpteur de mouvements » dont 2 films attachants nous restituent les chemins de vie, se meuvent grâce à l'énergie du vent, du soleil et autres procédés mécaniques. Beaucoup d'humour et un esprit toujours rebelle, qui fait merveille. On touche, on écoute, avec toujours ce petit sourire aux lèvres qui fait plaisir et rappelle l'enfance. Entre autres, une horloge à eau, des manèges, une maison écologique et une quinzaine de tours insolites. Mais on en oublie tellement !

***L'écomusée des Vieux Métiers :*** *à 4 km de* ***Lizio*** *(56460), après avoir passé le Poète ferrailleur ; bien indiqué. ☎ 02-97-74-93-01. 06-73-59-66-45. • ecomusee.lizio@wanadoo.fr • ecomuseelizio.com • Juil-août, 10h-12h, 14h-19h ; avr-sept et vac de la Toussaint, tlj 14h-18h. Entrée : 7 € ; réduc ; gratuit moins de 5 ans. Visite « animée » de 2h ou libre.* On en a vu des musées de vieux métiers, mais un comme ça, aussi fourni, c'est rare. Ce qui vaut surtout le détour, c'est la visite guidée d'Alain, pleine d'anecdotes, de bons mots et de blagues en tout genre. Il connaît l'histoire de chaque objet. On passe dans les couloirs labyrinthiques de cette caverne d'Ali Baba d'une classe d'école à un métier à tisser, d'objets religieux à une impressionnante collection de voitures miniatures, du garage années 1950 aux devantures de magasins en provenance du film *Marthe.* Au palmarès de cette machine à mémoire, plus de 150 000 objets exposés, rappelant la vie rurale d'antan et plus de 60 métiers disparus !

MORBIHAN

***Le Roc-Saint-André :*** *56460* ***Val-d'Oust.*** *Sur la D 4 (route de Josselin), à env 10 km au nord de Malestroit.* Entre Lizio et La Chapelle-Caro, un village surtout connu pour sa célèbre brasserie, qui s'est fait remarquer en lançant le *Breizh Cola* ! Point d'accès à la voie verte et au canal de Nantes à Brest qui passe sous le pont du Roc aux 13 arches construit en 1760 par le duc d'Aiguillon.

***La Brasserie Lancelot – site de la Mine d'Or :*** *à proximité du Roc-Saint-André, 56460* ***Val-d'Oust.*** *☎ 02-97-74-74-74. • contact@brasserie-lancelot.com • Visite guidée payante (4 € ; gratuit moins de 18 ans) de la brasserie lun-ven à 15h. Boutique ouv lun-ven 10h-12h30, 13h30-17h.* Située dans les anciens bâtiments du XIXe s d'une mine d'or et d'étain. Allez déguster la *Cervoise* de Bernard Lancelot, apiculteur écologiste, qui se dit descendant des chevaliers de la Table ronde. Il fabrique à nouveau la boisson favorite des Celtes et des Gaulois ; et le breuvage montre un sacré caractère ! Les amateurs de bière découvriront d'autres savoureuses inventions : la *Telenn Du,* exclusivité mondiale à base de sarrasin, moirée et parfumée à souhait, la *Duchesse Anne,* la *Bonnets Rouges* à laquelle les baies de sureau apportent sa couleur insurrectionnelle, la *Lancelot,* blonde pure et racée, ou encore la *Blanche Hermine,* plus grosse vente de *Lancelot...* La brasserie exporte désormais partout en France et dans de nombreux pays d'Europe.

## GUER [ARGWERN] (56380) 6 700 hab. *Carte Morbihan, D2*

**L'École spéciale militaire de Saint-Cyr s'est installée en 1945 sur les landes toutes proches de Coëtquidan, suite à la destruction des bâtiments de l'École de Saint-Cyr, près de Paris, en 1944. Du coup, la ville elle-même ne présente pas d'attrait particulier, mais on est aux portes sud du pays de Brocéliande.**

### Adresse utile

***Bureau d'information touristique :*** *2, pl. de la Gare. ☎ 02-99-08-21-75. • broceliande-vacances.com • Dans l'ancienne gare de Guer. Juil-août, lun-sam 10h-12h30, 14h-18h ; petites vac scol, mar-sam 9h30-12h30, 14h-18h.*

## Où dormir ?
## Où manger à Guer et dans les environs ?

### Camping

⛺ ***Camping d'Aleth :*** *rue de l'Église, 56380* ***Saint-Malo-de-Beignon.*** *📱 06-78-96-10-62. • campingaleth@gmail.com • camping-aleth.com • ♿ Congés : de mi-nov à fin mars. Forfait tente 12,50 € ; locatifs 30-135 €/nuit. 50 empl.* Joli terrain paysager pour les adeptes du camping traditionnel, au bord d'un plan d'eau, avec emplacements spacieux, bien au calme. Quelques chalets, bungalows toilés et cabane en bambou qui ne déparent pas dans ce joli décor naturel. Il y a même des tipis pour les familles et des chariots de western ! Jeux pour enfants. De l'autre côté du lac, base de loisirs.

### Bon marché

***Le Champ Commun :*** *1, rue du Clos-Bily, 56800* ***Augan.*** *☎ 02-97-93-48-51. • contact@lechampcommun.fr • lechampcommun.fr • ♿ Resto le midi mar-ven, le soir ven-sam, fermé dim-lun ; bar fermé dim soir-lun, épicerie fermée jeu et dim ap-m. Gîte de groupe, nuitée 49 € ; familiales. Carte 12-15 €.* Cette coopérative villageoise, animée par des bénévoles, ne manque pas d'idées ! Il y avait déjà l'épicerie bio et locale, la microbrasserie, le bar à concerts... C'est d'une même voix que le gîte a vu le jour. Les chambres sont simples mais lumineuses et agréables dans un style bois et couleurs guillerettes. Et surtout modulables, du minidortoir de 6 en formule AJ aux chambres d'hôtes, doubles ou familiales. Cuisine à dispo, petit déj optionnel et un restaurant pimpant. Quel punch ! Une aventure humaine à partager au plus vite avec ces pionniers autour d'une *Auganaise*, la bière maison.

### De prix moyens à chic

***Auberge des VoyaJoueurs :*** *rue du Chaperon-Rouge, 56380* ***Monteneuf.*** *☎ 02-97-93-22-18. 📱 07-83-79-69-02. • contact@auberge-des-voyajoueurs.com • auberge-des-voyajoueurs.com • ♿ Congés : janv. Doubles 75-85 € ; familiales. Table d'hôtes 28 €. Café offert sur présentation de ce guide.* Cette curieuse construction contemporaine abrite un endroit unique au concept génial : un hôtel durable, comme une grande cour de récréation à fréquenter en famille, combinant le jeu et l'hébergement (des chambres et un appartement). En tout, ce sont 400 m² dévolus à plus de 800 jeux traditionnels et contemporains issus des 5 continents. Le matin, le lieu est réservé aux clients de l'hôtel ; l'après-midi, tout le monde peut venir *(résa conseillée).* Des soirées jeux, contes, bluff, enquête sont régulièrement organisées, ainsi que des balades avec énigmes dans la lande... Location de vélos. Un coup de cœur !

**Hôtel O2B – Aux Berges de Brocéliande :** *pl. de l'Église, 56380* ***Beignon.*** *☎ 02-97-70-71-30. • contact@o2b.fr • o2b.fr • ♿ Doubles 80-95 € ; familiales.* Un hôtel de village en bordure de forêt. Lounge bar au rez-de-chaussée et, à l'étage, des chambres confortables et impeccables, toutes joliment décorées sur le thème de l'arbre et de la nature. Idéal pour rayonner dans le secteur.

***Chambres d'hôtes Le Logis de la Ville Ruaud :*** *La Ville-Ruaud, 56800* ***Augan.*** *☎ 02-97-93-44-40. 📱 06-07-38-78-96. • gwen@cap-broceliande.com • cap-broceliande.com • Congés : de mi-déc à fin mars. Double 72 € ; familiales.* Au bout d'une allée apparaît le logis : une belle longère du XVIIIe s, flanquée de ses dépendances. Dans les chambres, poutres anciennes, pierres apparentes et déco réalisée avec goût rendent les lieux plus que charmants. Confort parfait avec les salles de bains contemporaines et la cuisinette à disposition. Tout comme l'accueil familial, aux petits soins. Grande piscine extérieure dans le beau jardin. Billard.

***Maison Tiegezh :*** *7, pl. de la Gare, à* ***Guer.*** *☎ 02-97-22-00-26. • contact@*

MORBIHAN

*maisontiegezh.fr* • *Face à l'office de tourisme. Bistrot-crêperie fermé le w-e (repas 16 €), resto lun-mar (formule déj en sem 30 €, menus 59-89 €). Congés : janv et fin août. Café offert sur présentation de ce guide.* Belle « prise de Guer » depuis que le fiston, formé dans les cuisines du *Bristol,* a repris cette ancienne crêperie familiale. Que ce soit du côté bistrot ou du côté de la table gastronomique au décor contemporain, la surprise est la même, les plats épatent tant par leur qualité gustative que par les présentations, conçues comme des œuvres picturales. Ce jeune chef, qui semble avoir plus d'un tour sous son tablier, pourrait bien être l'enchanteur ! Service très pro.

## DANS LES ENVIRONS DE GUER



***Le musée de l'Officier des Écoles militaires de Saint-Cyr-Coëtquidan :*** *cour Rivoli, au camp de* ***Coëtquidan*** *(56381). ☎ 02-97-70-77-52. À 3 km au nord de Guer, quartier Bellevue. Mar-ven 10h-12h, 13h30-17h30 ; w-e 10h-12h, 14h-18h. Fermé lun et en janv. GRATUIT.* Un musée instructif pour qui s'intéresse à l'histoire des grandes écoles de la nation, et plus particulièrement à la formation des officiers français. Napoléon créa l'école où de Gaulle, de Lattre de Tassigny et Leclerc sont passés ! Un autre regard sur la France à travers plus de 200 ans d'épopées et une collection de plus de 1 500 objets.

***La chapelle du prieuré Saint-Étienne :*** • *leslandes.bzh* • *Ouv juil-août.* La chapelle, la plus ancienne du Morbihan (à partir du IXᵉ s), se dresse dans un site classé. Le pignon oriental est l'un des plus beaux murs encore en place de l'architecture du haut Moyen Âge en Bretagne. À l'intérieur, peintures murales polychromes du XVᵉ s et de la statuaire en bois.

***Les Menhirs de Monteneuf – Archéosite de Brocéliande :*** *à 6 km à l'ouest de Guer (D 776), 2 km avt d'arriver à* ***Monteneuf*** *(56380). ☎ 02-97-93-26-74.* • *menhirs-monteneuf.com* • *Site en accès libre (GRATUIT) tlj tte l'année. Aux vac de printemps, d'été et d'automne nombreux ateliers préhistoriques et visites guidées (résa conseillée). Début juil-fin août, visites guidées possibles : 6 €/activité ; réduc ; gratuit moins de 5 ans. Compter 2h pour parcourir tranquillement le site.* Plus de 500 menhirs de schiste pourpre datant du Néolithique, dits « des Pierres droites », répartis sur 15 ha. Ce « petit Carnac » est l'un des sites les plus importants de Bretagne centrale. Ici, certaines pierres ont été redressées à leur emplacement d'origine, contrairement à Carnac où les pierres ont été découvertes debout. Les plus belles – et plus anciennes –, situées dans l'axe de la file principale, sont reconnaissables au lichen blanc qui les recouvre. C'est aussi ce qui fait la qualité de ce site où des traces de déplacement et de dressage des pierres ont été retrouvées, et des fouilles toujours en cours. Autant dire qu'on ne voit qu'une infime partie du site. Peu fréquenté (pas de souci pour se garer !), on y circule librement à pied sur un sentier d'interprétation arboré de 1,5 km avec panneaux, 5 fresques et vidéos (QR code). Un vrai bonheur ! Le soir, à la brume, quand la lande est déserte et fleurie de bruyères, c'est carrément magique... Magnétique même, d'autant que des reconstitutions permettent de ***comprendre les méthodes de levage, de déplacement et de calage des menhirs,*** la structure d'un cairn et la construction d'un habitat néolithique. Une visite enrichissante à ne pas manquer.

***La réserve naturelle régionale de Monteneuf :*** *rue des Menhirs, dans le bourg de* ***Monteneuf*** *(56380). ☎ 02-97-93-26-74.* • *leslandes.bzh* • *GRATUIT.* Avant ou après la visite des menhirs, arrêtez-vous dans cette réserve gérée par la dynamique « Association les Landes » (également en charge du site archéologique), surtout si vous êtes en famille. 4 manières de découvrir ce milieu particulier, au départ du siège de l'asso.

➢ *Le sentier d'Ozégan : juin-sept.* Sortie en autonomie le long d'un parcours sensoriel, ludique et poétique de 1,5 km.
➢ *Le sentier Sonore « Sur le bout de la lande » : 6 km, 2h15. Téléchargement gratuit sur le site internet, QR sur le 1er panneau ou loc payante de MP3.* Pour les plus grands ; une balade sonore très bien conçue. Au programme, effets sonores, témoignages, musiques... Penser à bien s'équiper par temps de pluie.
➢ *Parcours sac à dos « Sortir dehors » : mars-oct. Résa impérative. 2,6 km, 1h15. 10 €/sac avec à l'intérieur tout le nécessaire pour marcher dans le pas d'un botaniste, pour découvrir la faune et la flore des landes.*
➢ *Le sentier d'art Land'Art « Regards » : 2 km, 1h30, tlj.* Pour les amateurs d'art et de nature. Laissez-vous aller à la contemplation de ce milieu préservé à travers l'univers de deux artistes et de leurs œuvres nées et imprégnées de la beauté du site.
À ***Monteneuf*** toujours, pour un après-midi on ne peut plus ludique, rendez-vous à l'hôtel ***L'Auberge des VoyaJoueurs.*** Plus de 800 jeux venus du monde entier vous attendent. Voir plus haut « Où dormir ? Où manger à Guer et dans les environs ? ». N'oubliez pas de réserver.

***L'oratoire de la Madone des motards :*** *56380* **Porcaro.** *À 7 km à l'ouest de Guer (D 722).* À côté de l'église se trouve une petite chapelle avec des ex-voto, pour se recueillir, le blouson en cuir sur les épaules.
– Pèlerinage international pendant 2 jours *(14 et 15 août),* avec concentration de plus de 10 000 motos. Procession, défilé en « meute » pendant 3h et bénédiction de toutes les machines (peu importe la marque, on n'est pas sectaire !).

***Le port miniature de Saint-Malo-de-Beignon*** *(56380)* **:** *à 7 km au nord de Guer (D 773). ☎ 02-99-08-21-75. Juin, le w-e uniquement 11h-13h, 14h-18h ; de juil à mi-sept, mer-dim 10h30-13h, 14h-18h (seulement le w-e en sept).* Une façon amusante pour les petits et les grands de s'initier à la navigation à bord de bateaux électriques, répliques exactes de remorqueurs, vapeurs du Mississippi, *fire boat,* chalutier, etc.
– Bonus : juste à côté, découvrez le *jardin des Évêques (accès libre),* ses volières d'oiseaux exotiques.

# TRÉHORENTEUC [trec'horanteg]

(56430) 115 hab. *Carte Morbihan, D2*

**Bienvenue à « Trého », porte d'entrée obligatoire dans l'univers de Brocéliande et du mythe arthurien (que l'on décrit surtout dans le *Routard Bretagne Nord*) pour qui voyage dans le Morbihan. Certes, il y a du passage, voire beaucoup de monde en été, mais les environs satisferont les amoureux de randonnées et de légendes, toutes générations confondues. Tréhorenteuc se trouve à 56 km de Vannes, de Rennes et de Dinan... et dans le 56 ! Un coup des druides ? Petite recommandation, d'ailleurs : sur la route, soyez vigilant entre les fées et les korrigans, les cerfs et les sangliers, nombreux.**

## Adresse et info utiles

***Office de tourisme :*** *1, pl. Abbé-Gillard. ☎ 02-97-22-36-43. • brocéliande-vacances.com • Avr-sept, tlj 10h-12h30, 14h-17h30 (en continu juil-août et fermé à 18h) ; oct et vac scol de la Toussaint, mar-sam 10h-12h30, 14h-17h (plus lun 14h-17h pdt vac scol). Fermé en hiver.* Cartes, guide d'accès (payant), ouvrages pour se repérer ou prolonger la magie, itinéraires de rando...

MORBIHAN

➢ **Balades guidées et contées en forêt de Brocéliande :** *vac scol de printemps et d'été jusqu'à mi-sept. Compter 9,50-13,50 € l'ap-m ; gratuit moins de 4 ans.* Animé et vivement conseillé. Modalités de visite, circuits et thématiques variables *(infos à l'office de tourisme ou sur son site internet).*

## Où dormir ? Où manger dans les environs ?

### Camping

**Camping municipal du Val aux Fées :** *rue Ronan-Le-Cunff, 56430* **Concoret.** *☎ 02-97-22-64-82 ou 61-19 (mairie). • contact@camping-fees.fr • camping-fees.fr • Ouv mai-sept. Forfait tente en haute saison env 8 €. CB refusées. 64 empl.* Au bord de son étang, idéal pour la pêche, tout simple, accueillant et tranquille. Aire de camping-cars.



### Prix moyens

**Relais du Porhoët :** *11, pl. de l'Église, 56490* **Guilliers.** *☎ 02-97-74-40-17. • aurelaisduporhoet@wanadoo.fr • aurelaisduporhoet.com • ♿ (resto). À 10 km au nord-ouest de Tréhorenteuc. Resto fermé lun midi, plus lun soir hors saison. Congés : 2 sem en janv. Résa conseillée. Doubles 61-67 € ; familiales. Formules (déj en sem) 11-15 €, sinon menus 23-35 €.* On profite de belles chambres cossues dans ce joli établissement situé sur la place de l'Église d'un gentil village breton. Cuisine raffinée, élégante, autour des produits de la mer et du terroir. Une pointe d'innovation à déguster dans la grande salle à manger, près de l'âtre en hiver. Belles références de vins. L'excellente étape, quoi !

**À l'Orée de la Forêt :** *24, rue Nationale, 56800* **Campénéac.** *☎ 02-97-70-51-09. • aloreedelaforet@orange.fr • oree-foret.fr • À 7,5 km au sud de Tréhorenteuc ; au centre, vers l'église. Resto tlj sauf ven soir-sam midi, dim soir, et le midi les j. fériés. Congés : 1 sem à Noël, 1 sem fin fév-début mars, 2 sem fin août. Doubles 49-55 € ; familiales. Formule déj en sem 12,50 € ; menus 17,50-31,50 €. Café offert sur présentation de ce guide.* Dans cette grande bâtisse, dès l'accueil, on sent l'envie des proprios de tout simplement faire plaisir à leurs clients. Avec des chambres certes toutes simples mais plaisantes et d'un honorable confort. Et une cuisine plutôt bien tournée, servie dans la bonne humeur. Le tout à des prix vraiment serrés.

## À voir. À faire

**L'église « du Graal » :** *à côté de l'office de tourisme. Tlj 9h30-18h.* Restaurée, elle est devenue un lieu initiatique incontournable pour comprendre Brocéliande. Ici, les symboles chrétiens et païens font bon ménage. Ainsi, dans la 9e station du chemin de croix peut-on voir Morgane (sacrément sexy, la fée !), la demi-sœur du roi Arthur. Au fond de l'église, mosaïque des ateliers Odorico représentant un épisode des romans de la Table ronde, etc.

**Le Val sans retour :** *900 m, 2 km ou 4 km.* Haut lieu légendaire de la forêt de Brocéliande, le Val sans retour a fait frémir plus d'un chevalier. Chaque arbre a une silhouette curieuse, chaque étang renferme son secret, chaque rocher paraît encore vivant... Attention, c'est le pays des

### PROFESSION : DRUIDE

*Vivant au contact de la nature, les druides étaient incollables sur les plantes. Pour le reste, leurs connaissances étant floues, ils enfumaient les fidèles par des rituels magiques. On était persuadé qu'ils pouvaient prédire l'avenir et arrêter les orages. Pour ne pas divulguer leur savoir, l'usage de l'écriture était interdit. Voilà pourquoi rien ne reste de leurs connaissances.*

enchanteurs et des fées ! Ici règne la ***fée Morgane.*** Initiée à la magie par l'enchanteur Merlin, cette demi-sœur du roi Arthur enferma Guyomar, son amant infidèle, dans ce val en le transformant en pierre.
Ce lieu fut aussi la dernière retraite de l'***enchanteur Merlin.*** C'est ici qu'il livra ses secrets à la fée Viviane, acceptant du même coup – par amour – de se faire enfermer à jamais dans cette prison d'air invisible. Son trône est implanté dans un affleurement rocheux. On raconte que le vent porte encore la complainte du grand magicien endormi au fin fond du Val sans retour.
C'est ici qu'on pourra voir l'***Arbre d'or...*** Œuvre d'art signée François Davin, souvenir du grand incendie de 1990, ce magnifique tronc est recouvert de feuilles d'or pur. Pour repousser les brigands des temps modernes, le sol est hérissé de piquants de pierre.

## DANS LES ENVIRONS DE TRÉHORENTEUC

MORBIHAN

Vous êtes ici dans la ***forêt de Brocéliande (forêt de Paimpont).*** Jolies balades en suivant la carte offerte gracieusement par l'office de tourisme. 1er arrêt au hameau délicieusement nommé ***la Folle-Pensée.*** Laissez votre voiture au parking. De là, on atteint à pied, à travers bois, la ***fontaine*** enchanteresse ***de Barenton,*** dont quelques gouttes, répandues sur le perron de Merlin, opéraient d'incroyables prodiges. Boucle de 3 km avec un très joli sentier pour la découvrir. Suivez les balises en forme de feuilles de chêne incrustées dans les rochers. C'est ici que les druides exerçaient leur pouvoir sur les pauvres *fols* (on ne parlait pas de malades mentaux), d'où le nom du village. Pour rejoindre Concoret, vous passerez devant l'impressionnant ***chêne à Guillotin,*** labellisé « Arbre remarquable de France ».

***Le château de Comper et son Centre de l'imaginaire arthurien :*** *56430* ***Concoret,*** *en bordure du lac de la Fée-Viviane. ☎ 02-97-22-79-96. • centre-arthurien-broceliande.com • De mi-mars à fin oct, tlj (sauf lun-mar hors vac scol) 10h-17h30 (19h juil-août). Entrée : 7,50 € ; réduc ; gratuit moins de 4 ans. Parc : 5,50 € ; réduc. Crêperie en été (sauf lun) et pique-nique possible.*
Ce château revit véritablement depuis que le *Centre de l'imaginaire arthurien* l'habite, comme quoi les rêves font aussi du bien aux pierres. Le château, aux douves envahies par la végétation, est devenu un foyer de culture celtique. Muséographie intelligente sur des thèmes arthuriens, médiévaux et celtiques qui varient chaque année. Salle de projection à 360° sur les héritages de la légende jusqu'à nos jours, des mangas au rock metal, une légende bien vivante qui se régénère au fil du temps grâce à des chevaliers des temps modernes. Le paysage extérieur est en adéquation avec le lieu : c'est un autre joli moment de détente, face au lac. Laissez les crapauds vous conter, à leur façon, l'histoire de Lancelot, Viviane, Guenièvre, Perceval et les autres. Si vous ne leur faites pas confiance, il y a suffisamment de livres pour vous guider, dans le coin librairie. Incontournable pour tous les passionnés de la Table ronde !
– En juillet-août, spectacles, contes et musique, école des sorciers, balades contées, etc. Sans oublier, chaque année, les ***Rencontres de l'imaginaire*** *(fin juil),* avec salons, expos, conférences ; les ***Médiévales de Brocéliande*** *(début août),* avec marché artisanal, bal nocturne, animations et conteurs, et un grand spectacle arthurien au bord du lac.

### SIÈGE ÉJECTABLE

*L'une des chaises autour de la Table ronde est qualifiée de « siège périlleux ». Celui qui s'assied dessus mais qui n'en est pas digne est alors avalé par les profondeurs de la terre. Selon certaines versions, Perceval en aurait fait les frais. Bravo à Galahad, fils de Lancelot, qui a ramené le Graal et a pu se poser tranquille sans s'inquiéter. Nous, on préfère rester debout.*

– Au village, sur la place de l'Église, la ***Petite Maison des légendes.*** Une vieille maison aux volets verts avec une enseigne au dragon *(nov-fév, mar-ven 10h-12h30, 14h-17h30 ; GRATUIT).* C'est ici que l'équipe du château de Comper prend ses quartiers d'hiver... On y trouve donc les bureaux mais aussi une galerie d'exposition, une ludothèque, une librairie... Y sont également organisées des soirées contes.

À 5 mn en voiture, la balade se poursuit avec la visite de ce que l'on continue d'appeler le ***tombeau de Merlin,*** le reste (symbolique) d'un site mégalithique bien malmené, un gros caillou couvert de mots doux (ou de détritus), et la ***fontaine de Jouvence.*** Ah, les légendes ! Une balade de 4 km balisée par une feuille de chêne en métal est accessible au départ du parking du tombeau de Merlin. À signaler également, le *chêne des Hindrés,* très bel « Arbre remarquable » de Bretagne, et son autre balade de 4 km. Attention, vous entrez alors dans la forêt domaniale. Vous allez le remarquer, car les sentiers deviennent plus sages et rectilignes !



Reprendre la voiture et pousser jusqu'au majestueux ***château de Trécesson*** sur la D 312 au nord de ***Campénéac.*** Il ne se visite pas, mais sa magnifique architecture féodale (en schiste rouge et cernée par les eaux) mérite assurément le coup d'œil. Le souvenir d'une Dame blanche, enterrée vivante, hante encore les lieux...

## PLOËRMEL [ploermael]

(56800) 9 516 hab. *Carte Morbihan, C2*

**Cette ville, anciennement protestante et dont la devise est *Tenax in fide* (Tenace en sa foi), s'est développée au carrefour des routes reliant Saint-Malo à Vannes et Rennes à Lorient. Elle ne possède plus que de maigres vestiges : un morceau de l'enceinte qui la protégeait au XIIe s, l'étonnante maison des Marmousets de 1586... En 1273, le comte de Richemont fonde le *couvent des Carmes,* rue du Val. Et c'est ici que Jean-Marie de Lamennais crée en 1824 la congrégation des Frères de l'instruction chrétienne, dont les chefs eurent, semble-t-il, une attitude assez trouble pendant la 2de Guerre mondiale...**

### Adresses utiles

***Office de tourisme :*** *5, rue du Val, BP 106. ☎ 02-97-22-36-43. • brocéliande-vacances.com • Juil-août, lun-sam 10h-13h, 14h-18h ; avr-juin et sept, tlj sauf dim-lun mat 10h-12h30, 14h-18h ; en hiver, mar-sam 10h-12h30, 14h-17h.*

***Location de vélos : Miloux Location,*** *19, rue des Forges. ☎ 02-97-74-06-96.*

### Où dormir ? Où manger ?

#### Bon marché

***Hôtel-restaurant Saint-Marc :*** *1, pl. Saint-Marc. ☎ 02-97-74-00-01. 06-17-35-00-98. • didier.leguitte@wanadoo.fr • hotel-restaurant-saintmarc.com • Près de l'ancienne gare et à proximité du lac. Resto fermé dim soir. Double 53 € ; familiales. Formules déj en sem 13,90-15,90 € ; menus 19,90-31 €. Café offert sur présentation de ce* *guide.* Un établissement on ne peut plus classique et professionnel, que ce soit côté restaurant ou côté hôtel. Éviter les chambres trop proches du rond-point. Une adresse sans surprise, ni bonne ni mauvaise, compte tenu des prix.

**Les Ateliers Gourmands :** *7, rue Beaumanoir. ☎ 02-97-72-10-76. Dans le centre, rue juste en face de l'office de tourisme. Fermé lun, plus dim hors juil-août. Formules env 10-18 € ; carte 15-20 €.* Crêperie mais aussi « gratinerie » avec de généreux gratins de toutes sortes, à base de produits frais. Accueil franchement chaleureux dans un cadre unique, entre le rez-de-chaussée et le 1er étage de la plus spectaculaire maison médiévale de la ville, la *maison des Marmousets.*

## Prix moyens

**Hôtel-restaurant Le Cobh :** *10, rue des Forges. ☎ 02-97-74-00-49. • contact@hotel-lecobh.com • hotel-lecobh.com • Hôtel fermé dim. Resto fermé dim et lun midi, plus sam midi hors saison. Congés : autour des fêtes de fin d'année. Doubles 85-90 € ; familiales. Formule déj en sem 19 € ; menus 30-34 €. Réduc de 10 % sur le prix de la chambre ou apéritif maison offert sur présentation de ce guide.* Cette vénérable maison de granit renferme des chambres agréables et confortables. En cuisine, un chef talentueux élabore une belle cuisine créative à base de produits frais et locaux. Un bel hommage rendu au terroir breton !

MORBIHAN

## Où camper ? Où manger dans les environs ?

**Camping La Vallée du Ninian :** *Le Rocher, **Ville-Bonne,** 56800 Taupont. ☎ 02-97-93-53-01. • infos@camping-ninian.fr • camping-ninian.fr • Ouv avr-sept. Forfaits tente 13,90-17,90 € ; loc de mobile homes et de logements atypiques. 100 empl. Bouteille de cidre maison offerte sur présentation de ce guide.* Confortable camping labellisé « Clef verte » et doté d'équipements sportifs, de bungalows et de sanitaires corrects. Il y a même un bar breton (rien à voir avec le poisson !), un four à pain pour s'entraîner, et des cours pour apprendre à faire le cidre ! Feux de camp avec chants bretons (apportez vos instruments de musique et cahiers de chants). Snack le midi, repas à thème le soir. Piscine (couverte et chauffée). On n'a rien oublié ?

# À voir. À faire

**L'église Saint-Armel :** ce saint tient son nom du celtique *arthos* réduit à *arz,* qui signifie « ours », et de *maglos,* qui signifie « grand ». L'édifice a été reconstruit de 1511 à 1602. Le portail nord (1530) est illustré de scènes de l'Évangile ou de scènes bouffonnes. Remarquez le savetier qui coud la bouche de sa femme ! Les bombardements de juin 1944 n'ont épargné que quelques vitraux, dont le plus remarquable, dit « verrière de l'Arbre de Jessé » (1552), est signé de Jehan le Flamand. On a placé dans le transept nord les belles statues tumulaires des ducs Jean II et Jean III ; au sud, magnifique tombeau en granit de Kersanton de Philippe de Montauban, chancelier d'Anne de Bretagne, et d'Anne de Chastellier.

**L'horloge astronomique :** *à la Maison mère des Frères de Ploërmel, 1, bd Foch. ☎ 02-97-74-06-67. Visite libre audio tlj 9h-18h (20h avr-oct).* Construite de 1852 à 1855 par le frère Bernardin, l'horloge se trouve dans la cour intérieure. Chacun de ses 10 cadrans donne une information temporelle concernant notre système solaire.

**La maison des Marmousets :** *7, rue Beaumanoir, la rue juste en face de l'office de tourisme.* L'intérieur accueille un sympathique petit restaurant (voir « Où dormir ? Où manger ? »). La plus célèbre maison de la ville, construite en 1586 et restaurée récemment, est dotée d'une façade en bois ornée de stupéfiantes sculptures qui sont un véritable pamphlet contre le catholicisme.

***L'hôtel des ducs de Bretagne,*** lui faisant face, au n° 6, est encore plus ancien. Il date de 1150 et a conservé aussi une intéressante façade. Toujours dans la vieille ville (suivre le plan du circuit disponible à l'office de tourisme), aller voir la ***maison Bigarré,*** appelée aussi *maison du Croissant,* dans la rue des Francs-Bourgeois.

***Le circuit des Hortensias :*** *Rens à l'office de tourisme (dépliant « Balades à Ploërmel »).* En 2000, la ville a découvert par hasard qu'à quelques encablures de chez elle, à Taupont, résidait l'un des spécialistes de cette fleur (les pépinières sont d'ailleurs ouvertes à la visite). Quant à la collection municipale, elle compte 5 000 spécimens regroupant plus de 500 variétés d'hydrangéas (pour info, les hortensias ne sont qu'une variété d'hydrangéas).



## DANS LES ENVIRONS DE PLOËRMEL

***Le lac au Duc :*** *route de Dinan. À 1,5 km de Ploërmel.* C'est l'un des plus grands lacs naturels de Bretagne, avec ses 250 ha de superficie. Base de plein air des *Belles-Rives,* idéale pour le ski nautique. Site plaisant avec camping, parcours santé et sentier pédestre du tour du lac (14 km ; avoir de bonnes chaussures, promenade pas géniale, la fin est au bord d'une route passagère, mais avec un aménagement sécurisé). Et pour les plus sportifs, la ***voie verte*** Questembert-Mauron continue ici en longeant le lac. Jeter un coup d'œil à la belle façade du manoir du Clos-Hazel, du XVIe s.

■ ***Club nautique Ploërmel Brocéliande :*** *lac au Duc (côté **Taupont**). ☎ 02-97-74-14-51. • club-nautique-ploermel-broceliande.com • Tlj sauf dim hors saison.* Base de l'École française de voile.

## JOSSELIN [josilin] (56120) 2 640 hab. *Carte Morbihan, C2*

**Cette noble cité fleurie, médiévale et « de caractère », construite sur le flanc d'une colline dominant le cours de l'Oust, est organisée autour du somptueux château, propriété des Rohan depuis le XVe s. L'impression de force qui se dégage de ces tours, de ces murailles imposantes encastrées dans le roc, contraste superbement avec le cours paisible de la rivière, au pied de l'enceinte féodale. L'étonnante basilique Notre-Dame-du-Roncier, la jolie place qui l'entoure, les adorables petites rues dont les maisons anciennes semblent par endroits prêtes à chavirer... tout cela concourt au charme indéniable de Josselin.**

### JOSSELIN DANS L'HISTOIRE

Henri II Plantagenêt, en guerre avec le duc de Bretagne, démolit la ville et son château en 1168. Eudes II les reconstruit dès 1173. En 1370, Pierre d'Alençon vend le château au connétable Olivier de Clisson, qui le transforme complètement et en fait l'un des plus fermes bastions de la cause française dans le duché. Clisson épouse Marguerite de Rohan. Le château passe par leur fille à la maison de Rohan. À la fin du XVe s, le duc de Bretagne, François II, fait démanteler le château pour mettre fin au soutien de Jean II de Rohan au parti français. Il sera réédifié, puis de nouveau détruit sur ordre de Richelieu car, à l'époque, Henri de Rohan est le chef des huguenots. Richelieu lui aurait dit : « Je viens, Monsieur, de jeter une boule dans votre jeu de quilles. » Il faudra attendre le milieu du XIXe s pour que la forteresse soit restaurée par la famille de Rohan, qui en est toujours propriétaire

(Josselin de Rohan-Chabot, né en 1938, qui fut sénateur et président du conseil régional de Bretagne de 1998 à 2004) et dont l'une des devises est : « Roi ne puis, prince ne daigne, Rohan suis. »

## Adresses et info utiles

**Office de tourisme :** *1, rue Georges-Le-Berd. ☎ 02-97-22-36-43. • contact@broceliande-vacances.com • broceliande-vacances.com • Juil-août, tlj 10h-18h ; avr-juin et sept, lun ap-m et mar-sam 10h-12h30, 14h-18h ; oct-mars, mar-ven 10h-12h, 14h-17h ; sam 10h-12h15, plus lun pdt vac scol 14h-17h.* Visites théâtralisées (2h) en juillet-août. Également une visite numérique de Baludik (gratuit). Livret-jeux pédagogique, circuits VTT-randos pédestres, etc.

**Location de vélos :** ***association de canoë-kayak de Josselin*** *(06-33-59-45-14 ; seulement juil-août),* ***Guého-Roblin*** *à Josselin (☎ 02-97-22-28-02),* ***Camping du Domaine de Kerelly*** *à* ***Guégon*** *(☎ 02-97-22-22-20),* ***Camping des Cerisiers*** *à* ***Guillac*** *(☎ 02-97-75-61-24).*

**Location de vélos électriques :** ***Ti War An Dour,*** *au quai fluvial. 07-64-09-12-06. Avr-sept, w-e (tlj juil-août, mar-dim pdt vac scol).*

– **Marché :** *sam mat, dans tt le centre-ville.*

MORBIHAN

## Où dormir ? Où manger ?

### Bon marché

**Gîte d'étape de l'Écluse :** *au bord du canal. ☎ 02-97-22-24-17 (mairie). • mairie@josselin.com • ♿ Écluse n° 35, à 300 m du centre-ville et à 100 m du château. Ouv avr-sept, sur résa en mairie (juil-août, accueil sur place 17h-19h30). Nuitée env 13,20 €/pers. Douche payante pour les gens de passage ou les plaisanciers.* Reçoit tous les randonneurs à pied, à cheval, en canoë, à vélo... Capacité d'accueil : 14 lits en chambres de 2 à 4.

### De prix moyens à chic

**Chambres d'hôtes Le Clos des Devins :** *11, rue des Devins. 06-88-84-77-05. • ann.astruc@orange.fr • leclosdesdevins.fr • Partie nord du centre-ville. Compter 60-70 € pour 2.* Maison de caractère datant du XVIIIe s, à 2 pas du centre. Chambres confortables, meublées avec un goût exquis, côté jardin ou côté rue (notre préférence pour celle qui dispose d'une terrasse). Le salon français XVIIIe, avec ses tapisseries et boiseries d'époque, contribue à la plénitude de cette maison d'exception.

**Chambres d'hôtes Le 14 St-Michel :** *14, rue Saint-Michel. ☎ 02-97-22-24-24. 06-89-37-26-07. • contact@le14stmichel.com • le14stmichel.com • Pas bien loin de l'office de tourisme. Congés : de mi-oct à début nov et fév. Compter 85-118 € pour 2 ; familiales.* Au cœur de la vieille ville, une vénérable et superbe demeure de granit à la déco actuelle, d'un goût très sûr. La maison d'hôtes de charme dans toute sa splendeur.

**Hôtel du Château :** *1, rue du Général-de-Gaulle. ☎ 02-97-22-20-11. • contact@hotel-chateau.com • hotel-chateau.com • Ouv avr-sept, tlj haute saison sinon fermé lun midi, ven soir, sam et dim soir. Doubles 63-110 € ; familiales. Formule déj en sem 18 € ; carte env 30 €. Kir breton offert sur présentation de ce guide.* Établissement pro et plein de cachet qui fait face au château. Chambres classiques et bien tenues, certaines profitant de la vue imprenable sur les « voisins » châtelains. Un peu chères, mais quel emplacement ! On en bénéficie tout autant lors d'un repas en terrasse ou dans la grande salle bourgeoise avec ses larges fenêtres. Cuisine traditionnelle et savoureuse, aux accents parfois bretonnants.

**Bar-crêperie La Marine :** *8, rue du Canal. ☎ 02-97-22-21-98. • midrine56@gmail.com • Fermé lun et* *ven hors saison. Congés : janv. Résa indispensable en été. Formule déj en sem 13 € ; carte env 20 €. Réduc de 5 % sur la note sur présentation de ce guide.* Agréable décor marin. En saison, nombreuses tables en terrasse de mars à novembre. Belle carte de crêpes de froment et de galettes de blé noir qui rencontrent un certain succès.

**La Table d'O :** *9, rue Glatinier. ☎ 02-97-70-61-39. Fermé dim-lun. Formules déj en sem 16-20 € ; carte 28-43 €.* La belle adresse bistronomique de la ville, aux couleurs du temps, sur les murs comme dans l'assiette. Olivier Buffard fait partie de ces chefs inspirés par les symbioses terre-mer, au gré des saisons. On bénéficie en outre de la vue et de la terrasse suspendue au-dessus de l'Oust. Un privilège culinaire enjolivé par un accueil souriant et attentionné.



## Où dormir ? Où manger dans les environs ?

### Camping

**Camping des Cerisiers :** *Brancillet, 56800* ***Guillac.*** *☎ 02-97-75-61-24. 06-69-02-97-05. • contact@camping-des-cerisiers.fr • camping-des-cerisiers.fr • ♿ À env 3 km au sud de Josselin, en longeant l'Oust par la N 35. Ouv de mi-mars à mi-nov. Forfaits tente 14-17 € ; locatifs (possible à la nuitée, hors juil-août). 29 empl. 10 % de réduc sur le prix de la nuitée en basse saison sur présentation de ce guide.* Un camping aussi bucolique que son nom le laisse suggérer. 30 emplacements à peine, spacieux et ombragés (ou pas). Et à louer, des logements de toutes sortes, des mobile homes jusqu'aux bulles transparentes ! Location de vélos, snack-bar...

### De bon marché à prix moyens

**Chambres d'hôtes Les Hortensias :** *10, la Ville-Robert, 56120* ***La Croix-Helléan.*** *☎ 02-97-75-64-37. 06-81-90-05-75. • nicolasmo@wanadoo.fr • leshortensias.net • ♿ À 3 km au nord de Josselin. Double 75 € ; familiales. Café offert sur présentation de ce guide.* Dans un hameau en pleine campagne, des chambres personnalisées pour 2 à 4 personnes, larges et confortables avec coin kitchenette. Également des gîtes. Les propriétaires sont fermiers et ouvrent volontiers les portes de leur exploitation. Les enfants adorent...

**Crêperie des Forges :** *moulin de Cadoret, 56120* ***Les Forges.*** *☎ 02-97-75-38-49. 06-61-90-33-43. • creperiedesforges@sfr.fr • ♿ Tlj sauf lun, plus mar hors saison. Congés : 3 sem en janv et 2 sem en oct. Résa conseillée. Formule déj 12,90 € ; menu 17,50 €. Carte env 19 €. Café offert sur présentation de ce guide.* Dans ce beau moulin du XVII^e s surplombant le canal de Nantes à Brest (certaines tables profitent de la vue !), on vient savourer les belles crêpes confectionnées maison. Rien que le site apaisant vaut le détour. Accueil très sympa. On n'oublie pas les enfants, qui ont leur coin aménagé.

## À voir. À faire

**Le château :** *☎ 02-97-22-36-45. • contact@chateaudejosselin.com • Entrée par la pl. de la Congrégation. Ouv de début juil à fin août, tlj 10h-18h ; du 1er w-e d'avr à fin juin et sept, tlj 14h-18h ; oct, w-e et vac scol de la Toussaint 14h-17h30. Entrée : env 10 € ; réduc ; gratuit moins de 7 ans. Le billet donne aussi accès au musée des Poupées et Jouets (voir plus bas) et aux jardins. Tarif réduit sur présentation de ce guide. Visite du château axée surtout sur l'histoire, le rôle et la dynastie des Rohan ; beau mobilier également, signé par l'ébéniste Heurtaut (XVIIIe s).*

Le château présente 2 aspects très différents. D'une part, la ***forteresse médiévale*** que l'on voit de l'extérieur, les courtines et les 3 tours rondes à toitures coniques datant de l'époque d'Olivier de Clisson (XIVe s). D'autre part, la ***façade intérieure Renaissance,*** richement ornementée. Elle s'ouvre sur une cour d'honneur, dotée du traditionnel puits. Admirez les 10 lucarnes à 2 étages. C'est une véritable dentelle de granit, commandée par Alain IX et Jean II à la fin du XVe s.
Sur la ***galerie*** qui les relie, on peut voir les fleurs de lys de France et l'hermine bretonne. Les « A » surmontés d'une couronne ducale désignent Anne de Bretagne. Le motif principal représente la devise des Rohan : *À plus,* sous un rang de couronnes. Intérieur de style XIXe avec sa belle salle à manger. Le ***grand escalier*** – un des 1ers escaliers droits réalisés en France, vers 1510 – a été probablement dessiné par des architectes italiens. Surprenante alliance ancienne de la Bretagne avec l'Italie. Au fait, ne soyez pas surpris, à l'occasion, de croiser le duc. Ben oui, il est chez lui.
Au ***parc,*** on découvre un jardin à la française et un parc à l'anglaise avec une remarquable roseraie.

MORBIHAN

***Le musée des Poupées et Jouets :*** *3, rue des Trente. ☎ 02-97-22-36-45. Mêmes horaires que le château. Entrée : env 10 € (même billet que pour le château) ; réduc ; gratuit moins de 7 ans.* Dans les anciennes écuries du château, la duchesse de Rohan a constitué une collection, commencée en 1880, comprenant aujourd'hui plus de 3 000 poupées, du XVIIe s à nos jours, dont certaines en costume breton. La plus surprenante, celle portant un bébé noir, date du XVIIe s (à la cour de Louis XIV, il y eut une mystérieuse enfant métisse).

***La basilique Notre-Dame-du-Roncier :*** *visites commentées par des étudiants bénévoles en juil-août.* L'église a subi plusieurs remaniements. C'est maintenant un ensemble flamboyant, présentant une étonnante suite de pignons percés de grandes fenêtres et séparés par des gargouilles saillantes. À l'intérieur, remarquable chaire en fer forgé du XVIIe s et superbes gisants d'Olivier de Clisson et Marguerite de Rohan (XVe s). Le chœur conserve des vestiges d'architecture romane de la fin du XIIe s.
Selon la tradition, au IXe s, on bâtit une chapelle là où un paysan découvrit une statue de la Vierge cachée dans un buisson de ronces. Rapportée chaque jour à la maison, la statue se retrouvait toujours le lendemain sous les mêmes ronces. Cette légende est commune à de nombreux lieux de pèlerinage en Bretagne. La statue miraculeuse fut brûlée en 1789, seuls quelques fragments sont pieusement conservés dans un reliquaire. La statue que l'on voit dans la chapelle, à gauche du chœur, est récente.

***Le point panoramique du haut du clocher :*** *entrée à l'arrière de la basilique. Ouv uniquement juil-août, tlj 10h (14h dim)-18h. Accès libre.* Il faut gravir 138 marches pour découvrir un superbe panorama sur la région et surtout le château.

***Les vieilles demeures :*** *autour de la basilique, rue des Vierges (maisons à pans de bois), rue des Devins, rue Olivier-de-Clisson* (maison des Porches). Des plaques explicatives sont disposées à travers la ville, et un document détaillé est disponible auprès de l'office de tourisme.

***« Au fil de l'eau » :*** Un parcours ludique et pédagogique, valorisant à la fois la rivière de l'Oust, les espaces naturels et leur biodiversité. Au pied du château de Josselin se trouve le lavoir, où l'on peut écouter une 1re borne audio. Un chemin lumineux ponctué de clous dorés mène ensuite au bois d'Amour. Tout le long, silhouettes, modules, animations, jeux tactiles ou sonores... Au cours de la balade, la mécanique complexe d'une horloge à eau s'accompagne de jets d'eau qui s'illuminent à la nuit tombée pour un spectacle d'eau et de lumière.

***Le quai fluvial :*** *au pied du château.* Ce ponton est souvent le but extrême atteint par les plaisanciers. La navigation devient plus difficile jusqu'à Pontivy.

– ***Location de kayaks et vélos :*** ***Josselin Canoë-Kayak,*** *près de l'écluse, au quai fluvial. 📱 06-33-59-45-14. En été, tlj 10h-18h30. Compter 8-10 €/h de kayak.* Vélos, embarcations à pédales et paddles.
– ***Balades en bateaux électriques :*** ***Ti War An Dour,*** *au départ du quai fluvial. 📱 07-64-09-12-06. • tiwarandour.bzh • Juil-août, tlj ; avr-juin et sept, w-e 11h-18h. Compter 24 € pour 30 mn.* Bateaux de 5 ou 7 places. Loue également des vélos électriques.

## Manifestations

– ***Festiv'été :*** *mer en juil-août. GRATUIT.* Concerts, spectacles de rue et animations dans la ville.
– ***Festival médiéval :*** *14 juil, les années impaires. • medieval-josselin.com •*
– ***Grand pardon de Notre-Dame-du-Roncier :*** *8 sept.* Appelé le « pardon des Aboyeuses ». On raconte que des lavandières de Josselin se moquèrent un jour d'une mendiante et lâchèrent sur elle des chiens... Il s'agissait en fait de la Vierge Marie qui les condamna à hurler comme des chiennes. Dès lors, on mena les épileptiques à la basilique de Josselin, et ce pèlerinage devint une attraction pour les habitants de la ville, qui assistaient aux crises des pauvres malades.



## DANS LES ENVIRONS DE JOSSELIN

★ ***Le lieu du combat des Trente :*** *à 7 km de Josselin, en direction de Ploërmel. Panneau d'interprétation.* Le combat des Trente fut livré en 1351 entre Anglais et Bretons, dont Beaumanoir, auquel Geoffroy du Boys cria : « Bois ton sang, Beaumanoir, et la soif te passera... » Une colonne commémore cet épisode de la guerre de Succession de Bretagne.

★★ ***Guéhenno*** *(56420) : à 10 km au sud-ouest de Josselin.* Dans le bourg, l'unique ***calvaire monumental*** du Morbihan, à côté de l'église, dans un enclos paroissial intact (église, cimetière, source d'eau et calvaire). Le plus beau aussi ! Ce monument de 1550, détruit en 1793 avant d'être remonté avec les mêmes pierres en 1853 par l'abbé Jacquot, est précédé d'une colonne décorée des instruments de la Passion et couronnée d'un coq (pour rappeler le reniement de saint Pierre). Derrière le calvaire se trouve l'ossuaire, surmonté d'une statue de la Résurrection. *Visite guidée en été, sur demande. GRATUIT. S'adresser au point info, juste en face (☎ 02-97-60-49-06 ; de mi-juin à mi-sept, dim 14h-18h).*

★ ***Plumelec*** *(56420) : à 17 km au sud de Josselin.* Plusieurs circuits de rando permettent de découvrir le coin. Topoguide à l'office de tourisme de Locminé. Dans le bourg, un petit musée d'art contemporain présente des œuvres d'art en plein air ; à Callac, voir le chemin de croix. Le ***manoir de Cadoudal*** et le ***château de Callac*** (à Plumelec, visibles de l'extérieur seulement) témoignent de la présence des 2 importantes seigneuries. Le patrimoine des environs ne manque pas d'intérêt. Citons l'***église*** seigneuriale de Saint-Aubin (à 4 km du bourg), dont Jehan de Callac, de la grande famille des Callac, fit bâtir le chœur en 1513. Charpente remarquable, sculptures macabres et « engoulants » aux dents acérées.

🍴 ***Crêperie Les Korrigans :*** *27, rue des Martyrs-de-la-Résistance, à* ***Plumelec.*** *☎ 02-97-42-34-00. 📱 06-85-48-06-92. • creperieleskorrigans@hotmail.fr • creperieplumelec.com • Fermé lun et le midi les j. fériés. Congés : 3 sem en nov. Formule déj en sem 12,60 € ; carte 13,60-16 €.* Chaque galette porte le nom d'une espèce de korrigan décrite sur le menu... et elles sont nombreuses dans cette délicieuse adresse labellisée « Crêperie gourmande » ! Cadre simple avec des lutins partout.

**Charcuterie Thomas Sébastien :** *1, rue Docteur-Reme, à* ***Plumelec.*** *☎ 02-97-42-24-37. Fermé mer et dim ap-m.* Une excellente charcuterie au cœur du village. Réputée dans toute la région pour son andouille de pays, ses rillettes, etc.

**Le musée Les Sanglots longs :** *14 bis, rue de la Piscine, 56500* ***Réguiny.*** *☎ 02-97-38-61-11. 06-20-60-46-80. • musee reguiny@gmail.com • musee-lessanglotslongs.eu • À 17 km à l'ouest de Josselin, sur la route de Radenac, face au lac. Début avr-fin sept, tlj 10h-18h30 ; le reste de l'année, sur rdv. Entrée : 5 € ; réduc.* Un étonnant musée dans ce petit village qui – rien à voir – fut la 1re station verte de Bretagne. Souvenez-vous : *Les sanglots longs des violons de l'automne...* Dans ce musée foisonnant de souvenirs, de reconstitutions, d'objets inattendus et d'émotion, les relations entre l'histoire de la TSF, la radio et la guerre sont nouées judicieusement. La 2de Guerre mondiale bien sûr, mais aussi l'Algérie, l'Indochine... Nombreux objets donnés ou trouvés sur les plages du Débarquement, uniformes, dont le duffle-coat de Guy Mas, reporter attitré du général de Gaulle, biographies, maquettes, rations américaines...

– À la sortie, profiter des bords du lac pour une promenade et noter la drôle de statue de la Liberté qui trône dans le parc au bord de l'étang ! On y trouve aussi un bien agréable camping.

### 3 POINTS ET UN « S »

*C'est de Poldhu, en Cornouailles britanniques, que l'ingénieur Marconi émit pour la 1re fois un (très) court message transatlantique sans fil, en 1901. À 3 400 km de là, à Terre-Neuve, fut capté le signal en morse de 3 points rapprochés. Il s'agissait du « S », la 1re lettre de l'alphabet à se propager par les ondes à travers l'Atlantique et qui sera bien utile aux rescapés du* Titanic, *dans la même région, quelques années plus tard !*

**Rohan** (56580) **:** *à une vingtaine de km au nord-ouest de Josselin par la D 778.* Ce village constitue l'une des jolies petites étapes pour les amoureux du canal de Nantes à Brest. Du château créé en 1104 par Alain de Porhoët, 1er vicomte de Rohan, il ne reste que des ruines et la chapelle de Bonne-Encontre : une curieuse inscription en vers donne la date de 1510. À l'intérieur, un tableau votif représente des membres de la famille de Rohan.

**L'Eau d'Oust :** *6, rue du Lac, à* ***Rohan.*** *☎ 02-97-38-91-86. • frank.sinquin@restaurant-leaudoust.fr • Fermé mar soir, mer et dim soir. Résa demandée le soir. Menus 18,10 € (midi en sem), puis 29,90-40 €.* Cadre agréable dans une coquette auberge de campagne. Dès le 1er menu, le chef fait sensation. À prix tout doux (à moins de craquer pour le homard !), il revisite le terroir breton avec respect et originalité. Une étape de gourmets sur le canal de Nantes à Brest.

**L'abbaye Notre-Dame-de-Timadeuc :** *à 3 km de Rohan, sur les rives de l'Oust, à* ***Bréhan.*** *☎ 02-97-51-50-29. • abbaye-timadeuc.fr • Lun-sam 9h-11h50 (11h sam), 14h30-17h30 ; dim variable.* Elle ne se visite pas et n'est même pas particulièrement belle ; il s'agit pourtant de l'un des sites les plus fréquentés en Morbihan ! Il faut dire qu'elle abrite des moines trappistes de l'ordre des Cisterciens, qui exploitent une ferme et vendent des fromages (pasteurisés) réputés et de délicieuses pâtes de fruits. On trouve également à la boutique toutes sortes de produits fabriqués en abbaye et autres objets religieux.

En contrebas de l'abbaye, allez donc jeter un coup d'œil à la jolie petite ***écluse de Timadeuc*** avec son chemin de halage. Bucolique.

# PONTIVY ET LA VALLÉE DU BLAVET

**La rivière – que dit-on ! le fleuve, puisque le Blavet se jette directement dans l'Atlantique au terme d'un cours de 150 km – sera notre fil conducteur. D'Argoat en Armor, nous traverserons Pontivy, anciennement Napoléonville, puis Baud, en pleine forêt de Camors, puis Lochrist, là où le Blavet devient salé. Un itinéraire à suivre à pied, à cheval, en calèche, en coche d'eau, en canoë ou à vélo. Le fleuve et son chemin de halage offrent de multiples possibilités...**

## Pour une découverte insolite du Blavet



■ ***Locations de vélos:*** *à* ***Go Sport Bike.*** *☎ 02-30-30-10-29.*

■ ***Club de canoë-kayak de Pontivy :*** *base nautique de Toulboubou. ☎ 02-97-07-09-36. • canoekayakpontivy.fr •*

■ ***Clubs de canoë de Lochrist*** *(☎ 02-97-36-09-27)* ***et Guerlédan*** *(☎ 02-96-26-30-52).*

■ ***Club de canoë-kayak de Saint-Nicolas-des-Eaux :*** *📱 06-76-53-12-12.*

■ ***Centre équestre de Pontivy L'Écurie des Ajoncs :*** *à* ***Malguenac.*** *☎ 02-97-25-21-72. 📱 06-42-28-99-33.*

## PONTIVY [pondi] (56300) 14 000 hab. *Carte Morbihan, B1*

**À mi-chemin entre Lorient et Saint-Brieuc, *Pondi* (en breton) occupe une position centrale en Bretagne. Tranquille de part et d'autre du Blavet, entourée d'une campagne verdoyante et vallonnée, et dominée par un majestueux château féodal des Rohan, la ville a connu un curieux destin, dont elle a gardé son patrimoine architectural, resté tel quel depuis.**
**Son passé républicain durant la Révolution et sa situation géographique conduisent Napoléon Ier à y construire une ville nouvelle. L'aménagement de la place d'Armes et la construction de la caserne du quartier Clisson découlent de ces projets. *Pondi* devient alors *Napoléonville,* à la demande de ses habitants ! Seule La Roche-sur-Yon connut le même sort en France. La ville portera ce nom de 1804 à 1814, en 1815 (pendant les Cent-Jours) et de 1852 à 1870. Mais la vieille ville recèle encore des traces médiévales, il suffit pour cela d'arpenter quelques rues autour de la jolie place du Martay.**

### Adresse utile

ℹ ***Office de tourisme de Pontivy Communauté :*** *à bord (!) de la péniche Duchesse-Anne, 2, quai Niémen. ☎ 02-97-25-04-10. • tourisme@pontivycommunaute.com • tourisme-pontivycommunaute.com • Juil-août, tlj 9h30-13h, 14h-18h30 ; le reste de l'année, lun-sam 10h-12h, 13h30-17h (fermé sam oct-mars, rens à la boutique Côté Tourisme, en face).* Petits guides sur la vieille ville ou le patrimoine napoléonien. Visites guidées de Pontivy à pied ou à vélo à assistance électrique en saison.

### Où dormir ?

#### Bon marché

⌂ ***Auberge de jeunesse :*** *île des Récollets. ☎ 02-97-25-58-27. 📱 06-08-97-82-37. • pontivy@hifrance.org • hifrance.org • ♿ Accueil tôt le* *mat et en fin d'ap-m. Congés : déc. Nuitée 44-49,80 €/pers. Sept-nov et fév-mars, réduc de 10 % sur le prix de la chambre sur présentation de ce guide.* Installée dans une ancienne minoterie, cette AJ cernée par les eaux du Blavet dispose de chambres pour 2 ou 3 personnes et d'un dortoir de 35 lits. Idéal pour les nombreux cyclistes longeant le canal de Nantes à Brest. Cuisine pimpante. Belle situation, près d'une piscine et du centre-ville.

### Prix moyens

***Chambres d'hôtes de Lourmel :*** *9, rue de Lourmel. ☎ 02-97-25-07-52. 06-88-49-75-94. • laurent.prouff@wanadoo.fr • Près du château. Compter 60 € pour 2 ; familiales.* Un couple a restauré avec goût, couleurs et modernité une belle maison de caractère, heureux mélange de façade XIXe et de pignon médiéval sur jardin. Salon, bibliothèque, cour et jardin à la disposition des heureux hôtes. Accueil sympathique et familial.

***Hôtel Le Rohan – Maison d'hôtes urbaine :*** *90, rue Nationale. ☎ 02-97-25-02-01. • contact@hotelpontivy.com • lerohan-pontivy.com • En centre-ville. Congés : fêtes de fin d'année. Doubles 67-83 € ; familiales.* Grande maison bourgeoise napoléonienne en plein centre-ville, que ses propriétaires ont habilement rénovée dans des tons contemporains. Chambres de charme, tout confort, à la déco épurée. Jardin avec parking privé. Loue également des studios.

MORBIHAN

## Où manger ?

***La Pommeraie :*** *17, quai du Couvent. ☎ 02-97-25-60-09. • restaurant.lapommeraie@wanadoo.fr • Sur les quais. Fermé dim, le soir lun-mar et sam midi. Congés : 1re sem de janv et 1re quinzaine de septembre. Formules déj en sem 20-24 €.* Un petit restaurant cossu pour une cuisine soignée du type foie gras et filet de bœuf. Accueil très gentil. Petite terrasse sur l'arrière.

***L'Aiglon :*** *42, rue du Général-de-Gaulle. ☎ 02-97-27-98-08. • contact@laiglon-pontivy.com • laiglon-pontivy.com • Face au château. Formule déj 20 € ; menus 28-36 €. Carte 30 €.* Une adresse historique de Pontivy, et pas seulement pour son nom. Elle offre des salles au style contemporain en rez-de-chaussée ou à l'étage, certaines tables profitant de la vue sur le château. Dans l'assiette, une cuisine sans reproche, bretonne ou non, mais aussi une carte méditerranéenne, des pizzas... Bref, il y en a pour tous les goûts.

## Où dormir ? Où manger ? Où boire un verre dans les environs ?

***Merlin, Les Pieds dans l'Eau :*** *anse de Sordan, 56480* ***Saint-Aignan.*** *☎ 02-97-27-52-36. • restaurant-merlin@hotmail.fr • restaurant-merlin.fr • De mi-mars à nov, tlj sauf lun soir ; hors saison fermé lun et le soir mar-jeu et dim. Double 76,20 €. Formules déj en sem 19-24 €. Carte 25 €.* Posé tout au bord du lac de Guerlédan, un ensemble au cadre évidemment enchanteur ! Carte courte mais éclectique, simple ou gourmande, à base de produits bio frais et locaux allant jusqu'aux glaces artisanales. Magnifiques salle et terrasse panoramiques, face au lac. Également une poignée de jolies chambres à l'étage, avec une même ouverture sur le lac. Assez mal insonorisées, malheureusement. Accueil décontracté et chaleureux. Embarcations à pédales, canoës ou bateaux électriques. À l'écart du resto, un petit ***camping*** *(mêmes coordonnées ; ouv de mi-mars à mi-oct ; forfaits tente 12-15 €).* Confort simple, mais le lac est à 2 pas.

***Les Cabanes de Quénécan :*** *Guénault, Les Forges-des-Salles, 22570* ***Perret.*** *06-19-60-55-10. • cabanes@lesforgesdessalles.fr •*

*hebergement-quenecan.fr • À 28 km au nord-ouest de Pontivy. Compter 100-150 € pour 2, petit déj compris (livré), 20 € par pers supplémentaire. Possibilité de panier-repas.* Éparpillées au cœur de la forêt de Quénécan, des cabanes pouvant accueillir de 2 à 5 personnes, dans les arbres ou sur pilotis, au bord de l'étang des Fourneaux. Aménagées comme des petits nids douillets, elles ont un charme fou, mais le confort reste évidemment très rudimentaire (toilettes sèches, pas d'électricité... mais un poêle pour les nuits fraîches et un bloc sanitaire à l'entrée du site).

## Achats

***Biscuiterie Joubard :*** *37, rue Colbert. ☎ 02-97-25-45-61. Tlj sauf dim et j. fériés 9h-12h, 14h-19h (18h30 sam).* Comment quitter Pontivy sans faire un pèlerinage à ce magasin d'usine ? Vente au détail à petits prix, il suffit de se servir dans les bacs : palets et galettes de toutes sortes, mais aussi far breton, chouchen, caramels au beurre salé...



## À voir

***Le château des Rohan :*** *visites guidées seulement, juil-août (rens auprès de l'office de tourisme ☎ 02-97-25-04-10).* Achevée en 1485 à la demande de Jean II de Rohan, la forteresse, entourée de larges fossés (à sec), est impressionnante avec ses 2 énormes tours et ses hautes courtines, dont l'une s'est récemment effondrée. Un très beau spécimen d'architecture militaire du XVe s en Bretagne.

***La vieille ville et le quartier napoléonien :*** *l'office de tourisme organise des visites guidées en saison, 4 € ; réduc. Durée : 1h30.* La vieille ville cache encore, enchevêtrées autour de la place du Martray, une poignée de rues (aujourd'hui piétonnes) bordées de maisons à pans de bois et de petits hôtels particuliers d'époque Renaissance, comme la ***rue du Fil*** par exemple (elle témoigne de l'industrie des toiles qui firent la fortune de la ville). La partie « Napoléonville » présente une architecture militaire et administrative : hôtel de ville, tribunal, caserne, place d'armes...

***La basilique Notre-Dame-de-Joie :*** de style gothique flamboyant, elle a subi de nombreux remaniements au cours des âges. À l'intérieur, remarquer la statue couronnée de Notre-Dame, taillée dans le chêne. Elle est honorée depuis 1696 : une épidémie de choléra s'arrêta net après que les édiles de la ville eurent mis leur argent en commun et coulé une lampe qu'ils offrirent à la Vierge.

## Manifestation

– ***L'Art dans les chapelles :*** *début juil-fin août et 3 premiers w-e de sept. • artchapelles.com • GRATUIT.* Des circuits de chapelles exposant des œuvres d'art contemporain jumelées avec le magnifique patrimoine religieux de la région. Cela permet de découvrir de petites merveilles perdues en campagne...

## DANS LES ENVIRONS DE PONTIVY

### Vers l'est

***Louarnig Park :*** *maison éclusière, Hilvern, 56920* ***Saint-Gonnery.*** *06-30-74-27-95. • louarnigpark.bzh • Début mai-sept, tlj 14h-18h en juil-août, seulement le w-e en mai-juin et sept. Entrée : 5 € ; réduc ; gratuit moins de 15 ans. 10 %*

*de réduc sur le prix de l'entrée adulte sur présentation de ce guide.* Un miniparc à thème ouvert en 2018 par la Région pour sauvegarder les jeux bretons : palets, quilles, boules, force... On peut s'essayer à plusieurs dizaines d'entre eux (sur la centaine répertoriée). Jeu du sabot, quilles du cap Sizun (avec des cailloux !), galoche sur billot... À faire en famille ou entre amis. Bel environnement de surcroît, au bord du canal de Nantes à Brest, et aire de camping gratuite pour les cyclistes et randonneurs.

## Au nord, autour de Guerlédan

**Le lac de Guerlédan :** *à 15 km au nord. On peut en faire le tour complet (40 km) 1er mars-30 sept ; en dehors de cette période, il existe quelques restrictions d'accès.* Ce superbe lac tout en longueur offre toutes les nuances de vert dans la belle végétation qui l'entoure. C'est la plus importante retenue d'eau de Bretagne, créée pour alimenter le barrage et pour fournir la région en électricité. La *Vélodyssée* passe au nord du lac (*• lavelodyssee.com •*). À l'anse de Sordan, possibilité de canoë, baignade, embarcation à pédales et ski nautique. Une petite base de loisirs super calme (camping, chambres et resto sur place ; voir plus haut « Où dormir ? Où manger ? Où boire un verre dans les environs ? »).

**L'Électrothèque du lac de Guerlédan – musée de l'Électricité :** *56480* ***Saint-Aignan.*** *☎ 02-97-27-51-39. • musee-electricite-guerledan.com • Juil-août, mar-sam et dim ap-m 10h-13h, 14h-18h30 ; avr-juin et sept, mar-sam 10h-13h, 14h-18h ; vac de la Toussaint et hiver, mar-sam 14h-18h. Fermé 1er mai, 8 mai et 1er nov. Visite libre ou guidée : 5 € ; réduc. Randonnées thématiques, ateliers (7-14 ans) et contes (3-6 ans). Nocturnes. Une entrée offerte pour une entrée achetée sur présentation de ce guide.* Intéressant musée consacré à la construction du barrage hydroélectrique de Guerlédan (1923-1930, 206 m de long et 45 m de haut) et à l'histoire de l'électricité en général. Collection touchante et impressionnante de matériel et d'appareils électroménagers. En passant, ne manquez pas de faire un petit tour à l'église afin d'admirer différentes sculptures polychromes sur bois.

**La forêt de Quénécan :** *à 15 km de Pontivy par Cléguérec, elle borde le sud du lac de Guerlédan.* C'est l'extrémité nord-est des Montagnes Noires. D'une superficie de 3 000 ha, elle culmine à 287 m, on l'appelle « la petite Suisse bretonne ». De belles balades, évidemment.

**Les Forges des Salles :** *56480* ***Sainte-Brigitte*** *(ou 22570* ***Perret****). 07-83-14-70-63 ou 06-19-60-55-10. • lesforgesdessalles.fr • Vers l'extrémité ouest du lac. Juil-août, tlj 14h-18h (dernier billet à 17h45) ; Pâques-fin juin et sept, w-e et j. fériés 14h-18h. Visite libre ou guidée (en été, inclus) : 6 € ; réduc ; gratuit moins de 10 ans. Compter 1h-1h30.* Un site privé incroyable ! Tout à la fois bucolique, historique et industriel. Il s'agit d'un village sidérurgique, datant des XVIIIe et XIXe s, niché dans un vallon au cœur de la forêt de Quénécan. L'eau, le bois et le minerai, toutes les conditions étaient réunies pour la fabrication du fer. Jusqu'à 300 personnes ont travaillé et vécu sur le site, par ailleurs remarquablement conservé et restauré : les maisons ouvrières, la chapelle, l'école, l'auberge, le logis du maître et bien évidemment la forge et le haut-fourneau. Pour l'anecdote, le bief qui traverse le domaine (et alimente la roue du moulin) marque la limite entre le Morbihan et les Côtes-d'Armor.

## Vers le sud

**Centre Morbihan Tourisme :** *12, rond-point de la République, 56500* ***Locminé.*** *☎ 02-97-60-49-06. • centre-morbihan-tourisme.bzh • Lun-sam 10h-13h, 14h-18h (17h nov-mars). Également* ***bureau d'informations***

MORBIHAN

*Tourisme, promenade des Estivants, Saint-Nicolas-des-Eaux, 56930 Pluméliau-Bieuzy. Lun-sam (plus dim juil-août) 10h-13h, 14h-18h.*

**La chapelle de Quelven :** *commune de **Guern** (56310).* À 14 km au sud-ouest de Pontivy, le hameau de Quelven possède une chapelle impressionnante de la fin du XVe s. Son clocher s'élève à 70 m. Superbe intérieur avec orgues, statue ouvrante de la Vierge et vitraux du XVIe s. Éclairage étudié. Spectaculaire et pieux pardon le 15 août. En bas du village, fontaine du XVIe s.

**Saint-Nicolas-des-Eaux :** *commune de **Pluméliau** (56930), sur la rive gauche.* Un paradis des pêcheurs. Avant d'y parvenir, guetter sur la D 1 la flèche de la ***chapelle de Saint-Nicodème,*** construite dans un encaissement. Elle jaillit curieusement à 46 m au-dessus de l'horizon des champs de blé, lui donnant des allures de cathédrale. Sa situation surprend, sa richesse aussi. À côté, triple fontaine très ornée. Traverser le Blavet pour aller dénicher la ***chapelle Saint-Gildas,*** au bord de l'eau et au fond de son vallon, construite à même la roche dans un bel environnement. Elle abrite une curieuse pierre sonnante.

MORBIHAN

**Le village de Poul-Fetan :** *56310 **Quistinic.** ☎ 02-97-39-51-74. • poulfetan.com • À 5 km au sud de Quistinic. Juil-août, tlj 10h15-19h30 ; avr-juin et sept, tlj 10h15-19h. Fermé oct-mars. Programme quotidien de visites guidées et animations. Entrée : 11,50 € ; réduc ; gratuit moins de 4 ans. Compter 2-5h de visite.* Venir jusqu'à Poul-Fetan se mérite... et ça en vaut bien la peine ! Peu à peu apparaissent les toits de chaume, leurs cheminées sculptées, puis les façades si bien proportionnées. Enfin, vous découvrez une douzaine de chaumières en parfait état. Le personnel est en costume, et c'est un voyage au XIXe s qui s'offre à vous. Vous assistez à la battue du beurre, au filage et tissage de la laine, au nourrissage des animaux, etc. Des artisans (potier, boulanger, aubergiste...) fabriquent et vendent leurs produits sur place. Sans oublier les jeux traditionnels, tels que le Birinic ou le lever d'essieu, pour s'amuser en famille. Des chemins à travers landes et champs où paissent des animaux mènent jusqu'au joli point de vue sur le Blavet.
|●| Resto sur place dans un cadre rustique on ne peut plus réaliste.

**Base nautique :** *56150 **Pont-Augan.** ☎ 02-97-51-10-83. • baudcanoe.com • Juil-août tlj 10h-18h ; le reste de l'année sur résa. 1 boisson/pers offerte sur présentation de ce guide.* Location de vélos, kayaks, canoës et *stand up paddle.* Propose aussi des randos combinées aller à vélo et retour en kayak.

**Le Carton Voyageur, musée de la Carte postale :** *Espace Quatro, 3, av. Jean-Moulin, 56150 **Baud.** ☎ 02-97-51-15-14. • lecartonvoyageur.fr • Mar-dim 14h-18h. Fermé janv et j. fériés. Voir les animations sur le site. Entrée : 5 € ; réduc ; gratuit moins de 26 ans. Compter 1h30 de visite libre. Livret-jeux gratuit pour les enfants.* Un lieu moderne et original entre le musée et le centre d'archives. Toutes les facettes de la carte postale grâce à une immense collection de 80 000 unités. Mises en scène intelligentes, 3D, expos temporaires, collections en ligne... De l'âge d'or de la carte postale au début du XXe s au coin multimédia, en passant par la Bretagne traditionnelle, un voyage recto verso plein de surprises !

**La Vénus de Quinipily et ses jardins :** *56150 **Quinipily.** ☎ 02-97-39-04-94. • apjb.org • Mai-oct, tlj 10h-19h ; nov-avr, tlj 11h-17h. Fermé de mi-déc à fin janv. Tarif : 3 € ; gratuit moins de 12 ans.* Jardins romantiques en terrasses créés pour mettre en valeur la *Vénus* (statue classée Monument historique) à laquelle Flaubert trouvait « une sensualité à la fois barbare et raffinée ». Rhododendrons, camélias, rosiers, hortensias...

**Au Sabot Camorien :** *47, rue de la Forêt, 56330 **Camors.** ☎ 02-97-39-28-64. À 4 km au sud de Baud ; à la sortie du bourg en direction de Pluvigner. Visite libre tte l'année, tlj sauf dim-lun 9h-12h, 14h-19h. Appeler avt de passer en hiver. GRATUIT. Démonstration jeu à 18h en juil-août (mais si vous passez en dehors de cette période et que Claude a le temps, il vous fera certainement une minivisite).* Derrière cette devanture de magasin d'objets en bois se cache l'un des 3 derniers sabotiers de Bretagne... Ils étaient près de 80 au village dans l'entre-2-guerres. Aujourd'hui, le passionné et passionnant Claude travaille avec sa femme Sylvie, spécialiste du cuir, pour fabriquer les sabots, à la fois décoratifs et très confortables quand on prend le temps de les essayer. Solides (durée de vie de plusieurs années), ils tiennent le pied au chaud et n'empêchent pas de marcher correctement, contrairement aux idées reçues. Dans l'atelier, ça coupe, ça ponce, ça lime... et que du hêtre en provenance de la région. Nous, on est pour la réhabilitation du sabot !

***Le domaine de Kerguéhennec :*** *56500* ***Bignan.*** *☎ 02-97-60-31-84. ● kerguehennec.fr ● On se gare à l'extérieur et on remonte sur 300 m à travers le parc l'allée qui mène au château. Horaires variables, voir sur le site. Parc ouv tlj 8h-21h. GRATUIT. Programme d'activités avec ateliers pour enfants, conférences, spectacles, visites thématiques, rdv nature dans le parc...* Le parc de 45 ha constitue un arboretum de qualité avec ses arbres remarquables, à la promenade bien apaisante. Une trentaine de sculptures monumentales y sont exposées (de nouvelles sont régulièrement installées), commande de l'État, du FRAC Bretagne et du département du Morbihan à des artistes de renom international. Un petit air de famille avec la Fondation Cartier, en plus attachant, et dans une vraie belle campagne.
Un centre d'art contemporain occupe les écuries, l'orangerie et le 1er étage du château (surnommé « le Petit Versailles breton » !), où sont présentées des expositions renouvelées régulièrement. Une exposition permanente est consacrée à la ***collection Tal Coat,*** au 1er étage du château. Le domaine accueille également des artistes en résidence, ainsi qu'une programmation et des ateliers de spectacle vivant (musique, danse, théâtre).
Kerguéhennec a été bâti sur la demande des frères Hoggeur – des banquiers suisses protestants qui fréquentaient la maison du Roi à Versailles –, en 1712, par l'architecte Olivier Delourme. Le parc à l'anglaise a été dessiné en 1872 par Denis Bühler, à qui l'on doit le parc de la Tête-d'Or à Lyon. Le domaine appartient depuis 1972 au département du Morbihan.
|●| Restauration possible au ***Café du parc*** *(tlj en été, aux horaires des expos).*

MORBIHAN

## Fête

– ***Fête des Vieux Métiers :*** *15 août, à* ***Kéroguic.*** Une grande fête est organisée par 400 bénévoles pour faire revivre la vie à la campagne autrefois. Nombreux et intéressants corps de métiers. Ça finit par un fest-noz ! Tout cela pour la cause d'associations œuvrant pour les personnes handicapées.

# LA LOIRE-ATLANTIQUE

• Carte *p. 414-415*

## ABC de la Loire-Atlantique

- ***Population :*** 1 426 000 hab.
- ***Préfecture :*** Nantes (309 000 hab.), 6e ville de France.
- ***Sous-préfectures :*** Ancenis, Saint-Nazaire et Châteaubriant.
- ***Superficie :*** 6 815 km².
- ***Point culminant :*** 116 m, autour de Châteaubriant.
- ***Signes particuliers :*** 2 zones humides protégées, le lac de Grand-Lieu et la Brière (2e marais de France après la Camargue) ; le Grand Port Nantes-Saint-Nazaire, 4e port maritime de France ; 1 seule île maritime (Dumet).

**Étonnant département que cette Loire-Atlantique, bretonne géographiquement, historiquement aussi, mais tête de pont totalement excentrée de la région Pays de la Loire ! Le nord du département est marqué du sceau breton, alors que le sud est attiré vers la Vendée. La Loire marque la limite entre ces 2 cultures tout en les rapprochant, grâce à la quinzaine de ponts qui se succèdent d'Ancenis à Saint-Nazaire et aux bacs de Loire.**
**Cité des ducs de Bretagne, injustement rattachée par le gouvernement pétainiste aux Pays de la Loire et confirmée dans ce rôle lors de la réforme des régions en 2015, Nantes reste déchirée par sa double appartenance. C'est ce qui forge aussi sa fascinante personnalité.**
**C'est l'eau qui apaise tout ce petit monde, avec la Loire tout d'abord, qui s'étend sur 110 km dans le département. Le parc de la Brière ensuite, 2e marais de France, puis le lac de Grand-Lieu, l'un des plus grands de l'Hexagone, les 2 000 ha de marais salants, et, bien entendu, l'océan, dont les côtes somptueuses, elles aussi sauvages, répondent aux noms de Jade, d'Amour ou Sauvage. Elles enchantent résidents et touristes sur plus de 130 km (dont près de 70 km de plages et 16 ports de plaisance). Jamais loin, vecteurs d'échanges et d'innovations, la Loire et l'Atlantique ont joué depuis le Moyen Âge un rôle complémentaire dans l'économie du département et de la région, avec notamment le tristement célèbre commerce triangulaire, mais aussi l'importation de produits exotiques ou, aujourd'hui, la construction navale à Saint-Nazaire et le fameux vignoble nantais, berceau des muscadets et des gros-plants.**

## Adresses utiles

**i *Loire-Atlantique Développement :*** ☎ *02-40-20-20-44. Accueil téléphonique lun-ven 8h30-12h30, 13h30-17h.* • *tourisme-loireatlantique.com* • Multiservice et bien documenté, une source d'inspiration pour vos vacances en Loire-Atlantique.

■ ***Relais départemental des Gîtes de France :*** *9, rue Alessandro-Volta, 44470* ***Carquefou.*** ☎ *02-51-72-95-65. Accueil téléphonique lun-ven 9h-17h30.*

• *gites-de-france-loire-atlantique.com* • Gère plusieurs centaines de gîtes et chambres sur le département.
■ ***Comité départemental de randonnée pédestre :*** ☎ 02-51-83-17-86. • *loire-atlantique.ffrandonnee.fr* • Propose des conseils et des sorties de randonnées dans tout le département. Topoguides en vente.
– ***Réseau de bus régional Aléop :*** ☎ 09-69-39-40-44. • *aleop.paysdelaloire.fr* • Penser à la ligne tram-train Nantes-Châteaubriant (possibilité de voyager avec son vélo).

# NANTES [naoned]

(44000) 309 400 hab. *Carte Loire-Atlantique, C3*

• Pour les plans de Nantes, se reporter au plan détachable en fin de guide.



**« Nantes est peut-être la seule ville de France, avec Paris, où j'ai l'impression que peut m'arriver quelque chose qui en vaut la peine. »**

**André Breton**

**« Ni tout à fait terrienne, ni tout à fait maritime. Ni chair, ni poisson, juste ce qu'il faut pour faire une sirène. » Complétons ces mots de Julien Gracq en précisant qu'elle n'est ni tout à fait bretonne ni tout à fait ligérienne. Mais aïe !... laissons là les tiraillements identitaires, Nantes est une sirène souriante, dont le charme agit instantanément et en profondeur.**
**Fier port estuarien au milieu des terres, Nantes n'a jamais autant séduit ! La preuve, les nombreux nouveaux arrivants qui s'installent chaque année dans cette 8e agglomération de France pour profiter de sa qualité de vie. Sans avoir renié un passé qu'elle regarde avec lucidité (voir le Mémorial de l'abolition de l'esclavage), aujourd'hui sa vision porte loin, vers un futur qu'elle saisit à bras-le-corps.**
**Quelques reliefs du Moyen Âge, un château éclatant qui fait le point sur son histoire, un quartier XVIIIe s d'une grande cohérence, un secteur piéton vaste et sans cesse élargi, un maillage de transports hors du commun, une nouvelle gare signée Ricciotti (l'architecte du MuCEM de Marseille), l'incroyable réhabilitation de l'île de Nantes, sans oublier un Musée d'arts nouvelle génération... La ville est parvenue avec habileté à renouer le fil des siècles, en le liant par d'immenses espaces verts.**
**Le grand fleuve indomptable, à qui l'on a coupé des bras, est plus que jamais présent. Redevenu le corps central d'un papillon qui a retrouvé sa 2de aile (la rive gauche), pour mieux prendre son envol.**
**Oui, Nantes a de quoi séduire. Pas seulement grâce à ses habits tout neufs, mais aussi à l'esprit d'aventure qui souffle dans ses voiles, avec comme partie émergée de l'iceberg son dynamisme culturel *(Lieu Unique, Machines de l'île, Folle Journée, Le Voyage à Nantes, le parcours permanent et l'événement estival...)*. La fière cité des ducs de Bretagne est une vraie boîte à idées, toujours en quête de nouvelles manières de conjuguer le « vivre ensemble ». Pas étonnant qu'elle connaisse l'une des plus fortes croissances des métropoles de France.**

## NANTES DANS L'HISTOIRE

Sous les Romains, ***Condevincum,*** où vivent les Namnètes, d'où le nom de Nantes, est déjà un centre actif qui bénéficie de sa situation au confluent de l'Erdre et

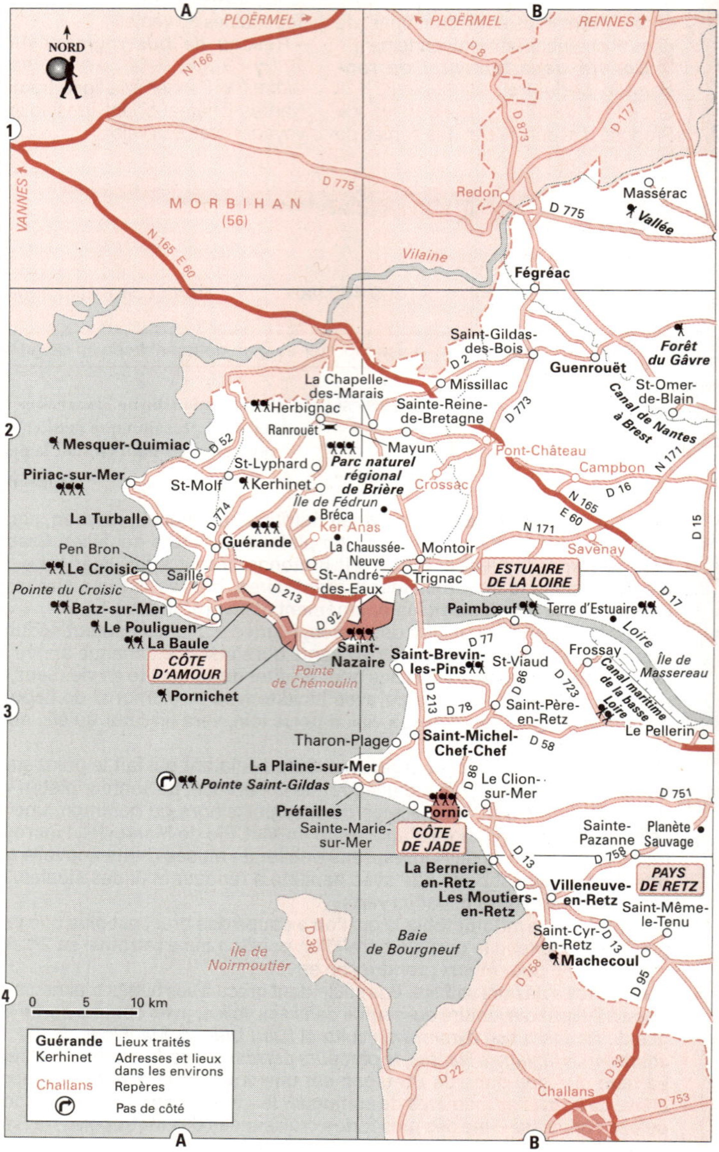

NORD
PLOËRMEL
RENNES
VANNES
MORBIHAN
(56)
Redon
Masserac
Vallée
Vilaine
Fégréac
Saint-Gildas-des-Bois
Guenrouët
Forêt du Gâvre
La Chapelle-des-Marais
Missillac
St-Omer-de-Blain
Canal de Nantes à Brest
Herbignac
Sainte-Reine-de-Bretagne
Ranrouët
Mayun
Pont-Château
Mesquer-Quimiac
St-Lyphard
Parc naturel régional de Brière
Campbon
Piriac-sur-Mer
St-Molf
Kerhinet
Crossac
Île de Fédrun
Bréca
Ker Anas
La Turballe
Guérande
La Chaussée-Neuve
Montoir
Savenay
Pen Bron
Le Croisic
Saillé
St-André-des-Eaux
Trignac
ESTUAIRE DE LA LOIRE
Pointe du Croisic
Batz-sur-Mer
Paimbœuf
Terre d'Estuaire
Loire
Le Pouliguen
La Baule
Saint-Nazaire
Saint-Brevin-les-Pins
St-Viaud
Frossay
Île de Massereau
CÔTE D'AMOUR
Pointe de Chémoulin
Canal maritime de la basse Loire
Pornichet
Saint-Père-en-Retz
Le Pellerin
Tharon-Plage
Saint-Michel-Chef-Chef
La Plaine-sur-Mer
Pointe Saint-Gildas
Le Clion-sur-Mer
Préfailles
Pornic
Sainte-Marie-sur-Mer
CÔTE DE JADE
Sainte-Pazanne
Planète Sauvage
La Bernerie-en-Retz
PAYS DE RETZ
Les Moutiers-en-Retz
Villeneuve-en-Retz
Saint-Même-le-Tenu
Baie de Bourgneuf
Saint-Cyr-en-Retz
Île de Noirmoutier
Machecoul
Challans
N 166
N 165 E 60
D 775
D 8
D 873
D 177
D 2
D 773
D 52
D 774
N 171
D 16
D 15
D 213
D 92
D 17
D 77
D 86
D 723
D 78
D 58
D 751
D 758
D 13
D 38
D 95
D 22
D 32
D 753
0 5 10 km
Guérande Lieux traités
Kerhinet Adresses et lieux dans les environs
Challans Repères
Pas de côté

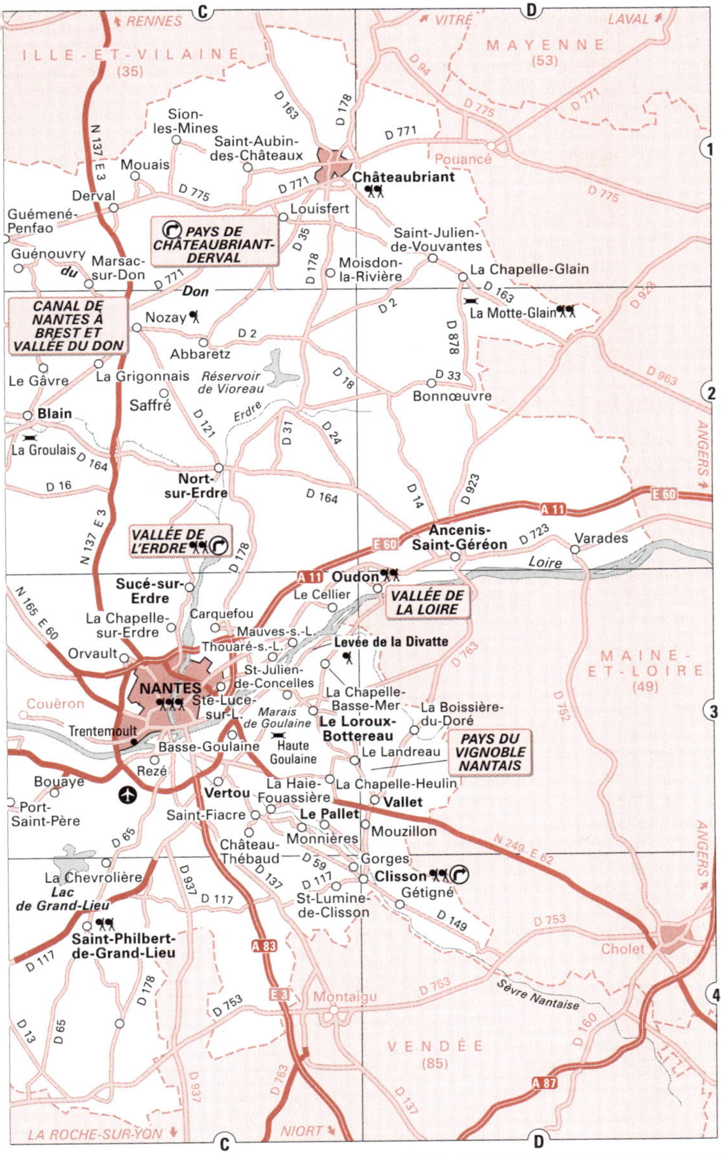


LA LOIRE-ATLANTIQUE

de la Loire. Après avoir subi les invasions saxonnes au Ve s, la ville se réorganise au VIe s. ***Nominoë*** devient roi des Bretons en 842. Mais Nantes est envahie ensuite par les Normands. Le duché de Bretagne est reconstitué en 936 par ***Alain Barbe-Torte.*** En 1213, Pierre de Dreux, dit « Mauclerc », nommé duc de Bretagne par Philippe Auguste, fait de Nantes sa capitale et fortifie la ville. Après les péripéties des guerres de Succession, le duché devient puissant sous la houlette des Montfort, vainqueurs du conflit. Une université est créée en 1460.
Lorsque Louis XI décide d'annexer la Bretagne à la couronne de France, il se heurte à la résistance du duc François II. La défaite de l'armée bretonne en 1488 porte un coup fatal à l'indépendance de la Bretagne. En épousant Charles VIII, puis Louis XII, ***Anne de Bretagne*** rapproche la Bretagne de la France tout en préservant son autonomie. Ce n'est qu'avec sa fille Claude que la Bretagne est définitivement rattachée à la France, en 1532, Anne n'ayant pas eu d'héritier mâle. Au cours des guerres de Religion, Nantes est peu touchée par le calvinisme. Au contraire, les Nantais suivent le gouverneur de la Bretagne, Mercœur, du côté des ligueurs. Henri IV obtient la soumission de Mercœur et vient lui-même signer l'***édit de Nantes en 1598,*** qui mettra fin aux guerres de Religion.



## Nantes et la traite des Noirs

Du XVIIe au XIXe s, Nantes profite du commerce du « bois d'ébène » (la traite des Noirs) et devient le 1er port de France. Les hôtels de style Louis XV et Louis XVI sont les témoins de cette période prospère, voire fastueuse. Honteusement.
Pour l'historien Michelet, les corsaires ont fait la fortune de Saint-Malo... et les négriers celle de Nantes ! Nantes organisa plus de 40 % des expéditions négrières françaises, et ses navires déportèrent environ 450 000 captifs noirs vers les colonies d'Amérique.

### UN COMMERCE BIEN SOMBRE

*Aux XVIIe et XVIIIe s, tout comme Bordeaux, Nantes réalisait son commerce en droite ligne vers les Antilles. Même si, à la différence de Bordeaux, les cales de ses bateaux partaient chargées d'eau-de-vie (et non de vin), elles revenaient elles aussi des colonies avec du sucre, du cacao et du café. Mais face à la pénurie de main-d'œuvre des colonies, les esclaves remplacèrent l'alcool. Le commerce triangulaire était né.*

Pour mieux comprendre comment fonctionne ce « système », suivons l'un des navires qui effectuent ce commerce triangulaire. Le bateau est chargé à Paimbœuf, car les bâtiments, ayant un trop fort tirant d'eau, ne peuvent accéder à Nantes. Les marchandises consistent en des produits de fabrication française : toiles imprimées, armes, alcool auxquels s'ajoute la pacotille (bijoux, verroterie, miroir...) offerte pour entamer les négociations. 2 mois plus tard, le vaisseau arrive en Afrique. Après moult tractations, on embarque des esclaves enchaînés. L'ouvrage *Le Parfait Négociant* propose, pour la « conservation des nègres », d'« embarquer quelque personne qui sût jouer de la musette, de la vielle, violon ou de quelque autre instrument pour les faire danser et tenir gais, le long du chemin ». Au XVIIIe s, plusieurs centaines de milliers de captifs sont ainsi transférés pour exploiter les terres du Nouveau Monde. C'est d'abord la Martinique qui reçoit le plus d'esclaves. Après 1735, Saint-Domingue la supplante. À l'arrivée, les captifs sont vendus pour ensuite travailler dans les plantations ou comme domestiques.
Après la vente aux Antilles, le navire retourne en France, chargé de sucre brut, de café, d'indigo, de coton, de tabac, de bois. Plus des plantes qui deviendront mention obligatoire sous Louis XV afin d'acclimater de nouvelles variétés botaniques dans le royaume de France. De 1715 à 1775, on enregistre 787 retours de navires négriers, soit la moitié de la traite française. Effroyable période, rappelée par l'émouvant Mémorial de l'abolition de l'esclavage, inauguré en 2012.
Mais la véritable fortune de Nantes se fait surtout avec le commerce des matières premières. On traite le sucre à Nantes : de cette époque datent les grandes

raffineries nantaises. Le coton également est travaillé à Nantes, et le financier Graslin crée la 1re manufacture d'indiennes (cotonnades imprimées) de la ville. Les indiennes réalisées prennent ensuite le chemin de l'Afrique.
Les ambitions de la bourgeoisie nantaise croissent avec sa richesse. Les armateurs se font élire aux États de Bretagne, ce qui ne va pas sans quelques aigreurs. Le commerce nantais souffre, par ailleurs, de la contrainte des barrières douanières... Tout cela explique pourquoi la bourgeoisie de la ville accueille favorablement la Révolution.

## Les troubles de la Révolution

Si, avec la Révolution, Nantes devient le chef-lieu de la Loire-Inférieure, elle n'en connaît pas moins une période bien troublée.
– ***L'attaque de Nantes :*** en 1793, les 2 armées royales de Charette et de Cathelineau attaquent la ville. La résistance est vive, et Cathelineau est tué place Viarme.
– ***Les noyades de Carrier :*** en octobre 1793, chassé par le maire de Rennes, Carrier est envoyé par la Convention à Nantes pour « purger le corps politique de toutes les mauvaises humeurs qui y circulent ». La Terreur se développe avec les délations des dames négrières enrichies, jalouses des aristocrates. Jugeant la guillotine insuffisante pour tuer les suspects et les prisonniers, Carrier fait embarquer une centaine de condamnés sur une embarcation qui est ensuite sabordée au milieu de la Loire. Et il recommence l'opération maintes fois. En tout, il fait guillotiner, fusiller et noyer jusqu'à 13 000 personnes selon les royalistes (2 000 selon les républicains !). À la suite des plaintes des Nantais, Carrier sera jugé puis exécuté sur ordre de Robespierre.
– ***La mort de Charette :*** après le débarquement raté des émigrés à Quiberon, Charette reprend les armes. Il est capturé et fusillé place Viarme le 29 mars 1796.



## Le XIXe siècle : Nantes, ville industrielle

Le blocus continental, l'abolition de la traite des Noirs, décidée par la Révolution mais vraiment effective en 1848 (ce qui n'empêchera pas les Nantais de fabriquer pour les autres pays des navires négriers pendant encore plusieurs dizaines d'années !), l'invention de la fabrication du sucre à partir de la betterave, l'essor du chemin de fer et l'ensablement de la Loire constituent de sérieux handicaps à la croissance économique de la ville.

### MÉMOIRES D'OUTRE-TOMBE

*Dans ses célèbres écrits intimes, Chateaubriand évoque son père. Aristocrate appauvri, despotique et taciturne, il s'enrichit grâce à l'esclavage. D'abord capitaine, il devint négrier entre Nantes et Saint-Domingue. Cet enrichissement nauséabond lui permit d'acheter le château de Combourg. Le fils traîna sa mélancolie en se réfugiant dans les livres.*

Nantes opère pourtant sa reconversion dans les ***conserveries,*** les ***biscuiteries*** (Biscuiterie nantaise et Lefèvre-Utile, BN et LU pour les intimes) et la ***métallurgie.*** En 1856, un avant-port est créé à Saint-Nazaire.
Et les dragages de la Loire, à la fin du XIXe s, redonnent un nouvel élan au commerce maritime. En 1914, Nantes accueille encore les grands cap-horniers, déjà concurrencés par les vapeurs transatlantiques armés à Saint-Nazaire.

## Au cours du XXe siècle

De ***grands travaux*** bouleversent le visage de Nantes : les îles Feydeau et Gloriette sont rattachées à la rive droite par le comblement des anciens bras de la Loire. L'Erdre est détournée dans un tunnel. La ***culture des légumes*** sur les terres humides (marais) des bords de Loire se développe alors. Les maraîchers qui cultivent carottes, navets, poireaux, mâche, etc. se partagent les bonnes terres avec les ***fleuristes*** (85 % du muguet vendu le 1er mai vient de Nantes) et avec les ***vignerons*** du muscadet. Pas étonnant que Nantes accueille le 2e plus grand MIN (marché d'intérêt national) de France après Rungis. Pendant la 2de Guerre mondiale, Nantes n'échappe pas aux bombardements (des Alliés) en septembre 1943, qui coûteront la vie à des milliers de personnes et détruiront partiellement le centre, et plus particulièrement le magnifique magasin *Decré,* œuvre Art déco de l'architecte Sauvage (auteur de *La Samaritaine* à Paris). Le ***cours des Cinquante-Otages*** doit son nom à la répression qui suivra l'exécution, le 20 octobre 1941, du colonel Hotz, commandant allemand. Les Allemands annoncent que 50 otages seront abattus si les coupables ne se livrent pas. 2 jours plus tard, 48 personnes sont fusillées en représailles, dont 27 sont des internés du camp de Châteaubriant. Parmi eux, Guy Môquet, qui laisse une lettre émouvante à ses parents, Charles Michels, député communiste du 15e arrondissement de Paris, et Jean-Pierre Timbaud, secrétaire de la Fédération des métaux CGT en région parisienne. Cet événement marque le véritable début de la Résistance. Le général de Gaulle fera de Nantes une des 5 villes « Compagnon de la Libération ».



## Nantes aujourd'hui

Régulièrement plébiscitée pour sa qualité de vie, Nantes s'affiche comme la 3e grande métropole de France par sa croissance démographique et la croissance d'emplois. Grâce à une riche vie universitaire (plus de 60 000 étudiants) et à une industrie diversifiée (BN, Beghin-Say, l'aérospatiale...), Nantes s'impose comme le 1er pôle économique du Grand Ouest. Le taux de croissance de l'économie nantaise est 2 fois supérieur à celui de la moyenne française, le développement du secteur tertiaire étant spectaculaire, favorisé par les décentralisations (INSEE, SNCF, ministère des Affaires étrangères, etc.).
En même temps, la volonté d'alliance entre Nantes et Saint-Nazaire s'affirme de plus en plus pour le développement d'une métropole européenne. Aujourd'hui, le Grand Port maritime de Nantes-Saint-Nazaire est le 4e port français (pétrole, gaz, charbon, tourteaux, céréales, bois) et possède la 1re raffinerie de France à Donges. En 2007, 2009 et 2012 un pont artistique a été établi grâce à l'événement *Estuaire,* devenu un parcours permanent enrichi ponctuellement, un musée à ciel ouvert constitué d'œuvres contemporaines le long de la Loire, à découvrir sur les 60 km d'estuaire reliant Nantes à Saint-Nazaire *(● estuaire.info ● ).*

# Adresses et infos utiles

## Informations touristiques

ℹ ***Nantes Tourisme*** *(centre détachable E3,* ***1****)* ***:*** *9, rue des États. ☎ 0892-464-044 (0,35 €/mn + prix d'appel). Central de résa accessible sur ● nantes-tourisme.com ● Tlj : sept-juin, 10h-18h (17h dim et j. fériés) ; juil-août, 9h-19h. Juil-août, également un espace d'accueil dans la station Prouvé du parc des Chantiers, sur l'île de Nantes (plan détachable C5 ; tlj 10h-18h).* Sur place ou en ligne : hébergements, séjours week-ends à thème, visites guidées et thématiques, billetterie...
– ♿ ***Espace d'information dédié à l'accessibilité :*** recense l'offre accessible sur le territoire (événements, parcours...) et propose des outils compensatoires (vidéos en LSF, documents en relief, livret en braille, etc.).
– ***Circuits et visites guidées :*** toutes sortes d'idées de balades dans Nantes, avec audioguide ou en visite guidée, seul ou en famille (promenade nantaise, promenade commentée des belvédères, cours secrètes et passages couverts, île de Nantes...). De 3 visites par semaine à 3 visites par jour, voire en nocturne. Également une formule #MONGUIDE, en format privé et en prenant des chemins de traverse (5 parcours).
– ***Pass Nantes :*** en vente à Nantes Tourisme, sur son site et dans certains

hôtels. Sésame magique ! Forfaits de 24h, 48h ou 72h (respectivement à 26, 35 et 45 € ; tarif réduit pour les 4-17 ans, les étudiants de moins de 26 ans, et *pass* famille 2 adultes et 2 enfants), tous très attractifs ! Offre un (seul) accès illimité à la Galerie des Machines ou au Carrousel des mondes marins, à tous les musées, sites touristiques, promenades fluviales sur l'Erdre avec les *Bateaux Nantais,* visites guidées, au petit train de Nantes, à l'ensemble du réseau de transport *(citytour),* sans compter des réductions diverses et variées. Donne de plus accès à des sites en dehors de Nantes comme le château de Clisson, *Escal'Atlantic* et EOL centre éolien à Saint-Nazaire...

– ***Bon plan :*** remise de 10 % sur le tarif plein pour toute réservation sur ● *nantes-tourisme.com* ● ou au ☎ *0892-464-044 (0,35 €/mn + prix d'appel).*

– Sur place également, la boutique ***Le Bazar Officiel du Voyage*** propose de nombreux objets *made in* Nantes créatifs, artistiques et insolites. Réduc avec le *Pass Nantes.*

– ***Pour découvrir Nantes avec un habitant :*** ● *greeters-nantes.com* ●

## Transports

***Espace Transport TAN*** *(Transport de l'agglomération nantaise)* ***:*** ☎ *02-40-444-444 (n° Azur).* ● *tan.fr* ● *Ticket à l'unité : 1,70 € (valable 1h).* Pour toutes infos et achats, se rendre à l'***Espace Mobilité Commerce*** *(centre détachable E3 ; 2, allée Brancas ; lun-sam).* Gère le réseau de bus, tram (lignes 1, 2 et 3, plus le *Busway* ligne 4), *Navibus* (navette fluviale) et TER sur Nantes, la métropole, le département et même plus loin. S'occupe également du service *Bicloo* (voir plus loin). Les cyclistes peuvent prendre le tramway tous les jours avant 7h ou après 19h, mais aussi le dimanche, les jours fériés et pendant les 2 mois d'été.

***Taxis :*** *Allo Taxis,* ☎ *02-40-69-22-22.*

***Location de voitures :*** *quelques loueurs dans le quartier de la gare, comme* ***Europcar Auto 44,*** ☎ *02-40-47-19-38 ;* ***Ada,*** ☎ *02-53-39-73-20.*

***Navibus :*** ● *tan.fr* ● Liaisons bateau : l'une permet de traverser la Loire et de rejoindre Trentemoult en 6 mn. Départ à la gare maritime *(Ⓣ Gare-Maritime, ligne 1 ; plan détachable B-C4). Navette ttes les 10-20 mn env, jusqu'à 0h10 ven-sam en été.* Génial pour aller déjeuner et revenir dans la journée. Une autre permet de traverser l'Erdre du campus universitaire au quartier de Port-Boyer, au nord de Nantes. La 3e relie le Hangar à Bananes au Bas-Chantenay.

***Parkings :*** si vous venez en voiture, on vous conseille de stationner dans les parkings Relais (P + R), situés à l'extérieur de la ville, à environ 5-10 km du centre (payants). Liste et carte à Nantes Tourisme ou sur Internet. Tous ces parkings sont reliés au centre par tram, *Busway* ou bus *(passage ttes les 10-20 mn max).* Dans le centre, on conseille le parking de la Cathédrale.

## Location de vélos

On ne compte pas moins de 570 km de voies cyclables dans Nantes Métropole. Au cœur de la ville, ce n'est pas toujours très pratique mais c'est toujours mieux que la voiture ! Avec ● *geovelo.nantesmetropole.fr* ●, calculez vos itinéraire et temps de parcours. Pratique !

***Bicloo de Nantes :*** ☎ *01-30-79-33-44.* ● *bicloo.nantesmetropole.fr* ● Point d'accueil au Carré Feydeau, plus une centaine de stations dans le centre-ville et alentour. Conseillé à partir de 2 jours (trop de démarches pour une seule journée !). Tickets de 1 et 3 jours *(2-5 € les 30 premières mn).* Excellente carte, disponible à Nantes Tourisme.

***L'Îlot Familles :*** *île de Nantes, parc des Chantiers.* 📱 *07-60-22-74-81.* ● *ilot-familles.com* ● Des cycles pour toutes les familles et toutes les situations.

## Marchés

– ***Marché de Talensac*** *(plan détachable D-E2)* ***:*** *rue de Talensac. Sous les halles (qui datent de 1934) et autour. Tlj sauf lun 7h-13h, plus en nocturne jeu*

*16h-20h.* Le « grand » marché couvert de Nantes. Bouchers, poissonniers, mais aussi traiteurs exotiques, fromagerie Beillevaire (adresse historique en ville), de nombreux maraîchers du coin, *La Petite Boulangerie* de Franck Desperier, Meilleur Ouvrier de France, ou encore le chocolatier Vincent Guerlais, « agitateur de papilles », comme il se définit...

– ***Marché bio*** *(centre détachable D3) : pl. de la Bourse. Mer mat.*

– ***Marché aux puces*** *(plan détachable D2) : pl. Viarme. Sam 8h-13h.*

– ***Marché de la Petite-Hollande*** *(centre détachable D-E3) : pl. de la Petite-Hollande. Sam 8h-13h15.* Le plus grand marché alimentaire de la ville. Également des vêtements et du bricolage. Attention, ne pas stationner dans le secteur le vendredi soir : fourrière assurée.

– ***Les Mardis du livre*** *(centre détachable D3) : pl. de la Bourse. Mar 13h-19h.* Des tonnes de livres d'occase.

– ***Marché de Bottière-Chénaie :*** *pl. Jacques-Yves-Cousteau. Mer 16h-19h30.* Le seul avec horaires du soir.

– ***Marché bio de Trentemoult*** *(hors plan détachable par A6) : sam 8h-13h.* Allez-y en *Navibus,* c'est plus écolo !



## Où dormir ?

Bon à savoir, Nantes étant une ville d'affaires, la plupart des hôtels proposent des tarifs vraiment intéressants le week-end. Par ailleurs, dans le cadre du Voyage à Nantes, certains hôtels nantais proposent des chambres décorées par des artistes, il y en a toute une collection. Liste et central de réservations : *☎ 0892-464-044 (0,35 €/mn + prix d'appel). • nantes-tourisme.com •*

### Camping

⛺ ***Nantes Camping*** *(hors plan détachable par D1,* ***10****) : 21, bd du Petit-Port. ☎ 02-40-74-47-94. • nantes-camping@nge-nantes.fr • nantes-camping.fr • En bus, lignes 26 et 20, arrêt Petit-Port. Ⓣ Morrhonnière-Petit-Port (ligne 2). En voiture, sur le périphérique nord, prendre la sortie 39, direction Porte de la Chapelle. ♿ Tte l'année (pas d'emplacements tente nov-avr). Tentes 25-50 € ; locatifs 39-235 €/nuitée. 160 empl.* Terrain au bord d'un ruisseau, dans le coin des universités. Fort bien équipé et très pratique (à 10 mn du centre-ville en tramway), ce camping est engagé dans une démarche écoresponsable. Très arboré. Bar-resto, jardin, aire de jeux, pétanque, ping-pong, bar-resto et épicerie, et un minigolf insolite inspiré de l'univers de Jules Verne. Piscine juste en face, gratuite pour les clients du camping. Location de vélos.

### Appartements en ville

Nantes propose quelques formules vraiment originales pour se loger en appartement.

🏠 ***Surprenantes – Destinations :*** *86, quai de la Fosse. ☎ 09-67-20-97-81. 📱 06-38-44-49-98. • contact@surprenantes.com • surprenantes.com • Nuit env 100-160 €, dégressif. Attention, 2 nuits min parfois demandées pdt vac scol.* Un concept « surprenant » d'appartements haut de gamme très bien situés en centre-ville et au-delà, conçus selon des thématiques liées au patrimoine historique et culturel de Nantes. Vous pourrez choisir entre 1 des 6 appartements sur le thème de Jules Verne (« La Cabane du capitaine Nemo II », « Voyage en ballon »... on adore !) et 1 autre tout aussi extra, imaginé par Karina Bisch pour la partie extérieure, « Le d'Ô : Amours ». Ambiances incroyablement réussies, avec une application et un souci du détail qui permettent de se laisser embarquer dans le monde ainsi recréé. Un voyage en soi !

🏠 ***Welcome Home Nantes :*** *📱 06-72-77-43-85. • welcomehome-nantes@live.fr • À partir de 52 €.* Un choix d'appartements d'hôtes, de charme, situés au cœur de Nantes. Au choix,

« Le Petit T » *(110, rue du Général-Buat),* une ancienne conciergerie près de la basilique, réhabilitée en petite maison pour 3 avec jardin), ou « L'Antichambre de la Duchesse » *(1, rue Mathelin-Rodier),* un studio pour 3 avec vue directe sur le château.

■ ***Appart'City Nantes Centre*** *(centre détachable E3,* ***12****) : 4, rue des Petites-Écuries. ☎ 02-28-08-10-20. • nantes-centre@appartcity.com • appartcity.com •* Les appartements de 2 à 4 personnes offrent un équipement de standing avec un coin cuisine ainsi qu'un espace bureau avec Internet. En couple ou en famille, l'appart-hôtel permet d'économiser sur son budget restauration. Ces établissements proposent des services (parfois) identiques à ceux des hôtels comme une bagagerie et le petit déjeuner.

## *HÔTELS*

### ***Vieille ville***

#### **Prix moyens**

■ ***Hôtel Duquesne*** *(centre détachable E2,* ***13****) : 12, allée Duquesne (cours des Cinquante-Otages). ☎ 02-40-47-57-24. • info@hotel-duquesne-nantes.com • hotel-duquesne-nantes.com •* ♿ Hôtel classique et familial, au calme, même si certaines chambres donnent sur le cours des Cinquante-Otages. De bon confort (double vitrage, ascenseur...), elles sont coquettes et sobres à la fois. Salles de bains pour la plupart très joliment rénovées.

#### **De chic à plus chic**

■ ***Hôtel La Pérouse*** *(centre détachable E3,* ***14****) : 3, allée Duquesne (cours des Cinquante-Otages). ☎ 02-40-89-75-00. • information@hotel-laperouse.fr • hotel-laperouse.fr •* Ⓣ *Place-du-Cirque (ligne 2).* ♿ *Doubles standard 99-279 € ; supérieures également ; petit déj 16 € avec des produits locaux. Stationnement payant à 50 m (adresse GPS pour dépose-minute : 3, rue Armand-Brossard). Écolabel européen.* Cet hôtel iconique, construit par les architectes Barto et Barto, a obtenu le label « Patrimoine du XXᵉ s ». Ce gros bloc de granit tout blanc, à la façade penchée (en référence aux immeubles de l'île Feydeau) traverse les années sans prendre une ride. À l'intérieur, du bois clair, du verre, de la pierre, de l'espace, et mobilier signé par des designers contemporains... Dans le bar, des créations originales réalisées à partir de matériaux électroniques de récupération. Dans les chambres, spacieuses et indémodables dans leur parti pris de sobriété, des salles de bains avec lavabo transparent. Accueil pro et charmant.

■ ***Okko Hôtel*** *(centre détachable E3,* ***16****) : 15 bis, rue de Strasbourg. ☎ 02-52-20-00-70. • nantes4401@okkohotels.com • okkohotels.com/hotels/nantes •* ♿ *Doubles 100-200 €, apéritif non alcoolisé et snacking compris. Petit déj 14 €. Parking payant selon dispo.* Cet hôtel récent se cache derrière une discrète façade moderne. La surprise vient des 80 chambres, lumineuses et calmes, conçues comme des cocons. La clientèle, d'affaires en semaine, apprécie visiblement ce style conjuguant design épuré mi-scandinave mi-futuriste et fonctionnalité d'un établissement qui mise sur le haut de gamme. Salle fitness sur résa et *aperitivo* à 18h30. Accueil attentionné.

### ***Quartier Graslin***

#### **Bon marché**

■ ***Hôtel Saint-Patrick*** *(centre détachable E3,* ***15****) : 7, rue Saint-Nicolas. ☎ 02-40-48-48-80. • hotelsaintpatrick44@gmail.com • hotel-saintpatrick.com • Réception au 3ᵉ étage, 17h-20h30. Congés : fêtes de fin d'année. Doubles avec w-c sur le palier ou privés 52-59 € ; familiales. Un petit déj/chambre par nuit offert le w-e sur présentation de ce guide.* En plein centre-ville, cet hôtel étroit mais qui monte haut (4 étages sans ascenseur) est une vraie aubaine pour les petits budgets. C'est nickel et avec double vitrage (bonne nouvelle, car il y a quelques terrasses de bars sur la place). Un ensemble fort convenable et une ambiance routarde très sympa, à l'image de l'accueil et de la fresque murale dans les escaliers ou de la sculpture en façade.

### De prix moyens à chic

**Hôtel Amiral** *(centre détachable D3,* ***19****) : 26 bis, rue Scribe. ☎ 02-40-73-56-69. • amiral@hotel-nantes.fr • hotel-nantes.fr • Doubles 68-124 € ; familiales. Réduc de 10 % sur présentation de ce guide.* Hôtel moderne et agréable, à l'image de ce hall tendance et accueillant. C'est en tout cas l'un des établissements les plus engagés dans le développement durable, primé pour cela en 2015 et écolabellisé en 2011. Chambres pas bien grandes mais fonctionnelles et plutôt coquettes. Préférer celles sur l'arrière. Petit déjeuner avec produits bio et locaux. Une adresse fiable qui a su opérer une réhabilitation de qualité. Accueil toujours au top.



**Hôtel Voltaire Opéra** *(centre détachable D3,* ***20****) : 10, rue Gresset. ☎ 02-40-73-31-04. • resas@hvonantes.com • hotelvoltaireoperanantes.com • ♿ Doubles standard 65-160 €.* Dans un immeuble ancien doté d'une jolie façade décorée, des chambres confortables, à la déco sobre et élégante, personnalisées et tranquilles. La rue n'est pas des plus fréquentée. Excellent accueil.

### De chic à plus chic

**Oceania – Hôtel de France** *(centre détachable D3,* ***17****) : 24, rue Crébillon. ☎ 02-40-73-57-91. • oceania.hoteldefrance@oceaniahotels.com • oceaniahotels.com • Doubles à partir de 89 €. Parking public payant.* Au cœur du quartier chic, l'*Hôtel de France* a opéré une mue bluffante qui a su préserver les volumes et le caractère de l'ancien hôtel particulier, notamment cet escalier monumental en fer forgé, tout en imprimant un style résolument moderne et coloré. Immense hall surplombé de sa coupole. Chambres spacieuses, parfaitement insonorisées et lumineuses, au confort 4 étoiles. Mention très spéciale pour le petit déj-buffet. Espace fitness et bar-salon de thé cosy *(ouv 11h-23h).*

**Maisons du Monde** *(centre détachable D3,* ***22****) : 2 bis, rue Santeuil. ☎ 02-40-73-46-68. • nantes@maisonsdumondehotel.com • maisonsdumondehotel.com • Doubles à partir de 80 € ; petit déj 18 €.* Quand un groupe hôtelier et une chaîne de mobilier de maison croisent leurs savoir-faire, cela donne une cinquantaine de séduisantes chambres à thème, tout confort et de gamme variable : nature, rock, exo-chic, explo-chic, classique... Pas de réception mais un salon ouvert aux gens du quartier, une cuisine commune comme à la maison, et au final un lieu convivial en plein centre.

**Micr'Home** *(centre détachable D3,* ***21****) : 12, rue de la Fosse. ☎ 0892-464-044 (0,35 €/mn + prix d'appel). • nantes-tourisme.com • À partir de 100 €, sans le petit déj.* Notre repaire le plus curieux et le plus étriqué à Nantes, un appartement de 26 m² sur 3 niveaux de 2 m de large, lové entre 2 murs dans une ruelle. De la micro-architecture développée dans le cadre du « Voyage à Nantes », totalement déroutante et conceptuelle, d'autant qu'on accède aux lieux seulement par une échelle rétractable !

**Best Western Hôtel Graslin** *(centre détachable D3,* ***23****) : 1, rue Piron. ☎ 02-40-69-72-91. • info@hotel-graslin.com • hotel-graslin.com • Doubles à partir de 65 ou 85 €.* Chambres modernes, plus ou moins spacieuses. Très agréable lounge bar avec de généreux fauteuils. Bel accueil. Le tout dans une ambiance Jules Verne à l'image de la salle de petit déj, évoquant le sous-marin de Nemo.

## *Quartier de la gare*

### De prix moyens à chic

**Hôtel Abat-Jour** *(plan détachable F2,* ***26****) : 17, rue Geoffroy-Drouet. ☎ 02-40-74-35-95. • abat.jour@wanadoo.fr • Attention, réception fermée 13h-17h. Doubles 60-84 € hors congrès et événements.* Petit hôtel au calme, à proximité de la cathédrale. On apprécie les chambres « supérieures », très cosy et meublées avec beaucoup de goût. Chacune est personnalisée et dégage sa propre atmosphère : tons gris, taupe, mauve ou chocolat, toujours cosy. Tout simplement un bon rapport qualité-prix !

**Hôtel du Château** *(centre détachable F2,* ***24****) : 5, pl. de la Duchesse-Anne. ☎ 02-40-74-17-16. • hotelduchateau44@orange.fr • hotel-du-chateau-nantes.fr • Accès au fond d'un couloir et réception au 1er étage (ouv 7h30-9h le w-e – 13h30, 17h30-22h). Doubles 56-80 € ; familiales (vue sur les toits ou le château). Réduc de 2 € sur la 1re nuitée en résa directe sur présentation de ce guide.* Une adresse assez rare dans son genre, au rapport qualité-prix-emplacement franchement compétitif. Ce petit hôtel, tout en escalier, propose une douzaine de chambres simples, claires, personnalisées, relookées façon maison de famille, aux couleurs douces et fraîches. Les portes sont joliment décorées de textes sur des personnes ayant appartenu à la cour d'Anne de Bretagne. Salles d'eau minimalistes mais double vitrage efficace. Accueil prévenant.

**L'Hôtel** *(centre détachable F2,* ***28****) : 6, rue Henri-IV. ☎ 02-40-29-30-31. • info@nanteshotel.com • nanteshotel.com • À 300 m de la gare. Chambres standard (vue arrière) ou supérieures (vue château ou jardins) 79-169 €. Parking payant.* Un 3-étoiles confortable, idéalement situé à l'arrière du château, sur lequel donnent certaines chambres. Hall élégant. Déco résolument moderne, jouant avec le blanc et les tonalités sourdes. Conception tendance également, avec des salles de bains ouvertes sur la chambre (pour certaines). Pas très spacieuses, en revanche, mais agréablement meublées.

## Beaucoup plus chic

**Hôtel Sozo** *(plan détachable G2,* ***32****) : 16, rue Frédéric-Cailliaud. ☎ 02-51-82-40-00. • reception@sozohotel.fr • sozohotel.fr • ♿ À 2 pas de la gare. Doubles 100-360 € ; suite également. Petit déj 19 €. Parking payant (15 €/nuit).* En retrait de la rue, un boutique-hôtel surprenant, logé dans une chapelle du XIXe s avec vue sur le jardin des Plantes. D'emblée, la réception, installée dans le chœur et qui a conservé ses vitraux, impressionne par son volume et sa luminosité. La déco des chambres extra-confortables et d'une blancheur monacale, au design épuré, met parfaitement en valeur l'architecture spécifique du lieu et la pierre. Petit déjeuner copieux et bio. Assurément une formidable transformation architecturale pour ce lieu béni des dieux. Également un espace sensoriel (accès payant).

### *Un peu au nord*

## Prix moyens

**Hôtel Saint-Yves** *(plan détachable F1,* ***30****) : 154, rue du Général-Buat. ☎ 02-40-74-48-42. • reservation@hotel-saintyves.fr • hotel-saintyves.fr • Bus nos 21 ou 23 pour le centre. Double 69-90 €.* Bien qu'un peu excentré, en bus on n'est qu'à 10 petites minutes du centre. Chaque chambre est personnalisée, décorée avec un goût sûr et même un vrai talent. Et puis, au fond, un beau petit bout de jardin, très apprécié de la clientèle d'habitués, complète élégamment ce petit nid d'amour. Tout cela à des prix vraiment très démocratiques.



# Où manger ?

Outre les nombreux restos exotiques du quartier Bouffay et les restos « bon marché » qui font la joie des étudiants nantais, la ville regorge d'établissements qui mettent en valeur les produits locaux, mais pas seulement. Nantes est devenue une destination gastronomique, et dans des gammes de prix raisonnables. Pour trouver la table de ses rêves, outre notre sélection, consulter le site (à jour) *• lestablesdenantes.fr •* qui répertorie nombre de restaurants nantais par critères de sélection.

## *Dans la vieille ville et à proximité*

### Sur le pouce

Nantes se prête à baguenauder dans les espaces verts ou à s'attarder sur un banc face à un monument ou à une œuvre d'art contemporain. Alors, amis lecteurs, n'hésitez pas à aller écumer les nombreux marchés, qui proposent de bonnes spécialités locales et régionales.

**La Cuillère en Coin** *(centre détachable E2, **40**) : 21, rue de Strasbourg (à l'angle de la rue Beau-Soleil). ☎ 02-40-89-16-93. Seulement lun-ven 12h-15h. Formules 11,80-15,50 €.* Un petit bout d'adresse vert pomme, qui distille avec fraîcheur de bien belles soupes, salades, quiches et toujours un plat mijoté. Rien que du frais, rien que du bon, toujours de saison, et ça ne troue pas le porte-monnaie. Sur place ou à emporter. Accueil adorable.

**Dubrown Burger** *(centre détachable E2, **47**) : 12, rue Saint-Léonard. Fermé dim-lun. Env 10-15 €.* Ici, fast-food rime avec *good, « pas de bullshit »,* comme ils l'affichent. Viande bovine française et pain boulanger (agrémenté de graines de courge ou de pavot) constituent la base de recettes pour certaines vraiment originales : fourme d'ambert-oignons caramélisés ananas rôti-cheddar. Pour le reste, viande juteuse et frites délicieuses. Tiens, ça aussi ça rime...

**Dînette** *(centre détachable E3, **48**) : 12, rue du Château. ☎ 02-51-82-79-13. Tlj 12h-18h30. Compter 10-20 €.* Il a du style ce petit salon de thé gourmand qui propose des formules vraiment épatantes au déj. Salades composées de produits frais, soupes, tartes salées onctueuses et pâtisseries maison. Parfait pour une... déjeunette entre copines ! Fait salon de thé l'après-midi. *Une autre adresse 11, rue Saint-Léonard.*

**Chop Chop** *(centre détachable E2-3, **41**) : 11, rue Saint-Léonard. ☎ 02-40-12-10-60. • chopchopnantes@gmail.com • Lun-sam 9h-18h. fermé dim. Petits plats env 6-14 €.* Sur place, mais surtout à emporter, la touche un brin *British* de ce *coffee shop* enthousiasme les gens du quartier avides d'authenticité et de simplicité. En plus d'un café, ils ne savent que choisir entre tartes salées, *sausage rolls, carrot cakes* et verrines... à accompagner d'une bière bio.

### Bon marché

**Le Coin des Crêpes** *(centre détachable E3, **45**) : 2, rue Armand-Brossard. ☎ 02-40-35-39-36. Fermé dim-lun. Repas env 20 €.* Comme pour marquer une identité bretonne incontestable, Nantes regorge de bonnes crêperies. Celle-ci fait partie du top 5 avec une sélection de produits locaux et bio de préférence, et des réalisations irréprochables. Les 2 salles – dont 1 à l'étage –, aménagées dans le goût de l'époque, et la large terrasse sur voie semi-piétonne dès les beaux jours offrent un cadre de dégustation des plus plaisant. Accueil impeccable et coin épicerie.

**Le Reflet** *(centre détachable E2-3, **97**) : 4, rue des Trois-Croissants. ☎ 02-40-20-33-86. • restaurant.lereflet@gmail.com • Ouv le midi mar-ven, plus le soir jeu-sam. Fermé dim-lun. Formules déj 13-17,50 € ; dîner 24-29 €.* Un restaurant extraordinaire, comme les autres tout en étant différent. Car ici ce sont des jeunes en situation de handicap qui se relaient pour servir une cuisine de marché fine, fraîche et contemporaine. Ici, tout a été conçu pour faciliter le service : on tamponne les plats sélectionnés sur une carte, les assiettes ont été fabriquées spécialement, le mobilier adapté en cuisine. Au plafond, toiles abstraites créées avec les jeunes. L'ambiance est tout simplement au sourire, à la bienveillance, à l'humour et à la gourmandise. Un bon et beau moment pour faire changer le regard sur le handicap. Et un véritable succès, à tel point que *Le Reflet* a ouvert un restaurant à Paris en 2019.

### De prix moyens à chic

**Le Bouchon** *(centre détachable E2, **46**) : 7, rue Bossuet. ☎ 02-40-20-08-44. 📱 06-83-18-04-95. • lebouchon.*

*restaurant@orange.fr • Fermé sam midi et dim-lun. Résa vivement conseillée. Formules déj en sem env 14-17 € ; menus 26-34 €. Digestif maison offert sur présentation de ce guide.* Dans une jolie maison à pans de bois avec un beau jardin, une cuisine innovante et surprenante à tendance gastro, où se mêlent parfums et saveurs d'ailleurs. Part belle faite aux légumes, « frais pour de vrai » comme affiché. Service impeccable et sans chichis.

**Pickles** *(centre détachable E2, **53**) : 2, rue du Marais. ☎ 02-51-84-11-89. • picklesnantes@gmail.com • pickles-restaurant.com • ♿ Fermé dim-lun. Congés : 24-26 déc et 1re sem de janv. Formules déj 18-22 € ; menus 45-52 €.* Adieu la City ! Consultant dans une vie antérieure, l'Anglais Dominic Quirke a passé son CAP et effectué son apprentissage dans de grandes maisons. Aujourd'hui, dans son bistrot « industriel », il met son savoir-faire au service d'une cuisine néobistrotière, bien dans son temps. Chaque jour, le marché et l'humeur créative du chef impriment la tendance du menu avec des plats joliment présentés, aux saveurs métissées, et mâtinées d'influences britanniques. *Of course !* Desserts extra à ne pas bouder.

**Sources** *(centre détachable E2-3, **143**) : 22, rue de Verdun. ☎ 02-40-89-42-42. Fermé dim-lun et mar soir. Menus 19-23 € le midi en sem ; menus-dégustations 48-64 €.* La salle s'allonge sur plusieurs demi-niveaux jusqu'à la cuisine ouverte. De la délicatesse et une indéniable touche féminine, tant dans la déco colorée qu'à la carte, les saveurs subtiles à base d'herbes et épices à redécouvrir, et les plats présentés comme des petites œuvres d'art. Une pause savoureuse et guillerette dans le vieux centre, là où la maison abritait auparavant une épicerie fine. On comprend mieux !

**L'Aménité** *(centre détachable E2, **49**) : 4, rue Fénelon. ☎ 02-40-20-03-46. Lun-ven à partir de 12h et 20h. Fermé le w-e. Menus 19-24 € le midi, 36-49 € le soir.* Le dico définit l'aménité comme de la « douceur accompagnée de grâce et de politesse ». Ajoutons à ce portrait flatteur une agréable déco dans les tons bleu royal agrémentée des tableaux de la galerie voisine, une précision d'horloger dans le mariage des saveurs et la palette d'un peintre quand les plats se présentent à vous. La cuisine est légère et réjouissante. Du grand art pour ce bistrot chic et bio à l'âme écolo.

**L'Étrillum** *(centre détachable E2, **54**) : 22, rue Armand-Brossard. ☎ 02-40-12-10-38. • contact@etrillum.fr • Fermé le w-e. Menus 18 € (midi)-36 €.* Ce bar à vins tout en longueur, au décor typiquement bistrotier, laisse entrevoir au fond, dans sa cuisine ouverte, un chef appliqué et inspiré. Chaque jour, il revoit son ardoise en fonction du marché et réalise tout sur place. Aux formules simples, courtes et abordables du déjeuner se substitue une ardoise plus élaborée le soir avec de vrais fonds de sauce, des accompagnements travaillés et des présentations soignées. Simple et efficace.

**Lamaccotte** *(centre détachable E2, **101**) : 7, rue Saint-Denis. ☎ 02-85-37-42-30. Fermé dim-lun. Le midi, menus 20-25 € ; le soir, menus découverte 4 ou 6 plats 38-48 €.* Ce restaurant propose des produits frais de qualité. La cuisine nous enchante par sa précision, les associations de saveurs et l'attention particulière portée aux légumes. La présentation des plats, soignée et graphique, ajoute encore au plaisir de la table. Desserts gourmands à souhait. L'accueil est au diapason, pro, souriant et carré.

## Dans le quartier Graslin et autour

### Très bon marché

**Le Badérioc** *(centre détachable D3, **57**) : 4, rue du Chapeau-Rouge. ☎ 02-28-08-96-91. • lebaderioc@gmail.com • Lun-sam 11h-16h. Congés : 3 sem en août et fêtes de fin d'année. Plat env 15 €.* Petit self adorable où se retrouvent les habitués du quartier dans une ambiance conviviale et un décor coloré. Tout est là, et on se sert soi-même. Un peu comme chez soi. On prend une barquette pour un plat, puis une salade, une soupe, une tarte, une quiche ou un

LOIRE-ATLANTIQUE

gâteau au chocolat... Et on se régale avec le sourire. Pour une poignée d'euros, un rendez-vous sympathique comme Nantes sait en créer. Quelques tables en terrasse, été comme hiver.

|●| ***Crêperie Heb-Ken*** *(centre détachable D3,* ***58****) : 5, rue de Guérande. ☎ 02-40-48-79-03. • creperie-heb-ken@orange.fr • Tlj sauf dim. Résa préférable le soir. Carte env 10-15 €.* Un accueil direct et surtout des crêpes goûteuses copieusement garnies. Voilà le menu ! On tient là l'une des meilleures crêperies nantaises. Prévoir du temps pour faire son choix, la carte affiche plus d'une centaine de combinaisons.

|●| ***Le Poisson Paré*** *(centre détachable D3,* ***96****) : 12, quai de la Fosse. ☎ 02-40-35-42-05. Ouv le midi mar-sam, plus le soir jeu-ven. Formules déj env 12-17 € ; plat env 11 €.* Une pause sympa et sans façons pour un *fish & chips* tout en légèreté avec frites maison et poisson frais. Mais on peut le préférer plus classique en filet avec des légumes bretons bio, ou sous forme de rillettes, dans une salade, etc. Bref, une pause iodée sympa dans une petite salle bien dans l'air du temps. Pour ne rien gâcher, jolie sélection de vins et accueil souriant.

## Bon marché

|●| ***Le Petit Boucot*** *(centre détachable D3,* ***98****) : 3, rue Lekain. ☎ 02-53-97-04-04. Fermé sam midi et dim-lun. Congés : 1 sem en janv, 2 sem en août. Formules déj 18-21 € ; plats à partir de 20 €. Digestif maison offert sur présentation de ce guide.* Le boucot, c'est la délicieuse et iodée petite crevette grise pêchée dans le coin. Frédéric Chiron propose dans une petite salle gris-bleu apaisante avec ses murs de pierre une cuisine simple mais créative et goûteuse, mâtinée de quelques épices pour relever le tout. Le soir, c'est un peu plus élaboré, mais on reste bien dans la même volonté de surprendre et de faire plaisir. Service agréable et de bon conseil. Un excellent rapport qualité-prix. Résa impérative, cela va sans dire !

|●| ⛱ ***La Cigale*** *(centre détachable D3,* ***59****) : 4, pl. Graslin. ☎ 02-51-84-94-94. • salle@lacigale.com • Face au théâtre Graslin (l'opéra). Service continu tlj 7h30-0h30 (y compris dim, pratique !). Formules déj en sem 16-27,50 € ; le soir, menus 24,90-27,50 € ; dim à partir de 31 € le midi, 19 € le soir ; intéressant menu enfants 11 €.* L'adresse incontournable, une sorte de pèlerinage obligatoire, immortalisée par Jacques Demy et Anouk Aimée dans *Lola.* Inauguré en 1895, c'est un pur chef-d'œuvre de l'Art nouveau, classé aux Monuments historiques. La cuisine savoureuse et généreuse met en valeur les produits et les recettes régionales. Service virevoltant et charmant. En été, terrasse très agréable donnant sur la magnifique place Graslin.

|●| ***Beckett's Canteen*** *(centre détachable D3,* ***43****) : 3, rue Guépin. ☎ 02-40-48-76-46. Ouv le midi tlj sauf dim, plus le soir ven. Formules déj 17,50-20,50 € ; menus 21,50-25,50 €.* Comme son nom le laisse entendre, ce petit resto *trendy* et cosy est tenu par un Irlandais, aussi francophone que l'était l'auteur d'*En attendant Godot.* Mais hormis la *Guinness* à la pression, rien d'irlandais dans cette cuisine fraîche et goûteuse qui fait volontiers le tour du monde. Petite terrasse tranquille dans sa rue piétonne. Prix aussi gentils que l'accueil.

## De prix moyens à chic

|●| ***Song*** *(centre détachable D3,* ***60****) : 5, rue Santeuil. ☎ 02-40-20-88-07. • contact@restaurant-song.fr • Fermé dim-lun. Résa indispensable. Formules déj en sem env 16-20 € ; plats 18-28 €.* Éclairages tamisés, éléments de décor épurés, ambiance intime : bienvenue dans ce temple raffiné de la cuisine asiatique version nouvelle cuisine... Aux commandes, une femme qui se plaît à revisiter les classiques asiatiques en y apportant une sacrée touche d'originalité et certaines créations plus inattendues. Excellents desserts, aux présentations graphiques, et une belle sélection de vins au verre à prix d'amis. Également un comptoir vente à emporter.

|●| ***Roza*** *(centre détachable C-D3,* ***50****) : 3, pl. de la Monnaie. ☎ 02-40-54-01-87. • reservationroza@hotmail.com • Fermé le w-e. Menus midi 20-25 € ; plats 25-29 €.* Cette référence bistronomique nantaise a fait son nid face au

tranquille square du Muséum d'histoire naturelle. Pas de parade, ce n'est pas le genre de la maison, mais un cadre chic et une carte choc qui ne manquent pas de style. Avec la formule du midi on ne se fait pas plumer tandis que les plats alignent les bons points. Une adresse en bonne place sur notre liste rouge des espèces à protéger.

### *Sur l'île Feydeau et dans le quartier du Champ-de-Mars*

#### Très bon marché

**Bad Hunter** *(centre détachable E3,* ***51****) : 1, allée de la Maison-Rouge. ☎ 02-53-78-65-18. Ouv le midi en sem, plus ven soir. Fermé le w-e. Résa conseillée. Env 15 €.* Une cantine de quartier qui fait le buzz à midi, à l'heure du coup de feu. Carte végétarienne et bio qui ravit les bosseurs du coin en chasse d'une bonne table, dans une ambiance animée avec ses tables à touche-touche. Terrasse sur la rue. Une affaire imbattable pour le porte-monnaie.

#### De bon marché à prix moyens

**Totum** *(centre détachable E3,* ***100****) : 11, quai Turenne. 06-10-53-22-20. • hello@totumcantine.bio • Mar-sam. Congés : autour de Noël et 2e quinzaine de sept. Formules env 16-22 €. Café offert sur présentation de ce guide pour la formule 3 plats.* Une petite cantine, bio, végane et sans gluten (comme l'indique la carte), installée dans les salles basses d'un bel immeuble du quai Turenne. Elle propose une ardoise alléchante avec des plats élaborés et de la créativité. Les légumes, les graines, les épices sont associés dans des plats pleins de saveurs et de bien-être. Madame est une sommelière de renom, le bonheur total ! Terrasse sur le quai. *Pour les accrocs, la maison a ouvert une 2e adresse plus sage, au 11, rue Fouré.*

**Les Chants d'Avril** *(centre détachable F3,* ***44****) : 2, rue Laennec. ☎ 02-40-89-34-76. Fermé le soir lun-mer et le w-e. Formules déj 19-22,50 € ; le soir, menu 31,50 €.* Historique décor de bistrot qui a conservé, depuis les années 1950, des fresques murales à la gloire du Pays nantais et des banquettes de moleskine verte. Menu mystère à base de produits d'une éclatante fraîcheur, très joliment travaillés. Vins (mystère aussi !) très, très bien choisis. Une belle surprise, effectivement. Et le chef a même lancé sa propre gamme d'épices, vendue en moulins.

**Les Frères Piers** *(plan détachable F3,* ***68****) : 40 bis, rue Fouré. ☎ 02-40-48-26-24. • contact@lesfrerespiers.com • Fermé dim-lun et j. fériés. Formules déj 18-21 € ; carte env 45 €.* Le chef va chercher l'originalité de ses plats à la fois dans une présentation pleine de rebondissements et dans des saveurs simples parfaitement coordonnées aux spécialités de légumes et produits de la mer à l'ardoise selon les saisons. Les 2 salles aux murs massifs en pierres apparentes sont égayées de toiles modernes pleines de couleurs, et le service décontracté mais efficace ne gâche rien à l'affaire.

**Le P'tit qu'a fait** *(centre détachable E-F3,* ***69****) : 11, rue des Olivettes. ☎ 09-52-67-31-26. • lpqf44@gmail.com • Ouv le midi seulement, mar-sam 11h-17h30. Formule déj en sem 13,90 € ; brunch 17,90 € ; carte env 15-20 €. Café offert sur présentation de ce guide.* « Troquet ludique et familial », un lieu de vie à fréquenter donc avec des enfants : salle de jeux rien que pour eux et, régulièrement, des ateliers sur résa (cabaret, modelage...). Sinon, on mange frais, local, bon et (souvent) bio dans cette souriante petite salle colorée meublée récup et qui accueille des expos.

#### Chic

**L'Atelier d'Alain** *(centre détachable F4,* ***72****) : 24, rue des Olivettes. ☎ 02-40-84-38-66. Fermé sam midi et dim. Formules env 17-20 € à midi, 33-37 € le soir ; plats env 15-30 €.* Alain Ruffault a rouvert l'ancienne boucherie de papa, devenue son atelier de cuisine. Une salle couleur anis s'ouvre sur la cuisine. Les casseroles en cuivre au mur ne sont pas là pour la frime. On

LOIRE-ATLANTIQUE

y concocte, sous vos yeux, des plats inventifs, sûrs d'eux, parfaitement maîtrisés, offrant de subtiles saveurs qui titillent les palais. Carte de plus de 500 vins. Et puis, si vous avez des velléités, Alain propose des cours. Accueil bourgeois dans le bon sens du terme.

🍽 ***L'U.NI*** *(plan détachable F3,* ***70****) : 36, rue Fouré. ☎ 02-40-75-53-05. • restaurant-l.uni@orange.fr • ♿ Fermé mer midi et le w-e. Congés : 2 sem début janv, 2 sem début mai et 3 sem en août. Résa plus que conseillée. Formule déj en sem 23 € ; menus à partir de 44 € ; carte env 60 €.* Le *L'U* est un clin d'œil à l'ancienne usine de biscuits voisine. Le *NI* c'est pour Nicolas, jeune chef installé dans ce vaste espace contemporain, ancien second d'Éric Guérin à *La Mare aux Oiseaux,* entre autres enrichissantes expériences. Le tout est une abréviation de l'« Univers de Nicolas ». Un univers riche de légumes rares (auxquels Nicolas voue un amour immodéré) ; locaux, bio et de fulgurantes idées de plats. À des prix encore accessibles, l'une des belles tables de Nantes.

🍽 ***Maison Baron Lefèvre*** *(plan détachable F4,* ***74****) : 33, rue de Rieux. ☎ 02-40-89-20-20. ♿ Fermé dim-lun et j. fériés. Menus 18,50 € (midi en sem)-28 € ; plats env 15-30 €.* Un ancien entrepôt a donné naissance à ce chaleureux restaurant à l'espace généreux. Plancher large, cave à vins sous grille, batterie de casseroles et vieille gazinière constituent un décor rustique et élégant à la fois (tables nappées). La plupart des plats changent tous les jours, et la majorité des légumes proviennent du jardin. Une cuisine somme toute classique sans souci d'inventions culinaires mais où l'on sert ce que l'on sait faire. Épicerie fine à l'entrée.

## *Sur l'île de Nantes*

### De très bon marché à bon marché

🍽 ***Kiosko*** *(plan détachable D4,* ***52****) : 31 bis, rue de la Tour-d'Auvergne. ☎ 02-40-74-57-88. ♿ Lun-ven 9h-20h. Env 10-15 €.* Ce lieu tendance aligne les tables et les bons points, pour son cadre bien vu, façon espace industriel aménagé de bois brut et pour sa cuisine simple et locale. Bocaux, bagels, jus énergisants, soupes et desserts maison... C'est bon, c'est bio et c'est parfait pour une pause à toute heure.

🍽 ***Ti Lichous*** *(plan détachable F4,* ***80****) : 12, rue Grande-Biesse. ☎ 02-40-35-44-60. • tilichous@gmail.com • Ⓣ Vincent-Gâche. ♿ Ouv le midi seulement, lun-sam ; les soirs et w-e sur résa. Compter 10-25 €.* Traduction : « La Maison des Gourmands »... et des bons mangeurs, serait-on tenté d'ajouter. Car ici on ne mégote pas sur le contenu de l'assiette. Du breton, rien que du breton et pas que de la galette. La cuisine traditionnelle y est à l'honneur, avec entre autres un *kig ha farz* d'anthologie servi le jeudi. Le cadre coloré et la chaleur du service apportent bien du réconfort dans ce quartier tristounet. D'ailleurs, la clientèle des bureaux alentour s'y bouscule. C'est souvent complet, mais avec une petite bolée de cidre au comptoir, ça tourne vite.

### De chic à plus chic

🍽 ***Lulu Rouget*** *(plan détachable D5,* ***42****) : 4, pl. Albert-Camus. ☎ 02-40-47-47-98. • contact@lulurouget.fr • ♿ Fermé dim-lun. Menus déj 35-65 € ; le soir, menus « Yeux fermés » 65-95 €.* Cet espace contemporain, c'est chez Ludovic, alias Lulu, un chef d'ici formé dans quelques grandes maisons d'ailleurs (*Troisgros* à Roanne, pour n'en citer qu'une) et qui n'a pas traîné à se faire un (sur)nom puis à gagner son étoile. L'enseigne donne aussi une idée de ce qu'on mange chez Lulu : du poisson en général et du rouget en particulier (son rouget laqué au beurre de cassis est devenu un classique). Superbes plats très personnels, y compris les desserts. Service décontracté mais professionnel juste ce qu'il faut. Carte des vins avec 200 références.

🍽 ⛱ ***Le 1*** *(plan détachable D4,* ***77****) : 1, rue Olympe-de-Gouges.*

*☎ 02-40-08-28-00. Tlj ; service continu 12h-23h. Formules 16-19 € (midi en sem), puis 28 € ; plats 19-26 €.* Un bel espace vitré en bord de Loire, un mobilier contemporain boisé et confortable, une terrasse extérieure colorée (œuvre du parcours *Estuaire*), et un chef que l'on voit s'activer dans sa cuisine ouverte : voilà *Le 1*. Aux menus, de beaux produits régionaux travaillés avec soin (brochets, anguilles, écrevisses, canard...), rehaussés à la carte de touches plus originales. L'appel du grand large se fait aussi sentir : saveurs indiennes, charcuterie ibérique ou délicatesses japonaises sont régulièrement invitées à la carte. Service pro et souriant.

## Sur la butte Sainte-Anne

**Le Havre** *(plan détachable B5,* **79***) : 4, rue de l'Hermitage. ☎ 02-40-73-29-19. Lun-ven le midi seulement. Congés : se renseigner. Formule env 19 €. Apéritif maison offert sur présentation de ce guide.* Un resto d'habitués façon bistrot au pied de la butte rouge de Sainte-Anne. Sans façons, on choisit d'abord son lit (chaque table jouxte une tête de lit), puis on se met à table. Le menu, pas dispendieux pour un sou, propose une bonne cuisine traditionnelle, maison à 90 %...

## Un peu au nord du centre-ville

**L'Océanide** *(plan détachable E2,* **83***) : 2, rue Paul-Bellamy. ☎ 02-40-20-32-28. • restaurant.oceanide@orange.fr • Ⓣ Cinquante-Otages (ligne 2). Fermé lun soir-dim. Menus 21,90 € (midi en sem), puis 32-58 € ; carte env 50 €.* Le chef breton se fournit au grand marché de Talensac et travaille essentiellement les produits locaux. Comble du raffinement, au-delà des produits principaux aux justes cuissons (on recommande les spécialités de poisson et fruits de mer), il ne délaisse rien dans sa composition : les légumes de saison, parfois inattendus, mais aussi les sauces qui présentent des saveurs tout aussi délicates. Quand arrive la carte des desserts maison et des cafés, on a déjà pardonné l'aménagement un peu froid de la salle.

LOIRE-ATLANTIQUE

## Où prendre un petit déjeuner ? Où boire un thé ? Où déguster une glace ?

**La Cigale** *(centre détachable D3,* **59***) : 4, pl. Graslin. Voir « Où manger ? ».* Un des hauts lieux de la vie nantaise, qui ouvre ses portes au petit matin et vous invite à commencer la journée par un petit déj délicieux dans un décor Art nouveau naissant de superbe facture. Plusieurs formules, du simple café-croissant à l'assiette de saumon fumé, sans oublier le brunch.

**La Passagère** *(centre détachable D3,* **85***) : passage Pommeraye et accès par la rue du Puits-d'Argent. ☎ 02-40-89-50-50. ♿ Mar-sam 10h30 (9h30 sam)-19h.* Sous l'escalier du passage de la Pommeraye (entrée à l'entresol), les propriétaires de la *Maison Baron Lefèvre* (voir plus haut « Où manger ? ») ont ouvert ce salon de thé raffiné... pour une clientèle qui ne l'est pas moins ! Cela dit, l'ambiance et le service adorable invitent à la détente. Surtout l'on savoure de délicieuses pâtisseries maison. Également à emporter.

**Amorino** *(centre détachable E3,* **55***) : 23, rue du Château. Tlj 11h (12h en sem)-minuit.* Boissons à la glace, *gelato burgers,* glaces sur mesure en forme de fleurs... La maison ne manque pas d'originalité, ni les glaces de goût.

**La Fraiseraie** *(centre détachable D3,* **56***) : 1, pl. de la Bourse. Tlj jusqu'à 19h.* On y fait la queue pour déguster une bonne glace à la fraise de Pornic, mais aussi au cassis de Bourgogne ou aux myrtilles du Massif central. Entre autres... D'autres comptoirs en ville et près des Machines de l'île.

**Dînette** *(centre détachable E3,* **48***) : 12, rue du Château. Voir plus haut la rubrique « Où manger ? ».*

## Où boire un verre ?

### Dans la vieille ville et à proximité

**Le Bar du Coin** *(centre détachable E3,* ***90****) : 21, rue de la Juiverie. ☎ 02-40-47-55-05. Tlj à partir de 12h.* Un des QG des étudiants (qui vont, tout simplement, au « barduc »), de l'apéro à plus tard dans la nuit. Sa grande terrasse, à l'ombre de l'église Sainte-Croix, dans la rue piétonne, est particulièrement convoitée. Concert les jeudi et vendredi hors saison.

***La Comédie des Vins*** *(centre détachable D3,* ***95****) : 4, rue de Suffren. ☎ 02-40-73-11-68. • lacomediedesvins@hotmail.fr • Tlj sauf dim-lun 18h-minuit. Congés : 1re quinzaine de janv et 3 sem en août-sept.* Adorable petit lieu où les vins sont joliment mis à l'honneur par une trentaine de flacons proposés au verre mais qui tournent régulièrement. Accueil souriant, conseils professionnels. Pour mettre un peu de solide dans le liquide, quelques savoureuses tartines sont proposées. Les costards-cravates y font halte après le boulot, quelques bobos complètent le décor, attirés par le judicieux choix de plus de 350 bouteilles, à emporter ou à déguster sur place. Petite terrasse sur rue.

Derrière la Cité des Congrès, sur le quai du canal Saint-Félix *(plan détachable F3),* agréables terrasses de la guinguette flottante du ***Petit Baigneur*** entre parasols et plantes vertes ou encore celle arty de la ***brasserie Félix*** (œuvre du parcours *Estuaire*) avec son architecture verticale.

### Dans le quartier Graslin

***Radisson Blu Hotel*** *(centre détachable D2,* ***99****) : 6, pl. Aristide-Briand. ☎ 02-72-00-10-00. ♿ Fermé sam midi et dim.* Installé dans l'ancien palais de justice de Nantes, datant du XIXe s et en activité jusqu'en 2000, entièrement réaménagé et relooké, voici l'un des très luxueux et originaux hôtels nantais. À défaut de pouvoir dormir dans l'une des 150 superbes chambres design, on vous recommande d'aller prendre un verre ou dîner dans l'impressionnante ex-salle des pas perdus (les petits déj se prennent dans l'ancienne cour d'assises). On y prendrait bien perpét !

### Sur l'île de Nantes

***Le Hangar à Bananes*** *(plan détachable B-C5,* ***103****) : 21, quai des Antilles.* Au bout de l'île de Nantes, l'un des coins branchés de la ville, qui attire familles et promeneurs en journée, dans la *Hab Galerie,* un lieu d'exposition consacré à l'art contemporain, puis la jeunesse festive nantaise en soirée. Difficile de recommander un bar plutôt qu'un autre, ils sont une quinzaine en rang d'oignons à étaler leurs transats face à la Loire. Tous arborent une déco design et originale, certains ont une salle pour danser ou recevoir des musiciens. On choisira selon l'humeur, l'heure et la clientèle du jour déjà présente.

***L'Absence*** *(plan détachable E4,* ***105****) : parvis de l'Ensan, 6, quai François-Mitterrand. En été, mar-sam 15h-coucher du soleil ; sinon horaires plus retreints et fermé le w-e en hiver.* Un bar-snack installé dans cette sorte de gros glaçon, une œuvre d'art contemporain du parcours *Estuaire...* Étonnant endroit, donc, avec son comptoir en pavés bretons, prolongé d'une grande terrasse. Quelques petits trucs à grignoter tout au long de la journée.

## Où boire un verre... tardif ?

Nantes est une ville étudiante, donc on sort tard. La plupart des bars de nuit et des pubs se trouvent dans le quartier du Bouffay, le vieux centre piéton, dans le quartier Graslin, mais également au *Hangar à Bananes* sur l'île de Nantes ou au *Lieu Unique,* près de la gare.

### Dans la vieille ville et à proximité

🍷 **La Maison Café** *(centre détachable F2,* ***110****) : 4, rue Lebrun. ☎ 02-40-37-04-12. Tlj 15h (17h dim)-2h.* L'un de nos bistrots favoris à Nantes. La déco kitsch et colorée, très réussie, reproduit avec astuce les pièces d'une maison des années 1970, dont chacune possède son ambiance, sa lumière et ses objets typiques. Également quelques tables dans la cour, chauffée en hiver, près de la fontaine, où il ne manque que les nains de jardin ! Bonne musique, bon accueil, bon esprit et bières pas chères. Pour la jeunesse bohème moderne.

**Le P'ti Zinc** *(centre détachable E3,* ***111****) : 10, rue de l'Emery. ☎ 02-40-20-04-08. Tlj 17h-2h.* Une grande terrasse dans un recoin du quartier piéton, où l'on se dispute une table libre pour ne plus la quitter. Un bon lieu d'observation des déambulations chaotiques des fêtards du week-end. Petite mezzanine et minuscule bar à l'intérieur. Les cocktails au rhum sont dosés costaud !

**Buck Mulligan's** *(centre détachable E3,* ***113****) : 12, rue du Château. ☎ 02-40-20-02-72. ● buckmulligans.fr ● Tlj 16h-2h (minuit dim).* Un pub irlandais sympa comme tout, distillant une bonne ambiance et tirant la *Murphy's* bien comme il se doit. Chaque jeudi, concert autour du blues. Autres soirées musicales de temps en temps et session irlandaise 1 dimanche sur 2. Pour un peu, on se croirait sur l'île d'Émeraude. Extra !

**Au Chien Stupide** *(centre détachable E3,* ***114****) : 4, rue des Carmélites. ☎ 02-40-20-58-39. Tlj 12h (16h30 dim)-2h.* Ambiance éminemment jeune, musique et murs couverts de posters. Passer *the door* pour une bonne mousse arrosée de décibels avec vinyles des années 1950 à 1970. Le week-end, on peut même apporter ses collectors pour les écouter en société. Généreuse terrasse sur la rue passante.

**Le Jeroboam** *(centre détachable E2,* ***94****) : 19, rue Léon-Blum. ☎ 02-72-02-30-47. Mar-sam 18h-2h.* Vins naturels et tapas (y compris sucrés), à boire ou à manger, dans les 2 cas on est sur du qualitatif. Le tout dans une ambiance chaleureuse de briques et de lumières douces.

### Dans le quartier Graslin et autour

**Le Pickwick's** *(centre détachable D3,* ***115****) : 3, rue Rameau. ☎ 02-40-73-13-62. Tlj 17h-4h. Concert chaque sem.* Étonnant bar en demi-cercle, idéal pour une rencontre. Ambiance assez jeune. Pour ceux qui grelottent de soif à une heure avancée de la nuit, ce bar bien connu ferme tous les jours à 4h du matin ! On y fête aussi enterrement de vie de célibataire, anniversaire, départ, et toute occasion pour se retrouver jusqu'à pas d'heure...

LOIRE-ATLANTIQUE

## Où sortir ?

**Le Floride** *(plan détachable C5,* ***130****) : 4, rue de Saint-Domingue. ☎ 02-40-47-66-80. ● facebook.com/lefloridenantes ● À la pointe ouest de l'île de Nantes (proche du Hangar à Bananes). Jeu-sam 23h-5h (23h30-7h en été).* Concerts régulièrement, sauf en été, pour faire connaître les groupes qui démarrent. C'est LA boîte rock de Nantes, une référence en la matière, toujours à la pointe de l'actualité musicale, que papa a créée il y a plus de 30 ans et que le fiston DJ entretient.

**Le Lieu Unique – CRDC – Scène nationale de Nantes** *(plan détachable F3,* ***133****) : quai Ferdinand-Favre. ☎ 02-40-12-14-34. ● lelieuunique.com ● Bar tlj, jusqu'à 20h dim-lun, 1h ou 2h le reste de la sem.* Lieu culturel de la ville depuis 2000, installé dans l'ancienne biscuiterie LU, cette adresse porte décidément bien son nom. Elle intègre dans le même espace salles de concert, de spectacle, d'expo, un bar, un resto et même un hammam, etc. Agréable terrasse ombragée avec chaises longues. Programmation éclectique (musiques, théâtre d'avant-garde, danse contemporaine et expos d'art contemporain). Au sous-sol, *Hammam Zein* (● *zeinorientalspa.fr* ●). Jolie salle de détente et accès à la tour à partir de 2021. Thé à la menthe offert.

🍷 ♩ ***Espace Paul-Fort – Pannonica*** *(plan détachable D2,* ***132****) : 9, rue Basse-Porte.* ☎ *02-51-72-10-10.* ● *pannonica.com* ● *Face au marché de Talensac. Fermé en été.* Dans la grande salle de 500 places assises, l'association *Nantes Jazz Action* programme toute l'actualité du jazz. En sous-sol, dans une ambiance cosy, *Le Pannonica,* club de 140 places, reçoit les grands noms du jazz européen et international.

## Où trouver les spécialités nantaises et régionales ?

***Maison Lemaître*** *(centre détachable E3,* ***140****) : 12, rue de la Paix.* ☎ *02-40-47-04-12. Mar-sam 10h15-19h ou 19h30.* Une des plus jolies épiceries fines de la ville. Bon gâteau nantais (base de poudre d'amandes et de rhum), mouzillon (gâteau sec que l'on trempe généralement dans le muscadet), palets nantais... Et puis des sardines sous toutes les formes, dont des sardines chaudes à la nantaise, sel de Guérande. Également un grand choix de bouteilles et du Nantillais.

***Chocolaterie Gautier-Debotté*** *(centre détachable D3,* ***141****) : 9, rue de la Fosse.* ☎ *02-40-48-23-19. Lun-sam 9h (14h lun)-19h15 (19h lun). Fermé lun en juil-août.* Spécialités de berlingots artisanaux, mascarons nantais (de délicieux chocolats feuilletés et enrobés de chocolat noir, surmontés d'un mascaron, ce masque qui orne le fronton des immeubles du XVIIIe s), madeleines parfumées et « raisins à la liqueur ». Dans une merveilleuse boutique-bonbonnière de style Art déco comme on n'en fait plus, aux murs recouverts de boiseries et croulant sous les lustres en cristal. *Autres boutiques 15, rue Crébillon (centre détachable D3), où l'on trouve le fameux gâteau nantais, rue de Budapest et 2, rue des Hauts-Pavés (plan détachable D2).*

***Les Rigolettes Nantaises*** *(centre détachable E2-3,* ***143****) : 18, rue de Verdun.* ☎ *02-40-48-00-39. Lun-sam 10h-19h.* C'est ici que vous pourrez acheter les rigolettes nantaises, ces délicieux bonbons fourrés à la pulpe de fruits, et le fameux gâteau nantais, une ancienne recette remise au goût du jour par LU.

***ABC Terroirs*** *(centre détachable E2,* ***144****) : 5, pl. Saint-Pierre.* ☎ *02-40-89-76-26. Lun-sam 9h30-19h30.* Un très large choix de spécialités régionales, de Nantes au Grand Ouest, représentant une centaine d'artisans. Des produits salés, alcoolisés (une cinquantaine de producteurs de muscadet...) ou sucrés, qui se déclinent aussi en paniers cadeaux. Gâteau nantais, petit-beurre revisité, boudin séché, rillettes de Loire... On ne sait plus où donner de la tête ! *Autre boutique 9, rue Franklin.*

***Confiserie La Friande*** *(plan détachable E2,* ***146****) : 12, rue Paul-Bellamy.* ☎ *02-40-20-14-68. Lun-sam 9h45 (14h30 lun)-19h.* Une boutique qui fait son beurre avec le petit LU, mis ici dans tous ses états. De beaux articles, bien qu'assez chers.

***L'Atelier Saint-Michel*** *(centre détachable D3,* ***147****) : 16, rue de la Fosse.* ☎ *02-28-44-71-52. Lun-sam 10h-19h.* La vitrine nantaise de la biscuiterie de Saint-Michel-Chef-Chef qui produit, entre autres, les fameuses *galettes St Michel.*

***Carli*** *(centre détachable E3,* ***148****) : 5, rue de la Paix.* ☎ *02-40-47-16-41. Lun-sam 10h-14h, 15h-19h ; dim 9h30-13h.* Ce chantre des douceurs sucrées revisite notamment le petit-beurre nantais, vendu nature ou enrobé de chocolat. On y trouve même une salutaire boîte de 1ers secours... au chocolat. Vend également le gâteau nantais.

***Le Bazar Officiel du Voyage*** *(centre détachable E3) : 9, rue des États.* La boutique de *Nantes Tourisme* propose de nombreux objets made in Nantes créatifs, artistiques et insolites. Réduc avec le *Pass Nantes.* D'autres boutiques aux *Machines de l'île,* au château, au *Hangar à Bananes...*

Noter que des dizaines de commerçants estampillés « Le Voyage passe par ici » proposent des collectors à acheter, à déguster, et d'autres pour se faire beau... il y en a pour tous les goûts ! ● *levoyageanantes.fr/le-voyage-passe-par-ici/* ●

## À voir

**Le Voyage à Nantes :** *en juil-août.* ● *levoyageanantes.fr* ● Il s'agit d'un parcours artistique permanent, réactivé chaque été par un événement. Une ligne verte, matérialisée au sol, sillonne la ville sur 19 km environ et permet de ne rien manquer du Voyage à Nantes, le « VAN » pour les intimes. Une cinquantaine d'étapes toute l'année et une soixantaine au cours de l'été intégrant des œuvres contemporaines, des lieux de convivialité, les principaux sites incontournables de la ville (certains comme le théâtre Graslin s'ouvrent « en grand » en juillet et août). Mais aussi des *playgrounds,* des aires de jeux originales et surprenantes. Noter également la collaboration des commerçants, des hôteliers et de la SEMITAN, la société de transports en commun pour créer 3 collections du VAN réalisées par des artistes : des chambres, des enseignes et des *e.busway.* C'est simple, on ne sait plus où donner de la tête !

## *La vieille ville et le quartier du Bouffay* (centre détachable E-F2-3)

**La cathédrale Saint-Pierre-et-Saint-Paul** *(centre détachable E-F2) : pl. Saint-Pierre. Conditions d'accès à vérifier suite à l'incendie de juillet 2020 qui a notamment détruit le grand orgue.* Vous serez frappé par l'unité de style de l'édifice (gothique flamboyant) malgré la durée de sa construction (1434-1891), due, entre autres, à des problèmes de financement. Sur la façade, remarquables portails à voussures finement sculptées. Les 2 tours, érigées en 1508, ont une hauteur de 63 m. Autant l'extérieur paraît simple, autant l'intérieur, restauré après l'incendie de la charpente en 1972 (représenté sur un tableau dans l'une des chapelles du chœur), surprend par sa splendeur et sa luminosité. La nef, avec ses 37,50 m de hauteur, est particulièrement majestueuse. On est presque saisi par la beauté des bas-reliefs entourant les piliers à l'entrée. Les 500 m² de vitraux modernes, réalisés (de 1977 à 1982) par Jean Le Moal et Anne Le Chevalier, procurent au chœur une coloration flamboyante. Les cryptes se visitent (lire plus loin). Dans le transept sud, tombeau pré-Renaissance de François II et Marguerite de Foix, qu'Anne de Bretagne, leur fille, commanda à Michel Colombe. Dans le transept nord, cénotaphe de Lamoricière, encadré de 4 statues symbolisant la Charité, la Force, la Sagesse et la Foi.

### LE « P » DU PUITS

*Au fil de vos balades dans les rues de Nantes, observez donc certains numéros de plaque des immeubles du XVIIIe s. Point de « b » pour « bis » ou de « t » pour « ter ». Ici, c'est le « p » qui prend le relais, une des règles imposées par le maire de la ville à cette époque, pour signaler les maisons dotées d'un puits. Elles pouvaient contribuer à éteindre un incendie.*

**Le square de la Psallette** *(centre détachable E-F2) : sur le côté droit de la cathédrale.* Il relie le cours du même nom à la place Saint-Pierre. Dans le jardin, un hôtel particulier du XVe s et d'anciens vestiges de remparts.

**Les cryptes de la cathédrale** *(centre détachable F2) : entrée à l'arrière de la cathédrale, sq. de la Psallette. ☎ 0892-464-044 (0,35 €/mn + prix d'appel).*

LOIRE-ATLANTIQUE

*Conditions d'accès à vérifier suite à l'incendie de juillet 2020 qui a endommagé la cathédrale.* Une partie de la crypte, du XIXe s, est située juste sous le chevet de la cathédrale. 4 alcôves présentent l'histoire de la cathédrale. La crypte romane (XIe s) abrite de belles vitrines d'objets religieux. Noter la *Vierge à l'Enfant,* une terre cuite du XVIIe s réalisée par Charles Hoyau.

***La place du Maréchal-Foch*** *(centre détachable E-F2) : entre les cours Saint-Pierre et Saint-André.* Les Nantais s'obstinent à l'appeler place Louis-XVI à cause de la statue qui s'élève au milieu. C'est l'une des rares en France représentant ce roi (dont 2 rien qu'en Loire-Atlantique). La place est bordée d'un superbe ensemble architectural, conçu au XVIIIe s. Près de la cathédrale, la porte Saint-Pierre, unique porte vestige de l'enceinte médiévale remaniée au XVe s et posée sur un mur gallo-romain.

***Le château des ducs de Bretagne*** *(centre détachable F3) : ☎ 0811-46-46-44 (0,05 €/mn + prix d'appel). • chateaunantes.fr • ♿ (label 4 handicaps, visioguide). Extérieurs (cour et remparts en accès libre) tlj 8h30-19h (20h en juil-août). Musée tlj sauf lun 10h-18h (tlj 10h-19h juil-août). Entrée musée et expo : 8 € visite libre, 12 € visite guidée ; réduc ; gratuit jusqu'à 18 ans et pour ts le 1er dim du mois (hors juil-août). Pass annuel : 10 €. Audioguide et visioguide : 2 € (y compris en breton). Librairie-boutique richement fournie. Nombreux événements et manifestations.*

### LE FEU AUX FESSES

*En 1832, Marie-Caroline, duchesse de Berry, voulut se soulever contre le pouvoir. Recherchée par la police, elle se planqua derrière la cheminée d'un appartement à Nantes, près de la cathédrale. Lors de la fouille, on fit du feu car il faisait froid. Sa robe prit feu ! Elle urina dessus pour l'éteindre. Finalement, à moitié asphyxiée, la duchesse se livra.*

*Un peu d'histoire*

Le château jouait un rôle défensif, en bordure est des murailles qui protégeaient la ville, pour surveiller la route de Paris et la navigation sur la Loire. Il vit la naissance de la duchesse Anne, 2 fois reine de France par ses mariages successifs avec Charles VIII et Louis XII. Avant de passer le pont-levis, voir sa sculpture en bronze. En août 1532, François Ier, usufruitier du duché, y promulgua l'édit prononçant « l'union perpétuelle des pays et duché de Bretagne avec le royaume de France ». C'est ainsi que le château des ducs de Bretagne devint aux XVIe et XVIIe s le logis breton des rois de France.

*L'extérieur*

L'édifice en tant que tel s'apprécie de l'extérieur, et le ***circuit des remparts*** permet d'en prendre la mesure. À moins d'opter en été pour le déroutant ***Paysage Glissé,*** un toboggan d'acier de 50 m, suspendu le long du mur d'enceinte, côté douves. Il offre un panorama particulier sur la cour, les jardins et le quartier médiéval. Une fois passées les rudes murailles en bloc de granit, on découvre côté cour l'élégante résidence ducale en pierre de tuffeau d'inspiration Renaissance, resplendissante avec les façades du Grand Logis et du Grand Gouvernement. Belle mise en lumière extérieure le soir.

### MÊME PAS PEUR !

*L'ambitieux et frondeur cardinal de Retz (1613-1679), homme d'État et rival de Mazarin, fut emprisonné au château de Nantes. À l'aide d'une corde cachée sous sa soutane, il s'en échappa par une fenêtre en 1654, puis se cassa une épaule en chutant de cheval rue de Richebourg. Il finit libre à Rome et resta très influent jusqu'à sa mort.*

*Le musée d'Histoire de Nantes*

L'intérieur du château accueille le ***musée d'Histoire de Nantes*** de la période médiévale à nos jours, tout au long d'un passionnant parcours, à la fois chronologique et thématique en 7 séquences. On découvre ainsi, au fil d'une trentaine de salles combinant fort intelligemment pièces de collection et installations multimédias, l'évolution et les événements qui ont contribué à forger l'identité de Nantes. Les salles ne sont pas surchargées, laissant tout loisir d'en faire un tour exhaustif. Le parcours se fait sur les 2 corps de logis du château : dans le 1er on ne fait que monter. Puis dans le 2d, on ne fait que descendre ! Entre les 2, passage obligé par une haute salle voûtée dotée d'une étonnante cheminée perchée qui culmine à plusieurs mètres.

– ***1re partie (salles 2 à 17) : de la période médiévale à la fin du XVIIIe s.*** 2 projections intéressantes, en préambule, sur l'histoire d'Anne de Bretagne (au sous-sol) et sur l'histoire du château (salle 6). Les 1res salles évoquent le passé militaire avec notamment des graffitis (salle 4) de prêtres réfractaires enfermés ici durant la Révolution et une ***maquette de Nantes fortifiée au Moyen Âge.***

Les salles suivantes sont consacrées au négoce et à l'or noir ***au XVIIIe s, Nantes est alors le 1er port négrier de France.*** Portraits sans équivoque du riche couple de négociants nantais les Deurbroucq ***(salle 11),*** représentés chacun avec son esclave-domestique (voir les colliers de servitude). Dans la ***salle 13*** (habillée comme l'entrepont d'un navire négrier), voir le terrible plan du navire *La Marie Séraphique* ! Noter aussi ces entraves de chevilles et poignets, tellement lourdes de sens. La ***salle 17*** (écrans interactifs sur la ville au XVIIIe s, 1ers daguerréotypes, etc.) permet le passage dans le 2d corps de logis.

## LE CODE NOIR

*Promulgué par Louis XIV, ce texte abject régissait les conditions de vie des esclaves dans les « îles à sucre ». Il s'agissait notamment d'éviter le métissage : en effet, les enfants nés de l'union d'une esclave avec un maître blanc sortaient de leur statut d'esclave pour devenir libres. Aucun mariage entre esclaves ne pouvait se faire sans le consentement du maître. Ils étaient considérés comme des « biens meubles » : on se répartissait les esclaves lors des successions, comme n'importe quel objet.*

– ***2e partie du parcours (salles 18 à 32) : de la Révolution française à nos jours.*** Brève évocation de la Révolution avec les fameuses ***noyades ordonnées par Jean-Baptiste Carrier*** pour mettre fin à l'insurrection vendéenne et un tableau saisissant représentant Olympe Mello de la Métairie, ses 3 filles et sa bonne, au pied de l'échafaud en 1793. Après cette période tourmentée, on retrouve ***Nantes, port colonial et industriel*** qui doit faire face à la concurrence du nouveau port de Saint-Nazaire et développe ses biscuiteries, conserveries et savonneries. Prenez le temps d'observer et de manipuler la ***grande maquette interactive du port de Nantes entre 1900 et 1927*** dans la ***salle 21.***

Les dernières salles sont consacrées au ***quotidien des Nantais durant les 2 guerres mondiales.*** La 1re Guerre ***(salles 26 et 27)*** est présentée dans des salles tapissées de bois qui évoquent les tranchées. Si la ville n'est pas située sur le théâtre des opérations, la guerre y est bien présente par le biais des 130 000 blessés qu'elle accueille dans 18 hôpitaux et des 40 000 hommes mobilisés dont 7 000 ne reviendront pas. N'oublions pas non plus ***le débarquement des Anglais à Saint-Nazaire en 1914 et celui des Américains en 1917.***

C'est par un discours de Hitler que l'on pénètre dans la partie consacrée à la ***2de Guerre mondiale (salles 28 et 29).*** Aucun sujet n'est évité : Occupation, collaboration (édifiantes lettres de dénonciation, portrait du maire vichyste nommé par Pétain, Henry Orrion, réélu de 1947 à 1965 !), et Résistance avec une salle à l'atmosphère particulièrement oppressante, dédiée aux 50 otages et à la déportation des juifs. La période se clôt par l'évocation des ***bombardements***

***de septembre 1943*** qui firent 1 500 victimes et par celle de la ***poche de Saint-Nazaire*** libérée le 8 mai 1945 au terme de violents combats. L'ensemble est porté par une muséographie soucieuse de restituer l'humain au cœur de la tourmente avec les noms et les photos des bourreaux et des victimes, des films projetés sur grand écran et des objets soigneusement choisis, dons des Nantais au musée. Évocation également du ***naufrage du Lancastria,*** coulé par les Allemands au large, le 17 juin 1940. Il fit plus de 5 000 morts (des soldats britanniques), mais cet échec militaire fut étouffé par les autorités.
Le parcours se termine avec une vidéo ludique de 10 mn évoquant les transformations de Nantes des années 1950 jusqu'à nos jours, ses personnages emblématiques, les spectacles, les monuments, etc. Et par un clin d'œil au manga de Cédric Tchao sur Anne de Bretagne, sorti en 2019.

***Le square Élisa-Mercœur*** *(centre détachable E-F3)* **:** *au pied du château, côté sud, traverser la ligne de tramway.* Un miroir d'eau de 1 300 m² (dont les jets fonctionnent d'avril à octobre), des jeux géants pour enfants sur lesquels veille un dragon en bois conçu par l'artiste Kinya Maruyama et des arbres en bronze envahis d'oiseaux... Parfait pour recharger les batteries et se rafraîchir. Dans la continuité, amusez-vous au *Feydball* sur l'esplanade Carré Feydeau un espace sportif tout en anamorphose et allez admirer les façades du quartier Feydeau (voir plus loin).

LOIRE-ATLANTIQUE

***Du château à la place du Bouffay*** *(centre détachable E-F3)* **:** gagner la vieille ville par la rue du Château (remarquer, au nº 14, l'*hôtel de Goulaine,* du XVIIᵉ s) et son beau ***Café Sélect*** au décor Art déco. ***Place du Pilori,*** outre les *Galeries Lafayette,* on trouve, au nº 12, 2 beaux mascarons, *Jean qui rit* et *Jean qui pleure.* Emprunter ensuite la rue des Chapeliers, prolongée par la rue des Petites-Écuries. On pénètre alors dans le quartier dit « du Bouffay », cœur médiéval de la cité. Pas vraiment d'homogénéité dans ce secteur touché par les bombardements alliés durant la dernière guerre. Animation permanente le soir avec les nombreux bars étudiants et petits restos qui occupent les rues piétonnes. Place du Bouffay, trône une amusante sculpture de Philippe Ramette, *Pas de côté,* symbolisant l'audace de la ville. Au nº 11 de la rue de la Juiverie, bas-reliefs énigmatiques probablement réalisés par un céramiste qui présentait là ses modèles. Au nº 7, l'une des dernières maisons à pans de bois des XVᵉ-XVIᵉ s. Passage Bouchaud, voir la *Jungle intérieure* et ses plantes en pots, une œuvre conçue en 2018.

**MAUVAISE PIOCHE**

*Le jour de l'exécution du comte de Chalais (accusé d'avoir conspiré contre Louis XIII) sur la place du Bouffay, ses amis, désirant le sauver, enlevèrent le bourreau. Mais ce dernier fut remplacé par un autre condamné à mort, un cordonnier. Équipé d'une épée non aiguisée et d'une hache à manche trop court, l'inexpérimenté dut s'y reprendre à 35 reprises avant d'achever sa besogne... Au 20ᵉ coup, le comte était toujours conscient. Une boucherie !*

Dans le même secteur, les amateurs d'architecture Art déco auront sans doute remarqué plusieurs façades aux mosaïques multicolores. La plus célèbre, au nº 26 rue de la Marne *(centre détachable E3),* est celle de l'ancien ***magasin des Rigolettes de Charles Bohu.*** D'autres jolies façades attirent l'œil, comme celle du ***Café du Cinéma,*** 8, rue des Carmélites *(centre détachable E2).*

***La place Sainte-Croix*** *(centre détachable E3)* **:** on y trouve l'***église Sainte-Croix,*** de style jésuite. La façade et le portail sont de 1685, mais le registre au-dessus date du XIXᵉ s, tout comme la tour avec anges sonnant de la trompette. C'est ici que fut baptisé le petit Jules Verne en 1828. À proximité, le ***passage Sainte-Croix*** *(☎ 02-51-83-23-75),* l'un des lieux culturels de Nantes, propose expos, conférences et débats sur de nombreux sujets *(mar-sam 12h-18h30 – tlj 10h-19h en été).*

On parvient ensuite à la ***place*** voisine ***du Change*** *(centre détachable E3)*. C'était le point de convergence de tous les grands axes, et donc le plus grand carrefour commercial et d'échanges de la ville. Sur le plan architectural, c'est un ensemble hétéroclite, du Moyen Âge à l'après-guerre. Au n° 2, superbe *maison dite des Apothicaires,* du XVe s, l'une des rares à pans de bois et encorbellement, décorée de quelques sculptures en bois polychromes (elle abrite la Maison de la poésie).

***Le cours des Cinquante-Otages*** *(centre détachable E2-3)* **:** large artère coupant en 2 le centre-ville dans le sens nord-sud, il suit l'ancien cours de l'Erdre, dévié à partir de 1940 et occupé depuis par une ligne de tramway. Impossible de manquer la ***tour Bretagne*** qui le domine de ses 145 m. Nantes aurait pu se passer de ce gratte-ciel hideux, ambition de l'époque quand il fut inauguré en 1976. Il fut « vendu » comme le seul building entre Paris et New York ! Un projet de réhabilitation est en cours.

**IRONIE DE L'HISTOIRE**

*Le 20 octobre 1941, le lieutenant-colonel Hotz, qui commandait les forces d'occupation à Nantes, fut abattu près de la cathédrale par un jeune résistant. En représailles, 50 personnes furent prises en otages et 48 furent exécutées le 22 octobre. C'est pour leur rendre hommage que les anciens quais de l'Erdre furent baptisés, en 1944, cours des Cinquante-Otages. Or, c'est ce même Karl Hotz, alors ingénieur, qui avait aménagé l'Erdre en 1926, au titre des dommages de la 1re Guerre mondiale.*



## ***Le quartier Graslin et autour***
*(centre détachable D3-4)*

Tout un quartier entièrement pensé au XVIIIe s par le receveur général des fermes du royaume, le sieur Graslin, qui acheta de vastes terrains en vue de construire un ensemble d'immeubles de rapport dominant le port.

***La place du Commerce*** *(centre détachable D-E3)* **:** *située sur l'ancien port au vin.* Le palais de la Bourse fut édifié par Mathurin Crucy au début du XIXe s, dans le style néoclassique. Il accueille aujourd'hui la *Fnac.* Place toujours très animée, avec ses nombreux cafés.

***La place Royale*** *(centre détachable D3)* **:** construite à la fin du XVIIIe s par Crucy, architecte de la ville, puis bombardée en 1943, elle fut reconstruite à l'identique. Au centre, fontaine de granit bleu et bronze représentant la Loire (sous la forme d'Amphitrite, fille de Neptune) et ses affluents, surmontée de la Ville de Nantes. Celle-ci se dresse le poing levé, non pas pour manifester (bien que l'endroit serve de point de ralliement à toutes les manifs nantaises), mais parce qu'elle est censée tenir un trident régulièrement subtilisé. Une blague de potache ! Ah, les jeunes...

***Le passage Pommeraye*** *(centre détachable D3)* **:** ouvert en 1843 sous Louis-Philippe, il fut créé pour relier de manière monumentale la Bourse et le quartier Graslin où siégeaient les banques et les assurances. Devenu le symbole même de la ville, cet étonnant passage couvert *(fermé le soir à 20h)* fut filmé par le cinéaste Jacques Demy dans *Une chambre en ville* et dans *Lola,* où Anouk Aimée descend l'escalier. Long de 134 m, il tient son originalité de son escalier central, compensant la dénivelée de 9,40 m entre les 2 extrémités du passage mais qui posa bien des problèmes techniques aux architectes. Sa décoration (escalier et statues) devint une sorte de vitrine du savoir-faire de la ville. Rien n'était trop beau ni trop cher. À tel point que M. Pommeraye finit le chantier en faisant faillite.

Bordé de belles boutiques, le passage est toujours très animé et rejoint la galerie commerçante moderne *Cœur de Nantes.*

***La rue Crébillon*** *(centre détachable D3)* **:** cette rue piétonne est en quelque sorte le « faubourg Saint-Honoré » de Nantes. C'est ici que s'exprime au mieux l'expression « immeubles de rapport » dans lesquels investissait la bourgeoisie locale.

***La place Graslin et le Grand Théâtre*** *(centre détachable D3)* **:** le Grand Théâtre (1788), voulu par Graslin lui-même, fut construit dans un style purement néoclassique, toujours par Crucy. Au n° 4, brasserie *La Cigale,* splendide établissement inauguré en 1895, véritable délire de mosaïques, peintures, céramiques, tapisseries, boiseries (voir « Où manger ? »). La place, désormais piétonne, est joliment mise en lumière la nuit par d'élégants lampadaires signés Nicolas Fedorenko.

## ÇA SWINGUE À NANTES

*Le 1er concert de jazz en France fut donné au théâtre Graslin le 12 février 1918 par les Harlem Hellfighters (les combattants de l'enfer !), issus d'une division de militaires spécialement créée afin que les Noirs américains ne soient pas mélangés aux soldats blancs !*

***Le cours Cambronne*** *(centre détachable D3)* **:** à l'angle de la brasserie *La Cigale* s'amorce ce cours de grande élégance qui porte le nom d'un général né à Nantes (1770) et mort en 1842 à 2 pas de son lieu de naissance, après avoir participé à toutes les guerres de la Révolution puis de l'Empire. Ce cours fut dessiné par Crucy (encore lui) et achevé en 1848. Il est piéton et bordé d'immeubles rythmés d'éléments d'une remarquable unité architecturale : soubassements granitiques, terrasses au 1er niveau, balcons filants, sobres pilastres. Dans le jardin, vous observerez l'une des 5 fontaines Wallace de Nantes (les autres sont à Paris !), l'amusant *Éloge de la transgression,* une sculpture signée Philippe Ramette (une écolière s'échappant de son socle) et, à l'extrémité ouest du cours, les toilettes publiques, d'époque, les plus chics en ville ! Un charme et un cadre exceptionnels (on parle du cours).

## CRU SUR PAROLE

*Au centre du cours Cambronne, le bronze du général nantais (1770-1842) porte ses célèbres paroles prononcées à Waterloo : « La garde meurt mais ne se rend pas. » Quant au légendaire mot « merde » qui s'ensuivit, s'il est passé à la postérité, c'est parce qu'il a été évoqué par Victor Hugo dans* Les Misérables, *alors qu'il ne fut vraisemblablement jamais prononcé par le général.*

***Le Muséum d'histoire naturelle*** *(centre détachable D3)* **:** *sq. Louis-Bureau, pl. de la Monnaie. ☎ 02-40-41-55-00. • museum.nantesmetropole.fr • Tlj sauf mar et certains j. fériés 10h-18h (tlj 10h-19h l'été). Entrée : 4 € ; réduc ; gratuit moins de 18 ans et pour ts le 1er dim du mois sept-juin.* Au rez-de-chaussée, les sciences de la Terre (minéralogie, géologie, paléontologie), un vivarium de serpents régionaux et un fossile de baleine préhistorique (un *basilosorus*). Nombre de roches à toucher, pour une fois ! Voir également la très belle collection de météorites dont 3 microparticules de... Mars. Au 1er étage, la zoologie, spécialisée dans les vertébrés. Outre les animaux en peau (empaillés quoi) ou en solution (dans des bocaux), de nombreux squelettes, comme celui du rorqual commun, du grand pingouin (disparu), de l'éléphant d'Asie, du python... Dans les vitrines de la mezzanine, remarquable collection d'oiseaux du monde entier.

Tout près, le ***musée Dobrée*** *(plan détachable C3)* : *bâtiment aux murs de pierre rouge, 18, rue Voltaire. En* ***travaux*** *mais ouverture régulière des espaces pour des* *expos temporaires présentant une partie des collections d'archéologie (mar-dim 14h-18h).* Le musée abrite notamment le reliquaire en or du cœur d'Anne de Bretagne. Celui-ci a fait la une des journaux en 2018 quand il a été volé en pleine nuit puis retrouvé 1 semaine plus tard du côté de Saint-Nazaire. Ouf !

***Le quai de la Fosse*** *(centre détachable C-D4)* **:** la Loire venait lécher le quai jusque dans les années 1930. De nombreux immeubles d'armateurs du milieu du XVIIIe s témoignent de l'époque florissante du commerce maritime à Nantes. Au-delà du pont Anne-de-Bretagne (qui symbolise la frontière officielle entre la Loire fluviale et la Loire maritime), côté ouest, l'espace se transforme en ***quai des Plantes,*** pépinière à ciel ouvert, une longue allée bordée de centaines d'arbres en gestation et d'espaces de détente (buvette, tables de pique-nique, mobilier urbain en bois pour chatter...). Côté est, le ***Mémorial de l'abolition de l'esclavage*** est installé sous le quai (voir ci-après). On gagne ensuite la ***médiathèque Jacques-Demy*** (repérer la plaque rendant hommage à Lulu la Nantaise, scène culte de la cuisine dans *Les Tontons flingueurs*) et le ***musée de l'Imprimerie*** attenant.

***Le Mémorial de l'abolition de l'esclavage*** *(plan détachable C-D4)* **:** *quai de la Fosse, entre le pont Anne-de-Bretagne et la passerelle Victor-Schœlcher. • memorial.nantes.fr • Tlj 9h-18h (20h de mi-mai à mi-sept). GRATUIT.* Inauguré en 2012, il est signé Krzysztof Wodiczko et Julian Bonder. Un lieu à la fois émouvant et nécessaire. Ce parcours méditatif emprunte une promenade souterraine, sous les quais de la Loire. Le choix du site n'est évidemment pas anodin, le quai de la Fosse constituait le point de départ et d'arrivée des navires négriers dans le cadre du commerce triangulaire. L'histoire de la traite atlantique y est traitée de manière chronologique, sur fond de témoignages. L'autre partie rappelle, avec des citations de nombreux penseurs comme Toussaint Louverture, Martin Luther King ou encore Nelson Mandela, le combat pour l'abolition de l'esclavage. Le parcours se termine symboliquement à la lumière du jour avec la Déclaration universelle des Droits de l'homme de 1948. Sur le quai, dans des pavés translucides, sont gravés les noms des plus de 1 800 (vous avez bien lu !) expéditions négrières qui partirent de Nantes au cours du XVIIIe s.

***Le musée de l'Imprimerie*** *(centre détachable D4)* **:** *24, quai de la Fosse. ☎ 02-40-73-26-55. • musee-imprimerie.com • ♿ À côté de la médiathèque Jacques-Demy. Lun-sam 10h-12h, 14h-17h30 (fermé dim et j. fériés, plus sam en été). Excellente visite guidée (on la conseille !) de 2h à 14h30. Entrée : 8 € ; réduc, entre autres pour nos lecteurs sur présentation de ce guide. Pour les enfants, livret-jeu.* Une poignée de bénévoles passionnés et patients font revivre des imprimantes d'un autre âge, chacune constituant une véritable œuvre d'art technologique. L'***atelier,*** qui fonctionne toujours, en abrite une dizaine de toutes les époques et toutes les tailles, mais surtout des XVIIIe et XIXe s. Les différentes techniques de l'imprimerie y sont présentées avec intelligence et pédagogie. De Gutenberg jusqu'à la lithographie, on passe en revue 3 grandes techniques : la typographie, la lithographie et la taille douce. Dans la ***2e salle,*** vitrines de matériels d'imprimerie. Une plongée atypique dans un monde d'engrenages, de lettres, d'encres et de papier.

**LES E-MAILS DU MOYEN @GE !**

*Aujourd'hui, le signe @ est entré dans notre quotidien, mais son origine date du Moyen Âge, comme abréviation du ad latin, le « d » entourant le « a ». Puis les Américains le reprirent au XIXe s, comme abréviation de « at » pour désigner un prix. L'arobase a ainsi toujours figuré sur les machines à écrire depuis le XIXe s, puis sur les claviers d'ordinateur avant d'être choisi par Ray Tomlinson, l'inventeur de l'e-mail en 1971.*

## *L'île Feydeau* (centre détachable E3)

Une « île » qui n'en est plus une depuis le comblement des bras de Loire, commencé en 1926. Mais les Nantais l'appellent toujours ainsi. De récents aménagements l'ont d'ailleurs symboliquement entourée d'un fleuve de verdure : de larges pelouses côté ***Turenne*** et une allée de platanes côté ***Duguay-Trouin,*** en travaux (repérer tout de même les balcons filants du ***Temple du Goût*** au n° 16).
Si les anciens quais se devinent, le quartier demeure toujours isolé du reste de la ville. Tout a débuté par le projet d'un lotissement pour Nantais nantis en 1723 en place d'un banc de sable marécageux. De 1740 à 1780, en plein commerce triangulaire, de superbes immeubles de rapport s'y construisent pour les armateurs négociants. Chaque propriétaire a affirmé sa fortune et son goût dans la décoration des façades. On n'avait pas la fortune discrète. C'est le cas notamment ***place de la Petite-Hollande*** (limite ouest) où résidaient les grands marchands hollandais. Au n° 1, l'hôtel le plus ancien de l'île, tout penché. Au n° 3, le plus grand, l'hôtel de la Villestreux, le seul avec porte cochère.
Sur les pas du bambin Jules Verne, né au 4, cours Olivier-de-Clisson (il y a une plaque), partons en voyage sur ce « bateau de pierre » avant de nous amuser au *Feydball* sur l'esplanade Carré Feydeau, un espace sportif tout en anamorphose.
– Bon à savoir : *Nantes Tourisme* propose une visite du quartier avec audioguide, mais pour accéder à certaines cours d'immeubles, nous conseillons la visite guidée « Cours secrètes et passages couverts ».



☆☆ ***Le quai Turenne*** *(centre détachable E3)* **:** c'est d'ici qu'on a la meilleure vue d'ensemble sur les bâtiments et leurs façades au coude à coude, orientés vers le sud. La pierre blanche (le tuffeau de Loire) et les sculptures sont mises en valeur par le moindre rayon de soleil. Les techniques de fondations sur pilotis (sur le modèle des villes hollandaises) n'auront pas suffi : côté ouest du tramway, certains bâtiments sont aujourd'hui tout de guingois, comme agités par une houle trop forte. Repérer les mascarons sur les façades comme aux n$^{os}$ 10, 10 bis, 13 (dit immeuble Perraudeau, les balcons ont en outre un style différent à chaque étage, un signe d'opulence), etc.

☆☆ ***La rue Kervégan*** *(centre détachable E3)* **:** du nom du maire de Nantes de 1789 à 1791, c'est l'une des rues les plus pittoresques de Nantes avec ses petits pavés. Les balcons « filants » (qui regroupent plusieurs fenêtres) constituent l'une des particularités de l'île Feydeau. Pour illustrer la richesse de leurs commanditaires, les architectes ont déployé toutes les formes connues d'encorbellements : sur console, sur trompe... Ils firent appel aux meilleurs serruriers, qui réalisèrent des chefs-d'œuvre de ferronnerie. Aux n$^{os}$ 13 et 19, on notera les très belles façades ornées de corsaires.

☆ ***Le Mur tombé du ciel*** *(centre détachable E3)* **:** *pl. Ricordeau (tt à côté de l'hôtel-Dieu).* Imaginé par la compagnie Royal de Luxe, ce mur met en scène dans un style coloré à la Diego Rivera, le peintre mexicain, les personnages, sites et événements les plus représentatifs de Nantes. Détail des personnages téléchargeable sur • *trompe-l-oeil.info/Murspeints/details.php* • *(Nantes / Tombé du ciel).*

## *L'île de Nantes*
## (plan détachable, entre les 2 bras de la Loire)

L'île de Nantes résulte de la fusion de plusieurs îles à partir de 1926 : Beaulieu (à l'est), Petite et Grande Biesse (au nord) et Sainte-Anne (au sud-ouest). Modelée par l'homme, la nature se livrera tout entière aux desseins industriels modernes, dont les chantiers navals qui produisent leur dernier navire en 1987.

Désindustrialisation, carcasses d'anciennes usines, grues immobiles, il fallait rebondir. La mixité entre habitat, bâtiments administratifs, entreprises et espaces verts ou de loisirs constitue l'ossature de la constante réhabilitation. De même, un gros effort est fait pour garder le maximum de témoignages du passé industriel de l'île. Ainsi, pavés, rails, grues, piles de l'ancien pont transbordeur (démonté en 1958), cales sèches ou anciens bâtiments tiennent un rôle et ont été réutilisés, transformés, redessinés dans ce gigantesque chantier à ciel ouvert.
On distingue ainsi le ***quartier de la Création*** (la partie à l'ouest du tramway, de l'école d'Architecture au *Hangar à Bananes*) qui comprend le palais de justice par Jean Nouvel, le quai François-Mitterrand... ou encore le parc des Chantiers (des *Machines* jusqu'au *Hangar*). On peut y voir ***In a silent Way,*** une œuvre de Nathalie Talec (2020) : 2 sculptures monumentales de visages féminins évoquant les cultures numériques.
Le ***quartier Beaulieu,*** à l'est, plus résidentiel, accueille l'hôtel de Région dont le parvis est surmonté d'une œuvre du parcours *Estuaire* de François Morellet. Voir aussi le centre commercial relooké par Patrick Bouchain (l'architecte du *Lieu Unique*), la guinguette-belvédère à étage inaugurée en 2019, le ***jardin des Fonderies*** *(plan détachable F4-5),* réalisé sous une ancienne halle des Fonderies de l'Atlantique, ouverte aux 4 vents. Un mélange réussi de fer et de vert (ouverture à vérifier cependant).
L'île conserve néanmoins encore un quartier plus populaire, plus intime, autour de la ***place de la République*** avec des maisons basses du XIXᵉ s et des petits commerces qui tranchent avec le modernisme du reste de l'île.
L'île est parsemée d'œuvres du parcours *Estuaire* et des installations du *Voyage à Nantes.* On n'en mentionne que quelques-unes, mais vous les retrouverez toutes en suivant la ligne verte du *Voyage à Nantes.* Ne pas manquer, par exemple, l'œuvre de François Morellet *(De temps en temps)* sur le bâtiment Harmonie Atlantique, ou encore *L'Arbre à basket* (par l'agence A/LTA). Des visites commentées (gratuites avec le *Pass Nantes*) et des parcours audioguidés sont proposés toute l'année avec • *nantes.tourisme.com* •
– ***Info pratique :*** attention, l'île est assez grande. Accès en tramway 2 et 3, arrêt Vincent-Gâche, ou à pied via la passerelle Schœlcher (face au palais de justice) pour la partie ouest de l'île. Exploration à pied ensuite ou à vélo, à moins d'emprunter le *Chronobus C5* pour se rendre tout à l'ouest de l'île (*Anneaux* de Buren et *Hangar à Bananes*) ou la ligne navibus du *Hangar à Bananes* vers Bas-Chantenay. Avec en récompense, une micro- brasserie artisanale à l'arrivée, la *LAB (Little Atlantique Brewery ; plan détachable A6).*

***La passerelle Victor-Schœlcher et le palais de justice*** *(plan détachable D4)* **:** *entre la pl. de la médiathèque et l'île de Nantes.* Ⓣ *Médiathèque (ligne 1).*
Réalisée en 2001 par les fameux architectes Barto et Barto, cette passerelle montée sur vérins lance ses 150 m d'acier et béton armé pour relier la ville au palais de justice.
On aime ou pas ce bâtiment moderne, noir et imposant, à la riche conception due à Jean Nouvel. La transparence du bâtiment (transparence de la justice ?) crée un lien entre la vieille ville et ce quartier en mutation. Ici, le carré est roi : le carré, c'est l'équité ! En rouge, les textes fondateurs du droit français et les citations défilent sur des panneaux d'affichage digital, une œuvre de l'artiste américaine Jenny Holzer.

***Le quartier de la Création et le quai François-Mitterrand*** *(plan détachable D4, B5-6 et C4-5)* **:** *face au quai de la Fosse.* Cette partie ouest de l'île de Nantes dispose d'édifices culturels, des immeubles d'habitation, des bureaux qui éclosent comme des champignons... Depuis la passerelle Schœlcher et le palais de justice, des aménagements se développent au fil de l'eau pour ajouter une dimension végétale à cette agréable balade le long de la berge nord de la Loire (très courue le dimanche par les familles).

Au programme, les piles du ***pont transbordeur*** (sous le pont Anne-de-Bretagne), le bar-restaurant flottant ***Le Nantilus, La Fabrique*** (l'espace de création et d'expérimentation culturelles de la ville, ● *lafabrique.nantes.fr* ●), le site des ***Machines de l'île,*** les ***cales sèches*** des chantiers navals transformées en jardin pour enfants et en plage de sable, le ***restaurant « Le 1 »*** avec sa terrasse de toiles la ***Canadienne,*** le curieux espace de jeux ***Ping-Pong Park*** de Laurent Perbos (raquettes et balles à disposition au restaurant *Au Bureau),* square Mabon, la ***Pêcherie*** (une plate-forme avec gradins sur la Loire) ou bien encore la ***Pointe noire,*** un module à facettes géométriques installé sur la terrasse de l'*Esperance Café.* Sans oublier les 8 œuvres *Estuaire,* dont les ***Anneaux*** de Buren et, enfin, tout à l'ouest, le ***Hangar à Bananes*** et les anciennes ***grues Titan.***
C'est en toute logique que l'***École nationale supérieure d'architecture*** (terrasse accessible sur le toit), conçue par le cabinet Lacaton et Vassal, s'y est installée tandis que l'***école des beaux-arts de Nantes*** s'est glissée sous les structures métalliques des anciennes halles Alstom (architecte : Franklin Azzi). Derrière le palais de justice, voir aussi l'immanquable ***édifice IDM,*** comme enrobé d'une résille métallique qu'on appelle « Manny » car son revêtement rappelle, selon certains, la fourrure du mammouth du film *L'Âge de glace* ! C'est (tendre l'oreille) une sculpture sonore de Rolf Julius. Et vous ne pouvez pas rater, juste devant, les déroutants passages piétons d'Angela Bulloch (2 œuvres du parcours *Estuaire*). Oserez-vous traverser ? À 2 pas, encore une surprenante œuvre d'art contemporain du parcours *Estuaire* avec le *Mètre à ruban* géant de Lilian Bourgeat, qui s'étend dans la cour d'un immeuble. Voir également *Traverses,* boulevard Léon-Bureau.

LOIRE-ATLANTIQUE

***Les Machines de l'île*** *(plan détachable C-D4) :* *bd Léon-Bureau. ☎ 0810-12-12-25 (0,05 €/mn + prix d'appel). ● lesmachines-nantes.fr ● Ⓣ Chantiers-Navals (ligne 1). ♿ Juil-août, tlj 10h-19h ; avr-fin juin et sept-oct, tlj sauf lun 10h-17h (18h w-e et tlj pdt vac scol) ; de mi-fév à mi-avr et nov-déc, tlj sauf lun 14h-17h (18h w-e et vac scol). Fermé début janv et réouverture avt vac de fév. Voyage en Éléphant (durée : 45 mn), vente de billets en continu pour le j. même. Visite de la Galerie des Machines ou Voyage en Éléphant : 8,50 € ; réduc. Carrousel des mondes marins : « mode découverte » 6,90 €, réduc ; « mode forain » 8,50 €, réduc. Boutique-librairie.*
Les ateliers de la compagnie *La Machine* se sont installés dans les hangars des anciens chantiers navals. À découvrir en surplomb, juchés sur une coursive. Ils permettent d'observer le processus de création des drôles de bestioles imaginées par les géniaux François Delarozière et Pierre Orefice qui iront ensuite enchanter les habitants d'autres villes : d'improbables machines à la croisée des mondes de Jules Verne et des automates de Léonard de Vinci. En moyenne, 50 artisans de différents métiers interviennent ici. Un projet génial, en évolution permanente, qui fait vivre ce coin de Nantes en lui redonnant sa part de rêve. Films et photos reviennent sur les dessous du *Grand Éléphant,* devenu porte-drapeau de la ville et du *Carrousel,* entre mécanique et poésie. Ce *Carrousel des mondes marins* fonctionne depuis 2012, en attendant *L'Arbre aux hérons,* sculpture qui devrait être terminée pour 2023 et installée dans l'ancienne carrière du Bas-Chantenay, de l'autre côté du fleuve.
– ***La Galerie des Machines :*** *compter 45 mn-1h.* On y découvre tout le monde animal et végétal destiné à animer *L'Arbre aux hérons,* ce projet dément d'une sculpture monumentale (50 m de diamètre, 32 m de haut, 22 branches représentant un linéaire de 1 km dont 450 m accessibles en promenade), une cité dans le ciel équipée de jardins suspendus. Voir la maquette au 1/5 présentant les éléments structurants de l'*Arbre.* Depuis 2007, un écosystème propre à l'arbre a fait l'objet d'une mise en culture afin de favoriser l'enracinement du végétal dans l'acier.
Temps forts de la visite : un héron de 8 m d'envergure qui survole la *Galerie,* un colibri porte-épée, un colibri géant, un vol d'oies, une araignée géante animée par 5 personnes, une fourmi qui court sur un tapis roulant, un paresseux, une chenille arpenteuse qui se déplace sur une branche, des plantes mécaniques carnivores...
Nouveauté 2020 : la Parade des oiseaux amoureux.

– ***Le Carrousel des mondes marins :*** ce manège de près de 25 m de haut et de 22 m de diamètre est installé en bord de Loire. Démentielle sculpture de 3 niveaux, dédiée à la mer (la surface, les fonds marins et les abysses), c'est un véritable théâtre à 360°, peuplé de créatures fantasmagoriques qui s'animent dans une ambiance musicale maritime. Avant d'embarquer sur l'une des 35 créatures marines, prendre le temps de lire les panneaux explicatifs et de voir fonctionner les 3 niveaux de la structure. Raie manta, calamar à rétropropulsion, bateau-tempête, tortue-girafe, attelage marin ou luminaire des grands fonds, autant de sculptures de bois et de métal articulées et mues par des systèmes mécaniques fascinants d'ingéniosité. Selon les périodes, 2 modes de fonctionnement : mode forain (avec possibilité d'un embarquement) ou mode découverte avec présentation par un machiniste.
– ***Le Grand Éléphant :*** le proboscidien de Nantes est le cousin de celui « dressé » par la célèbre compagnie Royal de Luxe pour ses grandioses spectacles de rue. Ce pachyderme, haut de 12 m, peut embarquer une cinquantaine de personnes à son bord pour une promenade de 30 mn (à la vitesse record de 3 km/h et à l'aide d'un moteur hybride respectueux de l'environnement, plus de 20 000 km parcourus en 10 ans !). La sortie est évidemment spectaculaire, et la foule se presse pour voir l'impressionnante bête se mouvoir. De l'intérieur, on découvre les engrenages, tandis qu'un conducteur et un machiniste actionnent l'éléphant qui barrit et dont la trompe articulée arrose les spectateurs. Évidemment, c'est un spectacle incontournable avec des enfants !

***Le Café de la Branche*** *(plan détachable D4,* ***104****)* **:** *bd Léon-Bureau, devant les Machines de l'île. ☎ 02-51-17-48-86. Tlj 9h30-20h (21h en été). Fermé janv.* Après avoir visité les *Machines de l'île* et fait un tour en *Éléphant* ou sur le *Carrousel,* une petite halte s'impose dans ce sympathique café pour se remettre de ses émotions.

***Les Anneaux de Buren*** *(plan détachable B-C5)* **:** *sur le quai des Antilles.* Œuvre issue du parcours *Estuaire,* ces 18 anneaux ont fait leur trou sur les quais de Loire. Lumineux de nuit, ils alignent des couleurs vives visibles de loin.

***Le Hangar 32*** *(plan détachable C5)* **:** *quai des Antilles. • iledenantes.com • Ven-dim 14h-18h (en été, mar-dim 14h-19h).* Lieu d'expo du projet urbain « Île de Nantes ». Ce lieu explique l'histoire et l'évolution de la friche industrielle avec maquettes, outils pédagogiques et images de synthèse à l'appui.

Juste à côté, le ***Hangar à Bananes*** *(plan détachable B-C5)* court jusqu'à l'extrémité ouest de l'île. Autrefois destiné au mûrissement des bananes, il a réussi son stage de reconversion en lieu de sortie branché. Restos, bars qui se mettent en scène, boîtes de nuit. *La Cantine (ouv fin avr-début oct)* est un vaste espace convivial avec de grandes tables, installé sous des serres, qui permet de se restaurer correctement avec des produits provenant du potager voisin de 900 m². Sur place, une aire de jeux insolite et fantasque, *La Colline,* imaginée par le collectif *Appelle-moi papa* et ***Invendus-Bottes,*** une œuvre de Lilian Bourgeat, une paire de bottes XXL avec 2 pieds droits de... 3 m de haut (2020). On y trouve également un espace dédié à l'art contemporain, la ***Hab Galerie*** *(☎ 02-28-08-77-28).*

***Les grues Titan*** *(plan détachable C5 et B6)* **:** impossible de les rater, elles se voient de loin ! La jaune, classée Monument historique, est la plus vieille (1954) et levait jusqu'à 80 t. En face, tout récent ***Musée de l'affiche*** *(26, mail des Chantiers, • le-mana.com •).* La grue grise fut sauvée in extremis de la destruction et trône à la proue de l'île. Au pied de la grue grise, point de vue sur *Lunar Tree,* des artistes Mrzyk & Moriceau, créée pour le parcours *Estuaire* et installée de l'autre côté sur la butte Sainte-Anne. D'un blanc immaculé le jour, elle dégage un halo lumineux la nuit. Au pied de la grue jaune, œuvre du parcours *Estuaire* de Vincent Mauger, *Résolution des forces en présence,* tel un énorme hérisson composé de pieux en bois.

## ***La butte Sainte-Anne*** *(plan détachable A-B4-5)*

La butte Sainte-Anne a toujours été le creuset des nouveaux arrivants à Nantes, un endroit populaire dont la réputation était plutôt à marée basse dans les beaux salons de la ville.
La butte Sainte-Anne se révèle aujourd'hui un lieu paisible, les petits jardins et les maisons ouvrières une véritable aubaine pour une population un poil bobo. Voir l'œuvre *Lunar Tree,* de Mrzyk & Moriceau, square Maurice-Schwob, le parc clos des Oblates, rue Philippe-de-Broca, qui surplombe la Loire, ou encore le *Belvédère de l'Hermitage* de Tadashi Kawamata (une plate-forme aux allures de nid géant, suspendu au-dessus du vide et accessible depuis la rue de l'Hermitage). En attendant l'arrivée de *L'Arbre aux hérons* des *Machines de l'île,* en 2023, dans l'ancienne carrière Misery du Bas-Chantenay, transformée pour l'occasion en ***Jardin extraordinaire.*** Celui-ci est inspiré de Jules Verne. Ambiance tropicale, cascade de 25 m, pas moins de 7 belvédères, escalier en acier et mur d'escalade à terme... Pas de doute, le quartier devrait connaître une cure de jouvence dans les proches années d'autant que le quartier est désormais relié par navette fluviale au *Hangar à Bananes* et qu'une micro- brasserie artisanale avec bar-restaurant s'est installée au 23, bd de Chantenay, la *LAB (Little Atlantique Brewery ; plan détachable A6),* dans une ancienne huilerie.



***La table d'orientation de la butte Sainte-Anne*** *(plan détachable B5)* **:** *esplanade Jean-Bruneau.* Dans le prolongement du quai de la Fosse. Idéal pour avoir une bonne vue d'ensemble de la ville. Amusant, elle date de 1958 et n'a jamais été remise à jour depuis ! La vue embrasse tout le port, l'île de Nantes et les rives sud de la Loire. Sur place, statues de bronze du capitaine Nemo qui fait le point avec son sextant et du jeune Jules en habit de mousse qui le regarde avec admiration, œuvres de l'artiste nantaise Élisabeth Cibot (2005).

***Le musée Jules-Verne*** *(plan détachable B5)* **:** *3, rue de l'Hermitage. ☎ 02-40-69-72-52. • julesverne.nantesmetropole.fr • T Gare-Maritime (ligne 1), puis 10 mn de marche. Tlj sauf mar et j. fériés 14h-18h, plus sam 10h-12h. Entrée : 3 € ; réduc ; gratuit moins de 18 ans et pour ts le 1er dim du mois sept-juin. Visite guidée dim à 15h, hors 1er dim du mois. Appli téléchargeable (parcours culturel et ludique).* Installé dans une belle maison du XIXe s surplombant le port (mais sans rapport avec la famille Verne), ce musée dédié à Jules Verne, né en 1828 à Nantes, fait revivre par différents documents (lettres, manuscrits, affiches...) et audiovisuels les sources d'inspiration et l'œuvre de l'écrivain : la mer, le voyage, l'aventure, la science... Audiovisuel intéressant « Jules Verne et la mécanique des souvenirs ». Au sous-sol, diffusion régulière de films documentaires et de films pour les enfants.

***Le planétarium*** *(plan détachable B5)* **:** *8, rue des Acadiens. ☎ 02-40-73-99-23. • nantes.fr/le-planetarium • T Gare-Maritime (ligne 1), puis 10 mn à pied. Lun-ven 10h-12h30, 13h30-18h ; w-e 13h30-18h. Résa conseillée, horaires des séances, selon âges et thèmes, sur le site. Entrée : 6 € ; réduc.* Ce petit théâtre d'étoiles très familial permet, sur fond de coupole hémisphérique, d'appréhender l'infiniment grand et de mieux comprendre le mouvement des planètes. Déconseillé aux moins de 5 ans.

***La fresque des Acadiens*** *(plan détachable B5)* **:** *rue des Acadiens, face à l'entrée du Planétarium.* Cette fresque murale de 1993, rénovée en 2019 par l'artiste lui-même (Robert Dafford), permet un petit rappel historique... En 1713, Louis XIV signe le traité d'Utrecht et cède l'Acadie à l'Angleterre. Les colons français subissent une pression de plus en plus forte des Anglais avant d'être déportés en masse (1755) : c'est le « Grand Dérangement ». Après 7 ans de captivité sur le sol britannique, ils peuvent enfin regagner la mère patrie et ils atterrissent sur la façade atlantique, en particulier à Nantes en attendant leur nouveau départ pour la Louisiane. Une 2de fresque se situe à côté, copie de celle réalisée par Robert Dafford en Louisiane (à l'arrivée !) en 1996.

**Le musée naval Maillé-Brézé** *(plan détachable C4)* **:** *quai de la Fosse. ☎ 09-79-18-33-51. • maillebreze.com • Ⓣ Gare-Maritime (ligne 1). Visites guidées seulement : départs 14h30-16h (durée : 1h-1h30) ; l'été et pour les groupes, 1 visite théâtralisée certains mat (durée : 1h15-1h45). Entrée : 8-10 € ; réduc.* Pour découvrir la vie à bord et l'équipement d'un escorteur d'escadre (qui a « joué » dans le film *Dunkerque* de Christopher Nolan), visite guidée par des bénévoles. Option possible pour visiter la salle des machines. On pénètre dans les tréfonds du bâtiment, véritable usine à gaz. Passionnant.

**La galerie Le Rayon Vert :** *1, rue Sainte-Marthe. ☎ 02-40-71-88-27. Jeu-sam 15h-19h, dim 11h-17h.* Galerie associative dédiée à l'art contemporain, qui a pour objectif de faire découvrir les œuvres de jeunes artistes avec leurs regards décalés sur Nantes et leurs questionnements sur le quotidien.

## Autour de la gare ferroviaire
*(plan détachable F2-3)*



L'esplanade de la Gare Nord a changé de visage depuis 2019 et s'est tournée vers le jardin des Plantes, sous le crayon de l'architecte Ricciotti. C'est la 1re étape de l'Étoile Verte, une étoile à 5 branches qui mettra en réseau 5 cours d'eau avec les grands parcs et espaces verts de la ville. Au-dessus de la gare, immense passerelle-mezzanine de béton et de verre qui surplombe les voies de chemin de fer.

Les quartiers de Malakoff et du Champ-de-Mars sont eux aussi en complète métamorphose avec quelques jolies audaces architecturales. Voir notamment l'aérien pont Éric-Tabarly ou la surprenante tribune nord du stade Marcel-Saupin. Agences de com', cabinets d'architectes et restos de jeunes chefs doués s'y sont installés. Au nord du quartier Malakoff, *Péage sauvage,* œuvre du parcours *Estuaire,* installée aux abords de la Petite-Amazonie, enclave de nature dans l'espace urbain, classée Natura 2000. Derrière la Cité des Congrès, originale terrasse à l'architecture verticale de la *brasserie Félix,* au-dessus du canal Saint-Félix.

**La tour LU** *(plan détachable F3)* **:** ***ouv à partir de 2021.*** Édifiées en 1903, les tours LU allaient à l'origine par paire, mais l'une fut détruite pour laisser place à des bâtiments. Quand l'usine LU déménage en 1986, le site devient une friche industrielle vouée à la démolition, puis un lieu de manifestations culturelles, avant de devenir, en 1999, ***Le Lieu Unique*** sous la houlette de Jean Blaise, qui lui donne une âme, un sens, un mouvement perpétuel.
Ne pas manquer à la nuit tombée *Nymphéa,* œuvre du parcours *Estuaire,* réalisée par Ange Leccia.

### UN BISCUIT LU ET APPROUVÉ

*Constitué d'une pâte cuite 2 fois, d'où son nom, le biscuit LU ne contient plus d'eau et donc ne moisit pas. Voilà pourquoi il constitue l'alimentation de base des marins. Pas étonnant que les biscuiteries LU se soient installées dans un port. Ce biscuit plaisir séduisit rapidement les demi-mondaines (on disait « cocottes ») du quartier de Graslin autour d'un thé... des colonies, évidemment.*

**Le Grenier du Siècle** *(plan détachable F3)* **:** *quai Ferdinand-Favre, au Lieu Unique (voir ci-avant).* Du 1er octobre au 1er décembre 1999, chaque personne qui le désirait a pu déposer un objet personnel représentatif du XXe s. Chaque objet a ensuite été répertorié, conditionné dans une boîte en fer-blanc (il y en a 11 855 !) et acheminé dans un lieu créé à cet effet, où il a été scellé dans la double paroi translucide (conçue par l'artiste plasticien Patrick Bouchain) d'un pan de mur de l'ancienne usine. Ce témoignage aux générations suivantes sera révélé le 1er janvier 2100 (non, ce n'est pas une erreur de frappe !), à 17h précisément.

**Le Musée d'arts de Nantes** *(plan détachable F2)* **:** *10, rue Georges-Clemenceau. ☎ 02-51-17-45-00. ♿ Tlj 11h (10h en juil-août)-19h (21h jeu). Fermé mar, 1er janv, 1er mai, 1er nov et 25 déc. Entrée : 8 € ; réduc ; gratuit moins de 18 ans et pour ts le 1er dim du mois sauf juil-août. Pass illimité 1 an : 10 €. Consignes, librairie-boutique. Programme d'activités culturelles et 3 grandes expos temporaires/an. Plan pratique par couleurs. Appli mobile « Ma visite » téléchargeable gratuitement.*

*Un musée pour tous les arts*

Dès l'entrée, le souci de clarté et de luminosité est évident dans le ***grand hall*** dégagé et le ***Patio*** aux lignes épurées destiné à accueillir des expos temporaires. Après 6 années de travaux, le musée des Beaux-Arts de Nantes a rouvert sous une nouvelle appellation, signifiant ainsi sa volonté d'ouverture à tous les arts du XIIIe au XXIe s. Au ***Palais du XIXe s*** riche de sa collection de peinture est venu s'ajouter une extension de 2 000 m², le ***Cube,*** conçu pour accueillir la collection d'art contemporain, l'une des plus importantes en France, avec celle de Grenoble. Le nouveau bâtiment s'inscrit dans la continuité par sa sobriété et l'emploi du tuffeau blanc de Loire. Enfin, la ***Chapelle de l'Oratoire*** est destinée aux arts visuels contemporains.

*Ancien versus moderne*

La majeure partie de l'art ancien du musée provient de l'achat en 1810 de la riche collection du diplomate nantais François Cacault. La ***présentation des collections*** est originale dans sa volonté de ***confronter l'art ancien à l'art contemporain,*** dans un souci d'échange stimulant pour l'esprit du visiteur, invité à réfléchir sur le traitement d'un même sujet selon les époques. On retrouve ainsi, dans certaines salles, des tableaux classiques en regard d'œuvres contemporaines, à l'exemple de l'accrochage autour du fameux *Portrait de Madame de Senonnes,* d'Ingres.

*Zoom sur les artistes nantais*

Autre caractéristique de cette nouvelle présentation, la volonté de mettre en avant des ***artistes nantais ou ayant vécu à Nantes,*** comme les ***frères Sablet,*** peintres de la bourgeoisie nantaise au XVIIIe s, dont on peut admirer toute une série de portraits ; mais aussi ***Jules-Élie Delaunay,*** spécialiste de la peinture d'histoire (on lui doit les peintures de la nef du Panthéon à Paris), dont le musée de Nantes possède la plus grande collection ; sans oublier ***James Tissot,*** auquel le musée consacre une salle avec la *Suite de l'enfant prodigue* en 4 tableaux. Citons encore ***Maxime Maufra*** et ***Charles Le Roux,*** représentants de l'école nantaise du paysage, ou bien encore ***Edgard Maxence,*** élève de Gustave Moreau.

**UNE BONNE AFFAIRE**

*Les frères Cacault – François, diplomate et collectionneur, et Pierre – avaient projeté la création d'un musée-école à Clisson, suite au refus de la Ville de Nantes en 1790. Mais François mourut en 1805. En 1810, privé de revenus, son frère décida alors de vendre la collection à Paris. Alerté, le maire de Nantes fit bloquer le convoi et décida d'acheter la collection moyennant 30 000 francs ainsi que le versement d'une rente viagère à Pierre. Ce dernier mourut 2 jours après la signature du contrat !*

*L'art ancien*

Au ***rez-de-chaussée*** (salles 1-9), on remonte le temps en commençant par les ***primitifs italiens*** (depuis le XIIIe s) jusqu'au tout début du XIXe s avec ***la***

***légende napoléonienne (Gros).*** On découvre les écoles française, flamande et italienne au cours des siècles : la ***Renaissance (le Pérugin, le Tintoret),*** le XVII^e^ s ***(Gentileschi, Vouet, Champaigne),*** le XVIII^e^ s et ses théâtralités galantes ***(Watteau, Greuze et Lancret).*** Le point d'orgue du rez-de-chaussée reste la salle caravagesque (salle 4), avec son exceptionnel ensemble de 3 ***Georges de La Tour*** (dont le ***Songe de Joseph*** et ***Le Vielleur***).

## LA TOUR AUX OUBLIETTES

*Georges de La Tour est resté longtemps dans l'oubli. Quand les 3 tableaux entrèrent au musée de Nantes,* Le Vielleur *fut attribué à un peintre espagnol,* Le Reniement de saint Pierre *à un artiste hollandais et* Le Songe de saint Joseph *était carrément anonyme. Il faudra le passage d'un historien allemand en 1913 ayant remarqué* Le Nouveau-né *au musée de Rennes pour que le véritable auteur soit identifié.*

### *Le XIXe siècle*

Le ***XIXe s*** est traité au ***1er étage*** *(salles 10-18 et 23-24),* à travers une collection particulièrement riche dont les *Cribleuses de blé,* de **Courbet,** constituent un des points forts. Grande galerie consacrée à la ***peinture d'histoire*** avec des œuvres monumentales de Paul Delaroche ou Dubufe père *(Le Paradis perdu)* et un salon oriental où l'on retrouve Delacroix, notamment. Gigantesques et impressionnantes toiles aussi bien par la taille que par le sujet dans la « galerie des désastres » avec le terrifiant *Défilé de la Hache,* de Paul Buffet, ou l'angoissant *Déluge* de Léon-François Comerre. On gagne avec soulagement les salles suivantes dédiées aux *Trois ombres* de **Rodin** et aux ***impressionnistes.*** Voir des *Nymphéas* de **Monet,** mais aussi ***Courbet, Ingres, James Tissot...***

### *L'art moderne*

Le musée, qui s'est ouvert à la peinture abstraite dès 1947, possède une ***riche collection d'art moderne (1er étage, salles 19-22).*** Une salle est d'ailleurs consacrée à ***Kandinsky,*** dont le musée de Nantes fut la 1re collection publique à posséder une des œuvres. On pourra admirer dans la galerie autour du patio des œuvres de ***fauves*** (notamment un très beau *Nu jaune* de **Sonia Delaunay**) ou de ***cubistes*** suivis des ***surréalistes*** comme ***Max Ernst.*** On termine avec la multiplicité de l'expression de l'abstraction avec ***Soulages,*** le Choletais ***François Morellet*** ou ***Vera Molnar*** pour ne citer que ceux-là.

### *Le Cube*

Fidèle à sa vocation de défricheur, le musée s'est constitué une importante ***collection d'art contemporain,*** représentative de la création la plus pointue depuis les années 1960, avec de nombreuses œuvres dans le domaine de la ***vidéo.*** Compte tenu de sa richesse, il fallait un lieu dédié pour l'abriter. La collection est ainsi présentée sur les ***4 niveaux du Cube*** selon des thématiques et sur des plateaux qui permettent toutes les configurations possibles en fonction des œuvres exposées et notamment des installations. Parmi les artistes fétiches du musée, Simon Hantaï, Fabrice Hyber, Anish Kapoor, Dominique Blais...

## UNE VICTOIRE CONTRE LE MACHISME

*Naguère les métiers artistiques étaient réservés aux hommes, les femmes sculpteurs ou peintres étaient peu nombreuses. Voilà pourquoi les 2 médailles remportées par la sculpture* Le Jeune Gaulois prisonnier *d'Hélène Bertaux (1825-1909) furent considérées comme une véritable victoire. Soutenue par son compagnon, cette artiste se battit pour la place des femmes dans l'art et réalisa plusieurs chefs-d'œuvre, dont celui-ci.*

**Le Café du musée :** 02-51-12-93-09. *Tlj sauf mar 11h-19h (21h jeu). Déjeuner, snacking salé et sucré, afterwork ou brunch le dim...* La carte s'inspire des saveurs de la région en privilégiant les produits frais et de saison. Carte des vins dans le même esprit.

**Le jardin des Plantes** *(plan détachable F-G2)* **:** *entrée rue Stanislas-Baudry ou rue Écorchard, juste au nord de la gare.* 02-40-41-65-09. • *jardins.nantes.fr* • *20 mars-22 oct, tlj 8h30-20h ; jusqu'à 18h30 au début du printemps et à l'automne, et 17h30 l'hiver. Visites guidées gratuites et régulières des serres. Agréable Café de l'Orangerie avec vaste terrasse.* Ce jardin de 7 ha trouve son origine dès l'Ancien Régime, quand les capitaines de navires sont exhortés à rapporter des plantes exotiques dans leurs cales. Louis XIV organise un 1er jardin qui servira, dit-il, « au soulagement des malades et à l'embellissement de la ville ». Aujourd'hui, le plus vieux magnolia de France, planté à l'ouverture du jardin en 1807, d'une circonférence de 2,30 m, trône fièrement au milieu de ce jardin. Il constitue un agréable havre de verdure et de fraîcheur qui accueille plus de 1 million de visiteurs par an. S'y promener au printemps, lorsque les camélias sont en fleur (plus de 650 variétés sont présentées sur les 1 000 de la collection complète) : c'est un enchantement. À voir également, une orangerie, un palmarium, une serre à cactées et les orchidées de serre chaude et froide, un enclos de chèvres, un bassin d'eau, une pataugeoire ainsi qu'un espace de jeux amusant et très original pour les enfants, le *Depodepo,* imaginé par Claude Ponti, le célèbre illustrateur jeunesse.

### DES DIRIGEANTS SULFUREUX

*Le FC Nantes fut fondé en 1943 par Jean Le Guillou et Marcel Saupin, membres du groupe sans équivoque « Collaboration ». Le 1er, entrepreneur de BTP, fit fortune en passant des marchés avec les Allemands. Les bénéfices lui permirent d'acheter une écurie de chevaux de course. La casaque noir et jaune d'un des jockeys donna les couleurs du club et le surnom aux joueurs nantais : « les Canaris ». Arrêté à la Libération, Le Guillou s'exila en Suisse pour revenir en France en 1951. Il prit la direction du club en 1955. Saupin décédé, on donna son nom à un stade de Nantes !*

## Nantes la verte

Avec 57 m² d'espaces verts par habitant de la métropole, Nantes se place dans le peloton de tête des villes vertes. Au-delà de la densité remarquable en espaces verts, du jardin des Plantes au parc du Grand-Blottereau et du réseau exceptionnel de rivières (46 km de balade au bord de l'Erdre, de la Chézine, du Cens, de la Sèvre, du Gesvres...), une coulée verte se dessine peu à peu de la gare à la butte Sainte-Anne. La métropole nantaise est par ailleurs souvent citée dans le développement des transports collectifs et la lutte contre les gaz à effet de serre.

**L'île de Versailles** *(plan détachable E1)* **:** *Saint-Mihiel (ligne 2). Mêmes horaires que le jardin des Plantes.* À la fin des années 1980, la ville a aménagé cette île artificielle en un superbe jardin japonais ponctué de cascades, bassins, plages de galets... Nombreuses essences telles qu'azalées, rhododendrons, bambous et même séquoias. Un véritable dépaysement oriental dans le cœur de la ville, avec des locations de petits bateaux électriques et de canoës-kayaks pour se promener sur la rivière, des jeux pour enfants, des coins pour pique-niquer et un jardin zen. L'ensemble est très réussi et attire beaucoup de familles aux beaux jours. À voir aussi, la *Maison de l'Erdre,* initiation aux différents écosystèmes de l'Erdre, et ses aquariums réunissant toutes les espèces ovipares de la rivière *(GRATUIT).* On y évoque les activités aujourd'hui disparues de la batellerie et des bateaux-lavoirs. Expos temporaires.

**La vallée de la Chézine – Parc de Procé** *(plan détachable A-B1-2)* **:** *06-76-08-97-82. Accès au parc de Procé : bus nos C6 ou 54. Mêmes horaires que le jardin des Plantes.* Petite vallée piétonne incroyablement préservée de l'urbanisme, en plein cœur de la cité nantaise. Certes, les immeubles ne sont jamais bien loin, mais cette coulée verte de 1,5 km est des plus bucolique. La rivière serpente dans un val peuplé d'arbres et de rhododendrons, sous d'improbables murs de pierre moussus. Le tout aboutit au joli parc de Procé, avec ses vallonnements paysagers et son ***Babybob*** (piste d'anciennes voitures à roulettes pour enfants).

**Le parc et les serres du Grand-Blottereau** *(hors plan détachable par G2)* **:** *bd Auguste-Peneau. ☎ 02-40-41-65-09. À l'est de Nantes. Ⓣ Mairie-de-Doulon (ligne 1). Bus n° 12, arrêt Grand-Blottereau. Tlj 8h30-17h30 en hiver, 18h30 au printemps et à l'automne, et 20h en été. Visite guidée des serres d'agronomie tropicale.* Sur 37 ha, un tour du monde des écosystèmes des régions exotiques des 5 continents. 3 grands espaces : une rocaille méditerranéenne, un jardin coréen et un bayou de Louisiane. Les serres du *jardin d'agronomie tropicale* abritent une collection unique de plantes exotiques « utilitaires » : riz, cacao, ananas, banane, coton, girofle...



## Fêtes et manifestations

**La Folle Journée :** *fin janv-début fév.* • *follejournee.fr* • 5 journées en fait, à Nantes et dans la région. De la musique classique, mais pas seulement, sur un thème nouveau chaque année. Places bon marché et un succès... fou.
– **Festival du cinéma espagnol de Nantes :** *fin mars-début avr.* • *cinespagnol-nantes.com* •
**Carnaval de Nantes :** *3 j. autour de la mi-avr.* L'un des plus importants de France.
– **Aux Heures d'été :** *de juil à mi-août, mar-ven.* • *auxheuresete.com* • Lectures, concerts, cinéma de plein air, contes pour enfants...
**Les Rendez-vous de l'Erdre :** *fin août.* • *rendezvouserdre.com* • Festival autour de la navigation de rivière et du jazz, avec spectacles et concerts sur l'Erdre.
– **Les Tables de Nantes, l'événement :** *fin sept.* Rendez-vous conviviaux et gourmands autour de la transition alimentaire.
– **Les Celtomania :** *d'oct à mi-nov.* • *celtomania.fr* • Un festival voué à la culture celtique dans plusieurs lieux en ville et dans tout le département.
– **Les Utopiales :** *5 j. oct-nov, à la Cité des Congrès.* • *utopiales.org* • Festival international de science-fiction.
– **Festival des 3 continents :** *1 sem en nov, dans plusieurs cinémas.* • *3continents.com* • Riche cinématographie d'Afrique, d'Asie et d'Amérique latine.

# DANS LES ENVIRONS DE NANTES

## TRENTEMOULT-REZÉ (44400 ; plan détachable A-B6)

*Sur la rive gauche de la Loire, juste après l'île de Nantes et avt le pont de Cheviré. On y accède en voiture en prenant la direction de Noirmoutier-Rezé. Il est agréable aussi de s'y rendre facilement depuis le centre de Nantes par la navette fluviale, le Navibus (voir « Adresses et infos utiles »).*
L'ancien village de pêcheurs Trentemoult a été, dans la 2de moitié du XIXe s, un lieu de résidence pour des capitaines cap-horniers qui se firent construire des maisons bourgeoises, repérables aux palmiers qu'ils plantèrent, dit-on, en souvenir de leurs voyages. Malgré la forte urbanisation de Rezé et sa zone commerçante et industrielle Atout Sud, ce petit port a gardé son apparence pittoresque. Ruelles étroites, maisons individuelles à façades colorées, dotées de petits jardins surélevés pour

échapper aux colères de la Loire, le quartier présente des attraits touristiques et résidentiels prisés. Il servit de cadre au tournage des films *La Reine blanche,* avec Catherine Deneuve, et *La Demoiselle d'honneur,* de Claude Chabrol. Aujourd'hui, il fait le bonheur des agents immobiliers et celui des bobos avec ses restos et bars. On peut y admirer le *Pendule* de Roman Signer, une œuvre du parcours *Estuaire,* un grand balancier de 7 m de haut, accroché à une ancienne centrale à béton. Un peu plus loin, le site des anciens abattoirs accueille quant à lui une curieuse cité évolutive, *Transfert,* où l'art s'exprime à ciel ouvert sous la houlette d'artistes, architectes, scénographes...

## À voir

***Le Chronographe :*** *21, rue Saint-Lupien, 44400* ***Rezé.*** *☎ 02-52-10-83-20. • lechronographe.nantesmetropole.fr • Bus nos 30 ou 97, arrêt Le Corbusier ; Ⓣ Diderot (ligne 3) ou Gare-de-Pont-Rousseau (ligne 2). Compter env 30 mn depuis le centre de Nantes. Juil-août, mar-dim 14h-19h ; fermé lun. Sept-juin, mer-dim 14h-18h ; fermé lun-mar et certains j. fériés. Congés : début janv-début fév. Entrée : 3 € ; réduc. Expos temporaires ; ateliers enfants pdt vac scol.*



L'archéologie n'est pas forcément la science la plus facile à présenter. Ce centre d'interprétation s'y emploie pourtant avec talent.

Le ***Chronographe,*** structure originale enveloppée de bois, se dresse au cœur même de l'antique port de la Gaule romaine Ratatium, une zone de 20 000 m² fouillée depuis les années 1980. Avant de commencer la visite, monter au belvédère pour une vue d'ensemble du site. Une table d'orientation en réalité augmentée, très bien conçue, permet de se représenter le port de Ratatium tel qu'il était entre le Ier et le IIIe s. La Loire coulait autrefois au niveau de la route nationale. Dans le bâtiment, ouvert sur l'extérieur par de larges baies vitrées, le parcours s'organise en séquences consacrées chacune à une thématique, à la découverte de Ratatium et à un aspect spécifique du travail de l'archéologue, à partir d'un objet précis. Les cartels concis et les dispositifs interactifs rendent la visite à la fois attractive et pédagogique.

– En sortant, allez voir la ***chapelle Saint-Lupien,*** un millefeuille archéologique dans lequel on descend pour remonter le temps depuis les vestiges gallo-romains en passant par les sépultures chrétiennes, jusqu'à la chapelle construite au XVe s et transformée en grange au XIXe s. Gageons que cette visite fera naître des vocations !

***La Maison radieuse de Le Corbusier*** *(hors plan détachable par C6)* ***:*** *à* ***Rezé,*** *derrière l'hôtel de ville. ☎ 02-40-84-43-60. • maisonradieuse.org • Visite guidée seulement, sur rdv, mer à 16h et sam à 11h (plus parfois 9h30 en fonction de l'affluence). Fréquences et j. de visite plus nombreux en été. Durée : 45 mn. Billetterie à l'accueil de la mairie. Entrée : 5 € ; réduc ; gratuit moins de 12 ans.*

Il en existe 5 au monde : à Marseille, à Rezé, à Briey-en-Forêt, à Firminy et à Berlin. Visionnaire ? À son époque, Le Corbusier a bouleversé la façon d'envisager l'urbanisme. Il concevait ses immeubles comme des villages verticaux (les couloirs s'appelaient ici des rues), offrant un confort

### CORBU, CE GRAND MÉCONNU

*Le Corbusier fut l'un des plus grands architectes français... né en Suisse. Égoïste, vaniteux, opportuniste, il adorait les idées mégalomaniaques mais s'intéressait peu au suivi de ses chantiers. Un de ses projets détruisait la moitié de Paris ! En 1941 et 1942, il s'installa à Vichy, pour mieux séduire ce bon (!) maréchal Pétain. Il mourut en 1965, d'une noyade en Méditerranée. « Corbu » eut droit à des funérailles nationales orchestrées par Malraux, qui n'avait peur de rien.*

nouveau pour ses occupants, où l'esprit de communauté était au centre de la réflexion, afin de concilier vie collective et individuelle.
Les 294 appartements (du studio au T6), en duplex pour la plupart, longs de 16 m, donnent sur les 2 côtés de l'immeuble. Bien insonorisés, ventilés, avec l'eau chaude... ils jouissent d'un grand confort dans le monde des logements sociaux de l'après-guerre, en pleine crise. Ambitieux, le projet devait intégrer une poste, des commerces, ainsi qu'une école maternelle (qui existe toujours, mais ne se visite pas). Trop onéreux, les projets du grand architecte ont souvent tourné court, les municipalités ne retenant de lui que l'idée de sordides barres de béton. La visite guidée de l'appartement témoin, le nº 601, remeublé au goût des années 1950, permet de mieux comprendre les ambitions de l'architecte, ses visions utopistes de la vie collective.

## Balades en bateau

***Croisières-promenades :*** *avec les **Bateaux Nantais.** ☎ 02-40-14-51-14. • bateaux-nantais.fr • Départ de la gare fluviale de **Nantes,** quai de la Motte-Rouge (plan détachable E1). Résa conseillée (départs fixes). Parking payant.*

***Croisières Estuaire :*** *avr-oct, au départ de Nantes ou de Saint-Nazaire. ☎ 02-40-69-40-40 ou 02-40-75-75-02. • marineetloire.fr • Durée : env 2h30.* Pour découvrir autrement l'estuaire : flore et faune, histoire fluviale et industrielle, ainsi que les œuvres du parcours *Estuaire* qui dialoguent avec les paysages, lors d'une croisière commentée de 2h30. Autre formule à certaines dates : croisière musicale nocturne.

Noter que depuis 2020 on peut aussi faire une croisière autour de l'île de Nantes, au départ de Chantenay (1h30). *• nantes-tourisme.com/fr/croisiere/croisiere-tour-de-l-ile-de-nantes •*

***Bateaux électriques :*** ***Ruban Vert,*** *au départ de l'île de Versailles, **Sucé-sur-Erdre** ou **Nort-sur-Erdre**. • location-bateaux-electriques.com •* Embarcations silencieuses et sans permis. Également avec ***Floating-Nantes*** *(• floating-nantes.com •)* qui loue aussi paddles et canoë-kayaks.

***Promenade découverte en toue cabanée :*** *sur résa tte l'année avec **La Toue de Nantes,** 📱 06-81-87-64-49, • latouedenantes.fr • Ou la **Gabara1715,** 📱 06-74-45-95-59, • gabara1715.fr •* Sur l'Erdre ou la Loire, dégustation possible.

# LE PAYS DU VIGNOBLE NANTAIS

**Le vignoble nantais est le plus grand vignoble de vin blanc d'appellation mono-cépage au monde. Le roi de ce pays s'appelle le muscadet, vin blanc sec, vif et léger, qui figure parmi les plus anciennes appellations d'origine protégée (AOP) de France. On en parle ici mais sa zone de production dépasse largement la région nantaise à proprement parler.**
**Pour plus de renseignements, se procurer les excellentes brochures gratuites sur le vignoble, son patrimoine et ses producteurs, auprès des 2 offices de tourisme du Vignoble de Nantes (Vallet et Clisson), consulter *• levignobledenantes-tourisme.com •* (liste de caves viticoles) et se référer aux labels Vignobles & Découvertes ou Caves touristiques du vignoble de Loire®.**
– ***Le Voyage dans le vignoble :*** *Le Voyage à Nantes* propose une boucle touristique de 100 km à travers ce grand jardin viticole du Val de Loire, entre les bords de la Sèvre et de la Maine. Une douzaine d'étapes, jalonnées de caves, domaines viticoles, restaurants, hébergements et activités loisirs.

Également un ***parcours à vélo sécurisé*** de 10 km, de Nantes à Vertou. Il longe le chemin de halage de la Sèvre nantaise.

## MUSCADET ET AUTRES VINS DE LA RÉGION

Longtemps considéré comme un simple « bon p'tit blanc », le muscadet a considérablement évolué ces dernières années, grâce notamment à la mise en place d'appellations « village », mettant en valeur les différents terroirs, instaurant ainsi des crus de muscadet « haut de gamme » dont certains sont bio et élevés en biodynamie. Cela dit, la région produit plusieurs autres vins, souvent confondus, voire méconnus.

– ***Le muscadet :*** issu d'un cépage appelé melon de Bourgogne. Il représente 85 % de la production locale de vins blancs secs et fut apporté de Bourgogne au XVIIe s semble-t-il. La 1re mention historique du « muscadet » remonte à 1635. Aujourd'hui, la majeure partie de la production de muscadet repose au moins tout l'hiver sur ses levures naturelles de fermentation (les lies, qui ressemblent à un précipité jaunâtre). Il garde ainsi toute sa fraîcheur et présente de légers pétillements. On dit alors qu'il a du « perlant ». La méthode sur lie perpétue une tradition qui voulait que l'on garde la meilleure cuvée pour les fêtes. On trouve 4 AOP de muscadet : *muscadet-sèvre-et-maine, muscadet-côtes-de-grand-lieu, muscadet-coteaux-de-la-loire* et le muscadet tout court qui bénéficie d'une AOP régionale. Contrairement aux idées reçues, un muscadet bien équilibré peut très bien vieillir. Noter que le vignoble de Nantes est labellisé Vignobles & Découvertes pour les offres œnotouristiques qu'il propose.

– ***Le gros-plant :*** dans ce vignoble nantais, on croise également le cépage joliment nommé folle blanche, dont on fait le gros-plant, à boire dans l'année. Il s'accommode très bien avec des huîtres. Cette AOP régionale s'est fortement améliorée et est elle aussi de plus en plus vinifiée sur lie.

– ***Le grolleau :*** d'origine tourangelle et plus récent dans la famille, ce vin d'apéritif fin, gris ou rosé, connaît un grand succès du côté de la Loire et auprès des touristes.

– ***Le coteaux-d'ancenis :*** également une AOP régionale. Il se présente en blanc (chenin et malvoisie), mais surtout en rouge (gamay à 80 % et cabernet).

– ***Les vins de pays :*** les vignerons du coin produisent dans la foulée des vins de pays non dénués d'intérêt, à base de cépages chardonnay, pinot gris ou encore un cépage ancien localement appelé *côt,* ailleurs appelé malbec.

LOIRE-ATLANTIQUE

### Où acheter du bon vin ?

Pas facile de faire un choix exhaustif. Voici les adresses que nous avons rencontrées, mais il y en a beaucoup d'autres tout aussi recommandables. Il est fortement conseillé de téléphoner avant de s'y rendre.

***Domaines Landron :*** *Jo Landron, 3, impasse du Fief-du-Breil, 44690* ***La Haie-Fouassière.*** *☎ 02-40-54-83-27. • domaines-landron.com • Sur rdv.* Très impliqué dans une démarche biologique et biodynamique, ce vigneron charismatique exploite le domaine de la Louvetrie et le château de la Carizière. Ses vins, tous délicieux, expriment parfaitement la typicité du terroir. Du fameux Amphibolite, vif et minéral, au plus complexe Fief du Breil, on adore !

***Domaine Bonnet-Huteau :*** *Jean-Jacques et Rémi Bonnet, La Levraudière, 44330* ***La Chapelle-Heulin.*** *☎ 02-40-06-73-87. • bonnet-huteau.com • Lun-ven et sam mat.* Eux aussi très impliqués dans une démarche biologique et biodynamique, ces vignerons perfectionnistes travaillent une partie de leurs vins avec une méthode pour le moins inattendue en région nantaise puisqu'ils vinifient leur *medolia* dans de grands œufs en terre cuite

de 700 l et sans sulfites, comme pouvaient l'être les vins de l'Antiquité.
**Domaine du Mauperthuis :** *Marcel et Jacqueline Cormerais, Beauregard, 44330* ***Mouzillon.*** *☎ 02-40-33-95-25. • domainedumauperthuis.com • À 15 km au sud de Nantes. À la sortie de Mouzillon.* Un propriétaire récoltant qui présente une gamme de vins en blanc sec, rouge ou rosé. Gros-plant et vins de pays notamment.
**La Renouère :** *Jean-Luc Viaud, La Renouère, 44430* ***Le Landreau.*** *☎ 02-53-78-13-25. 📱 06-70-61-54-84. • domainejeanlucviaud.fr • À la sortie du Landreau sur la route de Vallet.* Ce vigneron pratique la culture raisonnée, et sélectionne son raisin dès les vendanges en isolant chaque parcelle en cave. « Fleur de Panloup » est une cuvée intimiste, d'une étonnante pureté.
Pour une dégustation plus classique, se rendre à ***La Cave des Muscadet,*** à Clisson, ou à la ***Maison du muscadet,*** à Vallet.

## Manifestation

– ***Muscadétours :*** *3 j. en oct. Infos auprès des 2 accueils de l'office de tourisme du Vignoble de Nantes (Clisson et Vallet).* Nombreuses animations dans des lieux emblématiques du vignoble.



# VERTOU [GWERZHAV]

(44120) 23 600 hab. *Carte Loire-Atlantique, C3*

**À 12 km à peine de Nantes, l'histoire de cette petite ville résidentielle des bords de Sèvre est liée à celle d'un saint Martin local. Notre homme, disciple de saint Félix, alors évêque de Nantes, y fonda 2 abbayes au VIe s et encouragea le développement du vignoble. À partir du IXe s, fermement décidés à faciliter la navigation fluviale et le commerce du vin, les moines édifièrent une chaussée dans le but de réguler le débit de la Sèvre. Plus tard, armateurs et fortunés de Nantes y construisirent des maisons de villégiature (des folies) entourées de vigne, qu'on appelait « maisons de bouteille » et qui jalonnent encore aujourd'hui les bords de Sèvre.**

## Adresse utile

**Bel Abord :** *17, quai de la Chaussée-des-Moines. 📱 06-60-02-41-75. • bel-abord-location.fr •* Location de vélos à assistance électrique à Vertou et dans les environs. Balades découverte et dégustation dans le vignoble.

## Où dormir ? Où manger ?

### De prix moyens à chic

**Hôtel de la Haute Forêt :** *53, bd de l'Europe. ☎ 02-40-34-01-74. • hotel-vertou.com • ♿ Dans le centre. Congés : août et en fin d'année. Doubles à partir de 70 €.* Cet établissement moderne et fonctionnel est idéalement situé à 2 pas de Nantes et du vignoble. Un bon point de chute, d'autant que l'accueil est chaleureux et que les chambres rénovées et confortables se révèlent d'un bon rapport qualité-prix.
**Chambres d'hôtes Au Gré du Hasard :** *3, allée de la Reine-Margot. 📱 06-67-40-58-30. • nadine@au-*

*gre-du-hasard.fr • au-gre-du-hasard.fr • À 5 mn du Busway pour Nantes. Doubles 76-92 €.* Planquée dans un quartier résidentiel sans grand charme, cette grosse maison bourgeoise d'autrefois en a beaucoup plus. Tout comme ses chambres confortables et joliment aménagées. Accueil décontracté. Petite piscine semi-couverte. Et la verdoyante vallée de la Sèvre est à 2 pas.

**La Cantine ô Moines :** *12, quai de la Chaussée-aux-Moines. ☎ 02-40-34-21-33. • lacantineomoines@gmail.com • lacantineauxmoines.fr • Tlj. Formule déj en sem 18,90 € ; menus 30-60 €. Carte env 35 €. Digestif maison offert sur présentation de ce guide.* Devanture moderne en véranda pour ce resto façon lounge, et sa brochette de tables sur le bord de la Moine aux beaux jours. Une adresse de cuisine régionale très bien réalisée, parfois rehaussée d'accents exotiques. Le tout servi accompagné de bons muscadets – ne pas hésiter à demander conseil, ici on maîtrise le sujet !

**Le Laurier Fleuri :** *460, route de Clisson. ☎ 02-51-79-01-01. Fermé dim-lun. Formule déj en sem 23 € ; menus à partir de 37 €.* De l'extérieur, très classique, rien ne laisse deviner la qualité de cet ancien relais de diligence. Ici, le jeune chef, formé dans de grandes maisons, réalise des plats modernes et créatifs, au gré d'assiettes très graphiques concoctées avec les produits du marché. Le tout dans un cadre contemporain. Une adresse rafraîchissante ! Et pour ceux qui ont profité de la belle carte des vins, quelques chambres à l'étage...

LOIRE-ATLANTIQUE

## Où dormir ? Où manger dans les environs ?

### De très bon marché à bon marché

**Le Pan Coupé :** *35, rue du Pot-Gris, 44690* ***Château-Thébaud.*** *☎ 02-40-06-52-50. • lepancoupe@orange.fr • lepancoupe.fr • Centre-bourg. Lun-ven le midi seulement (w-e sur résa). Formule midi en sem 12 € ; menus env 30-35 €. Digestif 2 cl offert sur présentation de ce guide.* Petite adresse sans chichis tenue par Julien et sa souriante équipe. Ici, on se rencontre autour du copieux buffet des entrées ou des desserts avant d'aller s'asseoir en salle pour passer commande de son plat du jour (4 propositions). Basique et pas cher.

**Auberge La Gaillotière :** *La Gaillotière, 44690* ***Château-Thébaud.*** *☎ 02-28-21-31-16. • contact@auberge-la-gaillotiere.fr • À 6 km au sud de Vertou. Fermé dim-lun. Congés : 3 sem en août et 3 sem en fév-mars. Formule déj en sem env 16 € ; menus 23-30 €. Café offert sur présentation de ce guide.* Une adresse traditionnelle au cœur du vignoble, avec une belle salle rustique prolongée par une séduisante terrasse dès les 1ers soleils. Les 3 menus (petite, moyenne ou grande faim) mettent en valeur les produits locaux ; ils changent tous les 15 jours. Parmi les musts, la terrine de foie gras de canard maison. Accueil souriant et de bon conseil. La maison propose aussi 2 gîtes (6 personnes).

### Plus chic

**Chambres d'hôtes au château de Goulaine :** *voir plus loin « Dans les environs de Vertou ». Double 115 €.* Ça en jette ! Avec ses remparts, ses douves et ses jardins à la française, cet élégant château classé du XVe s ne laisse pas indifférent. Dans les chambres en revanche, confort actuel : déco sobre, dans les tons gris perle, et des salles de bains contemporaines. Le petit déj se prend, quant à lui, dans le salon familial. La classe !

**Chambres d'hôtes La Demeure de Saint-Fiacre :** *Les Gras-Moutons, 44690* ***Saint-Fiacre-sur-Maine.*** *06-77-13-27-98. • contact@lademeure.fr • lademeure.fr • À env 5 km au sud-est de Vertou. Doubles 127-135 € ; familiales. Un petit déj/chambre par nuit offert sur présentation de ce guide.* Dans les dépendances d'une ancienne seigneurie du XVIe s, des chambres alliant luxe, raffinement et design. Thomas, artiste allemand bourlingueur, s'est posé en ces lieux pour réaliser ses rêves d'architecture, de décoration et d'accueil. Son petit déj, concocté à base de produits faits maison, est un pur moment de plaisir. Une belle adresse.

## À voir. À faire

**La chaussée des Moines :** *en contrebas du centre-ville.* Très joli coin, idéal pour une balade dominicale ou après un bon repas. Rendez-vous des pêcheurs et mouillage pour les plaisanciers. Expo au moulin Gautron situé en face et à l'atelier du moulin.

**La remontée de la Sèvre en bateau :** *départ de la chaussée des Moines. Avr-juin et sept, mer, w-e et j. fériés ; juil-août, tlj. On peut louer un bateau électrique sans permis, très maniable et silencieux, auprès de* ***Ruban Vert*** *(☎ 02-51-81-04-24 ; • location-bateaux-electriques.com •).* Agréable balade à la découverte des châteaux qui bordent la rivière, de la faune et de la flore.

**Sortie commentée sur la Sèvre :** *avec* ***Sèvre Intime.*** *📱 06-20-29-49-04. • erdreintime.weonea.com •* À bord de la vedette *Gratitude.*

**Locations de canoës, kayaks et paddles :** *avr-sept, w-e (tlj juil-août), auprès du* ***club de canoë-kayak de Vertou,*** *bd Guichet-Sérex, dans le parc de loisirs du Loiry. ☎ 02-40-34-29-97. • canoekayakvertou.com •*



## DANS LES ENVIRONS DE VERTOU

**Le château de Goulaine :** *44115* ***Haute-Goulaine.*** *☎ 02-40-54-91-42. • contact@chateaudegoulaine.fr • chateaudegoulaine.fr • (accès partiel). À 15 km au sud de Nantes. Vac scol (printemps, été et automne) 14h-18h30 ; précisions sur le site. Entrée : env 10 € ; réduc ; gratuit jusqu'à 5 ans. Visite guidée (sans supplément, réserver) ou libre avec des fiches pour le château. Chasse au trésor pour les enfants.* Passé les douves et les remparts flanquant la tour des archives, on découvre un magnifique château classé du XV$^{e}$ s, resté dans la même famille depuis pas moins d'une trentaine de générations ! La visite commentée est riche en anecdotes sur ce dernier château de la Loire avant l'estuaire encore habité. La visite dans les salons (tapisseries du XVII$^{e}$ s, cheminées, cabinet de curiosités...), la chambre du roi (Louis XIV y aurait piqué un roupillon en 1661, la veille de l'arrestation de Nicolas Fouquet par d'Artagnan) et les cuisines, montre bien comment l'environnement naturel et les événements historiques ont eu une incidence directe sur l'architecture du château.

**La base de loisirs nature de Pont Caffino :** *44690* ***Maisdon-sur-Sèvre.*** *☎ 02-40-06-54-07. • pontcaffino.fr •* Voici un site étonnant de 8 ha, parfait pour les amoureux de pleine nature, où l'on peut faire de l'escalade, de la tyrolienne au-dessus de la rivière, du tir à l'arc, du canoë, du paddle, du kayak-polo, de l'équitation... puis pique-niquer tranquillement avant d'aller jouer aux boules ou de se promener dans le petit canyon de la vallée de la Maine. Intéressante passe à poissons construite au pied des falaises.

**Belvédère de Château-Thébaud** *(44037)* **:** *situé derrière la mairie, aménagé en 2020.* Il offre une vue panoramique sur le site de la base de loisirs de Pont-Caffino, à 30 m en contrebas et sur les vignes, au-dessus de la Maine. Tout cela grâce à un ponton en porte-à-faux qui s'élance dans le vide au-delà du promontoire existant, sur 20 m. Décoiffant !

# LE PALLET [aR palez]

(44330) 3 200 hab. *Carte Loire-Atlantique, C3*

**Le Pallet, surtout connu pour son musée du Vignoble, est la ville natale de Pierre Abélard (en 1079), célèbre philosophe émasculé sur ordre du chanoine Fulbert pour avoir entretenu une passion charnelle avec la fille de ce dernier (la fameuse Héloïse).**
**Dans un registre plus rigolo mais néanmoins bénéfique à l'élaboration du muscadet, Le Pallet est également réputé pour son gabbro, une roche magmatique somme toute assez rare sur terre mais courante au fond des océans ainsi que sur la Lune...**

## Où dormir dans le coin ?

### De bon marché à prix moyens

**_Chambres d'hôtes La Maison des Landes :_** *Les Landes, 44330* ***Mouzillon.*** *☎ 02-40-06-96-00. 06-65-06-84-85. • aubing@orange.fr • maisondeslandes44.fr • À env 4 km du Pallet. Double env 67 €.* Isolées au cœur des vignes, dans les anciens chais de la propriété, une poignée de chambres avec terrasse privative, à la déco soignée et aux couleurs au goût du jour, avec salle de bains à l'italienne. Belle harmonie entre modernisme et tradition. En prime, vaste salle commune avec cuisine équipée et cheminée.

**_Chambres d'hôtes Fleur de Vigne :_** *23, La Maisdonnière, 44690* ***Monnières.*** *☎ 02-40-54-65-59. 06-08-27-07-64. • anneyvesmaillard@orange.fr • fleurdevigne.com • À 2 km du Pallet. Dans le centre de Monnières. Double 64 € ; familiales.* Chambres d'hôtes bien au calme, lumineuses et agréablement restaurées, dans une courette fleurie et bien entretenue. Cuisine tout équipée et salon mis à la disposition des hôtes. Yves, votre hôte, vous proposera sûrement une petite dégustation car il produit un excellent muscadet...

## À voir

**_Le musée du Vignoble nantais :_** *82, rue Pierre-Abélard. ☎ 02-40-80-90-13. • musee-vignoble-nantais.eu • Ouv lun-ven et dim (tlj juil-août) : de mi-juin à mi-sept, 10h-18h ; d'avr à mi-juin et de mi-sept à mi-nov, 14h-18h. Fermé sam (sauf juil-août) et de mi-nov à fin mars. Compter 1h30 de visite. Entrée : 5 € ; réduc ; gratuit moins de 12 ans. Visite guidée dim à 15h30.*
Un musée passionnant, où l'on apprend tout sur l'histoire, les appellations, l'évolution des techniques ou les anecdotes liées au célèbre vignoble du muscadet. Le parcours, à la fois thématique et chronologique, suit les étapes

### UN PUCERON QUI FAIT TACHE

*En 1862, un certain Joseph-Antoine Borty de Roquemaure, dans le Gard, importa des ceps de vigne du Nouveau Monde... pour voir. Et, avec eux, un puceron aussi microscopique que ravageur, qui se répandit sur tout le territoire et détruisit une grande partie des vignes françaises. C'est le terrible phylloxéra. Il avait vu ! Seules les vignes cultivées dans un sol sableux échappèrent à ce fléau...*

de l'élaboration du vin, depuis le travail de la vigne jusqu'à la mise en bouteilles. Collection d'objets et d'outils de différentes époques, dont les 1ers tracteurs enjambeurs à avoir arpenté le vignoble nantais ! Ne pas manquer également l'impressionnante salle des pressoirs avec pupitres interactifs. En parallèle, toutes sortes d'animations pour les enfants (à partir de 6 ans) autour des objets du vigneron. Enfin, dans un tout autre registre, une salle est consacrée à la vie et à l'œuvre de Pierre Abélard (vidéo et quelques gravures). Dégustation après chaque visite. Dehors, conservatoire du vignoble avec les différents cépages du Pays nantais d'avant et après le phylloxéra, maladie qui ravagea le vignoble français à la fin du XIXe s, et point de départ d'un sentier de randonnée au cœur des vignes. À visiter sans modération !

## DANS LES ENVIRONS DU PALLET

À quelques kilomètres du village, sur la route de Monnières, à droite après le pont, voir aussi la ***cale du port Domino,*** minuscule et charmant hameau qui rappelle le rôle joué par la Sèvre pour l'expédition du vin.

***Le port de La Haie-Fouassière*** *(44690)* **:** *à 6 km au nord du Pallet.* Bordé par la Sèvre, l'adorable petit port est le spot idéal pour une promenade, la pêche ou un pique-nique aux beaux jours. Et pour s'amuser : depuis 2020 il accueille une aire de jeux originale, pensée comme des géométries origamiques avec une tyrolienne notamment. La Haie-Fouassière abrite l'usine LU (autrefois dans le centre de Nantes). À l'entrée, un curieux rond-point avec soucoupe volante et extraterrestres, tenant chacun un symbole de la ville : un petit LU, une bouteille de muscadet et une fouace, ce gâteau créé au XIXe s et censé atténuer pendant les vendanges les effets du muscadet...

***Mouzillon*** *(44330)* **:** village fondé par les moines de Vertou sur l'ancienne voie romaine reliant Rouen à Bordeaux. Mouzillon est célèbre pour son pont gallo-roman à 4 arches qui franchit la Sanguèze, et pour le petit mouzillon, ce biscuit sec en couronne dentelée fabriqué au village (boutique). Sans sel ni matières grasses, à base de froment et d'amandes, il accompagne parfaitement un verre de muscadet.

LOIRE-ATLANTIQUE

# CLISSON [klisɔ̃]

(44190) 7 000 hab. *Carte Loire-Atlantique, C-D4*

**Aux confins de l'Anjou et du Poitou, marquant la limite sud du vignoble nantais, Clisson est stratégiquement posée aux marches de Bretagne. Cette jolie petite bourgade, où l'on déambule le nez au vent de placettes en escaliers rappelle un peu la Toscane. Mise à sac en 1793 par les colonnes infernales lors des guerres de Vendée, Clisson fut entièrement reconstruite.**
**En 1796, les frères nantais Pierre et François Cacault y fondent un musée-école. En 1805, répondant à leur invite, le sculpteur de Napoléon, Frédéric Lemot, tombe sous le charme des lieux et achète les ruines du château et les 13 ha du parc de la Garenne. Il l'aménage en jardin romantique inspiré de l'Antiquité. La ville affirme dès lors son caractère « italien ». La tuile et la brique se marient bientôt à l'ardoise, au granit, tandis que les plantes méditerranéennes font leur apparition sur les bords de la Sèvre.**
**Séduites par l'atmosphère qui s'en dégage, les grandes plumes de l'époque viennent y chercher l'inspiration, d'Alexandre Dumas à Flaubert, de Jules**

**Sandeau à George Sand. Belle de jour comme de nuit, Clisson demeure depuis synonyme de dolce vita. On s'y presse le week-end pour pique-niquer en famille, et puisque cette petite cité est décidemment pleine de surprises, elle organise chaque année l'un des festivals de musique hard rock les plus côtés du genre, le célèbre *Hellfest* avec sur 3 jours plus de 180 000 festivaliers tatoués !**

## Arriver – Quitter

➢ ***En train :*** à 20 mn de Nantes par la ligne Les Sables-d'Olonne/La Roche-sur-Yon ou celle de Cholet. Plusieurs trains directs/j.

## Adresses et info utiles



***Office de tourisme du Vignoble de Nantes :*** *pl. du Minage.* ☎ *02-40-54-02-95.* • *levignobledenantes.com* • *À côté des halles. Tlj (sauf dim mat et lun nov-fév). Fermé 1er janv et 25 déc. Visites guidées de la ville lun à 11h et sam à 15h en juil-août, et visites théâtrales dim à 16h et mar à 18h en juil-août.* Billetteries : spectacles, Puy du Fou, événements de la région, bateaux pour l'île d'Yeu, etc. Infos sur la *BIP (festival de rue ; juil-août, chaque mar et dim ap-m),* spectacle insolite et musical pour découvrir la ville, son histoire et son patrimoine.

■ ***Le Caveau des Vignerons :*** *mêmes locaux et mêmes horaires.* Dégustations gratuites des vins du vignoble et rencontres avec les viticulteurs locaux le week-end en été.

– ***Marchés :*** *mar et ven mat (le plus important), sous les halles.*

## Où dormir ? Où manger ?

### Camping

***Camping du Moulin :*** *route de Nantes.* ☎ *02-40-54-44-48.* • *campingdumoulin@onlycamp.fr* • *onlycamp.fr* • ♿ *(1 mobile home). À 500 m du centre-ville, dans la zone commerciale de Calin. Mars-oct. Pour 2, autour de 12 € ; mobile homes 305-485 €/sem.* Emplacements ombragés, en surplomb de la rivière. Agréable malgré la proximité de la zone commerciale. Laverie.

### Très bon marché

***Dolce Caffè :*** *2, pl. Notre-Dame.* ☎ *02-40-04-69-13.* • *rossi.nicolas74@gmail.com* • *En contrebas de l'église. Tlj sauf lun.* Puisque Clisson c'est l'Italie, voici un charmant petit snack à l'italienne avec *focacce* généreuse et pizza. Bons gâteaux pour le dessert (le proprio est boulanger-pâtissier de métier), cafés bien serrés et même des vins de la Botte triés sur le volet. Simple, frais, bon et vraiment pas cher.

### Prix moyens

***Chambres d'hôtes Hom'Gaia :*** *1, Le Bourg-Cornu.* 📱 *06-78-94-15-27.* • *homgaia@gmail.com* • *homgaia-chambredhotes-clisson.fr* • ♿ *Double 79 € ; familiales.* Il y a de bonnes ondes à *Hom'Gaia* ! Il faut dire que la maison a été construite avec des matériaux écolo, et agencée selon les principes du feng shui. Résultat, on se sent aussitôt à l'aise dans le salon-salle à manger très lumineux ou dans les jolies chambres tout confort (belles salles d'eau avec douches à l'italienne). Bon petit déj bio, espace de bien-être. Idéal pour se ressourcer.

***Auberge du Château :*** *2, rue de la Collégiale.* ☎ *02-40-54-32-08.* 📱 *06-44-12-06-34.* • *aubergeduchateau@wanadoo.fr* • *aubergeduchateau-clisson.fr* • *L'été, ouv midi et soir ; sept-juin, ouv le midi jeu-mar, plus le soir ven-sam. Fermé mer tte l'année. Congés : de mi-août à début sept. Menus 18 € (déj en sem), puis 30-34 €. Café offert sur présentation de ce guide.* Au pied du vieux pont de pierre, un resto à l'excellent rapport qualité-prix, avec une superbe terrasse en véranda pour profiter de la romantique vue sur la Sèvre nantaise. À l'image de la déco moderne, la cuisine s'amuse à surprendre avec quelques touches créatives.

**Restaurant de la Vallée :** *1, rue de la Vallée. ☎ 02-40-54-36-23. • famillederame@wanadoo.fr • restaurant-delavallee.com • En haute saison fermé dim-lun, en basse saison fermé dim soir-mar et le soir mer-jeu. Résa hautement conseillée. Formule déj en sem 23,50 € ; menus 35-40 €.* Bonne cuisine du marché, travaillée avec soin et ponctuée çà et là de petites touches épicées et exotiques. Belles assiettes gourmandes autour du poisson ou du canard. En prime, une terrasse abritée géniale surplombant la Sèvre, avec une vue imprenable sur le château et la ville. Tout nous a plu : le cadre, l'accueil et l'assiette.

## De chic à plus chic

**Villa Saint-Antoine :** *8, rue Saint-Antoine. ☎ 02-40-85-46-46. • contact@hotel-villa-saint-antoine.com • hotel-villa-saint-antoine.com • Resto fermé les 24-25 déc et le midi du 31 déc. Doubles 104-250 €. Formules déj en sem 18,50-24,50 € ; menus 27-45 €.* Installée dans les anciennes tanneries au bord de la Sèvre, la *Villa Saint-Antoine* (classée 4 étoiles) propose des chambres à la fois sobres et lumineuses – certaines mansardées – donnant tantôt sur la ville, tantôt sur la Sèvre. La table est à la hauteur avec une cuisine de saison inventive et audacieuse. Belle terrasse avec piscine chauffée, offrant la meilleure vue possible sur le château. Spa ouvert à la clientèle extérieure. Une grande réussite !



# Où dormir ? Où manger dans les environs ?

## Camping

**Camping Coin de Ciel :** *37, Le Tremblay, 44190* ***Saint-Lumine-de-Clisson.*** *07-79-45-74-24. • campingcoindeciel@gmail.com • camping-nantes-atlantique-clisson.fr • À 10 km à l'ouest de Clisson. Tte l'année. Forfait pour 2 env 12 € ; mobile homes 4-6 pers. CB refusées. 16 empl.* En pleine cambrousse, dans un hameau, un camping de poche tranquille et ombragé, bordé de champs. Salle à vivre (frigo, micro-onde, jeux de société et de quoi casser la croûte à l'abri quand il pleut), laverie et sanitaires corrects. Rustique et sans chichis.

## Prix moyens

**Chambres d'hôtes La Sarmentille :** *19, Les Beillard, 44190* ***Gorges.*** *☎ 02-40-03-96-45. • lasarmentille@orange.fr • la.sarmentille.free.fr • À 4 km au nord-ouest de Clisson. Doubles 60-76 €. Table d'hôtes sur résa 23 €.* Dans un ancien pressoir rénové et largement modernisé, 2 petites chambres mignonnes comme tout, à la déco soignée (pierres apparentes, jolis meubles). Belle pièce à vivre avec cuisine à partager.

**Gîtes La Sauzaie :** *La Sauzaie, 44190* ***Gétigné.*** *☎ 02-40-54-26-65. • giteslasauzaie@gmail.com • gite-lasauzaie.com • À 7 km de Clisson, par la route de Boussay et de Cholet (D 149). Compter 350-650 €/sem en gîte ; nuitée en chambre d'hôtes 60-70 €.* Dans un parc vallonné de 12 ha, une belle longère au bord des chutes d'eau de la Sèvre, tenue par un couple franco-irlandais. Dans leur maison, plusieurs gîtes pour 6 ou 7 personnes, et des chambres d'hôtes, bien arrangées et tout confort (salle de bains privée mais sur le palier pour l'une d'elles). Certains soirs, c'est la fête dans le pub irlandais aménagé dans un bâtiment annexe ou lorsqu'on prépare des pizzas maison dans le vieux four à pain. Piscine, sentier de randonnée jusqu'à Clisson.

**Auberge de la Madeleine :** *3, rue de la Navette, 44190* ***Gétigné.*** *☎ 09-61-62-03-92. • contact@aubergedelamadeleine.fr • Derrière la boulangerie Babonneau. Mar-ven pour le menu Bistro (21 €) ; ven soir-dim midi pour le* *menu Resto (36 €). Résa conseillée.* Cette adresse qui n'a rien à cacher (la cuisine est en vitrine) réserve de belles surprises à vos papilles. Dans un cadre épuré mettant en valeur une assiette joliment composée, le chef travaille les produits de saison tout en finesse. Formule *Bistro* en semaine, formule *Resto* le week-end, la messe est dite ! Reste plus qu'à choisir le vin, et à ce petit jeu-là, la maison réserve là encore quelques belles surprises de terroir.

## À voir

**Le château :** *☎ 02-40-54-02-22. • grand-patrimoine.loire-atlantique.fr • Mai-sept, tlj sauf mar (tlj juil-août) 10h30-18h ; oct-avr, tlj sauf mar 14h-17h30. Visites guidées à 11h, 14h30 et 16h (hors saison se renseigner). Fermé janv, 1er et 11 nov, 24-25 et 31 déc. Compter env 50 mn de visite. Entrée : 3 € ; réduc. Avec visite guidée : 6 € ; réduc ; gratuit moins de 14 ans. Nombreuses animations gratuites en saison.* Vestige de l'activité belliqueuse du connétable Olivier de Clisson, la silhouette fantomatique du Moyen Âge, domine fièrement la Sèvre nantaise et la Moine. Édifié par sa puissante famille dès le XIe s, ce château stratégiquement placé aux confins des marches de Bretagne, d'Anjou et du Poitou, constitue un bel exemple de l'évolution de l'architecture défensive. Il fut même d'une importance capitale jusqu'au XVe s, date à laquelle Marguerite de Clisson, accusée de trahison, fut dépossédée de ses biens au profit du duc de Bretagne. Après de nombreuses prises d'armes entre Bretons catholiques et Poitevins protestants pendant les guerres de Religion (2de moitié du XVIe s), lesquelles engendreront destructions et reconstructions, il sera finalement ruiné par les colonnes infernales pendant les guerres de Vendée en 1794. D'un point de vue plus poétique, il représente le château médiéval tel que se l'imaginaient les romantiques, de Rousseau à Musset. Rien d'étonnant, donc, à ce que le sculpteur François-Frédéric Lemot, tombé en admiration devant lui dès 1807, invite ses amis peintres et graveurs à reproduire cette ruine magnifique et tourmentée. Aujourd'hui, on se balade parmi les colossaux vestiges de ce lieu chargé d'histoire, dont certaines parties sont toujours en cours de restauration. De la cour et des chemins de ronde des puissants remparts, jolie vue sur les toits et le quartier de la Trinité, du nom de l'église qui s'y tient. Pour étoffer la visite, vidéo historique dans la tour Saint-Louis.

***Les halles :*** une belle bâtisse du XIVe s, à la charpente aux 3 essences (chêne, sapin et châtaignier), qui abrite le marché. Elles jouxtent des halles italiennes du XIXe s où se trouvent le caveau des producteurs de vin et l'office de tourisme. Utilisées par les Bleus (républicains) ou les Blancs (royalistes) comme base de repli, elles ne furent jamais incendiées, car trop utiles. Depuis, le marché s'y tient toujours *(mar et ven mat).*

***La rue Tire-Jarrets :*** elle descend des halles vers la Sèvre et doit son nom aux malfrats qui, après le marché, détroussaient les marchands retournant chez eux, le jarret bien rempli de leurs gains (le mot « jarret » désignant leur bourse de cuir).

***La rue de la Collégiale :*** avec son pin parasol qui surplombe la rue et que l'on retrouve sur toutes les photos de Clisson. De cette même rue part, à droite en remontant, la rue du Cul-Chaud, qui tire son nom du bateau-lavoir qui se trouvait au débouché de la ruelle, au bord de la Sèvre. Les lavandières, pour ne pas avoir froid, avaient coutume de s'asseoir au-dessus d'un brasero...

***Le pont Saint-Antoine et le pont de la Vallée :*** ces 2 ponts en granit du XVe s, construits par François II, le père d'Anne de Bretagne, sont tous 2 classés Monuments historiques. Le 1er possède une voûte légère faite de 2 arches, tandis que l'autre compte 5 éperons.

***Le domaine de la Garenne-Lemot :*** *☎ 02-40-54-75-85. • grand-patrimoine.loire-atlantique.fr • Parc tlj : avr-sept, 9h-20h ; oct-mars, 9h30-18h30.*

LOIRE-ATLANTIQUE

*GRATUIT. Visites guidées pour le parc mai-sept, pour le parc et la villa juil-sept (horaires en ligne) : 3 € ; réduc ; gratuit moins de 14 ans.*
– *La Maison du jardinier : mai-sept, tlj sauf lun 10h30-13h, 14h-18h ; oct-avr, mer-dim 14h-17h30 (seulement le w-e 14h-17h30 nov-déc). Fermé en janv, 1er et 11 nov, 24-25 et 31 déc. GRATUIT.*
– *La villa Lemot : ouv pour les expos temporaires aux mêmes horaires. GRATUIT.*
À la fin du XVIIIe s, ruinée, la ville se remet à peine des guerres de Vendée. Ce qui reste du château veille sur un océan de gravats, la Sèvre s'étire doucement au creux d'un vallon, des arènes granitiques pointent, mangées par les lichens... Le tout dessine un paysage éminemment pittoresque au sens littéral du terme, savoir « qui se peint ». Les frères Cacault achètent la ruine dans le but d'en faire un musée. Le sculpteur François-Frédéric Lemot, prix de Rome en 1790, les rejoint. Il est littéralement subjugué par la beauté du site. Pour lui, le mythe du voyage en Italie s'effondre. L'Italie est là, à Clisson et nulle part ailleurs !
Le jardinier-sculpteur achète alors un terrain et entreprend des plantations. Rien de bien exotique, non, les essences du terroir sont privilégiées. ***Il s'agit de construire un paysage et non de faire un jardin botanique.*** Puis, à la manière du peintre Poussin dans son atelier, le sculpteur saupoudre son terrain de *fabriques,* ces petits « construits » qui font écho à la nature : un temple, une colonne, une grotte, une statue, un obélisque... Lemot étudie, trace, rectifie. Tout ça par correspondance.
Plus tard, avec l'aide de Mathurin Crucy, l'architecte du théâtre Graslin de Nantes, il construit la villa, puis la maison du jardinier, copie conforme des fermes fortifiées de l'Italie centrale. Le style comme les matériaux essaimeront d'ailleurs un peu partout aux alentours, conférant à la région de Clisson une note italienne des plus délicate.
Aujourd'hui le domaine de la Garenne-Lemot en appelle à la réflexion sur la fulgurance, la persistance et la saisonnalité ; il accueille les joggeurs du dimanche et des expos d'art contemporain.



On peut également aller admirer la ***Garenne-Valentin,*** bâtie pour Jacques-Charles Valentin, ami de Frédéric Lemot, sur le site d'un ancien couvent de bénédictines. Joli reste de cloître XVIIe s, typique de l'architecture religieuse mauriste. Remarquable porche néoclassique du XIXe s en tuffeau. La Moine coule en contrebas du parc, très bien aménagé. Un agréable petit sentier rejoint l'église de la Trinité au départ du viaduc.

***Le viaduc :*** il date des années 1840 et, avec ses 15 arches, il surplombe la Moine à une hauteur de 20 m. À voir le soir et de nuit en été, avec le bel éclairage sur la ville et le château. Superbe point de vue.

***La chapelle des Templiers :*** *presque à la sortie de Clisson, en direction de Cugand (c'est fléché).* Cette église édifiée à la fin du XIIe s appartenait aux chevaliers de Malte, successeurs des Templiers. Hélas, il lui manque maintenant son toit.

***Le parc du Hellfest hors saison*** : *ouv à la visite début juil-fin avr, libre et gratuit.* Rien à voir avec l'ambiance XVIIIe s du parc voisin de la Garenne-Lemot. Ici, l'esprit est plutôt post- apocalyptique et se singularise par de gigantesques œuvres artistiques en bois et en acier. Durant le festival (3 jours en juin), c'est liberté, fraternité et guitares saturées pour les « métalleux ».

## À voir. À faire pas loin

***Le moulin à papier du Liveau :*** *moulin de Liveau, 44190* ***Gorges.*** *06-16-11-89-50. • lemoulinapapierduliveau.com • À env 5 km, direction Nantes (D 59). Ouv avr-oct. Selon les j., visite libre 14h-18h ou visites avec ateliers à 14h30, 15h30, 16h30 et 17h30 : consulter le programme. Entrée : env 4-7 € selon visite ; réduc. Expos temporaires en accès libre.* Ce moulin à eau en bord de Sèvre nantaise a repris du service en 2015 après une complète rénovation pour se consacrer à la production de papier, comme il le fit au XIXe s. Remarquable séchoir à l'italienne notamment. Expo, animations et ateliers. Chacun repart avec la feuille qu'il a fabriquée et imprimée sur une vieille presse à bras, ou encore avec son *pop-up*. Ne pas manquer la balade dans le bois de buis à proximité.

***Canoë-kayak :*** ***Gétigné Canoë-kayak,*** *26, rue de Terbin, 44190* ***Gétigné.*** *☎ 02-40-54-04-82. • getignecanoekayak.fr • Juil-août, tlj ; se renseigner hors saison.* À la découverte de la Sèvre. Location à la journée, balades nocturnes commentées autour du château et du viaduc et stages découverte. *Également avec* ***Canoë-kayak Clisson,*** *au moulin de Plessard, 85610* ***Cugand.*** *☎ 02-40-54-39-59. • ckclisson.fr •*

## Manifestations

Toutes les manifestations sur *• levignobledenantes.com •*

– ***Les Mascarades :*** *1 w-e en mai.* Un carnaval à l'italienne, avec des dizaines de personnages en costume vénitien !
– ***Montmartre à Clisson :*** *début juin.* Exposition et concours de peinture, carnets de croquis, modelage et photos.
– ***Hellfest :*** *sur 3 j. le w-e le plus proche du 21 juin.* Le plus important événement français dédié aux musiques metal et assimilées ! Plus de 150 groupes du monde entier sur 6 scènes et un public tatoué, chevelu et ébouriffé déferlant sur Clisson.
– ***Les Italiennes :*** *en alternance avec « Les Médiévales » (une fête entre le village et le château), courant juil.* Festival in dans le cadre enchanteur de la Garenne-Valentin et off un peu partout dans la ville. 2 thèmes dominent : la danse et la photographie. Mais il y a plein d'autres surprises... italiennes !
– ***Randissimo :*** *2e w-e de sept.* Randonnées à thème, gratuites et accompagnées, pédestres ou en canoë, pour découvrir le patrimoine de toute la vallée.

# VALLET [Gwaled]

(44330) 9 000 hab. *Carte Loire-Atlantique, D3*

**Petite ville dynamique au cœur du vignoble nantais avec grande église néogothique (voir les vitraux). Il y a une centaine d'années, on ne commandait pas au comptoir un muscadet, mais un « vallet ». D'où le titre de « capitale du muscadet » dont s'honore la ville, et sa devise : *Je suis la vigne, vous êtes les sarments.* C'est aussi à Vallet que fut créée la recette du canard au muscadet, en 1958.**

## Adresses et info utiles

***Office de tourisme du Vignoble de Nantes :*** *2 bis, pl. Charles-de-Gaulle. ☎ 02-40-36-35-87. • levignobledenantes-tourisme.com • Mar-sam.* Billetterie du Puy du Fou, spectacles, traversées pour l'île d'Yeu, etc.

***Maison du muscadet :*** *5, route d'Ancenis. ☎ 02-40-36-25-95. À l'entrée du centre-ville. Juin-sept, tlj 10h-12h, 14h-18h30 (18h sept) ; avr-mai, lun-sam 10h-12h, 14h-18h30 (plus les dim de w-e de pont) ; le reste de l'année, ouv jusqu'à 17h30 ou 18h (fermé dim-lun).* Une cave associative où l'on peut goûter à la production d'une vingtaine de viticulteurs du canton, sélectionnés par un jury professionnel. Dégustation gratuite.

– ***Marché :*** *dim mat.*

LOIRE-ATLANTIQUE

## Où camper ? Où manger dans le coin ?

### Camping

⛺ ***Camping à la ferme de la Péquinière :*** *La Péquinière, 44430* ***La Boissière-du-Doré.*** *☎ 02-40-33-70-49. 📱 06-37-89-02-49. • accueil@pequiniere.fr • ♿ À env 12 km. Passer le zoo de La Boissière-du-Doré, prendre à droite et suivre le fléchage sur 2 km. Forfait pour 2 env 10 €. CB refusées.* Au bord d'un étang, 6 emplacements bien ombragés dans un champ, avec vue dégagée sur la campagne. Tout simple, mais bloc sanitaire nickel. Jeux pour les enfants, barbecue et terrain de pétanque. Visite des activités de la ferme, avec découverte des animaux sur réservation.

### De bon marché à prix moyens

|●| ***À la Petite Ruelle :*** *5, rue Ribateau. ☎ 02-40-36-61-98. 📱 06-30-50-81-15. • alapetiteruelle@orange.fr • Derrière la mairie. Fermé sam midi et dim soir-lun. Résa conseillée. Formules à l'ardoise : midi en sem env 16 €, sinon 26 €. Café offert sur présentation de ce guide.* Dans une ruelle étroite, un réjouissant petit resto décoré de toutes sortes d'objets suspendus : vieux outils agricoles... et même une chaise ! Le midi et le soir, sélection à l'ardoise : peu de propositions mais que du « maison » renouvelé tous les 3 services ! Au final, une cuisine de saison atypique et surprenante. Un resto traditionnel qui se la joue décalé en cassant les codes.

|●| ***Au Fil des Saisons :*** *20, pl. Charles-de-Gaulle. ☎ 02-40-36-30-05. • aufildessaisons44@hotmail.com • aufildsaisons.com • Place de l'église. Fermé dim soir et mar soir-mer. Formules déj en sem 12,50-16,50 € ; menus 23-32 € ; carte env 35 €.Verre de vin offert pour un menu consommé sur présentation de ce guide.* Une salle classique avec ses poutres au plafond, voilà de quoi mettre en confiance. Ici, on sert une cuisine traditionnelle maison, de saison et sans flonflons. Accueil délicat de surcroît. Pour ceux qui aiment les produits locaux travaillés avec soin, poussez la porte sans hésiter !



## À faire

***Balades dans le vignoble :*** une cinquantaine de circuits pédestres à faire dans le vignoble, dont plusieurs autour de Vallet, pour découvrir les vignes, le patrimoine, les rivières. Par exemple, le *circuit des coteaux* passe devant les vergers du Cléray, où l'on peut goûter la fameuse confiture de mûroises. Fiches détaillées et randoguides du vignoble dans les offices de tourisme ou à télécharger gratuitement sur *• levignobledenantes-tourisme.com/la-rando/pedestre/ •*

### FIN DU VOYAGE

*Un des carrés du cimetière de Vallet abrite une vingtaine de tombes plutôt impressionnantes : de vrais mausolées, en fait, en marbre et en verre. Il s'agit des sépultures de familles de gens du voyage qui, par tradition et depuis plus de 1 siècle, se font inhumer à Vallet. On parle d'ailleurs ici de « cimetière des gitans ».*

***Le vignoble à vélo :*** plusieurs boucles entre 9 et 32 km connectées les unes avec les autres pour découvrir le vignoble de Nantes à VTC ou VTT... Plans des circuits à l'office de tourisme ou à télécharger gratuitement sur le site internet.

## DANS LES ENVIRONS DE VALLET

***Le parc zoologique de La Boissière-du-Doré*** *(44430)* ***:*** *☎ 02-40-33-70-32. • zoo-boissiere.com • À 10 km au nord de Vallet. Juil-août, tlj 10h-19h ; avr-juin* *et sept, tlj 11h-19h ; oct, tlj 11h-18h ; de mi-fév à mars et 1re quinzaine de nov, mer, w-e, j. fériés et vac scol 14h-18h ; billetterie fermée 2h plus tôt. Fermé de mi-nov à mi-fév. Entrée : env 23 € ; env 17 € enfant ; gratuit moins de 3 ans.* Une plaine africaine (où l'on peut aussi passer la nuit dans un *lodge*) et une forêt amazonienne en plein Pays de la Loire pour voir évoluer, entre autres, rhinocéros, girafes, oryx, paresseux et pythons... On peut aussi admirer des gorilles, des orangs-outans et même des loups, lions, tigres, guépards, ours. Au total, plus de 700 animaux sur 19 ha et plus de 50 naissances chaque année. Spectacle en vol libre d'une cinquantaine d'oiseaux. Quant aux plus petits, ils apprécieront sans doute la miniferme.

## LE LOROUX-BOTTEREAU [Lavreer-an-Botorel]

(44330) 8 100 hab. *Carte Loire-Atlantique, C3*



**Entre collines et vallons, marais et petits bois confinés, Le Loroux-Bottereau est la 2e commune viticole du département avec ses 1 400 ha de vignes. Ce bourg paisible est aussi influencé par la Loire, toute proche, sa douceur de vivre et ses restos gastronomiques sur la levée de la Divatte. Son histoire a été particulièrement marquée par la Révolution française, les « gars du Loroux » constituant une véritable « division d'élite » au sein de « l'armée » vendéenne. On ne s'étonne pas de trouver, au milieu de la grand-place, une (rare) statue de Louis XVI en souvenir des 4 500 Lorousains tombés sous les feux des colonnes infernales pendant les guerres de Vendée.**

### Où dormir dans le coin ?

#### De prix moyens à chic

**Chambres d'hôtes Il était une fois chez moi :** *10, route de Nantes, au Loroux-Bottereau. 06-51-02-09-91. • ibigorgne@gmail.com • iletaitunefoischezmoi.fr • Dans le centre. Doubles 70-85 € ; également des gîtes (2 nuits min).* Une chose est sûre, Isabelle aime recevoir dans sa grande maison de caractère : chez elle, on se sent vite chez soi. Les chambres (et les gîtes) ne sont pas en reste. Douillettes, décorées de beaux objets chinés mêlant l'ancien et le moderne, elles sont irrésistibles et pleines de personnalité. Du charme à revendre.

**Chambres d'hôtes Le Clos de la Brevère :** *hameau de La Brevère, 44430* ***La Remaudière.*** *☎ 02-40-33-74-75. 06-50-22-88-27. • leclosdelabrevere.fr • À env 8 km à l'est. Avr-oct. Résa conseillée, enfants non souhaités. Double env 100 €.* Isolée au bord d'une route en pleine campagne, cette grande maison parfaitement entretenue comprend 2 chambres très soignées dans 2 bâtiments indépendants et un gîte pour 3. Pas mal de petits plus : accès à une cuisine commune, à une salle de sport et au beau jardin où l'on se prélasse en terrasse sous le chêne. Accueil sympathique. Bien, mais pas donné.

### À voir. À faire

***Les marais de Goulaine :*** ils s'étendent sur 1 500 ha et hébergent canards, foulques, hérons cendrés et une flore variée. Ils se découvrent à pied par les sentiers, en été, quand les marais sont asséchés, ou en barque à partir du port du Millau, de l'Angle-Essort ou du Montru. Ces marais sont aussi ***la plus grande frayère à brochets d'Europe.*** Un seul pont pour traverser le marais, celui de l'Ouen, entre Haute-Goulaine et Le Loroux-Bottereau.

Au Pont-de-l'Ouen, à Haute-Goulaine, ***La Maison Bleue*** : ☎ *02-40-54-55-50.* • *loire-goulaine.fr* • *Avr-oct, lun-ven 14h-17h, dim 15h30-18h30.* Espace pédagogique qui propose expos en lien avec le marais classé site Natura 2000, animations nature et promenades.

De l'autre côté du pont, gravir la petite butte de la Roche (47 m) pour le panorama.

# LE PAYS DE RETZ

**Voici l'un de ces pays que l'on aurait tort de ne faire que traverser ! Avec ses bocages et ses forêts, le pays de Retz (prononcer « Ré ») abrite les marais bretons au sud, la grande baie de Bourgneuf et, à l'ouest, la Côte de Jade avec Pornic, l'une des toutes 1[res] stations balnéaires de France, une terre de vignobles (le muscadet-côtes-de-grand-lieu) autour de la réserve naturelle du lac de Grand-Lieu, et un doux pays intérieur délimité au nord par la Loire.**



## SAINT-PHILBERT-DE-GRAND-LIEU [saint-filberzh-dheaz] ET LE LAC DE GRAND-LIEU

(44310) 8 900 hab. *Carte Loire-Atlantique, C4*

**« Capitale » du pays de Grand-Lieu, Saint-Philbert dispose de restos, d'un camping, d'un office de tourisme et d'une superbe abbatiale qui a soufflé ses 1 200 bougies en 2019.**
**Tout près s'étend une zone naturelle protégée : le fameux lac de Grand-Lieu. Un espace bien caché qui n'est accessible que depuis 2 endroits : la Maison des pêcheurs de la Chevrolière et le lieu-dit Les Pierres-Aigües à Saint-Aignan. Pour une approche plus complète, se rendre à la Maison du lac de Grand-Lieu à Bouaye ou emprunter à pied ou à vélo le « sentier du tour du lac de Grand-Lieu ». Sinon, partir à l'ascension du clocher de l'église de Saint-Lumine-de-Coutais (40 m, 158 marches). Pour cela, profiter de la permanence du dimanche après-midi, ou demander la clé de l'église à la mairie, à la bibliothèque ou au café *Le Luminois* (2 €, penser à prendre des jumelles et à rendre la clé !). Attention, escalier vraiment pas évident (surtout si vous êtes sujet au vertige). En hiver, c'est même le lac de plaine le plus grand de France avec ses 6 300 à 7 000 ha (contre seulement 3 000 à 3 500 ha en été). Sa faune compte plus de 270 espèces d'oiseaux, et ce lac serait la plus grande héronnière d'Europe. Sa topographie change sans cesse en fonction de la météo, bousculant ses roselières au gré des vents.**

### Adresses utiles

***Office de tourisme :*** *2, pl. de l'Abbatiale, à Saint-Philbert.* ☎ *02-40-78-73-88.* • *grandlieu-tourisme.fr* • *Avr-oct, mar-dim 10h-12h30, 14h-18h30 (fermé lun) ; nov-mars, mer, ven et w-e 14h30-17h30 (fermé lun-mar et jeu).* Infos sur l'architecture de l'époque carolingienne, les randos pédestres et les sorties nature. Boutique.

***Autre bureau d'information touristique à La Chevrolière*** *(44118)* ***:*** *16, rue Yves-Brisson.* ☎ *02-40-31-36-46. Mêmes horaires que l'office de tourisme.*

## Où dormir ?

**Hôtel La Bosselle :** *12, rue du Port. ☎ 02-28-91-07-43. • labosselle.com • ♿ Double 69 €.* À un jet de pierre de l'abbatiale, cet hôtel pour VRP en vadrouille offre une petite quinzaine de chambres proprettes. L'une d'elles est même spécialement dédiée aux familles. Établissement bien tenu disposant d'un accueil aimable.

## Où dormir dans les environs ?

***Camping rural Le Relais des Garennes :*** *à La Bauche-Coiffée, 44140* ***Montbert.*** *☎ 02-40-04-78-73. • lerelaisdesgarennes@gmail.com • camping-lerelaisdesgarennes.com • ♿ (label 4 handicaps). Entre Saint-Philbert et Aigrefeuille. Ouv juin-sept. Forfait pour 2 env 11,50 €. CB refusées. Un produit du jardin, du poulailler ou du verger offert sur présentation de ce guide.* Pour les amoureux de nature : une chênaie très ombragée mais aussi des emplacements généreux au soleil, le long d'une rivière et à proximité d'un étang. Le bourg (commerces) et la piscine du village sont accessibles par un chemin de traverse en moins de 10 mn... Camping de poche simple, convivial et très calme. Bloc sanitaire nickel et salle commune.

***Chambres d'hôtes Château du Bois de la Noé :*** *8, allée de la Roseraie, 44830* ***Bouaye.*** *☎ 02-51-11-10-94. • contact@chateau-boisdelanoe.com • chateau-boisdelanoe.com • ♿ À 15 mn au sud-ouest de Nantes, direction Noirmoutier/Pornic par la D 751. Doubles à partir de 100 €.* Planquée dans un quartier tranquille, une somptueuse folie nantaise du XVIe s ayant vu passer Aristide Briand. Aujourd'hui, dans une ambiance parquets lustrés, toile de Jouy, lustres à pampilles et oreillers à froufrous, cette vénérable demeure accueille les hôtes les plus exigeants dans le parc de 2 ha, planté d'essences rares. Un terrain de tennis, un étang et une piscine complètent cette offre hors du temps.

# À voir. À faire

***Le lac :*** il se divise en 3 parties. La réserve naturelle nationale au centre, puis une surface appartenant à la Région et gérée par la Fédération des chasseurs de Loire-Atlantique, enfin, une partie appartenant à des particuliers. Jusqu'en 1977, une grande partie du lac était propriété de la famille du parfumeur Guerlain, lequel avait l'habitude d'y inviter les grands de ce monde pour des parties de chasse au colvert. Aujourd'hui, un grand débat règne autour du lac entre écologistes, pêcheurs et agriculteurs. Il faut faire aussi avec la loi sur l'eau et la législation européenne. Car le lac est menacé, avec une profondeur désormais inférieure à 2 m en été, sans compter la présence de plusieurs espèces invasives comme l'écrevisse de Louisiane, le ragondin et un végétal particulièrement tenace : la jussie. Pas facile tout ça ! Tout savoir sur le lac grâce au *Pass Grand-Lieu* : *formule 5 sites (la Maison du lac de Grand-Lieu, la Maison des pêcheurs du lac de Grand-Lieu, l'observatoire*

### DE L'UTILITÉ D'ÊTRE AU PARFUM

*Le parfumeur Guerlain, propiétaire du lac de Grand-Lieu, en fit don à l'État en 1977 sous condition que le lac soit classé Réserve naturelle. Aujourd'hui, pour pouvoir intégrer la Coopérative des pêcheurs professionnels de Grand-Lieu, le candidat doit être armé de patience (plusieurs années d'attente parfois). Ils sont seulement 7 (120 au début du siècle dernier), les places se renouvellent rarement !*

*ornithologique de Passay, l'abbatiale Déas et le clocher de Saint-Lumine-de-Coutais) 13 € ; réduc ; existe aussi en formule 3 sites (10 €) sans l'observatoire de Passay ni le clocher de Saint-Lumine.*

**La Maison du lac de Grand-Lieu :** *rue du lac, à* **Bouaye.** ☎ *02-28-25-19-07.* • *maisondulacdegrandlieu.com* • *(label 4 handicaps). Juil-août, tlj sauf lun 10h-18h30 ; le reste de l'année, consulter leur site. Dernière admission 1h avt fermeture. Résa fortement conseillée (places limitées). Visite : 3-8 € selon formule (centre d'expo, sentier guidé ou non, pavillon) ; réduc ; gratuit moins de 6 ans. Programme d'animations pour le public familial.* Le centre – une belle structure contemporaine s'intégrant bien dans la végétation – présente une exposition moderne, dynamique et ludique sur le lac de Grand-Lieu, ses paysages et les espèces animales et végétales qui l'habitent, ainsi que des expos temporaires. Très intéressant, mais pour découvrir vraiment le lac, il faut emprunter seul, ou dans le cadre des visites guidées, un parcours de 1 km passant au milieu de différents types de paysages et conduisant au *Pavillon Guerlain.* Ce dernier n'est en revanche accessible que sur réservation (nombre de places limitées). Construit dans les années 1960 par la famille Guerlain, alors propriétaire du lac, il faisait office de pavillon de chasse. Le lac fut cédé à l'État à condition de devenir une réserve naturelle protégée et que la pêche professionnelle puisse y continuer. Après une déambulation dans le *Pavillon,* animé de sons et de projections évoquant l'univers fantastique du lac, prenez le temps d'observer une dernière fois le lac depuis la *terrasse* avec les jumelles mises à votre disposition.

**La Maison des pêcheurs du lac de Grand-Lieu :** *16, rue Yves-Brisson, Passay, 44118* **La Chevrolière.** ☎ *02-40-31-36-46.* • *grandlieu-tourisme.fr* • *Avr-oct, mar-dim 10h-12h30, 14h-18h30 (fermé lun) ; le reste de l'année, consulter leur site. Entrée : 4 € ; réduc ; gratuit moins de 6 ans. Juin-sept, visites commentées (nocturnes en juil-août).* Dans l'espace muséographique du seul village de pêcheurs autour du lac, cet espace à la scénographie moderne évoque plusieurs thèmes illustrés par des images d'archives et des objets donnés par les habitants : le quotidien des pêcheurs à travers le temps, le matériel utilisé, la faune et la flore, la description du lac. Intéressant et très ludique, d'autant qu'il y a même des embarcations traditionnelles et des aquariums farcis de poissons (mais sans beurre blanc). Enfin, à l'étage d'une tour panoramique de 12 m, dotée de binoculaires, on peut contempler le lac et, à l'occasion, les oiseaux. Sur le bord de la route d'accès, noter le niveau des crues les plus importantes (1936 et 1988).

**Le site de l'abbatiale – Déas :** *entrée par l'office de tourisme (mêmes horaires).* • *grandlieu-tourisme.fr* • *Tarif : 4 € ; réduc ; gratuit moins de 6 ans. Comprend la visite de l'abbatiale, du jardin médiéval et des expositions temporaires. Visite libre, ou commentée l'été (5 €) et tte l'année sur résa ; compter 45 mn. Attention : les horaires peuvent être modifiés selon programmation culturelle, se renseigner sur leur site avt de venir.*

Une belle bâtisse de facture carolingienne (datée de 819), où ombres et lumières jouent à cache-cache entre les voûtes de brique et de pierre. Élevée en tant que prieurale carolingienne à Déas en 847 par les moines de Noirmoutier en l'honneur de Philibert (617-684), moine contemporain du bon roi Dagobert (celui qui avait mis sa culotte à l'envers), ce petit bijou d'architecture romane voit affluer les pèlerins pendant tout le Moyen Âge en raison des miracles qu'on prêtait au saint homme, avant de subir les avanies du temps et des guerres de Religion. Classé Monument historique dès 1896, il sera de nouveau ouvert aux célébrations liturgiques en 1936. Aujourd'hui, ce bel ensemble a retrouvé toute sa splendeur. Peut-être ferez-vous le traditionnel vœu, en passant sous le sarcophage du saint...

– *La nef carolingienne :* architecture de transition entre l'Antiquité et l'art roman. Certains éléments romains ont été utilisés dans les arcs. Lourds piliers et arcs en damier. Déjà apparaît l'évolution vers le type d'abbaye bénédictine en forme de croix. À noter enfin quelques vestiges de fresques.

– *La crypte de saint Philibert :* on peut y voir le sarcophage mérovingien en marbre du saint. Le reste des reliques se trouve à Tournus (sauf son crâne qui a été dérobé en 1998).
– *La chapelle Sainte-Anne :* dédiée à la patronne des pêcheurs, derrière la crypte. Remarquez l'ex-voto du Xe s.
– *Les jardins de l'abbaye :* un petit jardin médiéval a été reconstitué, inspiré de Saint-Gall. On note que, contrairement aux jardins monastiques, on ne trouve pas de potager. En revanche, on observe un herbarium de plantes médicinales (le jardin des simples), un verger et le jardin du cloître. Un lieu fort paisible.
– Pour terminer, une dépendance accueille de petites expos temporaires et une collection d'animaux naturalisés.

***L'église Saint-Philbert :*** *ouv le mat seulement.* L'autre église du village ! Observer la vingtaine de vitraux de la nef datés de 1936, réalisés par les ateliers Gruber, encore actifs et spécialistes des vitraux du Moyen Âge. Ils ont également réalisé ceux de l'abbatiale. Beaux orgues.

– ***Le parc de la Boulogne :*** *sur l'île du même nom.* Les jours chauds d'été, cette base, avec son plan d'eau aménagé et ses baignades surveillées, permet de se rafraîchir tout en s'amusant. Activités multiples.

LOIRE-ATLANTIQUE

## Fête

– ***Fête des Pêcheurs :*** *15 août, à Passay, 44118* ***La Chevrolière.*** Une occasion de promenades en barque sur le lac. Démonstration de pêche, vente de poissons à la criée.

## DANS LES ENVIRONS DE SAINT-PHILBERT-DE-GRAND-LIEU

***Planète Sauvage :*** *44710* ***Port-Saint-Père.*** *☎ 02-40-04-82-82. • planetesauvage.com • À 18 km au nord-ouest de Saint-Philbert, de l'autre côté du lac. Pour une partie du site, l'accès se fait seulement avec sa voiture personnelle, ou en raid 4x4 (hors pistes et commentaires du guide animalier, avec supplément). Ouv mars-nov : avr-sept, tlj ; les autres mois, variable : consulter le site ; fermeture des caisses 2h ou 2h30 plus tôt selon saison. Compter env 28 € ; env 21 € enfant ; gratuit moins de 3 ans. Préférer le mat à l'ouverture pour mieux découvrir les animaux et éviter la foule, ou à partir de 12h.* La grande affaire ici, c'est la « Piste Safari », un grand circuit de 10 km en sens unique où évoluent plus de 1 000 animaux et 150 espèces « en liberté ». Les animaux, pas vraiment farouches, s'approchent volontiers des véhicules. Rigolo avec les chèvres naines, mais nettement plus impressionnant avec un lion ou un éléphant ! *Planète Sauvage,* c'est aussi une cité marine avec des grands dauphins en captivité (le Canada vient d'abolir cette pratique), le parcours des Incas avec une tripotée d'animaux d'Amérique du Sud, une forêt des singes et un parcours jungle (250 m de pont en liane) ou encore un chemin de brousse avec village de Kirikou.
On peut même y passer la nuit dans un *lodge* au plus près des animaux d'Afrique ou dans un camp mongol *(sur résa au ☎ 02-40-04-89-88 ou sur le site web).*

# MACHECOUL-SAINT-MÊME [machikoul]

(44270) 7 900 hab. *Carte Loire-Atlantique, B4*

**Certains ne prononcent pas le « l » final. Machecoul est une petite ville célèbre pour son château ayant appartenu à Gilles de Rais, illustre personnage**

**qui aurait inspiré Charles Perrault pour son *Barbe-Bleue.* Autre célébrité dans le département : Pascal Beillevaire, affineur de plus de 400 spécialités fromagères (l'entreprise se visite). Machecoul est aussi étroitement lié à la notoriété de la « petite reine », puisque c'est ici que sont nés les cycles Gitane, qui firent les belles heures du Tour de France cycliste dans les années 1970-1980, d'Anquetil à Greg Lemond en passant par Bernard Hinault...**
**Les alentours de Machecoul ont, quant à eux, des airs de Vendée, avec les maisons basses, les belles promenades à proximité et les nombreux maraîchers produisant de la mâche ainsi que le muguet du 1er mai.**

## Adresse et infos utiles

***Office de tourisme Sud Retz Atlantique :*** *14, pl. des Halles. ☎ 02-40-31-42-87. • tourisme-regiondemachecoul.fr • Juil-août, mar-sam et dim mat 9h30-12h30, 14h-18h30 ; horaires réduits hors saison.* Organise en été des visites thématiques de la ville et du Marais breton. Billetterie avec tarifs réduits.

➢ Machecoul se situe sur la ligne ferroviaire Nantes (à 45 mn)-Challans et sur la ligne de bus Nantes/Saint-Gilles-Croix-de-Vie.
– ***Marchés :*** *mer mat dans tte la ville et sam mat sous les belles et grandes halles.*

## Où dormir ?

***Camping municipal La Rabine :*** *allée de la Rabine. ☎ 02-40-02-30-48. • camprabine@wanadoo.fr • camping-la-rabine.com • Avr-sept. Forfait pour 2 env 13 € ; loc de mobile homes, de chalets (murs en bois, toits en toile) et d'une roulotte 300-500 €/sem. 131 empl.* Au bord de la rivière du Falleron, à 500 m du centre-ville et à côté d'un complexe sportif, avec tennis, piscine... Emplacements bien verts, en partie ombragés saupoudrés de diverses sortes d'hébergements dont un tonneau !

***Chambres d'hôtes Firmin et Rosalie :*** *4, rue de la Forêt. ☎ 02-40-78-53-18. • firminetrosalie.fr • Double env 60 €. Gîte 4-6 pers. CB refusées.* Dans une rue tranquille, cette grande maison et ses dépendances dotées d'un jardin fleuri, maintes fois primé, et d'une piscine disposent de chambres fraîches et bien arrangées. Celles de la maison principale se partagent la salle de bains : bien pour les familles. Équipement bébé et jeux à disposition.

## À voir

***Le château :*** *☎ 02-40-78-50-42. • chateaudemachecoul.over-blog.com • De juil à mi-sept, seulement mer à 15h (plus à 17h de mi-juil à mi-août) ; sur résa tte l'année pour les groupes à partir de 8 pers. Visite de 2h env commentée par les propriétaires : 8 € ; réduc ; gratuit jusqu'à 15 ans.* Ancienne capitale du pays de Retz, Machecoul a conservé les ruines imposantes de son château, construit sur les bords du Falleron au XIIIe s. Il devint ensuite la propriété de la famille Montmorency-Laval au XVe s. L'un de ses membres, Gilles de Rais, en fut propriétaire avant d'être jugé et exécuté à Nantes. Puis le château connut des heures funestes : un incendie le ravagea en 1782, et on récupéra ses pierres pendant la Révolution. Aujourd'hui, ses adorables propriétaires se battent pour initier de nouveaux chantiers de fouille et restaurer ce haut lieu de l'histoire locale. Passionnés et passionnants, ils entament la visite par une présentation détaillée du château dans une belle grange (diaporama à l'appui), avant de parcourir le site. Fossés,

LOIRE-ATLANTIQUE

casemates, tours et remparts sont alors autant de prétexte à de nouvelles anecdotes. Très intéressant. Des spectacles médiévaux ont lieu sur place en juillet (voir ci-après « Manifestations »).

***La fromagerie Beillevaire*** : *11, rue Denis-Papin, Z.I. La Seiglerie. ☎ 02-72-74-08-30. • beillevaire.com • Visite guidée sur résa (1h) à 8 € ; visite libre sans résa (30 mn-2h) à 3 € ; réduc.* Visites avec dégustation également et soirée le vendredi.

## Manifestations

*Pour ts ces spectacles médiévaux payants, résas auprès de l'office de tourisme Sud Retz Atlantique.*

– **Dîner-spectacle médiéval :** *pdt le w-e de l'Ascension. • medievales-machecoul.fr •* Sous les grandes halles, avec les acteurs du parcours théâtral de juillet. Festin médiéval.

– ***Spectacle médiéval nocturne :*** *5 j. fin juil. • raiscreations.com •* Spectacle itinérant et interactif.



## DANS LES ENVIRONS DE MACHECOUL-SAINT-MÊME

***Le Marais breton :*** *prendre la direction de Bouin ; tourner à droite direction Port-la-Roche,* ***Saint-Cyr-en-Retz.*** L'idéal est de découvrir ce lieu très « nature » à pied, à vélo (sentier d'interprétation). Belle balade au milieu des marais.

– ***Location de canoës :*** *aire de loisirs de* ***Saint-Même-le-Tenu*** *(44270). 📱 06-85-59-93-44. • avtenumemois.fr • À env 5 km. Juil-août, tlj 13h (10h dim)-19h ; horaires réduits hors saison.* Pour louer à l'heure ou à la ½ journée un kayak ou un canoë et aller à la découverte de la rivière du Tenu.

### C'EST PAR OÙ LA MER ?

*Le Tenu a bluffé plus d'un pêcheur, car c'est la seule rivière de France dont la particularité est de couler dans les 2 sens. La raison ? Sa faible pente (40 cm seulement sur tout son cours), associée au phénomène de piston du canal de La Martinière. L'hiver, le Tenu coule vers la Loire pour évacuer le trop-plein des zones humides du pays de Retz, alors qu'en période de sécheresse, une fois les vannes ouvertes, le courant s'inverse pour remplir le marais.*

# VILLENEUVE-EN-RETZ (BOURGNEUF-EN-RETZ)

[BOURC'HNEVEZ-RAEZ]

(44580) 4 930 hab. *Carte Loire-Atlantique, B4*

**Bourgneuf fut pendant longtemps l'un des plus grands ports exportateurs de sel d'Europe. Des bateaux venaient de la Hanse teutonique chargés de pierres de lest (elles ont servi à paver les rues de la ville) et repartaient chargés de sel, tissus, eaux-de-vie, harengs... Quelques belles maisons d'armateurs rappellent ce passé prospère. Avec l'envasement de la baie, Bourgneuf connut le début de son déclin. Aujourd'hui, on savoure sa jolie côte et son impressionnante baie, où ostréiculteurs et sauniers ont élu domicile. Ces derniers organisent même des visites et commercialisent le sel récolté dans leurs salines.**

## Adresse utile

**Bureau d'information touristique de Villeneuve-en-Retz (à Bourgneuf) :** *La Salorge, route de Bouin. ☎ 02-40-21-17-88. À l'entrée de la ville par la D 758, près du rond-point. Juil-août, lun-sam 10h-13h, 15h-18h30, dim et j. fériés 9h30-13h30 ; horaires réduits hors saison.* Billetteries, location de vélos.

## Où dormir ? Où manger dans le coin ?

**La Bourrine :** *route de Pornic, chemin de la Culée, à Bourgneuf. ☎ 02-40-21-40-69. • la.bourrine@wanadoo.fr • restaurant-labourrine.com • Resto fermé dim soir-lun hors saison. Doubles à partir de 69 €. Menus env 18 € (sauf w-e), puis 24-33 €.* Même si la situation en bord de route peut rebuter, les chambres sont bien insonorisées et se révèlent agréables depuis leur rénovation dans un style contemporain sobre et élégant. Resto de cuisine locale : anguille, cuisses de grenouille, magret de canard...

**Le Repaire du Hibou :** *1, Le Breil, 44680* **Sainte-Pazanne.** *☎ 02-40-02-48-34. 06-70-95-32-50. • lerepaireduhibou@orange.fr • le-repaire-du-hibou.fr • Prendre la D 79 entre Sainte-Pazanne et Frenay-en-Retz puis tourner à gauche au niveau du Breil. Pour 2, cabane perchée 160 € et roulotte env 110 € (petit déj en sus : 12,50 €) ; frais de ménage 30-40 € en supplément. Repas sur résa 30 €.* En pleine campagne, au cœur d'un parc de 5 ha, les chaleureux propriétaires ont aménagé 3 cabanes perchées pleines de charme autour d'un étang, toutes parfaitement équipées, sans oublier le poêle pour l'hiver. Dans chacune d'elles, des jumelles, des livres et des jeux en relation avec la nature. On salue le ponton de pêche accessible aux fauteuils roulants (pêche *no kill*). Mais, pour une ambiance bohème-chic, c'est la roulotte hyper cosy qui garantit de belles soirées autour du barbecue !

## À voir. À faire

**Le musée du Pays de Retz :** *6, rue des Moines. ☎ 02-40-21-40-83. • museedupaysderetz.fr • Juil-août, tlj 15h-19h ; avr-juin et sept-oct, mar-dim 14h30-18h30 (fermé lun). Entrée : 5 € ; réduc ; gratuit moins de 6 ans.* Ce vaste musée à l'ancienne mode ne manque pas de charme : il évoque en détail le passé du pays de Retz au gré de nombreuses sections présentant les métiers de la terre, de la mer et du sel, mais aussi l'école d'antan et bien sûr les costumes et les coiffes traditionnels. Des scènes de la vie quotidienne ont même été reconstituées avec soin (bourrine, auberge, cordonnerie, forge, sabotier...). Très réussi ! Dans un tout autre registre, collection minéralogique et archéologique, ainsi qu'un four gaulois. Bref, chacun y trouvera son compte. Animations en été (voir programmation sur leur site).

**Visite du marais salant :** **Daniel Robard,** *06-68-15-12-40. • seldebourgneuf@yahoo.fr • sel-de-bourgneuf.eu • Visite commentée mai-oct, tlj à 10h30 (sur rdv). Nocturnes de pleine lune en été.*

# LES MOUTIERS-EN-RETZ [mousterou-raez]

(44760) 1 570 hab. *Carte Loire-Atlantique, B4*

**Une agréable bourgade donnant sur la baie de Bourgneuf, paisible, avec ses pêcheurs, sur la route des huîtres. Tel est ce bourg dont l'église abrite**

**un grand retable classé, datant du XVIIe s. Les Moutiers ont su charmer des peintres comme Robert Louis Antral, Marie Laurencin, et inspirèrent les poètes Marc Elder, René-Guy Cadou ou encore Paul Fort. Près de Prigny, au château des Brefs (commune de Pornic), ex-propriété des Gallimard, Albert Camus vint écrire *La Peste*.**

## Adresse utile

***Bureau d'information touristique des Moutiers-en-Retz :*** *14, pl. de l'Église-Madame. ☎ 02-40-82-74-00. • pornic.com • Juil-août, 10h-13h, 15h-18h30, fermé dim ap-m ; consulter le site pour les horaires hors saison.* Infos sur les hébergements, manifestations, sorties nature ou équestres et visites guidées dans les marais ou la dune du Collet. Billetterie bus, sites touristiques, bateaux vers l'île d'Yeu... Location de vélos.



## Où camper ? Où manger ? Où déguster une bonne glace ?

***Domaine du Collet :*** *route Verte. ☎ 02-40-21-40-92. 06-89-94-40-10. • domaineducollet@orange.fr • domaine-du-collet.com • Avr-oct. Forfaits pour 2 env 21-35 € en saison ; mobile homes pour 4-6 pers.* Séparé de la baie par la petite route côtière, ce beau camping 4 étoiles profite d'un environnement privilégié, à la fois séduisant et calme. Super équipé : piscine chauffée et couverte, espace aqualudique, tennis, minigolf, ping-pong, fitness, pêche en étang, promenades à cheval. Nombreuses animations et soirées dansantes en été.

***La Bonne Auberge :*** *5, av. de la Mer. ☎ 02-40-82-75-43. • bailly-thibault@orange.fr • Tlj de mi-juil à fin-août. Fermé dim soir-lun et jeu soir le reste de l'année. Congés : 2 dernières sem d'oct et fin janv-début fév. Formules 16-19 € (midi en sem) ; menus 25 € (sauf sam soir-dim)-35 €. Café offert sur présentation de ce guide.* Cela fait bien 1 siècle que cette *Bonne Auberge* tient ses promesses. Avec, aujourd'hui, une cuisine de tradition qui respire juste ce qu'il faut de l'air du temps, des petites salles classiques et une tranquille terrasse à l'abri des regards. Ceux qui préfèrent un repas plus simple fleurant bon les vacances opteront pour les moules, bien cuisinées, mais servies seulement en terrasse.

***Les Délices de l'Air Marin :*** *2 bis, La Fradouillère. 06-32-50-54-80. • delicesairmarin.com •* Cette exploitation familiale produit des glaces 100 % artisanales à base du lait de la ferme et de produits locaux : caramels au beurre salé, café de *La Brûlerie de Pornic*, des sorbets et même du curé nantais !

## Où découvrir des produits locaux ?

Plusieurs professionnels ouvrent leurs portes aux visiteurs de passage. N'hésitez pas !

***Salines de Millac :*** *salorge (boutique), chemin des Jaunais aux Moutiers et marais salant, route de Millac. 06-11-23-87-75. • salines-de-millac.com • Visites guidées de mi-juin à mi-sept (appeler Nathalie pour connaître les horaires). Compter 3 € ; réduc.*

***Saline Tenue de Mareil :*** *infos à l'office de tourisme ou en téléphonant au 07-83-06-94-64. Visites guidées en juil-août. Compter 3 € ; réduc.* Découverte des fours à sel, fonctionnement d'un marais salant...

***Domaine du Sillon Côtier :*** *chemin de Trélebourg. ☎ 02-40-64-77-29. • domaine-sillon-cotier.com • Juil-août, mar-sam 10h-12h30, 15h30-18h30. Fermé dim et lun ap-m ; horaires restreints le reste de l'année.* Dégustation de vins et découverte du vignoble.

## À voir. À faire

**La chapelle de Prigny :** *à 1 km du bourg, direction Arthon-en-Retz. Visites guidées ou libres mer 14h30-17h30 en juil-août (participation libre), et concerts classiques mer à 21h en juil-août.* Belle chapelle du XIe s, cachée dans les pins et entourée de murs en pierre, située sur l'ancien chemin des pèlerins de Saint-Jacques-de-Compostelle (voir la coquille sculptée sur la façade). Observez le pied de la statue de saint Guénolé, les jeunes filles y plantaient des épingles pour trouver l'âme sœur. À l'intérieur, 3 retables du XVIIe s, une Vierge normande du XIIIe s et une ancre viking du Xe s.

**La lanterne des morts :** *en plein centre des Moutiers-en-Retz, à côté de l'église Saint-Pierre.* Étonnant et rare monument datant du XIIe s, de 7 m de haut. C'est probablement la dernière en France encore en fonctionnement. La tour est percée de 3 petites fenêtres pour laisser entrevoir une lumière. Cette lumière est toujours allumée pour la nuit des trépassés (qui a dit d'Halloween ?) et à chaque fois qu'un décès survient dans la commune.

**Le port du Collet et la baie de Bourgneuf :** au débouché de l'ancienne « baie de Bretagne », le Collet était autrefois l'un des plus grands ports exportateurs de sel d'Europe. Du fait de ses estacades en bois, les gens du coin l'appellent le « port chinois ». On y accède, depuis Bourgneuf, par une petite route qui traverse le port (visite et arrêt dégustation d'huîtres possibles) puis offre un joli point de vue sur la baie, l'île de Noirmoutier, la digue de Bouin et les polders, avant de rejoindre La Bernerie. Tout au long du cordon dunaire, les pêcheries se succèdent.

La route ***Vélocéan/La Vélodyssée*** passe par ici, croise un ***sentier piéton*** et longe la côte, la belle dune du Collet et le Marais breton, le fameux *marô* comme on dit par ici *(● le-maro.fr ●)*. Sinon, de belles randos à faire dans ces espaces protégés au cœur du marais de Lyarne (site classé Ramsar) telles que le circuit de la Baie, le circuit de la Campagne et le circuit du Collet.



# LA CÔTE DE JADE

**On la surnomme ainsi en raison de la couleur de son eau et du chapelet de petites stations balnéaires – de La Bernerie à Saint-Michel-Chef-Chef – que le littoral égrène sur une cinquantaine de kilomètres et dont Pornic s'enorgueillit d'être la perle. Une côte protégée, belle et sauvage, aux nombreux sentiers aménagés.**

## LA BERNERIE-EN-RETZ [KERVERNER-RAEZ]

(44760) 2 950 hab. *Carte Loire-Atlantique, B4*

**La Bernerie fut longtemps réputée pour ses chantiers navals. C'est en effet ici que l'on construisait les chattes, 3-mâts à fond plat qui n'avaient ni poupe ni proue (pour faciliter les manœuvres) et qui furent les navires de commerce les plus employés dans le coin au XVIIIe s. Aujourd'hui, La Bernerie est une station balnéaire familiale, offrant une ravissante plage de sable et un grand bassin d'eau permettant de se baigner à toute heure sans dépendre des marées. Belle promenade aménagée sur le front de mer.**

## Adresse utile

**Bureau d'information touristique :** *3, chaussée du Pays-de-Retz (derrière le marché).* ☎ *02-40-82-70-99.* • *pornic.com* • *Juil-août, lun-sam 10h-13h, 15h-18h30, dim et j. fériés 9h30-13h30 (fermé dim ap-m) ; consulter le site pour les horaires hors saison.* Fiches rando. Billetterie pour les grands sites et événements de la région.

## Où dormir ? Où manger ? Où boire un verre ?

**Hôtel Le Grand Large – Restaurant Les Arômes :** *17, rue de la Corderie.* ☎ *02-40-64-70-03.* • *legrandlarge-hotel@orange.fr* • *hotel-legrandlarge.com* • *Resto tlj sauf le midi lun et mar en juil-août, plus dim soir hors saison. Doubles 63-75 € ; familiales. Formule 17,60 € sauf sam soir et dim midi ; menus 28,90-32,90 € ; carte 35-40 €. Café offert sur présentation de ce guide.* À 2 pas du centre, idéalement situé sur le front de mer, juste au-dessus de la plage. Une chaleureuse maison familiale, aux chambres bien équipées et toutes différentes. Quelques-unes avec vue sur l'océan, ou balcon bien au calme. Au resto panoramique, produits frais et cuisine avec de l'idée. Une bonne adresse.

**Les Tontons Nageurs :** *24, av. de Noirmoutier (sur la grande plage).* ☎ *02-40-64-11-31. Tte l'année, consulter la page Facebook pour les horaires. Plats env 15-20 €. Live ven hors juil-août.* Un petit rade les pieds dans le sable, pas prise de tête pour un sou et disposant d'une terrasse à même la plage. On y sert la pêche du jour, des crustacés (mais pas que) et on y boit du vin (ou du cidre) bio. Idéal pour déjeuner en amoureux tout en gardant un œil sur sa progéniture occupée à faire des pâtés de sable. Un must au coucher du soleil.



# PORNIC [pornizh]

(44210) 14 700 hab. *Carte Loire-Atlantique, B3*

**Pornic fut appréciée dès le début du XIXe s pour la qualité de ses eaux ferrugineuses et ses bains de mer. Un lieu de villégiature réputé que fréquentèrent en leur temps Michelet, Malot, Léautaud ou Renoir. Avant eux, d'intrépides racleurs d'océan s'étaient embarqués sur des morutiers en partance vers Terre-Neuve, sur des bricks armés en corsaires ou des goélettes et dundees voués au grand commerce atlantique. Aujourd'hui, Pornic est l'une des communes de Loire-Atlantique les plus appréciées, avec 15 km de criques et de ravissantes villas de bord de mer, que l'on peut découvrir en suivant le chemin des douaniers. Pour la visite, on conseille de laisser sa voiture à la gare et de continuer à pied. La ville est connue pour ses fraises, sa faïencerie, sa brasserie *(La Brigantine)* et le seul fabricant du célèbre fromage le *curé nantais.***

## Arriver – Quitter

➢ **En train ou en bus :** *SNCF,* ☎ *36-35 (coût d'un appel local) ; ou* **Aléop** *:* ☎ *09-69-39-40-44 (0,15 €/mn).* Plusieurs liaisons/j. en train (TER) et en bus avec Nantes (1h) tte l'année.

## Adresses et info utiles

**Office de tourisme :** *pl. de la Gare. ☎ 02-40-82-04-40. • pornic.com • Juil-août, lun-sam 9h30-19h, dim 10h-18h ; consulter le site pour les horaires hors saison.* Visites guidées de Pornic à pied, plusieurs thèmes proposés (unique moyen d'accéder au château, propriété privée), résa obligatoire. Billetterie pour la traversée vers l'île d'Yeu et pour les grands sites et événements de la région à tarifs préférentiels. Propose également des formules hébergement + activités.

**Location de vélos et scooters :** ***Sea Bike & Sun,*** *23, quai du Commandant-l'Herminier. ☎ 02-51-18-16-37. • sea-bike-and-sun.fr •* Une gamme complète de vélos traditionnels et électriques.

– **Marchés :** *à Pornic même, jeu et dim, pl. des Halles ; mer et sam, parking de la Birochère ; mer et sam, pl. de la Libération,* ***Sainte-Marie-sur-Mer.***

## Où dormir à Pornic et dans les environs ?

### Campings

**Camping La Madrague :** *chemin de la Madrague, à Pornic. ☎ 02-40-82-06-73. • madrague@capfun.com • capfun.com • À la sortie Pornic-Ouest. Avr-sept. Forfaits pour 2 env 15-48 € ; tentes aménagées, roulottes et mobile homes.* En bord de mer, l'un des rares campings de la Côte de Jade où les emplacements pour tentes sont à l'écart des mobile homes, directement en bord de plage. Emplacements tranquilles et bien ombragés sous les pins. Snack, 2 piscines chauffées dont une couverte, super aire de jeux pour enfants, toboggans aquatiques et animations. Un des meilleurs dans le coin.

**Camping Cap Fun Le Patisseau :** *29, rue du Patisseau, à Pornic. ☎ 02-40-82-10-39. • patisseau@capfun.com • capfun.com • À la sortie Pornic-Noirmoutier. Avr-sept. Forfaits pour 2 env 30-45 € ; tentes safari lodge, mobile homes, chalets et coco sweet.* À 2,5 km de la plage et du centre-ville, ce camping superbement équipé offre un espace aquatique chauffé avec sauna et salle de fitness, terrains de basket et de beach-volley, et toboggans. Préférer si possible les emplacements boisés. Nombreuses animations pour enfants et soirées. Location de vélos. Bar et resto sur place.

### De prix moyens à chic

**Chambres d'hôtes Le Jardin de Retz :** *1, chemin des Mousseaux, à Pornic. ☎ 02-40-82-02-29. 📱 06-30-07-07-66. • lejardinderetz.fr • Doubles 98-115 €.* Dans une longère du XIXe s donnant sur un beau jardin luxuriant, proche du château, 3 chambres joliment arrangées dont 1 louée en formule gîte à la semaine. C'est calme et bucolique, et pourtant à 3 mn du port.

**Chambres d'hôtes La Belle Verte :** *Le Tabier. ☎ 02-51-18-26-54. 📱 06-74-67-03-93. • contact@labelleverte-pornic.com • labelleverte-pornic.com • À env 7 km du centre, direction Saint-Nazaire. Doubles 55-85 €.* Isolées en pleine campagne, 3 chambres de plain-pied, colorées et joliment aménagées, à côté d'une ancienne ferme bâtie en brique et pierre. Verte, cette adresse l'est assurément : verte comme le jardin idéal pour bouquiner, ou comme la dimension écolo de l'endroit (label « Écogîte » et petit déj bio). Cuisine à disposition.

**Chambres d'hôtes et gîtes La Marette :** *Le Marais Mainguy,* ***Le Clion-sur-Mer.*** *☎ 02-40-64-65-04. 📱 06-70-26-29-08. • lamarette.pornic@gmail.com • la-marette.fr • À 5 km de la mer. Doubles à partir de 90 € ; gîtes à la sem ou au w-e hors saison.* Galettes St Michel *offertes sur présentation de ce guide.* En pleine campagne, une ancienne ferme métamorphosée en hébergement de luxe. Les chambres comme les gîtes sont élégamment meublés et tout confort, mais ce qui fait la différence, c'est le grand jardin, la piscine chauffée ainsi que l'espace bien-être avec spa et hammam. Idéal pour cocooner !

**La Rêverie :** *4 bis, chemin des Garennes, à Pornic. 06-33-47-91-04. • lareveriepornic@gmail.com • lareverie-pornic.fr • Doubles env 100-150 €.* Le tandem Henri-Geneviève a mis le paquet pour fabriquer de toutes pièces un véritable petit nid d'amour. Reprenant les codes architecturaux locaux de Gourmalon (mais sans les fioritures), voici 4 belles chambres dont 3 de plain-pied, toutes plus lumineuses les unes que les autres. Espaces communs cosy, salle de petit déj vintage et une piscine où l'on peut vraiment nager. Accueil adorable dans ces chambres d'hôtes primées en 2019 par les *Gîtes de France*.

**Hôtel Beau Soleil :** *70, quai Leray (pl. du Petit-Nice), à Pornic. ☎ 02-40-82-34-58. • contact@hotel-beausoleil-pornic.com • hotel-beausoleil-pornic.com • Doubles env 75-135 €.* Un petit hôtel qui offre surtout l'avantage d'être sur le port et près du château, donc très central. Dans les étages (sans ascenseur), des chambres pas bien grandes mais claires et avec tout le confort attendu. La majorité d'entre elles, les plus chères, a vue sur le port. On prend son petit déj dans de la vaisselle provenant de la faïencerie de Pornic.

**Auberge La Fontaine aux Bretons :** *rue des Nöels, au lieu-dit La Fontaine-aux-Bretons. ☎ 02-51-74-07-07. • infos@lafontaineauxbretons.fr • lafontaineauxbretons.fr • À 2 km du port de Pornic, direction La Bernerie. Avr-sept : resto ouv tlj ; oct-mars : fermé dim soir-lun. Doubles 95-170 €. Formules à la carte 28-58 €.* Cette très belle auberge a investi le site d'une ancienne étape des pèlerins pour Saint-Jacques-de-Compostelle. Les bâtiments ont été complètement relookés avec beaucoup de goût, dans un esprit écolo-chic. Des chambres, des studios, des maisonnettes et des appartements, certains avec vue mer. Pas mal de petits plus : piscine, tennis, jardin d'herbes aromatiques, parc... l'ambiance est résolument antistress. Sentier des douaniers à 2 pas. Fait également resto dans une vaste salle au cadre rustique superbe.

## Où manger ?

### De bon marché à prix moyens

**Le Jardin de l'Olivier :** *23, rue des Sables. ☎ 02-51-74-69-30. Fermé lun et dim soir, plus mar midi en saison ou dim midi hors saison. Congés : 3 sem en nov. Menus-carte à l'ardoise env 25-30 €.* Le resto des bons copains, tenu par Denis, personnage haut en couleur qui sait mettre à l'aise ses hôtes. Cet ancien sommelier s'est offert les services d'un excellent cuistot, dont la petite cuisine est ouverte sur la salle à la déco très simple, sans chichis. Le foie gras et le tartare de pétoncles, accompagnés d'un vin recommandé par le patron, sauront exciter vos papilles. Un lieu convivial où l'on se régale à petits prix.

**Le Retz :** *12, rue de la Marine. ☎ 02-40-82-19-78. 06-16-55-15-13. • leretztorant@hotmail.fr • Fermé le midi lun-mar, plus le soir dim-mar hors saison. Congés : fin déc-début fév. Formules déj sauf dim 14,90-17,90 € ; carte 25-30 €.* La 1re impression est bonne : une salle agréable au décor sobrement contemporain s'ouvrant sur la cuisine. Bon point confirmé par l'accueil et le service, impeccables. Produits d'ici et cuisine (parfois) d'ailleurs. C'est simple, frais, bon et joliment présenté pour une cuisine en perpétuelle évolution.

**Crêperie La Fraiseraie :** *35-37, pl. du Petit-Nice. ☎ 02-40-82-39-65. Fermé dim soir et mar hors saison. Compter 15-20 €.* Sans aucun doute un des emplacements les plus agréables à Pornic avec vue sur le port et la corniche de Gourmalon depuis la terrasse. Galettes élaborées avec de la farine bio et déclinées avec les produits de la région, notamment le curé nantais. Pour accompagner, cidre de La Gacilly ou bière locale, la *Brigantine*. En dessert, les glaces maison qui font la réputation bien méritée de *La Fraiseraie*.

**Pornic Fish & Chips :** *13, quai du Commandant-L'Herminier.*

☎ *02-51-18-93-71. Tlj midi et soir. Fermé lun-mar hors saison et en janv. Env 12-15 €. Café offert sur présentation de ce guide.* C'est l'antenne de la célèbre adresse homonyme de Pornichet tenue par Dorothee, une Écossaise pour qui le *fish & chips* n'a plus de secret. Poisson pané et frites de compét', à déguster dans la petite salle ou en terrasse avec vue sur le port.

**Le Bistronomi'k :** *20, rue de la Marine. ☎ 02-44-06-50-03. Tlj sauf mar-mer. À l'ardoise midi et soir à partir de 19 € ; menu 26 €.* C'est le type de resto où l'on aime se retrouver entre potes, dans une ambiance décontractée. Formule à l'ardoise à prix ras des pâquerettes en semaine. Le soir, on y vient pour la qualité de la viande, issue, comme de nombreux produits proposés ici, de producteurs locaux ayant opté pour une agriculture raisonnée.

**La Crêperie de la Source :** *106, rue de la Source (plage de la Source). ☎ 02-51-74-29-36. Tlj 12h-21h en été ; fermé le soir lun-mar, plus le mer hors saison. Carte env 20-25 €.* La terrasse surplombant la mer et la vue (même de l'intérieur) font de cette crêperie une référence à Pornic. L'assiette y est goûteuse et l'accueil particulièrement attentionné, même si ça reste un peu cher quand même.

## Chic

**Le 21 :** *21, rue de la Plage-de-la-Birochère. ☎ 02-51-18-15-95. • le21-pornic@orange.fr • Fermé mar et mer midi, plus lun soir et mer soir hors saison. Congés : 2 sem à partir de mi-nov. Formule déj en sem 24 € ; carte env 40-45 €.* Salle chaleureuse, façon bistrot chic donnant sur le large. Dans la cuisine ouverte, le chef mitonne en direct des plats soignés, puisant son inspiration dans le terroir local et des produits de qualité. Cuisine maîtrisée et gourmande. Sans parler de la cave et ses 300 références de vins.

## Où manger une bonne glace et de bonnes fraises ? Où déguster une demi-douzaine d'huîtres sur le pouce ?

**Magasin de la Fraiseraie de Pornic :** *pl. du Petit-Nice. ☎ 02-40-82-41-61. Sur le vieux port. Tlj en saison 9h-22h.* Depuis des lustres, on y vient pour déguster une bonne glace à la fraise de Pornic. On y trouve aussi des sirops, liqueurs, confitures et autres produits, tous dérivés de la fraise.

**Rêve de Glace :** *2, quai Leray. Sur le port. Tlj en saison jusqu'à 23h.* Beau choix de crèmes glacées et sorbets réalisés par un artisan glacier.

**Fleur des Ondes :** *bateau amarré dans le vieux port entre le château et la gare. 06-63-81-80-06. Ouv avr-oct, plus 2 sem à Noël et en fév si la météo le permet : tlj 11h-15h, 17h-22h en saison ; fermé mer hors vac. Formule 6 huîtres + 1 verre de pif 11 €.* Christophe, Mélanie et Denis auraient pu prendre le large, mais ils ont préféré amarrer cet authentique langoustinier datant des années 1950 dans le port de Pornic. Ici, c'est du basique : à peine de quoi s'asseoir pour déguster une ½ douzaine d'huîtres avec du pain, du beurre, ¼ de citron ou une vinaigrette à l'échalote, un verre de vin blanc sec local, et basta !

## À voir

**Le château :** une 1re construction en bois remonterait au Xe s. Subsistent des parties des XIIIe et XVe s. Ancienne propriété, au XVe s, du fameux Gilles de Rais, il a été remanié à plusieurs reprises au cours du XIXe s. À l'emplacement de l'ancienne place d'armes du château, la promenade de la terrasse fut un temps un lieu à la mode tandis que la plage de la Sablière du château, toute proche,

LOIRE-ATLANTIQUE

constituait un lieu prisé des amateurs des bains de mer. Aujourd'hui, la promenade rejoint le centre-ville au port de plaisance de la Noëveillard.

Les férus d'histoire et de gros cailloux ne manqueront pas, plus au nord, non loin du golf, le ***tumulus des Mousseaux,*** site mégalithique classé (indiqué).

***L'étang du Val-Saint-Martin :*** *au nord de la ville, au-delà de la 4-voies.* Rendez-vous des familles, on peut en faire le tour à pied.
– Sur place, ***Pornic Aventure*** : *06-16-05-55-36. • pornic-aventure.com • Tte l'année : juil-août, tlj 9h30-19h30 ; hors saison, consulter le site.* Une centaine d'ateliers sur 9 parcours comprenant 900 m de tyrolienne au-dessus de l'eau. Ça décoiffe !

***La corniche de la Noëveillard :*** *partir au pied du château pour rejoindre la plage, puis longer la côte par la corniche et atteindre la plage principale de Pornic, la Noëveillard, qui jouxte le port de plaisance.* Une toile de Renoir la représente, réalisée par l'artiste lors de son séjour durant l'été 1892. On peut continuer la balade en passant par ***Sainte-Marie-sur-Mer,*** charmante commune rattachée à Pornic, et arriver à la ***plage du Porteau.*** Vous aurez déjà fait une bonne heure de marche, occupé à commenter et à détailler les villas qui bordent l'océan, construites au milieu du XIXe s, notamment par de riches industriels de la région. Les plus courageux pourront continuer jusqu'au ***Portmain,*** où la côte se fait alors plus sauvage, ou même jusqu'à la ***pointe Saint-Gildas*** (compter 3h de marche).

***La corniche de Gourmalon :*** de l'autre côté du port, elle fut investie par les villas balnéaires plus tardivement que l'autre côté de Pornic, ce qui explique un plan plus géométrique. Le ***chemin des douaniers*** qui longe la côte jusqu'à la ***plage de la Boutinardière*** (compter 3h de marche) permet dans sa 1re partie d'admirer les villas situées sur la rive d'en face, notamment *La Malouine* sur son rocher à proximité du château, une des plus anciennes (début du XIXe s). Passé le vieux port et la ***pointe de Gourmalon,*** on aperçoit au large l'île de Noirmoutier. Le chemin se poursuit, bordé côté mer de pêcheries et de criques, et côté terre de diverses villas. À noter que certaines d'entre elles, construites à la fin de XIXe s, se singularisent par l'utilisation de la brique ou du bois et par leurs kiosques qui permettaient d'observer le trafic maritime tout en s'abritant du soleil ou du vent. Très chic ! En chemin, vous pourrez profiter de la ***plage de la Source,*** dominée par le centre de thalasso et son resto, ainsi que de la ***plage de la Birochère,*** où l'on trouve le bar *Le 21.* Également les ***plages de la Joselière*** et ***de la Boutinardière,*** sans oublier quelques dolmens à découvrir.

### COMMENT RAILLER LES COCUS

*Lancés en 1848, « les trains de plaisir », qui assuraient la desserte des stations balnéaires à tarif réduit, permettaient entre autres aux époux retenus à la ville pour leurs affaires pendant la semaine de rejoindre le week-end leurs épouses restées à la plage. Ces trains circulèrent jusque dans les années 1930. On les appelait avec goguenardise les « trains des cocus » !*

***La fromagerie du Curé Nantais :*** *16, rue du Docteur-Auguste-Guilmin. ☎ 02-40-82-28-08. • curenantais.com • À la sortie de Pornic vers Noirmoutier par la D 751. Mar-sam 9h-13h, 14h30-19h. Fermé dim-lun. Visite de la fromagerie mar-ven 9h30 en juil-août ; mar-ven à 10h le reste de l'année. Compter 1h. Entrée :*

### UN CURÉ TOUT EN RONDEUR

*Entre le munster et le reblochon, au lait frais de vache et affiné sur des planches d'épicéa, le « curé nantais » était carré à l'origine (200 g). Il devint rond (800 g) après la guerre, pour finir parfumé au muscadet depuis quelques années. Du vin de messe ?*

LOIRE-ATLANTIQUE

*2 €.* Le plus célèbre des fromages de Loire-Atlantique est fabriqué sur les hauteurs de Pornic. Créé en 1880 à Saint-Julien-de-Concelles, près de Nantes, sur les conseils d'un curé, il a été réhabilité 1 siècle après sa création par Georges Parola, un crémier passionné. Aujourd'hui, l'ensemble des restaurateurs de la région le mettent à la carte, mais il est aussi exporté à l'étranger, notamment vers le Japon, où il fait fureur.

***La Faïencerie de Pornic :*** *rue de la Faïencerie. ☎ 02-51-74-19-10. • faiencerie-pornic.fr • Visite de l'usine (45 mn) sur résa obligatoirement (places limitées) mar et jeu à 14h30 (5 €). Magasin ouv lun-sam 10h-12h30, 14h-19h (18h, voire 17h hors saison) ; fermé dim et j. fériés, plus lun en janv.* Célèbre pour ses fameux bols-prénoms à oreilles (300 000 exemplaires vendus chaque année). On peut suivre dans l'usine leur fabrication, mais une vidéo de 20 mn dans la salle d'expo de la boutique en dévoile les principales étapes. Ateliers pour enfants désirant peindre leurs propres motifs (récupération de sa pièce 4-5 jours plus tard, après cuisson). Du traditionnel pur jus !

***La Brasserie de la Côte de Jade :*** *13, rue Becquerel, Z.I. La Blavetière. ☎ 02-40-82-87-16. • biere-pornic.com • Visite juil-août, lun-ven à 15h et 17h ; avr-juin et sept, mar et jeu à 16h (2,50 €).* Cette sympathique brasserie artisanale propose de découvrir la fabrication des 7 bières locales 100 % naturelles (dont une IPA) qu'elle élabore sous la marque ***Brigantine,*** à travers une visite commentée suivie d'une petite vidéo et d'une dégustation de la gamme.

LOIRE-ATLANTIQUE

## À faire

***Le club nautique du port de plaisance :*** *à la base de la Noëveillard. ☎ 02-40-82-34-72. • cnpornic.com • Tte l'année.* Propose pour tous niveaux des stages de voile, de planche à voile, d'aviron et de kayak de mer.

***Fun club Joselière :*** *plage de la Joselière. 📱 06-85-57-26-63. • funclubjoseliere.fr • Au sud de Pornic, en direction de La Bernerie. Juin-sept (juil-août, tlj 10h-19h en continu). Résa conseillée. Loc de kayaks, paddles et catamarans. CB refusées.* Petite association qui dispose d'engins de plage. Ambiance conviviale.

***Sorties nature :*** avec l'***Association Hirondelle*** *(☎ 02-51-74-02-62 ; • associationhirondelle.fr •)* ou avec ***Échos Nature,*** Julie Hennenfent *(📱 06-71-48-50-23 ; • julie@echosnature.fr •)* et Vincent Leroux *(📱 06-86-59-38-90 ; • vincent@echosnature.fr •).* Balades nature avec des guides naturalistes professionnels, notamment à la rencontre des algues. Infos dans les offices de tourisme.

***Balades et randos nautiques :*** *☎ 02-40-82-04-40 (office de tourisme de Pornic). Hors vac scol : 📱 06-72-88-18-54 (Florent). • kayaknomade.fr • Compter 23-35 € selon balade (transport entre lieux d'arrivée et de départ inclus) ; réduc.* Balades en kayak de mer de 2h à la journée, avec un moniteur diplômé, pour partir à la découverte de la côte de Pornic jusqu'à la pointe Saint-Gildas et autour de l'île de Noirmoutier.

Dans un autre style, possibilité de cure de ***thalassothérapie*** au centre ***Alliance Pornic*** *(☎ 02-40-82-21-21 ; • thalassopornic.com •).*

***Promenades en baie de Bourgneuf*** à bord d'un vieux gréement, le ***Corsaires de Retz,*** magnifique ketch de 16 m. Sorties de 2h30 à la journée ou sur 2 jours (week-end croisière) jusqu'à Noirmoutier avec ou sans escale *(📱 06-72-17-90-32).* Sinon, promenades commentées à bord de l'*Évasion III,* à la découverte de la ***Côte de Jade,*** et sorties de ***pêche en mer en baie de Bourgneuf*** *(mai-oct, tlj ; 📱 06-10-01-82-29 ; billets en vente dans les offices de tourisme).*

## Fête et manifestations

– ***Les Estivales :*** *juil-août.* Animations sur les quais du vieux port, dans la ville haute et les bourgs de Sainte-Marie et du Clion.
– ***Les Parenthèses de Pornic :*** *de mi-juil à mi-août, dans les jardins du château.* Festival de théâtre proposé par la compagnie du Catogan.
– ***Fête de la Saint-Gilles :*** *dernier w-e d'août.* Défilé, *bagadoù* et cercles celtiques de danses en costumes traditionnels.
– ***Les balades artistiques :*** *dernier w-e de sept-1er w-e d'oct.* Une quarantaine d'artistes de Pornic ouvrent la porte de leur atelier pour une immersion dans le monde de l'art.

# PRÉFAILLES [pradvael]

(44770) 1 280 hab. *Carte Loire-Atlantique, A-B3*

LOIRE-ATLANTIQUE

**Paisible cité balnéaire que prolonge la pointe Saint-Gildas, Préfailles, à l'instar de sa grande sœur Pornic, est la destination week-end toute trouvée des Nantais en vadrouille. Son nom viendrait du latin *pratum fagi,* « pré du hêtre » *(fagus).* Cette petite station a d'abord été connue pour sa source d'eau ferrugineuse découverte au XVIIIe s. Le *Grand Bazar* (et son invraisemblable collection de cerfs-volants anciens), véritable institution ici depuis le début du siècle dernier, témoigne aujourd'hui encore de ce tourisme d'autrefois.**

## Comment y aller ?

➢ ***En bus :*** réseau *Aléop. Rens auprès du bureau d'information touristique ou au ☎ 09-69-39-40-44.* Plusieurs liaisons/j. avec Pornic, Saint-Brevin, Nantes et Saint-Nazaire.

## Adresse utile

ℹ ***Bureau d'information touristique :*** *29, Grande-Rue. ☎ 02-40-21-62-22. • pornic.com • Juil-août, lun-sam 10h-13h, 15h-18h30, dim et j. fériés 9h30-13h30 (fermé dim ap-m) ; consulter le site pour les horaires hors saison.* Billetterie bus, bateaux vers l'île d'Yeu, sites touristiques et spectacles.

## Où dormir ? Où manger ?

### Camping

⛺ ***Camping de la Prée :*** *chemin de la Prée. ☎ 02-40-21-02-64. • contact@camping-prefailles.com • camping-prefailles.com • Ouv avr-sept. Forfaits pour 2 env 15-25 € ; mobile homes 2-5 pers.* Un petit camping à taille humaine comme on les aime, entretenu avec soin par les chaleureux propriétaires. Pas de piscine mais la plage est en accès direct. Très calme, agréablement ombragé et fleuri.

### De prix moyens à chic

🏠 🍽 ***Hôtel Le Calluna :*** *route de la Pointe-Saint-Gildas. ☎ 02-40-21-61-18. 📱 06-21-05-92-55. • reservation@lecalluna.com • lecalluna.com • Resto fermé lun, ven soir et dim soir hors saison. Doubles à partir de 75 €. Carte env 35 €. Café offert sur présentation* *de ce guide.* Ce grand établissement occupe une situation privilégiée. Chambres classiques et un brin vintage pour celles encore en attente de rénovation, ou très joliment aménagées dans un style balnéaire chic pour celles déjà relookées. Tant qu'à faire, préférer celles avec balcon donnant sur l'océan. Piscine chauffée couverte, espace bien-être avec sauna, massages... Brasserie et restaurant sur place. Pas mal tout ça !

**Les Viviers de Port-Meleu :** *corniche de Port-Meleu. ☎ 02-40-21-60-75. De mi-mars à mi-nov. Fermé lun-mar. Compter 20-30 €.* Bar-resto les pieds dans le sable, accroché aux rochers. Bien sûr, vue superbe sur le large et déco marine ad hoc. Cuisine iodée selon l'envie du chef : choucroute de la mer, marmite du corsaire, spécialités de moules... donc pas forcément le jour où vous passerez, mais soyez tranquille, les produits sont frais. Bon plateau de fruits de mer sur commande.

## À voir. À faire

**La pointe Saint-Gildas :** *à 2 km à l'ouest de Préfailles.* Au bout, un parking et la lande littorale la plus étendue de Loire-Atlantique, classée Réserve naturelle régionale. Elle permet de profiter d'une très belle vue sur le pont de Saint-Nazaire, le musée du Sémaphore et quelques vestiges du mur de l'Atlantique. C'est aussi le point de départ d'un agréable sentier (2,5 km) qui longe la côte et le « Far Ouest » du pays de Retz, sauvage avec ses reliefs en proie aux assauts de l'océan.

**Le sémaphore de la pointe Saint-Gildas :** *rue du Sémaphore (dans le « phare »). ☎ 02-40-21-01-21. • pornicagglo.fr • (rdc). Se garer au parking de la Pointe ; accès à pied en 2 mn. Avr-Toussaint : juil-août, tlj 10h-13h, 14h30-19h ; hors saison, tlj sauf mar 10h-13h, 14h30-18h (17h30 oct). Compter 45 mn de visite. Visites guidées sur résa. Entrée : 4,50 € ; réduc ; forfait famille 12 €. Expos temporaires gratuites. Nocturnes estivales animées par un conférencier à 20h30 en juil-août.* Point de vue stratégique sur l'océan, cet ancien poste de guet devient sémaphore en 1862 (surveillance militaire), puis phare en 1954. À l'extérieur, un mât sémaphorique de 12 m installé au milieu d'imposantes bouées de balisage permet de se familiariser avec les techniques de surveillance des côtes. À l'intérieur, sections modernes et interactives sur le quotidien des gardiens de phare, l'évolution des communications maritimes et les grands naufrages de l'estuaire de la Loire. Pour étoffer le propos : maquettes, lentille de Fresnel, objets retrouvés sur des épaves, vidéo et bornes radio relatant l'histoire de tragédies comme celles du *Saint-Philbert* en 1931 ou du *Lancastria* en 1940. Au dernier étage, une terrasse pour observer la baie de Bourgneuf et l'estuaire de la Loire. Un musée plaisant et instructif.

### DÉCOMPTE MACABRE

*L'histoire (et Hollywood) ont retenu le naufrage du Titanic. Pourtant, celui du* Lancastria*, coulé le 17 juin 1940 par l'aviation allemande, face à la pointe Saint-Gildas, a fait au moins 4 000 victimes, soit près de 3 fois plus que le* Titanic*. On ne connaîtra le chiffre exact de ces victimes qu'en 2040, secret défense oblige : ce paquebot avait été réquisitionné pour évacuer des soldats britanniques cantonnés en France.*

**Le centre nautique de la pointe Saint-Gildas :** *06-79-53-25-10. • prefailles.fr • De mars à mi-nov : juil-août, lun-ven 9h-12h, 14h-18h, l'ap-m seulement le w-e ; hors saison, tlj sauf dim-lun 9h-12h, 14h-17h.* École de voile proposant des balades en goélette, stages de voile à partir de 5 ans, cours particuliers, location de catamarans *(Hobbie Cat)*, dériveurs et kayaks.

LOIRE-ATLANTIQUE

Nombreuses ***balades*** à faire à pied : circuit du *Tour de la Pointe* (7,3 km) et celui de la *Vallée de Pasquin* (5,5 km, dans la lande de Préfailles). Depuis la grande plage, le sentier qui borde la côte surplombe les falaises. Fiches rando disponibles gratuitement à l'office de tourisme. Également à vélo, en suivant le circuit balisé *Vélocéan.*

## Manifestation

– ***Les Musicales :*** *juil.* Festival international de musique (classique, jazz, musiques du monde) avec de grandes pointures.

# LA PLAINE-SUR-MER [plaen-raez]

(44770) 4 350 hab. *Carte Loire-Atlantique, B3*



**Limitrophe de Préfailles, le littoral de La Plaine-sur-Mer, orienté au nord, est adouci par un cordon dunaire ponctué de criques rocheuses où s'abritent des petits ports : La Gravette, Le Cormier... La Plaine-sur-Mer récolte 50 % de la production de moules du département. Un paradis pour l'amateur de pêche à pied ! D'ailleurs, La Plaine-sur-Mer est le but de promenade prisé des marcheurs et des familles à la recherche de coquillages. Car ici on trouve bigorneaux et berniques. Attention, la pêche à pied répond à des normes strictes consignées dans le *Guide des bonnes pratiques,* remis gratuitement dans les offices de tourisme. Elle est limitée à 5 kg de moules, 4 kg de coques et d'huîtres par personne et par marée (ça devrait suffire !)...**
**Les amateurs de farniente, eux, apprécieront particulièrement la plage du Cormier avec ses pêcheries très photogéniques.**

## Adresse utile

***Bureau d'information touristique :*** *1, rue de la Croix-Mouraud.* ☎ *02-40-21-52-52.* • *pornic.com* • *Au carrefour central du bourg. Juil-août, lun-sam 10h-13h, 15h-18h30, dim et j. fériés 9h30-13h30 (fermé dim ap-m) ; consulter le site pour les horaires hors saison.* Se procurer le *Guide découverte du bord de mer* (8 parcours sur les plus de 6 km de côte et alentour) et le *Guide découverte de l'église.*

## Où dormir ? Où manger ?

***Au Retour du Marché :*** *3, pl. Paul-Lamirault.* ☎ *02-51-18-24-79.* ♿ *Mar-ven le midi, ven-sam midi et soir ; fermé dim-lun. Résa fortement conseillée. Menu du marché en sem à midi env 20 € ; autres menus 28-34 €.* Dans un tout petit resto bien dans l'air du temps, à la fois chic et cosy, Emmanuel et Karine vous accueillent pour une cuisine élaborée à partir de produits de saison. Si le poisson tient souvent le haut de l'affiche, la maison ne boude pas pour autant la volaille et le bœuf. Sublimissimes desserts. Le tout pour une assiette présentée comme une œuvre d'art. Chapeau !

***Hôtel-restaurant Anne de Bretagne :*** *port de la Gravette, 163, bd de la Tara.* ☎ *02-40-21-54-72.* • *bienvenue@annedebretagne.com* • *annedebretagne.com* • ♿ *Resto fermé lun-mar, plus dim soir sept-avr. Congés : janv. Doubles standard 150-190 €, supérieures également. Menu*

*« Balade en pays de Retz » le midi mer-ven 39 € ; autres menus 85-165 €.* Bâtisse contemporaine à taille humaine superbement située. Elle sert d'écrin à l'expression d'un chef doublement étoilé proposant une cuisine subtile, inventive et « iodée », appuyée par une sélection de vins impressionnante (plus de 1 000 étiquettes). Salle à manger tout à la fois design et lumineuse orientée vers le grand large, avec, au loin, le pont de Saint-Nazaire. Les chambres sont au diapason : sobres et maîtrisées. Elles donnent sur le jardin (avec terrasse) ou sur la mer. Copieux petit déj-buffet. Piscine chauffée et tennis. Une adresse pour se faire plaisir.

## À voir. À faire dans le coin

Demander le programme des animations et sorties au bureau d'information touristique.

***Le jardin des Lakas :*** *dans le centre.* Très beau parc renfermant un intéressant pavillon de chasse, un kiosque et un jardin botanique, « Lakabotanica ». Nombreuses ***animations*** : en avril importante *fête des Plantes.*

***Randonnées à thème*** dans les alentours et ***sorties nature,*** dont la pêche à pied, organisées avec un guide d'*Échos Nature. Inscriptions auprès du bureau d'info touristique.*

LOIRE-ATLANTIQUE

# SAINT-MICHEL-CHEF-CHEF [sant-mikael-keveger]

(44730) 5 140 hab. *Carte Loire-Atlantique, B3*

**Petite commune littorale qui englobe la station balnéaire de Tharon-Plage. Son nom actuel provient sans doute de sa forme ancienne Saint-Michel-de-Chevesché, elle-même issue du bas-latin Terra de Chevesché, ancien nom de la pointe Saint-Gildas. On y trouve l'usine où sont fabriquées les fameuses *galettes St Michel.***

## Adresse et info utiles

***Bureau d'information touristique :*** *sq. de Jade, av. de la Convention, à* ***Tharon-Plage.*** *☎ 02-40-27-82-54. • pornic.com • Juil-août, lun-sam 10h-13h, 15h-18h30, dim et j. fériés 9h30-13h30 (fermé dim ap-m) ; consulter le site pour les horaires hors saison.* Tarifs préférentiels pour certains sites touristiques locaux.

– ***Marchés :*** *tte l'année le sam, av. de la Convention, à* ***Tharon-Plage.*** *Plus juil-août, mar et ven pl. du Marché, à* ***Tharon-Plage*** *; mer tte l'année et sam juil-août pl. de l'Église, à Saint-Michel.*

## Où dormir ? Où manger ?

### Camping

***Camping Le Haut Village :*** *4, route de l'Étang. ☎ 02-40-39-93-45. • camping.hv@orange.fr • hautvillage.fr • Entre Saint-Michel et Tharon. Congés : vac de Noël. Empl. pour 2 env 10-22 € ; locatifs.* Un camping qui surfe sur la vague des hébergements insolites en proposant à ses hôtes de loger tantôt dans une carlingue d'avion, tantôt dans un wagon-lit SNCF, un bus ou encore une roulotte. Passé l'effet de surprise, ça reste aussi un camping classique avec pléiade de mobile homes et de bungalows. Sinon, espace aquatique avec piscine chauffée et toboggan.

### De bon marché à prix moyens

**La Brise de Mer :** *97, rue du Redois. ☎ 02-40-27-86-49. • info@labrisedemer.com • labrisedemer.com • Env 28-40 €/pers, avec petit déj.* À mi-chemin entre l'hôtel et l'auberge de jeunesse, cette grande maison de vacances garantit un séjour à prix doux dans une ambiance conviviale. Chambres toutes simples, sobres et nickel, dotées de douches privées (à l'intérieur ou sur le palier) et de sanitaires communs. Coin salon-TV, salle à manger lumineuse et, à l'arrière, un grand jardin où les enfants s'en donnent à cœur joie. À 200 m de la plage, c'est un bon plan !

**Crêperie Le Bac à Blé :** *67, bd de la République,* ***Tharon-Plage.*** *☎ 02-40-64-90-90. Sur la 1re av. parallèle à la mer. Jeu-dim (tlj en juil-août) 12h-19h. Fermé de mi-nov à début fév. Résa conseillée. Carte 15-20 €.* Dans un cadre agréable, on découvre bien plus qu'une crêperie. Charlotte, la patronne, se révèle intraitable sur la qualité de la farine bio et la fraîcheur des ingrédients depuis près de 30 ans. Même la sauce tomate est maison. Pour changer, on peut commander hors saison de généreux couscous. Accueil aimable.



## À faire

**La boutique des galettes St Michel :** *8, rue de Chevecier. ☎ 02-51-74-75-44. • ateliersmichel.fr • Boutique et Le St Michel Café ouv tlj : en été 9h30-19h30, horaires différents en fonction des saisons.* La notoriété de cette commune est liée à ses fameuses *galettes St Michel.* Créée en 1905 par un enfant du pays, Joseph Grellier, la biscuiterie fonctionne toujours. Boutique sur place avec toute la gamme et surtout des boîtes inédites : *galettes St Michel, sablés de Retz, palets Roudor...* Et salon de thé pour la dégustation.

**Char à voile :** *avec le* ***Centre Nautique La Cormorane,*** *bd de l'Océan, à* ***Tharon-Plage.*** *☎ 02-40-27-82-99. 📱 06-16-50-23-35. • cncormorane.com • Tte l'année. Résa possible en ligne.* École de char à voile proposant des stages sur 2, 3 ou 5 jours à partir de 8 ans.

**Surf :** *avec* ***Atlantic Surf Academy,*** *plage de Gohaud, route de Gohaud, à Saint-Michel-Chef-Chef. 📱 07-83-73-11-00. • atlanticsurfacademy.fr •* Cours, stages et location de surfs pour adultes et enfants à partir de 5 ans.

# L'ESTUAIRE DE LA LOIRE

**Quand bien même les effets de la marée se font sentir jusqu'à Ancenis, à 30 km en amont de Nantes, c'est officiellement au port de Nantes que commence l'estuaire. La Loire décrit alors une ultime et large courbe dont la forme en conque caractéristique est reprise pour le logo de la ville de Nantes. La limite officielle entre eaux douces et eaux salées est fixée à Cordemais.**
**La profondeur du chenal reste à peu près constante de Nantes à Paimbœuf (environ 6 m) et s'accentue brutalement jusqu'à 14 m à partir de Donges. Le sable charrié mais aussi les travaux de dragage ou de comblement renouvellent sans cesse sa géographie.**
**Sillonné de chenaux, parsemé d'îles et bordé de marais, l'estuaire ravit les pêcheurs d'aloses, d'anguilles et de saumons ainsi que les ornithologues pour les nombreux migrateurs qui y font escale. Sans oublier les promeneurs grâce aux chemins de randonnée ponctués d'œuvres d'art contemporain**

**sur le parcours *Estuaire,* de part et d'autre de ses rives, comme le parcours *Sémaphores* de Vincent Mauger depuis 2019 (5 points de vue sur la Loire, du pont de Cheviré à celui de Saint-Nazaire).**

# SAINT-BREVIN-LES-PINS [sant-bregwin]

(44250) 13 800 hab. *Carte Loire-Atlantique, B3*

**Les pins maritimes, plantés dans les années 1860 pour lutter contre l'avancée des dunes, ne tardèrent pas à transformer cet embryon de station balnéaire en destination mondaine très appréciée. Depuis, la vague de béton – quoique moins conséquente qu'à La Baule – est passée par là. Résultat : un semis de petites maisons de villégiature, réparties en 4 quartiers distincts : Mindin au nord (où se trouvent le musée et le pont de Saint-Nazaire), les Pins au centre (paradis des retraités et des familles en goguette), l'Océan et l'Ermitage tout au sud (la partie la plus jeune, avec sa plage et son spot de kitesurf).**
**Pour la petite histoire, la ville tiendrait son nom de Brewin, archevêque de Canterbury au VIIIe s, à qui l'église est dédiée. Enfin c'est de Mindin, le 15 novembre 1766, que Bougainville a pris la mer à bord de la *Boudeuse* (construite aux chantiers d'Indret) pour réaliser ce qui fut le tout 1er tour du monde français à la voile.**

LOIRE-ATLANTIQUE

## Adresses et infos utiles

**i *Office de tourisme des Pins :*** *10, rue de l'Église. ☎ 02-40-27-24-32. • saint-brevin.com • Juil-août, lun-sam 9h30-13h, 14h-19h, dim et j. fériés 14h30-18h30 ; horaires restreints hors saison.* Vente de tickets de bus pour Nantes, Saint-Nazaire, Paimbœuf, Pornic... Billets pour l'île d'Yeu, le *Legendia Parc, Planète Sauvage,* Belle-Île, le golfe du Morbihan... Tarifs préférentiels pour certains sites touristiques locaux. Fiches de rando et circuits VTC aux alentours.

**i *Office de tourisme de l'Océan :*** *pl. René-Guy-Cadou, quartier de l'Océan. Mêmes horaires.*

➢ ***Le Brévibus :*** transport urbain qui dessert la commune en 3 itinéraires. Télécharger l'itinéraire et les horaires sur le site de l'office de tourisme. *GRATUIT.*

***Location de vélos, y compris électriques : Cap en Liberté,*** *11, av. de la Tour-Carrée. ☎ 02-40-27-34-33.*

– ***Marchés :*** *jeu et dim mat, pl. Baslé, quartier des Pins. L'un des plus grands de la région. Également sam mat dans le quartier de l'Océan et mer mat en juil-août dans le quartier de l'Ermitage. En juil-août, marché nocturne lun et mer 20h-minuit dans le quartier de l'Océan et ven 20h-minuit dans le quartier des Pins.*

## Où dormir ? Où manger ?

### Camping

***Camping de la Courance :*** *110, av. du Maréchal-Foch. ☎ 02-40-27-22-91. • info@campinglacourance.fr • campinglacourance.fr • ♿ Forfaits pour 2 env 19-33 € ; locatifs également.* Un beau camping ombragé, avec accès à la mer, bien équipé et bien tenu. Seulement 50 emplacements (50 % d'entre eux réservés aux vélos) perdus dans une forêt de mobile homes et bungalows toilés ! Animations en été. Piscine couverte chauffée et piscine naturelle, toboggan, pataugeoire pour enfants.

## De prix moyens à chic

**Résidence Odalys Le Domaine de l'Océan :** *chemin de la Bridelais, quartier de l'Océan. ☎ 02-40-27-75-26. • domainedelocean@odalys-vacances.com • Avr-sept. Compter 435-1 120 €/sem en été pour un 2 pièces 2-4 pers (location de linge de lit et de toilette sur place, ménage final inclus).* Charmante petite résidence, idéalement située, à seulement 600 m de la Grande Plage. Pimpantes avec leurs façades blanches et leurs volets bleu ciel, les maisonnettes 2 ou 3 pièces de la résidence peuvent accueillir jusqu'à 6 personnes. Une adresse familiale et conviviale, avec grande piscine chauffée *(juin-sept).* Aire de jeux et salle de fitness.

**Le Pacôme les Autres :** *55, av. du Président-Roosevelt, quartier de l'Océan. ☎ 09-86-23-41-86. Tlj. Formule déj en sem env 18 € ; menus env 27-35 €.* Petit resto sans prétention proposant une cuisine bistrotière majoritairement orientée mer, bien ficelée et à base de produits frais. Le tout cornaqué par une équipe (Fred au fourneau, Rose au service) avenante, pour ne pas dire « pas comme les autres ». Pensez à réserver si vous souhaitez déjeuner en terrasse.



## À voir. À faire

**Le musée de la Marine :** *pl. Bougainville (au pied du pont de Saint-Nazaire). ☎ 02-40-27-00-64. • museemarinemindin.wordpress.com • Juil-août, tlj sauf lun et sam mat 10h-12h30, 14h30-19h15 ; horaires restreints hors saison. Dernier billet 30 mn avt fermeture. Entrée : 6 € ; forfait famille ; gratuit moins de 12 ans. Livret-jeux pour les enfants.* Situé dans le fort de Mindin défendu par un pont-levis et un canon récupéré sur *Le Juste,* navire coulé pendant la bataille des Cardinaux (1759), ce petit musée abrite environ 65 maquettes de navires de guerre, de commerce ou de pêche, dont des répliques de plus de 1 m du *France,* du *Normandie* ou du porte-avions *Foch* ou encore celle du superpétrolier *Batilus* qui impressionne souvent les enfants. Toutes ces réalisations minutieuses ainsi qu'une collection d'objets de marine et de tableaux sont utilisées chaque année pour étoffer l'exposition temporaire du moment. Ça vaut le coup d'œil.

À l'extérieur, petit jardin botanique et un ponton avançant sur l'estuaire qui offre une extraordinaire vue sur le pont de Saint-Nazaire et sur l'étonnante sculpture du ***Serpent d'océan de Huang Yong Ping*** : installé pour l'édition 2012 du parcours artistique *Estuaire,* un squelette d'aluminium long de 130 m qui ne laisse dépasser que sa gueule ouverte à marée haute.

**Les mégalithes de Saint-Brevin :** *rens auprès de l'office de tourisme.* L'ensemble de la commune est parsemé de vestiges mégalithiques.

**École de voile – Centre Nautique de Saint-Brevin :** *base nautique du Pointeau, bd de l'Océan. ☎ 02-40-64-49-41. • sportsnautiquesbrevinois.fr • Tlj en saison.* Location, stages et cours à la carte : Optimist, planche et char à voile, kayak, catamaran, paddle...

Les circuits cyclistes ***Vélocéan*** et ***La Vélodyssée,*** qui se faufilent le long du littoral du pays de Retz, passent par Saint-Brevin. La ville constitue aussi, avec Saint-Nazaire, l'ultime étape de ***La Loire à Vélo.***

## Manifestations

– **Festival Côté mer :** *juil-août, concerts et spectacles mar-ven.*
– **Festival pyrotechnique international :** *3e ou 4e sam d'août.* Grands feux d'artifice tirés de la plage en musique.

## DANS LES ENVIRONS DE SAINT-BREVIN-LES-PINS

***Le Conservatoire des vieux métiers :*** *44560* ***Saint-Père-en-Retz.*** *☎ 02-40-21-74-46. À 11 km au sud-est de Saint-Brevin (fléché). Juin-sept : juil-août, tlj 14h-18h30 ; juin et sept, w-e seulement. Entrée : 6 € ; réduc.* Les nostalgiques de vieux métiers ne manqueront pas d'y faire une visite. Le conservatoire retrace sur 1 500 m² l'économie du pays de Retz au XVIIIe s : mise en scène des gestes, animation des engins, etc.

À voir également dans le bourg, la ***Maison du lavoir*** : *rue de Pornic, 44560* ***Saint-Père-en-Retz.*** *Mêmes tél et horaires que le Conservatoire des vieux métiers. Entrée : 2 € ; réduc.* À côté d'un vieux lavoir de 150 ans – impressionnant par ses dimensions et entièrement retapé –, la maison expose une collection de photos et d'objets anciens.

## PAIMBŒUF (44560) 3 200 hab. *Carte Loire-Atlantique, B3*



**À 12 km à l'est de l'embouchure de la Loire et de Saint-Brevin. Ce qui n'était qu'un petit port modeste au début du XVIIe s connut une époque prospère durant plus de 2 siècles. En effet, l'ensablement de la Loire ne permettant plus aux navires de remonter le cours du fleuve, ces derniers étaient contraints de décharger leurs marchandises à Paimbœuf. La petite ville devint alors l'avant-port de Nantes et des chantiers navals s'y développèrent. C'est à Paimbœuf, en 1810, que fut construite la tristement célèbre frégate *La Méduse* qui fit naufrage au large des côtes de l'actuelle Mauritanie.**
**Cependant, au milieu du XIXe s, l'approfondissement du chenal de la Loire et la concurrence de Saint-Nazaire portèrent un coup fatal à son expansion. Aujourd'hui Paimbœuf semble endormie dans l'histoire. Le soir, le reflet dans la Loire des néons de la raffinerie de Donges, située pile-poil en face sur l'autre rive, lui confère une atmosphère particulière.**

### Adresses utiles

***Office de tourisme :*** *quai Sadi-Carnot, le « hangar ». ☎ 02-40-27-53-82. • saint-brevin.com • Juil-août, tlj 9h30-12h30, 14h-18h ; le reste de l'année, mar-sam (fermé dim-lun) et le mat seulement nov-mars.* Tarifs préférentiels pour certains sites touristiques locaux. Parcours d'interprétation du patrimoine de Paimbœuf.

***Quai Vert :*** *au bord du canal de la Martinière, village du Migron, 44320* ***Frossay.*** *☎ 02-28-53-51-62. • quai-vert.com • Juil-août, tlj 10h-19h ; horaires restreints hors saison.* Location de vélos, tandems, remorques pour enfants, mais aussi kayaks, paddles et embarcations à pédales.

### Où dormir ? Où manger ?

***Camping l'Estuaire :*** *quai Éole. ☎ 02-40-27-84-53. • contact@campinglestuaire.fr • campinglestuaire.fr • Ouv Pâques-Toussaint. Forfaits pour 2 env 20-28 € en été ; aussi des chalets toilés, des bungalows et des mobile homes réservables à la nuitée.* Un camping bien ombragé par de grands pins. Posé en bord de Loire à l'écart du village, il est du genre tranquille, car mis à part quelques tournois de ping-pong en été, pas bézef d'animation. On y trouve quand même 2 piscines, dont une couverte et chauffée, et un snack-bar.

**Café de la Loire :** *4, quai Boulay-Paty. ☎ 02-28-53-71-24. • Facebook • Tlj sauf lun-mar.* Ce petit rade, resté dans son jus depuis des lustres, se revendique le café le plus à l'ouest de la Loire. Faut dire que Vincent mène son petit « cabinet de poésie générale » tambour battant en organisant des expos et des concerts (voir sa page Facebook). Toute l'année, on y vient causer alternatif et décroissance autour d'un verre de vin (ou de jus) bio, tandis qu'en été l'endroit prend parfois des allures de guinguette. Pour calmer l'estomac, paninis et rillettes de poisson.

## À voir. À faire

**L'église Saint-Louis :** *tlj 10h-17h (19h juil-août).* Les 2 architectes nantais qui avaient concouru pour le projet de la construction du Sacré-Cœur à Paris furent choisis pour réaliser l'église de Paimbœuf. Construite de 1877 à 1912, cette église de style néobyzantin avec sa coupole, son plan en croix grecque et ses couleurs intérieures... est devenue un lieu de culte unique en Loire-Atlantique. L'autel baroque est composé de plusieurs marbres précieux et est classé aux Monuments historiques.

**Parcours d'interprétation du patrimoine de Paimbœuf :** *dépliant à l'office de tourisme.* À l'époque florissante et animée de Paimbœuf, une foule de marins débarquaient en ville. Tandis que leurs capitaines regagnaient leurs hôtels particuliers, matelots et moussaillons empruntaient d'étroits passages pour rejoindre les rues parallèles aux quais afin d'y trouver logis. Les immeubles populaires de la rue du Général-de-Gaulle sont aujourd'hui restaurés, et sur leurs façades subsistent quelques beaux balcons en fer forgé.

Agréable ***promenade le long des quais Éole et Gautreau*** : façades originales et colorées, maisons d'armateurs, avec, là encore, quelques beaux balcons.

**Le Jardin étoilé de Kinya Maruyama :** *quai Edmond-Libert. Au bord du fleuve, en amont de l'office de tourisme.* Un jardin complètement fou, tout en flèches de bois, imaginé par l'artiste japonais qui trouvait une ressemblance entre la Loire et la rivière Mogami de son pays natal. Avant d'y aller et pour comprendre ce que l'artiste a voulu exprimer dans ces structures géantes et ludiques, vous pouvez passer à l'office de tourisme, qui vous délivrera la notice explicative.

## DANS LES ENVIRONS DE PAIMBŒUF

**Corsept** *(44560)* **:** *à 2 km à l'ouest de Paimbœuf, également au bord de la Loire.* Vieille église où fut pratiqué un culte à saint Martin de Vertou dès le XVe s. Dans la maison du Pasquiaud séjourna le peintre ***Jean-Baptiste Corot.*** 3 sentiers pédestres, dont un qui permet de découvrir des mégalithes, nombreux dans la région.

**Le sentier découverte de l'Estuaire :** au départ de l'ancien petit port de la Maison Verte, abandonné depuis les années 1960 mais récemment rénové, ce sentier pédestre et praticable à vélo longe les bords de Loire sur 6 km, permettant de découvrir la faune et la flore locales, les pêcheries, ainsi qu'un belvédère d'observation.

**La base de loisirs TSN44 de Saint-Viaud** *(44320)* **:** *à 4 km de Paimbœuf. ☎ 02-40-39-15-92. • tsn44.com • Petite restauration.* Le téléski nautique (TSN) ou *wakeboard* permet d'enchaîner des figures et des sauts sur un plan d'eau grâce à des installations de traction immobiles. On y trouve aussi une grande structure de jeux gonflable sur l'eau. Location de paddles.

LOIRE-ATLANTIQUE

# LE CANAL MARITIME DE LA BASSE LOIRE

*Carte Loire-Atlantique, B3*

**À une vingtaine de kilomètres de Nantes, un véritable havre de paix, à l'ombre de saules et de peupliers. Le *canal de La Martinière,* autre nom qui lui est attribué, court sur 15 km, du village de La Martinière (commune du Pellerin, au sud) au Carnet (commune de Saint-Viaud, au nord). Il est fermé à chaque extrémité par une écluse. À Saint-Viaud, voir le cadran solaire monumental derrière l'église.**

## UN PEU D'HISTOIRE

Au XIX$^{e}$ s, l'ensablement progressif de la Loire empêche les bateaux de remonter l'estuaire jusqu'à Nantes. La survie du port de Nantes est en jeu. En 1876, un député s'écrie à la tribune : « La Loire s'ensable, la Loire se perd, la Loire se ruine. » On pense alors à créer un canal entre Le Pellerin et Paimbœuf afin d'éviter les pièges que constituent désormais les passes entre les îles qui se sont formées au fil du temps. Commencés en 1882, les travaux dureront 10 ans grâce au travail acharné de 1 000 ouvriers.
Cependant, le progrès technique allant bon train, le dragage de la Loire devient bientôt possible, autorisant les grands navires à reprendre la route qu'ils empruntaient jadis. Le fameux canal devient alors inutile. En 1911, il est finalement fermé à la grande navigation pour servir de cimetière aux grands 3-mâts.
Depuis les années 1960, il n'est plus fréquenté que par les riverains et les plaisanciers. Sa grande utilité est désormais de réguler le niveau d'eau des marais du pays de Retz, lequel subit d'importantes variations de hauteur entre l'hiver et l'été. Une promenade a été aménagée, qui fait le bonheur des Nantais le week-end.



## Où dormir dans les environs ?

**Chambres d'hôtes de la Roche :** *17, route de la Roche, 44320* ***Frossay.*** *06-63-26-48-16. • bienvenueala roche@gmail.com • chambres-hotes-de-la-roche.com • Indiqué depuis Le Migron. Double env 85 €. Pas d'enfants de moins de 10 ans. Parking privé.* Sur l'itinéraire de *La Loire à Vélo,* 2 chambres dignes d'un magazine de déco. Grandes, organisées en duplex et décorées discrètement sur le thème de l'Asie, elles sont cosy à souhait ! Ajoutez différents recoins dans le jardin pour se relaxer et vous obtenez un point de chute idéal à 200 m des balades du canal.

## À faire

***Balade le long du canal :*** *au départ du village de* ***La Martinière.*** Maisons anciennes et écluse de grande navigation. Longer la rive droite jusqu'aux ***Champs-Neufs.*** Là : barrage et écluse avec sa machinerie visitable à certaines dates, remise en état *(****ACCAM,*** *☎ 02-40-22-50-94 ; • canal-maritime-basse-loire.fr • ; visite juil-août seulement, jeu ap-m ; 2 €).* Suivre ensuite la rive gauche jusqu'au ***Migron,*** petit bourg typique du sud-Loire. Le ***Quai Vert,*** un établissement géré par l'association Pilote la Vie, propose des activités culturelles et de découverte de la nature, ainsi que la location de vélos, paddles, canoës et kayaks *(☎ 02-28-53-51-62 ; • quai-vert.com •).*

***Le bateau mou ou « Misconceivable » :*** *écluse de La Martinière, à 2 km du Pellerin. Accessible depuis Couëron par un bac traversier (GRATUIT) ou depuis Bouguenais par la D 723.* Dans un site charmant (apporter le pique-nique), drôle de bateau en arrêt dans l'espace, une quille dans le vide, une hélice dans rien, qui tord sa proue vers les eaux de la Loire. Œuvre moderne d'Erwin Wurm, du parcours artistique *Estuaire*.

### DES SAINTS ANIMÉS

*À l'entrée de Saint-Jean-de-Boiseau, en arrivant du Pellerin, se tient la petite chapelle de Bethléem, du XVᵉ s. Un sculpteur local s'est inspiré du cinéma fantastique hollywoodien et de la culture manga pour reconstituer les pinacles (contreforts de pierre en hauteur). Résultat : des chimères qui ont les traits de Goldorak, des Gremlins ou de la créature d'Alien ! Bonne idée pour attirer le badaud vers Dieu.*

***Vol en ULM au-dessus du canal :*** ***Rand-Kar,*** *44320* ***Frossay.*** *☎ 02-40-64-21-66. • randkar.fr • Sur rdv. De 15 mn à la journée complète. Compter 50 € pour un baptême de 15 mn (140 € de l'heure).* Ce petit club, tenu par une équipe passionnée, propose plusieurs circuits en ULM dans la région (biplace avec pilote). Un spectacle qui vaut vraiment le coup, même si le coût peut freiner vos ardeurs.

***Défi Nature :*** *parc du château de la Rousselière, 44320* ***Frossay.*** *☎ 02-40-39-79-59. • definature.com • Juil-août, tlj 10h-19h ; avr-juin et sept, mer, w-e et ponts 11h-18h ; vac scol de Pâques, tlj 14h-18h. À partir de 2 ans. Tarifs « Escal'arbres » : env 6 € 2-5 ans, puis 6-23 € selon activité.* On grimpe, on s'accroche, on dévale, on glisse... même en nocturne. Également jeux-énigmes, courses d'orientation...



## DANS LES ENVIRONS DU CANAL

***Legendia Parc :*** *La Poitevinière, D 78 (route de Saint-Père-en-Retz à Frossay), 44320* ***Frossay.*** *☎ 02-40-39-75-06. • legendiaparc.com • ♿ De mi-fév à mi-nov, tlj 10h-18h ou 19h selon période (billetterie jusqu'à 16h30 ou 17h). Entrée : 14,50-19 € selon période ; 9,50-13,50 € 3-12 ans ; réduc. Achat possible en ligne.* Un lieu atypique qui mêle l'univers des contes et des légendes à celui d'un parc animalier. Au gré des 33 ha parcourus de circuits scénographiés, on croise daims, wapitis, cerfs Sika du Japon, rapaces, ours, loups et même un serval... Plus de 400 animaux au total. Spectacles et animations féeriques. En fin d'année, spectacle et animations *L'Arche de Noël.*

***La réserve ornithologique de l'île de Massereau et du Migron :*** paradis des oiseaux migrateurs. 400 ha de roselières, saulaies et prairies où s'égayent hérons cendrés, sarcelles, bécassines... Possibilité de visites guidées (infos aux offices de tourisme de Paimbœuf et Saint-Brevin).

***Le bac du Pellerin :*** *• inforoutes.loire-atlantique.fr • (rubrique « Bacs de Loire »). Tte l'année, ttes les 20 mn, 6h20-20h20, voire 21h20 dim et j. fériés de mi-juin à mi-sept. GRATUIT.* Comme le faisaient autrefois les pèlerins en route vers Saint-Jacques-de-Compostelle, on traverse la Loire avec ce bac qui permettait (et permet toujours) également aux ouvriers « sud-Loire » d'aller travailler « nord-Loire ». Il offre aujourd'hui aux touristes l'occasion d'une minicroisière sur le fleuve sauvage. C'est le dernier des bacs sur la Loire en fonctionnement.

## SUR L'AUTRE RIVE (NORD) DE LA LOIRE

***Terre d'Estuaire :*** *sur le port, 44360* ***Cordemais*** *(accessible par le bac du Pellerin, voir ci-dessus). ☎ 02-85-67-04-80. • terredestuaire.com • ♿ Fév-oct, tlj 10h-18h (19h juil-août). Entrée : env 11 € ; réduc ; pass famille 29 €. Expos* *temporaires en accès libre.* Sur 1 000 m², ce centre d'interprétation, implanté à proximité de la centrale à charbon de Cordemais, entend sensibiliser le grand public à l'***importance de l'estuaire de la Loire*** en tant que voie navigable mais aussi à l'impérieuse nécessité de ***maintenir les écosystèmes et la biodiversité.*** Doté d'une muséographie interactive, il tente de réconcilier l'implantation des industries locales avec le milieu naturel (on y croirait presque). Il évoque par ailleurs l'importance du commerce du sel dans la région au fil des siècles et dresse l'inventaire des incursions marines en basse Loire, des Vikings à Jacques Cassard. Une ***petite nacelle perchée à 25 m d'altitude*** (référence à Jules Verne) offre un panorama à 360° sur l'estuaire (certes partiellement masqué par un gros tas de charbon). La visite du site se poursuit à l'extérieur grâce à un parcours naturaliste qui permet d'observer les oiseaux. Jeux pour enfants et cafétéria sur place.

– ***Une toue assure la liaison Paimbœuf-Lavau*** pour une petite visite guidée comprenant une pause gourmande *(juin-sept ; voir le site).*

– Des ***hébergements insolites,*** conçus par des étudiants de l'école d'architecture de Nantes, sont proposés à la location *(de mi-avr à mi-oct)* pour une immersion dans l'écosystème de l'estuaire et pour permettre d'observer les oiseaux.



## SAINT-NAZAIRE [sant nazer]

(44600) 70 000 hab. *Carte Loire-Atlantique, A-B3*

• Plan *p. 492-493*

**Bienvenue dans une ville qu'il faut savoir regarder par 2 fois ! Très souvent victime d'une image stéréotypée de ville industrielle, Saint-Nazaire – ville aux mille facettes – révèle à juste titre une vraie atmosphère. À la fois touchante et humaine, il fait bon y vivre. On y découvre un pôle touristique créatif et passionnant, ainsi qu'une vingtaine de plages et criques aux ambiances et aux paysages différents dont 6 surveillées, 2 aménagées pour les personnes en situation de handicap et 3 labellisées « Pavillon Bleu » (renseignements à l'office de tourisme). On allait oublier les animations de front de mer, les bars, les petits restos et une pléiade d'activités à l'adresse des enfants.**

**Saint-Naz l'industrielle, graphique en diable, ravira également les amateurs de poésie urbaine avec ses grands paquebots de croisière en construction, ses docks et ses rues écartelées à tous vents. Cette véritable invitation au voyage rappelle qu'il n'y a pas si longtemps la belle ligérienne constituait la tête de pont de la *Compagnie générale transatlantique* pour l'Amérique centrale.**

**De ce glorieux passé restent des visites à faire en famille : *Escal'Atlantic,* le sous-marin *Espadon,* l'Écomusée, sans oublier, pour les amoureux de la nature, la plage de M. Hulot à Saint-Marc-sur-Mer, le parc naturel régional de la Brière ou le pittoresque chemin des douaniers qui longe la mer jusqu'à la baie de La Baule. Alors ne boudons pas notre plaisir, revoyons nos idées : Saint-Nazaire est une ville qui se mérite !**

### UN GUIDE AD HOC

*Les villes fidèlement représentées dans les ouvrages d'Hergé ne sont pas légion, Saint-Nazaire figure au palmarès. Des panneaux de 4 m × 3 m immortalisent les épisodes nazairiens des aventures de Tintin en plusieurs points de la ville. La similitude des lieux est souvent frappante.*

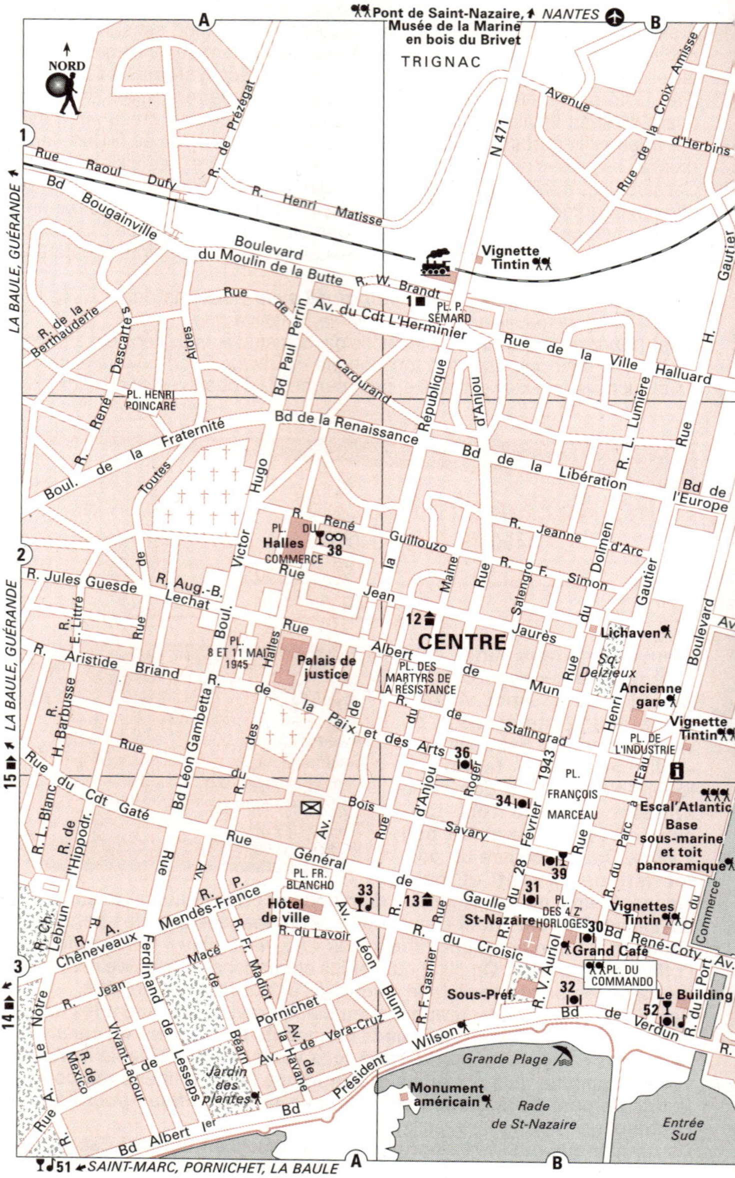

Pont de Saint-Nazaire, Musée de la Marine en bois du Brivet
NANTES
A
B
NORD
TRIGNAC
1
2
3
LA BAULE, GUÉRANDE
LA BAULE, GUÉRANDE
15
14
51 SAINT-MARC, PORNICHET, LA BAULE
Rue Raoul Dufy
R. de Prézégat
R. Henri Matisse
N 471
Avenue d'Herbins
Rue de la Croix Amisse
Bd Bougainville
Boulevard du Moulin de la Butte
R. W. Brandt
Vignette Tintin
1
PL. P. SÉMARD
Rue de Cardurand
Av. du Cdt L'Herminier
Rue de la Ville Halluard
H. Gautier
R. de la Berthauderie
R. Descartes
Aides
Bd Paul Perrin
PL. HENRI POINCARÉ
R. René
République
d'Anjou
R. L. Lumière
Rue
Boul. de la Fraternité
Toutes
Bd de la Renaissance
Bd de la Libération
Bd de l'Europe
Victor Hugo
PL. DU COMMERCE
Halles
R. René Guillouzo
38
R. Jeanne d'Arc
R. F. Simon
R. Jules Guesde
R. Aug.-B. Lechat
Rue de la Jean Jaurès
Maine
Rue Salengro
Rue du Dolmen
Gautier
12
CENTRE
Lichaven
Boulevard
Av.
R. E. Littré
Rue de
Boul.
PL. 8 ET 11 MAI 1945
Rue des Halles
Palais de justice
Rue Albert de Mun
PL. DES MARTYRS DE LA RÉSISTANCE
Rue
Sq. Delzieux
Ancienne gare
R. Aristide Briand
R. de la Paix et des Arts
R. du Roger
R. de Stalingrad
Henri
Vignette Tintin
PL. DE L'INDUSTRIE
R. H. Barbusse
Bd Léon Gambetta
R. du Bois Savary
36
1943
PL. FRANÇOIS MARCEAU
R. du Parc à l'Eau
Rue du Cdt Gaté
d'Anjou
34
Escal'Atlantic
Base sous-marine et toit panoramique
R. L. Blanc
R. de l'Hippodr.
Av.
Rue
Rue Général de Gaulle
28 Février
Rue
39
PL. FR. BLANCHO
Av. P. Mendès-France
33
13
31
PL. DES 4 Z'HORLOGES
Vignettes Tintin
Q. du Commerce
R. Ch. Lebrun
R. A. Chêneveaux
Ferdinand
Hôtel de ville
R. du Lavoir
Av. Léon Blum
R. Fr. Madiot
St-Nazaire
30
Bd René-Coty
Av.
R. du Croisic
Grand Café
R. V. Auriol
PL. DU COMMANDO
R. Jean Macé
Sous-Préf.
32
R. F. Gasnier
Blum
Port
Le Building
52
Bd de Verdun
Rue Le Nôtre
R. Vivant-Lacour
Ferdinand de Lesseps
Béarn
Av. de la Havane
Av. de Vera-Cruz
Pornichet
Wilson
R. de Mexico
de
Jardin des plantes
Président
Grande Plage
R.
Monument américain
Rade de St-Nazaire
Entrée Sud
Rue A.
Bd Albert Ier
Bd

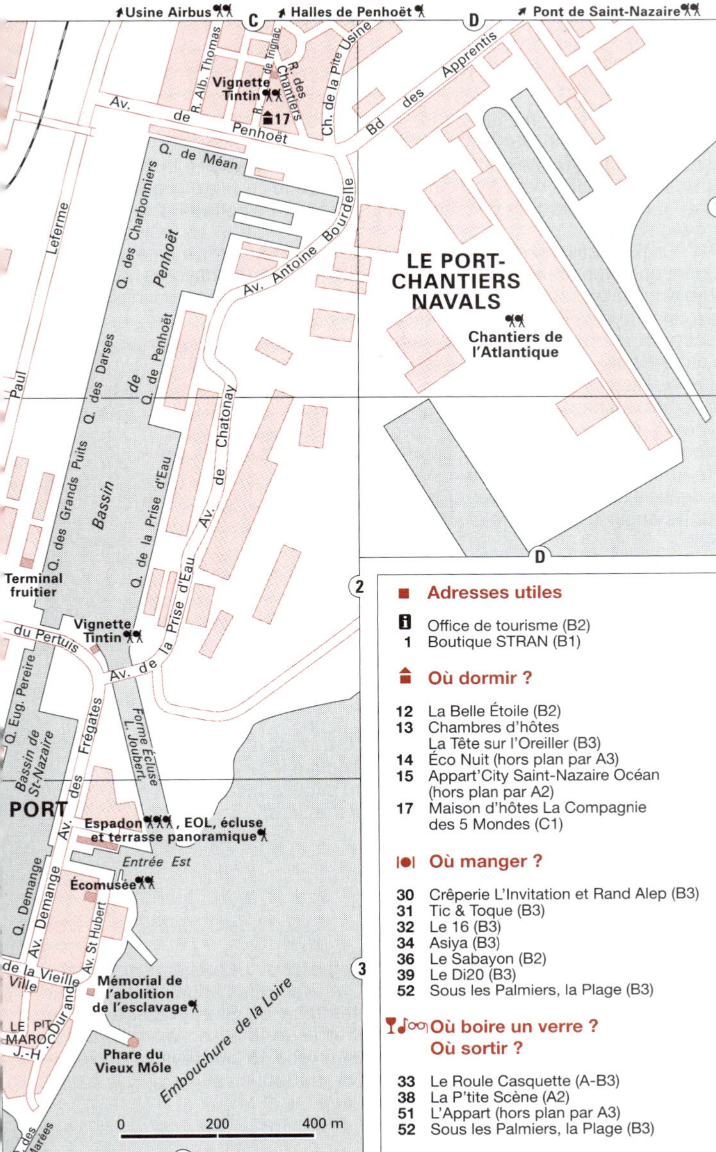


## ■ Adresses utiles

- **i** Office de tourisme (B2)
- **1** Boutique STRAN (B1)

## Où dormir ?

- **12** La Belle Étoile (B2)
- **13** Chambres d'hôtes La Tête sur l'Oreiller (B3)
- **14** Éco Nuit (hors plan par A3)
- **15** Appart'City Saint-Nazaire Océan (hors plan par A2)
- **17** Maison d'hôtes La Compagnie des 5 Mondes (C1)

## Où manger ?

- **30** Crêperie L'Invitation et Rand Alep (B3)
- **31** Tic & Toque (B3)
- **32** Le 16 (B3)
- **34** Asiya (B3)
- **36** Le Sabayon (B2)
- **39** Le Di20 (B3)
- **52** Sous les Palmiers, la Plage (B3)

## Où boire un verre ? Où sortir ?

- **33** Le Roule Casquette (A-B3)
- **38** La P'tite Scène (A2)
- **51** L'Appart (hors plan par A3)
- **52** Sous les Palmiers, la Plage (B3)

# SAINT-NAZAIRE

## UN PEU D'HISTOIRE

Si, en 1830, seuls quelque 800 habitants peuplent ses petites rues tortueuses avec notamment les « pilotes de Loire », ces marins qui orientaient les bateaux sur le fleuve, c'est l'arrivée du chemin de fer qui va modifier en profondeur le destin de la cité. Avec la construction de bassins en eau profonde sous Napoléon III en 1862, l'Écossais John Scott crée le 1er chantier naval de paquebots. Les grands « transats » prennent forme dans cette ville, « clé de l'estuaire » (blason avec une clé sur une voile) dont la devise est *Aperit et nemo claudit* (« Elle ouvre et personne ne ferme »). On accourt alors de toutes les provinces vers cette « Petite Californie bretonne ».
En 1917, Saint-Nazaire sert de port de débarquement à l'armée américaine, au même titre que Brest. Sur le front de mer, le « Sammy », un soldat bras en croix en équilibre sur un aigle rappelle cet événement. Durant la 2de Guerre mondiale Saint-Nazaire est détruite à 85 % par les bombardements.
La reconstruction, confiée à l'architecte Grand Prix de Rome Noël Le Maresquier, doit permettre de loger rapidement autant d'habitants que possible. On voit alors surgir une ville neuve et aérée avec ses rues tracées au cordeau, à angle droit et ses immeubles anguleux de pierre et de béton.
Aujourd'hui, Saint-Nazaire est une « ville à la mer » qui se découvre et s'apprécie facilement à pied, autour du *Paquebot* et du *Ruban Bleu,* ses espaces commerciaux à ciel ouvert mais surtout le long du front de mer avec pour point de départ (et point névralgique) la place du Commando.
Côté chantiers navals, c'est une histoire toujours renouvelée et riche d'un siècle et demi de construction de palaces flottants comme le *Normandie,* le *France,* le *Queen Mary 2* et, plus récemment, le plus grand paquebot du monde, *Harmony of the Seas,* ainsi que son jumeau le *Symphony of the Seas.*

### DU BÉTON TRÈS RÉSISTANT

*Durant la 2de Guerre mondiale, la base sous-marine de Saint-Nazaire, écrou indestructible de la marine allemande sur l'Atlantique, causa la perte de la ville. Les tapis de bombes des raids alliés détruisirent la majeure partie de Saint-Nazaire, mais la base résista et elle dresse aujourd'hui encore ses tonnes de béton. Saint-Nazaire fut la dernière ville libérée en Europe : le 11 mai 1945, 15 jours après le suicide de Hitler !*

LOIRE-ATLANTIQUE

## Adresse et infos utiles

**Office de tourisme** (plan B2) **:** *bd de la Légion-d'Honneur, base sous-marine.* ☎ *02-40-22-40-65.* • *saint-nazaire-tourisme.com* • *Tte l'année sauf 2 premières sem de janv.*
@ **Zones wifi :** *autour de la gare et à la base sous-marine (office de tourisme), mais aussi sur le front de mer, dans le centre-ville et le long des plages de Villès-Martin et de Saint-Marc-sur-Mer (M.-Hulot).*
– *Les greeters :* balade gratuite (compter 2h) avec des habitants bénévoles du territoire de Saint-Nazaire. Seule contrainte (et non des moindres), s'inscrire en ligne 15 jours avant auprès de l'office de tourisme : • *saint-nazaire.greeters.fr* •.

## Transports

**Gare TGV** (plan B1) **:** ☎ *36-35 (coût d'un appel local).* Plusieurs liaisons/j. avec Paris-Montparnasse.

**Boutique STRAN** (plan B1, **1**) **:** *6, pl. Sémard.* ☎ *02-40-00-75-75.* • *stran.fr* • *Lun-ven 7h30-18h45 ; sam*

*9h-12h, 13h30-17h. Fermé dim.* Vente des tickets de bus : lignes urbaines *STRAN* (dont *HélYce*, un service de bus rapide en site propre) et réseau départemental *Aléop* (☎ *09-69-39-40-44*).

**Location de vélos :** vélos classiques ou à assistance électrique avec **City Bike,** *55, rue des Halles,* ☎ *02-49-52-42-31*. Ou avec **VélYcéo,** *Boutique STRAN, 6, pl. Sémard,* ☎ *02-40-00-75-75* (● *velyceo.com* ●). De la ½ journée à la semaine.

En ville, on trouve aisément à stationner ; certains ***parkings*** sont gratuits, comme celui du centre commercial *Le Ruban Bleu*. Bon à savoir : une navette, *Zenibus*, relie le grand parking gratuit du théâtre Simone-Veil, tout à côté de la base sous-marine (*Escal'Atlantic*, office de tourisme...), au centre-ville, toutes les 30 mn *(gratuit).*

# Où dormir ?

## Dans le centre

### Bon marché

***La Belle Étoile*** *(plan B2,* ***12****) : 45, rue Jean-Jaurès.* ☎ *02-40-22-55-93.* ● *hotellabelleetoile44.fr* ● *Doubles 55-57 €. Parking gratuit.* En plein centre-ville, un hôtel de poche à la gestion familiale qui offre une dizaine de chambres pimpantes et colorées dont 1 familiale (2 chambres communicantes) et 1 toute petite pour le voyageur solitaire. Bel accueil de Karine, la maîtresse des lieux, qui sert le petit déj à table.

***Chambres d'hôtes La Tête sur l'Oreiller*** *(plan B3,* ***13****) : 17 bis, av. du Général-de-Gaulle.* *06-59-51-83-45.* ● *agnesmay44@gmail.com* ● *Doubles 60-70 € ; familiales.* Ancienne monitrice de voile désormais amarrée dans la ville des paquebots de croisière, Agnès tient bon le cap. Après avoir tiré des « bords carrés » au début, elle file maintenant « bon plein » en proposant des chambres à la fois sobres, lumineuses et sans télé. Cuisine à dispo de ses hôtes, on se sent vraiment chez soi. Accueil gentil comme tout.

## Vers l'est

### De bon marché à prix moyens

***Maison d'hôtes La Compagnie des 5 Mondes*** *(plan C1,* ***17****) : 8, rue de Trignac.* *06-98-03-42-11.* ● *g.joigneault@gmail.com* ● *lacompagniedes5mondes.fr* ● *Double 60 € ; aussi des gîtes.* Veillée par le portique des chantiers navals, une adresse antimouron, peu banale et moderne, avec ses couleurs pleines de soleil qui ont littéralement métamorphosé cet ancien bar de quartier. Déco contemporaine et très soignée, agrémentée de jolies références marines pour la chambre individuelle et les 4 studios agencés autour d'une courette-patio. Accueil extra de Géraldine.

## Vers l'ouest

### De bon marché à prix moyens

***Éco Nuit*** *(hors plan par A3,* ***14****) : 5, rue des Troènes.* ☎ *02-40-66-71-79.* ● *reception-saintnazaire@econuit.com* ● *econuit.com* ● *À 10-15 mn en voiture du centre. Doubles 39-89 €. Café offert sur présentation de ce guide.* Éco, comme économique, donc, mais aussi comme écolo ! Pas en centre-ville certes et dans un coin pas très fun, mais c'est un bâtiment joliment conçu aux normes HQE. Quant aux chambres, elles sont modernes, nickel et confortables. Un bon plan.

***Appart'City Saint-Nazaire Océan*** *(hors plan par A2,* ***15****) : 4, rue Jeanne-Chauvin.* ☎ *02-77-81-54-54.* ● *saintnazaire-ocean@appartcity.com* ● *appartcity.com/apparthotel-saint-nazaire-ocean* ● *À 15 mn en voiture du centre.* Une résidence hôtelière comptant une centaine de studios et d'appartements meublés pour 1 à 6 personnes, sur 6 étages (vue aux étages 4 à 6). Une formule pratique, à défaut d'être charmante.

## Chic

🏠 🍽 ***Hôtel de la Plage :*** *37, rue du Commandant-Charcot, à* ***Saint-Marc-sur-Mer.*** *☎ 02-40-91-99-01. • reception@hotel-delaplage.fr • hotel-delaplage.fr • ♿ À 15-20 mn en voiture du centre. Doubles à partir de 71 €. Café offert sur présentation de ce guide.* C'est sûr, ce *Best Western,* rénové régulièrement, a bien changé depuis le passage de Jacques Tati pour *Les Vacances de M. Hulot.* De petit hôtel populaire de l'époque des congés payés, il a pris du grade : les chambres sont modernes, de style contemporain, avec dans chacune d'elles l'image du grand échalas à la pipe. On se surprend à sourire en regardant la plage. La vue est d'ailleurs franchement superbe depuis les balcons de certaines chambres. Restaurant sur place (voir « Où manger ? »).

# Où manger ?



### *Dans le centre*

### De bon marché à prix moyens

🍽 ***Sous les Palmiers, la Plage*** *(plan B3,* ***52****) :* *8, bd de Verdun (pl. du Commando). ☎ 02-40-22-13-97. • cafesouslespalmiers@gmail.com • Fermé lun. Résa obligatoire. Plat végétarien ts les midis lun-ven, env 12 €.* Ce petit bar-resto à la fibre alternative propose chaque jour de la semaine un vrai plat végétarien élaboré avec des produits bio. Une aubaine pour les herbivores !

🍽 **Crêperie l'Invitation** *(plan B3,* ***30****) :* *21, bd René-Coty (quartier du Port). ☎ 02-40-42-07-93. Fermé mar-mer. Repas env 15-20 €.* Hormis le fait que cette crêperie permet de se sustenter un dimanche soir ou un lundi, cette adresse au décor tout simple (tables carrées et chaises de bistrot) offre des crêpes et des galettes travaillées dans la tradition à prix démocratiques. *Fish & chips* et moules en saison. Accueil souriant.

🍽 ☂ ***Tic & Toque*** *(plan B3,* ***31****) :* *10, av. du Général-de-Gaulle. ☎ 02-40-22-59-58. Fermé sam midi et dim-lun (et certains soirs quand le cuistot est HS). Formule à moins de 15 € le midi en sem, compter 25 € le soir.* Dans un décor assez banal, prolongé aux beaux jours par une petite terrasse, ce resto à l'écart des flux touristiques propose une assiette goûteuse d'un bon rapport qualité-prix. Cuisine française de terre ou de mer concoctée avec élégance à base de produits frais par Jean-Louis Delphin, pour qui la cuisine est quasiment un sacerdoce. Excellent accueil.

🍽 🍷 ***Le Di20*** *(plan B3,* ***39****) :* *7, rue du Bois-Savary. ☎ 02-40-15-19-20. • contact@di20.fr • ♿ Fermé dim-lun et j. fériés. Formule déj env 15 € ; carte env 25-30 €.* Un bar à vins au décor en rouge et noir. Une clientèle de copains qui assure l'ambiance, et un patron qui sait de quoi il parle : il a été sommelier dans de grandes maisons. Charcuteries corses ou produits du coin (andouille, curé nantais...) et quelques petits plats plus travaillés pour accompagner. Cave juste à côté.

🍽 ***Rand Alep*** *(plan B3,* ***30****) :* *23, bd René-Coty. ☎ 09-54-59-95-58. Tlj. Plats 11-22 €.* Accueillis à Saint-Nazaire avec une quarantaine de réfugiés syriens en 2016, Reem et Mahmoud ont baptisé leur restaurant en souvenir de leur petite fille Rand, décédée dans des conditions tragiques pendant leur exil. Grâce à leur énergie et leur générosité, appuyés par des Nazairiens, ils ont ouvert ce restaurant où l'on mange « comme à la maison ». *Mezze,* falafels, *kebbeh* (boulettes de boulgour au bœuf), *chawarma,* et en dessert l'une des délicieuses pâtisseries concoctées par Reem. Un vrai voyage gustatif au pays du Levant.

🍽 ***Asiya*** *(plan B3,* ***34****) :* *21, rue du 28-Février-1943. ☎ 09-81-60-65-71. Mer-dim 18h-21h, plus le midi jeu-sam. Plats à « prix moyens ».* Un resto de poche qui propose une cuisine japonaise préparée comme il se doit à base de produits extra-frais. Madame est japonaise, c'est elle qui cuisine tandis que monsieur est au service. Du poulet *teriyaki* (toujours à la carte) au saumon *chirashi* en passant par les beignets de fruits de mer ou les émincés de légumes, vous découvrirez que la cuisine nipponne n'est pas que celle des sushis.

**Place du Commando** *(plan B3)*, désormais point névralgique de l'animation nazairienne, plusieurs restaurants (***La Plage*** et ***Le Bar Iodé, Barapom, la Plage, La Fabrik...***) ainsi que les bars ***Sous les Palmiers, la Plage*** (voir ci-dessus) et ***La Baleine Déshydratée.***

## Chic

***Le Sabayon*** *(plan B2, **36**) : 7, rue de la Paix-et-des-Arts. ☎ 02-40-01-88-61. 06-73-97-07-15. • touzeau.landry@orange.fr • lesabayon.wixsite.com • Fermé dim-lun. Congés : de fin fév à mi-mars et de fin juil à mi-août. Résa fortement conseillée. Menus 22,90-52 € ; carte env 30-35 €.* Petit resto discret au cadre passe-partout, qui régale le palais d'une cuisine recherchée et élaborée avec soin. Ici, la mer est dans l'assiette (pêche du jour), mais les amateurs de viande ne seront pas en reste. Impossible d'échapper au dessert, vrai dilemme pour les amateurs de chocolat (*Valrhona,* s'il vous plaît !). Et si vous êtes plus de 6, demandez le salon, très agréable.

***Le 16*** *(plan B3, **32**) : 16, bd de Verdun. ☎ 02-40-15-41-89. Tlj sauf dim. Formule déj en sem 17 € ; menu moins de 30 € ; carte 30-40 €.* La façade « bretonnante » avec ses murs de granit abrite un intérieur contemporain dans les tons gris. L'ardoise semble d'ailleurs la meilleure amie de ce maître restaurateur qui élabore ses menus en fonction du marché dans un style traditionnel revisité. Petite terrasse en front de mer en été.

### *À Saint-Marc-sur-Mer*

***Le Centre :*** *2, rue du Commandant-Charcot. ☎ 02-40-91-90-22. • cafeconcert-lecentre.fr • Tlj (resto fermé dim). Formule et menu déj en sem moins de 13 € ; carte env 20-25 €.* Le rayon du *Centre,* c'est d'abord la cuisine thaïe, indienne ou vietnamienne et qui tape dans le mille ! Copieuse, savoureuse et relevée sans excès, elle fait le bonheur des nombreux habitués qui investissent les grandes tablées de la terrasse couverte. Mais les soirs de concert, changement de registre : c'est la salle de bistrot qui affiche complet lorsque les groupes s'emparent de la scène ! Très festif.

***Le France :*** *plage de M.-Hulot (rue du Commandant-Charcot). ☎ 02-40-91-96-13. • resto@lefrance.net • En été, tlj sauf mar midi ; hors saison seulement le soir dim-ven. Réserver, surtout le w-e. Formule déj tlj sauf dim et j. fériés env 16 € ; menu 34,90 €. Apéritif maison offert sur présentation de ce guide.* Ça dépote dans cette grande brasserie posée à même le sable, où tous les Nazairiens aiment à se retrouver autour de moules-frites, d'un plateau de fruits de mer ou d'un plat de bistrot simple, du genre salades et tartares. Ambiance touristique mais excellent accueil, service diligent et cuisine honorable compte tenu du cadre et des prix au déjeuner.

Au rez-de-chaussée de l'***Hôtel de la Plage*** (voir « Où dormir ? »), on recommande vivement le restaurant-brasserie ***La Plage de Monsieur Hulot.*** *Tlj midi et soir en sem, en continu 12h-22h30 ven-dim. Formules déj en sem 15-19 € (hors vac et j. fériés) ; menu 30 €.* Des menus autour de la mer servis dans une salle panoramique ou sur une terrasse posée sur le sable. C'est le moment ou jamais de se prendre pour M. Hulot.

LOIRE-ATLANTIQUE

## Où boire un verre ? Où sortir ?

***La place du Commando*** *(plan B3) :* c'est désormais le point de rassemblement des oiseaux de nuit en partance pour leurs migrations nocturnes. En particulier autour de la très conceptuelle ***Baleine Déshydratée*** *(tlj 10h-2h du mat),* un bar à bières connecté qui propose d'assécher les cartes bleues au centime près à mesure que les verres se remplissent. Elle est pas belle la mousse ?

***Sous les Palmiers, la Plage*** *(plan B3,* ***52****) : 8, bd de Verdun.* ☎ *02-40-22-13-97.* • *cafesousles palmiers@gmail.com* • *Tlj sauf lun 10h-20h.* La plage ? Elle est bien là, et il y a même une poignée de transats pour regarder la mer en sirotant un vin bio issu de petits producteurs, une bière artisanale ou un jus de fruits provenant du commerce équitable ! Bref, un café-littéraire sympa comme tout avec sa programmation d'événements conviviaux (concerts, bouquinerie itinérante, expos...). Consulter la page Facebook.

***L'Appart*** *(hors plan par A3,* ***51****) : 182, rue de Pornichet (proche du rond-point de Sautron et du Carrousel).* ☎ *02-40-70-84-95. Lun-sam 17h-4h. Fermé dim.* Accoudé à un fût de 200 l, avachi dans un des fauteuils dépareillés ou sagement attablé le nez au vent du petit patio planqué à l'arrière, vous saurez apprécier à sa juste valeur l'atmosphère coolissime qui règne chez Habib en dégustant de délicieux *mezze.* Pour la musique ? Téléphonez !

***Le Roule Casquette*** *(plan A-B3,* ***33****) : 36, rue du Croisic.* ☎ *02-40-19-11-09. Ouv 17h-23h30 (minuit sam). Fermé dim-lun.* Un bar à vins qui se revendique adepte du bio, voire de la biodynamie, et qui propose des tapas du même acabit. Bref, de quoi contenter les fines gueules qui prennent soin de leur santé. En plus, on peut goûter avant de se décider et repartir avec sa bouteille. Bons conseils de Sophie. Programmation musicale certains soirs (voir la page Facebook).

***La P'tite Scène*** *(plan A2,* ***38****) : 14, pl. du Commerce (sur le côté des halles couvertes). Ven et dim mat 9h-13h30, 17h-20h (22h30 ven) ; sam 17h-22h. Fermé lun.* Quand 2 amies de longue date se mettent en tête d'assouvir de conserve leur passion pour le théâtre, ça donne un gentil petit cabaret doté d'une scène intimiste où se produisent des troupes chaque vendredi mais pas seulement. Évidemment, de quoi grignoter (tapas, planches apéros) et se rafraîchir le gosier.

Sur le front de mer *(plan A3 ; bd Albert-Ier),* 3 terrasses ouvertes par beau temps (les bars sont des « cubes » assez design), ***Le Bara-K*** et ***La Pêch'rie,*** face aux pêcheries, ainsi que ***Le Cap,*** à côté du *skatepark.*

Directement sur le sable, ***Le P'tit Baigneur,*** plage Villès-Martin. *Avr-fin sept.*

***Le V.I.P. :*** *base sous-marine, alvéole 14, bd de la Légion-d'Honneur.* ☎ *02-51-10-00-00.* • *levip-saint nazaire.com* • *Concerts oct-juin.* La salle de « musiques actuelles » locale. Groupes locaux et d'envergure internationale s'y produisent. Souvent une belle programmation à prix doux.

# À voir

## Les visites de « Saint-Nazaire Renversante »

Les 4 sites touristiques (Escal'Atlantic, le sous-marin Espadon, EOL Centre éolien et l'Écomusée de Saint-Nazaire) ont la même ***billetterie centrale*** (juste à côté de l'office de tourisme) et en ligne • *saint-nazaire-tourisme.com* •. ☎ *02-28-540-640.*
– **Horaires :** *les mêmes pour les 4 sites. Tte l'année, à partir des 1res vac de fév : fév-oct, tlj sauf lun en mars et certains lun en juin et sept-oct ; nov-déc, ouv seulement dim hors vac scol, et tlj pdt vac scol.* ***Horaires : 10h-13h, 14h-18h (10h-20h juil-août) ; dernière entrée 1h avt fermeture.*** *Fermé 1er janv et 24-25 déc.*
– ***Tarifs :*** *variables selon les sites ; PassPort 4 visites (Escal'Atlantic, sous-marin Espadon, Écomusée, EOL Centre éolien) valable tte l'année à 25 €, ½ tarif 4-17 ans. Autres bons plans et prix malins en ligne sur* • *saint-nazaire-tourisme.com/les-visites/les-bons-plans/* • ***Tarif réduit adulte pour ttes les visites sur présentation de ce guide en billetterie (offre non cumulable avec d'autres réduc).***
*– On y prend également ses billets (résa obligatoire) pour les* ***visites guidées*** *des chantiers de l'Atlantique, d'Airbus Saint-Nazaire et du Grand Port maritime Nantes Saint-Nazaire, ainsi que pour les* ***croisières découverte*** *sur le littoral.*

C'est de la base sous-marine, où se trouvent ***Escal'Atlantic*** et la billetterie centrale des lieux de visite qui composent ***Saint-Nazaire Renversante,*** que l'on embarque pour les différents sites du port de Saint-Nazaire. L'alvéole 14 (à l'extrémité de la base côté port) abrite le ***LiFE*** *(Lieu international des formes émergentes)* et ***Le V.I.P.,*** la scène des musiques actuelles (voir plus haut « Où boire un verre ? Où sortir ? »), 2 lieux de création artistique.

– ***Visites guidées « La base sous-marine histoire d'une reconquête » (et, plus spécifique aux familles, « Sensations béton ») :*** *avr-oct. Résa conseillée au ☎ 02-28-540-640 ou sur ● saint-nazaire-tourisme.com ●. Tarif : 6 € ; réduc.* Découverte de la base, son histoire et son architecture, et surtout de sa reconquête par la ville, à travers le projet urbain autour du port.

– Demander le programme de la ***Saison patrimoine*** : des itinéraires classiques, inattendus ou buissonniers *(mars-déc).* Mais aussi des visites guidées, ateliers, conférences, randonnées urbaines, pour petits et grands (gratuit ou payant). Résa sur *● saint-nazaire-musees.com ●*

– Tous les sites et visites d'entreprises ainsi que l'office de tourisme sont labellisés « Qualité tourisme ».

LOIRE-ATLANTIQUE

***Escal'Atlantic*** *(plan B3)* **:** *situé dans 2 alvéoles de l'ancienne base sous-marine. ♿ Voir horaires plus haut ; dernier ticket 1h avt fermeture. Compter env 1h30 en visite libre. Entrée : 14 € ; ½ tarif 4-17 ans ; réduc.*

La scénographie de cet espace hors norme est épatante. Plus qu'un musée, *Escal'Atlantic* est d'abord une expérience originale, un voyage interactif captivant. Il plonge les visiteurs dans l'univers formidable des géants des mers qui ont emmené durant plus de 1 siècle des millions de passagers d'un continent à l'autre. Et, quitte à bien faire, on invite les visiteurs... à embarquer aussi !

Le pied à peine posé sur la passerelle conduisant au hall d'embarquement inspiré du *Normandie* (panneaux de laque d'origine), on prend la mesure de cette reconstitution géniale qui occupe 3 700 m². Au gré de la balade dans les entrailles du paquebot, on découvre les cabines, la timonerie, la salle des machines, les chambres froides, les salons (superbe salon de musique du *Liberté*)... le tout agrémenté de films d'archives (évoquant l'émigration de plus de 60 millions d'Européens, les voyages d'agrément...) et décorés de mobiliers et d'objets authentiques provenant de navires célèbres, comme la vaisselle du *Normandie.* Jetez d'ailleurs un œil aux menus : haute gastronomie, champagne, élégance... d'imparables arguments de vente ! Mais tout a une fin. On constate qu'en 1958 le nombre de voyageurs par voie aérienne supplanta pour la 1re fois celui des voyageurs qui se rendaient en Atlantique Nord par voie maritime. On en prend dans tous les cas plein les mirettes, qu'on soit petit ou grand, persuadé d'être sur un vrai paquebot et, une fois « en mer », de nuit sur le pont-promenade, on a franchement l'impression de s'offrir en quelques minutes une traversée transatlantique (iceberg et vaisseau fantôme compris !).

***Le toit de la base sous-marine*** *(plan B2-3)* **:** *accès par une rampe piétonne ou par l'ascenseur situé derrière la billetterie centrale. Tlj 9h-17h (22h en été).* Beau point de vue depuis ses terrasses. Petite promenade romantique (si, si !), vraiment agréable au coucher du soleil en été. L'entrée du port apparaît alors à vos pieds, avec l'écluse fortifiée, les chantiers navals, le pont au loin, l'estuaire, le début de l'océan... et l'Amérique si vous

## L'OPÉRATION CHARIOT

***Si la poche de Saint-Nazaire reste dans tous les esprits, peu se souviennent de l'opération Chariot du 28 mars 1942... Et pourtant ! Les Anglais montèrent une improbable opération pour remonter de nuit l'estuaire très militarisé de la Loire et aller faire exploser la forme-écluse Joubert en plein centre de Saint-Nazaire, à l'aide d'un destroyer bourré d'explosifs. Le but était d'affaiblir la flotte allemande. Opération réussie, mais sur les 611 hommes du commando, tous volontaires, seuls 227 rentrèrent sains et saufs.***

avez une bonne vue ! Aux environs immédiats : le bassin de la ***forme-écluse Joubert*** *(plan C2-3),* aux dimensions impressionnantes : 350 m de long sur 53 m de large et 16,50 m de profondeur. Tout proche, le ***pont Levant.*** Coup d'œil également sur le quartier autour du port, conçu par l'architecte catalan Manuel de Sola, avec, entre autres, sur la vaste esplanade qui sépare le centre commercial *Le Ruban Bleu* de la base sous-marine, une monumentale « sirène » multicolore, œuvre de la sculptrice Federica Matta.

Œuvre du parcours artistique *Estuaire* : le **Jardin du Tiers-Paysage** de Gilles Clément est un espace en triptyque qui tire parti des 3 dispositifs de l'architecture en place, à savoir les chambres d'éclatement des bombes, les travées non recouvertes et la fosse. Les 107 trembles qui surgissent du béton possèdent des feuilles brillant à la lumière et s'agitant au moindre souffle de vent.

***L'écluse fortifiée*** *(plan C3)* **:** la plus vieille écluse de Saint-Nazaire, bâtie en 1856 pour donner accès au bassin en eau profonde où mouillaient les 1ers paquebots. Elle fut remaniée par les Allemands pendant la guerre. Et les bombardements alliés massifs n'ont pas eu plus raison d'elle que de la base sous-marine toute proche.

LOIRE-ATLANTIQUE

***La terrasse panoramique de l'écluse fortifiée*** *(plan C3)* **:** *mêmes horaires que le sous-marin Espadon et EOL Centre éolien installé dessous.* De là encore, joli point de vue à 360° agrémenté de 4 tables de lecture du paysage.

Œuvres du parcours artistique *Estuaire* : **Suite de triangles,** à partir d'un point de vue situé sur le toit de la terrasse. Felice Varini a matérialisé en 2007 une « ligne horizontale rouge » qui embrasse le paysage du port. Telle une partition, les formes disposées successivement sur le haut et le bas de cette ligne scandent le paysage en différentes séquences. L'œuvre, dressée sur 2 km, est la plus grande jamais réalisée par l'artiste.

***Le sous-marin Espadon*** *(plan C3)* **:** *av. de la Forme-Écluse, sous l'écluse fortifiée, à côté d'EOL Centre éolien. Voir horaires plus haut (rénovation en 2021, se renseigner sur la période de fermeture) ; sur résa ; dernier ticket 30 mn avt fermeture. Visite audioguidée (30 mn). Entrée : 10 € ; ½ tarif 4-17 ans ; réduc.* Une visite à ne pas rater, car c'est une rare occasion de visiter un sous-marin à flot, bien protégé dans l'écluse fortifiée. Ce bâtiment, né après la Seconde Guerre mondiale, en mission de 1960 à 1985, parcourut l'équivalent de 17 fois le tour de la Terre, et fut le 1er à naviguer sous la banquise... En pénétrant dans ce boyau large d'à peine 50 cm par endroits, unique voie de circulation reliant les postes de combat et les espaces de vie, on peine à imaginer les conditions de vie des 65 hommes d'équipage pendant 45 jours en mer ! Il y a pourtant tout le nécessaire : couchettes, cuisine, w-c et une douche... d'eau de mer froide ! Sans compter les séances de cinéma organisées pour les sous-mariniers dans la salle des torpilles (car la plus vaste) ! Du haut de ses sous-marins nucléaires, la flotte française regarde désormais avec condescendance ce genre de vieux loup de mer.

### OUÏE FINE

*Si vous voulez devenir les « oreilles d'or » d'un sous-marin, sachez qu'il vous faudra passer par une école spéciale située à Toulon. On vous y apprend, en 4 ans, à reconnaître les signaux sonores de tous les sous-marins en circulation dans le monde, mais aussi l'empreinte d'un iceberg ou d'un animal marin ! Vous aurez d'ailleurs droit à une mise en oreille pendant la visite de l'*Espadon.

***EOL Centre éolien :*** *av. de la Forme-Écluse, sous l'écluse fortifiée, à côté du sous-marin* Espadon*. Mêmes horaires que le sous-marin. Tarif : 6 € ; ½ tarif 4-17 ans ; réduc. Visite libre (env 45 mn).* Il s'agit du 1er site de visite en France consacré à l'éolien en mer et aux énergies marines renouvelables. Un lieu interactif pour découvrir les secrets du vent à travers l'histoire, entre aventure technologique et humaine. Même si c'est quand même vite vu, on apprend plein de choses. Le site donne des clés de compréhension sur le principe de transition énergétique. On explique ce qu'est un parc éolien off-shore et, pour clore la visite, on a même droit à un petit vent frais ! Il est vrai qu'en la matière Saint-Nazaire ne manque pas d'air !

**L'Écomusée de Saint-Nazaire** *(plan C3)* **:** *av. Saint-Hubert, près de l'écluse fortifiée. Voir horaires plus haut ; dernier billet 45 mn avt fermeture. Durée : env 45 mn. Entrée : 5 € ; ½ tarif 4-17 ans ; réduc. Noter que c'est payant tte l'année mais gratuit le 1er dim du mois (hors juil-août). Plan fourni à l'entrée.* Un beau musée à la présentation soignée qui aide à comprendre le destin hors norme d'une ville construite 2 fois en 1 siècle. Après quelques explications sur les origines d'un 1er port avérées dès le Néolithique, on entre de plain-pied dans l'histoire moderne jusqu'à l'époque épique des voyages transatlantiques (inauguration de la ligne Saint-Nazaire/Veracruz en 1862) ainsi que celle de la construction maritime. Une vingtaine de belles maquettes de l'*Impératrice Eugénie,* le 1er paquebot en 1864, au célèbre *France* (1962), dernier transatlantique français. Également une partie intéressante sur les hydravions, car on oublie souvent le prestigieux passé de pionnier de Saint-Nazaire dans le domaine de l'aéronautique.
À l'étage, sur les galeries, on s'intéresse justement à cette industrie (Airbus), avant d'évoquer l'âge sombre de la ville : les dommages causés par les bombardements, la vie difficile des 124 000 « empochés » coincés dans la poche de Saint-Nazaire et la reconstruction au lendemain du conflit. Très pédagogique. Expos temporaires et programmation culturelle annuelle : consulter la *Saison patrimoine.*

Face à l'écomusée, étrange ***Mémorial de l'abolition de l'esclavage*** *(plan C3)* : œuvre de Mayo placée dans l'eau, à l'emplacement de l'embarcadère de l'ancien traversier (bac de Mindin). Noter que la femme regarde au loin et a brisé ses chaînes. À côté, le Vieux Môle ou « les rochers gluants » décrits par Balzac. Belle vue sur l'estuaire et le pont. Table d'orientation de Tintin à proximité du Vieux Môle.

**Les Chantiers de l'Atlantique** *(plan D1-2)* **:** *circuit en autocar, départ depuis la billetterie centrale située sous la base sous-marine. Visite guidée de 2h (sauf en janv). Résa obligatoire au ☎ 02-28-540-640 ou en ligne (voir plus haut). Indiquer nom, prénom, date et lieu de naissance de ts les participants. Tarif : 17 € ; ½ tarif 4-17 ans ; réduc.* C'est la fierté de la ville. Depuis 1864, ce sont plus de 600 navires qui sont sortis des chantiers navals, du paquebot au cargo, en passant par les pétroliers et les méthaniers ! Jusqu'à la crise de 2020, cette entreprise générait plus de 6 000 emplois. Elle construit avant tout des paquebots de croisière, sans parler de la recherche dans le domaine des énergies marines renouvelables. La visite, passionnante, permet de pénétrer en bus dans un site gigantesque de 110 ha d'ordinaire interdit au public, pour s'approcher au plus près des chantiers où les bateaux se découvrent à différents stades de leur construction : découpe des tôles, assemblage des panneaux et des énormes blocs... le tout manœuvré par des portiques géants, le plus grand pouvant soulever quelque 1 250 t. En cours de balade, les visiteurs sont même invités à descendre dans une cale de construction.

Dans le quartier des chantiers navals, on peut encore se promener dans les ***halles de Penhoët*** *(hors plan par C1)* ; chaque mercredi matin et samedi matin s'y tient le marché. Ces halles, rappelant celles de Baltard, datent de 1878. Juste devant, le ***pavillon des douches publiques,*** désormais fermé au public. Et puisque que vous êtes là, pensez à télécharger l'appli gratuite « Baludik » pour aider Julie à résoudre son enquête !

**L'usine Airbus Saint-Nazaire** *(hors plan par C1)* **:** *circuit en autocar, départ depuis la billetterie centrale située sous la base sous-marine. Visite guidée de 2h (sauf en janv). Résa obligatoire (voir plus haut), au moins 48h à l'avance.*

*Lors de la résa, indiquer nom, prénom, date et lieu de naissance de ts les participants. Passeport ou carte d'identité obligatoire le j. de la visite. Tarif : 17 € ; ½ tarif 4-17 ans ; réduc.* Site industriel qui fait partie d'un réseau complexe où les pièces sont fabriquées et assemblées dans plusieurs usines à l'échelle européenne. Saint-Nazaire est le 2e site de production d'Airbus en France après Toulouse, avec plus de 2 400 salariés, tous 2 mis à mal suite à la crise économique débutée en 2020. Spectacle assuré ! Les coups de rivets finaux sont donnés à Toulouse. Depuis les ateliers et les passerelles de visite, on fait face aux avions en cours d'assemblage. L'organisation du travail, la propreté et la luminosité des ateliers, tout est impressionnant, de même que le nombre de rivets qui viennent fixer les tronçons de fuselage ! Une carlingue d'ailleurs bien fine quand on y pense : entre 2 et 4 mm !

### QUAND LA NAVALE S'ENVOIE EN L'AIR

*À Saint-Nazaire, l'aéronautique est née de la mer : au début des années 1920, lors d'une grave crise de la construction navale, les chantiers cherchèrent à se diversifier et se tournèrent vers l'aéronautique. On construit des hydravions. Au fil des années, des avions très différents sortirent des ateliers nazairiens : Vautour, Caravelle, même des tronçons pour Concorde... Le 1er Airbus fut livré en décembre 1970.*

LOIRE-ATLANTIQUE

**Grand port maritime Nantes-Saint-Nazaire Port :** *♿ circuit en autocar, départ depuis la billetterie centrale située sous la base sous-marine. Visite guidée de 2h (sauf en janv). Résa obligatoire (voir plus haut), au moins 48h à l'avance. Lors de la résa, indiquer nom, prénom, date et lieu de naissance de ts les participants. Passeport ou carte d'identité obligatoire à partir de 16 ans le j. de la visite. Tarif : 17 € ; ½ tarif 4-17 ans ; réduc.* Un nom à rallonge pour le 1er port de la façade atlantique française, acteur économique majeur dans la région, relié à 400 ports dans le monde entier et accueillant près de 3 000 navires par an. La visite part de la base sous-marine. Après la partie urbaine du port, le car suit la route portuaire à la découverte des terminaux et des entreprises. Grâce aux explications du guide, le chargement ou le déchargement de navires très spécifiques, la manutention des conteneurs, un chargement de pales d'éoliennes ou le départ de tronçons d'Airbus sont replacés dans le contexte de l'économie maritime. En été, découverte des terminaux depuis l'estuaire de la Loire, avec la croisière « Saint-Nazaire sur mer » (voir plus loin « À faire »).

**Le pont de Saint-Nazaire** (hors plan par B1 et D1) **:** *début mai (ponts) et de mi-juin à début sept, tlj 9h30-18h30. ☎ 02-51-82-62-62. • loire-atlantique.fr • À franchir en voiture (GRATUIT). En saison, pour les cyclistes, des navettes gratuites assurent la traversée du pont de Saint-Nazaire jusqu'à Saint-Brevin.* Majestueux, il domine l'embouchure et on le voit de (presque) partout. Long de 3 556 m, haut de 61 m, inauguré en 1975, c'est l'un des ponts à haubans les plus grands d'Europe. Élégant, avec ses poteaux distinctifs rouge et blanc, son tracé ondule en S entre Saint-Brevin au sud et Saint-Nazaire au nord. Sa pente fait tout de même 5,6 %. Il a définitivement remplacé le bac qui effectuait la traversée de la Loire entre Mindin et le quartier du Petit-Maroc à Saint-Nazaire.

## La ville

**Les vignettes Tintin :** la ville et les docks sont jalonnés par 6 vignettes *(plan B1 ; plan B2 ; plan B3 ; plan C1 ; plan C2)* évoquant le plus célèbre des petits reporters à la houppette (qui a soufflé ses 90 bougies en 2019) et, mille milliards de mille sabords, le capitaine non moins fameux pour ses jurons. L'association nazairienne ***Les 7 Soleils*** a mis en place ces impressionnants panneaux qui font référence à l'album d'Hergé *Les Sept Boules de cristal,* l'un des rares épisodes qui localise clairement la ville où se déroule l'intrigue *(plan disponible à l'office de tourisme ou sur ● saint-nazaire-tourisme.com ●).* Table d'orientation indiquant les points de chute du reporter dans ses différents périples, sur le port, près du Vieux Môle.

Du côté du port : à l'angle de la place des Quat'z-Horloges, le ***Grand Café*** *(plan B3)* abrite des ***salles d'exposition dédiées à l'art contemporain.*** Il a été miraculeusement épargné par les bombardements. Mention spéciale doit être faite également à l'***ancienne gare*** *(plan B2)* de 1867, prolongée d'un audacieux bâtiment contemporain et devenue le théâtre Simone-Veil.

***Le dolmen des 3 pierres ou lichaven*** *(plan B2)* **:** *rue du Dolmen.* Au cœur d'un quartier de petits immeubles où on ne s'attend pas vraiment à trouver ce genre de monument s'élève un ***lichaven*** ou ***trilithe,*** haut de plus de 3 m et lourd de 5 t, précédé d'un menhir, datant d'au moins 4 000 ans av. J.-C.

## Le front de mer



Comme l'affirme haut et fort son slogan, la destination touristique Saint-Nazaire est littéralement « Renversante » ! Avec en contrepoint de la zone industrielle des chantiers navals, une large promenade en front de mer (3 km) qui affirme aussi son côté balnéaire. Cette dernière est scandée de sympathiques terrasses de café, on y trouve des ***jeux pour enfants*** à même la plage, un ***skatepark*** et, ***en été, une base nautique*** où l'on peut louer des catamarans, des planches à voile ou des pirogues. Les vélos y sont également les bienvenus. Cette promenade suit le littoral jusqu'à la baie de La Baule par le ***chemin des douaniers*** (retour possible en bus).

On accède au front de mer par la ***place du Commando*** *(plan B3),* désormais point névralgique de l'animation nazairienne. Des restaurants (***La Plage*** et ***Le Bar Iodé, Barapom, la Plage, La Fabrik...***) ainsi que les bars ***Sous les Palmiers, la Plage*** et ***La Baleine Déshydratée,*** des tables de pique-nique sous les pins, des brumisateurs l'été, des gradins pour les spectacles de plein air, des parasols connectés et le wifi gratuit... En 2 enjambées, on se retrouve les pieds dans le sable sur la ***Grande Plage.*** Les plus jeunes s'en donnent à cœur joie dans l'***espace de jeux.*** Noter que certains de ces jeux, qui semblent faits de bois flotté, sont adaptés aux enfants à mobilité réduite.

Un peu plus loin, au sommet d'un rocher, pris dans l'eau, se dresse, debout sur un aigle, un soldat brandissant l'épée de Lafayette. C'est le ***Monument du soldat américain*** *ou* ***Sammy*** *(plan B3),* œuvre de l'artiste américaine Gertrude V. Whitney, inauguré en 1926 par le général Pershing en souvenir des vétérans américains de la guerre de 1914-1918 et des 190 000 soldats américains qui sont passés par le port de Saint-Nazaire, qui fut une importante base américaine en 1917. Dynamitée par les nazis le 13 décembre 1941, soit 2 jours seulement après la déclaration de guerre du III^e^ Reich à l'encontre des Américains, cette statue a été reconstruite presque à l'identique en 1989.

***Boulevard Wilson*** *(plan A-B3)* subsistent quelques vieilles maisons, dont l'ex-*Hôtel Wilson,* au n° 36, qui se démarque avec sa façade néo-flamande en brique rouge et pierre blanche. Les rues voisines ***(avenue de La Havane, rue Georges-Villebois-Mareuil)*** cachent aussi de beaux alignements de maisons mitoyennes, de la fin du XIX^e^ s dans le quartier dit de La Havane. Cossues, elles présentent souvent de jolis balcons en fer forgé. Leurs noms rappellent souvent les liaisons maritimes qu'entretenait la Compagnie générale transatlantique entre Saint-Nazaire et l'Amérique centrale. À découvrir avec la visite guidée « Un tour de Saint-Nazaire en 90 mn » *(infos sur ● saint-nazaire-tourisme.com ●).*

Pour se mettre au vert (en gardant les yeux sur le bleu de l'océan), profiter du ***jardin des Plantes*** *(plan A3)*, créé en 1886 et riche d'espèces typiques du littoral breton. Plus loin, le ***Parc paysager*** s'étend sur 50 ha gagnés sur un ancien marais, avec un lac, des tables de pique-nique et un ***skatepark*** très fréquenté, avec vue sur mer. Tout cela donne presque à Saint-Nazaire des airs de Californie. Les *riders* apprécieront : c'est le seul *skatepark* en France où l'on peut se mesurer à un *full pipe* !

## Pas loin du centre

***La plage de M.-Hulot*** *(plage **Saint-Marc** ; hors plan par A3)* **:** *à 4 km du centre-ville en allant vers Pornichet. Bus Stran, ligne U3.* Le quartier balnéaire de Saint-Marc se révèle bien agréable et dynamique avec son marché *(dim, jeu et en nocturne à plusieurs reprises pdt l'été)* et la plage très mignonne. Cerise sur le gâteau, ***c'est ici que Jacques Tati a tourné en 1951 les immortelles* Vacances de M. Hulot** (sorti en 1953). Depuis, tout a bien changé... Si l'*Hôtel-restaurant de la Plage* (voir « Où dormir ? Vers l'ouest ») est toujours là, et les rochers aussi, le décor de carton-pâte a laissé place aux constructions. La promenade a été réaménagée, un mini-parcours « Dans les pas de M. Hulot » est proposé et une belle statue de l'acteur-réalisateur (par le sculpteur Emmanuel Debarre) contemple la mer, mais des collectionneurs mal intentionnés lui volent régulièrement sa pipe...

Noter que la plage, l'une des 3 classées Pavillon Bleu de la ville, a obtenu le label Handiplage. Elle met à disposition des fauteuils pour les personnes à mobilité réduite pendant sa période de surveillance *(juil-août)*. Dispositif similaire à la plage de Villès-Martin, plus proche du centre-ville.

### PAS DE VACANCES POUR TATI

*À la sortie du film en 1953, certains critiques reprochèrent à Jacques Tati l'absence de véritable scénario dans* Les Vacances de M. Hulot. *Le cinéaste était pourtant très pointilleux. Il monta et remonta sans cesse son film. Ainsi, en 1963, le rythme des images fut accéléré. Et ce, jusqu'en 1978, où il posa une ultime fois sa caméra dans le sable de Saint-Marc et y tourna une nouvelle scène, inspirée des* Dents de la mer *!*

***École itinérante Line up :*** *07-83-89-57-22. • ecolelineup.com •* Propose des cours de kitesurf, *landkite* et *stand-up paddle.*

***Le tumulus de Dissignac :*** *route de Dissignac (D 492), à 5 km du centre-ville. 02-28-540-640. • saint-nazaire-tourisme.com • Suivre direction Océanis depuis le centre-ville. Visite seulement en juil-août. Visible de l'extérieur le reste de l'année. Tarif : 6 € ; ½ tarif 4-17 ans ; réduc.* Considéré comme l'un des plus beaux sites mégalithiques de France (construit avant les pyramides d'Égypte !), c'est le plus vieux monument du département (5 500 ans av. J.-C.). L'intérieur comporte 2 chambres funéraires, dont l'une présente une dalle aux symboles gravés.

***Musée de la marine en bois du Brivet*** *(hors plan par B1)* **:** *6, rue de Châteaubriand, 44550* ***Montoir-de-Bretagne.*** *02-40-45-58-22. • marineenboisdubrivet.fr • Fin juin-début*

### EN PREMIÈRE LIGNE

*Les cahiers de doléances ordonnés par Louis XVI en 1789, revêtent à Montoir un aspect tout particulier : ces lignes recueillant l'avis des paroissiens français furent ici presque exclusivement rédigées par des femmes. Leurs maris voguant sur toutes les mers pendant parfois plusieurs années, les Montoirines géraient en effet les biens de la famille par acte notarié et suppléaient ainsi à leurs époux absents.*

*sept, tlj 10h-12h, 14h-18h. GRATUIT. Remontées du Brivet en chaland mer soir en été sur résa (payant, retour en bus).* Créé par une bande de passionnés, ce musée vite vu mais richement documenté s'échelonne sur 4 siècles d'histoire. Au fil des quelques salles garnies de belles maquettes et d'objets d'époque, tout sur les marins de Brière, leurs épouses restées au pays, les origines de la construction navale, l'implication des soldats américains débarqués à Montoir entre 1917 et 1919... Une visite complémentaire à l'écomusée de Saint-Nazaire. L'association propose aussi la visite du ***jardin médiéval des Caves*** *(fin mai-fin sept, GRATUIT)* sur le site du Domaine seigneurial de l'Ormois.

# À faire

***Croisières découverte en bateau de promenade le long du littoral :*** *résa conseillée à la billetterie centrale (☎ 02-28-540-640). • saint-nazaire-tourisme.com • Juil-août. Croisière commentée de 1h30 ou 2h. Compter 24 € ; ½ tarif 4-17 ans, réduc.*

– *Croisière « Saint-Nazaire sur mer » :* Saint-Marc (littoral préservé et peu construit, entre falaises, criques et plages) et l'estuaire (installations industrielles et portuaires). Passage spectaculaire sous le pont de Saint-Nazaire. Durée : 2h.

– *Croisière nocturne « Route des Phares » :* départ au coucher du soleil pour débusquer phares et feux. Durée : 2h.

– *Croisière apéritive musicale « Accords Maritimes » :* cap sur Saint-Marc-sur-Mer, un verre à la main, en compagnie de musiciens et d'un narrateur. Durée : 1h30.

– *Croisière « Le port, vues d'estuaire » :* terminaux portuaires et univers de l'éolien marin avec visite d'EOL Centre éolien. Durée : 1h30 + 30 mn de visite.

***Balade artistique :*** au gré de la balade dans les rues de Saint-Nazaire, immenses peintures murales, expos dans des lieux insolites, petits personnages bleus créés par un graffeur local... Brochure *L'Art en Ville à Saint-Nazaire* disponible à l'office de tourisme et en téléchargement gratuit sur *• saint-nazaire-tourisme •*



# Randonnées pédestres et à vélo

***Le chemin des douaniers :*** plusieurs points de départ, par exemple près du phare de Villès-Martin ou du *Camping de l'Ève,* non loin de la plaisante route côtière D 292 en direction de Pornichet et de la baie de La Baule. Sentier qui suit la falaise et fait partie du ***célèbre GR 34 qui longe tout le littoral breton.*** Le tronçon Saint-Nazaire/barrage d'Arzal (145 km) sur la Vilaine a d'ailleurs été inauguré en 2018. À Saint-Nazaire, ce chemin permet, sur plus de 10 km, d'égrener au passage les 20 plages de la ville, toutes plus charmantes les unes que les autres. On n'imagine pas forcément qu'elle en possède autant ! 6 d'entre elles sont surveillées pendant l'été, 2 labellisées Handiplage et 3 classées Pavillon Bleu. Le fin du fin, c'est d'emprunter la balade du front de mer à partir de la place du Commando et de terminer au port de plaisance de Pornichet. Retour en bus possible *(ligne 13, puis bus HélYce ; • stran.fr •).*

***Escapades nature, à pied et à vélo :*** en été, immergez-vous en plein cœur du parc naturel régional de Brière en compagnie d'une guide-naturaliste pour découvrir les marais. *Infos et résa à l'office de tourisme de Saint-Nazaire (• saint-nazaire-tourisme.com •) ou à celui de Saint-André-des-Eaux.*

***La Loire à Vélo :*** Saint-Nazaire constitue le terminus (ou le point de départ) de *La Loire à Vélo.* En saison, des navettes gratuites assurent la traversée du pont de Saint-Nazaire jusqu'à Saint-Brevin puisque le trajet commence (ou finit) sud-Loire. *Début mai (ponts) et de mi-juin à début sept, tlj 9h30-18h30. ☎ 02-51-82-62-62. • loire-atlantique.fr/velo •*

D'ici part aussi l'itinéraire Manche-Océan entre Saint-Nazaire et Saint-Malo, qui longe la côte avant de se diriger vers la vallée de la Vilaine, puis la vallée de la Rance.

## Fête et manifestations

– ***Festival Folk en scènes :*** *mars.* Concerts pop, folk, à Trignac, Besné, Montoir-de-Bretagne (communes de l'agglomération nazairienne).
– ***Festival Bouge :*** *juin.* • *festivalbouge.com* • Musique, sport et danse dans le quartier de Méan-Penhoët à Saint-Nazaire.
– ***Grande Marée :*** *1er sam de juin.* Pique-nique géant sur la plage et spectacles de rue.
– ***Saint-Nazaire côté Plages :*** *en juil-août.* Évènements, animations ludiques, sportives et culturelles sur les plages de Saint-Nazaire.
– ***Farniente Festival :*** *juil, sur la plage Saint-Marc.* • *farniente-festival.org* • Un festival de musique à la fois poétique, festif et rebelle. Programmation très libre !
– ***Festival Les Escales :*** *3 j. fin juil, dans le port de la ville. ☎ 02-51-10-00-00.* • *festival-les-escales.com* • *Payant.* Sur le site portuaire, 3 jours de concerts pop, rock, folk, électro, world, entre têtes d'affiche et artistes en découverte.
– ***Fête des Chalands fleuris en Brière :*** *début août.* • *chalandsfleuris.fr* • Une grande fête villageoise et colorée sur les chalands, embarcations à fond plat traditionnelles de Brière, à La Chaussée-Neuve (Saint-André-des-Eaux).



# LA CÔTE D'AMOUR

**Joli nom pour cette parcelle de côte qui, de Saint-Nazaire, remonte vers Piriac en passant par La Baule, Le Croisic, Guérande... Il vient d'un concours organisé en 1913 par le journal *La Mouette,* et ferait référence au bois d'Amour situé à La Baule. L'atmosphère romantique est bien au rendez-vous, même si désormais les locaux empruntent plus l'expression « la presqu'île » pour décrire la région. Un bon plan en tout cas : bien desservie, la Côte d'Amour peut aisément se découvrir en bus ou à vélo et on y accède facilement en TGV.**

## PORNICHET [pornizhan]

(44380) 11 000 hab. *Carte Loire-Atlantique, A3*

**Pornichet partage la baie avec sa voisine La Baule et possède son propre casino, un port de plaisance, une gare et 2 centres de thalasso. Bref, tous les atouts indispensables à une station balnéaire, avec la particularité d'être un peu moins « m'as-tu-vu » que sa voisine bauloise, un peu plus axée famille et enfants, aussi. Ses plages de Bonne-Source et de Sainte-Marguerite servent de faire-valoir à un agréable sentier côtier qui se poursuit jusqu'à Saint-Nazaire. Idéal pour bénéficier de nombreux points de vue. Belle balade à faire en ville, aussi, pour découvrir certaines jolies villas (visites guidées avec l'office de tourisme).**

### Adresses et infos utiles

***Office de tourisme :*** *3, bd de la République. ☎ 02-40-61-33-33.* • *pornichet.fr* • *Sur la pl. du Marché. Juil-août, tlj 9h30-19h. Avr-juin et* *sept 9h30-13h, 14h-18h. Oct-mars, tlj sauf dim 10h-13h, 14h-17h30. Vac d'hiver, de la Toussaint et de Noël tlj sauf dim 9h30-13h, 14h-18h.* Point contact SNCF hors juillet-août. Billetterie nautisme, loisirs et sites à visiter à tarifs préférentiels. Parcours de randonnées à pied ou à vélo. Organise également des visites (1h-1h30 ou 2h avec dégustation de produits locaux) toute l'année. Animations gratuites, les *Vendredis des P'tits Loups*, aux vacances de printemps et d'été. Boutique.

**Gare SNCF :** *pl. Aristide-Briand. ☎ 36-35 (coût d'un appel local).* En saison, 3 ou 4 TGV/j. de la ligne Paris-Le Croisic s'y arrêtent. Sinon, TER.

➢ **Liaisons en bus :** *vente de tickets à l'office de tourisme.* Pour la presqu'île, réseaux *Aléop (☎ 09-69-39-40-44) et Lila (☎ 02-40-62-32-33).* Avec Saint-Nazaire, bus *Stran* ttes les 30 mn *(☎ 02-40-00-75-75).* Navette gratuite l'été (dessert les campings, le marché et les plages).

**Location de vélos :** ***Ride All,*** *52, bd des Océanides. ☎ 02-40-61-58-17. • ride-all.com •* Loue également des rollers. ***Les Cycles de la Baie,*** *74, av. du Général-de-Gaulle. ☎ 02-40-42-39-09. Service* ***Velycéo,*** *à la gare. ☎ 0800-105-110.*



## Où dormir ? Où manger ?

### Camping

**Camping Bel Air :** *165, av. de Bonne-Source, quartier* ***Sainte-Marguerite.*** *☎ 02-40-61-10-78. • reception@belairpornichet.com • belairpornichet.fr • Accès par la route côtière de Saint-Nazaire. Avr-oct. Pour 2, compter 14-50 € ; loc de lodges toilés, chalets en bois et mobile homes 2-6 pers 287-2 310 €/sem. 294 empl.* Dans un quartier résidentiel calme, à 2 pas de la plage, un grand camping familial disposant d'hébergements variés. Nombreuses animations en juillet-août, club de plage pour enfants, resto, bar. Parc aquatique dont une partie couverte.

### De très bon marché à bon marché

**Pornichet Fish & Chips :** *8, av. Barthou. 06-65-48-17-14. Derrière la poste. Fermé lun-mar hors juil-août. Congés : janv. Sur place ou à emporter. Compter env 10-12 €. Café offert sur présentation de ce guide.* Un resto rapide toute simple de spécialités britanniques. Évidemment, c'est surtout le *fish & chips* qui vaut le coup, accompagné de frites maison, comme il se doit !

**Le Loup Salé :** *face au 128, bd des Océanides. ☎ 02-40-61-35-70. • lls44@outlook.com • Avr-oct. Fermé mar-mer hors saison. Compter env 15 €.* D'emblée, ce qui met tout le monde d'accord, c'est la vue géniale sur la baie depuis la jolie terrasse surélevée. Et comme les galettes et les crêpes se révèlent bien bonnes, on en fait vite son QG !

**Le Tibidabo :** *21, bd de l'Océan (plage de* ***Sainte-Marguerite****). ☎ 09-62-53-60-04. • letibidabo@gmail.com • À côté de l'école de voile Eole. Avr-sept, tlj si la météo le permet. En été pour le petit déj, le déj et le dîner (le midi et pour l'apéro du soir en avt et après-saison). Carte env 25 €.* Bar-resto de plage servant une cuisine assez passe-partout mais bien faite, à consommer sur la terrasse sur pilotis ou carrément les pieds dans le sable. Idéal pour un apéro au coucher du soleil.

### Prix moyens

**Normandy Hôtel :** *120, av. de Mazy. ☎ 02-40-61-03-08. • info@normandyhotel.fr • normandyhotel.fr • Face à la gare sur la place piétonne. Doubles env 60-100 €.* Dans une élégante maison de style anglo-normand située dans le quartier qui bouge le soir, des chambres coquettes et toutes différentes, certaines avec bow-window. Très bon accueil. Restaurant sur place. Location de vélos.

**Résidence Prestige Odalys de la Plage :** *70, bd des Océanides. ☎ 02-40-19-12-80. • odalys-vacances.com • Tte l'année. À partir de 70 € la nuit pour 2 pers (linge de toilette fourni, lits faits à l'arrivée).* Situation privilégiée au pied de la plage des Libraires, à 2 pas du centre-ville et à proximité d'un centre de thalassothérapie. Le site compte 75 studios et appartements entièrement équipés. Penser à demander une vue mer ! Piscine extérieure chauffée.

**Le Danicheff :** *45, av. du Général-de-Gaulle. ☎ 02-40-61-07-32. ♿ Doubles 62-76 €.* Petit hôtel familial sans prétention et convivial, dont la petite dizaine de chambres se révèle très bien entretenue et d'un confort suffisant. Bon rapport qualité-prix. Accueil sympathique.

**Le Bourlingueur :** *153, av. de Mazy. ☎ 02-40-15-58-36. 📱 06-24-60-54-40. • lebourlingueurpornichet@yahoo.fr • ♿ Dans la rue piétonne face à la gare. Fermé lun hors juil-août. Formules déj en sem 12,90-15,90 € ; carte 25-30 €. Rhum vanille maison offert sur présentation de ce guide.* Cuisine du monde, musique du monde, déco du monde... Quand un routard pose enfin ses valises, cela donne un joyeux mix de recettes entre pizzas, *kum ka kaï* ou encore *pad thaï*. Et comme la formule plaît bien, que ce soit en terrasse ou dans la salle toute colorée, il y a souvent... du monde !

## De chic à plus chic

**Chambres d'hôtes La Villa Marine :** *12, av. M.-Mercier. ☎ 02-40-19-95-46. 📱 06-08-88-43-42. • contact@lavillamarine-labaule.com • lavillamarine-labaule.com • À env 3 km du rond-point de l'office de tourisme, en direction de Sainte-Marguerite. Doubles 100-120 €.* Sur la colline boisée et classée qui domine la plage de Sainte-Marguerite (à environ 500 m), une villa moderne nichée au cœur d'un quartier résidentiel très tranquille. On y trouve des chambres contemporaines pleines de charme, colorées et très cosy, toutes dotées de terrasses privatives. Petit déj copieux et vaste salle commune. Spa et possibilité de massages et soins esthétiques. Accueil aux petits soins.

**Villa Flornoy :** *7, av. Flornoy. ☎ 02-40-11-60-00. • contact@villa-flornoy.com • villa-flornoy.com • ♿ Dans une ruelle face à l'hôtel de ville. Resto ouv le soir. Congés : 2-3 sem aux fêtes de fin d'année. Doubles 99-159 €. Menu unique 21 €.* Dans une rue tranquille, à une encablure de la plage, cette ancienne pension de famille, datant de 1837, propose des chambres à la fois ravissantes (lambris, toile de Jouy) et très confort. Petit jardin pour bouquiner, piscine chauffée et couverte, à disposition des hôtes toute l'année pour se détendre. Un vrai petit chez-soi.

**Domaine Ker Juliette :** *2, av. des Bleuets. ☎ 02-40-11-22-00. • kerjuliette@hmc-hotels.com • hotel-kerjuliette-bretagne.com • Dans un quartier résidentiel calme, en direction de Saint-Marc. Doubles et appartements (jusqu'à 7 pers).* Complexe familial rassemblant à la fois des chambres d'hôtel et des appartements, tous de bon confort. Les différents bâtiments de taille moyenne qui les accueillent sont répartis dans un joli parc arboré de 4 ha. Ici, plein d'occasions de faire du sport : piscine, tennis, jeux de ballon... Et la plage n'est qu'à 100 m. On apprécie la qualité de l'accueil et des services, comme le restaurant par exemple.

**Le Régent :** *150, bd des Océanides. ☎ 02-40-61-04-04. • hotel@le-regent.fr • le-regent.fr • ♿ Doubles 99-189 €.* Sur le front de mer, un bel hôtel dans la même famille depuis 1956. Idéalement placé, il recèle des chambres pas toujours bien grandes mais très confortables. Spa avec hammam et jacuzzi inclus dans la prestation. Excellent accueil.

**Le Récif :** *112, av. de la Bonne-Source. ☎ 02-40-61-61-20. Avr-oct, tlj sauf mar-mer hors saison 11h30-20h. Pas de résa. Plats 16-25 €.* Petite paillote bobo-relax posée sur la plage de la Bonne-Source, qui œuvre à l'heure du déjeuner. Plats simples, du genre poisson du moment, tartare sauce thaïe ou pâtes, pas donnés dans l'ensemble, mais la vue vaut son pesant de cacahuètes.

## Où boire un verre ?

***La P'tite Case :*** *sur le port de plaisance. 06-18-43-41-72. • laptitecase@orange.fr • Avr-oct : tlj 17h30-2h en été, fermé lun-mer en basse saison.* Une rhumerie festive et haute en couleur, où l'on s'accoude aux tonneaux le temps d'un bon cocktail, en profitant des concerts des vendredi et samedi soir.

## À voir. À faire

***La plage et le boulevard de bord de mer :*** ici, les grandes résidences n'ont pas encore complètement dévoré toutes les vieilles villas d'avant-guerre. À la pointe du Congrigoux (direction Saint-Marc-sur-Mer), on trouve une table d'orientation, un point pique-nique et des jeux pour enfants.

***Le port de plaisance et le square Hervo :*** port presque entièrement fermé et tourné vers la mer, haut lieu des entraînements d'hiver pour tous les « voileux » du coin. Normal, c'est le plus grand de la région. Quelques terrasses de cafés et restos tout autour, idéales pour observer les bateaux en suçant des glaces à l'eau. Le square Hervo, lui, ancien espace dunaire situé entre les Océanides et le port d'échouage, a été entièrement repensé en 2019. On y trouve maintenant des jeux pour enfants (dont un bassin pour faire voguer les petits bateaux), un carrousel et un marchand de gaufres.

***La pointe du Bé :*** *prendre l'av. du Commandant-Boitard au rond-point de l'Europe.* Un autre paysage s'offre à vous. Le long de la côte rocheuse, les belles villas se succèdent, à l'ombre des pins, pour une promenade à la fraîche les jours de grosse chaleur. On découvre la chapelle Sainte-Anne, avec son toit en carène de bateau retournée, près de laquelle Julien Gracq venait en vacances, et l'étonnant château des Tourelles, entièrement réhabilité, devenu une thalasso.

***Randonnées pédestres :*** *à partir du chemin de Baudry ou des Forges.* 2 sentiers balisés de randonnée à pied, de 8 et 16 km, complétés par un ***parcours historique jalonné de 30 panneaux explicatifs*** sur les constructions emblématiques de Pornichet (renseignements à l'office de tourisme). Pour changer des joies du bord de mer.

***Le sentier du littoral :*** une promenade aménagée le long de l'océan, alternant criques et rochers, permettant de rejoindre Saint-Nazaire, via Saint-Marguerite et Saint-Marc-sur-Mer (plage de M.-Hulot).

– ***Centres de thalassothérapie :*** ***Thalasso.com Valdys,*** *66, bd des Océanides. ☎ 02-40-61-89-97. • baie-de-la-baule.thalasso.com •* Soins, jets d'eau sous-marins, rivière à contre-courant, espaces balnéo, etc. *Et* ***Relais Thalasso Château des Tourelles,*** *pointe du Bé. ☎ 02-40-60-80-80. • thalasso-tourelles.com •* Complexe avec accès direct à l'océan, soins en espace privatif et espace hydromarin.

– Tout près sur le front de mer, le ***casino Partouche*** *(☎ 02-40-61-05-48 ; tlj 10h-4h),* avec ses machines à sous, jeux mais aussi un resto face à la mer *(tlj midi et soir).*

## Manifestations

– ***Vendredis des P'tits Loups :*** *ts les ven des vac de printemps et d'été.* Les incontournables animations gratuites (ateliers, spectacles, découvertes...) pour les enfants.

LOIRE-ATLANTIQUE

– ***Les Renc'Arts :*** *juil-août. GRATUIT. Programme complet auprès de l'office de tourisme.* Arts de la rue et musiques « métissées ».
– ***Matins Toniks :*** *en été.* Activités bien-être : yoga, qi gong, étirement postural.

# LA BAULE [AR BAOL]

(44500) 15 500 hab. *Carte Loire-Atlantique, A3*

• Plan *p. 512-513*



**Le terme « baule » est dérivé d'un mot breton *baol,* qui désignait jadis un espace marécageux isolé de la mer par un cordon dunaire. Cette « bôle » (terme francisé) devient la station balnéaire d'Escoublac (le village original) dans la 2de moitié du XIXe s, alors que se développe un peu partout en France la mode des bains de mer. « La Bôle » ou « La Baule » prend réellement son essor avec l'arrivée du train (voir sa jolie gare rénovée). La station revêt alors des allures de « Deauville nantais », avec ses villas à colombages à l'ombre des pins et ses estivants en maillots rayés.**
**Formant un arc de cercle sur 9 km de long, entre Pornichet et Le Pouliguen (5 km sur La Baule proprement dit), la baie de La Baule constitue la plus longue plage d'Europe. Elle a même fait son entrée dans le club des plus belles baies du monde en 2011 !**
**Faut dire qu'à 3h de TGV de Paris la station a de quoi séduire, avec son atmosphère à la fois familiale et bourgeoise et plus de 2 000 villas d'époque, que l'on découvre à pied ou à vélo. Le site fut souvent source d'inspiration pour le cinéma : *Lola* de Jacques Demy en 1961, *La Baule-les-Pins* de Diane Kurys en 1990, pour ne citer que les plus connus...**
**La Baule est dotée d'une baie très sécurisante pour l'apprentissage de la navigation et d'écoles de voile (les frères Peyron et Pajot ont débuté ici). Mais la pratique des autres sports n'est pas en reste pour peu qu'on en ait les moyens : tennis, polo, golf, équitation... Reste plus qu'à filer vous acheter un short, des socquettes bleues, une paire de *docksides* et à porter le pull négligemment posé sur les épaules !**

## Adresses et info utiles

***Office de tourisme*** *(plan B1) : 8, pl. de la Victoire. ☎ 02-40-24-34-44. • labaule-guerande.com • Près de la gare. Fermé dim oct-mars.* Central de réservations pour les logements. Billetterie pour les spectacles, parcs, bus et traversées maritimes. Propose, sur résa, des visites de la ville d'avant et après 1920, à vélo (venir avec le sien) et à pied.

***Gare routière*** *(plan B1) : à la gare SNCF. ☎ 02-40-60-32-57. Guichets ouv lun-ven, plus sam juil-août, 8h45-12h, 14h30-18h15 (fermé dim) ; sinon, vente de carnets de 10 billets (bus Aléop) à l'office de tourisme (20 % de réduc).* Pour tout renseignement sur les liaisons interurbaines de la presqu'île de Guérande, contacter le réseau *Aléop* à la gare routière. *• aleop.paysdelaloire.fr •*

***Navettes gratuites :*** *ttes les 20 mn, en été seulement. Dernier départ de la pl. des Salines (parking possible) à 19h40. Trajet : Place-des-Salines, Victoire, Hennecart, Hôtel-de-Ville, Marché, Victoire, Place-des-Salines.* Pratique, vu les difficultés de circulation et de stationnement en saison...

***Location de vélos : Chaillou*** *(plan B1), 213, av. du Maréchal-de-Lattre-de-Tassigny. ☎ 02-40-60-07-06.*

***Météo marine :*** *• meteofrance.com/previsions-meteo-marine •*

## Où dormir ?

### Camping

⛺ ***Camping Le Bois d'Amour*** *(plan D1,* ***10****)* ***:*** *10, allée de Diane. ☎ 02-51-20-41-94. • contact@olela.fr • olela.fr • ♿ Près de la gare de La Baule-les-Pins. De mi-mai à mi-sept. Forfait pour 2 env 16 € ; mobile homes, bungalows toilés et coco sweet 23-160 €/nuitée. 150 empl.* Camping familial tranquille, aménagé dans un parc boisé de 4 ha à 1,5 km de la plage. Emplacements ombragés, agréables et bien tenus, offrant plusieurs types d'hébergement allant du traditionnel mobile home pour 6 personnes au *coco sweet* sans sanitaires. Location de vélos. Sentier du Bois-d'Amour tout à côté. Piscine. Quant à la voie ferrée qui passe à proximité, pas de panique, le trafic est faible !

### De prix moyens à chic

🏠 ***Hôtel Mona Lisa*** *(plan B1,* ***12****)* ***:*** *42, av. Georges-Clemenceau. ☎ 02-40-60-21-33. • hotelmonalisa-labaule.com • À proximité de la gare. Doubles 60-145 €.* À 10 mn à pied de la plage, ce petit hôtel familial 3 étoiles à la façade discrète cache bien son jeu. Dès le hall, on découvre une déco soignée, à la fois pimpante et colorée, et ça continue sur les 2 étages (sans ascenseur) où sont réparties les chambres, tout confort. Certaines disposent même d'une douche hydromassante. Jardin de poche avec transats. Table de ping-pong. Excellent accueil.

🏠 ***Hôtel Le Saint-Pierre*** *(plan A1,* ***11****)* ***:*** *124, av. du Maréchal-de-Lattre-de-Tassigny. ☎ 02-40-24-05-41. • contact@hotel-saint-pierre.com • hotel-saint-pierre.com • Doubles 60-140 €.* Cette grande villa de style balnéaire a tout pour plaire : des chambres coquettes, toutes différentes et de bon confort (les familiales disposent même d'alcôves très pratiques pour les enfants), des prix très raisonnables et un accueil chaleureux et plein d'humour (par ailleurs de bon conseil pour votre découverte de la ville). On s'y sent comme à la maison. Plage à 5 mn à pied.

🏠 ***Hostellerie du Bois*** *(plan D1-2,* ***14****)* ***:*** *65, av. Lajarrige. ☎ 02-40-60-24-78. • hostellerie-du-bois@wanadoo.fr • hostellerie-du-bois.com • À 300 m de la plage. De mi-mars à mi-nov et pour les fêtes de fin d'année. Doubles 62-89 €.* Une belle villa classée au patrimoine de La Baule, fraîche, agréable, pleine de fleurs, le tout à l'ombre des pins. Parties communes avec bibliothèque, petit salon, jardin ombragé. Si les chambres ne vous feront pas tourner la tête côté déco, elles n'en demeurent pas moins confortables, avec une bonne literie. Excellent accueil, arrangeant et tout sourire.

🏠 ***Chambres d'hôtes La Villa d'Escoublac*** *(hors plan par D1,* ***15****)* ***:*** *8, rue du Radeau. 📱 06-20-40-00-92. • lebertceline29@gmail.com • chambresdhotes-labaule.com • À la sortie d'Escoublac direction Guérande. Doubles 70-140 €. Parking clos. Réduc de 10 % pour 3 nuits min consécutives, sur présentation de ce guide.* Bien en retrait de la route, cette adresse de charme emmenée par Céline offre une vraie petite oasis de détente autour de sa piscine chauffée *(mai-sept)* et de son jacuzzi extérieur. Dans sa maison entièrement parquetée, des chambres avec accès indépendant et au design épuré. Sinon, plein de petites attentions : jeux de société, location de vélos, massages...

🏠 ***Hôtel des Dunes*** *(plan B1,* ***13****)* ***:*** *277, av. du Maréchal-de-Lattre-de-Tassigny. ☎ 02-51-75-07-10. • info@hotel-des-dunes.com • hotel-des-dunes.com • Doubles 65-120 €. Parking clos payant.* Dans un style typiquement baulois avec colombages, un intérieur de charme assez bien réussi qui joue sur les éclairages, le bois, le cuir. Dans les chambres, la déco s'affiche plus standard, mais elle reste somme toute assez chaude, avec des petites touches de couleur savamment dosées. Beaux espaces de détente avec jeux de société. Terrasse. Accueil pro.

### De prix moyens à chic, voire plus chic

🏠 ***Hôtel Brittany*** *(plan B1,* ***18****)* ***:*** *7, av. des Impairs. ☎ 02-40-60-30-25.*

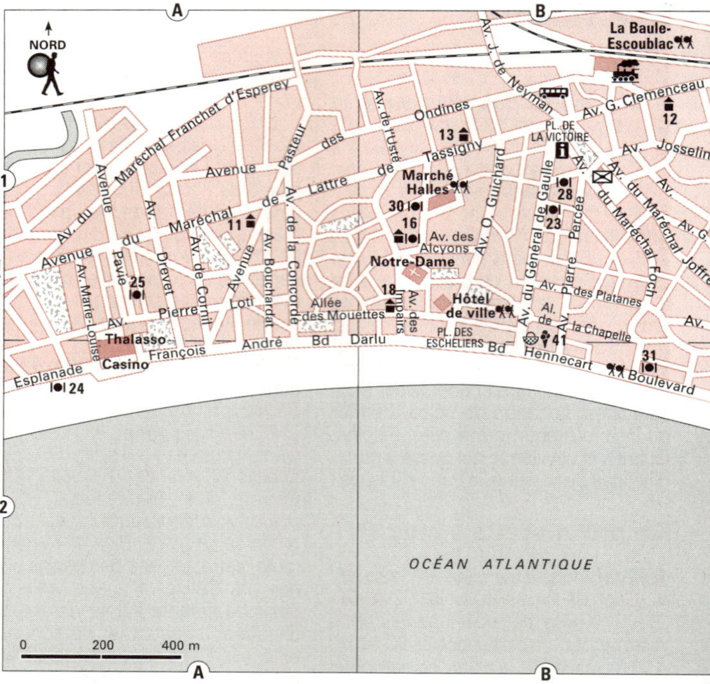


| | |
|---|---|
| **Adresse utile** | **13** Hôtel des Dunes (B1) |
| Office de tourisme (B1) | **14** Hostellerie du Bois (D1-2) |
| **Où dormir ?** | **15** Chambres d'hôtes La Villa d'Escoublac (hors plan par D1) |
| **10** Camping du Bois d'Amour (D1) | **16** Hôtel Saint-Christophe (B1) |
| **11** Hôtel Le Saint-Pierre (A1) | **18** Hôtel Brittany (B1) |
| **12** Hôtel Mona Lisa (B1) | **19** Villa La Ruche (hors plan par A1) |

*• info@hotelbrittany.com • hotel-brittany-la-baule.com • Doubles à partir de 70 €.* Bien situé, à 2 mn à pied de la plage. Déco contemporaine pour cet hôtel affilié à la chaîne *Best Western*. Mais passé l'effet « magazine de déco », tout le confort y est en revanche : petit salon feutré au rez-de-chaussée, chambres douillettes dans les étages, toutes différentes, avec douche ou baignoire à jets, clim. Les supérieures sont vraiment luxueuses. Et il y a même un bar sur le toit ! Accueil charmant.

***Hôtel Saint-Christophe*** *(plan B1,* ***16****)* ***:*** *1, av. des Alcyons. ☎ 02-40-62-40-00. • reception@st-christophe.com • st-christophe.com • Resto fermé dim-lun hors saison. Doubles env 70-230 €. Formule déj 16,50 € ; menus 21 € (midi)-37 €.* Propriété de la famille Flammarion, cet établissement élégant, situé à un jet de pierre de la plage, compte une grosse quarantaine de chambres

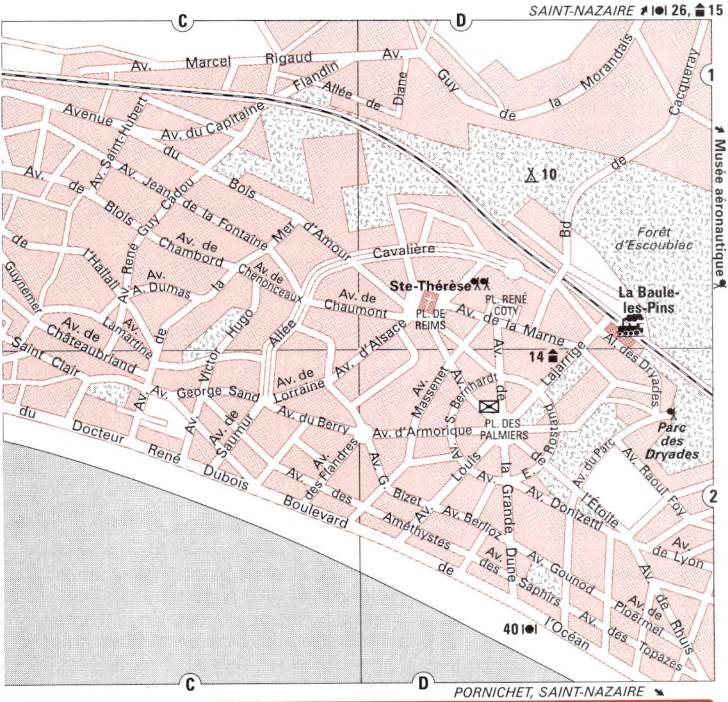


LA BAULE

**Où manger ?**

- **23** La Bergerie (B1)
- **24** Le Club de l'Étoile (A2)
- **25** 14 Avenue (A1)
- **26** Le Carpe Diem (hors plan par D1)
- **28** La Baule Fish & Chips (B1)
- **30** Le Billot (B1)
- **31** Les Sablons (B2)
- **40** Les Clan des Fish (D2)

**Où déguster de bonnes douceurs ?**

- **41** Confiserie Manuel (B1-2)

meublées à l'ancienne ou non, réparties sur 4 villas datant de la Belle Époque. Agréable jardin et ambiance de village, sur la place de l'église. Accueil professionnel. Au resto, la cuisine de saison classique fait le bonheur des habitués. Une belle adresse.

**Villa La Ruche** *(hors plan par A1,* **19***)* **:** *6 bis, av. du Général-Berthelot.* *06-18-65-18-24.* • *contact@villa-laruche.com* • *villa-laruche.com* • *Congés : env 22 déc-22 janv. Doubles 95-155 €. Les enfants ne sont pas admis ici.* Du charme à revendre pour cette villa typique planquée dans une ruelle paisible à 10 mn à pied du centre du Pouliguen et des plages. Le jardin, avec sa piscine chauffée, de même que les chambres (pour 2 personnes, pas davantage) sont pleins de personnalité, mêlant harmonieusement le rétro et le contemporain. Quant au petit déj, il est servi dans le jardin d'hiver. La classe ! Une super adresse, comme l'accueil.

## Où manger ?

### Sur la plage

**Le Clan des Fish** (plan D2, **40**) : *56, bd de l'Océan. ☎ 09-81-97-87-82. • aureliehusson44@gmail.com • Avr-sept ; tlj en été. Formule déj moins de 20 € ; formule homard à prix fixe 30 €.* Parmi les restos de plage les plus agréables de la baie du fait de son isolement. L'idée, ici, c'est de « démocratiser » le prix du homard frais. On apprécie les guillemets et on consomme ledit carapacé, rôti à la fleur de sel dans de la gentille vaisselle émaillée garnie d'une portion de frites et de salade verte.

**Le Club de l'Étoile** (plan A2, **24**) : *plage de l'Étoile, esplanade Lucien-Barrière. ☎ 02-40-24-44-81. Fermé mar-mer en basse saison. Env 20-30 €.* Avant tout le paradis des bambins avec son portique et son trampoline posés sur le sable. C'est aussi un restaurant où dès le matin on sert des petits déjeuners. Au déjeuner, le chef (un vrai !) propose une carte de suggestions maison, du simple croque aux plats plus travaillés avec des produits frais. En journée, on y sert crêpes et en-cas, tandis qu'en fin de journée on prend place dans les fauteuils les pieds dans le sable pour un apéro romantique face au soleil couchant. Le paradis des parents n'est plus très loin !

### Ailleurs en ville

#### Très bon marché

**La Baule Fish & Chips** (plan B1, **28**) : *1, allée des Camélias. ☎ 09-72-86-74-10. 📱 07-81-81-77-99. Tlj sauf lun, mar soir et mer soir hors saison, 12h-14h30, 19h-22h. Env 10-15 €. Café offert sur présentation de ce guide.* C'est l'antenne de la célèbre adresse homonyme de Pornichet. Alors on prend les mêmes recettes et on recommence : super *fish & chips,* à dévorer avec ses frites maison en terrasse, ou en salle dans une ambiance scandinave en cas de crachin.

#### De bon marché à prix moyens

**Crêperie Les Sablons** (plan B2, **31**) : *6, bd René-Dubois. ☎ 02-40-11-36-11. Fermé mar-mer hors saison. Carte 15-20 €. Plateaux de fruits de mer plus chers.* Les Sablons a tout bon ! D'abord, sa terrasse : en surplomb de la rue, qui profite d'une vue géniale sur la baie. Ensuite, sa cuisine : de belles galettes bien garnies avec des assemblages de produits originaux et des fruits de mer fameux pour leur fraîcheur, qui fidélisent les amateurs. Enfin, l'accueil : chaleureux et attentif. Pas un grain de sable dans l'engrenage.

**Le Billot** (plan B1, **30**) : *pl. du Marché. ☎ 02-40-60-00-00. Fermé dim soir-lun. Formules déj 15-19 € ; plats 16-23 €.* Dans la famille « bistrot », une bonne pioche. Le cadre est plaisant et la grande terrasse ensoleillée surplombe la place du Marché. Produits locaux bien travaillés pour des classiques de bistrot ou de brasserie : tartare, moules marinière... ainsi que d'excellentes viandes (on vient ici pour ça). Accueil d'une vraie sincérité et service aux petits soins, même en cas d'affluence.

**La Bergerie** (plan B1, **23**) : *114, av. du Général-de-Gaulle. ☎ 02-40-60-23-41. • info@labergerielabaule.fr • Fermé mer-jeu. Formule déj sauf dim 16 € ; menus 24-34 €.* Bon, on oublie le temps d'un repas qu'on est au bord de la mer, puisque ici le style est plutôt campagnard, voire carrément alpin. Ben oui, une bergerie... Alors on y vient surtout pour les grillades au feu de bois, des pizzas, et même des spécialités montagnardes comme la tartiflette. Copieux et très convivial.

#### Chic

**Le Carpe Diem** (hors plan par D1, **26**) : *29, av. Jean-Boutroux. • contact@le-carpediem.fr • Fermé mar-mer en haute saison, sinon mar soir-mer et dim soir. Formule déj en sem 23 € ; menus*

LOIRE-ATLANTIQUE

*36-56 € ; table d'hôtes 48 € boisson comprise. Apéritif maison offert sur présentation de ce guide. Voir « Le parc naturel régional de Brière. Où dormir ? Où manger ? Côté ouest du parc ».*

**14 Avenue** *(plan A1,* ***25****)* **:** *14, av. Pavie. ☎ 02-40-60-09-21. Fermé lun-mar et dim soir (ouv tlj sauf lun en été). Formules déj en sem 18-24 € ; menu 41 € ; carte 40-50 €.* Pour un bon poisson, c'est ici que cela se passe. D'ailleurs, on fait carrément son choix en zieutant la pêche du jour présentée à table et commentée avec précision ! Extra-frais, donc, et surtout cuisiné avec justesse. Le tout loin des foules, dans une salle moderne ou en terrasse dans un quartier tranquille.

## Où déguster de bonnes douceurs ?

***Confiserie Manuel*** *(plan B1-2,* ***41****)* **:** *2, av. du Général-de-Gaulle. ☎ 02-40-60-20-66. En été, tlj 9h30-13h, 14h30-22h30 (voire 23h30).* Une institution fondée par un Espagnol venu de Santander, Manuel Ortiz, qui a baptisé en 1937 sa sucette maison la *niniche.* À La Baule, on trouve toujours dans cette vaste boutique moderne – et depuis 1950 – des *niniches* (dont la célèbre Bauloise au caramel au sel de Guérande) et autres bonbons. *Batidos* et *granizados* pour rappeler les origines de cette affaire de famille. Bonnes glaces aussi.

LOIRE-ATLANTIQUE

# À voir. À faire

***La plage et la promenade de front de mer :*** 9 km de sable fin, très large à marée basse et offrant un superbe espace de jeux. À marée haute, c'est un très beau stade nautique. Le front de mer est accessible aux fauteuils roulants. La partie la plus agréable reste celle en direction du Pouliguen, à partir du grand hôtel *L'Hermitage,* puisque les voitures ne passent plus à proximité.

Pour les découvertes architecturales, dirigez vos pas vers l'***église Sainte-Thérèse*** *(plan D1),* les ***gares SNCF*** *(plan B1 et D1),* l'***hôtel de ville*** avec son architecture typique des années 1970 *(plan B1),* l'***église Saint-Pierre*** d'Escoublac... Pour apprécier ces visites, demander le guide *Balade architecturale (5 €)* à l'office de tourisme. Un audioguide *(6 €, présenter une pièce d'identité)* adapté aux personnes en situation de handicap (mobilité, malentendantes) permet de découvrir l'architecture bauloise (La Baule-les-Pins surtout) pendant 2h.

***Le parc des Dryades*** *(plan D2)* **:** *mai-sept, tlj 8h-20h30 ; oct-avr, tlj 8h-18h30.* Agréable parc à l'anglaise, vallonné et agrémenté de palmiers à chanvre. Expo temporaire annuelle. Jeux pour enfants et amphithéâtre pour les concerts de jazz en été.

***Le marché*** *(plan B1)* **:** sous des halles complètement rénovées et autour, c'est l'un des plus agréables de la région, un peu chicos quand même le week-end et au moment des vacances.

***Le Musée aéronautique*** *(hors plan par D1)* **:** *aérodrome de La Baule. ☎ 02-51-75-10-43. • mapica.org • Du centre, suivre le fléchage « Aérodrome ». Ouv 14h-17h (fermé mar hors juil-août). GRATUIT.* Dans un hangar, les œuvres d'une association de passionnés qui retapent de vieux zingues : Pou du Ciel des années 1930 ou encore un Blériot XI (1re traversée de la Manche en 1907).

– ***Thalassothérapie :*** ***Thalasso & Spa Barrière le Royal La Baule,*** *av. Marie-Louise. ☎ 02-40-11-99-99. Également* ***Thalassothérapie Rivage*** *: 28, bd de l'Océan, à La Baule-les-Pins. ☎ 02-40-23-10-20. • thalasso-rivage.com •*

À la fois sportives et instructives, on recommande les ***visites à vélo ou à pied*** sur l'architecture balnéaire ou la 2de Guerre mondiale, organisées par l'office de tourisme, commentées ou sous forme de jeux de piste pour les familles *(compter 1h-1h30).* Ainsi que celles dans la forêt d'Escoublac, le mercredi matin en été *(GRATUIT),* pour découvrir ces 50 ha de pins. *Sur résa auprès de l'office de tourisme.*

## Manifestations

– ***Jumping international de La Baule :*** *vers la mi-mai, au stade François-André. GRATUIT.* Concours équestre international de saut d'obstacles.
– ***La Baule Jazz Festival :*** *de juil à mi-août. Infos à l'office de tourisme.* Concerts gratuits devant le casino, place Leclerc, avenue Lajarrige ou dans le parc des Dryades pour le dernier concert, qui est payant.
– ***Journée de l'élégance :*** *14 août, au stade François-André.* Défilé de voitures anciennes dans lesquelles de jolies dames portent leurs plus belles toilettes.
– ***Triathlon de La Baule :*** *mi-sept.* Le plus important des triathlons de France (7 000 participants).
– ***Festival du Film et Musique de Film de La Baule :*** *4 j. mi-nov.* Un événement de dimension internationale avec toujours des grosses pointures invitées.

### FAUT SKI FAUT

*Avec ses 54 m d'altitude, la dune d'Escoublac aurait du mal à rivaliser avec les sommets alpins. Elle a pourtant accueilli, des années 1950 à 1970, une... station de ski ! Un semblant de téléski, 2 pistes et même 1 resto d'altitude,* Le Schuss. *À défaut de neige, les skieurs baulois glissaient sur les aiguilles de pins.*



# LE POULIGUEN [ar poulgwenn]

(44510) 4 400 hab. *Carte Loire-Atlantique, A3*

**Tout d'abord, prononcez « Pouligain » si vous voulez faire local. Ensuite, c'est le port de plaisance de La Baule – Le Pouliguen, littéralement « l'anse blanche » en breton. Porte sud des marais salants de Guérande, Le Pouliguen marque aussi le début de la Côte Sauvage, une côte granitique déchiquetée, percée de grottes marines, qui n'est autre qu'un affleurement du bon vieux Massif armoricain. Le quai Jules-Sandeau, piéton et bien agréable avec ses boutiques et ses restaurants, et, dans le prolongement, la promenade du port avec ses manèges pour enfants et confiseries offrent à la ville une atmosphère très famille.**

## Adresses utiles

***Office de tourisme :*** *à Port-Sterwitz. ☎ 02-40-24-34-44. • labaule-guerande.com • En venant de La Baule, entre les 2 ponts, quai du Commandant-L'Herminier, à l'angle de l'immeuble Port-Sterwitz. Juil-août, lun-sam 9h30-19h, dim et j. fériés 10h-13h, 15h-18h. Avr-juin et sept-oct, lun-sam 10h-12h30, 14h-18h. Hors saison, mar-sam 10h-12h30, 14h-17h30.* Résas pour les traversées sur les îles (Belle-Île, Houat, Hoëdic, île d'Yeu) et billetterie à tarifs préférentiels pour les sites incontournables de la région.

Organise en saison des visites de la ville, des balades guidées nature et des sorties à bord d'un vieux gréement *(env 25 €).*

■ ***Location de VTC et VTT :*** ***Les Cycles de la Presqu'île,*** *16, bd de l'Atlantique (☎ 02-40-42-32-72). Et* ***Bikevasion,*** *9 ter, rue du Général-Leclerc (☎ 02-40-24-09-10 ; ● bikevasion.fr ●).*

## Où dormir ?

⛺ ***Camping Le Cléin :*** *22, av. de Kerdun. ☎ 02-40-42-43-99. ● lepouliguen.fr ● Dans un quartier résidentiel, à 500 m du centre. Avr-oct (variable). Forfait pour 2 env 12-17 € l'été. 200 empl.* À taille humaine et bien plat, un camping municipal tout simple, calme, ombragé, et idéalement situé entre commerces, restos et plage, tous accessibles à pied. Pas de locatif, uniquement des tentes et une aire réservée aux camping-cars. Aire de jeux, tables de ping-pong, boulangerie le matin.

***Casa Cosy :*** *2, rue du Croisic. ☎ 02-40-42-30-65. ● contact@casacosy.fr ● casacosy.fr ● Derrière la poste. Doubles 66-114 €.* À la fois hôtel et boutique d'objets design. Côté hôtel, l'ambiance est plus proche de celle des chambres d'hôtes de charme, d'autant qu'il n'y en a qu'une poignée. Plutôt intimiste, donc. Déco moderne aux lignes épurées, association judicieuse de couleurs. Joli petit déj servi l'été dans l'adorable cour fleurie. Un bon rapport qualité-prix.

## Où manger ?

### Très bon marché

|●| ***Crêperie Barapom :*** *2, quai Jules-Sandeau. ☎ 02-40-42-17-60. Fermé lun-mar hors saison, mar hors période de vac, sinon ouv tlj 10h-20h30 (9h-minuit l'été). Formule déj tlj 12 €.* Crêpes à emporter ou à manger sans chichis dans un cornet, installé à l'une des tables hautes disposées face au port. Une petite adresse qui dépote, fréquentée par les stars.

### Prix moyens

|●| ***QG Beach :*** *plage du Nau (au bout de la promenade du Port). 06-18-13-62-69. ● qgbeach@gmail.com ● ♿ Tlj en été ; fermé mar et ts les soirs sauf sam et j. fériés hors saison. Fermé de mi-nov à mi-fév. Carte env 35 €, petits plats à midi.* Un resto de plage hors norme tenu par une équipe jeune et sympa. L'ambiance est relax et le cadre est séduisant (petite salle conviviale prolongée par des transats dans le sable face au large), mais ce qui fait la différence, c'est la cuisine. Le midi, la carte se la joue simple en proposant des salades, des tartares (excellente version asiatique) ou des sandwichs club, tandis que le soir, la pêche du jour est au menu. Dans tous les cas, c'est frais, joliment dressé et vraiment savoureux. Bravo !

|●| ***Le Bateau Ivre :*** *6, quai Jules-Sandeau. ☎ 02-40-42-31-52. ♿ Fermé mer hors vac scol. Env 15-20 €.* Bien amarré au quai, ce *Bateau Ivre* avec sa belle terrasse protégée des embruns accueille les amateurs de crêpes et de galettes. Ils sont rarement déçus car les prix sont « étudiés ». Cidre mayennais artisanal qui aurait séduit Arthur Rimbaud. Service efficace et enjoué.

|●| ***La P'tite Franquette :*** *3, pl. Mauperthuis. ☎ 02-40-61-83-28. ● laptitefranquette@gmail.com ● ♿ Fermé lun en saison et dim-lun hors saison. Formules « bistrot » le midi en sem 16-19 € ; menu 27 € ; carte env 30-35 €.* Ce bistrot chaleureux n'a pas la vue sur la mer, mais il a tout le reste : un cadre gai et coloré avec quelques clins d'œil vintage, un accueil dynamique et souriant, et surtout une cuisine traditionnelle de saison bien ficelée, joliment présentée, qui a du goût. Bonne ambiance, assurée par les nombreux habitués (réservez !).

|●| ***L'Opéra de la Mer :*** *14, promenade du Port. ☎ 02-40-62-31-03.*

*• lopera-dela-mer@orange.fr • Fermé mer, plus mar hors saison. Congés : de mi-nov à mi-déc.Env 25 €. Apéritif maison offert sur présentation de ce guide.* Sur la plaisante terrasse face au port et à la baie, ou à l'intérieur à la déco et à l'ambiance tout aussi marines, goûter aux spécialités de moules gratinées, fruits de mer ou à la cassolette « Opéra ». C'est bon et servi avec le sourire.

**La Voile d'Or :** *14, rue de la Plage. ☎ 02-40-42-31-68. Fermé mer. Formules déj en sem 20-25 € ; 1er menu 39 €.* Brasserie chic à la déco design très réussie. Mais le top, c'est la superbe terrasse, en surplomb de la plage du Nau, avec ses canapés moelleux. Dans l'assiette, des plats classiques terre et mer, un peu surfacturés (on paie la situation) mais bien travaillés et présentés avec soin. Accueil et service variables en revanche.

## À voir. À faire

***La plage du Nau :*** quand la mer se retire, elle découvre les rochers des Impairs. Aux abords de la pointe de Penchâteau, la falaise porte de belles villas. À 5 mn de la plage, le *Petit Bois* offre un îlot de verdure agréable à découvrir.

***Le musée Bernard-Boesch :*** *35, rue François-Bougouin. ☎ 02-40-01-53-08 (musée) ou 02-51-75-75-75 (mairie de La Baule). • labaule.fr/musee-bernard-boesch • Du centre, suivre le fléchage « Grande Côte ». Tlj sauf lun 10h-12h, 15h-19h. Congés : de janv à mi-fév. GRATUIT.* Le peintre-sculpteur-architecte baulois Bernard Boesch (1914-2005) légua sa villa, son œuvre et son argent à la Ville de La Baule. Une générosité dont tout le monde peut profiter aujourd'hui à travers des expos temporaires. La villa accueille aujourd'hui les artistes en résidence. Elle offre une magnifique vue sur la baie de La Baule depuis la terrasse. Une belle histoire et un lieu plein de poésie pour perpétuer la mémoire de ce disciple et ami de Bernard Buffet et Raoul Dufy.

***La chapelle Sainte-Anne :*** *sur la route de la pointe de Penchâteau.* En réalité, dédiée à saint Julien. Bel édifice du XVe s, précédé de son calvaire. À l'intérieur, on peut admirer le bénitier en granit du XVIe s et la statue de sainte Anne entourée de la Vierge Marie et de Jésus.

***La pointe de Penchâteau :*** c'est le début de la Côte Sauvage et de la Grande Côte, comme on l'appelle ici. Admirer la succession de superbes villas balnéaires (avec accès privé à la mer s'il vous plaît). Départ du sentier des douaniers et d'une piste cyclable qui mènent jusqu'à Batz, permettant de voir une vingtaine de grottes marines en contrebas. Accès plus ou moins facile (à marée basse).

La ***ville*** présente quelques façades qui méritent le coup d'œil. Des visites guidées payantes sont organisées à dates fixes, de juin à mi-septembre, auprès de l'***Association des greniers de la mémoire*** autour de thèmes : l'architecture portuaire, les rues du vieux Pouliguen, la chapelle de Penchâteau, l'architecture balnéaire. *Rens au ☎ 02-40-42-31-05.*

– En haute saison, un petit train touristique circule dans le centre du Pouliguen *(mar et sam 20h30-22h30 ; 0,50 € le trajet ; rens à l'office de tourisme).*

## Fête et manifestations

– ***Les Jeudis du port :*** *en été à 21h, animations musicales sur les quais. GRATUIT.*
– ***Lecture à Nau-Plage :*** *juil-août. Un coin lecture à ciel ouvert, tlj 15h-19h sur la plage.* Plus de 400 livres et magazines à disposition.
– ***Les Mercredis musicaux :*** *de mi-juil à mi-août, à l'église Saint-Nicolas. GRATUIT.* Concerts de musique classique dans un site superbe.
– ***Fête bretonne :*** *dernier w-e de juil, sur le port.* Cercles et *bagadoù* (plus de 350 danseurs), fest-noz, etc.

# BATZ-SUR-MER [BOURC'H-BAZ]

(44740) 2 950 hab. *Carte Loire-Atlantique, A3*

**Née au Xe s, cette « Petite Cité de caractère » détonne un peu avec La Baule. Ça commence à sentir le granit (appelé pierre de « grison » ici) et le chouchen : on est bien en Bretagne ! Les villages de Kervalet et de Roffiat ont conservé leur charme d'autrefois. La ville, citée par Flaubert et Balzac, a longtemps fondé sa prospérité sur le sel, les oignons et les échalotes. C'est maintenant une station balnéaire familiale, dotée de jolies plages (Valentin, Saint-Michel) et même d'un tronçon de Côte Sauvage. Les surfeurs se retrouvent plutôt sur la plage de la Govelle, autour de son école réputée.**

## Adresses et info utiles

***Office de tourisme :*** *25, rue de la Plage. ☎ 02-40-24-34-44. • ot-batz surmer.fr • Face à l'église. Avr-sept, tlj (en continu en juil-août) ; nov-mars, lun-ven (fermé w-e).* Visites guidées, balades gourmandes et insolites, balades nature et contes, initiation à la pêche à pied... sur résa *(payant).* Marchés nocturnes et concerts en été. Circuit d'interprétation de 5 km pour découvrir le patrimoine de la commune, une carte ludique pour les enfants. Billetterie à tarifs préférentiels et boutique.

***Location de vélos :*** *Station AVIA, rue Olivier-Guichard. ☎ 02-40-23-87-51.*

– ***Marché nocturne :*** *mar (centre-bourg) 18h30-23h.* Produits artisanaux et locaux, concerts à partir de 20h30 ; restauration sur place.

## Où dormir ? Où manger ?

### Camping

***Camping La Govelle :*** *10, route de la Govelle (rue du Golf). ☎ 02-40-23-91-63. • campinglagovelle@gmail.com • Accès par la D 245 et la D 45. De mi-avr à mi-oct. Forfaits pour 2 env 14-24 €. CB refusées.* Tout petit camping familial sur la Côte Sauvage, avec accès à la plage en contrebas. Emplacements pas bien grands mais délimités par des lauriers. Équipements de base seulement mais belle situation et accueil sympathique.

### Bon marché

***Le Derwin :*** *av. du Dervin. ☎ 02-40-23-90-06. À 3 km du centre de Batz. Fermé mar, plus mer-jeu en moyenne saison. Fermé hors saison. Pas de résa (venir tôt ou tard). Carte 18-26 €.* Le *Derwin* (prononcez « Dervin » !) fait le plein depuis les années 1950. Il faut dire que sa terrasse posée en haut de la falaise vaut la photo. Le lieu idéal pour déguster crêpes et galettes et une cuisine correcte à base de moules ou fruits de mer, le regard perdu vers le large.

### De prix moyens à chic

***Hôtel des Marais Salants :*** *22, rue de la Gare. 📱 06-76-89-67-99. • nathalie@hotel-des-marais-salants.com • hotel-des-marais-salants.com • Doubles 50-80 € ; familiales. 1 petit déj/chambre par nuit offert sur présentation de ce guide.* Cet hôtel dispose de chambres nickel et tout confort, aménagées dans un style sobre et moderne. Un bon rapport qualité-prix.

***Hôtel Le Lichen :*** *Côte Sauvage, 4, route de la Govelle. ☎ 02-40-23-91-92. 📱 06-87-77-14-89. • info@le-lichen.com • le-lichen.com • Sur la côte, non loin du Grand Blockhaus. Congés : de mi-nov au 20 déc. Doubles 70-110 € ;*

*familiales.* Un hôtel isolé qui bénéficie de l'un des emplacements les plus enviables de la côte, quasiment posé sur les rochers, le long du sentier côtier. Chambres avec ou sans vue, avec ou sans terrasse. Panorama extra depuis le salon (avec billard) et la salle de petit déjeuner toute vitrée, tournée vers le large. Un bon plan en amoureux.

**L'Aporrhais :** *20, route de la Govelle. ☎ 02-40-23-39-64. • laporrhais@free.fr • Plage de la Govelle. Tlj 12h-21h. Carte env 30 €.* L'aporrhais, c'est un coquillage, et ici, le moins qu'on puisse dire, c'est que l'on maîtrise sa cuisson. Cuisinées à la commande, les cassolettes de moules, de coques et de palourdes (ou tout ça mélangé) sont vraiment délicieuses. Plateaux de fruits de mer et poisson du jour complètent l'offre iodée de ce rétro-bistrot prolongé par une terrasse avec vue sur la mer. Ah oui, on oubliait, il y a aussi un large choix de galettes !

Ne pas oublier les 2 autres crêperies que nous indiquons plus loin, dans « Les marais salants » : ***La Salorge*** (à Saillé) et ***Fleur de Sel*** (à Kervalet).

## À voir. À faire



***L'église Saint-Guénolé et sa tour :*** *en centre-bourg. Visite gratuite de l'église en juil-août. Accès au clocher payant : juil-août, tlj 10h-19h ; mai-juin et sept, tlj 10h-13h, 14h-18h30 (18h sept) ; avr, tlj 14h-18h ; le reste de l'année, vac scol tlj 14h-18h. Entrée : env 2 € ; réduc.* L'édifice est dominé par une tour-clocher en granit de 70 m (XVe s) qui offre une vue panoramique exceptionnelle sur les marais salants, de Belle-Île à Noirmoutier (par temps clair) après avoir gravi 184 marches. À voir également pour son chœur, son retable en bois doré et sculpté, ses grandes orgues du XVIIe s, ses chapiteaux sculptés (repérez le cochon jouant de la cornemuse !) et pour cet étrange ex-voto dédié à Notre-Dame-de-l'Assomption. Concerts en été (voir plus loin « Manifestations »).

***La chapelle Notre-Dame-du-Mûrier :*** *concerts, expos, visites guidées, contes et ateliers.* Elle aurait été élevée par les villageois à la suite d'un vœu lors d'une épidémie de peste au XVe s. Elle est construite en blocs de granit décorés de motifs flamboyants, mais n'a plus ni toiture ni voûtes, ce qui la rend d'autant plus émouvante et impressionnante.

***Le musée des Marais salants :*** *pl. Adèle-Pichon. ☎ 02-40-23-82-79. • cap-atlantique.fr/activites-et-loisirs/le-musee-des-marais-salants • Juil-août, tlj 10h-19h ; sept-juin, mar-dim 10h-12h30, 14h-18h (17h hors vac scol), fermé lun. Entrée : env 5 € ; réduc ; gratuit moins de 12 ans. Livrets de visite pour le jeune public. Expos temporaires.* Installé dans une ancienne salorge (entrepôt à sel), ce musée intelligent expose de belles collections rassemblées depuis plus de 1 siècle. L'exposition permanente à la muséographie moderne et pédagogique (écrans tactiles, vidéos projetées sur le sol et les murs, vitrines ludiques à tiroirs...) présente d'abord le sel en général avant de retracer l'aventure technique et humaine du sel de Guérande, de l'époque gauloise à nos jours, au travers de milliers de pièces : cartes postales, mobilier, figurines en porcelaine, outils et vêtements traditionnels, toiles d'artistes amoureux du pays. Très complet.

***Le Grand Blockhaus – Musée de la Poche de Saint-Nazaire :*** *12, route du Dervin, route de la Côte-Sauvage. ☎ 02-40-23-88-29. • grand-blockhaus.com • À 3 km du centre-bourg de Batz-sur-Mer par la route de la Côte (panneaux). D'avr à mi-nov, tlj 10h-19h ; vac scol de fév, tlj 10h-18h. Compter 1h. Entrée : 8 € ; réduc ; gratuit moins de 5 ans. Jeu de piste pour les 5-12 ans. Pas de visite guidée, mais Luc ou Marc seront ravis de vous faire partager leur passion. Boutique.*
Ouvert depuis 1997, ce site génial se repère de loin avec son énorme canon de 240 mm positionné à l'entrée. Il est à la mesure du blockhaus colossal, un monstre de 4 500 t pesant près de la moitié du poids de la tour Eiffel, où l'on a aménagé un excellent musée qui multiplie les récompenses, à défaut de subventions ! Créé et

géré par 2 frères passionnés (ils ont tout retapé de leurs mains), il raconte en détail l'histoire de la poche de Saint-Nazaire et de ses 130 000 « empochés » retenus par 28 000 Allemands, la dernière libérée d'Europe (le 11 mai 1945), mais aussi la construction du mur de l'Atlantique et enfin la Libération.
Ancien poste de commandement du mur de l'Atlantique, sur 5 niveaux (ne pas hésiter à grimper l'échelle pour monter dans le poste d'observation), ce bâtiment fut à l'époque astucieusement camouflé en hôtel grâce à un trompe-l'œil et à la construction de 2 toits en bois factices (voir les photos exposées). Étonnant ! À l'intérieur, les équipements et les salles ont été restaurés à l'identique : salles de ventilation, PC radio, armurerie, local d'intendance, bloc sanitaire, postes de combat... tous mis en scène avec du matériel d'époque et des mannequins représentant de vrais acteurs du conflit. Et c'est là que réside l'originalité du site : vétérans français, anglais et américains (mais aussi allemands) sont venus et viennent toujours confier au musée des objets personnels et des souvenirs, restitués dans leur contexte à l'aide de reconstitutions précises. Une visite passionnante, à ne pas manquer. Noter que jusqu'en 2024 un obusier américain prêté par le musée des blindés de Saumur stationne sur le site.

***Le port Saint-Michel :*** une oasis de calme, protégée par une digue, que domine un menhir, la Pierre-Longue. Possibilité de rejoindre Le Pouliguen (7 km environ) et Le Croisic (4 km environ) par les sentiers douaniers, au départ de la plage.

***Le moulin de la Falaise :*** *route de Saint-Nudec, direction Le Croisic. ☎ 02-40-23-92-36. Ouv quand les voiles de ses ailes sont déployées, avr-oct. En été, lun-sam, 14h-19h (dernière visite à 18h30). Fermé dim-lun. Entrée : 3 € ; gratuit moins de 12 ans. Vente de farine de blé noir bio.* La dune de la Falaise forme un écrin pour des centaines d'espèces protégées de faune et de flore, et ce petit moulin à vent typique de la région est mignon comme tout, rénové et géré par la commune. Il fonctionne et broie du sarrasin bio, ingrédient indispensable pour de bonnes galettes de blé noir ! Visites avec le guide meunier pour observer de près le mécanisme à l'étage.

***Les marais salants :*** par une belle soirée d'été, à l'heure où le soleil décline et où les voitures se font moins nombreuses, sachez vous perdre sur les petites routes du marais. En plus, c'est l'heure propice à la rêverie, où les œillets se teintent de jolis reflets mordorés.

## Manifestations

– ***Concerts dans l'église Saint-Guénolé :*** *juil-août, jeu à 21h. GRATUIT.* Concerts classiques de grande qualité. Arriver tôt et prévoir une petite laine.
– ***Les Nuits salines :*** *3 j. sur un w-e en juil. Billets auprès de l'office de tourisme.* Festival dédié au sel et à la culture celtique contemporaine. Fest-noz, visites de salines, marché du terroir où l'on achète galettes et sardines en troquant de petits sacs de sel...
– ***Batz'arts de rue :*** *vers la 2e sem d'août.* Petit festival des arts de la rue, avec animations jeunes et tout public.
– ***Pardon de Saint-Guénolé :*** *mi-août.* Grande procession et reconstitution d'un mariage traditionnel en costumes paludiers.

# LE CROISIC [AR GROAZIG]

(44490) 4 070 hab. *Carte Loire-Atlantique, A3*

**Le Croisic est l'un des tout 1ers ports crevettiers de France. L'invention du casier à crevettes (en 1850) revient d'ailleurs à un Croisicais, René Sibille. De**

LOIRE-ATLANTIQUE

**belles demeures anciennes rappellent la prospérité passée de cette petite ville qui fut d'abord un port de commerce (on y expédiait le sel de Guérande) avant de se convertir en port sous l'impulsion de Finistériens débarqués ici pour pêcher la sardine. Aujourd'hui, le tourisme est devenu une nouvelle raison de vivre, à tel point qu'à certains endroits les restaurants (souvent d'excellente qualité) sont serrés comme des sardines et que le lacis de ruelles piétonnes (sauf en hiver) de cette ville en cul-de-sac promet parfois de gentils petits embouteillages sur les axes principaux. Cela dit, Le Croisic n'a pas perdu son caractère de port breton pour autant.**
**Quant à la Côte Sauvage, elle porte toujours aussi bien son nom. Une boucle de 7 km permet d'ailleurs d'en faire le tour, entre petites criques de sable fin et côte déchiquetée recouverte de goémon. Assurément un grand bol d'air marin !**
– ***Webcam de la mairie, sur le port :*** *• pv.viewsurf.com/590/Le-Croisic •*

## Adresses et infos utiles



***Office de tourisme :*** *6, rue du Pilori. ☎ 02-40-24-34-44. • tourisme-lecroisic.fr • Dans une rue parallèle au port. Avr-sept, tlj ; hors saison, lun-sam (fermé dim).* Des guides « Circuits » sont disponibles gratuitement ou téléchargeables. Propose en été des visites commentées du patrimoine de la ville et du Traict... Billetterie pour les bateaux en partance pour Belle-Île, Houat et Hoëdic, ainsi que pour les musées des environs, dont l'Océarium.

***Gare SNCF :*** *pl. du 18-Juin-1940. ☎ 36-35 (coût d'un appel local).* Gare terminus TGV des trains en provenance de Paris, Lille, Lyon. Bien desservie toute l'année. Compter dans les 3h30 de Paris (avec ou sans changement à Nantes).

***Location de vélos :*** ***Cycles Bihoré,*** *34, rue du Traict (☎ 02-40-62-92-81).* ***Garage Rochard,*** *chemin du Pré-du-Pas (☎ 02-40-62-90-32).* ***O Clé de l'Hygiène,*** *galerie de l'Intermarché (☎ 02-40-23-38-98).*

### Transports et sorties en mer

■ ***Pêche en mer :*** ***La Toison d'Or*** *(📱 06-87-15-70-32 ; • toison.fr • ; de mai à mi-oct). Et* ***Charles Giraud*** *(📱 06-23-22-71-14).*

➢ Navettes pour Houat, Hoëdic et Belle-Île avec ***Navix,*** via La Turballe. *☎ 02-97-46-60-00. • navix.fr • Juil-août. Compter 38-42 € selon l'île pour 1 A/R dans la journée.* Traversées passagers seulement avec bagage 20 kg max. Depuis Le Croisic, compter 1h30 pour Hoëdic (puis 30 mn entre Hoëdic et Houat) et 2h pour Belle-Île, y compris l'escale depuis Le Croisic par La Turballe.

➢ Liaisons saisonnières *(d'avr à mi-sept)* entre la pointe de Pen-Bron et le port du Croisic avec un passeur (8 places), ***Le Galipétant.*** *Compter 5 € (8 € A/R) ; réduc. Infos aux offices de tourisme du* ***Croisic*** *et de* ***La Turballe.*** Personnage haut en couleur, Bruno organise aussi des balades de 1h dans le Traict du Croisic *(📱 06-88-67-73-05 ; mai-juin et sept, lun-jeu ; tarif : 15 €, réduc).*

## Où dormir ?

### Campings

***Camping du Paradis :*** *route de Pélamer. ☎ 02-40-23-07-89. • camping-paradis.com • ♿ Forfaits pour 2 env 15-20 €.* Camping familial très sympa et tranquille, situé sur la pointe, à 500 m du bord de mer et du sentier douanier. Équipements basiques, mais emplacements bien ombragés et séparés par des haies. Location de vélos. Équitation, escalade, tir à l'arc et varappe tout proches.

***Camping La Pierre Longue :*** *rue Henri-Dunant. ☎ 02-40-23-13-44. • lapierrelongue@orange.*

*fr • campinglapierrelongue.com • ♿ À 1,5 km du centre-ville et à 500 m de la Côte Sauvage. De fin mars à fin oct. Pour 2, compter 15-33 € ; mobile homes et chalets 280-1090 €/sem. Réduc de 10 % hors juil-août et ponts sur présentation de ce guide.* Camping familial sans souci, au cœur de la presqu'île. Emplacements bien ombragés et à l'abri du vent. Piscine couverte et chauffée, snack et animations en été. Location de vélos.

### Prix moyens

**Hôtel L'Estacade :** *4, quai Lénigo. ☎ 02-40-23-03-77. • contact@lestacade.fr • lestacade.fr • ♿ Doubles à partir de 58 €.* Un hôtel assez bizarrement fichu, avec de longs couloirs desservant une petite quinzaine de chambres. Ces dernières sont cependant à la fois cosy et sobres, dans des tons taupe et gris souris rehaussés par des meubles laqués blancs. Certaines salles de bains sont toutefois riquiqui. Notre préférée (la plus chère, ben tiens !) est mansardée, donne sur le port et possède une baignoire dans la chambre !

**Hôtel Au Fin Gourmet :** *1, pl. du Pilori. ☎ 02-40-23-00-38. • fingourmet@gmail.com • fingourmetcroisic.com • Doubles 64-95 €.* À l'écart du port, au calme, un petit hôtel dans une demeure du XVII^e s. Tenues par Paolo, grand voyageur à l'accueil chaleureux, les chambres, toutes différentes, sont de bon confort, dans un style classique et coloré mêlant l'ancien et le moderne. Beaucoup d'attention pour les routards, avec bibliothèque bien fournie, prêt de vélos si dispo et plein de bons conseils. Cerise sur le gâteau : une terrasse sur la place pour siroter un spritz en picorant des grignotes, comme en Italie !

**Maison d'hôtes Ker Doué :** *11, rue de l'Église. 📱 06-86-37-87-86. • kerdoue.fr • Doubles 80-95 €. 2 nuits min exigées.* En plein centre, juste à côté de l'église, Jean-Loup a retapé cette ancienne maison de pêcheur pour en faire un véritable petit nid d'amour. Résultat : 5 chambres dont 1 familiale, toutes situées à l'étage. Le petit déj se prend en bas, sur la grande table, ou dans le jardin de curé sur l'arrière aux beaux jours. Parquet grinçant, mur de pierre, meubles en bois cérusé, voilages... Beaucoup de charme. Accueil gentil comme tout.

LOIRE-ATLANTIQUE

## Où manger ?

### Bon marché

**Chez Tante Germaine :** *31, rue de l'Église. ☎ 02-40-23-23-78. Moins de 20 € le repas. Pas de résa en haute saison.* Envie d'une p'tite crêpe bio ? Ici, on maîtrise le billig et le *rozell* comme pas un ! Qui plus est, les ingrédients sont sélectionnés drastiquement : la farine est moulue sur la pierre, les œufs sont bio et les ingrédients du même acabit. Ce qui donne des galettes bien *kraz* (bien croustillantes), à consommer dans un intérieur chaleureux qui a su éviter le côté un peu trop bretonnisant : poutres et pierres apparentes, photos noir et blanc, coussins fleuris et colorés... C'est mignon et joliment arrangé.

**Le Relais du Duc d'Aiguillon :** *21, pl. Donatien-Lepré. ☎ 02-40-62-94-62. ♿ Tlj. Congés: de mi-nov à mi-déc. Résa conseillée. Carte env 15-20 €. Un kir breton offert sur présentation de ce guide.* Installée dans une très belle demeure à colombages du XV^e s qui fait l'angle avec la place, cette crêperie chaleureuse est une valeur sûre. Le service est rapide et souriant. Grande et agréable terrasse prise d'assaut aux beaux jours.

### De prix moyens à chic

**Le Bistrot de la Poissonnerie :** *8, quai de la Petite-Chambre. 📱 06-14-80-38-28. • lebistrotdelapoissonnerie@outlook.fr • Assiette moins de 20 €.* Cette petite adresse, absorbée par les innombrables commerces situés sur le port, passerait inaperçue si sa terrasse n'était pas prise d'assaut aux beaux jours par les amateurs de fruits de mer. C'est d'ailleurs la principale raison de faire escale ici.

**Le Ty Mad :** *3, quai de la Petite-Chambre. ☎ 02-40-23-02-77. • contact@ty-mad.com • Fermé jeu, plus dim soir et mer hors saison. Formule déj sauf dim 19 € ; menus 24-34 €.* Parmi les très nombreuses adresses du port (inévitable terrasse avec vue sur la criée), celle-ci se distingue pour sa qualité régulière, dans l'esprit bistrot-gastro. Beaux plateaux de fruits de mer en saison *(de mi-mai à sept).* Rafraîchissant décor contemporain et ambiance décontractée.

**Le Lénigo :** *11, quai Lénigo. ☎ 02-40-23-00-31. • lelenigorestaurant@gmail.com • Au bout du quai. Ouv de mi-fév à nov. Fermé lun-mar. Menus 33-45 € ; carte 40-50 €.* La déco marine, tout en boiseries, est à l'image de la cuisine de cette table que l'on apprécie tout particulièrement : sobre et maîtrisée. Et depuis que le fiston est venu prêter main-forte au papa, les choses n'ont pas molli d'un iota, bien au contraire. La pêche noble du jour et le homard grillé occupent toujours une place de choix à la carte, l'assiette étant plus inventive que jamais. Bravo !

**Le Saint Alys :** *3, quai Hervé-Rielle. ☎ 02-40-23-58-40. Face au port de plaisance, au début de quai. Fermé dim soir-lun en été ; fermé mar soir-mer hors saison. Résa recommandée. Menus env 35-50 €.* La façade discrète cache une petite salle cosy où l'on vient déguster, dans une atmosphère paisible, une cuisine de saison d'inspiration marine. Les plats sont aussi beaux que bons. En dessert, délicieux sablé breton et autres réjouissances. Une adresse gourmande qui fait l'unanimité auprès des habitués et des heureux clients de passage.

**L'Estacade :** *4, quai du Lénigo. ☎ 02-40-23-03-77. • contact@lestacade.fr • Au bout du quai côté Océarium. Fermé jeu, plus mer hors juil-août. Formule déj en sem 22 € ; menus 34-65 €.* Beau petit écrin entièrement repensé début 2020, pour cette adresse d'exception, récompensée d'un *Bib Gourmand* pour son rapport qualité-prix. Plats régionaux soignés, produits locaux, poissons en direct de la criée, desserts raffinés, rien à redire. Le genre de table où l'on remet volontiers le couvert le lendemain.

***Bistrot et restaurant du Grand Hôtel de l'Océan :*** *pl. du Général-de-Gaulle, sur la plage de Port-Lin. ☎ 02-40-62-90-03. • reservation@grandhotelocean.com • Tlj. Congés : janv-début fév. Plats env 20-26 € au bistrot, 30-50 € au gastro.* Stratégiquement posé sur les rochers, ici, c'est carrément la mer à table ! De l'ultra-frais, à tel point que la pêche du jour frétille encore dans votre assiette ! Cadre chicos idéal pour une déclaration. Côté bistrot, c'est plus décontracté, mais la qualité des produits reste la même. Un grand classique croisicais, doté d'un accueil respectueux du client.

## Où boire un verre ?

**Hôtel Au Fin Gourmet :** *1, pl. du Pilori (voir « Où dormir ? »).* En saison, le chaleureux patron italien sort les tables sur la place pour organiser des apéros comme là-bas : spritz, Campari !

En saison, dirigez-vous vers le ***Mojito Bar*** *(ouv Pâques-sept, que par beau temps ; 06-08-09-19-17),* sur la plage Saint-Goustan. Pieds dans le sable et ambiance garantie. Top pour l'apéro et le *sunset* !

## Où déguster de bons chocolats ?

**La Route du Cacao :** *4, pl. Boston. ☎ 02-40-53-78-51. Fermé lun mat. Congés : de mi-janv à mi-fév.* Idéalement située sur le port, cette chocolaterie-salon de thé ravira les bouches sucrées les plus exigeantes.

**Mogens Ballin**
*L'Église à Saint-Nolff*
Collection Musée de Pont-Aven

Dn Gestion

www.museepontaven.fr

Musee de Pont-Aven
21/09/2021

1 X 8.00 E
Entrée ADULTE

83862444a9364041ac0b7e142eaa5a38

21/09/2021 15:04 B:158678 T:30206226 C:3 U:2014

CC Bretagne CCA Agglomération CONCARNEAU CORNOUAILLE MPA MUSÉE DE PONT-AVEN

21/09/2021

Quelques spécialités : les rochers du Croisic, les croquinettes, les mini-vagues de l'océan, les truffes du marais (avec une pointe de fleur de sel de Guérande)...

## À voir. À faire

**Le mont Esprit :** *sur la droite, à l'entrée de la ville.* Il tiendrait son nom d'une déformation des mots « lest pris ». En effet, cette butte est constituée par le lest déposé par les navires venus chercher du sel du temps où Le Croisic était un grand port commercial. Monter au belvédère pour la vue sur les marais, le Traict et les quais.

**Le port et les rues anciennes :** doté de plusieurs bassins appelés « chambres », le port abrite quelques voiliers. Tout au long, de belles demeures en granit du XVe au XVIIIe s. Il se termine par une esplanade dominée par le ***mont Lénigo,*** construit, comme le mont Esprit, à partir du lest des navires. Autant les quais sont très animés en saison, autant les rues de l'intérieur sont calmes. Pour découvrir les portes basses et les façades à colombages, dépliant gratuit et circuits auprès de l'office de tourisme.

En face, l'***ancienne criée*** porte encore sur ses murs l'orgueil de la ville : armes de la ville, horloge, hampe de drapeau, ancre, un navire amiral coulé lors de la bataille des Cardinaux. C'est aujourd'hui un hall d'exposition.

**L'église Notre-Dame-de-Pitié :** *juil-août, visite guidée ven à 11h.* De style flamboyant, elle a été édifiée en granit à la fin du XVe s. La tour carrée, qui devait rivaliser avec celle de Batz, porte sur sa plate-forme à balustres une tourelle octogonale coiffée d'un dôme à lanterne. Elle servait de point de repère aux marins.

...rry. ☎ 02-28-56-78-60. En face de la ...RATUIT. Installée dans l'ancien hôpi... ...esquiste local Eugène-Jean Chapleau ...ean Fréour. Expos temporaires d'autres ...le bâtiment vaut le coup d'œil.

... ville propose un ***circuit pédestre*** ... Il est vrai que, dès le XIXe s, Le Croi... ...eintres. 25 pupitres sont à découvrir ...la mairie) avec des reproductions de ...

...n), vous aurez l'impression, pour peu ...

*...12 ans ; gratuit moins de 3 ans. Appli de visite gratuite à télécharger.*

**... MANCHOTS !**

*...chot du Cap, visible à l'Océa... ...st un drôle d'oiseau ; d'ailleurs, ...pingouin, il ne vole pas. Ses ...sont adaptées et transformées ...oires. Résultat : il peut plonger ...130 m de profondeur et rester ...au pendant 2 mn 30. On trouve, ...des côtes sud-africaines, ...es de ces « jackass penguins », surnommés ainsi car ils braient comme des ânes !*

LOIRE-ATLANTIQUE

Un véritable « observatoire de l'Atlantique » qui mérite qu'on s'attarde dans les bras de cette grande structure en forme d'étoile de mer. Après avoir observé les rejetons de homards, pieuvres et autres civelles dans l'espace nurserie, puis découvert ce que cache l'océan vers l'île d'Yeu ou Belle-Île, on en prend plein les yeux en pénétrant dans le domaine des raies du Pacifique, occupées à survoler lentement l'épave d'un bimoteur. Très visuel !
Puis on file à l'extérieur pour s'amuser des facéties de la colonie de manchots du Cap (Afrique du Sud). On enchaîne avec l'île de Vancouver, dont la faune marine est méconnue, et le lagon aux poissons tropicaux multicolores. Après le tunnel peuplé de mérous et de raies ailées, place aux richesses de la Méditerranée avec l'espace Cyclades. Immanquable : le pavillon « Requins d'Australie », qui accueille 25 squales et des tortues dans un aquarium de taille impressionnante. Une visite ludique !
– Nombreuses animations, dont le *repas des manchots (à 11h, 15h et 17h).*

***La Maison du patrimoine croisicais et le moulin de la Providence :*** *au nord du parc de Penn-Avel. Vac scol seulement, w-e 15h-18h.* Cette ancienne maison de jardinier accueille des expos sur le patrimoine local. Visite possible du moulin voisin.



## Manifestation

– ***Le week-end Langoustines :*** *fin juin.* Sur un week-end, les restaurateurs croisicais concoctent des menus autour de la langoustine. Apéro langoustines gratuit organisé par l'office de tourisme.

# GUÉRANDE [GWEN-RANN]

(44350) 16 200 hab. *Carte Loire-Atlantique, A2*

**Cette ville fortifiée, aux superbes remparts des XIV$^{e}$ et XV$^{e}$ s, a pour nom breton *Gwen-Rann,* « Pays Blanc », en référence au sel des marais salants qui assura sa prospérité de la période mérovingienne au XVI$^{e}$ s. Labellisée « Ville d'Art et d'Histoire », Guérande se visite aujourd'hui entre crêpe au caramel au beurre salé et bolée de cidre, un cornet de glace en pogne, histoire de butiner les petites boutiques de souvenirs qui émaillent ses ruelles de granit.**
– L'accès en voiture de la ville intra-muros est limité en saison. Parkings payants à chaque porte. De septembre à juin, le grand parking à côté de la porte Saint-Michel est gratuit.

## UN PEU D'HISTOIRE

Les monuments mégalithiques de l'arrière-pays témoignent d'une occupation bien antérieure à l'époque romaine. Mais ce sont bien les Romains qui développèrent l'exploitation du sel ; un sel qui enrichira la ville pendant tout le Moyen Âge. Dès la fin du Moyen Âge, la ville est un point de passage obligé pour les routes commerciales qui relient le nord de l'Europe et l'Angleterre à l'Espagne et à l'intérieur des terres par l'intermédiaire de la Loire. On comprend alors mieux l'importance de Guérande dans la constitution du duché de Bretagne.
C'est donc à Guérande qu'Anne de Bretagne signe ses 1$^{res}$ ordonnances lorsqu'elle succède à son père, le duc François II, en 1488. À cette époque, la flotte guérandaise compte 269 vaisseaux. La presqu'île produit alors du blé, du sel, du vin. Son activité commerciale prospère jusqu'au XVI$^{e}$ s, avant que la concurrence

des ports ibériques ne lui portent un coup fatal. Ses chantiers navals demeureront toutefois actifs jusqu'à la Révolution. En juin 1830, Honoré de Balzac parcourt le pays, qu'il décrit dans son roman *Béatrix,* suivi d'Émile Zola avec une nouvelle truculente, *Les Coquillages de M. Chabre.*

## Adresse et info utiles

***Office de tourisme :*** *1, pl. du Marché-aux-Bois. ☎ 02-40-24-34-44. • labaule-guerande.fr • À l'extérieur des remparts, face à la porte Saint-Michel. Juil-août, tlj 9h30-19h, sinon tte l'année ouv lun-sam, plus dim avr-juin et sept.* Organise des visites guidées payantes *(avr-oct ; env 1h30)* : ville, remparts, collégiale Saint-Aubin. Visite « Enquête » (l'été) et visites familles « Le trésor de Guérande » et « La chasse au dragon » *(pdt vac scol ; payant).* Résas de bateaux, de spectacles et de grands sites. Excellent accueil.

– ***Marchés :*** *mer et sam mat.*



## Où dormir ? Où manger ?

Pléthore d'adresses comme dans tous les sites hypertouristiques. Il faut savoir faire le tri, voici le nôtre.

### Camping

***Domaine de Bréhadour :*** *route de Bréhadour. ☎ 02-40-17-65-15. • camping@domainedebrehadour.com • domainedebrehadour.com • ♿ À 2 km du centre-ville, vers Saint-Lyphard. Pour 2, compter 15-30 € ; TitHomes, roulottes et mobile homes 30-200 €/nuitée (7 nuits min exigées l'été).* Le camping le plus proche de la ville. Vaste, bien équipé, il dispose de bons emplacements pour les tentes en pleine forêt. D'originaux logements en roulotte ou en *TitHome* (structure mi-dure mi-tente, avec cuisine mais sanitaires communs), le tout réparti dans un espace verdoyant. Belle piscine couverte et chauffée avec toboggans, miniferme. Location de vélos.

### De bon marché à prix moyens

***Hôtel-crêperie Roc Maria :*** *1, rue du Vieux-Marché-aux-Grains. ☎ 02-40-24-90-51. • roc-maria@orange.fr • hotel-creperie-rocmaria.com • Tlj. Doubles env 60-75 €. Crêperie fermée lun hors saison ; compter env 10-15 €.* Ce petit hôtel d'à peine une dizaine de chambres est le seul hôtel intra-muros de Guérande. Vous êtes donc sur le pied de guerre pour partir à l'assaut des remparts. Côté crêperie, 2 salles rustiques et 1 terrasse dans une ruelle charmante. Vaste choix de crêpes et de galettes, simples, copieuses et correctes. Très apprécié des gens du coin.

***Chambres d'hôtes La Guérandière :*** *chez Valérie Lauvray, 5, rue Vannetaise. ☎ 02-40-62-17-15. 📱 06-86-77-84-43. • guerandiere.com • Doubles 72-155 €. Parking clos.* Une adresse de charme, au cœur de la ville historique. Cet endroit a d'ailleurs séduit plus d'un magazine de déco. On craque nous aussi pour cette gentilhommière adossée aux remparts, pour son petit jardin d'hiver et ses espaces verts où il fait bon prendre le petit déj, et pour l'accueil de sa propriétaire. Déco raffinée où chaque objet a sa place, en harmonie avec le cadre : meubles choisis, broderies, lambrequins et froufrous... Beaucoup de classe.

***Hôtel des Remp'Arts :*** *14-15, bd du Nord. ☎ 02-40-24-90-69. • hotelremparts@orange.fr • hoteldesremparts.com • ♿ (resto). À côté de l'office de tourisme. Resto fermé mer et dim. Doubles 54-79 €. Carte 25-30 €.* Un petit hôtel plein de personnalité avec, dans les parties communes, une originale déco de bric et de broc(ante) faite d'objets chinés. Chambres pas immenses mais plaisantes et colorées, avec tête de lit capitonnée pour amortir vos rêves et des oreillers à foison. Au resto, cuisine bistrotière : salades, tartares et planches de charcuterie pour l'apéro. Accueil chaleureux.

**Hôtel de la Cité :** *2, pl. Dolgellau. ☎ 02-40-22-02-20. • reception@hoteldelacite-guerande.com • hotel-guerande.com • ♿ À 1,5 km du centre. Doubles 59-158 € ; familiales. Café offert sur présentation de ce guide.* Certes, on n'est pas dans le centre historique, mais le confort est au rendez-vous dans ce *Best Western* moderno-chic où l'on ne manque pas d'espace. À signaler : l'établissement a reçu l'Écolabel européen pour ses efforts environnementaux, de la conception à la gestion quotidienne. Piscine dans une agréable cour intérieure et spa.

**L'Agapé :** *11, fg Saint-Michel. ☎ 02-40-11-78-78. • lagape.bistrotgourmand@orange.fr • Ouv le midi lun-sam, plus le soir ven-sam (et jeu en été). Congés : en fév. Formule déj en sem 16 € ; carte env 30 €.* *L'Agapé* fait vraiment bien les choses. Dans un registre bistronomique, la carte courte privilégie une cuisine de saison fraîche, colorée et pleine de goût, qui se découvre au gré de belles assiettes. Le cadre contemporain est à la hauteur, en salle ou dans le joli patio, et le service est aux petits soins. Un rapport qualité-prix au top !

### Chic

**La Tête de l'Art :** *11, rue de la Porte-Calon. ☎ 02-40-88-53-40. • restauranttetedelart@gmail.com • Dans une des ailes du manoir de la Porte-Calon. Fermé dim-lun. Menus 32-48 €, plus le midi hors saison 25 €. Parking en face.* Décor sobrement contemporain sous les vieilles poutres de ce manoir du XVe s. Un très beau cadre, donc, et une agréable terrasse dans la cour fleurie, même si un peu proche de la route. Cuisine innovante et bien dans l'air du temps (des produits de saison frais et de bonnes idées). C'est l'une des tables de référence du secteur.

## Où dormir dans les environs ?

**Chambres d'hôtes La Balade des Marais :** *5, Kertitry, 44350* ***Saint-Molf.*** *📱 07-69-69-31-26. • jctouze@lbdmarais.com • lbdmarais.com • À env 10 km de Guérande. Double 135 €, accès au sauna compris. Table d'hôtes 45 € sur résa. Champagne à l'arrivée et pot de miel maison au départ offerts sur présentation de ce guide.* Une adresse haut de gamme, aménagée dans une maison lumineuse et contemporaine entourée d'un vaste parc boisé, avec les marais salants à proximité. Ambiance sereine et relax, à l'image des chambres très cosy, toutes avec terrasses. Les repas sont concoctés avec amour par Jean-Claude, à base de produits locaux et bio. Tout est bon, jusqu'aux délicieux petits déj cuisinés ! Sauna (gratuit), massage ayurvédique ou réflexologie plantaire, soins délivrés par Annette. Location de vélos. Un lieu pour entretenir sa zénitude !

## Où boire un thé ?

**Goût'Thé :** *30, rue de Saillé. ☎ 02-40-01-88-83. Mar-sam 10h-19h en saison ; mar-dim 15h-19h oct-avr.* À l'intérieur des remparts, près de la porte de Saillé. Jolie terrasse aux beaux jours ou petite salle pleine de charme pour goûter à toutes sortes de thés, mais aussi des gâteaux maison...

## À voir. À faire

L'appli « ***Guérande Jour Nuit*** » donne des infos historiques sur la ville et reprend les 3 parcours guidés de l'office de tourisme à l'intérieur des remparts dont un de nuit guidé par Honoré de Balzac en personne !

**La porte Saint-Michel, musée de Guérande :** *entrée principale de la ville. ☎ 02-28-55-05-05. L'été, tlj sauf lun 10h-20h ; avr-juin et sept-oct, tlj sauf lun 10h-18h ; nov-mars, mer-ven 14h-18h, w-e 10h-18h Entrée : 6 € ; gratuit moins de 18 ans. Visite guidée : 2 €.* Après des travaux de restauration en 2019-2020, le monument emblématique de la cité est de nouveau ouvert au public avec 2 expositions et une visite totalement renouvelée. Elle se termine par une balade sur les remparts et le panorama sur la cité médiévale.

**La collégiale Saint-Aubin :** *tlj hors offices religieux 9h-12h, 14h-18h.* De l'église romane, incendiée lors du sac de Guérande (1342), subsistent la nef et ses piliers dont certains sont ornés de chapiteaux sculptés. La collégiale actuelle est une construction des XV$^{e}$ et XVI$^{e}$ s, de style gothique flamboyant. À l'extérieur : chaire à prêcher du XV$^{e}$ s, desservie par l'escalier à vis du clocher, rare en Bretagne. Accès aux hauts de la collégiale avec l'office de tourisme *(avr-sept ; 4 €).*

**La ville close :** plusieurs quartiers se devinent intra-muros. Autour de la porte Saint-Michel et de la place du Pilori, le quartier commerçant est caractérisé par ses maisons mitoyennes datées du XVI$^{e}$ au XX$^{e}$ s. À l'ouest de la cité, le tissu urbain se relâche : les manoirs en granit et autres hôtels particuliers, entourés de grands jardins, se cachent derrière de hauts murs.
Au Moyen Âge, tout un quartier de la ville appartenait aux prêteurs et banquiers juifs *(rue de la Juiverie).* La ville possédait aussi ses graveurs, orfèvres et sculpteurs qui ont décoré la collégiale.

**Le château de Careil :** *33, rue du Château-de-Careil. ☎ 02-40-60-22-99. • careil.com • À 3 km au sud de la ville, direction La Baule. Juin-août, visite guidée à 11h, puis ttes les heures 14h-17h ; hors saison, sur résa (peu importe le nombre de visiteurs). Juil-août, visite aux chandelles lun et mer à 21h30 et visite « Jeu » mar, jeu et sam à 17h. Compter 35 mn-1h selon animation. Tarifs : 6-10 € selon type de visite ; réduc.* À la Renaissance, Careil régnait sur presque toute La Baule et possédait $^{1}/_{5}$ des marais salants. Ce château des XIV$^{e}$-XVI$^{e}$ s a bien sûr perdu de sa superbe, mais il mérite quand même le détour, d'autant que les visites hautes en couleur proposées par l'étonnant propriétaire sont vraiment réjouissantes. Ses anecdotes font mouche, et il n'hésite pas à mouiller sa chemise en faisant des démonstrations d'escrime ! Une façon très ludique de découvrir les parties défensives du site (tour, meurtrières et mâchicoulis témoignent du passé guerrier du domaine), puis une série de salles : salon, oratoire, chambre... qui sont autant d'occasions d'aborder différentes thématiques avec humour. Lors des visites aux chandelles, on remonte le temps avec des personnages costumés parlant le vieux « françois ». À partir de 5 ans, visite « Jeu », sous forme d'enquête ludique et aux airs de *Fort Boyard.*

**Monkey Forest :** *à* **Saint-Molf** *(44350). 📱 06-60-84-46-00. • loisirs44.monkeyforest.fr/ • Sur la D 774 direction Herbignac. Fév-oct. Tarifs : 15-30 € selon type d'activités ; réduc.* Parc aventures avec 16 parcours et 200 activités possibles pour s'amuser.

## Fête et manifestations

– **Fête médiévale :** *1 w-e fin mai-début juin.* Costumes médiévaux, défilés, banquets, fauconniers, une ambiance « médiévalement » très sympa.
– **Les Retours de plage :** *certains soirs en juil-août.* Visite spectacle, animations de rue, concerts.
– **La Voix des orgues :** *de mi-juil à mi-août, ven à 21h.* Concerts et récitals dans la collégiale. Billetterie à l'office de tourisme avec réduction.
– **Les Celtiques de Guérande :** *début août. Rens et billetterie auprès de l'office de tourisme.* 5 jours de concerts, rencontres, jeux bretons, animations, défilés, fest-noz.

## LES MARAIS SALANTS

*Carte Loire-Atlantique, A2-3*

**Ils s'étendent sur plusieurs communes. Principalement sur Guérande, on les trouve également à Saillé et à Pradel, mais aussi à Kervalet, adorable hameau rattaché à Batz-sur-Mer. Il est très agréable de venir s'y perdre à vélo (accès interdit et dangereux à pied), le cas échéant en voiture et de préférence tôt le matin ou en soirée, quand le soleil est bas sur l'horizon. Les couleurs y sont exceptionnelles avec toutes les nuances de gris, d'argent, de bleu, de vert (une seule couleur en breton : *glaz,* la couleur du ciel et de la mer), le mauve des salicornes en fleur et le blanc du sel, bien évidemment... Et si vous souhaitez acheter du sel, de nombreux paludiers vendent leur production le long de la route.**



### PETITE HISTOIRE DU SEL

Les pêcheurs des Pays-Bas ont été les 1ers à découvrir les vertus conservatrices du sel. C'est pour cette raison que de nombreuses églises de la presqu'île guérandaise ont été bâties avec des pierres de ballast des bateaux en provenance des villes hanséatiques de Brême ou de Hambourg. Posséder du sel ou en produire a très tôt représenté un intérêt politique et économique. Les princes, les évêques ou les potentats locaux s'arrangeaient pour en maîtriser les flux. En 1340, Philippe VI de Valois institua une ponction fiscale : la gabelle, récoltée par les « gabelous ». La Bretagne en était exemptée jusqu'en 1765. Créant de profondes injustices entre les régions, la gabelle représentait, en 1715, un peu plus de un dixième du revenu fiscal du royaume.

### UNE QUALITÉ RECONNUE

À Guérande, le marais a repris du poil de la bête grâce à une poignée d'anciens paludiers qui ont formé une nouvelle génération, attirée par la vie au grand air, la mise en valeur du terroir... Leur production annuelle chiffre environ 10 000 t par an grâce au travail de 300 producteurs. Aujourd'hui, le sel de Guérande est une réussite commerciale (qui a obtenu en 2012 son Indication géographique protégée, une 1re pour un sel en Europe). Présent sur les bonnes tables, il a été adopté par de grands chefs pour ses qualités gustatives.
Qu'il soit gros sel gris, sel fin ou fleur de sel, le sel de Guérande reste un produit haut de gamme (ce qui ne veut pas dire cher). Et pas seulement pour son goût, mais aussi pour ses qualités nutritionnelles, pauvre en sodium mais riche en magnésium et en oligoéléments.

### LEXIQUE DU PALUDIER

– ***Paludier :*** nom du récolteur de sel (« saunier » en Vendée). Son travail, contrairement à ce que l'on croit, consiste avant tout à entretenir le marais, la récolte ne durant qu'une quarantaine de jours dans l'année.
– ***Fleur de sel :*** le « caviar de sel ». Tandis que le gros sel se dépose sur l'argile du marais, la fleur de sel flotte à la surface. D'un geste précis et élégant, le paludier cueille ce sel, plus fin, plus blanc. Vous avez tout aussi bien le droit de préférer le sel gris...
– ***Vasière, corbier, fares, adernes et œillets :*** ce sont les différents bassins (on en compte 10 000 par ici !), correspondant aux différents stades d'évaporation de l'eau. L'***œillet*** étant le plus bas, c'est dans celui-ci que l'on récolte le sel.
– ***Trémet :*** endroit où l'on « roule » et dépose en tas le sel pendant le temps de la récolte.
– ***Salorge :*** hangar (les plus beaux sont en bois) où l'on conserve le sel jusqu'à sa commercialisation.

## Où manger des crêpes dans les marais ?

**Crêperie La Salorge :** *12, rue Croix-Sérot, à* ***Saillé,*** *44350 Guérande. ☎ 02-40-15-14-19. Fermé mar-mer hors saison. Congés : vac d'hiver et 2 premières sem de déc. Résa indispensable. Carte 15-20 €. Apéritif maison offert sur présentation de ce guide.* Ici, on sort de l'ordinaire : originales et savoureuses, crêpes et galettes font dans le gourmand, voire pour certaines dans le gourmet ! On se régale dans un cadre rustique et chaleureux, à moins de profiter de la véranda, ou, encore mieux, de s'installer sous les arbres dans le jardin. Très relax ! Belle carte de cidres.

**Crêperie Fleur de Sel :** *42, rue de la Chapelle, à* ***Kervalet,*** *44740 Batz-sur-Mer. ☎ 02-40-23-90-73. Près de l'église. Fermé mar hors saison. Congés : de début janv à mi-fév. Carte 15-20 €.* Très prisée, cette adresse labellisée « Crêperie gourmande » propose bien sûr de savoureuses crêpes et galettes, mais aussi un bon *kig ha farz,* le fameux pot-au-feu breton cuisiné en hiver dans la cheminée (inutile d'en demander au mois d'août !). Copieux, service rapide, on apprécie le cadre fleuri et la jolie petite terrasse.



# À voir. À faire

***Terre de Sel – Espace Sel et Nature :*** *route des Marais-Salants,* ***Pradel,*** *44350 Guérande. ☎ 02-40-62-08-80. • terredesel.com • Sorties découverte tte l'année 45 mn-2h (programme sur le site), tlj, sur résa : juil-août, 9h30-19h30 ; avr-juin et sept-oct, 10h-18h30 ; horaires plus restreints hors saison. Compter 9,50-13,50 € selon sortie commentée (comprenant l'entrée à l'expo), 4 € pour l'expo seule ; réduc ; forfaits famille dès le 1er enfant. Boutique très bien approvisionnée (sel sous ttes ses formes et produits locaux).* Ce vaste espace moderne, entièrement dédié au sel et aux marais, est le fruit d'un partenariat entre paludiers et animateurs nature. Les visites combinent, de façon très intelligente, une exposition retraçant la vie du marais au fil des saisons et l'explication sur le terrain, orchestrée par des guides passionnés. Le but est avant tout de montrer le lien intime qui existe entre les hommes et l'environnement et de parler des marais d'aujourd'hui, depuis leur réhabilitation et la relance de l'activité. Des balades familiales (accessibles aux personnes en situation de handicap) au cœur des bassins, avec expériences ludiques et sensorielles très appréciées. Penser à mettre des chaussures de marche. Pour observer les oiseaux, mieux vaut choisir une visite matinale (ou l'une des nocturnes proposées en été). De l'étage du bâtiment principal, vue panoramique sur les marais et expos temporaires (à vocation scientifique ou artistique).

***La Maison des paludiers :*** *18, rue des Prés-Garniers,* ***Saillé,*** *44350 Guérande. ☎ 09-53-07-74-06. • maisondespaludiers.fr • Mai-août, tlj 10h-12h30, 14h-18h. Avr et sept, tlj 10h-12h, 14h30-17h30. Mars et oct, tlj 14h30-17h30. Entrée : env 6 € ; réduc. Visite de l'écomusée : 1h. Avr-sept, visite guidée de 1h30 de 1 saline tlj à 15h30 ; juil-août, tlj à 10h30, 14h30, 15h30 et 16h30 ; env 8,50 €, réduc. Tte l'année, jeu de piste pour enfants et adultes dont l'intrigue se situe dans le Saillé de la Belle Époque ; aussi 1 escape game (en été, sur résa) censé se passer à l'époque du duc Jean IV de Bretagne.* Consacré au sel et aux paludiers, ce petit centre d'interprétation est installé en partie dans l'ancienne chapelle de Saillé, autrefois capitale du sel. Il s'agit avant tout d'un lieu d'échange où un guide s'appuie sur une grande maquette complétée par une projection numérique animée en 3D pour évoquer la cristallisation du sel et le rôle de médiateur du paludier. En complément, 1 film permet d'en apprendre un peu plus sur ce métier, mais aussi sur la faune et la flore du marais. Enfin, en participant à une visite de la saline, la fleur de sel n'aura plus de secrets pour vous !

***Le survol des marais en avion :*** *à l'aéroclub de la Côte d'Amour, à l'aérodrome, 44500* ***La Baule-Escoublac.*** *☎ 02-40-60-23-84. • aeroclub-labaule.*

*com • Attention, résa indispensable en saison. Compter 135 € le vol d'env 25 mn pour 1 à 3 pers.* Une expérience mémorable. Vu du ciel, on comprend tout, et en plus, que c'est beau !

# LA TURBALLE [an turball]

(44420) 4 500 hab. *Carte Loire-Atlantique, A2*

**Inféodée à Guérande par le passé et désormais 1er port français de la façade atlantique pour la pêche de l'anchois et de la sardine, La Turballe ne s'est pourtant mise à pêcher que dans la 2de moitié du XIXe s. Aujourd'hui la « grosse vache » (c'est le surnom donné ici à la sardine trop volumineuse pour être mise en boîte) a été détrônée par l'anchois, dont environ 7 000 t sont pêchées annuellement.**
**Côté vacances, la ville possède une longue plage de 6 km, dite « de la Grande Falaise ». Au nord du port de pêche, 5 km de petites criques de sable sont également propices aux bains de mer. Enfin, La Turballe constitue un point de départ vers les îles situées au large du golfe du Morbihan (Belle-Île, Houat, Hoëdic).**

### LE CRIQUET DES MERS

*Difficile à imaginer, mais la langouste réussit à éloigner ses prédateurs en frottant ses deux antennes l'une sur l'autre. Ce crissement assez insupportable se propage dans la mer jusqu'à 50 m.*

LOIRE-ATLANTIQUE

## Arriver – Quitter

➢ ***En bus :*** réseau *Aléop. • aleop.paysdelaloire.fr •* Liaisons avec Saint-Nazaire, Guérande ou La Baule.
➢ ***Navettes pour Houat, Hoëdic et Belle-Île : Navix,*** *☎ 02-97-46-60-00. • navix.fr • Juil-août. Traversées passagers seulement avec bagage 20 kg max. Compter env 37-42 € selon l'île pour 1 A/R dans la journée.* Depuis La Turballe, compter 1h pour Hoëdic (puis 20 mn entre Hoëdic et Houat) et 1h30 pour Belle-Île.

## Adresse utile

ℹ ***Office de tourisme :*** *pl. Charles-de-Gaulle. ☎ 02-40-24-34-44. • labaule-guerande.com • Sur le port. Juil-août, lun-sam 9h30-19h, dim 10h-13h, 15h-18h ; le reste de l'année, mar-sam.* Billetterie pour les îles (Belle-Île, Houat et Hoëdic).

## Où dormir ?

### Campings

⛺ ***Camping du Parc Sainte-Brigitte :*** *domaine de Bréhet, route de Guérande, 44350* ***Clis.*** *☎ 02-40-24-88-91. 📱 06-99-95-80-99. • saintebrigitte@wanadoo.fr • campingsaintebrigitte.com • ♿ À 3 km de La Turballe, direction Guérande. Avr-sept. Forfaits pour 2 env 21-26 € ; loc de mobile homes 6-8 pers. CB refusées. 162 empl.* Un camping atypique, aménagé près d'un château dans un vaste domaine boisé de 60 ha, avec une quarantaine d'emplacements libres, les ¾ étant occupés par des mobile homes. Piscine couverte et chauffée, resto, épicerie. Vélos en location. Ambiance familiale.
⛺ ***Camping de la Falaise :*** *1, bd de Belmont. ☎ 02-40-23-32-53.*

*• info@camping-de-la-falaise.com • camping-de-la-falaise.com • À 10 mn à pied au nord du bourg. Avr-oct. En été, forfait pour 2 env 38 € ; loc de mobile homes 2-8 pers 620-1 130 €/sem. 120 empl.* Un camping de bord de mer aux emplacements bien délimités. Évidemment, ceux qui font face à la plage sont pris d'assaut. Mais qu'à cela ne tienne, ici 1 emplacement sur 2 est réservé au camping proprement dit, alors on ne subit pas la pression des mobile homes. Snack-bar. Location de bagnoles. Piscine couverte et chauffée. Accueil avenant.

### De prix moyens à chic

**Hôtel Les Chants d'Ailes :** *11, bd Bellanger. ☎ 02-40-23-47-28. • contact@leschantsdailes.com • hotel-les-chants-dailes-la-turballe.com • Congés : vac d'hiver (zone B) et de la Toussaint. Doubles 61-103 € ; familiales.* Quasiment les pieds dans le sable, puisqu'il n'y a que la rue à traverser. Dans un bâtiment moderne, un petit hôtel convivial sans prétention, mais aux chambres bien entretenues et d'un honnête rapport qualité-prix (intéressante suite familiale notamment). Salle pour le petit déj avec vue sur l'océan. Accueil sympathique. Location de vélos.

**Chambres d'hôtes Le Manoir des Quatre Saisons :** *744, bd de Lauvergnac. ☎ 02-40-11-76-16. 06-87-33-43-86. • manoirdes4saisons@gmail.com • le-manoir-des-quatre-saisons.com • ♿ (1 chambre). Sur la route de Piriac. Doubles 80-130 €.* Beau manoir tout en granit et ardoise, entretenu avec soin, offrant 3 types d'hébergements : des chambres classiques, 1 suite avec cuisine et 1 appartement équipé, tous au confort cossu. Adresse un peu chic mais pas guindée. Piscine chauffée et grand jardin.

**Hôtel de Penbron :** *à l'extrémité de la presqu'île de Pen-Bron, séparé du Croisic par le chenal (devant la barrière, appuyez sur le bouton). ☎ 02-28-56-77-99. • odesia-vacances.com • ♿ Doubles env 90-150 €.* Idéalement placé (la mer de tous côtés), un hôtel isolé aux chambres immenses avec lits médicalisés ou sauna dans certaines. Toutes très sobres, voire monacales, et parfaitement entretenues. Belle terrasse pour prendre son petit déj. Resto. Sinon, l'été, *Le Galipétant* vous fait traverser jusqu'au Croisic *(lun-sam 9h-19h, commence à 11h dim).* Un plan détente, carrément coupé du monde.

## Où manger ?

**Le Terminus :** *18, quai Saint-Paul. ☎ 02-40-23-30-29. ♿ Fermé dim soir-mar. Compter 20-40 €.* La belle table de la ville, où l'on s'installe dans une salle moderne pour profiter d'une vue imprenable sur la criée et les mouettes morfales. Cuisine de la mer classique et soignée, à base de produits frais en liaison directe avec l'océan. Une valeur sûre.

## À voir. À faire

**Le clocher-belvédère de l'église de Trescalan :** *visite guidée juil-août, lun et ven-sam 14h30-17h (1,50 €, gratuit moins de 12 ans).* Construit en 1852, il offre une vue panoramique à 45 m au-dessus du niveau de la mer. Accès par 110 marches et une échelle en bois !

**La criée et le port :** *arrivée des bateaux l'ap-m et en soirée lun-ven.* Un cérémonial bien réglé que celui de la criée, même si la « criomobile » a pris le relais du crieur professionnel. Mareyeurs, grossistes, poissonniers viennent s'y approvisionner. C'est donc ***réservé aux professionnels,*** mais on peut y assister en visite guidée en saison *(juil-sept, mer-ven 5h45-7h ; compter 1h15-1h30, résa obligatoire ; ☎ 02-40-24-34-44 ; tarif : 6 €, réduc).* **Pas de vente aux particuliers.** Vrai patrimoine de la ville.

**Le musée « La Maison de la pêche » :** *derrière l'office de tourisme, sur le port, au-dessus du Centre de marée. ☎ 02-40-11-71-31. • info@augreduvent44.fr • Juil-août, tlj 9h30-12h30, 14h-18h ; horaires plus restreints hors saison. Entrée : 4 € ; réduc.* L'association Au gré des vents a pour but la défense et la promotion du patrimoine maritime. Elle organise de nombreuses animations autour du port. Gère le chalutier du même nom (propriété de la Ville), que l'on peut visiter (45 mn). Organise des visites guidées du port (1h environ) et de la criée (1h). Également des balades autour de la ville, au moulin de Kerbroué. Dans leurs petits locaux, un musée de poche sur l'histoire de la pêche, des expos temporaires, et pour les jeunes mousses, des ateliers de matelotage pour apprendre à faire des nœuds comme la « jambe de chien » (sur résa). Très actif et de bon conseil pour vos sorties en mer.

➢ **Le Petit Train des Marais Salants :** *départ devant l'office de tourisme. 07-68-23-74-47. • petit-train-guerande.fr • Avr-août ; juil-août, départs tlj à 11h (sauf w-e), 14h30, 15h30, 16h30 et 17h30 (sauf mer). Tarif : 8 € ; réduc.* Petite visite guidée de 1h à travers les marais.

➢ **Pêche et promenades en mer :** *mai-oct.* Sorties de pêche à bord d'un chalutier, pêche au bar au lancer... Plusieurs professionnels proposent leurs services. Infos à l'office de tourisme.



## Fête et manifestation

– **Festi Vent :** *dernier w-e de juin. • laturballe.fr •* Démonstrations de cerfs-volants, initiation au kayak de mer et à la voile, baptême de goélette, spectacles déambulatoires, concerts...
– **Fête de la Sardine :** *mi-juil et mi-août.* Dégustation de la reine sardine sous toutes ses formes. Musique bretonne. Très populaire.

## DANS LES ENVIRONS DE LA TURBALLE

Les **dunes de Pen-Bron** sont classées et protégées. Il s'agit d'un isthme sablonneux, s'avançant entre la mer et le Traict (lagune salée soumise au va-et-vient des marées), pratiquement jusqu'au Croisic. Ce site naturel protégé abrite également une plage. Tout au bout de l'isthme, on atteint l'imposant **centre marin de Pen-Bron** qui fut dédié à la rééducation motrice et fonctionnelle jusqu'en 2018.

➢ Liaisons saisonnières entre la pointe de Pen-Bron et le port du Croisic avec un passeur (8 places), *Le Galipétant.* *Infos aux offices de tourisme du Croisic et de La Turballe.*

## PIRIAC-SUR-MER [pen kiriak]

(44420) 2 260 hab. Carte Loire-Atlantique, A2

**Un des plus beaux endroits de la région. Ce port pittoresque en diable a séduit Daudet, Flaubert, Pablo Casals... Zola y séjourna dans une maison en face de l'église, et la famille Belmondo y avait ses quartiers. Avec ses ruelles étroites d'où percent çà et là valérianes et roses trémières et ses lourdes maisons de granit aux balcons fleuris, Piriac, une des rares stations de la côte atlantique labellisée « Famille Plus », possède un charme fou. Pas de voitures en centre-ville (utiliser le grand parking à l'entrée).**

## Adresse et info utiles

**Office de tourisme :** *7, rue des Cap-Horniers. ☎ 02-40-24-34-44. • labaule-guerande.com • Près du parking du marché. Juil-août, lun-sam 9h30-19h, dim 10h-13h, 15h-18h. Avr-juin et sept-oct, lun-sam 10h-12h30, 14h-18h. Nov-mars, mar-sam.* Organise des visites de la ville sur résa (programme sur le site web).

➢ **En bus :** ligne 4 du réseau *Aléop* avec La Baule. *• aleop.paysdelaloire.fr •*

## Où dormir ? Où manger ?

### Camping

**Camping Mon Calme :** *rue de Norvoret. ☎ 02-40-23-60-77. 06-27-14-28-61. • campingmoncalme@free.fr • campingmoncalme.com • Proche de la plage du Castelli, à 5 mn à pied du village. Ouv Pâques-fin sept. Pour 2, à partir de 20 € ; mobile homes à partir de 62 €/nuitée.* Encadré de maisons dans un quartier résidentiel, proche du port et des plages, un camping à l'ambiance relax avec piscine chauffée non couverte, bar et resto.

### De bon marché à prix moyens

**Chambres d'hôtes Polohan :** *555, route de Guérande. 06-98-78-29-21. • sylvie-guillard@wanadoo.fr • Congés : déc-janv. Doubles à partir de 62 €.* On est bien, chez Sylvie. Elle accueille ses hôtes comme des amis et leur réserve des chambres agréables et tout confort avec accès indépendant. Le tout dans une belle maison à quelques encablures du centre.

**Hôtel de la Poste – Restaurant La Terrasse Fleurie :** *26, rue de la Plage. ☎ 02-40-23-50-90. • piriac.hoteldelaposte@wanadoo.fr • hotel-restaurantdelaposte.com • Resto fermé mer et le soir dim-mar hors saison. Congés : de fin nov à mi-déc et de début janv à mi-fév. Doubles 66-79 € ; familiales. Formules déj en sem 9 € ; menu 27,50 € ; carte env 30-35 €. Apéritif maison offert sur présentation de ce guide.* En terrasse ou dans la jolie salle, une cuisine soignée, comme on dit, largement tournée vers la mer et à base de produits frais. Chambres rénovées, simples et agréables. Excellent accueil.

LOIRE-ATLANTIQUE

# À voir. À faire

**La Maison du patrimoine :** *3, pl. Henri-Vignioboul. ☎ 02-40-15-59-71. • patrimoinepiriac.fr • Juil-août, tlj 15h-19h, plus 10h30-12h30 jeu-ven ; sept, tlj sauf lun 14h30-18h ; avr-juin, w-e et j. fériés 15h-18h. Entrée : 3 € ; gratuit moins de 12 ans.* Petite expo sur l'histoire de Piriac, l'aventure de la sardine, photos, 1 200 cartes postales anciennes, maquettes, costumes, objets, expo sur le port, vieux métiers...

**Piriac Aventure :** *route de Mesquer (D 52). 06-67-90-56-66. • piriac-aventure.com • Juil-août, tlj 9h30-20h ; horaires restreints hors saison (voir leur site). Entrée : 23 € ; réduc et formule famille. Résa conseillée.* Entre terre et ciel, on glisse ou on grimpe, de la cime d'un arbre à l'autre. Plus de 80 ateliers de différents niveaux sur une dizaine de parcours régulièrement entretenus, voire carrément remis à neuf.

**Le tombeau d'Almanzor :** *en suivant le sentier des douaniers, peu avt la pointe du Castelli ; accessible seulement à marée basse selon coefficient.* Le rocher le plus connu de cette portion de côte, qui peut, effectivement, évoquer un tombeau, recouvert des plis d'un drap mortuaire. C'est celui, dit la légende, d'Almanzor, un seigneur local qui fit naufrage ici à son retour de croisade. Au grand désespoir de sa gente dame Yseult, qui l'attendait dans la *grotte à Madame* qu'on découvre également au long de ce sentier.

***Balades en kayak de mer :*** ***Nautisme en Pays Blanc,*** *à la Maison de la mer.* ☎ *02-40-23-53-84.* • *npb.asso.fr* • Découvertes, balades et randonnées nautiques en kayak de mer. Propose également en été des sorties en goélette, à paddle, en pirogues et des balades palmées. Location de catamarans, planches à voile, Optimist...

# MESQUER-QUIMIAC [meskeR]

(44420) 1 940 hab. *Carte Loire-Atlantique, A2*

**Une commune très étendue qui a su garder son âme sauvage. Prendre la route qui longe la côte depuis Piriac, passer à Quimiac, puis aller à Mesquer en passant par l'étier de Kercabellec, près des parcs à huîtres qui bordent le Traict de Merquel. Cet ancien petit port comptait, au milieu du XIXe s, 35 navires exportateurs de sel. Il alimente une partie des marais salants de Mesquer, où des sentiers invitent à la promenade. Beaucoup de charme, plein de plages et plagettes. Mesquer est aussi réputé pour ses pigeons élevés en plein air. On les retrouve à la carte sur toutes les bonnes tables de la région.**

LOIRE-ATLANTIQUE

## Adresse et info utiles

***Office de tourisme :*** *pl. du Marché (pl. de l'Orée-du-Bois), à Quimiac, 44420 Mesquer.* ☎ *02-40-24-34-44.* • *mesquerquimiac.com/office-de-tourisme/* • *Juil-août, lun-sam 9h30-19h, dim 10h-13h, 15h-18h. Avr-juin et sept-oct, lun-sam 10h-12h30, 14h-18h. Nov-mars, mar-sam.* Infos pour les visites guidées des marais et des parcs ostréicoles en été. Billetterie.

➢ ***En bus :*** réseau *Aléop*. Liaisons sur résa avec La Baule et Guérande.

## Où dormir ? Où manger dans le coin ?

### Campings

***Camping Le Beaupré :*** *141, route de Kervarin,* ***Kercabellec.*** ☎ *02-40-42-64-16.* *06-85-61-03-27.* • *info@lebeaupre.com* • *lebeaupre.com* • *Du centre de Mesquer, direction Kercabellec. Ouv avr-sept. Pour 2, compter env 19-26 €, électricité comprise ; mobile homes également.* Un camping de poche situé au nord de Mesquer, à 300 m de la mer. Sous les grands pins et les cyprès, juste ce qu'il faut de mobile homes pour narguer les campeurs. Tente collective pour manger au sec. Sentier de randonnée à 2 pas. Très cool.

***Camping Château du Petit Bois :*** *1820, route de Kerlagadec, Mesquer-Quimiac.* ☎ *02-40-42-68-77.* • *info@campingdupetitbois.com* • *campingdupetitbois.com* • *Ouv avr-sept. En été, forfait pour 2 env 25 € ; mobile homes 550-860 €/sem.* De grands emplacements bien délimités dans la clairière ou dans la pinède centenaire. Bien au calme. Ici, le proprio a tout misé sur les jeux pour enfants pour attirer la clientèle : grande piscine, toboggans, tyrolienne et même un geyser ! Bar-resto sur place.

***Camping de la Baie :*** *Keravelo, à* ***Pen-Bé-en-Assérac.*** ☎ *02-40-01-71-16.* • *contact@camping-delabaie.com* • *camping-delabaie.com* • *De l'autre côté du Traict de Merquel. Avr-oct. Forfait pour 2 env 28 € ; chalets et mobile homes 92-133 €/nuitée.* Camping convivial et familial aux emplacements ombragés, sis dans un hameau calme et isolé du reste du monde, avec accès au Traict de Pen-Bé. Des animations pour les enfants en saison. Piscine couverte et chauffée.

### De prix moyens à chic

***Hôtel Relais Marine :*** *276, rue Centrale, à Quimiac.* ☎ *02-40-42-51-09.*

*• relaismarine@free.fr • relaismarine.fr • ♿ (resto). Sur la route de Mesquer. Resto ouv le soir mar-sam, plus dim midi. Doubles 58-87 € ; menus 28-38 €.* À 300 m de la plage, cet établissement d'un classicisme redoutable est un point de chute idéal. Au restaurant, un vent marin souffle sur les assiettes avec une belle cuisine de saison, servie aux beaux jours dans le jardin intérieur. Quant aux chambres, elles se présentent dans des teintes marines, douces et apaisantes.

***Café du Port :*** *290, rue du Port, à* ***Kercabellec.*** *☎ 02-40-24-57-03. Fermé lun. Formule du midi env 14 € ; plats à la carte env 15 €.* C'est l'ancien café de Kercabellec, où venaient s'amarrer jadis les figures locales. Hors saison, c'est une cuisine fraîche (que des produits du cru et bio), pour une assiette joliment travaillée, d'ailleurs Anna a même tendance à coller des fleurs dans tous ses plats ! En juillet-août en revanche, c'est moules-frites et point barre ! Cela dit, l'adresse reste une valeur sûre pour un apéro au coucher du soleil.

***La Vieille Forge :*** *rue d'Aha, à Mesquer. ☎ 02-40-42-62-68. • contact@vieilleforge.fr • Fermé sam midi, dim soir-lun. Formules déj en sem hors juil-août env 19-23 € ; menus 35-49 €.* Dans une ancienne forge du XVIIe s, comme son nom l'indique. Les murs de pierre et les poutres de bois sont donc toujours en bonne place, mais dans les assiettes, le rustique cède la place au moderne et au créatif ! Le chef, qui a travaillé dans de grandes maisons, élabore une cuisine soignée à base de produits rigoureusement choisis. Belle carte des vins. Une valeur sûre.



## DANS LES ENVIRONS DE MESQUER-QUIMIAC

***La pointe de Merquel :*** *entre Quimiac et Mesquer.* Une plage superbe (plage de Sorlock), des bouchots à marée basse et une vue au loin sur l'île Dumet. Juché sur un ancien blockhaus, un belvédère permet de mieux comprendre le Traict de Merquel. À marée basse, les ornithologues seront aux anges. Remarquer la mignonne *chapelle* blanche *(ouv en saison, se renseigner à l'office de tourisme),* reconstruite en 1946. À l'intérieur, magnifiques statues polychromes de Jean Fréour, le sculpteur breton de la région, et une fresque très kitsch des années 1950, avec une ribambelle d'enfants de chœur.

### AU CENTRE DU MONDE

*À une poignée de km au large de Piriac-sur-Mer, la petite île Dumet, aujourd'hui déserte, serait, d'après les calculs du physicien Alphonse Berget en 1912, le centre des terres émergées. Mais d'autres calculs plus récents situent ce « nombril du monde » à Pitesti, en Roumanie. Salvador Dalí avait opté pour la gare de Perpignan. Une chose est sûre : Dumet est la seule île maritime de Loire-Atlantique !*

# LE PARC NATUREL RÉGIONAL DE BRIÈRE

*Carte Loire-Atlantique, A-B2*

• Carte *p. 539*

**2e marais de France après la Camargue, la Grande Brière se présente comme une mosaïque de canaux, de plans d'eau, de roselières et de prairies inondables. Propriété indivise des habitants depuis des temps immémoriaux (la Brière**

**était un alleu, une terre libre, en opposition aux fiefs qui eux étaient inféodés à un seigneur au Moyen Âge), la Grande Brière s'étend sur 54 800 ha dont environ 20 000 ha de zones humides. Elle se compose au nord des marais du Haut-Brivet, à l'est de ceux de Donges, au centre de 7 îles (dont Fédrun, la principale) et à l'ouest de la Grande Brière Mottière (6 700 ha), qui a donné son nom au parc. Immense tourbière que les pluies d'automne transforment en une vaste étendue d'eau, ce pays permet le développement d'une faune et d'une flore spécifiques (roseaux, nénuphars thorelles, loutres, spatules blanches, hérons...).**
**Et l'être humain dans tout cela ? Depuis la nuit des temps, les Briérons (peut-être des descendants des Vikings débarqués en basse Loire au IX^e^ s, qui sait ?) construisent leurs habitations avec des matériaux du cru. Près de 3 000 chaumières sont ainsi référencées, créant une atmosphère et un environnement qui contrastent avec la côte, située à seulement une dizaine de kilomètres. Parc naturel régional reconnu depuis 1970, le marais souffre néanmoins de la régression des activités traditionnelles. Des programmes d'entretien limitent toutefois son assèchement progressif. En effet, sans l'intervention de l'homme, le marais se comblerait et la forêt repousserait.**
**La Brière se découvre tranquillement, à son rythme, au fil de l'eau ou d'une promenade, tôt le matin ou à la nuit tombée afin d'observer au mieux oiseaux et ragondins. Et, bonne nouvelle, dans la Brière se cachent également des adresses de qualité pour se loger ou se restaurer.**



## UN PEU DE GÉOLOGIE ET D'HISTOIRE

On pense que cette cuvette géologique, après avoir été envahie à plusieurs reprises par la mer, a fini par se combler et s'assécher, permettant ainsi à la végétation de s'y installer, tant et si bien qu'aux environs de 5 000 ans av. J.-C. une véritable forêt de chênes et de hêtres s'y était installée. Les choses étant rarement stables en géologie, les alluvions de la Loire ainsi que les dépôts marins finirent par contrarier l'écoulement des ruisseaux (sans doute des affluents du Brivet) qui coulaient de l'arrière-pays vers la mer, et la forêt devint un véritable marécage.
Nous sommes vers 4 500 ans av. J.-C. Les arbres littéralement asphyxiés par l'eau, une fois morts, tombent, enfouis sous les débris de végétation marécageuse qui, elle, se transformera en tourbe au fil du temps. Témoins de ce changement de nature de terrain, les *mortas,* des arbres plus durs et plus noirs que l'ébène ; une fois séchés, ils sont transformés en sculptures par seuls quelques courageux artistes ; autrefois, ils étaient utilisés en charpente.
La fin de l'été était marquée par l'extraction de la tourbe. Pendant les 8 jours accordés au tourbage, on se livrait aussi à la recherche des *mortas.* L'activité de tourbage prit fin après la 2^de^ Guerre mondiale. Cette Camargue de l'Ouest vivait repliée sur elle-même. Les habitants se mariaient entre voisins. Ces habitudes de vie d'autrefois sont merveilleusement retranscrites dans le roman d'Alphonse de Châteaubriant, *La Brière.*

### UN MARAIS PROVIDENTIEL

*Jusqu'au milieu du XIX^e^ s, le marais était une véritable richesse. Le roseau était utilisé pour le chaume et les litières des animaux ; la tourbe servait de combustible qui était vendu jusqu'à l'île de Ré ; l'osier était employé dans la vannerie ; et le poisson et le gibier abondaient. On recueillait même les sangsues pour les vendre aux pharmaciens.*

## DÉCOUVRIR LE MARAIS

Plusieurs prestataires organisent des ***randonnées de découverte*** du marais. Le visiteur embarque sur un *chaland* ou un *blin,* un bateau à fond plat utilisé dans le passé pour transporter le bétail, poussé à la *perche* sur les *piardes*

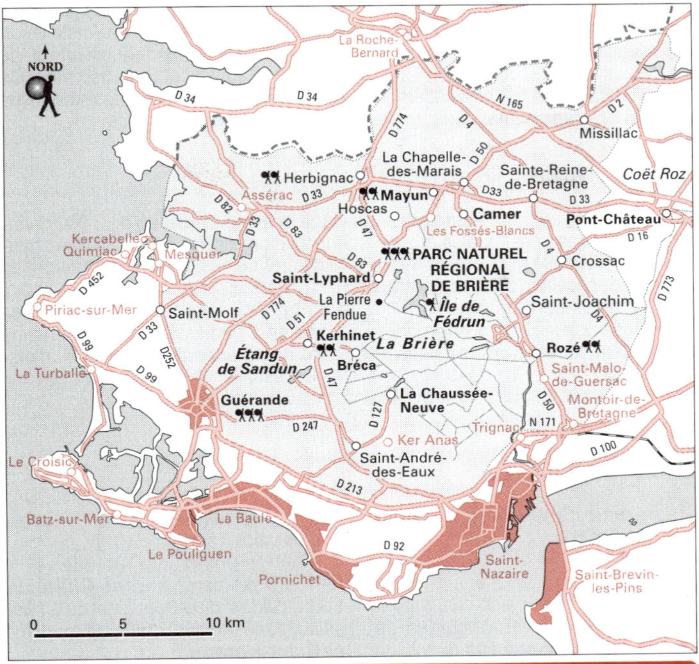


## LE PARC NATUREL RÉGIONAL DE BRIÈRE

(anciens sites d'exploitation de la tourbe), de *curées* (canal de ceinture) en coulisse, parmi les roseaux, les iris ou autres laîches.

On peut choisir de manœuvrer seul la barque, mais ce n'est pas si facile. L'idéal est de s'adresser à un professionnel.

*– Liste des guides répondant à la charte de qualité du parc auprès des bureaux d'info touristique, notamment celui de Kerhinet. Pour une balade en barque (45 mn-1h), compter env 10 €/pers ; en barque + calèche (1h30), autour de 18 €/pers ; tarifs réduits à l'office de tourisme La Baule – Presqu'île de Guérande. Départs recommandés en matinée ou au coucher du soleil, plus frais et plus calmes. Loc de chalands individuels (avec pagaies) sur résa seulement.*

– La Brière se découvre également ***à pied, à vélo, à cheval*** ou ***en calèche*** (souvent les mêmes guides qu'en chaland). Et que dire d'un conteur pour un ***vagabondage nocturne*** sur le marais (en juillet-août) ? Le parc organise de nombreuses promenades et visites guidées à thème (faune, flore, patrimoine...).

## LA FAUNE EN BRIÈRE

Paradis des ornithologues, la Brière, zone Natura 2000, recèle nombre d'espèces d'***oiseaux*** : rapaces (busard des roseaux), butor étoilé (héron au chant de corne de brume), passereaux (bruant des roseaux, mésange à moustaches) et autres grèbes, sarcelles, moretons, rousserolles, hérons... À voir également, la foulque macroule qui fait son nid près des plans d'eau. Le marais nourrit encore

4 000 ***bovins*** (contre 18 000 au début du XX^e s). L'***écrevisse rouge de Louisiane*** a fait son apparition dans les marais dans les années 1970, à la suite de l'installation d'un élevage. Leur reproduction exponentielle a engendré pendant un temps de vrais dégâts dans les piardes. Aujourd'hui, la petite bête se fait plus discrète... On trouvera aussi, mais malheureusement bien trop souvent le long des routes, des ***loutres*** et des ***ragondins.*** Alors, méfiance quand vous êtes au volant.

## LA CHAUMIÈRE DE BRIÈRE

Partie intégrante et caractéristique du paysage briéron. Avec plus de 3 000 chaumières recensées, c'est la plus grande concentration en France : 60 % des chaumières françaises se trouvent en Brière. À la différence des chaumières bretonnes et normandes, celle de Brière est trapue et sa hauteur sous plafond reste faible. Les murs épais sont montés en pierre et en terre. 3 ouvertures traditionnelles sont exposées au midi. La porte basse s'ouvre en 2 parties. Ces chaumières ne comportaient autrefois qu'une seule pièce avec un sol en terre battue, où l'on disposait bancs, table et lits dans les coins. Un petit escalier étroit montait au grenier. On en découvre quelques superbes exemples au hameau de Kerhinet.



## Adresses utiles

***Bureau d'information touristique de Brière :*** ***Kerhinet,*** *44410 Saint-Lyphard. ☎ 02-40-24-34-44. • labaule-guerande.com • Avr-début nov, tlj ; début nov-mars, seulement w-e. Fermé en janv.* Topoguides de randos *(5 €),* visites guidées du village toute l'année. Résas de balades en chaland. Nombreux tarifs réduits pour les sites de visites. Location de vélos.

***Bureau d'information de Saint-Lyphard :*** *pl. de l'Église. ☎ 02-40-24-34-44. • labaule-guerande.com • Juil-août, tlj sauf dim ap-m ; mi-saison, fermé dim ; nov-mars, fermé dim-lun.* Organise des visites du clocher de l'église pour profiter du panorama grandiose à 360° sur la Brière *(tte l'année ; 4 €/adulte, réduc).* Résas de balades en chaland. Nombreux tarifs réduits pour les sites de visites. Location de vélos.

D'autres points info répartis sur le territoire du parc, à ***Pont-Château/Saint-Gildas-des-Bois*** ainsi qu'à ***Missillac,*** sans oublier l'office de tourisme de ***Saint-Nazaire.***

***Location de vélos :*** *l'office de tourisme La Baule – Presqu'île de Guérande (Saint-Lyphard et Kerhinet), labellisé Accueil Vélo, loue des vélos et propose des fiches pour les 210 km d'itinéraires balisés. Sinon,* ***Au Gré du Vent,*** *sur le port de plaisance de* ***Camoël*** *(Morbihan), fait des livraisons-reprises au point d'hébergement de VTT, VTC et remorque enfants (☎ 02-99-90-56-91 ; 📱 06-20-67-49-92 ; • augreduvent.fr • ; juil-août, tlj ; le reste du temps, sur résa).*

## Où dormir ? Où manger ?

### Camping

Voir aussi les campings de Guérande et les meublés, nombreux dans le coin.

***Camping Le Deffay :*** *44160* ***Sainte-Reine-de-Bretagne.*** *☎ 02-40-88-00-57. • info@camping-le-deffay.com • camping-le-deffay.com • ♿ Mai-sept. Pour 2, compter 18-23 € ; mobile homes et chalets également.* Très beau camping, ombragé et paisible, étendu sur les 13 ha du parc d'un élégant château du XIX^e s. De nombreuses activités (piscine chauffée et couverte, pêche, vélo, embarcations à pédales, jeux pour enfants...). 5 chambres d'hôtes dans le château tout proche (un peu chères). Bar-resto.

## Côté ouest du parc

### De prix moyens à chic

**Chambres d'hôtes La Musardise :** *47, rue du Méné, 44350* ***Guérande.*** *☎ 02-40-61-90-50. • lamusardise44@orange.fr • lamusardise.fr • ♿* ***À proximité de Kerhinet*** *mais sur la commune de Guérande, à 2 pas de l'étang de Sandun. Double 84 €.* Dans une longère du XVIIIe s, de belles chambres en duplex avec entrée indépendante, à la déco bien pensée et aux couleurs harmonieuses. Un bon point de chute, au calme.

**Chambres d'hôtes La Noé de Marlais :** *12, rue Jean-de-Rieux, Marlais, 44410* ***Herbignac.*** *☎ 02-40-91-40-83. 📱 06-88-50-35-24. • chambres@lanoedemarlais.fr • lanoedemarlais.fr • D'Herbignac, prendre la D 47 vers Saint-Nazaire. Congés : oct. Double 69 € ; familiales. Réduc de 10 % sur le prix de la chambre pour 2 nuitées consécutives min, sauf juil-août, sur présentation de ce guide.* Une poignée de chambres nickel dont 2 à l'étage d'une longère ; également une belle suite pour 4 personnes, pratique en famille. Décoration classique, privilégiant le mobilier de famille. Jardin fleuri, jeux pour les enfants. Bon rapport qualité-prix doublé d'un bel accueil.

**Auberge Ker Roland :** *49, rue du Morbihan, route de Férel, 44410* ***Herbignac.*** *☎ 02-51-76-91-76. 📱 06-15-71-57-13. • auberge-ker-roland@alicepro.fr • ♿ Derrière l'église (fléché). Fermé dim soir-lun. Formule déj en sem moins de 17 € ; menus 23,50-47 €. Café offert sur présentation de ce guide.* À proximité du centre, mais bien caché dans la végétation, un ancien bâtiment de ferme transformé en restaurant. Salle à manger chaleureuse ou terrasse dans le jardin dès les 1res caresses du soleil. Parfait pour profiter d'une bonne cuisine traditionnelle « entre terre et mer », qui privilégie les produits locaux. Ambiance familiale.

**Auberge du Nézil :** *D 47, Le Nézil, 44410* ***Saint-Lyphard.*** *☎ 02-40-91-41-41. Fermé dim soir-lun, plus mer hors saison. Formules 24-34 € ; menu 42 €.* La modernité de la déco épouse à merveille la rusticité de cette chaumière typique. Véranda à l'arrière donnant sur la verdure. Cuisine régionale créative et pleine de couleurs, à base de produits typiquement briérons (grenouilles, anguilles) mais pas que... La carte évolue au gré des saisons, mais pas la clientèle, pour qui cette adresse demeure une référence. Franchement, ici, tout nous plaît !

**Le Carpe Diem :** *29, av. Jean-Boutroux, à* ***Escoublac.*** *☎ 02-40-24-13-14. • contact@le-carpediem.fr • ♿ Fermé dim soir et mar soir-mer. Formules déj en sem 12-23 € ; menus-carte 36-56 € ou variation 4 plats « surprise » 60 €. Apéritif offert sur présentation de ce guide.* Une adresse confidentielle que les gourmands connaissent bien. Dans la belle salle contemporaine, on se régale d'une cuisine de saison inventive, finement travaillée à partir de produits régionaux (les fournisseurs sont triés sur le volet !). Des menus pour tous, superbes dès les 1ers prix. En prime : des formules à emporter. Génial, non ?

## Côté est du parc

Voir aussi les hébergements auprès de l'***office de tourisme de Saint-Nazaire*** dont le parc dépend également, notamment ***La Milonga Bed & Breakfast,*** qui possède un accès direct à la Brière grâce au Brivet.

### De prix moyens à chic

**Chambres d'hôtes Le Chêne Vert :** *Le Chêne-Vert, 44780* ***Missillac.*** *☎ 02-40-01-50-46. 📱 06-12-43-33-18. • charlottetrouchard@wanadoo.fr • legiteduchenevert.com • ♿ (gîte). Le hameau du Chêne-Vert est situé à proximité de Missillac. Doubles 70-75 € ; familiales.* On aime bien l'accueil chaleureux de Charlotte dans sa longue maison ancienne en granit, donnant sur un parc de plus de 1 ha. Chambres douillettes et spacieuses avec un coin cuisine, dans un studio avec entrée indépendante ou dans l'appartement sous les combles. Généreux petit déj servi dans la salle à manger familiale. Une adresse paisible.

**Le Penlys :** *41, rue de Penlys, 44410* ***La Chapelle-des-Marais.*** *☎ 02-40-53-91-44. • lepenlys@gmail.com • restaurntlepenlys.com • Ouv le midi mar-dim ; fermé lun. Congés : de fin déc à mi-janv. Formules 20-32,50 €.*

*Apéritif maison offert sur présentation de ce guide.* Salle accueillante, avec des banquettes en skaï marron-beige qui rappellent que cette adresse fut autrefois celle d'un resto à « menu ouvrier ». Si les prix ne se sont pas affolés, la cuisine est désormais très emballante avec de jolis produits *made in* terroir, travaillés avec simplicité, mais avec beaucoup de savoir-faire et de sincérité.

**Auberge du Chaland :** *49, La Tennière, 44160* ***Sainte-Reine-de-Bretagne.*** *☎ 02-40-01-05-28. • aubergeduchaland@gmail.com • Ouv le midi tlj sauf lun. Congés : 2 sem fin août et période de Noël. Résa conseillée. Formule en sem 12,50 € ; menus 14,50-30,50 €.* Le cadre tout d'abord : une belle chaumière en pleine campagne, fleurie et tranquille. Une vraie carte postale ! La cuisine ensuite, traditionnelle et familiale (assiette de charcuterie, sandre, anguilles...). Une adresse qui plaît en Brière, à juste titre.

## Beaucoup plus chic

**La Mare aux Oiseaux :** *223, rue du Chef-de-l'Île,* ***Fédrun,*** *44720 Saint-Joachim. ☎ 02-40-88-53-01. • accueil@mareauxoiseaux.fr • mareauxoiseaux.fr • Congés : janv. Côté dodo : doubles et suites 165-310 € ; petit déj 25 €. Côté resto : formule déj sauf dim 55 € ; menus 82-120 €. Café ou un petit déj/chambre par nuit offert sur présentation de ce guide. Résa indispensable (et bien à l'avance pour le resto). Réouverture depuis 2020, suite à des travaux.* Autour d'un jardin luxuriant avec des oiseaux en volières et quelques échassiers en liberté, des chambres luxueuses sous un toit de roseaux, dans une annexe sur pilotis au bord du marais, ainsi que des suites dans le village. Va pour le côté dodo. En ce qui concerne le resto, Éric Guérin, un ancien de *La Tour d'Argent* et grand voyageur, est aux commandes. Ancien ? Que nenni ! Ce chef plein d'idées a su garder son âme d'enfant pour mettre un brin de folie dans les assiettes. En revisitant la manière d'assembler les produits du terroir, sa cuisine d'exception raconte de belles histoires. Qui plus est, le cadre, tout en verrière, est vraiment magnifique. Une grande table !

## Où acheter de bons produits ?

**La Chaumière des Saveurs et de l'Artisanat :** *village de* ***Kerhinet,*** *44410 Saint-Lyphard. ☎ 02-40-61-95-53. Mars-juin et sept-oct, ouv mar-sam et dim ap-m (fermé dim mat et lun) ; juil-août, tlj. Congés : nov-fév.* Artisans, fermiers, artistes de la région exposent ici. Un aperçu assez complet de la production briéronne.

# À voir

### Côté ouest du parc

Au plus fort de l'été, du fait de sa proximité avec La Baule et Guérande, la pression touristique sur la rive occidentale du parc de Brière est plus forte que sur la rive orientale. À bon entendeur...

## Kerhinet (44410)

C'est dans ce village, sur la commune de Saint-Lyphard, que l'on trouve l'office de tourisme de Brière (Maison du parc). Ce hameau, réservé aux piétons, est devenu un authentique musée en plein air. Il présente un habitat briéron traditionnel de 18 chaumières sur un sentier d'interprétation en 12 étapes qui retrace son histoire et ses coutumes. Également un itinéraire faisant le tour du village (le *sentier du bocage*), une exposition pour découvrir les différentes facettes du territoire, un programme d'animations avec balades contées, des visites guidées thématiques, des démonstrations d'artisanat ou de peinture, des ateliers créatifs... Bien sûr, beaucoup de monde en été.

Le jeudi de juillet à mi-septembre, un ***marché*** des produits du terroir s'y installe toute la journée : alimentation, vannerie... De grandes tables sont dressées pour déjeuner sur le pouce avec animation musicale. Une formule sympathique avec de bons produits fermiers.

## La Chaussée-Neuve

De Saint-André-des-Eaux, une route champêtre s'enfonce vers le cœur du marais. À La Chaussée-Neuve, on embarquait jadis pour 1 ou 2 jours pour livrer sel et légumes à Trignac ou Saint-Joachim, d'où l'on rapportait sable ou fumier. Le long canal n'attend plus désormais que les touristes en mal de poésie... Ils ne seront pas déçus.



## Bréca *(44410)*

*Sur la route de Saint-Lyphard, côté droit.*
Hameau riche en chaumières, d'où l'on peut aller dans le marais en chaland ou en calèche (voir plus haut « Découvrir le marais » en intro au parc naturel régional de Brière). Espace pique-nique, auberge et crêperie. Touristique mais pas dénué d'intérêt.

## Saint-Lyphard *(44410)*

Grimpez les 135 marches du clocher de l'église, pour une vue à 360° sur toute la Brière *(planning des montées au bureau d'info touristique de Saint-Lyphard ; 4 €)*. Accès également aux petits ports de la *Pierre-Fendue* et de *Bréca* pour une balade sur les canaux.

***Les jardins du Marais :*** *chemin de Mintré, à* ***Hoscas,*** *44410* ***Herbignac.*** *☎ 02-40-91-47-44. Sur la D 51 (fléché). Avr-Toussaint, tlj 15h-19h. Entrée : 5 € ; réduc.* Ce « Jardin remarquable » hors du commun, de 13 000 m², semble habité par les déesses de l'Amour et de la Beauté. Le créateur de ce lieu, venu aux plantes par la peinture, a le sécateur toujours en poche. Il a donné des cours au *Potager du Roi* à Versailles et a aussi été coupeur de roseaux en Brière. Ce petit paradis luxuriant lui ressemble, à la fois sauvage et charmant, volubile et exubérant. Il a tant à raconter avec ses pièces d'eau, son potager, des îlots, des huttes, des allées, des tunnels et des ponts... Une visite à ne pas manquer, prévoir simplement de prendre son temps.

## Le château de Ranrouët

*Situé à* ***Herbignac*** *(44410). ☎ 02-40-88-96-17. • chateauderanrouet.fr • Juil-août, tlj 10h-19h ; horaires plus restreints hors saison. Entrée : 5 € ; réduc. Visites guidées tlj sauf mer à 15h en juil-août (5 €, réduc, gratuit moins de 7 ans en famille). Également des visites thématiques et animations, y compris pour les tout-petits !* C'est le dernier des châteaux du Moyen Âge qui bordaient la Brière. Il avait un rôle stratégique, car situé sur la route du sel. Ce château, à l'état de ruines imposantes, résume toutes les techniques

de construction militaire du XIIIe au XVIIe s. Motte féodale, bastion ou château fort, il s'agit d'un édifice composite, en somme, mais bien restauré. Jeter un œil aux besants (armoiries sur pierre, encastrées dans le mur) et à la barbacane (l'avant-poste défensif de l'entrée). Sentier d'interprétation avec panneaux explicatifs.
– De mi-juillet à août, sympathique marché nocturne tous les mardis à partir de 18h : une douzaine de producteurs locaux proposent leurs produits, que l'on peut goûter. Sinon, tout un panel d'animations : visites guidées et spectacles familles, campement médiéval, soirées astronomie, concerts baroques, jeux de piste, etc. Barbecue et tables à disposition.

### *Côté est du parc*

Comme pour le côté ouest (La Chaussée-Neuve, Bréca, port de la Pierre-Fendue), d'authentiques Briérons vous proposeront une petite balade (instructive) à bord de leur chaland. On les trouve principalement sur l'île de Fédrun et à Rozé.



## *L'île de Fédrun* *(44720)*

C'est l'île la plus intéressante, en dépit d'un habitat pour le moins disparate en matière de toitures, puisque alternent chaume, tuiles et ardoises ! À l'origine, les chaumières s'installèrent sur le pourtour de l'île, adossées aux canaux. Le centre de l'île, jamais inondé, était réservé aux cultures. On l'appelait la « Gagnerie ». Ceinturant l'île, un canal, la « curée », desservait les appontements d'amarrage, les « seuils » ou les fossés pour garer les chalands.

***La Maison de la mariée :*** *182, rue du Pouet, à droite à la fourche dans le village. ☎ 02-40-91-68-68 (Maison du parc de Fédru). • maisondelamariee.com • Avr-oct, en visite guidée au départ de la Maison du parc. Entrée : 3-6 € ; réduc ; gratuit moins de 18 ans. Livret-jeux.* Ce petit musée dédié aux ateliers de création de fleurs cirées de Saint-Joachim abrite une superbe collection de globes, plus de 200, qui protègent des couronnes de mariée, et évidemment de nombreuses couronnes, souvent décorées de fleurs d'oranger. Quelques petits films, témoignages et photos anciennes. Un musée unique en son genre.

Au n° 207, rue du Chef-de-l'Île, en face du centre administratif du parc (non ouvert au public), la ***Chaumière briéronne*** *(☎ 02-40-22-35-84 ; • parc-naturel-briere.com • ; entrée libre avr-juin ; en juil-août, seulement sur résa auprès de la Maison du parc ; visite guidée 6 €, sinon 3 €)* présente une exposition sur les îles de Brière, la reconstitution d'un intérieur traditionnel de chaumière et la projection d'un film datant de 1947 sur la vie dans les îles de Brière. C'est également le point de départ d'un petit sentier d'interprétation pour visiter l'île en autonomie.

## *Rozé* *(44450)*

*Plus au sud, après Saint-Joachim (prononcer « Joachun »).*

***La Réserve naturelle régionale, site Pierre-Constant :*** *☎ 02-40-24-34-44. Le hall d'accueil se trouve à 800 m à droite après avoir franchi le pont sur le Brivet. Accès à l'observatoire tlj. Accès au site avr-oct, tlj 8h-18h. Parcours à l'intérieur de la réserve en accès libre en juil-août 8h-18h. Le reste de l'année, accessible seulement en visite guidée (résas au ☎ 02-40-66-85-01 ; compter 6 €, réduc).* Un sentier de découverte long de 1,5 km, ponctué de postes d'observation, pour découvrir les oiseaux à l'état sauvage, sur 40 ha. Expo sur les origines et le rôle du marais de Brière. Prêt de jumelles (fournir une pièce d'identité).

## Fêtes et manifestations

– ***Marché des potiers :*** *w-e de l'Ascension, autour du château de Ranrouët, à **Herbignac.*** Quelque 40 potiers venus de toute la France perpétuent l'activité traditionnelle d'Herbignac et exposent leurs produits.
– ***Festival de la Vannerie :*** *une trentaine de vanniers de la France entière se retrouvent le 3e w-e de juil à **Mayun.** Entrée libre.* Animations, vente de produits.
– ***Fête des Métais :*** *3e dim de juil, à **Saint-Lyphard,** village de Kerhinet.* C'est la fête des vieux métiers d'autrefois. Le tout finit par un grand banquet.
– ***Les Nuits du marais :*** *dernier w-e de juil, à **Saint-Lyphard.*** Animations, fest-noz et spectacle son et lumière à partir de 22h30 avec embrasement du lac.
– ***Les Anguillades :*** *dernier w-e de juil, à **Saint-Joachim.*** C'est la fête de l'Anguille, avec dégustation.
– ***Fête des Chalands fleuris :*** *1er dim d'août, à **Saint-André-des-Eaux.*** Défilé de bateaux décorés.
– ***Fête du Parc :*** *1er dim de sept.* Sous le signe du développement durable : randonnées, forum, spectacles pour petits et grands, démonstration de savoir-faire, marché, etc.

LOIRE-ATLANTIQUE

# LA VALLÉE DE LA LOIRE

**La Loire est longtemps restée le principal axe de circulation des marchandises et des voyageurs dans l'ouest de la France. Au Moyen Âge, les seigneurs riverains percevaient des droits de péage sur chaque marchandise transportée par les gabares, ces bateaux à voiles carrées, disparus au XIXe s. Quelque 800 mariniers et pêcheurs travaillaient autour de Champtoceaux. Mais l'arrivée du train en 1851 fut fatale à leur activité maritime. Celle-ci fut remplacée un temps par l'extraction du sable, entraînant une accélération du courant, une dégradation des rives et une menace pour les ponts.**
**C'est aujourd'hui la culture maraîchère sur ce sol sablonneux qui a pris le relais. Mâches, radis, carottes, mais surtout muguet entre La Chapelle-Basse-Mer et Saint-Julien-de-Concelles. Avec 50 à 60 millions de brins cultivés, les Pays de la Loire produisent 85 % du muguet français. Et vive la fête du Travail !**
**Devenue également route touristique, la vallée de Nantes à Ancenis fait aujourd'hui le bonheur des cyclistes sur ce tronçon de *La Loire à Vélo.* Une balade agréable à faire dans la journée au départ de Nantes ou d'Angers, avec possibilité de retour en train, des stations de TER ponctuant le parcours.**

### POISSON D'AMOUR

*Au siècle dernier, dans la vallée de la Loire, lorsqu'un marinier voulait se marier, il déposait une alose, fraîchement pêchée, sur la table de cuisine de la jeune fille dont il était amoureux. Lorsqu'il revenait, si cette dernière avait cuisiné l'alose, les fiançailles (voire le mariage) pouvaient être célébrées. En revanche, si le poisson était resté en l'état sur la table, c'est que ça sentait mauvais pour sa demande !*

## Balades en bateau...

***Bateau-promenade La Luce :*** *à l'embarcadère, Le Cul-du-Moulin, à **Champtoceaux,** 49270 **Orée-d'Anjou.** ☎ 02-40-83-60-00 ou 02-40-83-57-49.*

*Avr-sept, 2-4 départs/j. Compter 1h ; 45 passagers max. Billetterie aux offices de tourisme du Pays d'Ancenis et de Champtoceaux (résa conseillée).* Un des bateaux qui accueillent le plus de passagers sur la Loire. Ouvert, donc idéal pour apprécier les paysages. Une balade sur l'eau propice à la détente.

***Détours en Loire :*** *06-70-30-84-89. • detoursenloire.fr • Sur résa seulement. À partir de 17 €/pers.* C'est à bord d'une toue cabanée – bateau traditionnel de Loire, tout en bois – qu'il a restaurée avec passion que Giovanni, pêcheur expérimenté, embarque ses hôtes (une douzaine au maximum) pour des balades à la carte : matinée pêche, soirée grillades, bivouac, etc.

***Les Balades du Pêcheur :*** *embarcadère entre Boire-Courant et ponts de Thouaré. 06-59-68-50-99. • lesbaladesdupecheurenloire.fr • Début avr-fin nov. Sur résa seulement. À partir de 30 €/pers.* William Figureau, pêcheur professionnel, propose des balades commentées au fil de la Loire, sauvage en amont vers Ancenis, plus urbaine en aval vers Nantes... Découverte à travers les yeux d'un pêcheur des richesses des bords de Loire, complétée d'une dégustation de produits du terroir.



## ... et dans les airs

***Vol en montgolfière :*** *avec* ***Ciel de Loire.*** *07-81-72-89-88. • cieldeloire.com •* Sites de décollage à Oudon, Ancenis et Le Cellier. *Ou avec* ***Nantes Montgolfières*** *: ☎ 02-40-96-26-26. • montgolfieres.fr • Avr-nov.* Sites d'envol : Ancenis, La Varenne ou Oudon. Un moment inoubliable pour ceux qui en ont les moyens.

# LA LEVÉE DE LA DIVATTE (RIVE SUD)

*Carte Loire-Atlantique, C3*

**Nom d'une rivière qui se jette dans la Loire près de La Varenne, c'est aussi celui de la levée qui borde un bout de la Loire, de Nantes au Cellier. Après qu'une ordonnance royale de 1846 déclara la levée de la Divatte d'utilité publique, 9 ans de travaux furent nécessaires pour voir naître cet ouvrage long de 16 km et haut de 3 m.**
**À la fin du XIXe s, la chaussée qui fut construite dessus devint route nationale. Mais, en 1910, ce fut la catastrophe : la Loire, trop puissante, fit craquer cette « digue » sur des centaines de mètres. Malgré d'importantes inondations, les Nantais ne lui en tinrent pas trop rigueur, et revinrent aux beaux jours à la Divatte et à ses guinguettes. À l'image des bords de Marne à la même époque, on y venait le dimanche pour pêcher, jouer aux boules et aux palets, et, à coup sûr, s'envoyer un p'tit muscadet. L'endroit conserve sa notoriété, grâce aux bonnes tables qui s'y trouvent encore aujourd'hui. On y inventa d'ailleurs le beurre blanc.**

## Où camper ? Où manger ?

***Camping du Chêne :*** *1, route du Lac, 44450* ***Saint-Julien-de-Concelles.*** *☎ 02-40-54-12-00. • contact@campingduchene.fr • campingduchene.fr • À la sortie de Saint-Julien-de-Concelles, sur la route du Loroux-Bottereau. Avr-sept (tte l'année pour les loc). Forfaits pour 2 env 16-19 € ; hébergements locatifs également. 100 empl.* Au bord de l'étang du Chêne, dans un joli espace arboré bien plat et calme. Piscine, jeux pour enfants, tennis, location d'embarcations à pédales et de barques pour pêcher. Point d'information touristique et petit kiosque faisant snack au bord de l'étang. Dépôt de pain et viennoiseries en saison. Tenu par un couple aux petits soins pour ses hôtes. École de voile juste à côté.

**Villa Mon Rêve :** *2, levée de la Divatte, 44115* **Basse-Goulaine.** *☎ 02-40-03-55-50. Sur la D 751, en contrebas de la route des bords de Loire. Fermé dim soir et lun-mar. Menus 30-62 €.* C'est d'abord une élégante maison de maître, dotée d'une ravissante terrasse fleurie en été et d'une salle joyeusement rénovée au goût de l'époque. Et c'est surtout une bonne table, où le chef élabore une belle cuisine de région et de tradition qui laisse de la place pour l'innovation. Très large (et judicieux) choix de muscadets.

## À faire dans le coin

**L'espace de loisirs Les Rives de Loire :** *à la Pierre-Percée, à 3 km de* **La Chapelle-Basse-Mer** *(44450).* Autour d'un plan d'eau, une aire de jeux, de pique-nique et de pêche, avec plusieurs sentiers pédestres. Baignade interdite.

LOIRE-ATLANTIQUE

# DE SAINTE-LUCE-SUR-LOIRE À OUDON (RIVE NORD)

**La rive nord de la Loire offre de jolis paysages escarpés où les vignes descendent en pente douce jusqu'au fleuve, bénéficiant d'un fort ensoleillement. Muscadet sur lie, gamay coteaux-d'ancenis, mais aussi malvoisie et « Belle Folie », particulièrement gouleyants, sont produits ici. Louis de Funès, qui vivait dans le coin, au Cellier (il y est enterré au cimetière, face à son château de Clermont), devait savourer à la fois ces paysages et ces vins... Une rive agréable, à parcourir par son chemin de halage, car dénuée de routes.**

## Où dormir ? Où manger dans le coin ?

### Camping

**Camping Belle Rivière :** *route des Perrières, 44980* **Sainte-Luce-sur-Loire.** *☎ 02-40-25-85-81. • belleriviere@wanadoo.fr • camping-belleriviere.com • Entre Sainte-Luce et Thouaré, à env 10 km au nord-est de Nantes par la sortie 24. Tte l'année. Forfaits pour 2 env 16-18 € ; loc de mobile homes. 100 empl.* Emplacements calmes, suffisamment espacés et bien ombragés, mobile homes à l'écart. Son cadre et son confort justifient le détour. Pêche et promenades au bord de la Loire, directement accessible. Nantes à 10 km à vélo sur piste cyclable.

### De prix moyens à chic

**L'Envol :** *85, rue des Mauves, 44470* **Thouaré-sur-Loire.** *☎ 02-40-68-07-21. • restaurantlenvol@orange.fr • restaurant-lenvol.net • Fermé dim-lun et le soir mar-mer. Congés : 1 sem en fév et 3 sem en juil-août. Formule déj en sem 21 € ; menus 24,90-34,90 €.* Derrière cette façade moderne pimpante se cache un super petit resto, très fréquenté au déjeuner par une clientèle d'affaires. On sert ici, à prix serrés, une cuisine traditionnelle fraîche et inventive, qui évolue au gré de la marée, du marché et de l'inspiration du chef. Service en salle (déco contemporaine et agréable) ou, mieux, en terrasse dans un petit jardin, à l'arrière, dès les beaux jours. Et là, c'est formidable !

**Le Clos du Cellier :** *1, pl. du Mémorial, 44850* **Le Cellier.** *☎ 02-40-25-38-45. • contact@restaurantleclosducellier.fr • Au cœur du bourg, en contrebas de l'église. Fermé dim soir-mar.*

*Formules déj en sem ; menus 24-54 €.* Un resto élégant au cadre rustique modernisé, doublé d'une cave à vins pleine de merveilles venues d'un peu partout. Madame est aux fourneaux, monsieur en salle. Dans l'assiette, une bonne cuisine de saison, à base de produits du terroir, avec une formule économique le midi, plus élaborée et d'inspiration gastronomique le soir.

### Plus chic

**Chambre d'hôtes Villa Belle Couronne :** *4, rue des Grands-Coteaux, 44850* ***Le Cellier.*** *☎ 02-28-16-13-12. 06-78-65-94-02. • contact@bellecouronne.fr • bellecouronne.fr • Pas loin de l'église. Double 120 € ; gîtes 2 pers également.* On avait croisé les proprios néerlandais du côté de l'Anjou, on les retrouve ici dans un somptueux manoir Belle Époque doté d'arbres remarquables et d'une piscine, dans un parc dominant la vallée de la Loire. Charme indéniable et confort sans faille dans les 2 chambres offrant un panorama spectaculaire. Également 2 gîtes modernes aménagés dans l'ancien garage.

LOIRE-ATLANTIQUE

## Où acheter du bon vin ?

**Domaine des Génaudières :** *44850* ***Le Cellier.*** *☎ 02-40-25-40-27. • domaine-genaudieres.fr • Fléché à partir de la D 723, entre Oudon et Mauves-sur-Loire. Lun-sam 9h-12h30, 14h-19h. Fermé dim.* Anne Athimon veille sur ce domaine familial viticole datant de 1635 (l'un des plus anciens des bords de Loire), dont les vignes descendent en terrasses jusqu'au fleuve. Les spécialités : muscadet, gamay coteaux-d'ancenis et un rare malvoisie.

**Domaine Landron Chartier :** *657, bd des Airennes,* ***Saint-Géréon,*** *44150 Ancenis. ☎ 09-81-41-92-00. • landronchartier.fr • À l'ouest d'Ancenis. Mar-sam 10h-12h30, 15h-18h. Fermé dim-lun et j. fériés. Visites commentées et animations œnologiques sur résa.* Vins bio de qualité, y compris un intéressant pétillant naturel.

## À voir

**La grotte des Faux-Monnayeurs :** *au-dessus de la voie ferrée et du chemin de halage, 44470* ***Mauves-sur-Loire*** *(à mi-chemin entre Thouaré et Oudon).* Au XVIe s, les frères Malestroit, propriétaires du château d'Oudon, y fabriquaient de fausses pièces d'or, avant d'être arrêtés et décapités en 1526 à Nantes.

**Les Folies Siffait :** *à 2 km d'Oudon, 44850* ***Le Cellier.*** *Vérifier les conditions d'ouverture sur le site du département • loire-atlantique.fr •* Ces étranges ruines sont fermées la plupart du temps, on peut tout juste les apercevoir en les longeant à pied par le chemin de halage en bord de Loire. Les raisons d'une telle construction par un employé des douanes, Maximilien Siffait, au XIXe s, demeurent inconnues. Toujours est-il que les pavillons, les kiosques, les tourelles gothiques, les murs crénelés ont inspiré Stendhal et Turner, lequel en fit une série de gravures et de toiles.

## OUDON

(44521) 3 042 hab. *Carte Loire-Atlantique, D3*

**Perchée sur son rocher dominant le fleuve, l'impressionnante tour du château médiéval constitue la pièce maîtresse de cette mignonne ville... Points de vue sympa tout au long de la route qui borde la Loire, et nombreuses**

**possibilités de randonnées pédestres et cyclables. Agréable petit port de plaisance au pied du rocher. Possibilité de baignade au plan d'eau les après-midi de juillet et août.**

## Adresse utile

**Office de tourisme du pays d'Ancenis :** *11, rue du Pont-Levis. ☎ 02-40-83-07-44. • pays-ancenis-tourisme.fr • À l'entrée du château. Ouv printemps-automne.* Infos sur tout le pays d'Ancenis et les bords de Loire. Location de barques et canoës sur la vallée du Hâvre d'avril à octobre. Fiches de randonnées, carte boucles cyclables *La Loire à Vélo.*

## Où manger ? Où boire un verre ?

**Le Café du Hâvre :** *230, rue Alphonse-Fouschard. ☎ 02-40-09-57-25. • lecafeduhavre@gmail.com • Fermé lun et mar midi hors saison. Planches et tartines env 7-10 €. Café offert pour un repas sur présentation de ce guide.* Installé au pied du château et en surplomb du Hâvre, ce petit café jeune et relax ne pouvait rêver meilleur emplacement ! L'été, on investit les terrasses pour picorer parmi les planches de charcut' et de fromages en regardant couler la rivière. Dès que le temps se rafraîchit, direction la salle avec sa cheminée en bonne place, ses banquettes et son carrelage vintage. Bonne ambiance, surtout les jours de concert.

**Villa Saint-Germain :** *170, rue Alphonse-Fouschard. ☎ 02-51-14-10-04. 📱 06-82-31-27-07. • villastgermain@orange.fr • Au pied du petit pont, au centre-ville. Fermé dim-lun. Résa indispensable. Formules 16-20 € le midi mer-ven ; menu 35 € le soir.* On vient de Nantes pour découvrir la surprenante cuisine de Marie Le Calvez ! En perpétuelle invention, influencée par ses (grands) maîtres autant que par ses voyages en Asie, elle cuisine d'instinct et étonne à chaque plat. On sort de ce lieu unique, à l'ambiance cosy et détendue, en se promettant d'y revenir pour de nouvelles découvertes culinaires. Un coup de cœur !



## À voir. À faire

**Le château médiéval :** *11, rue du Pont-Levis. ☎ 02-40-83-07-44. • chateau-oudon.fr • Ouv printemps-automne.* Avec celui d'Ancenis, ce château du XIe s, reconstruit à la fin du XIVe s, verrouillait les marches de Bretagne. Imposantes, les murailles enserrent une formidable tour octogonale de construction originale. Haute de 40 m, c'est un condensé des matériaux utilisés dans la région : schiste, tuffeau angevin et granit.

**Parcours de sculptures monumentales :** *à travers la ville.* Une trentaine de sculptures, certaines étonnantes, issues du symposium de sculpture organisé tous les 2 ans, les années impaires : les artistes sont de toutes nationalités, une thématique différente à chaque fois (plan à l'office de tourisme).

## DANS LES ENVIRONS D'OUDON

**Promenade dans la vallée du Hâvre et en bords de Loire :** la rivière encaissée du Hâvre serpente entre champs et bosquets, et se jette dans la Loire à Oudon. On peut suivre ses méandres en canoë et en barque *(loc à l'office de tourisme ; compter 30 € la ½ journée pour 3-6 pers en barque et 21 € en canoë).* La balade est aussi possible à pied en suivant la rivière.

À ***Champtoceaux,*** village médiéval perché de l'autre côté du pont d'Oudon, on peut encore admirer les 2 arches du ***moulin pendu.*** Très beaux panoramas qui surplombent la Loire au Champalud, derrière l'église. On aperçoit notamment ces épis typiques de la Loire de Bouchemaine à Nantes.

# ANCENIS-SAINT-GÉRÉON [ankiniz]

(44150) 7 800 hab. *Carte Loire-Atlantique, D2*

• Plan *p. 552*



**Les villes qui s'égrènent tel un chapelet sur les bords de Loire avaient une fonction de contrôle. Le château d'Ancenis le confirme. Les quelques demeures cossues encore présentes rue des Tonneliers et autour de la mairie témoignent de l'importance passée de la ville. Le vin tient toujours un rôle prépondérant avec les coteaux qui entourent la cité, et les nombreux marchands encore actifs. Le muscadet n'est pas loin, les coteaux d'Anjou non plus... En face, le département de Maine-et-Loire et Liré, cher à Joachim Du Bellay. Ce dernier trône sur la rive d'Ancenis, près du pont, le regard tourné vers son village.**

## Adresse et info utiles

***Office de tourisme du pays d'Ancenis*** *(plan B2)* **:** *103, rue des Douves (face au château). ☎ 02-40-83-07-44. • pays-ancenis-tourisme.fr • Avr-oct, lun-sam ; fermé dim, plus lun d'avr à mi-juin et de mi-sept à oct. Nov-mars, ouv seulement mar-mer et jeu mat.* Un *hub* moderne pour préparer son séjour avec salon (livres locaux en consultation, carte du territoire XXL...), expos temporaires, patio, boutique de producteurs locaux (cosmétique, jouets en bois, vins bien sûr...). Parcours découverte de la ville, boucles cyclables *La Loire à Vélo,* cartes sympa « Nos coins préférés », réalisées par des locaux. Billetterie, consigne. Accueil dynamique et personnalisé.

– ***Marchés :*** *jeu mat.* Imposant, l'un des plus importants de Loire-Atlantique. *Petit marché sam mat à côté du château.* Dégustation de vins du coin jeu matin en été, à l'office de tourisme.

## Où dormir ?

### Camping

***Camping de l'Île Mouchet*** *(hors plan par A3,* ***10****)* **:** *impasse de l'Île-Mouchet,* ***La Charbonnière.*** *☎ 02-40-83-08-43. 📱 06-62-54-24-73. • camping-ile-mouchet@orange.fr • camping-estivance.com • ♿ Ouv tte l'année. Emplacements tente à partir de 11 € ; locatifs 385-660 €/sem (campétoiles, hello cabanes, coco sweet à la nuitée et mobile homes).* Bel accueil pour ce camping très bien géré à 2 pas du centre-ville et joliment situé au bord de la Loire. Petite plage à proximité, pêche, piscine avec toboggan 3 descentes. Snack et animations en juillet-août. Location de vélos (accès *La Loire à Vélo* et GR 3).

### Prix moyens

***Chambres d'hôtes Castel Magnolia*** *(plan B1,* ***11****)* **:** *100, impasse Barême. 📱 06-87-23-75-89. • delphinemosset@gmail.com • Au centre. Double 75 €.* Quelle surprise que de découvrir, perdu au bout d'une impasse, un élégant hôtel particulier du XIXe s entouré d'un adorable petit jardin ! L'intérieur ne déçoit pas non plus : les chambres, de belle

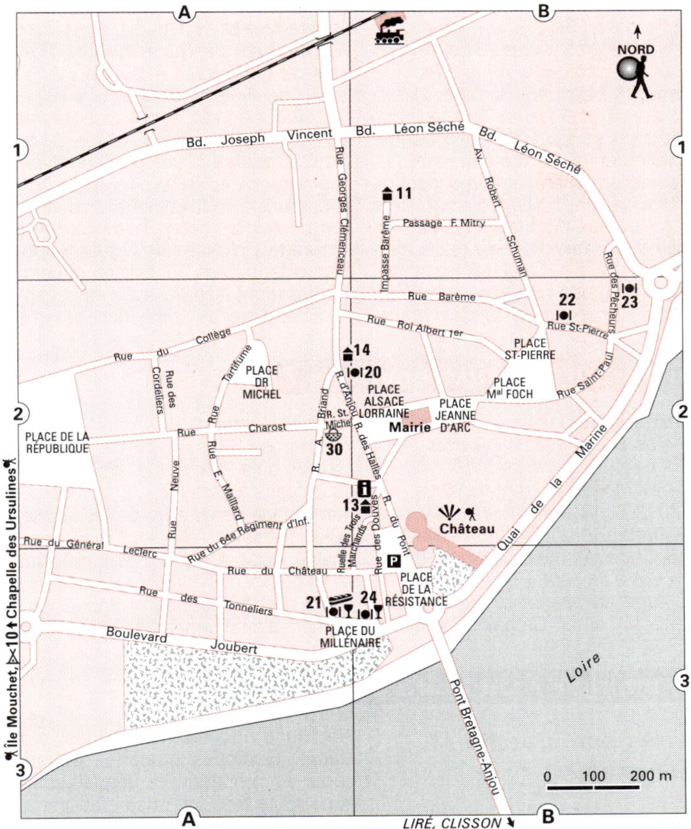


# ANCENIS-SAINT-GÉRÉON

### Adresse utile

Office de tourisme du pays d'Ancenis (B2)

### Où dormir ?

**10** Camping de l'Île Mouchet (hors plan par A3)
**11** Chambres d'hôtes Castel Magnolia (B1)
**13** Chambres d'hôtes Loire-Escale (B2)
**14** Meublés de tourisme Les Pénates de Loire (A-B2)

### Où manger ? Où boire un verre ?

**20** La Cerise sur le Gâteau (B2)
**21** La Maison des Vins et Quai 34 (A-B3)
**22** La Toile à Beurre (B2)
**23** Monsieur Marcel (B2)
**24** La Table du Pêcheur et L'Avant-Garde (B3)

### Achats

**30** Des Épices à ma Guise (A2)

taille, sont cosy à souhait et pleines de personnalité, dans un esprit très déco (la passion de la propriétaire). Accueil plus que souriant et petit déj servi, quand le temps le permet, dans l'orangerie.

***Chambres d'hôtes Loire-Escale***

*(plan B2,* ***13****) : ruelle des Trois-Marchands.* 📱 *06-89-81-81-49. • loire-escale@orange.fr • loire-escale.com • Au centre, dans une venelle face au château. Doubles env 68-120 € ou formule gîte jusqu'à 7 pers.* Cette adresse cache bien son jeu. En plein centre, l'ancienne grange a été métamorphosée en hébergement moderne, pour ne pas dire design, au luxe discret. Côté rue, un duplex dispose d'un espace de vie lumineux et cosy (belle cuisine) et d'un couchage en mezzanine. Sur l'arrière, une chambre à la déco soignée donne sur le jardinet (avec accès à une kitchenette). On peut louer l'ensemble et il y a même un garage.

***Meublés de tourisme Les Pénates de Loire*** *(plan A-B2,* ***14****) : 34, rue d'Anjou.* 📱 *06-88-68-94-16. • lespenatesdeloire@gmail.com • lespenatesdeloire.com • Au centre, proche du château. Doubles 62-103 €.* D'emblée, le nom donne envie ! Bonne pioche : en poussant la porte côté rue, on découvre un couloir tortueux conduisant à une courette à la déco zen. Autour, 3 appartements, sobres, modernes et confortables (dont 2 en duplex), impeccables pour se poser au calme. Accueil sympa.

## Où dormir dans les environs ?

***Camping Écoloire :*** *sur l'île en face du palais Briau, 44370* ***Varades*** *(géré par la commune de Saint-Florent-le-Vieil, en Maine-et-Loire !). ☎ 02-40-96-70-20. • camping.ecoloire@mauges-sur-loire.fr • uneautreloire.fr • ♿ Entre Varades et Saint-Florent. De mi-avr à fin sept. Forfait pour 2 env 13 € ; tente saharienne et bivouac également. 100 empl.* Camping simple et agréable offrant des emplacements ombragés. Possibilité de louer des tentes déjà montées et des bivouacs sur pilotis (une tente en hauteur, avec un espace de vie au rez-de-chaussée). Bloc sanitaire vieillissant mais convenable. Accès à la piscine municipale.

– Voir aussi nos adresses dans les environs de Châteaubriant. Beaucoup se situent à mi-chemin d'Ancenis.

## Où manger ? Où boire un verre ?

### De très bon marché à bon marché

***La Cerise sur le Gâteau*** *(plan B2,* ***20****) : 48, rue d'Anjou. ☎ 02-40-09-59-59. • info@cerisesurlegateau.com • ♿ En plein centre. Mar-sam 10h-19h. Congés : 1 sem en fév et 2 sem en août. Compter 12-16 €. Café ou thé offert sur présentation de ce guide.* Restaurant bio, salon de thé, salle d'expo... On se sent comme à la maison dans ce petit resto de tous les gourmands et tous les moments de la journée. Cuisine de qualité, maison et sans chichis, dans un cadre rétro où règne un esprit « zéro déchet ».

***La Maison des Vins*** *(plan A-B3,* ***21****) : 28, pl. du Millénaire, sur les quais. ☎ 02-40-96-14-92. Tlj.* Un bar à vins au cadre cosy où l'on s'installe douillettement parmi les pierres apparentes pour découvrir une sélection de la région d'Ancenis, mais aussi d'ailleurs. Quelques planches et tapas pour accompagner la dégustation, et une vaste terrasse prise d'assaut aux beaux jours.

***Quai 34*** *(plan A-B3,* ***21****) : 34, pl. du Millénaire, sur les quais. ☎ 02-51-14-88-01. Mar-sam.* À manger, à boire, sur place ou à emporter, il y a de quoi satisfaire toutes les envies dans ce bar-resto tout en longueur avec mange-debout et une terrasse pour se poser. À la carte, des sandwichs style bagel, des bocaux gourmands, des soupes... Le tout frais et maison. Idéal pour se requinquer.

### Prix moyens

***La Toile à Beurre*** *(plan B2,* ***22****) : 82, rue Saint-Pierre. ☎ 02-40-98-89-64. • latoileabeurre@wanadoo.fr • Juste en face de l'église. Ouv le midi tlj sauf lun, plus le soir ven-sam. Formules déj* *en sem 15-21 € ; menus 32-55 €.* Dans une superbe salle de tuffeau dotée d'une cuisinière rétro et agrémentée de cochonnailles suspendues, les sympathiques patrons proposent une délicieuse et délicate cuisine de saison à base de produits frais, avec quelques spécialités nantaises ou de Loire bien travaillées. Carte de vins locaux. Également chambres pimpantes avec ou sans cuisine *(doubles 65-83 €).*

**Monsieur Marcel** *(plan B2,* ***23****) : pl. du Millénaire, sur les quais. ☎ 02-40-96-35-60. • monsieurmarcelancenis@gmail.com • Fermé mar-mer. Formules déj en sem, sinon menus env 28-32 €.* *Monsieur Marcel* fait bien les choses : ses plats de bistrot sont bien réalisés et goûteux, et il y a même des salades gourmandes et des grillades cuites dans la cheminée pour les amateurs. Le tout servi en terrasse, ou dans une salle moderne prolongée par une véranda.

**La Table du Pêcheur** *(plan B3,* ***24****) : 11, bd Léon-Séché. ☎ 02-40-83-11-36. Sur le quai face à la Loire, à 500 m du pont, à l'angle de la rue qui descend de l'église. Fermé dim soir en nov-mars. Résa conseillée. Formules 19-29 € ; plats 17-23 €.* L'intérieur d'un bateau a inspiré la déco, et l'équipe de matelots au service virevolte avec efficacité et amabilité. En terrasse, ce n'est pas le vent du large qui chatouille les oreilles, mais plutôt la circulation, dommage. En tout cas, le rapport qualité-prix fait plaisir. Quelques bonnes spécialités locales (poisson de Loire, volaille d'Ancenis...), au coude à coude avec des plats terre et mer classiques, de grosses salades et des plateaux de fruits de mer.

**L'Avant-Garde** *(plan B3,* ***24****) : 1, pl. de la Résistance. ☎ 02-40-96-06-11. Resto mar-sam. Bar mar-dim.* À l'entrée du pont d'Ancenis, face à la Loire, cet ancien bistrot a été entièrement rénové en « comptoir et cuisine ». Un lieu chaleureux et intimiste. On y vient pour boire un verre et grignoter (planches, friture et plats du jour). Jolie terrasse.



## Achats

**Des Épices à ma Guise** *(plan A2,* ***30****) : 27, rue Saint-Michel. ☎ 02-40-09-61-89. • desepicesamaguise.com • Dans la rue face aux halles. Fermé dim-lun.* Bienvenue chez des *spice trotteuses* ! Sylvie et son équipe parcourent le monde pour dénicher des épices rares. Une boutique hors norme, où l'on trouve également du thé, du café et du chocolat. Produits en vrac, esprit zéro déchet.

# À voir. À faire

**Le château** *(plan B2)* **:** *ouv à l'occasion des expos temporaires (programme à l'office de tourisme). GRATUIT.* Il ne reste qu'un tiers du château du Xe s. Édifié vers 984 par la comtesse de Nantes Aremberge afin de défendre la porte de Bretagne, il fut rasé et reconstruit sous Charles VIII. De l'hôtel de ville, une ruelle descend à l'entrée de l'espace vert central, ombragé d'arbres vénérables et offrant une jolie vue sur la Loire. Un des côtés de ces jardins est bordé par la façade Renaissance du Grand Logis (1530), restaurée avec soin et flanquée d'une tourelle sous laquelle apparaît très nettement la salamandre de François Ier. À l'intérieur, des salles pimpantes accueillent des expositions temporaires, ainsi que la précieuse collection de harpes anciennes prêtée par la CAMAC, entreprise locale de réputation internationale de fabrication d'instruments. Ça vaut le coup d'œil !

**L'île Mouchet** *(hors plan par A3)* **:** ancienne île de Loire devenue une zone aménagée au sud de la ville, classée Natura 2000 avec parcours d'orientation, parcours de santé dans un cadre calme et reposant, et un swin golf.

**La chapelle des Ursulines** *(hors plan par A3)* **:** *mer-dim si ouv.* Classée aux Monuments historiques, c'est un lieu d'exposition d'art contemporain *(• lematcentredart.com •).*

## DANS LES ENVIRONS D'ANCENIS

***Le palais Briau :*** *44370* ***Varades*** *(Mauges-sur-Loire). ☎ 02-40-83-45-00. • palais-briau.com • À 13 km à l'est d'Ancenis. Entrée du parc (tlj sauf mar 14h30-18h30) : 4 € ; parc et château : 9 € ; réduc. Visite guidée du palais avr-sept, w-e (tlj sauf mar en août) à 16h.* Au cœur d'un très joli parc à l'italienne au-dessus de la Loire, cette demeure particulière de François Briau, ingénieur qui fit fortune dans les chemins de fer sous Napoléon III, regorge d'innovations : réseau hydraulique (voir la salle de bains-chaufferie), orangerie de béton armé produisant de l'électricité (voir les cadrans au sous-sol), etc.
Le palais propose quelques ***chambres d'hôtes,*** décor raffiné et mobilier d'époque *(doubles 120-210 €).*

***Le château de Vair :*** *44150* ***Anetz*** *(Vair-sur-Loire). ☎ 02-40-96-21-59. • vairbiages@chateaudevair.com • chateaudevair.com • Seulement avr-nov, mer 14h-19h. Entrée : env 7 € ; réduc.* Visite de ce majestueux édifice (XVe-XIXe s) avec, comme fil conducteur pour les enfants, la quête du Graal sous toutes ses formes et ses interprétations. Avec livret ou visite connectée avec application numérique. Ateliers pour enfants.

***L.A. Kayak :*** *à l'embarcadère, Le Cul-du-Moulin, à* ***Champtoceaux,*** *49270* ***Orée-d'Anjou.*** *06-85-39-59-42. • locationkayak-loire.com • Juil-août, tlj ; hors saison, le w-e et sur résa en sem.* Balade en autonomie en canoë-kayak ou descente crépusculaire accompagnée sur la Loire. Également possibilité de séjour itinérant vélo-kayak ou de paddle. Prestations de qualité par un pro diplômé d'État qui connaît son affaire !

LOIRE-ATLANTIQUE

## Manifestations

– ***Festival de harpe :*** *1 w-e en mai ts les 2 ans (années paires), sur l'ensemble du territoire du pays d'Ancenis. Résas à l'office de tourisme.* La harpe dans tous ses états, rock ou classique, à découvrir en salle, dans les églises, et même dans des caves !
– ***Couleurs Parasol :*** *au théâtre de verdure, face à la Loire, en juil-août, mer à 20h30.* Spectacles gratuits.

# LA VALLÉE DE L'ERDRE

**François Ier décrivait l'Erdre comme « la plus belle rivière de France ». Remonter son cours à partir de Nantes, vers le nord, constitue une balade très prisée aux beaux jours. La balade s'effectue à pied ou à vélo, par d'adorables sentiers qui longent parfois ses rives (pas de sentier de halage d'un bout à l'autre malheureusement), ou sur l'eau.**
**Au départ de l'île de Versailles, passé les ponts de la Tourbière et de la Beaujoire, on quitte l'urbanisation de la 1re couronne nantaise pour un paysage aussi authentique que paisible. Quelques folies et manoirs cachés derrière un écrin de verdure rappellent la vogue des maisons de campagne et châteaux construits entre le XVIIe et le XIXe s (ne se visitent pas), mais surtout la richesse des armateurs : l'Éraudière, la Desnerie, la Chantrerie, la Gascherie, la Couronnerie, Nay, Port-Hubert et Bel-Air...**
– ***Les Rendez-vous de l'Erdre :*** *autour du dernier w-e d'août. • rendezvouserdre.com •* L'Erdre se pare de ses anciens bateaux, qui pavoisent au rythme de prestigieux concerts.

## Balades sur l'eau

Tout un choix de prestataires, en fonction de ses envies : ***croisières-promenades*** *au départ de la gare fluviale de Nantes (• bateaux-nantais.fr •) ;* ***bateaux électriques*** *au départ de l'île de Versailles à Nantes ou de Nort-sur-Erdre (• location-bateaux-electriques.com •) ;* ***canoës, kayaks et paddles*** *sur le port de Sucé-sur-Erdre (• club-kayak-erdre.fr •) ;* promenade découverte en ***toue cabanée*** *à Nort-sur-Erdre (• caouine.wixsite.com/latouedenort •) ;* ***bateaux sans permis*** *à Sucé-sur-Erdre (• bretagne-fluviale.com •) ;* ***bateau voile-aviron*** avec skipper *à Sucé-sur-Erdre (• nautic-erdre-ocean.fr/ •) ;* ***escapade à la voile*** *à Sucé-sur-Erdre (• lespassagersdebullops.com •),* etc.

■ ***Bases nautiques :*** *à* ***La Pièce de l'Île,*** *à* ***Sucé-sur-Erdre*** *(44240). ☎ 02-40-77-76-80.* Également à ***Port-Jean*** *(☎ 02-40-52-70-99 ; • alcep44.fr •),* à ***Port-Breton*** *(☎ 02-40-50-81-51 ; • snonantes.com •)* et à ***Carquefou.***

# DE NANTES À SUCÉ-SUR-ERDRE

**Aucune route, mais des sentiers qui longent partiellement les bords de l'Erdre au nord de Nantes. Pour atteindre Sucé-sur-Erdre, il faut passer par Carquefou sur la rive est ou par la très calme ville de La Chapelle-sur-Erdre, à l'ouest.**

## Où dormir ? Où manger ?

***Hôtel du Parc :*** *92, route de la Garenne, 44700* ***Orvault.*** *☎ 02-40-63-04-79. • hotel-du-parc-nantes.com • À 9 km au nord-ouest de Nantes, sortie Porte-d'Orvault (sortie 36) sur le périphérique. Doubles à partir de 60 € le w-e, 80 € en sem.* Un bâtiment moderne avec des chambres fonctionnelles, lumineuses et bien tenues. À proximité du centre de Nantes tout en ayant un pied à la campagne. Pratique dans son genre. Sur place, resto gastronomique ***L'Orée du Bois,*** bien plaisant avec son cadre moderne et ses baies vitrées donnant sur le parc verdoyant *(☎ 02-40-63-63-54 ; fermé sam midi, dim soir et lun ; menus env 24-28 € midi en sem, 39-52 € le soir).*

***Hôtel et Manoir de la Régate :*** *155, route de Gachet, 44300* ***Nantes.*** *☎ 02-40-50-22-22 ou 02-40-18-02-97. • hotelregate@hotel-nantes-laregate.com • hotel-nantes-laregate.com • Quartier du Gachet, en bordure de l'Erdre, à 11 km (15 mn) au nord de Nantes. Resto fermé dim. Doubles classiques 95-200 €. Formule avantageuse 26 € en sem ; menus 44-80 €.* Un hôtel atypique aux formes géométriques épurées, parfaitement intégré à son environnement verdoyant et orienté vers l'écologie et le développement durable. Les chambres sont spacieuses, décorées dans un style à la fois contemporain, zen et chaleureux. Petit déjeuner gargantuesque. Clientèle d'affaires principalement. À côté, dans une folie du XVIIIe s, restaurant gastronomique tenu par Loïc et Mathieu Pérou, père et fils, ***Le Manoir de la Régate.*** Élégant travail sur la texture, les sensations et le mélange des mets. Et un régal pour les papilles des mises en bouche aux BN revisités en guise de mignardises.

***Auberge du Vieux-Gachet :*** *Le Vieux-Gachet, 44470* ***Carquefou.*** *☎ 02-40-25-10-92. • walter.lescot44@orange.fr • Même quartier que le précédent. Fermé dim soir-lun. Formule déj en sem 23 € ; menus 36-65 €.* Une belle adresse dotée d'une véranda et d'une très agréable terrasse donnant sur l'Erdre et le château de la Gascherie. À la carte, poissons et volailles

LOIRE-ATLANTIQUE

élégamment servis. Pour les plus courageux, promenade digestive sur le sentier qui longe l'Erdre jusqu'à Nantes (compter 2h).

## À voir. À faire

**La Maison de l'Erdre** *(plan détachable Nantes, E1)* **:** *île de Versailles, 44000* ***Nantes.*** *☎ 02-40-29-41-11. • seve.nantes.fr • Ⓣ Saint-Mihiel (ligne 2). Lun-mar et ven 13h30-18h15 ; mer, w-e et j. fériés 9h15-12h15, 14h15-18h15. Fermé jeu et à 17h15 en hiver. GRATUIT.* Située dans un pavillon japonisant du bucolique parc de l'île de Versailles, cette Maison propose une initiation aux différents écosystèmes de l'Erdre, aquariums à l'appui, en passant par le creusement du canal de Nantes à Brest. Belle évocation également de la batellerie et des bateaux-lavoirs. Sympa et didactique.

**Le musée de L'Erdre :** *site des Renaudières, La Fleuriaye, 44470* ***Carquefou.*** *☎ 02-28-22-24-45. • carquefou.fr/musee • À 12 km au nord de Nantes. Avr-oct, mer et w-e 14h-18h ; vac scol, mer-dim 14h-18h. GRATUIT.* Installé dans un site historique rénové. Expositions permanentes et temporaires présentant les différents aspects de l'Erdre à travers des modules thématiques (voie navigable, activités humaines d'hier et d'aujourd'hui, déséquilibres écologiques dus aux multiples aménagements...). Espaces muséographiques avec scénographie ludique et ateliers pour enfants.

### RENDEZ-VOUS AVEC LE SUCCÈS

*C'est parce qu'il en avait assez de ne pas voir tous ses rendez-vous de la semaine d'un seul coup d'œil que le Dr Beltrami inventa pour son usage personnel un agenda permettant de visualiser 1 semaine entière sur une double page, en traçant des colonnes pour chaque jour de la semaine. Fort de l'enthousiasme de son entourage, il créa en 1954 les éditions Quo Vadis (dont les usines sont aujourd'hui à Carquefou) et, très vite, le succès suivit.*

**Le FRAC** *(Fonds régional d'art contemporain)* **:** *24 bis, bd Ampère, La Fleuriaye, 44476* ***Carquefou.*** *☎ 02-28-01-50-00. • fracdespaysdelaloire.com • ♿ À 12 km au nord de Nantes ; au milieu du Technopôle. Tte l'année, mer-dim 14h-18h. GRATUIT.* Expositions temporaires d'art contemporain. Des œuvres parfois de très grande taille dans de spacieux locaux modernes.

**Le jardin et la ferme fruitière des Hespérides :** *La Hautière, 44240* ***La Chapelle-sur-Erdre.*** *☎ 02-40-72-03-83. • fermefruitierelahautiere.com • À 12 km au nord de Nantes, sortie Porte-de-la-Chapelle par le périphérique. Mar-sam 9h-12h30, 14h30-19h (non-stop sam), plus j. fériés 9h-13h de mai à mi-juil. Visite libre gratuite.* Jardin botanique sur les fruits comestibles aménagé en 8 sections thématiques. Boutique culinaire fort alléchante.

## SUCÉ-SUR-ERDRE [sulieg]

(44240) 6 300 hab. *Carte Loire-Atlantique, C3*

**À une quinzaine de kilomètres de Nantes, cette ville coquette et accueillante déploie volontiers ses terrasses face au port de plaisance, riche en activités nautiques. Remarquer dans le centre la tour Gaillard, dernier vestige d'un temple huguenot. Outre flâner sur l'eau, les amoureux de la nature**

**apprécieront le parc botanique. Sinon, nombreux chemins de randonnées pédestres et cyclables dans le coin. On peut même rejoindre le canal de Nantes à Brest en empruntant le circuit *La Vélodyssée.***

## Adresse utile

***Office de tourisme Erdre Canal Forêt :*** *quai de Cricklade. ☎ 02-40-77-70-66. • erdrecanalforet.fr • Mars-oct, mer-dim et j. fériés ; nov-fév, mer et sam.* Infos sur les activités nautiques. Boutique. Fiches rando à télécharger gratuitement. Location de vélos, y compris électriques et label « Accueil Vélo ».

## Où dormir ? Où manger ?

### De bon marché à prix moyens

***L'Apostrophe :*** *120, rue de la Mairie. ☎ 02-40-29-14-14. • restaurant.lapostrophe@gmail.com • Face au pont, à la croisée des routes. Fermé dim-lun. Formules déj en sem 16-19 € ; menus 27-33 €.* Confortable intérieur moderno-design avec baies vitrées ou terrasse pour profiter de la vue sur les bateaux. Dans l'assiette, une cuisine de saison aux accents d'ailleurs.

***Manoir de la Châtaigneraie :*** *62, rue de la Papinière. 06-64-61-80-59. • facebook • Jeu-ven 16h30-minuit, w-e dès 11h. Repas le w-e seulement : BBQ sam midi ou bar à huîtres s'il pleut, brunch dim, paniers le soir... Compter 12-20 €. Sinon paniers-apéritif.* Café, restaurant, guinguette l'été... Un vrai lieu de vie pour petits et grands, d'événements culturels et artistiques. En prime, terrasse avec vue sur l'Erdre.

### Plus chic

***Chambres d'hôtes Les Arbres Rouges :*** *570, route de Carquefou. ☎ 02-51-81-15-00. • info@lesarbresrouges.com • lesarbresrouges.com • À l'entrée de Sucé en venant de Carquefou, sur la gauche juste après le 1er rond-point. Doubles à partir de 100 €.* Dans un parc verdoyant de 4 000 m², des chambres haut de gamme à la déco raffinée, dont 1 suite avec terrasse privative. En prime, 2 superbes piscines, l'une chauffée à l'extérieur, l'autre balnéo à l'intérieur.

LOIRE-ATLANTIQUE

## À voir. À faire

***Le parc botanique Ganuchaud :*** *en venant de l'office de tourisme, remonter le parking des Herses, prendre la rue de la Bosselle et la 1re à droite.* Superbe sentier botanique sur 5 types de milieux naturels différents et variés, entre forêt, coteau et bords de l'Erdre. Plus de 55 espèces d'arbres et 170 de plantes et de fleurs. Promenade bucolique particulièrement agréable pendant la floraison, de mars à septembre.

***La « Maison de Blanche-Neige » :*** *55, ruelle Tassin. 1re à gauche après le rond-point, direction Carquefou. Ne se visite pas.* Une curiosité amusante que cette maison d'une personnalité haute en couleur de la ville, qui a transformé sa façade en une reproduction délirante de celle de Blanche-Neige avec petits moulins, escaliers biscornus et des tas d'objets hétéroclites dans le jardin.

***Les plaines de Mazerolles :*** *entre Sucé et Nort.* Là où l'Erdre est la plus large, 1 200 ha de marais abritant 170 espèces d'oiseaux et une flore protégée. Sentier d'interprétation et points de vue. Au nord du site, l'écluse de Quiheix marque le début du canal de Nantes à Brest.

# NORT-SUR-ERDRE [enorzh]

(44390) 8 900 hab. *Carte Loire-Atlantique, C2*

**À 13 km au nord de Sucé, Nort se situe presque à la croisée de l'Erdre, qui continue ici vers le nord, et du canal de Nantes à Brest, qui débute un peu plus au sud son long parcours vers la Bretagne. Une plaisante ville-carrefour donc, depuis tout temps tournée vers la navigation. Ne pas hésiter à se promener sur le chemin de port Mulon qui longe le plan d'eau.**

## Adresses utiles

**Office de tourisme Erdre Canal Forêt :** *quai Saint-Georges. ☎ 02-51-12-60-74. • erdrecanalforet.fr •* Infos randos, vélo et activités nautiques sur le canal ou l'Erdre. Boutique, vente de cartes de pêche. « Accueil Vélo » (circuit *La Vélodyssée*).
– Également des bureaux d'information mobiles à ***Nozay*** et ***Abbaretz*** en saison.

**Location de vélos : Nort Plaisance,** *4, pl. du Bassin, ☎ 02-40-29-52-22.* **Cycl'yo,** *à la gare, livraison possible (• les-cycles-yo.fr/ •).* **Camping du Port Mulon,** *☎ 02-40-72-23-57.*

## Où dormir ? Où manger ?

**Camping du Port Mulon :** *rue des Mares-Noires. ☎ 02-40-72-23-57. • contact@camping-leportmulon.fr • camping-leportmulon.fr • Avr-fin oct. Tentes pour 2, 16-19 €. Cottages, bungalodges et écolodges pour 2-5 pers. 95 empl.* Un camping nature avec peu de locatifs, certains insolites (en bois sur pilotis par exemple). Aire de jeux, piscine chauffée, jeux de société. Location de vélos et canoës.

**L'Écluse de la Tindière :** *écluse n° 3. 06-70-04-45-09. • eclusedelatindiere@gmail.com • etapecanalgiteeclusedelatindiere.com • Entre l'écluse de Quiheix et celle de la Rabinière. Double 57 € (petit déj en plus). Nuit en minidortoir 18 €/pers sans draps. Possibilité de louer l'ensemble hors saison. Terrasse tlj avr-sept 12h-18h. Planches ou plateaux dîner env 10-15 €.* Dans leur jolie maison éclusière, Sylvie et Delphine proposent différentes formules à différents prix : chambre familiale pour 4 à l'étage et 2 chambres pour 2 ou 3 au rez-de-chaussée. Cuisine et table d'hôtes possibles. C'est aussi une étape pour se poser en journée sur la terrasse gourmande avec une boisson, des planches et des desserts, dont des gaufres maison. Le tout à base de produits locaux et bio. Un de nos coups de cœur !

**La Cueilleuse :** *écluse de Cramezeul (n° 6), accès par le canal ou parking à 500 m, au lieu-dit Cramezeul. ☎ 09-87-41-57-24. • lacueilleuse.com • Avr-sept, jeu-dim, plus mar-mer en juil-août. Restauration uniquement sam-dim midi, env 15 €.* Un lieu de rencontres et d'échanges gentiment alternatif, avec à la fois un café culturel, un fournil bio, un jardin, des animations ! Les randonneurs sur le canal y trouveront de l'eau, des toilettes ainsi qu'une petite épicerie. On peut aussi boire un verre avec des « grignoteries » toute la journée et déjeuner le week-end. Autant que possible bio, bien sûr.

## À faire dans les environs

**Le bief de Bout-de-Bois :** *à 12 km à l'ouest (D 164).* Ce canal relie les bassins-versants de l'Erdre et de la Vilaine. Sur place, guinguette *(avr-sept, 16h-23h, fermé lun, plus mar hors vac scol)* et balade à télécharger *(• baludik.fr •).*

# LE CANAL DE NANTES À BREST

**Le canal de Nantes à Brest fut décidé par Napoléon en raison du trafic maritime très important à cette époque. Il fut construit de 1811 à 1842 sur 364 km de long, dont 100 km environ en Loire-Atlantique. Pas une mince affaire ! Prisonniers espagnols et bagnards de Belle-Île durent creuser tranchées et biefs, raser des collines, dans des conditions très dures.**
**Le canal est alimenté au départ par l'Erdre, puis, après l'écluse de Quiheix, par l'Isac. On peut l'emprunter à pied, à vélo ou en bateau et apprécier sur tout son parcours la vie au rythme de ses 238 écluses pour une dénivellation de 555 m.**
**Dans la partie Loire-Atlantique se dresse un pays qui vaut le détour, entre les rivières de l'Isac, du Don et du Brivet. Paradis des randonneurs avec la forêt du Gâvre, il recèle également un patrimoine historique et culturel intéressant entre châteaux, églises et musées, qui enchante les épicuriens de tous horizons, adeptes de *slow tourism.***



## BLAIN [Blaen]

9 700 hab. *Carte Loire-Atlantique, C2*

**Célèbre pour sa forteresse chargée de défendre les marches de Bretagne, cette petite ville étape sur le canal appartint aux familles de Clisson et de Rohan. Aujourd'hui, un chemin permet de la parcourir du centre-ville au port et de découvrir une quinzaine de sculptures contemporaines. Suivre l'hermine au sol !**

### Adresses utiles

***Office de tourisme Erdre Canal Forêt :*** *2, pl. Jean-Guihard (place de l'église). ☎ 02-40-87-15-11. • erdrecanalforet.fr • Fermé dim-lun, ainsi qu'en fév et nov.* Label « Accueil Vélo ».

***Cycl'Yo :*** *06-73-01-72-44. • les-cycles-yo.fr •* Location de vélos (VTT, électriques, etc.) avec livraison sur les secteurs de Blain, Savenay, Nort-sur-Erdre, Guémené-Penfao... Également location auprès du ***Camping du château*** (voir ci-dessous).

### Où dormir ? Où manger ?

***Camping du Château :*** *rue Henri-II-de-Rohan. ☎ 02-40-51-03-51. 06-88-97-01-79. • campingchateaublain@gmail.com • campingchateaublain.com • Ouv d'avr à mi-oct. Tente pour 2 env 12 €. Loc de tentes et caravanes, gîte d'étape. 60 empl.* Dans un parc arboré ou sur un vaste terrain herbu, près du château. Dans tous les cas, on a de la place sur ces 2,5 ha. Barbecues en libre-service, épicerie, restauration avec petits plats maison, petits déj, bar... Location de vélos.

***L'Auberge du Canal :*** *4, quai Surcouf. ☎ 02-40-79-16-14. • aubergeducanal@laposte.net • Au bord du canal. Le midi tlj sauf mer, plus le soir ven-sam. Menus midi en sem env 14 €, soir et w-e 21-28 €.* Une auberge ancrée là depuis des lustres. L'équipage actuel y sert une cuisine traditionnelle simple et de saison. À déguster dans une salle lumineuse ou en terrasse.

## Où dormir dans les environs ?

***Chambres d'hôtes La Grange des 3 Poulettes :*** *32, Beautrait, 44170* ***La Grigonnais.*** *06-75-50-26-68. • lagrange.des3poulettes@orange.fr • lagrangedes3poulettes.com • À env 9 km au nord-est (D 771). Compter 80 € pour 2.* Dans l'ancienne grange d'une ferme en activité, des chambres aux beaux volumes, dont chacune évoque une décennie passée (1950, 1960 et 1970) avec meubles et bibelots vintage. Ça pourrait être kitsch, c'est tout simplement charmant. Comme l'accueil. Produits fermiers au petit déj. Régulièrement des expos.

***Chambres d'hôtes Le Nid d'Omer :*** *40, hameau de la Rouaudais, 44130* ***Saint-Omer-de-Blain.*** *02-40-51-35-38. 06-66-79-00-89. • contact@lenidomer.fr • lenidomer.fr • À 9 km à l'ouest (D 164). Compter 69 € pour 2 ; familiales.* À 2 pas du canal, 3 chambres douillettes et joliment meublées, avec accès indépendant et cuisinette commune. Vaste potager dans le jardin coloré de ces anciens fleuristes. Idéal pour les randonneurs. Fait également « Accueil Vélo ». Restaurants au village.



## À voir. À faire

***Le château de la Groulais :*** *accès par la D 771. Pour les visites guidées : 07-69-49-51-08. (rdc). Mai-sept, mar-dim 14h-18h30, plus w-e 10h-12h (fermé lun) ; tte l'année pour les groupes. Visite libre gratuite ; animations. Compter 1h30 de visite.* Ce château fut fondé par le duc Alain Fergent en 1104. Véritable forteresse constituant l'un des maillons de la défense de Bretagne, il a appartenu à Olivier de Clisson. En 1409, le château devint propriété des Rohan jusqu'à la Révolution. Ce majestueux château est formé par 2 corps de bâtiment, chacun portant la signature de son mécène. D'une part, le « petit castel », avec sa tour du Connétable, érigé par Olivier de Clisson ; d'autre part, la grande enceinte et sa belle tour du Pont-Levis du XIVe s. Voir le jardin médiéval (accès libre).

– Au printemps et en été, la partie pont-levis abrite des ***expositions.***

– Le château abrite également un ***musée d'Imprimerie ancienne*** et un atelier de lithographie. *02-40-87-17-53.*

***Le musée des Arts et Traditions :*** *2, pl. Jean-Guihard ; même édifice que l'office de tourisme. 02-40-79-98-51. Mar-ven 10h-12h, 14h-18h ; sam 14h30-17h30. Fermé dim-lun et j. fériés. GRATUIT. Expos temporaires.* Un étonnant musée, installé dans l'ancien présidial des ducs de Rohan. 50 crèches du monde entier, collection de fèves de galettes des rois (environ 10 000 !), reconstitution d'une place de village avec ses boutiques 1900 et vestiges gallo-romains.

***La chapelle Saint-Roch :*** *accès par la D 42, à 1,5 km en direction de Notre-Dame-des-Landes. Infos à l'office de tourisme pour la visiter.* Dommage que cet ancien lieu de pèlerinage ait été beaucoup remanié au XIXe s. Voir, à l'intérieur, la plus grande fresque contemporaine de France (1990), réalisée par l'association Château et Essor blinois.

***Balade sur le canal :*** *avec la* ***Toue de Blain.*** *06-61-53-43-26. • www.latouedeblain.fr/ •* Croisières et nuits insolites à bord d'une toue cabanée. Maximum 12 personnes.

## Fête et manifestation

– ***Fête de la Saint-Laurent :*** *5 j. autour du 10 août.* Groupes folkloriques étrangers, cavalcades, défilé de chars.

– ***Joutes d'archers médiévaux :*** *dernier dim de sept, au château de la Groulais.* Reconstitutions médiévales.

# LA FORÊT DU GÂVRE

*Carte Loire-Atlantique, B-C2*

**La forêt du Gâvre couvre environ 4 500 ha entre la vallée de la Vilaine à l'ouest et la vallée de l'Erdre à l'est. C'est la plus grande forêt proche de Nantes et de Saint-Nazaire, assez fréquentée pour ses multiples activités nature : sports de plein air, randos, cueillette des champignons et autres châtaignes, etc.**

**Cette forêt giboyeuse de chênes, pins et hêtres a appartenu aux ducs de Bretagne dès le XIIIe s. Colbert contribua à sa beauté en décidant de la faire vieillir, afin que ses troncs puissent être utilisés plus tard pour les mâts des navires. Au cours du XIXe s, grâce à son bois, on fabriquait des sabots qui étaient exportés jusqu'en Amérique. Pour bien la découvrir, démarrer du carrefour de la Belle-Étoile avec ses 10 allées qui partent... en étoile donc. À ce carrefour, un kiosque présente une exposition sur la forêt. Carte de la forêt à l'office de tourisme de Blain ou à la Maison de la forêt du Gâvre.**

## Où dormir ? Où manger ?

***Camping de la Forêt :*** *3, rue de l'Étang, 44130* ***Le Gâvre.*** *☎ 02-40-51-20-62. • campinglegavre@gmail.com • campinglegavre.fr • À l'entrée du Gâvre, 5 km au nord de Blain (D 42). Avr-sept. Tente env 16 € ; chalets 6-8 pers. 75 empl.* Camping au calme dans un environnement bucolique, à l'orée de la forêt et en bordure d'un plan d'eau poissonneux. Pêche, tennis, minigolf. Location de VTT.

***Auberge de la Forêt :*** *La Maillardais, 44130* ***Le Gâvre.*** *☎ 02-40-51-20-26. • reservation@auberge-delaforet.fr • auberge-delaforet.fr • À 2 km du Gâvre. Resto fermé dim soir et lun-mar. Doubles 79-99 €. Formule déj en sem 19 € ; menus à partir de 25 €.* Cuisine inventive et surprenante qui s'adapte aux produits locaux de saison (gibier, champignons...). Une belle adresse un peu isolée, en bordure de forêt. L'hôtel est franchement moderne, à l'image de la cuisine, au design (d)étonnant pour la région. Chambres confortables et très colorées (c'est le moins qu'on puisse dire). Également des cottages.

## À voir. À faire

***Le bourg du Gâvre*** *(44130)* **:** maisons anciennes des XVe, XVIe et XVIIe s. Belle église du XIIIe s, remaniée aux XVe et XIXe s. Voûte de bois en berceau, avec, aux extrémités, des poutres et des sculptures représentant les animaux de la forêt.

***La Maison de la forêt :*** *2, route de Conquereuil,* ***Le Gâvre*** *(44130). ☎ 02-40-51-25-14. • maisondelaforet5.wixsite.com/mbmf • (rdc). Seulement juil-sept, mar-jeu et w-e 14h30-18h30. Compter 1h30 de visite. Entrée gratuite ou payante en fonction des expos. Organise des sorties nature.* Dans une jolie demeure en pierre du XVIIe s. Le musée, avec son échauguette extérieure (ou poivrière), présente l'univers forestier sous les angles économique, écologique et artistique, au travers de mises en scène et d'intéressantes explications. Reconstitution d'un intérieur du XIXe s, avec tous les objets insolites oubliés. Projection de films, dioramas... et tables tactiles pour les enfants.

■ ***Activités sportives et ludiques :*** *à **Plessé** (44630).* On trouve ***La Ferme Équestre de la Forêt*** *(● lafermeequestre.fr ●)*, le ***Wake Park*** *(● wakeparkplesse.com ●)* et le ***Parc aventure du Bois aux Daims*** *(● escapades-verticales.fr ●).*

# DE GUENROUËT À FÉGRÉAC

**Sur le bord du canal, Guenrouët dispose d'une zone de loisirs labellisée « Accueil Vélo », avec piscine et camping au-dessus d'un petit port posé dans un site verdoyant. Elle est reliée au bourg par un chemin creux pentu, le « chemin des Diligences ». C'est ici qu'est fabriqué le fameux cidre *Kérisac* (boutique sur place).**
**À 13 km au nord-ouest, Fégréac possède une halte nautique et cache un intéressant parcours artistique « Traversée moderne dans un vieux pays ». Monter jusqu'au belvédère qui domine le pays de Redon.**



## Adresses utiles

ℹ ***La Maison du canal :*** *1, rue de Pont-Miny, à **Fégréac**. ☎ 02-40-91-24-96 (en saison) ou 20-21 (mairie). ● tourisme-pays-redon.com ● ♿ Juil-août, tlj ; mai-juin et sept, seulement dim ap-m.* Infos, maquettes et expo sur la construction du canal et son environnement. Gère également de beaux gîtes et le camping municipal.

ℹ ***Point info de Guenrouët*** *(44530)* ***:*** *halte nautique, quai Saint-Clair (direction Plessé). ☎ 02-40-87-68-09. En été seulement, plus le w-e en mai-juin et sept.* Location d'embarcations à pédales et de vélos. Gère un gîte d'étape.

## Où camper ?

***Camping Saint-Clair :*** *rue des Hauts-du-Port, à **Guenrouët**. ☎ 02-40-87-61-52. ● saintclair.camping@gmail.com ● campingsaintclair.com ● ♿ En bordure du canal de Nantes à Brest ; par Savenay, Blain, Redon ou Pont-Château. De mi-avr à sept. Tente env 15 € ; loc de mobile homes et bungalows toilés 200-460 €. 116 empl.* Camping spacieux et bien ombragé, proche du centre-ville et de la base de loisirs. Épicerie à 500 m, brasserie *Le Jardin de l'Isac* et restaurant *Le Relais de Saint-Clair* à proximité, piscine chauffée à 50 m.

***Camping municipal Les Bellions :*** *à **Fégréac**. ☎ 02-40-91-20-21 (mairie). ● mairiefegreac.tourisme@orange.fr ● fegreac.fr ● Accès par la D 773. Accueil à la Maison du canal. Mai-fin sept. Compter 10-15 € pour 2. 15 empl.* Un petit camping calme et ombragé, situé au bord du canal, sur le chemin de halage. Étang à 2 km pour se baigner, le canal et la Vilaine pour pêcher.

## À voir. À faire

***La zone de loisirs de Guenrouët :*** *au port. ● guenrouet.fr/zone-de-loisirs/ ● Entrée piscine (fin juin-août, tlj 14h-20h) : env 4 € ; réduc.* Environ 600 m² de bassin, avec toboggan, bain à remous et plages vertes. La piscine épouse habilement la forme du vallon sur lequel elle a été construite. Depuis le port, jolie balade le long du chemin de halage jusqu'à l'écluse de Melneuf (circuit du Canal). Sinon, ***location de canoës-kayaks*** avec le ***Club Isac*** *(● isaccanoekayak.com ●).*

***L'église de Guenrouët :*** étonnante avec ses vitraux de Gabriel Loire qui rappellent des lieux sacrés et leurs saints. Mais l'église est surtout célèbre pour ceux commémorant les combats de la poche de Saint-Nazaire. Très colorés et surprenants.

***L'église abbatiale de Saint-Gildas-des-Bois*** *(44530)* **:** *visite guidée en juil-août, jeu à 15h ; prévoir 1h30. Infos en saison à l'office de tourisme (☎ 02-40-01-40-10).* Enfin une église romane ! Elle date des XII^e^ et XIII^e^ s et fut habilement restaurée après les bombardements du 12 août 1944. On apprécie particulièrement les vitraux en verre monochrome et en relief, réalisés par Pascal Convert d'après des photos d'enfants aliénés du XIX^e^ s. L'effet est saisissant !

***Balade guidée avec un âne :*** ***Aux Ânes etc.,*** *lieu-dit Les Pièces-aux-Oiseaux, à* ***Guenrouët.*** *06-63-62-75-97.* *• auxanesetc.fr •* Balade avec un âne bâté sur les bords du canal, de ½ journée à plusieurs jours.

## Manifestation

– ***Rencontres franco-américaines de musique de chambre :*** *mi-août dans la région. • rencontresfrancoamericaines.fr •* Festival de musique classique, concerts gratuits ou payants.

# LA VALLÉE DU DON

*Carte Loire-Atlantique, B-C1*

**Au nord du canal, de Guémené-Penfao à Nozay (et au-delà), via le château de Juzet, tout droit sorti d'un conte de fées, la chapelle des Lieux-Saints près de *Guénouvry,* isolée dans la campagne, *Marsac-sur-Don* et sa voie romaine... Avant de se jeter dans la Vilaine, la rivière traverse des paysages variés offrant des promenades agréables aux randonneurs à pied, à vélo ou en canoë. Les rives sont parfois escarpées, ponctuées par quelque rocher hanté ou chapelle miraculeuse.**

## À voir dans les environs

***Nozay*** *(44170)* **:** petit bourg localement célèbre pour ses anciennes carrières de schiste, appelé communément pierre bleue. C'est dans la partie ancienne du village qu'il faut se rendre pour découvrir ces singulières haies en schiste, les « palis », et leur utilisation dans l'habitat local.
À voir également, l'enclos du vieux bourg dans lequel se trouve l'église dotée de peintures murales de la Renaissance *(visites possibles, • asphan.fr •).*

***Le maquis de Saffré :*** *au sud de Nozay. Sur la D 121, indiqué au niveau de la direction Abbaretz ; puis parcourir quelques km à travers champs jusqu'à la forêt.* Hommage aux 310 hommes refusant le STO qui se cachaient là et dont le camp fut assailli par les Allemands le 28 juin 1944 (3 semaines après le débarquement américain !). Le 1^er^ maquisard à tomber tint tête seul, à 500 m de là, pour laisser le temps à ses camarades de s'organiser. Il s'appelait Georges Chaumeil. Il avait 18 ans. Monument et parcours dans la forêt avec panneaux retraçant ces événements.

***Le site de l'ancienne mine d'étain :*** *44170* ***Abbaretz.*** *À 7 km à l'est de Nozay (D 2). Accès libre tte l'année avec parcours numérique.* Le site est désaffecté depuis 1958, mais il conserve un terril de couleur blanche qui culmine à 70 m de hauteur et un lac avec base de loisirs de l'autre côté de la route. Du sommet (209 marches quand même), on profite d'une vue panoramique sur la région et sur ces paysages quasi lunaires. Boucle VTT, sentier d'interprétation, aire de pique-nique, etc.

LOIRE-ATLANTIQUE

***Le grand réservoir de Vioreau :*** *à une dizaine de km plus à l'est (D 24).* Plan d'eau de 200 ha, le plus grand bassin artificiel du département, imaginé par Napoléon Ier pour alimenter le canal de Nantes à Brest. Plages aménagées et base nautique *Pleine Nature (● vioreaupleinenature.com ●).* Sur place, activités sportives avec *Nature Sport Vioreau (● naturesportvioreau.com ●).* Crêperie à proximité *(Crêperie du Lac, ☎ 02-40-55-28-56).* Au nord, la **forêt de Vioreau,** l'une des plus agréables de Loire-Atlantique.

# LE PAYS DE CHÂTEAUBRIANT-DERVAL

**On arrive ici au bord de la vraie Bretagne. Ce fut autrefois le pays de la Mée, c'est-à-dire du Milieu, car au centre du triangle Nantes-Rennes-Angers. Cette région historique est déjà mentionnée dans les textes au début du XIe s. Elle s'étend entre l'Erdre, au sud, et le Semnon, au nord, et fut un lieu d'affrontements mais aussi de commerce et d'échanges. C'est un pays boisé, vallonné, clairsemé d'anciennes forges, d'étangs et de rivières, où l'on peut faire de jolies découvertes.**



## CHÂTEAUBRIANT [kastell-briant]

(44110) 12 800 hab. *Carte Loire-Atlantique, C1*

**Au bord de la Chère, son imposant château féodal défendait les portes de la Bretagne. Avec ses petites rues bordées d'hôtels particuliers et ses maisons à colombages, Châteaubriant retient l'attention...**

### AVEC UN « D » OU UN « T » ?

*Terre d'élevage bovin, c'est bien de Châteaubriant que vient la pièce de viande du même nom avec un « t ». Pour ce qui est de l'écrivain Chateaubriand (avec un « d » et sans accent circonflexe), sa famille descend effectivement des Brient (avec un « t » et un « e » !), fondateurs de la ville.*

### Adresse utile

***Office de tourisme :*** *29, pl. Charles-de-Gaulle. ☎ 02-40-28-20-90. ● tourisme-chateaubriant.fr ● Face au château, à côté du Théâtre de Verre. Mar-sam 9h30-12h30, 14h-18h, plus lun 14h-18h en juil-août.* Expos, programme estival d'animations et visites guidées de la ville (pour groupes), avec audioguide et autres balades numériques (« Baludik »). Également différentes billetteries.

### Où dormir ? Où manger ?

#### Camping

***Camping municipal Les Briotais :*** *15, rue de Tugny. ☎ 02-40-81-02-32 ou 14-38. ● mairie-chateaubriant.fr ● À env 1,5 km au sud-est du centre-ville. Mai-sept. Pour 2 env 8 €. CB refusées. 35 empl.* Camping fonctionnel et bien tenu, aménagé en bordure du stade des Briotais et du bois de Tugny. Très calme. Emplacements délimités ou non.

## De bon marché à prix moyens

🏠 ***Hôtel Le Quai 3 :*** *3, rue de la Gare. ☎ 02-40-28-14-36. Proche de la gare et du château. Double env 60 €.* Chambres calmes avec double vitrage et différents thèmes de déco : oriental, zen, anglais... Elles sont simples mais font honnêtement le job dans leur catégorie. Restaurant sur place.

|●| ***Crêperie Le Bilig :*** *1, rue Joseph-Hervouet. ☎ 02-40-81-48-49. • lebilig@wanadoo.fr • Dans le centre, face à l'église. Fermé dim-lun et mar soir. Congés : Noël, puis courant fév, avr et août. Formule déj en sem 13 € ; menus 13-32 € ; carte env 25 €. Café offert sur présentation de ce guide.* Une crêperie-bistrot originale, à côté de l'église Saint-Nicolas, dans un cadre plaisant, avec murs en schiste et en grès, et belle cheminée. Cuisine de maison et délicieuses galettes. Très chaleureux.

|●| ***Au Vieux Castel :*** *25, rue Pasteur. ☎ 02-40-81-12-51. • auvieuxcastel@orange.fr • À 2 pas de la pl. de La Motte. Fermé lun tte la journée et mer soir. Formules déj en sem à partir de 10,60 € ; menus 21,60-33,90 €.* La spécialité de la maison, c'est la cuisine au feu de bois, dont le châteaubriant accompagné de sa patate du *Vieux Castel*. Cadre sans façons avec vieux outils aux murs, et terrasse à l'arrière dès que le temps le permet.

🏠 |●| ***L'Auberge Bretonne :*** *23, pl. de La Motte. ☎ 02-40-81-03-05. • aubergebretonne.com • ♿ Sur la pl. centrale. Resto fermé dim soir et lun-mar. Doubles 68-150 €. Menus en sem 19,90-44 € ; 32,90-44 € le w-e.* Plus classique, relookée au goût du jour que bretonne, cette auberge tient la route. Table appréciée, y compris pour le petit déj. En profiter pour goûter au châteaubriant. Nos lecteurs peu portés sur la viande trouveront sûrement leur bonheur dans le choix de poissons proposé par la maison.



# Où dormir ? Où manger dans la région ?

## De bon marché à prix moyens

🏠 |●| ***Chambres d'hôtes La Maison du Meunier :*** *6, rue du Pont-de-la-Chère, 44590* ***Mouais.*** *☎ 02-40-07-08-07. 📱 06-26-48-32-98. • maisondumeunier@wanadoo.fr • maisondumeunier.fr • À 23 km à l'ouest (D 775). Congés : de mi-janv à fév. Compter 55 € pour 2. Table d'hôtes sur résa 20 €, tt compris. Gîte également.* D'agréables chambres d'hôtes situées soit en rez-de-chaussée, soit au-dessus de l'ancienne maison du meunier (XVe s). Cuisine préparée principalement avec les produits bio du potager. Charmant parc qui descend doucement jusqu'à la rivière. Possibilité de canoë et de visite du village.

🏠 ***Domaine des Forges :*** *étang de la Provostière, 44440* ***Riaillé.*** *☎ 02-40-97-88-38. • domainedesforges@sfr.fr • domainedesforges.fr • ♿ Entre Châteaubriant (27 km) et Ancenis (21 km) par la D 14. Doubles à partir de 50 € ; également des gîtes.* Cette petite merveille est le seul vestige (avec une halle à charbon qui croule sous le poids des ans) des forges qui animaient l'ensemble de la région dans la 2de moitié du XVIe s. Le domaine comprend une dizaine de gîtes bien conçus, ainsi que 4 chambres d'hôtes aux teintes claires, et parfaitement rénovées, réunies dans la « maison du mineur ». Piscine couverte et chauffée.

|●| ***Le Chalet :*** *3, av. Alexandre-Braud,* ***Saint-Mars-la-Jaille,*** *44540* ***Vallons-de-l'Erdre.*** *☎ 02-40-97-06-48. • restaurantlechalet@aol.fr • Entre Ancenis et Châteaubriant (D 878). Fermé lun, le soir dim-jeu et sam midi. Menus 14,50-16,50 € midi en sem, puis 26-30 €. Apéritif maison offert sur présentation de ce guide.* Une adresse à l'accent du Béarn où le chef travaille à l'ardoise une cuisine du marché. Cadre sans chichis pour une halte bienvenue dans ce secteur.

## De chic à plus chic

**Cabanes dans les arbres Brin de Chevrette :** *1, Les Hautes-Chapelettes, 44540* ***Bonnœuvre.*** *06-31-42-84-56 ou 06-81-10-01-54. • contact@brindechevrette.com • brindechevrette.com • Entre Châteaubriant et Ancenis par la D 14 et la D 120. Compter 125 € pour 2.* Au milieu de l'exploitation de chèvres et 100 % nature, des cabanes perchées dans de vénérables chênes, pour 2 ou 5 personnes. *Roots* en diable avec les toilettes sèches et le panier petit déj à hisser avec une corde, mais c'est confortable et tellement dépaysant le temps d'une nuit. Gîte d'appoint pour la toilette. Accueil extra en prime.

**Le Prieuré des Gourmands :** *11, rue du Prieuré, 44540* ***Bonnœuvre.*** *☎ 02-40-56-30-00. • contact@prieuredesgourmands.com • prieuredesgourmands.com • Entre Riaillé et Saint-Mars-la-Jaille (D 33). Resto fermé dim soir-mar midi, plus mer midi. Double 82 €. Menus 18-21 € (midi en sem), puis 35-45 €.* La région regorge de sites tous aussi ravissants et improbables les uns que les autres. Cette fois-ci, un prieuré transformé en hôtel-restaurant dominant l'Erdre. La salle lumineuse aux tons apaisants et les poutres aux plafonds amalgament subtilement l'ancien et le moderne, bien à l'image de la cuisine traditionnelle revisitée. De quoi convertir les plus renégats, surtout s'ils s'abandonnent à la tartelette caramel, la spécialité maison. Chambres dans le même ton, chaleureuses et confortables.

## Où acheter des « Françoise-de-Foix » ?

**Confiserie Merlet :** *6, rue Aristide-Briand. ☎ 02-40-81-00-46. À 2 pas de la mairie. Fermé dim ap-m et lun.* C'est ici qu'il faut acheter la délicieuse spécialité locale, la « Françoise-de-Foix », une bouchée de chocolat noir aux raisins macérés dans l'alcool. Hmmm... Attention, ouvrir grand la bouche, ça coule !

## À voir

**Le château :** *☎ 02-40-28-20-20. Accès gratuit au parc du château 7h30-18h (20h mai-sept). Visites guidées tte l'année avec accès au logis seigneurial et au donjon rénové : mai-sept, tlj sauf lun à 11h, 14h30 et 16h ; hors saison, w-e seulement. Entrée : 3 € ; réduc ; gratuit moins de 14 ans. En été, expos gratuites, nombreuses animations.*

Fondé au X^e s par Brient, le château s'impose très vite comme une place forte contrôlant l'une des principales routes d'accès à la Bretagne avec notamment son imposant donjon. Mais ses épais remparts ne résistent pas à l'artillerie française lors du siège d'avril 1488, lorsque Charles VIII entame une conquête des forteresses bretonnes.

À la Renaissance, le château perd son rôle défensif et devient résidentiel, sous l'impulsion de Jean de Laval, seigneur des lieux et gouverneur de Bretagne, se dotant d'élégants bâtiments où se rencontrent schiste, brique et tuffeau. Au-delà de ses merveilles architecturales, ce vaste site avec différents corps de bâtiment renferme en ses murs secrets et autres légendes, dont celle de Françoise de Foix, épouse de Jean de Laval et « la mye » du roi François I^er, disparue soudainement dans la nuit du 16 au 17 octobre 1537...

### CUISINE ÉROTIQUE

*Pour continuer de plaire à François I^er, son amant, la belle comtesse Françoise de Foix aurait conçu une friandise, devenue depuis spécialité de Châteaubriant. Il s'agit d'une bouchée de chocolat noir, doublée à l'intérieur d'une couche de praliné, et enveloppant des raisins macérés dans de l'alcool (péché mignon du roi !). Apparemment efficace puisque leur liaison dura 10 ans.*

**La vieille ville :** *axée sur la Grande-Rue, prolongée par la rue de Couéré. Plan gratuit (avec explications et petit circuit) auprès de l'office de tourisme.* Quartier commerçant et semi-piéton qui garde de nombreuses maisons à pans de bois. Au nº 24, rue de Couéré, notamment, celle dite « de l'Ange » où séjourna Sophie Trébuchet, mère de Victor Hugo. Noter également la hauteur (67 m) de l'église Saint-Nicolas.

**L'église Saint-Jean-de-Béré :** *rue du Prieuré-de-Béré. Au nord de la ville, route de Bain-de-Bretagne.* Cette belle église abritait au Moyen Âge (XIe s) le siège d'un doyenné important qui contrôlait 70 paroisses. Sa conception architecturale en grès armoricain rompt avec les architectures habituelles et mérite un coup d'œil. Beau retable lavallois, triptyque en marbre noir et gris rosé.

**La maison Huard :** *6, rue Guy-Môquet. Ouv seulement sur résa auprès de l'office de tourisme.* La maison familiale Huard a été transformée en musée et retrace l'histoire de cette entreprise sur la période de 1863 à 1897. Elle représentait dans les années 1950 plus de la moitié de la production française de charrues.

## Marché et manifestation

- **Marché aux bovins :** *ts les mer, à partir de 6h30, sur le foirail.* Parmi les plus importants de France. Très animé.
- **Foire de Béré :** *2e w-e de sept.* Depuis presque 1 millénaire (1049), 50 000 visiteurs chaque année.



# DANS LES ENVIRONS DE CHÂTEAUBRIANT

## Côté nord

**La carrière des fusillés La Sablière :** *à 2 km à l'est, sur la route de Pouancé-Laval ; indiqué sur la gauche. ☎ 02-40-28-60-36. Carrière en accès libre (audiophone possible). Musée ouv seulement mer et sam 14h-17h (mar-sam 14h-18h juil-août). Visites guidées pendant les vac (infos à l'accueil du musée). GRATUIT.* Vous voilà sur les lieux où furent assassinés 27 otages par les nazis le 22 octobre 1941 (en plus de 16 à Nantes et 5 à Paris), en représailles à l'exécution du colonel Karl Hotz à Nantes 2 jours plus tôt. Les stèles du souvenir côtoient les poteaux d'exécution et des urnes contenant de la terre de lieux d'exécution ou de déportation, dans cette vaste clairière aménagée en contrebas de la route. Parmi les victimes, ***Guy Môquet (17 ans), Charles Michels, Jean-Pierre Timbaud,*** des noms tristement connus, que portent aujourd'hui rues et stations de métro. Commémoration chaque année, le dimanche le plus proche du 22 octobre avec en tête cette réflexion du philosophe résistant Georges Politzer : « Les barbares voulaient les tuer, ils les ont rendus immortels. » Un ***musée*** sur place, fort bien aménagé, retrace les événements et expose quelques-uns des objets personnels des exécutés. Un lieu saisissant.

**La voie verte de Châteaubriant à Messac** *(Ille-et-Vilaine)* **:** *compter 35-40 km, via Rougé vers le nord-ouest.* Anciennement voie de chemin de fer réservée aujourd'hui aux randonneurs, vélos ou personnes en fauteuil roulant (interdit aux véhicules à moteur), pour une promenade à travers la campagne du pays de Châteaubriant.

**La chapelle des Templiers :** *44110* ***Saint-Aubin-des-Châteaux.*** *À 12 km à l'ouest (D 34). Demander la clé à la mairie.* À voir surtout pour sa charpente taillée à la hache. Au passage, remarquer l'architecture des vieilles maisons basses (longères).

*Les forges de la Hunaudière :* *44590* ***Sion-les-Mines.*** *☎ 02-40-28-94-29. • lesforgesdelahunaudiere.fr • À 15 km à l'ouest (D 34). Visites organisées par l'Association des amis des forges de la Hunaudière, avr-nov, mar à 14h45. Compter 4,50 €.* Les forges ont cessé leur activité en 1882. Mais le site reste vraiment superbe. On y découvre l'atelier de fonderie où d'anciens ouvriers exécutent des copies d'anciennes pièces fabriquées à la Hunaudière, et forment leurs successeurs pour perpétuer ce savoir-faire. Crêperie sur place *(Atelier Délices).* Le 2ᵉ dimanche d'août se déroule sur le site un marché campagnard. À proximité, un autre site remarquable, le moulin à eau du Pont *(• moulindupont.ouvaton.org •).*

## Côté sud

***La demeure de René-Guy Cadou*** *(1920-1951) : 44110* ***Louisfert.*** *☎ 02-40-28-20-90. À 9 km au sud-ouest (D 771), près de l'église. Sur rdv seulement auprès de l'office de tourisme de Châteaubriant.* Les étudiants en littérature ou les amoureux de poésie iront visiter ce musée dédié à René-Guy Cadou, situé dans l'ancienne école où il était instituteur et où il mourut, très jeune, à 31 ans. Lieu émouvant, avec photos, recueils, correspondances, objets, dessins, qui rappellent cet artiste, ami de Paul Fort, Blaise Cendrars, Jean Giono, mais aussi de Max Jacob, avec lequel il correspondra jusqu'à sa mort. L'homme laissa son empreinte poétique dans la région, au point que de nombreux établissements scolaires portent aujourd'hui son nom.

***Le site des forges de Moisdon-la-Rivière*** *(44250) : à 12 km au sud (D 178), puis parcourir 3 km à partir du village.* Moisdon abrite l'unique église romane fortifiée du département, avec, à l'intérieur, une statue de saint Éloi, patron des métallurgistes. Voir surtout le site des forges, très bien conservées, qui furent fondées sur décision du prince de Condé en 1668. Environnement paisible, bucolique avec plan d'eau, un étonnant petit patrimoine bâti et une crêperie-pizzeria providentielle toute fleurie. L'ancienne halle à charbon abrite un ***musée des Forges*** *(☎ 02-40-28-20-90 ; mai-sept, ven-dim 15h-19h ; GRATUIT).* Une exposition très didactique sur le passé minier du pays de Châteaubriant et la place importante qu'y occupe – jusqu'à aujourd'hui – la métallurgie. Expos d'artistes locaux également. De là, 3 sentiers (2 à 12 km).

### SALE HISTOIRE

*Initié par le gouvernement de Vichy dès avril 1940, généralisé par les nazis en octobre, l'internement de ceux que l'on appelait alors « nomades » ou « tziganes » reste oublié des livres d'histoire. Pourtant, dans les anciennes forges de Moisdon-la-Rivière, ont été détenus entre 1940 et 1942 plusieurs centaines de « gens du voyage », dans des conditions déplorables, entraînant un effarant taux de mortalité, notamment infantile... Une plaque rappelle leur mémoire depuis 2019.*

***L'église de Saint-Julien-de-Vouvantes*** *(44670) : à 14 km au sud-est de Châteaubriant (D 163). Tlj 10h-18h.* À la voir, on se dit qu'elle doit être bien vieille... alors qu'elle n'a en fait qu'un peu plus de 100 ans, et c'est un modèle de style néogothique, la 2ᵉ plus grande du département. Une vingtaine de gargouilles de cette église ont été classées Monuments historiques. Petit circuit pédestre de 3 km au départ de l'église (*le sentier des Fontaines,* audioguide gratuit à la mairie et en téléchargement sur *• tourisme-chateaubriant.fr •*).

***Le château de la Motte-Glain :*** *44670* ***La Chapelle-Glain.*** *📱 06-80-95-26-43. À 18 km au sud-est de Châteaubriant (D 163). De mi-juin à mi-sept, tlj sauf mar*

LOIRE-ATLANTIQUE

*14h30-18h30. Compter 45 mn de visite. Entrée : 7,50 € ; réduc.* Ce château du XVe s, en grès armoricain, pierre et tuffeau sculptés, vaut le détour, surtout pour l'extérieur à vrai dire, avec ses 2 grandes tours. Le nom provient de la 1re demeure construite ici au XIe s, une motte. À l'intérieur, des salles Renaissance et leurs belles cheminées, la chapelle ornée d'une fresque du XVe s et un superbe escalier en pierre bleue de Nozay. À noter que le château n'a connu qu'une seule vente dans toute son histoire, en... 1635 !

***L'abbaye de la Melleray :*** *à 21 km au sud, via La Meilleraye-de-Bretagne (D 18), c'est 1,5 km plus loin, direction Riaillé. ☎ 02-40-55-26-00.* Un très bel endroit bucolique qui invite à la méditation avec différents corps de bâtiment, une église et un plan d'eau. Boutique. Départ d'un sentier de 8,5 km (2h30).

# HOMMES, CULTURE, ENVIRONNEMENT

## BOISSONS

– ***Le cidre :*** fermier, artisanal, bouché, traditionnel, pasteurisé, il y a bien de quoi se perdre au pays du cidre. À chaque terroir correspond une variété de cidre, à chaque producteur un assemblage. Les meilleurs cidres fermiers, aux fermentations aujourd'hui parfaitement maîtrisées, vous donneront autant d'occasions de goûter à des produits typés de grande qualité. Les crus les plus réputés sont ceux de Cornouailles depuis 20 ans, passés en AOC, et du pays de Fouesnant. Mais cela n'empêche pas d'en trouver de très bons partout ailleurs ; nous aimons bien le *Manoir du Kinkiz* d'Hervé Seznec et le *Ty Glas* de M. Séhédic, mais n'hésitez pas à partir sur la route du cidre et à goûter selon vos envies. La cuisine au cidre, en vogue, marie agréablement le goût de la pomme aux viandes ou aux poissons. Au fait, c'est le 1er alcool que l'on a le droit de boire quand on est petit, en Bretagne.

### LA « PISTE » BRETONNE

*Cette coutume de partir en piste (s'alcooliser en bande) est souvent à l'origine de terribles malheurs. Pourquoi en Bretagne plus qu'ailleurs ? Autrefois, à bord des bateaux, le seul moyen de conserver les aliments était le sel, qui aiguisait la soif. L'eau était souvent polluée et à l'origine de bien des maladies. Très vite, le jeune marin apprenait à boire du vin. Arrivé au port, boire était une libération de la tension due aux risques encourus en mer.*

– ***La bière et la cervoise :*** aujourd'hui, on compte 125 brasseries en Bretagne ! Le Finistère en compte 38, les Côtes-d'Armor 25, le Morbihan 31 tout comme l'Ille-et-Vilaine. Amateurs de pils, passez votre chemin, ici on brasse de la bière artisanale bretonne, non filtrée, non pasteurisée et plutôt alcoolisée. La plus célèbre, la *Coreff* de Morlaix, ambrée et fortement houblonnée, reste bien traditionnelle. Bernard Lancelot, l'autre poids lourd, installé dans le Morbihan, au Roc-Saint-André, a pris le parti des bières spéciales. Outre sa *cervoise* légèrement miellée, il propose une quinzaine de bières dont une bio au sarrasin *(Telenn Du),* une blanche *(Blanche Hermine),* une aromatisée aux baies de sureau *(Les Bonnets Rouges)...* Belle gamme bien variée également à la brasserie de Bretagne *(Britt)* à Trégunc (Finistère). Pour les amateurs : ● *bieresbretonnes.fr* ●

– ***Vins :*** le Pays nantais est connu pour le ***muscadet.*** Longtemps considéré comme ce « petit blanc qui va avec tout », il a considérablement évolué ces dernières années. On trouve même des crus haut de gamme. Sans oublier le ***gros-plant,*** produit au sud de Nantes, et le ***coteaux-d'ancenis.***

– ***Breizh Cola :*** le cola breton est produit par la brasserie Lancelot (Morbihan). Il joue des coudes depuis 2002 pour se faire une petite place dans la cour des grands. Un combat pas perdu d'avance, puisqu'il a déjà fait un putsch au Festival interceltique de Lorient, au détriment du géant américain, et qu'il n'est pas rare d'entendre dans un bar en Bretagne des clients ronchonner parce qu'il n'y a pas de *Breizh Cola* !

– ***Le lait ribot :*** tout comme les Indiens ont leur lassi, les Turcs leur ayran, les Russes leur kefir et les pays du Moyen-Orient leur laban... les Bretons ont leur lait fermenté appelé ribot, du mot « ribotte », ustensile qui sert à baratter le beurre. Avec son goût légèrement acidulé et sa texture parfois granuleuse, il est très riche en nutriments et protéines. Pauvre en matières grasses et en lactose, il se digère facilement. Il accompagnait traditionnellement la galette sèche de blé noir ou, version plus roborative, une bonne plâtrée de pommes de terre. Remis au goût du jour par la marque *Paysan Breton* dans les années 2010 pour palier la fin des quotas laitiers, il connaît un vrai regain aujourd'hui, entrant même dans la composition de gâteaux (il équivaut au *buttermilk* anglais des pancakes) ou servi en boisson sucrée avec du sirop par exemple. Un régal.

– ***Le chouchen :*** nom breton de l'hydromel (*chamillard* en gallo). C'était la boisson des dieux, des druides et des jeunes mariés. Sa mauvaise réputation dans le pays fut transmise par les vieux Bretons et véhiculée non sans humour à la télévision par Dominique Lavanant, alias Imogène. De la bonne eau, du bon miel et des levures naturelles sont les seuls ingrédients à entrer aujourd'hui dans la composition d'un chouchen digne de ce nom. Alors qu'il est traditionnellement doux et titre plus de 14°, les amateurs se tournent désormais plus volontiers vers des chouchens plus secs, plus délicats. Finies donc les mauvaises migraines et « marche en crabe » dues au venin d'abeille !

## COIFFES ET COSTUMES

« 100 pays, 100 coiffes », dit un vieil adage breton.

Coiffes et costumes d'autrefois constituent le miroir psychologique de la Bretagne. Ne remontant qu'au XVIe s, les origines du costume breton sont relativement récentes. En supprimant les lois somptuaires, la Révolution française adopta le style « sans culotte », une marque vestimentaire synonyme de république. Mais dans les campagnes bretonnes, alors que les seigneurs banalisaient de force leurs habits, les paysans, fiers de leur liberté conquise, prirent le droit de s'habiller mieux (reprenant les usages de la noblesse de l'Ancien Régime) pour paraître élégants, pour paraître tout simplement. Pierre-Jakez Hélias parlait de « code paysan du savoir-vivre » et appelait ce transfert social vestimentaire l'« instinct de seigneurie », très fort en Bretagne.

### LA COIFFE BIGOUDÈNE : MITRE... ET RÉALITÉ

*Lors de la révolte des Bonnets rouges (celle du XVIIe s...), la population, très catholique, n'avait pas franchement apprécié que les soldats détruisent les clochers des églises. La légende raconte que c'est en souvenir de ces clochers que les femmes ont fait grandir leurs coiffes. En fait, le phénomène est bien plus récent. Une preuve : le monument « Aux Bigoudènes » construit à Pont-l'Abbé en 1931 montre des femmes avec des coiffes d'à peine 10 cm. C'est après guerre que les coiffes se sont démesurément allongées.*

On recense habituellement en Bretagne 66 costumes et coiffes, qui représentaient des communautés aux personnalités différentes (à l'échelle d'un pays ou d'une paroisse). ***Chaque coiffe portait un nom particulier :*** la ***kornek*** du pays de Baud, la ***borleden*** du pays de Quimper, la ***penn-sardin*** de Douarnenez, et aussi la ***chikoloden,*** la ***touken...*** Chacune revêtait également un aspect particulier (collerette de Fouesnant, mitre verticale du Pays bigouden mesurant jusqu'à 32 cm) et une forme originale : simple comme un bonnet rustique, plate comme une galette, ondulante comme des ailes d'oiseau, découpée comme un papillon, pointue comme une nageoire de poisson ou sérieuse comme une coiffe de religieuse.

### CARABESSEN

*Il s'agit du nom de la fée Carabosse en breton. C'était aussi le surnom donné aux « bonnes du curé », car elles étaient souvent âgées et habillées tout en noir.*

***Chaque costume, masculin ou féminin, constituait un signe extérieur de richesse,*** quel que soit le degré de fortune de son propriétaire. Pour les hommes, la forme du chapeau breton, le volume du ***bragou-braz*** (culotte bouffante), la largeur du velours, la longueur des galons, l'éclat du plastron avaient une grande importance. Pour les femmes, l'élégance de la broderie, les motifs de la dentelle, la finesse des ornementations et des tissus, tout était porteur de sens et preuve de prestance... On ne sortait son costume des armoires familiales, on ne revêtait la coiffe que ***pour les grandes occasions*** : marchés, foires, mariages, deuils, fêtes ou pardons. Les Bretons ne les portaient jamais au quotidien. ***Le costume ou la coiffe révélaient de nombreuses informations identitaires*** : appartenance géographique, métier, réussite économique...

***Les modes vestimentaires paysannes bretonnes ont commencé à décliner en 1914,*** au profit des habits citadins modernes. Les cercles celtiques les ressortent à l'occasion des fêtes bretonnes (fest-noz), des pardons et des nombreuses manifestations culturelles qui rythment et animent l'été breton. Et si l'image de la Bigoudène est très répandue, c'est que, outre l'aspect spectaculaire de sa coiffe, cette mode a perduré dans le Pays bigouden plus longtemps qu'ailleurs. De cette tradition vestimentaire bretonne, ***un seul vêtement (qui n'était pas un habit de fête) est parfois encore porté,*** même par des jeunes des grandes villes françaises : c'est le *kab an aod* de Kerlouan (Finistère Nord), plus connu sous le nom de ***kabig,*** avec sa grosse toile, sa large capuche et ses boutons effilés en corne de vache !

### LA VAREUSE, UN PORT CODIFIÉ

*Indissociable de la Bretagne, la vareuse était initialement portée par les gens de mer, qui la confectionnaient à partir de voiles usagées. 4 couleurs permettaient d'identifier l'activité de celui qui la portait : rouge pour les ostréiculteurs, jaune pour les pêcheurs à pied, rouille pour les pêcheurs « à casiers » et bleu pour les marins-pêcheurs. Increvable et coupe-vent efficace, la vareuse est aujourd'hui portée par tous, sans code couleur... mais a bien conservé son esthétique de départ.*

## CONTES ET LÉGENDES DE BRETAGNE

« La Bretagne est un pays de légendes. » Quelques grands écrivains bretons se sont attelés à la collecte de ces contes et légendes qui ont nourri profondément l'imaginaire des peuples ; citons **François-Marie Luzel** (1821-1895) et **Anatole Le Braz** (1859-1926), par exemple.

### L'Ankou

Voilà quelqu'un qu'on vous souhaite de ne pas rencontrer au détour d'un chemin, ce serait là votre dernière balade. Ce charmant squelette armé d'une faux est la représentation de la mort dans la tradition armoricaine. Il circule la nuit sur son *karrig an Ankou,* le char de l'Ankou, et y embarque les morts vers l'au-delà. Celui qui entend le grincement des roues de ce « convoi de malheur » doit s'attendre à la mort prochaine d'un proche, et jamais

### LES VOYAGES D'HALLOWEEN...

*Il y a 2 500 ans, les Celtes célébraient le Nouvel An le 31 octobre, la nuit de Samhain. Cette nuit-là, les esprits des morts venaient rendre une petite visite à leurs parents. La fête devint ainsi* All Hallows Eve *– le soir de tous les saints –, transformé en « Toussaint » avec l'arrivée du christianisme et «* Halloween *» dans les pays anglo-saxons... avant son retour (très commercial et mercantile disons-le) en France dans les années 1990 !*

personne n'a réchappé d'une rencontre avec lui. Dans certaines régions du littoral, c'est sur le *bag noz,* bateau de nuit, que l'Ankou accomplit sa funèbre besogne.

## Les korrigans

Ces petits gnomes (*korr* signifie « nain » et le suffixe *ig* « petit »), très présents dans les contes traditionnels, vivent dans la nature et installent généralement leurs repaires dans des grottes ou des dolmens. Ils y amasseraient d'immenses richesses, dont ils feraient profiter les humains les jours de grande bonté uniquement, car ils sont incroyablement avares ! Ils seraient aussi capables de sévères punitions envers ceux qui les mépriseraient. Si vous voyagez beaucoup, vous risquez de rencontrer d'autres ***lutins,*** proches cousins de nos korrigans, comme les trolls en Norvège ou en Suède.

– Si le sujet vous intéresse, on vous recommande ***Vies et Mœurs des lutins bretons,*** de Françoise Morvan (Actes Sud, 2005). L'auteure traite son sujet avec beaucoup d'humour, mais aussi une solide documentation. Korrigans, folliks, kornandons et poulpiquets n'auront plus de secrets pour vous.

## Les légendes arthuriennes

Dans la littérature du Moyen Âge, la « matière de Bretagne » constituait l'origine des romans bretons. Parmi ces récits communs à tout le monde breton (îles Britanniques et Armorique), les légendes du cycle arthurien (ou de la Table ronde) ont été localisées en forêt de Brocéliande (forêt de Paimpont) à partir du XIe s, même s'il semble que ces aventures se soient déroulées en Grande-Bretagne et en Bretagne continentale. Les chevaliers de la Table ronde (dont les plus célèbres sont Arthur, Lancelot et Perceval), Merlin l'Enchanteur, Viviane, la fée Morgane... tous ces « esprits » hantent aujourd'hui Brocéliande, dont la partie située dans le Morbihan est traitée dans ce guide, autour de Tréhorenteuc, l'essentiel de cette forêt se trouvant dans l'Ille-et-Vilaine (Bretagne Nord).

### LE ROI ARTHUR ET LES CHEVALIERS DE LA TABLE RONDE

*Dès le Moyen Âge, des contes celtes racontaient des aventures mêlées de légendes et de mystères. Lancelot, Merlin l'Enchanteur et l'épée Excalibur peuplaient ces épopées. Le but était de retrouver le Saint-Graal qui recueillit le sang du Christ et donnait l'immortalité. Les nazis, qui croyaient en ces légendes fumeuses, rechercheront inlassablement ce calice. Jusqu'à Himmler qui s'acharnera à trouver le Saint-Graal... sans craindre le ridicule !*

# CUISINE

On s'est longtemps accordé à louer ***la qualité et la fraîcheur des produits bretons*** tout en niant presque l'existence d'une vraie gastronomie. Pourtant, Armor et Argoat ont toujours fourni quantité de produits permettant une alimentation extrêmement variée et équilibrée. Mieux que ça, les recettes collectées ont montré l'***influence de***

### SPÉCIALITÉ BRETONNE ?

*Jusqu'en 1965, dans l'ancienne gare Montparnasse, on pouvait déguster des krapfen, délicieux beignets prétendument bretons mais introuvables en pays celte. On sait aujourd'hui que ces douceurs sucrées étaient d'origine allemande, destinées aux soldats d'occupation. On mit 20 ans à s'en rendre compte.*

***saveurs exotiques, épices et aromates*** que les marins rapportaient : safran, vanille, rhum, pruneaux... Ce même goût pour l'exotisme et les produits nouveaux a aussi fait que les Bretons ont très vite intégré le ***blé noir*** (ou sarrasin ; au XVI^e^ s) et la pomme de terre (au XVIII^e^ s) à leur alimentation de base.
Un peu plus tard – trop tard, diront certains –, on a compris que l'image de la Bretagne était porteuse et qu'il fallait tirer parti de cette valeur ajoutée. Certains artisans et producteurs ont senti que cela n'avait de sens qu'à condition de ***respecter ce terroir,*** et qu'il ne suffisait pas de mettre un triskell sur une andouille ou une Bigoudène en coiffe sur un kouign-amann pour les rendre bons... Aujourd'hui, artisans et producteurs occupent le devant de la scène, bien souvent mis en avant sur les cartes de crêperies et restaurants, quand ils n'ouvrent pas directement leurs ateliers ou leurs fermes au public. Même combat dans la restauration. Des cuisiniers ont ouvert leur carnet, retrouvé les goûts de leur enfance et planché sur une mise en valeur de leur immense patrimoine culinaire. Aidés aussi d'une vague de jeunes chefs cuistots rentrés au bercail, enrichis d'idées glanées ailleurs en France ou à l'étranger. Ils valorisent les produits frais et sains, artisanaux, sourcés, locaux et bio le plus possible, en les cuisinant sans artifice mais avec talent et passion. La machine est en marche, et la cuisine bretonne n'a plus rien à envier à personne.

## Les incontournables

– ***Crêpes et galettes :*** crêpe ou galette ? Sans vouloir rentrer dans des querelles de clochers, sachez, pour faire simple, que beaucoup de crêperies en Bretagne ont adopté par facilité la distinction entre galette de blé noir (appelé aussi sarrasin) et crêpe de froment.
Mais la réalité est bien plus complexe. Selon les traditions locales et l'attachement de la crêpière à cette tradition, on pourra retrouver l'ancienne distinction opposant les galettes, plus épaisses, aux crêpes, plus fines, indépendamment de la farine. Ainsi dans le Finistère, on trouvera bien souvent des « crêpes de sarrasin », la galette y étant jugée trop « rustique »... Plus fines encore, voire dentelles, on les y apprécie aussi bien *kraz,* c'est-à-dire généreusement beurrées, dorées et croustillantes. À l'inverse, certaines grands-mères, à l'heure du goûter, se lanceront avec amour dans la confection de galettes de froment généreusement garnies !
Il n'existe, au final, qu'une seule règle que les puristes refusent de transgresser : l'ajout de lait ou de froment à la farine de blé noir ! En Bretagne, on l'aime pur !

### LA CRÊPE DES GRANDS JOURS

*En Bretagne, la crêpe est à base de froment tandis que la galette est fabriquée avec du sarrasin. Autrefois, le sarrasin était bien moins cher, car il était importé des croisades. Or, il n'y avait aucun impôt sur les plantes étrangères (à la différence du blé ou du seigle). Le sarrasin était donc la farine des pauvres. Le repas de crêpes se faisait une fois par semaine, souvent le vendredi. On proposait des crêpes aux invités, jamais des galettes.*

– ***Zoom sur le sarrasin :*** pour la petite histoire, le sarrasin était autrefois bien moins cher. ***Importé des croisades,*** il était exempté de droit seigneurial comme toutes les plantes étrangères (à la différence du blé ou du seigle). 4 siècles après les croisades, le ***« blé » noir,*** qui se contente des terres les moins fertiles, recouvrait les champs bretons. On s'en servit alors pour faire la galette, une simple bouillie étalée et desséchée. À une époque où le pain n'existait pas, la galette ne tarda pas à devenir la nourriture de base dans les campagnes (du XVI^e^ au XIX^e^ s) et à sauver la population de famines. Dans les foyers ou sur les marchés, les Bretons venaient avec leur cidre (indissociable de la crêpe !) et leur garniture préférée, et

constituaient leur propre repas dans une atmosphère de convivialité. Ce mélange de blé noir, sel et eau cuisait sur le *pillig,* une sorte de poêle plate, en fonte, généralement de 40 à 70 cm de diamètre.
Botaniquement, il ne s'agit pas de blé, ni même d'une céréale, puisque le sarrasin appartient à la famille des polygonacées, comme la rhubarbe et l'oseille. La production de sarrasin, dépourvu de gluten et cultivé sans traitement grâce à sa résistance naturelle, connaît un ***nouvel essor*** depuis une vingtaine d'années sous l'impulsion de producteurs et meuniers passionnés. Un beau challenge quand on sait que 70 % de nos besoins sont importés de Chine et d'Europe de l'Est. Le sarrasin, auréolé d'une IGP (Indication géographique protégée), a donc aujourd'hui gagné ses lettres de noblesse. Mais ce ne fut pas toujours le cas, le sarrasin ayant longtemps souffert de son image d'aliment du pauvre. On apprécie son goût inimitable et ses qualités nutritionnelles proches du blé, tout en étant dépourvu de gluten.
Le label « Crêperies gourmandes », affiché sur les devantures des crêperies, atteste d'une formation et d'un contrôle de qualité.
– ***Fars :*** en basse Bretagne, le far est la façon la plus traditionnelle de préparer farines de sarrasin et de froment. On trouve des versions sucrées comme le célèbre far aux pruneaux ou le *pouloudig* du pays de Léon (blé noir, lait et rhum ; parfois, les raisins secs ou même le sucre et la cannelle entrent dans la composition) et des versions salées comme le *farz gwad* d'Ouessant (au sang de porc). Nature ou saupoudré de sucre, émietté ou en tranches, on mangeait le far pour accompagner la viande.
– Le ***kig ha farz :*** c'est le plat le plus célèbre, typique du pays du Léon (Finistère Nord). Son nom signifie en breton « viande et farine ». Il s'agit d'une sorte de pot-au-feu breton qui consiste en une grosse potée paysanne dans laquelle on trouve des légumes (chou, carotte, rutabaga, etc.), de la viande de porc (essentiellement du lard et de la saucisse fumée) et, bien sûr, le far, qui cuit dans le bouillon, dans un sac de toile. Le secret ? Le sarrasin ! La mode du terroir a relancé ce plat délicieux, pourtant délaissé car considéré comme le plat du pauvre. Eh bien, les pauvres ont bon goût ! Très long à préparer, il n'est servi qu'à des occasions particulières, sur commande ou un jour fixe en saison dans les restaurants.
– ***Kouign-amann :*** un bon kouign-amann n'est ni trop gras ni trop sucré (enfin, ne rêvez pas, les calories sont là !). Et comme on ne veut pas tomber dans les excès du purisme, on vous signale qu'on en trouve des bons ailleurs qu'à Douarnenez (la patrie d'origine). Il s'agit d'une pâte à pain améliorée, avec du beurre et du sucre, que l'on replie plusieurs fois sur elle-même (c'est ce qui va lui donner sa légèreté). Qualité des produits et coup de main font le reste. Légèrement réchauffé, quand le beurre salé fond dans la bouche, c'est un régal !
– Tout aussi incontournables, les ***traou-mad*** (soit les « bonnes choses » en breton, elles sont bien nommées !) et les ***galettes de Pont-Aven,*** les galettes de Pleyben, de Fouesnant, de Saint-Michel, les ***crêpes-dentelles de Quimper,*** le **gotchial de *Saint-Armel,*** la ***fouace,*** les ***quatre-quarts*** et ***gâteaux de La Trinitaine,*** toute la gamme des ***biscuiteries LU*** (Petit-Beurre, Paille d'Or), de la Biscuiterie nantaise (Choco BN), ainsi que le ***gâteau nantais.*** Ah ! que de noms familiers !
– ***Sel :*** on ne présente plus le sel de Guérande (*Gwen-Rann,* le « Pays Blanc »), l'un des 1ers produits du terroir à être devenus à la mode. Sur place, vous le trouverez vendu au kilo à un prix très correct. Les marais de Guérande offraient un triste spectacle il y a encore 30 ans, avant que de jeunes paludiers ne décident de remettre les œillets (bassins dans lesquels se forme le sel) en état de marche : vase et algues avaient tout bouché, et il a fallu s'armer de patience en attendant la 1re récolte. Pari gagné. Et le sel breton doit aujourd'hui son succès à sa qualité plus qu'à une quelconque dispense de gabelle !
– ***Beurre :*** symbole fort et produit phare en Bretagne, il était autrefois offert en guise de bienvenue avec le pain et le couteau qui « allaient avec ». Le sel permettait simplement de le conserver (d'où le prestige du beurre doux de Normandie,

qui était, avant tout, le signe qu'on avait les moyens d'en acheter souvent). Mais il y a aussi une raison historique au fait que le beurre était salé : les Bretons n'étaient pas assujettis au paiement de la gabelle ; ils utilisaient donc le sel sans compter. Avec une consommation annuelle qui avoisine les 8,2 kg par an et par habitant, la France est le pays au monde qui fait la plus grande consommation de beurre.

– ***Le beurre blanc :*** nombreuses sont les légendes sur l'origine de sa recette. Il vit vraisemblablement le jour à Saint-Julien-de-Concelles, près de Nantes, au début du XX^e^ s, et plus précisément à l'auberge de *La Chebuette.* Et, depuis, il ne cesse de faire fondre de plaisir les gastronomes. Clémence Lefeuvre, cuisinière de *La Chebuette,* surprit un jour la conversation de 2 habitués, qui confiaient préférer la sauce plus épicée d'un concurrent. Clémence ajouta alors à son mélange originel de vinaigre, poivre et beurre fondu des échalotes grises afin de relever le tout. Pour réussir le beurre blanc, voici enfin le secret !

## Poissons...

En Bretagne, entre les poissons de mer et les poissons de rivière, entre les coquillages et les crustacés, on n'a que l'embarras du choix ! Autant en profiter pour en faire une cure, ce d'autant que, sur les zones d'exploitation, bon nombre d'ostréiculteurs proposent désormais des dégustations. Le poisson, s'il se suffit à lui-même, avec juste un peu de beurre, se prête aussi à toutes les folies et contribue à la renommée de la nouvelle cuisine bretonne.

### A VOTÉ !

*Dans la Rome ancienne, les coquillages en général – et donc les coquilles d'huîtres entre autres – servaient de bulletin de vote. En inscrivant sur la coquille le nom d'un personnage – souvent influent – de la cité, on demandait son bannissement. C'est de là que vient le mot « ostracisme » (du latin ostrea, « huître »).*

– ***La sardine :*** à l'honneur à **La Turballe,** 1^er^ port de la façade atlantique pour la pêche à l'anchois et à la sardine. Si l'anchois est plutôt exporté vers l'Espagne, la sardine grillée est l'un des plats les plus couramment consommés en Loire-Atlantique, y compris à Nantes, où la vente ambulante dans les rues demeure une tradition tenace.

– ***Sardines à l'huile :*** l'incontournable du panier pique-nique. On doit à un confiseur nantais la 1^re^ conserve au XIX^e^ s. Aujourd'hui, *Connétable, Capitaine Cook, La Belle-Îloise, La Croisicaise...* travaillent encore à l'ancienne des produits de qualité. Oubliez-les dans votre placard pendant quelques années, tout en pensant à les retourner régulièrement pour que la sardine confise doucement.

– ***L'anguille :*** se rencontre dans les estuaires de rivière. Sa larve se laisse porter par les courants du Gulf Stream depuis la mer des Sargasses. Elle est appelée *civelle* (voir ci-après) quand elle parvient aux estuaires de la Loire ou de la Vilaine. Elle remonte alors le cours d'eau pour y terminer sa croissance. De goût assez fort, on la mange soit grillée pour les petites, soit en matelote pour les plus grosses. La préparer n'est cependant pas une mince affaire : il faut la dépouiller alors qu'elle bouge encore !

– ***La civelle :*** alevin d'anguille (bébé de 0,3 g), on la pêche encore à Cormerais et le long de la Loire, au doux bruit des tamis. Prisée des gourmets, elle est devenue rare et son coût conséquent. On la déguste frite ou cuite dans un court-bouillon.

– ***Le bar :*** ce poisson apprécie les estuaires et les eaux agitées, où il aime chasser. Poisson noble par excellence, pouvant atteindre 80 cm, il a trouvé en Loire-Atlantique une recette à la hauteur de sa chair goûteuse : le bar en croûte de sel de Guérande, concocté par un chef du Croisic dans les années 1980 et qui a fait sa notoriété.

– ***Le brochet :*** ce « requin d'eau douce » se trouve surtout dans le ***marais de Goulaine,*** la plus grande frayère à brochets d'Europe. Délicieux, il faut bien le distinguer du brochet d'étang, qui présente parfois un goût de vase ! À déguster avec un beurre blanc nantais.
– Qu'elles se nomment ***cotriade*** ou ***godaille*** (du côté de l'estuaire de la Loire), les soupes de poisson locales n'ont rien à envier à la bouillabaisse. À l'origine de la recette de cette dernière : la « part du pêcheur », qui recevait autrefois un poisson de chaque espèce rapportée dans les filets. Cela permettait à sa femme de faire la soupe. Le principe est le même : les poissons du jour, cuits dans un court-bouillon au vin, bien assaisonné. Il existe autant de recettes que de villages, que de familles et même que de jours dans l'année !

## ... Coquillages et crustacés

Qui n'a pas rêvé d'un plateau de fruits de mer, le regard perdu vers le large et le nez plongé dans un bon verre de muscadet ? Assister à une vente à la criée vous mettra à coup sûr l'eau à la bouche : crabes, tourteaux, araignées, étrilles, cigales de mer, galathées, crevettes et, bien sûr, le homard... Roi des crustacés et crustacé des rois, il n'a pas fini de faire couler de l'encre, ni de faire parler de lui. Le meilleur vient de Bretagne, tout le monde est d'accord. Quant à la recette, les tenants du ***homard « à l'armoricaine »*** et ceux du homard « à l'américaine » n'ont pas fini de se chamailler et de se disputer la paternité. Le problème, c'est que l'on retrouve en Bretagne, dès le XIXe s, une recette plus simple mais similaire. Tous les ingrédients sont en tout cas réunis pour en faire un plat breton.

### LE HOMARD ? COMPLEXE

*Pour grandir, il mue. Le homard quitte sa carapace environ 22 fois dans sa vie. Alors sans protection, il est à la solde des prédateurs et se cache 15 jours, le temps que sa carapace durcisse. Autre surprise, les pinces ne sont pas identiques : la plus grosse porte des molaires (pour broyer) et la plus petite a des incisives (pour couper). Quand le homard perd une pince, elle repousse.*

– On ne peut évidemment pas faire l'impasse sur les ***coquilles Saint-Jacques,*** dont les plus réputées proviennent d'Erquy ou de la baie de Saint-Brieuc (la saison court d'octobre à avril-mai), ni sur les langoustines pêchées sur le littoral bigouden (pleine saison au printemps-été). Une belle assiette se doit de comporter également bulots, bigorneaux, clams, palourdes, praires, rigadeaux (coques), pétoncles, amandes de mer...
– Avec un peu de chance, vous trouverez sur le marché de l'***ormeau*** ; n'hésitez pas, c'est une merveille. Sa pêche, ultra-protégée, a permis de sauver l'espèce. Il est possible d'en manger sur l'île de Groix, qui en fait une de ses spécialités (d'élevage). Mais le prix peut décourager !
– « Celui-là a eu du courage, qui a été le 1er à manger une huître. » N'en déplaise à Jonathan Swift, les ***huîtres*** sont reines en Bretagne. Parmi la douzaine de grands crus, signalons les huîtres de Cancale (inscrites depuis fin 2019 au Patrimoine immatériel de l'Unesco), la Nacre des Abers *(Prat ar Coum),* l'Aven-Belon, la Penerf... Les huîtres se dégustent toute l'année, même hors des mois en « r » (elles sont alors beaucoup plus laiteuses).

### LES HUÎTRES ET LA DERNIÈRE GUERRE

*Autrefois, les huîtres étaient consommées par une élite sociale. Dès 1941, la nourriture ne s'achetait plus que sur présentation de tickets de rationnement. Toutefois, les huîtres (trop rares ?) se vendaient sans ticket. Alors, compte tenu des restrictions alimentaires, très vite, la consommation décupla. La production aussi. À la fin de la guerre, les Français y avaient pris goût.*

Maigres ou grasses, c'est ensuite le goût qui parle. Les huîtres plates sont beaucoup moins grasses que les creuses, c'est bon à savoir... Le must consiste à les déguster chez le producteur : directement sortie de l'eau avec un p'tit verre de blanc qui va bien, en terrasse quasi pieds dans l'eau. Fraîcheur garantie. Une astuce : les mâcher après les avoir saupoudrées de poivre...
– Les ***moules*** : quelques crus sont particulièrement réputés : baie du Mont-Saint-Michel (AOP), Pénestin (charnues et au délicieux goût de noisette)... Marinière, au lard ou en mouclade, au curry... on les trouve sur toutes les cartes de restos en été.

## Viandes

– ***Andouille :*** un des grands classiques de l'Argoat. La plus célèbre, l'***andouille de Guémené-sur-Scorff*** (Morbihan), doit être fumée, moelleuse mais pas trop grasse. À la coupe, ses cercles concentriques sont dus à une technique particulière de fabrication : l'embauchage des chaudins. Les chaudins de porc, ou gros intestins, sont sélectionnés avec une attention extrême, triés en fonction de leur diamètre, coupés en lanières pour constituer le cœur. Puis enfilés un à un autour du cœur de l'andouille et dans la baudruche de bœuf. Fumés au bois de chêne ou de hêtre, on les met à sécher jusqu'à 9 mois selon les goûts. L'andouille embaume à souhait une galette de sarrasin. Victime de son succès, on trouve le pire comme le meilleur. Tout aussi exceptionnelle, l'***andouille de Baye*** (Finistère Sud), qui peut être agrémentée de lard : un vrai régal. Plus claire que la précédente, dans son cœur se cache... un morceau de lard. Mais partout en Bretagne, les petits charcutiers de village vous proposeront leur andouille maison, dite « de campagne », très proche de l'andouille de Vire (en Normandie), c'est un pur délice au petit déjeuner (eh oui !), sur une bonne tartine de beurre salé. Dans tous les cas, préférez les qualités artisanales : l'andouille ne supporte ni le plastique ni la médiocrité.
– ***Volailles et charcuteries :*** peu de bœuf, autrefois, sur les tables bretonnes. Le porc, tué une fois l'an, le remplaçait avantageusement, le plus souvent sous la forme de pâtés, rillettes, saucisses, boudins ou tripes. On mangeait aussi beaucoup de viande blanche, et les volailles faisaient la fierté de la Bretagne (qui en exportait la plus grosse partie aux Parisiens) : coucou de Rennes, chapon et poulet de Janzé, canard nantais au muscadet...

### LE COCHON, CET INCONNU

*On sait tous que la queue de l'animal est en tire-bouchon. C'est vrai en captivité à cause du stress. En liberté, il a plutôt la queue droite. En revanche, son pénis, lui, est vraiment en tire-bouchon, ce qui lui permet de se « visser » à l'utérus de la femelle. Son orgasme dure dans les 30 mn. Respect.*

## Vous prendrez bien du fromage

– ***Fromages :*** bien qu'étant une région d'élevage bovin depuis des siècles, la Bretagne ne possède pas de tradition fromagère. L'autorisation royale qui dispensait les Bretons de payer la gabelle (impôt sur le sel) leur permettait de conserver le beurre en le salant. Le beurre salé suffisait à les satisfaire. Plus besoin de fabriquer du fromage. Cette tradition n'est plus un facteur déterminant aujourd'hui car des producteurs bretons du Morbihan fabriquent du fromage comme la tome de Baden, le badennois moelleux et typé, la tome de Rhuys et le fromage des moines de l'abbaye de Timadeuc. L'Ille-et-Vilaine produit le fromage le Merzer à Noyal-sur-Vilaine.
Citons aussi le curé nantais, fromage créé à Saint-Julien-de-Concelles, près de Nantes, en 1880, par un fromager conseillé par un curé... C'est un fromage réellement typique de la Bretagne. Sa pâte est molle, au lait cru et entier. Le seul fabricant se trouve à Pornic. Il en existe plusieurs déclinaisons, mais notre préférée reste celle au muscadet.

## Fruits et légumes

La France occupée a découvert pendant la 2de Guerre mondiale l'immense richesse de la Bretagne, pays prodigue et nourricier, qui lui a inlassablement expédié toutes sortes de victuailles. L'Argoat est aujourd'hui l'une des 1res régions agricoles françaises. Des groupements de producteurs ont permis de sauvegarder puis de développer des légumes traditionnels, et se battent de façon intelligente pour la promotion de leurs produits. On pense par exemple au label *Prince de Bretagne,* qui ne se cantonne plus depuis longtemps à l'artichaut et au chou-fleur. Ils ont réussi à faire passer le délicieux ***coco de Paimpol*** et l'***oignon rose de Roscoff*** en AOC.
Mais les richesses du sol breton ne se limitent pas à ça. ***Pommes de terre primeurs de l'île de Batz, navets jaunes de Belle-Île, fraises de Plougastel, melons petit-gris de Rennes, châtaignes*** *(teillouses)* ***de Redon*** sont d'une grande qualité gustative ; dommage que leur diffusion reste si confidentielle. Contrairement aux primeurs nantais dont les carottes et la mâche se trouvent sans problème sur tous les étals français. De même, le chou *kale,* un chou détox dont se sont entichés la jet-set américaine et les nutritionnistes pour ses qualités diététiques, qui a refleuri dans les champs comme dans les assiettes. L'Armor n'est pas en reste non plus, depuis l'engouement des grands chefs pour la cuisine aux algues.

**Pour cuisiner breton à la maison :**
● ***recettes-bretonnes.fr*** ● Du *kig ha farz* au kouign-amann, en passant par le far breton et les crêpes flambées, tous les secrets des spécialités bretonnes salées et sucrées. Il faut être breton pour être aussi bon !

# DRUIDES

C'est au nord du pays de Galles, sur l'île d'Anglesey, que se situait le saint des saints du druidisme ancien. Jules César en parle déjà dans *La Guerre des Gaules.* Ce qui ne l'empêcha pas de massacrer les druides qui y habitaient, pour imposer la religion romaine. Des druides, des bardes (chargés de chanter et de mettre en musique les exploits de héros) et des ovates (prophétesses, devineresses, chargées du culte), on en trouvait dans tous les pays de langues brittonique et gaélique : Irlande, Écosse, Cornouailles, Devon, île de Man et, bien sûr, dans notre chère Bretagne péninsulaire.
Les druides, juges suprêmes de la nation et interprètes de la volonté divine, étaient placés ***au sommet de la hiérarchie sociale,*** devant le roi celte. Ils étaient tout à la fois prêtres, juges et professeurs. D'où l'origine de leur nom : *druwi-des,* c'est-à-dire « les très voyants, les très savants ». Ils étaient chargés des sacrifices à Ésus, Teutatès, Taranis, Bélénus (dieu solaire, d'où les nombreux Bel-Air que l'on trouve sur la carte), les principales divinités du panthéon druidique.
C'est une erreur de croire que les druides ont dressé les dolmens et les menhirs. Ces mégalithes existaient déjà bien avant l'arrivée des Celtes. Les druides les ont peut-être utilisés pour leurs rituels, comme le gui, lors de leur fête de Printemps, le Nouvel An druidique.

### LE GUI SACRÉ

*Les druides avaient sacralisé les arbres et les plantes. C'est ainsi que le chêne, arbre supérieur, était vénéré comme représentation celtique de Jupiter. Lors du Nouvel An, le druide, vêtu d'une robe blanche, y grimpait et, à l'aide de la faucille d'or qu'il arborait pour les grandes cérémonies, il cueillait le gui, son parasite médicinal, dans un linge blanc. Le gui symbolisait la fertilité et soignait bien des maladies. Bonne pioche, puisque aujourd'hui on l'utilise contre certains cancers.*

Les nouveaux druides d'aujourd'hui sont très discrets et ne souhaitent pas être dérangés pour rien. Pourtant, ils sont bien là. Beaucoup de chapelles dissidentes, de branches sectaires, de rameaux fanatiques. Reste la branche traditionnelle du *Gorsedd* breton, le Collège des druides, des bardes et des ovates de Petite Bretagne.
De même qu'aux druides, les Bretons ont toujours voué ***un grand respect aux médecins,*** comme l'évoque cette histoire : « Madame, je crois bien que votre mari est mort. » Le vieux à moitié mort lui répondit d'une voix faible : « Oh non, je suis encore vivant. » « Tais-toi, lui rétorqua sa femme. Le médecin sait quand même mieux que toi. » (Mikaël Corre dans *La Croix*).

## ÉCONOMIE

Le guide *Bretagne Sud* comprend le Finistère Sud, le Morbihan, ainsi que la Loire-Atlantique, même si ce département est administrativement rattaché à la région Pays de la Loire, bien malgré lui... car, rappelons-le, ce département faisait partie de la Bretagne jusqu'en 1941. Quoi qu'il en soit, ces territoires possèdent des activités économiques similaires comme l'agriculture, la construction navale et le tourisme.
De grands groupes français et étrangers sont présents, mais l'économie bretonne se caractérise par son important réseau de petites et moyennes entreprises et, preuve de son dynamisme, un taux de chômage inférieur à la moyenne nationale. Évidemment, les chiffres évoqués dans ce chapitre risquent d'évoluer à partir de 2021, comme partout ailleurs.

### L'agriculture

La Bretagne est la ***2e région agricole française*** (derrière la Nouvelle-Aquitaine), 59 % de son territoire étant consacré à cette activité (chiffre de 2019). L'agriculture de la Bretagne Sud est à l'image de celle de la Bretagne tout entière : elle est la 1re région française productrice de porcs (près de 58 % de la production nationale), de volailles et de légumes. Si le Morbihan est le leader des départements ***producteurs de volailles*** (poulets, dindes, dindons, pintades et œufs), le Finistère, quant à lui, domine par ses ***élevages*** de gros bovins et de porcs. Mais la filière boit la tasse, durement éprouvée par la faiblesse des cours qui ne cessent de s'effondrer. Grogne et manifestations ont dépassé les frontières régionales... Avec cette crise, c'est tout un pan de l'économie bretonne qui souffre (abattoirs, emplois).

**GLANDER !**

*Tiens, en parlant des porcs : dès le Moyen Âge, « glander » fut une activité consistant à mener les cochons dans les chênaies pour les nourrir de glands. C'était une façon bien reposante d'occuper sa journée. Pas étonnant qu'aujourd'hui ce mot signifie « ne rien foutre » !*

La Bretagne n'est pas qu'une région d'élevage. La part de la ***production de légumes*** (haricots verts, épinards, petits pois, carottes, choux-fleurs, artichauts, tomates) y est prépondérante dans le centre de la région et dans le Morbihan.
En Loire-Atlantique, la production animale (veaux, vaches, porcs, moutons, volailles, œufs et lait) représente les $^2/_3$ des ressources totales. Les productions végétales comprennent des produits maraîchers tels que la mâche, et des appellations de vins du Pays nantais : le muscadet, le gros-plant et le coteaux-d'ancenis. Ce département dispose également de produits certifiés : le sel de Guérande de qualité Label rouge (environ 12 000 t par an) et les céréales et légumes biologiques.

## La pêche

Avec ses 22 ports actifs, 1 181 navires de pêche, et plus de 5 000 pêcheurs, le produit de la ***pêche*** bretonne s'élève à 91 300 t en 2019, ce qui place la région ***en tête du classement national.*** Les principaux ports de Bretagne Sud sont Lorient, Le Guilvinec et Saint-Guénolé, où la pêche (de la journée à plus de 20 jours) emploie de nombreux marins. Dans l'ensemble, les ports de la côte sud ciblent des espèces différentes de celles de la côte nord et ramènent merlan, morue, lingue, lieu noir, grenadier... L'accent a d'ailleurs été mis sur la protection et la sauvegarde du littoral, qui passe par une pêche plus responsable.

En Loire-Atlantique, La Turballe et Le Croisic bénéficient de 2 criées où sont vendus anchois, sardines, merlus, maquereaux, soles, langoustines et tourteaux. L'activité conchylicole est également dynamique en Bretagne, qui produit moules, huîtres et coques dans les rias (Pénestin, Pénerf, Étel, Aven et Bélon), ainsi que dans le golfe du Morbihan.

### POURQUOI LES HUÎTRES SONT-ELLES VENDUES À LA DOUZAINE ?

*Autrefois, on pouvait calculer par douzaines sans être allé à l'école. En effet, le pouce permet de compter sur les 4 autres doigts de la main, qui possèdent 3 phalanges chacun et qui servent de boulier (4 x 3 = 12). Ce comptage perdure pour beaucoup de produits d'alimentation.*

## Algues : le renouveau d'une très vieille activité

La Bretagne dispose du gisement national le plus important avec ***700 variétés d'algues.*** 72 entreprises sont spécialisées dans la transformation des algues en produits agroalimentaires. Elles sont ramassées pour la fabrication de produits agroalimentaires, de beauté (gélifiants) et de plats cuisinés.

Les goémoniers traditionnels, mi-marins mi-paysans, existent toujours mais ils sont peu nombreux. En revanche, une nouvelle génération est apparue, sur la côte du Léon (du côté notamment de Lanildut et de Guissény dans le Finistère Nord), un des secteurs les plus découpés de Bretagne, qui fournit 80 % de la production française. Depuis les années 1950, ***le métier a beaucoup changé*** : tracteurs et remorques ont remplacé chevaux et charrettes. Le goémon de rive, lui, n'a pas changé. Ce fameux *Fucus vesiculosus* a des bulles que les gosses font éclater entre leurs doigts. Il constitue l'essentiel de la récolte et on l'utilise comme engrais. On récolte d'autres types d'algues, dont la *laminaire.* Cette géante des côtes bretonnes peut atteindre 5 m de long. Impressionnant ! Elle pousse en mer, où on la ramasse à l'aide d'un scoubidou – sorte de grande pince hydraulique, mue comme une grue à bord des bateaux.

Si autrefois les usines brûlaient les algues pour en extraire de l'iode, aujourd'hui les débouchés se sont diversifiés. Après les engrais et les bains d'algues, les chercheurs concoctent actuellement des produits alimentaires comestibles avec les algues brunes, vertes ou rouges. Le ***Centre d'études et de valorisation des algues (CEVA) de Pleubian,*** en liaison avec ADRIA à Quimper, a mis au point des recettes de

### L'ARÉNICOLE, UN VRAI PACTOLE

*De arena (sable) et colere (qui habite), ce modeste petit ver qu'on utilise pour nos parties de pêche détient un trésor. Une PME bretonne a découvert qu'il possède une molécule fabuleuse pour faciliter les transplantations d'organes et colmater les hémorragies.*

pains, pâtés, saucissons, plats composés, etc. Seul problème avec les algues bretonnes : elles n'ont jamais fait partie des traditions culinaires de la région. Contrairement au Japon, où l'algue est dans toutes les assiettes (depuis des siècles !), en Bretagne, elle n'est consommée que par une minorité de gourmets. L'***industrie cosmétique*** commence à se frotter les mains, tandis que se développent toutes sortes de biotechnologies.

## L'industrie

En Bretagne Sud, les industries agroalimentaires sont omniprésentes – abattage d'animaux, production et transformation – et découlent naturellement de l'agriculture et de la pêche ; leur localisation est, de fait, toujours proche des lieux de production. Dans le Finistère Sud, l'abattage et la production de viande de boucherie se concentrent à Châteauneuf-du-Faou, Quimperlé, Guisgriff et Moréac. La production de viande de volailles est présente à Châteaulin, Guisgriff, Locminé, Vannes, Bignan et Pleucadec. Gourin, Saint-Thurien et Locminé sont plus spécialisés dans la transformation de légumes.
Quant à l'***industrie du poisson,*** dont la capitale est Douarnenez, les ¾ de ses salariés travaillent dans le Finistère. En Loire-Atlantique, l'agroalimentaire est extrêmement dynamique. Preuve en est le MIN de Nantes, qui est le 2e marché français après Rungis.
La Bretagne Sud est également marquée par la ***construction navale.*** Les ***Chantiers de l'Atlantique de Saint-Nazaire,*** 3es chantiers mondiaux de construction navale, ont enfanté de fabuleux paquebots comme le *Normandie,* le *France,* le *Queen Mary II* ou encore le plus grand paquebot du monde, *Harmony of the Seas,* et son jumeau *Symphony of the Seas.* Et, régulièrement, de nouveaux paquebots voient le jour à Saint-Nazaire.
L'aéronautique et l'armement sont également présents en Loire-Atlantique. Saviez-vous que l'Airbus y est pour moitié fabriqué et que l'on peut visiter l'usine de Saint-Nazaire ? Toujours dans ce département, Arquus produit des blindés, et Safran fabrique des calculateurs pour les avions Rafale.

## Le secteur tertiaire

En Bretagne Sud, c'est incontestablement le tertiaire (administrations, armée, commerce, transports, services, tourisme) qui crée le plus d'emplois, avec près de 70 % des actifs.
Dans cette région, la 2e plus prisée en France pour les vacances estivales, la très forte fréquentation touristique se compose essentiellement de Français, d'Anglais, d'Italiens et d'Allemands. Les commerces et cafés-hôtels-restaurants ne chôment pas !
Avec un patrimoine riche et sauvegardé, et de longues plages de sable, la Bretagne séduit autant la clientèle française qu'étrangère. La vitalité du ***secteur touristique*** s'améliore chaque année avec... le réchauffement climatique !

## Les Bretons qui entreprennent

Déterminés et persévérants, les entrepreneurs bretons sont excellents dans leur domaine. Citons à Pouldreuzic (Pays bigouden, Finistère Sud) la famille ***Hénaff,*** fabricante du célèbre pâté Hénaff, dont la devise a toujours été : « Seul un Breton s'entête à faire aussi bon ! »
À Douarnenez, l'entreprise ***Chancerelle,*** la plus ancienne conserverie de poisson du monde, s'est modernisée malgré la crise et continue de se battre sur un marché difficile. À Quimperlé, citons le groupe ***Bigard*** (abattoirs, transformation de la viande). Une des plus belles réussites industrielles et commerciales en Bretagne Sud reste probablement celle de l'entreprise d'***Yves Rocher,*** décédé en décembre 2009. Ce Breton de La Gacilly (Morbihan), autodidacte, a dirigé la 1re marque

mondiale de cosmétiques d'origine végétale. Selon le magazine *Capital,* Yves Rocher était considéré comme l'homme le plus riche de Bretagne. L'entreprise est toujours dans les mains de la famille. N'oublions pas ***Armor Lux,*** à Quimper, qui a habillé les postiers, les personnels de bord de la SNCF et des aéroports de Paris, ainsi que... le ministre Arnaud Montebourg en 2012. Il a fait de la marinière rayée bleu marine et blanc l'emblème du made in France.
Enfin, bien que la plupart de ses activités industrielles et financières soient déployées hors de Bretagne, ***Vincent Bolloré,*** Breton très attaché à la Bretagne, a gardé le siège de son groupe à Ergué-Gabéric (près de Quimper). Celui-ci, très diversifié, emploie près de 60 000 salariés et se classe dans les 500 premières entreprises mondiales.

## EMBLÈMES ET SYMBOLES BRETONS

– ***Le drapeau :*** le fameux ***gwenn ha du*** (« blanc et noir »). Créé en 1923 par Morvan Marchal, fondateur et militant du mouvement nationaliste *Breiz Atao,* il fut déclaré drapeau national breton en 1927 au 1er congrès du Parti autonomiste breton. Ses 5 bandes noires représentent les 5 évêchés de haute Bretagne, parlant gallo (c'est-à-dire le Rennais, le Nantais, le Dolois, le Malois, le Penthièvre) ; et ses 4 bandes blanches les 4 évêchés bretonnants (c'est-à-dire parlant breton) de basse Bretagne (à savoir : Cornouaille, Léon, Trégor et Vannetais). Le quart gauche est occupé par 11 mouchetures d'hermine. Un nombre qui en fait n'aurait pas de signification, contrairement au nombre d'étoiles du drapeau américain. La tradition veut que l'on porte ce drapeau droit au-dessus de la tête.

### UN DRAPEAU NOIR ET BLANC

*Interdit après la 2de Guerre mondiale, symbole fort lors de la vague autonomiste des années 1970, le drapeau breton a aujourd'hui gagné la reconnaissance des Bretons et n'a pas fini de flotter sur le pays et ailleurs (Jean-Loup Chrétien, célèbre astronaute breton, n'a d'ailleurs pas manqué de le faire voyager dans l'espace).*

– ***L'hymne breton :*** le « Vieux pays de mes pères » *(Bro gozh ma zadoù)* est directement inspiré de l'hymne national du pays de Galles, *Hen Wlad Fy Nhadau.* Même air, mais des paroles adaptées en breton par François Jaffrennou en 1898, alors qu'il était lycéen à Saint-Brieuc et que la Bretagne n'avait pas d'hymne. Il n'est pas officiel, mais on a déjà entendu Nolwenn Leroy l'entonner au Stade de France !

– ***L'hermine :*** l'hermine est devenue emblème de la Bretagne au début du XIIe s par le mariage d'Alix, héritière du duché de Bretagne, avec Pierre Ier de Dreux, dit « Mauclerc », un duc capétien. En plus de ses armes, Mauclerc portait une hermine pour se distinguer des autres membres de sa famille. Bizarrement, Alix adopta les armes de son mari (et son hermine) et non celles de sa propre famille. Bientôt, les pièces de monnaie furent frappées de l'hermine. On retrouve, bien sûr, le symbole de l'hermine sur le drapeau breton, le *gwenn ha du* (voir ci-avant).

### HISTOIRE TRISTE

*Un chasseur poursuivait une hermine pour saisir sa précieuse fourrure blanche. L'animal fuit et s'arrêta soudain devant une mare de boue. La duchesse Anne de Bretagne aperçut l'hermine qui refusait de se salir dans l'eau croupissante. Le chasseur la tua, ce qui émut la duchesse. Ainsi est née la devise de la Bretagne : « Plutôt la mort que la souillure. »*

– ***Le triskèle*** *(ou* ***triskell****)* ***:*** outre le drapeau, il est, avec l'hermine, le symbole le plus répandu en Bretagne. Sorte de croix formée de 3 spirales ou ailes. Ces spirales représenteraient les 3 éléments, l'eau, l'air et le feu. D'autres y voient plutôt une roue solaire, dont le roulement vers la droite apporterait harmonie et bonheur, et le roulement vers la gauche malheur et destruction. D'abord utilisé comme motif décoratif par les Celtes (sur les casques et les boucliers notamment), le triskèle fut repris à partir de la fin du Moyen Âge dans l'art religieux et dans l'ornement du mobilier rustique. Au cours du XX<sup>e</sup> s, le triskèle a souvent pris une connotation nationaliste, de nombreux partis politiques et mouvements druidiques le choisissant pour emblème. C'est aussi l'un des motifs favoris des créateurs de bijoux, bagues et pendentifs en particulier.

– ***La croix celtique :*** symbole essentiel du christianisme, la croix est, en pays celte, inscrite dans un cercle. On peut assimiler ce dernier au « cercle druidique », où se tiennent les rites, mais également au symbolisme de la roue, très présent dans la tradition celtique. La roue illustre notamment la notion de temps (en breton, le temps tourne et ne passe pas, et beaucoup d'expressions se rapportent à cette idée). D'ailleurs, si les croix celtiques débordent du cercle, ce n'était pas le cas des toutes premières, qui y tenaient entièrement.

# ENVIRONNEMENT

*An douar a zo re gozh, evit ober goap anezhan,*
**dit un proverbe breton.**
**« La terre est trop vieille pour qu'on se moque d'elle. »**

La Bretagne est une grande région agricole (derrière la Nouvelle-Aquitaine, passée en tête depuis la fusion des régions), tournée essentiellement vers les productions animales : elle représente ainsi 23 % de la production nationale de lait et 60 % de celle de porcs. L'important développement agricole (et agroalimentaire) breton opéré dans la 2de moitié du XXe s a cependant eu des conséquences importantes sur le plan environnemental, du fait d'une utilisation massive de fertilisants, de l'emploi en quantité de pesticides et d'une concentration forte des cheptels.

## L'eau potable ? À quand l'arrivée à bon... porc ?

La 1re source d'inquiétude est la ***dégradation de la qualité de l'eau,*** au point que le sujet de préoccupation environnementale s'est mué en question de santé publique. La Bretagne est, en effet, la seule région de France entièrement classée en « zone vulnérable » pour la pollution des eaux par les nitrates.

Les ***nitrates*** sont toujours présents en quantité dans les eaux des rivières bretonnes même si une baisse des concentrations s'est amorcée à l'aube des années 2000. Dans l'ensemble, les rivières bretonnes présentent encore des concentrations en nitrates trop élevées : ***en 2019, 58 % des cours d'eau ont une qualité d'eau médiocre,*** 17 % ont une qualité moyenne, et 17 % sont de mauvaise qualité. Triste constat pour cette belle province maritime où l'eau des fontaines sacrées (dédiées aux saints locaux) était naguère vénérée par les Bretons pour ses vertus médicinales et curatives. Les rivières bretonnes au XIXe s n'étaient-elles pas aussi riches en saumons et en truites que celles d'Écosse et de Norvège !

La ***pollution des cours d'eau bretons par les pesticides*** est tout aussi inquiétante : le glyphosate, désherbant le plus utilisé par les agriculteurs sur leurs champs et les particuliers dans leurs jardins, reste le plus présent dans les eaux. 94 % des nitrates rejetés dans les rivières bretonnes sont d'origine agricole (engrais, pesticides...). En raison de cette pollution, 88 % de l'eau prélevée dans les rivières bretonnes doit subir des traitements pour devenir potable. La pollution aux nitrates ne doit pas masquer une autre pollution, celle provenant des ***phosphates.***

– ***Quelles solutions ?*** Les pouvoirs publics (État, région Bretagne, départements et collectivités locales), les agriculteurs et les associations de protection de l'environnement

sont mobilisés pour reconquérir la qualité des eaux et des milieux aquatiques en Bretagne. La dynamique est lancée et semble commencer à porter ses fruits. L'objectif reste d'atteindre 61 % des masses d'eau en bon état écologique en 2021 et 100 % en 2027.
– ***Bon à savoir :*** la dépollution fait au bout du compte de l'eau potable bretonne l'eau du robinet la plus chère de France.

### PRÉCIEUSES ALGUES

*Peu de gens savent que les algues fournissent 60 % de l'oxygène de la planète. Autrefois, on les utilisait comme chauffage et engrais mais aussi pour blanchir le linge, car elles contiennent de la soude. Aujourd'hui, les utilisations sont innombrables : nourriture, cosmétiques, plastiques, médicaments et même peinture.*

## Les eaux de baignade (plages)

À l'échelle de la Bretagne, la ***qualité des eaux de baignade*** en mer est bonne avec un taux de conformité de près de 99 % en 2019 (sur 592 plages suivies en Bretagne). Le contrôle de la qualité des eaux de baignade est une obligation communautaire depuis 1976. En Bretagne, les contrôles sont effectués par des laboratoires agréés. Chaque site est contrôlé 8 fois en cours de saison estivale. On observe aussi une amélioration de la qualité constante des ***eaux côtières*** bretonnes destinées à la conchyliculture (moules, huîtres, etc.).
Reste que la situation des gisements naturels de coquillages pour la pêche à pied demeure préoccupante et qu'elle y est interdite ou déconseillée sur 55 % des sites. Dans ce cas, les contaminations bactériologiques des eaux littorales proviennent principalement d'un traitement des eaux usées, ainsi que des déjections animales répandues sur les terres agricoles ou issues du pâturage des animaux. Pas fameux... Heureusement, l'Ifremer veille au grain afin d'éviter tout risque lié à la consommation de coquillages. Et de plus en plus de communes s'engagent dans des opérations groupées de rénovation des fosses septiques. Ouf, on peut continuer à savourer nos bons plateaux de fruits de mer !
– ***Informations :*** le site • *pecheapied-responsable.fr* • récapitule l'état de chaque zone. Pour la qualité de l'eau de baignade sur les plages • *baignades.sante.gouv.fr* •

## La prolifération des algues vertes...

Générées par les excès de l'agriculture industrielle et par la concentration d'animaux d'élevage (nitrate et lisier), ces algues parasites sont toxiques pour l'homme, souillent le paysage et dégagent une odeur pestilentielle en se décomposant.
Elles sont nettement moins présentes en Bretagne Sud, où seules ***Douarnenez et Concarneau*** ont été confrontées à ce phénomène. Un effort raisonnable... et en cours. On observe un recul général des marées vertes en Bretagne. Le Plan Algues Vertes se poursuit et les agriculteurs sont aujourd'hui davantage mobilisés. Crise agricole aidant (si on peut dire) et diminution des cheptels contribuent de fait à l'amélioration des résultats. Triste paradoxe, veaux, vaches et cochons bretons constituent l'un des piliers de l'économie bretonne.

## Le vent tourne-t-il ?

Au chapitre des points positifs, notons que le ***secteur éolien*** est en pleine expansion en Bretagne avec la création de plusieurs parcs d'éoliennes, notamment sur le littoral. Celles-ci permettent de produire de l'électricité grâce à la force du vent, en réduisant les besoins en énergies hydroélectrique et nucléaire. De multiples projets sont en marche pour exploiter les énergies marines (courants marins, vagues, vents marins et marées). La Bretagne, bénéficiant d'une dynamique industrielle dans le domaine et de pôles de recherche compétents (50 % des effectifs nationaux), est à l'avant-poste du développement des énergies marines renouvelables.

– ***La démarche Zéro Phyto :*** une réflexion sur l'entretien au naturel des communes (plus de produits phytosanitaires) est aujourd'hui largement appliquée en Bretagne. En 2020, 414 communes bretonnes qui détiennent le label « Zéro Phyto » se sont engagées à ne plus utiliser de produits chimiques dans l'entretien de leurs espaces verts.

– ***Agriculture biologique :*** le développement des ***fermes en agriculture biologique*** et le développement de la vente en circuits courts sont en pleine expansion et constituent ainsi une alternative aux dérives de l'agriculture industrielle. Au 1er janvier 2019, les fermes bio étaient au nombre de 3 080, soit une augmentation de 27 % en 2 ans et un triplement en 10 ans ! Ces exploitations agricoles sont engagées dans une démarche de qualité (AOP, AOC, IGP, Label rouge). La région Bretagne mise sur la dynamique collective du ***« Bien manger pour tous ».***

– ***Énergie solaire :*** en juillet 2019, la petite commune de Baud dans le Morbihan inaugure la plus grande centrale solaire de Bretagne. Avec 14 600 panneaux solaires, elle peut fournir en énergie les 4 400 habitants alentour, tout en réduisant l'émission de $CO_2$. Un petit pas pour l'écologie, un grand pas pour l'humanité !

– Certaines associations mènent un combat efficace sur le terrain pour la préservation de l'environnement. Ainsi, l'***association Eau et Rivières de Bretagne*** accomplit un travail remarquable : « Quand le poisson meurt, l'homme est menacé », répètent-ils depuis des années.

**Le réseau européen Natura 2000**

N'oublions pas non plus que la faune et la flore bretonnes sont préservées par l'État et les collectivités, notamment à travers un réseau d'une soixantaine de sites inclus dans le réseau européen Natura 2000. Les réserves naturelles du Finistère, des Côtes-d'Armor et du Morbihan, ainsi que les parcs naturels régionaux (parc d'Armorique et, depuis 2015, parc du golfe du Morbihan) permettent de découvrir la diversité des richesses naturelles à travers des animations et des visites, et il y en a vraiment pour tous les goûts : on a encore la chance en Bretagne de voir évoluer dans leur milieu naturel les phoques de la mer d'Iroise, les loutres et les fous de Bassan. Et on s'en réjouit !

Pour plus d'informations, consulter les sites *• ars.bretagne.sante.fr • tourismebretagne.com •*

## Le parc naturel marin d'Iroise

Créé en 2007, il couvre 3 550 km² en mer d'Iroise, l'espace marin s'étendant entre l'île de Sein (au sud) et l'île d'Ouessant (au nord), et allant jusqu'aux 12 miles nautiques (22 km) au large.

Située dans une zone de transition entre les eaux de l'Atlantique et celles de la Manche, la ***mer d'Iroise*** recèle une riche diversité d'écosystèmes, s'avérant être un véritable sanctuaire en matière de biodiversité. On y recense près de 300 espèces d'algues (le plus grand champ d'algues marines se situe dans l'archipel de Molène) et 120 espèces de poissons. Les dauphins et les colonies de phoques s'en donnent à cœur joie !

### MOUETTE OU GOÉLAND ?

*Le goéland est bien plus grand, son bec est jaune et son cri plutôt grave. La mouette a un rire plus aigu et un bec rouge, plus petit, sans oublier une élégance secrète : une petite tache noire derrière l'œil.*

L'objectif du parc consiste à mieux faire connaître et à préserver ces richesses naturelles uniques, tout en permettant le développement durable des activités humaines. La politique de gestion et de protection est décidée par une instance

locale qui réunit tous les acteurs de la mer (pêcheurs, élus locaux, plaisanciers, scientifiques...). Les actions sont ensuite mises en place par les agents du parc naturel marin d'Iroise.
Pour en savoir plus : • *parc-marin-iroise.fr* •

## Adresse et sites internet utiles

– ***Bretagne environnement :*** • *bretagne-environnement.fr* • Un site complet et collaboratif présentant les données chiffrées de l'environnement en Bretagne.

■ ***Eau et Rivières de Bretagne :*** *2, rue Crec'h-Ugen, 22810* ***Belle-Isle-en-Terre.*** ☎ *02-96-21-38-77.* • *eau-et-rivieres.org* • Une des rares associations qui tiennent tête au puissant lobby agroalimentaire. Ses membres font un travail remarquable d'éducation, d'information et de lutte, tout simplement pour que la Bretagne retrouve un jour son eau pure.

– ***Qualité de l'air :*** • *airbreizh.asso.fr* •

# GÉOGRAPHIE

« La proue de l'ancien monde » selon Jules Michelet. À l'extrémité ouest du continent européen, enfoncée dans l'océan Atlantique, la Bretagne apparaît sur le globe terrestre comme une péninsule, grande comme la Belgique (34 023 km²). C'est un vieux et bas pays qui a été raboté, usé par les siècles, où l'altitude est une des plus basses de France : une centaine de mètres en moyenne alors que le Bassin parisien est à 190 m. Des montagnes ? Aucune. Des collines ? Oui. La principale ligne de collines s'étend en gros de Brasparts dans les monts d'Arrée (centre Finistère) avec le Tuchen Gador (384 m d'altitude) jusqu'à Moncontour (Côtes-d'Armor). Parallèles à la côte sud, une autre ligne, celle des Montagnes Noires, va de Locronan à Malestroit en s'aplatissant. Entre les 2, une succession de cuvettes : Châteaulin, Loudéac, Rennes.
Même au fin fond de la campagne, on n'est jamais à plus de 100 km de la mer, dont l'influence se fait sentir partout.
– ***Bon à savoir :*** la tradition divise la géographie bretonne en 2 secteurs bien distincts. ***L'Armor,*** le pays de la mer, et ***l'Argoat*** le pays des bois. Il vaudrait mieux dire le pays des arbres car les forêts bretonnes n'occupent que 5 % du territoire.

## Le massif armoricain et ses côtes

Le Massif armoricain est aussi vieux que les Vosges ou les Ardennes. Les schistes constituent les $^2/_3$ de sa surface. Le granit et le gneiss, les micaschistes, les quartzites forment le reste d'une croûte terrestre aux formes très arrondies mais parfois bien marquées. Les petites routes tortueuses de l'Argoat en sont la conséquence.
Le ***littoral breton*** est le plus découpé de France. Sans compter les îles, les 3 façades maritimes de la Bretagne mesurent près de 3 000 km. Caps et plages alternent sur une côte en festons qui fait tout le charme du littoral

### LES ÎLES DU PONANT, UN CERCLE TRÈS FERMÉ

*Contrairement à ce que l'on pourrait croire, les îles du Ponant ne sont pas que bretonnes. « Ponant » signifie « couchant », et ces îles regroupent toutes celles de la façade française atlantique ou de la Manche (du côté où le soleil se couche, donc), dépourvues de pont. De vraies îles, quoi ! De Chausey (au large de Granville) à Aix en Charente-Maritime, elles sont une quinzaine, comme Ouessant, Molène ou l'île d'Yeu. Mais pas Noirmoutier ou l'île de Ré...*

breton. Le flot marin poussé par les marées hautes et basses remonte dans des vallées étroites et encaissées appelées ***abers*** dans le Léon (aber Wrac'h et aber Ildut dans le Finistère Nord) et ***ster*** dans le sud de la Bretagne. Les côtes vivent au rythme des marées. Le marnage est la différence de niveau entre haute et basse mer. Il est de 10 à 12 m en Manche et de 5 à 6 m en Atlantique. Les estuaires des fleuves, désormais envahis par la mer, remontent loin dans les terres. Les plus beaux exemples sont la rivière de l'Odet dans le sud du Finistère, la Laïta (Quimperlé), le Blavet (Hennebont)...
Il y a des milliers d'années, la mer aurait envahi et noyé les zones basses de la Brière ainsi que la légendaire ville d'Ys aussi peut-être, en baie de Douarnenez.

# HISTOIRE

À quand remonte l'histoire de la Bretagne ? Le site paléolithique (âge de la pierre taillée) de Saint-Malo-de-Phily, près de Lohéac, en Ille-et-Vilaine, daterait de 700 000 ans avant l'ère chrétienne. Le climat aurait été pourtant bien plus froid qu'aujourd'hui. Que s'est-il passé alors ? Au Mésolithique (10 000 ans avant l'ère chrétienne), le climat se réchauffe, les glaciers fondent et la Manche, à sec jusque-là, se remplit d'eau. C'est au Néolithique (de 5000 à 2000 avant l'ère chrétienne) que les mégalithes apparaissent. Les ***menhirs*** et les ***dolmens*** ont été dressés à la fin de cette ***période du Néolithique.*** Dans la seule région de Carnac (Morbihan), on en dénombre près de 3 000. On ne sait pas précisément à quoi ils servaient. Pierres sacrées destinées à des rituels religieux, repères astronomiques ou énigmatiques sépultures ? Une chose est sûre, les menhirs sont bel et bien l'œuvre de peuples antérieurs aux Celtes, puisque ceux-ci ne vivaient pas encore en Armorique.

## L'arrivée des Celtes en Armorique

Au VIIIe s av. J.-C., originaires d'Europe centrale (la Bohême), les Celtes se répandent en Europe et commencent à s'établir en Armorique (on ne parle pas encore de Bretagne). Ce nom dérive du celtique ***aremori,*** qui signifie « ***pays du bord de mer*** ». Les Celtes utilisent des armes en fer et montent une belle cavalerie. Ils détiennent une certaine supériorité matérielle. L'Armorique celte du IIe s av. J.-C. se partage en 5 ***États habités par des tribus distinctes*** : les Osismes à l'ouest, les Vénètes au sud, les Curiosolites au nord, les Redones et les Namnètes à l'est. Comme l'écrit Jules César dans *La Guerre des Gaules,* les Vénètes dominent les autres tribus par la puissance de leur flotte.

## La conquête romaine

La guerre se déroule en mer. En 56 av. J.-C., les ***Vénètes,*** combattants pugnaces, affrontent les galères romaines, mais finissent par perdre le combat. Fort de sa victoire sur Vercingétorix en 52 av. J.-C. à Alésia, ***Jules César divise la Gaule en 3 provinces*** en plus de la Narbonnaise qui existe déjà : l'Aquitaine, la Belgique et la Lyonnaise, à laquelle se rattache l'Armorique. Des voies romaines relient les principales villes : Darioritum (Vannes), Condevicnum (Nantes), Condate (Rennes), Fanum Martis (Corseul) et Vorgium (Carhaix). Les riches ***Armoricains*** apprennent le latin et tirent profit de la nouvelle civilisation romaine.
L'***Armorique*** soumise aux lois romaines s'adapte aux nouvelles mœurs mais ***maintient sa langue et ses cultes.*** À l'extrémité ouest de l'Europe, elle reste un secteur géographique isolé, une colonie très éloignée du pouvoir central. Les longs hivers pluvieux et venteux ont probablement dissuadé plus d'un légionnaire romain de venir camper en Armorique !

À partir de 235 apr. J.-C., l'Empire romain traverse une période d'insécurité et d'anarchie. Menaces et razzias des Barbares, raids des Francs et des Alamans, troubles sociaux s'enchaînent. ***L'Armorique se soulève vers 410 contre les autorités romaines,*** incapables d'assurer l'ordre. C'est dans ce contexte troublé que ***débarquent les Bretons.*** Attention à ne pas assimiler les Bretons aux peuples barbares, comme les Vandales, qui déferlent sur l'Europe en ces temps troublés.

### FIER D'ÊTRE BRETON !

*On dit que le Breton a un caractère bien trempé. Il est surtout rebelle contre l'oppresseur. Il s'attaqua aux Romains (Astérix n'est pas qu'une blague), puis aux Francs (les Bretons ne paieront jamais de tribut). Il lutta ensuite contre la royauté (les Bonnets rouges contre Louis XIV), puis contre la Révolution (les chouans). Et contre les nazis (les 1ers résistants étaient bretons). Depuis les Bonnets rouges ont repris le flambeau et mènent leur « révolution juste ».*

## L'Armorique devient la Bretagne

Sur l'île de *Britannia,* que l'on appelle aujourd'hui la Grande-Bretagne, les dernières légions romaines refluent, laissant la voie libre aux Pictes, aux Angles, aux Saxons venus du continent européen. Sous la pression des *Scots d'Irlande,* qui empiètent sur leurs terres, ***les Bretons s'en vont, migrent vers l'Armorique,*** de l'autre côté de la Manche (la mer Bretonne). D'autres clans partent en Galice, à la pointe ouest de l'Espagne. Du Ve au VIIe s, pendant 200 ans environ, ce flux migratoire prend la forme d'un long exode et non d'une invasion brutale. En souvenir de leur terre de départ, ***ils nomment « Petite Bretagne » leur nouvelle péninsule*** d'accueil, située à la pointe occidentale du pays des Francs. Beaucoup quittent le pays de Galles et la Cornouailles pour cette Petite Bretagne, où ils fondent des ermitages, des monastères, tout en se préoccupant de la communauté à travers l'établissement des paroisses *(plou).*
Les nouveaux noms de lieux reprennent les mêmes toponymes. De nos jours, beaucoup de noms de communes commencent par la particule « Lan », « Tre » ou « Aber », comme au pays de Galles. ***Ces nouveaux arrivants parlent tous la même langue*** : le breton (rameau du britonnique). Avec le temps et l'évolution linguistique, un Gallois peut aujourd'hui encore comprendre un Breton, mais l'inverse n'est pas vrai. Ce sont néanmoins de très lointains peuples cousins.

## L'histoire des saints bretons

Pour maintenir le flambeau du ***christianisme celtique,*** on fait venir l'élite religieuse des monastères gallois. Influencés par le monachisme irlandais, obéissant à la règle de saint Colomban, de nombreux moines baroudeurs prennent la tête du mouvement, devenant des saints suite à leur action courageuse et bienfaitrice. Parmi eux, ***David, le saint patron du pays de Galles,*** et ***Samson,*** *Samzun* en breton. Originaire de la région de Gwent (sud du pays de Galles), un certain ***Malo*** fonde la cité de Saint-Malo, et un autre, ***Brieg,*** s'implante sur le site de Saint-Brieuc. Un moine nommé ***Lunaire*** débarque vers 535, près de Dinard, sur une grève appelée aujourd'hui Saint-Lunaire. Après avoir traversé la Manche avec 60 moines sélectionnés, ***Guirec***

### L'AURÉOLE DES SAINTS

*Partout dans la chrétienté, l'auréole est le symbole des saints. Au départ, on apposait un disque métallique au-dessus des statues pour protéger la tête de la chute de pierres ou de la tombée des eaux qui suintaient des plafonds. Peu à peu, les fidèles ont cru que cette protection était l'attribut de la sainteté...*

accoste sur la côte nord de la Bretagne dans un lieu devenu Perros-Guirec. Sans oublier d'autres aventuriers de la foi comme ***Gwenolé,*** fondateur de l'abbaye de Landévennec (Finistère Sud), et ***Tugdual,*** l'un des 7 saints fondateurs des évêchés bretons. Fondateur de l'école monastique de Landwit (dans le Pembrokeshire), ***Iltude*** jette son sac à l'Aber-Ildut, dans le nord du Finistère. Les 25 lieux-dits Llan-Deilo du pays de Galles ne doivent-ils pas leur nom à ***Thélo,*** qui partit pour la Bretagne dans la grande vague migratoire de cette époque ?
Le nord et l'ouest de la Bretagne sont ainsi christianisés par ces migrants celtiques, tandis que le reste de ***la vieille Armorique subit l'influence,*** moins rude, ***du christianisme latin et romain.*** À partir de la fin du Ve s, le nom Bretagne se substitue à celui d'Armorique. Dans la vieille société bretonne, les femmes ont autant de droits que leur époux, elles participent au culte religieux et peuvent diriger une chefferie.

## Le royaume de Bretagne

Le ***roi Judicaël*** (début du VIIe s), fier et rebelle, inquiète Dagobert, le roi des Francs, qui veut déjà soumettre la Bretagne à son autorité, comme tous les Carolingiens (aux IXe et Xe s) par la suite. Avec le traité de Verdun (843), *Charles le Chauve* hérite de la Francie occidentale qui englobe la Bretagne. Pour contrôler la frontière, Pépin le Bref, Charlemagne et Louis le Pieux s'appuient sur la marche de Bretagne, une région tampon constituée par les grands comtés (Vannes, Rennes et Nantes) et favorable aux Francs. Cette marche est confiée à *Nominoé,* puis à *Erispoé* (851-857). ***Au traité d'Angers en août 851, à la suite de la défaite des Francs (à la bataille de Beslé), Erispoé est reconnu roi de Bretagne*** par Charles le Chauve. Son autorité s'étend sur les pays de Rennes et de Nantes. Erispoé est assassiné en 857 par son cousin *Salomon* (857-874).
Sur le plan religieux, la Bretagne dépend de Tours, et l'abbaye Saint-Sauveur de Redon marque le centre de gravité monastique de la vie culturelle et spirituelle. Les moines abandonnent peu à peu les usages celtiques pour se soumettre à la règle latine de saint Benoît. Les Francs étendent ainsi leur mainmise sur la Bretagne. Son territoire atteint alors sa plus grande extension. On l'identifie comme la Bretagne historique, c'est-à-dire grosso modo l'ensemble géographique constitué par les 5 départements actuels (Loire-Atlantique incluse). À l'époque de Salomon, elle englobe même le Cotentin, fief annexé par les Bretons.

## Des Vikings en Bretagne

***Voilà les Vikings qui débarquent à partir de 814.*** Un fléau ! Ces guerriers blonds aux yeux bleus envahissent la Bretagne. Ils remontent les rivières à bord de leurs drakkars, détruisent les villes, saccagent les abbayes, dévastent les campagnes. Pris de panique, les nobles et les moines s'enfuient, emportant reliques et manuscrits, et se réfugient en pays franc, surtout en Touraine et dans le Berry. Formé par les Angles et les Saxons, ***Alain Barbe-Torte*** parvient à chasser les Normands de Bretagne. À la suite de ce haut fait d'armes, le voilà ***duc de Bretagne*** ; il siège à Nantes. ***Après le passage des Vikings, la Bretagne est sinistrée.*** Il faut la reconstruire. On a passé l'an 1000. En terre franque, les bâtisseurs de cathédrales sont à l'œuvre.

## La Bretagne féodale

Le régime féodal breton repose sur l'autorité du ***duc de Bretagne.*** Pour asseoir son pouvoir sur les comtes et les innombrables seigneurs qui se partagent le pays et ne cessent de se disputer, les ducs (maisons de Nantes, de Rennes, de Cornouaille) renforcent le système administratif et financier du duché. Entre le Xe et le XIVe s, ils agrandissent le domaine ducal. Le duc de Bretagne détient ainsi un ***pouvoir de plus en plus important,*** mais il est lui-même tenu par un

lien supérieur. Après Pierre Ier de Dreux, d'origine capétienne, et dès 1213, le duc de Bretagne doit rendre hommage au roi de France.
Les comtes et les seigneurs lui sont soumis en tant que vassaux. Les plus grands seigneurs, fiers et rebelles, échappent souvent à son pouvoir. Ils ne se laissent pas soumettre car, maîtres chez eux, ils commandent des grands territoires, comme le vicomte de Porhoët. Ce dernier réside au château de Josselin, d'où il jouit d'un immense domaine composé de 140 paroisses, couvrant une superficie de 400 000 ha ! Les seigneurs bretons dirigent, jugent, collectent les impôts, partent à la guerre (conquête de l'Angleterre) et même aux croisades. Les paysans servent, cultivent la terre, accomplissent leurs obligations féodales : taille, corvées, banalités. Les grandes forteresses bretonnes (Vitré, Fougères, Clisson, Châteaubriant) sont édifiées à cette époque, sur la marche de Bretagne, pour garder la frontière avec le royaume de France.
Avec le duc ***Pierre Ier de Dreux,*** les armes de Bretagne commencent à porter le ***symbole de l'hermine.*** L'ordre de l'Hermine deviendra au siècle suivant la 1re décoration honorifique bretonne. Ce fut l'un des rares ordres de chevalerie ouverts aux femmes.
C'est au XIIIe s aussi que s'illustre l'***une des grandes figures de l'humanisme breton : Yves Hélori, alias saint Yves.*** Clerc chargé d'instruire les causes judiciaires ecclésiastiques, curé dans le Trégor, il se dévoue corps et âme aux déshérités. De son vivant, il est réputé pour être l'avocat des pauvres, le protecteur des miséreux. À sa mort, en 1303, la Bretagne est en deuil. Depuis cette date, saint Yves est le ***saint patron des Bretons.*** À Rome, aujourd'hui encore, une église s'appelle Saint-Yves-des-Bretons.

## La guerre de Succession (1341-1364)

Au début du XIVe s, ***le duché breton fonctionne presque comme un petit État autonome.*** Le duc Jean III meurt en 1341, sans héritier, ce qui provoque une ***guerre de succession.*** 2 candidats sont en ligne : son demi-frère, ***Jean de Montfort,*** et sa nièce, ***Jeanne de Penthièvre.*** Le 1er cherche appui auprès du roi d'Angleterre. Mariée à Charles de Blois, neveu du roi de France, Jeanne de Penthièvre est naturellement soutenue par la France. S'ensuit un nouveau conflit qui déchire la France et l'Angleterre, déjà affaiblies par la guerre de Cent Ans.
Escarmouches, combats, assassinats, victoires et défaites se succèdent entre 1341 et 1364. La Bretagne est si tiraillée qu'on songe même à une scission du duché en 2 morceaux. Le Nord reviendrait à Blois, donc à la France ; le Sud à Montfort, donc à l'Angleterre. À la bataille d'Auray, en septembre 1364, Montfort écrase Charles de Blois, qui est tué. Le roi de France doit reconnaître le vainqueur. ***Montfort devient Jean IV, duc de Bretagne.*** La Bretagne est ravagée par 23 ans de guerre civile, mais la question de la succession est réglée !

## XVe siècle, l'État breton

***Le XVe s est celui de la paix et de la prospérité.*** Le ***duc Jean V,*** garant de cette stabilité, ne rend plus qu'un hommage simple au roi de France. Son geste symbolique et honorifique ne constitue pas un acte de soumission. Pendant les 43 ans de son règne, de 1399 à 1442, l'économie prospère, l'industrie textile s'épanouit, les toiles bretonnes s'exportent, le commerce maritime s'intensifie et les arts fleurissent. Rennes devient un centre drapier important. Hormis les grandes villes, la richesse se concentre sur les côtes, autour des ports, car la prospérité vient de la mer. Les marins bretons sont les grands transporteurs des mers. Ils naviguent pour le compte des marchands, d'Anvers à Lisbonne, de Bordeaux à Madère. Les marchandises ? Du blé, des céréales, de la viande, du sel, du poisson, du vin, des ardoises. Ils participent aussi aux voyages de découverte sur des terres nouvelles. Tandis que la guerre ravage la France et l'Angleterre, la Bretagne reste neutre et forme une grande poche de prospérité, à l'écart de la folie des armes. Elle détient les seuls ports restés en paix. François Ier, roi de France, ennemi juré de Charles

Quint, avait donc toutes les raisons pratiques et stratégiques d'annexer ce duché à son royaume. Pour se sentir plus fort, plus invincible. « Bretagne est Pérou pour la France », dit-on alors dans toutes les cours d'Europe.
La Bretagne se croit maîtresse de son sort au XVe s, mais en réalité, elle est considérée comme française par le roi. Une partie de la haute noblesse bretonne se montre favorable à la cause française. Le duc, la bourgeoisie marchande et le peuple ne veulent pas de l'annexion. Tensions entre les 2 camps, alliances stratégiques, intérêts divergents, les péripéties se suivent et entraînent l'escalade de la violence, puis la guerre. ***En 1488, à Saint-Aubin-du-Cormier (Ille-et-Vilaine), les 15 000 soldats de l'armée royale écrasent l'armée bretonne,*** composée de 12 000 hommes. Bilan : 6 000 morts côté breton. Un désastre !
En août de la même année, la Bretagne doit signer le ***traité du Verger,*** qui accorde un ***sursis d'indépendance*** aux Bretons. Une clause prévoit qu'Anne, la fille du duc breton François II, ne pourra se marier qu'avec l'accord du roi de France. En septembre 1488, François II meurt. ***Anne de Bretagne*** n'a pas 12 ans, elle est sans alliés, mais les candidats au mariage se bousculent !

## Anne, duchesse de Bretagne (1477-1514)

En décembre 1490, ***Anne de Bretagne épouse par procuration Maximilien d'Autriche,*** de la dynastie des Habsbourg. Elle n'a que 13 ans. Ce geste arrange les affaires de l'Espagne, alliée aux Anglais. Futur empereur germanique, Maximilien est l'homme le plus puissant d'Europe, qui vient d'annexer la Bourgogne à son empire. Son impérial époux se fait représenter par un parchemin porté par un de ses gentilshommes... Il s'agit bel et bien d'une union surréaliste et virtuelle avec un seul objectif : annexer la Bretagne à l'Empire austro-hongrois ! Ce geste arrange les affaires de l'Espagne, alliée aux Anglais. Futur empereur germanique, Maximilien est l'homme le plus puissant d'Europe, il vient d'annexer le duché de Bourgogne à son empire. Pourquoi ne pas aussi lui annexer celui de Bretagne ?
Ulcéré par cette alliance, ***le roi de France Charles VIII*** envoie 50 000 hommes en Bretagne et ***contraint Anne à annuler son union pour l'épouser*** : c'est une question hautement stratégique pour lui. Le mariage est célébré à Langeais en décembre 1491. ***La duchesse de Bretagne devient ainsi reine de France.***
En avril 1498, le roi meurt, et Anne doit épouser ***Louis XII,*** en 2[des] noces, contrainte et forcée encore une fois. Il est le cousin et le successeur de Charles VIII. ***Anne de Bretagne décède à son tour en 1514,*** à l'âge de 37 ans, 1 an avant son époux royal (1515). Ils laissent 2 enfants, Claude et Renée, 2 filles à marier.
Claude épouse en 1515 son cousin issu de germain ***François Ier.*** Elle lui apporte la Bretagne en dot. ***Le rêve français d'annexion se concrétise*** de plus en plus. Action souterraine du parti français, intervention militaire, défaite guerrière sur le terrain, et maintenant mariage avec la France. En droit, la Bretagne reste encore un duché, mais ce n'est plus qu'un titre : le duc en est le roi de France. Celui-ci est roi en France et duc en Bretagne. François Ier administre le duché de 1515 à 1532.

> **PAROLE DE BRETON !**
>
> *La 4-voies est gratuite sur l'ensemble du réseau breton. La raison date du XVe s : la duchesse Anne de Bretagne s'engagea à épouser le roi de France à condition que l'on supprime les octrois entre la Bretagne et la France ! Cet accord est toujours respecté. Voilà pourquoi les sociétés d'autoroutes privées ont délaissé la Bretagne !*

## Août 1532 : la Bretagne annexée par la France

Plutôt que d'avoir à subir un traité imposé après défaite, la haute noblesse bretonne, qui refuse l'annexion, propose un contrat d'union. On réunit les États à Vannes en 1532, puis ***l'édit du Plessis-Macé*** établit un contrat bilatéral entre les 2 puissances, qui ***maintient les privilèges et les usages du duché.*** Il est prévu que les Bretons ne paieront pas d'impôts sans le consentement des États de Bretagne. Une clause prévoit qu'ils ne peuvent être jugés hors de Bretagne. Aucun soldat breton n'ira combattre hors de Bretagne. Au fil du temps, on oubliera ces clauses spécifiques, qui ne seront pas respectées par la monarchie française.

### ÇA NE MANQUE PAS DE SEL !

*Quand la Bretagne fut rattachée à la France, le roi s'engagea à l'exempter de gabelle (impôt sur le sel). Les Bretons prirent l'habitude de saler leur beurre afin de mieux le conserver, d'abord sur les bateaux. L'impôt sur le sel disparut tardivement (1945). La tradition du beurre salé est restée, pour le bonheur des gourmands.*

## L'âge d'or de la Bretagne (1532-1675)

La Bretagne annexée continue pourtant sur sa lancée. La culture du blé noir (nourriture principale des Bretons), l'exportation du froment, du seigle et des vins nantais, l'extension de la culture du lin et du chanvre, la vente du sel de Guérande, le « roulage » maritime assurent une croissance économique à la « Bretagne française ». Un exemple parmi d'autres : le port de Kérity-Penmarc'h (Pays bigouden) est à cette époque le 1er port d'armement du littoral français. Les marins de Saint-Malo pêchent la morue à Terre-Neuve (Amérique du Nord). Au XVIe s, le commerce extérieur breton est largement excédentaire. Sur le plan politique, la Bretagne est dirigée par un gouverneur nommé par le roi, mais celui-ci doit tenir compte d'un contre-pouvoir, le ***Parlement breton,*** créé à Rennes en 1552. Cette institution a la haute main sur les affaires de justice. L'intégration de la Bretagne dans la France se fait donc lentement et sous le contrôle des États attachés aux privilèges ancestraux.

### FLEUR BLEUE OU FLEUR BLANCHE ?

*On oublie qu'aux XVIe et XVIIe s la Bretagne devient l'une des provinces les plus riches du royaume. Et cela grâce à une petite fleur bleue : le lin. Les bateaux bretons transportent les toiles de lin dans tous les grands ports du Nord et de la Méditerranée. Cette prospérité permet la construction de beaux châteaux et l'essor des enclos paroissiaux. Le lin disparaîtra à cause d'une petite fleur blanche venant d'Orient : le coton (on appelait « indiennes » les tissus qu'il permettait de fabriquer).*

## 1675 : la révolte des Bonnets rouges

Les guerres de Religion ensanglantent la France du XVIe s ; elles atteignent la Bretagne, qui connaît à son tour les guerres de la Ligue, marquées par le brigandage et les massacres de civils. Résultat : le protestantisme ne parvient pas à s'implanter en Bretagne. Voilà le siècle de Louis XIV. ***Le Roi-Soleil traite la Bretagne comme une obscure colonie rebelle,*** qu'il faut exploiter et soumettre coûte que coûte à son autorité. Il nomme le duc de Chaulnes gouverneur (1669-1694). La ***création de taxes*** sur le papier timbré provoque une explosion populaire dans les campagnes de Cornouaille (sud du Finistère). Cet homme dur et brutal dirige la répression. En août 1675, Colbert envoie 6 000 soldats en Bretagne pour mater la ***révolte des Bonnets rouges.*** Les fauteurs de troubles sont torturés, pendus, exécutés. La répression est particulièrement féroce dans le Pays bigouden, où des clochers sont abattus. Le commerce et l'économie en subissent les conséquences néfastes. L'an 1675 marque en quelque sorte la ***fin de l'âge d'or breton.***

## Le Siècle des lumières

Baisse de la démographie, ralentissement de la production économique, mauvaises récoltes, épidémies, disettes, famines, voilà de manière sommaire à quoi pourrait se résumer le XVIII^e s en Bretagne. L'âge de la régression. Dans ce marasme pourtant, le littoral breton (la « ceinture dorée ») parvient à de meilleurs résultats que l'intérieur des terres. C'est le cas des ports de ***Saint-Malo,*** de ***Brest,*** de ***Lorient,*** de ***Nantes,*** qui ***s'enrichissent grâce à la marine de guerre et aux échanges maritimes*** sur toutes les mers du globe. Autre succès du Siècle des lumières : les toiles dites « Bretagnes » faites à Rennes, à Vitré et dans la région de Quintin-Loudéac, qui s'exportent bien. Richelieu a choisi Brest pour y installer l'arsenal et la Royale. Rien d'étonnant si de ***grands navigateurs comme Bougainville, La Pérouse, Kerguelen*** partent de Brest et y reviennent après leurs expéditions lointaines ! Lorient, siège de la ***Compagnie des Indes fondée par Colbert en 1664,*** envoie des vaisseaux jusqu'en Inde et en Chine (Canton), tout comme Saint-Malo, sa rivale du Nord, dont la splendeur décline après 1720. Quant à Nantes, ce sont la traite négrière et le commerce triangulaire entre l'Afrique et les Antilles qui assurent l'essentiel de ses revenus.
Richesse des villes, pauvreté des campagnes : le refrain a changé, mais le couplet social est toujours le même. Une Bretagne à 2 vitesses, en somme, s'est mise en place avec le temps, et l'écart culturel entre la haute Bretagne francophile et patoisante (on y parle le gallo) et la basse Bretagne bretonnante (on y parle le breton) ne fait que s'accroître. À l'ouest d'une ligne linguistique allant de Binic (Côtes-d'Armor) à La Roche-Bernard (Loire-Atlantique), les gens des campagnes ne parlent que le breton ; à l'est de cette ligne vers Rennes, Nantes, le français domine. La vieille Bretagne est bien présente, elle s'y est maintenue au physique comme au caractère. Les inégalités sociales et matérielles n'ont jamais été aussi importantes entre la noblesse, la bourgeoisie et les paysans. Quand la Révolution éclate, elle divise la Bretagne, qui explose comme une poudrière.

## La Révolution et la Chouannerie

En 1789, la majorité des députés bretons favorables à la Révolution se réunissent dans le ***Club breton*** dont l'influence grandit au sein de l'Assemblée constituante. En novembre, ***le Parlement et les États de Bretagne sont abolis,*** ce qui, avec le recul du temps, apparaît comme une erreur historique. Voilà la Bretagne redécoupée et divisée en 5 départements, ceux que nous connaissons encore aujourd'hui. La révolte des paysans s'étend. En haute Bretagne, des châteaux sont pris d'assaut en 1790. La question religieuse enflamme le clergé breton : les ¾ des prêtres bretons refusent la Constitution civile du clergé et forment les rangs des prêtres réfractaires, opposés aux prêtres jureurs. La levée forcée de 300 000 hommes pour les guerres républicaines de 1792, la mort du roi Louis XVI, la hausse des impôts mécontentent la paysannerie, qui affronte la Garde nationale en divers lieux. ***C'est finalement toute la société bretonne qui se scinde en 2 camps adverses*** : les ***Blancs,*** contre-révolutionnaires, et les ***Bleus,*** partisans de la Révolution. Les troubles dégénèrent en affrontements violents, en guérilla meurtrière. L'insurrection des Blancs agite le pays de Fougères sous l'égide du ***marquis de La Rouërie,*** le pays de Vitré suit le chef ***Jean Chouan*** (qui donne son nom à la ***Chouannerie***), et le Morbihan insurgé se range derrière ***Cadoudal.*** La réponse républicaine à la contre-Révolution se transforme en Terreur, qui provoque un bain de sang à Nantes avec les massacres ordonnés par Carrier (1794) : 3 000 fusillés, des milliers de morts dans les prisons et jusqu'à 5 000 noyés dans la Loire.
Les Blancs émigrés, soutenus par les Anglais, organisent un débarquement à Quiberon, qui est réprimé dans le sang par le général Hoche. Active pendant des années, la Chouannerie continue avec le Directoire et même après l'arrivée de Bonaparte au pouvoir (10 novembre 1799). Du côté des Bleus, les Bretons engagés dans le combat républicain participent aux grandes batailles. Une anecdote : les soldats bretons

de l'armée de l'an II (ceux de Valmy) avaient le droit de porter les cheveux longs, un privilège accordé à la Bretagne depuis le traité de 1532. ***Bonaparte*** au pouvoir, le dictateur ***soumet la Bretagne*** à sa loi d'airain : envoi de forces militaires, lutte contre les insurgés, mise en coupe réglée de la province, création de Napoléonville (Pontivy) pour écraser la révolte, mise en place d'une administration de préfets très efficace, mépris des coutumes ancestrales et de l'originalité bretonne, fin de l'autonomie.

## Le XIX^e s

L'intégration de la Bretagne à la France républicaine du XIX^e s mêle le bonheur et la douleur, le réveil et le mépris. Malgré la construction du chemin de fer, l'ouverture de canaux intérieurs et l'expansion des forges des Chantiers de l'Atlantique, ***la pauvreté règne dans les campagnes, tandis que les côtes s'enrichissent.*** La misère diminue pourtant grâce à la culture de la pomme de terre, qui permet d'éviter les famines. Sous le 2^d Empire (1851-1870), la mécanisation de l'agriculture aggrave l'exode rural. Les paysans quittent leurs fermes, trop petites, et s'installent dans les villes, devenant des artisans, des employés, des ouvriers. D'autres suivent la voie ecclésiastique, s'engagent dans la marine ou partent aux colonies (Afrique, Indochine, Maghreb). En 1900, la Bretagne reste malgré tout l'***une des régions les moins industrialisées de France.***

C'est cette authenticité celtique, assaillie par les diables du progrès, qui attire les écrivains et les artistes comme ***Flaubert ou Gauguin.*** Balzac compare les chouans à des Peaux-Rouges ou à des Mohicans. Pour intégrer les « sauvages » de Bretagne à la « France du progrès », le gouvernement de la III^e République s'acharne à éliminer l'identité bretonne. À l'école, les instituteurs ont reçu l'ordre de scolariser, mais aussi de « tuer la langue bretonne » : « Il est interdit de cracher par terre et de parler breton », peut-on lire sur de nombreux écriteaux. Au XIX^e s, au même moment, on assiste à un mouvement inverse de ***réveil littéraire et identitaire,*** marqué par des auteurs comme ***Anatole Le Braz, Charles Le Goffic, Émile Souvestre, François-Marie Luzel, Hersart de La Villemarqué,*** sans oublier ***Chateaubriand*** (né à Saint-Malo) et ***Ernest Renan*** (originaire de Tréguier).

### AH ! CES BRETONS QUI BARAGOUINENT

*Le verbe « baragouiner » vient de l'assemblage des mots bretons* bara *et* gwin, *le « pain » et le « vin », ces 2 produits que réclamaient tant les combattants bretons aux soldats français qui n'y comprenaient rien.*

## Les 2 guerres mondiales

Pendant la ***1^re Guerre mondiale*** (1914-1918), près de 130 000 soldats bretons sont tués.

L'entre-2-guerres se caractérise par l'extension du mouvement breton, autour de la revue *Breiz Atao,* qui prône l'autonomie et l'indépendance de la Bretagne. ***L'affirmation culturelle devient une revendication politique.*** En 1931, le Parti national breton (PNB) rassemble jusqu'à 2 000 adhérents, dont une partie s'oriente vers les idées d'extrême droite, tandis que la grande majorité de la population se moque éperdument de ce militantisme outrancier.

### INDIGÈNES

*Pendant la 1^re Guerre mondiale, les troupes coloniales ne représentaient que 7 % des combattants français. Le taux de mortalité totale de l'armée française fut de 17 %. En revanche, les soldats marocains, avec les Bretons, dépassèrent les 26 % de tués. Pourquoi ? Parce que la plupart ne parlant pas français, ils étaient placés en 1^re ligne ; ils ne pouvaient pas crier à la rébellion.*

**UN DÉCOUPAGE ABERRANT**

*La Bretagne amputée du Pays nantais est imaginée par le géographe nazi Walter Christaller et appliquée par le régime de Vichy en 1941 pour punir la résistance bretonne. Un terrible contresens politique (déjà !). Et, en 2014, on a réitéré la même faute historique avec le redécoupage des régions.*

La 2de Guerre mondiale éclate (1939-1945). L'armée allemande envahit la Bretagne à la fin du mois de juin 1940. Répondant à l'appel du général de Gaulle lancé à Londres, les habitants de l'île de Sein sont les 1ers à rejoindre l'Angleterre par la mer. De Gaulle passe en revue les 600 premiers volontaires de la France libre : un quart du contingent est constitué de gens venus de l'île de Sein. ***De Gaulle s'écrie : « L'île de Sein est donc le quart de la France ! »*** En fait, comme l'ensemble de la France, la Bretagne est gouvernée par le régime de Vichy, et celui-ci fait fi de l'histoire de la Bretagne en créant en 1941 un ***nouveau découpage administratif régional.*** C'est ainsi que Nantes et le département de la Loire-Atlantique ont été rattachés à la région artificielle des Pays de la Loire (voir encadré).
Les occupants promettent l'indépendance de la Bretagne aux nationalistes du PNB, ce qui provoque une fracture dans le mouvement breton entre collaborateurs et résistants. Le littoral se couvre de blockhaus en béton, le fameux « mur de l'Atlantique ». La Résistance se bat avec peu de moyens mais avec efficacité et courage, comme en témoignent les combats de Saint-Marcel (Morbihan) en juin 1944. En juillet 1944, après le Débarquement de Normandie, les forces alliées, menées par les Américains, pénètrent en Bretagne pour chasser les dernières unités allemandes (150 000 soldats en Bretagne) repliées dans les poches stratégiques de Saint-Malo, Lorient, Saint-Nazaire et Brest. ***Les terribles bombardements de l'été 1944 détruisent presque entièrement ces grands ports bretons.*** Après la guerre de 1939-1945, le nom *Breiz Atao,* associé aux collabos que ce mouvement abritait, est devenu une insulte pour la Bretagne libérée.

## Les années d'après-guerre et la renaissance de la Bretagne

Reconstruction des villes détruites, stabilisation démographique, poursuite de l'exode rural, la période d'après-guerre marque un tournant pour la Bretagne. Sur le terrain, elle reste une province essentiellement agricole et encore mal reliée au reste de la France. Grâce à l'action du Comité d'étude et de liaison des intérêts bretons (CELIB), la Bretagne remporte le combat de la décentralisation, en obtenant une reconnaissance auprès du pouvoir central, au point qu'elle figure au 1er rang des régions à bénéficier d'un plan d'aide et de développement : le ***Plan breton.*** Au programme : décentralisation de l'administration, modernisation de l'agriculture, investissements industriels, implantation d'usines, construction de routes et d'autoroutes. La coopérative des agriculteurs de Bretagne (basée à Landerneau) devient la 1re coopérative de France. Elle est citée en exemple dans l'Europe entière. On assiste à un ***renouveau commercial et économique*** sidérant, une incroyable « révolution silencieuse » qui transforme les habitudes, les mentalités et les paysages. Voilà la Bretagne entrée dans l'économie moderne européenne. Un chiffre révélateur : le revenu des agriculteurs bretons (38 % de la population totale) augmente de 45 % en 10 ans entre 1955 et 1965, du jamais-vu dans l'histoire de la Bretagne.
Le 16 mars 1978, l'*Amoco Cadiz,* un pétrolier géant, fait naufrage devant Portsall sur la côte nord du Finistère, provoquant une ***terrible marée noire.*** Plus de 400 km de côtes bretonnes sont souillées. Cette catastrophe écologique entraîne aussi une vraie ***prise de conscience*** et accélère le renforcement des lois de protection des océans.

Au cours de cette même année 1978, se met en place un ***mouvement d'opposition à l'implantation d'un site nucléaire à Plogoff (Finistère)*** dans un des plus beaux paysages de la côte bretonne. Les opposants campent sur le site et jettent des pierres sur les 800 gardes mobiles des forces de l'ordre. Après des mois d'affrontement, le gouvernement Mitterrand abandonnera le projet en 1982. Résultat de la pugnacité bretonne : il n'y aujourd'hui ***aucune centrale nucléaire en Bretagne,*** mais en revanche l'électricité est plus chère qu'ailleurs pour le consommateur. EDF s'est vengée !

## Le renouveau culturel des années 1980

Dans les années 1980, bien qu'elle ne soit pas la plus riche, la Bretagne est classée 1re région de France pour son expansion économique et son dynamisme. Au début du XXIe s, à force d'entêtement collectif et d'imagination, la Bretagne semble enfin avoir reconquis ses lettres de noblesse et son image, grâce aussi aux œuvres d'écrivains comme ***Pierre-Jakez Hélias,*** au musicien ***Alan Stivell,*** aux poètes ***Xavier Grall*** et ***Glenmor,*** autant d'artistes qui ont contribué au renouveau culturel breton et à sa reconnaissance par le grand public en France et en Europe. En 1900, il était très mal vu de dire dans un cercle parisien que l'on était breton ou d'origine bretonne. Aujourd'hui, annoncer que l'on est breton, d'origine bretonne ou habitant de la Bretagne suscite toujours la curiosité, souvent la considération, parfois l'admiration, voire l'envie de temps en temps. On les comprend (Keravel, Page et Gloaguen... les 3 Bretons du *Routard* !).

## Des années 1990 jusqu'à aujourd'hui

Les agriculteurs bretons et les gens de mer se battent pour leurs droits. En 1983, les paysans manifestent contre les quotas laitiers et les règles du Marché commun. Les marins-pêcheurs bretons contestent à leur tour les règles du marché, et de violents affrontements ont lieu à Rennes en 1994. Cette année-là, est-ce un hasard si le bâtiment du Parlement de Bretagne est dévasté par un incendie ? On pensait le risque de marée noire écarté depuis le naufrage de l'*Amoco Cadiz* en 1978, l'histoire se répète avec le ***naufrage de l'Erika en 1999*** au large de Penmarc'h (sud du Finistère).
Sur le plan politique, la majorité de l'électorat breton vote à gauche et se montre ***favorable à l'idée européenne.*** Le sentiment des Bretons sur le statut de la Bretagne se manifeste clairement lors d'un sondage réalisé en 2008 : près de 52 % des sondés affirmaient que la Bretagne devrait avoir plus de pouvoir. Seulement 4,6 % se disaient en faveur de l'indépendance. Près de 32 % étaient contents de la situation actuelle. Malgré ces aléas et ces problèmes, la Bretagne ne régresse pas. ***Sur le plan démographique, la croissance se poursuit,*** signe de vitalité. La Bretagne comptait 2 707 886 habitants en 1982. En 2019, la population atteint 3 329 000 habitants. Le département le plus peuplé est l'Ille-et-Vilaine, devant le Finistère, le Morbihan et les Côtes-d'Armor. En 2020, ***la pandémie de Covid-19*** a frappé gravement la France, notamment l'est du pays tandis que la Bretagne a été moins touchée par la contagion. Plusieurs hôpitaux de Nantes, de Rennes, de Brest qui avaient des places libres en réanimation ont accueilli des malades d'ailleurs.

## La Bretagne : une terre et un état d'esprit

Tout change, rien n'est permanent. La Bretagne change, les Bretons changent, le vent et les courants changent sans cesse à la pointe du Finistère, mais la mer et le granit, eux, ne changent pas. Ils représentent les 2 éléments symboliques de l'imaginaire breton : le granit a enseigné aux Bretons la force de caractère et la ténacité ; la mer leur a donné des ailes pour rêver et aller au bout du monde découvrir ce qui se cache derrière la ligne d'horizon. La Bretagne est bien plus qu'une culture, une géographie ou une histoire, c'est un état d'esprit, une façon d'être au monde, d'avoir les pieds sur terre et les yeux dans les nuages. Les Bretons s'attachent, on ne les attache pas !

## Quelques dates importantes

– ***De 5000 à 2000 av. J.-C. :*** le peuple, mal connu, des bâtisseurs de mégalithes élève les menhirs, dolmens et allées couvertes.
– ***Du VIIIe au IIe s av. J.-C. :*** expansion des Celtes en Armorique.
– ***56 av. J.-C. :*** victoire des soldats de Jules César sur les Vénètes et occupation romaine de l'Armorique.
– ***Vers 400 apr. J.-C. :*** pourchassés par les Angles et les Saxons, les Bretons de l'île de Bretagne (l'actuelle Grande-Bretagne) traversent la Manche et s'établissent en Petite Bretagne (l'actuelle Bretagne) où ils fondent des ermitages, ébauches des futures paroisses.
– ***846 :*** constitution de la monarchie. Charles le Chauve reconnaît l'indépendance de la Bretagne et Nominoé comme souverain.
– ***939 :*** arrêt des invasions normandes par Alain Barbe-Torte. On parle le breton dans toute l'Armorique.
– ***1399-1442 :*** règne du duc Jean V, le père du siècle d'or breton ; la marine bretonne est la plus puissante du monde ! Couronné à Rennes, Jean V règne à Nantes dans son magnifique château. Il bat monnaie, nomme des ambassadeurs auprès du pape, lève sa propre armée, donne à son pays un essor formidable.
– ***1406 :*** naissance, à Machecoul, de Gilles de Rais, le « Barbe-Bleue » réputé pour ses crimes atroces, qu'il n'aurait, en fait, peut-être pas commis.
– ***1488 :*** défaite de l'armée bretonne à Saint-Aubin-du-Cormier, en Ille-et-Vilaine, et signature du traité du Verger qui place la Bretagne sous la houlette d'une France pourtant saignée par la guerre de Cent Ans.
– ***1491 :*** Anne de Bretagne devient reine de France en épousant Charles VIII.
– ***1498 :*** Charles VIII meurt, Anne de Bretagne épouse Louis XII.
– ***1514 :*** mort d'Anne de Bretagne. Sa fille, Claude de France, hérite du duché et épouse le futur François Ier, qui n'est encore que comte d'Angoulême et duc de Valois.
– ***1532 :*** en août, à Vannes, les États de Bretagne signent l'acte d'union de la Bretagne à la France, laquelle promet de respecter les privilèges bretons ; mais elle ne tiendra qu'en partie ses engagements.
– ***1675 :*** révolte des Bonnets rouges à la suite de l'impôt sur le papier timbré. Répression brutale par le duc de Chaulnes, gouverneur de la province.
– ***XVIe, XVIIe et XVIIIe s :*** apogée de l'art religieux et populaire en Bretagne. On construit d'innombrables églises, calvaires, croix, fontaines en granit...
– ***1789 :*** la Révolution en Bretagne. Les représentants de la province fondent le Club breton, qui deviendra le club des Jacobins.
– ***1793-1799 :*** la Chouannerie se développe autour de ses chefs historiques, Cadoudal, La Rouërie, Du Boisguy. La dramatique virée de galerne des Vendéens s'achève par le massacre de Savenay, près de Pont-Château.
– ***1914-1918 :*** environ 130 000 Bretons sont tués au combat.
– ***1919-1939 :*** renaissance du mouvement nationaliste breton et création du journal *Breiz Atao,* du Parti autonomiste breton (1927) et du parti nationaliste breton (1932). 1ers attentats autonomistes (1932).
– ***1940 :*** environ 150 hommes de l'île de Sein répondent à l'appel du 18-Juin du général de Gaulle et gagnent Londres à bord de leurs bateaux de pêche.
– ***1941 :*** le 30 juin, le gouvernement de Vichy se venge. La Loire-Atlantique, appartenant alors à la Bretagne et encore appelée Loire-Inférieure, est rattachée aux Pays de la Loire.
– ***1957 :*** Mouvement pour l'organisation de la Bretagne (MOB) et constitution du Comité d'étude et de liaison des intérêts bretons (CELIB). La Loire-Inférieure devient Loire-Atlantique.
– ***Vers 1965 (eh oui, déjà !) :*** lancement d'un projet d'aéroport pour le Grand Ouest à... Notre-Dame-des-Landes.
– ***1966 :*** 1ers plastiquages par le Front de libération de la Bretagne (FLB).
– ***1970-1980 :*** complète renaissance culturelle et économique. Alan Stivell et Pierre-Jakez Hélias font un tabac dans le monde entier.

– ***1971 :*** naissance du Festival interceltique de Lorient.
– ***1978 :*** naufrage de l'*Amoco Cadiz.*
– ***Septembre 1996 :*** le pape Jean-Paul II célèbre une messe à Sainte-Anne-d'Auray, réunissant plus de 100 000 personnes. Un succès alors témoin du renouveau religieux en Bretagne.
– ***12 décembre 1999 :*** naufrage du pétrolier *Erika,* affrété par la compagnie *Total Fina Elf,* au large du Finistère, entraînant une terrible marée noire des côtes bretonnes à la Vendée. L'équilibre écologique de la région est sinistré... Il faudra 1 an, et le courage de nombreux bénévoles, pour nettoyer les côtes.
– ***Mai 2008 :*** ouverture à Lorient de la Cité de la Voile, en hommage à Éric Tabarly.
– ***2013 :*** les Bretons portent à nouveau le bonnet rouge et manifestent violemment pour le retrait de l'écotaxe, qui amplifie la crise du secteur agroalimentaire.
– ***2014 :*** création du parc naturel régional du golfe du Morbihan, qui devient le 50e PNR de France.
– ***2015 :*** la Bretagne reste « dans ses frontières » avec l'adoption par l'Assemblée nationale du redécoupage régional. C'est une des rares régions dans ce cas. Avec les Pays de la Loire qui conservent la Loire-Atlantique... Nouveau soulèvement des Bretons, cette fois-ci pour dénoncer l'effondrement du cours du porc.
– ***2016 :*** en mars, livraison par les chantiers navals de Saint-Nazaire du plus grand paquebot du monde, l'*Harmony of the Seas* (plus de 6 000 passagers). Lors du référendum consultatif mené en Loire-Atlantique en juin, le « oui » à l'aéroport de Notre-Dame-des-Landes l'emporte à 55 %.
– ***2017 :*** la mise en service de la Ligne à grande vitesse (LGV) place Rennes à moins de 1h30 de Paris, soit un gain de 45 mn pour toutes les gares bretonnes !
– ***Janvier 2018 :*** le 1er ministre Édouard Philippe met fin à plus de 50 années de batailles et polémiques en annonçant l'abandon du projet de construction de l'aéroport de Notre-Dame-des-Landes.
– ***Juillet 2019 :*** la petite commune de Baud dans le Morbihan inaugure la plus grande centrale solaire de Bretagne. Avec 14 600 panneaux solaires, elle peut fournir en énergie les 4 400 habitants alentour, tout en réduisant l'émission de $CO_2$. Un petit pas pour l'écologie, un grand pas pour l'humanité !
– ***2020 :*** la Bretagne n'est pas épargnée par la pandémie de Covid-19 avec l'apparition de clusters dans la région de Quiberon dès le mois de mars. Elle a été cependant l'une des régions les moins gravement touchées grâce à un confinement strict et a pu sauver sa saison estivale grâce à une fréquentation hors pair, le littoral tirant le mieux son épingle du jeu.
– ***Projet futur :*** la demande en classement au Patrimoine mondial de l'Unesco des alignements de Carnac, qui devrait aboutir en 2021.

## LANGUES BRETONNES

Il y a le ***breton,*** surtout à l'ouest (basse Bretagne), et le ***gallo,*** à l'est (haute Bretagne). Le breton est traditionnellement divisé en 4 dialectes : léonard, trégorrois, cornouaillais et vannetais. Si les différences sont marquées, l'intercompréhension est toujours possible. Aux origines de la Bretagne, on trouve des colonies d'émigrants bretons, venus de Grande-Bretagne au Ve s et pourchassés par les Angles et les Saxons. Comme le gallois et le cornique, le breton est issu du

### LES RACINES DE L'HYMNE BRETON

Le Bro gozh ma zadrou *est directement inspiré de l'hymne gallois (1856). Pas vraiment étonnant, puisque le gallois est une langue souvent comprise par les bretonnants – ce qui n'est pas le cas du gaélique irlandais, en revanche. L'hymne breton est évidemment celui des footballeurs du Stade rennais.*

britonnique, lui-même ***rameau historique du celtique.*** Outre-Manche, la branche gaélique a donné naissance à l'irlandais, au manxois (île de Man) et au gaélique d'Écosse. C'est du Ve au IXe s, époque du vieux breton, que date la majeure partie de la toponymie et des patronymes d'aujourd'hui. En 1464, Jehan Lagadeuc écrit le 1er dictionnaire breton/français/latin, le *Catholicon.* La bretonisation s'étant opérée d'ouest en est, on a moins parlé le breton à Rennes ou à Nantes, pourtant capitale historique du duché. On le parlait, en revanche, dans presque toute la basse Bretagne, à l'ouest d'une ligne Mont-Saint-Michel/Pornic, du IXe au XIe s. Il y avait également des « colons » bretons en Mayenne, en Normandie et à Jersey.
En haute Bretagne, on s'exprimait en gallo (de la racine *gall* : « étranger » – et, par extension, « français » en breton), qui, comme le francien, le picard ou le normand, est une langue romane issue du latin populaire. Le gallo n'est pas une création récente, puisqu'il apparaît déjà dans les textes du duc Jean IV en 1371.
Le breton et le gallo reculèrent simultanément en effectif et en aire d'influence lorsque la IIIe République imposa le français.
On observe aujourd'hui un retour en force du breton dans l'enseignement, de la maternelle à l'université. En 1977, l'***association Diwan*** ouvre une 1re école maternelle bretonnante à Plourin-Ploudalmézeau (Finistère). En 1980, on en comptait 13 en Bretagne. Ce renouveau concerne aussi les journaux (la dernière page du *Télégramme* est en breton) et la musique avec des rocks en breton. Ajoutons que Facebook et de nombreux logiciels (Mozilla Thunderbird ou Firefox, par exemple) existent désormais en breton. Par ailleurs, le nombre d'acteurs socioéconomiques (plus de 720 en 2015) et de communes, communautés de communes et métropoles (200, dont Nantes et Saint-Nazaire) engagés dans le développement de la langue bretonne au quotidien ne cesse d'augmenter. La signalisation routière bilingue, dont les villes de Quimperlé et Carhaix ont été les pionnières, a été accueillie favorablement.

## BRETON TOUJOURS !

Le Crédit mutuel de Bretagne *édite des chèques libellés en breton. La Bretagne est d'ailleurs la seule région française à bénéficier d'une telle faveur. Quel scandale le jour où une administration refusa d'encaisser un chèque en breton ! Faut dire que les fautifs étaient de Rennes... où l'on ne parle pas cette belle langue !*

La langue bretonne a un accent très marqué, le plus souvent sur l'avant-dernière syllabe des mots. Une des particularités de la langue, déroutante au début d'un apprentissage, réside dans les mutations des consonnes. Dans certaines circonstances précises, la consonne initiale d'un mot peut changer. Par exemple *tad* (père) peut donner *ma zad* (mon père).
Voici 2 adresses et un site internet si vous souhaitez en savoir plus et quelques éléments... à toutes fins utiles :

■ ***Office public de la langue bretonne (Ofis Publik Ar Brezhoneg) :*** *32 bis, rue des Martyrs, 29270* ***Carhaix-Plouguer*** *(siège), 8, pl. du Maréchal-Juin, 35000 Rennes (Roazhon), et à Vannes, Guingamp et Nantes. ☎ 02-23-44-04-30.* • *brezhoneg.bzh* • Cet organisme dynamique a pour mission de promouvoir le breton et d'en développer l'emploi, mais aussi de collecter un maximum de données et de sauvegarder le patrimoine linguistique (entre autres). Son personnel, très serviable, nous a aidés à traduire les noms des communes pour ce guide.

■ ***Bertègn Galezz :*** *ferme des Gallets, 26, av. Pierre-Donzelot, 35700 Rennes (Roazhon). ☎ 02-99-38-97-65.* • *bertegn-galezz.bzh* • Cette association a pour but de promouvoir le trop méconnu gallo en informant sur son existence et sur son histoire, afin d'en favoriser sa transmission.

• ***gwalarn.bzh*** • Site qui regroupe des explications concernant la langue bretonne et les mots français qui s'en inspirent. On y trouve aussi l'histoire de la langue et les outils pour mieux l'apprendre.

## Quelques mots usuels de breton

| | |
|---|---|
| *Aber* | estuaire |
| *Amann* | beurre (pensez donc au kouign-amann) |
| *Anken* | chagrin, douleur |
| *Ankou* | trépas, mort, fantôme |
| *Argoat* | la terre ; le pays des terres ; l'intérieur des terres |
| *Armor* | la mer ; le pays de la mer ; les côtes bretonnes |
| *Avel* | vent |
| *Aven* | rivière |
| *Bara* | pain (*bara mar plij* : du pain, s'il vous plaît) |
| *Bihan* | petit (Le Bihan/Ar Bihan est un patronyme très fréquent et *Morbihan* signifie « petite mer » ; c'est du reste le seul département à n'avoir pas un nom... français !) |
| *Bras* | grand (*Mor-Bras* : l'océan, par opposition à *Mor-Bihan,* la petite mer) |
| *Breizh* | Bretagne (*Mor-Breizh* : la Manche) |
| *Enez* | île (*Enez Sun* : l'île de Sein) |
| *Gast !* | putain ! (juron le plus répandu) |
| *Glav* | pluie |
| *Gwin* | vin (*gwin ruz* : vin rouge) |
| *Hir* | long (*maen-hir* signifiant « pierre longue ») |
| *Iliz* | église |
| *Kastell* | château |
| *Kenavo* | au revoir |
| *Ker* | un des toponymes les plus répandus en Bretagne ; signifie « village », « hameau », « groupe de maisons », « lieu-dit » |
| *Kozh* | vieux (*an tad kozh* : le grand-père) |
| *Krampouezh* | crêpes |
| *Lann* | lieu sacré, monastère (écrit Lan avec un seul « n » en composition : Landerneau) |
| *Lok* | lieu isolé, ermitage, fondation religieuse |
| *Maen* | pierre, rocher |
| *Mat* | bon (*bloavez mat* : bonne année ; *degemer mat* : bienvenue) |
| *Menez* | mont, montagne (à l'échelle de la Bretagne, bien sûr) |
| *Meur* | grand, vaste (*botmeur* : lieu de refuge, lieu sacré) |
| *Mor* | mer (*ar moraer* : le marin ; *ar morzen* : la sirène) |
| *Penn* | bout, tête (*Penn ar Bed* : le bout de la terre = le Finistère) |
| *Pesk* | poisson (*soubenn ar pesked* : la soupe de poisson) |
| *Plou* | paroisse primitive ; le toponyme le plus répandu avec *ker* ; du latin *pleten* signifiant « peuple », base de l'organisation territoriale en Bretagne autrefois. Son origine remonte à la colonisation de l'Armorique par les Bretons au Ve s. |
| *Roc'h* | crête, rocher |
| *Taol an daol* | table, dolmen, table de pierre (dolmen en « français ») |
| *Ti* | maison (*penn ti* : cabanon des Marseillais, en mieux ! ; *ti an aod* : la maison côtière) |
| *Tref, tre* (devant une consonne) | trève, division de paroisse |
| *Yeihhedmat !* | à votre santé ! |

## Quelques explications de noms propres

– *Briand (Briant) :* ce nom signifie « privilège » ; très courant en Bretagne.
– *Le Gall (ar Gall) :* de *gallus,* « gaulois ». Par extension, étranger, personne qui ne parle pas le breton.
– *Le Goff (ar Gov) :* signifie « forgeron », « personnage aux pouvoirs magiques ».

– *Le Pen (ar Penn) :* « la grosse tête », genre hydrocéphale.
– *Le Floc'h (ar Floc'h) :* « l'écuyer ».
– *Le Dantec (an Danteg) :* « les grandes dents ».
– *Le Guen (ar Gwenn) :* « le blanc ».
– *Gloaguen :* ce patronyme vient du vieux breton *gloeu* « clair ». Le 2d élément peut avoir le sens de « peau » et le nom aurait alors pour signification « à la peau blanche ».
– Le Queffelec (ar C'hefeleg) : « la bécasse ».

## Expressions et mots français d'origine bretonne

– *Bande de ploucs :* « plouc » vient du toponyme *plou* (voir plus haut). Un « plouc », terme forgé par les non-Bretons, évidemment, désigne un niais, un sot, un type mal dégrossi. Éminemment péjoratif, ça va de soi.
– *Baragouiner :* ce verbe viendrait de l'assemblage des mots bretons *bara* et *gwin,* le « pain » et le « vin ». Pour les uns, ce sont les combattants bretons de la 1re Guerre mondiale qui, ne parlant pas français, réclamaient *bara* et *gwin.* Pour les autres, ce sont les Bretons venus chercher du travail à Paris qui faisaient du porte-à-porte en quémandant *bara* et *gwin.* Dans les 2 cas, on se demandait ce qu'ils pouvaient bien « baragouiner ».
– *Y voir que dalle :* ne rien y voir (*dall* signifie « aveugle »).

### DÉFENSE DE PARLER BRETON !

*La République a fait longtemps la guerre à la langue bretonne. À l'école, les élèves pris en défaut devaient porter au cou la « vache », pièce de bois (ou un sabot) en guise de punition. On humiliait la culture des parents et on culpabilisait les enfants. La dénonciation était la règle. L'effondrement du nombre de locuteurs s'est accéléré après la 2de Guerre mondiale avec l'arrêt de la transmission familiale.*

# LA MER ET LES BRETONS

« *On peut l'aimer mais on n'est jamais tout à fait tranquille avec la mer* » disait un poète de la mer bretonne. Bizarrement, dans beaucoup de régions côtières de Bretagne, les autochtones furent longtemps aussi étrangers à l'univers maritime que des Grenoblois. Très peu d'îles bretonnes se consacrèrent à la pêche (l'exemple de l'île de Batz est saisissant : la seule activité traditionnelle de cette petite île est l'agriculture !). Une bonne partie des Finistériens du Nord, et en particulier les habitants de la fameuse côte du Pays pagan (un tronçon de la côte du nord du Finistère, de Plounéour-Trez à Plouguerneau), ne mettaient les pieds dans l'eau que pour piller les épaves ou pour ramasser le goémon, utilisé comme engrais. Pour beaucoup de Bretons, la mer ne pouvait être que source de malheur, et pour vivre en paix, il était préférable de lui tourner le dos.
Aussi, lorsqu'au début du XXe s commence à apparaître la ***vogue des sports nautiques,*** et en particulier de la voile, le moins que l'on puisse dire est qu'il ne s'agit pas d'un grand mouvement d'adhésion populaire. Seules les familles bourgeoises

### LE BRAVIGOU

*Voici une coutume bretonne très peu connue des non-initiés. Les femmes de marins-pêcheurs jettent à l'océan des morceaux de faïence, en offrande à la mer. Ces bouts de vaisselle cassée ont pour but de faire revenir sain et sauf le mari parti en mer. Cet ex-voto est un très beau signe d'amour, toujours en vigueur aujourd'hui. Il arrive donc encore qu'on découvre des morceaux d'assiettes sur les plages bretonnes. Ne les ramassez pas : ils ne sont efficaces qu'au contact de l'océan !*

ayant leur résidence secondaire sur la côte s'adonnent aux joies de la glisse. Et le Front populaire n'y change rien. Lorsque, dans les ***années 1950, la plaisance à voile et le dériveur deviennent une véritable mode*** dans les beaux milieux, lorsque les jeunes gens dans le vent, à Carnac ou à La Trinité-sur-Mer, s'enthousiasment pour la gîte et les bords de près, tout cela reste étranger au bon peuple breton.

Seulement voilà : en 1964, un jeune homme très bien (il est officier de marine) a l'idée saugrenue d'aller battre les Anglais dans une course anglaise, la fameuse « Transat ». ***Éric Tabarly,*** jeune Breton, devient non seulement une gloire nationale mais, vis-à-vis des médias, le symbole d'une certaine identité bretonne, glorieuse et modeste. Tous les Bretons dans leurs chaumières se sentent concernés et se surprennent à regarder l'océan. Et d'autres gloires bretonnes suivent, prises dans le mouvement : les ***Kersauson, Poupon, Riguidel, Caradec, Morvan ou Peyron*** peuplent les années 1970 et 1980 de beaux rêves pour les petits Bretons. Transats, tours du monde, records mythiques. Désormais, le moindre club de voile du fin fond du Finistère ou du Morbihan est pris d'assaut par ces petits Bretons qui rêvent.

### LE MAL DE MER : LA THÉORIE DES 5 « F »

*Les vieux loups de mer savent qu'il a 5 origines principales : le Froid, la Faim, la Frousse, la Fatigue et... la Fête !*

Les Bretons et la mer, c'est aussi la ***pêche à pied.*** Autrefois l'un des moyens de subsistance pour des populations pauvres, cette activité est devenue un loisir pour autochtones et touristes. Quel enfant, en vacances en Bretagne, n'a pas traqué la crevette ou le crabe dans le moindre creux de rocher ? Mais attention, cette pêche n'est pas anodine et demande de l'expérience pour être au bon endroit au bon moment. Le vrai pêcheur prélève avec parcimonie ce que la nature lui offre et entretient son « jardin » en laissant grandir les coquillages avant de les pêcher, en remettant bien en place les rochers retournés.

# MUSIQUE ET DANSE BRETONNES

## Histoire condensée

Comme beaucoup de cultures musicales dans le monde, la musique bretonne est intimement liée à l'histoire de la Bretagne et de son peuple. Sa survivance est toujours apparue comme un signe de résistance. Et c'est sans doute grâce à cette mobilisation générale que la Bretagne a su garder une culture vivace et que sa musique se porte aussi bien.

Les traditionnels ensembles de ***cornemuses,*** fondés à l'origine pour accompagner les défilés et les processions pendant les festivals, sont toujours d'actualité ; mais la ligne traditionnelle a changé et les *festoù-noz* (pluriel de ***fest-noz,*** « fête de nuit ») – inscrits depuis 2012 au Patrimoine immatériel de l'humanité par l'Unesco – restent aujourd'hui le parfait intermédiaire pour transmettre les chansons et les mélodies d'une génération à l'autre. Le collectage des airs et des thèmes traditionnels aux XIX$^{e}$ et XX$^{e}$ s a aussi contribué à la survie d'un grand nombre de complaintes et de chansons, qui donnent un bon aperçu de l'histoire troublée du peuple breton. Mais attention, de même qu'il est difficile de parler de Bretagne au singulier, il est impossible de parler d'« une » musique bretonne.

## Le chant breton : *kan ha diskan, gwerziou et soniou*

La ***gwerz,*** par exemple, est une complainte que l'on chantait le plus souvent a cappella les soirs de veillées : elle véhiculait des histoires, toujours tragiques, une sorte de colportage de l'actualité. Didactiques à l'époque, les *gwerziou* sont

aujourd'hui pour nous d'extraordinaires témoignages de la vie quotidienne et du légendaire. D'autres chansons et mélodies *(soniou)*, plus gaies, étaient bien sûr chantées, comme partout ailleurs.
L'autre technique particulière et propre à la Bretagne est le ***kan ha diskan***, le chant à répondre, à « réponner », ou chant tuilé. Il est difficile de trouver une traduction capable de représenter ce couple de chanteurs, se répondant, phrase à phrase, le 2d empiétant sur la phrase du 1er. C'est le chant qui accompagne les danses dans les noces et les *festoù-noz*.
On retrouve le même principe chez le couple de ***sonneurs***, la bombarde finissant la phrase du biniou au temps fort. Ces musiciens étaient d'ailleurs bien mieux considérés que les chanteurs, mieux payés aussi, et on n'hésitait pas à les faire venir de loin. C'était un signe extérieur de richesse que de pouvoir s'offrir un couple de sonneurs. Ils venaient également sonner à l'occasion des pardons et interprétaient des marches, tout en suivant la procession, et s'affrontaient en concours. Celui de Gourin est toujours un événement.

## Un *bagad*, des *bagadou*

Une création récente, puisqu'elle date de l'après-guerre, est le ***bagad***, conçu sur le modèle du *pipe band* écossais, en ajoutant la bombarde aux cornemuses et aux percussions. Les plus connus sont le *bagad* militaire de Lann-Bihoué et celui de Quimper.
La tradition changeait aussi selon l'espace : on chantait en breton en basse Bretagne et en gallo en haute Bretagne, de même que l'on jouait plus volontiers bombarde, biniou et *treujenn-gaol* en basse Bretagne, et vielle, violon, accordéon et veuze en haute Bretagne. Mais la force de la musique bretonne, ce qui explique aussi sa pérennité, c'est d'avoir su évoluer dans le temps.
Ainsi ne connaît-on aucun instrument proprement breton : la harpe était jouée sous l'Antiquité pharaonique, la vielle, la veuze et la bombarde ont été rapportées d'Orient après les croisades, le *treujenn-gaol* n'est que la version baroque de la clarinette, le violon fut importé d'Italie et l'accordéon d'Autriche, tout comme le rock a plus récemment introduit la guitare électrique et la batterie.

### LE *BAGAD* DE LANN-BIHOUÉ

*Créé en 1952, le seul orchestre breton de la Marine nationale a beaucoup contribué au renouveau de cette musique traditionnelle. Et pourtant, la formation faillit disparaître. Ainsi, Michel Debré ne supportait pas que les ordres soient donnés en breton. De plus, le directeur musical est élu par les 32 membres (ce qui est contraire aux règles militaires). Depuis, l'armée leur a offert leurs locaux, à condition qu'ils nourrissent les canards de la base.*

## Le renouveau musical des années 1960

C'est dans les années 1960, autour d'événements politiques et dans un climat d'agitation autonomiste, que la Bretagne s'est trouvée portée sur le devant de la scène, et que sa musique s'est retrouvée médiatisée. ***Glenmor, Alan Stivell*** ont commencé à faire parler d'eux, suivis de ***Gilles Servat*** et des ***Tri Yann.*** En tête de ce renouveau musical, Alan Stivell a introduit avec succès la harpe celtique auprès d'un nouveau public. C'est pendant cette période créative que les ***sœurs Goadec*** ont été redécouvertes, ainsi que les bardes néotraditionnels (comme Glenmor) et les jeunes chanteurs tels Gilles Servat, Gweltaz ar Fur et le harpiste Kirjuhel.
En 1972, le 1er festival de musique celtique à Kertalg (Moëllan-sur-Mer, dans le sud du Finistère) présentait un programme éclectique, avec la participation de musiciens traditionnels bretons comme les sœurs Goadec. Contre l'avis des aînés et des puristes tradi, elles ont réveillé la tradition bretonne.

40 ans après, elles sont toujours là ; à leurs côtés, ***Dan Ar Braz, Yann-Fanch Kemener, Didier Squiban, Erik Marchand, Gabriel Yacoub, Mélaine Favennec, Soldat Louis...***
La musique bretonne ne s'est jamais mieux portée qu'aujourd'hui, les artistes créent et inventent de nouveaux textes, de nouvelles mélodies, de nouveaux rythmes, de nouveaux métissages. Repoussant les limites de la musique bretonne au-delà de ses frontières traditionnelles, des groupes comme ***Strobinell, Bleizi Ruz*** et ***Sonerien Du*** ont combiné la guitare électrique, la batterie et l'accordéon avec des instruments plus anciens comme la bombarde, le biniou et la veuze (voir plus loin). Et la relève est assurée avec ***Denez Prigent, Annie Ebrel, Kristen Nicolas,*** mais aussi ***Red Cardell*** et quantité de bons groupes de fest-noz qui continueront à faire les beaux jours des nuits bretonnes.
Aujourd'hui, la production musicale est divisée entre 2 principaux labels, *Keltia Musique* et *Coop Breizh.*

## La musique pop bretonne

Les créateurs de la nouvelle musique pop bretonne sont nombreux. Depuis la fin des années 1990, ils brillent par leur imagination et leur inventivité. Originaire de Rennes, ***Miss DJ Blue*** est née dans une famille bretonnante et militante. Pionnière du mouvement de la Breizh'n'bass, elle innove en mariant la tradition bretonne, l'électro et le hip-hop. À Quimper, les ***Eostiged*** marient avec brio la danse traditionnelle et les chorégraphies contemporaines. ***Dom Duff*** chante en breton dans la tradition du folk-rock américain, et les ***Ramoneurs de Menhir,*** emmenés par Loran des Bérurier Noir, invitent l'énergie du punk dans leur répertoire. Dans le Pays bigouden (Finistère Sud), ***Oktopus Kafé*** apporte aux mélodies bretonnes des notes de saudade et de tango argentin. Le groupe ***Alambig Electrik*** s'inspire aussi de la musique traditionnelle pour en faire une sorte de world-électro Breizh. Le rap breton est bien représenté par le groupe des ***Raggalendo.*** Hors norme, le Rennais ***Florian Baron*** est devenu une star grâce à sa maîtrise de l'oud, la guitare du monde arabo-persan.
Depuis les années 2000, quelques nouveaux noms apparaissent dans l'univers musical breton. Ces jeunes auteurs et musiciens enracinés dans la tradition parviennent à renouveler le style musical breton en l'associant à d'autres styles musicaux venus de tous les horizons. ***Cécile Corbel,*** harpiste celtique acclamée en Bretagne et au Japon, ***Rozenn Talec,*** nouvelle voix féminine du Krei Breizh Akademi (académie de la nouvelle musique pop bretonne), ou encore ***Krismenn,*** un artiste qui propose du rap-électro breton gonflé aux embruns. Le groupe ***IMG*** de Rennes serait plutôt à classer dans le style ska-reggae gallo. Citons aussi : la chanteuse ***Gwennyn, Nolwenn Korbell*** (de Douarnenez), à la fois chanteuse et comédienne, ***Arnaud Royer*** de Bécherel, le groupe ***Aodan*** – dont les membres sont considérés par beaucoup comme des « extraterrestres musicaux », ***Titom*** (Thomas Lotout), qui fait la liaison musicale entre la mélodie traditionnelle, le jazz et les rythmes du monde. Les membres de ***Startijenn*** continuent dans la lignée de Ar Re Yaouank, mais s'engagent sur des voies inattendues avec leur création *El Taqa,* avec le chanteur raï Sofiane Saidi.

## Où découvrir la vraie tradition musicale bretonne ?

Lors de la grande vague folk au milieu des années 1970, les *bistrofolk* ont fait leur apparition en Bretagne. La musique bretonne y côtoie celle des autres pays celtiques frères, comme au ***Festival interceltique de Lorient,*** qui se déroule durant la 1re quinzaine d'août. ● *festival-interceltique.bzh* ● Prochain festival en 2021.
Autres grands rendez-vous :
– ***Festival Cornouaille de Quimper :*** *3e sem de juil.* ● *quimpercornouaille.bzh* ● Durant 1 semaine, chaque été, le cœur historique de Quimper vibre au rythme

celtique. Concerts, animations en tout genre, concours des meilleurs *bagadoù,* sonneurs ou danseurs... et le Grand Défilé du dimanche en costume traditionnel.
– ***Les Filets bleus à Concarneau :*** *mi-août.* • *festivaldesfiletsbleus.fr* • Fête plus que centenaire qui consiste en un défilé à la mode bretonne avec costumes, danses et jeux hauts en couleur.
– ***Fêtes d'Arvor à Vannes :*** *mi-août.* • *fetes-arvor.org* • Une grande manifestation folklorique : parades de *bagadoù* et rondes celtiques.
– ***La Nuit bretonne à Nantes :*** *juil.* • *chateaunantes.fr* • La Nuit bretonne se déploie dans le cadre exceptionnel de la cour du château des ducs. Fidèle à son identité historique, elle marque sa place parmi les événements majeurs de musique bretonne et celtique.

## Les instruments et les musiciens

– *La veuze :* cornemuse bretonne à un bourdon du Pays nantais, proche de la cornemuse médiévale.
– *Le fiddle :* violon utilisé de façon traditionnelle en Irlande et en Écosse, il revient à la mode depuis quelques années.
– *Le biniou-koz :* c'est l'instrument le plus représentatif de la musique bretonne. Il est constitué d'une poche gonflée à l'aide d'un tuyau par le sonneur qui joue sur une sorte de petit tuyau comprenant 6 trous.
– *Le biniou-braz :* le cousin breton de la cornemuse écossaise mais plus petit, plus aigu et à un seul bourdon. Sa popularité en Bretagne ne remonte qu'aux années 1940.
– *La bombarde :* un instrument très ancien, venu tout droit du Moyen-Orient, ancêtre du hautbois. Elle comporte 6 trous et une ou plusieurs clés. Il faut pincer l'anche avec les lèvres et souffler simultanément.
– Les *tambours* et *grosses caisses* sont généralement utilisés dans les *bagadoù* (pluriel de *bagad* ; voir définition plus haut).
– *La vielle à roue :* identique à celle du Berry.
– La *harpe celtique* a connu un retour de faveur avec Alan Stivell.
– La *clarinette* (ou *treujenn-gaol* en breton) est pratiquée depuis la fin du XVIIIe s en Bretagne.
– L'*orgue* est également pratiqué en Bretagne, souvent avec une bombarde.
– Un *couple de sonneurs* est généralement constitué d'un joueur de *biniou-koz* et d'un *tabalarder* (joueur de bombarde), ou alors de 2 *tabalarders.*
– Un *bagad* (pluriel : *bagadoù*) est un ensemble de joueurs de bombarde, de *biniou-braz* et de percussions. Les *bagadoù* sont regroupés dans la BAS *(Bodadeg Ar Sonerien),* assemblée des sonneurs.
– Un *cercle celtique* se compose de musiciens, danseurs et chanteurs.
– Le *kan ha diskan* est un chant à refrain pour danser.

**Pour pousser un peu plus le sujet, et la chansonnette :**
• *partitions.bzh* • Chansons et partitions bretonnantes ou celtes (gratuites), extraits sonores plutôt amusants, bonne description des instruments, etc.

## Danse et fest-noz

La danse a connu une évolution parallèle à celle de la musique. C'est paradoxalement au XVIe s qu'elle va se singulariser, c'est-à-dire au moment même où la Bretagne est rattachée à la France. Jusque-là, on jouait la même musique partout en Europe, avec les mêmes instruments et les mêmes danses (branles, rondes, tioris). Les distinctions étaient avant tout sociales ; on avait, d'un côté, le « chant des villes », plus universel, et, de l'autre, le « chant des champs », plus local.
Le ***fest-noz*** signifie « fête de nuit »(*fest-deiz* pendant la journée) est un terme propre aux montagnes, (c'est-à-dire les monts d'Arrée et les Montagnes Noires en Bretagne Nord) mais ça n'empêchait pas de danser partout en Bretagne. Le plus

souvent à l'occasion de fêtes communautaires, où l'on se retrouvait pour chanter, danser et manger, mais aussi à l'occasion de réunions plus exceptionnelles comme les moissons ou le tassage des sols. La danse était un ciment essentiel de la vie villageoise. Un couple de sonneurs ou de chanteurs animait la soirée et tout le monde dansait. Dans une joyeuse ambiance et surtout dans une délicieuse cacophonie, car ne rêvons pas : les instruments étaient loin d'être aussi fiables qu'aujourd'hui, ils étaient mal accordés, les musiciens étaient le plus souvent des amateurs ayant appris à jouer à l'oreille et à qui on demandait de jouer pendant des heures (ils avaient tout juste le droit de boire !). Surtout, on se limitait aux danses du canton : le choix était finalement très restreint et le bal répétitif.

Les grands classiques de la danse bretonne sont la gavotte, le *plinn* et la *fisel* du pays des montagnes, l'*an dro,* l'*hanter dro* et les *laridés* du Pays vannetais, sans oublier le *kost er c'hoad,* la danse de Léon, le rond de Saint-Vincent, de Loudéac, la dérobée de Guingamp et les innombrables variantes. Arrivées en Bretagne au XIXe s pour la plupart, quelques danses de couple, bien loin de la tradition bretonne, sont néanmoins pratiquées : *scottish,* valses, valses écossaises, polkas, champenoises.

**DANSEUR ET MAÇON**

*La gavotte est la grande danse traditionnelle bretonne, où les participants sont disposés en cercle ou en ligne et tapent des pieds. Autrefois, le sol des maisons était en terre, qui devenait ainsi de la terre battue. C'était un excellent moyen qu'on avait trouvé pour tasser le revêtement tout en s'amusant.*

– ***Bon à savoir :*** le *fest-noz* a été inscrit au **Patrimoine mondial immatériel de l'humanité par l'Unesco** en 2012.

# PERSONNAGES

## Quelques célébrités de Bretagne Sud

Ce choix est tout à fait subjectif et ne se limite pas au sud de la Bretagne.

### *Les personnages historiques*

– ***Jules Verne*** *(1828-1905)* **:** passe son enfance à Nantes, où il est né. À 11 ans déjà, la passion du voyage le saisit : il fugue sur un caboteur, mais son père le retrouve à Paimbœuf. À 20 ans, il vient faire ses études à Paris et se tourne très vite vers la littérature. Il écrira quelque 60 romans d'exploration, publiés chez Hetzel. Il gardera Nantes comme port d'attache de ses nombreux voiliers.

– ***Guillaume Seznec*** *(1878-1954)* **:** né à Plomodiern (Finistère), chef d'entreprise. En 1923, lors d'un voyage à Paris, il est accusé d'avoir assassiné le conseiller général Pierre Quémeneur (de Landerneau), son associé en affaires. Malgré l'absence de preuves, de cadavre, de mobile et d'aveu, Guillaume Seznec est condamné aux travaux forcés à perpétuité au bagne de Cayenne. Il est gracié au bout de 20 ans par le général de Gaulle. Dès le début et jusqu'à maintenant, de nombreuses campagnes dénoncent ce qui apparaît aujourd'hui comme une erreur judiciaire. La Bretagne, à travers l'opinion publique et de nombreux élus, s'est identifiée à l'injustice de l'affaire Seznec. Denis, le petit-fils, se bat depuis plus de 40 ans pour la réhabilitation de son grand-père. À lire : *Nous les Seznec, toute l'affaire.* Bouleversant !

### *Hommes et femmes politiques*

– ***Aristide Briand*** *(1862-1932)* **:** né à Nantes, député en 1902, à plusieurs reprises ministre et président du Conseil. Défenseur de la paix après la 1re Guerre mondiale, il participe activement à la création de la Société des nations (SDN). Prix Nobel de la paix en 1926.

– ***Jean-Yves Le Drian :*** né à Lorient en 1947, ce fils d'ouvrier réussit à devenir agrégé d'histoire. Élu 5 fois député PS, il reste fidèle à ses convictions politiques et refuse d'entrer au gouvernement Fillon. Président du conseil régional de Bretagne jusqu'en 2017, proche de François Hollande depuis longtemps, son expertise dans l'armement lui a permis d'être nommé ministre de la Défense avant de se retrouver, en 2017, ministre de l'Europe et des Affaires étrangères.
– ***Nathalie Appéré :*** née en 1975, originaire de Ploemeur près de Lorient. Diplômée de l'IEP de Rennes, elle intègre en 2001 l'équipe municipale d'Edmond Hervé, qui lui confie, en qualité d'adjointe, la vie associative de la ville. Elle devient en 2008 1re adjointe au maire, en charge de la cohésion sociale. En mars 2014, Nathalie Appéré est élue 1re femme maire de Rennes, et réélue en 2020.

***Écrivains, cinéastes, musiciens, peintres, acteurs, gens des médias***

– ***Jack Kerouac*** *(1922-1969)* ***:*** de son vrai nom *Jacques Lebris de Kerouac,* l'auteur de *Sur la route* était issu d'une famille bretonne du nord de la Bretagne, partie s'installer au Canada.
– ***Pierre-Jakez Hélias*** *(1914-1995)* ***:*** né à Pouldreuzic (Pays bigouden, Finistère Sud), célèbre auteur bretonnant du *Cheval d'orgueil* (2 millions d'exemplaires vendus), chronique de la Bretagne profonde au début du XXe s. Le livre a été adapté au cinéma par Jean-Pierre Chabrol et tourné en 1980 dans plusieurs villages du Pays bigouden. Le plus grand regret du cinéaste fut de ne pas avoir eu l'audace de l'avoir tourné en langue bretonne !

### JACK KEROUAC, BRETON D'AMÉRIQUE

*Ses racines sont bretonnes, du Huelgoat. Ses ancêtres émigrèrent d'abord au Québec. Surnommé Ti-Jean, il parla uniquement le français jusqu'à l'âge de 6 ans. Une grande communauté québécoise vivait à Lowell (Massachusetts), sa ville d'origine. En 1935, il viendra en Bretagne, à la recherche de ses racines.*

– ***Max Jacob*** *(1876-1944)* ***:*** né à Quimper. Breton d'origine juive, une plaque dessinée par Jean Cocteau y désigne sa maison natale. Peintre et poète, il mena une vie de bohème avec les artistes du *Bateau-Lavoir* à Paris.
– ***Jean-Édern Hallier*** *(1936-1997)* ***:*** possédait le château de la Boissière à Briec, au nord-ouest de Quimper, berceau de la famille. Romantique, tumultueux, provocateur dans le verbe et dans son comportement, cet écrivain spécialiste des farces et attrapes rêvait d'entrer à l'Académie française. Décédé à Deauville en janvier 1997, alors qu'il faisait du vélo.
– ***Louis Jouvet*** *(1887-1951)* ***:*** né à Crozon et mort à Paris. Comédien, monstre sacré, professeur de tant de générations d'artistes... Et une belle carrière au cinéma *: Drôle de drame (1937)* et *Hôtel du Nord (1939)* de Marcel Carné, et *Quai des Orfèvres (1947)* de Clouzot.
– ***Alain Resnais*** *(1922-2014)* ***:*** né à Vannes, ce cinéaste de la Nouvelle Vague s'est fait remarquer par *Hiroshima mon amour* et *L'Année dernière à Marienbad*. Il est aussi le réalisateur de *Pas sur la bouche, Cœurs, Les Herbes folles, Vous n'avez encore rien vu.* Il a souvent filmé son pays natal. *Mon oncle d'Amérique* (1980) a été tourné à Arradon, dans le golfe du Morbihan.
– ***Jacques Demy*** *(1931-1990)* ***:*** né à Pont-Château. Réalisateur des *Parapluies de Cherbourg* et des *Demoiselles de Rochefort.* Il associe Nantes, la ville où il passa son enfance, et son célèbre passage Pommeraye à ses films *Une chambre en ville* ou *Lola* (avec la très belle Anouk Aimée).
– ***La mère Denis :*** née *Jeanne-Marie Le Calvé,* à Neuillac (Morbihan), le 9 novembre 1893. On se souviendra longtemps de la vedette des lavandières ou de la lavandière de *Vedette* : « C'est bien vrai, ça ! »
– ***Irène Frain :*** Lorientaise née le 22 mai 1950, agrégée de lettres à 22 ans. Commence par écrire des contes, puis *Quand les Bretons peuplaient les mers* par

lequel elle découvre l'incroyable histoire de René Madec un petit matelot de Quimper, devenu nabab des Indes. Elle en tire un livre qui connaîtra un grand succès : *Le Nabab* publié en 1982.

– ***Alan Stivell :*** né en Auvergne en 1944. 15 albums à succès pour *Alain Cochevelou,* créateur il y a plus de 30 ans de la musique ethno-moderne bretonne. Un chanteur-musicien (harpiste plus exactement) bretonnant qui a largement contribué au renouveau et au rayonnement de la musique bretonne, et l'un des rares promus au Top 50 !

– ***Tri Yann :*** les 3 Jean à l'origine du groupe se sont entourés de musiciens et se produisent à 8. Leur *Vol 007 pour Ploupensec et Kersauce* est un joyeux délire surréaliste, bien loin du folklore breton. Mais leur interprétation de la comptine populaire « J'entends le loup, le renard et la belette » n'a pas pris une ride !

– ***Dan Ar Braz :*** né à Quimper en 1949. Il s'est exercé à la guitare sur les musiques de Hendrix et des Shadows, avant de rejoindre le groupe d'Alan Stivell en 1967. Fort d'une carrière solo riche en collaborations (Higelin, le groupe anglais Fairport Convention, le poète Xavier Grall), il a su, loin des seules frontières de la Bretagne, ouvrir la tradition celte à tous les horizons musicaux.

– ***Nolwenn Leroy :*** née en 1982 à Saint-Renan (dans le nord du Finistère). Après avoir remporté la Star Academy, puis sorti quelques albums qui n'ont pas vraiment marqué les esprits, la petite Bretonne aux yeux bleus renoue avec ses origines et sort, en 2010, une galette intitulée *Bretonne.* Cet album, qui reprend des incontournables (Tri Yann, Alan Stivell, Miossec...), a connu un franc succès : un retour aux sources émouvant à plus d'un égard.

– ***Louise Bourgoin :*** née en 1981 à Vannes de parents enseignants, la jolie blonde (brune, rousse, selon...) excentrique se fait connaître sur Canal+ en animant de façon décalée la météo du Grand Journal. Très vite repérée par le grand écran, elle y tient la tête d'affiche d'*Adèle Blanc-Sec* de Luc Besson, en 2010. Elle enchaîne depuis les tournages avec pas mal de bonheur.

– ***Ronan et Erwan Bouroullec :*** nés à Quimper en 1971 (pour Ronan) et 1976 (pour Erwan), les 2 frères sont devenus des incontournables du design. Après avoir conquis le public avec leurs meubles si singuliers, ils investissent désormais l'espace public. On leur doit notamment les nouvelles fontaines du rond-point des Champs-Élysées, légères, élégantes, mais surtout intrigantes.

– **Chris** (anciennement *Christine and The Queens*) **:** de son vrai nom *Héloïse Letissier,* chanteuse et auteure-compositrice nantaise, récompensée aux Victoires de la musique 2015. Pas de coiffe bretonne pour ce personnage scénique haut en couleur, mais une inspiration magnifique, qui rompt avec la tradition...

– ***Jean-Yves Lafesse :*** né à Pontivy (Morbihan) en 1957. Qui n'a pas pouffé en écoutant les blagues de cet humoriste ? Le roi de l'imposture s'est d'abord fait connaître pour ses canulars téléphoniques mettant en scène M. et Mme Ledoux. Il sévit aussi à l'écran à travers des sketchs humoristiques et en piégeant les passants dans la rue. Toujours efficace !

– ***Philippe Le Prêtre, alias Philippe Gildas*** *(1935-2018)* ***:*** né à Auray (Morbihan) le célèbre animateur de Canal+ fut un des journalistes les plus affables et joviaux du monde audiovisuel.

### *Sportifs, marins, navigateurs*

– ***Éric Tabarly*** *(1931-1998)* ***:*** né à Nantes. En 1964, cet officier de marine gagne la fameuse course « Transat » à bord de son *Pen Duick II.* Il est ovationné car jusque-là cette course était remportée par les marins anglais. Devenu une gloire du sport nautique, Tabarly a donné le goût de la mer à la Bretagne et à la France. Devenu un véritable symbole du renouveau de la course française, c'est en tombant accidentellement d'un de ses *Pen Duick* qu'il disparaît en 1998.

– ***Gérard d'Aboville :*** né en 1945, il est le 1^er^ rameur solitaire qui a traversé l'Atlantique en 1980 et le Pacifique en 1991 (du Japon jusqu'à la côte ouest des États-Unis). Il fait aussi de la politique : député européen en 1994-1999. En 2008, il se porte candidat UMP à la mairie du XVe arrondissement de Paris. Membre de l'Académie de Marine, quand il ne tente pas une autre aventure extraordinaire, il habite au château de Kerantré, à Crac'h, près d'Auray.

– ***Olivier de Kersauson de Pennendreff :*** né en 1944 près de Morlaix, avec de solides attaches avec La Trinité-sur-Mer. Vicomte finistérien, ex-photographe, chauffeur-livreur, etc., mais si grand navigateur qu'on le surnomme « l'Amiral ». Une grande figure, en effet : fort en gueule, gourmand et marrant. En 1997, il bat le record du Tour du monde en équipe à la voile. Arrivée triomphale à Brest !

– ***Loïc Caradec*** *(1948-1986)* ***:*** ingénieur de Sup'Élec, né à La Trinité-sur-Mer, disparu en mer (trop tôt) alors qu'il était en tête de la Route du Rhum, sur *Royale*.

***Hommes d'affaires, entrepreneurs, industriels***

– ***Vincent Bolloré :*** né en 1952 à Boulogne-Billancourt ! À 29 ans, il devient PDG d'une entreprise de papier à cigarettes (OCB), familiale et centenaire, à Ergué-Gabéric près de Quimper (Finistère). L'ancêtre Bolloré avait voyagé au début du XIXe s et rapporté de Chine le secret des papiers de riz extrêmement fins. Dans les années 2000-2020, il est à la tête d'un groupe financier et industriel qui touche à tout, avec succès (voir plus haut la rubrique « Économie. Les Bretons qui entreprennent »)... ou pas ! Canal+, Vivendi et Havas... Son groupe est aussi un des plus grands investisseurs en Afrique (ports et chemins de fer).

– ***Michel-Édouard Leclerc :*** né en 1952 à Landerneau, fils d'Édouard Leclerc, « l'épicier de Landerneau », Michel-Édouard a pris en main les rênes de l'empire familial. Maître en communication, il a fréquenté les crypto-marxistes de la Sorbonne pour obtenir une licence de philo, un DEA de sciences politiques, suivi d'un doctorat en sciences éco. Il préside depuis l'automne 2011 le Fonds Hélène-et-Édouard-Leclerc pour la Culture, proposant un espace culturel d'exposition d'art contemporain accessible à tous, situé dans le domaine des Capucins à Landerneau.

– ***Yves Rocher*** *(1930-2009)* ***:*** le célèbre fabricant des cosmétiques à base de plantes est né à La Gacilly (Morbihan). Enfant, il est fasciné par un herbier constitué par son aïeul. Son père lui donne le goût de la nature et une guérisseuse bretonne lui confie la recette d'une pommade végétale (à base de ficaire). Sa vocation est née. Depuis son grenier, Yves se lance dans la fabrication d'onguents, crèmes, tisanes. Ses produits cosmétiques sont vendus hors pharmacie. Avec le temps, le groupe Yves Rocher prend une ampleur internationale, avec 1 700 boutiques et 18 000 salariés dans le monde. Il fut le maire de La Gacilly pendant 46 ans et son père bienfaiteur.

– ***Jean Guyomarc'h*** *(1923-1996)* ***:*** à 30 ans, il quitte la minoterie familiale de Bilaire à Vannes pour créer une usine d'aliments pour le bétail. Visionnaire, inventif, en 1952 il commence par vendre aux éleveurs un mélange d'orge et d'avoine. Énorme succès ! Un an après son chiffre d'affaire a été multiplié par 9 ! C'est le début d'une aventure agroalimentaire exceptionnelle. Aujourd'hui, le groupe qu'il a fondé, rebaptisé Evialis, emploie 8 950 personnes dans 26 pays.

– ***Yves Guillemot :*** né en 1960 à Carentoir (Morbihan), il est le fondateur d'Ubisoft, société basée à Montréal (Canada) devenue aujourd'hui le 2e groupe mondial de conception de jeux vidéo.

– ***Jean-Jacques Hénaff :*** né en 1938 à Pouldreuzic, ce Bigouden « chimiquement pur » s'octroie 20 % du marché du pâté en boîte (qui porte son nom). Sa devise : « Seul un Breton s'entête à faire aussi bon.» Son savoir-faire lui a valu d'être sélectionné pour mettre en boîte les plats concoctés par Alain Ducasse et Thierry Marx pour l'Agence spatiale européenne.

***Scientifique, chercheur***

– ***Yves Coppens :*** né à Vannes en 1934. Bourse de la vocation Bleustein-Blanchet, paléontologue, professeur au Collège de France, on lui doit la découverte, dans le désert d'Éthiopie, des ossements de Lucy : une des plus anciennes représentantes des hominidés connues sur terre. Il préside aujourd'hui l'association Paysages de mégalithes de Carnac en vue de la demande d'inscription sur la liste du Patrimoine mondial de l'Unesco.

## Caricatures de Bretons et de Bretonnes

– ***Astérix et Obélix :*** ils ont fait sourire la France, puis le monde entier, toutes catégories d'âges et de cultures confondues. Ils sont gaulois-armoricains, personnages mythiques nés du génie d'Uderzo et de Goscinny, qui connaissaient parfaitement l'histoire : la vraie. La preuve en est que nos auteurs n'ont jamais soumis la Bretagne à Rome. Même si Astérix a un comportement étrange, il campe un vrai caractère de Breton : résistant, libertaire et fort en gueule !

– ***Bécassine :*** taxée de caricature la plus infamante de la Bretagne, elle est née en 1905 de l'imagination de Caumery et du pinceau de Pichon, et n'a cessé, depuis, de séduire des millions de Français. Car, malgré sa bouille ronde, sa mine enfarinée aux joues roses, son œil morne et son allure pataude, cette gouvernante aux idées rétro, née à Clocher-les-Bécasses, village fictif près de Quimper, déborde de bon sens et d'amour. Même sa prétendue sottise ne trompe personne, et surtout pas les Bretons, en tête des abonnés à *La Semaine de Suzette* dans les années 1930 et 1940. N'est pas naïf qui croit, et c'est bien plutôt Bécassine qui lance des traits cinglants aux Parisiens.

– ***Mam Goudig :*** créée en 1995 par le dessinateur Jean-Paul David (pour faire plaisir à sa grand-mère !), cette mascotte bigoudène, originaire du Finistère et au caractère bien trempé, a envahi la Bretagne, de la bande dessinée aux produits dérivés.

## Bretons de Paris

Montparnasse ! Tout le monde descend ! Et tous les Bretons descendirent sur les quais avant de jeter l'ancre dans le quartier de la gare, rue du Départ et rue de l'Arrivée. Tel fut le début de l'histoire : celle de migrants pauvres chassés par l'exode rural. Un peu à la manière des Auvergnats, les Bretons du début du XXe s formèrent des clans, ouvrirent des cafés au nom de leur ville d'attache, fondèrent cercles, amicales et associations folkloriques (aujourd'hui culturelles). Ils maintenaient en vie les traditions du pays. Et sous l'immense dalle de béton du parvis, bien des gens ignorent que c'est grâce à un Breton d'Uzel, l'ingénieur Fulgence Bienvenüe, que le grand chantier du métro a pu voir le jour (si on peut dire !) sous la capitale, il y a un peu plus de 100 ans.

# RELIGION

## Les pardons

Aucune terre d'Europe ne possède autant de monuments religieux que la Bretagne. Car entre les Bretons et Dieu, pendant longtemps, il n'y eut pas l'ombre d'un nuage. Alors, on édifia des églises dont les clochers étaient de vrais morceaux de bravoure, on sculpta des calvaires et des croix comme autant de prières. C'est de ce fonds religieux, transmis depuis des siècles, que les pardons découlent naturellement. Leur but : rendre hommage annuellement et collectivement au saint local, véritable intercesseur entre les hommes et la

### LES FONTAINES MIRACULEUSES

*Pour les druides, l'eau était sacrée car source de guérison et de fécondité. Pour ôter cette origine païenne, le clergé catholique a ajouté un saint à chacune de ces fontaines dites miraculeuses. On s'asperge et on boit toujours leurs eaux mystérieuses. Les croyances perdurent.*

transcendance. Chaque paroisse a le sanctuaire de son éponyme, parfois plusieurs, disséminés dans la campagne, au hasard des chapelles. Aussi les pardons sont-ils nombreux et variés. Certains ont gardé un ton franchement religieux, d'autres beaucoup moins. À chacun ses goûts, à chacun ses dévotions !
Quelle que soit leur tendance, les pardons ont tous connu un regain d'affluence au cours de ces dernières années.

***Les grands pardons de Bretagne Sud***

Parmi les plus typiques, originaux, fervents, de longue tradition, classés par ordre chronologique :
– ***Le 1er dimanche de juillet :*** Sainte-Barbe, pardon du Feu, fête des Pompiers, au Faouët (Morbihan).
– ***Le 2e dimanche de juillet :*** pardon de la Petite Troménie, et tous les 6 ans de la Grande Troménie (la prochaine en 2019), à Locronan (Finistère).
– ***Le 26 juillet :*** grand pardon de sainte Anne, à Sainte-Anne-d'Auray (Morbihan).
– ***Le 15 août :*** pardon de la Madone des motards, à Porcaro (Morbihan) ; de Notre-Dame-de-Quelven, à Guern (Morbihan).
– ***Le dimanche après le 15 août :*** pardon de Notre-Dame-de-Crénénan, à Ploërdut (Morbihan).
– ***Le dernier dimanche d'août :*** pardon de Sainte-Anne-la-Palud, à Plonévez-Porzay (Finistère).
– ***Le 1er dimanche de septembre :*** pardon de Notre-Dame-de-Penhors, le plus important du Pays bigouden, à Saint-Guénolé-Pouldreuzic (Finistère) ; pardon de Notre-Dame-de-Rocamadour à Camaret-sur-Mer (Finistère).
– ***Le 8 septembre :*** pardon de Notre-Dame-du-Roncier, à Josselin (Morbihan).
– ***Le 3e dimanche de septembre :*** pardon de Notre-Dame-du-Vœu, à Hennebont (Morbihan).

### SAINTE ANNE, PATRONNE DES BRETONS

*Comment cette Bretonne, à l'origine d'un culte très fort, put être la grand-mère du Christ ? Selon la tradition, elle épousa un seigneur breton très violent. Elle s'enfuit en bateau et atteignit la Judée. Là, elle enfanta la Vierge Marie et revint ensuite mourir en Armorique.*

## Le *Tro Breiz*

Ce « tour de Bretagne » (600 km) est en fait un pèlerinage passant par les 7 villes fondées par les saints fondateurs de la chrétienté en Bretagne : entre les Ve et VIIe s. Ce sont **saint Patern** à Vannes, **saint Corentin** à Quimper, **saint Pol Aurélien** à Saint-Pol-de-Léon, **saint Tugdual** à Tréguier, **saint Brieuc** à Saint-Brieuc, **saint Malo** (ou Maclou) à Saint-Malo et **saint Samson** à Dol-de-Bretagne. Ils vinrent du pays de Galles et de Cornouaille (à l'époque, ces provinces faisaient partie de l'île de Bretagne, aujourd'hui Grande-Bretagne), sauf Patern et Corentin qui étaient d'origine armoricaine. Après avoir traversé la Manche (qui s'appelait la mer Bretonne), ces pionniers nommèrent l'Armorique la Petite Bretagne.
Datant du haut Moyen Âge (IXe s), ce « tour de Bretagne » (signification de *Tro Breiz*) permet aux pèlerins, selon la tradition, de gagner le paradis à coup sûr, tandis que les autres, après leur mort, doivent effectuer cette distance au purgatoire en avançant chaque année de la longueur de leur cercueil. Très suivi aux XIIe et XIIIe s, il disparut plus ou moins à la fin du Moyen Âge, avant d'être réhabilité depuis 1994 par l'association Les Chemins du Tro Breizh.

■ ***Association Les Chemins du Tro Breiz :*** *47, rue du Calvaire, 29400 **Guimiliau.** ☎ 09-86-37-43-93. • trobreiz.com* • Une association qui organise chaque année un pèlerinage en accomplissant l'une des 7 étapes du *Tro Breiz,* la 1re semaine d'août (inscriptions dès le mois de janvier).

# SITES INSCRITS AU PATRIMOINE MONDIAL DE L'UNESCO

Organisation des Nations Unies pour l'éducation, la science et la culture

En coopération avec le Centre du patrimoine mondial

Pour figurer sur la liste du Patrimoine mondial, les sites doivent avoir une valeur universelle exceptionnelle et satisfaire à au moins 1 des 10 critères de sélection. La protection, la gestion, l'authenticité et l'intégrité des biens sont également des considérations importantes.
Le patrimoine est l'héritage du passé dont nous profitons aujourd'hui et que nous transmettons aux générations à venir. Nos patrimoines culturel et naturel sont 2 sources irremplaçables de vie et d'inspiration. Ces sites appartiennent à tous les peuples du monde, sans tenir compte du territoire sur lequel ils sont situés. Pour plus d'informations : ● *whc.unesco.org* ●
– En Bretagne Sud, la ***Tour dorée de Camaret-sur-Mer*** (Finistère Sud) a été inscrite en 2008 au titre de fortification Vauban. Le site mégalithique de Carnac, déjà inscrit sur la liste indicative de l'Unesco depuis 1996, vise une inscription au titre de Paysage de mégalithes intégrant plus de 500 sites mégalithiques à Carnac et dans le sud du Morbihan.
– Par ailleurs, noter que le ***fest-noz*** a été inscrit au Patrimoine mondial immatériel de l'humanité par l'Unesco en 2012.

# PETITS TRUCS ET ASTUCES POUR ÉVITER LES ABUS ET MAUVAISES SURPRISES

Un routard informé en vaut 2 ! Pour éviter les désagréments en tous genres, il est bon de les connaître. Voici un petit vade-mecum destiné à parer aux coûts et aux coups de bambous.

Bien sûr, nos enquêteurs veillent au grain, et les établissements qui ne répondent plus à nos critères ou abusent sont vite supprimés de nos guides. La réciproque est aussi valable. N'oublions pas que les hôteliers et restaurateurs font un métier difficile. S'ils se doivent de toujours garder le sourire, nous nous devons de les respecter en n'arrivant pas chez eux en terrain conquis.

## À L'HÔTEL

**1 – Arrhes ou acompte ? :** au moment de réserver votre chambre par téléphone – par précaution, toujours confirmer par écrit (ou mail) –, il n'est pas rare que l'hôtelier vous demande de verser à l'avance une certaine somme, celle-ci faisant office de garantie. Il est d'usage de parler d'arrhes (et non d'acompte). Légalement, aucune règle n'en précise le montant. Toutefois, ne versez que des arrhes raisonnables : 25 à 30 % du prix total, sachant qu'***il s'agit d'un engagement définitif sur la réservation*** de la chambre. Cette somme ne pourra donc pas être remboursée en cas d'annulation de la réservation, sauf cas de force majeure qu'il vous faudra justifier (maladie ou accident) ou en accord avec l'hôtelier si l'annulation est faite dans des délais jugés raisonnables. Si, au contraire, l'annulation est le fait de l'hôtelier, il doit vous rembourser le double des arrhes versées. Si vous avez réservé une chambre (sans avoir rien versé) et que vous avez un empêchement, ***passez un coup de téléphone pour annuler,*** c'est la moindre des politesses.

**2 – Subordination de vente :** les hôteliers ont interdiction de pratiquer la subordination de vente. C'est-à-dire qu'***ils ne peuvent pas vous obliger à réserver plusieurs nuits d'hôtel si vous n'en souhaitez qu'une.*** Dans le même ordre d'idées, on ne peut vous obliger à prendre votre petit déjeuner ou vos repas dans l'hôtel ; ce principe, illégal, est cependant toléré en pratique, surtout en haute saison, dans les zones touristiques, où la demande est bien plus importante que l'offre !

**3 – Les réservations en ligne :** elles se sont généralisées. Mais voilà, si les centrales de réservation en ligne sont devenues incontournables, elles ne garantissent pas systématiquement de meilleurs prix qu'en direct. En outre, les promesses ne sont pas toujours tenues et l'on constate parfois des dérives, telles que promos bidons, descriptifs exagérés, avis d'internautes truqués... Les hôteliers s'estiment souvent étranglés par les commissions abusives prélevées au passage. ***N'hésitez pas à réserver directement auprès de l'hôtel.*** Aujourd'hui, la plupart alignent leurs prix sur ceux des sites commerciaux. Autre avantage, vous pouvez préciser le type de chambre souhaité (sur rue, sur jardin) et obtenir des renseignements fiables sur l'établissement.

**4 – Responsabilité en cas de vol :** un hôtelier ne peut en aucun cas dégager sa responsabilité pour des objets volés dans la chambre d'un de ses clients, même si ces objets n'ont pas été mis au coffre. En d'autres termes, les éventuels panonceaux dégageant la responsabilité de l'hôtelier n'ont aucun fondement juridique.

## AU RESTO

**1 – Les prix :** ils sont libres, mais ***l'affichage est obligatoire*** à l'extérieur de l'établissement, de manière visible. Tous les menus doivent être affichés, même le moins cher. Ils doivent être identiques à ceux que l'on vous présente à l'intérieur.

**2 – Formule ou menu ?** Généralement, la formule est une proposition écourtée comprenant entrée + plat ou plat + dessert. Avec parfois un verre de vin et/ou le café. De fait, elle est moins chère que le menu, en principe complet (entrée + plat + dessert). Très souvent, les formules et les 1ers menus (les moins chers) ne sont ***servis qu'en semaine et/ou seulement au déjeuner,*** et plus rarement avant certaines heures (12h30 et 20h environ). C'est parfaitement légal, à condition toujours que ce soit clairement indiqué sur le panneau extérieur et sur le menu que l'on vous présente une fois installé. Il arrive qu'il disparaisse comme par enchantement (humm, mauvais signe…). Demandez-les, ça ne mange pas de pain.

**3 – Attention aux suppléments.** Certains menus imposent 3 suppléments pour 5 plats proposés. Cherchez l'erreur !

**4 – Le « fait maison » :** depuis que la législation existe, pour parer au sous-vide et tout congelé, et parallèlement valoriser le travail de restaurateurs scrupuleux, le « fait maison » (logo d'une casserole surmontée d'un toit de maison avec cheminée) apparaît comme un faire-valoir évident et rassurant. Même s'il ne garantit pas le 100 % maison (la loi est un peu tordue, et il n'y a pas de contrôle), ni la qualité du chef ! Cela dit, ***c'est un bon début.***

**5 – La carte en dit long !** Voici, foi d'enquêteur, quelques trucs très simples pour analyser un menu : tout d'abord la ***brièveté de la carte*** est un bon gage de fraîcheur ; quand les produits sont locaux et de saison, c'est encore mieux ! On peut aussi questionner le serveur. Sa franchise (ou son embarras) vous en dira long. Autre indice : si la carte n'est composée que de plats passe-partout dont certains peuvent nécessiter des cuissons très longues (parmentier de canard, suprêmes de volaille en sauce, souris d'agneau, bourguignon...), ce n'est pas forcément bon signe, surtout s'ils sont servis trop rapidement. Même topo avec les desserts bistrotiers type tarte Tatin, mi-cuit ou mousse au chocolat, crème brûlée, panna cotta, tiramisù qui sortent soit du congélateur, soit d'une brique ! Tout comme les mignardises qui accompagnent le café gourmand souvent surfacturé, insipide… et certainement pas « maison ». Un bon chef n'est pas forcément un bon pâtissier. Et il a rarement le temps de préparer 36 desserts ! Enfin, en dehors des zones côtières, on évite les poissons et fruits de mer le lundi… les livraisons ayant rarement lieu le week-end !

**6 – Commande jugée insuffisante :** sachez qu'il est illégal de pousser le client à la consommation.

**7 – *Doggy bag :*** la lutte anti-gaspi a du bon ! Si la pratique du *doggy bag* est déjà bien répandue dans certains pays, en France on a longtemps traîné la patte. À partir de juillet 2021, les restaurateurs seront dans l'obligation de proposer à leurs clients ce qu'ils auront laissé dans leur assiette. Dans les faits, certains le pratiquent déjà. Alors, n'hésitez pas à le demander, même si cela n'est pas (encore) dans nos habitudes culturelles.

**8 – Eau :** une carafe d'***eau du robinet*** est ***gratuite*** à condition qu'elle accompagne un repas. On ne peut pas vous la refuser, sauf si elle est jugée impropre à la consommation par décret. Dans certains restos, on vous l'apporte d'office en guise de bienvenue. Un vrai bon point ! La bouteille d'***eau minérale*** doit, quant à elle, comme le vin, être ouverte devant vous. L'arnaque consiste parfois à proposer d'emblée une eau minérale, facturée au prix fort. À la question du serveur : « … et pour l'eau, plate ou gazeuse ? », vous pouvez répondre : « une carafe, s'il vous plaît ».

**9 – Vins (et autres alcools) :** la marge la plus importante des restaurateurs ! Et certains en abusent… Au-delà de 2 verres (gare aux prix exorbitants), il peut être plus intéressant de commander une bouteille, quitte à l'emporter en fin de repas si elle n'est pas terminée. Sinon, ne pas hésiter à demander un ***petit vin de pays en pichet,*** l'occasion de découvrir ainsi des petites cuvées locales et bon marché.

# les ROUTARDS sur la FRANCE 2021-2022

(dates de parution sur • *routard.com* •)

## Découpage de la FRANCE par le ROUTARD

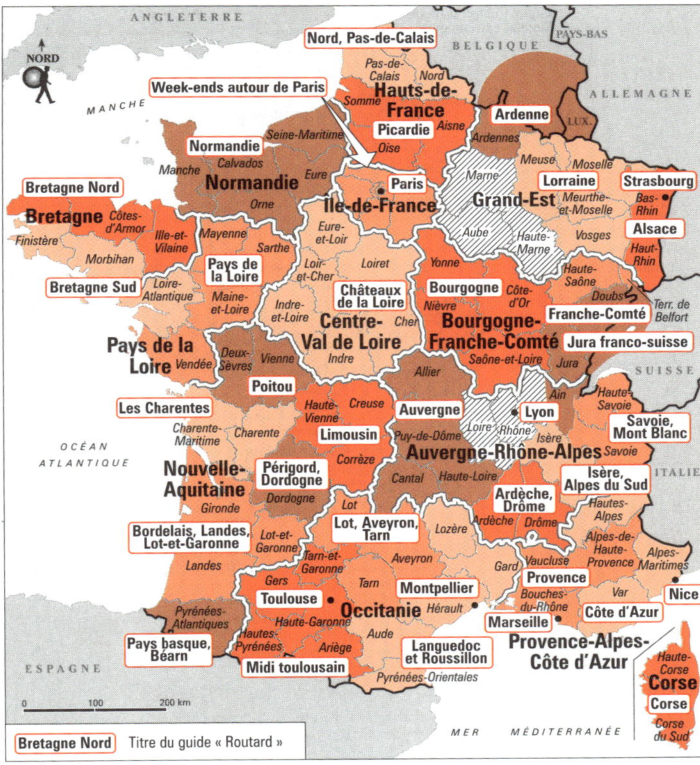


## Autres guides sur la France

- Nos meilleurs campings en France
- Nos meilleures chambres d'hôtes en France

## Autres guides sur Paris

- Paris
- Paris balades
- Restos et bistrots de Paris
- Le Routard des amoureux à Paris
- Week-ends autour de Paris

## Le Routard à vélo

- EuroVelo6
- La Bourgogne du Sud à vélo
- La Flow Vélo
- La Loire à Vélo
- La Vélodyssée (Roscoff-Hendaye)
- Le Canal des 2 mers à vélo
- Paris Île-de-France à vélo
- ViaRhôna
- Les plus belles escapades à Vélo en France

# les ROUTARDS sur l'ÉTRANGER 2021-2022

(dates de parution sur • **routard.com** •)

**Découpage de l'ESPAGNE par le ROUTARD**

**Découpage de l'ITALIE par le ROUTARD**

## Autres pays européens

- Allemagne
- Angleterre, Pays de Galles
- Autriche
- Belgique
- Bulgarie
- Crète
- Croatie
- Danemark, Suède
- Écosse
- Finlande
- Grèce continentale
- Hongrie
- Îles grecques et Athènes
- Irlande
- Islande
- Madère
- Malte
- Norvège
- Pays baltes : Tallinn, Riga, Vilnius
- Pologne
- Portugal
- République tchèque, Slovaquie
- Roumanie
- Suisse

## Villes européennes

- Amsterdam
- Berlin
- Bruxelles
- Budapest
- Copenhague
- Dublin
- Lisbonne
- Londres
- Moscou
- Naples
- Porto
- Prague
- Saint-Pétersbourg
- Stockholm
- Vienne

# les ROUTARDS sur l'ÉTRANGER 2021-2022

(dates de parution sur • routard.com •)

## Découpage des ÉTATS-UNIS par le ROUTARD

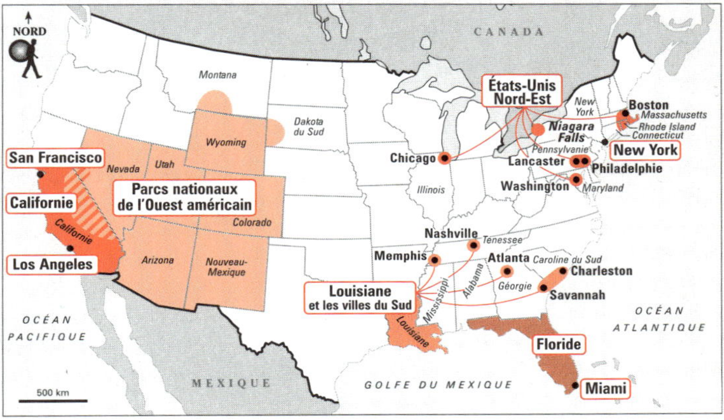


## Autres pays d'Amérique

- Argentine
- Brésil
- Canada Ouest
- Chili et île de Pâques
- Colombie
- Costa Rica
- Équateur et les îles Galápagos
- Guatemala, Belize
- Mexique
- Montréal
- Pérou, Bolivie
- Québec et Ontario

## Asie et Océanie

- Australie côtes est et nord + Red Centre
- Bali, Lombok
- Bangkok
- Birmanie (Myanmar)
- Cambodge, Laos
- Chine
- Hong Kong, Macao, Canton
- Inde du Nord
- Inde du Sud
- Israël et Palestine
- Istanbul
- Jordanie
- Malaisie, Singapour
- Népal
- Shanghai
- Sri Lanka (Ceylan)
- Thaïlande
- Tokyo, Kyoto et environs
- Turquie
- Vietnam

## Afrique

- Afrique du Sud
- Égypte
- Kenya, Tanzanie et Zanzibar
- Maroc
- Marrakech
- Sénégal
- Tunisie

## Îles Caraïbes et océan Indien

- Cuba
- Guadeloupe, Saint-Martin, Saint-Barth
- Île Maurice, Rodrigues
- Madagascar
- Martinique
- République dominicaine (Saint-Domingue)
- Réunion

## Guides de conversation

- Allemand
- Anglais
- Arabe du Maghreb
- Arabe du Proche-Orient
- Chinois
- Croate
- Espagnol
- Grec
- Italien
- Japonais
- Portugais
- Russe
- G'palémo (conversation par l'image)

## Livres-photos/Livres-cadeaux

- La France de Stéphane Bern **(nouveauté)**
- Voyages
- Voyages : États-Unis
- Voyages : France
- Voyages : Italie
- Road Trips Monde
- Road Trips en France **(nouveauté)**
- 120 coins secrets en Europe
- 50 voyages à faire dans sa vie
- 1 200 coups de cœur dans le monde
- 1 200 coups de cœur en France
- 52 week-ends dans les plus belles villes d'Europe
- 52 week-ends coups de cœur en France
- 52 escapades nature en France **(nouveauté)**
- Cahier de vacances du Routard

PARCOUREZ
LA VÉLODYSSÉE
Avec le Routard
La Vélodyssée
L'Atlantique à vélo, de Roscoff à Hendaye
Le Routard
hachette
routard.com
16€
UN GUIDE ILLUSTRÉ
TOUT EN COULEURS
POUR PARCOURIR
LA CÔTE ATLANTIQUE
À VÉLO
1200 Km
de voies cyclables
54
étapes
12
itinéraires
ET TOUS LES BONS PLANS DU ROUTARD

**Nous tenons à remercier tout particulièrement Loup-Maëlle Besançon, Thierry Bessou, Gérard Bouchu, François Chauvin, Grégory Dalex, Fabrice Doumergue, Cédric Fischer, Carole Fouque, Nicolas George, Michelle Georget, David Giason, Claude Hervé-Bazin, Emmanuel Juste, Dimitri Lefèvre, Fabrice de Lestang, Romain Meynier, Éric Milet, Pierre Mitrano, Jean-Sébastien Petitdemange, Thomas Rivallain et Jean Tiffon pour leur collaboration régulière.**

Brice Andlauer
Jean-Jacques Bordier-Chêne
Agnès Debiage
Coralie Delvigne
Jérôme Denoix
Tovi et Ahmet Diler
Clélie Dudon
Sophie Duval
Alain Fisch
Bérénice Glanger
Adrien et Clément Gloaguen
Sébastien Jauffret
Alexia Kaffès
Augustin Langlade
Jacques Lemoine
Aline Morand
Louis Nagot
Caroline Ollion
Martine Partrat
Odile Paugam et Didier Jehanno
Céline Ruaux
Prakit Saiporn
Nejma Tahri Hassani
Alice Tonasso
Caroline Vallano

**Direction :** Sidonie Chollet
**Direction éditoriale :** Élise Ernest
**Édition :** Matthieu Devaux, Olga Krokhina, Gia-Quy Tran, Julie Dupré, Emmanuelle Michon, Pauline Janssens, Amélie Ramond, Margaux Lefebvre, Julie Wood et Ionah Vasseur
**Ont également collaboré :** Élisabeth Thebaud et Odile Raoul
**Cartographie :** Frédéric Clémençon et Aurélie Huot
**Contrôle de gestion :** Jérôme Boulingre et Yannis Villeneuve
**Secrétariat :** Catherine Maîtrepierre
**Fabrication :** Nathalie Lautout et Audrey Detournay
**Relations presse :** COM'PROD, Fred Papet. ☎ 01-70-69-04-69. • *info@comprod.fr* •, Martine Levens (Belgique) et Maureen Browne (Suisse)
**Illustration :** Anne-Sophie de Précourt
**Direction marketing :** Stéphanie Parisot, Élodie Darty et Charlotte Brou
**Couverture :** le-bureau-des-affaires-graphiques.com
**Silhouette du Routard :** Clément Gloaguen (d'après Solé)
**Maquette intérieure :** le-bureau-des-affaires-graphiques.com, Thibault Reumaux et npeg.fr
**Contact Partenariats :** Jérôme Denoix • *jeromedenoix@gmail.com* •
**Contact Partenariats et régie publicitaire :** Florence Brunel-Jars • *fbrunel@hachette-livre.fr* •

# INDEX GÉNÉRAL

## M

INDEX GÉNÉRAL

## LISTES DES CARTES ET PLANS

### Remarque importante aux hôteliers et restaurateurs

Les enquêteurs du *Routard* travaillent dans le plus strict anonymat. Aucune réduction, aucun avantage quelconque, aucune rétribution n'est jamais demandé en contrepartie. Face aux aigrefins, la loi autorise les hôteliers et restaurateurs à porter plainte.

### Avis aux lecteurs

*Le Routard,* ce n'est pas comme le bon vin, il vieillit mal. On ne veut pas pousser à la consommation, mais évitez de partir avec une édition ancienne. Les modifications sont souvent importantes.

Les réductions accordées à nos lecteurs ne sont jamais demandées par nos rédacteurs afin de préserver leur indépendance. Les hôteliers et restaurateurs sont sollicités par une société de mailing, totalement indépendante de la rédaction, qui reste donc libre de ses choix. De même pour les autocollants et plaques émaillées.

### Avec routard.com, choisissez, organisez, réservez et partagez vos voyages !

✓ Rejoignez la plus grande communauté francophone de voyageurs : **plusieurs millions d'internautes.**

✓ Échangez avec les routarnautes : forums, photos, avis d'hôtels.

✓ Retrouvez aussi toutes les informations actualisées pour choisir et préparer vos voyages : près de 300 guides destinations, une centaine de dossiers pratiques et un magazine en ligne pour découvrir tous les secrets de votre destination.

✓ Enfin, comparez les offres pour organiser et réserver votre voyage au meilleur prix.

## *Les* Routards *parlent aux* Routards

Faites-nous part de vos expériences, de vos découvertes, de vos tuyaux et de vos coups de cœur. Aidez-nous à remettre l'ouvrage à jour. Indiquez-nous les renseignements périmés. Faites profiter les autres de vos adresses nouvelles, combines géniales... On adresse un exemplaire gratuit de la prochaine édition à ceux qui nous envoient les meilleurs courriers, pour la qualité et la pertinence des informations.

Quelques conseils cependant :

– Envoyez-nous votre courrier le plus tôt possible afin que l'on puisse insérer vos tuyaux sur la prochaine édition.

– N'oubliez pas de préciser l'ouvrage que vous désirez recevoir, ainsi que votre adresse postale.

– Vérifiez que vos remarques concernent l'édition en cours et notez les pages du guide concernées par vos observations.

– Quand vous indiquez des hôtels ou des restaurants, pensez à signaler leur adresse précise et, pour les grandes villes, les moyens de transport pour y aller. Si vous le pouvez, joignez la carte de visite de l'hôtel ou du resto décrit.

En tout état de cause, merci pour vos nombreux mails.

**122, rue du Moulin-des-Prés, 75013 Paris**

● *guide@routard.com* ● *routard.com* ●

## Routard Assurance *2021*

Enrichie au fil des années par les retours des lecteurs, *Routard Assurance* est devenue une assurance voyage référence des globes-trotters. Tout est inclus : frais médicaux, assistance rapatriement, bagages, responsabilité civile... Avant votre départ, appelez *AVI* pour un conseil personnalisé. Besoin d'un médecin, d'un avis médical, d'une prise en charge dans un hôpital ? Téléchargez l'appli mobile *AVI international* pour garder le contact avec *AVI Assistance* et disposez de l'un des meilleurs réseaux médicaux à travers le monde. *AVI Assistance* est disponible 24h/24 pour une réponse en temps réel. De simples frais de santé en voyage ? Envoyez les factures à votre retour, *AVI* vous rembourse sous une semaine. *10, av. de l'Arche, ZAC Danton, 92400 Courbevoie.* ☎ *01-44-63-51-00.* ● *avi-international.com* ● Ⓜ *La Défense.*

Édité par Hachette Livre (58, rue Jean-Bleuzen, CS 70007, 92178 Vanves Cedex, France)
Photocomposé par Jouve (1, rue du Docteur Sauvé, 53100 Mayenne, France)
Imprimé par Jouve Print (Quai n°2, 733, rue Saint-Léonard, BP3, 53101 Mayenne Cedex, France)
Achevé d'imprimer le 28 janvier 2021
Collection n° 15 - Édition n° 01
51/8331/5
I.S.B.N. 978-2-01-629324-9
Dépôt légal : février 2021

PAPIER À BASE DE FIBRES CERTIFIÉES